自由中國

FREE CHINA

合訂本　第十六集

（第十七卷）

中華民國四十七年一月十五日合訂

社址：臺北市和平東路二段十八巷一號

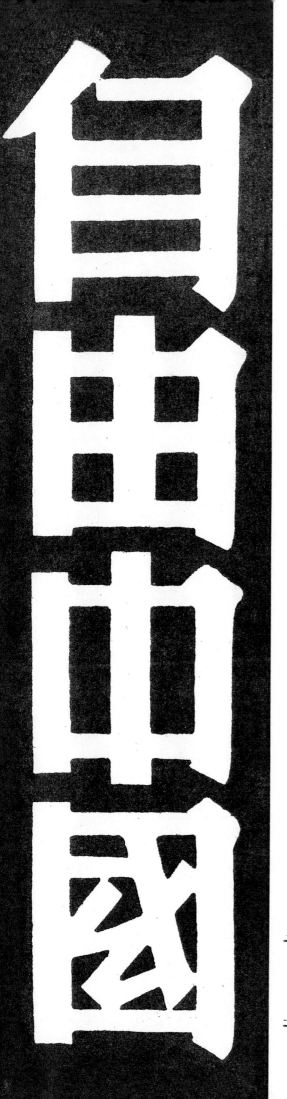

自由中國合訂本第十六集要目

第十七卷 第一期

第十七卷 第二期

第十七卷 第三期

第十七卷 第四期

第十七卷 第五期

第十七卷 第六期

定價：精裝每冊柒拾元　平裝每冊伍拾元

自由中國

再版

FREE CHINA

第十七卷 第一期

目錄

中華民國四十六年七月一日出版
中華民國四十六年八月五日再版
社址：臺北市和平東路二段十八巷一號

半月大事記

六月十日（星期一）

埃及要求約旦於廿四小時內召回駐埃大使，以報復約旦驅逐兩埃及外交官出境。

黎巴嫩選舉揭曉，親西方政府黨獲勝。

六月十一日（星期二）

杜勒斯在美衆院外委會作證，重申對不承認中共及禁運政策並無改變，並與艾森豪意見完全一致。

美參院外委會向院會提援外報告，建議授權十四億元軍經援助遠東國家，主要為中國、韓國與越南。

加拿大總選，執政廿年的自由黨失勢，保守黨獲勝。

義大利左里內閣未獲信任，提出總辭。

六月十二日（星期三）

菲總統加西亞重申不與中共貿易之立場。

西方三國覆照蘇俄，拒絕蘇俄所提所謂「不干涉」中東之建議。

在中國大陸公海上，中共挑釁，擊傷美海軍飛機一架。

六月十三日（星期四）

法衆院投票通過牟努瑞出任法總理。

俄芬談判結束，兩國簽訂貿易議定書。

北大西洋公約盟軍統帥諾斯達在美參院外委會作證稱，俄如向西方攻擊，必將面臨毀滅。

蔣廷黻宣稱，中共屠殺暴行始終未停，大陸同胞慘遭殺害者迄今已逾二千萬人。

六月十四日（星期五）

行政院長俞鴻鈞在立院報告處理五月廿四日臺北騷動事件之經過。

海地發生政變，現政府被推翻。

「自由中國」的宗旨

第一、我們要向全國國民宣傳自由與民主的真實價值，並且要督促政府（各級的政府），切實改革政治經濟，努力建立自由民主的社會。

第二、我們要支持並督促政府用種種力量抵抗共產黨鐵幕之下剝奪一切自由的極權政治，不讓他擴張他的勢力範圍。

第三、我們要盡我們的努力，援助淪陷區域的同胞，幫助他們早日恢復自由。

第四、我們的最後目標是要使整個中華民國成為自由的中國。

沙約發表會談公報，表示加强兩國經濟合作。

六月十五日（星期六）

西貢我駐越公使館官員宣稱，越南五十萬華僑中已有四萬五千人申請前往臺灣。

美參院通過三十六億元援外法案。

印尼政府成立國民議會，以實現蘇卡諾所謂之「指導民主」。

六月十六日（星期日）

美國防部長威爾森表示，縱使停止核子試驗，美仍發展洲際飛彈。

日首相岸信介飛美訪問。

六月十六日（星期一）

美聯社香港電：西藏人再起抗暴，要求中共軍事及幹部人員撤退。

約旦關閉埃及使館，抗議埃及驅逐約大使。

六月十八日（星期二）

共匪北平電臺廣播，河北亦發生大水災，江蘇春荒嚴重，九百萬人陷絕境。

聯合國五國調查委會發表報告，斥俄干涉匈人抗暴，並指匈共未獲人民支持。

西德外交部宣稱支持放寬對匪禁運。

約旦召回駐敘代辦。

黎巴嫩照會蘇俄，斥其干涉內政。

六月十九日（星期三）

美聯邦地方法庭裁定美政府不得將吉拉德交付日本法庭審判。

菲律賓總統簽署共黨非法案。

六月二十日（星期四）

美政府正式聲明裁軍政策不變。

美駐聯合國首席代表洛奇致函百萬人會，保證阻止共匪入聯合國。

六月廿一日（星期五）

韓境聯軍統帥部正式通知共黨，由於共黨完全蔑視一九五三年之停戰協定，盟國將以現代武器運入韓國。

美國防部宣稱，最新式噴射機立即移駐韓國。

美提第一步裁軍計劃，美俄同時削減兵員各至二百五十萬。

加拿大新總理狄芬貝克就職。

波蘭與東德聯合聲明，籲請加强共黨集團武力，對抗北大西洋公約組織。

艾森豪與岸信介發表聯合聲明，確認共黨威脅嚴重，戰略物資仍須禁運。

金廈前線激烈砲戰。

美英兩國抨擊蘇俄售埃潛艇，斥其危害中東和平。

六月廿三日（星期日）

共匪「反批評」圍剿聲中，章乃器首遭停職。

俄驅逐艦兩艘通過運河，將在東地中海與埃及海軍聯合演習。

原書
原樣

原書
原樣

原書
原樣

原書
原様

政府權力與公民自由

許冠三

這幾年來，臺北言論界對於「自由」問題討論得很熱烈，以致有好幾度演成「面紅耳赤」的「論戰」。雖則論戰時起時伏，論戰的執筆者亦常常換人，但論戰所要解決的問題似乎一直未能解決，各方所持見解不僅未因論戰愈來愈明白，愈來愈接近，反而愈來愈紛歧混亂，愈難令人了解。考其原因，自然甚多。就筆者所見不完全的資料看，有些執筆者似乎「爲論戰而論戰」，並非爲解決問題而論戰。

借用某哲學教授批評某「名政論家」的話來說，「不管什麼話，經他說來聲音都很響亮，不過，他自己也不知道在說些什麼。」參與論戰的某些作家，多少有點類似這位政論家。這類人參與論戰的意向大半是在那個「戰」字上。把「戰」字譯成另一個較爲流行而動人的字眼，便是「鬬爭」。早年受「鬬爭」教育影響太深的人，有時是終身改不了的。論戰既被某些人視爲鬬爭，那末，問題的重心便不在明理、說服，而在鬬爭過程所提供的滿足，以及勝利的果實了。爲了達到上述的目的，深受「鬬爭」教育的「文化戰士」是不會考慮手段問題，講求採何種手段勝利才算正大光明的，只要勝利，不管什麼手段都行。因此，所謂「論戰」乃一變而爲「圍剿」，紅帽子滿天飛舞，高聲喝打。論戰既演變到這種局面，當然就再沒有什麼是非眞假好辯了。

「是非愈辯愈明」這句格言的關鍵全在一個「辯」字上。爭吵和謾駡，給對方帶帽子，只能激動對方的鬬志或造成心理的恐懼，因恐懼而屈服。論戰的結果雖有勝負之分，但未見是非之明。勝負與是非本是兩回事，如果有誰連這點都弄不清楚，他就該去投降共產黨。如果，眞想弄明白是非的話，就得先放棄勝負的念頭，認眞的先了解對方的論點何在。這幾年來，「自由論戰」中所常見的現象之一，是論戰的雙方有時根本不理對方的論點，一味重複有利自己立場的論據，甚至，有兩方所爭乃同名異事的笑話。甲方所說的「自由」是一回事，乙方所說的「自由」又是另一回事，定義不同一，如何可以辯論呢？

爲自由中國的前途着想，這個「思想問題」實在有釐清的必要。因此，作者得鄭重聲明，本人絕對無意參與「論戰」。說實在話，「論戰」這個名詞就具有火藥氣味，除非是信奉「鬬爭」哲學的人，在思想問題的解決上是用不到「戰」的，單單「辯」就够了。這當然不是怕別人給我帶「紅帽子」，因爲，我住在香港，帶「紅帽」子的手法對我根本不發生作用。那末，也許有人要問，你要寫這篇「政府權力與公民自由」的目的何在呢？答案很簡單，我只是想就臺北這幾年「論戰」所圍繞的「核心」問題提出一些明確的意見，爲這幾年來被「自由論戰」攪得迷糊的一般愛好自由的讀者提供一些釐淸問題的途徑和資料。我再說一遍，我無意向任何人挑戰，也無意就此挑起另一次論戰。准此，任何人對我的挑戰我也將相應不理，除非他是有心「辯論」，而不是和我「論戰」。

× × ×

就我手邊現有的資料看，臺北這幾年來的「自由論戰」的核心問題好像是在「國家自由和個人自由」這一點上。（我希望我的了解沒有錯。縱或有所錯誤，也不致影響本文的價值，因爲本文以後所要討論的是以這個問題爲主。）因此，就引申出下列三個問題來：

一、國家自由與個人自由的主從問題；
二、國家自由與個人自由的輕重問題；
三、國家自由與個人自由的取捨問題；

强調國家自由的人，雖然未必否定個人自由的價值，認爲個人自由不必存在；可是，他們都認爲個人自由應爲國家自由犧牲。這也就是說，國家自由是主，個人自由是從；國家自由爲重，個人自由爲輕。所以，我們應捨個人自由，而取國家自由。

在我們未批評這種說法的是非之前，檢查一下他們的論證過程和基礎是必要的。必須查出這個結論的大前提是否不假，以及論證過程是否正當，我們才能說「是」或「非」，「同意」或「不同意」。

因爲在我們傳統的政治思想中並沒有像德意志的那種「國家論」，視國家爲神聖，爲最後目的。個人應爲國家犧牲一切，不只是自由。而這種學說，雖有一度曾在中國大行其道，可是，並未深入人心。是以，那些强調國家自由的「文化戰士」並不敢以德意志的國家論作爲他們的論據，根本否定個人自由的意義，而以國家自由爲一切，以國家自由代個人自由。

他們更不能引用民主哲學中的國家論來做論證的大前提，那樣，便注定他們要輸了。如果國家被視爲較大的社會單位，只是爲所有成員謀福利的工具，那末，國家就全無神聖神秘可言，個人就再沒有向國家低頭的必要。准此，他們所要堅持的：國家自由爲主個人自由爲從；國家自由爲重個人自由爲輕；個人自由應爲國家自由而犧牲的結論，便無從立足。是以，他們只好把民主的國家論讓給他們的對方——强調個人自由者去利用。

結果，他們便只好乞憐於傳統的「大我小我」這兩個模糊的觀念及其關係，因爲在我們的傳統價值觀念中，一向强調「小我」應爲「大我」犧牲。「小我」就是指我這個個人，或某一個個人；「大我」的界說可就有伸縮性了，它可以指一個家庭，一個家族，一個幫會，一個商團，大而至於一個民族，一個國家，或整個人類。直到現在，儘管在政治思想上紛歧極大，但當我們提到楊朱那種「拔一毛而利天下吾不爲也」的人時，人人皆有不齒之感。反過來，當我們說起墨子這種捨己爲羣的人物時，莫不肅然起敬，因此，强調「大我」的人，在說話時聲音總比主張維護「小我」權利的人響亮得多。

抓住了這個有利的立論點，强調國家自由的「文化戰士」，便運用邏輯上的類比論證把「大我和小我」「國家自由和個人自由」的關係視爲一類，而展開他們對他們所稱的「自由主義者」的攻擊。基於這個類比基礎，他們的論點主要的是集中在「國家與個人」的關係上，國家與個人對比，個人是多麼卑微而不足道呢？在中國，「國家」這名詞背後的東西太多了，可以是擁有五億或六億人口的有組織的世界上最大的社羣；是擁有五千年文明和光榮傳統的一個民族；也可以是一條見首不見尾、變化無窮的神龍，或者是無邊無際高深莫測的汪洋大海……。而個人呢？不過是汪洋大海中的一粒水珠；碩大無朋的神龍身上的一個細胞；擁有五千年文明和光榮傳統之民族的無數子孫的一點血肉；五億或六億羣衆中渺小的一員；如何可以和那個大海，那條神龍，那個民族，那個社羣對比呢？相形之下，除開犧牲這個「小我」而爲那個「大我」還有什麼可說呢？這不只是必要的必然的，而且也是光榮的歸屬。「小我」的生命尙可犧牲，何況自由呢？

如此說來，强調國家自由的「戰士們」似乎是對了。然而，事情並不那麼簡單，我們就能很快的把問題澄清。待我們冷靜一下，把注意再拉回我在前面說過的那一段話上：「必須查出這個結論的大前提是否不假，以及論證過程是否正當，我們才能說「是」或「非」，「同意」或「不同意」。

× × ×

待我們先檢查一下這個結論的前提。

剛才我已經指出了，這個結論的前提是：「小我應爲大我」犧牲。這是個價值的認定，並非表達知識的命題，無眞假可言。這不是個「是」「不是」的問題，是個「該」「不該」的問題。我們這裏不去討論它，姑且假定它是個應該接受的認定，至少，作者個人是接受這個價值觀念的。我想中國人中不接受者甚少，儘管各人接受的理由可能有所不同。

第二步，我們該跟到檢查這個論證過程是否正當了。

一經檢查，我們就不得不驚訝於那些强調國家自由者「論戰」時調門的高亢。用一句香港廣東話的語法說，他們的聲音「大過了頭」。別人我不敢說，單就作者個人說，如果我個人論證的過程是如此的不正當，我非僅也不敢作如此大聲的爭論，恐怕早就緘不口言了。因爲推理過程的檢查指出，那個類比的基礎是太薄弱了。

類比論證雖然是許多有說服力量的推理形式之一，可是，這並不是說，凡類比論證皆有說服力。一則類比論證有無說服力，全繫於作類比的兩件事物間的「類似基礎」是否結實。所謂「類似基礎」是指a與b兩事間已知的共同特性R。所謂「結實」是指它是否能決定我們所指派給兩者的共同特性p，准此，一則類比論證是否站得住，全看這「類似基礎」。是否眞的與我們所指派給a與b兩事物的共同特性p有關。

且待我們舉個例來看看，當我們說：「冰是固體，加熱，變爲液體，再加熱則爲氣體。據此類推，我們可望炭加熱後先變爲液體，再加熱則蒸發爲氣體」時，我們所知兩者的共同特性是兩者皆爲物質，而我們所指派皆它們的共同特性是「加熱先爲液體，再加熱則變爲氣體。」這一則論證是正當的。它之所以正當是基於「每當R發生於b時，p亦發出於b。」這一通則，它論證中的力量正等於「每有R，必有p」的通則。這種通則在邏輯上通常稱爲「聯絡通則」。是以，當「所有R皆p」這種形式的「聯絡通則」穩固地站得住時，我們大可放膽去運用類比論證。我們能毫不遲疑地說，「像上一隻蛋一樣，這隻蛋也有蛋黃」。因爲聯繫這個類比的通則，「所有蛋皆有黃」早經以前的調查穩固的確立了。但我們不可以說，「這一隻蛋的味道和上一隻蛋」一樣，因爲這當中所假定「所有蛋的味道皆一樣」的通則是不能成立了。

話說回來，我們現在要看看「小我應爲大我犧牲」與「個人自由應爲國家自由犧牲」之間的類似基礎是否結實，我們已知兩者間的共同特性是否與我們所指派給它們之間的共同特性有關，强調國家自由者所假定的兩者已知的共同特性是「一個成員與其所屬團體的關係」(R)，其所指派的兩者共同特性是「當一個團體的成員自身利益與其所屬團體利益衝突時，該成員應爲其團體犧牲自我利益」(p)。是以，「個人自由應爲國家自由犧牲」。

在這一則類比論證中，R與p之間的關係是沒有問題的，所成問題的倒是已知的兩者共同特性R，卽兩者的類似基礎。這裏，强調國家自由的「文化戰士」顯然解錯了「個人自由」中的「個人」一詞。就他們的論證全文看，他們顯然是把這個「個人」解做「我個人」「你個人」或「他個人」；或者是這「一個個人」「那一個個人」，總之是指「一個人」。既是「一個人」，其意義就相當於「大我與小我」中的「小我」了。一個人的自由，與整個國家自由相比，自然是國家自由爲主、爲重，而一個人的自由爲從爲輕了。基於這一誤解，他們建立了「小我應爲大我犧牲」與「個人自由應爲國家自由犧牲」間的類比論證，而振振有詞的大爭大嚷。這一誤解是有意還是無意，我不敢說，不過，這是個誤解決無爭辯的餘地。

說到這裏，我就不能不連想到幼年學英文時對於「冠詞」的困惑，總覺得那是個多餘的東西，可要可不要；又總不知何時才要加，何時才不用加。日後才慢慢知道冠詞的妙用，以及中文裏沒有冠詞的麻煩，如果中文裏有個像英文"THE"這樣的個冠詞，把集體名詞或類名和個體名詞分開，臺北這幾年的「自由論戰」可能就不會發生，而作者也就絕對不用費如今的這番筆墨了。

其實，「個人自由」中的那「個人」根本是個類名，是指許許多多個人，而不是特指那一個個人，更不是指我個人。在中國，說起「個人自由」，應該是指五億或六億個個人的自由，至少，也該指上億個成年公民的個人自由。准此，「個人」絕對不能視爲「小我」，而「個人與國家」間的關係就當然不能是「小我與大我」的關係了。如果我們硬要用「大我」「小我」這兩個詞的話，則「國家與個人」間的關係應該是「此一大我與彼一大我」的關係。

此外，把「國家」看成「大我」，或拿大我這個詞來代替「國家」一詞，也是不妥。因爲，這樣一來，很容易使人誤會國家是個「生命有機體」。儘管我們不同意某些「國家」的定義，如「一個有組織的大社羣」，「行使某種權力的單位」，「爲一羣人謀福利的機械」或「一個階級壓迫另一個階級的工具」，認爲我們所說的「國家」遠比那些界說所能指的豐富、正當而有價値。可是，國家實在不是個「生命有機體」。甚至，一個民族，也只是許多生命有機體的總和，而它本身並不是一個生命有機體。

是以，仔細分析的結果，「大我與小我」和「國家與個人」（假定「個人」作「一個人」解）間的關係，只是一種比喩關係，而不是類比論證的關係。比喩只能有助於傳情，把話說得比較動聽，並不能生理，使論證正當，最多只能提供一種假冒的正當，使讀者聽來覺得它「好像正當」。可是，在實質上，絕不可能正當。

如果我們不把强調國家自由論者所作的論證看做歸納論證中的類比論證，而把它看做演繹論證。其結果又怎樣呢？我們不妨稍加分析。根據前文的認定，其大前提當爲「小我應爲大我犧牲」；小前提爲「個人是小我，國家是大我」；結論：「個人應爲國家犧牲」。再用三段論證推演一次，即可得「個人自由應爲國家自由犧牲」的結論。不幸，如前文所指，「個人」既不是「小我」，「國家」也不是「大我」；准此，小前提不眞。小前提既不眞，結論當然不眞。「個人應爲國家犧牲」的結論在這裏既不眞，自然推不出「個人自由應爲國家自由犧牲」的眞結論來。決定整個論證是否正當或有效的關鍵，仍在「個人」與「國家」的所指上。

× × ×

强調國家自由者所持的另一理由是「國家自由」乃「個人自由」的前提，或者說，必需條件。在這一論證中，「國家自由」應寫着「國家獨立」較爲明確，「個人自由」應改爲「公民自由」才妥。在强調國家自由者看來，沒有「國家獨立」是沒有「公民自由」可言的。這是可眞可假的經驗命題，就某一個時代某一個地區說如此，但是，如果當作全稱命題來解，那就有問題了。

我們只要隨便擧幾個實例，我們就能發現這個命題是站不住的。

我們所擧的例子，可以分做兩方面：一方面是獨立國家的公民未必有較多的自由；一方面是受其他國家統治地區的居民未必沒有自由，或者說，該地居民的自由未必少於獨立國家境內的居民。

關於前者，我們可以拿二次大戰前的日本、和納粹德國、以及法西斯的意大利做例子。還有，最好的例子莫過於今日的蘇俄。誰能說，二次大戰前的日本、德國和意大利不是獨立國家呢？可是，這三個國家中的公民當年所享有的自由實在不能算多。日、德、意三國的例子或許還有爭論，蘇俄的事實可該沒有爭辯的可能了吧！誰能說，蘇俄公民今日所享有的公民自由多過或大過今日某些個爲共產黨人所痛斥的殖民地呢？

說到反面的例子，作者所旅居的香港就是最好的說明，且不說是號稱「帝國子民」的本港出生的土著所享的自由，即使是我們這批被另眼看待的「北方來客」所享的自由亦甚爲可觀。當然，與英國本土的公民相比，香港居民的自由是瞠乎其後的；不過，與留在中國大陸的「人民」或蘇俄的公民一比，我們可就是「神仙」了。儘管英國人把本港的中國人分爲三類：一是本港出生的土著，二是粤籍移民，三是北方來客，而且，其中以北方來客所享的自由最少。可是，我們有許多人都覺得生平以來從未享過如此大的自由。是以，香港雖有「不道德之城」的雅號，而且，北方來客在這裏也眞嘗到不少辛酸苦辣的滋味，可是，却很少人願意離此而重返「祖國」，爲什麼？還不是爲了這裏有點「自由」嗎？當然，這並不是說我很擁護殖民地主義。或我希望香港永遠爲英國的殖民地。這裏所要指出的只是：殖民地地區居民所享的自由未必比獨立國家公民所享的自由爲少，甚至，還可能多點。

國家獨立乃公民自由的前提之說，似乎是過了時的一個通則。時至廿世紀五十年代，它已不能普遍使用了。當然，就某些地區的例子說，它仍然不假。不過，這主要的是由有關獨立國家及殖民地政府的性質來決定的。如果那個獨立國家的政府是個民主政府，那個國家境內的居民所享自由當然會比任何國家治下的殖民地居民所享的自由爲多。如果，那個殖民地是蘇俄的殖民地或附庸國，那個殖民地居民的自由當然要比一切獨立國家公民所享的自由爲少，如以「民主的」殖民地和「極權的」獨立國家相比，前者境內居民所享自由每每多過後者。

× × ×

從國家自由第一論者注意力所集中的論點看，他們似乎是假定國家自由和個人自由是必然衝突的，或者說，個人自由是不免損及國家自由的。因此，萬言歸總，他們要他們所稱的「自由主義者」爲國家自由而放棄個人自由。如前文所指，如果「個人自由」一詞中的「個人」不解作「一個人」，那末，個人自由與國家自由必然衝突的假定便無從成立。個人自由愈大，則國家的總自由也應該作相當的擴張（此處的「國家」作形容詞用）。反之，國家自由（獨立）的成份愈高，能給予公民自由的機會也愈多（即共產國家亦不例外。共產國家殖民地居民所享的自由必然不及該統治國家本土居民所享的自由。如有例外，必爲戰術的運用）。可是，强調國家自由者爲什麼一再假定這兩者間的衝突呢？照已有的分析看，我們是解不通的。細究之下，作者才發現「國家自由」第一論者筆下的「國家自由」，多數是指「政府自由」或「政府權力」，而「個人自由」實在是指「公民自由或權利」。因爲，只有把他們筆下的大多數「國家自由和個人自由」皆譯成「政府權力」和「公民自由權利」時，才能說明他們論證中所假定之衝突的來源。「政府權力」和「公民自由」，確是常常衝突的。孫中山先生早就指出，「政府的能」和「公民的權」是常常難免對立的。不過，在民主傳統深厚的國家，早有了解決這一矛盾的常軌。這在最後一節中將有詳細說明。

爲了分析的方便，以下一概用「政府權力」代替「國家自由」，以「公民自由或權利」代替「個人自由」。作者本文所以取名「政府權力」和「公民自由」便是要指出，臺北言論界這幾年來所爭論之自由問題的核心，實在是「政府權力」和「公民自由」的問題。語言問題一釐清，論證就方便得多了。現在我們不妨暫且離開進行中的分析，試想一下，若果英美等國家的「自由主義者」或「個人主義者」眞如我們的「政府權力第一論者」所設想的那樣，只顧自己個人，不顧國家；只知擴大公民自由，而不知賦予政府權力；不知如何解決「政府權力」與「公民權利」間的衝突，英美恐怕早在第一第二兩次大戰中被德國人征服了。

問題既然轉到「政府權力」與「公民自由」頭上來，那就非常容易解決了。首先，我們得指出，在民主與極權兩種國家中，「政府權力」與「公民自由」間的衝突是在本質上有所不同的。在民主國家中，衝突只是相對的，臨時的；而在極權國家中，則是絕對的永久的。那是統治者與被統治者間的根本利害衝突。

在民主國家中，絕不是統治者與被統治者間的矛盾，而只是主人與僕人之間的摩擦，是主人應該交多少事務給僕人管的問題。世上沒有一個主人怕僕人太能幹，管事太多，因爲主人可以隨時收回他所授予僕人的權力，到必要時，他還可以換調那個不忠的僕人。是以，在民主國家中，政府權力與公民自由間雖有衝突，可是，只要公民握有收回那些權力的或撤換政府的權利，他們是不怕政府權力大的。反之，政府更沒有理由怕人民的權利太大，恐人民造反，不聽政府的命令。因爲執政的人都明白，他們是公民的僕人，主人要他們幹多少年就幹多少年，管多少事就管多少事，主人的那份權利他們不只不應過問剝奪，而且應爲鞏固並擴大主人的權利而服務。設若他們覺得政府的權力已小得足以危害公民自由或其他價值時，他們只能警告公民，請求公民多賦予權力。是以，在戰時，政府權力就大見擴張，以維護國家的安全和生存。可是，戰爭一過去，政府的權力又恢復到平時狀態。總之，不管大小，那是由公民決定的，由公民循一定的軌道予以擴大或縮小。政府絕不可能隨意擴大自己的權力，執政者也不作此想。因爲，他們並不假定自己是「終身統治者」，當然更不會視政權爲「子孫萬世之業」。是以，他們自己也不願政府有隨意擴張權力及剝奪公民自己的權力，免得自己下臺後受迫害。而毀壞民主傳統，則更是千古罪人。別說做不到，卽使是能做到，執政者也得多考慮。

可是，在極權國家中則大大不同了。政府最怕人民有權利。人民的權利愈大，就意味統治者的地位愈不穩。極權國家的統治者雖然不把政權看做「子孫萬世之業」，可是多自命爲「終身統治者」，希特勒如此，史大林如此，毛澤東如此，佛朗哥如此，所有極權國家的統治者莫不如此。因此，在極權國家中，政府權力與公民權利的衝突，不只是如「政府權力第一論者」所假定的那樣不可避免，而且是統治者與被統治者間生死存亡的鬪爭。在極權國家中，政府一直是儘可能地壓縮公民自由的，政府不只是在理論上要公民犧牲權利，如希特勒、史大林政府所做者，而且是不惜採取一切可能的手段以達到他們的目的。反之，公民則視執政者爲仇敵，政府爲統治者所專用的工具。因此，在極權國家，政府權力與公民權利間的衝突是不可調和的，是無從休止的，不是東風壓倒西風，就是西風壓倒東風。

反過來看，政府權力與公民自由間衝突解決的方式正反映出各該政府的性質。有關國家的議會能否眞能代表民意並控制政府，將是審定一個政府性質最可靠的標準。既認淸了問題根本的所在，其餘的爭論便是多餘了。只要沒有人想使自由中國變爲徹頭徹尾的極權國家，把國民政府變爲希特勒式或史大林式的政府，那末，政府權力與公民自由間的衝突，在本質上就絕不會是統治者與被統治者間生死存亡的搏鬪。這只是具有積極意義的臨時的摩擦，自可循民主正軌解決，如今的問題，已經是「抉擇」問題而不是「思想」問題了。

× × ×

總結上述的分析，我們知道，臺灣言論界「論戰」數年來所爭執的核心問題是：「國家自由與個人自由」的主從輕重問題。論戰所以一直糾纏不淸，而且情勢愈來愈令人迷惘，作嘔，主要的是由於某些好戰的執筆者誤解了「個人自由」中的「個人」，把「個人」當作「我個人，或某一個人」，而不是「一羣個人」。同時，他們把「國家自由」這個詞胡亂使用，有時它的意義相當「大我自由」，「國家獨立」，有時又代表「政府權力」。因此，不只是影響到他們論證不正當，結論站不住；而且連執筆者自己也弄得迷迷糊糊不知所云了。

當我們弄釐淸了語言的謬誤，而把「國家自由與個人自由」譯寫爲「政府權力與公民自由」時，問題解決的途徑便淸楚地浮現在我們的眼前了。這已不再是個「思想問題」，而是個「價值問題」了。現在我們所要問的是：「我們要民主還是要極權」？

論西德經濟的復興（上）

余堅

一　戰後經濟的慘象

自一九四五年五月八日，德國無條件投降後，德意志祇成了地理上的名詞，不再是一個國家了。國土被分佔，生產構機除了在戰時遭受的嚴重損失外，剩餘的一點工業設備又都被封佔着作爲賠償的代價，中央政府早隨着無條件投降而自行瓦解，過去納粹政權的領導人物，死的死，逃的逃，餘下的盡作了紐崙堡的階下之囚，人民在盟軍的分別管制之下，除了斷井頹垣，眞是一無所有。

加之，美英法與俄國之間，政策互異，使東西成了對立之局。東部被關入了鐵幕，西部在美、英、法的盟軍分管下，亦各自爲政，特別是西德所佔的土地面積，不過爲一九三七年時德國的百分之五十二，而西德的人口則比較一九三七年，多增了四分之一。西德原爲一個工業生產區，對於農產及食物，向賴東德的供給，東德的被隔離，使西德更感到嚴重的生存威脅。

戰爭的結果不但使一個完整的德意志經濟體系，弄成四分五裂，即工商業也較戰前減少百分之七十以上，住宅區域少了百分之二十二。其他如交通的破壞，商船的全部毁滅，家庭經濟方面萎縮了百分之二十二，至百分之二十五，再加以東德一批批雙手空空的逃亡者，大量的蜂擁而來，對於他們的衣、食、住等生活必需品，勢須設法予以供給，也成了一項義不容辭的負擔。

至於機器與工業設備損壞的結果，使各種工廠的活動，都停頓了下來，此種損失實際上較其他物質上損失更大。一九四七年十月間美英佔領區根據波坦協定所拆遷的工廠，計美區一八五所，英區四九六所，致使德國的生產工具，更遭受到一個嚴重的打擊。

國家領土的分裂，經濟能力的減低，數百萬赤貧難民的來歸，以及一般人民對當時局勢的悲觀與失望，致使人民失去了自發自動的情緒，因此造成了一種黑暗混亂的局面。貨幣的惡化情形，不過是當時混亂情形反映的一斑而已。關於通貨，在戰爭末期的德國，原已漸有膨脹的跡象。戰敗之後，這種趨勢自然愈來愈壞，雖然官方以種種嚴格的手段設法鎮壓，但黑市場的活躍，仍然是異常猖獗，並且愈來愈大，於是物價與工資失掉了一定的標準，一般人失去了工作的意志與興趣。以一九四六到一九四七年英國佔領區內，關於穿着分配的情形來看，我們可以明瞭當時供應實況可憐的大概。依照一九四六年到一九四七年的生產分配，英國佔領區每人四十年纔能得到一套衣服，四年纔能得一雙襪子，十年纔能得到一件襯衫，三年纔能得到一雙鞋子。東德來的難民，急待救濟，實物不得不優先的分配給他們，於是原來西德人民的所得，就更少了。

在此種種淒慘的困乏情形之下，站在人道的立場，西德的亟待救濟，該是如何需要和重大的事。但唯一的物資來源，厥爲仰於外國的贈與。尤以食物的供應更爲迫切。西德由於糧食不足，一九四七年時，每人一日的糧食分配，不到一千個卡羅里的熱量，故每人配給的口糧只能滿足身體最低需求的百分之四十，至於油類和肉類的供給，則只有平時消費量的十分之一。數年來，由於人民營養不良的結果，對於一般人民的活力、健康、精神、道德等等無不發生極大的影響與損害。

在這種貧窮與混亂的情形之下，要想重新建立一個有效的經濟政策，自非易事，所以負責主持經濟的首腦們，最初還繼續戰時的統制經濟方式，一方面設法以不完備的條件來保障最低限度的生產，另一方面想法盡量利用僅有幾種少數的原料。但這樣一來，結果大多數的工廠所得到的原料，反較以前爲數更少了。西德政府鑒於統制經濟政策，並不能使生產與生活水準提高，惟有幣制的穩定，與經濟系統和經濟制度澈底的改變，才能達到此兩目的。故於戰後第三年，乃決定從事幣制改革。自從幣制改革後，基於經濟建設的西德經濟的復興，纔算眞正有了新的轉機。

二　新經濟政策與幣制改革

一九四八年六月，西德毅然決定實施幣制改革以後，西德經濟復興的基礎，纔算確實的奠定了。

一個具有明確計劃的「督導經濟復興政策」，似乎是很可供採取的。但實際上，一個預定計劃的經濟政策，總難免走上沿襲督導經濟活動的舊路，這一類的經濟系統，總常易窒息人民的自發力，阻礙人民的創造慾和責任感。因爲自發與創造乃是推動經濟活動最重要的動力。假如消失了，就等於個人的自由決定權沒有了。代之而起的，祇是政府的法令和政府對人民的干涉。這樣一來，在純粹經濟社會方面說，精神與道德的力量均將不復存在了。

故經濟復興，祇有在自由的氣氛中，精神與道德的力量下才能够活躍起來。國家愈困難，愈需要精神道德力量的支持。基於此種緣由，西德聯邦政府就決定選擇了一種自由市場的經濟制度。此一制度就是使人民在經濟上，有決擇的自由，有自發力，有創造慾和責任感。

自由市場的經濟制度，沒有強迫與武斷的害處，同時也不同於所謂「曼徹斯特」派 (Manchester School) 的自由放任主義。在自由市場的經濟制度下，國家也有責任維持經濟領域的秩序。政府必須依照憲法規定的程序，確定一個適當的綱領，在這個綱領範圍以內，各種經濟活動得以自由發展。所謂自由市場經濟政策最基本的意義，就是自由競爭，同時也注意到社會一般的需求。換言之，此制度一方面在推動個性的發展，一方面也顧慮到社會的需要，生產與消費於自由競爭中，仍保持其聯繫，並不是無政府狀態的放任政策。我們拿西德的房屋建設與房屋分配來看，西德因爲各地的房荒，爲着要解決此一問題，在房屋的建造與分配都是在政府的計劃之下進行的。非如此就不能解決此一當前最迫切的需要。這就是說明西德自由市場經濟政策的良好例子。

自從這種經濟政策推行以來，現在事實上已有不容否認的成就了。但是很少人瞭解，當一九四九年西德決定在統制與自由二者，選擇其一時所面臨的困擾，以及這一決定對西德經濟的重大關係。假如當時只顧慮到經濟制度的破壞，戰後的荒涼，工業的凋敝，難民的遭遇，和普遍的窮困，很容易使人相信，祇有由國家統制的經濟政策，纔能排除這些混亂和困難。惟有一種超乎尋常的信心與識力，纔能相信廠主、勞工、與消費者有十足的魄力與勇氣，敢冒險把將來經濟發展的責任，由國家統制而轉移到自由競爭。其實德國已往統制經濟的經驗，已經明白昭示出來，西德今後的選擇已不允許再蹈以前覆轍。

當然，西德的幣制改革，及新幣發行，已立即得到人民的信任。無疑的，這爲經濟政策的改變，已經奠定下一個有利的基礎。同時馬歇爾計劃，也使這些復興工作發生更大的效果。此外，一般人民對新幣的信心，與馬歇爾計劃有效的運用，當然也是打破統制經濟最好的武器。因此，西德的幣制改革，馬歇爾計劃，與新經濟政策三者及其相互關係，實爲西德經濟復興的先決條件。

我們知道只有生產量的增加，纔能使消費品的供應不虞缺乏，因此聯邦政府就面臨着一個特別困難的工作，即是不僅戰時受損的生產工廠必須重建，機器必須補充，而且還要爲人民尋找職業。現在人口既已超過戰前四分之一。這就是說政府必須從全部生產量中，自消費者的手中，提出可觀的一部分，用着重建擴大生產工廠。但是一般人民一直感到供應不足，要求政府增加供應。由於人民自願存入銀行的儲蓄數目有限，使各項事業所需的投資差額懸殊，政府必須另想辦法來增加投資。以某種程度來說，從馬歇爾經援基金與銀行借欵中，自可塡補一部分不足的資金。然而各企業所需大量資金，則只有靠自己來另想辦法。想做到以贏利來擴充資本，這是很不容易的，因爲所得稅抽得太高，致使聯邦政府又不得不採取減稅的措施。

以社會政策的立場看來，這種減稅的財政政策是落伍的。提高貨價，固然可以增加資金，但新興工廠的所得，不免盡落入廠主之手，變成他們的私有財產。聯邦政府並非沒有留意這種情形，但是既無其他善策來增加投資，只得暫借此法來救濟一時，俾得重建工廠，增加生產工具。一到各工廠情形後來稍爲好轉時，聯邦政府卽於一九五一年取消了減稅的法令。

隨着工業生產的增加，聯邦政府卽極力設法解除佔領軍對德國生產方面的種種限制與禁運，因爲聯邦政府外交政策運用的適當，在這方面得到相當的成功。如鋼鐵及鉛的生產限制，塑膠油，橡膠等等的出口，及大型快輪的建造，都先後解除了各種的限制。後來，聯邦政府正式成立，其他各種限制一律取消了。

今日西德的經濟已經日漸壯大起來了，並且能够在國際競爭中，漸獲得了國家貿易的平衡。但西德經濟的發展，並不是直線上升的，每值經濟上有重大的進步與改革時，必引起社會的緊張狀態。例如一九四八年，幣制改革後的幾個月，一九五〇年夏至一九五一年的韓戰爆發時期，就是兩個顯明的例子。在這兩段時期內，工業的發展，儲金與投資間不協調的現象同時發生。還有在韓戰期間，對於工業原料的收購，西德必須付出極貴的代價。因爲西德的經濟，非但沒有後退，而且很穩健慢步前進。緊張時期必接着而來一個平靜階段，在這平靜階段中，經濟擴展乃得收穫其果實，故西德緊接着幣制改革後，六個月內，工業生產的劇增，一九四九年春天，復有餘力以增加更多的生產，改進食物的供給，並削減其價格。一九四九年春，與一九五〇年夏之間，工廠的擴充與改進，以及國際經濟關係的建立，均有很大的發展。因此，生產量繼續增加，而物價指數自然日形降低，大多數人的生活都有顯著的改良。

自從幣制改革以後，西德經濟體系幾度將有回到統制經濟與分配制度的傾向，尤其一九四八年的下半年第一次擴充時期，以及後來韓戰爆發時期，由於經濟與社會的緊張，很多人要求回復分配政策。假如此一建議見諸事實，無疑的將使生產發生退後的危機。西德的人民不會忘記過去統制經濟的經驗。那時，口糧是定量分配的，人力全爲勞工局所控制。人民一提及口糧分配，就會回想到已往痛苦的情形，這樣就不免紛紛爭購囤積，整個經濟組織，卽將爲之擾亂。此次聯邦政府，雖值經濟緊張之際，却仍堅守自由經濟的原則，而不發生動搖，卒能渡過難關，而達到柳暗花明之境。這當然由於全體人民對自由市場經濟的信任與擁護。人民深信他們在銀行的存欵，不會貶值。他們隨時可以購買所需之物，而不必搶購囤積。他們的信心，代表聯邦政府的信譽。因此，聯邦政府決定繼續力行現在的經濟政策。更進一步，並將於時機許可時，更要盡量取消一切任何的控制及限價，和以往經濟政策的殘餘，以充實各種生活必需的生產，以提高全體國民生活水準。

三　馬歇爾計劃與經濟復興

今日西德的經濟，已走上了復興的大道，但飲水思源，不得不在若干方面，應歸功於馬歇爾計劃。如果沒有這一個適當援助，說不定將有成千成萬的德國人民會因饑餓而死亡。以一個戰敗投降的國家，能够從他的勝利者手中，毫無成見的得到如許有效的幫助，這在歷史上是人類一個無比的先例。

二次大戰結束，自一九四五年七月起，至一九五二年六月三十日止，西德得到佔領當局的直接援助（CARIOA）達二十七億四千二百一十萬美元，一九四八年起至一九五四年底西德得到各種美元共達一十五億二千六百一十萬元，總共得到了四十二億六千八百二十萬美元的支助。平均每一西德人民約得馬克折合的美元八十餘元，這些贈與金是以折合貨物，與技術援助計算的。經援最初的目的，爲保持西德人民最低營養標準，防止瘟疫與不安，並恢復西德生產力量。

加之一連得着幾年的豐收，使五千餘萬的西德人民，得以普遍的提高其營養標準。因而提高了工作的效率。漸漸的使每一個工人增加其產品。戰後，由於一般人的營養不良，工作能力減至普通工人之一半。現在西德工人的效率已超過戰前的標準。外國經援刺激西德工業復活的效果，使西德工業的突飛猛進，令一般經濟學家與觀察家，感到驚訝。認爲這是一件不可思議而含有戲劇性的事情。借用醫學上的術語來說，馬歇爾計劃就是一種「金元治療法」，也是美國一種「輸血」劑。總之，西德復興的奇跡，美國的援助亦一重要因素。

誰敢希望被炸彈所毁的西德，在短短幾年內能够復興呢？一九四八年，西德生產量只有一九三六年的三分之二弱，一九五〇年增至百分之十四。以後數年中較戰前增加百分之三十六，到了一九五二年，更超過戰前百分之四十五了。

由工業迅速發展，所需工人較戰前增加三百萬人。自然，對於原料方面，必須仰給於大量的進口。於是馬歇爾計劃的另一目的，就是使德國出口貨物，與急切需要入口的食物與原料的平衡。幣制改革的前一年，即一九四七年，西德進口貨約八億五千萬美元，而出口貨不過三億美元，一九四八年初，美援到達了最高峯，經濟情形，更爲活躍，故進出口貨較以前約多了兩倍，以後數年，更續有急劇增加，至一九五一年，出口總數超過三十五億美元。一九五二年，德國出口量續有增加。

西德的出口貿易是平衡貿易與支出的主要工具。由於馬歇爾計劃對西德的援助，西德聯邦政府靠自己努力已經購得足够的外滙以付償進口，即進出口保持了平衡，因此短期內，西德可以不靠外援而能做到經濟自立了。

糧食、原料、甚至少量的奢侈品，既然都有外國的供應，於是在馬歇爾計劃終了的時候，西德的工業已經能够生產足够的貨品，以供應本國人口的需求。西德總生產量自一九四八年秋的八十五億七千一百萬美元，到一九五三年春，即已達到一百四十二億八千五百萬美元。馬歇爾計劃初期用在西德的每一美元，都變成價值十倍乃至二十倍的貨品與建設，在整個歐洲復興計劃中，西德的成就最高，遠非其他任何國家所能望其項背。

當時美國用兩種方法來運用馬歇爾計劃的基金，以重建西德的經濟。第一，先從事於工業原料與糧食的進口；第二，再以依馬歇爾計劃進口所得的現金，存入西德國家銀行，作爲補助資本的基金。後來此項基金，爲數已達十二億美元之鉅。這一項基金使西德聯邦政府有能力從事各項重要經濟的投資，同時更刺激工業、農業、交通、房屋建設，以及其他各項國家經濟事業的發展。由此而表現出來的成就，就一年比一年顯著出來。

馬歇爾計劃實施以後，西德的經濟眞是起死回生了。他們能有今天這樣的成就，實際上也並非僥倖得來，一方面固然是由於計劃的周密，適時的運用，但最重要還是全國人民能忍苦耐勞不畏艱難的結果。

四　中央銀行的成立與成就

西德今日經濟的復興，自非一蹴而就。而新的中央銀行制度的建立，實是一個先決的重大因素。當德國無條件投降的時候，原有的德國國家銀行，即行關閉。而波茨坦協定又曾規定德國的銀行今後必須分化。今天西德的中央銀行就是新從各邦銀行慢慢發展而來的。

新的西德中央銀行，是一九四七年春，由於美國首先在其管區內，成立各邦的中央銀行，不久法國與英國的管區，也先後仿效施行，於是在西德的各邦中都有了邦中央銀行的設置，接着美英兩管區，於各邦銀行之上，設立了一個總的中央銀行。後來，法國管區的各邦銀行加入了新的體系。至此，西德聯邦的中央銀行就形成了。

西德中央銀行的能够成立，可說是東西兩方政策矛盾的結果。俄國不願德國的經濟能趨於復興，他要使德國永處於貧困之境，英美法三國纔有另作打算的動機，先行統一西方三管區，以免西德在未臻統一前，長此處於癱瘓的狀態。美國的管區纔有各邦中央銀行的創立，各邦中央銀行的性質，在本邦內不啻是一個銀行的銀行。其業務除了掌管各商業銀行的法定準備金，經辦最高層貸款外，並執行中央銀行的若干業務，但不能發行鈔券，對於本身的貨幣政策，也無權決定。因爲這兩種權限，都是操於聯邦中央銀行之手的。西德聯邦的中央銀行除了這兩種權限外，其主要業務爲對付各邦中央銀行，其他國家的中央銀行，聯邦政府及所屬各機關等等，此外各邦中央銀行法定準備金的掌管，與夫對各邦銀行辦理貸放貼現，及利息的決定等有關業務。但西德聯邦銀行並非利用對各邦中央銀行的準備，施以壓力，而間接行使其決策之權。其權力而直接表現於各邦中央銀行與商業銀行的往來上，受其約束。在法定限度內，有權規定商業銀行對各邦中央銀行所應保持的準備額究需多少。它也有權訂定抵押貸欵的利率，及各邦中央銀行貼現的利率。同時，西德聯邦中央銀行也可公開從事市場的活動，但對各邦中央銀行的此類活動，必須加以約束。此外更可利用本身職權，以招引各商業銀行，遵從其所推行的政策。至於聯邦銀行的決策機構即爲理事會。理事人數爲十一人，各邦中央銀行的理事長爲當然理事，另由各理事選出理事長及總經理各一人。由此可知西德聯邦中央銀行的貨幣政策，雖對各邦具有普通的約束力，但因理事會係由各邦銀行理事長所組成，故實際無異是由各邦集體行動來決定的。

西德聯邦中央銀行雖由各邦銀行的理事長所組成的理事會所控制，但正因此之故，欲使聯邦銀行理事會變成某一邦的財政工具，事實上殊不可能。在另一方面，聯邦銀行理事會既不會受任何一邦所控制，而對聯邦政府的關係亦較爲自由。當聯邦中央銀行最初成立的時候，其最高的監察權，原由盟軍銀行委員會行使，但關於貨幣政策的決定，該委員會僅有緊急制衡的作用，對於經常業務，却從不過問。至於與聯邦政府的關係，在最初兩年間，聯邦政府對聯邦中央銀行本無任何法定的權責可言。推自一九五一年八月間，盟軍銀行委員會監察權廢止以後，該行的基本義務，纔被確定爲支持西德聯邦的經濟政策。但聯邦政府對該行仍沒有十分嚴格的監督權，不過聯邦的財政部長，與經濟部長，或其代表均可列席該行的理事會，然無表決之權。他們僅可提出建議，或設法召集理事會議，並在某種情況之下，將該行理事會的決議，延緩執行，惟不得超過八日。此外，西德聯邦政府也可要求該行提出必要的報告，並於獲得該行理事會的同意，有權修改有關該行的若干法令。其實，盟軍當局對西德聯邦銀行所作此種審愼的安排，無非欲使其能擺脫聯邦財政部的控制，俾得保持其超然的獨立性。例如戰後不久，英法各國的中央銀行，均被收歸國有，即美國聯邦準備銀行截止一九五一年三月四日的合約以前，亦已支持政府的證券市場爲最大的責任。獨有西德聯邦的中央銀行，於其所推行的堅定的貨幣政策之中，却能終始反映其超然獨立的性格。即如戰後數年間，單以此四國而論，西德的貨幣，可說膨脹得最少。尤其是西德聯邦銀行並不似法蘭西銀行那樣，時常被迫對政府方面給予過份的信用通融。相反的，西德聯邦銀行却有充分的自由，只顧着全國人民的利益，所受政府的干涉最少，故其理事會所作各種的決定，純是基於公正合理的原則，從來不受任何政治方面，各種壓力的干擾。因此，西德聯邦銀行能放手按照其既定政策做去，爲西德經濟復興建立起一種安全的基礎。

總之，自西德聯邦中央銀行成立以後，接着就施行了幣制的改革，該行乃運用其適當的貨幣政策，以適應西德經濟當前的各種要求，藉以渡過戰後復興建設的困難時期。在此期內，該行謹愼從事，始終把握着下面幾個重要的目標：

一、維持物價的穩定
二、促進生產的增加
三、發展對外貿易

這幾個重要目標中，似乎又有相互矛盾之處。不過，他們所優先考慮的，第一還是着眼在對外貿易的問題上，其次則爲保持物價的穩定，再次始爲生產的維持與發展。西德聯邦中央銀行所勞心焦思的，就在於如何調和這各個主要目標間的矛盾。一方面要能防止通貨的膨脹，避免對外貿易的逆轉，而另一方面又須給予生產上以最大的鼓勵和支持。這當然不是一件簡易的工作，但由於西德聯邦銀行當局運用的適當，數年來已顯出其積極的功效了。

五　經濟復興與歐洲煤鐵合作計劃

過去幾十年痛苦的經驗，給予歐洲各國人民一個深刻的教訓：他們如想和平幸福的生活在歐洲大陸，惟一有效的辦法，他們只有精誠的團結與合作。故從若干方面看來，戰後各國互相間的連繫，實比戰前密切得多。因爲他們面臨着同一的危機，同一的政治和經濟問題。

戰後美國馬歇爾計劃，是歐洲團結合作的第一動力。爲使馬歇爾計劃的經援，得着適當的運用，在巴黎成立了一個歐洲經濟合作總署，負責研究計劃。此一組織不僅促進了各公約國的經濟復興，並且消除了相互間各種不必要的矛盾，使各國開誠相見，討論各種共同的經濟問題，藉以提高各國生活的水準。西德聯邦共和國也是會員國之一，在歐洲經濟重建的體系中，德國自然是不可缺少的一員。

當一九四九年，曾有所謂歐洲議會的組織，希望歐洲各國能團結聯合起來，共同努力，以實現共同的理想，並藉以促進經濟和社會的進步。歐洲議會擬設一個各國外長小組會，及一個全體會員國大會。初時，各國確很坦白的討論，並小心謹愼的考慮過各種共同的問題，因此，各國的關係，一時漸趨密切。雖然它所作許多的決定，並未能爲各國政府所完全接受，但它對歐洲團結的影響力，在心理上實有重大的作用。

最初，這種發展，只限於傳統的有關各國的範圍以內，但是不久，許多眼光遠大的政治家，認爲如果要眞正的達到合作的目的，他們應該更進一步的，從具體方面努力。現時各國之間的距離，愈縮愈短，往往一個國家發生危機，立即使另一個國家發生反應。於是凡屬空洞而無內容的政策，已經感到不合式了。很明顯的，歐洲各國間必須採取嶄新的，和大膽的步驟。這個步驟就是要各國在更高的統治下，犧牲一部份國家權力。

一九五〇年五月九日，法國外交部長徐滿 (Robert Schuman) 提出來的徐滿計劃 (Schuman plan)，就是一個新的步驟。徐滿計劃就是提議在超國家的組織下，將歐洲的煤鐵工作聯合起來。(United European Coal and Steel Industries in a Superational Community)。一九五一年四月十八日，比利時、法國、意大利、盧森堡、荷蘭、西德聯邦共和國等六國，各派代表在巴黎簽定了上項合作計劃的公約，並於一九五二年七月間，各國議會先後都以絕大多數的投票，予以通過，徐滿計劃遂進入了行動的階段。

西德聯邦政府對於徐滿計劃，非常歡迎，他們認爲它能够解決法德間的紛爭。議會中的反對黨——社會民主黨也同意徐滿的提議，但是他們對於該項計劃是否能够付諸實施，却表示相當懷疑。因爲佔領軍將某些德國工業制度改變後，所造成各國對西德經濟的歧視，仍然存在，例如各佔領區經濟分裂的結果，就是各國對西德經濟歧視的原因之一。他們尤其反對超乎國家以上的權力。他們以爲這種權力會阻礙英國，及斯堪的那維亞諸國的參加。然西德聯邦衆議院終於依據憲法的精神，批准了此項計劃。蓋西德憲法的序文上說得很明白：「德國要以聯合歐洲各國平等立場的一份子之資格，努力維持世界的和平。」又西德憲法第二十四條也說：「德意志聯邦共和國可依法在超國家的組織之下，執行本國的統治權」。

徐滿計劃實行了，這是西歐六個國家組合的新體系，每一個國家對煤鐵工業的控制權，於是轉讓到此一個超國家的國際組織，此組織係依照六國批准的條約，以行使其職權。負責這一機構的行政者，爲九個執行委員，他們並不是各國的代表，而是爲各會員國整個共同利益的負責人。他們盡量使這個組織，成爲一個完全獨立的機構。其目的厥在提高生產，增加就業人數，避免競爭，使會員國每一個人的生活水準得以普遍提高。它的基礎也就是一個新建立的共同市場，使六個會員國的全體人民因一項最重要的經濟因素——煤鐵，溶合於一個統一的經濟領域之內。

六國煤鐵的產量，在歐洲是佔着極重要的地位，煤的生產約佔全歐總產量的一半，鋼鐵則佔三分之二。西德現已獲得了完全平等的地位，而且把一九四七年華盛頓協定所加於西德工業生產的限制，予以修改，使西德工業生產的範圍與數量，都獲得了大量的增加，因而美國的資本也不斷的流入西德了。此一煤鐵合作計劃，確有促進了西德經濟復興的功效。一九五三年六月三日，六國的外交部長會集會於西西里島，決議再召集一個歐洲經濟會議，以擴大經濟合作的範圍，他們擬訂中的研究內容共有六項：

一、創設一個歐洲市場。

二、增强國與國間的貨物交換。

三、歐洲性各種交通的合作。

四、核子和平用途聯營的計劃。

五、創造一項投資的新資金，發展工農業。

六、動力的研究與聯管計劃。

如果以上這六項內容，能一一見諸實行，於歐洲，於世界，都將有很大的影響與貢獻。

（未完）

介紹美國國務卿杜勒斯

周道濟

本文是根據約翰‧羅濱生‧比爾 (John Robinson Beal)所著「約翰‧福斯特‧杜勒斯傳」(Jcin Foster Dulles, A Biography) 縮寫而成。該書是今年由紐約哈白兄弟出版公司 (Harper & Brothers Publishers) 出版，是一部值得向讀者推薦的重要著作，所以本文也不妨可以當做書評看。

——作者

「約翰‧福斯特‧杜勒斯(以下逕稱杜勒斯)傳」是約翰‧羅濱生‧比爾的新著，截至目前爲止，它也可說是描述美國現任國務卿杜勒斯生平最具權威的著作。全書計分二十六章(註一)，都三百二十二頁（序言與索引未計在內）。由于比爾曾從事新聞工作多年(現任美國時代雜誌編輯)，且與杜勒斯相交有素，故內容頗爲翔實。

根據該書的記載：杜勒斯係于一八八八年二月二十五日出生于華盛頓，他的父親亞倫‧梅西‧杜勒斯 (Allen Macy Dulles) 是一位長老教會的牧師，母親愛廸絲、福斯特 (Edith Foster) 則出自名門。杜勒斯在小的時候，生活上受他的外祖父的影響最大，原來，在杜勒斯出生後的那一年，他的祖父便去世了，而他的外祖父却一直監護並敎導着他。他的外祖父名叫約翰‧華生‧福斯特 (John Watson Foster)，本是一位律師，後曾任駐墨西哥公使，在杜勒斯出生後的第四年，並受任爲哈里遜 (Benjamin Harrison) 總統的國務卿。

杜勒斯于受過小學及中學敎育後，便進入普林斯頓大學 (Pinceton Univ.)，攻讀哲學，旋又赴法國，從名師柏格森 (Henri Bergson) 遊，比返美國，他復進入華盛頓大學，修滿了法律系應修的學分，以作將來從事律師業務的準備。

一九一一年，他被介紹到薩里文‧克隆威爾 (Sullivan & Cromwell) 律師事務所充當錄事，後來又慢慢地升爲律師。及第一次世界大戰發生，他應召服役，被派至戰時貿易局工作（杜勒斯的近視程度頗深，故未加入正規軍的行列）。大戰結束，他曾一度擔任賠償委員會美方的顧問，處理德國對協約國的賠償事宜。以後他又重操舊業，做起律師來，如此年復一年，杜勒斯的律師生涯，竟持續達二十年之久，他的名氣也愈來愈大，而境況也十分富有了。

杜勒斯的本行，雖然是律師，但他對國際問題，一向極爲注意。當第二次世界大戰迫近眉睫之際，他曾數度受聘爲對外訪問團的顧問，遠涉重洋，從事于敦睦邦交的工作。可是這些旁敲側擊的行徑，對雄才大略的杜勒斯總未免有隔靴搔癢之感。于是他後來又與共和黨的巨魁杜威 (Thomas E. Dewey) 密切合作，積極參加政治活動，並先後于一九四四年及一九四八年幫助杜威競選總統。在此期間，美國已盛行兩黨外交，而杜勒斯便是兩黨外交的設計及決策者之一，且經常參與國際間的交涉。比一九五〇年，他奉杜魯門總統之命，以大使的資格，赴日本商訂和約，不一年，和約告成，他的聲望因而大振。後來，他又幫助艾森豪競選總統，終獲勝利。一九五三年初，當艾克正式就任美國總統時，杜勒斯也隨之擔任了國務卿。及一九五六年，艾森豪二次當選總統，杜勒斯亦獲蟬聯，以至于今。

杜勒斯有一個美滿的家庭，他與菅綠‧阿芙里 (Janet Avery) 係于一九一二年夏結婚，現有二子一女，長子是一位工程師，次子則係天主敎的神甫。此外，杜勒斯還有一位能幹的弟弟——亞倫‧杜勒斯 (Allen Dulles) 和一位不平凡的妹妹——愛里諾‧杜勒斯 (Elleanor Dulles)，前者現任美國中央情報局長，後者則係德國問題及經濟學專家，曾服務國務院多年。

但，以上所述，不過是我根據比爾所著的那本「大傳」，不揣淺陋，再替杜勒斯所作的一個「小傳」而已；讀者千萬不可因此誤認比爾的原著也是這樣地平鋪直敍，缺乏「活力」，因爲比爾的原著，不僅記載翔實，內容豐富，而且筆端帶有情感，讀來往往引人入勝，動人心弦！關此，我們不難從該書的很多小插曲中看出，這些涉及杜勒斯小插曲，或描寫其外祖父對他的寵愛，或刻劃其爲人的風格，或透視他的一般生活，或闡述他的外交主張……要之，從這些小插曲中，我們一方面得欽佩比爾的創作成功，他方面也將對杜勒斯之生平獲得更深切的認識與瞭解。

一　愛護備至的外祖父

前已言及，杜勒斯在小的時候，生活上受他的外祖父的影響最大。但從另一角度言，他的外祖父對他的愛護，也眞是無微不至。例如：遠在中日甲午戰爭結束，簽訂馬關和約的時候(一八九五年)，杜勒斯的外祖父正擔任着滿淸政府的議約顧問，及和約旣成，李鴻章總督堅請他繼續擔任淸廷的政治顧問，雖經他一再婉謝，但無法辭卻，最後，這位洋顧問不得不對李鴻章說：「我在離美之前，早已答應了我的七歲外孫適時回國，以便在夏天裏和他釣魚，你們中國人素重長幼之道，如果我留在這裏，失信于他，怎能獲得下輩的尊敬呢？」這幾句話，居然打動了李鴻章，于是杜勒斯的外祖父終于及時回國和他的外孫釣魚去了。有一天，他們在聖勞倫斯河 (St. Lawrence River) 釣得一條大魚，還特地拍了一張照片，寄給李鴻章，表示「與朋友交，言而有信」(原書第二十七頁)。

又如：一九〇七年(光緒三十三年)，杜勒斯的外祖父受清政府之聘，代表中國出席第二次海牙和會，其時，杜勒斯年十九歲，方就讀于普林斯頓大學，但由于法文很好，他的外祖父遂派他擔任中國代表團的秘書(按報載今年六月十五日為杜勒斯服務外交界五十週年紀念，即係從此時算起)，從事于英法文對譯等工作。到了海牙，他身穿阿伯爾特親王式的禮服(Prince Albert)，頭戴絲織的高帽，週旋于各國外交家之間，嶄露鋒芒，這固然是杜勒斯的青年有為，但又何嘗不是他的外祖父的「得意傑作」(原書四四——四八頁)(註三)。無怪乎杜勒斯在一九五五年六月接受印第安那大學的榮譽學位時，飲水思源，對他的外祖父大加感佩了(原書二五——二六頁)。

二　熱忱幽默的性格

杜勒斯是一個非常熱忱的人，例如：他與苦綠戀愛之際，有一天，必須參加律師考試，而同一天晚上，他又與苦綠已有一個約會，按照當時的情形，如果杜勒斯慢吞吞地把試題完全做好，必將無法趕上火車赴約；于是他只得很快地作答，到了自認可以「拍司」的時候，未及其餘，便飛奔車站去了。結果，不但通過了律師考試，而且取得了伊人的芳心，不久他們便結婚了(原書五四——五五頁)。又如：他初就任國務卿的時候，鑒于軍事首長與國務院之間的關係日益密切，乃親自邀請聯合參謀會議主席及三軍參謀首長午餐並晤談，此一禮貌性的聚談，使這些首長們大為感動，因為在過去，這原是助理國務卿的事情，用不着麻煩國務卿的(原書第五頁)。

杜勒斯也非常幽默，例如：一九四九年夏，他應杜威州長的電召，擔任參議員(原任參議員因病辭去)，及剩下來的任期(只有四個月)屆滿，他又參加那次參議員的競選，雖不幸失敗，但他毫無不豫之色，除向其助選人表示衷心的感謝外，並立即清理辦公室內的几案，準備新的工作。此時，他有一位屬下，適因事進入這間辦公室，發現他將二條腿高高地架在桌子上，正在與他的弟弟亞倫通電話，且不斷地與街對面模特兒店裏的漂亮女郎熱烈招手，這位屬下，面此情景，心中有數，乃問：「杜勒斯先生，是你先向她們招手，還是她們先向你招手」？杜勒斯雖有外交天才，至此也一籌莫展，只得無可奈何地說：「該死！我們必須搬家。」(原書第一一四頁)

三　勇敢廉正的作風

西洋人最怕人說他怯懦(Coward)。事實上，要擔當大任，建功立業，非有大無畏的精神不可。杜勒斯便是一位勇氣十足的人。關于這點，我們不必舉出他在政治上的堅強氣魄，以作證明，只須看他當日結婚的情形，便可明白。原來，杜勒斯與苦綠結婚的時候，新郎久患瘧疾初愈，身體還未完全復原，在他們的蜜月旅行中，有若干日子，還有一位護士小姐隨行照料哩！(有人認為杜勒斯的外交才能，於此已可概見，不然，苦綠對這種蹩扭的辦法，怎麼會答應呢！見原書五七——五八頁)。

杜勒斯的廉正作風，也是令人十分欽佩的，例如：在艾森豪和塔虎脫角逐共和黨總統候選人時，麥克阿瑟元帥曾勸他支持塔虎脫，並告訴他：如果塔虎脫當了總統，一定會請他出任國務卿(艾森豪對杜勒斯並無此項默契)。可是麥帥的這番意思，終于被杜勒斯婉拒了。因為他認為：他「應該」支持艾森豪(原書第一三〇頁)。又如：杜勒斯自從做了國務卿後，經常出外視察或開會，他的夫人也不時隨行，可是，于此場合，他的夫人的用費，都是私人掏腰包，從來未用過公家的錢(原書第一五七頁)。這種公私分明的廉正作風，的確值得我們的效法。

四　自強不息的精神

杜勒斯的向學心極强，他自小學、中學以至于大學，成績都甚優秀，記憶力尤强。據說：他年輕的時候，能够一字不漏地背誦約翰福音的全部(原書第二十八頁)。他對于國際問題，自隨其外祖父于一九〇七年出席海牙和會時，即不斷地加以研究，而且先後寫成了二本書，其一為「戰爭，和平，與改變」(War, Peace and Change)，偏于原理的探討，于一九三九年出版。另一為「戰爭或和平」(War or Peace)偏于實際的應用，于一九五〇年出版(已有中文本，王鶴儀譯，華國出版社印行)。雖然後者的名氣較前者為大，但就價值言，前者似尤較大于後者。

在日常生活方面，杜勒斯有三本書經常隨身攜帶，以供不時之參觀。這三本書是：①「聖經」——心靈上的無上恩物，②漢彌兒頓(Alexander Hamilton)等人所著的「聯邦主義論文集」(Federalist Papers)——政治上的指導，及③史太林的「列寧主義諸問題」(Problems of Leninism)——洞徹敵人本質的重要資料(原書第四頁)。由此可見他自強不息的精神為如何了。

五　忙中有閒的生活

一個人不怕忙，但須善于利用閒暇(leisure)，不然，天天忙到晚，頭昏腦脹，迷迷糊糊，看上去忙得像煞有介事，實際上效果全無，豈非自討苦吃！說到這裏，我們不能不佩服杜勒斯，因爲他雖然是當今世界上最忙人之一，可是他忙中有閒，而且一閒下來，無不深得娛樂之三昧，現在，我們不妨看看他怎樣利用閒暇：

①杜勒斯不論怎樣忙，他在每天晚餐之前，總會儘量找點時間，和他太太閒談(原書第一五八頁)。

②他回家後，喜歡在溫水浴缸裏泡十多分鐘，以恢復疲勞(原書一五九頁)。

③他是一位橋牌能手，也十分精于棋藝，不過他認爲打牌玩棋都太浪費時間，所以很少嘗試。反之，他最喜歡的消遣，乃是游泳，航海，釣魚，打獵等有益身心的活動(原書第三十六頁)。

此外，值得一提的是：杜勒斯在參加會議的時候，常愛一面聽人家說話，一面修削他的鉛筆，以打發沉悶的時間。尤其是出席國際會議，遇到莫洛托夫等俄式外交家，發表冗長謬論之際，杜勒斯的鉛筆，更是削個不停，弄得這些野蠻代表，啼笑皆非(原書一六〇頁)。

六　正確的外交方針

杜勒斯對于中華民國的態度，一向極爲友善，他曾數度到過中國，其中最有意義的，恐怕還是一九三八年的一次。那時，我國抗戰方殷，處境困難，他冒着戰火的威脅和惡劣的氣候，由香港逕飛漢口，他謁見現總統蔣公(時爲軍事委員會委員長)，暢談極爲融洽。他呼籲西方國家重視亞洲問題，並認爲蔣總統確是一位偉大的愛國者，值得欽佩。這種看法，在當時重歐輕亞的美國人心目中，曾產生了不可估計的力量(原書八七——八八頁)。

他對于共產黨，自始即非常痛恨，他曾提醒美國人說：「贏得戰爭固然重要，贏得和平也同樣地重要。在我看來，贏得冷戰，其重要性與贏得熱戰，殆無任何差異。因爲在任何一情形，它均關係我們的自由及自由制度之存亡」(原書第一〇二頁)。

由于他的外交方針，本乎這種認識，所以自他就任國務卿以來，共黨在很多方面，往往碰壁。即以金門的協防來說：一度有人喜將金門比做慕尼黑(Munich)，但事實證明：「在慕尼黑，西方政治家不敢面對戰爭，結果戰爭發生了，而且擴及全球；但在金門，美國政府是準備戰爭的，中共也知道美國爲此不惜一戰，結果，共黨的攻擊却因此頓遭阻止」(原書二二七——八頁)。這不能不歸功于杜勒斯外交政策的正確。

尤其難能可貴的是：據說：艾森豪對杜勒斯的外交政策，很少不充分支持。據說艾森豪在初就任總統的頭二天，每天早晨都發現他桌上有一份「過去二十四小時內最機密的情報資料」，這份資料，乃國務院根據各地情報機構的報告而作成者。艾克看了很不高興。杜勒斯說，他到任後第一個從白宮來的電話，就是總統囑即刻停止此項「特別服務」。因爲總統認爲：關于重要國際情報資料，他需要從國務卿方面直接獲得，實不必勞國務院再呈一份資料(原書第四頁)。由此可見美國總統與國務卿之間的分層負責精神，執行得如何澈底；也可見艾森豪對杜勒斯的倚重是如何之深了(關于杜勒斯近年來在外交上的具體成就，由于經常散見于各報章雜誌，在此，似無待于一一介紹)。

×　×　×　×

最後，吾人于介紹比爾所著「杜勒斯」之餘，擬略抒自己的感想。茲先舉兩則外交史上的逸話：

其一，一六五九年，法國駐荷蘭大使與西班牙大使在某一條狹巷中相遇，由于他們都乘了馬車，誰也不肯讓路，致均無法通過，這樣一共僵持了三小時之久，結果還是將附近的圍牆拆除，雙方始得不失面子地各奔前程。(原書第四十八頁)

其二，一七六八年，法國駐英大使在倫敦參加一個宮庭舞會，當他瞥見俄國大使緊靠着奧地利大使，並肩坐在前排時，不禁大怒，乃奮身向前，老實不客氣地將自己的身子夾置于奧俄二大使之間，因而雙方大打出手，俄國大使並身受重傷。(原書第四十七頁)

這二則逸話，現在聽起來雖未免可笑，但都是歷史上的事實，因爲在那個時候，國際禮儀或國家面子被認爲是外交上天經地義的大事，誰也不能對它輕視！

時至今天，類似上述的可笑事件，固然極少發生的可能，但國際共產主義者，爲了赤化世界，爲了奴役人民，却不斷地在製造事端，侵略挑釁，由此可知人類雖代有進步，而距離世界和平的普遍實現，則尚有一段路程，何況對于那些殺人不眨眼，冥頑不靈的野心家，實在無理可喻呢！

面對着這一事實，我們認爲：今天自由世界的首要之圖，厥爲以主動的力量，掃除世界和平之障礙，因爲惟有如此，民主自由的制度始能確保，普遍的持久和平，始能提早完成，更何況「生存乃國家的第一要義」(借用杜威語)，而民主，自由，與和平，則爲我們的生存命脈，與純粹國際禮儀或國家面子問題，不可同日而語呢！

杜威(Thomas E. Dewey)在「杜勒斯傳」的序言中曾說：「杜勒斯是從不受共黨欺騙的人，甚至在第二次大戰期間，美蘇關係極好的時候，也絕未爲共黨的花言巧語所迷惑。」艾森豪在今年六月十五日杜勒斯服務外交界五十週年紀念之時，亦說：「他對杜勒斯自從一九五三年出任國務卿以來，在國際關係上不斷增進的卓越成就，表示欽佩。」而且，他預言：「杜勒斯將在歷史上成爲美國最偉大的國務卿之一。」可見杜勒斯實爲今天世界上一位偉大的「反共鬪士」及「和平使者」。在此，我們相信：杜勒斯對于「反共」與「和平」的關係，必早已成竹在胸；同時，我們預祝：五年或十年後，當比爾先生重版「杜勒斯傳」的時候，其所增訂的宏文，必將是自由世界光榮勝利史的一部份！

(註一)　此二十六章爲：①新國務卿就任，②他所著的「戰爭，和平，與改變」，③美國根源，④海上航行家，⑤初嚐外交生涯的甘苦，⑥法律與結婚，⑦凡爾賽的教訓，⑧律師業的幸運與冒險，⑨尋求公正持久之和平，⑩兩黨外交，⑪四個月的參議員，⑫飛行員作戰式的對日和約，⑬艾克的召請，⑭行政的煩惱，⑮飛機中的生活，⑯未能盡愜人意的人物，⑰韓國——戰爭的告終，⑱柏林——外交上忍痛犧牲的開始，⑲印尼——另一個戰爭邊緣，⑳臺灣——嚇阻政策之確定，㉑顚覆問題，㉒納塞與阿斯旺壩，㉓納塞與運河，㉔盟國對埃及意見之分歧，㉕西歐的合一，及㉖和平鬪士。

(註二)　按此間報紙多謂杜勒斯係隨其「祖父」赴海牙開會，或係由于英文，「祖父」與「外祖父」同爲Grandfather，致有舛誤。

西歐通訊・六月十五日

丹麥大選以後

萬遜

北歐的四國除芬蘭共和國外，挪威(自一八八四年始)，丹麥(一九〇一年)和瑞典(一九一四年)均採行英國式的「君主立憲」政體。然而除瑞典國會分上下兩院外，挪威及芬蘭均行「一院制」。一九五三年丹麥修改憲法，亦廢「兩院制」改行「一院制」。在政黨方面，各國因歷史的傳統與採用「比例選擧法」的緣故，在政治上都是「多黨政治」。除歐洲傳統的一類政黨如：保守黨、自由黨及社會黨外，尙有勢力雄厚的農民黨。保守黨與農民黨是北歐各國的右派勢力，自由黨和社會黨則成爲左派力量。此外還有「進步與貧困」作者喬治(Henry George)信徒所組織的「喬治黨」和共產黨等小黨。政黨雖多，但政局能相當穩定，其原因在於社會黨。在一九一九年至一九三九年間社會黨實力逐年增强，至一九三〇年各國社會黨在國會中的勢力較第二大黨多出一倍，然而在這種情形下，只需要在選擧時少數選民政見的動搖便足以破壞這個穩定的秩序。自一九四五年以來，丹麥的「社會民主黨」勢力逐漸弱減，加以各黨間界限淸楚，一時無法組成穩固的政府，使內閣的平均年齡不能維持過兩年以上。當時丹麥政府的延續僅賴於解散國會權的行使，因根據丹麥憲法，國會對內閣作不信任投票倒閣後，國會卽被解散重選。因此使少數派政黨主持的政府能在國會(Folketing)中獲得流動而輪替的多數。

一九五三年九月二十二日大選所產生的國會一七九議席中，「社會民主黨」獲七十四席，再加上「自由激進黨」十四席的支持，得以組閣；但「保守黨」及「自由農民黨」的右派亦擁有七十二席，使乾森 (H.C. Hansen) 內閣時受反對派的威脅，搖搖欲墜。及至本年五月十四日大選後，因「社會民主黨」勢力的退却，使此一情勢更加嚴重化。茲先將選擧結果列表如下：

黨派名稱	一九五七年 獲選票數字	百分比	國會席次	一九五三年 百分比	國會席次
社會民主黨	九一〇、四三八	三九·四	七〇	四一·三	七四
自由激進黨	一七九、六五九	七·八	一四	七·八	一四
保守黨	三八三、九七四	一六·六	三〇	一六·八	三〇
自由農民黨	五七八、五五八	二五·一	四五	二三·一	四二
單一稅黨	一二二、八〇一	五·三	九	三·五	六
什列衞格德意志少數黨	九、二〇一	〇·四	一	〇·五	一
共產黨	七二、三一三	三·一	六	四·三	八
其他	五三、九一三	二·三	—	二·七	—

尙有議員四名，格陵蘭 (Grœnland) 及費羅爾羣島 (Is. Fœr-Œr) 各二名未經決定。

共產黨在選擧中的失敗，一方面由於丹麥人民對蘇俄在匈牙利行爲所激起的反感所致，另一方面由於乾森在競選期間答覆布加寧恫嚇信件的堅强態度亦同時鞏固了民主政黨的立場。乾森當時反駁蘇俄指稱丹麥擬接受原子武器的外援，更稱丹麥五大政黨均同意渠對蘇俄恫嚇文件的堅强答覆。共產黨在本屆國會中雖損失二席，實已萬幸。就選擧前的分析，共產黨勢力是可能被淘汰的，因根據丹麥選擧法規定：凡參加競選的政黨必須在全國中獲有六萬選票始能在國會中分配得席次。乾森主持的社會民主黨的失敗，據保守份子的分析，乃因其經濟政策失敗所致。社會民主黨在新國會中只掌握七十席，今後如僅與自由激進黨合作是無法獲得法定多數的，在當時情形頗似一九五〇年以右派合作接替社會民主黨乾森內閣的情勢，故前首相自由農民黨黨魁愛里克遜 (Erik Erikson) 在選擧結果一經公佈後卽要求乾森內閣辭職。

本屆大選中的勝利者乃自由農民黨及喬治黨，前者較在上屆國會中多獲三席，後者亦有三席的進展。以上兩黨的勝利乃因經濟問題所促成，自由農民黨的進展主要因素乃由於該黨在城市中的發展及能調和生產者和消費者的利益所致。而喬治黨只不過收回一九五三年選擧時的損失。但其主要成績還是利用人民對政府的反感。在二次大戰後，喬治黨初發起時，其政策在要求廢止配售政策，一時該黨頗獲成就。今日該黨政策乃改革幣制及農業政策。同時在本屆大選喬治黨很可能獲得那些不再向共產黨投票的選民的支持。總之，就上表看來，在今日丹麥的國會中，議席分配的散漫應無法找到集中的多數，同時因國際市場上農產物的跌價促成丹麥經濟上的危機，均形成今後內閣難產及難以持久的因素。

乾森內閣於十五日向丹麥王費得立克提出辭呈。當時正值英女王赴丹的前六天(五月二十一日)，一般人推測費得立克王將提名愛里克遜組閣，然而事實適得其反，丹麥王於十六日召見國會中六政黨代表，經自由農民黨黨魁宣佈該黨將不參加由各黨合組的政府後，促請乾森向各黨商討，謀

從加拿大僑裔鄭天華當選議員談起

金承藝

在六月十四日的各大報紙上，都登載着這樣一段報導，它大意是說：年僅三十三歲的華僑後裔加拿大人鄭天華，當選爲加拿大國會衆議員。他是加拿大國會議員中第一個中國人後裔。他是保守黨，他在他的選區中擊敗了勢力强大的加拿大國防部長堪奈（自由黨）而當選。

這一段消息無疑是值得我們欣喜和驕傲的。由於這一段消息，我不由得想起存在於今日南洋各國華僑中的嚴重問題：

我國在南洋的僑胞數近千萬，因爲僑胞的熱愛祖國，和中國傳統性的對於家鄉觀念的重視，所以僑胞中甚多仍保持着中國的國籍（甚至是土生華僑），而且在很多地域還都盡可能的保留着說中國話的權利，在過往的幾百年之中，一直是如此的，對於我們生活在國內的人來說，看到僑胞的這種表現，當然我們是由衷的感動。

可是，自二次大戰之後的近十年來由於南洋各國均先後獨立了，於是僑胞的國籍問題和僑胞子弟的學習中國語文問題，都相繼發生了。而這一兩年來在菲律賓、泰國、越南更成了刻不容緩的急待解決的問題。

因爲看到加拿大華僑後裔鄭天華先生當選爲加拿大國會議員的消息，我願意極虔誠的和南洋的僑胞們做一個理性而客觀的探討，希望這一點兒「微末之見」能供僑胞們參考：

我們必須知道，面臨了新的時代要有新的觀念，應付新的環境要用新的方法。今天的南洋各地已經進入了新的時代，因爲它們不再是歐美列强的殖民地了，是獨立國家了。我們的僑胞還能够保持以前殖民地時代的生活態度和方法嗎？不能的。時代不同了。我們應該迫使我們適應新的時代。當這些國家要求土生僑胞入籍的問題發生以後，站在我們的地位，和從我們的利益觀點來講，固然我們也可以說出很多理由爲僑胞們的不入籍而辯護，來指責這些國家的壓迫手段，但是眞正說起來我們是沒有極響亮、極合理、極服人、極使世界人士同情的理由的；僑胞們生於那個社會，長於那個社會，功名事業成就於那個社會，可是當那個社會要求你入籍，要求你盡義務的時候，你說「不」。這能是合理的事情嗎？我們如能客觀、或從第三者的地位來看這件事情，都不難發現僑胞的堅持不入籍是一件不盡合理的事情。

那麼華僑們應該怎麼辦呢？就我來看，我認爲僑胞們應該勇敢的面對現實加入它們的國籍，完全的投入它們的社會。如果我們能够平心靜氣的來對這件事情加以考慮。我們不難發現，這樣做的結果是：

一、可以減少僑胞與各該當地政府的摩擦與衝突。而這種摩擦與衝突可以說是「不必要的」。因爲南洋各國要迫使僑胞入籍的趨勢是無法阻止和挽回的；最多有時間的先後而已。

二、僑胞如能大量的入籍各該國家，以僑胞的物力和人才，都不難像加拿大的鄭天華一樣，在民意機構中佔有席位，甚或是在政府中獲得高位。在政治上有了地位，才能眞正達成保護僑胞自身利益的目的。

三、在泰國有僑胞三百五十萬；在卽將獨立的馬來亞全部六百萬人口中僑胞有二百五十萬，佔到全人口的五分之二，這樣多的僑胞如能投入它們的國籍，勢必在這幾個國家中形成「極多數的少數民族」，這樣就等於是中國人是形成這些國家的重要分子，自然中國人也就會在這些國家的議會和政府中佔有重要的勢力。中國人在各該國的政治上擁有力量，才能製訂親華的外交政策，才能使中國與這些國家保持極其友好的關係。僑胞們如能這樣做，使中國得到的好處將是無法估計的，這樣才能達成僑胞們熱愛祖國的目的。我們可以看到在第二次

求一能在國會中獲得多數支持的政府的成立。於是乾森宣佈自由激進黨和單一稅黨領袖人物接受由三黨合作組閣的原則並開始商談，丹麥王費得立克於五月二十二日下午授命前首相乾森試組一由社會民主黨，自由激進黨及喬治黨三黨的聯合內閣。以上三黨在國會一七九席中共握九十三席的絕對多數，此一消息傳出後非社會主義政黨對之甚表驚訝，因當時一般人的推測乾森於五月十四日大選失敗後將會拒絕組閣的。乾森旋於五月二十七日向丹麥王提出內閣名單，在十六名閣員中社會民主黨佔九名，包括：外交部、財政部、國防部、社會部、公程工程及住宅部、司法部、對外貿易部、宗教部及格陵蘭事務部。自由激進黨四名，包括：教育部、經濟及北歐合作部、商業部及農民部；和喬治黨三名，包括：內政部、漁業部及一名部長銜閣員。此新內閣在今後經濟問題上的處理頗有困難。丹麥人口大部均以務農爲生；而國際市場上農產物價格的下跌足以促成丹麥財政上的危機。然而在外交上，乾森新閣的外交政策將仍循舊軌。乾森一如在上屆內閣一樣自兼外長，而國防部長哈杉（Paul Hansen）仍舊蟬聯原職，足資證實。何況在本屆大選競選時外交政策並未對選舉發生若何影響。丹麥政黨中除共產黨外，均贊成丹麥繼續參加北大西洋組織，卽對北大西洋組織採保留態度的唯一非共產黨政黨——自由激進黨——自布加等對北歐諸國施行恫嚇後亦已冲淡了它所持的反對態度。

大戰以後，美國初期的援外法案是重歐輕亞的，爲甚麼它重歐輕亞呢？因爲美國人大部來自歐洲，他們當然關注他們的故鄉呀！如果美國人中大部份是中國人，那我想毫無疑問的是「首先援華」。我們再看在近世兩次大戰之中，英國每到危急存亡的時候，加拿大、澳大利亞、紐西蘭，南非聯邦都會奮不顧身的和它同甘共苦，並肩作戰。這是甚麼原因呢？因爲它們都是英國民族建立的國家，儘管在名義上他們不是英國人了，但他們對於家鄉和祖國的熱愛，使他們不由得要拔刀相助，英國能够在這兩次大戰中渡過難關，可以說受它「兄弟之邦」的幫助是很大的。僑胞們，你們爲甚麼不讓南洋各國成爲中國的「兄弟之邦」呢!?日前，在一篇報導馬來的通訊上說：馬來亞的二百五十萬華僑中，有公民權的應有一百餘萬人，在即將準備獨立的公民登記中，華僑參加公民登記的人數才只十二萬人。這個現象實在是不智的而又值得隱憂的。我極希望馬來的僑胞們應做從長的考慮，把眼光放開遠了，須知在名義上能不能還是「中國人」是沒有關係的事，只要你仍熱愛祖國，生活於國內的人們，我們必仍然對你們的所做所爲感到關懷、敬佩、並引爲榮耀。

另外一點是：

四、我們必須認清，語言和文字不過是我們日常應用的工具，既然是一種工具，我們就應該力求其適用，僑胞在各該地區儘量保持自己的語言和文字，必然和當地廣大的社會和人羣隔閡，僑胞要想使自己在當地成就最偉大的事業，就不應自外於當地社會，應該和當地的社會合作無閒，這樣自然不應再堅持使用自己的言語和文字，而要使用當地的語言和文字；這也就是選擇了最適用的工具，該是爲智者所取的事。

只要能够最適用，只要能够幫助你事業上有更大的成就，會不會使用中國的語言和文字是沒有關係的，僑胞們即或不會說中國語文，如你們是深愛祖國的，中國也會得到你們的益處。相反的，你在海外把中國語文搞得很好，但如在事業上不能有好的成就，對於自己和對於中國又何好之有呢？我們試看在美國的很多德國人、愛爾蘭人、法國人、意大利人、他們到美國之後都用英文，不再用自己的語文，我們爲甚麼要在一些國家中還要應用自己的語文呢！

僑胞們花費很多的時間來研習中國語文，是很「不智之擧」的，中國語文對於在那個環境中的你們毫無補益，只有影響你應用上的不便和事業上的成功，而且增加你們和當地社會與政府的隔閡、摩擦。我們可以想像的到，鄭天華先生一定是個英語很好的人，他絕不堅持用中國的語文，所以他才能在加拿大的社會獲得成功。

本年初，旅居美國的我國有名的學者胡適之先生，在他的胃病沒有迸發以前，在舊金山曾經發表一次有關僑胞問題的講演，固然任何人的意見(即或是有名的學者的意見)也都不一定是全對的，可是，以胡適先生一向的高瞻遠矚，和他成熟的考慮，我覺得他那次演講的五項重點(專對美國華僑說的)很值得僑胞們參考。因此我附帶的把他提出：

一、他認爲華僑子女應該集中精力學習英文，研究專門科學或職業知識。他認爲做父母的僑胞不應强迫子弟入僑校，讓他們浪擲大好青年時代之光陰於研習中國語文。

二、旅美華僑近百年來，土生子弟在文學、科學或政治上，無一偉大貢獻，無一位頭等人材產生。反觀旅美之猶太人、愛爾蘭人、意大利人其初入美境時，亦與華人共受各種苛遇，但彼等最近數十年來人材輩出。他認爲這是很值得僑胞們深思熟慮的，應從頭做起。

三、他認爲中國政府多年來對華僑教育的處理都是失當的。僑務委員會不應促使海外僑胞子弟研究中文。胡先生特別指出：這種政策，過去是錯，目前是錯，將來還是錯；全無實益於華僑青年，反而阻碍他們在當地的發展。

四、近數年來，南越、泰國、馬來、非島、印尼各地，莫不迫華僑入籍，並迫華僑學習該國語文，甚至友邦如美國及加拿大，也對華僑進行查冊及壓迫，在這種國家主義尖銳化的時候，海外華僑應該採取新步驟；他認爲華僑應該投入僑居國之社會及政府中做事。

五、他認爲華僑子弟在外國學習外國語文將來有成就時僑居地國家固然得到益處，但中國方面並未失之，有日大陸重光，祖國需要華僑青年回國服務時，他相信大部份的華僑青年必將携帶其學問及經驗，回返祖國效勞，中國就可以坐享其利。

紅絨鞋

周子強

一

這發霉的歲月，發霉的屋子！

李振民今天起床的時刻比較往常的星期日更要晚些，因爲昨晚回家太遲了，並且徹夜失眠。

他睜開惺忪的睡眼，看着身邊的小寶，睡得很安穩，那渾圓的小臉，平日顯得沒有血色，但此時睡在被窩裏，也許是窩的太暖了，使他的兩顴上簇現兩團紅暈，隔着那染有塵汚而顯得粗糙的皮膚，這兩團紅暈，便有些像兩隻粗皮的小橘子，做爸爸的愛憐地看了一眼，他想：昨兒帶小寶出去，也忘了給他洗個臉，眞是有些丟人。……不過也顧不了這些，反正丟人的事恐怕還多着呢。

再看看脚下睡的大寶——這七歲的女孩子，微黃的頭髮披散在枕邊，那勻正的鼻子，略帶弧形的嘴，好像有一絲笑意，那完全是她媽媽的塑型。她的胸脯在微微起伏着，睡得也正甜。可是李振民竟蹬她一脚，想叫她趕快醒來，他覺得，這孩子越來越懶了，星期天不上學，索性睡得不起床。

大寶在朦朧中哼了一聲，翻過身去，又睡熟了。

「該死！」李振民正預備罵出這句話；可是剛到口邊，立刻嚥了回去，因爲他又猛然想起昨晚的情景來：他抱着熟睡的小寶，在深夜中回家，一推開門，看見大寶伏在桌上睡，鉛筆還捏在手裏，手邊堆了一堆書本和作業簿。他將她推醒，發覺她的手冰涼，兩隻腿也好像睡僵了，一時站不起來。臉上還留着淚痕，用那失神的眼光盯住爸爸，這眼光中夾雜着孤單的恐懼和絕望的悲哀。突然，她猛烈地抽咽起來。

李振民現在纔想起，這孩子昨晚是耽誤了睡眠，所以今天纔睡得這樣死。想到這裏，一陣悲酸馬上襲上心頭，唉，孩子是無罪的，爲什麼剛纔要蹬她一脚呢？平常星期日她起身得晚些，也並沒有責罵過她，那麼今天又是爲的什麼呢？他萬分愧疚的問自己。如果一定是爲了什麼，那不過因爲她那勻正的鼻子、略帶弧形的嘴角，以及嘴角上掛的那絲笑意，太像她母親了，而這些美的印象，現在對李振民說來，無異是一種輕蔑和嘲諷。

他又觸起昨晚的那些景象來……

二

昨天是週末。李振民心裏悶得慌，好像沒有一個地方可以安頓自己。自從太太有了工作，在一個公館裏充任嬤姆之後，兩人完全過着分居一樣的生活。上個星期天，他們本來約好了這個星期六的晚上，帶小孩去逛逛街，買點必需的衣物，可是她在下午臨時由那公館打電話到局子裏通知李振民，說她的女主人交代說晚上有應酬，恐怕要到十一點鐘纔能回家，囑咐她不要離開，所以她只好決定等到明天星期日回來，並且說請他原諒。李振民也沒有什麼好說的，他記得上個月的一個週末，也是同樣的情形，「唉，做嬤姆，連週末自由的時間都賣給人家了！」但太太也是爲了貼補家用，纔出去工作的，她也有滿肚皮說不出的委屈。她的不能踐約，小孩的失望，自己倒是應當首先抱疚的呢。

他草草地吃完晚飯，女兒一直嚷着要上街，他實在沒有勇氣向小孩宣佈，說媽媽這個週末不回家了，在過去每個週末，除了前面提到的一次例外，他們都有一個溫馨之夜的；在這一間斗室裏，在這一個不像樣的環境裏，平日像媽媽所說的一樣——「這發霉的屋子」，可是只要媽媽一回家，它立刻就煥發着生命的光輝。

他懂得女兒的心理，她的空虛寂寞，和自己所感受到的又不盡相同，因爲她還包括了一項屬於物質的，而也該是精神的希望的幻滅——原來媽媽答應今天替她買雙紅絨鞋，上面綴着白色的絲花邊，像同學陳月美穿的一樣的。——是的，至少在今天是幻滅的，是把捉不到的，對於一個懷着迫切希望的人說來，時間的延誤，將使她感到這是一種缺憾，即使是彌補，也好似是不完全的。

爲了使大寶不至失望，爲了塡補自己心靈所感受到的那份空虛，他向這七歲的女兒表示，今天可以替她鉸好脚樣，先把絨鞋買來，明天一早就可以穿了；不過要她留在家裏看門，他只能抱弟弟去，因爲一個人帶兩個孩子擠公共汽車太不方便，同時他想帶小寶多逛一逛街，讓他也高興高興。這樣，時間需要久些，家裏沒有一個人看着門，也是不放心的。

這差不多是一項睿智的決定，大寶終於欣然同意了，她說：

「很好，我還可以靜心的做功課，免得弟弟搗蛋。」弟弟的頑皮好弄，在大寶的心裏幾乎是一個痛苦的烙印，自從媽媽出去做事以來，她放學回家，忙着趕作業，還幫忙看顧弟弟，不知道爲了他挨過爸爸多少次叱責。她想，明明是弟弟不對，爸爸太不公平了。

李振民抱了小寶，擠上公共汽車，到了五光十色的衡陽街。問了七八家百貨公司，都沒有大寶要的紅絨鞋。這位「死心眼兒」的好好先生，就不知道在衡陽街轉角的攤子上看看，原來那種廉價的絨鞋，本來就是攤子上賣的。

他把一條衡陽街走完了，心裏有着惶急一樣的感覺，可是小寶全不理會這些，他指着前面的「電影街」——那些在霓虹燈下面閃鑠着的巨幅電影廣告，口裏儘吱吱唔唔。他想，走過去看看也好，說不定那邊有大寶要的絨鞋賣。於是他小心地把小寶抱得更緊些，看定這十字路口的紅綠燈和兩面來往的街車，迅速地穿越過去。

小寶被那片名叫做「白鯨」的廣告所吸引住了，一個猛武有力的獨臂人在海濤洶湧中追逐一條大鯨魚。這是宣傳已久而非常賣座的一張片子，李振民也禁不住多看它幾眼。

當他問不到絨鞋，懷着失望的心情走回這家電影院的門口時，突然決定要帶小寶進去看一場電影。反正已經出來了，總不能一無所獲地背負着空虛回去。

如果買不着票，倒也死心塌地了，可是樓下的普通票雖已售完，他還是買到了一張樓座，貴了幾塊錢。也好，誰叫小寶的媽今天不回來呢？他無端地把看電影和太太的沒有依約回家牽扯在一起，有意地使它發生因果關係，好像這是一樁快意的報復似的。

找好了座位，距開映的時刻還有五分鐘，他好整以暇地向下面掃視着樓下的人，黑壓壓一大堆，有吃橘子的，有磕瓜子的，他想，眞抱歉，剛纔忘了給小寶買個橘子。

天下的事不能說沒有奇妙的巧合，有許多巧合都是在意料不到的情形下發生的。當李振民俯視着樓下的人羣時，忽然，他懷疑是一種幻象的作祟，在中排和一個衣着齊整的男子坐在隔一個座位上的女人，那背影那髮型竟和自己的太太一模一樣，仔細察看她的衣着，他沒有辦法解釋那不是她。坐在她的緊鄰是個女孩子，李振民認得出是那公館裏的小主人。

「唔，原來她是背着我來看電影。」這位老實的丈夫由狐疑而感到悵惘，那悵惘，其實是屬於一種受到欺矇的不安情緒。他立刻抱小寶站了起來，預備下去找她。但是一個可怕的景象却緊接着展現在眼前，那分明不是幻象：

和她隔一個座位的男子，偏過頭來，向她說話，她也偏過頭去和他親切地談着。李振民現在完全看清楚了，嫵媚的笑容掛在她的嘴角上，一笑，一點頭。他希望那個男子是他所曾熟識的，但察看了半晌，却完全陌生。那是一個「儀貌甚都」的中年男子。

李振民重新跌回剛纔坐的皮椅子裏，他忽然感到這皮椅子直往下沉，往下沉……

音樂又響起了，那是一種搖擺律的音樂。接着電燈滅了。這短促的時刻，還不能讓他分析什麼。只是在這樂調和憧憧的暗影裏，他好像忽然看到太太的笑容，是冶蕩的……甚至是可恥的狐媚的。

他幾乎忘記了懷中的小寶，一心只顧搜索剛纔的印象，這好像是不必通過任何理解，而立刻可以叫一位忠厚存心的人也會暴怒起來的。一切是太巧了，太太平日不希望他去看她，今天又拒絕回家而來看電影，她揑造理由，馴服地說請他原諒……

不過，此刻的他，還沒有到暴怒的程度，由於平日對於太太的信任，使自己不得不馬上推翻那些壞意的揣測。但是，過去的生活經驗究竟和他的口袋一樣地感到空乏，正因爲他從來沒有類似今天所遭遇到的經驗，纔使他不免震驚；好像這眼前的事實是無法讓人去作一番尋常的推測和判斷的。總之，這件事巧合得令人難以置信，像回想一個奇怪的夢境那樣地撩人思緒。李振民想到：這恐怕正是說明自己對於太太的熱愛吧，他記得當年向她求愛時，只要看到任何一個年青的男子和她在一起，就有些不自在起來。

那個中年男子究竟是誰呢？也許是他們的鄰居，說不定也是碰巧坐在一起，正像自己碰巧和她不期而遇一樣。是的，是的，太太笑着點頭，不過是尋常的酬答，那是一位少婦應有的禮貌。她帶那個孩子出來看電影，恐怕也是臨時奉了女主人之命的。

李振民的嘴角，不自主地浮上一絲淺笑，這淺笑，也許算是勉強的，雖然在黑暗裏，雖然他面前並沒有鏡子，自己彷彿也看到了自己的笑容，那肌肉的牽動是有些僵硬的感覺的，或者乾脆叫它做痙攣。他擔心別人會同樣看到這難看而尷尬的笑容，但接着又彷佛覺得，在這樣想着的是自己，笑着的像是另外一個人。

他究竟不是笨蛋，對任何的一切，總得試圖分析，試作一切可能的假定。他本來對這個世界充分信任，原因是他根本無所懷疑，而且心地根本單純得缺乏想像的能力。但今天的情形使他不能不感到例外。

當笑容在他的嘴角一瞬消失時，他已經決定耐住性子，等快散場的時候，可以走在她的前面，在電影院對面的一家茶室樓上坐一坐，注意她和那男子是不是同時出來，是不是同路走在一起。他又考慮到，是否應當立刻去找她，或者她明天眞的回家，是不是還要向她提到這些。

但是，他究竟沒有能够耐住性子，沒等到電影快散場，就拖着小寶出來了。他完全沒有看到電影裏演的是些什麼，當小寶指着那張着口在翻騰着的鯨魚吱吱唔唔，想問又說不出來的時候，他就小聲地斥禁着：「不要響！不要響！那老虎會吃人……不要響，那個人的手沒有了，被老虎吃掉了，連心也吃掉了，心吃掉了！他要殺老虎……莫動，不要響！」

走出電影院，對街穿過，到了茶室的樓上。依然是居高臨下，街燈通亮視線更其清楚。他儘讓小寶吃千層糕，沒有考慮到他會吃壞，自己一心望着下面。這樣的好容易挨過大半個鐘頭，在擁出的人潮中終於看到了他們。她牽着那女孩子，那個中年男子和她差不多是並肩走着。從她說話的神情中，可以看得出，包含了某種渴望。

一切可說都已肯定了，李振民這樣判斷着，心房一直撲通撲通在跳，差一點沒跳出心腔。他勉强鎭定，付好了茶資，抓起小寶就走。

他分明看到他們轉過前面的一條橫街，急急追踪上去，燈火闌珊，他們的影子却驀地消失了。

他開始拖着遲緩的步子，有意讓時間在脚底消逝。小寶伏在他的肩上，漸漸睡熟了，使他覺得肩頭上是壓着一樣沉重的東西，而這樣東西的確是和他相依爲命的，如同一個跋涉長途的旅人背着他時刻不離的包袱一樣。

不知道走了多少時候，這纔來到那座公館的門口，他按着電鈴，一個傭人模樣的人出來開門。

「請問這裏的一位媬姆回來了沒有？」他囁嚅地問。

「你找她有什麼事？」那人向李振民和他肩頭上伏着的小寶打量，差不多從頭一直看到脚：「出去了，沒有回來。」

「回頭要是她回來了，請你告訴她，有一個姓李的，李振民來找她。……唔，沒有什麼事。」

當一個人發現了什麼，或者遭遇到一樁無可奈何的事情時，他會本能地把自己當做置身事外的第三者一樣的去逃避現實，但當他意識到無可逃避時，就會感到絕望的悲哀。李振民此時正有類似這樣的心情。

就是這樣的，使他有一個無眠之夜。也就因爲這個，纔向熟睡中的大寶踣了一脚的。

二

李振民和他的太太可說是一對患難夫妻，當年結婚不久，正趕上共軍渡江，他們跟着機關撤退，最初到四川，後來又到廣東，最後纔來臺灣。在撤退的途中，生下了大寶。到臺後一年，小寶誕生了，媽媽沒有奶，全靠吃奶粉，生活壓得他們透不過氣來。他本來在機關裏當一名低級職員，那一份待遇，平日只够勉强維持最起碼的生活，現在則僅够小寶吃奶粉。他們也曾嘗試着讓小寶吃一兩頓奶糕，或者把廉價的脫脂奶粉摻和着餵他，可是這孩子就是嘴刁，不肯吃。如果勉强餵，吃下就拉肚子。本來是先天不足，有些面黃飢瘦的，後來越發瘦弱了，爸和媽爲這不只一次傷心掉淚。

他原來可算得是一位樂天派，平時默默地工作，從來不管閑事，不爲貧困抱怨，不像一些人那樣一味的怨天尤人。她呢？內心也和外形一樣的美麗，只是生性有些好强。由於好幾年來的生活煎熬，妻子總不免覺得丈夫太馬虎了，太「樂天知命」了，她認爲：環境的不能改善，一半也是由於丈夫的性情葸懦，譬如說吧，到臺灣也有幾年了，和他職位不相上下的人都配到了宿舍，只有他還要自已出錢租房子，花上百來斤米，四十元一月的房租津貼又够什麼？可是他就是那樣逆來順受慣了，不肯向公家說話。

談到他們的房子，眞够李太太傷腦筋的，她一憤激起來，便要向人說：「我們簡直是住在貧民窟裏！」每逢她說這句話，李振民也禁不住要白她一眼，他說：「臺灣根本就沒有像上海那樣的貧民窟，你就是想住也住不到。」接着，這位謹愿的丈夫便帶着笑容向人家解釋：「那不過是一個大雜院罷了，像北平的大雜院一樣，很够人情味的。我們收入只有這麼一些些，難道還想租獨家院的房子？就是住公家宿舍也還不是一個大雜院！」

其實，李太太把他們住的房子說做「貧民窟」，是過分了一些，但李振民把它說成北平式的大雜院，也未免稍稍美化了一些，也許他是用來解嘲的。

那是一條斷巷裏面的一排低矮的磚房。雨季裏，那條巷子永遠是濕濘濘的，人們的泥脚印一直帶到這磚房裏面的水泥地上，不規則地散佈着，叫人看上去像麻臉一樣的礙眼，給人以不舒服的感覺。外面的牆壁都是濕漉漉地，爬滿了暗綠色的苔蘚。屋外有一方不小的空地，但沒有圍牆，所以還够不上稱爲院子。空地的角上垃圾堆成一座小丘，算是小孩玩耍的理想場所。這垃圾堆裏有廢紙、煤渣、也有陳年的雞鴨糞，偶而有一兩隻空罐頭瓶子，在裏面閃映着銀光，便成爲小孩們爭奪的對象。遇到晴天，太陽照在這空地上，蒸發出一股特有的氣息，在空氣中盪漾。這氣息說不上是穢臭，最多是介於穢臭與霉腐之間。當人們一早推開窗子，忽然看到雨季裏面的一個晴天，那麼，撲面而來的這絲氣息，多半是使他們有一種親切的感覺的。

這「雜院」裏面大部分住的本地做小本生意的商人，小部分是外地的公務員，廊簷下常晾着各色各樣的衣服，和那斑剝陸離的牆，相映成趣。李振民在這裏租下一間房時，起初也看不上眼，只是貪圖房租便宜，等到搬進來以後，他才曉得，這裏却有這裏的人情味，彼此都時常親切地打着招呼，問長問短的，大家都好像是「休戚相關」，他幾乎認爲這是一個窮困家庭最理想的所在了。

「美君！你不要老不中意，據我看，住在這裏大家倒有個照顧，你將來如果有了工作，上班的時候，小寶還可以寄在張太太那裏，人家頂喜歡小孩的。」他向太太說。

太太差不多沒有啐他一口，她說：

「寄在張太太那裏？你是說讓他去抓垃圾堆？張太太的小孩就是抓垃圾堆長大的！」

不過，丈夫說她「將來如果有了工作」，却是她久已憧憬着的，如果眞的有那麼一天，她要好好地補充小寶應有的營養；當然，首先得搬出這「貧民窟」的屋子。

「這發霉的屋子！日子都要發霉了。」李太太憤慨地說。

她每天上街買菜，總要留心看看壁上貼的報紙，在「人事」欄裏常有徵求職工的小廣告，但很少有和自己的條件合適的。有一次，她的眼光落到那「徵求媬姆」的四個字上，——這樣的廣告，她以前不只看到過一次，也曾按址面洽過一兩次，纔知道所謂媬姆，並不是專責看顧孩子，還要兼其他的雜務，和做女傭沒有多大分別。爲了自尊心，她不肯這樣屈就。——當她注意到這則廣告裏面的幾個小字：「最好具有幼兒教育經驗，報酬特別從豐」，她不禁油然心喜，同時斷定那必是名符其實的徵求媬姆；而且她自己在高中畢業後，還讀了一年幼稚師範，現在已經是兩個孩子的母親，幼兒教育的理論和經驗，可說都已具備，如果去應徵，大概總十拿九穩。還有「報酬特別從豐」的這句話，立刻給她帶來了無窮的希望。

她急忙從菜市場走回家，將這消息告訴丈夫，他也顯得興奮。她叫他託人請半天假，在家看顧小寶，好讓她馬上去面洽，她擔心這個機會稍縱卽逝。可是這位黽勉從公的丈夫，如果不是病倒，却從來不肯請假，他說：

「你就中午去怎麼樣？」

「我說你這人呀，就是這樣的死心眼，一點也不活動，好，好，你不請假好了，我也不去了。窮死了活該！」李太太又表示憤慨。

結果還是太太曲從了先生的折衷辦法，將小寶交給張太太代爲看顧。兩人纔破例的雇了一部三輪車，先生順路上班，太太按址應徵。

當她接洽回來時，自己實在按捺不住那顆興奮的心，事情完全如她所料，那家的男女主人對她都表示百分之百的滿意，明天就可開始工作，職務是看顧兩個孩子，一個六歲的女孩，一個四歲的男孩，待遇是每月六百元，吃他的飯。算起來，比起李振民在機關裏的那份待遇要多近一倍。

李振民回來吃午飯時，李太太開始報導此一令人興奮的消息：

「怎麼樣，差一點給你誤了……」

當然，這回是他聽她的，邊吃飯，邊聽。不過當她說到「那個小男孩就和我們小寶一樣大，也很逗人喜歡」的這一句時，他忍不住插一句嘴：

「你是不是要住在他們那裏？」

「那當然囉，否則人家爲什麼要請娛媽。」她覺得丈夫實在多此一問。但接着，自己也想到：離開家裏，住到別人家裏去，事實上的困難太多了，首先，從白天到夜晚，誰帶小寶呢？恐怕眞得拜託張太太看管，就是抓垃圾堆也顧不得了，反正小孩子也是鬧大的。可是，誰給他喂飯呢？誰給他洗澡呢？老李下班回來，一個人忙得完麼？這些問題，好像是前此所未「深謀遠慮」的。想到這，她好像聽到自己剛纔說話的回音——

「那小男孩也和我們小寶一樣大……」

不知怎的，她急忙把頭俯下去，一顆豆大的淚珠掉落在飯碗裏。

李振民像是沒有覺察到。他沉吟地說：

「眞的明天就去麼？那太快了，太快了。」

四

他回想過去的那些，感到異常的自卑，但當昨晚的景象在他腦子裏重複浮現時，又夾雜着深深的憤懣。

太陽已經升高了，門外的空地上，又盪漾着那絲類似霉腐的氣息。

當小寶醒來不久，李振民癡癡地抱着她。煤油爐上面的一壺水還沒有燒熱時，李太太的影子便在廊簷下出現了，她翩然走進來，他却裝着沒有看見。

「振民，昨天晚上是你找我？」

「嗯，那恐怕是的。」

「什麼？恐怕是的？」李太太看到他的顏色不對。

「大寶是有病？怎麼到現在還睡着？昨天是把她一個人丢在家裏？」

「管她做什麼？我也是剛剛起來的呢，你今天倒早哇！」

「你怎麼了？這樣冷言冷語的。」李太太從未看過先生有如此特異的表情。她一面用手去輕按大寶的前額，試試是不是在發熱。

「你叫醒大寶，問她好了！」

「振民！是怪我昨天沒有回來嗎？我實在是有事。」

「哩，有事！」

「難道還騙你？我有一樁値得高興的事，正要告訴你，要和你商量。」

「笑話！和我商量？」

「你這人！今天怎麼這樣陰陽怪氣的？告訴你，我昨天幸虧沒有回來，否則就要錯過一個機會了。」

「那眞幸虧，否則就要錯過一場好看的電影。」他悻悻地說。

「錯過電影倒是小事，」她認爲看電影的事當然是傭人告訴他的，「我遇見了一位多年沒見的老師。」

「他是你的老師？你說的是一個高高個子的中年男子？」

「你是說的誰？」

「我是說的和你和那小女孩同看白鯨的那個男人。」

李太太楞了半晌，然後才在他「捉迷藏」式的談話裏，明白了全部的經過。

「怪不得你冷言冷語的。」嫵媚的笑容又在她嘴角浮現，「你這人倒是看不出，有這樣多的心眼兒，告訴你，昨天是那個孩子鬧着要看電影，她媽媽給的錢。當我正買票時，忽然遇到王老師，也在那裏排隊，他已經不認得我了，等到他知道是我，高興得不得了，他堅持要買票請我們看電影，散場後，我就順便請他吃個小館子。你不知道，王老師的太太是新生幼稚園的園長呢，他說幼稚園裏正要找一位教員，約我今天去和他太太接個頭。振民，你不知道，在那個鬼公舘裏，纔不是一個味兒呢……」太太一口氣說完這許多話，掩不住臉上的興奮。

「昨天我叫你一句就好了。」李振民想了半天，纔說上這一句。

「那怎麼行？那豈不是看穿了我的秘密！」

「美君，你不要取笑了，你怎麼罰我都可以。……」

「好，我罰你，罰你和小寶親個嘴。」她將小寶摟得緊緊地，「說眞的，這回保險又一定成功，小寶還可以進幼稚園和我在一起。」

李振民並沒有來得及和小寶親嘴，他兀自凝神，他是想到妻的堅强自信的能耐，自己和她比起來眞太脆弱了。

同時，他那愧疚的眼光落到床上的大寶身上，她這時已經坐了起來，眼睛有些腫。

「好孩子！回頭請媽媽去替你買雙紅絨鞋，和陳月美的一樣。」

大寶沒有說什麼，凝滯的眼珠望着媽媽，好似有滿肚子的委曲。

「沒有什麼，大寶乖的厲害，比弟弟要乖得多，她一會就會高興起來的。」他向太太解釋着。

李振民好像已經看到了那雙玲瓏的紅絨鞋，從這裏找回了那失去的週末。

胃氣和爭氣

海外寄語之一

於梨華

我有一個同學的母親年逾五十，于前年來美，在哥大師範學院唸博士學位。她已子女成羣，有的已成長，而她仍有此壯志，令人佩服，她除了上課以外，還在一個私人醫院裏看護嬰孩，晚上歸來尙在她住的公寓服務至夜半，她除了自已生活費學雜費以外，還可以寄錢回家，貼補在農學院(臺中)教書的丈夫及五口之家。因爲彼此都忙的緣故，我到最近才看到她。

我見她面時吃了一驚，四五年不見，她竟蒼老一至于此。在我的印象中，她是一個健談善笑的好母親，但那天我所看見的只是她臉上一層層的縐紋，疲乏的眼角，呆滯的神情，及微笑時一種嘴角下牽的又老又孤獨的模樣，但我却不得不彎着眼頌讚：「妳較前更年青了。」

「年青？別開玩笑了，夜夜失眠想家，那兒還能年輕，走，咱們上街逛逛去，妳這是第一次來紐約吧。」

我們先到哥大看看，又到河邊花園走走，靠晚，她帶我到學校附近的天津館吃鍋貼，喝酸辣湯。我久未嘗北味，那天吃得涓滴不剩，她高興地看着我吃，笑着說：

「妳們年青人能吃，我看了也高興，我來美後犯了胃氣痛，什麼也不敢多吃。」

飯後我提議到音樂院去看電影。凡是到紐約玩的人，總想看看這座世界上最大的戲院(Radio City Music Hall)。據統計，這個戲院每年有將近七百萬的顧客，其大可知。他們除了上演好萊塢的新片以外，還有舞臺表演(Stage Show)，節目雖不如好萊塢第一流夜總會 Ciro 的精彩，但也瓊臺瑤池仙舞飄飄，足以飽一般觀衆的眼福了。我因久聞其名，故想去觀光，正好她也沒去過，我們就搭了地下電車直奔戲院。

到售票處，她堅持要請客，我不好意思多和她在大庭廣衆搶奪，就由她買了票，進去後，只見厚毯晶燈，極爲堂皇，椅墊也較一般戲院溫軟。她不十分喜歡看露大腿的舞臺表演，閉起眼打盹，電影開後，却又是一張毫無內容的歌舞片，她索性打起呼來睡着了，我雖覺不安，却又捨不得走，(票價一元八角一張)就忍着心坐到看完。

出了戲院，她老人家精神煥發，提議去消夜，我堅執不過，被她拉入附近的咖啡館，各人要了一塊蛋糕，我喝咖啡，她喝白水。付錢時我爭她不過，又由她付，但她却半天摸不出錢來，神色有點不對。

「什麼事，伯母？」

「咦，我明明還有五元錢在皮包裏，怎麼不見啦？」

「讓我來付，妳已經化了這麼多錢了。」

付了錢出店，她嘴裏還在連聲叫怪，最後她恍然大悟地說：「對了，一定我在售票處多付了五元，咱們問問去，妳不累吧？」

「累倒不累，但妳怎麼知道妳多給了五元呢，也許妳……」

「妳甭管，咱們問問去，問問沒關係，我記得好像多給了她一張。」

揉了一臉粉的售票女郎愛理不理地說，她不會多收過誰的五元錢，就是多收她也記不得了。

「妳能不能查一下？」

「怎麼查，我們有幾千幾萬的顧客，又不是妳一個人來看電影。」

我們正待轉身離去時，她向身邊一位顧客咕噥說：「這些中國街來的，最會混錢。」

我同學的母親唬的一聲轉過去，大聲說：「妳說話有禮貌點，什麼中國街，中國人，妳賴了錢不認還要侮辱人，妳以爲我們中國人可以隨意受你侮辱？」

這一嚷就有一羣人圍過來，我臉上一陣紅一陣白，正想拉着她就走，却有一個人向我們走來，「對不起，女士，我是這裏的管事人，有什麼事請對我說。」

我的同伴就把失錢的事說了一遍，最後說：「五元錢我不在乎，但我絕對不能讓人家侮辱我。」

「對不起，對不起，女士，」他連聲說，「我們每夜十二點結賬，如多了五元錢，絕對寄還給妳，請把地址留下來。」

我們留了地址就在街上瞎兜，我同學的母親非要親自回戲院聽回音不可，我是夜鬼，遲睡無妨，於是我們直兜到月落星沉、行人稀少的午夜再到戲院，那管事人笑吟吟地迎上來說。

「女士，果然不錯，妳的五元錢在此。」

「五元錢事小，主要的是我要證明我們中國人是光明正大，不會向人家混錢的，謝謝你的合作。」

我站在一邊暗讚美國人辦事的迅速及誠實不欺的精神，伴我同學的母親回寓所時又暗讚她過事的認眞。

「我想妳的胃氣痛與妳的認眞有關。」我打趣她。

「有胃病事小，爭氣事大，現在如果我的胃氣又痛，我也不在乎，咱們中國人就是要爭這一口氣。」

「妳胃裏的氣何止一口？」

讀者投書

(一)外滙貿易體系應予一元化

邱平

現在貿易體系，雜亂無章，正當貿易商，受着種種限制，得不到憲法上規定保障權利，營業範圍，日漸縮少，一些非貿易商，只要有權勢，有線路，能鑽營，則可大量經營進口或出口，我們爲正當貿易商經營前途着想，不得不提出下列幾點，籲請速予改正：

㈠僑資進口外滙，應卽停止，改爲優惠滙率撥付。政府號召華僑回國投資之旨意，原甚正當，惟方法上，漏洞太多，其中尤以准許進口物資一項，流弊尤鉅，且對正當貿易商之權益，打擊至深。蓋正當貿易商，長年向政府繳納大量稅金，尙無法獲准進口之物資，而美其名所謂僑資進口者，則輕易地貨物充滿整個市場，其不公孰甚？據我們所知，利用僑資進口貨物，轉而入於建設者，固有人在，但利用僑資其名，實則投機取巧，浪費國家財物者，更屢見不鮮，不見那些名爲僑資建設「什麼什麼」而來者乎？先則虛假其名，轉售權利，繼而低報國外貨價，暗中套滙，加倍進口，以求利多，迨至察其實在建設內容，設備簡陋，支出浩繁，那筆所謂僑資進口的款子設法取完以後，其前此所建設的「什麼什麼」，不是停工、清理，便是轉讓或拍賣了，所謂建設，名不符實，結果僅將袋子裝滿而已，此非浪費國家財物而何？竊以爲如有華僑果眞誠意對某項事業有興趣，有遠大計劃，肯來臺投資建設，決不須此麻煩之僑資進口辦法，始來投資，如政府能實施優惠滙率撥款，更爲簡捷。至如投機取巧之份子，志在現成利益，叨叨擾擾；以現辦法有利可圖爲優者，又豈知國家貿易體系深受破壞，國家財物被浪費乎？衡以輕重，得不償失，此應籲請迅將現行僑資進口辦法速予廢止，改爲優惠滙率撥款，以杜投機取巧，免致浪費國家財物，從而確立國家外滙貿易體系者一也。

㈡特種外滙，進口物資，應卽停止，所需公費，應列入正式預算。查國家制定法令與施行法令，要使人民能遵循一定軌道行進，必先上不亂其所爲，庶幾下民俯首誠服。近聞當局時有特種外滙撥出，交由××部，××局，××××會，××公司，而這些機構主人，旣非貿易專才，自不能事事了解，潔身自好者，誠恐經辦涉嫌，且互相推諉，最後免不了是由中間人代爲辦理，滿街紛紛擾擾，盡是特殊外滙肩客，而實際成交，百無一二，一班貿易業者，爲此浪費時間和精神不少，到底才知上當；甚至涉訟自殺。此種特殊外滙之售價，每一美元對新臺幣比算，有叫高至七十餘元者，至少亦在六十餘元，而所有者實際收入若干？則無從獲悉，唯中間人之利益，必甚可觀，蓋可斷言。在此低物價政策之下，以每一美元官訂十五元六角半之比率，竟容許如此遠距離之暗盤，公然存在，引導物價上升，況其所進口之物資，大多爲禁止或暫停進口而屬於匪區之物資，如此以特殊撥出之外滙，而進口匪區物資，增長匪方經濟，人民實太難理解？國家旣需要這許多機構存在，何不在正式預算項下，力求寬足？卽或需臨時支出，亦可由行庫先行撥墊，再予追加，豈可出爾反爾，自亂外滙貿易政策與體系，削足就履？爲此應請迅將特殊外滙進口物資一項，予以停止，俾外滙貿易體系，得以確立者二也。

㈢內銷工業原料外滙，應予停止；外銷原料外滙，在有保證條件下，無限制撥給。

A查政府撥給內銷工原外滙之用意，無非在減輕生產成本，立意無可厚非，但衡諸事實，則大不盡然。現在許多工廠，因無實際需要，對此種工原外滙，放棄者有之，勉強接受者有之，而大多數則轉售權利於市面。如此這般，致一般申請工業原料進口物資之數量，難於把握計算，供求失衡，多者賤，稀者貴，幸運者發財，不幸者破產。又因爲工原外滙，其受配廠方，大多轉售權利之結果，許多商家當然將權利金加入成本之內，回頭再轉售於廠方，則廠方成本顯然加重，與政府核配之原意，(給以六元結滙證之優惠)實已大相逕庭。此蓋有一點出乎最初計劃人意料之外者，卽此所謂工原外滙之配額及用途)，佔其整個生產成本之比值，殊不足重視故也。比如漂染工廠而言，一塊經漂染完好之布疋，其布胚成本，卽佔百分之九十八以上，至其漂染原料，不過百分之一、二，儘可隨時斟酌實際需要，隨時採買，雅不願整批購進，妨害資金週轉。且此種原料，因如整批購進而用不完時，亦可能成爲陳貨或廢物，失去絕對信心，故以轉售權利之爲愈。況一般廠商，大多自己有貿易牌照，可以申請進口，如其有需要之時，仍可抽出多少外滙申請備用，何須硬着頭皮去做？況有一部份所謂工廠，不過掛個牌號廠名而已，實則全屬虛設，以賺取外滙爲目的，更不必提，以此例彼，不難窺其全貌。故內銷工業原料外滙，實無繼續核撥之必要，應予停止，以免浪費寶貴外滙及破壞外滙貿易體系！如政府認爲須予扶助者，貸與週轉資金則可矣。

B至外銷原料外滙，在保證自用並輸出之條件下，應予無限制供應。一個國家之對外貿易，關係其整個經濟之盛衰，尤以輸出貿易，能給人民帶來福利，誠宜給予獎助，此撥給外銷原料外滙，爲其進口原料，乃首要之圖，否則，卽無從進行。本人前於去前七月間，爲應進出口公會之邀請，在中山堂會發表原則性意見數點（原文載貿易週報三〇八期），對外銷原料之外滙，力主在保證自用並輸出之條件下，應予盡量供應，但為預防投機，專以騙取轉售權利為目的者以限制起見，在辦理時應附有保證條件；此與同年九月一日政府所頒佈之「輸入原料，加工外銷，輔導辦法」之旨意，竟完全吻合。此辦法頒佈之後，一般反應良好，譽為明智措施。茲有籲請更進一步之必要：1.查外銷之首要條件，除物美之外，仍應價廉，要價廉當賴乎設備、生產率與人工等，而最重要者，則在乎原料之低廉；比如本省之麻布，若原料價廉，銷東南亞，可無問題。無如本省苧麻有限，且恆受中間人控制，價格騰貴，致生產成本較高，無法與日貨競爭。若能撥出外銷原料外滙，向國外進口苧麻，則其成本，將可減低，即大可輸出，對國家有利，而本省農戶並無受損，僅中間商人無法獲得厚利而已，以國家人民的立場，早應舉辦。（進口外國苧麻，三月間政府已批准）他如各工業之加工輸出，其原料若因本省產品昂貴者，均可一律給予外滙向國外進口，惟必須遵守自用與輸出兩原則，輸入原料與輸出成品之比率，加予精確計算，絕不得變更，變更則投機取巧情事，防不勝防。倘有違背此兩原則，懲罰則宜從嚴，庶幾外滙貿易體系，可以確立，外銷業務，亦因以逐漸發展，利國利民，胥賴乎是。2.凡出口商對外輸出不論為土產品，手工藝品、工業產品、其所得外滙，除聽任所有人申請備留若干為其進口原料之用外，其餘全部，皆以一美元對優惠滙率若干付給新臺幣，無須再給結滙證，因結滙證制度，事實上已無何種裨益，無論其對出口商或進口商，均無存在必要；僅留充政府作為官定滙率之輔助辦法可也。至出口商等結滙時交與臺灣銀行之統一發票，可以以原始發票人之統一發票為準，免再另開發票，因稅金重疊妨害出口業務至鉅，亟宜迅予改正。3.前項原料外滙之申請進口，亦須透過貿易商辦理，當可幫助廠方解決申請技術上各種困難。且對貿易體系之確立，更臻完整，惟中間一切費用，則宜劃一訂至最低限度，始免增加生產成本。

㈣中信局、物資局之業務範圍，應有所限制。1.查中信局、物資局，恆恃國家之信用及無限資力，運用公務上之方便，漫無範圍的與貿易商競爭業務，成為舉國詬病之「與民爭利」局勢，陷貿易商業務，日形萎縮。因其以政府命令作護符，選其有利者，請由命令禁止進口或出口，然後由其一手壟斷，再以其所得利益，與商人作其他競爭，則貿易商之業務，焉有不被攘奪之理？比如銷往韓國之硫酸，貿易商售價，每噸做九八美元，少亦九五美元，閗中信局則與訂壟斷性契約以九一元出售。以如此有信用之國家機構，代表對外貿易，遠不如普通商人，未能為國家多賺外滙，抑或為競爭而削價求售？果爾誠愧對國人矣2.如中信局在越泰標售卡其布，在得標價格上，或許要虧血本，但他卻能以所得外滙，以每一美元對新臺幣四十五元之比率，招攬代他商進口物資，以長補短，還是合算。但這是貿易商所絕對做不到者，何怪貿易商之業務，日趨沒落？反之，貿易商輸出所得之外滙，如果亦能一美元對新臺幣四十五元計算，則無論何種物資，皆可在世界任何市場暢銷，中信局云何哉？3.再如去年年底，中信局輸菲蒜頭五百噸，以公務機構人員，而辦此土產貨出口，誠不相宜。依本人所見及者，一百外件之中，有發芽及不結實者，尤以寸圍太小不合規格者，均佔可觀數量。買主以官衙習氣，並無派人臨場監督，聽任工人濫自包裝，幸而菲方受貨人，亦屬衙門生意，糊塗了事。否則，稍為認眞驗受，難免嘗受退貨之苦。因此我們認為公務機構之中信局，絕不宜與商人競營土產生意，而應在可能範圍內，輔助商人經營之。4.市面上列為最小色貨如保安刀片者，普通商家，每有不屑經營者，而物資局亦竟爭逐及此，大批採辦進口，弄得下不了臺，經過漫長時間，猶無法脫手，是否已經生銹，有待主辦者去檢驗了。這種與商人競爭之尖銳，有如是者，難道國家的政策果如是乎？

上列數端，不過略為言及而已，當不盡欲言。總之，我們認為中信局與物資局之業務範圍，應制限在與國防物資，公營物資（如糖、米、鹽、鋁、鹹、肥料等）或民營企業在無能為力時之委託代辦業務之範圍內經營之。至民間可以經營之進出口貨物，例如麥、豆、原棉、五金、雜貨、土產等或較瑣細之工業產品應由民間經營，不宜與之競爭，更不宜藉官定六元結滙證之特權結滙，進口物資，故意打擊商民。

㈤整備工商企業：1.舉凡對外貿易有關之工廠設備，務求完善，其產品及包裝，力求臻乎國際水準，物美之外，仍應價廉，以建立國際市場之信譽。設因資金不足時，政府儘可能援助之，並經常供給國外市情及督飭其對貿易商開出劃一外銷底價，以免浪費時間及郵電，更不准以廠家名義，直接向國外輸出，以確立生產與銷售劃分責任制。即使該廠商為已登記之外銷廠商，其應得保留進口原料之權利，亦可於貿易商出口結滙時，其額數同時登記於該外銷廠商戶內，作為其進口原料之稽考。如因外銷貨物不合規格或腐敗被國外退貨之時，政府應立採行動，查明責任，除責令該生產工廠無條件賠償一切資金損失外，更處以損害國家對外貿易信譽之罪，（一次罰金或拘役之處分，貿易商故意串同者，則吊銷執照）藉以確保對外貿易之信用。2.世人皆以臺灣貿易商太多，能力薄弱，且不便管理，為適應國際趨勢，有重新整理之議，俾提高貿易商素質。本人亦頗贊同貿易商過多之議，但若能以一律平等為原則，並由政府明令保證在未反攻復國以前，決不開放新貿易商登記，對現行進口外滙最高申請百分比，繼續維持；則本人贊同由政府命令硬性規定，由三家貿易商合併為一家，即由現有全省一千六百餘家，縮減為五百餘家，則貿易商之素質，當可提高，對外貿易力量，亦較堅强。3.際茲高喊對東南亞貿易之時，航行東南亞各港口之定期班輪，爲要件之一，因爲各地來電，以初次交易，均要求以CIF報價，可是滙率航期及載貨無法解決，均歸失敗。其次爲各地開發L/C之保證金。亦應通令各地銀行，速作適當之變通，以遷就當地條件，否則，無法與他國競爭，終歸失敗。即使貿易商各別十分努力，亦屬無效。4.放寬貿易商經營進口項目。凡屬現在列爲暫停或管制進口之物資，一律取消，准予進口，以避免一般特殊階級之利用，而爲正當貿易商所怨嘆。如政府認爲有暫停或管制之必要時，只要由普通進口審核小組，將該項預算減列，則不停自停，且寓有管制之意義，實不宜對正當貿易商宣示暫停或管制，而對另一般特殊階級則大開方便之門，衡諸法理，豈得謂平。

綜上所述，乃建立國家對外貿易體系之急要，蓋制止非貿易商，投機經營，免致浪費國家財物，導致物價升漲，破壞國家外滙貿易政策。限制公營機構業務範圍，可使官民業務界線分明，分頭努力。輔助工商企業，則所以確立民間對外貿易基礎，亦即國家富强之基礎。他如民間社團，或以種種名義要求進口外滙者，更應一律禁止，以杜流弊，藉期確立外滙貿易體系之一元化。因數月來，時有所感，爰書之以質於時賢，切期匡正。

(二) 高雄縣長選舉舞弊續訊

余登發

編輯先生：

關于第三屆高雄縣縣長選舉，除在選舉當日發現第一四〇號投開票所舞弊外，嗣後又再發現舞弊地方有九鄉鎮一五個投開票所之多。經於本年五月廿四日在高等法院臺南分院鄭推事紅之監督下，由本人與戴桂生律師及高雄縣政府行政課長郭水安等核對選舉名冊，結果發現，未投票選民三二五人中竟有六〇人被投開票所工作人員冒領選票，盜蓋指模，（此六十人之全部名單及身份證照片，均見附件。此項證明文件已經法院公證。）此係已經法定程序證明舞弊事實確鑿者。如以投票所計算，現已發現之舞弊率已達一成八五。此外，另有五個投開票所發現未投票選民約百人，正向高院臺南分院請求核對其選舉名冊中。特此奉達，並請

綏安

弟余登發敬上

六月十七日

編者按：查本屆高雄縣長選舉之舞弊情形，本刊第十六卷第十期社論曾有報導。此案已在法院訴訟審理之中，迄今尚未宣判。現競選人余登發又繼續查出十五個投開票所有舞弊情事，證據均已經法院公證。（余先生來函所附之附件，因篇幅甚長，從略。）似此情形，如仍認爲選舉有效，而不從新選舉，則今後誰還會相信選舉呢！

(三) 有感於地理教本審查之事

游紹虞

自由中國編者先生：

貴刊十六卷十二期李月軒先生投書，列舉教育部對於李先生所編地理教本之審查，種種刁難與阻碍，指白爲黑，不講是非。李先生站在學術立場，據理申復，而出版商爲了生意經，竟擬置李先生立場而不顧。李先生「在這雙方壓力之下，只有將問題公之社會，請學術界人士作一評論。」鄙人讀了李先生的投書，不禁引起了十分的敬意與同情。這個年頭，編一本教科書，能「騙」幾文錢到手，已經很不容易，對於教育部，巴結聽話猶恐不及，那裏敢說半個「不」字？何來李先生；竟敢表示「作者亦有作者的人格」，偉哉此言，此其所以爲可敬也！不過，今日除了教育部，那裏還有什麼「學術界」?「學術界」的人士都已經被「羅致」了，那裏有工夫來爲李先生之事作「評論」？李先生這一「請」，可謂其愚不可及，鄙人同情之餘，「不覺有感」！

鄙人當然不是「學術界人士」。但「評論」李先生投書中所提出的幾點，實在也不需要什麼「學術」，只要有一顆稍爲清楚的頭腦和一顆不太黑的良心就行了。依鄙人之見，李先生所提的六項，大都是對的，而教育部那些「特審」、「複核」、「再複核」等等意見，大都是錯的。總而括之，這裏面不外「只由官說不准民講」八個大字。此固教育部幾年來一貫作風，區區教本審查，特其小者而已。試想，爲了「皖」與「淮陽」三個字之爭，編書的人搜集了不同版本的地圖二十種之多，分欄製表，逐一對照比較，朗若列眉，以證明「皖」是妥當的，「淮陽」是有毛病的，這在我們看來，問題應該好商量了。但「複核」下來則如何呢？文曰：「皖山脈無此稱謂，須取消」。這等於說：「李月軒無此姓名，須取消」。難怪李先生要說這十個字「實在不像一個學人的口吻，而類似一位暴君」了，此其所以爲「君主的民主」歟！

鄙人已經過了六十大慶，早已是「父兄」而非「子弟」，不會再讀初級教科書，並無被「誤」的危險，對此等事，大可不必「評論」。但是近年來的「學術界」，情形實在也太古怪。例如最近有人爲史記作「今注」，被讀者發現「今注」的錯誤，在中央日報副刊投稿糾正。過幾天該副刊就刊出了「勞榦謹啓」的來函，勞先生說明「今注」並非中央研究院歷史語言研究所的工作，而只是「史語所一小部分同人之私人工作」，這當然是應該說明的。但勞先生接着又說，「限於通俗方面，學術標準較低」，這兩句話就未免畫蛇添足了。人家所糾正的是「注」錯了，而不是什麼高、低的問題。「錯了」和「較低」可以扯得上嗎？勞先生是鄙人所敬重的眞正學人之一，學術上的成就是國人所公認的，依勞先生在史語所裏的地位和

王益厓先生來函

——對于李月軒先生指摘拙作的辯駁書——

六月十九日晨赴師大上課途中，遇到林教授本告稱「自由中國」有一篇文章，對君很多指摘；課畢出校，又遇到管教授公度告稱情形亦相同，下午更有三、四好友來訪，並持六月十六日出版的「自由中國」見示，並稱：「教育部複核與再複核之意見，其當否係另一問題，但對于複核等毫不相關之另一人著述，作一番指摘，而其指摘竟有出乎常情以外者；雖爲申復意見，但在雜誌上登載，自不能不先有所辯駁。」鄙人把李先生全文詳閱後，對拙作指摘一段，實有似是而非之處，茲一一辯駁於下：

一、爲縱谷名詞問題　縱谷（Longitudinal Valley 是沿了山脈走向縱走的河谷。沿了斷層山 Faulting mountains 麓縱走的河谷，固稱縱谷；沿了褶曲山 folding mountains 麓縱走的河谷，也是縱谷。講到縱谷，兩側都是山地，已可明瞭。拙著在青康藏縱谷高原部分，並言明「這是我國一山一川井然有序的縱谷高原」，而在滇西縱谷地形內，並說明雁行狀排列狀態，與各河川亦沿上述山脈而成縱谷，李先生所稱「康滇山脈之南北縱走，東西併排，高山深谷相間等之地形特點，並未全部標出」者，實有無的放矢之嫌。

二、雲貴高原與滇西縱谷問題　元江以東，與元江以西的雲南地形，我國已往地理書上，都把滇西當做雲貴高原的一部，假使李先生能到雲南的元江流域東望與西眺時，正是李先生所稱的「此與實際情形，又欠符合」的了。雲貴高原的西界，地形上言，是點蒼山與下關間的斷層和以南一千三百公尺低降的元江大斷層，（外國學者均稱紅河大斷層）。李先生如不信，或以爲鄙人此項斷層的觀察，尚欠符合實際情形時，可查閱邊兆祥著滇緬公路沿線地質，地質論評，第八卷，民國三十二年，第一至六合期，第九——一六頁；孟憲民；箇舊地質述略，地質論評，第一卷，第三期，民國二十五年，三三九——三五四頁。老實講，中國各處地形，尚多未調查處，苟具有地形觀察的實力時，隨處可發現已往地理教科書上所載之錯誤。不但如此，元江以西的哀牢山和無量山，都是古陸，元江以東的地層較新，所以王教授超翔（見王教授著雲南東北部地質構造及其與雲南弧之關係，地質論評，第九卷，第一至第二合期，民國三十三年，四十一至四十八頁）稱：「自古生代即成兩個東西不同的單位」，實在一點沒有錯誤。李先生所稱「此與實際情形，又欠符合」一語，似嫌武斷。

三、關於青康藏縱谷高原與滇西縱谷問題　關於此兩地域的名稱，據個人所知者凡六：

①即李先生文中所稱之橫斷山脈。李先生已知「橫斷山脈一名之不妥」。（見李先生原文）

②印度馬來山系 Indo-Malayn maintain system 是英人常用之語，係別於喜馬拉雅運動所成之新褶曲山脈而言者。英人此名詞，是即爲康滇縱走之山脈，經由中南馬來兩半島，南迄婆羅洲南部山地的總稱。

③印度支那山系　可閱渡邊光著中國的地形，中國地理大系自然環境篇，九七頁。

④三大峽谷區　是爲教育部張部長其昀商務本中學教科書的名稱。

⑤弧狀褶曲羣　弧狀褶曲羣 A graup of cuved folds 係在大陸上靠攏之李四光著作中的名稱。

⑥並行河谷　巴爾博氏 G. B. Barbour 所著 Physiographical history of Yangtze. mem. Geol Suru. China Series A. No. 14. 19 一書中，對於各學者並行河谷的研究，列舉頗詳。

橫斷山脈、印度馬來山系與印度支那山系三名稱均欠妥，而弧褶曲羣本爲切向山系 Sherform 之一部，但山脈與山脈間，青康兩省與滇北境內，尚多廣大之準平原面，亦感欠妥。故當時決定利用巴爾博氏的名詞，把並行與縱順向川（或稱縱順斜川 Longitudinal consequent Stream）等語，簡化爲縱谷二字，來表示地理區區域的特性。青康滇北，確有準平原面，故稱之爲縱谷高原。滇西方面，山腹雖有平頂峯 Flattopped Crest 存在，其上則爲聳峙之高峯（可參考渡邊光：雲南省西部之地形，中國地

職權，對於這一種的「小部分同人之私人工作」，似不妨予以相當的注意和規範，今乃反而不得不說出這一種不甚可通的話，當可想見其內心之苦悶。史記尚且如此，本把初級教科書而求「學術界作一評論」，我看是沒有希望的也。

教育部張部長「自信力」之强，古今罕見，「原子」妙論，已經嚇倒全球物理學家，何况「地理」，這尤其是部長先生的「本行」，「教部行文」，李先生自應「遵照修改」，勿得再肆曉瀆爲要！

略抒所感如上，敬請

編安！

游紹㦤啓（六、十七。）

理大系，自然環境篇九七——九九頁），故不以高原稱之。

四、關於藏南縱谷問題　李先生稱：「而於敍述西藏時，則用藏南縱谷，又無高原二字。」最令鄙人驚奇者，即為此種文句。讀了此種文句以後，就可知道李先生對西藏之地形圖，亦似未閱過，鄙人查閱拙作後，且感有吹毛求疵之嫌。茲特分述於下：

1.拙作標題為青康藏高原的地形和物產，青康藏高原課文內，在分述地形區中，有乙、藏南縱谷一子目，如此編排，究在青康藏高原之中？抑在青康藏高原之外？青康藏高原中面積多少大，其間各地各有特殊之地形，自毋待言，藏南縱谷，即為青康藏高原特殊地形之一。

2.藏南印度河與雅魯藏布江兩流域，地形上是縱谷，不是高原，西藏南境，是新褶曲山脈的喜馬拉雅山脈，而印度河與雅魯藏布江北側為岡底斯山，亦即 Sven Hedin 所稱之 Trans-Himalaya，平均高度，均在五千公尺以上，而中間之印度河與雅魯藏布江兩流域，其平均高度，則僅三千五百公尺，其在兩河之源流處，有達五千公尺左右者。試問兩大新褶曲山地間低凹的帶狀區域，地形上稱之為高原，宜乎不宜？F. Grenard 是編撰高亞 Haut Asie 的世界著名地理學者（Géographie Universelle, Haut Asie Par F. Grenard, 1919.）。他說：「無疑的是一個窪地……」il existe Sans doute une dépression……可查該書三四六頁末三四行；又說：「在縱谷中……」…… Dans une vallée longitudinale，可查該書三五〇頁十八十九行）。拙著中用藏南縱谷四字，李先生已稱「又無高原二字」，如 F. Grenard 用 dépression 一字，李先生閱後，正不知作何感想？實際上講，藏南縱谷，丁龍驤教授則稱為「外喜馬拉雅與正支之間，有若干幾近平行的斷層，向南下墜」，（見中國地形（二），二六五——二六七頁），即在上述的 F. Grenard 書中，亦有上述類似文句，但因其上有「好像」Semblable 一字，故不用平行斷層之地塹 Graben，而用縱谷一字以代表之。從事實講，不符實際情形者是李先生的指摘，非拙作也明矣。

五、谷以山成問題　地形學Geomorphology 是現在大學地理系中之基本學科。為什麼大學地理系或是史地系講授地形學時，對於 Normal cycle 和 Normal erosion 要講得特別詳？谷以山成，是中國十九世紀以前的地理思想，歐美地理學者，早不與李先生之思想相同。事實上除構造地形外，山地概為 Normal erosion 所成。讀了「谷以山成，不名山而名谷，在命名之原則上，似不妥當」等語，藉此可知李先生對於新地理學基礎科學的地形學，是一竅不通的，假使李先生懂得外國語文時，我倒要勸李先生把美國已故地理學大師 W.M. Davis 的 Peneplain 之思想，從事學習，因為西康就是Davis所稱之 Elevated penelain。如 Davis 的書籍不易借閱時，可把以下的書籍，好好兒讀一下後，我想準會把李先生的地理思想變化。

一、A.K. Lobeck: Geomorphology. 1939.

二、Von Engeln: Geomorphology. 1948.

三、W.D. Thorubury: Principle of geomorphology. 1954.

四、Emm. de Martonne, Traité de géographie Physique, Tome Second. Le Relief du sol. 1951.

這是一本極好的書籍，讀後確是有益的。

五、辻村太郎，新考地形學，一九三二年，此書臺北各圖書館都有，出版時間早一些，還不失一本好書。

總之，李先生對於複核等毫不相關之另一人著述，竟以似是而非之申復意見，在雜誌上登載，竊期期以為不可，如有較好之根據，則鄙人自當接受，但其所言者，均與現代之地理學不符，自難默爾而息，用具書面辯駁。

自由中國　第十七卷　第一期　內政部雜誌登記證內警臺誌字第三八二號　臺灣省雜誌事業協會會員　三二

給讀者的報告

一國司法之良窳，關係人心之向背。這是極淺顯易見的道理。故卽使是極權專制的政權，只要他深諳人心與政權之關係，沒有不力求司法之公正嚴明的。何況我們是在高唱民主的今日，司法之重要更不言可喩。蓋談民主必不能離開法治，而談法治則以司法獨立爲第一要義。法律之前，人人平等。政府權力之行使必須絕對依據法律，然後法律始能有其尊嚴，而人權才能獲得有效之保障。一個國家的司法若不能脫離政治而獨立，則民主法治也者只是徒托空言而已！然則我們「今日的司法」情形又何如呢？說來眞令人痛心！由於我們深感此一問題的嚴重性，故在本期社論中，特針對實情加以檢討。近年來，我們司法界的腐敗與審判之不公，已到了怨聲載道的地步，雖民意機構迭有指責，而情形殊少改善。現在我們沉痛地指出這些事實，呼籲司法行政當局重視人心，從速剷除司法界的黑暗現象。

共匪之發動整風，鼓吹「鳴放」，頗使世人爲之迷惑。尤其在上月十九日中共突然發表毛澤東二月廿七日在所謂「最高國務會議」上的演講以後，更引起民主國家人士的紛紛忖測。國內輿論界最近對此問題均會熱烈評論，然多數均着重於共匪採用此種行動的對內意義。本期我們的社論(二)除於申論此層意義外，更指出其對外的陰謀。我們認爲，共匪這次大膽鼓吹「鳴放」，以及現在正在進行的反批評，其對外的用心仍在於宣傳。共匪無非想用這種姿態來欺騙美國和其他民主國家的人士，叫他們相信共匪現在已逐漸走向民主自由了。因此對付共匪這一政治攻勢，我們應該：「用眞民主來反擊它的假民主，用眞自由來反擊它的假自由。」

近幾年來，臺北言論界爲討論自由問題曾經幾度演出熱烈的「論戰」。那些敵視自由的人們搬出的「法寶」是：「個人自由應爲國家自由而犧牲」。他們的「理論」聽來似頗響亮，但却經不起分析。說穿了，這些人實際只是自由的取消論者。本期許冠三先生從澄淸「論戰」中所用名詞的誤謬，指出所謂國家自由實際只是政府權力，而個人自由應卽爲公民自由。由是則那些國家自由第一論者實際只是政府權力第一論者而已。因此，只要語言的誤謬廓清了，則論戰的中心已不再是思想問題，而是價值問題。討論到這裏，問題又歸結到：「我們要民主呢？還是要極權？」

德國自第二次大戰無條件投降以後，國土被盟國分別佔領，經濟一片殘破，德意志祇成了地理的名詞，而不再是一個國家。然而不十數年，除東德仍在蘇俄的控制之下，未能達成統一之外，西德的經濟已經迅速的復興，國勢蒸蒸日上，使世人括目相看。一九五二年以後，更從以往債務國家的地位，一躍而爲債權國家。德國人究竟如何努力以復興他們的經濟，本期余堅先生的大文對此有詳細之說明。從本文中，我們可以看出，西德政府和人民在經濟復興過程中，如何通力合作，把握時機，充分利用美援，誠所謂自助天助，其有今日之成就固非偶然，堪爲吾人之借鏡也。

最近出版的杜勒斯傳，是一本很饒趣味的傳記。這本書不僅可以使我們了解現任美國國務卿的杜勒斯先生之生平事蹟，並且能增加我們很多關於外交和政治的知識。現周道濟先生爲文介紹本書的大要及其讀後的感想，對尙未一睹原書的讀者，將是很好的幫助。

於梨華女士現在美研究文學，從事中英文寫作，曾得高爾溫電影故事首獎。於女士前在本刊刊登之「帶淚的百合」，亟獲各方好評，現承於女士爲本刊撰寫「海外寄語」，今後將陸續刊登，以饗讀者。

自由中國 半月刊　第十七卷第一期　總第一八四號

中華民國四十六年八月五日出版

發行人兼主編：『自由中國』編輯委員會

出版者：自由中國社

社址：臺北市和平東路二段十八巷一號

電話：二　八　五　七　〇

航空版：友聯書報發行公司（香港九龍新圍街九號）

總經銷：自由中國社發行部

經售者：

美國	紐約友方圖書公司
日本	東京僑豐企業公司
韓國	漢城裕昌德號
馬尼剌	大中華日報社
印尼	新疆書店
	椰嘉達天聲日報
	泗水文光圖書公司
緬甸	仰光振成書報店
印度	加爾各答塔梅學校
澳洲	雪梨瑞田公司
北婆羅洲	西利亞坡青年書店
星加坡	友聯書報發行公司（小坡大馬路四六九號）
吉隆坡	友聯書報發行公司（馬華公會大厦三樓七室）
怡保	友聯書報發行公司（希尼華沙甘街十六號）
檳城	友聯書報發行公司（林連登律七十二號）
澳門	友聯圖書公司

印刷者：精華印書館

廠址：臺北市長沙街二段六〇號

電話：二　三　四　二　九　號

本刊經中華郵政登記認爲第一類新聞紙類　臺灣郵政管理局新聞紙類登記執照第五九七號　臺灣郵政劃撥儲金帳戶第八一三九號（每份臺幣四元，美金三角）

自由中國

FREE CHINA

第十七卷 第二期

目錄

中華民國四十六年七月十六日出版
社址：臺北市和平東路二段十八巷一號

半月大事記

六月廿四日（星期一）

岸信介在紐約談話，表示日本無意承認中共。

六月廿五日（星期二）

蔣總統明令公佈：黃杰任參軍長，王叔銘任參謀總長，彭孟緝任陸軍總司令兼臺灣防衛總司令，陳嘉尚任空軍總司令，黃鎮球任臺北衛戍司令。

伊約兩國發表聯合公報，保證堅守盟約。

美向俄建議定期交換無線電與電視廣播。

杜勒斯指責蘇俄以潛艇售予埃及。

六月廿六日（星期三）

艾森豪表示，美正計劃調整部隊，以期善用新式武器。

全國各界支援越南華僑維護國籍後援會成立，呼籲越南政府迅謀公正和平之解決。

美國在裁軍小組提建議，分三階段削減兵力。

六月廿七日（星期四）

美太平洋區總司令史普敦來華訪問。

英國務大臣高爾在下院稱，英政府對中共進聯合國事，將不擬採取行動。

澳總理在英聯邦會議，主張團結一致對抗共黨擴張。

六月廿八日（星期五）

杜勒斯發表外交政策演說，指中共係過渡性政權，美國決不予承認。

史普敦離華飛日。

六月廿九日（星期六）

巴拿馬新任駐華大使韋嘉抵臺履新。

美政府官員闡釋杜卿演說，謂美堅拒承認中共，旨在促其早日崩潰。

六月三十日（星期日）

美與約旦簽訂協定，再供軍援一千萬美元。

七月一日（星期一）

美遠東軍事指揮系統改組，太平洋軍區擴大包括日本與韓國，遠東統帥部撤銷。

聯軍總部由日遷韓，戴克將軍接任統帥。

美宣佈再增撥一千萬美元經援約旦。

七月二日（星期二）

杜勒斯在記者招待會中，痛斥中共不遵守國際義務。並謂共黨暴政決難持久。

美衆院外委會通過卅二億元援外方案，較艾森豪原計劃削減六億餘元。

美參院通過安德森繼任財長。

七月三日（星期三）

雷德福在美國會作證稱，美對蘇俄還擊能力大部依靠海外基地，退回美國孤堡，美將無法生存。

美參院通過三百四十五億國防預算案，將衆院削減之九億餘元恢復。

克里姆林宮內鬨，馬林可夫、莫洛托夫、卡岡諾維奇、謝彼洛夫、沙布魯夫與柏伏金等共酋被黜，朱可夫被升為主席團委員。

七月四日（星期四）

張厲生聲明，中國國民黨在國外絕無任何政治活動。

波南等附庸國共黨對俄共整肅均表讚譽。

七月五日（星期五）

英聯總理會議結束，發表聲明，呼籲簽訂裁軍協定。

第一批德軍三萬人，加入北大西洋組織。

七月六日（星期六）

俄電臺警告西方國家稱，俄共人事更迭結果，外交政策決不軟化。

史塔生告五國裁軍小組，美政府不願接受完全禁用核子武器。

大西洋公約秘書長警告，禁止使用核子武器，將更增加大戰危機。

七月七日（星期日）

杜勒斯、勞勃森先後表示，美國會削減援外案，嚴重危害遠東盟國。

阿根廷與委內瑞拉斷絕外交關係。

七月八日（星期一）

俄電臺宣稱，俄對五國裁軍會談不擬再作任何讓步。

赫魯雪夫與布加寧兩俄酋突訪捷克。

七月九日（星期二）

美商業部長威克斯重申對匪全面禁運。

蘇俄拒絕美國裁軍建議，西方四國召開緊急會議。

「自由中國」的宗旨

第一、我們要向全國國民宣傳自由與民主的真實價值，並且要督促政府（各級的政府），切實改革政治經濟，努力建立自由民主的社會。

第二、我們要支持並督促政府用種種力量抵抗共產黨鐵幕之下剝奪一切自由的極權政治，不讓他擴張他的勢力範圍。

第三、我們要盡我們的努力，援助淪陷區域的同胞，幫助他們早日恢復自由。

第四、我們的最後目標是要使整個中華民國成為自由的中國。

社論

(一)

俄共內爭的意義與影響

史大林死後無時無刻不在俄共領導階層之間進行着的權力爭奪，到莫洛托夫、馬林可夫、加岡諾維奇、謝彼洛夫、波伏金、沙布洛夫等人之被黜，又進入一新的高潮。本來，任何權力之爭，總多少要具有政策之爭的外表。但對蘇俄此次事變，我們即使努力去找尋政策的背景，都十分困難，因爲這被排斥的六個人，我們實在無法從政策上來把他們歸納到同一個類型中去。

比較可說在政策上與赫魯雪夫相對立的，是莫洛托夫，此外還勉强可以加上加岡諾維奇。他們是史大林忠實的助手，且迄今並未十分附和赫魯雪夫、米高揚等人所倡導的鞭屍運動。他們無論在對外與對內政策方面，都比較偏向於强硬，特別是對於附庸國家的關係，他們更反對赫魯雪夫的綏靖路線。對赫魯雪夫的領導，祇有他們二人，可以說是左派反對派。至於馬林可夫，則幾乎在任何方面都應算是赫魯雪夫的同道，較諸赫魯雪夫，他的主張與態度與其說是更爲激烈，無寧說是更爲溫和。把馬林可夫與莫洛托夫等輩的「死硬派」等量齊觀是不可想像的。赫魯雪夫之所以定要去之而後快，唯一重要的理由，當在於馬林可夫威脅了他自己的獨裁地位。謝彼洛夫原爲赫魯雪夫的私黨，可能是由於被卸除外長之職而心懷不滿，且完全是出於投機而參加了反赫的陣營。最後說到波伏金與沙布洛夫，他們是蘇維埃的經濟官僚，赫魯雪夫把他們罷免，可能是由於他們構成最近準備實施的經濟分權計劃之障礙。

由此我們看出反赫陣營原是這樣的一個烏合之衆，並不是由於在政策主張上有堅强的聯系，祇是爲了一時的利害而結合。也正是由於這個原故，赫魯雪夫對他們所有的攻擊，也祇有「反對黨的領導」一點可適用於全體，而其它種種「罪狀」，祇可能適用於一二人。

這種情勢，一點也不使我們感覺意外。即在史大林手上，他也常常是一下子聯絡右派打擊左派，一下子又聯絡左派打擊右派。而且他也常常在打擊了政敵的地位以後，仍然回過頭來採取政敵的政策路線。我們要從此種權力爭奪的情勢來尋求政策演變的踪跡，常常是徒然的。政策的辯難，充其量祇是雙方進行權力爭奪的一個藉口而已。

對俄共此次事變，我們還注意到俄共政權的性質，實少有根本的變化。儘管赫魯雪夫口口聲聲說要揚棄史大林主義，有機會就要把政敵攻擊爲犯了史大林主義的錯誤或甚至罪行。但他自己奪取權力的憑藉，除此次藉用軍方力量一點不同者外，却大致與史大林所完成的幾次傑作相同。他所佔據的地位是黨中央的第一書記，此與史大林相同。他憑藉這個地位在各級黨部安排黨羽，爭取代表，以達到黨大會中淸一色的支持，此與史大林相同。他在對政敵作了最後一擊以後，即刻就全國響應對失敗者漫肆攻擊與詆譭，把一個地位崇高歷史深遠的黨的領導人物，在轉瞬間就變成一個十惡不赦的叛徒，而絲毫不讓對方有答辯的機會。這也與史大林的手法完全相同。在這一切的手法與運用方面，祇有赫魯雪夫才是史大林的衣鉢眞傳，爲莫洛托夫、馬林可夫等人所望塵莫及。

截至此時爲止，莫斯科官方還在那裏竭力否認莫洛托夫等人業已失去自由的傳說，我們誠未便預言他們終將招致殺身之禍。但僅僅這一點，尙不足以證明赫魯雪夫多少已修改了史大林的作風。即在史大林手上，特別是在他權力形成的初期階段，反對者之去職與處決之間，也常常有一段時間的距離。

無論如何，俄共此次變動的經過，已使共產統治本質不變之說，加强了力量。我們漸漸更有理由相信，赫魯雪夫祇是打擊史大林主義之名，而並無誠意於修改史大林主義的實際。表現於權力爭奪中的作風，也同樣可以表現於其他方面。

我們雖判斷這一變局，在性質上主要爲權力之爭而非政策之爭。但由於變局牽涉範圍之廣大，它究竟不可能對未來的世事不留下絲毫影響。祇是，我們要預測這些影響爲何，未免爲時過早。祇有兩件事是比較能够確定的，而且各方面的論者大都同此觀感，我們也並不能比一般論者看得更深更遠。第一件是：在對內方面，俄共之所謂集體領導，殆將成爲過去，因爲目前已祇剩下極少數的人物具有參加此一集體的資格。第二件是：蘇俄對於東歐附庸國家的關係，應多少趨於緩和，而南斯拉夫之重返共產集團的懷抱，更成爲勢所必然。除此之外，一個眞正客觀而虛心的觀察家，實在無法而且也不宜作任何輕率的論斷。

世人所特別關心的是和平問題。西方的多數論者，因看到莫洛托夫之去職，以及赫魯雪夫對他的指責之特別强調「破壞和平合作」，都認爲俄共此一變局對世界和平具有推進的作用。我們對這種過分的樂觀提出適度的警告，是可以的。但我們這裏的論者，正好與西方相反，幾乎是一致的認爲世局將因此次變局而更向戰爭邁進一步。我們深深感覺，我們這些論者的武斷程度，實較諸西方論者爲尤甚。評論世事，誠難免帶有幾分猜測，不能完全採用科學實證的方法，但竟如此的爲主觀意願所支配，却是驚人的。這不僅不足以敎人家相信，甚至也無法讓自己相信，即使僅僅作爲「宣傳」，也連自我陶醉的作風都發生不了。歸根結蒂，我們還是以爲未來事不可確知，與其毫無把握的信口開河，還不如靜觀以覘其變。

社論

(二) 廉潔的公教人員活不下去！

一年以前，本刊曾爲公教人員待遇問題爲文呼籲調整。一年以來，本刊亦曾爲公教人員待遇問題數度著論要求改善。從問題的迫切性質到必然的嚴重後果，從國家的財源到政府的節流，均曾一再加以剖析。當政者仍漠然置之。而公教人員的實際生活則隨物價的步步高昇，逐漸陷入窘境，到現在連最低限度的生活水準都難以維持了。

今日臺灣公教人員尚未饑寒至死者，有兩個原因：

一、臺灣號稱「寶島」，以氣候一項來說，卽對窮困的公教人員特別有利。在綿長的夏季，一襲香港衫褲可以穿到半年以上的時期。冬季却甚短暫，一套冬裝，如果穿着謹愼，勿使汚損，保管得法，不使蟲蛀，大可三年五載，形容如舊，不致「號寒」。

二、由於糧食每年增產與配給制度，使公教人員及其眷屬，在營養不良的情形下，還不致「啼饑」。

我們所說的公教人員，自然還得稍加區別，不能統而言之。因爲有少數人員，雖屬「公教」範圍，在待遇上較之那些多數不啻天壤之別，不應歸於一類。不然，若有人指出某某、某某等政府大員月有若干特支費，生活起居如何豪華奢靡，那麽，待遇不是太差，而是太好了。事實上他們根本不靠「薪水」活命。「待遇」已甚優厚，生活自不發生問題。我們所說的公教人員，是指那些絕大多數的非機關主管的公教人員。

除了實物配給，現在一般公教人員月入現金大都在五百元左右，大學教授可以拿到千元之數，而低級公務員及中小學校職員則僅三百元或不足三百元。試以三口之家爲例，請問一天要幾圓菜金？請問一斤猪肉幾塊錢？一磅乳粉幾塊錢？一劑藥幾塊錢？一間八個塌塌米房間的租金多少？一雙皮鞋多少錢？一個月每家要出多少錢水電費？婚喪喜慶通常要出多少份子，才算拿得出手的一份禮？請隨便從這些項目裏挑出一個來看看在一個公教人員的月入上佔多大個百分比，能不令人驚訝？並且，他總得給太太買件衣服，總得把小孩送進學校。他還可能遭遇一些不幸，碰到一些不時之需。但無論如何，他絕對不能貪圖再有什麽可稱得起的物質享受！本刊十六卷三期載有一位月入現金五百圓的教員的投書，其中開列了一張去年十二月份的支出表，讀之令人心酸。這位老師並特別聲明，支出表裏沒有一根香煙的費用（大概是戒掉了），「電影都不敢看」，過個生日也不過買了十圓五角錢的麵粉。「不怪窮教員走進百貨商店問價錢，店員小姐理也不理。」爲人師表者已被作踐至此！

我們並非不知確有不少在此等薪給範圍之內的公教人員，而猶能對現實生活應付裕如者。要考察這些人之所以能够如此，則我們所接觸的問題，其性質，其影響，不知要比前面提到的嚴重到多少倍，惡劣到多少倍。事實上，很少人在今天是單靠薪給維持生活的。或多或少都得想點辦法。合法的或是不合法的，憑勞力的或是不憑勞力的，道德的或是不道德的，光榮的或是屈辱的，但都得找個機會，想點辦法。衣食不足，自然談不上廉恥。連法官辦案子也可以先「公開談生意」了（見本刊上期社論）。今天政治上貪汚的普遍，社會上欺詐之風的熾盛，是大家公認的痛心現象。推究這些現象的原因，你可以說出幾十種意見來，然而不可否認的最重要最直接的造因之一則是公教人員——智識份子，中國歷史上的，也是現在的，社會中堅——待遇的微薄，生活的困苦。

到了現在，已經不是預料公教人員待遇若不及時調整必將造成何種惡果的時候，而是惡果已處處顯露，繼續擴張，亟待挽救的時候。負責任的政府高級官員，千萬不可再熟視無睹，推拖下去。

可是，問題的癥結在財政。政府曾表示財源的無着。無人懷疑這一點，也沒有人主張用加重稅賦或印刷鈔票的方式來提高公教人員待遇的。但在另一方面，非急需的開支，疊床架屋的機構設置，監察院曾檢擧過和不曾檢擧過的各種行政浪費，不在政府預算項下而耗費國帑的半官半私的甚麽團甚麽社，常設的以及定期的各種訓練所訓練班，不一而足，耗費數字之龐大，以百萬計，以千萬計，以億計，大都是浪費。要是把這些浪費的金錢，用以調整公教人員的待遇，不僅可以使之達到合理的程度，且應該是綽有餘裕。由此可見，政府並非沒有錢來改善公教人員的待遇，而是把錢化在無意義不必要的地方太多，以致沒有多餘的錢可用以提高公教人員的待遇。財源無着或其他更巧妙的說詞，只是標準的官僚政治用語而已。

行政當局對於這個問題，似已熟視無睹。我們希望各級民意機關，負起責任來督責政府暫從節省浪費方面着手，迅速解決這個問題。否則行政、司法、警察（臺北市警察局長在市議會第八次大會答覆質詢時，也說「要提高警員操守，主要關鍵在提高待遇」）等方面貪汚腐化之風，是會毀掉中華民國這點命根的。

意在對外的毛澤東「處理人民內部矛盾」

蔣勻田

一　讀毛澤東「處理人民內部矛盾」演詞之動機

上月接得張君勱先生來函，說中共內部起了嚴重問題，卽引毛澤東「正確處理人民內部矛盾」講詞爲證。君勱先生問我的意見，我茫然不知所對。我問了幾個朋友，皆云：未讀原文，不能就片段的轉載立論。此間報紙，不許轉載共產黨的宣傳文件，香港登載此類文件的報紙，又不許進口，所以我無機會讀到那篇演詞。不過我當時設想共產黨卽在矛盾中過生活的，他們的辯證法哲學是解決矛盾的公式，毛澤東未必卽能跳出窠臼，翻成什麽新花樣，因而淡然置之，不讀也罷。

前幾日，從報上看到英國一些作家以「新展望」看待毛的那篇講詞，引爲詫異。究竟新在什麽地方？新到什麼程度？這兩個問題，縈繞我的腦際，勾起我要讀該文的念頭。前日又從報上看見杜勒斯的談話說：他細讀了毛的講詞，認爲他是對內發的，與君勱先生的說法略同。

我很驚奇，十年前被看爲梁山泊的人物，乃他今天一篇演詞，竟然惹動這些世界偉人名家的閱讀評價，我也不能淡然置之，非尋得一讀不快。玆將我讀後的看法，分節寫出，以與注意這篇演詞的人，討論它的究竟。

我想分析這篇演詞，是否能代表一個新的展望？對內抑係對外？並無其他材料可憑，祇有從這篇演詞的內容下工夫。因此，我從該篇的結構與技術先說，證明我的想像不錯，他未能跳出辯證法的窠臼，說不上什麽新。但它確有令人看成新的地方，十足表現他嫻於辯證法。

二　毛澤東演詞的苦心佈局

毛澤東該篇講詞，分成十二段。第一段就是「兩類不同性質的矛盾」。他所指的兩類不同性質矛盾：「就是敵我之間的矛盾和人民內部的矛盾」。他以人民與敵人的定義，作劃分兩類的標準。

他說：「人民這個概念在不同的國家和各個國家的不同的歷史時期，有着不同的內容。拿我國的情況來說，在抗日戰爭時期，一切抗日的階級、階層和社會集團都屬于人民的範圍。日本帝國主義、漢奸、親日派都是人民的敵人。在解放戰爭時期，美帝國主義和它的走狗卽官僚資本階級、地主階級以及代表這些階級的國民黨反動派，都是人民的敵人；一切反對這些敵人的階級、階層和社會集團，都屬于人民的範圍。在現階段，在建設社會主義的時期，一切贊成、擁護和參加社會主義建設事業的階級、階層和社會集團，都屬於人民範圍；一切反抗社會主義革命和敵視、破壞社會主義建設的社會勢力和社會集團，都是人民的敵人。」

毛澤東將他的政府與人民敵對關係，也包括在人民內部矛盾之中。他說：「我們的人民政府是眞正代表人民利益的政府，是爲人民服務的政府，但是它同人民羣衆之間也有一定的矛盾。這種矛盾包括國家利益、集體利益和個人利益之間的矛盾，民主同集中的矛盾，領導同被領導之間的矛盾，國家機關某些工作人員的官僚主義作風同羣衆之間的矛盾。這些矛盾也是人民內部的一個矛盾。」

毛澤東認敵我的矛盾屬於對抗性的矛盾，而人民內部矛盾則屬於非對抗性的矛盾。毛之解決兩類矛盾方法則爲「分淸敵我」和「分淸是非」。以專政對待敵人，以教育、批評、說服和民主方法判別是非。不過在毛看來，非對抗性的矛盾也可以變成對抗性的矛盾。他說：「如果我們處理不當，不是對民族資產階級採取團結、批評、教育的政策，或者民族資產階級不接受我們的這個政策，那末，工人階級同民族資產階級之間的矛盾就會變成敵我之間的矛盾。：：我們的國家是工人階級領導的以工農聯盟爲基礎的人民民主專政的國家。這個專政是幹什麽的呢？專政的第一個作用，就是壓迫國家內部反動階級、反動派和反抗社會主義革命的剝削者，壓迫那些對於社會主義建設的破壞者，就是爲了解決國內敵我之間的矛盾。」

毛旣說明專政的不得已，接着便說：「企圖用行政命令方法，用強制的方法解決思想問題，是非問題，不但沒有效力，而且是有害的。我們不能用行政命令去消滅宗教，不能強迫人們不信教，不能強制人們放棄唯心主義，也不能強制人們相信馬克斯主義。凡屬於思想性質的問題，凡屬於人民內部的爭論問題，只能用民主的方法去解決，只能用討論的方法，批評的方法，說服教育的方法去解決，而不能用強制的，壓服的方法去解決。」毛澤東的民主方法，就是「團結——批評——團結」公式。這是一個大的對內對外「障眼法」。

毛澤東既提倡「百花齊放，百家爭鳴，長期共存，互相監督。」但是他又說：「爲了同工人農民團結一致，知識分子必須繼續改造自己，逐步地拋棄資產階級的世界觀而樹立無產階級的、共產主義的世界觀。」以上對擧，可以看出他的擒縱之能。

毛澤東在「統籌兼顧，適當安排」的標題下說：千萬不要忘記這一點（六億人口），爲什麼要提出這樣一個問題，難道還有人不知道我國有六億人口嗎？

知道是知的，不過辦起事來就有些人忘記了，似乎人越少越好，圈子緊縮得越小越好。」這樣表明了照顧六億人口的襟懷，也是個大的「障眼法」。

再看毛所說「放」與「鳴」的理由：「百花齊放，百家爭鳴的方針，是促進藝術發展和科學進步的方針，是促進我國的社會主義文化繁榮的方針。藝術上不同的形式和風格可以自由發展，科學上不同的學派可以自由爭論。利用行政力量，强制推行一種風格，一種學術，禁止另一種風格，另一種學術，我們認爲有害於藝術和科學的發展。藝術和科學的是非問題，應當通過藝術界和科學界的自由討論去解決，通過藝術和科學的實踐去解決，而不應當採取簡單的方法去解決。」又說：「正確的東西，好的東西，人們一開始常常不承認他們是香花，反而把他們看作毒草。哥伯尼關於太陽系的學說，達爾文的進化論，都曾經被看爲錯誤的東西。」又說：「人們問：在我們國家裏，馬克斯主義已經被大多數人承認爲指導思想，那末，能不能對他批評呢？當然可以批評。……實行百花齊放，百家爭鳴的方針，並不會削弱馬克斯主義在思想界的領導地位。」這一大段話，毛澤東主張藝術科學的自由，隱含着批評史達林歪曲遺傳學家研究的結果，而向世人表現他知道思想自由的可貴，這更是個大的「障眼法」。這種障眼法對西方人也最有效。

我信毛澤東懂得思想自由可貴的道理，爲什麼說他那一套話是對世界人的障眼法？請看他提出的六項標準說：「根據我國憲法的原則，根據我國最大多數人民的意志和我國各黨派歷次宣佈的共同的政治主張，這種標準，可以大致規定如下：一、有利於團結全國各族人民，而不是分裂人民；二、有利於社會主義改造和社會主義建設，而不是不利於社會主義改造和社會主義建設；三、有利於鞏固人民民主專政，而不是破壞或削弱這個專政；四、有利於鞏固民主集中制，而不是破壞或削弱這個制度；五、有利於鞏固共產黨的領導，而不是擺脫或削弱這個領導；六、有利於社會主義的國際團結和全世界愛好平的國際團結，而不是有損於這些團結。」

跟着這六項標準，毛澤東又很技巧的佈置了障眼法說：「提出了這些標準，是爲了幫助人民發展對於各種問題的自由討論，而不是爲了妨礙這種討論，不贊成這些標準的人們，仍然可以提出自己的意見來辯論。」好像他的標準也不妨礙自由討論。但是他結蒂一句話則說：「難道有什麼有益的科學藝術活動會違背這幾條政治標準嗎？」歸結到這一問，則就不能有「無恐怖的自由」，一切自由研究都勾銷了。

三　毛澤東演詞之客觀分析

毛之演詞開頭卽以敵我之矛盾與人民內部矛盾對擧。敵我之矛盾爲對抗性的，須用專政暴力解決；而人民內部矛盾則爲非對抗性的，祇可用民主說服的方法解決。從表相看，兩種矛盾的界限分明，解決的方法亦復釐然有別。人民的各種活動，至少有個有限度的自由。

但是毛之敵人，隨時變遷。抗日時代有抗日時代的敵人，反美時代有反美時代的敵人。時代既有變遷，敵人遂無定義。似此在毛政權之下，一旦國際關係有變，必有一批成爲毛的敵人之寃鬼，可說人身自由，毫無保障。這能是個新的展望嗎？

假使毛澤東純粹以國際的仇友，以定敵我的界限，則在一個時間之內，尙有一個客觀的標準可循。可是毛所列爲人民內部的矛盾，如民族資本家不能接受政府的辦法與工人階級妥協，則立變非對抗性的矛盾爲對抗性的矛盾，就用專政暴力。本係人民內部的矛盾，亦可變成敵我的矛盾。解決於是敵人無定義，人民亦無定義。他的兩類矛盾標準，乍看似有客觀新的價值，可是在思想受辯證法支配的毛澤東心計上，可以擒縱裕如，不至構成他的政權障碍。

毛澤東再三强調用於解決人民內部矛盾的民主說服方法，在人民可以被政府指判變成敵人的大前題下，卽使眞用民主說服的方法，其背後實賦有專政的暴力，人民絕無「無恐懼的自由」之可言。這等左手拿民主，右手拿專政的辦法，不能不說是二十世紀五十年代的流行病。可是不是新的展望。

毛澤東最妙的一着棋，是將人民與政府的衝突，亦列在人民內部的矛盾中。毛澤東他分析這種內部矛盾的現象之一，爲「集體利益與個人利益」的矛盾。毛澤東口口聲聲說：「我們的國家是工農階級領導的人民民主專政」，這種國家裏，祇有階級，那裏還有個人？毛澤東在他所列擧的六點標準裏，處處以集體利益爲指歸，個人都是那種指歸的工具，還能有資格與集體對抗嗎？所有海陸空軍與特務警察的力量，皆是那個集體一部分；連人民的工作命運，也掌握於那個集體之手，民主國家所尊重的個人基本人權，毛澤東認爲是「抽象的民主」，絲毫不予承認，個人如何抗得了集體？毛澤東心裏明白這些矛盾果然存在的性質，因而條分縷析的擧出，以對外眩耀他的民主。假使眞正嚴重到能摧毀他的政權時，他必一聲不響，運用所有的力量以平之，說不上民主與說服的方法了。「國家機關某些工作人員的官僚主義作風同羣衆之間的矛盾」一句判語，是毛澤東故意更進一步表示民主的技巧。有了這句話，不但說明人民可與政府矛盾；而且指出矛盾責任，是官僚主義作風的責任。這表現毛澤東澈首澈尾的改變了中國官官相衞的傳統，使共產主義的人民地位高於黨官，這樣嶄然新建，眞是一個大的「障眼法」。這是那篇演詞裏引誘一些英國人看爲「新展望」(New look)的第一著。

毛澤東痛罵小圈子主義的態度，那樣眞摯坦白，簡直令人忘了毛澤東是共酋。共產黨的組織性特强，排性他更强。共產黨的組織性與排他性，使共產黨不得不囿於圈子內，而毛澤東反痛罵小圈子，是個嶄然新建，也是個大的「障眼法」。這是那篇演詞裏引誘英國人看爲「新展望」的第二著。

「藝術和科學的是非問題，通過藝術和科學的實踐去解決，」「不能利用行政的力量，」這些認識與說法，較之史達林否定遺傳學家研究之結果，放逐優生學家伐維羅夫，自爲高明。在西方的英國人看來不能不許爲新的展望。但是他們沒注意到毛澤東在該演詞所提六點標準後，即問到：「難道有什麼科學藝術活動會違背這幾條政治標準嗎？」科學之研究與政治標準，毫不相涉，應有不顧一切傳統權威與標準之自由。科學與藝術之活動，既不許違背政治標準，還談什麼自由？這是毛澤東抄襲舞文弄墨的舊技術，絕不是新展望！

既說「不能强制人們放棄唯心主義，也不能强制人們相信馬克斯主義。」又說：「爲了同工人農民團結一致，智識份子必須繼續改造自己，逐步地拋棄資產階級的世界觀而樹立無產階級的共產黨的世界觀。」既要「齊放」，「爭鳴」，「共存」，「互監」，又列舉六點標準，令人要完全一面拜倒共產主義。這種故縱即擒、穩擒假縱的辦法，毛澤東運用未免太成熟了。既提出了六點標準，又說：「不贊成這些標準的人們，仍然可以提出自己的意見來辯論。」這又是一道「障眼法」。在完全生長於自由空氣的英美人看來，好像毛澤東對於人民的自由批評權，完全承認了，所以認爲是個新的展望。不但有些英國人是這樣看，就是美國民主黨參議員富勒布拉特（Fullbright）與麥紐遜氏，也有這樣意思。他們忽略了毛在那篇演詞裏另外一點表示，今天的人民可以變成明天的敵人。今天對他用民主，明天就可以對他用專政。至少是毛澤東所用的民主說服方法，背後有專政的助威，故無人到頭不帖服的。絲毫沒有新的意思。

四　毛澤東演詞的對象

毛澤東那篇演詞，是一九五七年二月間對他的高級嘍囉們說出的。這已在匈牙利全國大動亂之後。毛酋是個很機警的人，對於那樣驚天動地的人民革命，不能沒有自反而惴之感。所以向人民允許「齊放」「爭鳴」的諾言，向各「民主黨派」提出「長期共存，互相監督」的諾言。以人民內部的矛盾爲社會主義國家所不可避免的現象，以作黨員之氣。以人民與政府的矛盾，歸咎於官僚主義的作風，以平人民之氣。這樣周到，眞可說是「兼籌並顧，適當的安排」了。所以從時間與他的措辭，我們可判斷，當他演說時的對象，確是對內而不是對外。

十二年前在重慶，毛澤東曾對我說他是讀通了中國歷史的人。既然自認讀通了中國歷史，當然知曉如何欺騙人民及愚弄智識份子。

我相信毛澤東一定是讀熟了三國誌演義。三國誌演義裏一幕周瑜打黃蓋的把戲，今日毛澤東可能在那裏重演。

我爲什麼提出這樣老話呢？因爲我腦子裏有一段故事，使我有此靈感的想像。

十一年前，國民黨共產黨以外的黨派合成一個第三方面，在南京交通銀行樓上，整日作調停國共之學。某日擬成一個方案，今日在北平領導鳴放的章伯鈞氏已簽了名，因爲周恩來暗示不能接受，他竟將已簽的名字抹去了。在那個時候對中共卽如此服帖的人，今日身任中共的交通部長八年之久，關係當更如何？年齡已在六十以上，火氣也非當年可比，還能自動的領導對中共政權放鳴嗎？我實在不敢卽下簡單的判語。羅隆基與儲安平對中共的關係當然與章伯鈞不同。但是羅隆基已身任中共的農林部長，可說靠得相當的攏了，與中共鬧翻了，還有什麼路可以走呢？所以我總懷疑他們的放鳴，係出自於自動。

章羅都係出席最高國務會議的人，應可親聆毛澤東的演詞，若說他們的放鳴出之自動，應在毛的演詞之後，立刻卽有表白。何以遲之又久，始有放鳴之舉呢？可見幕後或有相當的醞釀。一個政治領導人物，在大放厥詞之後，總得作得像煞有介事一般，才不冷場。何況想對外發生作用，必得大吹大擂。

在中共統制下，始終未低頭接受共產思想領導的：爲梁漱溟、張東蓀、潘光旦諸先生。他們至今一聲不響，一言不發，而落得章伯鈞等來領導放鳴，這裏恐怕會有文章。據香港六月廿九日合衆社電，章伯鈞已於六月十四日收回其放鳴的話，說：「我很慚愧，不能遵守共產黨與毛主席的盼望，這多年來，我一直受毛主席的領導與信托。」說這幾句話就可了事，共產黨太寬大了，不能不令人懷疑。左舜生先說章羅係「咎由自取」，恐未免是昔古人擔憂的忠厚想法。我現在不願對此卽下結論，只好留待時間解答。

從另一方面看，誰能懷疑大陸上一切報張不在共產黨控制之下呢？假使他們不願意那些放鳴的文章發表，它們絕不可能發表出來。據香港合衆社六月廿九日訊：今日在紅色中國反共的批評者，仍得到充分的篇幅對於共產黨過去錯誤，發表意見。共黨的北平人民日報依舊予右傾份子（共黨的批評者）以廣大的庇護，不過共黨的反批評者，亦得公享該報的篇幅了。

根據這個報導，可以看出中共的作法，允許批評者的言論發表，以表示眞在那裏放鳴。以反批評者與批評在論戰，又是齊放與爭鳴的表示。這樣假戲眞唱的表演，正引起全世人的注視，毛澤東乃以二月間講詞於五月十八日發表，更引起世人的注視。從現在國際政治的空氣看，從毛澤東演詞裏那些障眼法想，我的判斷是：毛在二月間演說時，目的在牢籠內部；現在又加以補充而向外發表，目的在欺騙國際。有人說，他提倡放鳴的結果，惹起了民主黨派的劇烈批評，這是出他意料之外。所以現在須要加以補充發表，以資鎭壓。這實在不識獨裁者的把戲之論。獨裁者固然容易言行不顧，出爾反爾；但是不需要自身出爾反爾，隨時有人可以代爲作惡，同樣達到目的。從毛澤東那篇演詞，專政與民主對演的方式看，與其說完全重在鎭壓；毋寧說向在刻劃放鳴的標準。試想章伯鈞、羅隆基等在大陸上的領導力量，何須毛澤東親自出馬對話？

可是在他演詞發表的時候，英國在領導解放禁運；英聯總理的倫敦會議卽將召開，會議的結論，足以影響國際空氣；日本首相又訂訪美商談之期，亦必涉及對華政策；四强裁軍會議，更在緊張階段，這些國際間風雲，毛澤東自分必爲涉及對象之一環。所以及時發表了滿佈障眼法的演詞，誘惑世界，以圖很自然進入聯合國。現在說它是對內再整肅的先聲，未免結論太快。倘時間久了，並未整肅，還在互相文字辯駁，既不會傾覆他的政權，對於他國際宣傳更利。這是我看對外乃是他發表那篇演詞的正面理由。

毛澤東在那篇長達兩萬五千字的演詞裏，一反過去的說法，未曾提到武力解放臺灣，分明欲討好美國；至少是要引起美國外交界的注意。可是毛澤東反說幾年來祇殺了八十萬反動分子。這個數目本不算少，然比傳說他殺了幾百萬幾千萬的估計，總屬少數。這分明也是向國際解釋的意思。假使若圖對內鎮壓，應當多說殺人的兇惡，不必隱瞞。這兩點理由，也可反證毛的那篇演說是重在對外。

五　對內與對外的不同

我爲什麼不憚煩瑣的分析毛在五月十八日發表演詞，對象係欺騙國際，而不是鎮壓國內呢？其間大有區別。

政權的保持，絕不能專憑暴力，更不能長期出自以欺壓殘殺。卽以蘇俄史達林爲例，他在一九二八年後，卽闡精竭力，埋頭建設。一九三二年後，乘日本對東三省的侵略，義德在西歐的躍起，卽發動對世界各國的笑臉外交，恢復國際關係。然究其內容，史達林所以能建立其外在關係，以加速其經濟建設，其資本是對內建設，對外和平，而不是高壓殘殺。毛澤東豈能不知道這段歷史嗎？

現在民主國家的世界防線，已達有力立懲任何發動戰爭的禍首。這種情況，毛澤東又焉有不知之理呢？既不能以援韓援越打入聯合國；更不能以殘殺人民估來信譽，選入聯合國；而世界像樣的國家，又都在聯合國內，爭奪國際的領導，爭取國家的利益，毛澤東又焉能不動這樣野心呢？在現在的國際條件下，毛澤東若動了這樣野心，祇有逼着他暫時對內假放，對外假和。因要騙取國際對他有個新的希望，不能不先從內部經濟政治的設施作起。因此而有兩個五年計劃的宣佈，繼之而走向放鳴的民主趨向。假使毛澤東能繼續這一僞裝三五年，則一九三二年後史達林之所以騙得民主國家承認，今日毛澤東亦必甚易得之。這就是我所以不憚煩瑣分析這個問題的主因。

頃據七月二日合衆社倫敦訊：此間權威來源報導，英聯總理會議已論及准許中共政權進入聯合國問題。昨天會議論及四强——英國、法國、美國、蘇俄大量縮減兵力的可能時，而不計及六億人口的共產中國，確令人懷疑。……假使共產中國包括於裁軍會議中，美國將必然實際承認中共政權。繼之必引起允許中共進入聯合國問題，這樣將使聯合國內，共產國家與非共產國家有個新的平衡。

這一段消息的實在性，我認爲很大。在未看到這則新聞前，我對英聯總理會議必討論中共入聯合國的問題，卽有靈感直覺的疑懼。也可以說六七年來，每次看到四强裁兵問題，進展到某種階段，內心卽疑懼這一問題將逼着美國實際承認中共，與中共將進入聯合國。問題使我們爲世界反共前途疑懼，定使毛澤東爲共產世界革命歡喜，這是一個必然的對照。他那有不迎接這個機會，改變作法向外，而仍關門在內部自殺的道理呢？把握政權，統治了大陸，些許書生的批評，算得什麼？

假使毛澤東連這點聰明都沒有，自已提倡的放鳴，因爲放鳴的人稍行過火，言論的「圍剿」以外，又加以整肅屠殺，我們雖同情那些被整的人，我們也不能不笑毛澤東眞是張(獻忠)李(自成)的同路。不過這樣想法，總難免失於天眞。毛澤東這篇演詞，在天枰上的估値，祇有等待時間判斷了。假使它是重在對內而發，則問題太簡單了。我雖不如此想，我却如此希望。假使它是重在對外，繼之而來的必有其他欺世盜名的把戲，我們不能掉以輕心，須隨時注意揭破。我看現在希望毛朝自垮的人太多了，實在都犯了太樂觀的毛病。這是我寫這篇文章的意思。

四六、七、四。

從「限用毛筆」說起

「霜毫擲罷倚天寒，好作淋漓淡墨看。何敢自矜醫國手？藥方祇販古時丹！」——清龔自珍雜感詩

趙曼君

前年聽友人某君口誦龔定盦的這首絕句，當時感喟不已。這是道光年間一位詩人的憤懣（手頭無龔定盦全集，未及查考，所引原詩恐有一二字之出入。又其成詩年代以及此一雜感的背景，這裏也不擬考證。不過，我們知道，鴉片戰爭起於道光十九年——公元一八三九——，其後賠欵議和，訂五口通商之約，在此前後，可說是中國人開始自卑，也是開始覺醒的時代。這位詩壇怪傑的這首雜感詩，自非無謂而發。）從道光年到現在，約一百三十年的光景，歲月無情，而民運未隆，國勢日蹙，龔定盦決料想不到，他的這首詩，竟為一百餘年之後的中國人道出了同樣的悲哀，同樣的憤懣。

我現在借用這首前人的詩作為本文的楔子，就好像是「興而比也」一樣；很自然的，我的感興是由「霜毫」而起，毫者，毛筆也，現代通用的鋼筆則不得謂之為「毫」。此恰於題目有關。去年大專學校的聯合招生考試，國文一科，教育部曾令飭「限用毛筆」，結果怎麼樣，個人不大清楚，因為我沒有就讀大專學校的子弟，兼之平日對這一類的問題，最不感興趣，所以當時聽罷，也和許多人對於某些性質同類的事有同樣的觀感：「還不就是那樣的一回事！」在這樣的觀感下，就連一個「莞爾」的笑容都不會有的。一直到今年，我的女兒小學畢業，要考中學，又聞中學聯招會突頒此項規定，國文一科必須使用毛筆作答，我的料想，這個「必須」，結果恐怕不免要演變到「毛筆鋼筆通用」的，因為一樁政令，如果不是針對事實的需要，並無視於多數人奉行這個政令的困難，結果一定是要大打折扣。當它被逼得不得不打折扣時，當然還得麻煩「紹興師爺」來一套說明，兜上許多圈子，以勉強維持其所謂威信。不過，我這個依照「常識」的料想，自未便向心地純潔的小學生講，於是我替女兒花了八元錢買了一枝馬馬虎虎的毛筆，以供「模擬考試」之需。等到她繼續向我要三塊錢，想買一個對付着用的廉價墨盒，免有「臨池學書」而使「考卷盡墨」之虞時，我說「且慢！」果然在當天的晚上，女兒於國校的升學補習中受課完畢，八時半回家時，歡天喜地的說：「不用啦！校長接到教育局的電話，說是可以不用毛筆啦！」此也許算得是「德之流行，速於置郵而傳命」吧。這一個傳命的電話，使得成千成萬的小學畢業生如釋重負，「望子成龍」的人，其歡喜自亦不在話下。第二天，在報紙上果然出現了「毛筆鋼筆，均可通用」的標題了。

但是，這一個結果，據報上所載，似乎却是爭來不易，本來教育界與論界對這個問題應該可以據理力爭，用不到苦心孤詣地去「枉尺直尋」的，可是，臺北市省市立中學聯合招生委員會為此問題開會討論時，竟將過去「用鋼筆答卷」的責任（如果這也算是罪責的話！）輕輕推到考生身上，歸咎於「少數學生」之「取巧」，因之該會遂不惜演出下面一段荒謬的邏輯來：「該會出席人員一致認為小學生習用毛筆，教育廳早有規定，以往歷年聯合招生國文一科，亦規定使用毛筆，惟因少數學生仍以鋼筆答卷，不免取巧，今年本市招生委員會為遵照層峯提倡毛筆字之規定，並避免少數學生取巧，故硬性規定國文一科應使用毛筆，否則扣減該科成績十分，惟據一般小學校長在師大附中集會時，紛紛提出意見，……經該會考慮結果，認為亦頗具理由，爰經該會決議：今夏高初中國文科答卷時，毛筆或鋼筆均可通用，惟仍望各級學校今後對學生使用毛筆之訓練，特予注意」云云（照抄七月九日新生報原報導）。這完全是官派的文章，不過是「紹興師爺」的筆墨或口吻，借參加聯合招生委員會的諸位中學校長的嘴裏說出而已。我們雖絕對不能苟同曲附此一荒謬的說詞，但對於現時教界敷衍教育當局以及顧全事實的這種「苦心」，恐怕只好寄予同情和原諒了。不過，有一點，很難使人原諒的是，據省教育廳劉廳長於七月九日在省議會說：「採用毛筆一事，原係臺北市省市立聯合招生委員會決定的，並非教育廳所規定。」又據該會宣佈：「今年本市招生委員會為遵照層峯提倡毛筆字之規定：……」云云，所指層峯當指教育部，那麼這件事顯見得是招生委員會侍候教育部的意旨了。

走筆至此，我擔心有人會懷疑我所指摘的「該一討論的內容為荒謬」或未免過分了一些，故不惜稍稍浪費一點筆墨略加分析一下：

所謂「以往歷年……規定使用毛筆，惟因少數學生仍以鋼筆答卷，不免取巧。」該一歷年的規定，見諸報端並打算普遍行之於考生的，據筆者所知，似自去年大專聯合招生的入學考試始（結果仍無法做到，已略如上述），不得輕飄飄的運用「歷年」二字。假如說，歷年均「有此規定」，而在中學聯考中過去並未見實行，則該一規定形同具文，考生不知，學校無睹，準此以論，則何能責學生之「取巧」？況所謂「少數學生取巧」，而此所謂「取巧」，又是指的「用鋼筆答卷」，我們倒不免要請教臺灣省歷年參加聯考的閱卷先生們，看是究竟用鋼筆的考生多，還是用毛筆的多？這個事實，是不容隨便抹煞的。（如果這一段「討論內容」的文章，是由一位頭腦更較週密的人受命執筆的話，我想他不會採用「少數考生取巧」的「少數」兩字而會稍稍保守謹慎地用「一部分考生」的字樣去代替它的。然而，官派文章之不足以語負責，於此亦可見一端。）又依原文尋繹，過去考生之所以「取巧」，是因為無此硬性規定，雖用鋼筆亦

不予扣分。按既非硬性規定，就該是彈性的無可無不可，既是無可無不可，原無強制性，最多也只能說是教育當局「保存國粹」的一點希望，用「限用毛筆考國文」來保存國粹，這個希望本身的合理不合理，凡算是一個現代人都能一語道破，不必細論；所希望者如彼，而絕大多數的考生爲了使用工具便利的原則而樂用鋼筆者又如此，那麼，怎忍心責其取巧？我們教育當局常常喊「沒有青年就沒有時代」這一類的話，又「兒童是國家未來的主人翁」，在這裏又何忍對於參加中學聯考的莘莘學童無端地加上一個「取巧」的侮蔑之詞？這簡直是「捏着鼻子哄嘴」，豈不算荒謬？還有，最後拖的一個尾巴「惟仍望各級學校今後對學生使用毛筆之訓練，特予注意」，那麼，這個責任又好像是在各級學校了，作爲一個主辦中學入學考試的聯招會，當然對各級學校沒有命令，限制的權力，僅是「代達」這個希望，此一官派文章應有的結尾，做的人固優爲之，可是我擔心它又會給中小學生和他們的家長們帶來一層顧慮：究竟明年的聯考，國文科是非用毛筆不可呢？抑或是亦得用鋼筆呢？如屬前者，在現行功課異常繁重的情形之下，各級學校宜如何「特予注意毛筆之訓練」，而使切實有效呢？當然，我們的教育部或省教育廳也可以繼續來一紙令文，有所規定，好歹由學校去實行，效果如何又是另外一回事，所謂文章人人會做，各有巧妙不同，但作爲一件政令來看，總該切實明白，不該含含糊糊，叫人疑懼，等到實行起來扞格難通，纔忙着補苴罅漏，自損威信。現在，個人姑在此僭擬一段半官式而略見平實的文章，誠懇的希望我們的教育行政當局虛心參考採納，以釋羣疑，尤其是減輕中小學生對於升學準備的心理負擔。我的「半官式」文章如下（其中的論點其實還是相當脆弱的，略如後面的闡釋）：

「查書法爲一種藝術，我國書法尤具此特質，凡屬國民，均宜注意練習。而練習使用之工具，與此項「藝術的特質表現」直接有關（註：此語修辭有問題，待酌。），本部（廳）鑒於年來青年學生一般書法之惡劣，曾試行提倡加强毛筆字之訓練……（省略處可補敍功令之根據）按鋼筆使用固屬便利，但國人亦不宜放棄毛筆字之練習，至盼各校注意，在國文作業中儘量令學生使用毛筆。至於大專學校及中等學校之入學考試國文一科，本部（廳）過去曾規定限用毛筆，現以據各方意見，並考慮實際困難，前項規定特予明令取消，今後之入學考試，毛筆鋼筆均可通用。」

這樣的一段文章，雖然文字不能算好，而且其中還有一點可議之處，就是現今青年學生之書法惡劣，（實不僅以青年學生爲然，就是許多受過毛筆訓練的中年以上的人，也並非人人寫字有「書卷氣」，任意塗鴉的有的是！）因素甚多，與使用鋼筆並無直接的因果關係。準此，此一論點還是有問題的。不過，今日的教育當局如果眞有此雅量，來一道類似這樣「非全官式」的令文，已够令人滿意，未審有此勇氣和智慧否？

在今年，「限用毛筆」的問題還不算成爲過去，因爲卽將舉行的大專聯考，聽說照規定，國文科還是要限用毛筆。至於明年怎樣呢？依上面所說的「拖的那個尾巴」，我們仍然要擔憂，至請教育當局以珍惜青年學生的整個學業及光陰爲重，少來些這樣表面堂皇漂亮的規定，青年幸甚，國家幸甚！

此文的題目原是「從『限用毛筆』說起」，主要的題旨原不在討論此一問題的本身。區區之意，是想指出年來表現在教育方面的若干復古的趨向，是隱藏在若干浮誇空泛的理論的後面，智者自明，原不用多所論列，那一套「理論」，不但不足以匡補時艱，而適足以阻礙進步，遏抑生機，這些愚昧可悲的現象，雖不盡以教育方面爲然，但確在許多有關教育的設施方面表現得爲尤烈。我們的教育部張部長頗有「政教合一，天人雜糅」的雄心偉抱（「天人雜糅」，是我杜撰之詞，當然不通，依習慣的說法應爲「天人合一」），以做官的興趣來辦教育，師心自用，駸駸有「不爲國師，則不過癮」之勢。觀乎他這幾年的新猷，以及許多妙論，是有意把百年大計的教育帶到一種不甚明顯的復古傾向，使其個人得以「中國文藝復興」的功臣自居。國文考試「限用毛筆」不過其小小的一例耳。說到這裏，便不免回到本文的楔子——龔定盦的郡首雜感詩。

「何敢自矜醫國手？藥方祇販古時丹！」

這好有一比：明明是一位江湖醫生，販賣些莫名其妙的丹方，而侈言可以醫國救民。在百餘年前的道光年間，詩人龔定盦已有此憤慨，而能叫現代的邦人士子可以默爾以息乎？

七月八日的公論報有一篇社論，指陳這些怪現象，批評得最中肯，謹照錄原文最重要的一段如下：

「教育是百年大計，教育當局應如何着眼世界進步情形與社會實際需要，而由專家依據教育學理審愼規劃其措施，俾我們的國家與人民能獲得適應能力，以維持其發展與生存。此種計劃應具有理論上的完整性，使各項措施互相配合，有條理、系統可尋；在實施上，並應維持相當的穩定性，不宜輕易變更，因教育之功效不速，若利弊均不及見而隨意更張，徒然是盲目的亂動而已。當然，我們也不是說教育措施不可以變更。一成不變的教育，同樣不足以適應進步世界的需要。我們只是覺得任何一項新措施，必須是基於全般的檢討，確實符合客觀需要並與整個措施相調和的，才有採取的價值。這幾年的教育措施，幾乎天天有新花樣，而每每又朝令夕改，以致諸象雜陳，破雜支離，矛盾百出。最明顯的是，應景文章太多，有時是由於當局偶然的一句話；有時是基於少數人閉門造車的意見；有時是配合一時的政治宣傳，根本忽略了教育需要上的考慮。其中若干措施的性質，竟顯出極不可解的復古傾向，完全與現代的需要脫節，卽對於反共抗俄，也只有阻礙自己的進步，削弱鬪爭的力量，全無好處可言。規定習寫毛筆字，也就是此類傾向復古的教育措施之一。」

這眞不愧爲一段公論。凡是今日主管學校教育的人，我相信都有此感慨。引了上面一段話，個人有許多相同意思，不必再提出來虛佔篇幅了。

最後，我想指出，今日有若干浮誇、空泛的「理論」，使一部分言論界受其支配，呈現一片混沌現象，其根本病源所在，實由於最少數的人還有「中學爲體、西學爲用」的思想在心目中作怪，而運用政治權力在那裏大量推銷論理，這種思想應當早已成爲過去，何至於到了今日，還能變相的存在？個人想來想去，除了「政教合一，天人雜糅」的「政治意義」以外，實在尋不出什麼別的解釋。

這一派的人，已經懂得不肯完全襲用張之洞的「中學爲體，西學爲用」「中學治身心，西學治世事」以及「既免迂陋無用之譏，亦杜離經畔道之弊」等一類的話，但依然是言異實同，「百變不離其宗」，其思想內容實與光緒年間的張之洞郭嵩燾相去無幾。

如果我們肯說「卽體卽用」，或者「知其用必先識其體」的話，那麼，關於辨別「中學爲體，西學爲用」的這個基本態度的時代應該早已過去了。就連最初在光緒二十四年起草大學章程的梁啓超，雖然他也會說過「中學體也，西學用也」的話，可是到後來，他在南通科學社講演「科學精神與東西文化」一題時，則說：「中學爲體，西學爲用」這兩句話，現在雖然沒有從前那麼時髦了，但因爲話裏的精神和中國人脾胃最相投合，所以直到今日，依然爲變相的存在。大抵現在最流行的莫過於政治上經濟上這樣主義那樣主義，我替他取個名字叫做西裝的治國平天下大經綸；次流行的莫過於講哲學上文學上這種精神那種精神，我也替他取個名字叫做西裝的超凡入聖大本領。」（此段講演稿，是我早年從書上抄存下來的材料，原講演年月不悉。）梁啓超究竟不愧爲「今日之我，不惜與昨日之我宣戰」的人，纔有這樣痛快淋漓的話。如果他生當今日，更不知道要怎樣痛心疾首了。關於「西裝的治國平天下大經綸、西裝的超凡入聖大本領」的這兩句話，如以奉贈張其昀部長總該是差不多的。

我常常覺得，要看國人的長進不長進，最好是把民國初年的有關現象和現在作一比較。梁啓超在民國初年的另一篇文章裏，批評當時的「學術界」，說過如下的話（亦係就手頭所存資料轉錄）：

「中國學術界有如下之病症：㈠籠統——最愛說大而無當，不着邊際的道理，自己主張的是什麼，和別人不同之處在那裏，連自己也說不出。㈡武斷——沒有討論學問的公認標準，雖然判斷錯誤，也沒有人能駁他，謬誤便日日侵蝕社會人心。㈢虛僞——虛僞有二：一、語句上之虛僞，如隱匿眞證，杜撰假證，或曲說理由等等。二、思想內容之虛僞，本無心得，貌爲深秘，欺騙世人。㈣因襲，把批評精神完全消失，而且沒有批評能力，所以一味盲從古人，剽竊些緒餘過活。所以思想界不能有彈力性，隨着時代所需求而開拓，倒反留着許多沉澱廢質在裏頭，爲營養之障礙。」

這話說在幾十年以前，是批評當時的中國學術界。近三十年來，教育和學術界有許多重要的進步，除了冒牌的「學術界」以外，梁啓超的話已經不全適用了。我抄下這段話的意思，是借此請問當今主管教育行政當局以及搞青年運動的人：

那些大而無當不着邊際的道理，你們還在標榜着麼？那些「沉澱的廢質」，經過了數十年，難道不想把它濾清一些；使不爲國民營養之障礙麼？

話雖然說得不少，而意猶未盡。但作爲一個書生的憤懣，恐怕也只得「霜毫擲罷倚天寒，好作淋漓淡墨看」了！

讀者投書

（二）高雄縣長選舉訴訟近訊

余登發

編輯先生勛鑒：

關于高雄縣第三屆縣長選舉舞弊，曾在高等法院臺南分院核對，首批發現（九鄉鎭十五個投開票所）未投票選民三二五人中發現六〇人被投開票所工作人員冒領選票代圈選國民黨提名候選人陳皆興，案情已在前函奉達，嗣後提出之六鄉鎭九個投開票所（第二批五個第三批四個）未投票選民一一八人中，又發現三十六位選民被冒領選票代爲圈選，其舞弊率竟達三成强。第一、二、三批綜合已核對之投開票所共二十四個，所轄選民票有三萬以上，而後於七月二日再向高等法院臺南分院提出二十五個投開票所（第一、六、七一、七三、七四、七九、八〇、八四、九〇、九四、九五、九七、一〇一、一〇二、一〇三、一〇九、一一一、一一五、一一七、一二六、一三六、一三八、一三九等各投開票所所轄選民亦有三萬以上）申請核對在案，合併前已核對之投開票所共計四十九個，其所轄選民票共有六萬票以上，已超過陳皆興所得票數一一八、二五五票與本人所得票數六九、六五〇票之差額四八、六〇五票，依法可構成選舉無效之判決之有力證據。查最後二十五個投開票所之未投選選民名冊乃於七月二日辯論未終結前提出申請核對，但高等法院臺南分院恐導使選舉無效，竟將此重要證據棄置不予查核。惟嘉義縣第三屆省議員候選人許竹讃控告嘉義縣選舉事務所乙案，於本月五日下午三時第三次開庭調查，因證據不足論原告許竹讃提具實證。查該案與本案審理之推事係同一人（鄭紅），而最後申請核對之二十五個投開票所未投票選民名冊，本人較該案早於七月二日辯論未終結前提呈，但竟遭院方拒絕核對而宣布辯論終結。又本人於七月四日以書面向法院聲請再開辯論，以便核對二十五個投開票所之未投票選民名冊，但院方仍然置之不理，竟以本人之證據不足爲詞，將本人之訴駁回，顯有違法不公平之處。以上略述概要，並附上第二、三、四批未投票選民名冊各乙份，謹以奉告。恭請

編安

余登發謹上七月十日

再論新資本主義

劉道元

一　兩項說明

在討論問題之前，須先作兩項說明。

第一，拙作「論新資本主義」(以下簡稱上篇)一文登載於本年六月十六日自由中國半月刊十六卷十二期。這篇文章說明什麼是新資本主義，新資本主義的特質，新資本主義與資本主義有何區別，並說到新資本主義爲將來經濟發展奠下一條坦途。

在新資本主義與資本主義有何區別一節中，詳述以前資本爲少數資本家所有，現在逐漸轉變爲大衆所有；資本主義的工資制度，理論上與事實上均起了變化，成爲工資的絕對增加，且其增加程度超出於生產力之上；因而價格制度，社會階級，與經濟循環，在新資本主義的美國也變了質。上篇只說明這些事實，未對造成這些事實的因素加以探原究底的說明，故須再加論列，以爲補充。

上篇雖就資本所有，工資變化，價格制度，社會階級，及經濟循環等五項，說明新舊資本主義之不同。其重點則在資本所有的轉變，與工資制度的變化。本篇將以大部篇幅說明兩者變化的主要原因，並論及爲什麼經濟循環也變了質。

第二，美國自一九三〇年代迄現在，始終以兩個政策輔導它的經濟發展。就是貨幣政策與財政政策的配合運用，以求達到穩定物價及充分就業的目的。在恐慌時期，一面降低利率增加通貨供應量，以充裕企業及人民手頭現金；並以分期付欵的消費者信用 (Consumer Credit) 制度，鼓勵人民消費。一面則以預算調劑社會總支出，擴大舉辦公共工程，增加就業機會，以創造有效需要。使陷在一九三二年前後低谷的經濟恐慌得以起死回生。

經濟恐慌過後，貨幣與財政政策仍是美國經濟安定的兩大支柱。更以所得稅高度的累進，及社會安全的加强，使國民所得在逐年提高中得到調節。物價安定，購買力增强，無論資源人力都在充分業狀態中。失業人數在勞動總量中，迄爲百分之四上下的正常現象。

近二十年來，美國經濟一直安定在由這兩個政策所奠立的物價穩定及充分就業的基礎上。現在卽就這個基礎說明資本所有大衆化，工資的絕對增加及經濟循環變質的根本原因。在討論中遇到有關這兩個政策及物價與就業等問題，卽不再加說明。

二　資本所有大衆化的促成

上篇說明一九五二年，擁有三千五百億元之四千五百個大股份有限公司的股票，爲六百五十萬人所有，至一九五五年底，此項股票持有人增至八百六十三萬人，至一九六〇年將達一千二百萬人。這是僅就公司企業說的，至零星的個人企業，還未計算在內。

什麼因素造成功這一事實呢？不得不先從租稅政策，尤其所得稅說起。

美國近年來，生產總值逐年上升，雖有一九四八至四九，一九五三至五四及一九五六上半年三次略爲減低，但逐年看，仍是年高一年，由一九五〇年的二千四百億元，而一九五六年的四千一百二十億元。在這樣的生產總值直線上升情形下，獲利最多的當然是企業組織。生產者的收入總額是產量與物價之積，除去利息地租工資，剩下的是利潤。假使物價利率地租和工資率不變，或變化甚小，則利潤的增加是絕對的。美國十二年(二次大戰結束後)來，有三度物價上漲，一爲一九四五至四七，二爲一九五〇至五一，三爲一九五六至現在。但亦有兩個安定時期；一在一九四七至四九，另一在一九五二至五五。物價漲的時間短而程度微。利率與地租在此一較長時期內，大體維持原狀不變。只利率自一九五五下半年迄現在，爲防止通貨膨脹，才由二厘七五，迭次提高至四厘。所以利潤的增加，自一九四七至一九五五年是絕對的。以一九五四年汽車製造業爲例，通用汽車公司的利潤率高達百分之四十九點九。福特汽車公司同年的利潤率亦在百分之三十七以上。

企業利潤是絕對的增加了，美國政府更以租稅鼓勵企業利潤的增加。個人所得稅是逐級累進的，所得在一百萬元以上者，最高累進率達百分之八十六。而公司所得稅，依一九五一年的新稅法，只分爲兩級。淨所得一元以上至兩萬五千元，稅率爲百分之二十五。二萬五千以上，超過二萬五千部份，稅率爲百分之四十七。公司所得稅不僅在稅率方面低於個人所得稅，且以此稅名爲累進，實係比例，使企業者得到鼓勵。由於此一經濟引力 (Economic Incentive)，美國人民從事工商業賺錢，就益成爲社會風尚了。

工商企業最賺錢，納稅又較少，自然引人入勝，而樂於參加。購買公司股票，變成股東，是參加工商業的最佳方法，租稅政策在此一方面，更予股票持有人以大的鼓勵。一九五四年開始實行的聯邦股息免稅法，規定每人股息所得，開始的五十元免納所得稅。如屬夫婦二人有股息收入，則開始的一百元免稅。爲數雖小，但在股息開始的一百元上看，已經是很大了。因爲美國銀行存欵年息爲百分之一。存欵萬元，爲期一年，才得一百元利息，還須納百分之三的利息所得稅。兩相比較，佔人民大多數的薪資所得者及家庭主婦，當願以節約儲蓄之錢，購買股票了。

促成資本所有大衆化的次一因素，則爲股票市場的完備，企業公司之所以容易集合大量資金，成爲現代生產組織的主要形態，就在持有股票的股東責任有限，股票在市場上自由買賣。股票市場和商品金融等市場一樣，是人民經濟行爲的中心之一。消息靈通，感覺銳敏，何種產業經營的好壞，利潤的有無及其大小，立刻影響到市場上該一產業股票價格的漲跌。一般人民針對這一行情的高低，作股票的買進與賣出。經濟長期安定，風險甚小，股票存在手裏，對股息的收入，任何人都具有信心。

另外，美國很多企業的主持者，常勸導他們的勞動者，購買自己工廠的股票，一則提倡工人節約儲蓄，藉股票增加收入；再則工人變成了本廠股東，工作情緒與工作精神亦隨之提高。勞資關係更隨着改善。現在工人們固然可以購買本廠的股票，且可隨時購買賺錢較多的任何一個工商企業的股票，而爲其股東。一個人有勞動者與股東兩層身份，也同時有工資和營利的兩種收入。此一事實的出現和普遍，對於資本所有大衆化的影響極大。

賺錢最多的產業，股票的入息最多。有這樣股票的人，惟嫌股票少，怎肯出賣呢？出讓股票的原因極多，其中最主要者是陡峻的所得稅累進稅率，大資本所有者股票入息固多，租稅負擔亦重，因而出售其擁有的大量股票。一九五五年福特家族出售他們在福特汽車公司的股票十億元以上，就是一個很好的例證。

股票可以賺錢，且可以提高身份，固可鼓勵一般人民購買股票，鼓勵最有力的方法還不止此。現有很多企業公司，尤其是投資公司，或投資銀行，訂有分期付欵的股票購買辦法，以增加股票出售的數量。這和耐用和半耐用消費財分期付欵的辦法相同，使人民在金錢犧牲感甚小的情緒下，把願意要的東西購買到手。

促使資本所有大衆化的，最後也是最主要的一個因素，爲國民所得的增加。一九五二年一月美國前總統杜魯門致國會經濟咨文，說在本世紀前半期，美國國民的眞實所得，每二十三年增加一倍。近三四年來以工業自動化的進行，國民所得的增加更速。將來原子能和平用途成功，人類生活將起大的革命，所得必更多。一般說來，國民可用所得的支配，不外消費與儲蓄。國民所得大，消費與儲蓄數額均增加。在經濟安定的國家，消費傾向大體上是不變的。美國自上次經濟恐慌過後，消費傾向是所得的百分之九十二至九十六。一九五五年爲九十四，去年爲九十三。亦即前去兩年的儲蓄分別爲所得的百分之六及七，依儲蓄等於投資的理論，則儲蓄是投資的資金來源。投資方式甚多，人民購買股票，直接參加生產，是投資的方式之一，也是最簡便最有效的謀利方法。以此，國民所得增加，儲蓄數量擴大，股票的購買也就日多與普遍了。

利潤率高而稅率低，股票收入部份免稅，股票購買方便，並有分期付欵的優待，在人民日益富有之下，無怪乎企業公司股票持有人的數字自一九五一年後直線上升了。

三　工資絕對增加的原因

上篇說美國：「一九五四年七月以前，每小時平均工資爲一元八角二分，一九五五年同一時期，增爲一元八角五分，一九五六年增加更多。」據調查每小時增加了一角二分。去年國民生產總值爲四千一百二十億元，較一九五五年增二百二十億元，增加率爲百分之五點五。而工資的增加率爲百分之六。無怪乎本年一月二十三日艾森豪總統在其致國會咨文中說：「一九五六年的工資增加，超過了生產力的上升。」

本來，在長期看，工資的增加是學者所公認的事實。這種增加是三方面的，第一是由於人口的增加。美國近年人口增加率甚大，就業率亦高。就業人數在勞動總量中的比例，始終保持百分之九十六上下的正常狀態。假定工資率不變，工資總額等於就業量與工資之積。人口增加，工資總額之增加，當爲鐵的事實。第二是由於生產量的增加。利潤與工資是相互依存的，在一定時期內，生產者的售貨收入是物價與產量之積。減去地租利息及其他費用，剩下的是利潤和工資。生產量增加，利潤與工資隨之擴大。自一九三〇年代經濟恐慌過後，尤其自二次大戰復員之後，美國的生產總值逐年上升，則兩者之增加益屬顯然。如謂企業家在生產上處於優越地位，勞動者的工資增加，不會隨產量之增加而相同的絕對增加，但至少亦是相對的增加。第三是由於工資率的增加。假定工資率固定不變，就業量和生產量增加，工資總額的增加，已屬絕對的。要是工資率變大，則工資之增加將成爲一個超越的現象。美國近年來，工資及薪給每年均有增加，一九五三年造成了高峰。一九五四年略形停滯，一九五五年初超過了一九五三年的高峰。此後每季上升，一九五六年十一月，較一年以前增加了百分之六，每小時平均工資接近二元。成爲超過生產力上升的現象。

前兩者的增加，即分配理論中，工資的長時期增加，但本篇所要討論是在新資本主義下，工資率的增加，什麼因素造成此一現象，使新資本主義迥異於資本主義呢？

半世紀以來，尤其近二十年來在經濟結構上影響分配關係者，有兩件大事。一個是企業所有與企業管理的分離，一個是勞動市場爲勞動者所有。在新資本主義的美國更爲顯著，對於工資的絕對增加發生了絕大關係。由於技術的進步及專業的分工，企業的出資人，僅以股票爲產權之憑證，退居於股東地位，不再管理企業，只定期領受股息或紅利，幾與所僱工人之領受工資同。企業管理人，非企業之出資人，係被僱於企業組織之企業家，其權力與過去之廠主相似，而爲現代生產之中心人物。企業組織亦由自然人之聚合的形態，一變而成爲獨具人格的法人地位。股東的地位變輕，法人的責任加重。這一企業管理權與所有權的分離，使生產成果之分配的觀念與分配的制度起了很大變化。

再則，過去資本爲少數資本家所有，他們對於企業有特殊利益，因而對於企業亦具有特殊權力。管理企業的企業家，在企業的經營上，仍須仰視他們的顏色，不能完全發揮其企業的天才。現在這一情形改變了。資本不再爲少數資本家所有，而爲數以百萬計的一般人民所有，其中之一部又爲直接參與生產活動的勞動者。且股票自由流通，隨時隨地可以易主，股權的流動性甚大，企業產權的私有觀念，起了很大的變化。股權爲暫時的，企業却爲永久的。企業經營擺脫了資本家的支配，而具有超然的獨立意志。因之，生產成果的分配，冲淡了絕對歸我的獨佔性，分配觀念與分配制度變質的程度益發加深了。

與此一觀念相配合的，是凱恩斯 (John M. Keynes) 的有效需要理論，推翻並代替了薩伊 (J. B. Say) 供給創造需要的理論。減低工資可以增加就業說法，更不能立足。薩氏的着眼在生產，凱氏的重心在消費。必須勞動大家有消費能力成爲有效需要，生產才能與之適應而賡續進行。時至今日益爲事實所證明。聰明才智而又專業化、且具有獨立意志的企業家，比諸過去的企業主，對此一理論，瞭解較爲深切，實行此一理論的行動亦較爲超脫。在資本所有趨於大衆化之後，企業家爲增加生產獲取更多利潤，只有改變減低工資才可擴大就業的傳統觀念，而實行增加工資，創造有效需要，以擴大生產了。

勞動市場爲勞動者所有，則工資的絕對增加，更爲自然的結果。近二十年來，美國始終保持充分就業的狀態，失業人數佔勞動總量的百分之四上下，這種失業不是由於無業可就，而是由於各種情形所造成的。許多工人離開此業，去就彼業，不僅有時間間隔，且有空間隔離。在離業與就業的中間，就算失業。故凱恩斯解釋充分就業，不是無失業，而是失業後，很快可就業。美國充分的作到了這一步。並且由於社會安全制度的實行，聯邦及地方政府對於社會保險的範圍、內容與所包含的人數，都在日益增加，不僅失業仍有收入，疾病得到保障，即連年老退休，死亡後子女，以至盲啞及子女衆多者，均可維持水準以上的生活。在勞動市場上，勞動的需要與供給決定工資，現在勞力需要絕對大，而供給則相對小，勞動市場屬於勞動者，工資之提高是必然的。

再進一步看，美國現代偉大經濟學者克拉克 (John B. Clark)，認爲工資最後決定於勞動之需要與供給的均衡點。決定需要者是勞動的邊際生產力；決定供給者則爲勞動的邊際非效用。現在美國勞動者知識程度提高，勞力的需要迫切，技術較高的工人更不敷用，是勞動者邊際生產力的標準已高；一九五五年美國人民年收入的中數爲五千元。收入與日俱增，社會地位日益提高，是勞動者邊際非效用的標準亦高，由較高的需供標準所決定的工資，當然也是高的。

使工資逐年增加，並使一九五六年的增加超過生產力之上的另一原因，是由於消費財貨的價格上漲。美國近年來，隨消費物品價格的漲跌，工資得以自動調整的條欵，規定於勞動者與廠方工資合同之內，這一事實雖尚未成爲一般習慣，却已爲極常見之事，根據勞工統計局的估計，一九五六年此種合同的數目，較諸一九五四年多了兩倍以上。

工資既隨消費品物價漲跌而調整，美國物價近若干年來，雖屬穩定，但總隨產量之增加，而正常的趨於上漲，去年漲的較高。根據美國勞工統計局所編物價指數，以一九四七至四九年爲基期，基數一〇〇，消費物價指數，去年一二月爲一一四點六，九月爲一一七點一。自一九五二至一九五五，年比年消費物價上升的幅度雖只百分之一上下，而去年一年却逾百分之三。僅在這一方面，工資要增加百分之三了。

由上述經濟構造的改變，資本家身份的變質，及勞動市場屬於勞動者，工資之增加已屬必然之事。加以工資隨消費物價升降而自動調整的工資合同之日益普遍。無怪美國工資之增加超過其生產力之上升了。

四　經濟循環變化的因素

一九三〇年代經濟恐慌過後，近二十年來雖有四次經濟循環現象發生，但與過去迥不相同，上篇已詳予說明。爲什麼經濟循環起了這樣大的變化，其根本原因安在？欲指出這些根本原因，須先指出造成經濟恐慌的原因。只要能證明經濟恐慌的原因不復存在，則經濟循環之發生變化，當可不言而喻。

歷來學者對於經濟循環的看法，極爲不一。近代較爲重要而爲多數人所承認的學說，不外兩者：即投資過剩說 (Over Invertment Theory) 與消費不足說 (Under Cnsumption Theory)。兩者在理論上有連帶關係。投資過剩說爲當代學者海耶克 (F. A. Hayek) 及卡塞爾 (Gustu Cassel) 等所倡導。他們都親身經歷一九三〇年代的經濟恐慌。認爲當經濟欣欣向榮時，生產財貨的投資，多於消費財貨。一旦經濟趨於衰落而陷入蕭條時，生產財貨之生產所受的影響，也遠比消費財貨爲大。例如以一九二五至二九年爲基期，基數一〇〇，美國生產財貨一九二九年是一一三，至一九三二年降爲二九；消費財貨一九二九年是一〇四，至一九三二年成爲八二。這一事例，不僅說明上升時生產財貨之增加多，尤顯示其在下降時之降落劇。以此，他們認定，如生產財貨的投資過多，且其間彼此不能均衡時，或消費財貨的消費與生產它的生產財貨不能均衡時，整個經濟每有急劇的變化。繁榮隨之消失，蕭條即要來臨。

同時，他們認爲只要國民所得與消費時在增加，而不陷於停滯或減少，上述變化即不會發生。現在來看美國二十年來國民所得與消費的增加，及在經濟上保持，或者說控制，國民所得增加的方法，即可瞭然投資過剩的因素，在此一期間，不會存在。假如美國經濟這樣的發展下去，這一因素將來也很少存在的可能。美國的國民所得，一九四九年爲二一六二億元，至一九五六年爲三三四〇億元。在這八年間幾增加半倍以上，只一九五四比一九五三少三十九億元，略為降低外，其餘各年都在一直上升。美國的消費傾向，近年頗為固定，消費為所得的百分之九十二至九十六。所得增加，消費卽增加，所得與消費均增加，投資過剩的事實便不會發生。

最重要者，是美國為保持國民所得並求其增加而使用的方法。一般的說，影響國民所得的因素，不外四端，卽個人消費，企業投資，外國在本國投資，以及政府支出，美國政府一方面對金融組織施以管制，使在法令範圍內自由活動，並透過貨幣政策和財政政策，誘導個人消費及便利企業投資，以控制國民所得。另一方面則以擴大或縮小政府支出為方法與其貨幣和財政政策相配合，使國民所得的增加與消費的調劑更為有效，在本篇第一節已論及，不多贅。

至於消費不足學說，由來已久。古典學派及社會主義學派都有這種主張，近代英國霍布遜 (J. A. Hobson) 及美國福斯特 (W. T. Forster) 主張尤力。凱恩斯學派亦有同樣見解。他們認為工資固隨生產之增加而增加，但分配不均仍為事實。一旦整個社會的邊際消費率降低，社會消費不能與其生產相適應，亦卽消費財貨的需要不復能够支持生產它的生產財貨的需要，將要引致危機發生。在就業不充分，尤其在失業陡然增加時，社會的有效需要消失，便易導致經濟蕭條。

美國近二十年來，一直維持着充分就業狀態，因之由社會基本心理法則所形成的消費傾向，極為穩定，勞動者卽在失業期間，及「生老病死」不幸事件發生時，以社會安全制度的實施，仍能維持水準以上的生活。而且在半耐久消費財貨的消費上又有分期付欵辦法。社會一般保持高度購買力，消費不足的因素，在此一較長時期無由形成，當不會發生恐慌。

由以上說明，經濟恐慌的因素，既不存在，經濟循環的運行，自然要隨着改變。不僅繁榮、危機、蕭條(恐慌)、復蘇四個階段，不再明顯的出現，成為只是鬆弛與繁榮兩個階段；而且鬆弛為時之短，程度顯現之微，均為前此歷次經濟循環之所無。

此外，使美國經濟穩定，經濟循環變質者，還有三事不得不在這裏一提。首先是聯邦準備制度。它雖是美國的中央銀行，但不是國營，而是由會員銀行出資，並由會員銀行所組成，成為眞正的銀行之銀行。其最高目標是經濟的穩定，不是財政的充裕。用能在獨立的自由精神之下，運用各種方法，使整個經濟走上健强堅韌的道路。

其次，是財政的健全，由羅斯福新政及杜魯門公政之財政赤字政策，公債達兩千八百億元，到了艾森豪之財政平衡及盈餘還債，對於國民所得與消費，都發生了調劑與鼓勵作用。

再則，經濟資料的完備，與工商統計的確實，以及這兩者之能够隨時公佈，和按週按月按年的刋出，使消費者尤其生產者能够依照市場實情，形成他們的預期 (expection)，並把握時效，而作切中機宜的經濟行為。預期雖是一個心理的因素，對於景氣，常發生大影響。凱恩斯及皮古 (A. C. Pigou) 以至羅柏遜 (D. H. Robertson)，都有這種見解。美國近年企業家的樂觀預期，不是憑空的，而是靠眞實材料的。經濟循環的心理學說(Psychological Theory)，隨着這些人的預期論而亦佔重要的地位了。

五　新資本主義的前途

新資本主義為經濟發展鋪下坦途，上篇已說過了。它自己的將來將是怎樣呢？現藉美國布魯金斯研究所 (The Brooking's Institution) 主持人莫爾頓 (H. G. Monlton) 的研究結論以為說明。

莫氏於一九四七年寫了一本書，名為「經濟發展的諸控制因素」(Controlling Factors in Economic Development)。他費了近三十年的功夫，才完成這一鉅著。在研究期間，正值一九三〇年代大經濟恐慌。自亞丹史密斯 (Adam Smith) 以來，傳統的經濟思想和經濟制度發生了動搖。莫氏面對此空前嚴重事實，對現存經濟制度，予以科學分析。認為由於科學與技術進步，經濟組織合理，以及企業的自由制度與精神，既使人類生產效率大為增加，今後生產力的擴張，不僅將更加速，並將沒有止境。因而他根據很多資料，推測下一世紀美國和世界的經濟進步。單就美國論，他說那時美國人口約增加一倍，而生活水準將提高八倍。

莫氏下這一推論時，一方面他未看到近二三年來的原子能和平用途的倡導與發展，及工業自動化的技術革命。另方面他也未曾深切注意那時尚未顯著的美國新資本主義之資本日益轉化為大家所有，及工資的絕對增加。這兩者是新資本主義的嶄新內容。這一內容仍在發展和充實的途程中。一般人只注意將來的大量生產，而甚少注意將來的平均分配，莫爾頓就是其中之一。然他已勝人一籌的提出下一世紀生活水準將提高八倍。

莫氏的推論有其科學的根據。再加上新近的發展。新資本主義的前途，益見光明遠大。

四十六年六月二十日于臺中農學院

論西德經濟的復興（下）

余　堅

六、經濟復興的重要因素

西德復興於大戰慘敗之後，對於經濟重建輝煌的成就，其原因究竟何在，一般人多認爲美國各種的經緩，尤其是馬歇爾計劃，是西德經濟復興的重要因素。不錯，馬歇爾計劃對於西德經濟復興的影響，自然關係重大，但西德在馬歇爾計劃援助之下，所得的經援數目，總數雖共四十二億六千八百二十萬美元。在同一期中，自一九四五年七月起，至一九五二年六月止。法國却獲得了四十四億八千萬美元，英國獲得了六十三億六千萬美元。英法兩國在戰時的損害，旣遠不及德國，而所得美援的總數，復遠在西德之上，爲何戰後復興的成就，却反不及西德來得迅速與確實？玆舉其重大的原因扼要簡述如次：

（一）刻苦實幹的精神

德國人民的民族精神與愛國心，其旺盛早爲舉世所公認。他們在第一次大戰失敗之後，曾在凡爾賽和約重重的束縛下，咬緊牙根，埋頭苦幹，在不到二十年就翻轉身來，重新稱雄於世界。第二次大戰，雖說德國又失敗了，但這只是納粹的失敗，德國人民並未失敗，特別是德國人民的民族精神，和他們的愛國情緒，依然未減絲毫。因爲他們有一種偉大的精神力量作基礎，所以他們遭遇到任何困難，他們都能忍受，都能克服。而這種精神力量，使他們的自信心，永遠是堅强的，只要政治上有一位良好的領導者，他們就能集中意志，貢獻他們的一切，這是西德之所以能於短期內復興的主因。

（二）原有的資源和基礎

德國工業的精華，原都集中在西德，而工業上主要的資源如煤、鐵、及其他金屬，亦都在西德。多少年來，西德的輕重工業，日積月累，早已建立起一個牢不可破的基礎。熟練的技工，科學的研究，設計的專家，無不應有盡有。在戰時雖遭遇到嚴重的破壞，但地下的富源，依然存在，一經開發，用之不盡，取之不竭。就一九五四年上半年，西德與法國的煤鐵產量來看，西德的煤產量爲一二四、七〇〇、〇〇〇公噸；法國連同薩爾在內，只有七一、二〇〇、〇〇〇公噸。如果薩爾歸德，則西德的煤產將增至一四一、三〇〇、〇〇〇公噸；法國則減爲五四、六〇〇、〇〇〇公噸；就鍊鋼而言，法國連同薩爾產額，只有一二、五〇〇、〇〇〇公噸；西德爲一五、七〇〇、〇〇〇公噸，如法國失去薩爾，其產量將減爲一〇、〇〇〇、〇〇〇公噸；西德則增至一八、二〇〇、〇〇〇公噸。西德現無薩爾，其煤鐵的產量仍然超過法國（按薩爾經其公民於一九五五年十月二十日投票表決重歸德國）。西德資源的豐富，與夫採取和鍊鋼技術的優良，及其效率的高大，概可想見一般。再加西德人口將近五千萬以上，這些人又都能奮發耐勞，技術修養有素。這一切，都是西德先天有利的條件，只要善於配合使用，一經發動，功效立見。

（三）美援運用的適當

西德經濟的迅速復興，其因素是多方面的，美援固然是主要的因素之一，但善於運用與否，究竟還是因人而異。同一條件，不一定得到同一結果。在馬歇爾計劃的經援下，在歐洲不止西德一國，英法兩國所得的經援，爲數均在西德之上，而效果則遠不如西德，此中就有運用的是否有效的問題存在着了。

在西德聯邦政府成立的前後，美國和聯合國對西德，都有很大的經援。一九四八年前，西德缺乏的是糧食與原料，這當然是工業復興中最大的障礙。此一時間的美援，是透過美國駐德佔領軍當局，依一定的計劃，去辦理救濟與復興的各項工作。欵項由佔領區救濟基金項下支付，其用途爲修理農具，機器房廠，以恢復生產。並大量輸入食物、飼料、和肥料。自一九四七年，至一九五〇年，歷年援助的數目，共約二十億美元以上。一九四八年四月，美國經濟合作總署歐洲分署，開始對西德作經濟援助，數目也相當可觀，其用途與復興救濟基金配合。着重於全面生產的恢復，及經濟復興的設施。援助的數目亦達十二億五千萬美元以上。一九五一年後的援助，係求西歐各國經濟合作，與各國間收支平衡。爲數亦達五億餘美元。此外，於此期間聯合國也有大宗欵項，花在西德，以幫助它的經濟復興。但希望西德政府，逐漸有能力，償還戰前德國所負的鉅債。一九五二年以後，西德的經濟，突飛猛進的發展，到了極堅强的地步，美國的援助，於是漸趨減少，一九五二年，還有一億零五百萬美元，一九五三年局降到三千五百萬美元，一九五四年後，美援數字就微不足道了。

對於這樣大的援助，西德怎樣來運用呢？一九四九年秋，西德聯邦共和國正式成立，此後一切經濟復興計劃，卽由波昂聯邦政府擬定與實施。次年一月，它提出一個完整的工業復興計劃。以六十億馬克（約合美金一十四億二千九百萬元）作爲擴充重工業之用。

西德對於美援運用最重要的一個事實，是西德人民，尤其工商企業者重視新投資，以擴大再生產。他們不是把資金用到機器廠房的修理，就是購買新的機器，與新的廠房，或創辦新的生產事業。此一精神，自聯邦政府正式成立，人民得到大的鼓勵之後，更爲顯著。

（四）幣制的改革

西德的幣制改革，是基於他的自由經濟制度。遠在西德聯邦政府成立的一年以前，在美英法盟軍管制委員會指導之下，西德軍政府就已訂定了貨幣改革辦法，自一九四八年六月二十一日起實施。主要的目的在挽救通貨的膨脹，增加生產，將通貨供應量減到與生產相適應的程度。實行的辦法，是宣佈當時流通的舊馬克，與佔領軍所發行的鈔票，即日一律作廢，銀行的存款亦於是日加以封存。人民每人憑身份證及糧食配給證，以作廢的舊紙幣四十馬克換新紙幣四十馬克，以應日常生活的需要。一個月以後，每人再准增兌新紙幣二十馬克，兩共六十馬克。工商企業爲其職工由舊馬克兌換新紙幣，可由政府得到墊欵，每人亦以六十馬克爲限，與一般人民兌換的數目相同，這是第一次兌換。經過此次兌換後，餘下的舊馬克，無論是人民手中的紙幣，或爲銀行中的存欵，均須在六月二十六日，向指定機關登記。盟軍管制委員會則於是日宣佈，舊馬克兌換新馬克的比率，爲十對一，凡經登記的舊紙幣，均得兌換。兌換後的新馬克，不得任意立即全數使用，僅能以半數歸兌換者自由支配，其餘半數暫時存於銀行的封鎖賬戶。俟經濟情形許可時，再行解除封鎖。這是第二次兌換。至於公私債務，則規定凡於貨幣改革之日（六月二十一日）尙未淸償者，二十二日起，均按十對一的比率，以新馬克折還。但工資薪俸之未付淸者，可按一對一計算。新馬克在發行時，與美金的對換比率，是一馬克等於美金三角。

西德經此次澈底的貨幣改革，通貨數量減少，物價雖暫時上漲，終至歸於平穩。西德經濟之由動盪而趨於穩定，更由穩定而走向復興與發展，此次貨幣的改革，實屬得力不少。

（五）貿易的發展

對外貿易爲西德經濟發展的重要因素之一。西德自一九四九年以後，生產增加的成果，超過了國內消費的需求，兩者不相配合，必須另從國際市場上去尋求出路。所以西德的經濟出路，不完全在國內市場，而要依賴國際性經濟組織以消除貿易障礙外，並要採取多樣的方式，以求達其目的。

西德年來一直都在多方努力，與很多國家締結雙邊貿易協定。由雙邊的結合，以達成多邊的利益。雙邊協定中的最主要者，除了英國及其他大陸國家外，諸如：

一、一九五四年十月，與法國商定廣泛的經濟合作，繼續發展兩國的各種貿易。法國多買西國工業品，西德則加購法國剩餘的農產品。

二、一九五三年四月，艾德諾乘訪美之便，商談恢復一九二三年美德貿易協定，或另訂新約，並使美國資本，得以流入西德。

三、一九五三年四月一日，西德與印尼簽訂貿易協定，印尼輸入西德的貨物爲樹膠、錫礦、烟草、木棉、咖啡、香料、獸皮等。西德運往印尼的貨物爲五金製品、機器、電機、交通工具、化學藥品等。

四、西德對印度、埃及、土爾其、巴基斯坦、及希臘等國均有貿易關係，並有資本及技術的輸出。

五、西德與俄國及朱毛匪幫，雖無外交關係，却有複雜的貿易關係，以朱毛匪幫論，即佔西德輸出國的第四位，本年九月間，艾德諾訪問俄國後，現已與俄國準備恢復外交關係，不久即將交換使節，今後的德俄間的貿易，自必更趨繁複。

六、西德與南美各國，久已發生貿易關係，西德的鋼製品，幾乎漸漸攫奪了英美的市場。

最近，西德對外貿易的發展，有兩個明顯的目標：一爲落後地區貿易的發展，西德政府不僅設法解除貿易上的困難，且積極貼補並鼓勵各種出口商，進行亞洲、非亞各特殊地區的貿易。二爲西德要恢復其在第一次世界大戰以前的國際市場。

此外，最要者，西德政府與其企業家，常能利用時機，如韓戰爆發，越戰擴大的時候，主要的國家減少輸出之際，西德即乘機擴張其貿易關係。由於以上的種種努力，故能由一九五一年以前的債務地位，一九五二年以後，即一躍而爲債權國家。

根據以上所述，我們可以看出來，西德在經濟復興的過程中，政府和人民，是如何的合作，他們對於時機的把握，美援的利用。雖一分一文，一草一木，是如何的珍視，俗云：「自助天助」，西德這幾年的進步表現，正是由於舉國上下，不斷努力的結果，確值得我們借鏡。西德聯邦政府也確實盡到了它應盡的職責，它眞正做到了生產第一，民生至上。

英國對中共放寬禁運

龍平甫

本年五月三十日英國政府片面的宣佈部分的解除對中共的商品禁運，這是英國和其他北大西洋公約國家(冰島除外)及日本在巴黎的「中國委員會」(China Committee 簡稱 Chincom) 三週談判無結果後的不顧一切的行動。本來北大西洋公約國家對共產集團有兩種禁運機構(都設在巴黎)；一個負責對蘇俄及其東歐附庸國的禁運，稱爲 (Coordinating Committee，簡稱 Cocom)，另一個便是Chincom。對中共的禁運是韓戰以後實行的，因此禁運的物資較對蘇俄的多二〇七宗，對蘇俄及其東歐附庸國則有二百宗商品完全禁運或限制其輸出量。兩年以來英國卽向美國交涉希望放鬆對中共的禁運，理由是：㈠韓戰越戰結束後不能繼續對中共實行「差別待遇」(China differential)；㈡許多商品對中共禁運而對其他共產國家不禁運，則中共仍可假手於蘇俄及其他共產國家獲得此類商品；㈢此種「差別待遇」足以加強中共對蘇俄的依賴，因而違反西方利益。美國則反對英國的要求，認爲：㈠中共仍與聯合國處於戰爭狀態，中共仍爲侵略者；㈡經由蘇俄向中共運輸物資，予蘇俄運輸系統以重大負荷，但因英國要求解禁，美國在 Chincom 提出一個折衷辦法，未爲英國所接受，英國要求完全取消所謂「不合理的差別待遇」(Illogical differential)。

英國的作風固然令人憤慨，認爲它不顧道義原則。但英國何以如此，原因並不簡單，下列原因當離事實不遠：

㈠在中共佔據大陸以前，英國在一個很長的時期內佔中國對外貿易的第一位，它在中國有鉅大的投資，因此在中共佔據大陸後便急急於承認中共政權，以求保護其在華經濟利益，但中共卻不管這一套，利用種種辦法巧取豪奪，併呑沒收，或迫英國企業銀行公司停業，或使其撤退，原有在大陸的十家英國銀行或分行現僅存兩個(註二)，工業方面祇有一家毛織廠(註三)繼續開工。英國人雖損失重大，但對昔日在中國對外貿易的黃金時代仍念念不忘，近來英國政府將原來駐北平的代辦 Douglas O'Neill 召回而以 Archibald Duncan 繼任，此舉是具有相當義意的，因爲 Duncan 是經濟專家。

㈡近年來英國對中共貿易處於入超的情勢，茲就一九五五年及一九五六年貿易數字比較如左：

(單位—鎊)

商品種類	一九五五年	一九五六年
羊毛及其織品	五,〇九一,〇〇〇	五,〇三一,〇〇〇
化學工業品	一,七六九,〇〇〇	一,二八八,〇〇〇
非電力機器	一四八,〇〇〇	七九四,〇〇〇
電動機器	五四,〇〇〇	一六六,〇〇〇
鋼鐵產品	二四,〇〇〇	一,四一四,〇〇〇
金屬製品	三,〇〇〇	一二九,〇〇〇
曳引機及零件	—	四九二,〇〇〇
商用車輛	—	一九〇,〇〇〇
全部輸出值	七,八六八,〇〇〇	一〇,六八九,〇〇〇
英國自中共區輸入值	一三,三〇三,〇〇〇	一三,五八六,〇〇〇

英鎊區對中共的貿易也是貿易也是入超，其數字如後：

(單位—百萬鎊)

類別	一九五三年	一九五四年	一九五五年	一九五六年
自中共區輸入	九六	七八	九三	一一八
向中共區輸出	六五	六三	五三	五一
入超	三一	一五	四〇	六七

據估計去年中共在英鎊區有七千萬鎊的貿易盈餘，加上華僑滙欵約二千萬鎊，中共在英鎊區有九千萬鎊甚至一億鎊的存欵，中共可以之彌補對蘇俄貿易的損失，但英國對中共貿易的入超自然希望設法彌補以求維持平衡，因此從放鬆禁運着手，希望增加對中共的輸出。

㈢英國企業界認爲中共將執行其所謂第二個五年計劃，需要向外國購買大批建設器材，英國正應以此項器材供給它，以發展貿易。

㈣在國際貿易競爭方面英國顯得落後，日本、西德、瑞士(三註)，甚至比利時都在對中共的貿易上發展很大，使英國企業界發生妬忌，因此極力要求放鬆禁運，代表英國工業聯合會 (Federation of British Industries)，倫敦商會(London Chamber of Commerce) 及其他有勢力的機構所組織的「中英貿易委員會」(Sino-British Trade Committee)，便是進行要求放鬆禁運最力的一個團體。英國政府對來自工商業界的壓力是難以持久抵禦的。

㈤蘇彝士運河問題發生以來，英國遭遇嚴重的經濟危機，發展對外貿易便是解決經濟危機的一種辦法。

以上所述是英國對中共放鬆禁運的基本理由，但英政府之所以採取「不顧一切」的片面行動，大概由於下述考慮：㈠自英國對埃及用兵失敗後充分暴露英國在重大國際問題方面不得美國支持不能有所爲，英國的威望頗打受擊，因此英政府就禁運問題對美作一個獨立行動的表示，此擧既不會冒犯美國而引起美國的制裁，同時可以博得本國人民的同情支持，㈡ Chincom 中多數國家同情英國立場，英國一旦片面行動，其他國家勢必效尤，英國無孤立之感。㈢臺北五月廿四日的騷動事件(註四)給中美邦交帶來嚴重的暗影，英國乘機而動可以避免美國的強烈反應。五、二四事件對自由中國之不利則可想而知。

英國商務部 (Board of Trade) 公佈對中共解除禁運的有下列各種商品：

(甲)過去對中共完全禁止輸出的：

㈠若干種工具機械；

㈡若干種類電動機及發電機；

㈢橡膠工作機械；

㈣許多摩托車及曳引機；

㈤許多種類的火車機車及火車器材；

㈥許多種類的內燃機；

㈦鋼鐵、鋁、銅產品、鉛、鋅；

㈧若干類科學儀器；

㈨生橡皮、及多種車胎；

㈩各種化學產品。

(乙)過去限制對中共區的輸出量而對蘇俄及其他附庸國不限制輸出的，有鋼鐵，電鍍鋼板，電纜，小型農業機械，若干種化學工業品，馬來橡膠。

此外，英商務部尚有三個名單：㈠完全禁止對鐵幕國家輸出者，㈡允許對鐵幕國家輸出而限制其輸出量者，㈢「監視」名單(Watch list)，這一名單內包括的商品並未公佈，英國當局對此一類商品的輸出隨時注意，以免其對鐵幕國家的輸出量超過正常的需要量。

英政府片面放鬆，對中共的貿易禁運自然受本國企業界的歡迎，「中英貿易委員會」的配合秘書(Co-ordinating Secretary)宣稱歡迎此舉，並稱將繼續努力發展對中共的貿易，「政府的現實措施在此種貿易方面展開一有希望的階段」。全國製造商協會(National Union of Manufacture)主席C. S. Garland說：「此決定早應採取了，它將開闢廣大而有利的市場，除已過時的外交考慮外，限制輸出已無法自圓其說」。

英國報界也歡迎英政府的行動，連反共的保守黨報紙「每日電訊報」(Daily Telegraph)也在五月三十一日的社論中支持政府而加以解說：「對中共及蘇俄維持兩個禁運單的結果使中共為獲致其所需要的商品而更加深其對蘇俄的依賴。禁運是否對中共有嚴重損害頗值得懷疑，但英國出口商則因此不能享用此一市場，何況近數月來若干貿易競爭者已非法逃避禁運辦法，英國的決定是一個以貿易為生的國家，在常識及自利的原則下所採取的辦法，既不傷及朋友，也不有利於敵人」。

倫敦貿易界認為放鬆禁運後，英國與中共的雙方貿易總額在將來可年達五千萬鎊，英商務部官員也認為英國對中共的輸出可年達兩千萬英鎊，一九五六年英國輸出值一千一百萬英鎊，約等於英國同年輸出總值的〇‧三%，即使增加一倍，它在英國全部輸出所佔的百分比也是很小的。何況在我們看來，英國希望發展對中共的貿易，夢想的成分究竟居多。連「太晤士」報也在五月三十一日的社評中說：「對中共貿易的急劇增加是不能即時達到的。中共甫經修改第二次五年計劃，吾人如認為彼等已知應在西方購買何種商品，則為不智的看法，但要點是：英國的出口商可以不管日本、西德、瑞士、比利時的劇烈競爭，而於今後不受阻撓以應中共的需求」。

英國的片面行動雖然在表面上是對美國一棒，但是美國的反應却很溫和。國務院最初僅聲明：「英國此舉令人深感失望(Most disoppointed)」。艾森豪的態度也很模稜，最後始由杜勒斯公開聲明他與艾森豪認為「英國此舉使美國深感不安，中共因此將以其有限的外滙購買戰略物資，充實其戰鬪力，反之，英國並不能增加對中共的貿易」。

大概是由於臺北事件的緣故，美國國會方面對英國的反應也特別溫和。㈠反共最力的諾蘭(Know-land)僅說：「英國的決定足以加强中共的實力，足以使中共在他日敢於奪取香港。」(有人說諾蘭此語僅是為紀錄存查聊備一格的言論)㈡共和黨參議員Potter說：「英國的決定令人感遺憾，但並非意料所不及的」。㈢參議院外交委員會民主黨主席Green說：「我們的外交政策係根據我們的利益而決定，我們可以勸別國採納我們的意見，但是別國有權根據其自身利益而行動」。㈣民主黨參議員Smathers說：「美國應對中國大陸的關係採取實際看法的時機已經來臨，美國應修改其禁運政策，如吾人不承認中共政府的存在，即為不承認生活中的事實」。㈤參議院多數派的民主黨參議員領袖Lyndon B. Johnson說：「英國的行動將使吾人重新估量『中國』貿易情勢。吾人必須採取新的外觀(New look)，此為未來數月間我國外交政策最迫切問題之一」。

美國報界的反響也和國會差不多。㈠紐約先鋒論壇報(New York Herald Tribune)著論說：「西方如對中共擴大貿易則可減少共對蘇俄的依賴，故此舉有重大的政治利益。無論如何，自由世界的重要國家可因新的辦法而改善其經濟地位」。㈡紐約世界電訊報(New York World Telegram)評論道：「不可避免的事情業已發生，但美國仍應保持全部禁運，㈢紐約每日鏡報(New York Daily Mirror)認為英國此舉是一種重大的破壞行動，可能因此放鬆自由國家對蘇俄及其他附庸國的貿易管制。

歐洲自由國家如不是以國際貿易為生，便是對商品的交換看得很重要，因此Chincom的許多國家本來就同情英國的態度，一旦英國放鬆禁運，其他有關國家勢必紛起效尤，以免在商戰中落後，何況西歐若干大報的言論(連最反共的報紙在內)以現實的理由來附和英國的決定，而置原則與立場於不顧。例如：㈠法國「世界報」著論說：「英國此舉使Chincom為之破產，但美國對英國所能施行的經濟報復手段殊為微小。反之美國政府甚難抵擋國內企業界要求改善對北平關係的壓力。現前情況似表示美國政府行將完全改變其對中共的政策，如北平能釋放若干被囚的美人，則將有利於美國政府的行動。臺北的騷動及英國的決定使美國政府不能不應付其所不願見聞的政治現實」。㈡法國Figaro報(反共最烈)載反共的政論家Raymond Aron一文說：「美國對中共的政策不能永遠維持下去。中共的反對西方並不超過蘇俄的反對西方，因此西方無理由拒絕以商品售給中共。英國的政策不止合理而且受人歡迎。英首相MacMillan此舉為表示其對美政策獨立措施之一，此舉並不使艾森豪及杜勒斯不愉快。反之，彼等正可藉此舉以對付國內的極端派反共者」。㊂西德大報「佛蘭克福通報」(Frankfurter Allgemeine Zeitung) 認爲中共英國對貿易的發展希望並不大，因爲中共的購買力特別薄弱，而償付及交貨能力均有限度。一九五五年中共對外貿易值爲四十五億美金，較荷蘭的猶少十億美金，僅及西德對外貿易值的三分之一，但就政治及經濟立場言，英國的舉措是值得慶賀的，因爲對中共不切實際的檢疫防線因此打開一個缺口」。缺口一經打開卽無法再行堵塞。迄六月下旬爲止，許多國家紛紛步英國的後塵，放鬆對中共的禁運，祇有美國、加拿大、希臘、土耳其等國仍維持原有政策。美國雖仍對中共全部禁運，但是美國西部海岸的航業界及若干工業界人士却希望政府改變對中共的貿易政策。

現在我們就英國放鬆對中共的禁運一事作如下的臨時結論：㊀英國並不能因此大量增加對中共的輸出。這一點香港的觀察家也是同意的，但是「入不到黃河心不死」，以貿易爲生的國家要想盡方法發展對外貿易的，近年來中共爲打破其對外的孤立，極力以發展國際貿易爲餌引人上鈎。但就惡化的中共經濟情形而論，發展貿易的希望是很微小的。一旦西方國家發現局部放鬆禁運後並不能獲得預期的效果時，中共的虛僞宣傳將難再使人受騙。㊁就政治方面言，英國的片面行動可能對自由中國有不利的後果，這便是它對中華民國在聯合國代表權的可能影響。這個問題在一二年內不會嚴重，但國內朝野對於這個問題不能不更積極，在各方面從事佈署，以求確保自由中國在安全理事會的席位。

(註一)卽滙豐銀行及 Chartered Chase Bank.

(註二)Messrs Paton and Badwin 廠。

(註三)近年西德對中共貿易數字如後：

類別	一九五五年	一九五六年
由西德向中共輸出	一〇九,九〇〇,〇〇〇馬克(約九百萬鎊)	一五五,八〇〇,〇〇〇馬克(約一千三百萬鎊)
自中共向西德輸入	一九二,七〇〇,〇〇〇馬克(約一千六百萬鎊)	三三二,九〇〇,〇〇〇馬克(約一千八百五十萬鎊)

一九五六年瑞士向中共輸出值一〇一、九〇〇、〇〇〇瑞士佛郎 (約二四、〇〇〇、〇〇〇美元)(輸出物品以鐘錶爲主)。自中共輸入值六七、八〇〇、〇〇〇瑞士佛郎 (約一六、〇〇〇、〇〇〇美元)。

(註四)接受美援的國家往往對美國執行是項援助的人有微詞，因此歐洲輿論界對臺北事件批評的並不多，有人說(世界報)這是中國近百年與西方交往的後果，有人說這是義和團運動的再版，甚至說這是有組織的行動。而反對自由中國的人更以此事爲藉口，主張美國應改變政策，反美事件在世界各處已先後發生，不足爲奇，但由和平的示威變質爲搗毁大使館，却使許多人感到驚訝。

代郵

黃岩先生：大函拜悉。所談對市政建議事項，請就事實本身加以申述，自可在投書欄發表。

本刊編輯部

讀者投書

（三）強迫的志願

李磺萸

編輯先生：

舍妹就讀於臺北市立女子中學，今年高中畢業。於今日上午往學校辦理大專學校聯合招生之集體報名，因報考學校志願中未塡軍事學校爲志願，因此校方拒絕受理。據云，學校規定凡不以軍事學校爲第十以前之志願者，一律不准報名，因此當日全體學生無一辦妥報名手續者。校方因此令各生於本月廿九日再行到校，重塡志願表，始可代辦報名手續。姑不論學校當局之動機爲何，而此種作風有何法令根據？居然在自由中國首都發現，誠係一大諷刺。敬請貴社惠予披露，俾負責當局加以糾正。專此順頌

撰安

讀者　李磺萸謹啓

六月廿七日

勞榦先生來函

自由中國社大鑒：

貴刊上期刊載游君來函中涉及「史記今注」有人在中央副刊指出錯誤一事，殊屬不符事實，副刊投稿人「一愚」未指摘「史記今注」，僅在批評「資治通鑑今注」時言有史記今注一書，「史記今注」尙未出版，讀者目前尙無從指摘，誠所謂「不疑無兄，何來盜嫂」者也，游君張冠李戴，令人啼笑皆非，敬祈代爲更正，以正視聽，至以爲感。專此卽頌

著安

勞榦謹啓　七月四日

英國新軍事政策的分析

姜懷平

本年四月四日英國政府公佈了有關國防政策的白皮書；就其內容看來，這實在是英國國防政策上的一次大改變，這次改變的雙重動機該是：①裁減兵額，集中防線，以期減縮軍事開支，節省國家預算，藉以挽救其在財政及經濟上的危機。②以最新式的裝備加强軍隊的戰鬪力，建立長距離飛彈基地及製造氫彈，用以防禦敵人的襲擊；換句話說，英國今後的軍事計劃乃欲以日新月異的「質量」代替其財政上負擔過重的「數量」。英國新軍事政策對其今後在復興經濟及整頓財政上究有若何效果，尙難預測；但其能以最新的配備代替龐大的人力來充實國防是值得供給我們研究而加以參考的。況且今日能維持「世界和平」的主要因素實乃東西雙方對核子與無線電控制的新武器戰爭的恐懼。故在今日的國防上，核子及無線電控制武器的設備遠較龐大的兵員尤有效力，英國目前的軍事組織及其國防政策均以一九五〇年時的情況爲藍本，是時因韓戰爆發，頗有大戰將臨之狀，故有擴張軍備充實兵員之舉；事後國際局勢漸逐緩和，英國國防軍力雖經減縮與調整，但仍以一九五〇年時的政策爲基本。時至今日，共產主義對全世界的侵略陰謀雖仍未變更；但是，一方面自史達林死後，及至蘇共第二十屆大會後在共產世界所產生的一般性的危機，加上蘇聯的和平攻擊使自由世界許多國家認爲蘇聯的侵略威脅已告緩和。同時，近年來核子科學的飛躍進步改變將來戰爭的本質，故英國政府認爲今日實有重新修訂其全盤國防計劃的必要。但是上述僅是英國這次在國防軍事上改革的因素，然而能促使此一改革實現乃是國防大臣杉戴斯 (Duncan Sandys) 年初赴美後的結果。明顯的，如果美國不允以新式無線電控制的武器援英的話，英國的這個新國防政策還是要遲遲而不得出籠的。

英國政府在其「國防白皮書」中開始即指出：「目前不僅是調整國防軍數力的時機已到，而且得修正國防的全盤計劃，雖然如此，但英國的國防目的並未變更。」換言之，其防禦對象並沒有改變，其在白皮書上稱：「雖然目前共產黨的本質已變，但其威脅仍然存在……」同時更認爲無論就軍事或經濟方面上着眼，在目前的環境下任何一國是無法獨立應戰的，故在白皮書中有：「新式毀滅性武器威力的進展，使任何一國無法孤立行動負擔其本土的防衛工作。英國的國防必須視爲自由世界防衛工作上的一部份，北大西洋公約，東南亞聯防公約及巴格達公約均基於此一聯防原則而產生，今日的傾向在建立混合編制作戰的同盟武裝勢力，因此並不希望供應不需外援而單獨作戰的『國家軍隊』。」綜合以上所述，我們可以指出英國今後的軍事政策的修改必需以實現下述兩個任務爲原則：①與盟國在軍事上合作，期在國際政治上打擊侵略者的野心，同時對侵略者的行爲可作有效的防禦。②維持其海外各地的治安，能壓制地方性發生的暴動事件，且在急迫時可即時進行有限的作戰行動。

在「國防白皮書」公佈之前，英國國會下院於四月初曾就英美兩國關係及有關政策提出辯論，因此涉及國防政策。工黨議員及輿論對政策予以激烈指責，這次麥克米蘭政府在白皮書中的「大膽」作風實違反英國政治的傳統，英國一向是唯我獨尊的，而今日政府竟在白皮書中稱：「核子武器的飛躍進步使已無法對之從事有效的防預準備。」此外更在承認美國爲世界原子勢力最盛的領導國時，無形的放棄其一向自居的世界領導者的地位，這些雖早屬事實，然而一旦由政府公開承認則使自尊心過重的英人聞之心中甚感不甘。當然沙利斯保 (Lord Salisbury) 辭去副首相職，退出內閣向政府挑戰之舉的眞正原因並非其公開聲明因不滿麥克米蘭及杉戴斯的新國防計劃，使今後英國的行動受制於華盛頓；而是因爲反對麥克米蘭首相對塞普路斯問題所採取的開明政策，釋放馬加爾右斯 (Makarios) 主教所致，但是工黨對政府的指責却是很明顯的。在國會下院辯論英美關係時，工黨議員倍傑特 (Paget) 稱：「從未見任何强大的國家有如是甘心臣服他國之舉。」工黨報紙「每日先鋒」報 (Daily Herald 現已不再由工黨控制) 當時亦提出：「英國是否將變成美國的第四十九州？」的呼聲，更稱：「美國對援助我們的無線電控制的原子武器的管制是否在證明此類飛彈將來投射的時間及地點得聽命於美國總統，而非由英國政府決定？果如此，則英國在英美聯盟中的地位已不再是合作者的身份，而成爲華盛頓製造的一個單純的政治工具。」麥克米蘭首相在下院答覆質詢時稱：「美國政府對原子飛彈監督權的保留純係象徵問題，旨在繞越國會禁令，以便利接受英國政府的請求，而非欲臣服其友邦。」

至於英國防禦的新部署，在歐洲及大西洋方面的防務，「國防白皮書」中稱：「僅因掌握核子武器不足以制止敵人的侵略，自由世界在其歐洲邊緣的防禦工作仍必需以地面部隊擔任之……」「在此方面英國將繼續分任防務；但因英國無法供應超過其能力所能供應的兵員，故經與北大西洋公約國及歐洲聯防國家政府商討後，英政府認爲須減少其在歐陸駐軍，其駐西德的萊茵河英軍 (The British Army of the Rhine) 將在十二個月內由七七、〇〇〇人，減至六四、〇〇〇人。但經減裁後的軍隊將實行整編，並配備原子武器，使加强其戰鬪力。至於其他裁撤則將與聯防政府商談後始行實施。英國駐西德的空軍亦有更動，英第二戰術空軍隊 (Second Tacical Air Force) 的現有實力將在一九五八年三月底以前減縮一半，然而同時却增置一些載有原子彈的小航空隊。其他如英國在北大西洋軍中的轟炸機隊亦將有類似的裁縮。」海軍在今後全面戰爭中所能發生的作用，將因核子科學的進步而發生形式及本質上的變化，故目前實無從估計。然而如原子武器不能對將來發生的戰爭發生決定性的作用時，以海軍保護航線抵制潛水艇的襲擊則仍是必要的行動，所以英國政府雖減縮其國防上過量的負擔，在海軍方面僅徵小的裁減仍將繼續分擔其對大西洋海空方面護航任務。至於英國在北大西洋公約、東南亞聯防公約及巴格達公約以外的地區，關於中東、遠東及其他屬地的防務問題。其在蘇彝士以東駐防的海軍將維持其現狀，並在東非、亞丁及波斯灣設有空軍基地。更以配有原子彈的轟炸機隊駐塞普路斯島，在遠東方面則以新加坡及香港作根據地防制共產國家的侵略；除以少數的地面武力及空軍駐紮香港外，且有小型軍艦駐新加坡，同時英國聲明繼續維持由其與澳大利亞及新西蘭軍隊混合組成爲維護不列顚邦協所設的兩個加强營的戰略後備軍。但其駐紮利比亞的軍隊將陸續撤退，在各屬地的現有軍隊亦將由目前在加緊訓練中的當地武裝部隊代替之。此外其在韓戰爆發後派往參加聯合國武裝的軍隊經調撤後所餘的一營軍力，經與美國及不列顚邦協各國商討後亦決定全部撤退，而僅以聯合國駐南韓軍隊大本營中設一聯絡處。經此番改組後英國今後在海外整個武裝人員保留有七六、〇〇〇名。然而在遍尋「國防白皮書」後，發現英國此次軍事計劃的全盤改革却對地中海中馬爾太島的防務隻字未提。

英國緊縮海外軍事部署後，爲了將來便利於應付各地所產生的危險，使各地區在戰爭爆發時不會感受孤立，而能獲迅速及有效的援助起見，將在國內以大量的後備軍兵員組織後備軍中心，期在戰爭發生後便利於召集後備兵員，利用海空輸送至戰地增援，遇緊急時更徵用民航飛機擔任。英國新軍事政策的執行需要强大的超音速武器的配備，這在杉戴斯國防大臣去美時已得美國的允諾以"Coproral"型及"Nick"型飛彈援英。然而軍隊中新式武器的裝備則需要大量的技術人員，這不是目前英國兵役制度所能供給的。「國防白皮書」中對此點的方法是一方面盡量緊縮編制，盡量裁撤多餘的機構，目前英國三軍武力爲六九〇、〇〇〇名，在十二個月後將減至六二五、〇〇〇人，以後更視國際局勢的演進再行裁減。今日陸軍中僅一六四、〇〇〇名職業兵，而志願從軍三年以上者僅八〇、〇〇〇人。故英國今後兵役政策爲在一九六〇年前徵兵名額將陸續減少，至一九六〇年以後將廢除徵兵制度，而成立六年以上的志願職業兵隊。同時政府就目前經濟情形及國防所需會作深遠的計劃，在一九六二年以後除海外防務外，將以三七五、〇〇〇人的定額職業兵擔任國防。

今後英國的海軍將建於以航空母艦爲首，伴以中型艦艇的獨立艦隊。而將四四、五〇〇噸的Vanguard及其他三艘三萬五千噸的主力艦予以折卸，以正在製造中的虎（Tiger）型巡洋艦代替之。同時更計劃建造能發射飛彈的艦艇，在空運方面英政府將停製由人駕駛超速的轟炸機，專製火山型（Vulcan）及Victor型中級轟炸機，並擬以無線電控制的飛彈代替今後防空主要任務。

英國一九五七年至一九五八年度的國防初步預算爲十七億英鎊，政府認爲在執行新政策後可使原預算數字減至十四億八千三百萬英鎊，其中再扣除美國負擔的五千萬及西德擔任的一千三百萬，實際數字僅爲十四億二千萬英鎊，但是政府對今後軍事預算的看法爲今後兵員的減縮與經濟負擔不一定成比例，因必需注意到新武器的費用及招集足量的職業兵員的開支。

此外白皮書的結論指出氫彈强大的破壞力對敵人的有效打擊，且稱：「世界的保障完全繫於今日美國的核子武器的力量。」及「目前必需認淸任何的軍事政策均在防止戰爭而非在準備戰爭。」同時英國對於氫彈的製造已經在反對黨充分贊同下由政府執行，而今日工黨高呼禁止氫彈的試驗，乃工黨欲因此獲得有關各國不再試驗此類武器。工黨的這一行動直接的受英國內部對氫彈恐懼影響，而間接實受蘇俄陰謀宣傳影響，無論如何，核子武器對今後戰爭的決定性仍待證實，故這裏再重新提出白皮書的一句話：「僅裝配核子武器的空中武力是不足以制止侵略的，自由世界的邊界尤其是在歐洲的疆界，應有地面上的鞏固的保障，因爲唯如此始能使我們能抵抗任何侵略。」此外，在分析英國國防白皮書時使我們感到各國的軍事勢力已不再僅維持於兵員數字，由此看去裁軍委員會在裁減軍力的辯論只就兵員數字着手，實祇是掩耳盜鈴而已。

卑微的人

聶華苓

一

人人都羨慕范家有張德三這麼一個好聽差，勤快、忠心、永遠不落一個小錢。

范家住在漢口最幽靜的濱江住宅區，是一幢三層樓房，寬敞的樓梯，鋪着厚厚的氈毯，樓梯轉彎處有一面鑲壁大鏡子，照着那條樓梯又亮又長。樓下一邊是客廳，擺着一色的紫檀木傢俱，另一邊面對着一大片青翠欲滴的草坪，是范老爺的書房，夏天他常在那長長的藤椅上打盹。二樓是范老爺夫婦和范老太爺的臥室，雕花欄杆的大陽臺，正俯瞰着那個花繁葉茂的花園和那扇森嚴冷峻的鐵門。三樓擺設着祖上傳下來的古玩書畫，其中有一間常住着遠道來的客人。

張德三初來范家的時候，工錢是每月三塊大洋，每天洗地板、開飯、跑街、還打些小雜。少爺兩歲斷了奶，麻子奶媽的丈夫天天坐在厨房裏逼她回家，范老爺將兒子交給張德三照拂，工錢加到五塊。他粗手粗脚，不會侍候人，但少爺在他懷裏可最服貼，少爺一哭，他就接過他來，把頭按在自己肩上，輕輕拍着他，口裏唸唸有詞：「哦、哦，俺少爺好，俺少爺乖，俺少爺長大了蓋大洋房！」

他總是穿着一套青竹布袴褲，紮着綁腿。有一年冬天，他穿上了老爺給他的一套舊呢中山裝，反而渾身不自在，逢人就笑嘻嘻的說：「老爺的，託老爺的福，俺也運氣好！」他停頓了一下，不知道自己到底希望的是什麼，於是衝着少爺說道：「將來俺少爺做大官！」

他個頭兒高高的，長的像牙籤兒一樣，尖削的高鼻子，兩旁眯縫着兩隻小眼。他四十開外來范家，就像個老頭兒，下巴留着鬍髭，但上了五十，他也未見老，跑起路來，和年青人一樣。他彷彿永遠看不來女人，范家的女僕奶媽一提起他，就會罵一句：「那個該死的！」

二

他像其他的男人一樣，也曾有過家，有過老婆。但他從十九歲當了兵就沒回過家。他起先在北洋軍裏當一名伙伕。趙營長看他忠實可靠，將他調為隨身的勤務兵。有一年，臘盡歲尾，他老婆老遠從河南老家來看他，晚上，他關着門，不要老婆進房，老婆哭哭啼啼回老家去了。第二天，趙營長打了他二十軍棍。

從此以後，他和他老婆就沒再見面。

北洋軍被革命軍打垮了，趙營長要把張德三介紹給范老爺當聽差，張德三眼淚汪汪的說道：「大人，俺不去，大人喝粥，俺喝粥，俺要侍候大人一輩子！」但到了范家，那氣派把他怔住了，他又不知如何是好。范家的房子比趙家大，走上那氣象萬千的大樓梯，對着那一面耀眼的大鏡子，他差一點兒畢直走了過去。范老爺是個大官兒，比趙營長還神氣，就是攀在范老爺汽車兩旁的那四名馬弁都有金錶金鍊子。而且，范老爺是個有學問的人，從來不像老粗出身的趙營長「王八蛋」「王八蛋」那樣的罵人。閒時，范老爺脫下了那一身畢挺的軍裝，換上了鬆寬瀟洒的長袍，就在書房裏和人擺弄着一顆顆亮晶晶的黑子兒白子兒；有時范老爺也在書房裏屏神凝氣的摹擬那些天書似的碑帖，寬大的紅木書桌，鑲着大理石的桌面，上面擺着翡翠的文房四寶。張德三剛來時，每逢收拾老爺的書桌，就會偷偷拿起那些綠石頭似的玩意兒摩挲一下。

他來范家的那一天，正是隆冬時節，天上飄着如絮的雪花，一走進范家的堂屋，就看見了牆上掛着的四塊珊瑚屏，屋當中有一個白銅寶塔爐，上面鏤空着八卦圖，裏面燒着珊瑚色的炭火。在那一片珊瑚色的光影中，老太爺穿着青花緞狐皮袍，坐在爐邊一張高大的太師椅上，捧着亮幌幌的水煙袋，用紙枚子指點着寶塔爐上鏤空的八卦圖，對着三歲的孫女兒慕德說道：「你認不認得？這是八卦，乾三連，坤六斷……」張德三不懂得什麼是「乾三連、坤六斷」，那大概是和那些珊瑚屏、大理石的桌椅一樣，都是屬於大官人家的財產。

天還沒亮，他就起床，擦老爺的皮鞋，洗老太爺的水煙袋，站在天井當中，呼嚕嚕呼嚕嚕，將洗過煙袋的臭水吹出來，少爺站在走廊上，拍着小手叫：「張張，眞好玩，再吹！」他就一直吹下去，也許後門口來了個乞丐，「行行好，先生，殘菜殘飯賞一點，多福多壽的先生！」他就會把門一踢，吆喝道：「走開，走開，俺老爺在睡覺！」范家隔壁是一個白俄女人開的花房，每天早上他帶着少爺在櫥外看花，口裏哼着「我家有個胖娃娃」的小調，賣花的白俄女人聽着那陌生的河南腔調很有趣，說不定會摘一朶花給他，他就將花別在少爺的衣服上。有時他也帶着少爺走到租界的交界處，少爺喜歡看那嘬着一嘴黃牙的安南巡捕。冬天的晚上，他就和少爺在床上玩着香煙盒裏的畫片，或者斷斷續續哼一兩句以前在軍隊裏聽來的「四郎探母」逗少爺開心。要是在夏天傍晚，梧桐樹葉被斜陽照得格外綠，知了也叫得格外清幽，張德三拉起陽臺上的竹簾，澆了涼水，少爺就躺在涼悠悠的小竹床上，張德三用芭蕉扇一面為他趕蚊蚋，一面唱道：「小小子，坐門墩兒，哭哭啼啼要媳婦兒，要媳婦兒幹嗎？縫鞋補襪，點燈說話兒，吹了燈打喳喳。」有一次，少爺翹起了他的小頭說道：「我不要媳婦兒，我要張張！」

他賺的錢，一個子兒也不花，先是存的白花花的銀大洋，放在箱子緊底。晚上，少爺睡着了，楊司務出去找女人去了，他便將銀大洋摸出來數一數，一手掂一個，敲着噹啷噹啷的響。有一天，他突然想起，假若那些錢給人偷走了，假若失火燒了……於是他將銀大洋全換成了一枚枚黃澄澄的金戒指，偷偷縫在白布筒裏，一年四季當褲腰帶綁在身上。

他對於權勢有着畜牲般的虔敬，而男性就是權勢的表徵。剛來范家時，小心小膽的，對於小姐少爺他都一樣侍候，但日子一久，就有了差別。有一次小姐和少爺打架，他竟使勁扯開小姐，衝着她叫道：「你盡欺侮他，你神氣什麼？俺少爺長大了蓋大洋房，你會做什麼？你連婆家都找不到！」小姐想起了學校裏的女教師，戴着金絲眼鏡，穿着白帆布的橡皮半高跟鞋，挾着點名冊子，揮着教鞭，昂首由她面前走過，於是她也大聲叫道：「我才不要婆家！男女平等。我當女教師！」一天晚上，范先生夫婦在臥室中玩骨牌，白色的紗幔隨着柔柔的晚風飄曳，窗口綴着三兩顆藍色的星子，遠處傳來更夫的梆子聲。張德三爲老爺端來一碗燕窩。范太太玩牌玩高興了，想起了她那個將來要頂天立地的兒子，笑吟吟的對張德三說道：「張德三，慕偉交給你我最放心，你對他好，我知道，但他有什麼不好的地方，你可也要管教他。」「不好？您說俺少爺不好!?」他一面往外走，一面瞪着兩隻小眼對范太太說道：「太太，您別沒良心，俺少爺多好！」

在范家的親友中，他最不喜歡梅家姑太太，她每次空着手回娘家，還拖兒帶女的帶來一大羣，她的兒子，太太吩咐他喊梅少爺的那個「傻小子」，不是砸壞了綉花屏風，就是剪破了錦緞桌布，而且，她每次還要大包小包的挾回家。梅家姑太太一出門，他就會咕嚕：「這是養女兒的下場！讓咱們太太瞧瞧！」

他最奉承曹太太，她長得粗粗壯壯的，包牙齒，說起話來，口邊冒着白沫，常穿着幌幌盪盪下擺寬大的旗袍，說話喜歡用文縐縐的字眼，問人好時愛雙手打恭作揖，她身上唯一的女性特徵是她那個簪着玉如意的橫S髻。她一口氣生了七個女兒，沒有兒子，她說范少爺生得「面如目字，天庭飽滿」，要認他做乾兒子。拜乾媽的那一天，曹太太請了四桌客，送了乾兒子一份厚實的拜禮：線春袍子，花緞馬褂，黑漆皮鞋，還有一根絞麻花的金鍊子，墜着一個長命富貴的金鎖片。乾兒子臨走時，曹太太燒了三柱香，朝西天作了三個揖，遞給張德三說道：「這是給少爺壓驚的，不要嚇着了少爺。」她一面從身上掏出了一個紅紙包，塞在張德三手裏：「張德三，你照拂少爺辛苦了！」有一次，范太太請名震武漢的李瞎子爲兒子算了個命，李瞎子說范少爺是「壬騎龍背」格的八字，「安邦定國，官至一品」。從此，張德三對於少爺更帶有宗教性的崇拜，加意疼愛他。曹太太來到范家，知道了李瞎子的話，親暱的拉起了范太太的手說道：「親家，我們來個親上加親，我把我老七許給我乾兒子！」那一天，曹太太走時，是張德三畢恭畢敬的攙着她走下樓的。

三

范少爺六歲那一年，張德三又多了一件事：每天送他上學，放學接他回家。學校在一個高聳的鐘樓後面。早上，在悠悠的鐘聲中，他將少爺送進教室，他總要站在教室門口看他一陣子。他坐在向東的窗邊，窗口露出一角金光燦爛的藍天，襯着少爺紅潤的小臉，他忽然覺得他像玉皇大帝面前的金童。少爺在座位上搖幌着小身體，琅琅誦着「大狗叫，小狗叫。大狗跳，小狗跳」的課文，他聽熟了，心裏快活的時候，就模擬少爺的腔調，將那課文當歌謠唱。放學之前，他總是在門房和那老工友搭訕一陣，不用說，講的全是他少爺的事，將他的一些小聰明大加渲染，最後的結論總是「俺少爺日後可會大有出息！」有一次，學校舉行演講比賽，他站在大禮堂外邊聽。從那搖搖幌幌走路的姿勢，從那明朗的前額，他一看就知道是他的少爺。他不慌不忙的走上了臺，張德三的嘴張成了個O字形，他耳邊轟轟轟的聽的不清楚。「從前，有個孔融，他四歲的時候……打破了缸，打破了缸，嗯——打破了缸，嗯——」少爺講到這裏，下文全忘記了，張德三彷彿是自己站在臺上，面對着那一個個蹟動的小頭，他的心猛烈的跳着，使勁捏着拳頭，手心汗濡濡的，少爺哇的一聲在臺上哭起來的時候，他一股勁兒衝上臺去，將他一把抱下臺來，狠狠的瞪了校長一眼。後來每逢和那老工友談起這回事，他還不能原諒校長的罪過：「這麼一點小疙瘩，還要他上臺演講。作孽！」

日子一天天的過去，沒有兩樣，張德三過後回想起來，在那兩年中，只記得兩件大事：一是那年冬天，他狠心買了一件羊皮袍子。公館裏長年僱着裁縫，他和那個裁縫楊司務最要好，他們住在一間房裏，楊司務每天晚上都要出去找女人，深夜歸來，總是張德三爲他開後門。那件羊皮統子有着乳白色的軟綿綿的長毛，將手埋在裏面像是浸在濃濃的牛奶中，溫暖而潤滑。他和楊司務商量了好久，才決定配件青土布面子。皮袍子做好的那一天，楊司務幫着他將皮袍子穿上，不知怎麼會事，並不如他想像的那樣舒服，做起事來礙手礙脚的，不如短褂子利落，自從試穿了那一次之後，那件皮袍子便放在箱子裏，沒有再穿過一次。還有一件大事，就是太太又添了個小少爺。范老爺晚上沒有事就抱着兒子相面，有一天晚上，范老爺抱着兒子凝視了好一會之後，笑對太太說：「我看你後福無量，你又生了個好兒子！你瞧他肥頭大耳的，明明是主貴的樣子。」張德三正好從旁經過，站住了，神色嚴肅的說道：「可不是？老爺，生小少爺的那天，我夢見天上一顆大星落在花園裏，他準是天上的星宿投胎。」

次年，范家出了一件天崩地裂的事，在一個月黑風高的晚上，范先生得腦充血死了。范太太整日痴痴的守着丈夫的屍體，口裏夢囈似的說道：「我怎麼過？我怎麼過？」爲老爺悲傷是天經地義的事，張德三第一次感到太太的偉大，輕輕推着少爺說道：「去，去你媽那兒去！」並且，每天晚上還虔心虔意的爲太太端來一碗燕窩。出殯的那一天，范老太爺拄着手杖，帽子上纒了塊白布，蹣跚的跟在靈柩後面送了一程，他佝僂着背，嚶嚶啜泣。范太太穿着白麻布孝衣，帶着女兒坐在一輛白色馬車裏，馬車顚呀顚的，這個噩夢彷彿永也沒個了結！她斷斷續續想起一些小事怨恨自己：他們拌了嘴，她從來不肯先低頭，總是丈夫笑瞇瞇輕拍着她的肩說道：「算了，別生氣了。」有一次，他還加了這麼兩句：「要是我死在你前頭，你以後想起來會失悔的。」他衣服上脫落的衣扣，她總是忘了爲他縫上，有一次，他遠行歸來，她却不在家，他撲了個空。這一切，她都許下心願在來世彌補。她想一陣，哭一陣，有一會兒，她甚至於在鑽動的人羣中，彷彿看見了丈夫的身影。張德三一手抱着不到半歲的慕豪，一手攙着慕偉在孝帷裏走。慕偉捧着靈盒，頻頻向街頭設祭的人磕頭。那如白浪般顫抖的白色輓聯、爆竹迸裂的火花、風中搖曳的白燭、以及抬靈柩工人有節奏的吆喝聲，他稚弱的小心靈覺得這一切很有趣、很新鮮，後來頭磕多了，小腿也走酸了，才攀在張德三的耳邊輕輕說道：「張張，我要吃東西！」

墳場在一個荒山上，四周砌着矮矮的磚牆，墳前種了兩排修整的冬青樹，力伕們喲嗬喲嗬的將棺木放下土時，送殯的人都哭了。慕偉不知是受了感染，還是眞的意識到他將永遠失去了一個最親愛的人，也抽抽搭搭的哭了起來。張德三一面爲他拭眼淚，也一面嗚嗚的哭着。紙紮的金山、銀山、聚寶盆、還有洋房子，在墳前熊熊的燃燒着，灰燼飄起了，圍着火堆向上旋轉，然後漸漸消散了，彷彿是被一隻無形的手輕輕撈了去。這麼多寶物都跟着老爺上了西天，張德三沒有再哭了，心頭反而感到安慰。

四

張德三跟着范家到鄂西，那是二十七年的事。中日戰爭吃緊，范老太爺不願離開本鄉本土，要回鄉守着他那幢世代相傳的古屋和一大片田地，范太太就帶着兒女和張德三避難到三斗坪她外婆家。小鎮的石板路，背簍裏背着孩子在街上閒盪的女人，口裏啣着象牙嘴的旱煙袋、攏着手在門口打磕睡的老頭兒，鎮頭那破落的祠堂，以及那些在祠堂前曠場上放風箏的孩子——這一切景象都對范太太是如此親切，使她想起了兒時紮着小辮、穿着秋香色小棉襖，和母親一道在外婆家消磨的那些快樂日子。她的憂鬱溶化在這小鎮溫馨淳厚的氣氛中，不再唉聲嘆氣了。

鎮上剛剛造好了一棟樓房，方方正正的，遠看去像一塊大磚頭一樣，那是鎮上唯一的「洋房子」。范太太的親戚都說她住慣了高樓大廈，應該把那棟「洋房子」租過來。但范太太却選擇了一棟小屋，離鎮上有十幾里路，在桃花溪畔，屋旁是一大片青幽幽的竹林，屋後是一個長滿了栗樹的高山。

但這一切對於張德三並不新鮮，他的老家也有那一天到晚嘮叨不休的流水，也有一重重永遠屹立不動的黃土堆。而且，他瞧不起小地方的人，和他沒離老家以前一樣，他們都是沒見過世面的老戇，就說西鄉那個鄭大爹吧，手掌上長着厚繭、手指節骨特別粗大，喉嚨眼兒裏永遠呼嚕着痰，坐在凳子上總愛抱着一隻腿，吃起飯來像縴夫一樣，五個指頭頂着一碗帽兒頭，喝湯時呼呼的像括風，但太太却恭恭敬敬的呼他爲姨爹，請他來家玩了三天，每頓飯請他坐上席。還有那個乾癟癟的陳大媽，打起紙牌來一個小錢也斤斤計較，每次來時，香肥皂呀、毛巾呀，花布頭呀，總要用手絹包點什麼回去，臨走時，還絮絮叨叨的說太太不會過日子。

范太太一心想兒女都成爲完人，爲她光耀門楣，她把慕德、慕偉都相繼託人帶上重慶讀書。小姐走了，張德三心裏反到痛快。范太太一提起女兒，眼圈兒就紅了，「她在家嬌生慣養的，怎麼吃得來那個苦？」但張德三常背着太太咕嚕：「她給太太寵壞了，這回可讓她嚐嚐苦頭！」慕偉起先在鎮上的學校讀書，他漸漸有了自己的主張，喜歡一個人躺在床上看「七俠五義」、「水滸傳」，張德三照拂他，他還皺着眉頭嫌他嚕囌，他已經不像以前聽他唱「胖娃娃」、「小小子」那個時代事事依賴他了。但張德三對他還是死心塌地的，當他知道了太太要將少爺交給一個表弟帶走時，他怨太太狠心，他甚至於和她理論，說她不應該在這兵荒馬亂的時節送兒子遠行。范太太嘆了口氣說：「少爺在這裏一輩子，那裏會有出息？」他才不作聲了。慕偉一心想望着地平線那邊的世界，高高興興的準備起程。那一天終於來了。從家裏到鎮上要經過高高低低好幾座山，沿途范太太哭着向兒子告誡一些爲人處世的道理，張德三跟着背行李的力伕在後面走，偷偷用袖子擦眼淚。汽船停在江當中，他們坐小划子上了船，他爲少爺將行李安頓好，頻頻告訴他棉襖在皮箱裏，毛衣在手提包裏。臨走時，他從衣袋裏掏出了一個四錢重的金戒指，「少爺，這是俺一點心！」他說完急忙轉過身去，水和天溶成了迷濛濛的一片。

張德三天天念叨着少爺，他不再爲他照顧寒暖，不再爲他洗脚，不再看到他皺眉頭的樣子，他沒了着落。少爺走的第二天，郵差從門口經過，他殷殷勤勤請他進來，偷偷拿了一根太太由漢口帶來的三五牌香煙遞給他，然後問他：「可有俺少爺的信？」郵差笑了，「你少爺到那裏去了？」「他上重慶讀書去了！」於是他又嘮嘮叨叨的講着他的少爺，最後問郵差：「重慶離這兒有多遠？那兒寄信來要多少天？」從那一天起，他和那郵差成了朋友。

每個禮拜三禮拜六是船到的日子，一到這兩天傍晚，范太太就帶着小兒子坐在屋前穀場上等信，自然還有張德三。穀場正對着溪邊的大路，遠遠的看見一個綠點子幌來了，張德三就迎着那個綠點子跑去，他空跑了好幾次，有一次，他接到一封信，他不認得字，但他認得少爺的筆跡，以前他寫字都是他守在旁邊替他磨墨的。他抄近路由田壠上跑回來，揚起了信大聲叫道：「來信啦！來信啦！」喜的聲音都走了腔。范太太坐在穀場上一面看信一面流淚。張德三爲她沏來一杯綠油油的新茶，「太太，請您唸給俺聽聽。」范太太哽咽着唸道：「姆媽，請您告訴張德三，等我回來了給他蓋大洋房子。」張德三坐在一個小竹板櫈上，正好旁邊有一個斧子和一堆木柴，他拿起斧子，對着一根長着大結疤的木柴，只那麼喀嚓一下，木柴就分成了兩半。少爺給他蓋大洋房子！這句話是由太太嘴裏說出來的，他對太太滿心感激，放下斧子問道：「太太，他會着了小姐沒有？」爲了報答太太的恩典，他第一次想到她。

現在，四歲的慕豪又成了他生活的中心。每天他起床後的第一件事就是把頭天煨在灶灰裏的那個大紅薯撥出來，然後才劈柴、生火、挑水。慕豪服服貼貼的坐在灶前小板櫈上，一面捧着紅薯吃，一面聽張德三唱着：「小小子，坐門墩兒，哭哭啼啼要媳婦兒，要媳婦兒幹嗎……」天氣晴和的日子，他就帶着慕豪爬上屋後那個高山，用竹桿打栗子，或是去附近的農家爲他找粉脆的鮮藕，有時也去溪邊打水漂、找小花石頭，或是坐在溪邊的石頭上向慕豪念叨着范家昔日的繁華。「你媽變了」，變小氣了，以前家裏上上下下好幾十盞燈，開起來像白天一樣，也沒人管，現在用桐油燈還要吩咐俺少用兩根燈草！」這些話小慕豪不怎麼懂，但他說過之後就感到輕適了。

日子在沉寂單調中過去，有一年春天，范家住了兵。張德三常常帶着慕豪蹲在旁邊看他們吃飯，他們一邊吃一邊講着火線上的故事，這使他想起了他的年輕時代，對於軍旅生涯，他有着本能的愛好，因此他和他們談得很投機，那些兵將他們屋旁的一小塊荒地開闢成了一個美麗的小花園，還幫他劈柴、挑水，他常常請他們吃花生紅薯。又有一年夏天，連着下了幾天豪雨，山洪暴發，轟轟的山水挾着一塊塊的大石頭沖下來，將范家屋頂打了個大洞，范太太摟着小兒子躲在桌子底下唸阿彌陀佛。「快點，太太，快跑！又來了！」張德三由桌子底下拉起慕豪往外跑，范太太踉蹌的跟在後面。跑到大路上，張德三突然停住了，將慕豪交給了范太太，慌慌張張的又往回跑去，一面揮着手叫道：「不行，俺得回去，怕小偷！」

五

好幾年過去了。范太太坐吃山空，手邊的積蓄也漸漸花光了，范太太的哥哥接他們母子倆去重慶，住在他家裏好有個照應。依人籬下，有種種不便，張德三不能一起去，范太太將他介紹給一位開棉花行的黎老板，他上了年紀，幹不了什麼活，但他不會像那些年輕小伙子到處亂跑，他可以看家，還可以抱抱孩子，黎老板勉强答應了。范太太啓程的那一天，張德三送他們上船，臨走時，范太太對他說：「我們回漢口時來接你。」他向太太深深鞠了三個躬：「對不起您，太太，俺現在不能跟去侍候您！」他轉過身去，已分不清那是江岸那是江水，彷彿江水已浩浩蕩蕩的漫成了一片，到處閃着瑩瑩的水光。

棉花行在鎭上的大街上，從四鄉到鎭上來的人都打這兒經過。他原瞧不起小地方的人，但范家一走，他覺得那些人突然變得順眼起來，他們上街來的時候，他總要請他們進來喝一杯茶，抽一袋煙。他們與范家有關連，與他們談談范家的事使他感到安慰。甚至於那個喉嚨眼裏呼嚕着痰的鄭大爹，那個絮叨不休的話匣子陳大媽，他也不再討厭他們了，他還送過鄭大爹一包細煙絲，請過陳大媽吃了兩個煮雞蛋。

日子並不如張德三預先想像的那麼難挨，如今他又照拂着黎老板的兒子小明，而且，太太捎了信來，說慕偉已經考取了陸軍官校，他高興得只流眼淚。這與他的幻想相吻合，他對那穿着軍裝、佩着洋刀，走起路來得得作響的人有一種特殊的感情，那是權勢的表徵。每逢在街上，或是站在大門口，看見了一個年輕軍官經過，他總要眼瞪瞪的望着他，希望在他身上找出一點和少爺相似之處。他常常摸着他那一撮小白鬍子，向人誇耀昔日范家的尊榮。人們都說世界變了，以前那種日子不會再來了，他始終不相信。一想到少爺，他就會拿已故的范老爺做榜樣，有一天，他也會坐着亮幌幌的汽車，汽車兩旁也站着四名掛着金錶鍊的馬弁，他自己則彎着腰站在那高大的鐵門旁邊，目送着那威風凜凜的汽車嗚的一下駛進了花園。

春去秋來，日子沒有變化。有一年花行賺了錢，分了張德三一筆紅，他的白布筒裏又添了好幾隻金戒指。他總是做噩夢，不是夢見「棒老二」搶走了他的金子，就是夢見失火，他兩隻手緊緊的抓着腰間的白布筒，跑也跑不出來。有一晚，他的噩夢眞的成了事實，棉花行隔壁起了火，火蔓及棉花行，碰上了那一堆堆的棉花包，頓時燃成一片嫣紅的火海，他喘吁吁的跑來跑去，爲棉花行搶東西，眼看着一條金黃色的大火舌已由窗口竄了出來，他還跑進去搶出了一個大掛鐘。他放下了鐘，火已封了門窗，但他突然驚惶的摸了摸腰間，天！那個白布筒，他一二十年的血汗換來的那全部財產，怎麼不見了!?他瘋狂的向火場奔去，絕望的叫着：「我還有東西，我還有東西！」有人將他攔住了，將他扶在一棵大樹下的石頭上坐下，他垂着頭說：「我完了！我完了！」他全身已爲汗水浸透，額頭上冒着大顆沁涼的汗珠，他撩起那白竹布褂子的衣角拭汗，忽然覺得口袋沉甸甸的，他的眼像兩盞小燈籠似的一下亮了，伸手將口袋裏的東西一把抓了出來，高興得幾乎暈倒在樹下。那莫不是夢!?他打了自己一耳光。臉頰熱辣辣的。他摸了又摸，數了又數，硬硬實實的，一點也不錯！他想起來了，洗澡時將白布筒取下來放在衣兜裏就忘了綁在身上。他打了個寒噤。

鎭上的人都嘖嘖稱讚張德三的英勇，黎老板將他最後搶出的那個大鐘送給了他。那時正是戰爭吃緊的時候，百貨上漲，黎老板計劃着重新再辦棉花行，他看上了張德三腰間那個紮實的白布筒。「我跟你說，」有一天，黎老板蹺着二郎腿，一隻手捲起了他長衫的袖口說道：「這年頭，一夜就成了百萬富翁的不知有多少，現在誰還有人把錢死死的綁在身上？那一個不是把錢拿出來囤貨？」

張德三楞着兩眼微微搖了一下頭。

「好，」黎老板一隻手放在二郎腿上，兩個眼珠骨碌轉了一下，「你不放心，那就這樣，你不入股，你把錢借給我，我認你大十分的利，這可行了？沒有貨，總還有我這個人！」他指了指自己的鼻尖。「我做你的保險箱，免得你牽腸掛肚的，」他忽然想起了那晚大火的情形，「譬如說，失火那天晚上，就是綁在你自己身上的東西都靠不住，還不是差點丟了！我替你想起來就怕！」他連連搖頭。

那一晚，張德三在床上輾轉不能入眠。黎老板的最後幾句話正觸動了張德三的心。可不是？這些年來，他為身上那些金幌幌的玩意兒不知躭了多少心!?想起那晚失火的情形他就寒心。他再也受不了那樣的驚嚇了！將金子放在黎老板那兒，不但穩妥，而且還有利息，大十分！一個月有多少，一年有多少，他搬弄着手指算了半天。他罵自己為什麼這樣傻，以前沒有想到利用錢去生利!?

第二天一大早，他將他全部財產雙手奉給了黎老板。

六

三十四年八月十四日是一個狂歡的日子。日本投降的消息傳來，連三斗坪那個古老沉寂的小鎮也變得年輕活潑起來。孩子們喧嘩着在曠場上放鞭炮；家家戶戶門前懸掛着五彩繽紛的燈籠，開着大門，請陌生人進來喝酒。山野被火把的光照得透明，四鄉的人紛紛來鎮上探聽消息，人們在半路上都結成了朋友。街上熙熙攘攘的人羣中，有人在吆喚着，有人在嚷着丟了東西，那些碰見了熟人的，或是哭一陣笑一陣，或是罵幾句粗話，然後挽着手一道去河壩小店喝酒，狂笑着將空酒瓶子扔到河裏。

張德三逢人就笑呵呵的說：「現在可熬出頭啦！俺也要回少爺那兒去啦！」

黎老板却皺起了眉心，勝利之後，物價暴跌，他的棉花生意又虧了本，他對張德三却拍拍胸膛說道：「相信我這個保險箱，明年準還你錢！連本帶利！」

金錢和表徵權勢的范少爺一直是張德三的生活中心，是他生命中兩個美麗的幻夢。明年！可愛的明年，他就可以「腰纏萬貫」的回到他少爺那兒去！他要看着他娶媳婦兒、看着他蓋大洋房子，看着他做師長、軍長、總司令！

但是在張德三跟着黎老板的棉花行遷往宜昌不久，三斗坪就流傳着一個令人震驚的消息：范慕偉就在勝利前一個月得傷寒死了。

然而，在宜昌，在那一方鋪着石板的天井裏，張德三却正做着少爺蓋大洋房子的美夢。每天傍晚，他在天井裏逗黎老板新添的小兒子小春玩，他的心就飛到那個穿着軍裝儀表堂堂的少年身上去了，想着他昔日聽他唱「小小子」、「胖娃娃」那沉酣的樣兒；想着他在大雪紛飛的冬天早上，賴在熱被窩裏將小腿伸出來讓他穿襪子的嬌憨神情，想着他對他母親說的那句話：「姆媽，請您告訴張德三，等我回來給他蓋大洋房子！」有時候他幾乎把小春當成了少爺，突然對他唱起那些老調子來，臨了總是嘆一口氣。有一晚，他夢見他，穿着和他老子一樣的綠呢軍裝，胸前掛滿了勳章，披着一件黑披風，騎着一匹棕色的駿馬，遠遠的向他奔馳而來，好像要從他身上跨過去似的，但跑到他面前，他跳下了馬，啪的一下對他敬了個禮，他瞟縫着老眼，正要向前抓着他問：「怎麼樣？你現在是要媳婦兒？還是要張張？」他怎麼忽的不見了。

一天傍晚，上水抵岸的船剛鳴過不久，他正坐在天井中對小春唱「大狗叫，小狗叫。大狗跳，小狗跳。」有人在門口問起他的名字，他抬頭一看、一個孩子的聲音驚喜的叫道：「張德三！」他楞着兩眼看了好半天，他常在幻覺中看見了范家的人，這一次莫不又是他老花眼看錯了人!?

「張德三，我和小弟弟來接你！」那是慕德的聲音。

「啊！小姐，」他站了起來，向她深深鞠了個躬，「您——您——您完全變了，我差一點認不出您來了！聽說您讀了大學，是個女狀元啦！」

「你還是那樣，精神很好。」

「不，不，」他摸了摸下巴那一小撮白鬍子，「老囉！不如以前了，」他拉起了慕豪的手問道：「小少爺，您想不想張德三？」

慕豪眼圈兒紅紅的，低着頭，掙脫了他的手。

「太太呢？」

「舅舅弄到一張飛機票，她先坐飛機回漢口了，我就帶着小弟弟坐船，正好經過宜昌來接你。」

「我可望出頭了！」他搖幌着身體，使勁的拍着小春，這種急速的動作正好和他激動的心情相配合。「少爺呢？他好吧！」

「好！」慕德點點頭，急遽而有力的說出了這個字，彷彿是用它來堵住自心中湧上來的一陣悲痛。

「他回不回去？」

「他不會回去了！」慕德低聲的說。

「啊，是的，進了學校就不能隨便回家了，小時候，生病，下大雪，他都哭着要上學，現在可好啦，一天到晚在學校裏，他……」

慕德不能再聽下去了，拍拍慕豪的頭，對張德三說道：「你看，你看他可長高了？」

「高了，高多了！長的更像他哥了，將來一定也和他哥一樣有出息！范家就靠你們哥兒倆了！」

船第二天傍晚啓碇，他們約好開船前在碼頭見面。慕德姊弟在約定的時間到達碼頭。一會兒，張德三由人羣中擠了過來，一手抱着小春，一手提着一個大鐘。

「小姐，俺不能走了！」他喘咻咻的說道，將手中那個大掛鐘放在地上。

（下轉第30頁）

烏托邦在何處？

海外寄語之二

於梨華

日前到紐約去看一個朋友的朋友。那一天，正值氣溫直升到九十四度，打破廿餘年紐約市六月的氣溫表。那位先生住在百洛克倫（Brooklyn），他的小房面臨着卡車隆然而過的大街，夾在一個茶場和雜貨店之間，喘息于西晒的九十四度陽光下，實非待客之處，所以他未等我坐下就提議驅車出遊。

我對紐約不熟悉，他和他的未婚妻就建議到康尼島（Coney Island）去玩，從百洛克倫到康尼島開車要走一小時，我們在去的路上吃了晚飯，到島邊已是黃昏了。我的朋友之友傑克在吃飯時告訴我，康尼島是美國最大的一個雜耍區，因爲它位于海邊而玩藝雜多，故爲中等階級以下的紐約居民最好的避暑去處。

車一進康尼島區就有擁擠不勝之感，行人之多，猶勝電影剛散的百老滙。我們的車寸步難移，傑克的未婚妻就提議不如把車放好，步行進玩藝場。當我自己走在人行道上，被人左推右擠時，才覺得實在是人山人海（第二天紐約時報說那晚在康尼島的有二五〇、〇〇〇人）。在未到遊戲場前，經過一個賣熱狗的店，門前簡直是水洩不通，戴着高大白帽的厨司們，一字兒的站在火熱的平鍋前，一手煎熱狗，一手接錢，一眼和顧客打招呼，一眼注意看熱狗的進展，其動作之敏捷及熟稔，令人嘆絕！可惜他們額上的汗珠點點滴滴墮在鍋中滾動的圓肉條上，而顧客們竟視而不見（汗裏有鹽爲熱狗增味也未可知）。有些顧客隨身帶着長圓形的麵包，把熱狗往裏一裹，當場就吃了，不可謂不經濟省時。

遊藝場中的玩意多數和別省的差不多，不過規模較他處大而已。幾種值得一提的有 Roller Coaster 是一種有圓輪的開敞小車，可坐三人，在一連串極不規則、起伏險陡的鐵路上高速度地滾轉，坐在車上的人只覺得車子忽然直體下衝，忽然筆直上升，生命似乎完全握在器械的魔掌裏。這種玩藝也只有這些想找極度刺激的美國人才能領略，前年有一中國女孩，嘗試了以後出來，面白如紙，全身抖了將近半小時。另一種是空中搖籃，那是幾個有滑槓的車（一車容六人）滑上一個吊在空中的大圓軸，大軸轉動時就把車子送到空中，那時如朝下一看，只見地下的人小如蟻，岸邊的海滾滾滔滔，燈光搖幌，而自己則孤另另地吊在空中，稍一不愼翻出車外，就會跌得骨碎肉裂。這兩樣玩意我在別處也見過，但却不如康尼島的來得駭人，其他玩意如像打槍射彈，電動跑馬，進鬼門關等等却和別處相若。

島上唯一的特色是降落傘。那是一個離地約二百尺的大柱，柱上有一石圓蓋，從蓋上垂下許多繩子吊着地上的傘座（每座坐二人），一個傘座由繩子吊上去，至近圓蓋後，因風力相壓之故，傘就圓漲而迅速下降，坐傘的人用安全帶把自己圍住，坐在懸空的木板上，去鞋，然後被吊上去。這個玩意生意最佳，去坐傘的十分之十是一男一女，當繩子上吊時，十分之十的女孩發出尖銳的叫聲，害怕中帶點賣弄的喜悅，傘到半空時，十分之十的男士們會把他們的同伴抱住，保護中學點賣弄的勇敢，傘下降時，女的多半是一邊叫嚷，一邊兩脚在空中亂幌，引得在地上的觀衆大樂，有一個女的神情自若地上去，又神情自若地下來，毫無懼意，觀衆反而把她當怪物看。

看完各種遊藝，我們散步到欄杆邊，一面吹吹海風，一面看看遊客。遊人中沒有西裝畢挺的紳士，沒有凛然不可犯的淑女，沒有很多白皮膚的人。有些十幾歲的女孩，三兩成羣，奇裝異服招搖而過，招得一羣膚色黝黑的少年們，大聲吹哨；另有許多徐娘半老的女人，走在路中央左顧右盼。我就向傑克打聽關于康尼島居民的情形。

「很窮。」他說。

「錢窮還是心窮？」

「兩樣都有。這裏的居民多數是墨西哥人，黑人，及其他下等社會的人。」

「來玩的人呢？」

「中等以下，除了你我。」

「中等以上的人呢？」

「他們在那邊，」他朝着離康尼島不遠，燈光閃爍的長島（Long Island）努了努嘴，「他們有較高級的享受，來這裏要失去他們的身份。」

「他們在那邊怎麼玩？」

「還不是和他們一樣。」他朝一批正在互相調戲的男女努努嘴，「只是他們的技術較高級一點而已。」

「我還以爲美國貧富一致，沒有等級的呢！」

「沒有等級到那邊去才會有。」他朝渺茫海角努努嘴。

「何處？」

「烏托邦。」

書刊評介

介紹邱昌渭先生遺著「政治常識」

——為紀念邱昌渭先生逝年周年紀念而作

周道濟

所謂好書，可以是一部卷帙浩瀚的巨著，也可以是一本薄薄的小冊子。前者之所以好，也許便因為它體大思精，巨細靡遺；後者之所以好，也許正由于它擷英取華，言簡意賅。可是它們也有一個共通點，卽：任何好書，必須系統分明，脈絡一貫，說理透闢，見解卓越，而尤其重要的是：它必須有深遠確當的思想為之指導。

這裏所介紹的一本書——政治常識，乃故國立政治大學教授邱昌渭先生于民國四十二年春間寫成的，由臺北華國出版社印行。以篇幅而論，它只有一百八十頁，凡六萬字，可以說是一本小冊子，但這本小冊子確是一本不同凡響的好書！

這本書共包括五章。卽第一章，政治的範圍；第二章，政治的基礎；第三章，政治的制度，第四章，政治與政黨；及第五章，結論。由于這本書的名稱是「政治常識」，而非「政治學」，故它所論述的範圍與內容，與一般政治學亦稍有不同，例如：第一章中的「政治與軍事」，第五章中的「政治與民族性」及「算八字看相與政治」諸節，都是在一般政治學書籍中所很少看到的，也可以說是本書的一大特色。

本來，政治是一門最廣泛複雜的學問，傅利曼(A. E. Freeman) 曾說：「歷史是過去的政治，政治是現在的歷史」，這話雖然有幾分誇大，但也未嘗沒有相當的理由。因此，要想以六萬字的小書，將有關政治各方面的來龍去脈，得失利弊，詳其所當詳，略其所當略，惠而不費，一一道出，其困難正如刻精鏤細，較建造高樓大厦者，殆尤有過之！而邱先生以其銳利的眼光，湛深的學養，流暢的文筆，對于這方面，却處理得非常成功！當代名政治學者佛萊西亨 (Ossip K. Flechtheim) 在他所編著的「政治科學之基礎」(Fundamentals of Political Science, 1952) 一書的序文中曾說：「拙編政治科學之基礎的重點，不在于法律與制度 (laws and institutions) 之陳述，而在于原理與問題 (principles and problems) 之闡明」。邱先生之于政治常識，似乎不約而同地也抱有同樣的看法，故這本書不但「麻雀雖小，五臟俱全」，而且輕重本末，燦然分明，凡有關「政治」這門學問的犖犖大端，莫不原原本本，畢述無遺，實屬不易。

尤其難能可貴的是：邱先生寫這本書，確有一個中心思想為之指導，這個中心思想，貫通了全書的紋理脈絡，字裏行間，不時流露，使人讀之，與奮，緊張，憤怒，惋惜……。這個中心思想無他，乃邱先生對于民主政治的愛好與關切！

由于邱先生對民主政治特別愛好與關切，所以他首先對國家與政府的價值，作了若干新的詮釋，他說：

「就其構成的要素言，國家必須①主權獨立，②領土完整，③人民自由，及④政府代表人民的意思行事。四者缺一，就不是健全的國家。再簡單說來，國家對外是獨立，對內是保障人民的自由。」(政治常識第二十八頁)

「假使政府官吏，依憲法的規定，行使職權。人民權利依憲法的規定，得到保障。國家的政治就算上了法治的軌道。」(同書四十六頁)

「司法機關的地位，為民主與集權分野的標識，在民主國家中，司法機關是政府與人民間的公正人，對于行政機關，他是處于獨立的地位。一方面，防止行政機關越權犯法，一方面，保障人民的權利自由，與處斷人民相互間的紛爭。在極權國家中。司法機關是政府的工具，無論憲法條文，關于人民的權利，規定得如何之美麗，但人民沒有言論自由。」(同書五十九頁)

國家與政府為了要完成上述目的，必須有賢能負責的官吏，以故，邱先生最反對不負責任的官僚主義，他說：

「英文 Responsibility 一字，譯為『責任』，不僅譯出此字的意義，而且表示一種制度。這是中文最精當的譯名……人們常時說：『這是我的責任』，或『那是我的責任』。其實所說的，只重在『任』字。權是要爭的，官是要做的，但完全忽略了『責』字。有任無責，是有實無名；有責無任，是有名無實。虛者實之，實者虛之，這樣怎能建立起制度來！」(同書六十八頁)

其次，由于邱先生對民主政治特別愛好與關切所以他對于共產黨，深惡痛絕，嚴加抨擊，他說：

「民主國家的政黨是意見的組織，與其他組織並存，蘇俄的共產黨是權力的組織，獨存而不容許其他組織並存，前者是人民參加政治的工具，後者是少數人壟斷政治的武器。」(同書一一二頁)

「照共產黨的理論，民主是表示'羣衆參加(Mass Participation) 的行為，集中是表示領導 (leadership) 的作用，共產黨是中間的聯鎖。把這兩件東西聯結起來，一方面是由下向上的作用謂之『民主』——驅使羣衆參加，另一方面，由共產黨的領導，以發生由上向下的『集中』作用。這是一套猴子把戲，要猴子的人，一敲鑼，猴子便跳起來。蘇俄的人民，也是一樣，共產黨一發動指使，人民便像煞有介事的參加活動，喧嚷起來。」(同書一一九頁)

因此，邱先生對于如何反共，在原則上，更提出積極性的主張，他說：

「共產黨是以政治爲腦，以軍事爲眼，以强大的武力爲後盾，而以政治侵略置于前列。他與徒恃武力生存的莫索里尼、希特勒、及日本軍閥不同。他是政治的敵人。其影響深入人心，其流毒滲入社會組織的纖維。反抗共產黨，若以軍事爲第一，而置政治于次要……則前途困難，不可想像！」(同書二十二頁)

再次，由于邱先生對民主政治特別愛好與關切，所以他對于民主政治的本質，認識得最透澈，他說：

「民主社會所尊重的是人民的自由平等。政府的職責不是取締禁止、毀滅、甚至否定人民的自由平等，而是如何範圍、規定、與發展人民的自由平等。民主政治是實現人民自由平等的和平合法途徑。孟子說過：『民猶水也，水能載舟，亦能覆舟。』那麽治民猶如治水一樣，治水的最好方法，不是築堤把水堵塞起來，如果這樣做，終有潰決的一天，那便洪水泛濫，不可收拾了。最好是效法中國禹王的方法，疏通水道，使之就範，以納入于海。」(同書一七九頁)

「民主國家是輿論支配政府，集權國家是政府支配輿論。民主國家深信：眞理從辯論中獲得，他不是先驗的事實，所以重意見自由。集權國家認眞理是統治者的意志，是先驗的事實，是一種信仰，所以『防民之口』，不容許人民有意見的自由。」(同書一六七頁)

此外，邱先生復以極動人的筆調，描寫民主政治的旨趣說：

「在民主制度下，執政者的個人或少數人，從人民一大堆的意見中，贊成的、反對的、眞的、僞的，以及似是而非的意見中，去發現、了解、感覺、體會、分析出大多數的意見——至少覺得是大多數或多數的意見，作最後的決定。這是極麻煩、極易使人們迷惑的程序，需要智慧、容忍、與判斷。並且還需要過人的身體精神，方能負荷起這萬鈞的重擔。民主政治是很複雜繁難的政治，恍如一個大管絃樂隊，隊員那樣的衆多，聲音那樣的繁雜，但有訓練、有造詣的音樂指揮者，登臺揮手，則歌聲齊放，響徹雲霄，又何等的雄壯？拉二胡、彈弦子怎能成爲對比呢？」(同書一七五——一七六頁)

最後邱先生更斬釘截鐵地說：

「民主政治必定是二黨或二黨以上的政治。一黨政治的國家，必然的是集權制的國家！」(同書一五五頁。)

「民主政治的哲學是容忍妥協，于不同之中求相同的因素。集權政治的哲學是仇恨，凡不同情我的，就是敵人。民主政治圖久遠，以德服人，是長期的政治；集權政治求速成，以力服人，是短期的政治。」(同書一八〇頁)

由上所述，可知邱先生確不愧爲一位澈底反共的民主鬬士，不愧爲一位偉大的政治學者，不愧爲一位具有遠大眼光的政治家；而他的這本書——政治常識，雖然篇幅不多，確不愧爲一本好書，值得人人研讀的好書！

邱先生去世將一年了(他係于去年七月廿四日病逝于臺大醫院)！風雨晨昏，悄然案前，我們讀其書，想見其爲人，益增其懷念！我們虔誠地希望：在不久的將來，自由中國的民主政治，必能「百尺竿頭，更進一步」，終而戰勝共黨的極權統治，則邱先生雖死，當亦含笑九泉矣！

(上接第27頁)

「怎麽？你不走了？」慕德睜大了眼睛問。

「嗯，不走了！」他指了指手中抱着的小春，「他老子借了俺錢做生意，現在拿不出來，俺要留在這裏等他還錢，他的利錢俺不要了，他工錢俺也不要了，俺情願替他白幹活，只要他還俺本錢，他那一天還錢，俺就那一天回來。」

「你不走？那怎麽行？弟弟說過的，以後我們就是苦也苦在一起。」慕德再也忍不住了，眼淚奪眶而出。

「不，俺在這兒也很好，您瞧，小姐，」他拍了拍手中抱着的小春，「我有他日子就好過了，我總把他當成了少爺。」

慕德低下了頭，沉思了半晌，然後抬起頭來，含着一汪淚說道：「好，你就留在這兒吧！我也不忍心要你回去，在這兒你可以等你的錢，還可以一天到晚抱着你的少爺。」

「小姐，這——這是一個掛鐘，」他指着他下囁嚅着：「德國貨。俺只剩下這個鐘了，請小姐拿回去託人帶給少爺，叫他不要忘記了張德三。」

船上已經打鑼起錨了，慕德緊緊的抱着那個大鐘，牽着慕豪上了船。張德三抱着小春佇立江畔，頻頻向船上招手，那條大船搖搖幌幌的，重疊成了兩個，船上的人也模模糊糊的看不清了，他的眼是熱烘烘的，臉頰上却涼涼的淌着點兒什麽。只聽見慕德靠在船欄上高聲叫道：「張德三！」

「什麽事？小姐？」他擠過了人羣，跑了過去。

「你回來了。少爺給你蓋大洋房子！」

船已經冉冉向江心開去。江上泛起了迷濛的霧靄，江水溶溶蕩蕩的流去，永不再回。在那一片灰茫茫的暮色中，一個髮鬢斑白的老頭兒，將他抱着的孩子的頭按在自己的肩上，佝僂着背，輕輕拍着他，他的眼凝視着那漸行漸遠的船影，嘴裏却不斷的哦、哦的哄着手中的孩子，那蒼涼的聲調，和十幾年前哄他少爺時一樣的。

讀者投書

(一) 怎樣糾正不良學風？

康梅

近年來政府不斷的用許多數目字，來引證說明本省教育是如何有進步，是如何在迅速發展。諸如兒童入學的人數增多了；學生升學的比率增加了；學校的數量增加了……之類，不一而足。然而，另一方面，他們却也不否認一個事實，那便是在今天的中等學校中，發生了普遍的「師荒」現象，學校請不到教員，有課沒有老師上。為了補救這一缺陷，政府又想出了許多巧妙辦法，如學辦中學教員檢定考試放寬錄取標準；登記參加就業考試不及格的大專畢業生及甄選軍眷充當中學教師，甚至於打算學辦短期訓練以養成中學師資……等等。我們相信，有了這些「好」辦法，學校「師荒」的嚴重問題，或可於短期間內解決。

但是，不幸得很，最近以來，幾個學校接二連三的發生了許多敗壞學風的事件，如鳳山誠正中學槍殺同學、臺南成功大學與臺南一中補校學生互毆、臺南二中學生毆傷教師等，這些事件發生後，社會各界是寄予莫大的關懷，政府當局却感到非常震怒。對於這類不良學風的發生，報章雜誌認為學校、社會、家庭都應共同負責。政府當局則硬把責任推到學校校長和教師身上。故教育廳對於誠正中學的血案，已令飭解聘訓導主任，並着記該校校長大過一次，以儆各校校長、教師的怠於職守，希圖挽振風氣。我覺得對於以上不幸事件的發生，校長教師雖然不能辭其咎，然而政府這種處置的辦法，也的確太冤枉了學校老師。

我們不能諱疾忌醫，就不能以為學校教育有了量的發展，就可引以自豪，自感滿足。其實，今日各級學校裏面，還有許多許多的潛在危機，諸如學生程度的低劣，師資素質的一日不如一日，教師工作情緒的低落等，都是極其嚴重的問題。臺南、鳳山地區學校所發生的事件，不過是嚴重問題的一部分。我們認為今日學校各種危機的形成，政府應作一番深入的檢討，俾尋出問題癥結之所在。

我們首先要問：為甚麼今天臺灣祇會發生教員缺乏的現象？而銀行、郵電局、以及其他各種公營事業機關却正與學校成為一個明顯的對比，到處是人滿之患？再問：為甚麼政府不登記就業考試落第的大專畢業生和甄選軍眷去充當銀行、電力公司、郵電局、糖廠的職員，而偏要徵選他們來做學校教師？明瞭了這兩個問題，就可以知道學校危機的發生和學風敗壞的根本原因在那裏。

回頭看可憐的學校教師們，天天在報紙雜誌上呼籲，聲嘶力竭的道出了他們的不平，然而，有誰來為他們解決問題呢？論知識程度，中學教師百分之九十九以上曾受過高等教育；論責任，他們肩負了培養下一代國家社會中堅分子的使命；論工作，他們要教課，要準備教材，要批改作業，更要兼負訓導責任，要領導青年學生。隨便說那一點，他們為甚麼比不上一個中等程度，工作在銀行或其他事業機關的小職員呢？為甚麼一個工業學校、商業學校或農業學校的畢業生，一經就業考試及格，分發到機關（如：公路局、電力公司、銀行、稽徵處等）服務，每月的收入就能高過他們老師的一月所得之上呢？政府給學校教師以這樣不平的待遇，能叫他們不洩氣嗎？當前國難方殷，政府財政困難是事實，但是，公務人員同是吃公家的飯，有苦應該大家同吃，有福也應大家同享。然而，實際情形並不如此，一個中學教師的薪水，比不上一個銀行工友的工資；一個擁有二、三千名學生的中學校長的薪水，也不能和一個銀行的小職員的待遇相比。

因此，有辦法的教師是紛紛轉業到銀行、糖廠、稽徵處……去，沒有辦法的教師便祇有去兼任家庭教師或到別校去兼課。由於教師不斷地轉業，乃形成了當今的「師荒」問題；又因大多數教師在別校兼任了功課或擔任了家庭教師，所以他們一下課就要離開學校，而不能替原應聘的學校兼負訓導責任，唯一能够經常留在學校負「看守」學生責任的人，祇有導訓主任、管理組長和小部分的導師。因此今天中等學校的教育，還是以教學為本位，祇是灌輸學生一些死的知識，而完全忽略了訓導上應盡的職責。提倡民族精神教育，也不過是喊喊口號，或是教教中國文化基本教材、三民主義教程之類的課本，而對於學生思想、行為的指導是根本談不上的事。至於校長、訓導主任、導師所做的，也不過是負責管理學校的秩序和維持學校的現狀而已。這樣，學生的程度那有不低劣之理？學校的風紀那有不崩潰之理？

我以為，政府對於當前不良學風問題，不應僅追究其外在的原因，更要找出它內蘊的病根所在，然後對症下藥，始有濟於事，如果祇是頭痛醫頭，脚痛醫脚，那是沒有用的。我敢說，今後的教育政策，如果還是好高騖遠，不顧本身的財政力量，一味擴充學校的數量，增加學校的班級，一面以學生升學人數激增的事實來誇大、渲染，一面又大開教員的方便之門，用登記就業考試落第的大專畢業學生和放寬中學教員檢定考試錄取的標準等辦法，來解決「師荒」問題，那再過幾年之後，學生的程度更將不知低劣到甚麼程度，而學風的敗壞尤不知伊於胡底了！

糾正不良學風最根本的辦法，是要在「求均」「求安」的基礎上，使資深優良的教師，永遠專心一志的留在學校裏面教書；要使已經轉業了的學校教師，仍舊回到原來的崗位上；要使大專畢業學生中的優秀人才，投進學校的陣營來。對於中等學校教員檢定考試的錄取標準，不但不能放寬，而且還要提高。政府如果能够這樣虛心檢討，正本清源，解決問題，則不獨可以糾正不良的學風，並可解除目前各級學校的一切危機，振興教育事業亦易如反掌了！

(註：投書(二)刊第11頁，投書(三)及勞榦先生更正函刊第20頁。)

自由中國　第十七卷　第二期　內政部雜誌登記證內警臺誌字第三八二號　臺灣省雜誌事業協會會員　六四

給讀者的報告

吾人評論世事最忌受主觀意願的支配。凡只根據主觀意願而作的推論和預測，未有不遠離事實而難以令人置信的。自史大林死後，克里姆林宮內的權力爭奪戰一直是或明或暗地在進行之中，至此次馬林可夫、莫洛托夫等六酋之被黜而形成一新的高潮。事變發生以後，世人無不密切注意其發展，而各種不同角度的評論與推測亦紛至沓來。不少西方論者樂觀的認爲此一次事變對世界和平具有推進的作用；而在我們這裏則與西方相反，一致預言世局將因此而更向戰爭邁進。這兩種極端的論點，均是或多或少的受了主觀意願的支配。我們以爲凡是客觀而虛心的觀察家，實不應作任何輕率的論斷。因此在本期社論(一)裏，我們願出之以客觀而審愼的態度。我們判斷這一變局在性質上主要仍是權力之爭，而非政策之爭。至對其可能發生的影響則僅作合理的推論，而不願爲一相情願的預言。

公敎人員(包括軍人)待遇問題實已到了萬分嚴重迫切的關頭。一般廉潔的公敎人員生活早就陷入於在饑餓線上掙扎的地步，卽使維持最低限度的生活，也都日感維艱。凡對人有同情心，對國家眞有責任感的人士，對此情形實不能有視無睹！早在一年以前，我們卽曾一再爲文，呼籲從速改善公敎待遇，無賴言者諄諄，聽者藐藐，甚至誣爲別有用心。「財政困難」的藉口竟可以將一切的問題抹殺。其實，改善公敎人員待遇何僅是財政問題而已？現在隨着時日之推拖，問題愈來愈益嚴重。若再無睹事實而推拖了之，則前途誠有不敢言者！鑒於問題之嚴重迫切，我們願在本期再爲社論以呼籲之。心所謂危，不忍不言！

毛澤東的鳴放醜劇，演得有聲有色，使人爲之目眩。正和對俄共內鬨事件的反應一樣，世人對此的意見亦極見分歧。上期，本刊在社論中曾强調毛澤東玩弄鳴放把戲之對外的宣傳意義，意在警告西方人士勿進入他的圈套。對此，政論家蔣匀田先生與我們持有同一看法，本期他的大文以客觀而深入的分析以爲論據，指出毛酋五月十八日之發表演詞對象是在欺騙國際而不是鎭壓國內，其於中共殘酷集權的政權之本質，亦絕無任何改變之可能。凡因此而對毛澤東大作幻想的國際人士，其速覺悟！

最近臺北市省立中學聯合招生委會爲考試國文「限用毛筆」的規定，在大做「紹興師爺」式的文章，眞有令人啼笑皆非之感。這種愚昧可悲的現象，不過是抱「政敎合一、天人雜揉」雄心的敎育當局所倡的「中國文藝復興」之一面而已。趙曼君先生在「從限用毛筆說起」一文中對此有絕妙之諷喻，而內心則至沉痛也。

「再論新資本主義」是劉道元先生「論新資本主義」一文(載本刊第十六卷第十二期)之續篇。在上文中，劉先生主要說明新資本主義之特質，以及新資本主義與資本主義之異同。而本文則更進一步說明美國經濟社會爲何能從資本主義轉變而爲新資本主義，以及在新資本主義社會中，資本所有、工資制度與經濟循環變化的主要原因。凡研究經濟制度與經濟理論者對此兩文均不可不讀也。

本期通訊兩篇。龍平甫先生的大文剖視英國放寬對中共禁運的原因，並報導此一行動在美英及西歐各國所產生的反響。姜懷平先生的大文則是分析本年四月四日英政府發表的國防政策白皮書。英國國防政策這次重大改變的意義，在以質量代替數量，以解除財政上的過重負擔，俾不至因維持强大的軍備而拖垮了國家財政。對問題更感迫切的我們，此一明智的措施，確有可供吾人借鑑者。

敎育部敎科書審委會「敬覆李月軒先生」一文，收到時本期已淸稿付印，容於下期登載。

自由中國 半月刊　第十七卷第二期　總第一八五號

中華民國四十六年七月十六日出版

發行人 兼主編　『自由中國』編輯委員會

出版者　自由中國社

社址：臺北市和平東路二段十八巷一號

電話：二　八　五　七　〇

航空版　友聯書報發行公司（香港九龍新圍街九號）

總經銷　自由中國社發行部

經售者

美國	紐約友方圖書公司
日本	東京僑豐企業公司
韓國	漢城裕昌德號
馬尼剌	大中華日報社
	新疆書店
印尼	椰嘉達天聲日報
	泗水文光圖書公司
緬甸	仰光振成書報店
印度	加爾各答塔梅學校
澳洲	雪梨瑞田公司
北婆羅洲	西利亞坡青年書店
星加坡	友聯書報發行公司（小坡大馬路四六九號）
吉隆坡	友聯書報發行公司（馬華公會大廈三樓七室）
怡保	友聯書報發行公司（希尼華沙甘街十六號）
檳城	友聯書報發行公司（林連登律七十二號）
澳門	友聯圖書公司

印刷者　精華印書館

廠址：臺北市長沙街二段六〇號

電話：二　三　四　二　九號

本刊經中華郵政登記認爲第一類新聞紙類　臺灣郵政管理局新聞紙類登記執照第五九七號　臺灣郵政劃撥儲金帳戶第八一三九號

(每份臺幣四元，美金三角)

再版

自由中國

FREE CHINA

第十七卷 第三期

目錄

中華民國四十六年八月一日出版

中華民國四十六年八月廿六日再版

社址：臺北市和平東路二段十八巷一號

半月大事記

七月十日（星期三）

我訪問中南美特使團啓程。

日內閣改組，藤山愛一郎出任外相。

赫魯雪夫、布加寧訪問捷京。

約但國王胡笙表示歡迎美國軍援。

七月十一日（星期四）

岸信介闡述日新閣政策，決心維護自由民主，揚棄親共中立政策。

尼赫魯抵埃，與納塞會談中東局勢。

美最高法院裁定吉拉德交日審理。

七月十二日（星期五）

我外交部發言人警告世人勿墮俄帝和平攻勢圈套，蘇宮權力縱有更迭，侵略政策永不會變。

外交部公布，我與巴拉圭政府正式建交。

七月十三日（星期六）

共匪北平電臺廣播，費孝通、儲安平、龍雲對匪認錯，供稱曾參加反共「右翼份子運動」。

美總統與巴基斯坦總理聯合聲明，認共產主義繼續威脅自由世界，決心支持亞洲及中東安全體系。

七月十五日（星期一）

美商界名人一百七十六人向艾森豪建議，反對與匪貿易。

美衆院外委會發表報告，美本年對遠東軍援，大部給與中、韓、日。

日外相申明限蘇俄外交官員旅行。

美聯社香港電，章伯鈞、羅隆基被迫向匪認錯。

七月十六日（星期二）

蔣總統接見臺北各報負責人，提兩點意見作報導新聞準據。

赫、布兩魔自捷返俄京，宣佈加强控制捷克，統一俄捷經濟工業。

七月十七日（星期三）

日政府宣佈放寬對匪禁運。

我外部發言人發表聲明，認日放寬對匪禁運，殊屬不值。

艾森豪稱，大西洋組織各盟國將設原子彈儲存庫。

艾森豪核准六個月內削減兵員十萬人。

七月十八日（星期四）

杜勒斯修正原立場，允許美記者赴匪區，但以半年為試驗。

蔣總統答美記者詢，不認在臺美軍有減少必要。

七月十九日（星期五）

埃及反納塞組織政變失敗，十四名反對者被捕。

法外長在衆院報告，反對承認共匪，惟贊成與匪建立商務關係。

七月二十日（星期六）

美衆院通過援外案，總額三十一億美元，較原計劃削減約百分之二十。艾森豪盼在兩院聯席會中恢復。

蘇俄抵制西方建議，裁軍談判陷入僵局。

韓外長抨擊日本放寬對匪禁運，認將妨害日韓關係。

蘇俄關閉海參威港，禁止外國船機通過。

七月廿一日（星期日）

日政府官員指蘇俄封鎖海參威港，旨在掩護軍事行動，乃違反國際法之行為。

巴基斯坦外長指責克邦問題不能解決係由蘇俄阻礙所致。

七月廿二日（星期一）

新任美軍協防臺灣司令竇亦樂中將抵臺履新。

蘇俄威嚇以色列，責以侵略敍國。

七月廿三日（星期二）

美百萬人委會秘書李勃曼來臺訪問。

阿曼地區發生騷動，美英兩國舉行會商。

莫斯科電臺廣播，責美對俄顛覆。

布加寧致函英首相，抨擊英國對裁軍態度。

杜勒斯發表裁軍政策演說，促俄及早協議，俾免人類浩刼。

美參衆兩院聯席會通過折衷國防撥款案，總額三百三十七億元，較政府要求少廿三億元。

「自由中國」的宗旨

第一、我們要向全國國民宣傳自由與民主的真實價值，並且要督促政府（各級的政府），切實改革政治經濟，努力建立自由民主的社會。

第二、我們要支持並督促政府用種種力量抵抗共產黨鐵幕之下剝奪一切自由的極權政治，不讓他擴張他的勢力範圍。

第三、我們要盡我們的努力，援助淪陷區域的同胞，幫助他們早日恢復自由。

第四、我們的最後目標是要使整個中華民國成為自由的中國。

社論

今日的問題(一)

是什麼，就說什麼(代緒論)

我們所處的時代，正是需要說眞話的時代，然而今日我們偏偏最不能說眞話。今日中國人之不能說眞話，至少是中華民國開國以來所僅見的。我們目前所處的情勢，正是亟需中國知識分子積極發揮創導能力的關頭。然而，目前剛好是知識分子情智最低落的時期。目前中國知識分子情智之低落，是五四運動以來所未有的。

這些情形，誰實爲之？孰令致之？

構成這些情形的因素自然是很複雜的，我們現在不能去分析。我們現在所能指出的，只是構成這些情形之最直接的因素。自從大陸淪陷、撤退臺灣以來，臺灣在一個大的藉口之下，有計劃地置于一個單一的意志和單一的勢力嚴格支配之下。這一計劃，逐年推進。到今天，臺灣社會幾乎在每一方面都已被置于嚴格的管制之下。這種光景，至少也是自中華民國開國以來所未有的。

一個被嚴格控制的社會，是表面整齊壯觀而內面生機窒息萎縮的社會。別的且不說，這七八年來，臺灣在思想言論方面居然已弄成以官方爲「眞理的標準」之局面。官方對于民間思想言論之衡量，是以自己頒定的範疇和尺寸爲甄別的標準。凡屬合于這個標準的思想言論，便被看作是「正確的」；否則是「歪曲的」，或「有問題的」。這類思想言論就會受到封鎖、打擊。也許有人說，官方並沒有鉗制思想言論自由。這話不是出于昧於事實，就是一派官腔。這幾年來，瀰漫全島的一股氣氛，現代統治技術所造成的天羅地網，和有形無形的力量之直接或間接的可能威脅，明明白白擺在那裏，只要不是白痴，誰都可以感覺得到。「識時務者爲俊傑」，「好漢不吃眼前虧」，「適應環境」，「委曲求全」，都是今日中國人的人生哲學。因此，官方擺着的思想言論尺度在那裏，卽令沒有直接要人依從，很少人膽敢冒險另闢蹊徑。於是，這七八年臺灣的思想言論形之於表面的，除了極少例外，幾乎都是官方或准官方的思想言論了。

在大敵當前的時候，我們誠然需要「意志集中」賴之以實現的最低限度的共同一致的思想言論。假若眞有一種思想言論堪作大家認識的張本，能作大家行動的指針，那末大家當會自動歡迎之不暇，根本無需藉政治强力來分配勒銷。可是，如果一種思想言論愈來愈使我們感到空虛，愈來愈使大家感到迷茫，徒徒以其有一股力量在背後撐腰之故，大家不得不敷衍，那末它是否眞能負起作認識張本和行動指針的任務呢？這眞是一個不小的問題。

最近二十年來語意學頗爲發達。如果語意學家願意研究近幾十年來中國政治場合裏的語意現象，諒必一定有異常豐富的收穫。近幾十年來中國政治場合裏的語意現象，大都是用一切光明的字眼，掩飾一切陰暗的裏層。而其特徵則爲：一、言不由衷；二、空話連篇；三、推拖抵賴；四、威脅利誘；五、諾言滿紙；六、敵友無常。過去的政場言論是如此。這七八年來，由于時代動盪的煎逼，作官技術之精進，政場言論向這個方向的發展尤烈。官方言論的品質如此，怎樣堪作大家的認識張本和行動指針？

這幾年來，官方據以控制言論自由的王牌有如後的幾張：曰「國家利益」，曰「基本國策」，……曰「非常時期」，曰「緊急事態」，曰「非國卽共」，……如果民間言論對政府稍事批評，或不合官定尺寸，那末不是當做「違背國家利益」，便是認爲「違背基本國策」；不是認爲非「非常時期之所宜」，便是說「共匪思想走私」。一究其實，這些說詞，從無確定的界說，只是官方信手拈來打擊異己的工具而已。官方更藉政治便利，窮年累月利用訓練方式，甚至敎育機構來灌輸這一套想法。馴至這一套想法成了淨肅思想言論的巨棒，甚至成爲決定政策的基本精神。

藏在這一套說法背後的有一些更深沉的想法，就是以爲「政黨卽是政府」，而「政府卽是國家」。不幸之至，這些想法是根本錯誤的，而且是近幾十年來禍亂之一源。一個國家以內只可有一個政黨的說法，是現代獨裁極權政治的說法。在現代民主國家，一個國家以內在同一時期可以有幾個政黨，但是在同一時期只能有一個政府。所以，除非我們承認獨裁極權政治，否則我們不能承認政黨卽是政府。政府更不是國家。國家是永久的，不可更換的。政府不是永久的，而且是可以更換的。政府只是替國家辦理政治事務的機構。我們總不能說替國家辦理政治事務的機構就是國家。這正猶之乎我們不能說銀行經理就是銀行。國家是屬于人人的國家。屬于人人的國家，人人對于國事當然有發言的權利。如果我們批評替國家辦事的人沒有把事辦好，這當然不能視同「危害國家利益」。「危害國家利益」的帽子是不能隨便亂加的。如果說把問題澈底談明白就是「危害國家利益」，那末說假話騙人，把眞正嚴重的問題掩飾起來，就算是「維護國家利益」嗎？國事辦理的好壞，與國人息息相關，因此大家應須發抒意見。這正是民主政治的常軌。

也許有人說，現在是「非常時期」。在「非常時期」，如果這個這樣說，那個那樣說，意見紛紜，莫衷一是，那末怎能集中意志以渡過難關呢？關於這個問題，我們可以這樣想：不經過認眞的討論，是不是由少數人憑其權威來專斷地決定？如果大家並不歡迎這種辦法，那末唯一合情合理的辦法就是充分自由發表意見。在承平的時候，我們倒可以馬虎一點，「國事管她娘」。正因時值非常，政治的決定稍有差池，就影響到大家的禍福安危，所以更應集思廣益。但是，如果沒有思想言論的自由，如何能集思廣益？

西方民主國家是有病必治。所以，政治上能消弭禍亂於未然，社會日漸進

（4）

步，民生日趨安定。我們中國則不然。我們中國由于傳統的愛面子心理，錯用了「隱惡揚善」的觀念，政治上的壞事不讓大家說穿。大家在積威之下，也不敢說穿。社會的病癥也不去揭露，讓它蒙在被褥裏腐潰。一味的歌功頌德，粉飾太平。等到腐潰至極，被褥蒙不住了，便腫毒迸發，不可收拾。歷代的治，亂循環都是循着這一個方式發展下去的。這幾年來，臺灣的新聞，官方的言論，在這一傳統上可說達到新的高峯。然而，稍有眼光的人都可知道，在這些自我恭維和自我陶醉言論背後的病症，確實不小哩！然而現在，我們所有的本錢太少了，那裏再能這樣浪費下去？有病總是要治的。我們與其諱疾忌醫，讓病這樣拖下去，到頭來不可收拾，不如趁早診斷明白，及時醫治。任何人總不能說：談病、治病，是有罪的事吧！

我們立言，以什麼為基準呢？我們立言的基準只有這樣的一條：

是什麼，就說什麼。

事實是白的，我們就說它是白的。事實是黑的，我們就說它是黑的。我們決不把白的說成黑的，我們也不願把黑的故意說成白的。

也許有人說，這一條基準是一條自明之理，有什麼值得特別提出一說的價值？這種想法，眞是不思之甚。我們不要小看了這一條基準。這一條基準是極權與民主的分水嶺；也是科學與玄學的大界線。直到現在為止，在我們所居住的這個地球上，只有較少數人在較少的時間以內才能接近這一條基準而較多數的人在較多的時間以內距離這一條基準不知幾千萬里！從最根本的思想和認識模式來觀察，民主對極權的抗爭，科學對玄學的衝突，都是為了這一條基準。目前，這一條基準，在全世界許多地區更受到加緊的威脅和打擊。

馬就是馬。鹿就是鹿。這似乎是不證自明之理，也似乎是不值一提的道理。如果有人特意提出它來說，那末也許會有人說：「這樣的話，請你拿去教幼稚園的學生吧！」誠然如此。但是，如果他將這類的話背後所假定的意義條件忘記了，尤其是將這類的話可以實際說出的普遍可能性看得不成問題，那末他底頭腦就是太天眞了。你能不能當着趙高的面說：「馬就是馬，鹿就是鹿，鹿不是馬」？斯達林為天下人皆知的大獨裁者。赫魯雪夫當他在世時能不能這樣明說？在一切獨裁極權暴政盛行的地區，都不能容許「是什麼，就說什麼」的。因為，如果是什麼，就說什麼的話，那末大家就看清楚了外面的世界，看清楚了自己所在的痛苦環境，看清楚了獨裁極權者的眞相。這樣一來，獨裁極權的魔術就要不成了。所以，在最基本的地方，獨裁極權者必須用盡一切可能的方法來消滅這一條基準。在思想方面，他們用的是辯證法。這個東西，說「甲是甲又是非甲」，說「對立物可以統一」，彆彆扭扭。頭腦稍不清楚的人，以為它是高深莫測的妙道，在這一妙道面前感到自卑，頭腦給攪糊塗了。只要你的頭腦給攪糊塗了，施放這一套「玄學巫術」的御用理論家就替他的主人完成了任務。在實際的設施方面，他們必須藉交通、電訊、新聞的嚴格封鎖來建築鐵幕，以及各形各色的幕。他們要藉此讓幕中的人看不見鐵幕以外的世界，看不清自己的環境，弄不清獨裁極權者眞正的面目。於是乎，極權就可以關起門來上演。

中國的過去，盛行着各種各樣的「諱」。所謂先知先覺們對于一般人民在知識方面存着輕視的心理，說什麼「民可使由之，不可使知之」。許多書不讓一般人讀，許多事不讓一般人知道。前一輩的人發生毛病，後一輩的人必須為他「隱」。代代相傳，世世如此。歷來的中國人從未養成「為知識而知識」的態度和精神。整個社會長期受着泛倫理主義的浸染和支配。在這種氣圍和傳統之下，有幾個人能夠想到「是什麼，就說什麼」？目前，這種餘毒是否未盡，甚至更加深刻化，被人利用下去，稍有科學訓練的人一看就明白。

照理說來，科學應該能夠「是什麼，就說什麼」了。然而，科學之贏得這一基準，也只是近百餘年來的事。在牛頓以前伽利略說地球繞日，非日繞地球。然而，它在當時因與教會的傳統說法不合而大受禁阻。生物演化論者說人是從猴子的近親演化而來的。如果這話合于事實，那末我們就得承認。我們承認這一事實時，既不貶抑人的價值，也不高人的價值。「是什麼，就說什麼」，這應該沒有問題了。但是，由于這一發現給人唯我獨尊之情以打擊而不為宗教人物悅納，於是倡之者備受迫害。在科學史上，諸如此類的事例，眞是不勝枚舉。

從上面所指陳的種種看來，我們要實現「是什麼，就說什麼」乃一件既不簡單又需作很大奮鬪的事。顯然得很，目前在世界許多地區，凡依據這一基準而說的言論，不是受到迫害，就是根本發不出去。獨裁極權者要千方百計扭歪、濾過、改編、甚至根本消滅這種言論。然而，同樣的顯然，凡不從這一基準出發的言論，只不過是受暴力支持的一堆廢話而已。暴力過去，這樣的廢話也就煙消雲散，誰也不再理睬。這樣的言論，充其量來只是一時一地一個政權的掩飾品。事過境遷，這種掩飾品連小孩子也掩飾不了。它對于國家、社會，人生有何價值？又有何裨益？

所以，無論怎樣困難，我們立言不走這種下坡路，而必須以「是什麼，就說什麼」為基準。

從這一基準出發，我們預備說些什麼呢？我們不逃避現實，不作些玄幻無益之談。我們預備本着積極而實徵的態度，面對當前的現實，從本期起，在「今日的問題」這個總題目下，提出一序列的問題。這一序列的問題所觸及的範圍，包括從政治、軍事、經濟、財政、司法、思想、文化、教育、宣傳等等。

誠然，問題之提出甚為重要。不過，如果僅僅能夠提出問題而不能解答，那末還是無濟於事。除了提出這些問題以外，我們還嘗試着解答這些問題。這些解答是我們長期苦心思索的結果。我們要貢獻出來，以就教於讀者。還有我們所不能解答的問題，我們也提出來，激發大家思想，共同尋求答案。

凡屬不為當前虛浮的宣傳所誤的知識分子，對于我們今日的處境多少總有點認識。實實在在，我們知識分子再也沒有退路，再也沒有徘徊瞻顧之餘地了。近代的自由思想者是本着剛健的精神積極奮鬪才開出民主自由的花朵。今日之勢，不作自由人，就得為奴隸。除了這二者以外，眞是再沒有第三條路可走了。中國近幾十年來的進步與革新，知識分子常為主導力量的中堅。說句老實話，目前的局面眞是太沉悶了。今後要啓揭新的契機，開拓新的局面，還得靠知識分子積極負起責任。我們現在將我們提出的一序列重要的問題呈獻于中國自由知識分子之前，冀能引起大家的合作，通力研究，以求得問題之切實的解決。

社論 (二)

今日的問題(二)

反攻大陸問題

反攻大陸問題是大家最關切的第一個問題。這個問題是自由中國一切問題的基本關鍵。這個問題不談清楚，別的任何問題都得不到根本的解決。可是，我們相信，這個問題却是大家最感茫然的問題。

關于這個問題，大致說來，有兩種說法。一種說法來自官方。官方言論還是口頭强硬，說得異常肯定，滿有把握的樣子。他們說反攻大陸確有把握，他們心裏是否如此，我們無法使用腦波紀錄器，所以無從揣測。另一種說法來自民間之有意無意的流露。從這些流露看去，民間的想法似乎隨着歲月之增加而與官方的說法距離日遠了。官方人士不要以爲一般人民對于他們的言論視爲金科玉律，信之奉之，而不稍懷疑。官方人士也不要以爲只要有威有勢，把一般百姓的口封住，使他們腦筋中打轉的東西不敢當面說出，就足以維持住這個局面。我們認爲，解決這個大問題最好的辦法是把眞相剖析給大家看，使大家有個比較清楚的輪廓，然後作個切實的打算。因此，我們首先提出反攻大陸問題。

就心願方面來說，毫無疑問，自由中國的全體，尤其是來自大陸的人，誰不想反攻大陸？誰不渴望打回老家去？這是大家的一致願望，也是大家的第一個願望。同時，也是這個願望，構成自由中國政府的心理基礎，成爲它存在的理由，和政治運用的資本。

然而，人不能總是生活在願望之中。人更需生活在現實裏。願望是主觀的，現實是客觀的。人的願望有時可以在現實裏實現；有時不能。因爲，客觀的世界不是單單爲我們一部分人而存在的。誠然，我們既然也是這個客觀世界裏的一部分人，我們也可靠主觀的努力來改變這個客觀的世界；但是，我們所能改變的部分，只限于我們實際所有的力量所能及的部分。我們所能改變的範圍之大小，與我們自身所有的力量成正比：力量大者，改變的範圍大；力量小者範圍小。比如，美國的力量最大，所以她給予世界的影響最大。冰島國就不能相提並論了。復次，一個人本身所能有的力量之大小，大致也是有一定限度的。這一限度，也並不隨我們的願望而增減。誰不想作大力士，力敵萬人？但是，大力士究竟是少之又少。如果一個患肺病的人想做大力士，那末充其量他大概只能做到一個普通健康的人而已。依據這一番解析，我們可以知道：如果我們的願望範圍剛好與自己所能出的最大能力相等，那末我們的願望可能全部實現——假定一切別的條件不變。如果我們主觀的願望超過了我們實際力量所及的範圍，那末我們所能實現的只是實際力量所及的部分。實際力量所不及的那一部分是不會實現的。狂妄，是不能代替力量的。

也許有人說：「你們這種想法太機械了。世界上未知的因素多得很。你怎麼能够完全抓住主觀的力量這一點因素來下這樣肯定的論斷？」這話到很合於不重知識而乞憐於神秘機遇的原始農業社會的脾胃。我們要正告這種人：拿這一套話來隱蔽眞正的問題，那就無話可說；拿這一套話來解決問題却不行。乞憐于不可知的神秘機遇的時代已經過去了。現代人辦事要靠科學知識與科學技術。依此，我們對于未來事變的估量，只能依據我們所能思議得到的因素。其他不可思議的因素不能計入，更不能把自己之「如願的想法」夾雜在冷靜的推考之中。

「照你們這樣說來，我們究竟能不能反攻大陸呢？」我們說，單純地答一個「能」，或單純地答個「不能」，都是沒有意義的。世界上的問題，並不都是這麼單純。二分法不能處處應用。凡對于未來的事作十分肯定的斷言的，非愚即誣。愚者昧於事理。誣者存心賣弄花槍，誑騙人衆，從中取利。「那末，你們怎樣辦呢？」科學知識是唯一可靠的標準。反攻大陸，是一個尚未實現的事件。我們要能對尙未實現的事件作論斷，只有依據「公算」。

一談到公算，我們只有以已有的知識和因素爲根據。我們可據以作公算的已有知識和因素當然非常之多。我們在此只能將最重要的列舉出來：

第一是國際形勢。構成國際形勢的基本因素有三：一、世界人民普遍的心理趨向；二、武器的發展；三、國際第三勢力的成長。

世界廣大人民的普遍心理趨向是和戰政策決定的背景，在民主國家尤其如此。極權國家的獨裁者雖常罔顧民意；但是如果他看出他統治之下的廣大人民是一羣沒有戰志的人民因而他估計戰爭勝敗時，多少也只好愼重考慮。自第二次世界大戰以後，世界廣大地區的人民飽嘗戰爭的實際滋味。他們唯一共同的願望就是從戰爭的創傷裏恢復過來，過一點和平、安定、富裕的現代生活；除非生存直接受到威脅而採取必要的防禦，他們對于爲一些空大的口號而打仗已不感到興趣。人類畢竟要接受一點經驗教訓，向着成熟的路走去的。戰後的日本和西德把這一趨向表現得很明顯。美、英、法、意的人民也是不歡迎戰爭的。至於荷、比、丹、挪等小國的人民更不用說了。「厭惡戰爭，爭取和平、安定、繁榮」，這可以說是戰後世界人民心理的總趨向。民主國家政治領袖在國際事務上有所決策時，似乎是把這一趨向列爲第一個考慮。所以，韓戰落得一個拖泥帶水的結束；越國終于被分割；臺灣海峽之半凍結；英法在埃及曳氣而退。這些事例「辦理結束」時，所依據之「不澈底」原則，幾乎如出一轍。由此我們可以窺見個中的行情與消息。

二十世紀可以說是一個「技術專政」的時代。這一個時代的領袖人物之考慮問題有一種特色。就是要做一件事，首先須問在技術上是否可能，做了以後在技術上的後果如何。至于究竟應不應該做，這個道德的考慮反而放在其次。這一思想特徵，倒無分于民主與極權。二者都受「技術的可能」之限制。這是「工業革進」之勢所必至的結果。面對這種結果，你也許對人類前途悲觀，你也許作道德的憤慨。你可以這樣做，但是，我們得告訴你，時至今日，僅僅做個道德的詩人是難得活下去的。我們必須正視這一事實，想辦法來適應。「適者生存」，不適則不生存，這是天演公理。現代武器進步所形成的殺傷力之大，破壞力之强，在人類歷史上是空前的。當交戰雙方都擁有這等武器時，誰都懼怕這等武器所帶來的災禍。這一純技術的考慮就可以相當地赫阻戰意。目前，美國是能打而不想打。俄國頭目的確想打而沒有把握。想打而沒有把握，就總是設法增加把握。想增加把握就要設法發展更新更多的武器。蘇俄設法發展更新更多的武器，就刺激美國發展更更新更更多的武器。美國把更更新和更更多的武器發展出來，蘇俄在相形之下把握又減少了。就在這種武器競爭的情形之下，美俄就僵持住了。美俄不動手，誰敢動手？

國際第三勢力是尼赫魯所創導的國際力量。這一力量的目標是想在自由世界與共產世界之間構成一股中間勢力，減少雙方的衝突，維持世界的和平。自由中國有人一提起尼赫魯就痛罵。這種辦法，如果是由于在思想方式上痛恨「第三可能（the third alternative）」，而且如果出發點是對內宣傳，那是可以的。但是，同時，我們也要清醒一點，我們管不了別人的思想方式，國際上這一勢力的發展也並不因我們的痛恨而絲毫停止。國際上這一勢力之所以發展，是有其客觀原因的。這一客觀的原因就是我們在前面所說的各國人民普遍厭惡戰爭及渴望和平，企求生活安定、繁榮進步。如果我們忽略了這一大趨勢及其所派生出來的結果，而一味執自己的標準以衡量世界萬事，那末世界雖大，我們看來却太小了。

第二、是現代戰爭的必要條件。我們現在從現代戰爭的必要條件來衡量反攻大陸的戰爭。今後可能的戰爭不打則已，要打一定是現代化的。以美國之既富且强，從不敢輕言戰爭。為什麼呢？重要的原因之一是前述人民不願打仗，和民主國家之牽制。但是，尚有一個原因，就是美國當局明白現代戰爭底意義是什麼，和現代戰爭是怎麼回事。一個現代戰爭的必要條件有下述三者：

（一）人口。從事一個現代戰爭必須有一億五千萬以上的人口。而且這些人口必須明瞭戰爭的目標，效忠領導戰爭的徵象，確實團結一致。這並不是說，在現代戰爭裏，必須有這麼多人揹槍；而是說，必須有這樣大量數目的人口，才能支持一個現代戰爭。建築一座金字塔必須基地寬大。同樣，要支持一個現代戰爭，必須有戰爭所需的輕重工業，武器製造，農產品之生產，和後勤業務之開展。戰爭是一個消耗的巨壑。戰時的消耗，往往較平時多出數十倍。要能支持這個大場面，當然非有大量的人口不可。至于直接從事戰鬥的兵員，由于原子武器和長程武器之發達，今後反而有相對減少的趨勢。

（二）資源。今後打仗，不能拿人命來餵原子彈。因人口生產之速度，不及原子彈消滅之速度。拿人命來餵原子彈，等于拿蚊蟲抵抗 D.D.T.！今後打仗，就是要拿資源對資源。假定交戰雙方其他一切條件相等，但甲方資源優于乙方，則甲方必勝。在今後的可能戰爭中，一方的海口可能被另一方封鎖，海運可能被潛艇遮斷。在這種情形之下，我們就不能靠同盟國接濟資源，而必須有獨立的資源。擁有獨立資源的交戰國，才無虞為敵方藉封鎖手段困逼，而能獨立作戰。這裏所說的資源，還必須是因應戰事需要的工業資源。僅有農業資源，還是不足從事現代戰爭的。

（三）科學水準。誰都知道，現代戰爭是科學戰爭。時至今日，掌握科學者制人，不懂科學者制于人。其間毫無客氣可講。要從事現代戰爭，科學的水準必須達到足够製造物理武器的程度。這裏所說的物理武器，指着應用物理科學的原理原則而製成的一切武器而言。這類武器包括飛機、潛艇、原子彈、飛彈、核子武器等等。在今後可能的戰爭中，沒有這些武器者是根本不能與握有這些武器的對方交手的。然而，這些武器僅僅用金錢購買是不行的。因為，這類武器之發明，日新月異。人家新發明的法寶，要留作防身之用，不見得會賣給你的。要能自己製造這類武器，科學的水準需要多高？

要打一個現代戰爭，上述三個條件，一個也不可缺少。吾人環觀全球，能從事現代戰爭的，其有幾國？至少至少，在歐洲像荷、比、盧，這些蕞爾小邦是不敢談打仗的。因為他們知道個中的利害。

許多人聽到我們這一番冷冰冰的事實之指陳，一定滿肚子的不高興。他們也許會說：「照你們這樣說，把水準提得這樣高，我們豈不是完了？我們反攻大陸的戰爭，是革命戰爭。從事革命戰爭，精神重于物質，以少勝衆，並不必要有你們說的那些條件的。當年北伐豈不就是如此？」

好一派官腔！人要有辦法，並不一定需要打官腔，打了官腔，也不見得就有辦法。目前流行的這一套虛矯的言詞，眞是自誤誤人，自欺欺人！

既然反攻大陸是「革命戰爭」，那末為什麼老不動手呢？也許又有人說是「國際環境沒有成熟」。「革命戰爭」是自己屋裏的事，為什麼要顧到國際環境呢？當年北伐，可曾顧到國際環境？現在打仗，是要靠硬東西的。所謂「精神勝過物質」，這話只有在一種意義之下為眞，就是當雙方其他一切條件都相等時，鬪志堅强者勝過無鬪志者。比如說，如果甲乙二人的體重、體力、武技都相等，但甲有鬪志而乙無鬪志，那末甲一定可打敗乙。可是，如果乙的鬪志與甲一樣堅强，但其體重、體力、武技又都超過甲，那末甲是否還可以說「精神勝過物質」，一定可以打敗乙呢？雖三尺童子，亦必知其不能。目前流行的幌邊邊似是而非的「唯革命論」，只要稍一分析，就可知其虛矯。

根據我們在上面對于國際形勢和現代戰爭的必須條件之解析，我們可知今後若干年內國際戰爭爆發的公算雖不能說沒有，但相當的小。嚴格地說，我們自由中國今日所面臨的問題之重點，還不在未來可能的世界戰爭「會不會」發生，而在「何時」發生。假定未來可能的世界戰爭的的確確會發生，而且就在明年發生，那末我們的問題就在明年可以開始得到一個解決；可是，假定拖到十年五十年甚至一百年後才發生，那末情形豈不大異？也許有人說：「不會拖那麼久的。」我們要請教他：「你根據什麼來斷定一定不會拖那麼久？」我們知道他也許會在報章雜誌和偉人言論裏搬出一大套堂而皇哉的言論來答覆。不過，照我們看來，你說不會拖那麼久，唯一可靠的根據，是你自己「不願意」拖那麼久而已。在過去，兩種敵對勢力之對峙，多則數百年，少則數十年的事例，比比皆是。回教與基督教之對峙就是其中之一。

自由中國對于「反攻大陸」的時機有一個假想，就是等待未來可能的世界戰爭爆發時就動手。自由中國所謂的「未來的世界戰爭」，就是「未來的世界射擊戰爭」。其實，「未來的世界戰爭」與「未來的世界射擊戰爭」不必是一回事。後者發生時，前者一定發生。但是，前者發生時，後者可能發生，也可能不發生，並不一定。這個問題與所謂「戰爭」一詞的定義有關。而「戰爭」一詞的定義，與人類對于戰爭的概念或了解有關。我們一提起「戰爭」，立刻就想起動員、宣戰、展開，施放武器這一套的事件。這一套事件所構成的戰爭概念，因而只是過去的戰爭概念。過去的戰爭概念不見得能適用于今後新的戰爭。例如，近年來發生的若干次戰爭是沒有經過「宣戰」程序的。也許，今後若干年月，美俄雙方並不撼動全面的射擊，而只在軍備競爭的情形之下，從事文化、政治、經濟的比賽。今後所謂的「戰爭」形態就是這個樣子下去，也未可知。果眞如此，那末我們所希望的射擊爆發這一假想不會實現。如果這一假想不會實現，那末建立在這一假想之上的「反攻大陸」之事豈不渺茫？

這個情勢是很明白地擺在大家面前的。而官方人士每於接見外國新聞記者之際，總是以十分肯定的語氣說「反攻大陸」。我們不知道說者有沒有顧到外國新聞記者心理的反應。外國新聞記者是很有國際常識的人哪！在對內方面，官方人士也一而再再而三地作同樣的堅決表示。這樣的表示，如果是表示主觀的意志當然是很對的。但是我們說話同時也要顧到經驗事實的基礎才好。官方人士似乎缺乏心理學的常識。我們應該知道，一句不能兌現的話，以極其肯定的態度說出，起先是有許多人信以爲眞的；繼而疑信參半；再繼而懷疑。人們希望的代價支付愈大，則幻滅的失望也愈大。

「反攻大陸」的公算在相當時期內並不太大，而官方不僅嘴裏說成十分必然的樣子，這且不說，而官方這幾年來在臺灣的措施都是以「馬上就要回大陸」爲基本假定。這種辦法，眞是弊害橫生。

第一、因爲一切都是爲了「馬上就要回大陸」，一般人就形成事事「暫時忍受」和「暫時遷就」的心理狀態。大家看到官方許多不合理或苛煩無比的措施，都認爲這是暫時的現象，將來回到大陸就好了，所以只有忍受下去。官方在「反攻大陸」這個大帽子之下，利用人民的這種心理狀態，遂得以暢所欲爲。這幾年來，人權自由受到嚴重的妨害，政治向着反民主的道路發展，其故在此。結果所及，「反攻大陸」尚在毫無端倪之時，我們已經先失去了自己所有的。

第二、因爲被「馬上就要回大陸」的心理所誤，官方的許許多多措施都是過渡性的措施，不求徹底，不求永久。而一般人民在心理上則被「吊起」。於是，許多事情得過且過，不去設法開展。跎蹉歲月，一誤再誤，八年於茲。浪費民族時光精力，不可計量。

第三、因爲「馬上就要反攻大陸」，官方人士拼命辦這種訓練，那種訓練，弄得頗緊張的樣子。緊張的時間太長，大家所追求的目標尙渺不可得。但是逼于威勢，屈于利害，大家不敢形之于色，言之于口。於是，久而久之，雙重人格就出現：在公共場合，滿口「擁護」、「革命」、「反攻」；在私人場合就是牢騷、悵惘、悲觀、失望、徬徨。

依據上面的指陳，我們知道以「馬上就要回大陸」這一假想爲根據的種種作法是有顯著弊害的。而「馬上就要回大陸」這一假想又是頗爲渺茫。一個國家的一切作法都是建立在這樣一個渺茫的假想之上，這是太不穩健了。一羣人在這樣一個渺茫的假想之上活動，那裏會「生死以之」，全力以赴？

也許有人詰問：「你們說官方這些作法太浮盪無根。面對這種現狀，你們拿得出什麼辦法不成？」

我們的辦法是有的。我們的辦法是基于一種健康穩當的想法之上的。這種想法就是：

實事求是，持久健進，實質反共。

這是我們的基本原則。我們之所以提出這個原則，係因我們不願爲了講面子而把國事放在大話連篇的沙灘上，而願面對客觀實現問題，把國事放在說老實話的基礎上。同時，我們之反共，不是爲了政權的形式，而是由于從思想到生活方式上根本與共黨不同。根據這一原則，我們可以提出最高的綱領和最低辦法。在此我們先把最低辦法揭示出來：

第一、培養持久的心理基礎。我們要培養持久的心理基礎，其道無他，首要在停止打官腔，做空頭事。官方人士應須不藉「新聞過濾法」來堵塞大家的耳目，而是讓大家看淸國際現狀，敵我態勢。大家有個明白的認識，知道反共抗俄是一件要長期苦幹的事，不是三年兩載可以倖致的，因此，不作太多的幻想，於是情緒就可平穩些。情緒平穩了，就可持久。

第二、停止製造精神緊張。目前臺灣的訓練，大致說來只有兩個目標：一是製造效忠；二是提高情緒。前者我們現在不談，我們現在只談後者。情緒的提高，固然可藉訓練爲之，但是總要有一點客觀的事實與訓練的內容相應才行。空盪盪的提高情緒，結果不僅易于疲憊，且易使人精神不健康。對付共黨匪徒，需要一幅最健康的頭腦。我們要能實現這一點，必須停止斲喪國民心靈的那些訓練。

首先，我們必須做到這兩點，然後才能言及其他。我們深知，在目前官方製造的氣氛之下，上述兩點很不易實現。但是，我們要鄭重告訴自由中國的全體：必須這兩點先辦到了，我們自由中國才可持久，才立于不敗之地，我們並非不知我們所言不爲若干要維持表面壯觀的人士所喜。但是，爲了國家的前途，我們不能不向大家說這些老實話。是非眞妄，請大家判斷。

有關中共命運的兩件大事

——整風和農業合作社

陳伯莊

一　毛澤東的報告

中共統治下的情形究竟怎樣呢？毛澤東於本年二月廿七日在他們所謂「最高國務會議第十一次擴大會議」對內部矛盾做了重要的講話，經過三個多月秘而不宣，直到六月中旬才由他自稱「現經本人根據當時紀錄加以整理，並且作了若干補充，」然後公開發表所謂「關於正確處理人民內部矛盾的問題」的長文。現先分三項彙摘原文如次：

(甲) 關於共產黨本身及人民的反應方面　「匈牙利事件發生以後，我國有些人感到高興，他們希望在中國也出現一個那樣的事件，有成千上萬的人上街，去反對人民政府。……他們要求實行西方的兩黨制。……」「一九五六年在個別地方發生了少數工人學生罷工罷課的事件。這些人鬧事的直接原因，是有一些物質上的要求沒有得到滿足。……但是鬧事的更重要因素，還是領導上的官僚主義。這種官僚主義的錯誤，有些是上級機關負責，不能全怪下面。鬧事的另一原因是對於工人學生發生缺乏思想政治教育。……」「在知識分子和青年學生中間，最近一個時期，思想政治工作減弱了。出現一些偏向。……好像馬克斯主義行時了一陣，現在就不行時了。……」「在我們許多工作人員中間，現在滋長着一種不願意和羣衆同甘苦，喜歡計較個人名利的危險傾向。……」「……我們有許多同志不善於團結知識分子，用生硬的態度對待他們，不尊重他們的勞動。……」

(乙) 關於佔人口百分之八十的農民和合作社　「……現在有一些人都在說合作化不行，合作化沒有優越性，吹來一股小颱風。……要多少時間合作社才能鞏固，認為合作社沒有優越性的議論才會收場呢？根據許多合作社的經驗來看，大概需要五年，或者還要多一點時間。……在國家同合作社之間，在合作社內部，在合作社同合作社相互之間，都有一些矛盾需要解決。……」「……到一九五六年產糧達到三千六百幾十億斤。……國家徵收農業稅……每年……三百多億斤。每年以正常價格從農民那裏購糧也只有五百多億斤。兩項共八百幾十億斤。……」「許多人說農民苦，這種意見對不對呢？就一方面來說是對的。……」

(丙) 關於中共今後所採取的路線　「社會主義社會的矛盾……可以從社會主義制度，不斷地得到解決。」關於限制「鳴放」的六項規定，他說：「這六項標準中，最重要的是社會主義道路和黨的領導兩條。」「……思想政治工作，各部門都要負責任。共產黨應該管，青年團應該管，政府主管部門應該管，學校的校長教師更應該管。……」「……我國經濟建設是以重工業為中心，這一點必須肯定。但同時必須充分注意到發展農業和輕工業。……」

從抗戰期內，有不少知識青年傾向八路，甚至不避艱苦芒鞋徒步走到延安，這種情形，一轉變到了現在極權淫威之下，希望「有成千上萬的人上街」，反對中共統治，從「馬克斯主義行時了一陣」到「現在就不行時」，人心的轉變，尤其知識青年的心理轉變，實在太大了。從一九五五年下半年積極全面推進農業合作社，毛澤東於是年十二月廿七日心花怒發地為「中國農村的社會主義高潮」寫了序文，一九五六年六月十九日鄧子恢在「人代會」第三次會議上鋪張揚厲地報告了到是年「五月底止，全國加入農業合作社的農戶，已達到一一、〇一三萬多戶，佔全國農戶的九一・二%」，(註：本年七月一日薄一波向「人代會」第四次會議報告，現時合作社共七十五萬六千多個，入社農戶佔全國農戶百分之九六・三，其中高級合作社佔全國農戶百分之八七・八）然而祇經過去年一次秋收(註：去年是歉年，據薄一波報告，一九五〇，一九五二，一九五五是豐年，一九五一，一九五三是平年，一九四九，一九五四，一九五六是歉年)，便掀起「合作化沒有優越性」的颱風，而轉到毛澤東自稱再過五年還未必能鞏固合作制度的憂深慮患；這一轉變也實在太大了。

從(丙)項引文看來，再加以周恩來六月廿六日在「人代會」第四次會議叫囂地說：「中國共產黨在國家政治生活中的領導地位是憲法明文肯定了的。……難道除了共產黨以外，還有別的黨派能夠領導中國人民實現這樣偉大的理想(大同世界)嗎？」中共是要繼續霸佔政權，霸佔「眞理」，(毛澤東說：「馬克斯主義是一種科學眞理，它是不怕批評的)，「作之君而又作之師」，屈人從己，朝着俄式社會主義道路往前走的。踏上了社會主義道路的農業合作社，除非政權到了生死關頭，是不容取消的(史太林曾取消了第一次農場集體運動)。他們這樣做去，能不能實行整風，來平息人民(尤其知識分子知識青年)的憤恨厭惡呢？能不能發揮農業合作化的優越性，來安定億萬農民的生活呢？如其不能，則歷史的教訓是很清楚的。兩千多年來的中國，民不聊生的怨毒過甚，其統治集團沒有不被傾覆的。近六十多年的中國，被知識青年所唾棄的統治集團，沒有不被打倒的。

二　整風

毛澤東二月廿七日報告了內部矛盾，決定整風，三月中召開宣傳會議又做了報告之後，四月廿七日中共中央發出「整風運動的指示」，指出「幾年以來，在我們黨內，脫離羣衆脫離實際的官僚主義、宗派主義和主觀主義，有了新的滋長」。要以毛澤東二月和三月「兩個報告爲思想的指導」，「主要的是要求他們（指黨員）懂得，爲人民服務；有事和羣衆商量；吃苦在前，得利在後；實行批評和自我批評。」「使領導者和羣衆打成一片，使人民內部的關係面貌一新，使官僚主義，宗派主義，主觀主義，老爺架子，大大減少。」至於做的辦法呢？「應該先從縣級以上，軍隊團級以上的黨部的組織以及大的廠礦和大專學校的黨的組織開始。」「黨委的第一書記必須親自負責，抓緊領導。」「開會應只限於人數不多的座談會和小組會，應該採用同志間談心的方式，即個別地交談，而不要開批評大會，或者鬬爭大會。」「檢查出來犯了錯誤的人，不論錯誤大小，除嚴重違法亂紀者外，一概不給以組織上的處分。」「這次整風運動，應該是一次旣嚴肅認眞而又和風細雨的思想教育運動。」

還有最特別的一點是：「非黨員願意參加整風運動，應該歡迎。但是必須完全出於自願，不得强迫，並且允許隨時自由退出。」從這一點看來，毛澤東本來想請那些「民主黨派人士」來做「諫議大夫」的。可是「鳴放」尺度一寬，他們都被戴上資產階級的右派分子的白帽子了。周恩來於六月廿六日報告內說：『但是，右派分子提出的「中共組織退出機關、學校」，「共產黨不在知識分子中發展組織」，「黨不要在政權之外再搞一套黨的系統」，「請共產黨下臺」等等狂妄要求，却與前面說過的「官僚主義是比資本主義更加危險的敵人」，「政治設計院」，「平反委員會」，「黨天下」，「各黨輪流執政」等等謬論同出一轍，互相呼應。』經過這一陣狂風暴雨，對非黨員參加整風運動的企望，自然要幻滅，至少也要受了重大的打擊而變質了。

旣如此，由第一書記領導黨員們開會談談心，能不能革除「老爺架子」呢？能不能糾正官僚、宗派和主觀三種主義的錯誤呢？還有他們所號召的參加體力勞動，部長們挑挑糞，書記們掃掃地，能不能改變黨員內心的態度，並且改變人民的視聽呢？我們不必作事前的武斷，祇依人事常理，從共產黨自封「君師」的特殊地位着想，做一些推斷。

第一、我們認爲人總是人，不論社會制度怎樣變革，其共同性是依然存在的。第二、一個行動集團的成員的作風，即其心理態度和行爲模式，係由該集團行動過程中所養成的。在其任何階段中，集團領袖的意志、措施、企望祇是養成作風改變作風的因素之一。這一因素力量之大小如何，要看其在各成員各自打算全部利害的計較中，所佔的相對地位如何。第三、自封爲「君」的集團，不容任何外力加以制衡；自封爲「師」的集團，不許任何外人與之論理（因爲他們說祇有馬克斯主義才是眞理）。這樣的集團之易於趨向腐化與惡化，比沒有這樣特殊地位的集團要容易得多。

「位不期驕」，自然引起人性中的優越複雜，而擺出官僚的「老爺架子」。「土包子」一旦親政臨民，樣樣外行，自然引起人性中的自卑複雜，從而再引起自衞心理，怕失面子，不敢向人請教，强不知以爲知，自然要犯主觀主義。共產黨佔據大陸以後，人數原僅以百萬計的集團，陡然漲至一千三百餘萬人的集團，其中七百萬還是農民出身。其一般的知識水準經驗水準甚低，僅到論道理，祇好死奉敎條，到了處事務，祇好呆遵規章。而且有些黨員連對敎條和規章的最低限度的了解還不够的，那便要大鬧笑話，焉得不官僚主義！離開民衆，自成宗派，自私其黨，共產黨稱爲宗派主義。黨內分派則諱而不言。其實黨內無派之絕不可能，乃人事之實際如此。凡此種種雖祇是極平庸而浮面的分析，然已顯示其爲基於人性而起於專政制度和知識水準經驗水準的事情，非祇憑領袖的企望、督責、懲奬所能糾正的。知識水準經驗水準可以逐漸改進；但專政制度，乃共產黨所不肯和不能放棄的。

前幾年，共產黨採取急性土改，忍心害理地於全國各地發動大屠殺。司其事者即其各地幹部。這些人經過這番殘忍兇暴無所不用其極的「魔鬼教育」，其心靈上所受的傷害必然深刻地影響了他們的人格。爲了要各自答復自己良心的譴責，祇得迷信馬克斯階級鬬爭之爲正誼，於是至少也養成了褊狹固陋的認知習慣，祇能片面地了解實際。

甚麼辯證式進程，甚麼唯物史觀，甚麼階級鬬爭，甚麼矛盾統一，都是對人事執一蔽全的錯誤認識。不眞正中了這些毒說不成其爲忠實的共產黨。眞正中了這些毒的共產黨人，他眞會相信他們是「以生道殺人」的，眞會相信他們所發動的一切社會改革，不論怎樣違背人性，都是爲人服務的。這樣綏靖了道德判斷，這樣偏塞了認知之門的集團，以此興者將亦以此亡，以此生者將亦以此死。成爲宗派主義是必然的，思想方法旣有所蔽，不能眞正了解實際，因而在某種程度內脫離實際，也是必然的。如果內心並不眞正信仰馬克斯主義，祇玩弄之爲政治符號，以資號召。於是則不誠無物，終亦必亡。

其實，最大多數的共產黨員，又何嘗了解馬克斯主義。四月廿七日整風指示又說：「爲了克服思想方法上的主觀性和片面性，領導幹部和知識分子黨員還必須在今後適當時期進行唯物辯證法的學習，關於這一方面學習的計劃，將來另行規定。」可惜我們沒有法子告訴共產黨；你們愈加學習唯物辯證法，你們的思想方法愈成爲主觀性和片面性的了。共產黨一定不能承認這一點，承認這點便承認中了馬克斯主義之毒，殺了上千萬的無辜，合該向人民認罪自首。至於毛澤東此時還不拿出他對唯物辯證法的新註疏，也許還有新玩藝在後。

最大多數的黨員雖然不了解馬克斯主義，却個個都成爲以「君師」自封的集團的成員。以那樣淺薄的知識水準經驗水準，而受「君師」自封的自我陶醉，成爲除却黨內制裁，不受任何外力制裁的政治貴族。在統治下的人民誰還敢和他們爭論道理？在統治下的知識分子知識青年，除非個個都迷信了馬克斯主義，對他們永遠是口服心不服的。把整個黨自陷於這樣特殊環境，這樣自陷於容易趨向於腐化惡化的環境，這是「自作孽，不可逭」。如此而求整風，是否不揣其本，而齊其末呢？

三　農業合作社

筆者於民國二十二至二十三年間，曾循平漢鐵路從河北經河南至湖北作沿線各地農村調查，調查了三十四個地區，一、六九〇農戶，合計一〇、八一二人，所耕地三六、八〇八市畝。所得的重要結論是：每人所佔耕地平均祇有三市畝，不論種糧食作物或商品作物（除棉花以外），所得僅僅够食，而購買一般用品的購買力還須從副業活動方能取得。後來在重慶經濟建設協會座談會，聽到會員東雲章的談論，所說的正復相同。東先生主持中國銀行天津分行多年，所認識的實際情形是十分豐富的。近年來看見毛澤東某次說話，也說每人平均三市畝（一時無法查檢舊報紙）。筆者也曾到過蘇俄，知道他們集體農場場員保留作自用地的面積，每人所有遠超過三市畝。毛澤東是在中國人地比例這樣惡劣之下冒了大險，實行農業合作化的。

自由耕作，或農業集體自由合作，祇就其制度本身離開人地比例而立論，是不能得到其實踐性的比較的。合作乃社會生活的普遍現象，因爲合作能够達到某種目的，而具有它的功能，所以會比較廣遍地出現。能達到一個好目的，這合作便是好的。如果能够達到好目的，而且合作之利遠多於合作之害，人們會自願而實行自由合作的。據說毛澤東在一九五五年春夏之交曾經專心致志花了幾個月功夫，研究農業合作問題，最後決定認爲只有富農不要合作，而百分之七十都是貧農和中下農，他們會從自利心贊成合作的。他於是高標互利原則與自願原則，不許强迫勉强，去發動合作運動。可是實際上在種種方面非聽命不可的農民還有別的路走嗎？爲時僅一年半，而有一九五六年初的勝利高潮和一九五七年初的「反對颱風」。

七十五萬六千個的合作社成立了。每社假定有一個社長，一個副社長，再加平均半個辦事人，合起來兩個半人，便有一八九萬，約略兩百萬個管理人。他們個個都是知識不够經驗不够的生手，姑不論怎樣「民主辦社」，「勤儉辦社」，一定會弄得一塌胡塗，未見合作之利，先見干涉之害的。過一兩年，希望事務辦得熟手些，條理些，迅速些，這也是可能的。

農民狃於自耕自理，從習慣上說來是不願意合作的。開始時强迫他們合作，合作之後，確能表現出新成果而爲自耕自理所得不到的成果，這時候他們的大多數才會心服，而眞正願意繼續合作。在農業技術上，如選種、施肥、除蟲、灌溉等等的改進，循合作方式可能推動得快些。但這些，並不是非合作不能得到的利益。確爲合作方能得到的利益，惟有使用機器代替人工。史太林第二次發動集體農場，就靠廣設拖拉機站，鼓勵農民租用，然後誘致農民就範的。中國人多地少，人地比例如此之惡劣，拖拉機實在是「英雄無用武之地」。被代替了的人工，找不到出路，結果徒然減少工作分數，農民怎會願意呢？故從物質條件來說，在現時的技術條件下，農業合作並無獨得的優越性，是不必爭論的。當中共發動合作運動之時，以「挖窮根」爲號召。這樣空洞的宣傳標語，是吃不得穿不得的。近來加上「五保」制度，使老弱疾病殘廢不能工作的社員歸社養活，這是實際措施了。然而聰明的社員會問；沒有合作制度也可以單獨有「五保」制度呀，由政府擔任「五保」好啦，不一定要由合作社擔任的呀！至少這一問指明了「五保」不是合作化獨有的優越性。老實說，在人地比例這樣惡劣的中國，農業合作社獨有的優越性，是微乎其微的。

毛澤東自己說過，「在合作社內部」有矛盾。那在社內代表共產黨意志硬要取消自耕自理，硬要施行干涉管理的兩百萬個幹部自然是和五億農民對立的矛盾的了。農民到了活不了的時候，這兩百萬幹部要變成肉醬呢！爲要消除這兩百萬幹部處境的危險，中共也不能不減少對重工業投資而多注意到農業和輕工業的發展了。任何一個社會要進於工業化，其建設所需的設備，如不取之於本社會之外，即須取之於本社會之內。取之於外爲借貸，取之於內爲生產人力和物資之撥用。撥用人力必須付以工資，俾購得生活所需的物資。增發通貨來收購物資、支付工資，則物價暴漲，很快地便要減削貨幣稅收的購力。否則惟有壓低收購價格收購民間的物資，以資挹注。而在最大生產仍爲農業生產的社會，惟有壓價糧食、纖維、油脂三大類作物的收購價格而已。不能與資本主義國家獲得借貸的共產政權，祇有竭澤而漁地搾取農民方能從事工業建設。建設進度愈速，即搾取得愈厲害的表現。在經濟上，這一環節屬於不可逃之定理，是不必爭辯，亦無從掩飾的。而且這一環節之利用，在不過於不能忍受的限度內，在取之而確爲人民謀幸福，不大量投諸軍備，利黨而不利民，利蘇俄而不利中國，也還勉强說得過去的。中共與蘇俄一樣，向來不將收支眞相宣佈，假託國防秘密來掩飾其不能和不敢使人民知道其自私其統治權利之用心的。

毛澤東希望以五年的試驗，來鞏固合作化。可是五年或以上的痛苦不易熬過的。「失時不雨，民且狼顧，」到這時，人民是不講道理的。周恩來六月廿六日的報告說：「全國平均起來，每個農民一年的農業生產淨收入，大約有七十元左右。……這裏所說的農業生產淨收入，不僅包括農民從合作社分配到的收入，同時也包括農民個人經營的農業生產的收入。」就算這數字可信，農民的生活實際是太苦了。從一切傳聞得來的消息，農民是苦不堪言的。而更嚴重的問題，却在今後能不能够再提高一些。提高一些農產品購價，放低一些布價，鹽價，這是在共產黨手中可以操制的。但這便要減低工業化的速度。如果天不保佑，再來一兩次的大荒年，兩百萬的農村幹部便要變成肉醬了。在人地比例這樣惡劣的中國冒險實行合作化，無異在火藥庫旁邊玩火。（下轉第15頁）

評李辰冬的評詩標準（上）

陳康

先公含光府君於本年三月十六日棄養，同日筆滙第一號上刊出李辰冬的評先君詩，題爲「評陳含光的詩」。隨後筆滙在第五號和第六號裏又刊出他的再評和三評(以下簡稱「初評」、「再評」、「三評」，或總稱「詩評」)。他的三篇詩評中含有三個成份。一個是中傷誣詆先君；另一個是誤解和曲解先君詩意，甚至字句；第三個是根據他自己的評詩標準來評先君的詩。他有各種不同的身份：其一是國文教授，他即以國文教授的身份來誤解和曲解先君的詩；另一是西洋留學生，他即以西洋留學生的身份來主張他的詩學，提出標準來評詩；至於誣詆中傷，那既非國文教授所作的事，也非西洋留學生所作的事，大概他還有其他身份，即以那種身份來誣詆中傷。誣詆中傷，雖然在「就詩論詩」的大纛旗下進行，究竟不是學說討論。對於他的「詩評」中的這一成份，筆者另外爲文質問，不滲入本篇中。至於誤解和曲解先君的詩呢，已經有對於中國傳統的詩文有素養，有深造的人出來糾繆。我們深信共產黨不能毀滅中國，因此中國傳統的詩文還會不斷的有人研究，先君的詩也還會不斷的有人了解。一手掩盡天下人的耳目，無論國文教授的身份如何高，無論他擁有怎樣多的生徒，在那種情形下始終是一件不能辦到的事。是非留待公論。「詩評」裏現在還剩下第三個成份，即李教授的詩學或根據這詩學他所提出的評詩標準。這一個成份却有討論的必要。因爲留學生的詩學一方面可以用以對付不懂洋文的人，另一方面可以聳動一般不識不知而存心向學的青年人，甚至名義上雖已成「家」但是事實上智慧年齡仍然低下的人的聽聞。前一類人中對於中國傳統的詩文有深邃研究的人，還有以自守不爲所動。至於後一類人呢，誰能不俯伏在這位飾智驚愚的教授足下，洗耳恭聽他的教誨、隨聲附和呢？爲了免除這一般青年人的純潔心胸惑於謬誤偏見，筆者乃以「詩學知識太低下的」一般人中之一員身份，來分析李教授評詩的標準，看看他的詩學究竟高到什麼地步。人若不談西洋學術則已；若談西洋學術，人就得知道西洋學術的骨幹是邏輯和方法，凡是方法謬誤或通不過邏輯考驗的，所謂「學」，無論自詡或爲人稱道爲高達如何如何的地步，終是不能成立的。詩學在西洋是學術的一種，西洋留學生的詩學自然也應當以邏輯和方法爲其骨幹。我們即從邏輯和方法論的觀點去考查李教授的詩學。

壹、李教授在他的「再評」裏對一般「詩學知識太低下的人」鄭重的說：「評論作家有其客觀的標準」，然後即根據這些標準去評先君的詩。李教授在他的三篇「詩評」裏始終未將作家和詩人，或作品和詩的範圍嚴格劃分，只將他們混爲一談，彷彿他們的範圍一樣廣狹。因此在「再評」裏，他即以評論作家的標準來評詩。這兩個範圍的界限不清，已經是一個錯誤了。詩人固然是作家，然而作家並不一定是詩人。依照李教授的話，「大作家每篇作品都在表現他自己」。李教授在他的「詩評」裏，確實表現出他自己來；我們從他的自我表現裏知道他是一個邏輯知識極其低下的人，甚至低下到這個地步，連限制換位和簡單換位都不懂！

也許有人說，這只是李教授的一時失察；人不可以抓着一條孤例去吹毛求疵。我們回答：第一、凡是思想方面稍有訓練的人，不會這樣一時失察的。第二、我們所舉的並不是一條孤例。在他的「三評」裏，李教授又寫下這樣的語句來：「情感就是事實，事實的表現也就是情感的表現」。人們公認，凡是在時間裏產生的，皆是事實，情感是在時間裏產生的；因此「情感就是事實」。然而事實並不就是情感。例如思想是事實，它並非情感。因爲一篇邏輯論文並不是情感的表現。李教授這裏所犯的錯誤，仍然是絲毫不懂上述兩種換位的差別。

我們且先就問題來討論，在限制換位裏，謂語的範圍比較主詞的範圍大。因此凡是對於謂語有效的對於主詞皆有效。因此假如一人用評論謂語的標準去評論主詞，評論的結果並非無效。此言誠是，但是這個標準是寬泛不適合的；因爲它不能表現主詞的特徵來。例如動物是會爬行的，人是動物。人誠然也會爬行；但是會爬行並非人在空間裏的運動的特徵。如若我們以會爬行爲標準來評論人在空間裏的運動，豈非荒謬？李教授的目的既是評詩，就應該舉出評詩的標準，不能只舉出評論作品的標準來，這後一標準還遠不能用以中肯的評詩。以評論作品的標準來評詩(即使標準的內容無問題)，已是一個方法上的錯誤，李教授竟然犯了方法上的這樣一個錯誤。

貳、讓我們進一步看李教授所提出的標準的內容。他所謂的客觀標準含有三個步驟：「第一步，看他(康按指作家)有沒有理想。假使沒有理想，或有理想而前後不一致，都不得稱之爲『家』……」。「第二步，有了理想，看他是否去實踐，……假使他只有理想，而不去實踐，那末……」他自然不能被稱爲『家』了。「第三步，有了理想，有了實踐，再看他的人生造詣……」。這是李教授評論作家的標準。根據李教授的標準，不但陶淵明被李教授承認爲大作家，而且在李教授未能建立一套「李辰冬邏輯」以前，他勢必(邏輯上的必然)將許多與寫作無關的人，甚至不能寫作的人，和他所謂的「大作家」，不但可以用來評論作家，辨別「大作家」和「不成熟的作家」(如李教授所爲)，它們也將人類全體分爲兩個對立的集團。其中之一屬於肯定方面，另一屬於否定方面。肯定方面的集團裏不但包括李教授的

「大作家」，而且也包括不以寫作聞名的人，例如亞歷山大大帝，甚至除去簽名以外，不會寫其它字的人，如卡爾大帝。這類人誰能講他們無理想……等等？消極方面的集團裏包括李敎授的「不成熟的作家」和其餘無理想等等的人。因此李敎授所提出的標準應用起來，勢必產生兩個結果。其一是：不以寫作聞名的人，甚至不能寫作的和「大作家」被列爲一類；另一是：「不成熟的作家」，即以他的作家身份（因爲他是「作家」，只是「不成熟」而已）和「大作家」之間的距離，却比非作家和「大作家」之間的距離還更大。這兩個結果，尤其是第二個，豈非怪誕之至？結果所以如此，因爲李敎授所提出的評論作家的標準是荒謬的。（我們並非講：1.凡是大作家，詩人，皆是無理想……等等的，我們只是講，有無理想等等不是詩人和非詩人的「差別」，差別的意義詳以下肆；2.先君詩文中更非無理想，反之，却有始終如一的理想，參看王公輿先生所言「反攻」第一八〇期，只是國文不通而又「懷挾成見」的人看不懂吧了。

叄、這裏也許會有人責難我們說，我們抄錄原文時有意仿效李敎授割裂鈔詩的技倆，因爲李敎授所舉的第三步驟全文如下：「第三步，有理想，有了實踐，再看他的人生造詣，也就是作品的造詣」。「也就是作品的造詣」這半句話我們以上未曾鈔錄，我們所以如此，因爲將這半句鈔錄下來，不但不能補救以上所指明的怪誕的結果，而且還必產生出更大的困難來。現在讓我們將「也就是作品的造詣」這半句話補行鈔錄，然後再來討錄它的內容。

第一、李敎授這裏又重犯以上所舉的錯了；他再一次將限制換位和簡單換位混淆。「人生」不知他作何解；但人生一詞的意義通常卽指人的生活。人的生活方面甚多，寫作只是人生許多方面中的一方面，怎樣講「人生的造詣，（『造詣』的意義以下再講）也就是作品的造詣」呢？這是一個邏輯上的錯誤。學術上的任何一種標準，它的基本條件是自身免於邏輯的錯誤。因爲犯有邏輯錯誤的標準，應用起來是不能正確的。但是「人生的造詣，也就是作品的造詣」這句話卽含有一個邏輯錯誤。因此，如若將這後半句爲李敎授隱藏起來，他所舉出的評論作家的標準，只不過是一個荒謬不合用的標準而已；如若我們被迫着將這半句話也照錄下來，他所提出的標準，根本不能滿足標準自身的基本條件，它根本不能成爲一個標準。不知李敎授究竟何去何從，願人將它隱藏不提，還是願人將它明白揭出？

第二、所謂「人生造詣」中的「造詣」究竟作何解？李敎授關於「人生」未加解釋，因此我們就採取了「一般人」的解釋，關於「造詣」，李敎授却努力的去解釋，因此我們必須先看他自己的解釋。「所謂作品的造詣，並不是多用幾個典故……，而是人生的造詣高了，作品才能高」。在李敎授的解釋裏前半句只告訴我們作品的造詣不是什麼，然而用否定的解釋任何人不能闡明所解釋對象的積極的內容。誠然，每一肯定皆是否定，然而並非每一否定皆是肯定。這一條邏輯規則李敎授又未曾懂。李敎授解釋中的第二個半句，也未能講明所謂「作品的造詣」是什麼。他只講「而是人生的造詣高了，作品才能高」。「造詣」究竟是什麼？李敎授始終未能明言。他只舉了一個爬山的比喻就算了事。比喻只能用在詩裏或美術文裏；它在理論方面是沒有價值的。在說理的著作裏只能舉例，事例的功用是幫助理論的說明，不能代替理論的說明。比喻和事例的分別，李敎授又對之茫然。

第三、我們再看一看李敎授所謂的「而是人生的造詣高了，作品才能高」。（李敎授旣然未講明他所謂的「造詣」是什麼，我們只有仿效數學演算的辦法，將它作爲一個未知數存留着討論。）依據這句話，李敎授的意思乃是人生的造詣高了，作品才可以高，但它並不因此一定就高。作品的造詣只是可能的隨着人生的造詣增高，並不必然如此，因此作品的造詣和人生的造詣只有可能相隨的關係，並無必然相隨的關係。但是讓我們再返觀李敎授以上所講的「人生造詣，也就是作品的造詣」。這句話將「人生造詣」和「作品的造詣」同一化（Identify）了。只有相互間有必然相隨關係的兩造才允許同一化；若它們只有可能相隨關係，則不能如此。例如留學生可能是缺乏邏輯訓練的人，但留學生和「缺乏邏輯訓練」並不允許同一化，因爲留學生並非必然的缺乏邏輯訓練。因爲他們之間，只有可能相隨關係。然而李敎授竟然將兩個只有可能關係的「人生造詣」和「作品的造詣」（這可能關係是李敎授自己所講的）同一化了，他這裏又犯了邏輯上另一個錯誤，卽是將「可能」和「必然」混淆。因此我們又從另一個觀點達到以上已經達到的結論：如若我們不爲李敎授將這半句（「也就是作品的造詣」）急藏起來，他所提出的評論作家的標準，不僅是一個荒謬的標準，而且它根本不能成爲標準。

肆、我們爲國文李敎授請求我們的仁慈讀者，網開一面，暫認他所提出的標準是一種標準——是一種荒謬的標準。在這種條件下，我們再進一步探求這個荒謬的根源所在。這根源是他絲毫不懂分類，但他却還要提出標準來評論作家。所謂評論作家，在他乃是將作家分爲「大作家」和「不成熟的作家」。凡是分類的標準，無論所分的對象是什麼，必須滿足一個條件，卽這標準在同一分類系統裏不能反復使用。否則就會產生出上述一類的怪誕的結果。李敎授所提的評論作家的標準——有理想……等等三條——卽不能滿足標準自身的條件，因此無法避免上述的荒謬結果。

如若我們只講這許多，恐怕李敎授還未必能了然；讓我們再從另一方面解釋。凡是一種標準——無論它是評論那一類對象的，必須舉出這一類對象和其他種類對象之間的「差別」來。這個「差別」在它的肯定形式裏是這一類對象的特徵；在它的否定形式裏是其它種類的特徵。「差別」具有絕對的決斷性。（這乃是它何以在同一分類系統裏不允許反復使用）。因此凡是符合這個條件的標準運用起來，才能判別是非（萬有論方面的是非，不指倫理學方面的是非）。此卽是，凡是合乎這個標準的——亦卽是具有這個「差別」肯定形式的——是這一類對象，不符合的——亦卽具有這個「差別」否定形式的——不是這一類對象。李教授若欲建立評論作家的標準，他必須在他所提出的標準裏舉出作家和非作家的「差別」來。所謂作家，依照這詞的名詞定義是寫作的「家」。所以在他的標準裏李教授必須舉出作品和非作品的「差別」來；如欲評論作品的高下，在他的標準裏，他必須舉出高級作品和低級作品之間的「差別」來。李教授的標題旣是評詩，單舉出作品和非作品之間的「差別」還不够，必須舉出詩和非詩之間的「差別」來；如欲評論詩中的優劣，李教授在他所提出的標準裏必須舉出優美的詩和惡劣的詩之間的「差別」來。這樣的標準運用起來才能中肯。爲了免除誤解，讓我們再聲明所謂「差別」是個邏輯名詞，它的意義如上述，不指泛泛的「不同」。如若一個評論的標準，只舉出泛泛的不同來，它在同一分類系統裏就可以反復使用。這樣的標準運用起來，荒謬卽見，例如以上(貳、裏) 所舉出來的。對於一個稍有分析能力的人，以上所講也許已嫌太多了；但是對於頭腦不清，缺乏邏輯訓練的人，也許再寫幾千字還不一定够。如若這人再懷挾成見，無論再寫許多，也是徒勞。因此讓我們不再討論「差別」的本性。

伍、李教授聲稱評詩，但是他始終未能抓着詩和非詩之間的「差別」；他只在遠處徘徊，高呼口號，自以爲這就是中肯的討論了。他很得意的一點，（這也就是他的詩學中心）亦卽是在他三篇「詩評」裏揚揚得意反覆稱道的一點，是：「大作家的情是由於一種理想出發，富貴不能淫，貧賤不能移，威武不能屈地來實踐他的理想，理想實踐中的感觸，才是作品中的情感」（「再評」筆滙第五號）。「實踐理想中的感觸，才是作品中的情感」，這話頗有問題，以下(拾壹)再詳論。我們現在且根據李教授這一命題，作以下的討論。「實踐理想中的感觸」，只是人的情感中的一種，心理學上所講的情感中的一種。心理學所講的情感還不就是詩和非詩的「差別」，何況這些情感中的一種？它更非詩和非詩之間的「差別」。如上所言，一類對象的「差別」是具有絕對決斷性的。情感對於詩却不如此，因爲一個人儘管有喜、怒、哀、樂……或者，依李教授的意思將範圍格外縮小了說，一個人儘管實踐理想時有所感觸，他却不必定卽作詩；卽使這個人是作家，他也不一定凡有感觸，必皆表達爲詩。如若他不這樣表達，實際上就只有感觸，並無詩。這樣，李教授在他的詩學中心裏還是離詩和非詩的「差別」遼遠，未能抓着重心。詩和非詩的「差別」不是「理想實踐中的感觸」，乃是用符合音韻或音節規則的語言或文字表達情感。詩和非詩的「差別」在此。李教授只知在遠處誇大，不能中肯的舉出這個「差別」來。

陸、對於詩和非詩之間的「差別」，李教授旣然完全隔膜，詩中優劣的「差別」，李教授當然格外不能懂了；因爲詩中優劣的「差別」乃是詩和非詩之間的「差別」之內的更精細的「差別」。詩和非詩的「差別」旣是用符合音韻或音節規律的語言或文字表達情感，詩中優劣的「差別」乃是怎樣表達，怎樣將這情感表達得適如其份。因此詩中優劣的「差別」乃是言情一致。凡是用符合音韻或音節規律的語言或文字將情感不多不少的表達出來的卽是優美的詩；不能如此的，卽是低劣的詩。言情一致的表達情感牽涉到技術問題。李教授根本不懂技術問題的重要。他在比較「不成熟的作品」和「大作家的作品」以後，他說「只要把他(康按指「大作家」)的生活恰當地表現出來也就够了」。整個的技術問題，李教授只用了三個字「恰當地」就以爲可以完結了！還有更甚的；他連「恰當地」三個字乾脆都不用，他僅說：「只要把眞的事實寫出來，就是眞的情感的表現」。事情那有這樣簡單！(如果作詩眞是這樣容易，「詩歌班」早就不應該設立了。因爲如若人可以學作詩，或可以教他人作詩，所教所學的只有作詩的技術。難道「詩歌班」教人要有理想麼？要實踐理想麼？要一級一級地來實踐麼？若果如此，這幾點，人豈不是從以前的教修身課的教員或現在的公民老師或講授倫理學，人生哲學等科目的人格外容易學得透澈些，因爲這些屬於他們的教材的範圍之內，又何必要從詩歌班裏去學呢？如若「詩歌班」教人在實踐理想中要有感觸，那更是荒誕絕倫了！) 李教授旣不知什麼是詩和非詩之間的「差別」，更不知詩中優劣的「差別」，却偏要評詩，豈非胡鬧之至！

柒、言情一致乃是詩中優劣的「差別」。李教授未能懂得這一點，却反講了許多其它的一致：「理想前後的一致」、「情感一致」、「人格一致」，等等。這三種一致之中，李教授第一種明明白白的列入他所提出的評論作家（實際上指詩人）標準的三個步驟中的第一步驟裏，因此誤認它爲詩中優劣的「差別」。這三種一致，我們以下(玖)還要討論，現在只看看在以「理想前後的一致」和言情一致的混淆的情況之下，卽在以「理想前後的一致」爲評論詩中優劣的標準之下，會產生出些什麼結果來。邏輯的結果至少有以下三個。

(1)以「理想的前後一致」爲標準評論詩中的優劣，假使這標準可以成立，這標準也只能用以評論已死詩人的詩，却不能應用於現仍生活着的詩人的詩上去。因爲關於一個人一生中的理想是否前後一致，若果這人仍然活着我們不能有肯定的知識。因爲卽使一人從初生直到現在，他的理想一致，誰能擔保他的理想在下一霎那間不變成和以前的理想不一致呢？如若以理想的前後一致來評論詩的優劣，這種評論只有等待這詩人死去以後方可。無論何種評論標準皆應該是可以普徧應用的；而李教授所提的標準，却只能用於已死的詩人，不能用於活着的詩人。這已經够荒謬了。

(這裏我們誠然忽視了一點，卽這個標準至少也能應用於評論某一部份生活着的詩人的詩；這一部份詩人的理想，當這些詩人仍然生存着時已經前後不一致了。然而這一點卽使特別提出來，對於李教授的標準之無普徧性仍然無所補救。因此我們將不必要的繁瑣丢開不論。)

如若人問：爲何那標準不能用以評論現仍生存着的詩人的詩？因爲如若這標準也應用於這一方面，則將產生出更荒謬結果來。

(2)假設現在有一位六十歲的詩人，他不但「有理想」，而且六十年來他的「理想前後一致」，又「實踐他的理想」，並且「一級一級地來實踐」，「實踐理想中的感觸，才是(他的)作品(詩)中的情感」。這樣的人完完全全符合李教授的「大作家」的標準。這人的作品，假若李教授無其他的原因，李教授必然尊奉爲偉大作品。假設這人明年六十一歲時，並且無須待至明年，甚至正當李教授尊崇他的詩爲偉大作品時，他的理想改變了，改變成和他以前的理想不一致；在這種情況下，李教授對這人以前的詩，亦即李教授已經認爲是偉大作品的詩，——這時絲毫未經修改——將再如何評論？仍舊尊崇它爲偉大作品麼？這樣李教授違背了自立的標準！將它貶爲「不成熟的作品」麼？這雖可維持李教授所提出的標準的莊嚴，但是產生出荒謬絕倫的結果：詩的優劣是詩的本身價值；這價值改變只有當這詩本身已經改變了。但是現在這詩人六十歲以前所作的詩本身毫無改變，詩的本身價值怎樣改變呢？從李教授的觀點出發，他只可這樣解答：因爲這人的理想變爲和以前的理想不一致了。那末請問：這人的新理想如何能改變他以前所作詩的本身價值？以後產生的事如若改變以前產生的事的價值，只有在一種條件下方可能，即是以後產生的事直接改變了以前產生的事。然而這人並未根據他的新理想去修改他以前所作的詩。但是根據李教授的評詩標準，那已被認爲是偉大作品的詩，現在必被認定爲是「不成熟的作品」了！偉大的詩人也必被貶爲不成熟的詩人了！這個結果豈非荒謬絕倫？

也許有人爲李教授辯護說：李教授既稱某人爲「大作家」，這人的理想不會如以上所言那樣改變的！否則李教授即不認他是「大作家」。這樣的解釋只在一種條件下有效，即是只有李教授的評論作家的標準只應用於已死的作家時是如此。因爲只有已死了的人的理想才不會改變的。這樣，我們又回到①裏的荒謬結果；李教授的標準只能應用於已死的作家，詩人！

(3)李教授所提的標準還有第三個荒誕結果。如若有一個人，他即以適應環境爲理想，好似馮道一樣；他的理想的內容就是隨波逐流的變。如若這人將他「實踐理想中的感觸」，「恰當地」表現出來——作成詩——對於這樣的詩，李教授如何評論？李教授評論詩中優劣的標準是；理想是否前後一致。這人的理想究竟是前後一致還是前後不一致呢？從一個觀點（甲）看去，他的理想前後不一致，因爲它隨波逐流的變；從另一觀點（乙）看去，他的理想前後一致，因爲他的理想始終即是隨波逐流的變。從(甲)，李教授應當斷定這人的詩是「不成熟的作品；從(乙)，李教授應當斷定這人的詩是「大作家」的作品。這人的理想同時是前後不一致和前後一致；因此李教授的評語應當同時是「不成熟的作品」和「偉大的作品」！李教授因爲根本不懂詩中優劣的「差別」是言情一致，糊裏糊塗的將它和「理想的前後一致」混淆，因此產生出以上所指明的荒謬結果。

李教授以理想的前後是否一致來評論詩人，不但有以上所指明的幾個邏輯上的荒謬結果，而且即是在李教授自己所舉的例子裏他也未能自圓其說。李教授在「再評」裏抄引了陶淵明三首詩以後說：「每一首詩都在寫他當時的實在感觸。詠「荆軻」是他二十歲左右所寫，那時還未出仕，充滿着理想，充滿着幻想，想爲知已者效命。「連雨獨飲」寫於他四十歲，那時他早歸田園，心境怡然自得，飄飄有成仙之感……」。試問「飄飄有成仙之感」是實踐那一個理想中的感觸？這理想不能就是「想爲知已者效命」，也不能和它一致。因爲「效命」時的感觸怎樣會是「成仙之感」呢？除非李教授認爲陶淵明「爲知已者效命」以後，即可「成仙」？如若這樣胡拉胡扯，還有什麼不能解釋成爲「一致」？但是如若不這樣胡拉胡扯，大作家陶淵明的理想又怎樣前後一致呢？

欲圖逃脫③裏所擧的困難，李教授的出路只有一條：即是否認「隨波逐流」的適應環境是理想，因爲只有「向上」「向善」（借用筆滙第七號編者詞句）的理想才是理想。我們的回答是：第一、李教授並未將理想一詞明白限用於「向上」「向善」的理想。第二、這樣的限制根本是將倫理的範疇應用於評詩，這不但是一個極大的錯誤，而且勢必剝奪了詩的獨立性，將它奴役於倫理與政治之下。因爲「向上」「向善」不是李教授自己所講的，我們在這裏不必詳細討論它。

捌、

我們在以上(陸裏)所鈔李教授的話皆是節錄。現在讓我們將這兩個整句子鈔下，再討論其中的謬誤，李教授說：「所謂情感並不是空洞之物，而有一連串的事實作背景，只要把眞的事實寫出來，就是眞的情感的表現」。這句話除去忽略了作詩的技術外，還有以下的極大的錯誤。這句話的上一半剛告訴我們：事實是情感的背景，他在同句話的下一半裏，却不對我們講：「只要把眞的事實寫出來，就是情感的眞的背景的表現——這個結論是邏輯推理使我們預期的，——然而告訴我們「只要把眞的事實寫出來，就是眞的情感的表現」。這裏，情感的背景和情感自身混爲一談了。詩竟成爲事實的敍述！

然而更足以表現李教授是怎樣一位詩學專家的，乃是李教授比較「不成熟的作品」和「大作家」的作品以後，所指出的「道理」。他說「此中道理甚爲簡單，大作家所寫的都是他的實際生活，無待外求，只要把他的生活恰當地表現出來也就够了。不成熟的作家，他根本沒有生活，沒有什麼可寫……。」我們先從「不成熟的作家」討論起。他「沒有生活，沒有什麼可寫」。這兩句話，眞如李教授所說的，道理簡單，易懂。因爲「寫」——不必寫偉大的作品就是卡爾大帝簽名也得用手動一動筆。一個沒有生活的人是已死了的人，死人當然不能動筆，沒有什麼可寫了。但是「不成熟的作家」，如何是「根本沒有生活」人呢？難道「不成熟的作家」全是死人麼？否則生活着的人，怎樣會沒有生活？這個「道理」除了這位西洋留學生國文教授以外，不是一般人所能懂的。再者，如若「大作家」不是天生的，而是逐漸進步成的，難道「大作家」是由死人進步出來的？其中的道理甚爲不簡單了！

我們且再看看李教授的「大作家」，分析李教授的「道理」，看看這個「道理」

的邏輯涵義是些什麼？無論李教授心目中的「大作家」偉大到什麼程度，超出常人之上怎樣高，「大作家」究竟是人，他的實際生活（當然包括「理想實踐中的感觸」於其中）終不能除去這些感觸以外，別無其它的內容。即是這些感觸——他從理想實踐中得來的感觸——已經指示我們，在他的生活裏，除去這些感觸以外，尚有理想的實踐。但是理想的實踐，並非「實踐理想中的感觸」，因此李教授無法否認在他認爲「大作家」的實際生活裏不完全是「實踐理想中的感觸」，還有其它的內容包括在內。以上的論證對於李教授也許嫌太抽象了。讓我們從實際生活裏其它的方面舉出一兩個粗淺的，對於李教授易懂的例子來，例如吃飯睡覺……李教授的「大作家」也得吃飯、睡覺。吃飯、睡覺不是他的「實踐理想中的感觸」，而是與這感觸無關的實際生活的內容。如若「大作家所寫的都是他的實際生活」，那末他所寫的不一定皆是他的「理想實踐中的感觸」，很可能是他實際生活中的其它方面，和「理想實踐中的感觸」完全無關的方面。後一類的作品即不一定以「理想」，以「實踐理想」，以「一級一級地來實踐」爲必備的條件。既然「大作家」的作品可能不寫「理想」，「實踐理想」，「一級一級地來實踐」時的感觸，那末評論作家自然不必「第一步，看他有沒有理想……第二步，有了理想，看他是否去實踐……第三步，有了理想，有了實踐，再看他……一級一級地來實踐」了！這是李教授關於「大作家」的簡單「道理」的邏輯的涵義。這樣，李教授自己堂哉皇哉提出的評論作家的標準，結果被他自己糊裏糊塗勾銷了！這是一個自相矛盾。這種舉動已經够奇妙了。然而還有使人格外感覺奇妙的：李教授正在勾銷他的評論作家的堂皇標準時，他却又運用這個標準去評詩！這又是另一個自相矛盾。李教授在他的「三評」（筆滙第六號）裏對我們講：「我此次立論（康按指「再評」）與我數十年來的言論一致」。僅憑李教授的國文教授的身份，我們也得相信他的自述是應該可靠的。但是另一方面我們明明白白的見着李教授在他的「再評」裏幾千字之內，反復的自相矛盾。如若兩方面皆是眞實可靠，李教授所講的那一句話的意義只能是：他數十年來是一致的自相矛盾。

（自相矛盾原是李教授一人的特徵，然而它將逐漸成爲筆滙的特徵了。在筆滙第六號裏筆滙編輯室的啓事中稱許李教授牽涉學術文藝以外的事！如「懷念遜淸」等等來「就詩論詩」，在第七號筆滙裏編者却又講：政府明令褒揚「如果不是基於學術文藝立場，而是基於政治運用，自當別論」！究竟「就詩論詩」是否要牽涉，還是不要牽涉，學術文藝以外的事？如何忽而將它牽入「就詩論詩」裏，忽而又將它排除出去。是非自相矛盾而何？）

也許有人要爲李教授辯護，說：我們所舉的矛盾並非李教授自己明明白白講的話，只不過是從李教授解釋「大作家」的寫作的「道理」裏推演出來的。我們的回答是：一個成年的人無論怎樣糊塗，也很少同時明明白白的講出自相矛盾的話來的。例如一個人講，我此次評詩純粹是「就詩論詩」，無論如何他不會同時再講，我這次評詩是由於別有懷抱（雖然他淸夜捫心，也許會對他自己一人如此講）。因此自相矛盾幾乎皆是講話的人不知道自己所講的話的邏輯涵義。李教授正犯了這毛病。這十足表示其頭腦不清，缺乏邏輯訓練。（未完）

（上接第10頁）

爲甚麼一定要在火藥庫旁邊玩火呢？從主義上說；利潤意識必須消滅，而自耕農爲利潤意識最堅强的堡壘。在都市社會化的工業與廣大的自耕農村比較，無異幾個小島在海洋之中，漫漫巨浸的利潤意識，必然淹沒了社會主義的。這些話是筆者一九三九年在莫斯科之時，由蘇俄的國家計劃委員會副主席薩布洛夫（Saburov）告訴筆者的。的確，依俄式的社會主義制度，祇有這樣做。然而我們可以再想一想，便可以從另一些角度得到另一些啓示：(一)利潤意識不消滅，人民必然反對共產黨，要把它打倒；(二)如不化零爲整，建立史太林合作生產的集體農場或者毛澤東式的合作社，便不能控制糧食，不能控制人民的肚皮，實施極權統治；(三)如不建社化零爲整，便無法確保征購，實施計劃經濟。據說當希特勒德軍攻入南俄時，俄人痛於集體農場的暴虐，希望德軍來後取消集體制回復自耕，所以德軍能長驅直入。當時德軍都建議希特勒接納俄人這一請願，而希特勒則以爲有集體農場便於徵取軍糧，不允所請。從此以後，俄人絕望，步步與德軍作殊死戰了。這一段故事，充分證明合作化也是極權魔王利以箝制人民的枷鎖。

如果實現社會公道，非根本把利潤意識剷除淨盡不可。那麼中了毒的共產黨之作法自斃，情理尚有可原。如其不然，則其霸佔政權，霸佔「眞理」，罪無可逭。關於這一點，以後當再爲文加以討論。

大學英文系與「英文人材」

李　經

去年春天洛杉磯(Los Angeles)亞洲學生週報轉載臺北英文中國郵報社評一則。大意說目前臺灣迫切需要英文人材，但大學英文系只知道供給一些高不可攀的文學課程，對實用英語不够注意，因此造成英文系畢業生不能滿足社會需要的現象。因此建議英文系特別注重「實用」英語。郵報所說的「英文人材」大概是指新聞、商業、軍事、外交各界的編譯人材。社會需要這些人材一方面足以顯示目前國內外文化交流的急劇，另一方面也指出我們這個社會吸收能力的旺盛，新生力量的豐富，這是可喜的現象。但是大學英文系的目的是否在訓練「英文人材」呢？除開大學英文系改變課程去培養這類人材，有沒有更妥善的辦法呢？

假如我們承認大學是一羣人為了追求知識、探討學問而結合的組織，那麼大學英文系應該是研究英國語言文學的機構。英文系的內容必須取決於它研究對象的知識內容。

首先說英國語言的研究。任何語言擺脫不開形、音、義三個因素。橫的方面，學者可以從形、音、義一般性的或地域性的結合的特質剖析語言。縱的方面，學者可以分析一個語言形、音、義蛻變的過程與演變各階段的殊相和共相。近代比較語言學高度發展以後，語言的研究有脫離英文系的傾向。有些大學獨立設立比較語言學系，有些則將語言學課程歸屬於人類學系。而語意學的研究更為哲學系的特殊領域。現在大學英文系所保留的，往往僅是英國語言史的研究。同樣地，英國文學的研究也可以分成縱的歷史性的分析和橫的原則性的辯解。縱的方面，學者可以分「期」研究，從事於史料的輯訂、版本的校勘、文學史專題研究、文藝現象與歷史背景交互關係的商討。橫的方面，學者可以分「類」研究英國小說、戲劇、散文、文學批評，闡述它們的原理和原則。理想的英文系的最終目標是通過歷史考據(Philology)及義理批評(Criticism)兩條途徑窺測英國文學的全貌。嚴格地說，沒有一所大學的英文系是合於理想的。它們有些偏重於義理，有些側重於考據；有些特別注意近代文學，有些特別注意中世研究(Mediaeval Studies)。國內大學限於人材經費，困難當然更多。但是一時不能實現目標是一回事，放棄目標，混淆目標又是一回事。放棄、混淆目標是使英文系起了質量的變化。

顯然地，中國大學英文系帶着濃厚的地域性特色。它的第一個特色導源于近代中國文藝復興運動。文藝復興運動雖然植根於傳統的白話文學，但在風格上和形式上却受了西洋文學重要的啓示。近代作家不斷地鍾鍊融化西洋文藝作品的形式、風格，使它們成為中國文藝傳統嶄新的內容。這些年來大學英文系一直成為中國文藝復興的搖籃。有人不斷翻譯英國文藝作品，有人則因受了創作上某些問題的困擾，希望因研究英國文學而獲得啓示。這種特殊情況並沒有傷殘英文系的本質。相反地，它將英國文學安置在一個新的角度上(perspective)，給英國文學研究帶來新的課題、新的動力(incentive)。

國內大學英文的第二特色導源於中國社會的特殊需要。英文是外國語；近幾十年來和英美社會往來頻繁，國內需要數量頗為可觀的「懂英文」的「英文人材」處理商業、外交、軍事上往來的文牘，採訪編譯國外新聞。整個教育制度在混亂狀態之下，訓練「英文人材」這項任務也就不知不覺地加於大學英文系。有人讀英文系為了要想當洋行買辦，有人為了想當英文秘書，有人為了想當英文報編輯，更有人乾脆是為了「出洋」。有一段時期，芝加哥大學政治系六個中國留學生中間有四個是國內大學英文系畢業生。非但學生對英文系的本質缺乏理解，往往連教師也是如此。筆者年前遇見一個美國人；這位先生是教育學碩士，專攻社會教育。除開會說英文以外，對英美語言學文學十足是個門外漢。然而，他竟在上海某著名教會大學擔任英文系主任多年。他曾向筆者誇口，說他主持英文系時特別注意「會話」。這樣的「主任」，那個英文系也就不問可知了。在他的英文系裏，語言學或文學課程當然只是一種徒增累贅「高不可攀」的殘跡(vestige)而已。英文系的本質既已部份起變化，其內容當然也隨之蕪亂不堪。學生、課程「同床異夢」，形成嚴重的「脫節」現象。

近代知識趨向高度專門化，說「懂英文」便可出洋留學成為無往而不利的留學生，便可成為軍事、商業、外交、新聞界優秀的「英文人材」，這不是錯覺便是幻覺。將訓練軍事、商業、外交、新聞的人材的責任交給英國文學研究系只不過增加英文系的混亂而已。無論為英文系的前途着想，或者為訓練「英文人材」的效率着想，目前主要工作是肅清蕪亂，不是增加蕪亂。教育當局應該促成訓練「英文人材」的機構專業化。譬如說，軍事翻譯人員可以由軍官學校訓練，商業秘書可以由商業專科學校訓練，或者在大學商學系增設商業英語等科目。另一方面，教育當局可以改善中等學校英語課程，加强「基本英語」的訓練。至於存心「出洋」的青年，則更大大可以不必為了「出洋」而投考英文系。學新聞的不妨直接進新聞系，學經濟的直接進經濟系。在大學四年，儘可多讀「本行」的英文著作，增進英語閱讀寫作能力。

英文系的多頭現象存在既非一日，一般人習慣於亂糟糟狀態，一旦有人截然指出它的本質，澄清它的目標，反而覺得其內容的狹窄，實際功用的渺茫。這種急切求功的心理固然是英文系的致命傷，也是整個大學教育，整個社會的隱憂。筆者以前在本刊「我們為什麼要大學」一文曾指出這種短視心理所引起種種不健康現象。在自然科學方面，一部份國人似乎有某種程度的覺醒。不再覺得理論科學是「玄之又玄」「高不可攀」「與社會脫節」。但在人文學方面，意見仍是一片紛紜。本文目的在闡述大學英文系的眞正性質，無意節外生枝，討論文學與人生，學術與社會等最基本的問題。最低調地說，如果我們有三五位眞正有分析英語能力的專家，有三五位眞正熟習英國語言史的學者，那麼今天我們也許會有幾本像樣的字典、詞典、幾冊權威的參考書。在訓練「基本英語」或「英文人材」時，我們也許可以減少不少困難。將訓練「英文人材」的責任加諸英文系，勢必兩敗俱傷；這樣，英文系既無法養成優秀的「學者」，也無法訓練實用的「人材」。

意大利的左派勢力

羅馬通訊・六月廿二日

魯　冀

法意兩國的共產黨是自由世界中組織最龐大的兩個「共產主義」政黨，他們在國內擁有百分之二十到百分之二十五的選民，且在國內政治及社會各方面具有相當的實力。法國共產黨是其國內唯一的極左派勢力，故其在政治及社會各方面的活動，和其所控制的工會等附庸事業與組織是不會受到國內任何政治團體所牽掣的。意大利共產黨的情況則頗不同，陶里亞梯（Palmiro Togliatti）所領導的意共雖是目前意大利國內勢力最雄厚的極左派政黨，但却不能單獨代表極左派勢力的整體；因爲在意大利，無論是在政治或社會等方面，其極左派勢力除意大利共產黨外，尚有奈尼（Pietro Nenni）領導的「意大利社會黨」（Partito Socialista Italiano，簡稱 P.S.I.）

意大利共產黨和法共一樣，產生於社會黨的分裂。然而意大利的「馬克思社會主義組織」自一九二一年一月二十一日立渥爾奈（Livourne）特別大會時分裂產生共產黨後，三十餘年來一直幾未間斷的演着社會黨的二元制。自立渥爾奈大會共產份子脫黨後，社會黨內卽逐漸演變成賽拉梯（Giacinto Serrati）及杜拉梯（Turati）兩派，至一九二二年羅馬大會，値墨索尼里（Benito Musolini）主政前夕，社會黨致分散成兩個政黨。一個是由賽拉梯領導的「多數派」（Massimalisti）主持的「社會黨」，另一個是由杜拉梯的「統一派」（Unitarii）組織的「社會統一黨」（Partito Socialista Unitario；簡稱 P.S.U.），旋又更名「意大利社會勞工黨」（Partito Socialista Lavoratori Italiani；簡稱 P.S.L.I.）。在一九二四年奈尼得賽拉梯的認許曾抵制了當時共產黨對社會黨所施的「吸收政策」。

至一九二七年四月，於流亡途中成立「反法西斯集中組織」，社會黨和社會勞工黨同時參加組織，是時已由奈尼主持的社會黨雖不能說是共產主義政黨，但已在與共產黨一致高唱「工人主義」。自此意共欲與社會黨聯合組織「工人統一陣線」以反對社會勞工黨。然而此一行動竟導至社會黨內部意見分隔，使形成奈尼領導的少數派和主張與意共合作的巴拉拔諾瓦（Angelica Balabanova）的多數派的對立。到一九三〇年七月奈尼的少數派經談判後與薩拉加（Giusepple Saragat）主持的社會勞工黨合併成立「社會黨」，由奈尼出任此一新社會黨的書記長，演出當時社會黨的雙包案。旋巴拉拔諾瓦的社會黨自潰，使社會黨一時成爲單一的整體；但內部派系對立却仍在威脅着黨的一致行動。

一九三四年二月意共向社會黨建議組織「反法西斯聯合行動」，至同年五月「反法西斯集中組織」被解散，七月十七日兩黨在法國正式訂立「聯合行動約章」。經三年的「共同」工作，薩拉加與奈尼意見相左，因前者堅持主張社會黨應與共產黨脫離關係而引起爭執，幾演出社會黨的再度分裂。結果於一九三七年七月二十六日由奈尼，薩拉加及塔斯加（Tasca）等人組成的新領導中心與意共重訂在意大利境內秘密活動及必要時暴動的聯合行動約章，始避免過社會黨的分夥。旋德蘇簽訂協定，使上項聯合行動無形廢止。奈尼因之而自動辭書記長職，由毛爾加里（Odino Morgari）繼任。各地共產黨與蘇俄行動作最密切的「配合」，及至蘇俄參戰後，意共遂於一九四一年八月聲言共產黨與社會黨的「聯合行動」仍繼續生效。但是事實上一九四一年至一九四三年期間意大利社會黨除由西隆奈（Ignazio Silone）在瑞士沮利世（Zürich）主持國外中心繼續活動外，其他各地已無具體的組織了。

× × ×

第二次世界大戰結束，「法西斯」勢力崩潰後，意大利社會黨更名「無產階級統一社會黨」（Partito Socialista Italiano d'Unità Proletaria 簡稱 P.S.I.U.P.），由奈尼領導，返意活動。一九四六年六月二日制憲大會選擧時，「無產階級統一社會黨」獲四、七五九、〇〇〇票，較意共所獲尙超出四〇三、〇〇〇票。至當年十月二十五日「聯合行動約章」經雙方聲明重新生效，奈尼派態度過於附和意共作風，於一九四七年一月羅馬大會中薩拉加派再度脫黨重組「意大利社會勞工黨」。當時退出奈尼的社會黨者尙有隆巴爾多（Ivan Lombardo）派及西隆奈派。二小派於一九四八年與薩拉加派合併，成立「社會統一派」（Unità Socialista，簡稱 U.S.）。然而薩拉加與奈尼分夥時僅擁有少數派的支持，同時因「聯合行動約章」，對社會基礎及工會勢力未能作有效的操縱，雖事後又獲兩小派來歸，勢力終不敵奈尼。在一九四八年四月十八日大選時只獲一、八五五、〇〇〇票，而奈尼主持的社會黨與意共合組的「人民主陣線」（Fronte democratico popolare）竟獲八、二〇〇、〇〇〇票。至一九四九年社會黨又掀起分夥事件，羅米達（Giuseppe Romita）於奔走奈尼及薩拉加所領導的兩黨統一問題失敗後，宣佈退出「社會黨」再組「社會統一黨」。一九五一年馬泰歐梯（Matteo Matteotti）亦脫離奈尼的領導加入羅米達的組織，並於一九五二年四月與薩拉加派合作，由薩拉加領導成立今日的「社會民主黨」（Partito Socialista Democratico Italiano 簡稱 P.S.D.I.）。旋被邀代替奈尼的社會黨加入「社會主義國際」。

社會黨經數度的分裂及脫黨事件，使奈尼的實力日漸削弱，在一九五一年的省市議會選擧中，意共所獲票數竟首度超過社會黨（共產黨獲四、四五二、〇〇〇票，社會黨獲二、七二一、〇〇〇票，薩拉加及羅米達的兩黨共獲一、七一八、○○○票)，而奈尼却損失兩百萬票。在一九五三年六月七日大選時社會民主黨實力削減（獲一、二二四、○○○票)，奈尼票數略增(獲三、四四四、○○○票)，但意共實力的直線上漲(獲六、一二一、○○○票)，使奈尼在此情形下已無法對「聯合行動」再有何期望。及至蘇俄發動清算史達林運動，「聯合行動」更受打擊，一九五七年五月二十八日的地方選舉，意共，社會黨及馬那尼 (Valdo Magnani) 的「社會獨立同盟」(Unione Socialista Indipendente) 和拔里 (Ferrucio Parri) 的「人民統一派」(Unità Popolare) 共獲八、三九六、○○○票，意共損失一百二十萬票；社會民主黨頗有收穫，獲一、七八八、○○○票。此後奈尼更不能留戀「聯合行動」了。

×　×　×

意大利共產黨與社會黨的「聯合行動」局面一直維持到去年上半年。及至赫魯雪夫清算史達林的秘密報告被公佈後，奈尼即公開表示不滿，於六月十八日及二十四日在該黨機關報「前進」(Avanti) 報上撰文痛責赫魯雪夫，並盼蘇俄當局能對秘密報告加以解釋。同時在該黨主辦的純理論性的刋物「工人世界」(Mondo Opéraio) 上連續發表三篇文字，分別討論關於社會黨與共產黨在哲理上連繫的基本原則，無產階級專政及在獨立自主原則下與蘇俄的合作，而不以僅抨擊「個人崇拜」爲滿足。同時說明「民主」應爲最後所採納的方式。奈尼的文字公佈後，意共對其言論並未公開反駁，在社會黨內部亦未表現若何刺激感動。其實意共對赫魯雪夫秘密報告也感覺突如其來，頗感徬徨而無所適從。一九五六年五月二十八日的意大利地方選舉時，意共和社會黨尚聯合競選，但自此以後兩黨已明顯的逐漸的走向分夥的途徑。由於「社會主義國際」及法國社會黨的奔走，於一九五六年八月二十五日奈尼與薩拉加在法國境內薩伏衣 (Savoic) 省普拉路南 (Pralognan) 地方會晤，談兩黨統一問題。當時薩拉加提出：①社會黨內部民主化，②拒絕與共產黨從事任何合作，③與西方世界團結原則，④社會黨工人退出意共控制的總工會。而奈尼却同時堅持：①社會民主黨必須退出政府，②應視北大西洋公約組織爲防衛性而有限制的組織，③在總工會之內實現工會統一，④保持與共產黨的階級上的統一關係。雙方條件相差過遠，無法獲得結果。意共原本贊同社會黨統一問題的提出，希望談判拖延下去，借以鼓動一次閣潮，更希望把社會民主黨拉入意共的反政府陣線。但此時開始攻擊奈尼，而支持社會黨副書記長培爾提尼 (Sandro Pertini)，終使奈尼態度動搖，於一九五六年十月五日與意共重訂兩黨在行動上的「諮詢約章」以代替舊有的「聯合行動約章」。這並不是說他要與意共合作，而是走向與意共拆夥的第一步驟。

其實在一九五一年地方選舉時失敗，及至一九五二年莫斯科當局開始傳出「和平」空氣後，奈尼即欲謀求擺脫意共。然而一方面奈尼於當時與意共有「聯合行動約章」，同時兩黨自一九四七年以來一直結合一致反對政府；何況薩拉加派自脫離社會黨後，一直與基督教民主黨(D.C.)，意大利自由黨 (P.R.I.) 及意大利共和黨 (P.R.I.) 成立「中央集團」，聯合組閣，或在外支持基督教民主黨的政府。使奈尼無法利用時機。這個時機便是一九五六年的清算史達林運動。

×　×　×

赫魯雪夫秘密報告的公佈及奈尼態度公開的轉變使意共內部發生不安，黨員們如雪片似的要求「釋疑」的信件，使陶里亞梯爲避免危機的嚴重化不能繼續沉默下去，因於六月間在「新辯論」(Nuovi Argomenti) 及意共機關報「統一報」(Unità) 發表談話，提出「社會主義」民主化，在蘇聯外各黨的獨立性及成立莫斯科以外共產黨的多中心體，作爲意共對清算史達林運動的反響。陶里亞梯的「多中心」主張僅在六月底的意共中央委員會中再度提及，事後因蘇共中央的指責而作罷論。陶里亞梯的作風雖盡其效忠克里姆林宮的能事，但其曇花一現的主張却在黨員及幹部的心上留下深刻的印象，以致對黨的行動產生猜疑不安的心理，因此意共中央決定自去夏至十二月意共第八全會止，在黨報闢專欄發表黨員的意見，作爲第八屆全黨代表大會的參考，以再統一黨內的意見。

×　×　×

去歲波匈革命事件的發生，蘇聯諉稱應匈牙利政府之請，於十月二十三日將大批紅軍源源開入匈境，絞殺匈民的革命。此事使引起社會主義及共產主義份子的嚴重的良心不安，對紅軍的「鎭壓」行爲採取贊同或反對的立場。其中贊同蘇俄的暴行即是說在絕對接受：①蘇共是「世界工人運動」的領導者；紅軍勢力是建設「社會主義社會」唯一的保障者。②贊同紅軍開入匈牙利「平亂」是自然而應爲的行動。③承認且接受凡共產主義政權皆爲蘇俄的附庸。④根本放棄社會主義民主化途徑的探求。反對莫斯科瘋狂的武裝行動即等於：①不再無條件的擁護蘇俄及其一切的決策與行動。②放棄與莫斯科採取一致行動。③紅軍並非「社會主義」秩序的保衛者。④承認樹立共產黨多中心體，主張蘇俄以外各黨的自主行動及探求社會主義民主化的途徑。

是時除一些左派文化界人士對蘇俄軍事行動提出反對與質問的言論外，各共產黨中央仍向克里姆林宮主子效忠，不顧一切的宣傳莫斯科所稱「匈牙利暴動乃反革命份子所主持，企圖推翻該國內的社會主義秩序」。意大利國內沒有發生像法國所發生的强烈反共行動，僅各政黨在國會中就匈牙利事件向外長馬爾提諾 (Gaetano Martino) 提出質詢，嚴厲指責蘇軍在匈暴行，使意共得認清其環境的惡劣。當時隆巴第 (Riccardo Lombardi) 代表社會黨議員在會中發言稱：匈牙利流血事件的造成，係由於執政者在建立該國的社會主義秩序時忽視人民的自由意向及缺乏民主作風所致。」並宣稱：「社會黨對匈民走向社會主義時，爲求民主自由的保障而掀起的鬪爭表示贊助。」更稱：「不管是否由納格（Imre Nagy）政府請蘇俄軍隊出面平亂，紅軍在匈的行爲是絕對不可饒恕的。」

至十一月六日蘇俄二度出兵「鎭壓」匈民的反共革命運動，意大利國會召開時，除共產黨議員外，社會黨亦參加反共政黨行列，全體肅立向匈牙利革命的壯烈牲犧者致敬。此次會中由奈尼本人代表該黨發言，沈痛斥責蘇俄的武裝侵略行爲。在結語中更强烈的說：「蘇俄的軍隊不能以治安人員的身份駐紮匈境，更不應以武力支持無法代表匈民，甚至工人階級的傀儡政府（指今日匈牙利的加達爾政權）。」

匈牙利人民革命事件劇烈的演變，連意大利工人社會亦受到相當的感動，而發生恐懼不安的現象。自波次南（Poznan）事件以至波匈革命運動的發生，意大利工人們正在激烈的辯論着因清算史達林運動而再度提出的社會主義及共產主義的基本問題。而波匈事件使他們由理論上的爭辯將眼光轉移到個人與共產黨間應保持的關係及個人應有的立場。

在意大利由於共產黨與社會黨成立的「聯合行動約章」，總工會（Confederazione Generale Italiana del Lavoro 簡稱 C. G. I. L.），「和平運動」，左派文界等本爲共產主義及社會主義份子彼此共同活動的範圍，然而事實上兩黨在社會方面所掌握的共同勢力多爲共產黨的行動所控制，對一切問題的公開反應均視意共態度，向少有自主立場，至去年六月以來，受奈尼態度轉變的影響，在各組織中漸有不一致的行動。當波次南人民反共怒潮初度掀起，意共即緊隨莫斯科所稱的「此事件係帝國主義特務煽動所致」的歪曲說法，向意大利各階層社會中宣傳。這種宣傳在工會範圍內並未能發生若何效果。總工會秘書長第威托利優（Giuseppe Di Vittorio，兼共產黨控制的「世界工聯」主席）發言雖承認有「煽動份子」的「陰謀」，但稱如果波次南工人羣衆對政府政策沒有普遍的反感時，則任何「煽動份子」的陰謀均將無法發生作用。第威托利優且曾代表工會指責當時波蘭工會主持人的不當行爲及違反民主的作風。於波匈反蘇革命相繼爆發後，意大利總工會內因受社會黨份子的主動通過譴責蘇軍在匈罪行的決議。此事件在左傾文化界中亦有强烈的反應，五十餘名共產黨及親共的文化從業者聯名譴責蘇聯暴行。當時「和平運動」組織雖未見有類似的決議通過，然而社會黨份子在組織內的憤怒態度足以使內部呈現同樣的危機。及至十一月間在芬蘭京都赫爾辛基（Helsinki）召開「世界和平大會」時，意大利社會黨代表竟向蘇聯代表挑戰，因不同意最後決議的內容而不投票，同時提出解散該運動的宣言。意大利的左派輿論，除意共機關報「統一報」外，亦表現激憤情緒，羅馬親共報紙「國家報」（Il Paese）和「國家晚報」（Paese Sera）的主編曾致函「統一報」抗議義共及其所屬議員在國會中所持態度。杜安（Turin）城「統一報」的編輯甚至撕毀某意共首腦人物所撰的一篇爲蘇軍在匈行爲作辯護的稿件。是時意共中央一方面在效忠莫斯科，積極在「統一報」上響應蘇聯的歪曲宣傳並盡力爲紅軍行爲辯護；另一方面陶里亞梯希望利用狄托是時對加達爾政權所持的贊助態度以避免意共內部發生嚴重的危機。旋南斯拉夫政策改觀，使意共中央失掉了這個屏風，而發生不可避免的危機。

× × ×

陶里亞梯爲挽救當時黨內的危機及保全個人領導地位，在準備十二月八日的意大利共產黨第八屆全黨代表大會時，利用藍果（Longo），阿芒多拉（Amendola），巴日達（Pajetta）等副手盡量控制黨中各級組織，精心遴選二、〇三五、三五三名黨員的一、〇六四名出席八全大會的代表。會中陶里亞梯以「意大利社會主義途徑之尋求及工人階級民主政府的成立」爲題，演說達四小時之久，一方面反覆陳述黨的革新與加强，且靈活的指出波匈共產政權的錯誤，在辭句上虛飾讓步，借以緩和主張「清算史達林運動」及「民主運動」者的攻勢，及加强黨員對共產主義原則的信心。

然而會中仍發生激烈的辯論。史達林派馬爾吉西（Concetto Marchesi）積極反對對史達林的毀謗。當時對黨攻擊最甚的有極右派里梯（Antonio Giolitti）及古路（Gullo）二議員，前者堅持主張黨內的民主化，後者揭露了黨中央機構的獨裁作風。意共八全大會中陶里亞梯得到第威托利優，色吉亞（Pietro Secchia），那波立塘歐（Giorgio Napolitano）等的支持，能對反對者予以迎頭打擊，但因此該黨對外的實力亦受意見分歧的影響而減弱，況且第威托利優在給予意共書記長的支持時，除激烈攻擊蘇聯對波匈政策，還主張總工會得不受黨的直接控制而自主。

× × ×

如果說蘇共第二十屆大會的結論及赫魯雪夫秘密報告的揭露促使意大利社會黨走向自主的途徑；然而當時奈尼尚不敢斷然與意共全部脫離關係。及至匈牙利事件展開後，社會黨中央始認爲在十月五日與意共成立的兩黨間行動上的諮詢約章代替原有的「聯合行動約章」一事的處理得當。事實上這一個新的「諮詢約章」自成立後即因波匈局勢的演變而成廢紙。誠然匈民反蘇革命劇烈的進展使社會黨與意共兩黨之間呈現出一個不可彌補的裂痕。奈尼在十月二十八日「前進報」社論中明白的指出在匈牙利反蘇革命運動中，一方面是堅決要求民主自由政治的工人們及學生羣，一方面是與之對立而要求蘇俄出兵的一羣不承認其所施的錯誤及其罪行的共產黨統治階層。他主張支持匈牙利工人擊毀獨裁組織，期建立眞正的「自由」與「民主」，以期實現匈牙利的國家獨立和自主及紅軍的撤退。同時主張：「無產階級革命的保障應由工人的熱血及武器擔當，否則此革命將無法實現。」該社論中對當時波蘭問題亦曾述及，其看法爲：「如僅以清算史達林即已自足則是錯誤的看法，而應同時謀求政治制度上的澈底修正。」奈尼於意共八全大會閉幕的次日在杜安城演說，除指責英法聯軍對埃及的攻擊外，又繼續斥責紅軍在匈違反人權的行動，堅決表明社會黨立場。其對於意共第八屆全會的意見，認爲意共並未能將目前的重大問題提出討論。奈尼且甚期望社會黨與社會民主黨的統一能以實現。因其認爲今後兩黨的統一是意大利民主生活的改革因素。但是在另一方面他却不願與工人世界隔離，亦不願放棄與天主教徒的談判。

關於社會黨與社會民主黨的統一問題，在社會黨內意見頗爲分歧。去年十一月間該黨中委員會在羅馬召開時，與會委員中僅隆巴第，商松奈(Sansone)，馬扎禮 (Guido Mazzali)，馬托奇 (Matteucci) 和商梯 (Fernando Santi) 主張儘速進行有關兩黨的統一工作，使得早日實現。但其他如培爾提尼，威期提(Tullio Vecchietti)，塔爾格梯(Targetti)，戴馬提諾 (Francesco De Martino)，瓦洛里 (Dario Valori)，巴梭 (Lelio Basso) 等對此問題或激烈反對，或持懷疑態度。培爾提尼是積極反對派的首領，在會中盡全力主張應對東歐「社會主義」的建設具有信心。在他看來與薩拉加派合作是絕對的錯誤行動；相反的，今後社會黨應繼續協助義共走向建立意大利「社會主義」制度的途徑。當時培爾提尼的主張甚得馬拉圭尼 (Malaguigni) 的支持，他亦主張意大利社會黨應保持其過去一貫的態度與作風。是時奈尼發言，對培爾提尼等主張提出反擊。奈尼提出「統一運動」的進行是根據目前情勢自然演變所致，也就是說以社會黨與意共主持的「聯合行動」來作羣衆的領導工作在現時已不發生作用。他指出在一九四八年至一九五三年間與共產黨合作是適合時勢的政策；但自一九五三年經過一度危機後，此一「聯合行動」已爲環境所不允許而走向孤立。今日如欲打破這個孤立現狀，社會黨必需自主行動，主張與意共脫離關係。其對意共的看法，認爲：「意共目前在自行孤立。但只有意共參加『自由之戰』和『工人要求的鬪爭』始不致有人孤立共產黨。」此次會議的決議，雖經無數的激辯，除指責英法出兵埃及外，並稱：「匈牙利革命運動的爆發促使整個工人世界對『社會主義』予以尊重，及指示給我們澈底執行淸算史達林運動的必要性。」

今年二月間在威尼斯召開社會黨第三十二屆大會時，社會黨與社會民主黨統一問題是會中討論的主要課題。出席大會的六七三名代表中可分爲：①奈尼派：包括贊成統一運動的反對意共份子，該派因得隆巴第的獨立派的支持而加强聲勢。②培爾提尼派：可謂爲社會黨內的共產份子，該派態度不顧一切的堅持與意共團結合作。③巴梭派：該派意見並不反對統一原則，但反對在薩拉加的反共原則上作過度的讓步，同時爲激烈的反對教會者。④瓦洛里派：該派爲前社會黨副書記長莫昂第 (Rodolfo Morandi 於一九五五年去世)的支持者，包括黨內大部工作者。就大會召開時情勢分析，奈尼最多只能獲得出席代表中百分之四十到百分之四十五的支持。爲了應付當時困難的局面，使大會能通過「統一問題」原則，奈尼的開幕詞竟以個人名義提出，而未利用上屆委員會的名義。這樣其發言當不受中委會中反對派的限制。其發言中針對出席大會代表對「統一問題」的懷疑與不安的心理（當時一般黨內人士深恐奈尼在進行與薩拉加談判統一對後者會盡量讓步，感受社會民主黨的「親大西洋主義」，與基督教民主黨實行合作及一貫的反對共產主義等政策），肯定的提出：①在將來意大利社會黨的外交政策仍保持其「歐洲中立」的主張。②工人團體的團結雖因匈牙利事件而受打擊，但不得因此導致工人團結的全部分裂。且期望共產黨內部推行「民主」運動。③統一後的社會黨在政治上不應加入由基督教民主黨領導的「中央集團」。奈尼這次的發言在大會中頗獲成就，使「統一問題」獲得莫昂第派及巴梭派多數份子的支持。巴梭及瓦洛里在大會中發言均符合奈尼的主張，使反對最烈親共最甚的培爾提尼孤立，無法與奈尼對峙。結果祇有奈尼提出方案，主張：①願與薩拉加的社會民主黨實現統一。②對共產黨言，社會黨的行動保持絕對的自主。③基於自由與民主的大原則，在行動上接受加入西方的共同防禦組織。④相信歐洲聯盟的必要性等等。此提案在大會順利通過。事後培爾提尼因感勢力不敵，亦放棄繼任副書記長之職。

意大利整個的左派勢力當時均在注意着社會黨威尼斯大會的進展。奈尼在會中斥責蘇俄行動，且擺脫他與意共的關係。致代表意共列席大會的拍塔(Giacarlo Paietta) 在威尼斯公開責罵奈尼，甚至稱奈尼爲「叛徒」。但自二月十八日以後，意共中止對奈尼的攻擊。其中央委員會更公佈拍塔因健康欠佳得至鄉間休息。二月底前立渥爾奈市長，國會議員第亞茲 (Furio Diaz) 向黨提出辭職，並與數名地方幹部及市議員聯合加入社會黨。照意共慣例凡自動辭職，即被開除黨籍。但意共中央却並未以此事件向社會黨開砲。明顯的，社會黨態度的改變促使意共內部再度動搖。目前意共絕不願與社會黨分夥促其危機更嚴重化。此點可見於二月十八日「統一報」所發表的意共中委會公報。今後意共對社會黨政策將是絕對主動的，即使奈尼堅持拒絕與其繼續合作，陶里亞梯會拉緊他不放手的。

在左派的一羣小黨中，馬那尼的「社會獨立同盟」早在威尼斯大會聲明將與社會黨合併。就目前情形看來，合併工作即將開始。其餘如「人民統一派」等等對社會黨第三十二屆大會的結論均甚表滿意。在政府黨派中的「共和黨」方面黨魁之一的拉馬爾發 (Ugo La Malfa) 主張該黨參加反對黨陣容，因在其看來目前在意大利如能掀起閣潮，則是有助於社會黨統一的實現。

× × ×

社會黨第三十二屆大會因培爾提尼的低頭未至演出分裂而獲得圓滿結束。對於培爾提尼此舉想不應解釋爲其在衷心爭取黨內的團結，實在謀求挽回社會黨與共產黨關係，以求在黨內爲意共說話。關於社會黨統一問題，當時奈尼雖領導着社會黨先向社會民主黨招手。但在三、四月間相繼發生的幾件事使統一運動增加不少困難。三月間米蘭東北樂柯(Lecco) 地方的部份選舉，社會黨與社會民主黨曾聯合競選地方參議員，却意外的慘敗，與上屆兩黨單獨競選所獲數字比較竟損失一半的選民，共產黨却收獲甚大。數日後在克列姆納(Crémona)，利米尼(Rimini)，訥瓦拉(Navara)各地連續舉行的地方部份選舉中，亦發生同樣現象。這次意大利部份的地方選舉，參加選民總數在十二萬以上。雖然意共的成就可能受當地特殊環境所促成。但由此所得的一般結論為：①薩拉加對社會黨統一問題未表示具體態度，使選民懷疑奈尼的行動，影響兩黨聯合選舉的結果，只能獲百分之十二到百分之十七的選民支持，②因上項原因，陶里亞梯得不過份受去年波匈事件的影響，能繼續把握住極左派選民羣。如意大利內部政情能不受劇大變動，意共今後在選舉中是能掌握着百分之二十五左右的數字。③基督教民主黨的勢力甚有進展，能擁有百分之三十五以上，甚至過半數的選民。

在工會方面，一月底杜安城飛亞特(Fiat)汽車廠廠務會議四名總工會籍奈尼派代表因感在總工會內無法享有工會的自由而提出辭職，渠等認為社會黨對意共的自主行動應同時執行於工會範圍。這與奈尼主張與意共維持在社會階層內的合作原則矛盾，故主張於四月選舉中支持社會民主黨與共和黨主持的「意大利工人同盟」(Unione Italiana dei Lavoratori 簡稱 U.I.L.)。杜安城的飛亞特廠僱用工人及職員達六萬四千名。該廠每年廠務會議代表的選舉，意大利全國的工會及政黨對之均甚重視，由各政黨掌握的工會在每年一度角逐中所獲的結果，可以表示各該黨實力的消長。該廠務會議代表於四月九日舉行，各工會所獲成績如下：

工會名稱	一九五六年所獲票數	一九五六年%	一九五七年所獲票數	一九五七年%	一九五七年分配席次
意大利總工會	一五、九〇〇	二八·八	一三、〇三六	二一·一	二四
意大利工人同盟	一三、一〇〇	二三·九	一六、二六六	二八·四	五七
自由工聯⑴	二六、〇〇〇	四七·三	二八、三三八	五〇·一	二四

⑴自由工聯 (Confederazione Italiana dei Sindacati Liberi 簡稱 C.I.S.L.) 乃基督教民主黨支持的工會。

就上表看來「總工會」的實力較去年損失百分之七·七，而「工人同盟」却增加百分之四·五的選票。如再與一九五四年成績比較，則總工會選票竟被削減三分之二（一九五四年總工會獲選票總數百分之六十三），由第一位降至最後一位，使其他兩個工會實力在飛亞特廠廠務會議中各增加一半（一九五四年工人同盟獲百分之十三，自由工聯佔百分之二五、四）。意共認為今年總工會勢力的繼續純係奈尼社會黨在工會中勢力消減的結果；意共在工會中仍維持去年的力量。這種說法不無根據，在二月底奈尼份子辭去廠務會議代表時已預測到社會黨的失敗。如再進一步的研討，社會黨中由奈尼與培爾提尼領導的兩派因「統一問題」在黨內掀起的明爭暗鬭足使社會黨所領導的工人羣衆的思想發生徬徨而動搖，甚至投向「工人同盟」。

× × ×

除意共與社會黨本身外，威尼斯大會的決議也影響社會民主黨的團結。至四月中旬社會民主黨的危機呈尖銳化，黨內左派首領，書記長馬泰歐梯主張社會民主黨退出由基督教民主黨主持的政府，參加在野的反對派，以使「統一」早日實現。其意見在黨中央受到中間派及右派份子的反對，而薩拉加，西姆尼尼(Simonini)及羅西(Paolo Rossi)反對尤烈。故馬泰歐梯於四月十八日辭去書記長職，由副書記長塔那西(Tanassi)接替。薩拉加及西姆尼尼拒絕脫離政府的理由有二：①社會民主黨不需要向奈尼低頭，何況奈尼迄今並未與意共完全脫離關係；②不願與基督教民主黨折夥，使其於不得已中向右派招手。旋社會民主黨向奈尼提出①執行民主原則，②接受目前政府所行的外交政策，③停止與意共在行政及組織上的合作等作為統一問題談判的條件。就當時情形看來，兩黨統一問題的進展頗有阻礙。奈尼廢除與意共的「聯合行動約章」在使薩拉加退出政府，況且事實上社會黨內一部份人尚反對此舉，尤不願在工會組織中與意共分家。而薩拉加則明顯的表示不願與基督教民主黨決裂，至少明年大選前不擬退出政府。何況四月間英工黨黨魁凱次克爾(Hugh Gaitskelle)至意時對薩拉加意見頗表示贊同。

至五月七日薩拉加終於辭去內閣副總理職，社會民主黨籍的公共工程部長羅米達，勞工部長魏戈芮立(Ezio Vigorello)及教育部長羅西亦同時辭職。薩拉加此舉旨在以主動的辭職重整黨內的團結。數月來社會民主黨中贊成統一的勢力日見强大，雖黨內右派勢力領導西姆尼尼堅持反對，而薩拉加則實無法不採此舉矣。然而黨內由羅米達領導而握有黨內幹部百分之二十力量的一派勢力迄未公開表示態度，這在今年十月中該黨大會時當會發生很大的作用。

總之，至目前為止意大利閣潮雖已發生，而社會黨的統一却未能因閣潮而實現。當然一切尚有待社會民主黨對下屆內閣的態度表現及其十月大會的決定。但奈尼迄不願全部放棄與意共的關係將成為今後統一談判時最大的阻礙。就各方面看來如統一實現，則十月間的大會後或將會發生社會民主黨的分裂。

四六年六月廿二日

雷諾事件在美國

美國通訊・七月五日

王紀五

因為美軍軍士雷諾殺人案的審判有欠公允，引起臺北市民搗毀美國大使館的事件，在美國已經不再是惹人注目的新聞了。當這一不幸事件初傳之時，國會中固然有人高呼要「停止對自由中國的美援」，一般從事內幕報導的專欄作家，也紛紛傳聞華府當局將再調整對華政策。但是經過一個多月的觀察，似乎已證實了傳聞仍僅是傳聞。美國朝野人士對這一事件的反應，大體都能抑制衝動，防止遺憾的擴大。

美國素有尊重外交特權的傳統。美使館在海外被搗毀，無疑是對美國人的自尊心與榮譽感的一個大打擊。但美國人畢竟沒有以不當對不當，終能顧及大局，其原因決不是偶然的。

從防止不幸後果的擴大這一個觀點去看，美國輿論對這一事件的報導始終能維持冷靜、客觀和公允的精神，對維繫中美邦交自有不可磨滅的功勞。有地位的報章雜誌，對這一事件的報導，都能認淸雷諾案本身與搗毀美使館事各自有其是非。這一點在尊重法治的美國人心目中是極重要的。大體而言，美國的輿論都能指出雷諾案審判中超越常軌的實質問題和程序問題。例如時代雜誌，在論述雷諾案時，便明顯的暗示這一案件如在美國司法機構中審理，未必會有同樣的結果。偏激的輿論自然是不免的，但在崇尚言論自由的社會中，過激的論調是難獲多數支持的，這是言論自由之價值的消極的一面。

曾有譏笑美國的人說，在美國只要是「新聞人物」，便自然成為「英雄人物」。證諸雷諾案件，這一說便不攻自破了。雷諾回美以後，很快的就沒沒無聞了。他在北加州下飛機時，對記者的談話固然閃爍其詞，記者提出的問題，也有不少是令他難堪的。

另一方面美國人對雷諾事件所引起的騷動，能保持相當的冷靜，是由於美國人對相似的案件已頗多經歷，心理上並非毫無準備。事實上，雷諾案可以說充份的反映了今日美國法政界激辯中的兩個焦點問題：其一是軍法審判的程序問題，其二是美國駐外軍人的法權問題。

美國成為軍權國家是晚近以來的事，因此美國的軍事審判法與普通司法程序相較，顯然是很落後的。在二次大戰以前，美國的軍法審判程序中，主管長官的意見常有決定性的作用。同時，陸海空軍各有其自用的軍法，且皆採硬性的一審制，以至在二次大戰中，造成許多「寃獄」。軍法失之過嚴，終至輿情鼎沸，美國國會乃於一九四七年制定了三軍通用的新軍事審判法。新法的重心在保障被告軍人的法權，其方式則為加强被告選擇律師的權限，鞏固陪審員的獨立地位，限制主管官的干預，設立上訴制度等。新法的用意原是良好的，但十年來執行的經驗，便覺其每有矯枉過正的弊端，常因其失之過寬，以至人言嘖嘖。

主管官(軍事法庭召集人)的權力被限制，同時被告延聘有經驗的刑事律師與素質較差的軍方公訴人抗衡，這兩件事是導致軍法審判時常開脫罪犯的主因。今年六月底，美國陸軍的飛彈人員匿克森上校因洩漏軍事機密而受軍法審判。其犯案是為了與空軍內鬨，因而將機密情報洩漏以進行宣傳戰。事發之初，他曾接受主管官的警告。不得滋事；事發以後，其主管官並在法庭中宣稱匿上校已因其抗命瀆職，失去了軍人的資格。但匿氏終聘美京的名律師燕秦氏替他在法庭外四面宣傳，在法庭內利用戲劇化的表演爭取同情，結果僅獲申誡與罰薪的輕微處分。這一視軍法如兒戲的案件，已在美國國內引起軒然大波。觀察雷諾案件，其審判中不妥的處置，大抵在美國的新軍事審判制度中皆有蛛絲馬跡可尋。這一點中國人士或未盡注意，但案件的累積，再度修正軍法程序的呼聲在美國已是與日俱增了。

美國海外駐軍的法權，也是美國法政界今日的一個大難題。美軍派駐海外者分佈四十九國，數達七十萬，每年引起的法律糾紛勢不在少，因此與友邦的衝突幾無日無之。繼雷諾案後，美軍士兵吉納德在日本的過失殺人案，復成為今天美日邦交中的一大懸案。關於法權問題，美國人士的意見大約可分為兩派。保守主義者是以參議員布里克斯為首的憲法權力派，其基本論點是憲法高於條約，國法對軍人的保障無時無地可以放棄。另一方面，開明份子强調友邦的土地主權與美國的國際義務，國務院與國防部中的負責人多屬此派。這兩派的暫時妥協，便導致今日美國與四十多個友邦簽訂「美軍法權協定」(State-of-Force Agrements)。這些協定以北大西洋公約諸國與美國簽訂者為藍本，其原則一方面規定美軍僅對執行任務中的軍人以及美軍彼此間的案件享有法權，另一方面責成友邦給予美軍犯案人員公平合理的處置。數年來，這些協定的施行大體是滿意的。駐在國的司法機構對美軍法外施恩的舉措，更屬常見。惜以美國國內意見紛歧，這些法權協定至今不能有標準化的格式。或出以條約，或出以行政協定，其內容更參差不齊，咸視當時美國國內政情而定。從雷諾案看中美的法權協定，其需要修正是明顯的。由於美使館被搗毀，今後亡羊補牢的努力正多，而磋商一項較滿意的法權雙邊協定是我國朝野人士所應和所能致力的。

說到雷諾案對美國外交政策的影響，則所見所聞者仍是臆斷多於有確實根據的分析。六月中旬，艾森豪總統在記者招待會中暗示他同意放寬對

(下轉第27頁)

愛與死

張秀亞

友人文柏上週山坡墮馬，傷重逝世。今午大家爲他送葬回來，檢視遺物，枕下有一本日記，封面上潦草的寫了幾字，註明要我同琛保存。我坐在窗前，掀開了篇頁，其中只不連貫的記載了幾頁，都是爲了一個女孩子而寫的，我覺着應該保存這本日記的是她，和朋友商議的結果，由我將這日記抄寫一份，由我和琛保留那抄本，而將那日記設法交給那個女孩子，這雖違背了亡友的囑語，却是處理這份心聲紀錄的最好辦法。我遂一邊含淚重讀着這情感上的文獻，一邊抄寫了下去：

「我是深深的陷入情感的沼澤中了。

自一開始，我就知道這將是一幕不可避免的悲劇，只有將這份深情，嚴密的鎖在沉默裏。但是，愛的本身像是螢火，它是帶翼而有光的，世間沒有東西能封藏住它。儘管在言語文字的表達上，我們是無比的吝嗇，但是情感的本身，它不仰賴於任何語句的表現，這無言的愛情，輕輕的在我們的心扉間振翅，什麼力量能阻止它的飛進？愛是比語言比一切更美，更爲有力。」

「一想起了她，我像是在幽暗的雨夜看到了曉明星的閃爍；我像是一道細弱的溪水，歸向那一片海洋的蔚藍，但是，我沒有勇氣去輕叩她的門環。即使路上相遇，我也怯怯的成爲瘖啞的弦琴，發不出微聲。我甚至於沒有勇氣去向她那明燦的眸子探詢消息，唯恐發現瀦存其中的愛意退淺。我幾乎不敢仰起臉來，接受她銳利目光的無語窺測，爲了我怯於使她知道：泛濫的愛情已溢滿我靈魂的窗口。呵，只有我自己知道我的愛情有多深，超過葡萄牙的海灣，我寧願無言的在其中沉船，自溺。她呢，即使靜靜的不會說過什麼，但我知道這充滿了愛與美的靈魂是朝向着我的，是以我做爲太陽的，由那次在宴會中她對我的簡單談話，淡淡的微笑，我即知道了，空氣中另有一種以太，幫助她說明了這一點。呵，我的迦太基的女王戴杜 Dido！你不需要向我說什麼，我已知道你日日坐在火炬之中，忍受着自焚的煎熬，你曾經寄給了我一張白色的無字箋紙，我明白它的全部義蘊。我們的崇高情感，也將如這張箋紙，不着一迹，却描繪着情感圖畫的全部！……但我們已理智的看到了這悲劇意味的愛的終站，只默默的，默默的如兩顆星子般的相望着，這人人無法縮短的永恒距離呵！」

「我一日日的將自己關在屋子裏，免得出去又會遇到她上班下班。但是思念却如一片雲，輕輕的縈繞着一個天使的足邊。愛情使我無語微笑，又使我泫然欲泫，它如同柔風一般吹綠了我的生命草，又使更如三月的陽光一般，吻燃了我心中的火炬，它使我抑鬱的靈魂充滿了生氣，但在現實的風雪之中，這或將是一段夭折的春光。

這份無言之愛是太美了，但也太苦人了。但又有什麼辦法，就生活在這種痛苦中吧，痛苦會使這愛情的定義更爲高貴莊嚴，我願意擁抱住這份痛苦，如同早春的玫瑰將一顆冰冷的露珠深藏。

我始終認爲心中痛苦的人比心中空虛的人，更幸福一些，痛苦使我心靈跳動，使我意識到自己是在活着，我寫了一首小詩，正足以表現我絕望的心情：

曙光的足踝上
繫着金色的鈴子，
它輕輕的循着綠徑走了來，
看見我坐在小園的一角，
嘆息着，唱着自己的歌
用夢幻的綠絲穿綴花環，
『休息一會兒吧，人。』
『不，在日午以前，
我要將朶朶緋色的愛
套上她的心。』

暮色的前額上
飾着星光的纓繐，
它悄悄的繞過柱廊走了來，
看見我坐在古殿前
哭泣着，唱着自己的歌，
用褪色的絲線穿綴項鍊，
「休息一會兒吧，人。」
『不，在入夜以前，
我要以一串透明的珊瑚淚珠，
獻給她的心。』」

「我的內心，近來更陷於極大的矛盾，多少次，我想告訴她我對她的愛情，但我想像着她會回答我：『我們不相同的地方太多了。何況，我們中間又隔了這麼多可見的同不可見的牆垣。』我眞想對她講：愛情已消除了我們的一切歧異，它已神奇的裝飾了我們，使我們和它一樣的美，也使我和你完全一樣，何必更用俗世的標準來衡量？兩個相愛的人，他們的心是一樣高，和愛情一樣的高。什麼又是橫隔在我們中間的牆垣呢？愛的翅膀是可以騰越過一切的。但是我又似看到她低垂下頭，以那樣淒楚的聲音說：『我想起一個作家說過的話：神同意的，人不同意；人同意的，神不同意。那還有什麼再需要說明的呢，放棄了這份悲劇的情感吧！』

我清醒了過來，原是我一個人在那裏自問自答，實際上，我已好多天不會見到她了，我們正被那重重的不可見的城垣隔着，隔着……，唉，多麼濃的霧，多麼高而厚的牆垣，遮障在我們中間。」

「這幾日，精神上更陷於極度的恍惚，只靠了讀書、練字來收斂自己，鎭定自己，偶而在一本書上讀到幾句話：『世界上的一切，如同流水，都要流過去的，連我自己也不能長存。』這幾句話的意思和一個波斯詩人：『來如流水去如風』的詩句正相吻合。是的，一切都要過去的，連這份刻骨鏤心的痛苦也會過去的。如此一想，心中頓覺輕快了許多，……但是，理智的冷雨雖然已使情感的熱度低降，我的愛，我的淚，却早已因思念她而開放了花朵，呵，願這些花片繽紛於她夢中的小徑上……。」

「我逗留此地，將無計斬斷情感的亂絲，我決定到另外的地方去，遠遠的走開，再也不看到她，再也看不到她那茫然的，悲哀的目光，黯淡的神色，再也看不到她爲了愛而受苦。記得有人說過『眞正的愛情，有時在於能割捨所愛。』那麼，就讓我割捨了它吧，但是，當我努力試着折斷心中這一株愛情的白玫瑰時，我的心在流血了，流吧，爲了崇高的愛而負傷流血是值得的。」

「我今天去看她，和她告別，這也許是我今生和她最後的訣別了，我知道以後絕少相見的機緣。見了她，未及我說明，她似已預知了我的來意，——在愛情當中的人，原是格外敏感的。——她站在窗前的樹蔭裏，在她的臉上，分不清哪是枝葉的影子，哪是憂鬱的影子。聽到我遠行的消息後，她像是費了很大的力氣才吐出了幾個字：『你要走麼？那是好事情。』儘管她力自抑制，在那微弱顫抖的聲音裏，我聽到愛的追逸曲 fugue 在廻環。語聲是悲苦的，但她的唇邊却展現着一絲微笑，這經過了笑容巧妙化裝的悲哀呵！末了，她問我需要什麼，她願意送給我做爲紀念，我懷着無限的感激與傷心囁嚅着：『謝謝你，我不需要什麼，再見了。』我匆匆的走了出來，我下意識的感到她呆呆的立在石階上，像是一座石像，我不敢想像她在那裏站立了多久，呵，我是沒有勇氣再回過頭去了……。」

「我來到了×城，這兒距我以前住的地方，有幾千里路，想去尋覓她，夢中也會迷失了道路。這裏不像×城，終年少風雨，四季之中，明麗的太陽朗照，到處有炫麗的色彩，這地方，倒很像法國的西部。爲了收歛自己的心神，我開始着手採集一些植物標本，尤其是一些隱花類的植物，那工作我曾繼續了幾年，却又中輟，如今想再繼續下去，置身於綠色的大自然的國度，尋回我失丟了的平靜。我住處的附近多隰地，那一類植物同苔蘚是相當多的，我有時將大半天的光陰都消度在那裏，當我夕陽影中踱回住處時，我常常想起英國的散文家吉辛的話：『我如果總這麼遲回，也無人擔憂着急。』多麼凄涼的句子！我一回到那間小屋，洗淨了手上的泥土，將屋子向南的窗子打開，我心靈的窗子也立刻開啓了，一個人影，嵌在裏面，她向我招手，更向我微笑，我才意識到，我並未忘了她。入夜，我燃着了蠟燭，將那採集的植物加以分類，但那亭亭的燭影，使我更想起了她，我頓覺中心惶亂無主，呵，愛而不見，搔首踟躕，這隔絕的愛，已使我受盡了苦刑，我雖然不是個有宗教信仰的人，但是，爲了怕減損那無形的，精神上的花冠，我制止自己不去編織地上的花環，有意的摒棄那世俗與傳統的桎梏所遏止的愛。爲了這，那冥冥中的神祇也應賜我慰安，但何以我的心仍如此的擾亂不寧？我覺得自己是一枝生長在河畔的蘆葦，受了痛苦的砍削與剔剖，如今已成爲一枝玲瓏的笛子，但是缺少了愛情的吹息，它是不能成聲的，我將這枝笛獻到造物的手中……。

愛情在我的心上曾一度如海潮的奔騰，
又似夜鶯般的歛翼，
終於將如彩虹的一閃，
抹去了那一段傷心的消息。

我禱求，任着昨日的戀情如一片花飛，再去製造另一個春天吧，但是心呵，你又爲何擾亂不寧？」

「我聽從了友人們的勸告，決定過一段狩獵的生活，那也許會對我的身心有益，我寫信給母親，請她給我買一匹馬，由水路帶來，×地是出產名馬的，我希望未來一段林中馳馬的生活，會使我忘去了煩惱。」

「母親眞愛我，爲我買了那樣一匹好馬。通體白色，鬃尾上的毛如銀絲。昨天一日，我全在馬背上度過了，我曾策馬涉過那一道溪水，在溪底透明的卵石上踏過，氷涼的水珠濺滿了我的全身。後來我又在陡峭的山坡上疾馳，衝過那一片濃密的樺樹林，看着那碧綠的行列在我的身邊向後退移，一陣微風起自我的袖袂，一些葉片在顫搖着，似是敬禮我這未來的騎士，我更穿過一段幽靜的山坡，一切寂然，只有清圓的鳥聲盈耳，……但我在馬上的狂奔疾馳，並未能使我渾忘了一切，不論我朝着哪個方向而行，我的心靈總是向了她馳去，愛情如同風，而我則是那片風中的雲朶……。」

「朋友們曾勸告過我，我學騎未久，又不諳此馬的性情，這樣一天在山坡上騎馬疾馳，必會有危險的……，但是，我的心情煩躁，我不耐攬轡徐行。奔馳吧，奔馳吧—奔馳在我夢中的道路上，只當天邊那片微雲，便是她的映影。……母親處我還未曾寫信去，馬已經運到五天了……，明天一定要寫信去了。」

日記到這裏便未曾繼續下去，看看日子正是他墮馬的前一天，我闔上了那本日記，裏面並沒有什麼動人的情節，只是錯綜的心理一幅寫生畫，我未曾想到文柏在愛情上受到如許的煎熬，這份戀情是美的，但也是苦人的，確如他在日記中所說。我轉眼望着窗外，枝頭在悄悄的散落着昨日的花朶，落花無聲的飛在地上，殷紅如血，如同默默的結束的情感悲劇。……這時，房門開處，齡進來了，他是文柏最知心的友人，自文柏受傷後他一直就住在這裏。他手中拿着一封信，神情惶亂的對我說：

「文柏的老太太給他來了信，這該如何回覆她並安慰她老人家呢？文柏的死訊，還一直瞞着，怕她傷心。」

我打開了那封信，其中洋溢着慈母的深情，老太太在函中問到他的馬運到沒有，喜歡不喜歡那馬的毛色，更說到知道他的心情不好，希望他有良馬爲伴，精神會振奮一些……。信末更殷勤囑告他趕快寫封信回去。

我將那封信褶疊起來，放在文柏遺像的前面，我和齡面面相覷，不知道如何給那位愛子心切的老太太寫回信，……如果她知道愛兒是因墮馬受傷致死……，該是如何的難過？

窗外，雨聲更急，馬在廐裏悲鳴着……。

海外寄語之三

白色小屋的主人

於梨華

去年我由西部遷來普林斯頓(Princeton, New Jersey)時，最覺遺憾的是未能一睹當代第一科學家愛因斯坦的風采。這位馳譽全球的哲人于一九五五年四月故世，我正好來晚了一年，所見到的，僅只有他在普城廿二年來所居的，在牟舍 (Mercer Street) 街邊的白色小屋一幢。

愛氏是在一九三三年應高深學術研究所 (Institute for Advance Study) 的建立人法烈克奈 (Flexner) 氏的邀請來普城該所任教授之職的。研究所成立于一九三〇年，目的是在培養少數已得博士學位的學生發展他們各有的天才。法氏當時爲了想聘請世界上第一流的學者來任教，會遍遊歐洲及美國。當時愛因斯坦在加州的工學院 CIT (California Institute of Technology) 作客，法氏就冒膽前去徵求他的意見。法氏在他的自傳中描述他對愛氏的印象爲：

「我見他時立卽爲他高貴的容貌，簡單動人的風度所迷惑。我們談了一小時，他問，我答，過十二點時，他的太太來提醒他有一個午餐的約會，他說，『好好，再談五分鐘就來。』」

這個會見在一九三二年，當時愛因斯坦對研究所表示興趣，並與法氏約定次年在他柏林的寓所再談。一九三三年夏，法氏去見他，後來他這樣記載第二次的會晤：

「那天天氣特冷，我穿了厚西裝及大衣去愛因斯坦寓所，他獨自坐在走廊上，穿着夏天的法蘭絨西裝褲及一件襯衫，我就請他原諒我不脫大衣，並問他爲什麼穿得那麼少，他說：『我穿衣服按季節不按氣候。』那天我們又談了一小時，當時德國很亂，猶太人紛紛逃出希特勒的魔掌，我就趁機約他來普城，他一口就答應了。」

愛氏來普城後不久他的妻子就去世了（死于一九三六）。他的妻子和她前夫所生的女兒，和他由德國帶來女秘書以及他唯一的妹妹，就是他晚年（一九三六—五五）的三個伴侶。他的住所是在一條幽靜得有點淒涼的牟舍路邊，離普城的大街約三分鐘車行。白色的二層樓的小屋掩映在古老陰鬱的梧桐樹下，現在已無人居，門前落葉，深閉雙扉，更是『蕭條庭院，又斜風細雨』的景象了。愛氏在世時，除了下午偶而接見訪客以外，總是把他自己關在書房內，他不喜參加宴席或鷄尾酒會，而過着一種近乎絕世的孤獨生活，正如他自己在他的理想與見解一書中 (Ideas and Opinions) 所說：

「我深知自己是一個寂寞的旅人，我從不會整個地屬于我的國，我的家，我的朋友，甚至于我最親愛的家人。雖然我與人之間有各種連繫，但我總覺得我與人之間有一個大距離，而我需求孤獨的慾望，隨着年齡而增加了……」

他愛孤獨，但他並不孤僻，他的鄰居，一個十歲女孩的母親有一天告訴我說：「我的女兒常常跑去問他數學，有一次我特意去向他爲我的女兒道歉，他向我笑着說：『不要緊的，我從妳女兒處學到的東西比她從我學到的更多。』」

他最不愛學的是世俗的禮節，他通常的服裝是一條西裝褲，一件連頭套的毛衣，他不顧別人的指點，但求「穿得舒服」，夏天來時，他常赤足穿着漏空平底鞋，跑到大街上買冰淇琳，當街就吃了，使得研究所其他的教授們既驚訝又生氣。冬天時，他從不戴帽，任如銀的長髮，在風中飄拂。他的不修邊幅的態度正是因爲他深愛自然的美，他曾說：「我最愛駕着小舟，在柏林最美的湖上、河中行駛，當微風吹着白帆時，我可以閉目做我的白日夢」……所以當他五十歲時，他在柏林的朋友們送了他一隻帆船。他們畢竟懂得他，在美國，他雖然像聖人似地被看待着，然而他是不被人了解而寂寞的。

有一次我去研究所參觀，在他舊日的辦公室裏看到一張他在上課時的照片。他穿着一條無腿紋、軟得無形的長褲，一件淺灰的毛衣，一條黑皮帶鬆鬆地環在腰下，長髮堆在後頸，猛一看，眞像一個臃腫的漁翁。但是他眼瞳的神采與他白髮如銀的風度却是超羣的，照片攝于一九四〇年，他那時已六十一了（他生于一八七九年），而他站在黑板邊的樣子，却毫無六旬老翁傴僂不直之態。

最近傳說他的白色小屋要開放，讓普城的居民及外地的遊客瞻仰一下這位當世的天才之居，我等待着。

于普城

病室

余光中

閉目的重病者在檢閱奔馳的往事了。
死神的黑馬車等待在門口。
精靈們耳語着，他們的驪歌停止了。

一切在等待中：瓶中的毋忘我在落淚；
御者擧起長長的鞭，在等待遠行的乘客；
小敎堂的鐘在等待，等待他鞭的一揮。

榻畔的一雙祈禱的手也在等待，
在等待奇蹟的猝現——可是奇蹟，奇蹟呢？
奇蹟喘着氣趕到了——在重新睜開的眸裏。

轉載

對盲目檢扣書報的抗議

——轉載「祖國周刊」第十九卷第四期社論（七月廿二日出版）

最近由於臺北當局的盲目檢扣書報，已引起不少的批評和責難，從這些批評和責難所揭露的事實來看，其情形之嚴重，影響之深刻，後果之惡劣，都到了令人不能忽視的地步。

在六月廿六日出版的「自由人」上所載「請多珍惜學術自由保障人權」一文中，揭露了若干驚人的事實：

（一）「據筆者所接觸到的文化人說，他們向法國、西班牙、西德、日本等國訂購書籍，爲時逺一兩年者，均未收到，經查詢亦皆謂久已寄出。據說單單基隆海關倉庫內，被扣書籍已因無法容納而焚燒過了。雖則曾見報載其負責人員請人前往去查看，但查看與否均無什麽意義。」

（二）「現在就我個人遭遇的爲例：我曾在香港訂購東方既白之『在文藝思想與文化政策之中』一書，共計三本，都未收到。據別種書引證該書文字，該書是對共黨文藝理論有所批判的。何以收不到？」

（三）「又秦國友人編『舞台週報』，來函中云附上一份以供參考，並約我寫稿，而信封却被拆得敞了口，這份週報則不翼而飛。」

另據六月十六日出版的「民主潮」半月刊上所載「如此文化交流」一篇短評中則揭露了如左的事實：

（一）「四年以前，本社曾按規定申請訂閱日本報紙朝日新聞，期刊中央公論，承蒙政府新聞處核准，…四十年冬，我到日本就醫，曾請中國駐日大使館的朋友崔萬秋先生代向朝日新聞社訂閱該報一年寄臺…以爲該報既可核准進口，應該不致被扣，但事實上只收到最初的三份，以後就收不到了。」

（二）「去年冬天，我商得中日文化經濟協會雷儆寰先生同意，經常到該會看日本報紙，但到今年春天，接連兩個月日本報紙收不到，據負責人說，不僅該會如此，總統府、立法院等也收不到。……本月八日我再去看，報是到了，但最新的還是五月出版的，相隔一個月，已經是明日黃花了。」

從以上的說明，使我們認識到：（一）今天在臺灣正普遍存在着盲目檢扣書報的事實。盲目到不分反共、非共和親共，也不分中文的和外文的；凡是他們不高興的、看不懂的、不放心的，或懶得仔細檢查的，就一律沒收。（二）由於盲目檢扣書報，沒收書報數量之多、已多到倉庫不能容納而需要加以清燒。（三）未獲政府批准的書報固然難逃檢扣，即獲得政府批准的書報，也照樣會被沒收。（四）不但平民訂閱的書報被沒收，即若干政府單位所訂閱的書報也遭受沒收或扣發。

拿本刊在臺灣發行情形來說，既經僑務委員會批准登記，又經內政部批准內銷，可是直到今天仍不能在臺灣經常發行。而最近一位負責檢查書報的保安司令部人員竟公然託人傳話說：「告訴祖國周刊，不要再寄雜誌來臺灣了。」試問這位小小的保安人員，是誰給他這種權力可以公然廢止僑委會與內政部的正式公令？

從上述現象看來，負責檢查書報的那些人，顯然是握有法外之權，而行法外之法。他們不但目無人民，並且也目無政府。既有這種事實存在，怎能責怪許多人的懷疑，以爲在今天的政府體系以外有一個陰面的政治勢力正在竊權當令？

上述的盲目檢扣政策，造成了臺灣文化的自我封閉，使自己在世界文化的大氣圈裏孤立起來；在孤立的狀態下，臺灣的思想文化活動有成爲一片死水的危險，如果成爲死水，則必至淤積泥垢，自腐自爛。今天臺灣許多人的苦悶徨惑、緊張激動，或麻木消沉，都與這種傾向有深切關係。拋開現實的禍害不談，在今天科學昌明，文化飛進的時代，任何一國家如果禁阻國內人民了解世界學術進步的成績，思潮演變的趨向，則不能吸收新知與時俱進。中國在近代文明上本已落後，急起直追尙惟恐不及，而竟盲然自封，隔斷交流，這無異是文化的自殺，言念及比，眞令人不寒而慄！

國家興衰的原因，不只在軍力之强弱，政治之修廢，經濟的榮枯，更重要的是文化的隆替與人心之振糜。依此而言，今天政府理應積極鼓勵學術的研究和發展，可是近些年來政府正熱心黨化敎育，注重奬勵的是闡揚黨義，這已經有害於學術的正當發展，而更甚者是許多學者及文化人士以私人血汗錢在國外訂購的書刊，竟遭盲目的沒收和焚燒，這種對學術研究和思想自由的摧殘，眞是無可原諒的逆政。

我們常聽見政府人士宣稱，要扶助海外文化事業，要團結所有反共力量；可是大多數的反共書刊却不准進臺。今天本刊幾乎可以自由進入所有華僑居住的國家；像南韓、菲律賓這些反共國家固不用說，即使親共的印尼，中立的印度、緬甸也都從來不干擾本刊的進口；可是唯獨不能進入自己的國家。反共的刊物，進不了反共政府的統治地區，擁護中華民國的刊物，進不了中華民國，這豈不是不可理解的怪現象？

上述盲目檢扣書刊信件的行爲，侵犯了基本人權，妨害了學術自由，阻斷了文化交流，破壞了反共團結。這是實行憲政的自由中國所絕不應有的惡劣作風，在這裏我們提出悲憤的抗議。

我們相信許多國民黨中的開明人士并不同意上述的反自由民主的作風，但是國民黨始終未能制止這少數擅權分子的胡做非爲。致使海外同胞誤解這少數人的惡行是代表國民黨、國民政府的政策。

當着今天大陸人民風起雲湧進行反共的時機，政府應該加强實現自由民主，團結海外反共力量，擴大政治號召，來爭取反攻時機的成熟，而先此必須革除反自由民主的惡劣作風，必須制止那些拿國運民命當兒戲的人們繼續其「以極權主義手法對付極權主義」的愚蠢行爲！

轉載

寫給司法行政會議

——原刊七月二十日出版之「自由人」

萬香堂

民主國家的生命乃維繫於法治，而法治之得以眞正發揚，固在立法之適合時代精神，尤在於執法之能眞正貫澈。

自由中國在奮鬪中，司法界應力求進步，四十三年間討論此問題甚多，原以近年司法界曾標榜「革新司法」以配合國策之需要，當必多所改革。然近數年來之成績如何，在往年舉行司法行政檢討會議中似無若何「自我袒白」的表示，我們希望今年度之會議應切實檢討，玆謹將輿論之焦點提供參考，其亦不以爲忠言逆耳乎。

一

審判已完全獨立了嗎？據四十三年七月間的輿論指出：「近幾年來凡較重大或屬有擁有力的(?)訴訟案件，初二審法官的審判，往往受到干涉，也可說是受部方控制，致在檢察方面已不起訴又復起訴者有之；應起訴改爲不起訴者有之；在審判方面，主審推事的判決書已定，被部方影響改變判詞者有之；案經判決無罪，聲請覆判之期已滿，即院命檢察官蓋章並倒塡時日，聲復覆判者有之；宣判之期未到，判決書已滿天飛者有之。凡此，均有人與事可稽。法官具有傲骨不肯接受控制者，主管長官有竟公開於司法檢討會議中予以指斥者。審判之被控制就是幾年來司法上混亂的原因。」(大意略見四十三年七月一日自由人報)，該文發表已逾三載，司法當局未嘗加以否認，當非無稽之談。年來是否對此類事，加以改革了呢？

二

紅包煩惱已解除否？司法官員淸廉守正者固不少，而徵逐於應酬餽贈者亦正多，訟事人與律師知之甚諗，前年新聞記者有以「紅包煩惱」爲法官們解嘲，據我們所得的資料如下：『「紅包」風氣煩惱了司法當局。司法行政部長谷鳳翔曾于一九五六年夏在記者招待會中談到此一問題，他說：「在臺灣打官司，無論是勝訴抑或敗訴的當事人，常有向司法人員送紅包的風氣(註：即賄金、受賄)。此一惡劣風氣，每每使一般淸廉的司法人員窘得啼笑皆非。他們遇到此種事時，除了立刻將所送紅包原封退回外，祇好面予曉諭申斥一番了事。據說送紅包的人並非是全是知識淺薄的無知者，有些頗具社會地位且有豐富法律常識的人。」』(見聯合報新聞窗第九〇期）由這段談話足見歷年司法界，有不可否認的壞現象。而潔身自好的法官偶遇到有此餽贈，即行疊報層峯，這也證明「一條竹悍不能打死一船人」。刻爲急補救歷年重弊，司法當局不應掩過飾非，宜派由老成淸正分子出任各級部門要津，並澈查貪苟，嚴加懲戒。

三

不許而懷刑。今世之有批評狂者，亦不足法，斯齊本哈白有言：「世人有一種情慾，即揭發他人之隱事，而公之於世之情慾也！此情慾有巨大之魔力，極難制止。」而史記所謂「衆口鑠金，積毀銷骨」，龍湖野錄即指出「含血噴人，先汚其口」，故發言者必須大公無私不許，惟每個人必須三省吾身而有懷刑的勇氣，陶覺所謂：「世人大病，只是自家不肯認錯」。

平時吾人常於訟事人及律師口中，雖知許多法官之失檢，但要拿到受賄的證據是不易的，惟有彼輩自問良心而已，英國有諺云：『罪雖可匿，然而心不能安。』蕭伯納亦謂：『一切刑罰中之最重者，爲自吾本心裁判所受之刑罰，任何人，都不被釋免！』

年來街頭巷尾對所判案不法者不可勝計，遠如二審中某販毒首領之宣判無罪，近如皮作瓊貪汚二百餘萬，初審僅判罰一年半，人言嘖嘖，繪聲繪影，然從另一方面看，未嘗不可如司法行政部長之所言「由於此一惡劣風氣之形成，最易使一般不滿之徒，假借名義，在外招搖撞騙，從中混水摸魚。例如，據說常有人向當事人說他認識某某法官並與之有深厚交情，如欲如何如何，祇要拿出多少錢來，他便可代爲說項……等情。其實，他根本與該司法人員素昧平生，至於那筆非法的錢當然是他中飽私囊了，因而司法人員便無緣無故蒙上莫須有不白之寃。」是則吾欲無言，謹借淮南子一言以贈：「夫據除而窺井底，離遠視猶不能見其睛，借於明鑑以照之，則分寸可得而察也！」

(上接第22頁)

中共的經濟封鎖，許多人便推斷艾氏是受到雷諾事件之影響。艾總統雖在同一場合中强調中美邦交不受臺北騷動案的影響，並重申中美合作的「持久性」，說者亦謂其爲「此地無銀三百兩」，及至六月下旬，杜勒斯國務卿在三藩市國際獅子會中發表具體的、深刻的、有遠見的對華政策演說之後，讜言才逐漸澄淸了。這一篇演說，是三年來美國當局對華政策最明智的表示，杜卿提出以中共政權瞬即消逝爲對華外交的基本着眼點，尤屬高瞻遠矚。

但無可否認的，美國人士對中國問題的看法仍頗紛歧。在政府和社會的各階層中，或因經濟利益之誘惑，或因苟安心理之影響，主張美國對華政策須要向英日等國看齊者大有人在。雷諾案引起的騷動，不但將時時被自利之徒和悲觀份子引爲口實，也影響到一般美國人心目中自由中國的可靠性。絕大多數的美國人並不因雷諾案而誤信中國人民反美，但對我們法治生活的習慣之估價，無疑的已打了個大大的折扣。所幸者是美國的對華政策迄今尙僅祇受到親共份子的批評，並未有具體的改絃更張之表現。在我們反共復國的大業中，美國是不可少的與國，彌補雷諾案所造成的中美人民理念上、情感上和心理上的遺憾，自是一件任重道遠且不容稍緩的工作。美國的政治領袖近日常强調中美關係不因臺北騷動而變更，這句話顯然是以無類似案件再行出現爲前提的。從中國各界人士的立場看來，我們切不可以爲事件已成過去，仍舊因循敷愆，不自振作，而是應該提高警覺、刷新政治的時候了。

臺灣高等法院對於「今日的司法」之聲明

編者按：臺灣高等法院的這篇「聲明」，經該院於七月二十日函送本社，請為「查照登載更正」。次日，臺北中央、新生、聯合等報，俱已載其全文。該院在這篇「聲明」中，指本刊「今日的司法」一文為「捕風捉影以讕言淆惑聽聞」。對於這樣一篇「聲明」，本刊不擬就其內容一一加以辯駁，但願讀者們將本刊第十七卷第一期社論原文找出，兩相對照，則孰是孰非，不辯自明矣。

七月一日出版之自由中國半月刊所載「今日的司法」社論內容，登載不實，軼出言論自由範圍，司法同人不勝憤慨，茲將該刊批論不實之處說明如次：

一、臺省在日據時期為日本殖民地。當時日本軍閥之統治手法為本省有識之士所深知。該刊社論竟對之傳述稱頌，不惜貶抑本國司法之威信，良可痛心！

二、法院年來辦理選舉訴訟，均按諸所訴事實，調查證據，秉公依法裁判，當勝者勝，當敗者敗，從未因當事人屬於何黨何派，而為枉法之裁判。本院本年度受理臺灣省第三屆省議員暨縣市長選舉訴訟事件，其中有八件均經原告依法撤回，依民事訴訟法第二六二條第一項規定，原告於判決確定前得撤回其訴之全部或一部，當事人依法撤回起訴，乃依據憲法行使訴權之自由，非法院所得干涉，更不應誤解為法院將其訴駁回，至於經本院駁回者，均依法為之，毫無成見，其中且有係依選舉法規規定不得為選舉訴訟之原告，法院將其訴駁回，更屬無可非議。總之本院辦理選舉訴訟案件，依法應認當選或選舉無效者，不得不為當選或選舉無效之判決，依法應予駁回者，不得不為駁回之判決，該社論乃竟不察事實，任意傳述法院辦理選舉訴訟不公，顯屬故意歪曲。

三、法院處理每一案件，均屬依據法律獨立審判，絕無司法掺入政治漩渦之可言，尹仲容等被控瀆職案件，前經第一審法院認為其犯罪不能證明因將尹仲容等宣告無罪，嗣由檢察官提起上訴亦經第二審法院判決上訴駁回，確定在案，我司法同人惟知依法審判。對於該刊所引共匪之虛偽宣傳，從無所聞，豈能受其影響。

四、馬乘風案件，法院方面並未受理，至於何濟周瀆職案件經一、二兩審法院判處罪刑以後現經上訴最高法院，皮作瓊等瀆職案件，自第一審法院判決以後，當經檢察官暨各該被告等分別提起上訴，業由第二審法院撤銷改判在案，其先後判決結果之不同乃因認事用法一、二兩審法院各有其法律上之見解，此二案既均未確定，未便多所論述，至林頂立之案件，業經最高法院判決上訴駁回，已告確定，足見第二審法院之判決，並無不當，該刊妄加評論，將何皮林三案混為一談，不無故意淆亂聽聞，以圖影響審判之嫌。

五、本院對於司法風紀，向極重視，整飭不遺餘力，如有違法行為，一經查實，必予嚴懲，該社論所載臺中及高院庭長有關司法風紀二段消息，內容空泛，經分別多方調查，均屬無此事實。

基上各點，具見該刊社論登載不實，故事渲染，且監察委員在院會中之檢討意見，例不對外負責，該社非不知悉，乃竟摭拾此種意見，以及私人聚會之談話，用為描述司法風紀如何敗壞之依據，從而詆譭全體司法同人，即原曾發言之委員亦來函詫為意外，其用心殊難解索，如該文作者果係忠於國家愛護司法，則於發見司法同人中有違紀違法時，理應負責檢舉，本院當依法以繩，絕不護短，茲乃捕風捉影以讕言淆惑聽聞，不但法所不容，在情理亦不宜出此，合亟聲明，以正視聽，而免影響司法信譽。

敬覆李月軒先生

教育部教科書審定委員會委員兼召集人　萬子霖

拜讀「自由中國」十七卷十二期讀者李月軒君投書「爲地理教本審查事質詢教育部」，對於本部審查教科書，頗有誤會之處，不佞兼理教科書審定委員會事，爲明瞭眞象起見，簡覆如次：

㊀我國中小學教學科目，課程標準，教科用書，經「出版法」第二十二條，「中學法」第六條，第七條，「國民學校法」第一一條，第一二條規定，教學科目及課程標準由教育部定之。教科圖書，應採教育部編輯或審定者。誠如李君所云「各種課本，一經採用，卽係强迫讀物，故政府對課本之發行，持以審愼態度」。通常一種書稿到部，須由國立編譯館請託專家二人，分別「初審」，「複審」，俟書局照審查意見修正後，由館呈部「復核」。最後書局照「復核」意見修正，經核無誤，始由部令知「准予付印或准予備查」。全書(六冊或上下冊)出齊時，由部發給「審定執照」。間遇編者對審查意見，不盡同意，「申復」、「再申復」，或有重大爭議時，則視情節之需要，送請原審查人核簽意見，或「交付特審」(卽另請專家仲裁)，其間維持原審查意見者有之，撤銷審查意見，遷就編者意見者有之；就雙方意見折中者亦有之。惟此類事例，爲數極少，幾百不一見。至如李君初職地理稿，「經過初審，複審，特審，複核，再復核……合計約有八次之多」，更爲自來所未有。凡此，均爲「持以審愼態度」之故，絕無「刁難與阻碍」之意。本部自三十八年冬遷臺以還，審定之教科書，數達千種，出版界、著作界與本部合作無間，向未感到不便。間有意見不盡相同之處，亦均能容觀的，平心靜氣的從容討論，期於求眞、求是、求善，爲海內外數百萬中小學學生，產生優良教本。卽以中華書局歷年送審之教科書爲例。(附表略)

中華書局歷年送審之教科書已經完成審定手續，經本部發給審定執照或准予付印者達九十一冊之多，足證李君「刁難與阻碍」之說，絕非事實。初審人，複審人，複核人等與李君均不相識，向無恩怨，豈有九十一冊書稿均不「刁難」、「阻碍」而獨「刁難」、「阻碍」李君書稿之理。

㊁李君指摘審查辦法爲「不合理」，指斥審查人「不知中國文字用法」，「以謬名代正名」，「複核人實缺乏極普通的中國地理常識」……等等，關於教科書審查處理程序，略如上文所述，本部不敢謂此種辦法已臻盡善盡美境地，極願接受出版界、著作界之意見，儘量改善，期於簡化手續，縮短時間，便利教科書之出版。關於請託教科書審查人，本部及國立編譯館向極愼重，類皆各科學養有素，極負名望之專家學者，所提出之審查修正意見，亦多爲書局及編者所接受。卽以李君之初職地理稿而論，計：

①初審：提出修正意見三十七條
②複審：提出修正意見七十四條
③複核：提出修正意見七十六條
④特審：係就審者編者雙方意見仲裁，不計入。

以上合計提出修正意見一百八十七條；除其中六條，李君堅持異議，容或有商酌餘地之外，其餘一百八十一條均已爲李君所接受，對原稿錯誤缺失，匡補之處頗多，積稿盈帙，限於篇幅，不及公布。然則本部及國立編譯館所請託之審查人、複審人、複核人，是否如李君所指斥之不堪？可想而知矣！

㊂本部對著作人之意見，極端尊重，惟根據出版法，審查教科書係以出版人——書局爲對象，不以著作人爲對象。著作人之意見，須向出版人提出，經出版人呈部，本部方得予以處理，交付特審，複核，……著作人之意見未經出版人呈部，本部自無從予以考慮。李君所編初職地理稿，據中華書局四十六年六月十八日46總文字第六六八號致國立編譯館代電(正副書稿附)略謂：「業已遵照審查意見修改竣事……」云云，質言之；卽李君在「讀者投書」中所列擧之六條爭議，未經中華書局呈部，本部無處理，事理昭然，李君亦非不知，且既經出版人正式以文字表示「遵照審查意見修改竣事……」則爭議本身已不存在，事實如此，非如李君所謂「意氣用事，指黑爲白，强作者接受」也。又學術上之爭議本部向不使用行政權力加以武斷，教科書之審定有一定之程序，辦法。玆爲重視李君意見，經再請專家就李君所提出之七點審議如下：

壹　淮陽山脈

(一)　審查人之意見

初審意見：『「皖山脈」坊間所出地圖集少見此名，編教本非作論文，用習見名稱較宜。』

特審意見：『「皖山脉」，編者欲恢復舊名，堅持用「皖山脉」，當無不可(上三句，李氏文中删去)，惟目下標準教科書及坊間所出地圖集多用淮陽山脈。如用新名，在註釋中說明，對本書亦不減色。』

查編者註釋皖山脈云：「皖山脈斜貫安徽中部，主峯在潛山縣北，故亦名潛山。因山峯矗立，削拔如柱，故又稱天柱山，或稱霍山。與湖北河南界上之大別山脈連在一起，則稱淮陽山脈。」特審人有上述之意見，當以編者既承認皖山與大別山脈連在一起則稱淮陽山脈，自可接受審查意見，將課文與註釋互換位置，卽可解決。

(二)　淮陽山脈命名不當

編者說：『山脈位於淮水之陰，而非淮水之陽……作者按創淮陽山脈之新名者，根本不知我國「陰陽」二字在地理上之用法。彼只知山南爲陽，而不知河南爲陰，致有「以其位於淮水之陽，故亦稱淮陽山脈」之誤』。編者又說：「審者只知橫斷山脈之橫字用錯，豈不知淮陽山脈之陽字爲非乎？橫斷山脈一名出自日人，猶可說也；淮陽山脈一詞，創自本國，不亦愧乎？一位中國學人不知中國文字用法，已爲不妥，而謬誤之名，又爲地學界所襲用，非但令人驚奇，亦中國學術界之恥事！」按德國地學大師 Richthafen 在一八八二年所發表之鉅著，書名 China，第二冊五一三頁，已有淮山脈(Hwai Gebirge) 之名；一九〇五年法人 Richard 著：中國地輿詳誌 (Géographie ole l' Empire de Chine)，一四七頁，復有淮陽山 (Hwai Yang Shan) 之名，書中附有彩色地圖並繪出淮陽山脈，且書與圖中，中西文字並載。Richard 卽使不是創名人，至少在五十餘年前是襲用淮陽山脈者。編者說：「淮陽山脈一詞，創自本國」，又謂「還不到二十年」，似與事實不符。

至編者云：「審查人根本不知陰陽二字的用法」，是又不然。按穀梁傳，僖，二十八年，曰：「水北爲陽，山南爲陽」，注云：「日照日陽」。在秦漢以前，中國疆土，北自黃河流域，南迄長江流域，多在北回歸線以北。太陽終年不至天頂，故稱正午日南中。凡東西向之河流，在河谷之中，北岸陽光終年照射，南岸適反，所以在中國古代沿河城鎭，以河得名，在北稱陽，在南稱陰。然此僅限於地球上北回歸線以北地區。如在臺灣，西部過嘉義，東部過瑞穗，至南部臺南、高雄、屏東、臺東等地，已不適用，因每年夏至太陽至嘉義天頂，則臺南、屏東等地河谷南坡一年中有一時期亦爲日照所及。後中國疆土日拓，至秦開五嶺，置象郡，漢改日南郡，其他卽今越南順化等處。水經注云：「在日之南，故以名郡」。所以後來古人知日照在南方亦能射及東西向河谷的南坡，故對水南爲陰之地名命名遂不嚴格。例如武漢三鎭中之漢陽，卽在漢水之南，安徽之渦陽，在渦水之南，河南之沁陽，在沁水之南，又漢水自襄陽以下，俗稱襄河，襄陽在襄河之南，而不名襄陰。倘淮陽山脈詞，絕對不可成立，則漢陽、襄陽、渦陽、沁陽等地名亦不可通。如照編者之見解，則淮陽山脈應改稱淮陰山脈，但中國已有淮陰山脈 (Huaiyin Hill-ranges)，且不在淮南，而在淮北之徐州附近，並已成爲中國地形學上前通用名詞。創此名者係我國一位學人，學貫中西，前淸科擧出身，英國科學博士，歷任國內著名大教授研究所所長，並在外國大學講學多年，地學著述宏富，想不致不知「陰陽」二字在地理上之用法。

(三) 淮陽山脈界說不淸

編者說：「淮陽山脈界說不淸，約有下列三說：
①合大別山脈皖山脈爲淮陽山脈；
②合大別山脈皖山脈及淮北之雲臺山，長江南岸之鎭寧山脈均屬之；
③稱皖山脈爲淮陽山脈。」

欲討論淮陽山脈界說問題，須先了解下列四詞：
①淮陽山脈 (Huaiyang Ranges)
②淮陽運動 (Huaiyang Movement)
③淮陽弧 (Huaiyang Arc)
④淮陰——淮陽系 (Huaiyin-Huaiyang System)

並須細繹下述諸語：「秦嶺到了淮陽山卽向南凸出成爲淮陽弧。頂端在湖北廣濟，兩翼各成一反弧，西面反弧爲大巴山，以黃陵廟爲骨脊，東面反弧爲鎭寧山脈，以茅山爲骨脊。淮陽山脈的骨脊則在徐州附近……」。編者如願對此問題作進一步之研究，可參閱下列二書：
①Lee, J.S.: The Geology of China
②丁驌：中國地形。

(四)「名詞不習見」與「不統一」

編者說：「淮陽山脈一名，各地圖集採用者，僅有少數，編者調查某中學一千餘學生所用之地圖集，約有二十種，其中採用淮陽山脈者，僅有四種，且此四種亦僅將淮陽山脈標於皖境，豫鄂界上均標大別山脈」。按初審意見：「皖山脈坊間所出地圖集少見此名」。照編者所列之表，四十二年後在臺灣出版之五種地圖集，四種是用淮陽山脈，與審者之「少見此名」並無不合。且編者所列十六種標皖山脈之地圖，金擎宇，時仲華兩人各編三本，實際上祇有十二種而已。又初審人說：「編教本非做論文，用習見名稱較宜」。似非專指地圖上習見名稱。按淮陽山脈不僅爲近年各教科書編者所採用，且習見於中外學術專著與論文，少數亦用淮山脈或淮南山脈而少見用皖山脈者，茲列二表如左：

(甲) 地理教科書
①王益厓：標準本高中本國地理，民國四十二年，第一冊，頁一三，淮陽山脈。
②沙學浚：標準本初中本國地理，民國四十二年，第二冊，頁四一，淮陽山。
③鄒豹君：開明初中本國地理，民國四十一年，第一冊，頁二八，淮陽丘陵。
④陳正祥：中華初中本國地理，民國四十年，第二冊，頁三二，淮陽丘陵。
⑤皇甫珪：復興初職本國地理，民國四十年，下冊，頁八四，淮陽山脈。
⑥鄭勵儉：正中高中本國地理，民國四十年，上冊，頁一〇，淮陽山。
⑦洪　紱：正中初中本國地理，民國三十九年，第一冊，頁三九，淮陽山脈。
⑧王興啓：世界師範地理，民國四十一年，第三冊，頁四七，淮陽山脈。

(乙) 學術專著與論文
①Ricinthofen, China II, Berlin, 1882-, p. 513 Hwai-Gebirge (淮山脈)
②Richard, Geographicdel' Empire de China, Shanghai, 1905; Kennelly氏英譯本 The Chinese Empire, Shanghai, 1907, p. 147, Hwaiyang-Shan 並見地圖，繪出淮陽山脈。
③Sion: Asie des Moussons, I, Paris, 1928, p. 57, Houxi-Chan.
④Buxton: China, Oxford, 1929, p. 238, Hwai vang Shan.

⑤Andrees: Allgemeiner Hand Atlas, Leipsig, 1930, pp. 166-167, Hwai jang Shan 繪成山脈。

⑥Cressey: China's Geographic Foundations, 1934, p. 40 Hwai yang圖二十一繪成山脈。

⑦Lee: The Geology of Chin,a, London, 1939, pp. 361-368, Huai-yang Ranges.

⑧Cressey: Asia's Lands and Peoples, New York, 1944, p. 59, Hwai-yang hills, p. 130, Hwai-Yang.

⑨Herrmaun: Historical and Commercial Aflas of China, Cambridge, Mass. 1935, p. 6 p. 130, Huai-yang Shan 繪成山脈。

⑩黃汲清：中國主要地質構造單位，地質所專報甲二十號，頁三八，淮陽山脈。

⑪任美諤：中國地理大綱，上海，民國三十六年，頁五，淮陽山脈。

⑫丁龍驤：中國地形，臺北，民國四十三年，頁九二—九三，淮陽山脈。

至於說「名詞不統一」—淮陽山脈亦有稱淮南山脈者。但中國辭書上說：「南面曰陽」，「陽」亦作「南」解，故該二名詞，可謂一而二，二而一也。

貳 橫斷山脈

見自由中國第十七卷第一期王益厓先生辯駁書，茲不贅。

叁 粵江流域

再複核意見：「沿用粵江，此不勉强，原意見是粵江不能用爲東北西三江之統稱，三江出海相接處，已稱珠江，則粵江流域，不如用珠江流域爲妥。」

申復意見：引用中華地名詞典云：「舊稱西江北江東江流經之區域曰珠江流域，今改稱爲粵江流域，而僅稱廣州市南之一部曰粵江」。此條再複核人已云：「沿用粵江，此不勉强」，本可不必申復。

肆 廣西與粵省，合稱兩廣或嶺南

複核意見：嶺南通常不包括廣西。

申復意見：嶺南可以包括廣西。

複核人已接受編者之意見，問題早已解決。

伍 西境之武夷山，爲本省最高峯

複核意見：武夷山是山脈：不是一個峯頭。

申復意見：武夷山是武夷山脈的主峯，並爲中國名山。

但編者在附送的福建省地圖上，把武夷山三字寫在崇安縣西；武夷山山脈五字，寫在杉嶺之南到長汀縣西，北距該山脈的主峯——即最高峯頗遠，此與編者申復意見自相矛盾。

且中國地名辭書載：「武夷山……綿亘百二十里，有三十六峯……山之最高處曰：三仰峯。」又云：「三仰峯峯頭凡三：曰大仰、中仰、小仰」。不知編者對此作何解釋。

陸 秦嶺山脈……乃江河的大分水嶺

複核意見：『「乃江河的大分水嶺，」河字不能代表黃河，江字不能代表長江，應寫明：長江黃河之分水嶺。』

編者申復說：「江河是長江黃河的本名，自禹貢以後即沿用之。」又書中用江口，江域來代表長江口和長江流域(上冊六十二頁)。審者希望修改，無非使敎師易講，學生易懂。又査書稿中有「皖山脈……是長江淮河的分水嶺」一語，並不說是江淮的分水嶺，亦覺前後矛盾，自以寫明長江黃河較爲明確。禹貢時代之江、河、淮、濟，雖各有所指，現在江、河已由專名變成通名矣。一般字書中「江」之第一解爲「大川之公稱」或「大川之通稱」，第二解始爲「長江在古時稱曰江或江水」；「河」之第一解爲「大川之公稱」或「流水之通稱」或「水之總名」，第二解始爲「黃河在古時稱曰河或河水」。初級職業學校敎科書中，用此等字時，總以盡量避免混淆爲宜。

綜觀編者所提六條並參閱原書稿初複審特審及複核意見得結論如下：

一、「淮陽山脈」爲中外習用名詞，編者稿中亦稱「皖山脈與大別山連起來，稱淮陽山脈」。是編者本已襲用，無庸爭議。

二、「橫斷山脈」編者亦稱：「橫斷山脈一名之不妥，略有地理常識者均曉之」，自以更易爲妥。

三、「粵江流域」再複核人說：「沿用粵江，此不勉强」，已無爭議。

四、「嶺南可以包括廣西」，複核人已接受編者意見。

五、「武夷山是武夷山脈的主峯」按武夷山脈的主峯名三仰峯，似宜照改。

六、「秦嶺山脈爲江河的大分水嶺」改爲長江黃河的大分水嶺較爲明確。

自由中國　第十七卷　第三期　內政部雜誌登記證內警臺誌字第三八二號　臺灣省雜誌事業協會會員　九六

給讀者的報告

首先要向讀者們鄭重報告的，卽是自本期起，我們在社論欄內，提出一序列的「今日的問題」，來作全面的深入的討論。我們所討論的這些問題不是什麼新的問題，而早已存在於一般人的心目之中，只是由於政治的諱忌，大家都不敢去觸及它，正視它。然而不幸這些問題却正與我們國家的命運攸關，與我們每個人切身利害攸關。對於這樣重大的問題，我們若竟不敢正視它，觸及它，那眞是太可怕太危險了！現在我們誠懇地提出這些問題，並試圖解答這些問題。還有我們所不能解答的，我們也提出來，和大家共同探究，尋求方案。我們深感今天局勢的沉悶嚴重，作爲今日中國的知識分子，我們不能逃避其應有的責任！

本期我們先登出兩篇：「是什麼，就說什麼」一文可視爲我們所提出的一序列的問題之前言或緒論。這篇文字說明我們寫「今日的問題」的基準。我們不逃避現實，不作玄幻無益之談，我們是以積極而實徵的態度來面對現實，從而尋求解決問題的途徑。接着我們提出「反攻大陸問題」。「反攻大陸問題」是我們「今日的問題」之根本，今日的一切問題都環繞於此一問題之上，所以我們首先就得討論它。在本文中，我們從國際現勢的分析與現代戰爭的條件，明白指出「反攻大陸」在短期內很難實現。在此前提之下，我們必須作長遠而持久的打算。而這幾年，政府一切措施莫不以「馬上打回大陸」爲基本假定，其弊害已日益顯現，勢不能不速作調整。據此，我們更進而提出可戰可久的辦法。必如此，我們才能屹立於自由世界，而反共大業才可立於不敗之地！

本期專論首篇是陳伯莊先生的大作。陳先生此次是首次爲本刊撰稿，但陳先生的大名則是讀者們熟知的。「有關中共命運的兩件大事」，是指共匪的整風和農業合作社而言。共匪是極權專制的政權，其勢必趨於腐化惡化乃其政權之本質所使然，這種先天的「危機」，豈是整風所能克服的？至於推行農業合作化則是馬克斯主義敎條所指示，此在人地比例極爲惡劣的中國，乃是極端冒險的行爲。火藥庫旁玩火的人，那有不惹火自焚的？這便是中共未來的命運！

所謂「陳含光詩案」，近幾月來曾引起文化界的劇烈爭辯。本期陳康敎授的大文，完全從邏輯和方法論的觀點，批評李辰冬的詩評所犯的錯誤。對建立學術討論的標準，這是很有裨益的。

李經先生的大文說明大學英文系應該是研究英國語文學的機構，而非訓練實用「英語人材」的場所。這個觀念如不釐淸，足以增加英文系目標的混亂，而致「兩敗俱傷」的後果。

本期我們還特地登了兩篇轉載的文字。「對盲目檢扣書刊的抗議」一文係轉載自「祖國周刊」的社論。鑒於這種盲目檢扣書刊的作風，影響甚爲惡劣，我們希望當局能迅謀改善。另一篇「寫給司法行政會議」，則是在臺灣高院發表聲明的同一天（七月廿日），登載於「自由人」者。該文所述可以爲「今日的司法」之眞象作一註釋，可見有「同感」者何止本刊而已！

自由中國 半月刊　第十七卷第三期　總第一八六號
中華民國四十六年八月五日出版

發行人兼主編　『自由中國』編輯委員會
出版者　自由中國社
社址：臺北市和平東路二段十八巷一號
電話：二八五七〇

航空版　友聯書報發行公司（香港九龍新圍街九號）

總經銷　自由中國社發行部

經售者
美國　紐約友方圖書公司
日本　東京僑豐企業公司
韓國　漢城裕昌德號
馬尼剌　大中華日報社
　　新疆書店
印尼　椰嘉達天聲日報
　　泗水文光圖書公司
緬甸　仰光振成書報店
印度　加爾各答塔梅學校
澳洲　雪梨瑞田公司
北婆羅洲　西利亞坡青年書店
星加坡　友聯書報發行公司（小坡大馬路四六九號）
吉隆坡　友聯書報發行公司（馬華公會大廈三樓七室）
怡保　友聯書報發行公司（希尼華沙甘街十六號）
檳城　友聯書報發行公司（林連登律七十二號）
澳門　友聯圖書公司

印刷者　精華印書館
廠址：臺北市長沙街二段六〇號
電話：二三四二九號

本刊經中華郵政登記認爲第一類新聞紙類　臺灣郵政管理局新聞紙類登記執照第五九七號　臺灣郵政劃撥儲金帳戶第八一三九號（每份臺幣四元，美金三角）

自由中國

FREE CHINA

第十七卷 第四期

目錄

中華民國四十六年八月十六日出版

社址:臺北市和平東路二段十八巷一號

半月大事記

七月廿四日（星期三）

阿曼叛軍拒絕和議，英空軍開始攻擊。

法參院通過歐洲共同市場條約。

七月廿五日（星期四）

星馬工商業考察團抵臺，團長林慶年談話，表示此行旨在促進彼此經濟關係。

布加寧致函英首相，要求西方不在德境置放原子武器。

日政府抗議蘇俄違犯國際公法，關閉海參威港。

七月廿六日（星期五）

美協防臺灣司令新舊任交接。

突尼西亞宣佈共和，包吉巴當選總統。

七月廿七日（星期六）

土耳其任命瓦婓為駐華全權大使。

美新任協防臺灣司令竇亦樂發表談話稱，中美必須互相信任，力謀促進防務關係。

日外務省宣佈，對蘇俄關閉海參威港之命令，日本不受約束。

瓜地馬拉總統加斯狄羅遭共黨份子暗殺。副總統岡薩立斯繼任。

東德共黨建議在東西德間設立聯邦，西德政府嚴予拒絕。

匈共大肆捕人，引起極大騷動。

高棉新閣獲國會通過，辛瓦總理宣佈繼續中立政策。

七月廿八日（星期日）

首批不願入越籍僑生抵臺。

聯總拒絕韓共撤銷新武器運韓之要求。

蘇俄同意美國所提交換電視之建議。

「自由中國」的宗旨

第一、我們要向全國國民宣傳自由與民主的真實價值，並且要督促政府（各級的政府），切實改革政治經濟，努力建立自由民主的社會。

第二、我們要支持並督促政府用種種力量抵抗共產黨鐵幕之下剝奪一切自由的極權政治，不讓他擴張他的勢力範圍。

第三、我們要盡我們的努力，援助淪陷區域的同胞，幫助他們早日恢復自由。

第四、我們的最後目標是要使整個中華民國成為自由的中國。

七月廿九日（星期一）

美英法德發表宣言，促俄同意自由選舉，達成德國統一。

西德外長呼籲四強舉行會議，商討德國統一。

阿曼國王聲明進行政治軍事措施，加速解決境內叛亂。

七月三十日（星期二）

德共拒絕西方統一德國之建議。

七月卅一日（星期三）

艾森豪籲請美國會通過長期經援基金。

日首相鄭重告國會決不承認共匪。

八月一日（星期四）

蘇俄拒絕討論遣返德俘，德俄談判宣告破裂。

八月二日（星期五）

杜勒斯在裁軍小組會建議設世界性視察制度，以防原子突襲。

美加兩國建立共同防空系統。

八月三日（星期六）

阿布杜爾拉曼當選馬來國王。

莫斯科電臺廣播，赫魯雪夫正與狄托舉行會談。

八月四日（星期日）

杜勒斯返美談話稱，俄如接受裁軍建議，大戰危機即減少。

約但向敘利亞提最後通諜，要求制止反約宣傳。敘利亞宣佈拒絕。

八月五日（星期一）

沙伊兩國調解敘約緊張情勢。

八月六日（星期二）

臺省主席嚴家淦辭職獲准。

匪新華社透露，漢陽一千餘中學生曾發動反共示威。

阿拉伯八國代表集會討論阿曼戰事問題。

八月七日（星期三）

日政府向美要求供給電導飛彈。

美參院通過決議，謀取附庸國家自由。

赫魯雪夫抵東柏林訪問。

英機攻擊葉門軍，促自亞丁撤退。

對蘇俄封閉海參威港，日政府再提抗議。

八月八日（星期四）

總統頒令周至柔任臺省主席，嚴家淦為行政院政務委員。

赫魔在東柏林談話，要求美國撤出歐洲駐軍。

八月九日（星期五）

俄共主席團發表聯名宣言，保證支持阿拉伯國家。

大批俄捷武器運抵葉門王國。

社論

今日的問題（三）

我們的軍事

在本刊上期社論今日的問題（二）「反攻大陸問題」一文中，根據國際形勢和現代戰爭的必須條件之解析，我們認為今後若干年內國際戰爭爆發的公算，雖不能說沒有，但相當的小。因此我們提醒大家不要被「馬上就可反攻大陸」的心理所誤，而要培養持久的心理基礎，實事求是，實質反共。這樣一個結論，並不意味着放棄反攻。相反地我們是要把反攻的含義，從狹義的軍事反攻，擴充到廣義的政治反攻；把口頭叫囂的反攻，轉移到沉着準備的反攻。因為如此，所以我們要提出一序列的問題來討論。

現在我們再根據上述的結論，來討論「我們的軍事」。

臺灣的六十萬陸海空三軍，是自由中國反共反攻的資本。這句話，有兩點必須補充：㈠武裝部隊只是我們反共反攻的資本之一，而不是我們唯一的資本；我們所更應重視、更應珍惜、更應好好把握的資本，是大陸上的四億五千萬的人心。㈡資本並不永久是資本，如果安排得不好，調配得不當，資本就變成了負債。這是我們現在討論軍事時，兩點基本的認知。

其次，我們還要指出的：在今日的國是中，我們發現一個難解難分的死結，即政治害於經濟，經濟害於財政，財政害於軍事。在這一死結中，我們不得不找出一個重要的頭緒來談。於是我們反過來看，如果軍事問題有適當的解決，財政問題就比較容易着手；財政問題減少，經濟問題也比較好辦；從而政治與其他問題的討論，才不致是廢話。這是我們接着「反攻問題」來談「軍事問題」的又一理由。

臺灣的軍事問題，是隨時間的拖延而嚴重化的。在政府來臺的初期，部隊的改編，新軍的訓練，以及經理改制等方面，大家都承認，確比大陸時期進步得多。軍隊的紀律、軍人給老百姓的印象，至今也還比大陸時期好。可是，最近幾年來，儘管當演習作戰或閱兵大典的時候，仍可給觀衆以「赫赫王師」之感，但軍人們生活的困難，內心的苦悶，實已相當嚴重。因而自殺的案件，已時有所聞；軍官眷屬因生活問題而當下女的，一天多一天。這是今日軍隊中悲慘的一面。我們再從另一方面看，國家預算的百分之八十五以上是軍費，但一個中級軍官的月薪不過三四百元，一個中級士兵的月餉不過二三十元。在這方面我們把預算、官兵人數，以及官兵薪餉這三個估計的數字加以研究，我們不難發現兩件事實：㈠六十萬兵額的負擔，不是臺灣的財政經濟所可負擔得起的。八九百萬人的小島，養兵六十萬人，這個比例縱能苦撐一個短時期，決不能三年五載地長期拖下去。如果拖下去，則軍事與經濟終久要一同拖垮了事。㈡在龐大的軍費中，官兵薪餉所佔的比例太小。同時還有許許多多與軍事無關的支出，以及於法無據的機構之經費，都是以不公開的軍費來開支的。針對這兩件事實，我們對於軍事問題，就可提出兩個主張。

我們主張，在「軍事秘密」這一掩護下的軍費支出，作為人民代表的立法委員，在審查國家預算時應該有權過問。民主政治的要點之一，是由人民代表控制政府的荷包。這一點落了空，還談什麼民主？我們再退一步講，如果立法委員不能積極地審查軍費的內容，至少至少也應該從消極方面問問那些於法無據的非軍事機構，既不能在預算上列入經費，它們的龐大開支是從那裏來的。

除掉一些於法無據的非軍事機構，支用大量軍費以外，還有一些不必要、架床疊屋、乃至彼此摩擦的軍事訓練機關，也浪費了不少的軍費。其中以設在臺北市郊石牌的那個機構，最無道理。這個機構的正式名稱常常變動，軍界中人通稱之為「地下大學」。這個地下大學，是由若干日本軍人做教官，受訓者為我們的陸軍校將。日本的軍事學在第二次世界大戰以後，已經大大落伍了。有些新的武器，日本軍人見都沒有見過，他們那有資格訓練我們的軍官呢？我們陸軍，現已充分美式裝備了，怎麼還需要日本人來教練我們的軍官？這一機構的設立，是毫無正當理由可說的（有人說是因為日本軍人熟悉中國大陸地形，所以要他們來訓練我們軍官。這更是笑話！）。有了這一訓練機關，我國的陸軍中可能又多了一個派系之分。除這個石牌的軍官訓練機關以外，其他零零碎碎的，我們不必多舉了。

如果在軍費名義下的一切浪費，都可節省下來，則軍隊官兵的薪餉，是可相當提高的。但是，這還沒有解決問題的全部，我們在上面說過，作為反共反攻資本的軍力，如果安排得不好，調配得不當，這種資本可能變成負債。今天，由於臺灣經濟日陷於窒息之境，國民的眞實所得日益降低，而軍事的反攻，又不能計日而待，龐大的軍隊，在反攻的作用上，已漸漸地從資本變成了負債。——這就是說，如果繼續維持這樣龐大的常備軍額，不僅不能確保軍事反攻的力量，反而要損害整個的反攻力量。因此，我們的第二個主張就是大量

（4）

裁減常備軍，尤其是陸軍。

我們這一主張，是在下列的目標之下提出的，即：振奮軍心，提高士氣，從實質方面，而不是從形式方面確保並加强軍事力量，以備可能的軍事反攻。

裁軍並不等於減削軍力。我們所主張大量裁減的，是常備軍額，後備兵額還是逐年增加。至於武器裝備，本來是來自美援；我們仍可商請美國政府，按照後備兵額，經常供應貯存。一旦有事，召集令一下，即可配備作戰。

現有的常備兵額，當以陸軍爲最多。因此，裁軍的重心，當然是在陸軍方面。現在陸軍的成分，臺灣省籍的兵士，將近半數。他們退爲後備兵以後，可以回家自理其原有的生計，無須政府負擔生活；至於大陸省籍的，政府設法使其就業於農工生產部門。這樣一來，常備兵的人數既大爲減少，則待遇可以相當改善。同時在生產部門由於勞力這一生產要素的增加，再配以其他條件（最重要的如解除經濟管制的重重桎梏，讓民間企業得以發展），則臺灣經濟的前途，就可有繁榮的希望。

常備軍的裁減，應裁減多少？應否分期進行？以及其他一些偏於技術性的問題，當然是須要縝密研究的。但有一點我們必須提出，即，要裁減就得相當大量地裁減。否則就達不到我們上述的目標。

說到這裏，也許有人會拿出些大帽子來唬人。例如說：「你們是想解除反攻大陸和確保臺灣的武裝，而爲共匪幫忙」。這樣濫加罪名，只是用以嚇人，並不能使問題解決。我們考慮問題，是要絕對向知識負責任的；無法顧及其他。

我們的知識是來自科學的實徵，而不是來自玄學的幻想。現在我們看看橫在眼前的鐵一般的事實吧：

巡邏在臺灣海峽的美國第七艦隊對於我們反攻大陸或確保臺灣，是有決定性作用的。沒有第七艦隊的海空軍協助，我們的軍隊沒有辦法發動反攻。既然如此，那末，在美國無意幫助我們反攻大陸的今天，我們保持這樣龐大的兵額有何用處？再就防守方面講，臺灣海峽，只要有第七艦隊在，共匪是不敢發動武力侵臺的。即令敢於發動，諒也無法一下子侵入本島。既然如此，我們爲什麼要保持這樣龐大的常備陸軍？這番話似乎說得過於洩氣，過於依賴美國。其實，我們更急於想爲國家爭氣，更急於想擺脫美國的保護，可是，第七艦隊我們少不得，美援我們少不得。怎辦呢？巫師變不出飛機戰艦來，那只好面對現實作最有利益的打算。我們認爲，對於今日的軍事問題，要作最有利的打算，第一件事就是常備軍的大量裁減。

也許有人會這樣想，臺灣的六十萬大軍，不僅是我們反攻大陸確保臺灣的資本，也是我們換取友邦援助的資本。如果我們沒有這批大軍，我們在反共陣營中恐怕更要被人冷落了。這種顧慮是多餘的。因爲我們所主張的裁軍，前面已經說過，並不削減國家的兵力，只是把常備兵退爲後備兵而已，後備兵的名額是可逐年增多的。同時，我們還應當知道的，我們與其在形式上保持一個危機日著的龐大兵額以爭取友邦的援助，遠不如把握大陸上四億五千萬的人心更能見重於國際。要做到把握大陸上的人心，現在正是良好的機會。反極權、反奴役、爭自由、爭民主的運動，正由知識分子領導，在大陸如火如荼展開。我們正好趁此時機，來一政治大攻勢，就他們所爭取的目標，趕快在這裏實現出來，這對於收攬大陸人心並激勵他們的抗暴運動，有莫大作用。如果止於廣播宣傳上的空口說白話，決不會有何效果。關於這一點，不屬本題範圍，以後再另文討論。

最後還有一點，是談軍事問題時所最不能忽略的。就是軍隊裏面的黨務與政工問題。國民黨的特種黨部，在軍隊裏面活動的結果，使黨員士兵與非黨員士兵之間，發生隔膜，離心離德，乃至相互猜忌。至於地方選舉的時候，特種黨部也來指示其同志出來助選（見四十六年三月七日尙行字第三〇九五八號「工作指示」和「特種黨部對所屬及有關助選有功單位人員獎慰辦法」），使軍人參加了政治的鬪爭，造成破壞選政與民主政治的惡例。軍中政治工作說起來都是冠冕堂皇的。可是那一套教條式的東西，天天像塡鴨子一樣向官兵們的耳朶裏硬塞。日子久了，他們不僅對於那些與他們生活毫無直接關係的教條，感到厭煩，同時也知道了政工究是怎麼一回事。於是他們處處小心，深恐說錯了半句話。情緒這樣地長期抑鬱，有點心理學常識的人，都可以想像得到今日官兵們的一般精神狀態。上面說過的官兵自殺事件，不一定都是由於單純的生活困難，精神病態的因素，也佔相當的成分。這種現象，還不够嚴重嗎？如任其發展下去，我們軍事將成一個什麼樣子，眞可以使你想起來發抖。

爲着調劑官兵們的精神，每年總有幾次歌星影星的勞軍表演，這一類的勞軍，其動機未始不好。可是舉辦的人從來沒有想到：這一套玩意，行之於生活康樂的美國兵營，只有好處，沒有害處；行之於我們的兵營，反足給官兵們的痛苦刺激。因爲性的昇華作用，只限於文化水準較高的人纔會有，一般人是要求現實滿足的。不能現實滿足，看見了水中月，有時就會跳水捉月而死。類似這樣的事情，聽說在臺南曾經發生過。

以上這番話，是關於軍隊的精神待遇問題。精神方面的待遇，其重要性縱不比物質方面的待遇更大，至少也相等。精神待遇的改善，也是今日軍事問題中的急務，我們希望大家平心靜氣地研討出一個改善的辦法來。

談反對黨

李璜

這個題目，我多時就想談談。但一提筆，就不能不憶起三十年來的往事。往事歷歷，一憶起，就不免要生氣，一生氣，就不願再寫。三十年來的往事，眞所謂「不堪回首」，反對黨至今還被認爲是「反革命」，「反動派」，又何必談。因此提筆輒止，寧願另換一個題目，以應朋友索稿之命。

不過，現在似乎逼着我非談一談這題目不可！四月一日，自由中國半月刊發表了一篇朱伴耘先生的「反對黨！反對黨！反對黨！」，而且文中涉及民青兩黨，希望這兩個在野黨「退出友黨地位，聯合其他與在朝黨意見不同人士，形成一個强大的反對黨」。朱伴耘先生此文的發表，可以稱爲用意純潔，理由正大，不過可惜其文中，對事實情態上，「假定」二字用得太多一點，如「假定在朝黨與其他普通政黨一樣遵守武力屬於國家的規定」，又「假定臺灣有了容許强大反對黨的環境」；然而假不定，又怎麼樣呢？朱先生說：「與其求政府的容忍，求政府的扶持，不如先大張旗鼓，向世人宣稱一聲，我們就要成立正式的組織了，以待政府的反應，因自身僅在紙上談兵，而將一切困難委諸在朝黨的阻撓是不够公平的。必須有組織的意圖，有具體的活動，斯時如在朝黨施以壓力同破壞，我們再以之宣告世人也不爲遲。」朱先生這樣說，好像青年黨三十多年來與一黨專政相爭，並未曾有過組織的意圖，且未曾有過具體的活動的樣子！那嗎，三十多年來，青年黨的黨部被查封無數次，報紙被禁，黨員被捉拿、監禁、以至被暗殺，都不算在數內，世人都不會知道的樣子！

朱先生或者要對我所說，認爲這是從前的事，現在在臺灣，青年黨總是以友黨姿態出現，「作在朝黨的點綴」，「不够强大」了。說到友黨，那大半是在朝黨向外介紹青民兩黨時的說法，其實在在朝黨心目中，敵乎？友乎？大成問題，或者敵多於友罷！因爲在朝黨老抱着「革命的民主」的主張不放，革命黨的作風不改，則凡對在朝黨有異辭者，皆應以「反革命」視之，何況還有組織，還想擴大組織！於是不只在抗戰前的從前，即在一致反共抗俄的今天，也一樣的對異已者暗暗與以防堵，處處加以範圍，且不惜用種種手段，以破壞第三方面的團結，與在野黨派與無黨派的聯合。然而我至今也看不出，想不通，這反共抗俄的第三勢力，與在朝黨有何害處，而認爲「該殺，該斬」！

朱先生說：在野黨「不够强大」。慚愧慚愧！其實今日在朝黨也不似從前的强大了。因爲臺灣只有那一點大的地方！在朝黨既不願派出他的老成或優秀，大量的向海外來活動，而在野黨的人一進入臺灣，便又不容易走出來，因此，大家只有困守在臺灣，大家都不會再行强大以至終老是鄉而已！這就叫作：「故步自封」，或更悲觀一點叫作：「畫地爲牢」！寫至此，我憶起莊子一段話：「覆杯水於坳堂之上，則芥爲之舟，置杯焉則膠，水淺而舟大也。」如果在朝黨的心目老是專注於臺灣，在野黨也無法離開臺灣，則誠如朱先生所說，「分殘羹一點」而已，當然大家都不會再强大，因爲杯水只能載芥舟耳！

談罷朱伴耘先生純潔而誠懇的大作，再來談談胡適之先生的高論。胡適之先生在美國，常常罵民青兩黨不够料，不配稱反對黨，惹起我們的朋友頗生反感，紛紛寫信與我，但，我一笑置之。因爲胡適之先生一向熱心於學術方面，對實際政治，不過偶爾興到談談，他不但不知此中甘苦，就連實際政情也不大去用他所習用的那一套考據工夫。因此，他的反對黨的具體主張，總會那樣的想得天眞，請將國民黨分成兩個，一個在朝執政，一個在野反對，對立起來，那就萬事俱備，儼然民主了。不過，在事實上，國民黨不會像氫氧二氣合爲水那樣簡單，分之便成爲不同之氫氣與氧氣。試就人所共知的幾個實際問題，請教胡適之先生，去如何的解決法：

一、國民黨的組織裏幾十年來慣行的是唯一領袖制，前稱總理，後稱總裁。如果要分成兩個，這唯一領袖還要不要？如果要，則這唯一領袖應該在朝嗎，抑或在野呢？且國民黨一向以唯一領袖爲全黨重心，如果要將國民黨分成兩個，便立刻有領袖之爭！除非國民黨的唯一領袖，自已在名義與事實上都退出黨爭，而採取超然的立場，不復過問黨事。（胡適之先生似乎有此主張，但我手邊無文件可以考據。）

二、國民黨三十年來，都在認爲黨的長命百歲，乃是建立在黨化軍隊，黨化教育、黨化公務人員。這一連串的執政黨包辦了一切方面。這種作風，已成習慣，至今難改。如果要把國民黨分成兩個，一在朝，一在野，則軍隊、學校、公務人員，這些「黨產」怎樣的去分配法呢？我知道，胡適之先生看到這裏，一定要說：那必須在朝的一個國民黨首先交出軍隊、學校、以及公務人員訓練班等，還之於國家，不再去黨化，然後在野的一個國民黨始有平等競爭的可能。這個話，就是時論所稱，國民黨退居「普通政黨」的意思。但如果國民黨能放棄違背憲法的黨化作風，而甘心退居普通政黨，雖執政而不再把持包辦一切，則在野的反對黨自然便會强大的產生出來，不必一定要勉强國民黨去分成兩個，那太不自然了。再如果執政黨尊重憲法，謹守範圍，不以軍警力量爲資本，而以民心歸向爲努力標準，則執政黨也不會再那樣畏懼反對黨之會壯大，不會再千方百計，去加以阻擾、打擊、分化、以至於使他在社會上也無從平等競爭，生存下去。假定能如此，到那時，民青兩黨再無辦法，那纔眞是不够料，那就應該天然淘汰了。不過這又只是一個假定罷了！

平心而論，胡適之先生的愛國之心，乃是無時不希望自由中國在各方面都壯大起來的。在「新聞天地」那篇「海外訪胡適」上，胡先生說：「目前國民黨在臺灣的黨員只有五十萬人，比起臺灣人口的總數，五十萬是一個很小的數目，將來反攻大陸時，這五十萬人比起大陸上的中國人口，爲數更小了。而且，現在要入黨或受訓的人，多多少少都在想這是一條求官的途徑。爲國民黨設想，與其以『黨』來號召反共抗俄，還不如以『國』號召來的壯大響亮。」──這就是胡適先生「毀黨救國」的主張，雖離事實仍遠，但其愛國心情却是可以令人感動的。

以上朱胡兩位的高論都是來自美國，而最近美國紐約又有一位梁聲泰先生，據說還是國民黨紐約支部和黨部主持人，也發出高論。港報傳其內容，爲將中國分成三個：國民黨統治臺灣，共產黨統治華北，而將華東華南讓與民主人士來統治。這一下，大概認爲是民主人士在中間隔開了國共武力，便不會再打，中國便太平無事，美國人也少操心了！──這位梁先生閉門造車的本領眞大，是不是受了美國天眞的輿論影響了呢？猶如最近香港忽然出現一個月刊，主張國共都夠不上講打言和，中國是咱們老百姓的，應聽我們老百姓來安排，來和平統一。這月刊言下之意，不但要和平「解放」臺灣，而且要和平「解放」大陸，口氣也很不小，令我隨便感想到，這是不是又從美國來的，又受了美國的天眞的輿論影響了咧？

前兩天，在聚餐機會上，遇見一個美國記者，他也以自由中國能否產生一個強大反對黨爲問。我在答覆此題之前，先問他：「是不是美國輿論希望自由中國有強大的反對黨產生出來？」他說：「是的。」我說：「很難產生。」他說：「你也說難嗎？」我說：「是的。」他問：「何以故？」我只有詳細爲之說明之後，便把最近去遊臺灣回來的一位友人告訴臺灣許多人的兩段話，轉告與這位美國記者。我的說明是：

一向在中國的政治事實方面看來，還未曾產生過現今歐美民主國家那樣的政黨，中國國民黨在取得政權與行使政權上說來，都不是與民主先進國家的政黨的產生與進行相同樣式的。因爲歐美民主的政黨的產生，是靠適合國內某一階層或全體國民的要求，而厘定其政綱，集結其黨員，以之宣傳，以之運動，而在民衆投票選擧的機會裏，得着多數票的贊成，而得入議會或政府的。既然以政綱的內容，取得國民的贊成，然後始得被選去議會發言，政府執政，則此一政黨便須向他的政綱負責。換言之，卽須向贊成他政綱而後投他票的國民負責。因此，民主國家的政黨的產生或壯大，全憑政綱是否爲國民所贊成，而其進行則必須照着他的政綱，向國民負責去實行、辦到，否則便違背了守信負責的原則，而要爲贊成他的國民所反對或拋棄的。但中國的執政黨的產生和強大，不是只靠政綱，而特別是靠武力，其所得政權，更是全靠武力，因之中國的執政黨與民主國家的執政黨大不同處是：無意去向國民負責。坐江山乃是靠本黨黨軍打出來的江山，並不是靠國民大衆的投票，所以中國所謂革命政黨，一向是重視其黨軍與幹部，而不大重視其國民的意向如何。如果國民要反對，執政黨仍是靠他的黨軍、黨警、黨幹部用力來慴服鎭壓，而並不畏人言便改變其施政的主旨的。──在這種情形勢之下，自由言論都要常受威脅，何況自由行動！沒有充分的活動自由，而且國民常處在權勢恐怖之中，反對黨如何能壯大的產生出來呢？

我繼續說，我們一位朋友將上述情形比擬得相當適合：中國的執政黨並不是一個外國式的政黨，乃是一個中國式的組織，是一個家族社會，兼是一個幫會團體。

中國的家族社會的主旨有兩個：一是永遵祖訓，二是百世其昌。前者是遺敎永遠不能變更，後者是基業不能失去。這一來，與因時制宜而變更政策，順應民情而交替柄政，其主旨便恰恰相反，而無法說得通了。並且家族社會的制度必是家長制，在家長制下，家長是絕對不能容許批評以至違背的，批評違背，便是不孝，不孝便是逆子，逆子便要被全族所唾棄或甚至受處罰的。故在家族社會裏，在家長施政下，一族之內也無自由可言的。不幸中國自漢代起，二千多年來，中國的政治局面，不但在事實上是家天下，而在精神上都是家天下：國就是家族的擴大，執政首長就是家長的擴大，老百姓被稱作「子民」，執政者被稱作「民之父母」，這一傳統，竟令中國大陸共幹敢於敎人民呼毛澤東爲爸爸，而且向大陸婦女說，你養育的孩子，乃是「毛主席」的兒女，你須好好爲「毛主席」養育這第二代啊！──我們一挖共幹的根，便能發現他們的潛意識中，還是深藏着家族主義的思想，全憑着他們共產黨一家子有勢力，而橫行霸道的呢！

其次說到幫會團體的比喩。幫會團體在中國的歷史也很長久了，卽目前香港也還存在着許多幫會組織，把持着一個區域，幾條市街的地盤，認爲這是本幫會的勢力範圍。如果有人要在他這範圍內尋工作做，所謂找飯吃，便必須加入他這幫會，否則叫作不懂規矩，便要挨打，打得你頭破血流。如果你是另一幫會的，也有背景，不服氣，便約集另一幫會的打手前來尋仇，兩幫打手於是約期對戰，決一雌雄，這在香港就叫作「開片」。開片雖爲香港警局所絕對禁止，遇到卽行捉拿，不問何幫，一律罰入苦監，然而開片決了雌雄之後，往往勝者便將敗者的地盤暗中併呑，而擴大其勢力的。因此，幫會的存在和壯大，乃是完全靠打手，謀拼鬬而來的。他以武力雄據市街，包娼、包煙、包賭、抽頭吃利，以至按戶勒索月費，並不需要取得街市居民的同意的。並且幫會雖暗中聲明對其勢力範圍內的居民，他在盡保護之責，其實一點也靠不住。如果居民不照繳其所勒索，或干涉其包庇煙賭，不與之同流合汚，或至少不聽其烏煙瘴氣，而要起來干涉，則一樣的要受其威脅，挨其毒打！因是，香港善良僑民，最多是做工與做小販的，痛恨這種幫會，香港警局也嚴厲加以取締。尤其最近幫會用威脅利誘手段，去勾引青年學生，以至小學生，將他們「踢入會」，敎其爲非作歹。這種利用善良無知，以擴大其勢力，最爲可惡。故香港警局還

（下轉第18頁）

當前國際形勢靜觀

朱伴耘

一　和平解放與和平競爭

核子戰爭已不敢用爲解決國際爭端的工具。這一點美俄領袖都知道得很清楚。那麼，這個複雜的世界應走向何處去？美國的方案是和平解放，蘇俄的對策是和平競爭。爲達到和平解放的目的，美方高擧民主自由之旗，宣稱蘇俄人民會自動爲爭取民主自由而推翻現行政體。同樣的，爲達和平競爭的目的，赫魯雪夫更不惜在電視中高呼：現在美國人的孫子一輩，會在一個社會主義的制度下過着幸福的生活。儘管國際懸案絲毫未決，裁軍會議成就有限，但在國際兩巨頭尙念念不忘「和平」二字的時候，世人的緊張多少感到一點稀有的輕鬆。國際情勢由劍拔弩張而演進到唇槍舌劍，固由於全面毁滅性的核子武器使「戰爭」失去意義，而廣大人民的自覺則是一個無形而不可忽視的大力量。任何自命完善的主義，美麗的口號，如得不到人民的首肯，其基礎是非常薄弱的。「人民」二字固在共產國家中吃香，也開始在領導西方集團的美國走運。臺灣讀者大概也見到「人民的資本主義」之類的名詞吧。在這篇文字中，我擬以「人民的世紀」爲中心，分析何以國際局勢會演成和平解放與和平競爭的階段。我得聲明在先，這是作者個人的意見，而意見是知識中最脆弱的一環，只能供參考之用，不是金口玉言。

二　從馬克斯預言的失敗推測赫魯雪夫預言的命運

共產主義的實現，依馬克斯的說法，應是工業發達的資本主義的國家。這些國家如英美法者，勞工是大多數，是被剝削階級，他們爲了生活的改善，必會起而革命，實行勞工專政。然而事實如何？共產革命的成功首先在蘇俄，繼之在中國，英美至今尙無革命的跡象。這個鐵的事實，爲何造成的呢？如我們細窺中美英蘇的國情，不難發現無產階級革命之發生與否，與其謂決之於一國之經濟情況，不如謂決之於一國之政治傳統。易言之，貧富不均與專制極權如兼而有之，才是共產主義的溫床。中蘇國情就這一點言，不愧爲難兄難弟。

飽漢不知餓漢饑，一個三天無飯可吃的人，其心情之憤恨，在未有經驗的人，是不可以想像的(作者不才，半生中有過一次兩天無飯吃的經驗)。一個生在專制國家從不知道自由爲何物的人，加上朱門酒肉臭，道有餓死骨的刺激，以麵包至上爲號召的共產主義怎不會在這些地區吃香？沙皇時代的俄國，貴族地主的驕奢淫佚與農奴的貧苦生活相對照；咱們中國過去不談，民國成立以後，始而軍閥魚肉人民，繼而貪官汚吏及各種特權階級欺壓人民，既無政治的出路，積極地促生活之改進，消極地求積鬱之發洩，除了武力革命以外，就是束手待斃。人們固然怕受流血的痛苦，但也不甘接受坐以待斃的命運。當多數人對前途選擇的機會狹窄到這一地步的時候，焉有不發生革命之理？是以共產革命之發生於中蘇，照個人之愚見，環境之促成，功在十之八九，共產黨人不過善於把握環境、利用環境而已！

再看英美諸國。她們都是資本主義的國家，過去資本家對勞動階級的剝削也是不可否認的事實。就經濟生活言，當年英國的勞工與俄國的農奴不相伯仲，可是當馬克斯鼓吹無產階級革命的時候，英國早已注意到工人生活的改善了。始而是私人的試驗性質，或慈善性質，如歐文所辦之工廠，即注意工人福利事業，結果成績甚佳，繼而演成了政治的大力量。如今日之工黨，其政治理想與辦法，較共產黨人所主張者更爲合乎人情。可是這種溫和的改進，如沒有民主政體爲基礎，如何得以實現？從這個歷史的事實看，貧富不均不是社會革命的唯一條件，可是這種情況如發生在專制極權的國家，以革命方式推翻現有的政權，則是很難避免的結果。今日西歐行社會政策的國家如英國、北歐諸國，在精神上是最不恐懼共產主義的國家。因爲共產黨人已提不出引人入勝的辦法。也因此之故，這些國家的民主與自由，是貨眞價實。共產黨人依法活動，不受任何歧視與差別待遇，教書者更無需宣誓爲非共產黨員之擧。蘇俄國基鞏固後，共產黨的工作目標指向了美國，假定一九三〇時的經濟恐慌後沒有開明的羅斯福總統實施新政，工人會以什麼方式以求生活的改善，那是很難想像的。今日儘管共和黨執政，過去廿年民主黨「新政」、「公政」的措施，不僅推行如故，而主張再予改進者亦不乏人。假定沒有美國的民主政治爲基礎，縱有羅斯福之錦囊妙計，也將一籌莫展。是以事實告訴我們，民主政治是解決問題的有效武器，不必乞靈於革命的手段。爲什麼今日美國反共最烈，除開霸權問題——也就是海外市場之取得，以配合國內工業生產、工人就業，因而握得世界經濟霸權的問題——主要的精神防禦不及西歐的健全，以及資本家的短見，這些少數資本家如放開眼界對民主政治有信心，是無懼於共產主義的宣傳攻勢的。今日美國人民的經濟安全感比新政以前是進展多了，如與推行社會政策的國家相較，尙有改進之餘地。是以他們談共變色，所幸麥加錫主義只是浮雲輕煙，否則更會增加美國社會的不安。一言不愼就會被帶上紅帽子，甚或犧牲終身，這種不能忍受的歧視是亂世之源。

綜上所述，赫魯雪夫的預言會實現嗎？馬克斯既失敗於先，如赫氏之含意謂美國人的孫子一輩會以革命方式而達到經濟安全的目的，那麼可推斷這個預言必失敗於後。如赫氏預言的含意是指下一代美國人的經濟安全比現在更爲確保的話，那是必然的結果，談不上是預言。因爲這類措施是實質的問題，與以什麼主義之名而促其實現是無關宏旨的。相反的，和平解放的對策成功的機會反而較大，是以在這一節的小結論裏，我可概括的說：如美蘇的宣傳戰在制度競爭方面係以經濟安全對政治自由的話，政治自由的武器是有效而永久，在政治民主的國家，縱令經濟制度有缺點，是有補救之道的。反之，一個國家卽令有所謂英明領袖使子民無衣食之慮，可是子民會永遠做一個被豢養的猪仔嗎？是以在這種情況下，卽令無社會革命，也將引起政治革命。現代史的例子是：一個經過政治革命奠定民主政治的國家，並未發生社會革命一如馬克斯之預卜，可見得民主政治才是解決問題的總鑰匙，可見得政治不民主的國家，隨時有發生革命的可能。至於一個國家如過去的中蘇，人民旣談不上經濟安全，更談不上政治自由，革命可以說是唯一的解決之道。今天共產黨人集中力量對美宣傳，而美國也反之畏之。皆因蘇俄之宣傳對美國尙有用武之地，如美國能憑民主政治的基礎，以開明的自私爲今後資本家的活動原則，就長期的結果言，自可立於不敗之地。如畏之太甚，重用麥加錫之方法，使民主制度變質，自由只限於鼓吹自己的法螺，那麼才是自誤誤人！

三　從整肅談到鳴放

蘇俄的和平攻勢，在去春清算史太林的時候，已達高潮，作者曾在「徬徨歧途的美國外交」一文中指出，這一轉變有很重大的意義。在匈牙利事變前，共產世界的威望的確大大提高，所謂共產世界也有政治自由，共產主義可按各國國情實施，使人類達於理想的環境。這種轉變我說他們冒險，同時又是共產主義欲取信於世人而不得不有的冒險，將共產黨推行主義時凶惡的一面，一律寫在史太林的死屍帳上。如果沒有匈牙利的事變全部打開鐵幕，則赫魯雪夫的解釋，也非毫無道理。不幸匈牙利反蘇事件發生，以致不得不用武力鎭壓，圖窮匕見，聲望掃地。這一血的事實又如何向世人交代呢？無論匈牙利的反蘇運動是出於自動也好，出之西方的策謀也好，這等事件以武力鎭壓總是令人難以心服。在這樣的打擊下，經過內部半年的爭辯與內鬨，於是有七月初馬林可夫、莫落托夫等人的淸除。作用何在呢？依我的看法，是想將匈牙利這一筆血帳，又寫在被淸除者的頭上，藉以對外自圓其說：共產主義仍是好的，蘇俄並不是新的帝國主義，鎭壓匈牙利的暴行，只是少數害羣之馬的行爲，如今這些人既已淸除，當不會再有類此事件發生。這一解釋是否爲人接受？這一關是否能平安闖過？萬一再有枝節發生，蘇俄當局再採取什麼解釋，這些可能的變化都屬枝節問題。我所要追問的核心問題是：「爲什麼赫魯雪夫之流一再說明共產主義是不用武力革命也可實現的；蘇俄並無意以武力壓迫他人實行共產主義；不僅此也，共產主義也是有自由的——爲了以事實證明這一點，卽蘇俄必須打開鐵幕與人交往，同時今日之蘇俄人民比在史太林時代是有較多的自由。」如果我們以爲貶斥史太林及淸除馬林可夫等是現在共黨作風，有計劃的轉變的話，爲什麼會有這樣的轉變？這我可以分兩點來解釋：

第一點是對外的。這個解釋很簡單，是消除中立者的疑慮。蘇俄以舊式帝國主義的罪行攻擊資本主義是頗動人的，亞非被壓迫的國家以蘇俄爲可靠的友人也頗不少。那麼美國的還擊，是蘇俄假共產主義之名而行帝國主義之實，以武力迫使他人共產。這種還擊當使許多國家對蘇採猜疑態度。爲了多求與國以達孤立美國的目的，蘇俄不得不在理論與事實上闢謠，以證明共產主義本身之完善，而將一切過失委諸死者。

第二點是對內的。蘇俄是在打開鐵幕。今之蘇俄人民比史太林時代是有較多的自由，西方官方及記者的報導都未完全否認這一事實，只是說其程度不及西方而已。蘇俄人民之自由，由有無的問題而進至程度的問題，無可懷疑的這是一個好的現象；要解釋這一轉變的發生，那就說來話長。

馬克斯的信徒說資本主義的本身就含有自我毀滅的種子，是以自馬克斯以下都預卜無產階級的革命與專政會發生在資本主義的國家，尤其是老牌子的英國，竟以民主政治的良藥，否決了法師的預言。他們的理論家當然要三思其所以然。三思之中當要自問一番：共產主義本身是否也含有自我毀滅的種子，而有發生政治革命之可慮呢？可能他們早已有了答案而無法提出；可能他們現在才發現答案。這個答案是正面的，如果民主政治是挽救無產階級革命不在資本主義國家發生的良藥，同樣的共產黨人也必求助於這一付良藥，使政治革命不在共產主義的國家發生。這也就是我所說的只有民主政治才是解決一切問題的總鑰匙！

共產黨統治蘇俄四十年，如謂他們毫無成效，如謂蘇俄人民始終只見其害未見其利，也未免言過其實。由一工業落後、被西方早年譏笑的國家，一躍而爲世界上一等強國而與美國一決上下，蘇俄人民對於這一成就，自會給以公平的評價。旁觀者說這個犧牲太大、代價太高的成就是值不得的。可是蘇俄人民得反問一下，假定沙皇「德政」再繼續四十年，對蘇俄人民及整個國家又有什麼良好的後果？所以我得大膽的假定一下，由於蘇俄有了那種太壞的環境——自由與麵包二者皆無的環境——共產黨人對人民的解釋，不是全然聽不入耳的。就經濟生活言，今日之蘇俄人民是談不上「個個有福享」的；可是對於他們做到「人人有飯吃」一點，當不必過份懷疑。我們知道從「人人有飯吃」到「個個有福享」這一階段，不是變魔術，轉瞬之間卽奇跡發現。共產黨亦人也，非神也（假如有神的話）。美國人以爲今日蘇俄人民物質生活水準不及美國人，就以爲共產主義一無所取，未免成見太深。今日之美國，與其謂對共產主義痛恨，不如謂對共產黨人對自己國家工業化的蠻幹精神害怕。這一態度在歷年來對中共通商這一問題上表現無餘。表面上的理由是中共實業化會增加所謂侵略的潛力，骨子裏的理由，是害怕中國一旦工業化是會將美國在亞洲的經濟利益一掃而光。此卽是美國寧願貸欵與購買汽車自享其樂的沙地阿拉伯國王，而不願貸欵給蠻幹的埃及納塞與建水壩的原因。買消費用的成品，自汽車以至尼龍絲襪是美國的良友湿好顧客。如目的專買機器以求自給自足的根本打算，美國卽以潛在的敵人視之。美國今天看起似很繁榮，工人有業可就的時候，可以說是「個個有福享」，但這種就業機會是很正常的嗎？這是美國今年預算中一元的支出，其中五角九分是用之於「國防」項下的結果啊！無怪乎財政部長也對此畸形的發展躭憂。是以除了地理的環境天然的富源等條件外，如果一個國家經濟的安全與繁榮是建立於旁的國家經濟落後的基礎上，這個制度也是無足取的。這也是資本主義與帝國主義相提並論的原因。當前美國所稱「個個有福享」卽令是不折不扣，也非共產黨人之憂，他們是有充份理由請國人稍安毋燥的。今日共產世界面臨的問題，是「人人有飯吃」是否爲滿足人民的充分條件。

以麵包問題爲號召同建國之首要在民生是一個內容的兩種說法。馬克斯也承認人類先有了衣食住行之後，才對政治發生興趣，在一個不得不解決麵包問題的環境中，共產主義受過歡迎；在一個不知自由爲何物的社會中共產黨的專政可以立足。但是生命得以維持之後，人類最基本的要求是什麼？那就是人們要求做一個「人」——人之與獸不同者，在於有「思想」也。人因不願做機器的奴隸，也不願做所謂「國家」、「領袖」、「黨」、「主義」等大帽子的工具。他要以上天賦予的思想作行爲的指導，辨別是非，認淸善惡。這個作「人」的環境只能求之於政治民主的社會。四十年前的俄國人，多半是飢餓的奴隸，對於一個加倍給予口糧的主人，是可以表示歡迎的。今日的青年，照共產黨人宣佈的成就，是沒有飢餓之慮的，是以卽令根據馬克斯的說法，他們也對政治發生了與趣。我承認不少的青年今日仍是深信共產主義的。今昔不同之點是昔日人家敎你信，心中不願也裝着相信。今日大家相信與否都得自問一番。仍然相信的人或附保留條件而相信的人，姑且不論。那些發現上當而不願相信的人又將如何對付？掌握胃囊或殺頭充軍，施之一二人尚不失爲方法，這種情形如普遍發展又豈是武力所能解決的？更何況敵人正以民主自由作爲對共產制度攻擊的利器？共產黨人也承認共產主義的目的是使人人都有自由，這句話以「過渡時期」爲詞說過三年五載尙有可原之處，如今已有四十年之久。蘇俄也一躍而爲能與美國競爭的一等强國，人民是否自由是要世界公論的，是要證據的。在四十年前的情況下，蘇俄人民旣可助共產黨成功，今日之人民又何嘗不能促共產黨失敗？基於大勢所趨，善於認淸環境，把握環境，利用環境的共產黨人，認爲與其壓制人民太甚而引起叛亂，使世人對共產主義完全失去信心，不如逐漸給予人民自由以期減少亂源。因共產主義在蘇俄實行最久，大家至少相信蘇俄人民是多數支持這個制度。如叛亂竟發生在蘇俄，則共產主義可謂整個破產。他們當知道今日之蘇俄人民，正如昔日之蘇俄人民一樣；昔日爲了經濟目的支持共產黨的活動，接受他們的領導，今日同樣能爲了政治自由的目的來反抗共產黨的活動及領導！逐步給予人民自由，甚至將來開放政權容納不同的意見，由於他們有堅强的組織及長期的「訓政時期」，最初在公平競選中亦不難獲勝。卽令後日遭到選擧上的失敗，仍不失其政黨的地位，遠較在「政治革命」中失敗而被消滅爲佳。這種外面自由的呼聲，和內面人民自覺的要求，才是克姆林宮主人對人民開始給予自由的原因！這不是宣傳，也不是陰謀，而是他們理論家認淸現勢而作有計劃的措施。過去的經驗告訴他們：人民誠意的支持才可使一個政權鞏固，軍警秘探是不能永遠維持一個政權的。他們昔日革命推翻沙皇時，何嘗不是民心之賜？軍警秘探本身也是來自民間，他們也有受不了壓迫而作陣前之起義的時候啊！

至於中共之百家爭鳴，百花齊放，西方莫不以驚異眼光視之。毛氏之承認階級問題仍然存在，而要黨人注意黨及政府與人民之關係。西方不少評論家更以爲毛澤東乃共產主義新理論之創業者，這種說法無異承認共黨對宣傳方面棋高一着。事實上中共之轉變也是認淸環境，把握主動的辦法。毛澤東不是軍閥出身，對於中國治亂史多少有點研究。就中共在中國活動數十年的經驗言，以及中共勢力之所以成長的原因，何嘗不是由於過去統治過度壓制之結果。如今他們上台豈會輕易給人可以利用的機會？壓迫愈大，反抗愈强，與其逼人困獸猶鬪，何如網開一面以減輕敵人的鬪志？人們一股抑鬱之氣，久悶心中，可能一發而不可收拾。讓人在口中或紙上宣洩一點積憤就減少一分爆炸的力量，只會增加中共之聲望而不損其政權之鞏固。這種西方所稱有彈性之作法，是强而自信的表示，而非弱的表示。如我們妄想是民主在望，那是盲目樂觀。英國民主式的經濟改革——自私人社會政策的試驗而至正式工黨的成立，乃經年累月之事，是以期望大陸明日卽有兩黨或多黨的民主制度出現，那無異癡人說夢。他們也可提出中國環境特殊的擋箭牌呀！又如以大陸報紙有對中共不滿文字發生，卽以爲全民對中共不滿的例子，進而斷定中共卽將崩潰，未免太如願的想法了！如果有一天大陸傳出的報紙，宣稱五年計劃，三年完成；出產豐富，民生康樂；工人旣不罷工，學生亦安心課業；政治淸廉，貪污絕跡；翻開報紙雜誌，一幅太平景象，歌頌之聲不絕；所謂「階級消滅，革命成功」理想之烏托邦已在大陸實現，那時我可斷定這個政權卽令宣傳得如何歌舞昇平，實際上是一個已成熟的大膿包，一拍卽破。當他們今天尙斤斤於階級無法消滅之時，憂慮人口之膨脹，生產不足以應付消費之時，承認五年計劃不能如期完成之時，宣示集體農場以農民了解不够或幹部執行技術不高，以致怨聲載導之時，我們就說這個政權已臨瓦解前夕，個人無此大膽的樂觀。一物有彈性是不易折斷的，但高熱可以溶解之。此等高熱來自何處？發自人民對自由之渴望也。今日整個共產世界之作風，是在增加其政權之彈性！這是從他們本身在奪取政權中所取得之敎訓，因爲人民在不堪忍受的情況下旣願爲共產黨利用，同樣的也可供反共的黨派利用。爲了避免這種結果，只有設法阻延此「不堪忍受的環境」的發生。外人斥之爲虛僞或不澈底，是與他們本身的企圖無關的。今天大家如抱着「共產黨如此作，我們亦必一步一趨」的法寶來反共，那是天大的笑話。因爲所爭者是姓名及招牌之改變，與國家之前途和人民之福利，風馬牛不相及，老百姓爲什麼冒生命的危險來倒甲擁乙呢？

四　中立集團在「共存競爭」中的地位

今日「共存競爭」的國際形勢，除了兩主角演到在此止步，僵持局面外，中立集團的影響也不可忽視。這些中立國家除了畏戰心理是重要而共同的一點外，其他內在的理由也有分析的必要。我們知道國際的中立勢力；在西歐是以英國爲領導，在亞非是以印度爲盟主。就西歐言，這些國家多推行社會政策。美國許多人批評行社會政策的國家說；這種制度使政府權力太大，有趨向極權的危險；同時生產效力不高，物質生活水準不及美國。這種說法個人不敢苟同。就政治自由講，以英國爲代表的西北歐諸國，人民所享的自由遠比美國人民爲豐富。共產黨員在海德公園當衆宣傳，學生研讀馬克斯學說，工人即令爲一共產黨員，均不受任何歧視，廠方也不以國防安全的理由而剝削其工作的機會。政府權力用之於作事而不是用之於管人，法律之前人人平等，絕不因參加共產黨就萬规不復。就經濟生活言，貧富區別有限，生老病死政府都在予以照料，既不是國家或組織的工具；也非機器與金錢的奴隸，即令生產不高，照愚見看來，較之每年將剩餘物品沉之大海，藉維物價之穩定與夫藉軍事生產以維就業之機會爲有意義。在這種社會的人們，縱非天之驕子，他們無憂少慮是很够「人味」的。因其制度如此，所以在精神上防線鞏固。他們並無所懼於共黨的宣傳與滲透。他們之所以加入北大西洋公約組織，主要的是防蘇俄的軍事侵略。只要蘇俄無意用武，他們是不是會作爭霸戰爭的先鋒隊的。這是史太林在世最恨的制度。因爲共產主義在這些國家實在無法出售，也是赫魯雪夫今日宣稱條條路可達社會主義的原因。至於以印度爲領導的亞非諸國，她們深知今日之獨立，蘇俄之存在爲一重要原因。蘇俄獨霸世界，前途固不堪設想，如蘇俄被美國擊潰，鑒於美國與英法的血緣關係，她們誰也不能相信舊式帝國主義不會捲土重來。所謂帝國主義照中山先生的解釋，其侵略方式有三：曰政治的，軍事的及經濟的三種。而以後者最爲殺人不見血，被殺者永遠會做一個原料供給地而落後下去。他們希望多有法魯克及沙地國王之類的人物存在，個人驕奢淫佚，民生與他們無關，只要不作反叛的收回主權自立更生的工作就行。因爲在這類人物的統治下，不僅以經濟侵略的殺人者面目不會揭穿，他們把壓搾的利潤撥出一小部份辦點醫院之類的玩意見，反可以以慈善家的姿態出現。這樣兵不見刄，可以使這些落後地區永遠不能翻身。此非作者故作危言聳聽之論，實在是中山先生的遠見以及不可抹殺的事實。他們今日與其恨納塞之獨裁，不如說恨納塞的自立更生的精神。試問納塞與佛朗哥又何不同，何以一親之一恨之？骨子裏就恨納塞喚醒所有阿拉伯人自立的作風，這是渴油主義者與基地主義者最爲痛心的。因此之故，亞非的中立國家，即令明知蘇俄是虎，也不得不以虎拒狼，虎狼互相對立之際，他們的安全感才最大。有狼無虎或有虎無狼，弱小動物總是要作俘虜的。由於這種中立勢力的存在，和平是最吃香的名詞。是以美國既提出和平解放，蘇俄也對之以和平競爭，旗鼓相當，在宣傳上也是各有千秋，不相上下。

五　人民的世紀——代結論

好的名詞總是被人利用。所謂人民的民主，人民的資本主義等等，不論這些名詞是否有意義，是否說得通，從大家不忘「人民」二字的心理而言，可見得阿斗潛在的力量，尙未被人完全忽視。也從這一點「不忘」人民的心理推演下去，不論一個政權也好，一種制度也好，人民之好惡是使之存亡的一個重要關鍵。不過什麼是人民產生好惡心理的原因，在這兒不得不有個常識上的說明。那就是人民對於某一制度的好惡是來自實際生活的體驗，而不是來自越俎代庖的指導。小孩子歡喜吃糖菓，因爲這是第一次嘗過甜頭的結果。苦口之藥如不能使病者藥到病除的話，病人也很難有一再咬緊牙關吞下去的勇氣及興趣。用這一個常識來了解社會現象，不難想見作人民要求作的事，採人民提出作事的辦法，是一個制度保證成功的捷徑。口號再響，名詞再奇，如與人民感受的實際經驗脫節的話，正如期待恢復健康的病人，第一次初嘗苦口的所謂「良藥」一樣，一次勉爲其難的吞下去，結果藥到而病不除，病者爲了救命，只有另請名醫改投藥物之一途！也因此之故，使我不得不重申對「政治民主是解決一切問題的總鑰匙」的推論的信心。

個人無意確論共產主義本身是一個善惡或是非的問題。多年來的所謂心物之辯，只是浪費精力與筆墨而已，並未抓到問題的重心。如能虛心少用莫測高深的名詞，只將蘇俄推行共產制度的辦法逐一批評，其效果要較爭辯名詞爲大。共產主義在蘇俄推行已四十年，如說效果毫無，我不敢下此武斷的結論。我更不欲比較今日蘇俄人民物質生活享受，不及美國人得到者爲高。美國先天的政治環境及優越地勢都無法使蘇俄與之相比的。問題是共產主義即令在蘇俄有效的話，成果與代價是否平衡？能多在這個問題上用點腦筋，才可使蘇俄人民不受魔術家的長期催眠！一味的否定而又講不出蘇俄人民也願接受的理由，這只是一種妬嫉自卑的心理表現。

今日赫魯雪夫，將史太林鞭屍三百，責其辦法殘酷用以安撫人民，對外方面則口口宣稱共產主義也可以和平方法實現，不論主動也好，被動也好，這種「辦法不好、主義好」的宣傳，是很能引人入勝的。面對蘇俄的有效宣傳，我們與其翻舊帳，不如根據他們「辦法不好、主義好」的主題作反駁。因爲翻舊帳他們也可能提出反駁的理由：你說他們不應以流血革命方式取得政權；試問在專制的情況下，有什麼民主的方式以實現其經濟社會的改革？你說他們殺人如麻，可是你們在「革命」期間被殺的又豈在少數！儘管我們不贊成以牙還牙的野蠻報復辦法，但在人類潛伏的獸性尙未全部丟盡的時代，以此等道德標準期之於俄人，並不足以構成有效的反駁。我們可以告訴蘇俄；在一個政治民主的國家，人民的經濟生活是可以和平方式改進的；這有事實爲證，今日蘇俄的當政也以承認這項事實爲對外的宣傳。我們卽令承認：「政治自由及經濟平等」是先後之爭的問題，也可問蘇俄今天他們做到經濟平等沒有？如果沒有，自不必論，假定業已做到，——這與提高物質享受無關，——隨之而來的政治民主何在？能拿出證據來，當可證明先經濟平等後政治自由的前提，卽令他們是環境特殊的話。反之，縱令詞的變化無窮，也無法使人相信提不出證據來的詭辯。是以在「和平競爭」的時代，能迫使共產世界攤出「自由民主」的底牌，是世局根本解決之道。能在這方面下點功夫，人類可以避免燬滅，前途才有點曙光。一味的洲際飛彈基地政策，放棄文明有效的武器不用，那是至愚的行爲！我之不算舊帳法，讀者不要以爲我是爲共產黨過去的「革命手段」作辯護。他們是否要革命，是一個大的論戰，尤其今日大家正盼共產國家人民對不可忍受的制度奮起革命的時候，而指他們過去推翻專制的革命不對，豈不自相矛盾！千萬不要迷信一面以機關槍壓陣，一面又互相監督而以家屬爲人質的士兵是所向無敵。這是最不可靠的軍力。只有自動自發而有共同作戰原因的軍隊才是常勝軍。蘇俄革命之初，若說全無人民的誠意支持，那是太主觀的推測。至於人民爲什麼要捨命支持那種行動，是否應支持那種行動，那是無止境的論戰。一個運動能以得着人民的支持而成功，總有人民支持的原因存在，專憑宣傳就以爲人民可以捨命陪君子，那一方面又缺少那張是非顚倒眞僞莫辨的嘴？這是我主張不算舊帳的原因之一。其次爭辯過去，無異承認現在沒有還擊的法寶。是以我們姑且承認他們有革命的原因，也假定他們所持經濟平等後才能有政治自由，我們請其拿出事實來公諸世界。儘管他們有理論家爲其辯護，假定世界公論民主自由的事實不斷吹入共產國家人民的耳中，人民才是眞正的裁判者，今天趁其開放鐵幕之際，作大量文化交流是和平解放的良方。事實上美國對此顧慮太多，恐懼人家的宣傳與滲透；而喊殺之聲不絕，果眞一戰，事情當屬簡單，旣以長期的和平解放政策爲標榜，今日之作風反使人懷疑美國自樹鐵幕。在自己經得起考驗的情況下，卽令他人樹起鐵幕，也得設法闖入，今日人家已將門戶半開，美國反而畏縮不前，豈非自認不如人家？誠然美國本身弱點甚多，除了種族歧視爲一大汚點給人攻擊外(黑人就有將本身在南方境遇與匈牙利事件相比者)，經濟措施値得商榷之處甚多。美國更不應以羅斯福時代採用若干社會政策的措施，就以爲有抄襲他人之嫌。殊不知好的辦法是屬於世界的，非一國一人之私產，正如上帝屬於世人一樣。閉着眼睛自鳴得意不在知己疑彼上虛心研究，得了諾貝爾獎金的科學家爲了核子輻射的危害人數領銜簽名主張與蘇協定停止試驗，馬上卽調查其動機與共黨活動是否有關，諸如此類之作風，殊令人對民主自由難作了解。所謂民主最簡單之解釋，爲容納相反之意見。若以此爲衡量民主自由之程度及是否在精神上足以與共產制度相抗，那麼英國及北歐諸國最爲民主自由，最爲共產世界所懼。美國雖以國家富强居於反共領導地位，精神上之抵抗力就相差太遠。好的反駁都在這種恐共心理下無法拿出來，至於那些主張以模仿共產主義之道而高叫反共者，更是令人啼笑皆非。兩國作霸權之爭也好，兩黨作政權之爭也好，在物質條件相等的情況下，誰得民心，誰獲勝利？

今天不是爭論政治民主與經濟平等的時候，也不是爭論孰先孰後的時候；二者人民同時都要，簡單之至！我們主張自由民主的人，是深信在民主政體下，人民經濟生活是可以依和平方法逐步改善的，卽令以「武力革命」方式可以朝發夕至的話，我們也認爲犧牲太大，不値以自由來換取麵包。可是共產政權業已存在有年，他們自馬克斯以下都未否認人民在經濟安全後可以獲得眞正的自由。無論鞭屍也好，鳴放也好，出於人民自覺也好，出於國際壓力也好，誠意也好，做作也好，都表示他們對此問題也未忽視。他們旣提出和平競爭的口號，反對者是否除武力解決外，就無政治攻勢的武器呢？事實上目下是和平解放的大好時機，大家客觀一點不必對主義或理想的本身作無益之辯論，多在方法上予以駁斥，以提高人民之覺醒。下一代的福利固然要緊，沒有本身之存在，何來下一代之可言？卽令我們承認「革命」是環境之所必需，也承認他們所稱經濟平等後卽有眞正之自由民主，那麼拿出自由民主的事實來以求世界的公論。民主自由對於人民之迫切需要，在「人人有飯吃」的情況下就應享有，是不能等「個個有福享」的時候才開始問津的。因到那時人味恐已完全失去了。今天我們可大膽以自由民主向共黨人士作政治攻勢。他們今天如未做到「人人有飯吃」的程度，那是證明共產制度之無效。如做到了這一地步，人民尙未有享受民主自由之跡象，那表示他們立論之虛假。無效也罷，虛假也罷，這一回合就戰敗了。寫到這里我寄語那些口中反共而又反民主的人士，不要以情況特殊，時機未至等理由作阻礙民主政治實現的藉口。因爲這類理由共黨可以完全接收利用，這是沒有出路的。

最後我得聲明，本文除分析外，意見很多，如對共產主義本身不作善惡是非之判決；對資本主義制度缺點之認定，政治民主經濟走上社會政策較爲理想的主張，共產黨以環境關係而不得不以革命手段取得政權爲理由的保留承認；無眞正民主自由卽不够資格在精神上反共的推論等，無一不包括在意見之內，我旣在開場白中言明意見是知識中最脆弱的一環，是只能參考用之，也因此之故，對於不以「權威」爲理由的批評都是歡迎的。還得提請讀者注意的是，儘管大家有千萬反共的大道理，對於共產世界的鞭屍及鳴放要密切注意，虛心研討，不要宣稱一聲「他們都是假的」就可了事。眞假只有人民才體會得出來。萬一他們的改變是有內容，增加彈性，根據彈性大而不易折斷的道理，坐待他們內部革命，那是自誤前途。共產黨人也是有籠絡人心一套手法的。不要以爲他們是土包子，只知殺殺殺而自我陶醉。至於本身如何起死回生，遠比坐待人家崩潰，尤爲急切之圖。他們不缺乏管敎養衛之道，所缺少的是民主自由，不折不扣的民主與自由。所謂民主則以時機尙未成熟，自由則加以權威的指導原則，這樣一來，縱令名詞未變，而內容全非，人民在體驗上沒有分別。今天口口聲聲不離「人民」，那麼必要做到「民之所好好之，民之所惡惡之」。權威者的好惡不一定與人民的好惡一致的！

「百家爭鳴」與「思想擂臺」

嚴　明

去年七八月間，大陸上喊出了「百花齊放，百家爭鳴」的口號，初無熱烈反應，直到今年二月間由毛澤東再作敦促，總算「鳴」了起來。

今年二月二十七日毛匪在僞最高國務會議第十一次擴大會議上發表了一篇演說，提出所謂「正確處理人民內部矛盾的問題」。這是共匪竊據大陸之後，毛澤東於三十八年七月發表「人民民主專政」之後三篇重要演說之一。以其重要性而言，最近這一次「處理人民內部矛盾」問題，尤勝於前兩次。因爲時間愈久，共匪內部的問題亦愈嚴重，一向居於幕後操縱的「毛主席」，甚少公開言論，但到了最近，由於形勢之日趨嚴重，不能不由他來面對事實作一番呼號了。

毛澤東這篇演講，雖以「關於正確處理人民內部矛盾的問題」爲題，而其中實包括了十二個重要問題的項目，「百花齊放，百家爭鳴」則是其中之一。這些，固然一方面是毛澤東個人所體驗到的，而同時亦是僞政權統治下所存在着的嚴重情況的歸納。毛澤東提出這些問題，是很爲愼重的，所以他在今年二月二十七日僞最高國務會議上講了之後，隔了三個多月，至六月十九日在共匪發言機關的人民日報上正式發表，毛澤東本人在這一篇講辭文上還加了這樣一個聲明：「現在經本人根據當時紀錄加以整理，並且作了若干補充」。由此可以想見，毛澤東是經過相當長時間的思考才正式發表的。

這十二個問題，雖然各有其不同的具體內容，但同是共匪統治下的病根。除了「肅反」、農業、工商業、少數民族、鬧事、節約、工業化道路等一般性、個別性問題外，較爲全面與本體的問題，則是所謂人民內部矛盾的問題。而「百花齊放，百家爭鳴」卽是基此而來。其實這病是先天存在的。病與人共存亡。共匪靠這些病存在，這病沒有了，共匪也就完了。因之，毛澤東也並沒有提出解決這些病態問題的辦法，有的只是歸之於「矛盾與鬭爭」。只是指出有共產黨就有矛盾存在，有矛盾就有鬭爭。

表面看來，所謂「百花齊放，百家爭鳴」，似乎並不是基於一個具體的問題，而是一種積極推進的做法。其實，這確是一個嚴重問題的禍根。毛澤東對於這個欲隱還顯的禍根，是有着極大的苦悶。就毛澤東自己的想法，對於任何問題，他可能都能夠應付，至少認爲可以以時間來一點一滴的處理與消失，唯有這個包括共匪幹部、各黨派人士、智識分子和幾億臣民內心所藏的那個「悶葫蘆」，是難以對付的。他一面發覺到幹部中的腐化，(包括官僚主義、貪汚、荒淫驕奢)幼稚、(包括教條主義、主觀主義)一面察覺到屬下臣民的怨恨重重，似乎每一個人肚子裏都藏有一個悶葫蘆，並集成了一包羅萬象的大葫蘆。毛澤東所苦悶的，是這些葫蘆裏面究竟藏的什麼藥，毛澤東所懼怕的，也是這些藥一且起了作用，最使他恐懼驚疑的是懷着這種悶葫蘆的人一天天地多起來。共產黨一向持着「廣大羣衆」這一武器嚇人，以「廣大羣衆的要求」爲最有效最妥當的法寶。共產黨時時竊喜於自己是唯一能迷惑羣衆與利用羣衆而加上「廣大」的頭銜作爲武器的。可是情形一天天不對，這些被他們認爲最愚笨忠厚的「廣大羣衆」也都帶着一個悶葫蘆，在這一點上毛澤東是比較他的幹部們有「自知之明」的，他認爲「黨」本身與幹部們的腐化、幼稚是與「廣大羣衆」帶着的那個悶葫蘆——「所謂人民內部矛盾的問題」有關。

最近影響於毛澤東心理狀態的，莫過於匈牙利事件了。毛在這一事件中受到的驚懼、警惕與敎訓眞是太大了。過去大陸上雖然普遍存在對共匪的不滿情緒，但毛澤東並不認爲嚴重，也並不正視它。雖然內心不無苦悶，總認爲其本身具有足夠的壓制力量與方法，可以苟延。但是目擊匈牙利抗暴事件發生，覺得事態嚴重了，尤其以目下大陸的現況而論，隨時可以發生匈牙利同樣的事件，毛在其文內也這樣承認說：「匈牙利事件發生以後，我國有些人感到高興，他們希望在中國也出現一個那樣的事件，有成千上萬的人上街，去反對人民政府」。

自此毛澤東卽感到不能不重視這個「人民內部的矛盾」問題，並認爲他的幹部之腐化、幼稚是個問題，而對於老百姓言論的壓制，亦是個問題，尤其領導老百姓的知識分子沉默得更是可怕，這是造成人民內部矛盾的兩個因素。

毛澤東本人是迷信於馬列主義的思想武器的。對於幹部們的腐化幼稚與知識分子和老百姓的沉默怨恨是一個矛盾。對於這個矛盾他相信是可以用馬列主義的統一與鬭爭來解決的。所以毛澤東公開承認這個矛盾，並正式提出，欲以黨的「整風」與「百家爭鳴」來激起一個馬列主義規律下的鬭爭，所以匪黨這次「整風」是與「百家爭鳴」結合進行的。

毛澤東認爲人民內部矛盾的根源，仍是一個思想的問題。匈牙利事件是知識分子(包括學生)與勞動羣衆的結合，思想不僅起領導作用，且是力量的源泉。由於匈牙利事件的敎訓，使毛澤東認爲消極的壓制，不如積極的領導。卽是領導一個思想的公開鬭爭，在鬭爭中澈底消滅一切非共與反共的思想。對這個鬭爭的勝利，毛澤東以爲是有把握的。因此毛澤東乃提出了「百花齊放，百家爭鳴」破天荒的創舉，藉此來一次不同於前的「整風」。匪黨這次的「整風」雖非初次，但這次的性質與實施均與前不同：一是過去的「整風」是以「整人」爲主，不論及黨的本身，而這次「整風」雖也包括人，但却是以「黨」的組織與作風爲目標。二是過去「整風」是共產黨內的「整肅與鬪爭」，此次「整風」則擴大到「黨」外，並不是「整」的對象擴展到「黨」外，而是請「黨」外的人，幫助來「整」。即是毛澤東所表示的「歡迎非共產黨的人對共產黨批評」，所謂「言者無罪，聞者足戒」。毛澤東一再敦促的「百家爭鳴」，於此有相互運用的關係。

「百家爭鳴」是毛澤東發動矛盾鬪爭的一項手段，它眞正的目的則在「思想改造」。因之「鳴」雖不是限於知識分子、各黨派人士，但確是以他們為主。因為共產黨還迷戀於「廣大羣衆」的愚忠，仍要騎在他們頭上來炫耀，故決不能承認「廣大羣衆」對共產政權有何可鳴之處。事實上普通老百姓也不會鳴，鳴不起來，如果鳴起來（也就是行動起來）可眞的就完了。同時又認為知識分子、各黨派人士與廣大羣衆所藏的那個悶葫蘆，是有關係的。儘管形狀或不一律，但性質則是相同的。所以這次的百家爭鳴主要是要知識分子來鳴。因為知識份子是能夠鳴的，共匪認為只要你能夠鳴出來，我就可以改造你。

至於有些人對於共匪這次所提出的「百家爭鳴」，認為是一個圈套，一種陰謀，以為共匪要在鳴的中間，擒住整肅的目標，製造整肅的罪名，而再進行一次大的屠殺，這種看法，固得萬變不離其宗的道理，不過似嫌直覺而籠統了點。固然共匪的做法，無不內有陰謀，外有圈套，但是公式不能如此簡單。否則我們就很難深入探討，而結果只能得到一些大概而模糊的印象而已。對於目前的共匪，當然並不能認為他們已經「放下屠刀」，但至少在今天使用屠刀，他們也不能不感到有所顧慮了。固然今後共匪必然是蠻幹下去，眼前無路，亦難回頭。可是他們（包括毛澤東）內心的恐懼必已多於自信，殺人並非最好最見效的手段，即使仍必須施用，亦沒有當年那樣「氣壯」了。再者，共匪多少年來的花言巧語今天已騙不了人，難道說一個「百家爭鳴」的圈套就可以如網成擒。那不是把共匪欺愚的技倆看得過高，即是把共匪陰謀做法估計過底。就以鳴的人來說，也未免太小視他們了。難道以他們在共匪七八年統治下的觀察，在歷經禍患之餘，為求一花之放，一聲之鳴，而自投奸網？

至於共匪為什麼提出「百家爭鳴」，而各黨派人士與知識分子又為什麼竟眞的鳴了起來，這確是值得探討的問題。我們認為共匪提出「百家爭鳴」為的是要打破那個悶葫蘆，知道那些葫蘆裏究竟藏的什麼藥，並使這種「危險的藥」消失它的藥性作用。據此共匪可能做到兩點：一是對自身的檢討，對幹部的警告，以達到「整風」的效果；二是在鳴的中間，用馬列主義的思想武器，掃盪一切「反共思想」。共匪認為一切反共的禍根，是源於思想意識的問題，對於思想問題共匪本來即從未放鬆過，但經過七八年後，反共思想不僅依然存在，且波瀾壯闊地瀰漫起來。共匪在驚懼疑慮之下，認為過去對付思想所用的壓抑與暴力強迫的淸算、坦白、悔過等辦法，未能見效，因而想到改用「鳴」與「放」的方法來徹底解決。這種「鳴、放」策略，好比以馬列主義擺起「思想的擂臺」，歡迎各方豪傑前來攻打（即是他們說的爭辯）。一方面在打擂臺中試試攻擂者的本領，一方面想在打擂臺中重樹起共產思想的威嚴。因而認為「鳴、放」較抑制可能奏效，同時亦可藉此知道那些葫蘆裏究竟藏的是什麼藥？藥性多大？關於這點如毛澤東所說：

「對於明顯的反革命分子，破壞社會主義事業分子，事情好辦，剝奪他們的言論自由就行了。對於人民內部的錯誤思想，情形就不同，禁止這些思想，不允許這些思想有任何發表的機會，行不行呢？當然不行。對待人民內部的思想問題，對待精神世界的問題，用簡單的方法去處理，不但不會收效，而且非常有害，不讓發表錯誤意見，結果錯誤意見還是存在着……只有採取討論的方法，批評的方法，說理的方法，才能眞正發展正確的意見，克服錯誤的意見，才能眞正解決問題。……我們不應該用壓制的辦法不讓他們表現，而應當讓他們表現，同時在他們表現的時候，和他們辯論，進行適當的批評，毫無疑問，我們應當批評各種各樣的錯誤思想，不加批評，看着錯誤思想到處汎濫，任憑它們去占領市場，當然不行」。

由毛澤東的這段話，可知「鳴放」的目的，乃是要以此消滅那個認為最嚴重而根本的反共的思想問題，所用的方法，不是過去的壓制而改以「鳴放」。他們認為這種方法是知識分子，尤其是思想界人士所歡迎的。至於共匪這個馬列主義的「思想擂臺」能不能打勝一切前來攻打的人呢？在毛澤東認為是沒有問題的。

毛澤東是非常迷信馬列主義的，他認為馬列主義是用來進行思想鬪爭，奪取政權，控制人民最有效的武器。尤其是掌握了組織、軍隊、特務的力量之後，更可以把馬列主義，運用自如。毛澤東所運用馬列主義其本身並沒有具體的內容，更沒有什麼學說理論，甚至也沒有什麼固定的思想結構，而祇是一個「矛盾與鬪爭」的簡單公式。應用這個公式，使用這個武器的人，說馬列主義是眞理，是絕對的，你不能有所懷疑，亦沒有甚麼道理可講。如果你懷疑反對，你就不能談馬列主義，你就是鬪爭的對象。

馬列主義是唯物的，但是它的效力則是建立在唯心上。毛澤東使用馬列主義的武器，有一個獨到的心得，即是他不把馬列主義代表眞理與絕對，而是反過來把眞理與絕對代替馬列主義。凡是眞的、對的、香的、美的都是馬列主義。這一個思想武器的顚倒使用，對毛澤東而言，確是重要的，因為把馬列主義代表眞理，就把馬列主義具體化而固定化了，倒過來把眞的、對的、香的、美的代替了馬列主義，則馬列主義便可以不具體不固定存在，這樣就無法對馬列主義有何批評，或是根本推翻。如果眞有人費盡心機分析研究指出馬列主義並不好，並不對，並不美，或者指出馬列主義也有醜的、臭的部分，那末，只要一句話說：「這不是眞正的馬列主義」。總之，毛澤東使用馬列主義，可以無往而不利，只有他可以批評攻擊任何人，包括他自己的信徒，例如你表示堅決一點，他可以批評你是「左傾教條主義」；如果你鬆懈點，他可以批評你是「右傾機會主義」。我們知道左或右是對一個座標而言，沒有一定的座標，當然不能辨別左右。他所以能够批評你，就是他掌握着馬列主義的「座標」而左右移動。往右一移，說你左了；往左一移，說你右了。左了有左的錯誤與罪惡，右了又有右的錯誤與罪惡。並且除了他批評任何人，任何人不能批評他，你批評了他，你就錯了。因爲你手上沒有一個絕對的尺度與「座標」，即使有，也被認爲是假的，僞造的。

毛澤東掌握了這個思想武器，所以只有毛澤東講的馬列主義才是眞正的，其他都不是眞的，因之都可能遭受到批評與整肅。因爲這樣，在共黨組織中誰都想爭取這個座標，掌握這一武器，至於如何才能取得它呢？這不是靠思想而只有靠權力、陰謀與鬪爭。所以在共黨內部，權力是必爭的目標，陰謀是不可少的手段，鬪爭則是永無休止的狀態。黨內如此，對黨外尤其如此。

毛澤東掌握馬列主義思想武器，也迷信於這一武器可以征服任何人。他認爲人民因共匪受苦挨餓、流血流汗所表示的不滿與怨恨，都應歸之於思想問題，是思想沒有搞通。再者以馬列主義看問題，又有一個簡單的規律，即是「矛盾、統一與鬪爭」。對於任何問題，都必須認定它存在着矛盾，並得承認矛盾的統一是暫時的，鬪爭才是永久的。所以對人民的不滿與怨恨，亦認爲是「內部矛盾」的問題。所謂處理人民內部矛盾的問題，必須經過一個鬪爭的處理過程，即是「整風」與「爭鳴」結合進行的鬪爭。現在的「鳴放」與過去的「壓制」，雖然方式不同，而鬪爭的性質則一，這個鬪爭所着重的是「思想改造」。

由此可知，毛澤東提出「鳴放」，擺下這個「思想擂臺」是自信無人可以取勝的。他的計劃是借黨外的「鳴」來攻擊黨內的教條主義、官僚主義、主觀主義、宗派主義以及其他什麼主義，也就是糾正「左」的作風，同時以黨內的「整風」來攻擊黨外的「資本主義民主思想」，「小資產階級思想」，以及什麼什麼思想，也就是糾正知識分子底「右」的思想。總之對於這次的「整」和「鳴」是規定了「左傾教條主義」與「右傾機會主義」進行的兩種鬪爭路線，經過爭辯與批評得出一個正確的結論，當然這個正確的結論，是掌握在毛澤東手裏的。

至於說大陸上的知識分子爲什麼竟眞的「鳴」了起來，這不是基於一個單純的因素，主要的原因是知識分子不容易有一個結合的一致的行動，多半是各自爲政的。不過在「鳴放」之初，即會有人指出「它是一個圈套，誰冒頭誰就挨整」，亦有人認爲是「放一放，整一整，何必冒這個頭呢」？大體說來，多數知識分子在最初多是被動而沒有主見的，既然要放，就放一下，放，當然有顧慮，所以都只放一些無關痛癢的話，或是吞吞吐吐地放。由於大家有顧慮，「怕挨整、被圍攻、扣帽子」等，亦因此對「鳴放」不感興趣，及至今年二月間毛澤東再行催促，爲了鼓勵「鳴放」，一再保證「言者無罪，聞者知戒」。自此，膽大的領頭，膽小的跟後，既「放」了起來，也就愈「鳴」愈高，愈「放」愈大。當然「鳴」的人是以知識份子，文化學術工作者爲主。他們亦並不是完全信任毛澤東的保證，而認爲共產黨的陰謀多不給人揭開，既給揭開了，就不會實施，也認爲共產黨必然有一套做法，至少毛澤東說的話總必須要維持一個空架子，這點體驗他們是有的。再者既「鳴」了起來，興趣亦隨之而升，我們知道大陸上的知識分子，是非常苦悶的，不僅言論被嚴格管制，而且連不說話的自由也沒有。今天既然可以借題發揮，且有人在前先鳴，跟後的也就愈來愈多。自今年二月以後，「鳴放」開始轉入高潮，「鳴」的人和「鳴」的範圍也愈趨廣濶，可以說大陸上的文化界、教育界、藝術界、新聞界、戲劇界、各黨派、各學校、各團體都參加了「鳴」的運動。在「鳴放」中，有發點個人牢騷，有批評某一措施的如（巴金所提行政領導對藝術干涉過多，要求作品如工業品，要又快又好），有指責過去「一棍子打死」與「圍剿」等錯誤的，（如顧頡剛翻了批判兪伯平「紅樓夢研究」的思想案）有認爲要大放大鳴，香花毒草一齊放（如周楊茅盾等所說：要求先鑒別了香花毒草之後才放，就是「半開門」而不是「大開門」）。亦有從中放反共之火的。可謂形形式式，各類都有。一般說來，「鳴」得最多與最烈的方面，是對教條主義的攻擊，可說十之八九是集中於此。亦可見各界知識分子對教條主義之深惡痛絕。咸認一切的毛病，都源於此，指教條主義是令人窒息的手段，是粗暴的批評，並認爲教條主義與「領導思想」有關係。其次是對與教條主義關聯的官僚主義，也「鳴」得很多，很熱烈。所謂主觀主義、官僚主義多是屬於共匪幹部，與領導階層的，這也就是毛澤東所歡迎的黨外人士對匪黨所批評的。而毛本人也有意要借此來「整」掉這些毛病。

其次是匪幹及各僞政權機構中的人員，也展開了對右傾的資產階級民主思想攻擊。雖然有宣傳機構支持，終究人少言微而不顯得熱烈。再者過去對於所謂資產階級、小資產階級的落後民主思想等批判得太多太尖，今天老調再彈，也彈得不起勁了。

「鳴」得最精彩的，要算黨派方面，亦即轟傳竹幕內外的章伯鈞、羅隆基、儲安平、葛佩琦等人所「鳴」的。他們公開表示澈底的反對共匪的一切，要根本推翻匪僞政權，要毛澤東下臺。並且他們有實際組織與行動計劃，又代表了多數羣衆的要求，這當然已經超出毛澤東所計劃中的「左傾教條主義」與「右傾機會主義」的兩個鬪爭路線底規律和範圍。他們不是同毛澤東打「思想擂臺」而是打「政治擂臺」。他們不僅是「鳴」得過火，而且是「鳴」錯了方向(毛澤東所指的方向)。

如此毛澤東不得不舉起了馬列主義的武器，來開始作第一段結論，以致最近(六月十九日)有「正確處理人民內部矛盾的問題」一長文之發表，規定了「百家爭鳴」的六項標準。這也是毛澤東掌握的「座標武器」之初步使用，六項標準可以歸納爲一句話，即是必須有利於共黨政權（包括共匪的民主集中制、人民民主專政、社會主義改造等），與服從共匪領導的原則。既限定了這個範圍與方向，則「鳴放」就必得在馬列主義的鬪爭規律下進行。毛澤東則提着這個「座標武器」來評定這次「思想擂臺」中底勝負，也以此來指出在「鳴放」中的什麼是香花，什麼是毒草。

當「鳴放」進入高潮時，許多人興之所至，原有的顧慮也就淡忘了。這倒不是「膽大妄爲」，而是多數人確抱着希望，「鳴放」既承鼓勵，便成爲最好借重的題目。當然各人所抱的希望，亦有不同。約略可分：一是知識分子中的學術思想界人士，他們挨够了思想上種種壓制管束的痛苦，希望閉塞黑暗的思想領域中能豁然開朗，各人渴望於自己在思想上的一點自由，以期隨着自己的興趣目標來思考問題，發揮所見。長期的苦悶與深切的慾望，激起了勇氣，正好乘着「爭鳴」的機會，借着這個題目「鳴」了起來。二是各黨派政治人物，深惡於共匪的極權專政，覺得與自己所嚮往的政治目標距離太遠，甚至根本不合，亦由於長期的不滿與苦悶，激起了一股怨氣，黨派政治人物是較有計劃步驟與部署的，借着「鳴放」「整風」的機會，想放起這把野火，以便從中爭取政治上的有利地位。也許他們是喊得高而要求底，希望共匪多少有點改變，則他們的政治地位與環境，也可以得到有利的改變。

我們認爲這兩種希望均難實現，前者是爲共匪所不會放鬆的，後者則更所不許，且非要摧毀不可。不過有一點可能會被默許的，即是學術界人士所提出的：①各種學派的學說與主張均可被研究討論與發表。②各種學派的書籍（包括資本主義英美等國家出版的）可譯著出版。如北京大學正準備開設歷史問題講座，歡迎具有不同見解的史學家前來講學，歡迎校外人士聽講。其他各大學也正做效設施。他們持的理由是：「學術上的爭鳴，不應當局限在狹窄的範圍內，不應當關起門來鳴」。準備採購一些資本主義方面的社會科學與自然科學等書籍。如僞科學出版社出版了孟德爾的「植物雜交的試驗」，美國巴斯教授的「胚胎學」與數學家斯特洛仔克敎授的「敎學簡史」，德國物理學家洪德的「熱學理論」以及外國科學家各學科的專門譯報和文摘及各種著作，並報導各國學術活動的研究和成果，以便參考。其理由是：「我們整個社會主義陣營的社會科學太薄弱，太貧乏，所有的東西幾乎都須從頭做起：資本主義的這些東西不能拿來就用，但是又不能不用，因爲除此之外幾乎沒有可用東西」。

本來一般大陸上的學人所要求的也只是所謂「一間屋、兩本書、充分修讀的時間」。所指的兩本書當然不是馬列主義的書，而是自己能够選擇的書。如此看來，這個要求似可部份實現。今後大陸上在學術研究方面，或者可能開敞一點，研究的風氣與成果也可能提高，這都是極有可能的。至於共匪爲什麼允許這樣改變，當然是以此來裝裝門面，亦以此來緩和一下學術界人士的怨憤，消解一下那個悶葫蘆裏的藥性。

至於問共匪爲什麼要付出相當代價來裝飾這個門面呢？如果毛澤東來回答，必說：「這個，山人自有道理！」就我們想，這個道理不外乎向美國賣弄一下，或者可以向民主世界大吹一番。同時也可認爲毛澤東的這種做法，或多少參考了一點波蘭戈默卡的路線，所以消息傳來，說毛澤東將於最近訪問波蘭，想必此去向戈默卡領敎一下。

如果問學術思想開放之後，將來所引起的思想問題怎麼處理？這點毛澤東也許認爲並不嚴重，因爲他自信既然掌握了馬列主義的思想武器，則有何可懼？

不過我們却認爲毛澤東所掌握的那個馬列主義武器在「太薄弱，太貧乏的社會主義陣營」裏，可能有治邪服鬼的效力，但是突破了這個陣營範圍，其所謂武器，無異於一張薄紙。要知道思想的活動如走馬，海濶天空，瞬息萬里，決不能永限於某一陣營與範圍之內。再者思想是一切問題之根，亦是燎原之火，到那時火燃起來了，紙能够包得住嗎？

「鳴放」進行至今已近一年，高潮則始於近三個多月，其中掀起的風浪，目前尙未完全平息，但自從毛澤東發表了六項標準之後，「鳴放」必將大體上循此範圍與方向進行，也許短期內不致於收場。至於所謂人民內部的問題則是，如毛澤東自己所說的：「矛盾永遠存在，鬪爭永遠進行」，欲問何時可了，則只有共產組織及其政權完全瓦解，到那時矛盾不存在，鬪爭亦停止。

評李辰冬的評詩標準（下）

陳　康

致，李教授既然將他自己所提出的評論作家的標準勾銷，他根據這個標準而作的「詩評」因而也被他自己連根鏟除了。我們評他的評詩標準本也可以就此結束。但是我們不利用那所謂「以人爲論據的論證」，反之，我們却願本着不以人廢言的思想，再繼續討論他的詩學。

他的「詩評」自然是根據他自己的詩學。分析他的「詩評」，我們可以知道他的詩學以以下幾個命題爲中心。

(1)實踐理想中的感觸，乃是作品中的情感。

(2)大作家的情感——實踐理想中的感觸——一致。

(3)大作家的情感一致乃由於他的(子)理想一致，(丑)人格一致。(參看自由中國第十二卷第九期「李辰冬先生來函」。)

在我們未討論這三個命題以前，請作以下的聲明：1.在以下的討論裏，所謂情感，如不註明其意義，皆根據李教授的定義，卽指「理想實踐中的感觸」，或追求理想時的感觸；2.所謂情感一致乃指每次追求理想時的感觸都是彼此一致；3.所謂人格一致例如一人作詩，一時諷刺某人，另一時又頌揚同一人，依照李教授的意思，這詩人的人格卽不一致，反之卽一致。

我們先從第③命題中(子)討論起，看看情感的一致和理想的一致是否有必然的關係。假設有一個詩人，他的理想是歸眞返璞、追求自然，(甲)他一天走到一個偏僻未曾開發的山谷裏去，他有了感觸；這個感觸是歡愉。(乙)三五年以後，他的理想未改變，他又走到這山谷裏來，那裏仍舊是一片自然景色，他又感覺到很愉快。兩次感觸雖不盡同，但是彼此是一致的。(丙)假如他後一次到那山谷去時，他的理想未變，然而在山谷裏，已經有人建立一座工廠，豎立起幾支煙筒，於是他的感觸另是一樣。這個感觸是懊喪一類的。懊喪和愉快是不同，而又彼此不一致。(丁)假如又過了三五年他發現社會上道德墮落，甚至爲人師表的不顧自己的人格，中傷誣詆懷璧無辜的人，他認爲必須人民豐衣足食，始可挽救一般不能安貧的人的墮落。於是他拋棄了他原有的理想，而以人民的豐衣足食爲理想。懷着這個理想，他又走到那個已設立有工廠的山谷裏來。此時他的感觸不再是懊喪，乃是歡愉了。

現在讓我們比較(甲)、(乙)、(丙)、(丁)；

(乙)和(甲)——理想一致，情感一致。

(丙)和(甲)——理想一致，情感不一致。

(丁)和(丙)——理想不一致，情感不一致。

(丁)和(甲)——理想不一致，情感一致。

從這張比較表裏，人可以明白的看出情感的是否一致和理想的是否一致毫無必然的關係。

李教授的第③命題中（子）的基本錯誤乃在他根本不僅在 aRb 裏，僅僅 a 的不變，不能保障R的不變，如若b已變了；或者從另一方面講，如若b變了，卽使a不變，R仍然變。依照李教授的話「理想實踐的感觸，才是作品中的情感」；情感（R）的產生，固然必須有一個情感的主體，亦卽是具有此理想的人（a），但是此外還必須有引起情感的對象（b）。所以情感的是否一致並不只以（a）的是否一致來決定，還須視（b）的情形如何，才能決定。

讓我們再看看第③命題中的(丑)。根據上述的理由，卽a和b之中只要有一個變了，R也就變了，可知李教授所謂的人格一致，或不一致，和理想的一致或不一致無必然的關係。既然一方面人格一致或不一致和理想的一致或不一致無必然的關係；因此人格的一致或不一致和情感的一致或不一致也無必然的關係，另一方面，理想的一致或不一致和情感的一致或不一致不一定有必然的關係。因此就着(子)理想的一致或不一致和(丑)人格的一致或不一致來確定情感的一致或不一致乃是一個邏輯上的錯誤。

拾、我們再討論李教授的第②命題：大作家的情感——「理想實踐中的感觸」——一致。從以上第③命題的討論裏，人可以明顯的看出第②命題不能成立。不但從以上(丁)和(丙)的比較，我們知道①理想不一致，情感不一致；這不一致的情感每一個皆是「理想實踐中的感觸」，雖然所實踐的理想並不前後一致：而且從(丙)和(甲)的比較我們知道卽使所實踐的理想前後一致，實踐時所起的感觸也前後不一致。

拾壹、我們現在來討論李教授的第①命題：「理想實踐中的感觸，才是作品中的情感」。讓我們先確定這一命題的意義，因爲李教授的措辭常常是不嚴格的。幸喜李教授以陶淵明爲例論證他的命題。我們卽根據他舉的例子以確定這一命題的意義。他說：陶淵明「終身追求的理想是『眞』……。作品中所表現的情感，都是追求『眞』時的感觸」。以此爲據，這一命題的意義乃是：大作家的作品中所表現的情感都是實踐理想中的感觸，（亦卽是，無一是「我們日常的喜怒哀樂之情」）。這一命題是李教授詩學的中心，是他反復稱道，自命不凡的見解。請問，這個不凡的見解李教授怎樣證明，李教授在「再評」裏所做的，乃是「先以陶淵明爲例」，再舉出杜甫，李白來作爲例證。因爲陶淵明「終身追求的理想是『眞』……作品中所表現的情感都是追求『眞』時的感觸」。……再如杜甫，他始終想『致君堯舜上，可使風俗淳』，他的情感都由追求這種理想時激發而出，再如李白，他始終想當魯仲連，得意時如此，失意時也如此……」。他們這些人皆是「大作家」；「大作家」也就是他們這些人。請問李教授如何證明他們這些人皆是「大作家」呢？（我們並不否認陶潛、李、杜等是大作家，只是請問李敎授如何證明他們是「大作家」）。李敎授的理由是：他們皆符合他的評論作家的客觀標準；第一、他們皆有理想，而且每人的理想前後一致；第二、有了理想，還去實踐；第三、他們順其遠大的理想，一級一級地來實踐；李敎授的論證簡單的講是如此：「大作家」的作品中所表達的情感皆是實踐理想中的感觸。因爲陶淵明、杜甫、李白等人的作品中的情感，皆是實踐理想中的感觸。他們這些人就是「大作家」，「大作家」也就是他們。但是他們何以皆是「大作家」呢？因爲他們的作品中的情感皆是實踐理想中的感觸！

這樣的論證非它，乃是一個「要求前提」。用這種方法論證，無一命題不可證明，即使它是最荒謬的命題；因此它也不能證明任何命題。所謂極荒謬的命題，例如「人是披毛帶角的動物」。如欲證明這命題，依照李敎授所用的方法，人指着牛、羊、鹿……等等動物說：這些動物都是披毛帶角的；這些動物就是人，人也就是這些動物。如若旁人問這人說，你如何證明這些動物是人。他回答說：它們皆符合評論人的客觀標準，那標準即是：「人是披毛帶角的」。（關於「標準」參看以上肆，）如若人不能同意「人是披毛帶角的動物」一命題，如何能同意李敎授的命題？因爲這兩個命題同樣是用循環論證證明的。

李敎授的第①命題標新立異，將「大家的作品」中所表達的情感限制於「實踐理想中的感觸」。於是將日常生活中其它的情感摒除於那些感觸之外。李敎授的「大作家」無論是怎樣偉大，無論怎樣和常人不同，然而他終是人；既然是人，他不只是在實踐理想中才有感觸，在其它任何情景中皆無動於衷。這樣一個只有某種感觸而無其它感觸的人，只是一個理想中的人，不是一個生活在實際世界裏有血有肉的人。有血有肉的人，也就有其它的感觸。任何人皆有心理學裏所講的一切情感——「日常的喜怒哀樂之情」。李敎授如欲建立他的命題，他必須證明「大作家」在他的作品裏除去表達他「理想實踐中的感觸」以外，不再表達他的其它的感觸。這樣，李敎授的命題事實上有兩方面。一方面（甲）是全稱肯定的：「大作家的作品」裏的情感都是「理想實踐中的感觸」，另一方面（乙）是全稱否定的：「大作家的作品」裏的情感無一是其它的情感（「日常的喜怒哀樂之情」）。人若要證明這樣的命題，不是信手拈幾個人或選擇一些作品，說：這裏面所表現的「都是現想實踐中的感觸」，即可了事的。他必須作先驗的證明，此即是，必須證明怎樣（甲）「只表達理想實踐中的感觸於其作品中」一性質，（乙）「不表達其它感觸於其作品中」另一性質，必然的蘊涵在「大作家」的本性裏。李敎授如欲標新立異將詩人的情感限制於實踐理想中的感觸，請李敎授作那樣的證明。若他不能證明此點，則他一切的「詩評」皆建築在浮沙上，不攻自破。

在李敎授未能證明他的命題以前，我們已可預先反駁它。反駁一條A命題只須一條否定的孤例即已足够。反駁一條E命題只須一條肯定的孤例即可。從兒時所唸的中國詩裏，筆者恰巧還記得兩首，它們足以分別的反駁李敎授的命題的兩方面。反駁李敎授的命題的（甲）方面，我們可引李白的「夜思」。（「牀前明月光，疑是地上霜。擧頭望明月，低頭思故鄉」）。這一首詩和實踐他的理想——依李敎授言——「欲當魯仲連」無關（這首詩乃是表達他對月思鄉的情緖）。反駁李敎授的命題的（乙）方面，我們可引杜甫的「月夜」。（「今夜鄜州月，閨中只獨看。遙憐小兒女，未解憶長安。香霧雲鬟濕；清輝玉臂寒。何時倚虛幌，雙照淚痕乾」？）這一首詩表達杜甫懷念妻子之情（並非表達他在實踐他的理想——依李敎授言「致君堯舜上，可使風俗淳」時的感觸。）

於此可見大作家——李白、杜甫，是李敎授自己所承認的「大作家」——的詩裏所表達的情感決不限於「理想實踐中的感觸」，這些情感乃是心理學上所講的情感（「大作家」「理想實踐中的感觸」自然也包括在心理學上所講的情感之內），也「就是我們日常的喜怒哀樂之情。這種情是變動不居的，所以他的作品也就變動不居了。」

從以上十一項的討論裏讀者，可以明白發現那位慨嘆「一般人的詩學知識太低下」的李敎授，他自己的詩學究竟高到一個什麼程度。像李敎授這樣的評詩家眞是有獨無偶。我們十分佩服品評李敎授的人，他說「李氏慧眼獨具，言人所未言」（筆滙第六號）。這個評論確有見地。因爲那有這樣頭腦不清，缺乏邏輯訓練的人冒昧討論學理呢？所言當然是人所未言的了！

本文中各個結論皆根據各個論證而來。若蒙李敎授不棄，予以討論，請必遵循邏輯步驟或衡之以事實。除此二者以外，其它的論調徒然暴露自己的無能，對於是非的辨別毫無裨益。

著者附誌

一黨執政太久，老百姓要換口味

——「民主隨筆」之一

姚士幼

常於國外出版之日報或定期刊物中，發現許多對民主政治極富啓示性的國際新聞，在國內無人注意，國內的報紙雜誌卽有刊載，亦往往未能强調其重心所在。特以餘暇，每期爲本刊譯述一二則，定名「民主隨筆」，倘於推進我國之民主政治稍有補益，則筆者雖於酷暑中揮汗寫此，其中心快慰，固將遠勝於狂飲十大杯冰咖啡矣！

政權已握在自己手中，自然要千方百計，盡其全力，想使這個政權，能緊緊抓住，最好能永久抓住，這是一般執政黨例所應有的如意算盤。但政黨政治的可貴，就在除了極少數的特例，老百姓總不情願讓一個黨執政太久。儘管這個黨沒有過份失去人心，甚至根本上人心並未會如何失去，大家也覺得最好還是換換口味，維持「更迭執政」的原則。因爲只有如此，才能防止一黨執政過久，易流於貪汚腐化，甚至變成「一黨專政」的危機，才能讓人民於若干政黨之間批評比較。如果反對黨上臺以後，並不能做得比以前執政黨好，那麼，捲土重來的機會，老百姓是會隨時在那裏準備着的。

最近加拿大政權的更換，就正符合了上述的原則。

加掌大的自由黨，從一九三五年起，就一直在國會佔大多數，掌握加拿大政權，到今年大選，總共已執政二十二年，大選前，牠在二百四十五席的國會中，以一百六十八席，對在野的進步保守黨五十席，總算絕對優勢。自由黨執政期間，爲加拿大帶來空前繁榮，（加幣市價，高於美元）總理勞倫特 Louis St. Laurent 雖已七五高齡，人望未衰，今年大選，各方推測，均信其仍將繼續獲勝，不料投票結果，竟爲進步保守黨擊敗。消息傳出，全世界關心國際政情者，多有意外之感。實則最大原因，只是加拿大老百姓要維持傳統的兩黨制度。自由黨執政太久，另一方面，進步保守黨領袖狄芬貝克 John George Diefenbaker 許多年來，攻擊自由黨種種失政，老百姓想讓狄氏有一試抱負機會。所以，一向擁護自由黨的選民，許多都改投保守黨票。尤其令人驚歎的，甚至若干自由黨黨員，都願意本黨下野。他們說，我們的確執政太久了，保守黨攻擊我們，那麼，請保守黨上臺，他們是否比我們做得更好，老百姓自會有公正的評判。因此，保守黨得到的選票，有一部份，竟爲自由黨員所投。

實際上，加拿大此次大選結果，所謂勝敗，兩黨相差只有數席，卽保守黨在國會中，獲得一百零九席，自由黨少五席爲一百零四席，但其他兩個小黨，獲四十四席。因此，當選擧結果剛一揭曉，有幾位自由黨閣員，曾向勞倫特建議，聯合兩個小黨，組聯合政府，對抗保守黨繼續執政，但勞倫特對此建議，毫不考慮，於選擧結果正式公告後，立卽向加拿大總督，提出辭呈，請狄芬貝克接任。現在保守黨上臺，行將兩月，保守黨在野時攻擊自由黨的最大武器，是指責自由黨過份親美，所以狄芬貝克就職兩日，卽親飛倫敦，參加大英聯邦會議，標榜要增强對英聯繫，以親英代替親美，但美加在地理上、經濟上，有多種無法疏遠的因素，狄氏這一新政策的號召，實不易獲得重大成就。而保守黨以五席的多數，取得政權，這多數是太渺小了，就整個國會議席數字說（本屆國會議席總數增至二百五十七名），保守黨沒有過半數，隨時可被在野的自由黨與兩小黨聯合多數打倒，眼光敏銳者，預料不出一年，可能再擧行大選，如果保守黨上臺以後，並無驚人成績，則自由黨仍將會隨時捲土重來。

從加拿大這次大選，作爲一個民主國家，至少可以使人獲得下列三項重大啓示：㈠在更迭執政的原則下，任何一黨，不宜執政過久。㈡與其貪戀權位，七拼八湊，勉維現狀，不如乾脆下臺，讓人民有比較評判的機會。㈢假定自己對國家眞有功績，人民信望並未衰退，則養精蓄銳，仍隨時有重行執政的可能。如果一個執政黨，不採取上述途徑，肆意孤行，一切不顧，只圖抓緊政權，那就是法西斯或準法西斯的做法，不配談什麼民主政治了！

（上接第6頁）

得特設一部力量，以專門對付幫會，大捉特捉，幫會始略爲斂跡，但所謂「黑社會」的力量並未消滅。其實，這情形，在中國國內我們會習見，早已認爲常事，國內無一省無幫會團體的存在，其來源很遠，流風甚古，雖此風在前清末年纔特盛起來，然而我們讀史，在司馬遷的史記上，就知道戰國時代便已有了這種「俠以武犯禁」了。中國人習慣對於「士以文亂法」加以厭惡，而對於「俠以武犯禁」倒還加以贊賞，這大概由於老百姓對於貪官汚吏，不良政治，莫有辦法，在怨嘆之中，樂於看到這犯禁的所謂俠者，去與政府搗點亂子，因之幫會團體就這樣長養起來的。清末政治特別不良，故幫會也特別發達，以至達到公開活動的地步，甚至士大夫階層也去加入幫會，而革命黨也曾得過幫會的助力，去推翻滿淸政府。於是流風所届，習俗移人，革命政黨也不免多少沾染上了這個「全憑打鬪，把持地盤」的幫會團體的風氣。

談到中國這一類傳統的作法，如何去與西方現代民主潮流相配合，眞是大成問題。在這一類傳統意識之下，中國執政黨不會感覺到他所行所爲，乃是不合世界潮流的。所以在時代潮流之前，已經碰了壁，而尙不知轉灣，仍舊穩抱着革命黨的老辦法。我至今還記得，民國二十一年，汪精衛對我說的幾句話：「國難會議只能談談外交，不能討論內政！諸位要知道，國民黨的政權是用武力革命得來的，諸位要干涉內政，還是用武力來奪取罷！」

四六、五、二四。

俄共內鬨的分析

龍平甫

七月三日莫斯科宣佈俄共中央將馬林可夫、莫洛托夫、卡岡諾維區 (Kaganovitch) 自俄共中央委員會主席團開除，謝彼諸夫自候補主席團除名，同時解除秘書處秘書的職務。改組後的主席團缺少沙布諾夫 (Sabourov)，而柏烏金 (Pervoukhine) 由主席團降至候補主席團。被開革的人同時失去他們在蘇俄政府的職務。發表是項消息的公報說，俄共中央委員會於六月二十二日至二十九日集會通過關於馬莫卡三人「反黨集團」的議決案，指責他們違反「黨的路線」，「不明瞭新的情況，新的局勢」，而「採取保守的態度」，「牢守陳舊不合用的辦法」。在國內問題方面說他們反對工業管理的分權化，反對以較高的報酬鼓勵集體農場農人增產，不尊重國內其他民族的情感。在國際問題方面說莫洛托夫反對民族共產主義，不贊成與西方接觸，不同意和南斯拉夫復交，反對簽訂奧地利條約等等。接着赫魯雪夫在蘇俄各地發動反馬莫卡三人的運動，給他們加上許多難聽的形容詞。赫魯雪夫在列寧格勒的羣衆大會演說，指責馬應對一九四八年終列寧格勒區清黨血案負責任。

這次馬莫諸人被開革的經過如何，局外人無由明瞭。但據意大利及波蘭共產黨方面透露的消息，情形大概是這樣的：馬林可夫、莫洛托夫等人想排除赫魯雪夫，於六月十七日至十八日俄共中央主席團開會時，由馬林可夫提議以赫魯雪夫在內政外交方面的「無能」為理由要求將他免職，提案以五票(馬林可夫、莫洛托夫、卡岡諾維區、布加寧、伏洛希諾夫)對三票通過，三名缺席(包括沙布諾夫及 Kiritcheko 在內)，赫魯雪夫不承認主席團議決案的效力，認為他的職務是中央委員會任命的，祇有中央委員會有權罷免他。於是由他活動使大多數中央委員簽名要求召開會議解決這個問題。六月二十二日中央委員會開會，赫魯雪夫提議討論「蘇俄共產黨現狀」，而莫洛托夫則提議討論「帝國主義在波次南及匈牙利軍事暴動所反映的蘇俄國際情況及蘇俄與波蘭、意大利、美國等國所謂馬克思主義政黨的關係」。二十三日赫魯雪夫發言三小時，為自己辯護；同時指責馬莫組織「反黨」活動。馬莫則發言答辯，至二十八日赫魯雪夫獲得勝利。又據「紐約時報」載：赫酋在中央委員會的地位一度很危險，由於朱可夫發言支持，乃使許多中央委員改變態度。上述消息的眞實性如何，現在尚難以證實，尤其是意波共產黨方面傳出的消息很可能是赫魯雪夫自己有意透露的，藉此解脫這次「宮廷政變」的責任。但是我們可對馬莫垮臺的日期作較確切的推斷：六月十五日「眞理報」尚刊載馬莫等人到莫斯科車站歡迎赫魯雪夫與布加寧自芬蘭歸來的照片。六月十八日又刊載赫布馬莫等人參加前一日保加利亞共產黨頭目廸米托諾夫(Dimitrov)七十五歲冥誕紀念會，而六月二十三日列寧格勒城建立二百五十年紀念，則沒有俄共中央主席團參加，這時狄托的親信，南斯拉夫國防部長兼南共政治局委員 Ivan Gosnjak 到莫斯科談判有關軍事問題，俄共舉行招待會接待他，二十五日及二十六日「眞理報」列舉出席的俄共頭目，而未提及馬林可夫、莫洛托夫、謝彼諸夫、卡岡諾維區。六月三十日狄托向美國作電視廣播，出人意表地强調蘇俄與南斯拉夫意見協調。大概狄托在這時已知馬林可夫及莫洛托夫等「保守份子」(一九五六年九月赫魯雪夫到南斯拉夫的 Brioni 和狄托會談，說這些人是「保守份子」，反對他的「新路線」)被開除的情報。

根據「眞理報」所表現的跡象，我們可以推測赫魯雪夫在六月十八日以後以迅雷不及掩耳的手段並可能在朱可夫的支持下將馬莫等人逮捕，而召開中委會祇是迫使那些中委承認既成事實。因為莫洛托夫等老布爾雪維克搞組織多年，在中委會中自然有很多的黨羽。如果開會自由辯論而不以武力威脅的話，莫洛托夫等人不會沒有相當人數的支持，也不會在投票時沒有反對祇有棄權的。到現在為止，蘇俄政權迄不讓反對派發表意見，被革斥的祇有馬林可夫被任命為約喀薩克斯坦東部 Ust-Kamenogorsk 水電廠主任，等於被充軍到一個苦寒荒漠的地區，馬林可夫的前途並不樂觀，因為水電廠所在地已開始打「落水狗」了。至於莫洛托夫等人的下落，現尚無所聞。

赫魯雪夫開除馬莫等人後將中委會主席團擴大，正式與候補共二十四名，較改組前增加八名，原有主席團繼續連任的祇有㈠布加寧、㈡伏洛希諾夫、㈢A. Kiritchenko、㈣米高陽、㈤M. Souslov、㈥赫酋自己。朱可夫由候補主席團升入主席團。此外新加入主席團的有左述各人：

㈠A. Aristov (一九五六年二月任俄共中央委員會秘書處秘書。曾任遠東伯力區政府主席)。

㈡N. Beliaiev (曾任阿爾泰區黨部書記，一九五六年二月任俄共中央委員會秘書處秘書)。

㈢L. Briejnev (一九五六年二月入俄共中央主席團，兼秘書處秘書)。

㈣N. Ignatov (一九五二年十月至次年三月任俄共中央書記之一，後任高爾基 Gorai 區黨部書記)。

㈤F. Kozlov (原任列寧格勒區黨部書記)。

㈥O. Kuusinen (芬蘭人，原在第三國際任職)。

㈦E. Fourtseva (女，一九五四年任莫斯科區黨部書記，一九五六年二月入候補主席團)。

㈧N. Chvernik (上屆主席團候補)。

候補的除柏烏金外尚有左述八人：

㈠N. Moukhitdinov（烏孜別克斯坦人，原任烏孜別克斯坦黨部第一書記）。
㈡P. Pospelov（一九五六年任俄共中央秘書處秘書）。
㈢D. Korotchenko（烏克蘭人，曾任「烏克蘭共和國」總理）。
㈣J. Kalnberzine（立陶宛人，原任立陶宛黨部第一書記）。
㈤A. Kirilenko（烏克蘭人，原任 Sverdlovsk 區黨部第一書記）。
㈥A. Kossyguine（一九四〇年任蘇俄政府副總理）。
㈦K. Mazurov（白俄羅斯人，原任白羅斯黨部第一書記）。
㈧V. Mjavanadze（喬治亞人，原任喬治亞黨部第一書記）。

集黨政軍大權於一身的俄共中央主席團除赫魯雪夫、布加寧、朱可失、米高陽外，不是聊備一格不發生作用（如伏洛希諾夫、Chvernik、Kuusinen），便是名不見經傳的共黨官僚，這些人都是專搞組織的(俄人稱之為 Apparatchiki)。這是一個新的寡頭共產黨統治集團，而以赫魯雪夫派佔主要勢力。

西方世界對這次莫斯科清黨的看法，見仁見智各有不同。西德政府總理阿德諾（Adenduer）認為赫魯雪夫排除異已，企圖步史大林的後塵。法國前內閣總理莫萊（Gny Mollet）說，蘇俄政權內部派系衝突並未因此終止。前外交部長皮杜就莫斯科事變提出下述結論：『㈠四十年的革命時代已告結束；㈡「同僚合治」政府的不安定與分裂；㈢經濟情況嚴重，人民思想發生廣泛動盪，在此情形下，任何人不能長久控制。蘇俄內部的危機是否會使莫斯科政權向外冒險呢？邱吉爾說：我不相信蘇俄希望戰爭，相反的，它已與戰爭遠離。而謀與其他民族共存。蘇俄當局知道戰爭將使其全部毀滅時，則將竭力避免走入戰爭之途』。美國當局認為莫斯科事變證明杜勒斯與阿德諾政策的正確，即應對莫斯科施以壓力，以增加其困難，迫使其接受西方所提出的解決東西間懸案的條件，甚至加速其內部分化。華府官員在私人談話中認為朱可夫在未來的權力鬬爭中可能代赫魯雪夫而實行軍事獨裁。

西方報界一致認為莫斯科清黨是爭權的結果，但對赫魯雪夫政權的前途却持不同的見解。德國「佛蘭克福通報」認為今日蘇俄政權是以赫魯雪夫、布加寧、朱可夫三人為首的三頭政治。但是法國「世界報」則認為一九二四年至一九二八年史大林清除同僚以實行獨裁，而一九五三年至一九五七年赫魯雪夫清除排斥同僚以爭政權，前後如出一轍。因此若干報紙對清黨後的赫魯雪夫政權持着戒心。英國每日郵報認為赫魯雪夫預備以新的行動控制中東及非洲，其言論雖為和平，但戰爭的危險仍甚嚴重。英國自由黨「新聞紀事報」說：「人們可以推測莫洛托夫的行動(因為他一貫地說「否」)，而對赫魯雪夫則不能預測，今後蘇俄的外交花樣更多而更危險」。「紐約時報」著論說：「若赫魯雪夫這批人要使我們相信他們愛和平，並且在莫斯科已展開一個新時代，則應以解決國際懸案為證明。否則吾人仍應持慎審的態度」。儘管赫魯雪夫攻擊莫洛托夫實行有碍國際緩和的外交政策，著名的政論家如美國的李浦曼（Lippmann）、法國的阿倫（Raymond Aron）認為蘇俄今後的國際外交仍循舊規，不會有所改變。

這次莫斯科政權內鬨可說是史大林死後派系爭權的最高潮，如果我們就四年來政爭的經過略加回顧，便不難發現政爭的底蘊。㈠一九五三年三月七日史大林死亡，九日馬林可夫掌握黨政軍大權，三月十四日馬林可夫被迫將第一秘書的職務交給無若何地位的赫魯雪夫，㈡一九五三年六月特務頭子貝利亞被捕，秘密處死，㈢一九五五年二月馬林可夫以「無經驗」被迫辭去政府總理職務，由布加寧繼任，㈣一九五六年二月俄共第二十屆大會赫魯雪夫發表清算史大林的演說，據說事前討論此事，莫洛托夫等人在俄共主席團內反對很烈，但因米高陽等人的支持而獲通過，㈤一九五六年六月莫洛托夫下臺由謝彼諾夫繼任外長，㈥去年十月波蘭與匈牙利革命引起俄共內部的極大爭論，莫洛托夫等人對赫魯雪夫力肆指責，說他清算史大林惹起大禍，十一月間莫洛托夫出任國家管制部部長，這個時期是赫魯雪夫政治生命最危險的時期，所以今年一月初他說：「我們都是史大林主義者」。此後內外局勢對赫魯作有利的轉變，使其戰勝反對派。

我們若僅就派系的鬬爭來說明馬林可夫和莫洛托夫的垮臺及赫魯雪夫的勝利，理由殊不够充分，因為馬莫等人在史大林卵翼下搞組織，固絕不容許敵黨存在，也不容許黨內有派系。照理黨內應有擁護馬林可夫的絕對多數，何以他繼任不滿一週便放棄第一秘書職，以後更一再失敗，以致史大林葬禮舉行時僅有的三名演講者（馬林可夫、貝利亞、莫洛托夫）獲得一名被處決，兩名喪失政治生命的結果？這並不是赫魯雪夫有甚麼了不得的本領，而是說明蘇俄共產黨內普遍存在反史大林的心理，赫魯雪夫敢於利用此心理以為爭政權的工具，因此他獲得擁護，而將史大林的最親信助手一一打倒。他的勝利可說是俄共內部反史大林主義的勝利。

同時在蘇俄境內存在廣泛的反史大林暴政的心理，及要求改善物質生活的願望，赫魯雪夫了解此種心理，所以他陸續給人民一些讓步，以求討好人民，而便利於政權的爭取。他這次打倒馬莫諸人後更宣稱：㈠實行第二十屆大會的決議，㈡各民族和平共存，㈢「人民民主」國家友好團結，㈣改善工業管理，㈤儘速發展農業，增加農產，㈥解決房荒，㈦擴大聯邦內各共和國權限，㈧發揚文化，㈨鼓勵羣衆的創造精神。赫魯雪夫之所以向人民提出這些諾言，足以證明一般人民心理的轉變，所以他指責莫洛托夫等為「保守份子」，企圖以「陳舊不合用的辦法來應付新的局勢」。在這種情形下，赫魯雪夫想作史大林第二是不可能成功的。不但他無法作史大林第二，並且難以久握政權。

羅馬通訊・七月廿八日

意大利閣潮的前因後果

魯冀

自一九五五年七月由基督教民主黨聯合自由黨及社會民主黨組成的中間派的塞尼 (Segni) 內閣於本年五月六日向意大利總統哥隆奇 (Gioyanni Gronchi) 提出總辭職，遂引起前後八個星期的閣潮。塞尼內閣的辭職，並非導源於國會對政府的不信任投票，而是因爲其內閣中四名社會民主黨籍閣員——包括副總理薩拉加 (Giuseppe Saragat)，公共工程部長羅米達 (Giuseppe Romida)，勞工部長魏戈芮立 (Ezio Vigorelli) 及敎育部長羅西 (Paolo Rossi)——辭職，退出政府後，塞尼感於內閣勢力削弱，而自動向總統提請辭職(註一)。關於薩拉加派社會民主黨籍閣員退出政府的突然行動，筆者在「意大利左派勢力」一文中已略述及；但是，這裏爲了能有系統的明瞭直接促起閣潮的因素及新閣難產的原因，故實有重新局部追述的必要。本年五月五日社會民主黨指導委員會席上，薩拉加會說：「礙於目前不利的環境，無法繼續參加塞尼政府」。薩拉加當時主張退出內閣的表示與其在四月間所持的態度是絕對相違悖的。在馬泰歐梯 (Matteo Matteotti) 主張今後社會民主黨應加入政府反對派陣營以利社會黨統一運動的進行不成而辭去該黨書記長職時，薩拉加在黨內爲中間派政黨的合作任辯護，並主張無論如何在一九五八年意大利大選以前社會民主黨是絕不會脫離由基督教民主黨所領導組成的中間派政黨的混合內閣的。在短短的一個月之中薩拉加的態度竟有一百八十度的轉變，而這次的轉變是無法在意大利月來內政和外交上找到解釋的。五月五日薩拉加對該黨地方支部代表發言時，除中述英國工黨領袖凱次克爾 (Hugh Gaitskell) 赴意時對其政見表示支持，及社會黨統一問題談判尙在僵局外，提及這次閣潮的責任時，他指責基督教民主黨利用其在中間派政黨合作中的多數黨地位，企圖產生其在一九五八年大選時的有利環境，以求達到下屆選舉的絕對勝利。據他說，社會民主黨籍閣員退出政府乃因不滿基督教民主黨作風所致。但是他的「解釋」非僅羅馬各界難以相信，我們亦同樣未敢苟同。因爲基督教民主黨的行動一直在利用社會民主黨及自由黨以擴張其自己的勢力，而不是自今日始的。此外薩拉加的辭職在時間上的選擇亦是頗値注視的。本來在意大利的政治環境下，閣潮的產生實是家常便飯，相反的塞尼內閣在國會下院僅以八票的多數能繼續執政二十二個月之久却是相當例外。這次意大利閣潮發生時，正値：①法國總統柯梯 (René Coty) 赴羅馬的前夕，而意大利總統亦因至那波里 (Napoli) 主持國際商會組織 (International Congress of the Chambers of Commerce) 開幕典禮而不在首都。②意大利國會於復活節假後復會的第二日，開始辯論預算等緊急問題。③外長馬爾提諾 (Gaetano Martino，自由黨) 於波昂 (Bonn) 出席北大西洋公約會議時，因接受不參加由美英法主持的關於歐洲安全及德國統一問題的研究小組而受各方指責。④歐洲共營市場及歐洲原子聯盟條約正待政府提出向國會批准。在這種情形下，意大利的閣潮遂呈現其嚴重性。經綜合分析，薩拉加主張脫離政府乃因部份地方黨部對其態度發生動搖所致。月來社會民主黨地方支部甚受黨內左派份子活動的影響，傾向於「社會黨統一行動」，薩拉加認爲此一趨勢對已不利，誠恐在六月二十一日該黨全國大會時(註二)因未能盡全力從事統一問題的實現受到各方指責，而失去對黨的控制力，故首

誠如杜勒斯所言，「蘇俄內部要求改革的巨大勢力正在進行工作，此種勢力形成不可遏阻的趨勢，而終於改變莫斯科政權的性質」。尼赫魯認爲馬莫等人的開革是莫斯科政權走向「正常化」趨勢的表現；即使不容許人民參政，也要顧及民意。大多數流亡俄人認爲赫魯雪夫在設法改善人民生活，並使之在略爲容忍的空氣下度日。換言之，他正設法使「塗上奶油的馬克思主義可口些」。然而蘇俄人民不會因此放棄對民主自由的追求，結果將推翻共產政權。「紐約先鋒論壇報」社論說：「蘇俄國內要求民主自由的勢力不會因標榜『開明自由』的共產主義而遏止。如他日蘇俄政權不能控制局勢時，是否會發動對外冒險以維持其國內地位？赫魯雪夫現在有軍隊支持他，假如軍隊反對他，他又將如何？今日的蘇俄有如火山，一旦發爆裂，其影響是深遠的」。

赫魯雪夫是否會在將來爲避免內部嚴重的革命危機而發動對外侵略？除非他瘋狂，他不會這樣作的。因爲發動侵略戰：㈠須有相當的勝利把握，㈡須能速戰速決，㈢須能避免對方核子武器的報復。蘇俄當局並未掌握這些條件。何況去年匈波革命證明蘇俄集團危機嚴重，不能向外侵略。在這種情形下赫魯雪夫政權並不堅强，難以應付局勢。也許將來會因局勢嚴重，由軍人把他趕走而出來主政，但這仍不會挽救危局。

名論政家 R. Lowenthal 在倫敦「觀察報」(Observer) 著文分析今日蘇俄局勢，提出如下的結論：「蘇俄的領袖們今日好似站在突然融解的破碎浮冰上，赫魯雪夫很大膽，由一塊浮冰跳到另一浮冰上，希望能跳到陸地上去。他的批評者大叫道：『你如再亂跳，會淹死的』，赫魯雪夫回答道：『你們脚下的浮冰融解後，也要淹死的』。所妙者雙方都有道理。」

☆　☆　☆　☆

先主動放棄與基督教民主黨及自由黨的合作，以消除黨內的危機。

閣潮掀起後，一方面因法總統赴羅馬之行使意大利總統無法盡早徵詢各黨首領的態度，另一方面更因各主要政黨內部意見的分歧使不能儘速組成新內閣。社會民主黨內雖大部不願再參加下屆內閣使奈尼(Pietro Nenni)得有所藉口，以免社會黨統一問題進入死途。然而黨內由西姆尼尼 (Simonini) 領導的右派却持相反的意見。在基督教民主黨內的首腦人物因鑑於當時環境，知重整中間派政黨合作之不易，故均裹足不前，不願任犧牲品出而組閣。雖經哥隆奇總統的敦促，塞尼的奔走，然而因獨立黨的反對及社會民主黨內部的摩擦，使中間派四黨的合作無法再度實現。旋由總統提名左里(Adone Zoli) 組織基督教民主黨的清一色內閣。

法學博士左里，生於一八八七年十二月十六日，自一九二○年開始政治活動，在法西斯時代曾一度退出政治活動。第二次大戰期間，從事地下反抗行動，並於一九四三年被俘入獄判死刑。一九四八年首次被選爲參議員。自一九五一年以來數度參加內閣，並於一九五六年二月十九日瓦歐尼 (Vanoni) 去世後，接任塞尼內閣財政預算部長。左里雖任基督教民主黨全國大會主席，且在黨中亦頗有實力，但迄今從未擔任黨中央實際領袖。其勢力在意大利國內雖不甚大，然在國會中左派勢力中却甚孚衆望。

左里於得到本黨書記長范發尼 (Amintore Fanfani) 支持接受提名後，於五月十五日發表聲明稱：「由基督教民主黨擔任行政全責組織清一色內閣的方式原非本人及本黨議員所同意者。然而這是目前唯一能解決閣潮的辦法。本人與本黨中央的意見在謀求解決這一緊急問題，我將廣泛爭取本黨同人的合作。在我的本意中並非欲組織一個過渡政府，而是要成立一個能維護國家利益的政府。我相信我所徵求的合作不會被拒絕，也相信能在最短期內獲得成果。」但是誰是這個意大利共和國第十六屆內閣的支持者？基督教民主黨在參議院中只有一一一席（議員總數爲二四三席），在衆議院中的二六一席（總數爲五九○席）亦嫌過少，況且各黨對此清一色內閣在原則上均表不滿，故就事實看來，其今後的生存將繫於忽左忽右的「偶合多數」的支持，成爲大選前的過渡政府。

五月十九日左里總理向總統提出包括十九名部長的新閣名單，較塞尼內閣減少二名不管部閣員（註三）。就人事上分析，新閣中包括基督教民主黨左右各派人士，貝拉 (Giuseppe Pella)，托尼(Giuseppe Togni) 及梅廸西 (Giuseppe Medici) 分別出任副總理兼外長，公共工程部長及國庫部長可獲右派、甚至保皇黨的贊助，左里本人和司法部長郭奈拉 (Guido Gonella)，交通部長阿直里尼(Armando Angelini) 可向左派討好。於新內閣名單經總統接受後，奈尼的社會黨表示可支持新閣，但新閣必須：①根據憲法完成意大利的區域組織；②保障公民權利；③放棄廠主管制制度的再建；④實行澈底土改；⑤倡導有利於禁止核子武器試驗的外交政策；⑥東西和平共存及⑦進行裁軍。而保皇黨所提條件却與社會黨的絕對矛盾。在中間派政黨中自由黨和獨立黨絕對反對清一色內閣的原則，同時社會民主黨爲避免該黨在全國大會前產生分裂事件，早於十八日由書記長塔娜西 (Tanassi) 正式公佈反對由基督教民主黨的一黨政府。

二十九日下午新內閣總理左里先後分別於國會參議院與衆議院提出施政方針，其主要內容包括以下三點：①外交方面：今後意大利將更積極的參予北大西洋國家的活動，且將諸請國會儘早批准歐洲共營市場及歐洲原子聯盟二條約，期使北大西洋聯盟國家在經濟社會方面的合作及能獲得進步與發展，但聯盟國間的政治合作應對各國利益予以合法保障。②內政方面：建立地方自治區——在此方面左里雖極力主張地方自治區域的建立，但事實上這一問題只有留給下屆國會決定而非目前所能實現者。③經濟方面：繼續執行土地改革，左里雖接受工會份子提出對塞尼內閣土改政策的修改，但此修正案不得改變其本質。五月三十一日參議院首先辯論左里內閣的施政方針。在當時情形看來這個由基督教民主黨單獨組成的清一色內閣已無法獲得其他任何中間派及左派政黨的支持，投權組閣的信任投票案如不獲保皇黨及新法西斯派等右派的支助將無法通過，故基督教民主黨前內閣總理塞爾巴 (Mario Scelba) 要求左里辭職，終因實力派領袖范發尼的一力支持，信任投票案於六月四日首在參議院舉行，結果以基督教民主黨、保皇黨、新法西斯派及獨立派的一三二票對中間派及左派政黨的九三票，四票棄權，獲絕對多數通過。在國會衆議院方面信任投票於六月八日始舉行，其結果與參議院者類似，在參加投票的五七一名議員中，獲基督教民主黨、保皇黨、新法西斯派及零星的獨立派的三○五票的支持，反對的二五五票包括自由黨、共和黨、社會民主黨、社會黨及共產黨，棄權的十一票則包括保皇黨離異派及部份新法西斯派。但因投票前左里聲明在衆議院中的信任案內閣不接受新法西斯派票數的支持，因此在三○五票的贊成票中如減除新法西斯的二十四票後，則左里內閣的信任投票案在衆議院僅獲一票的多數（註四）。然而事出意外，負責計算票數的四名秘書，社會黨二名，基督教民主黨一名及共產黨一名——於九日聲明曾誤將新法西斯派投反對票的兩名包括在棄權票者之內，因此左里組閣的信任投票案在衆議院所獲的一票多數由於兩票之差而成爲只差一票的少數，不能達到法定多數。當然憲法並不阻止其接受新法西斯的二十四票，況且就法律觀點來說，其所獲贊成票的眞實數額乃三○五票而非二八一票。但左里爲了要顧全其政治信用終於十日向意大利總統提出辭職，後者除請左里繼續處理政府日常事務外，重新徵詢各方意見，謀求解決閣潮。旋於六月十五日商請國會參議院議長獨立派人士梅爾扎果拉 (Merzagora) 出面組閣，爲後者拒絕，但梅爾扎果拉允許向各政黨探詢解決閣潮所持的意見。左里內閣辭職後，中間派的態度較前稍趨緩和，但因中間較右的自由黨反對基督教民主黨的土改政策及區域自治，而中間偏左的共和黨中雖巴齊亞地(Randolfo Pacciardi)派贊成回復中間派四黨的聯合政府，拉馬爾發(Ugo La Malfa)份子則絕對反對。在這種情形下義大利總統於十八日提名基督教民主黨書記長范發尼組閣，後者對此使命態度非常保留，僅在徵詢各黨意見後始肯正式接受提名。范發尼如肯組閣，等於基督教民主黨運用其最大的王牌。然而他是該黨土改政策的倡導人，因此而難得到自由黨的支持，同時共和黨內兩派政見的不協，而其在衆議院的五席却有舉足輕重的地位。即使社會民主黨重返中間黨集團參加范發尼內閣，也無法恢復中間派四黨集團。因此二十日晚范發尼向總統解釋其所遭遇的困難，拒絕組閣。哥隆奇總統於失望中要求左里撤消辭意，因爲他在以前並未接受左里內閣的辭呈。於左里內閣接受後，在當時情形分析此一清一色內閣如獲中間派小黨派在投票時棄權得以通過，如是將成爲意大利一九五八年五月大選前的過渡內閣，否則只有解散國會將明年的大選提前在今年十月舉行。

左里內閣於六月二十五日通知國會撤消辭職，衆議院在二十六日，參議院在二十七日對左里組閣事重新提出辯論，當時左里重申其政策不變，同時因在國會中無人要求討論左里內閣六月十日的辭職事件，故不須重新舉行信任投票而得順利通過。但此事却不能解釋爲左里內閣今後可從容執政；相反地，在將來執行其所制定的政策時，此一清一色的內閣將在國會遭遇困難。其在國會中的多數將是因時與事隨時變化的，如欲實施地域自治案，則將遭遇自由黨保皇黨及新法西斯派的反對。

此外，國會衆議院於六月八日首度辯論左里內閣施政方針時，奈尼雖得機申述其已脫離與義共的關係。同時在左里組閣事第二次提出國會以前，薩拉加亦曾公開要求奈尼的社會黨繼續反對基督教民主黨的清一色內閣，這只可表示關於社會黨統一問題之門尚未關閉。社會民主黨雖已脫離中間派的政府，實際上中間黨派的合作已完全解體，但社會黨在工會方面尚未敢與意共分夥。奈尼的社會黨內部有左派勢力反對他，社會民主黨的右派亦同樣反對社會黨的統一運動，而外人對薩拉加個人對此問題的態度還是莫測高深。因此社會黨統一問題，並不能因此次閣潮而解決，而有待於今後意大利政局的演變了。

註一：塞尼內閣除內閣總理外，包括部長二十一名，依黨籍分配爲：①基督教民主黨十四名，分別主持農業部、預算部、對外貿易、國防部、財政部、司法部、內政部、海運部、郵政部、國庫部、交通部等。②自由黨三名，分別主持外交部、工商部、及負責與國會關係的不管部閣員。③社會民主黨，此外尚有政務委員四十名，依黨籍分配爲：①基督教民主黨三十一名，②自由黨四名，③社會民主黨五名。

註二：社會民主黨指導委員會於五月中旬經十一票對八票，三票棄權，接受薩拉加提議，將在七月底舉行的該黨全國大會延期至十月舉行。

註三：左里內閣除內閣總理外，包括部長十八名，左里自兼預算部，因減除前由薩拉加及自由黨戴加諾(Raffaele de Caro)兩名不管部閣員，故較塞尼內閣少三名部長。

註四：依據憲法，關於組閣的信任投票案在參議院必需有「絕對多數」(全部參議員的過半數，即一二三票)支持始得通過，但在衆議院則只需「法定相對多數」，即在參加投票的票數中減去棄權所餘數額的過半數，如在此次投票中，參加投票者五七一票減去棄權者十一票，故「相對多數」爲二八一票。後因計算錯誤，棄權改正爲九票，故「相對多數」變爲二八二票。

鄉下醫生

艾雯

一

鄭醫生從睡夢中掙扎着驚醒過來，兩手緊緊揑着兩把冷汗，睡衣也濡濕冰涼，黏貼在身上。喉頭却是乾焦焦的，用舌頭四面舐，舐不到一星唾液。胸口又如同被一團濕棉絮堵塞着，使他感到難以忍受的窒息，彷彿周圍那深沉無底的黑暗像一副棺材板似的把他封閉在裏面。他不敢開燈，惟恐燈光驅走了怯生生的睡意，祇是伸出右手去，習慣地摸索床頭欄上的茶杯，但是杯剛接觸到嘴唇，咽喉裏一陣奇癢，好像有一支棕刷在刷着，忍不住咳嗆起來。間歇地咳了一陣又一陣，一頓子咳嗽過去，睡意完全嚇跑，他捻亮電燈看看櫃上的鐘，四點還不到。

「總是老辰光！」他喃喃地嘆了口氣，關熄燈，一手按撫着胸口，重又闔上倦澀的眼睛。

盡管他白天工作得怎樣精疲力竭，倦乏不堪，每天晚上差不多一到這時候總會自己醒來，而一醒便再難以入睡。他努力試着各種催眠法——數年，數數目……但聽覺在這時偏特別敏銳，心臟却又特別靈弱。那怕只是極輕微的一點點聲響，都會使他驟然驚醒，出一身冷汗。那顆可憐的心更像要竄出心腔似的猛跳不止。如此一再反覆，祇弄得他頭昏腦脹，滿心煩躁。一直輾轉到天快亮時，衰弱的神經才鬆弛下來，困瘁的意識也逐漸朦朧，但在迷糊中他又不由得恍然警惕：

「可不能睡晏了！……」

就在他的意識猶自游離於這種朦朧狀態中時，忽然有一個聲音恍惚來自很遠的海底，很深的深淵，幽幽忽忽，在呼喚着一個人，他厭煩地想撥撥開去，而那聲音却越來越近，越來越響……

「叔叔，叔叔！」

鄭醫生驀地睜開眼睛，看見站在床前喊他的正是他那遠房姪子，也是他唯一的助手、護士、兼藥劑師——炳森。

「噢，睡過了頭，不早了？」他眨着酸澀的眼睛，看炳森打開窗子，陽光從窗戶中傾瀉進來。

「不算太晚，有四五個病人掛了號，我想讓你多睡一會，所以晏一點叫醒你。」

他對年輕的姪子那份體貼報以慵然一笑。

「沒有急診罷？」

「沒有，倒是有一個病人由他家裏人伴着，還是一早從蚵寮鄉趕來的哩。叔叔，連那末遠還特地跑來找你，這附近鄉下的人全都很相信你嘛。」

「唔。」鄭醫生漫應着，他的思想這一刻好像跑到很遠的地方去了。

「你不高興嗎？」

「高興，當然。我更高興的不僅是鄉人對我的信任，而是如今他們已完全能夠接受科學的醫術。但這却不是一朝一夕可以感化的事，想想看：十幾年了哩！」鄭醫生收回沉思的眼光，帶着點慨嘆。盡管這麼說，他內心洋溢着激奮，完全忘記了隔宵失眠的困瘁，披衣起床，便在窗口迎着陽光深深地呼吸了兩口新鮮空氣，再開始盥洗。就在他俯下身子去洗臉時，一陣昏眩突然襲擊着頭部，眼前一片漆黑，耳膜嗡嗡地鳴響着，那顆靈弱的心却直往下墜——他連忙兩手挾住盥洗架，閉上眼，等這一陣暈眩過去。

「叔叔，你的臉色很不好看，又不舒服了嗎？」炳森驚惶地過來扶住他，他勉强帶着寬慰的微笑搖了搖頭。

「沒關係，歇一歇就好了。」

「你實在應該停診些日子，休息，休息。」

炳森還是躭憂地看着他，這時鄭醫生已逐漸平息下來，他對姪子的勸告祇是嘲謔地露出一絲苦笑。

「可是，年輕人，時間可不像你口袋裏的鈔票。」

「我不懂。」

「當你知道口袋裏的鈔票已所剩無幾時，你可以省着用，或者乾脆保留着不用。但是時間却不能留着慢慢的用，一天不用就等於白白損失了一天，一月不用，就等於白白損失了一月。因此，」鄭醫生頓了一頓，嘲謔的聲音裏掩飾不住那一份沉痛與堅決。「我知道自己剩下的日子不多，就更加要加倍的使用。」

炳森感動地望着他叔叔，覺得喉嚨頭被什麼梗塞着，沒有作聲，祇是倒了杯開水，把醫生自己每天要服用的藥安排在桌上，便默默地退出去。

鄭醫生對着鏡子，舉起剃刀的手臂有一下逗遛在空中，他彷彿是第一次才看望鏡子裏自己清癯蒼白的臉龐、深陷而無神的眼睛、鬆弛的皮膚上蛛網般佈滿了灰黯的皺紋。以站在一個醫生的立場來診斷，他一定會諄諄勸告這樣的病人應該怎樣注意保重和休養，然而，那却是他自己……他那拿着剃刀的手不自覺地微微一震，唇畔便劃了一刀，望着隱隱滲透的血絲，他不禁憮然一笑，索性擲下剃刀，拿起毛巾浸着冷水胡亂洗擦了一陣，像是要把昨宵的困頓，和剛才引起的些微感傷，洗擦個一乾二淨。

二

每天，每天，鄭醫生一跨出自己的房門，總是抬起眼睛，先向懸在候診室牆上的那塊黑底金字匾額親切地打一個招呼。

病人送他的匾自然不止這一塊，像「華陀再世」、「妙手回春」、「恩同再造」等等，大大小小點綴着這簡陋的小室，但他最喜歡的永遠是這一塊。不是因爲「濟世救人」那四個字足以炫耀他的醫術，而是由於那四個字正符合他行醫的初衷。多年來，他一直就讓它懸掛在最注目的地方，對自己寓有一種勉勵和督促的用意。

作爲這個小醫院的候診室的，也只是進門處那一方空間，幾條長櫈上已經有六七個人坐在那裏等候着了。看見鄭醫生出來，有的在憔悴的臉上浮上誠摯的笑意，也有欠着身子尊敬地喚了聲「鄭醫生。」鄭醫生微笑答禮，一面匆匆穿過那些赤着脚、散發着泥土氣息的候診者，走進他那間小小的診療室，推開門，却意外的發現一個小女孩竚立在門後。他一眼就認出那是他不久治好的小病人。

「嗨，全好了！」鄭醫生慈藹地摸摸她一頭烏黑的柔髮，「是不是要找我再給看看？」

「不要。」小女孩忸怩地搖搖頭，祇是閃眨着那雙發亮的大眼睛，看醫生把白外衣披上，又帶上了口罩。她那赤裸着的脚趾踢踏地在地上扭動着，當她那羞澀的眼光接觸到鄭醫生溫和可親的眼光時，好像突然增加了勇氣，很快地將一直藏在背後的兩隻手伸出來，小手裏原來捧着一束紫色的草花，她直率地舉起手送到鄭醫生面前。

「給你。」

「哦，多美！妳把春天帶到病院裏來了。」鄭醫生欣然接過花來放在鼻子底下嗅嗅，又舉得遠些做出欣賞的神氣。

「是我自己從山上摘來的，你喜不喜歡？」小女孩仰起了圓圓的臉，帶着那種渴望贏得別人歡喜的神色。

「喜歡，當然喜歡。」鄭醫生立刻鄭重地宣稱，眼睛從花上移到小女孩臉上，「謝謝妳！」

小女孩笑了，喜悅浮漾在她眼中，更加顯得眸子黑而亮，她不好意思的搖着那一頭短髮。

「不，不要謝謝。」說着，倏的一個轉身，兎子般敏捷地跳躍出去了。

鄭醫生目送着那輕盈活潑的背影消失在門口，不覺對留在手裏的花束感動地望了兩眼，他在一只空藥瓶里注滿清水，把花插進去，然後坐下來，拿起安放在桌上的一叠病歷表，按着次序開始向外面喚着第一個病人的名字。

「醫生，這病會不會死的？」

「醫生，我這是幾十年的老毛病了，怕治不好。」

「醫生，這種針藥太貴了，能不能換便宜些的。」

一個緊接着一個，病人陸續地進出在鄭醫生的診療室中，那些質樸、憨直的鄉下人，有的是愚昧的，連自己身上那一部份有病痛都弄不清楚，有些是固執的，他會堅持着自己的迷信，或是對自己沒聽過的病名感到懷疑。對於前者，鄭醫生必須化費加倍的時間，耐心的給病人的身體來一番澈底的檢查，一面仔細的探詢，直到找出他所需要知道的病癥爲止。對於後者，他必須不憚其煩的向病人解釋、開導，使他了解而欣然接受診治。因此，請鄭醫生醫治的病人雖然不能說個個是藥到病除，但由於他那眞誠的關懷，親切的安慰，首先就祛除了精神上的疑慮和憂懼，而精神上的清朗，正是恢復健康的前奏——當鄭醫生這般把別人的痛苦引爲自己的責任，專心一注地對付他的病人時，他總是暫時忘記了一切，也忘記了那個鏡子裏的病人。

等到把最後一個病人看完，鄭醫生一直勉强振作起來的精神，就像一支使勁扭緊了的舊發條，機鈕一鬆，又完全鬆弛了。他癱瘓在椅子裏，腦子裏是一片渾渾沌沌，連一個手指頭也不想再動一動，祇想馬上把身子平放下來。他勉强收拾好桌上的東西，又除下了口罩和外衣，這才拖着酸硬的腿，走出診療室，却見還有三四個病人正圍在對面那小小的窗洞口，顯然是在等候配藥。

「炳森這孩子，一天也盡够他累的了。」他心裏充滿了對姪子的憐惜和仄愧，不禁猶豫地收回了脚步，又顚頓地走向配藥處。

三

小室內四面都矗立着擺滿藥瓶的木架子，顯得擁擠却不失整齊，除了炳森忙着配藥，另外還有一個正開始發胖的中年婦人，聚精會神坐在藥櫃一角核對一叠表件。看見她，鄭醫生微微感到意外，在那深陷的眼睛裏流露出一抹溫柔的光輝，微笑向她走去，輕輕地問：

「什麼時候來的？」

「來好半天了。」他的進來似乎不曾驚動她，聽見聲音，才抬起那張缺少表情的臉，似笑非笑的看了他一眼。

「噢，我都不曉得。」像要表示失迎的歉仄，又像是惱她不先來看他。

「我來時你正忙着哩。」她垂下眼簾，凝視着自己的指尖，「你那些病人都打發走了！」

「走了。」他不大喜歡她說起她的病人時那種不太尊敬的口吻，也用比較冷淡的聲音回答：「不走還能這樣清閑。」

她沒有接腔，他一時也無話可說，沉默像一重幕帷，降落在兩人之間，忽然鄭醫生覺得自己跟她隔得很疏遠，彷彿完全不像曾在一起那樣密切生活過，他眼睛裏那點溫柔的光輝消退了，默默地拿起一張處方單，從架上一個瓶子裏倒出一些藥粉在白紙上。

「叔叔，就祇剩三兩張藥方了，讓我一個人來，你去休息吧，」炳森從眼角裏溜了一眼重又埋首在那叠收費單中的她，婉轉地說，似乎想打破那沉悶的氣氛。鄭醫生祇是搖搖頭，舐了舐乾燥的嘴唇，覺得舌頭有點僵硬。

「孩子都好吧！」

「嗯，都好。」回答他的還是那沒有感情的聲音。「星期三繼德參加作文比賽還得了個第二名哩。」

「喔，那太好了！」沒有一件事比兒女贏得的榮譽，更使作父母的高興了。那份驕傲與欣喜，在鄭醫生蒼白的臉上升起陽光般的輝朗，「我一定要給他一件獎品獎勵獎勵。」

「我已經給買過了。」

「那，那我可以再買一份。」

「那又何必呢！太浪費。」

好像一盆冷水淋頭澆下，淋走了鄭醫生臉上的陽光，他彆住一口悶氣還沒處洩，那裏又像發現了什麼劣跡似的盛氣凌人的大聲責問着：

「瞧，這是怎麼會事？這二張藥方收的醫藥費一半還不到，還有這打了盤尼西林的也沒有收費，是不是你算錯了？」

炳森偷偷望他叔父，在那兩道責詢的眼光下畏縮的低下了頭，嚅嚅地欲言又止。

「炳森，你沒有聽見我的話嗎？」

鄭醫生忍不住替他姪子開脫：

「說是我叫他少收的，那幾個都是很窮苦的病人。」

「我猜到又是你。」她那冷峻的聲音像一支利鑽，鑽到聽的人心裏，「你今天同情這個，明天憐憫那個，少收別人的醫藥費，可是，你不想想，將來又有什麼人會同情你的兒女，少收他一頓飯錢，或是一筆學費？」

鄭醫生包着藥粉的手指不禁顫抖着，臉更蒼白了，顯得不能支持，半晌，才短促地說了一句：

「我想，我要進去休息一下了。」

他也不知自己是怎樣走回寢室的，一挨着床，便頹然倒下去，疲倦像浪潮般淹沒了他，連氣惱的一點勁力都沒有了。他虛弱的閉上眼睛，停止了思想，祇有耳朵還能聽，隔了一會，便聽見她走進來的聲音，又聽見她拉開抽屜，數着錢放進皮包裏的聲音，接着腳步聲經過床前，遲疑地停了下來。

「不舒服嗎？」她盡義務似的慰問着，但聲音比較柔和了些。

鄭醫生睜開眼睛苦笑了一下，微微搖頭。

「還不是老毛病。」

她的視線在他蒼白的臉上逗留了一會，慢慢地移向窗外，眸子中混雜着一種說不出是憐憫抑是憎厭的感情。忽然她舉起手來看了看錶，催促地說：

「噢！我馬上得趕回高雄去，你休息休息吧，錢我已經拿了。」

「吃了晚飯再走不成？」鄭醫生情不自禁挽留着，盡管她冷淡無情，但還有使他比冷淡無情感到更可怕的東西——孤獨。

「不成，孩子等着呢。」她已經挽起皮包，無動於衷的轉身向外走。

鄭醫生惶然四顧，彷彿已看見孤寂的黑影同着暮色向他包圍攏來，趁他心靈最軟弱的時候向他襲擊……他忍不住迫切地喊了聲：

「秋英！」

這一聲近於絕望的喊聲就似一個被放逐在荒島上的人，呼喊着即將離他而去的、惟一載有希望的小舟。她在門口驚愕地回過頭來，用疑問的目光望着他。

「我是說……我有好些日子沒有見到孩子們了，下次帶他們一起來吧。」他訥訥地，幾乎是懇求地說。

「你知道他們平常功課都很忙。」

「星期六下午或者星期日。」

「可是，你忘了孩子們最好……」她顯得面有難色，吞吞吐吐地暗示着什麼，他立刻從她的神態上領會到她的意思，臉上那份期待的熱忱像閃電般一閃即逝，代替的是一陣痛苦的痙攣，失色的嘴唇無力的牽動着，向她揮了揮手，悽涼地說：

「妳不用說了，我知道……我懂得妳的意思……」他把頭一側，倒向裏壁，極力與自己的悲傷掙扎着——他聽見一聲輕微的嘆息，一陣遠去的足聲。突然，他完全失去了控制自己的力量，整個軟弱的、無依無助的心靈就像一塊石子般向寂寞、絕望、悲痛的無底深淵沉下去……

四

那種無告的寂寞，無助的孤獨啃嚙人的心靈，比疾病的毒菌腐蝕人的肉體，更使人難以忍受。而鄭醫生卻必須忍受這雙重的折磨。

他茫然打開眼睛，深淵裏是一片黑暗，屋子裏也是一片黑暗——已經是晚上了。

黑暗是無岸無邊的，他衰弱的思想沉溺在其中，唯一能攀緣的，只是那一個回憶的浮圈，伴他載浮載沉。

他永遠忘不掉在他十四歲時，他那惟一相依為命的寡母，連個什麼病都沒弄清楚，糊裏糊塗便含恨離開了人世。他悲慟地對着母親的遺體，立下了將來一定要學醫的誓願。這以後他半工半讀，終於唸完了醫科，在數年服務期間，他盡量刻薄自己，省吃儉用，一角一分的積起錢來。等積蓄到他預定的數目，便辭去待遇優厚的職務，本着學醫的初衷，回到家鄉為桑梓服務，他把祖遺的三間平房改修一番，掛上行醫的牌子，粗具規模的小醫院就這樣成立了。但成立並不是成功，在偏僻而閉塞的鄉下，一些愚昧無知的鄉下人生了病向來習慣自然療法，或是求仙拜佛。懂得請醫生的也祇能找那唸過一本湯頭歌的草藥郎中，撮二味樹根草皮，熬幾碗苦水揑住鼻子吞下去算了。因此一開始時，大家都用懷疑的眼光，好奇的打量小小的醫院，年輕的醫生和他那些瓶瓶罐罐，却沒有什麼人敢於登門求治，在那一段時期是他最慘澹的時期，但他毫不灰心，經常騎着腳踏車，提着出診箱，在村前村後巡視，自動地救治那些孤苦貧窮的病人。事實的表現是最好的證明，加上他的親切、仁慈，慢慢地，鄉下人對他建立了信心，當求醫的人一天比一天增多時，他感到獨腳戲難唱，便去信他曾服務醫院附設的護士學校，請他們介紹一位能吃苦耐勞，而又過得慣鄉下生活的護士，信去了許久，等他幾乎認為無望時，一封比任何答覆更具體的回信突然來臨，那便是護士小姐徐秋英本人。

鄭醫生依稀還記得徐秋英第一眼給他的印象是矜持、穩重、不苟言笑，有一種超年齡的冷靜，而渾身上下從服裝到臉部表情，都像才從熨斗底下熨出來的，平整、挺括、沒有一絲紋印。隔不多久，他就發覺她不僅精明能幹，而且善於支配一切。朝夕相處，不知不覺竟也支配了他的身心。一個單身醫生和他密切配合的護士小姐，這感情似乎發展得很自然。徐小姐變了鄭太太。而婚後不到三年，鄭太太又為他添了一雙小兒女。

那是他一生中的春天，最美麗、豐盈、充滿希望和生氣的時日，他感到自己已不再是求學創業時代那支在淒風苦雨中單獨奮鬪的、孤苦伶仃的小杉樹，而是一棵堅韌、茁壯、在泥土里紮下了深根、在枝桿上長滿了綠葉的榕樹，它欣然承受着烈日和風雨，讓那茂密的濃蔭，蔭覆着自己的親人，蔭覆着那些受病痛折磨的人。當垂死的在他手中重又獲得生命的活力，痛苦呻吟的經過他的手便告平復，一個感激的微笑，一句由衷的感謝，便是他最大的安慰。當他獲得片刻閒暇，與小兒女在一起盤桓、嬉喜、聽他們講些天眞可愛的話，看他們的智慧同着體格遂日生長，那便是他最大的幸福。他熱愛自己的家庭和生活，一如熱愛自己的事業。他沒有野心，也不求富貴，唯願長此以往，終老其中……然而造物彷彿總妒嫉人間有完滿。他成天祇記着要把病人的痛苦當作自己的責任，却忽略了本身的健康。就在去年半年間，他一天比一天消瘦，好像一支竹筍一層又一層的剝脫了殼，身體裏的機件似乎有什麼失靈了，精神很容易疲倦，他先毫不在意，最後實在拖捱不過了，才去找專家醫生檢查，却診斷是頗為嚴重的肺癌。

縱使在他自己診治中也曾經驗過不少危險的病症，驟然聽到這可怕的名字，他的心臟至少也有一分鐘停止了跳躍，多可怕的絕症！這名字就代表死亡，代表着生命的終止音符，他從未想到過死，他只知道自己還有許多事要做，每一個未來的日子他都將以工作和希望來塡充。而這致命的打擊却要粉碎他的一切——開頭有一陣子，他變得消沈、頹喪，躺在床上整天憂慮着自己將再不能盡人生的責任。但當他一次又一次的聽見炳森在外面婉言辭却登門求治的病人，再一想到那些在痛苦中求助的病人，是帶着怎樣的信賴，把全部希望寄託在他身上，把赤裸裸的生命交託在他手裏，不由得深深地感到歉仄不安。責任和良心那樣嚴厲的譴責着他，以致他再也憋不住撇下自己的病，一面打針吃藥，勉強振作精神，跟病人們周旋。就在他最最需要安慰與鼓勵，與病魔戰鬪下去時，徐秋英却藉口為了孩子們的學業與健康，逕自同着孩子們到高雄市賃屋住下，過些時日單獨回來一次，取去醫院的收入。她就像一具壓搾機，那怕是僅存的甘蔗老節，也得盡量榨取一點一滴的糖汁。

每次她這麼來了又去了，留給鄭醫生的是更難堪的寂寞與悲哀，而今天，他更被她那嵌刺的話，刺傷了脆弱的心靈。沒有溫情，沒有希望，更沒有安慰，生命究竟還剩下些什麼？他張眼環視，包圍着他的是視線穿不透的黑暗，一種被一切遺棄的感覺像一座冰山般浸透了他，他覺得自己像一頭受傷待斃的野獸，被遺棄在荒山裏——不，就是野獸也有同類會替牠舐傷口，而他只能淒涼地舐吮自己的創傷，膿血和着熱淚往自己肚裏咽……。

他忍不住呻吟着，藥性消退了，肉體上劇烈的痛苦又把他拉回現實。他記起那瓶惟一憑恃的藥丸，下午服用時留在診療室裏，必須自己掙扎起來去取。

五

「吃一粒是止痛，要吃上五粒十粒的話……」鄭醫生望着散佈在桌上的一些藥丸，突然，一個念頭像一顆火星，爆發在他昏噩噩、漆黑一團的腦子裏「這小小的藥丸，就有這樣大的力量，祇要多吃這麼幾粒，不就一切痛苦和煩慮都解脫了！」那一星火花頃刻間便變得熾烈、頑強，所有的悲傷、痛苦全在助長它燃燎，剎時間已傳遍全身的神經。他為這意念所激動，全身都在顫抖着。那一堆傾倒出來的藥丸在向他閃着光澤，彷彿向他作着無言的誘惑。

「是的，生命對我還剩有什麼意義呢？再沒有作為，再沒有愛，沒有安慰，一切都像浮雲流水，隨風而逝。還有什麼值得留戀——縱使有所留戀也不允許了，倒不如早求解脫——人生也許就充滿了矛盾，我曾經使多少人重新獲得生之樂趣，使多少人從死亡的邊緣逃開！而如今，我又預備為自己做些什麼？…哦！」又是一陣痛苦使他瘦弱的身子像一支弓一般彎縮攏來，他一手捫住胸口，咬着牙等痛苦過去，額上冒出一頭冷汗，眼睛裏迸射着淚光，悽楚地望了望岑寂的周圍，「沒有一個人——一個親切的聲音，一隻扶助的手……還是一個人走完這最後的一段路程。」

他堅決地伸出手指，從桌上拈起藥丸，放進掌心裏，一粒、兩粒、三粒……數到他需要的數目，另一隻手端起一杯開水，然後，黯然環顧四周，作最後訣別的一瞥。小室內涵滿陰影，檯燈柔弱的光擴大他的黑影遮蔽了半間屋，更顯得陰沉沉，暗慘慘，了無生意。在這間小屋裏，他曾消磨過生命中最可貴的十幾年歲月，貢獻出他的心血和精力。他的視線一一滑過隱蔽在陰暗中的傢俱什物，那些都是他最熟悉的，一口櫥，一張檢查床，一隻沙濾缸，一隻……彷彿烏雲裏閃出一抹陽光，他的目光忽然被桌子角上一個新鮮的色彩吸住，那是早上那小女孩送他的一束野花，經過清水的一番潤澤，在燈光下開得更鮮妍、美麗、生意盎然。他不禁停睛注視，恍惚間，那紫色的花朵凝聚成一簇，又逐漸展漾開來，擁出一張嬌憨的臉蛋，一雙晶瑩的眼睛正天眞地仰視着他，嫩紅的小嘴角上翹」，浮着甜甜的憨笑……一絲溫暖有似一小注清泉，湲湲地注入他沙漠般枯竭死寂的心田。這活潑可愛的小生命，不正是他費了不少心力從死神手裏奪回來的!?她還不會忘記他，這由她的小手摘來的，開自田野間極平凡的小花，在不善於用言詞表達感情的小心靈中，該揉合了多少感恩、親善和敬愛！也許，他還不是太孤獨的——。

醫院的大門就在這時轟雷似的，被一隻迫切的手敲響着，一遍又一遍。他遲疑的端着茶杯，聽見炳森一路嘀咕着出去開門，接着同什麼人在說話。顯然有人來求診，炳森正在解釋並拒絕。那個請求着的女人聲音却越來越高亢急促，在寂靜的夜空中清晰地傳進來：

「……請你讓我自己去見鄭醫生，他是好人，他不會見死不救……我一定要親自見他，求他救救我的丈夫。……你不要攔住我，讓我進去，讓我嘛……」

似乎經過一陣拉扯，診療室的門猛然被撞開了。踉蹌闖進來的是一個神色愴惶的中年農婦，她粗忙地一手推開還打算阻攔她的炳森，直奔到鄭醫生面前，聲淚俱下的向他懇求着：

「鄭醫生，我丈夫病的快死了，求求你救他一條命……」

恍惚從一個惡夢中驚醒，鄭醫生帶着夢醒後的迷茫，望着她，沒有開口。

「千萬、千萬請你答應我去救他，萬一我丈夫活不了，我，還有那一羣孩子，一定也活不下去：：我求求你，跟你磕頭——」那婦人眞想下跪，嚇得鄭醫生連忙退後一步勸阻她，腦子也清醒了。

「快不用這樣，你先告訴我你丈夫是什麼病？」

「他說肚子痛，又說胸口痛，渾身燒得像火炭似的，兩天未沾水米。剛才胡言亂語，連人都認不清了……我才急得摸黑趕來請你。」

「好吧，我這就同妳去。」鄭醫生出人意外的一口爽直的答應。這使站在一旁的炳森感到十分驚異，又不敢勸阻，祇是着急地提醒他說：

「叔叔，你自己不是很不舒服嗎？而且又這麼晚了。」

「晚了？不，如果還能爭取時間做些對人有益的事，永遠不會太晚的。我不是容易投降的人，爲了我的病人，我還得與死神周旋到底。」鄭醫生笑了笑，笑裏顯示着一種勇敢無我的犧牲精神，使他憔悴的臉發出光采。「我支持不住的時候，還可以仰仗這個。」他一鬆手，把一直緊握在掌心裏的一把藥丸撒在桌上，又從容地一顆顆投入藥瓶中，蓋上蓋子。最後才將留下僅有的一顆投入嘴裏，用開水吞下。

炳森一直一眼不眨的瞪着他的一舉一動，看着他放好其他的藥丸，吞下了最後一粒，才從惶懼中喘過一口氣來。

「叔叔，剛才你？……」

「剛才我打了一仗，良知戰勝了惡魔。」鄭醫生望着那束子草花，輕描淡寫的說：「你幫我檢點一下出診箱，把應用的針藥全帶上。」

炳森只有默默地照着去做了。

那位焦灼憂傷的婦人一聽見鄭醫生肯扶病出診，不知該怎樣表示衷心的感激，只是笨拙地重覆這兩句：

「謝謝你，鄭醫生，你眞是個好人，救命恩人。」

「不用謝，這原是我應該盡的責任。」他謙遜地回答，藥丸的效力已慢慢地減除了他本身的痛苦。他開始穿上外衣，帶上口罩，提着炳森遞給他的藥箱，跨出了診療室。

候診室裏，那塊年代悠久，已有點黯淡斑駁的黑漆匾上，「濟世救人」四個金字在燈光下却更顯得輝煌。鄭醫生放緩脚步，抬起眼睛，用親切虔敬的目光擁抱每一個金字，就像擁抱久別重逢的摯友。

他深深地吸了一口氣，一步一步進入門外的黑暗中。

海外寄語之四

一年的成績

於梨華

去暑將畢業時，有一個在米高梅公司做事的朋友，問及我未來的計劃，我告訴他從事寫作。

「什麼性質？」他說。

「創作。」

「用什麼文寫？」

「英文與中文同時。」

「我不知道妳的中文修養，但是憑妳這一些皮毛的英文根基要想擠進美國文藝圈，恐非易事。」

我雖然欣賞他的直爽，但不免有點冷水澆頭之感。

「我自己是美國人，」他接着說，「七歲就開始唸英文，大學畢業後就立志要做作家，但是妳看我，十幾年後的今天還是站在文壇圈外，這是我的經驗。」

「你並不壞呀！你現在是米高梅的劇作家，收入這麼好，很多人都在羨慕你呢！」

「我只是把人家的小說改爲電影劇本而已，既非創作，又非我當初的志願，但是我的文章不被人家接受，又有什麼辦法，所以我掙扎了十二年終于放棄，妳呢？預備試幾年？」

「一生。」

「妳開玩笑？」

「我們中國人很少開這樣嚴重的玩笑。」

「妳有沒有經紀人(Agent)？」他停了半響問我。

「沒有。」

「我從前在紐約有一個經紀人，我把稿子給他由他賣給雜誌，他們專門幹這一行的人知道把那一種稿推銷給那一種雜誌，同時他們和雜誌社的編輯都很熟，這樣可以省掉寫稿人很多事。如果妳願意，我可以把我的經紀人介紹給妳。」

「是不是必需？」

「幾乎必需，尤其是妳剛跨出校門，對雜誌及市場的事一點不懂，經紀人是一定要一個的，他不過拿妳十分之一的稿費。」

「倒不是稿費問題……不過也好，如果你不嫌麻煩。」

和他談話後不久我就到東部來了，租了一間前有花圃後有草坪的公寓就專心寫讀起來。上午寫，下午讀，晚上寫點中文的東西。一年來案頭居然也堆了不少稿。除了一個長篇以外，我把所有的短篇都寄給我的經紀人。他經手很多作家的文稿，很忙，我見了生人，很窘，故我們一直沒有見過面。他每接到我一篇稿後總給我一封很客氣的信，至于我那些短篇的命運呢？他不提，我也不問。我知道在寫什麼，自己猶如一個初學步的孩童，不敢奢望奇蹟。

不久前他來了一封信，請我到紐約面談。時間由我決定後再通知他，那天是星期三，我接信後立刻回了他信，指明下星期一到他的辦公室去看他。我算定他星期四收到信，如果他對日期不同意，他還有時間寫信通知我的。

那星期一熱流來，紐約氣溫升到九七度，我坐在地下車內，只覺被一股熱氣，潮氣及汗氣熏得發昏，等我踏進他的辦公室時，我的一身新夏裝早已溼透了。

他的女書記說他不在。

「他不在？我明明和他約好的！」大概是天氣熱，我的火氣也直冒。

「什麼時候約的？」

「上星期三，我寫信通知他的。」

「哦，對了，他星期四、五都不來辦公室的，他的秘書今晨才把他前兩天的信件送去，所以他不知道妳今天來，妳請坐，讓我打電話問問他。」

我的經紀人在電話裏向我道歉，「眞對不起，於小姐，我剛剛才拿到妳的信，但是我現在不能來，星期一上午我通常都是在家裏辦事的。眞對不起，我可以請我的助理人瑪麗小姐和妳談，她看過妳的文章，她的意見就是我的意見，同時她還可以分析得清楚些。再見，於小姐，妳下次來時最好早一點通知我。」

我還沒有來得及一氣而走，瑪麗小姐已經迎出來了。她與我握手後就把我讓入她的房間。她長得毫無動人之處，一雙斜眼好像永遠在向人送秋波似的。我們就坐後，她就公事式地把我的文章捧了幾句，然後就毫不留情地向它們攻擊起來。

「但是妳的文章不適合讀者的胃口，雖然妳的文筆很別緻，但是內容不够刺激，奇特，人物也很平凡，正常，如果妳能寫些關于妳們中國姨太太，或一夫多妻等的故事，我相信妳的文章就容易推銷。」

「我愛寫是因爲我要告訴讀者今日的中國及中國人，並不是滿淸時代的中國社會，我不能……」

「妳覺得賽珍珠怎麼樣？」她不耐地打斷我。

「她很能滿足美國人對中國的不正常的好奇心。」

「她是一個成功的作家，不是嗎？」

「成功的作家與好的作家不同。」

「還不是一樣，」她說，努力地向半空送了一個秋波，「沒有人敢批評成功的作家是不好的作家。成功的作家可以寫他們要想寫的，但是妳現在必需寫讀者要妳寫的，妳要能使妳的文章被雜誌接受，妳必需迎合讀者的心理。美國的讀者最愛讀關于中國奇怪的風俗、習慣、特性等等。」

「我們中國有一句名言是你們美國沒有的，妳要不要聽？」

「什麼？」

「寧爲玉碎不爲瓦全。」

「什麼意思？」

「我要趕火車來不及爲妳解釋了，妳慢慢去分析玩賞吧。對了，這種對一句話細細玩味尋思的修養也是我們中國人的特性，妳看，我在一分鐘內給了妳兩種中國的特性，希望它們能迎合妳的心理，再見。」

再見，再見，再見！我要回到我文稿堆積的小園地去了，雖然它們不爲人們珍惜，但是它們仍是我一年血汗的結晶。

讀者投書

(一) 學術審議委員人選

張震

編輯先生：七月十九日中央日報載有教育部公佈的「教育部學術審議委員會委員名單」，我從頭到尾，細讀了一遍，不覺發生幾點感想，謹借貴刊讀者投書欄，予以披露，藉供社會與論參考：

㈠依照四十四年五月二十七日公佈的「教育部學術審議委員會組織條例」第三條規定，學術審議委員應具左列資格之一：

一、對於所專習之學術，有特殊之著作發明或貢獻者；

二、曾任公私立大學或獨立學院教授十年以上，著有成績者；

三、曾主持或領導高等教育機關或學術團體七年以上，成績卓著者。

就以上三項規定看來，似乎皆注重學術上有特殊成就，（例如第二項人員，所謂「著有成績」當指其在任教十年期間內有研究著作或發明而言，第三項人員，如為大學校長，當指其所主持的大學在學術上有貢獻，否則他只不過做了七年簡任官而已，因為大學校長只須具備簡任官資格，即可充任，並未規定須在學術上有何成就者。）那末，用這個標準來衡量這名單內的一百名委員，恐怕有半數以上不夠格！

㈡學術審議委員會的任務，依照該會組織條例規定，共有五項，其中第四項為審議大學教授資格；又依大學教授資格審查規程規定：大學教授部須經由該部送請學術審議委員會開會審定。簡言之，學術審議委員會有審查大學教授資格的重大責任，可是這批學術審議委員中，有些人根本不具備教授資格，也未當過教授，有些人自己的資格，曾經送審而不及格，他們那配審查他人的大學教授資格？

㈢依照學術審議委員會組織條例第三條規定：委員為一百人。換言之：這一百人有出席、建議、表決之權。但此次公佈的名單內，除此一百名委員之外，另有參加委員約百餘人，（該部未公佈確定人數，但依其公佈的應參加單位人數估計，約有百餘人。）既為委員參加會議，當有建議及表決之權。這便與該會組織條例規定違背了。

㈣這類學術審議組織，在其他國家也有。大都由學術界人士自由選舉產生。教育部自己出版的「教育通訊」和「教育與文化」也曾一再為文介紹。該部為何不將學術審議委員定為選舉產生呢？照現行組織條例規定，委員一百名由教育部聘請產生，雖美其名曰聘請，實則等於「指派」。因此，其中有些真正的學者也深以被聘請為恥辱！

㈤有些被聘請的委員，自己根本不希望獲得這個「殊榮」，因為他們自知對於所謂「學術審議」為道不同不相為謀，他們有他們自己的事業和工作，憑空被加上這個「學術審議委員」的頭銜，在教育部長雖是表示連絡之意，在他們自己却有「多此一舉」之感。例如臺灣省合作金庫董事長兼臺灣省議會副議長謝東閔、僑務委員會委員長兼中央黨部常務委員鄭彥芬、青年救國團主任兼國防最高會議副秘書長蔣經國，這三位先生各有其事業和工作，忙個不了，那有空閒來過問教育部的「學術審議」？鄭氏任「統計學」審議委員，蔣氏任「軍事學」審議委員，前者恐對「統計學」久已荒疏，後者竊以「軍事學」審議委員的榮銜，恐怕他自己也要敬謝不敏了。其他類此情形，不必盡述。

以上數點，拉雜寫來，敬乞惠予披露，藉供社會與論參考，耑此順頌

撰祺

讀者　張震　敬啓
四六、七、廿七

(二) 華僑中學易長糾紛

張秀明

編者先生：國立華僑中學在七月廿九日發生了一件嚴重的騷動。因張部長為安排自己作官大道，突然撤換僑中校長。原任校長郁漢良奉令移交新任王元輝。是日中午正式移交前，學校便貼滿了標語，反對新校長，挽留舊校長。等到王校長到校時，學生們表示出種種卑視態度，給他難堪，汽車窗被石擲破；而郁校長離校時，數十位教師和數百學生含淚相送至車站，竟至驚動了警務人員，出動戒備。下午校長室被學生投以石子，次日再遭破壞。卅一日新校長給學生三人打傷，陳教官送彼回家，被無顏見家人，並隱瞞其事。晚間學生因打校長事而互毆，呂道偉等負傷，送醫院醫治。八月一日學生仍在浮動中，擬打該校前任各負責教員，到現在為止，學校仍在極度不安狀態中，警衛森嚴。堂堂一學府弄得惶惶不可終日。試問新校長將何以展開工作？華僑中學成立兩年，兩年間竟四易校長。這便是當今教育部長的作風！目前王校長是一個軍人，怎能把學校辦好？這是辦教育？還是摧殘教育？請問張部長何以要輕舉妄動？聞該校學生會質問張部長要他將郁校長請回來，不然就給他們一張出境證。現在張部長每天派出次長、司長、督學等斡旋中，但又何補於事？而今造成校中同仁派系之爭，學生地域之爭，問題將愈加嚴重。目睹此情，能不痛心？為了飯碗問題，恕我不敢在此寫出眞姓名來。實際情形請派專人來校訪問學生或教師。此信目的在請貴刊將此事公諸社會人士，如能感動立法委員、監察委員來參觀一番，看看這教育界罪魁應懲治何罪？以謝一千三百萬華僑。

羅敦偉先生來函

儆寰先生有道：前二月十八日弟在中央日報撰有「言論自由與新聞自由」一文，論旨在新聞自由言論自由應重責任感而察其影響，並愼防為共匪所利用。論旨平易絕無引起論戰之可能。因偶引用伯徠士『與論為青年人在小房間中匆促寫成』一語，並加說明，仍為反映廣大讀者意見，初無輕視與論之意，極為明顯。不料貴刊讀者投書，嚴辭斥責。且細述伯氏原著「現代民主政治」原書內容，認定弟所引不確，謂伯氏原書任何一處不僅無此語，亦無此意，斥為「栽誣前賢」，且言外之意，斥弟為奸佞。弟確記所引無誤。係於民國十三年大學生時代所讀梅祖棻張慰慈等三氏譯本，三大冊，商務印書館印行。惟倉皇來臺，原書中英本均未帶出，電詢商務及各圖書館，均云無有。以致明知受誣，不敢更正。今日讀任卓宣先生所著「民主自由問題」一書，二〇五頁，引有伯徠士下面一段話：

一個老年人的個中人就可以告訴他的朋友說：「到底，這些轟動的文章是毫無經驗的青年人所寫的。他關於那些問題的知識比你和我為少。他的文章係在三層樓上一個陋室中倉卒寫成。」……實際上，報紙所代表的不止於那個陋室中的青年作者，因為一個大報有傳統的勢力，有鉅額的資本，並且他的政策也是多數頭腦機警的人共同決定的，他們能察看與論的動靜，知道如何迎合選擧區底心理或如何恐嚇政府當局。」(伯徠士)

經詳細查明，係根據伯氏原著 Modern Democracies, New York, The Macmillan Company, 1921, Vol. 1, pp. 102-3. 所引證的。弟所引證，亦係由此。上次貴刊讀者投書，似亦根據此書，實有誤會。足見弟所引證無誤。不過任先生的「陋室」，易為「小房間」，此乃譯文不同，「匆促寫成」，完全未誤。貴讀者投書並未反對拙文論旨。此不重要之引證，原已特別註明，仍為反映大衆意見，亦不致引起誤解。斥為栽誣，未敢承受。弟任何文章均極歡迎讀者指教。無論當與不當，均視為好意。惟事關引證出處，不可不明眞相。用特函告，諒能將此函刊出，藉釋羣疑。又同期貴刊編者附言，亦指弟在新生報所撰「自由之正道與歧途」文中，假定……數語，為栽誣，承告：「寄語羅先生，不可栽誣」云云。根本為假定之辭，僅在自勉愼防，羌無故實，原無所指，根本無所謂栽誣也。合併奉告。專此敬頌

道安

弟羅敦偉謹啓

八月三日

樊努材先生按語

編者按：羅敦偉先生這封來函係對本刊第十六卷第五期讀者投書「不可栽誣前賢」一文，有所辯白，本刊接此函後，當即轉與原投書者樊努材先生，以下是樊先生對此函的答覆：

按羅敦偉先生此函之態度甚為平實，至可欽佩。惟羅先生「言論自由與新聞自由」的大文所以引起讀者的疑慮，是因為羅先生引蒲徠士「所謂與論，也不過是若干青年人在小房間之內匆忙中間寫出來的」一句話，是為後面「不幸而為共產黨所利用……」的結論作證明；而羅先生發表大文的時機，正是國民黨圍攻自由主義者的時候；因此，讀者通讀羅先生大文後所得的印象，羅先生引蒲徠士的話是為了要對言論自由打折扣作張本。在蒲徠士一千二百頁的鉅著中，讀者沒有找出羅先生所引的一句不完全的話，這是讀者一時的疏略；但讀者並不會斷定原書中決「無此話」，而只是說自己「找不出」「發現不出」。羅先生引的那一句話中，不僅有「陋室」與「小房間」的出入，並且「也不過是若干」等六字也非原文所有，而原文「缺乏經驗和傲慢」等七字又為羅先生所無；一句話中，若用謹愼的譯法，便有十三個字的出入，（任卓宣引用之語句亦不完全，）則讀者之未能發現羅先生所引的這句不完全而又未註出卷數頁數的一句話，希望羅先生與以原諒。

但讀者主要是從蒲徠士原著的全部精神，覺得與羅先生大文的結論不合，所以認為不應當假借蒲徠士的一句話來為自己的結論作證，所以讀者說：「尤其是找不出羅先生引用這句話時的口氣與用心」，「尤其是發現不出蒲徠士對于與論的看法，是在那一點上與羅先生有一絲一毫的相同。」羅先生引用的那句話，是在原著第一編第十節「民主政治中的新聞」這一項目之內。此節第一句話是「在大國使民主政治成為可能的是報紙」。接著說明「新聞自由，為使其運用圓滿之不可缺的條件」；並且指明在新聞自由之下，人可以自由選擇判斷，因而可使報紙「以眞實之報道為其生命」，以免遭受社會的淘汰。所以他說「新聞自由，依然是一切民主政治中的約櫃 (An Ark of the Covenant)。」

接著蒲徠士就當時的情勢，指出新聞可能發生的不良作用；他所說的不良作用，大概可分為兩大類：第一是怕如俾士麥之流，收買報紙，使其成為私人在政治上的御用新聞。第二是有的經營者為了營利的動機，或與某種政治集團作交易之道，或為了增加銷路，而迎合時好，故意激刺人心。羅先生所引的那句話，便是指的在這種情形下的可能情況。我們可以這樣說：新聞之所以會發生不良影響，與其說是由濫用新聞自由而來，不如說是由政治集團或資本家，以其不正當的目的，妨害了新聞的自由而來的。所以蒲徠士只有鼓勵新聞自由以防止其不良影響，決無限制新聞自由以減少不良影響之意。這決不是可以斷章取義的。因此，他在這章的結論是一面「要對抗新聞之壟斷獨裁」，一面要嚴防「新聞事業的國有化」；他認為「新聞國有化，會使國家成為暴君。」羅先生試讀完這一章，應當可以承認目前我們根本的問題是在什麼地方了。不過就羅先生這封信的風度看，到不失為老報人出身，是可以心平氣和的談談問題的。過去我希望算是誤會吧。

讀者 樊努材 上

四十六年八月六日

自由中國　第十七卷　第四期　內政部雜誌登記證內警臺誌字第三八二號　臺灣省雜誌事業協會會員　一二八

給讀者的報告

在討論「反攻大陸問題」之後，本期我們接着要討論的「今日的問題」是「我們的軍事」。在這篇文字中，我們呼籲：㊀樽節軍事名義下的一切浪費；㊁大量裁減常備軍額。此項主張之提出，實不自本刊始。有識之士，無不同感。半年以前左舜生先生在香港「民主評論」（第七卷第二十三期）及「自由人」兩刊物上，便曾提出類此的意見。今日的國是有一大癥結，就是政治害於經濟，經濟害於財政，財政害於軍事。在武器長足進步的條件下，長期的維持大量軍備，是會把我們自己拖垮的。為了從實質上之充實軍事力量，沉着地準備反攻，我們提出如是的主張。我們深知今日之談軍事與談「反攻問題」一樣，同是今日之大禁忌。提出這些問題，就難免要為若干人誤解，認為這是迷信科學，忽視精神條件；甚至要遭到某些人的誣陷。但是，我們早就說過，為了國家前途，為了知識份子的責任，我們是不得不說的。

說到這裏，我們要附帶提到一點：就是自本刊上期社論今日的問題㊁「反攻大陸問題」一文發表後，引起若干報刊的批評。其中有的是出於誤解，有的是對於本刊的補充，然都不失為討論問題的態度。惟有某一官報，在八月七日的一篇社論中，不提本刊的名稱，而大肆毒罵。毒罵是他們的慣技。這種慣技在明智的讀者的眼前，不過是暴露其本身的窘態與下流而已，我們用不着理睬。可是有一點我們要特別指出的，就是在那篇所謂社論當中，（這樣一篇文字，題目上竟冠以「邏輯」的字樣，這對「邏輯」一詞，簡單是一大汚辱。）居然以直接引號括上他們自己所揑造的字句，用以栽誣別人，這種無恥的行徑，竟出之於此一官方報紙，則它的信譽，如有一點信譽的話，至此已損毀無餘了。

李璜先生是青年黨的主要發起人之一。他現身說法，道出他個人卅年來為政黨政治奮鬬的辛酸，說明今日在野黨之所以不能强大的根本原因。他這篇「談反對黨」的大文不是為在野黨人解脫，而是要指出問題癥結之所在。認清這點，我們才能找到為民主政治致力的方向。李先生的大文寄下甚久，因稿擠之故，延至今日才發表，謹向作者致歉。

朱伴耘先生近因事忙，無暇執筆，很多讀者都渴盼一讀他的大文，本期承賜「當前國際形勢靜觀」一稿，以饗讀者。本文從民主與極權陣營雙方的動靜觀測世局可能發展的方向，並分析和平解放、嗚放整肅等事件所具之意義。作者一再謙虛地聲明，本文的討論除分析以外，很多是作者個人的意見，意在對批評與討論，表示歡迎也。

嚴明先生以「思想擂臺」比喻共匪之「百家爭鳴」，指出毛澤東所要的這套把戲，無非蓄意要藉此發現並消滅反共思想而已。嚴先生的看法是有其見地的。

此外自本期起，本刊特闢「民主隨筆」一欄，請姚士幼先生執筆，專門發掘對民主政治極富啓發性之國際新聞，指點其意義之所在，期有裨於民主政治之推進。

自由中國 半月刊　第十七卷第四期　總第一八七號
中華民國四十六年八月十六日出版

發行人
兼主編　『自由中國』編輯委員會

出版者　自由中國社
社址：臺北市和平東路二段十八巷一號
電話：二八五七〇

航空版　友聯書報發行公司
（香港九龍新圍街九號）

總經銷　自由中國社發行部

經售者
美國　紐約友方圖書公司
日本　東京僑豐企業公司
韓國　漢城裕昌德號
馬尼剌　大中華日報社
　　新疆書店
印尼　椰嘉達天聲日報
　　泗水文光圖書公司
緬甸　仰光振成書報店
印度　加爾各答塔梅學校
澳洲　雪梨瑞田公司
北婆羅洲　西利亞坡青年書店
星加坡　友聯書報發行公司
（小坡大馬路四六九號）
吉隆坡　友聯書報發行公司
（馬華公會大厦三樓七室）
怡保　友聯書報發行公司
（希尼華沙甘街十六號）
檳城　友聯書報發行公司
（林連登律七十二號）
澳門　友聯圖書公司

印刷者　精華印書館
廠址：臺北市長沙街二段六〇號
電話：二三四二九號

本刊經中華郵政登記認為第一類新聞紙類　臺灣郵政管理局新聞紙類登記執照第五九七號　臺灣郵政劃撥儲金帳戶第八一三九號（每份臺幣四元，美金三角）

自由中國

FREE CHINA

再版

第十七卷第五期

目錄

中華民國四十六年九月五日出版

中華民國四十六年九月九日再版

社址：臺北市和平東路二段十八巷一號

半月大事記

八月十日（星期六）

赫魔下令東德傀儡政權，鎮壓各地反共起義。

美國務院聲明反對在莫斯科訪問的美國學生前往中共區訪問。

七阿拉伯國家建議將阿曼問題提交安理會。

八月十一日（星期日）

阿曼軍攻克尼茲華鎮，叛軍向阿軍投降。阿曼王談話，揭發叛亂原因係受外國指使。

八月十二日（星期一）

法國政府實施「商業支付新制度」，貶抑幣值，激勵外銷。

敘陸軍參謀長談話，謂蘇俄將保護敘利亞。

外交部發表公報，說明我與約旦建立邦交之經過。

波蘭洛茲城萬餘工人罷工，波共調動軍警武力鎮壓。

八月十三日（星期二）

新任參謀總長王叔銘上將應邀飛美，考察美國空軍設備。

八月十四日（星期三）

波蘭洛茲城工潮結束，罷工工人在武力下被迫屈服。

蘇俄拒絕西方所提裁軍新建議。

赫魔與德共會談後發表所謂聯合公報。

我國與伊拉克王國簽訂文化專約。

四十一名美國青年竟不顧國務院警告由蘇俄乘專車進入中共地區。

八月十五日（星期四）

美國驅逐敘利亞駐美大使，以報復敘利亞對美國的不友好行動。

美衆院撥欵委員會不顧艾森豪總統呼籲，削減其援外欵項八億四千一百萬美元。

丁寧就任美國參謀首長聯席會議主席。

「自由中國」的宗旨

第一、我們要向全國國民宣傳自由與民主的真實價值，並且要督促政府（各級的政府），切實改革政治經濟，努力建立自由民主的社會。

第二、我們要支持並督促政府用種種力量抵抗共產黨鐵幕之下剝奪一切自由的極權政治，不讓他擴張他的勢力範圍。

第三、我們要盡我們的努力，援助淪陷區域的同胞，幫助他們早日恢復自由。

第四、我們的最後目標是要使整個中華民國成為自由的中國。

行政院院會通過本年我出席聯合國大會代表人選：首席代表葉公超，代表蔣廷黻、王雲五、胡適、劉鍇。

八月十六日（星期五）

蘇俄與敘利亞商獲軍火協定。

周至柔宣誓就任臺灣省主席。

八月十七日（星期六）

蘇俄拒絕西方國家提出的開放天空建議。

政府正式宣佈，派總統府秘書長張羣為總統特使，偕張茲闓等六人，赴日本作友好訪問。行期預定在下月初。

八月十八日（星期日）

蘇俄助敘利亞左傾軍人爭奪政權，敘利亞將成俄附庸。

黎巴嫩提出建議，願從中斡旋美敘糾紛。

八月十九日（星期一）

艾森豪總統籲請國會領袖恢復援外欵項。

外交部公佈，我國與位於非洲西岸之賴比瑞亞建立外交關係。

八月二十日（星期二）

安理會否決將阿曼問題列入議程。

敘利亞威脅黎巴嫩邊境，中東局勢緊張。

杜勒斯國務卿呼籲參院恢復被削減欵項，因中韓各國正面臨共黨威脅。

八月二十一日（星期三）

美國第六艦隊在地中海舉行大演習。

艾森豪總統在記者招待會中揭發蘇俄對敘利亞陰謀，並呼籲阿盟國家施用壓力以阻止敘利亞赤化。

八月二十二日（星期四）

美政府批准二十四名美國記者前往中共區採訪。

約旦王胡生飛往土耳其，與土國會商鄰邦局勢問題。

西方國家提出停止核子試驗兩年建議，蘇俄對此項計劃表示冷淡。

行政院院會通過，嚴家淦出任美援運用委員會主任委員。

八月二十三日（星期五）

數千俄人抵達敘利亞京城大馬士革。

埃及總統納塞與刻在埃及養病之敘利亞總統會商。

艾森豪總統召開安全會議，商敘利亞局勢。

八月二十四日

杜勒斯派助理國務卿韓德森赴中東，與友好的中東各國領袖磋商敘利亞危機。

馬來聯邦首席部長拉曼宣稱：決不承認中共偽政權。

新加坡首席部長林有福保證星洲決繼續努力打擊共黨顛覆活動。

社論

(一) 今日的問題(四)
我們的財政

一

本刊上期社論今日的問題(三)「我們的軍事」一文中，曾說：「我們發見一個難解的死結，卽政治害於經濟，經濟害於財政，財政害於軍事。」要解除「財政害於軍事」的一個死結，才提出了裁減常備軍額的主張。

財政害於軍事原是鐵錚錚的事實。其爲患的程度究竟如何？粗略的說法，自可以佔了國家預算百分之八十以上的軍事費用爲量數的測定。如果深入一層，我們當要追究：究竟財政在已往曾否採行有效措施以減輕軍費的壓力？是否因軍費壓力而反助長財政的玩弄技倆？有無利用軍費籌集而更開不必要的浪費之門？那就很不容易找到確切的答復了。

我們不妨坦白的說，處於備戰狀態的財政，軍費在國家預算上佔鉅大比率，亦是事理之常。軍費在財政支出佔了鉅大比率，將會遭遇不易克服的困難，也非出於意外。不過要說實話，尤其不可玩弄數字，才能眞正解決問題。比年以來，財政當局無時不在誇張預算已能接近平衡，但自三十九年至本年六月的會計年度止，究竟虧額累積至幾何？至今向銀行透支了若干？俱有數字可稽，怎能隨便亂說。歷年引爲得計的所謂彌補虧額辦法，除了出售黃金，括取公營事業外滙外，惟有仰賴於美援。無怪安全總署署長卜蘭德委婉的說：「政府已往幾年的財政收支，其所累積的大量逆差，都拖欠了臺灣銀行，若非美援臺幣存欵抵消了臺灣銀行對各級政府貸欵的空隙，那末通貨膨脹的壓力，恐怕已泛濫了。」這是一個忠告，也是一個警告，我們的負責官員們肯坦白地實說嗎？

這裏可再擧一個不說實話的例。歷年軍費在國家預算所佔的比例，除四十一年度與四十三年上半年度，略低於百分之八十外，其餘無一年不在百分之八十以上。但是美國參議員艾倫德(Ellender)在其考察美國援外實況後，對臺灣所提出的報告中所列的軍費比率，比實際的數字却低得很多。他說：「對臺灣的軍援與其他國家一起在本報告中另詳。但值得注意者，卽在一九五一、一九五二、一九五三與一九五四年份及一九五五、一九五六與一九五七會計年度以內，中國政府直接提供的國防費用，在國家預算中所表現的比率如下：一九五一年，七五．二%；一九五二年，四二．八%；一九五三年，四〇．一%；一九五四年，四五．一%；一九五五年，四五．五%；一九五六年，五一．二%；一九五七年，四九%(估計數)。」上段引文已錄入美國第八十五次國會紀錄，這個錯誤的數字，必有其依據；其所依據的資料，想係由我國機關供給。究竟由那一機關供給？誰應負責？可是由此而可能引起對我不利的後果，有如下述：

(一)美國軍援用以改善軍事設備者，在經濟基礎薄弱的受援國家，每因之而增重了維持費用的負擔，就今日自由中國言，也不例外。可是根據艾倫德的錯誤數字，軍費在我國家預算的比率，既不太高，且較美國爲低，這就把負擔沉重的眞實事態掩蔽了。如其資料來源由於我方供給，則何異打腫了臉充胖子呢？打腫臉充胖子，終是自己吃虧的。

(二)軍費在預算中的比率既然很低，就不自覺的誤爲軍事援助發生了決定性的影響。將來如有軍事援助，必專注重於單元計劃的實施，不再考慮軍事支出有關因素的配合，豈非充了胖子還沒有來得及誇耀，而已染上貧血的嚴重病症？

(三)美國因援外法案的實施，使其非軍事項目(Non-defense Items)的支出，在預算的比率減至百分之三十八。我國非軍事項目的實際支出原僅百分之十八，但照艾倫德錯報數字，則無端突升至百分之五十上下，更將召致不應有的干擾。最先受其影響者可能卽爲經濟援助，得毋貽人口實，而自食其苦果嗎？

二

本來財政最爲現實，亦極平凡，無魔術可施，也找不到有任何奇蹟。理財有常道，要取之有方，用之以節。所謂開源，必須是取之有方的開源，開其可開之源。這就是說：要衡量民財，開源而不傷民力。因爲國民所得憑藉其生產力，超過了生產力所能負荷的限度，必然妨害國民生活，縱使一時倖而如願以償，後卽難乎爲繼。竭澤而漁，終究會有時而窮。這是聚斂，不是理財。孔子說：「聚斂之臣，毋如盜臣，」並非過言，實有至理。至若節流，也須是用之以節的節流，節其可節之流。這就是說，要審度用途，節而無害庶政。政治是管理衆人之事，而事務又紛繁複雜，有必須管理而必需經費者，有不需經費而亦可管理者，有在可管不可管之間而經費可省者，有可以不管而不該徒耗經費者。凡此均須考其原委，妥爲區分，然後節流而可於庶政無害，否則削足適履，有損無益。如今公務員待遇已低得不近人情的地步，還以財源無着而不肯面對事實急起調整，就是節其不當節的最好例子。此乃辦理收支之吏的想法，非執行政策的財政官所應持的態度。蓋財政應該重「政」以運「財」，不當拘「財」以害「政」。而現在則幾致「有財而無政」。

三

現代財政必須把握政策的重點，把握重點的樞紐則繫乎預算制度的眞實執行，雖然近世各國預算制度受了政治體制的影響，執行方法與處理程序頗不一致，諸如預算同意權行使的方式與預算執行程序的權限，依然有不少問題，學理上亦仍多爭執。但至少基本條件則已有共同趨勢：㈠預算爲一年度公共政策實施的具體表現；㈡預算對全部收支具有概括性；㈢預算依據於全國經濟估量而編製，保有技術的一致性；㈣預算爲適應在其有效期間的經濟變化，留有伸縮的彈性。因爲現在的國家預算，已不是單純以現金出納爲計算基礎的政府收支預算，要兼顧及於一般經濟情況的榮枯。我們這幾年來的財政預算，一向惟求象徵性的平衡，但是預算所表現的收支項目，就不是概括性的眞實數字：如年收五億元以上的防衛捐，卽未列入收入預算；外滙貿易審議委員會年耗一千餘萬元經費，五倍於財政部正式預算的開支，也在預算內找不到痕跡。其他如美援運用委員會與經濟安定委員會等，因經費出自美援，更有所藉口，視不列入預算爲當然。尤其軍費在國家總預算祇列大項目的總數，分配預算不僅握有同意權的立法院，無法過問，卽編製預算機關的財政部與主計處，也無從詳細推敲，因爲這是軍事秘密。至範圍以內百分之八十以上的軍費，財政部與主計處既無控制的權力，其所可執行者祇極小部分的政費而已。也許因爲好不容易才找到不及百分之二十的預算，可資控制，故重叠繁苛的法令，衝突矛盾的規章，就削足適履的集中行使。祇重手續，而脫離了實際。坐使預算監督愈嚴，距離實際要求愈遠。舉例來說：㈠每年預算的編製之初，照例須有預算編製辦法，最重要者以上年度支出爲據，祇許減少不得增加。由此遞延，過了十年，其支出仍與十年前相同。新事物的適應，物價高漲的調節，要費繁複周轉的手續，或者尙可邀准，但常有三四年而無法決定。㈡如果某一機關有一項爲事實所必要的增添支出，上級機關亦認爲有充分理由而邀准，但必拖一條尾巴：所有增支經費，應在原預算內勻支，不得追加。一放一收，等於廢話。㈢行政與事業(公營)，性質懸殊，而用同一預算章則，强求一律，遂使事業機關以支出博取收入的營業條件，受了不當束縛。譬如總計一千萬元之收入，須化五十萬元支出；一旦市況好轉而可增收至二千萬元時，自然必須相當的增加其支出。可是在預算規章的約束下，首先要辦理追加預算的繁重手續，才算合法，因爲事關通案，未便獨異；如果未完成手續而超支，卽屬無法報銷，超收則可免究其違法，而樂於承認其事實。㈣最近幾年，立法監察兩院對於預算都非常重視，自屬可喜現象。可惜其力量祇能用於不及百分之二十部份的收支預算。同時立法機關審核預算，兼及二級機關的收支細目，已超出於正常解釋的預算同意權之外，恐不免蹈法國國會相類的覆轍，亦非正道。監察院以審計長爲其所轄，而有預算監督之權。但現代國家通常有行政監督與司法監督之別，兩者不當兼備於一個機關。不論監察院的性質爲如何，其所實施的預算監督權，決非行政監督，而權的行使之對象則爲對人，亦非對事。但是現在審計法令及其附屬規章，則以兼包司法監督與行政監督爲構想，終至與行政部門之事權相衝突。這些問題，實爲建立預算制度的關鍵，非常重要，但誰都不肯直說，面對事實而謀適當解決，卒致預算制度仍然成爲具文。

預算制度既未建立，自然對經濟發展祇有阻礙，不會有所幫助。當局久所誇耀的第一次四年經濟計劃，依其規定，已於上年底完成。然其實際爲如何，猶難明確作正面答覆。至少，無論怎樣宣傳，終難掩蔽一重要事實：卽四十五年底當第一次四年經濟計劃所謂圓滿完成之日，國民的生產率趕不上人口增殖率，而平均國民所得還比前一年底爲下落。這一事實，一方面證實建設計劃之失效，另一方面則表示財源的邊際未增。現在第二次四年經濟計劃又在大張旗鼓的喧嚷，究竟能否不再重蹈覆轍，大有疑問。如其果有決心不蹈覆轍，必待財政有重大改革方可。因爲第一次四年經濟計劃所以無大成效，乃因事前無投資計劃的精審考慮，事後又無適當補救的措施。其所以然者，則政府無投資的準備，惟仰賴於美援；而美援則自定計劃，並未配合我們的需要，何況歷年的財政虧累，又須以美援爲挹注。結果遂使美援協助經濟開展的力量既分散，而經濟計劃所仰賴的期待也落空。平心而論，第一次計劃的無大成就，主持計劃者所應該負的責任輕，大半的責任要落在財政上面。已往既沒有眞正履行「以財政發展經濟」的任務，今後怎能責望「以經濟支持財政」得以實現呢？不久以前，曾有專家倡議：政府改行複式預算，將經常政費開支與資本開支分離，以穩定政府投資爲第一步；再進而以政府投資與民間投資合併，建立國民投資預算，以加速資本形成率爲第二步。此議原來頗有意義，也就是財政重大改革之一樁要事，應該可以接受。但據某接近財政負責方面者的表示，論理無可駁詰，但不能行。再追問其原因，祇苦笑而含混其說：何必攬在身上，加重責任去自討麻煩。這是深諳世故之言，不過國家大事却爲這種世故而喪失了進步的機會。若果負責者眞正作如是想，則不但不能對此重大改革有所期望，卽最起碼條件的概括全部收支的眞實預算，恐也未必能求。

四

財政的收入，主要爲租稅，而租稅不能仰賴於間接稅，已爲稍有常識者所盛然，但是我們的情形如何呢？試以四十五年度的稅收數字爲例，國省稅及地方稅共爲卅二億五千餘萬元，公賣收入爲十二億六千餘萬元，關稅爲八億三千萬元，另鹽稅及結滙防衛捐，確數未見公布，姑以七億元計，則全部稅收共約新臺幣六十億强，按照「國民會計」劃分直接稅與間接稅的標準，各種稅捐中屬於直接稅者應爲所得稅、遺產稅及戶稅，連同以上三稅所附征的防衛捐在內，共計不過七億七千萬元之譜，尙不到稅收總額（六十億）的一三%，遠落在關稅和專賣收入的後面，而間接稅却高達八七%之鉅！

這幾年來，我們的稅收總額年有增加，財政當局頗有得色，但間接稅所佔比例始終在八〇%以上，這已十足證明今天大部份的財政負擔是落在一般平民的身上，富有者擔負反輕。因爲間接稅是課取於所得發生之前，換言之，國民生產尚未完成，租稅已先抽取其結果的一部份，旣增加了貨物的成本，又提高了市場價格，並減少了實質的國民所得，同時也消滅了未來課稅的財源。四十五年度平均國民所得的下落，卽是一個明顯而足資警惕的信號。不但如此，在間接稅中我們又以公賣收入居第一位，經常佔着稅收總數的二〇%以上，試看各國的財政，除共產極權國家以外，有那一個國家的公賣收入佔着如此重大的比例？政府的主要財源仰給於烟酒專賣收入，豈能够永無止境？自去年提高煙酒售價以後，產銷數量均已降低甚多，這便是一個很好的答案。

國民黨政綱會有「建立以直接稅爲中心之租稅體系」的號召，至今尙在堅持，這本是現代國家應有的目標，但「號召」而不「實行」，或實行而貌似神非，是否應該追究責任？如果眞有建立直接稅制的決心，間接稅所佔的比重何以與年俱增？籌財者祇圖想像中的方便，罔顧貪圖近便所招致的後果，如此財政，在平時已不能適應國用，遑論戰時？再以目前稅收分配的情形而論，一旦戰事發生，對外交通阻斷，貿易陷於停頓，所有關稅、貨物稅乃至筵席娛樂稅、公賣收入、以及防衛捐等，均將大爲減少，那時候財政上的需要更爲迫切，支出增大，將如何支應？我們日日高唱反攻，但在財政上似乎並未有此打算。

財政當局爲了建立直接稅制，也曾費了不少的力量，一部所得稅法，經過兩年多的研究商討，於四十四年十二月公布施行，終因陳義過高，弄得笑話百出，除最高稅率超過百分之百外，銀行拒報存戶名單，迄今仍成懸案，課征營利事業所得稅時，又鬧出所謂「調整銷貨毛利」等奇聞，不一而足，益以稽征程序之繁瑣，報表之複雜，稅法精神因此而喪失，稽征機關亦窮於應付，人民更不堪其擾，以致糾紛迭起。政府的稽征費用已增加不少，稅收反因此而減少了二一．五%之鉅！所謂建立直接稅制，結果如此，能不嘆息!?

關於加强稅捐稽征，整頓稅務風紀，這是多年以來久已喧嚷的高論，而事實上稅務人員貪汚舞弊，勾結敲詐的情事，仍然層出不窮。一個月薪三四百元的稅務員，欲維持最低限度的生活已非易事，當然談不上仰事俯蓄。而每人平均每年却要負責百萬以上的稅收，一個待遇不高，地位很低甚至有特殊背景的稅務員，操此予奪大權，何能望其廉潔？而財政當局總以爲提高稅率可以增加稅收，殊不知一切流弊皆由此而生，蓋商人旣有按高稅率繳納的義務，爲了生存和減輕負擔，必須千方百計的逃避；加之稽征效率不高，也容易逃稅；兼因繁複的稅網，如有一稅可逃，其他各稅亦隨之而免。因此除大規模的集體逃稅案件時有所聞外，竟有「虛設行號」包辦逃稅之事，實爲古今中外所罕見。再道路傳言所謂「三三制」，卽以應納稅額爲準，三分之一入稽征人員的荷包，三分之一爲逃稅者利益；其餘三分之一始爲政府稅收，寧非無因？更不公平的，一個依法納稅的商人，輒因一字的訛誤，遭受很重的處罰，或是加上逃稅的罪名，但是位在首都的圓山大飯店、中國之友社、以及自由之家等等特殊營業單位，雖然公開對外營業，竟可拒繳稅捐達數年之久，豈非怪事？難怪一位美國記者回國以後在報紙上指出：「我們以人民所納稅欵去援助中國，爲什麼中國自己却有特殊不納稅的地方？」此一問題，莫說外國人搞不清楚，卽身在臺灣的人，也莫明其妙。此種情形，何能折服民心？所謂「量能課稅」，「公平負擔」，又從何說起！我們不知道財政當局究竟到什麼時候才有勇氣和決心去向有錢的人收稅？對那些貧苦人民的負擔，到什麼時候才眞能減輕？

我們的財力雖屬有限，但加上美援，數字並不爲少，如果把這些財力作合理的支配，經濟地使用，未嘗不能發揮很大的效果。事實上有許多錢被那些毫無意義的事浪費了很多。例如一些因人設事混淆權職的駢枝機關，有增無已；浪費人力物力的訓練機構，多不勝數；各種粉飾舖張的支出，無謂的交際招待，數字之鉅，駭人聽聞。卽以省府疏遷而論，直接間接的費用，是大得嚇人的。這種種不必要、不切實際、不講效果的開支，究竟達到了什麼目的？眞的無法節省嗎？相反的，足以提高行政效率，增强戰鬪力量的軍公敎人員待遇問題，儘管各方面不斷呼籲，却始終置之不顧，這又是什麼財政政策？

五

我們的財政，建立在不健全的稅制上，收入缺乏彈性，支出沒有重點，基礎之脆弱，已無可諱言。一切寄託在美援的身上，更是不可否認的事實。美援繼續一日，則一切可以苟安，但美援究能維持多久？一旦減少或是中止了，我們將何以爲繼？

發展經濟是培養稅源充裕財政的唯一途徑，今天政府八〇%以上的財力用於軍事，其餘是維持各級政府的必要費用，以縣市政府的支出而論，有六八%是用於人事經費，則經濟建設的費用從何而來？所謂發展經濟，豈不徒託空言？如果照我們的建議，裁減一部份常備軍，減輕財政上的壓力，使有餘力從事經濟建設，在表面上是削減軍力，但實質上却是加强經濟潛力，亦不啻增加軍力，經濟基礎鞏固了，軍事力量自然壯大。而且這種力量源遠流長，完全操之在我，而無中止之患，這個問題我們還能不加考慮？

以上僅爲粗略的論斷，但也是當前治標的要圖。如果卽此而無改革的決心與勇氣，或竟缺乏認識事態的知識與選擇技術的能力，則卽令「財政害於軍事」一個死結解開，依然不能再解「經濟害於財政」的第二個死結，殆可斷言。

社論

(二) 關於「反攻大陸問題」的問題

本刊第十七卷第三期的社論(一)「反攻大陸問題」，自發表以來，曾受到各方面廣泛的注意，同時也受到許多言論機構的疑難。我們現在要向大家報告，當我們決定對反攻問題有所論列之前，我們曾經過一番嚴肅的討論。我們想，如果我們論反攻問題時，不是就實際情勢立論，而是叫出立即反攻的口號，如政府所一再强調的，則或許會贏得現在批評我們的這一般人士的喝采。但是，我們不願這樣作。這樣作是違背我們所一貫保持的負責言論的原則。我們所謂負責言論，有怎樣的標準呢？大致可以這樣說：如果我們設身處地，自己所做不到的事，決不苛求人家去做。這原則，對政府也完全適用。譬如，過去政府推行第一期四年經濟建設計劃，說是在四年期滿以後，就可自足自給，從此擺脫了對美援的依賴。我們知道這是做不到的，即使叫我們去做也同樣的做不到，所以儘管政府未能實現其承諾，我們却從來沒有拿這一點來作爲批評政府的資料，硬逼政府實現其計劃，在短期間內做到無需美援而達成外滙收支的平衡。反攻大陸的問題，亦與此類似，所以我們終於不敢催迫政府立時反攻的論點，而寧願本「是什麽，就說什麽」的宗旨，提出一些理智而客觀的看法。

我們預料到那篇文字可能會引起一部分人士的非難，尤其會遭受官方的詆毁。官方言論，至今仍不長進，還是那一貫的「戴帽子」的作風。他們說我們所論，符合於一個國際陰謀，「是朱毛共匪所熱烈歡迎的」，「扯垮這反共抗俄的政府」，「爲朱毛共匪張目」。這種話完全是一副威脅恫嚇的姿態。他們誣賴我們主張「兩個中國」，其實在那篇文章裏，字句間連「兩個中國」的影子都沒有，也不可能推出這個結論。最下流的是他們揑造字句，用直接引號括起來，而誣賴是我們說的。與這樣的人們辯論事理，是一件比纜繩穿過針眼還難的事。一個求眞，一個求僞，兩線平行，永不相交，所以，談不出任何口服心服的結果來。

所幸在若干未受官方控制的言論機構中，可以看到一些言論。這些言論所表現的，對于「反攻大陸問題」的看法，雖然與我們頗有距離。可是，這些言論的出發點在大體上還「講理」。它們沒有扣「大帽子」。這是近年來臺灣言論界難得的進步，令人欣慰。所以，我們認爲很有與這類言論機構就「反攻大陸」這個問題作討究之餘地。不過，可惜得很，這些言論所表現的，似乎尚未平心靜氣把「反攻大陸問題」一文從頭到尾看個一淸二楚。

感情與知識

從對于「反攻大陸問題」一文的反應中，我們可以看出一個重點，就是說，一部分人覺得這篇文章太悲觀，有點洩氣，如冷水澆頭，令人希望幻滅，心灰意冷。總而言之，這篇文章傷了若干人的感情。這種感情，是由理想、期待、焦急、以至徬徨、苦悶等等因素轉形而成的，再加上政治情緒之激動而展現出來。

談到這裏，我們無可避免地碰到一個基本問題：我們是寧願沉醉在感情之霧裏不顧客觀存在的事實眞相而混下去呢，還是寧願走出感情之霧，正視客觀存在的事實眞相，拿出切實的辦法來解決問題？

這個問題怎樣解答，在基本上牽涉到一個價值判斷問題。一談到價值判斷問題，的確很難找出一個客觀的標準。有人在表面裝得很剛强，其實在喪亂之餘，內心脆弱異常，不堪正視冷冰冰的事實，因而也不願正視冷冰冰的事實。他們需要製造一個幻想的遠景來保護自己的心靈，迴避現實，免受事實的浸蝕。這一類的人寧願沉醉在感情之霧裏混一天算一天，而不顧結果怎樣。我們既無權代人作價值判斷，我們對於這種人所能爲力的，只是寄予同情而已。不過，儘管如此，若從另一觀點看來，結論就大不相同。那就是：如果你寧願沉醉在感情之霧裏而不顧客觀事實的眞相，並且不問將來的結果怎樣，這是可以的；但是，如果你在一方面寧願沉醉在感情之霧裏而不顧事實的眞相，同時在另一方面又要想客觀的事實產生你所希望的結果，那是不成的。

問題逼到這一步，我們就得解答：我們願意讓感情得到滿足，還是要認淸事實的眞相以解決實際的問題？如果我們是要解決實際的問題，那末就得先把感情放在一邊，使我們的思路和判斷不受感情的影響，完全以知識爲本。知識的陳示，不一定合於我們的感情與希望：有時合；有時不合。合的時候固然很好，不合的時候我們也只有以知識爲標準。知識的陳示可巧能滿足我們的感情時，我們固然願意採納知識。卽令知識的陳示不能滿足我們的感情時，爲了利于事功，我們不能拒絕知識，而須唯知識是賴。知識是客觀地擺在那裏。你愛也好，恨也好，對它全無影響。知識眞正是「不爲堯存，不爲桀亡」的東西。只有這樣的東西，才是行爲之可靠的客觀基礎。

從知識出發，沒有悲觀可言，當然也沒有樂觀可言。悲觀和樂觀，是情緒世界的事，是情緒的人生觀或宇宙觀。它在嚴格的知識世界裏無立足之地。從嚴格的知識出發，無論你悲觀也好，樂觀也好，這些情緒影響不了客觀事實之變化。同樣，我們並不替人洩氣，也不替人冷水澆頭。如果你的狂熱之情並無堅牢的經驗事實作基礎，經人點破以後，你感到洩氣或冷水澆頭，那是你自己的事。

然而我們並不否認「信念」可以產生力量，但「信念」畢竟不能代替知識。因爲「信念」所能產生的力量有其最大限度，而此能力的限度也仍然要憑藉知識來予以測定。信念如果沒有經驗事實作基礎，沒有知識作根據，要堅持也是白堅持的。經不起知識考驗的信念，是盲目的信念。憑着盲目的信念行動，豈非盲人騎瞎馬？

如果將重知識的原則應用到對反攻大陸的預測，那末唯一可以採信的根據就是「公算」，其他的說法一概是幌盪的。

說到這裏，我們似乎尚須對「公算」這一名詞，附帶的作一解釋。此詞即爲 probability 的譯名，另一個常見的譯名叫做「蓋然率」。我們說「公算」非拿科學唬人。我們對于可能實現而尚未實現的經驗事實作預斷，除了依賴公算以外，沒有任何其他更可靠的方法。不够成熟和不够精確的科學且不必說，即令高度精確的科學如物理學者有時也要依賴公算。例如，在物理學中，我們要推測氣體分子之速度，也得靠公算概念。遑論人事？公算，這祇是一個或大或小的百分數，並不排斥任何事物出現的可能或不可能。說某一事物出現的公算甚小，並不等於說此一事物絕不可能出現。不幸，一部分論者對此一名詞似乎感覺生疏，以致把它誤解爲諸葛孔明錦囊妙算，算定了「漢家業鼎足三分」那一類的意義，因此帶來了許多不必要的纏夾，眞使我們感覺萬分遺憾。對某一事物，不同的人可能提出不同的公算。但公算祇能以知識，不能以感情爲依據，這却是不可動搖的原則。現代人頭腦的特色，就是論事依據知識，依據數理的推演，依據經驗的歸納，以尋求公算之儘可能精確的近似值。我們應該趁機學習一點現代的思想方式才好。我們如果因不習慣這些而不喜歡這些，因不喜歡這些而不肯接受由這些所得到的結論，那末，吃虧的是我們自己。

我們說對於未來事件之預斷，須以公算爲依據，這話絲毫不意謂着我們應該放棄反攻反共的目標；而是說我們要達到這一目標必須靠以科學知識與科學技術爲依據的穩健的步驟，不應是「如願的想法」，迷茫之情，狂熱之氣。目前流行的所謂「革命」，根本就是「打亂仗」的別名。打亂仗的時代已經近尾聲了。歷史不會回頭的。

口號與實踐

對于今日的問題，我們剛剛開始說點老實話，官方人士就感到不耐，怒形於色。在「反攻大陸問題」一文中，我們沒有半個字否定過反攻這一目標，官方人士就誣賴本刊鼓吹「反攻取消論」。其實，官方人士之「反攻肯定論」，依據七八年來的事實觀察，不像是眞正十分眞實的樣子。他們在口頭上所强調的似乎遠過于在行動方面所實踐的。韓戰以後共匪政權拖得精疲力竭，大陸人民因不堪負擔而怨氣沸騰。那時，美國政府解除了臺灣反攻的約束，這應該是反攻大陸的大好機會。而高叫「反攻大陸」者則坐失良機。最近半年來，共黨匪徒扮演鳴放活劇，掀起大陸反共的壯濶波瀾。八月十三日報載：「漢陽的學生暴動。青海、廣東、湖北、山東、四川的農民暴動。大陸五億農民拒絕繳夏季公糧。共產黨今年夏收糧食征購的任務完成不了。所謂工農和知識分子的聯盟根本垮臺。到今天北平漢奸政權只能用殺人和集中營來維持他們垂死的統治。」的確，現在似乎又是反攻大陸的絕好時機。可是，大陸這些行動是我們政府策動的嗎？有誰在實際上支援他們？

話雖如此，我們仍然不願對政府之未能積極行動，有所苛責。我們瞭解，政府之所以未能行動，確實有其不易超越的困難。我們既然瞭解，基於負責言論的自律，就不能作挑剔的批評。此不易超越的困難爲何？簡單說，那就是，我們的盟邦至今尚未能同意給予我們以必要的反攻工具。旁的不說，單單能把我們數十萬大軍送到海峽對岸去的船舶，就大成問題。我們相信，無論怎樣堅强的信念，終不能叫我們的士兵泅水渡海。此一公算，總該是不會錯誤的。而我們的政府之所以至今未能行動，也正是由於此類公算的限制。現在，使政府陷於極度狼狽的境地的，不是我們的論點，倒是官方自己的論點。如果說，我們的公算是錯了，而正確的公算應該是反攻大陸絕對可能，並且勝利在望，那麼政府之遲遲未能行動，還能够用什麼理由來諉卸責任？既然政府在一方面天天高叫反攻大陸，在另一方面時機來臨又任其溜走，這豈不加倍的令人大惑不解？於是就很難不使人以爲：官方人士之所謂反攻，祇不過是爲了裝點門面，口頭空叫一陣而已。

如果說，我們對反攻問題所提出的公算是錯誤的，則負責言論至少應該在指出我們的錯誤之同時，督促政府趕快反攻，拿鐵一般的事實來證明我們的錯誤。現在的情形是，一方面，兇罵本刊的論點動搖信心，而另一方面則對政府的遲遲不動無所責難。「吃柿子揑軟的」。官方現在對本刊實行阻嚇政策。在言論阻嚇過程中，若干人的注意力自然要集中於內部，讓敵愾之心向內發洩。我們對一些天眞的論者無意指責，但對官方論點，却確實不得不懷疑是出於這一種轉移目標的動機。在一般論者，可能還對爲什麼遲遲不能反攻的原因摸不清楚。但在官方，對事情的眞情實況應該是知道得一淸二楚的。

其實，官方人士的如意算盤也打錯了。那種長期高叫而老不行動的辦法，也並不聰明。長期維持高度緊張心理而不疲憊，那是沒有可能的。人，不是機器，人要思想。不要以爲一張老不兌現的「支票」，可以長期的當作「現金」來使用。懷疑的因素會爬到人們的靈魂深處，並且在那裏漸漸擴張，僅僅是爲着號召，爲着鼓舞人心，也該提出一些新鮮的說法。如果稍有幾分謀國的忠誠，更應該從深處去思索，在苦悶之中打開出路，再不能靠裝腔作勢來做唯一的政治資本了。

論據的另一面

海外有一種言論，批評我們對「反攻大陸問題」的論斷「過於呆板」。這種言論無非是說，現在有許多「動理形勢(Dynamic situations)」可加把握、組織、與利用。而我們却忽略了這一方面。例如，「大陸人民反共的怒濤」，「海外華僑殷切寄待國軍反攻」，「中共在政治上絕對可能分化、瓦解」，「中國人民在目前已普遍『東望王師』的熱望」。「因爲一個落後國家作戰的先決條件，是把握形勢，利用矛盾，發揮戰略上的優點，不是機械地硬拼人力，抵消國力。」

這一番話，甚合臺灣一部分人士的脾胃。這一種戰爭的指導思想，在一九一七年時代一部分地區，是行之有效的。然而，時移世變，在今日能否適用，實在令人懷疑。不過，爲了討論的便利起見，我們現在姑且假定這種思想是可以參考的，假定依此思想所作的提議是可採取的。但是，負起這樣重大、艱難、複雜、而變化多端的任務之指導機構，必須是一個高度靈活，富于有機力、和廣容性的機構。負起這種任務的人物必須是具有高度創造力，有膽有識，具獨立思考能力，深曉共黨權謀變亂技術，能臨機制變，且有開拓新天地的胸襟的人物。這種人物必須能在複雜錯綜千殊萬別的事象中最敏捷地觀察出一個共同的原理；又能隨機將此原理應用于複雜錯綜千殊萬別的事象。臺灣目前的指導機構能否負起這個任務？顯然不能。臺灣目前是否有這種大才？顯然沒有。爲什麼？這就說來話長了。我們現在只能簡單地指出個中原因之一二。近幾十年的政治鬪爭，把近半個世紀歷練出來的國家人才精華鬪完了。稍有才能的人，只要有一點不合分寸，定遭踢出于能發揮作用的位置以外。稍有雄心的人，因不被信任而遭遇反淘汰的命運。在臺灣的指導機構裏，現在有的是歡呼隊，鼓掌團；有的是事務科長、交際幹事、文書錄事、財務帳房；有原創力的思想家，有眼光的政治家，有新思想的軍事家，沒有一個是能在其位而能謀其政的。今天臺灣政治機構的最大特色就是自己束縛自己。臺灣這個機構最大的效率也就是發揮自我束縛的作用。五月二十四日搗毁美國大館的經過，把這一特色和效率暴露無遺了。

何以致此呢？最中心的觀念原因，就是惟恐權力抓的不緊。這幾年來權力之「求心」化的現象，自有中華民國以來是無可比擬的。這樣怎能放開？不能放開，如何能出現新局面？反攻大陸，總比應付五二四事件要艱難得多吧！請大家想想，如果這一局面不打開，如何實現海外這一言論之所希望？

重申我們的看法

在本文頭上，我們說到可能有一部分論者，並沒有清楚的看到我們那一篇「反攻大陸問題」社論的文意，本來，原文具在，沒有看清楚的人儘可以重看一遍，用不到我們再在這裏覆述。但事實上，也許有些讀者，在看到那篇文章的前半篇，就已經抑制不住感情的迸發，甚至於沒有耐性去看那更爲重要的後半篇。

我們的主要論點有二：第一是請大家不要把反攻大陸的希望建立在無絕對把握的未來世界戰爭的基礎上面，同時也不要把未來世界戰爭機械的理解爲射擊戰爭。我們的想像是這樣：「也許今後若干年月，美、俄雙方並不掀動全面的射擊戰，而只在軍備競爭的情形之下，從事文化、政治、經濟的比賽。」我們不得不適應這一種情勢，來作我們的打算。我們看出這一場鬪爭是長期的，乃要求培養持久的心理基礎。第二個主要論點是：希望大家不要爲「馬上就要回大陸」的心理所誤，以致放棄了我們今天所眞正該做的事，而去追逐那個世界射擊戰爭的渺茫幻影。所以我們要求要有「健康的頭腦」。我們要能够辨別那些事是有用的，那些事是完全徒勞的。不作徒勞之事，才能把有限的時間和精神騰空出來，從事於一些眞正補益於反共抗俄的努力；要能够發現那一條路難以走通，才能回過頭來找尋一條可以走通的道路。

若干人士說：你們祇向現在一般人所抱持的希望兜頭澆上冷水，却提不出具體而有效的辦法來。你們祇是破壞而沒有建設。你們祇是叫人心灰意冷，陷入絕望的深淵。但請注意：那篇「反攻大陸問題」的社論，祇是包含在「今日的問題」這個總題目之下一連串文章中的第一篇。祇是期刊的技術限制，使我們無法把所有文章一起刊出而已。這一序列社論中的每一篇，雖不都是具體方案，但我們總在作具體辦法的研討。關於反攻大陸問題，我們說到這裏爲止。

建立我們的法律觀念

——兼論雷諾事件

王聿修

法律是隨着政治觀念而演變的。譬如神權說 (divine right theory) 認爲，君主的權力是神授與的，因之沒有人可以干涉君主的權力，君主說的話，下的命令，便是法律。人民毫無法律上的保障。在這種情形之下，就可發生最大的不公平事情，例如：不經審判，便可定罪；又例如君主可以「賜死」；一個人犯了罪，其他無辜的人可受連帶的處罰，例如「滅九族」。

但在民主政治的理論之下便不是這樣了。民主政治是以個人爲基礎的。國家的存在是爲了個人，而不是個人爲了國家。所以民主的制度是要儘量保障個人的權利。保障的方法很多，現在我們只提出在法律方面的幾個重要觀念，討論一下。

（一） 必須經過法定程序方可判決

任何一個文明的法律制度，都是規定法律上的判決，必須經過法定程序 (due process of law)，否則對一個被告不能下判決。這樣，被判決的人能有機會申辯，以免冤屈。除必須依照法定程序審判方可判決外，不得以任何力量干涉司法的審判。這就是司法獨立。

「法定程序」是英美法的一個重要觀念。這個觀念的由來很久。英國一二一五年的大憲章 (Magna Charter) 第三十九章內說：「一個自由人不能被逮捕和監禁，或被强奪，放逐，或受到任何損害……除非是經過合法的審判……。」大憲章是英國人的自由的一個基本保障，以後的君主也多尊重它。到一三五四年，英國的一個法律中又說：「不論是什麼身份或財產的人，如未經法定程序予以申辯的機會，不得取消其土地或佃租權，亦不得被拘捕，監禁，取消承繼權，或處死。」這是「法定程序」一名詞在歷史上第一次出現，這個觀念便漸漸在英美法中樹立起來。

在美國，這個法律名詞第一次是見於一七七六年的維吉尼亞權利宣言 (Virginia Declaration of Rights)。美國的憲法中原本沒有這個名詞，到一七九一年通過了憲法第五修正案，其中便包括了這個重要的法律規定，它說：「未經法定程序，沒有人可以……被剝奪了他的生命，自由，或財產。」美國人對這一點特別重視，認爲這是每個人應享受到的保障。

中國的大淸律例(法律和判例等)，主要內容是唐朝的法律(六五三年)。這是中國古代第一次有較完整的法律。後來又經過宋元明三個朝代的相沿引用和增減，到淸朝(一六四六年)制訂爲大淸律例。其中當然談不到有什麼基本人權觀念。這法律一直到一九一二年仍有效，中間每次新君主就位，對這法律便有所修改，最後的條文是一八九〇年頒佈的。自從一九一二年中華民國成立，我們中國的法律觀念也隨着改變。自一九一二年到一九三一年，國民政府制訂了民法刑法商法和國際私法等 (在一九三一年把一切現行法印爲三巨冊)，我國的法律漸有了現代的觀念。現在中華民國憲法的第八條說：「……非經司法或警察機關依法定程序，不得逮捕拘禁。非由法院依法定程序，不得審問。非依法定程序之逮捕，拘禁，審問，處罰，得拒絕之。」不過我們中國人的法治經驗尙短，大家對於遵守和引用這一條憲法的規定，尙不及西方國家那麼普遍。

（二） 陪審制度

在英美的司法制度中，由陪審員判決 (trial by jury) 是一個特點。在一個案件審問完畢後，被告是否有罪，由陪審員投票表決，而陪審員是由普通公民中隨時挑來的。陪審員如決定被告有罪，法官然後按照法律判決。陪審員如果表決被告無罪，法官便無權對被告加以任何處罰，只有檢察官在得到新證據時，可以提出上訴。

陪審員制度當然有它的缺點，在英美也有人對之有種種批評，說這種制度不健全。但是，這個制度原是爲避免法官的單獨決定，以免萬一法官有時武斷，冤屈了被告。以普通公民做陪審員，原是爲對人權加多一種保障。英美的法律精神可以說是，寧放縱一個有罪的人，亦不可冤枉一個好人。

而且一個案件在審問期間，報紙刊物等不能評論，其用意卽不許對審判有任何影響。甚至捕住一個搶犯，報紙亦只能刊登捕住「嫌疑犯」，因在未判決前，報紙不能說誰是搶犯。(回憶在臺北審問「牛哥」案件期間，竟有報紙和刊物上的文章，主張「嚴辦」，這實是違法的，因爲這是企圖以輿論影響司法。又如在二年前香港有一個西醫在執行醫療時汚辱了一個女病人，法庭審問這個案件時轟動了很多人，但報紙刊物不得置一詞。)

（三） 個人有罪，不能連累無辜

在民主政治內，一個人是一個完整的單位，是不屬於任何其他人的。所以在文明的法律上，一個人的行爲只有他自己負責，與他人無涉。因之，一個人犯了法，與其他無辜的人都無關係。他的家人，他的朋友，他的同事，都不能替他負任何連帶責任。這是一件簡單的當然的觀念。在今天，一切民主國家的法律沒有不是這個看法的。

只有在野蠻的制度之下，法律上才有所謂「連坐」。卽一個人犯了法，他的族人，他的同僚……可以被控連帶負責。中國一直到淸朝，仍有一個人犯法，而皇帝下令滅其九族的例子。德國的納粹黨在一九三五年執政後，修改法律，世界的法學家們指責那時的納粹法律又回到野蠻時代。其指責之一，卽是說納粹法律又恢復了連坐法，例如一個人因反對納粹政權而判罪，他的家人也可連同判罪。又如一個人受處罰並不是因爲他犯了任何罪，而是因爲他有猶太人的血統。換句話說，就是一個人未犯罪便可受處罰。

今天共產國家的法律也同樣是回到野蠻時代，除不經法定程序便可判決外(例如中共在「土地改革」時有成千成萬的無辜者，都是用歐洲中古時代的民衆大會方式，在嚷叫中處決的)，共產國家的「法律」也恢復了連坐法。一個人如犯了「反革命」等罪，他的家人，他的街坊隣居，都可受無辜的牽連而被判罪。文明的法律認爲，對未犯罪的人加以處罰，絕對是野蠻的。

（四）國際間的條約也是法律

在議會民主制度的國家，凡政府對外訂立的條約，經議會通過，其拘束力卽和這個國家的其他法律一樣，不但政府須遵守，人民也同樣須遵守。

例如在美國，普通一個對外條約須經過五個步驟：第一步是與外國商妥條約內容之後，由國務卿或其他外交代表簽字，第二步是把這條約提出參議院，須經參議院開會出席人數三分之二以上予以通過，第三步是由總統批准，表示總統正式接受了這個條約，第四步是與外國交換批准，最後一步是以總統的名義公佈條約的內容。在這五個步驟完成之後，一個條約卽等於一個法律，人民和政府皆須同樣遵守。在議會民主制的國家，政府與外國訂立的條約，並不是只對政府有法律上的拘束力，對人民也有同樣的拘束力。

（五）外交上的特權與治外法權不同

外交上的特權(diplomatic immunity)與治外法權(extra territoriality)完全是兩件事。外交上的特權是彼此交換的待遇，你這樣優待我，我也這樣優待你。例如外交人員不受駐在國海關的檢查，不得逮捕和審問。一國的大使館，在技術上說就等於這個國家的領土，不得侵入。這些都是國與國之間彼此同樣的優待，是一種禮貌，也是一種必須有的方便。假如一個國家的大使館可被所在國隨時檢查，那麼這個大使館便無法存在。因之國際間都互相給與這種特權，無所謂平等不平等。

至於治外法權則不同。治外法權是指一個國家在外國的人民，如果犯了法，由本國的法律審判，不受所在國的法律審判。這種情形多半存在於强國與弱國之間，或戰勝國與戰敗國之間。大國藉口的理由是，所在國的法律不健全，或司法不獨立，受政治或其他的影響，因而審判不公平，所以這個大國的人民不能受所在國的法律的審判，而必須由其本國的法律裁判。這就是治外法權。這是不公平的。接受這種不平等規定的國家，多是因爲戰敗而無可如何，但有時也確是因爲本身的司法制度不完善不獨立，與人以藉口。

我國國民政府自定都南京以後，有一個時期，外交上的主要努力是取消不平等條約，但未能有什麼結果。各國不放棄在中國的治外法權，其理由仍是說中國的司法不獨立，常受政治或輿論的影響，並舉出許多中國司法審判的實際例子，作爲它們的理由的證明。直到二次大戰，由美國領頭，各國才相繼放棄了在中國的治外法權。

*　*　*　*

根據以上所述的幾點法律觀念，我們看一看前些時在臺北發生的雷諾事件。

第一、雷諾由美國法庭審問，並非治外法權，對雷諾的待遇是外交上的特權。因爲當初中國政府與美國務院商洽，請美國派軍事人員來臺，幫助我們訓練軍隊。美政府應我國之請，在軍事上與我們以幫助，我們作地主的禮當予以外交上的優待。由於習慣上各國駐外的大使館都有一部分軍事人員，所以美國來臺的軍援人士，便都算作美大使館軍事人員的一部分，因之他們都同樣受到外交人員的待遇。這絕不是什麼治外法權，因爲只有美國在臺灣的外交人員才享有這種待遇，其他在臺灣沒有外交身份的美國人，假如犯了法，是由中國法庭審判的。這可證明雷諾所享受的是外交人員所應享受的待遇。

問題在，美國在臺執行軍事援助的人員增多之後，應不應仍給他們外交人員的身份。如果我們覺得不應該，我們的政府，或我們督促我們的政府，應與美國交涉這個問題。但美國政府也有它的困難，它也要顧及美國人的看法和情緒。而且軍援款項每年須由議會通過，所以美政府能不能答應我們修改軍事顧問團人員的身份，很是問題。友好外交是雙方面的，美國人很自然的會想到，他給我們軍事援助，我們也應給他的執行援助人員外交上的優待。我們呢，一方面得到軍事援助，他方面有時不免遷就一點。我們知道，美國軍人因爲在臺灣上空飛行偵察，因爲在金門前線「視察」，已有不少人因而損失了性命。

不過，凡是有大量美國軍隊駐紮的國家，如北大西洋公約各國和日本，經常駐有多少萬美國軍隊，美國便與這些國家訂有駐軍協定，各協定的內容雖不完全相同，但大致是規定，美國軍人非在執行他的任務時犯了法，就受當地的法庭審判。由此可見美國並沒有爲在外的軍隊要求治外法權。但我們的情形不同，在臺灣的是美國「軍事顧問團」，而不是美國的「軍隊」，我們當然可以向美政府交涉，訂一個類似美國與北大西洋各國簽訂的駐軍協議。不過近來美國的輿論正熱烈討論，認爲應對在外的軍人多加保護。甚至議會中有人提議要廢除美國與盟國的駐軍協議，雖然艾森豪威爾總統在竭力反對取消。美國人也有他的民族情緒，近來在各國的美軍人事件，反而引起美國人的這種情緒，使美政府不易着手處理這些問題。

第二、美國的法庭審判是由陪審員大家投票表決被告有罪或無罪，不是法官能左右的。一經陪審員表決之後，除非有新證據，或由檢察官提起上訴，這個判決是不能推翻的。

英美法的三大特點，是陪審員判決，判例的力量 (judicial precedent) 等於法律，和法治 (rule of law)。所謂法治是指司法機構有權判決行政部門(政府)的行爲，是否合乎憲法和法律 (judicial review)。有許多事情並不是美國總統或國務院願意怎麼辦便可怎麼辦。例如美國政府已同意把在日本的美國軍人紀拉德交日本法庭審判，但美國聯邦地方法院裁定美政府無權把紀拉德交給日本法庭審判，因爲這樣將妨害到紀拉德在美國憲法上應有的權利。最後美政府上訴到最高法院，經過熱烈的辯論，最高法院的判決是美政府有權把紀拉德交日本審判。在美國，一切都要經過法定的程序，不是他國人搗毀美國新聞處美國大使館，便可以改變美國的法定程序的。而且這反而引起美國的民族自尊心理，更要自己保護自己。

在法治的國家，政府和人民都要遵守法律和法定程序，不是力量可左右的。對內一切要依照法律行事，或通過一個新法案，然後行事。對外一切要依照條約或訂立一個新條約；絕不能採取法外的手段。大凡政治上落後的國家，人們在對內和對外上才往往使用不正常的手段。

(在此附帶說上兩件意義重大的小事：在香港，警察在街上拘捕一個妓女，都須引用一條法律，因爲無法律根據不能捕人，於是說她「阻街」(妨害交通)，而對她的處罰也只限於妨害交通。這是法治。記得七年前在臺北，省政府曾不許男子穿花夏威夷衫，不許一桌宴席超過二百元。這種命令當然無任何一條法律的根據，即使有，那麼這種法律也違背了中華民國憲法的基本精神，因爲是干涉到人民吃什麼穿什麼。但最奇怪的是，却沒有任何報紙刊物對此有所指責。)

第三、關於雷諾的判決，我們不滿意，應當向我們自己的政府請願，按照中華民國憲法第十六條，人民有請願權。我們可以請政府向美國交涉這個案件，或改變美軍事顧問團的外交身分。我們也不妨對美國大使館做和平的抗議 (peaceful picketing)。這是一個現代的文明民族遇到這類的事件所可以作的應當作的。

但我們絕不能採取直接行動。人民採取直接行動，西方人謂之爲「把法律拿到你自己手中」(Take the law into your own hands.) 便等於不經過法定的程序即與以處罰。我們這樣做正授人以口實，說我們企圖以暴力來影響法律。我們更不當毆打其他美國人。一個美國人雷諾犯罪，其他無辜的美國人是無連帶責任的。在這次事件中我們打了其他美國機構的美國人，是張三犯了法，我們懲罰李四！這正表示我們對法律觀念太落後，正可成爲外國要求在中國有治外法權的藉口。

至於搗毀一國的大使館並撕毀其國旗，可以引起斷絕國交。搗毀使館和撕毀國旗是一種極嚴重的表示。所以美國的一位國會議員曾說，如果有足够的中國人作這樣的表示，美國就應當撤回它的外交代表。如果我們眞的要和美國斷絕外交，我們是可以這樣做的。但是，我們是眞要和我們最好的盟國斷絕國交嗎？在今天的世界上，美國都認爲它不可沒有盟國，我們可以嗎？

沒有一個民族沒有自尊心，這是人類同有的一種情緒。但這種情緒多少是有點原始式的，(因爲它含有排外心理，例如左傳上說：「非我族類，其心必異。」)絕不可輕易發動，往往一發便不可收拾。在中外的歷史上都有很多例子會引起不少的悲劇。中華民族有世界上最久的文明，我們應當是最富於人情和理性的。

(完)

(上接第17頁)

有工廠商號之折舊，則缺乏齊備的資料，估計起來遠沒有上述的把握。第二，一般商號和工廠普遍有一種多提折舊的作風。這一方面是多年相沿下來應付通貨膨脹的辦法。一方面也是逃稅的途徑之一，因爲多提折舊則可稅之營業利得便減少。如果當局在估計折舊額時曾以商號工廠帳面上的折舊數額或是稅務機關的此類報表爲參考，則一定高估無疑。

(四)瑞典與日本的例子無法做我們的借鏡。第一，這兩國都已有可觀的經濟基礎。每人平均國民所得甚高，儲蓄能力和資本自然形成自要大得多快得多。第二，更重要的是：瑞典是永久中立國，國內除了少數的治安部隊外並無國防軍。在麥克阿瑟憲法下，日本根本不能有軍隊。近幾年來日本也只不過添設了一點象徵性的武裝部隊。這筆軍費的免除，對國民經濟投資能力大有關係。

(五)工農業投資比重問題，不應單從表面數字來看。臺灣過去一連新建了幾個大型肥料工廠。這些工廠說來算是工業，但實際上是附屬和補充農業生產的。這些工廠的產品最後都包括在農業產品價值之內。也就是說這些工業是爲了發展農業才設立的。今後若要再擴大農業生產，必須同時擴充這類工業。

(六)眞正值得懷疑的倒是吾兄文後註三所引用的數字。以民國四十一年爲基期，四十五年以固定價格計算的國民所得竟增加到一四一·〇〇。如此則平均每年眞實國民所得的增加率爲百分之九至十，如美國全盛期國民所得增長率的三倍。這樣的增長速度應該是全世界第一位了。此數令人難以置信。

(七)我的意思不是說「應不應該」輕農或重工，而是要研究在這方面是否還有很大的前途，有很多發展的餘地，即使有前途，與其他生產比較是否合算。在文中不止一處提到，均衡發展的理想並不錯，如果臺灣現有充裕的資金，當然應該這樣辦。當然，在沒有充分的統計資料以前，誰也不容易十分肯定地下個結論。

發展臺灣經濟的方向：幾點商榷

馬逢華

「自由中國」第十六卷十一期，趙岡先生「發展臺灣經濟的方向」一文，討論了臺灣經濟建設底一些基本問題，分析頗為精到。本文擬就該文所談到的若干問題，提出幾點補充和商榷。(註一)

(一)　經濟建設底目標

第一個臺灣經濟建設四年計劃底目標，是要達到國家預算平衡，國際收支平衡，和物資供需平衡。報載擬議中的第二個四年計劃，也有三大目標，還是要達到這三個「平衡」(註二)。這些目標值得考慮。

第一，假如一個國家底預算中，國防支出佔總支出底百分之八十左右，歲入有百分之八十左右是靠稅收，而這筆稅收已佔國民所得底百分之十六左右；再假設由於軍事上的理由，國防費用不能削減，同時因爲國民眞實所得低得可憐，稅率也不能再多提高，這樣一個國家底預算要達到平衡，是很不容易的。在上述的假設下，要想增加稅收，只有提高國民眞實所得一條路。

第二，一個積極從事建設的經濟落後國家，不能把國際收支平衡當作一個目標。因爲這個國家不能不大量進口建設器材和重要物資，這些進口超過本國出口所能償付的程度，是在事實上無法避免的。這筆入超，通常得由外資(經援，借欵，或外國私人投資等)來彌補。這並不是說存心要依賴外國，而是在一定的限制下，要進行超過本國儲蓄能力的積累，而不得不如此。我們甚至於可以說，一個經濟落後的國家，如果在國際收支上沒有困難，就足以證明這個國家沒有認眞加速進行經濟建設。

另一方面，只要肯加緊控制，不顧人民生活水準，不顧建設進度，一個有效能的政府隨時都可以使國際收支達到平衡，比如：拒絕接受外國經濟援助，切斷一切入口，馬上就行了。

第三，至於物質供需平衡，就供給方面而論，可能有兩個意義，一是自給自足，不假外求，一是把進口物資包括在「供」的方面，而使供需平衡。四年計劃沒有說明指那一個意義的平衡。海島經濟是不容易奢談自給自足的。如果供需平衡是指把進口貨算在「供」的方面，似乎無須列之爲本國經濟建設目標之一。

另一方面，自由市場經常可以通過價格機構而使供需平衡，問題只在於物價怎樣變動，或停在怎樣的高度。

所以，把這三大「平衡」一再列爲經濟建設底目標，似乎很不合適。趙岡先生文中指出，經濟建設底目標，應該是提高國民每人平均眞實所得，這一點十分重要。

(二)　人口對臺灣經濟的壓力

據美國駐華共同安全分署底估計，臺灣人口每年增加率是百分之三至百分之三·五。按年增百分之三·五計算，在不及二十年的時期之內，臺灣人口就要增加一倍，人口這樣迅速地增加，必將形成對於臺灣經濟的一個主要壓力，這一點趙岡先生也着重指出。

人口增加對於社會經濟的影響，是個很複雜的問題。但是一般說來，人口和勞動者底增加，如不能伴以資源和資本之同比例增加，將會使勞工生產力(每一工人底平均產量)逐漸降低，這就是「報酬遞減法則」。在臺灣，在工業方面，原料和資本都比較稀少，勞動者增加得相對地快，工人生產力就要減低，資本底形成就要受到限制。在農業方面，耕地墾殖雖然還沒有到山窮水盡的地步，但能够擴充的程度也是很有限的。(根據三年前的估計，大約有六萬甲旱地可以墾殖爲一熟稻田，十萬甲左右的一熟稻田可以改進爲二熟稻田。)在這種情形之下，如果聽任人口按照每年百分之三·五的增加率繁殖下去，二十幾年以後，每一個目前本已十分狹小的農場(平均約一甲半)，都得供給兩個農家使用。努力經濟建設的效果，必將被人口增加底壓力所抵消，人民生活水準永難改善。

這個問題底嚴重性，國內有識之士，早有鑒及，不過或者認爲時機沒有成熟，或者認爲客觀環境根本不允許，所以至今沒有提出什麼具體的建議。筆者認爲政府遲早要正視這個問題的。既難規避，則遲不如早。可能的解決辦法，約有三點，似乎可以同時推行。

一、提倡節育。孫中山先生主張「優生淑種」，原意似乎就是節育。

二、海外移民。像日本人那樣有組織地向南美移民，值得僑務當局底參考。

三、發展多用人工的 (labor-intensive) 生產事業。這一點在後面第(五)節再加說明。

(三)　投資底需要

欲求國民眞實所得增加，必須每年不斷增加新投資和擴大生產。這一點在趙岡先生的文章裏，曾經反覆申論，他底基本論點是正確的，但筆者對此仍有幾點商榷。

趙先生說，「人口增加這麼快，可是資本累積的能力又這麼微弱。在其他條件不變的情形下，按目前這點薄弱的累積能力，如果人口增殖率能降到千分之十以下，我們才能保持現有的生活水準而不致下降。如果人口增殖率爲零，還要八十年以後每人實質所得才能較現在提高一倍。這個問題確是萬分嚴重。」

問題的確是嚴重，但我不像趙先生那樣悲觀。他底過度悲觀建立於三個數字：(一) 人口增加率，(二) 他所假設的「資本產品比率」(Capital-output ratio) 和 (三) 他所引用的民國四十年度的投資額。三者之中，除了人口增加率之外，其餘兩個底正確性都有問題，並且也都可以變動。

先談資本產品比率。這個比率可以說是一筆投資底「國民眞實所得增加力」(national real income productivity) 底倒數。如果一筆投資每年能够生產相當於其本身底二分之一的國民眞實所得，就這筆投資而論，資本生產品比率爲二。如果一筆投資每年能够生產相當於其本身底三分之一的國民眞實所得，則就這筆投資而論，資本產品比率是三。

資本產品比率與「投資底需要」的關係，可以由後面第一表見之。

趙岡先生認爲，目前臺灣的平均資本產品比率大概不會低於三。在他底計算裏，假設的資本產品比率是三或四或五。我覺得這些假設太高，我想它們不會高於三。隨便舉個例子吧，最近聽說裕隆公司在臺灣製造一九五七年式的威力斯吉普車，初期樣品成本比在美國製造的同樣吉普車成本低四分之一；生產量提高之後，成本可以降到美國成本底二分之一。如果屬實，這就可以證明低廉的勞工在臺灣的生產事業裏很重要。加以臺灣底工業大部分都是農產品加工工業，多用資本的 (capital-intensive) 產業只佔少數，因之可以想像，平均的資本產品比率不會很高。印度底資本產品比率是二·五，我想臺灣底也許不過是二或三，不致於再高。果然如此，則提高國民生活水準每年所需要的投資如下：

第一表：提高國民每人眞實所得的投資需要估計

人口增加率(%) (1)	假設資本產品比率 (2)	預期每年每人眞實所得增加率(%) (3)	國民眞實所得每年實應增加(%) (4)=(3)+(1)	投資底需要(估當年國民所得之%) (5)=(2)×(4)
三·五	二	一	四·五	九·〇
三·五	三	一	四·五	一三·五
三·五	二	二	五·五	一一·〇
三·五	三	二	五·五	一六·五
三·五	二	三	六·五	一三·〇
三·五	三	三	六·五	一九·五

依照這個估計，即令人口照舊年增百分之三·五，我們底淨投資如果每年能够增加當年國民所得底百分之九至一三·五，國民底生活水準可以每年提高百分之一。如果希望國民生活水準每年提高百分之三（就是在大約二十四年內將生活水準提高一倍），每年應該增加淨投資百分之一三至百分之一九·五。這個估計與趙岡先生估計之差別，全是由於把平均資本產品比率假設得低些或高些。雖然我所假設的比率也不一定正確，但是我們在作建設計劃時，可以優先挑選多用人工的投資計劃，也就是用人爲的方法把這比率拉低。關於這一點可以參看本文第(五)節。

其次，趙岡先生文中所引用的民國四十年臺灣總投資和淨投資數字，其可靠性令人懷疑。依照那幾個數字來計算，那一年底總投資是當年國民所得底百分之十三，淨投資爲總投資底百分之二十四，因而淨投資只有國民所得底百分之三强。我認爲正在從事經濟建設的落後國家，其「折舊」（總投資和淨投資間的差別）在總投資中所佔的比率，應該比工業先進國家低得多，因爲它們現存的資本設備根本不多（否則就不算是經濟落後了）。若說臺灣每年總投資中，有百分之七十六是折舊（達國民所得底百分之十），比像美國這樣高度工業化的國家底折舊比率（約爲總投資底一半）還高得多，似乎很難使人置信。因爲手邊沒有資料，無從核對。不過就我所知，民國四十年的國民會計，好像只是個初步試驗性質的工作，許多數字都只是估計，政府也從來沒有正式公佈過這些數字。如果折舊在總投資中所佔的比率低得合理，比如，百分之三十或四十，並且如果總投資能够提高到國民所得底百分之二十左右，則在目前人口增加率之下，人民生活水準可以不致降低，或許可以稍稍提高[註三]。

此處可以順便一提，二次大戰以後，瑞典底總投資一直在國民所得底百分之三十左右[註四]，日本在一九五一至一九五六年間，總投資平均是國民所得底百分之二八·八[註五]。這兩個國家都不是極權國家，不靠壓搾、沒收等方法來增加投資。尤其是日本，國情頗與我國類似，而他們底投資可以達到那樣高的百分比，必有値得我們借鏡的地方。雖然我們底國民所得與儲蓄太低，因而在投資方面，不能期望太高，但也並不是人事已盡，實際上仍有可以努力的地方。比如，我們本已很低的國民儲蓄，也並沒有全部動員到生產上面去，有不少是用來在黑市上購買美鈔黃金，呆存起來；也有不少用在其他非生產的用途上面。政府如能籌措適當的辦法，如提高利率或開辦保值存欵等，一定可以把這一部分儲蓄滙集起來，導向生產的用途。

但是我要强調指出，情形雖然不一定像趙岡先生所推算的那麼悲觀，建設臺灣的資金問題，仍然是個大難題，因爲我們底國民眞實所得太低，一個小數目底百分之十或百分之二十，都仍然是非常小的數目。

（四）工農孰重

時至今日，世界上凡是沒有工業化的國家，都想工業化。在這「工業化」

三個字的後面，有經濟上的理由，也有非經濟的理由。在我國也是一樣，誰會反對中國工業化呢？因而，工農孰重這個問題似乎無須討論。但是，也許有些人士對此還有誤會，值得略加說明。比如，趙岡先生文中說，「目前政府把經濟建設的重點仍然放在農業生產上」，就是一種誤會。心裏存着這種誤會的，恐怕也不只趙岡先生一人。爲什麼說這是一個誤會？試看兩個四年計劃底投資分配：

第二表：臺灣兩個四年計劃底投資分配　（單位：百萬元新臺幣）

年份	工業投資		農業投資		共計	
	數額	%	數額	%	數額	%
一九五三—一九五六	四,九五一	六七·九	二,三四四	三二·一	七,二九五	一〇〇
一九五七—一九六〇	八,四二〇	六三·八	四,七七〇	三六·二	一三,一九〇	一〇〇

說明：資料來源見（註六）。

第二表已經包括美援在內。這八年裏，農業投資平均佔總投資底三分之一強。它在第二個四年計劃裏比在第一個裏提高了百分之四·一，但是在第二個計劃裏，農業投資底來源，是「以促成人民儲蓄投資爲主體」（註七）。所以，責備政府把經濟建設底重點放在農業上，是一個誤會。

因此可以說，「重農」政策在臺灣並不存在。那麼，應該不應該進一步「輕農」呢？趙岡先生底答案是肯定的。他主張「捨棄發展農村的計劃，而將這筆美援使用於扶植民營的輕工業，提高工業生產技術，在都市中擴建平民及工人住宅，減少農村人口轉業的困難。」我底答案是否定的。不，臺灣不能進一步「輕農」。臺灣在目前需要以農養工，以農養民。只有在資金積累達到了相當高的程度，我們已經有大量工業產品可以外銷，並且已經有可靠的工業品海外市場時，才可以談輕農的政策。

我底答案是根據以下的推理得來的：

第一，一個積極從事經濟建設的落後國家，所最需要的，就是外滙。有了外滙，就可以進口機器和重要物資，增加國內的資本積累。在這段困難的發展過程中，不論是什麼產業，凡能爲國家賺取大量外滙的，就不應該受輕視。如果有人願意去研究日本明治維新以後，其工業化過程中，資金底積累有多少是得自蠶絲底出口，就可以明白我底意思了。日本人可以用生絲換取機器和原料，我們爲什麼不可以用糖米換取機器和原料，如果我們底糖米生產，在國際間具有「相對的優勢」？

近些年來，臺灣底農產品，每年都可以爲國家賺回一億數千美元。這個數目，佔全部出口外滙底百分之九十至九十五（四十一年爲百分之九六·〇一），約等於或超過美國每年對華經濟援助的總數。這是外滙收入，在投資支出方面，前面說過，農業只佔計劃總投資底三分之一，至於農業是不是花去了太多的美援？第一個四年計劃裏，工業投資底美金部分爲一五五百萬美元，農業投資底美金部分爲四·四百萬元，似乎也不能說多。（臺幣投資部分裏，美援與本國公私投資無法分開比較。）

我們底工業化加速時，如果外援不能加多，就必須動員更多的國民儲蓄，以農產品或農產加工品的形式出口，換取更多的資本財回來。所以說，在工業化的過程中，「輕農」談不得。

第二，人口每年增加百分之三·五，糧食至少也得隨着這個比率增加，才不致於發生吃飯問題或者影響出口外滙。工業逐漸發展，城市對於農產品的需要，也會隨着加多，供應這種日增的需要，也是農業的任務。這時若談捨棄發展農村的計劃，似乎也不太切合實際。

第三，整個經濟體系各部門間相互依賴的關係，通常可以用一個複雜的「投入與產出」圖表（input-output table）來表示。從這樣的圖表裏，我們可以計算出，比如，生產 a 噸鋼板，應該投入 b「人時」的勞動力；生產 m「人時」的勞動力，應該投入 n 噸白米；生產 x 噸白米，應該投入 y 噸化學肥料，等等。在臺灣，大部分工業都是農產品加工的性質，工業與農業間的「投入與產出」關係，尤其不能忽視。一國的經濟結構改變，這種關係也可以隨之改變，但是却不能在基本上廢棄這種關係，也就是，不能無中生有。在經濟發展的過程中，工業與農業間的相互關係，不是短短幾句話可以說完的，不過，簡單說來，唯有一個逐步發展的農業，才能支持一個日益壯大的工業經濟，如果要捨棄發展農業，而來集中發展工業，只有兩條路可走：一是像早期某些資本主義國家一樣，開拓海外殖民地或勢力範圍，形成母國工業與殖民農業底區域分工；一是像共產極權國家一樣，採用「集體農場」，「強迫徵收」，「統購統銷」等方法來壓搾農村，來支持工業底發展。前者我們辦不到，後者爲我們所不取。所以只有配合工業和農業的發展，雖不欲求其平衡（不一定是平均），似乎亦不可得。

談工業底關係時，還有一個概念值得一提。趙岡先生說，「擴大工業生產就是相對地減少農業部門」，這句話應該有其限制的條件。在達到充分就業以前，A與B兩個正在發展的生產部門，可以有三種關係：一、A與B以同樣的比率生長，二者底相對關係不變（如二比一，四比二，八比四，相對關係不變）；二、A生長比B生長得快，B相對地減少；三、A生長比B生長得慢，A相對地減少。達到充分就業以後，前引趙岡先生底那句話，成爲絕對地眞。所以，我們可以說，在達到充分就業以前，工業與農業是相輔相成；達到充分就業以後，二者成爲互相競爭。在一個經濟落後地區，如臺灣，城鄉都充斥着大量隱蔽的失業，距離充分就業還非常遙遠，因而工農兩個部門，在一般相當長的時期內，有同時並進的可能。（當然，在有限的資金分配上，它們是互相競爭的，不過工農投資間二與一之比，在兩個四年計劃裏都無改變，這可能的競爭在事實上也不存在了。）

趙岡先生主張集中發展工業的原因之一，是想藉以降低人口增加率。其實即令工農兩個部門底比重相對地改變了，也不一定就可以使臺灣底人口增加率下降。雖然一般說來，城市人口增加比農村慢，但在臺灣未必如此。試看臺灣城市裏滿街滿巷，母親背上，父親底自行車上，小孩之多，就可明白。工業發展一面使工人收入增加，一面減小鄉村底隱蔽的失業者不生產的消費，因而間接改善農民底生活。那時如果工人和農民不明瞭節育的重要，或者沒有節育的知識，由於經濟條件改善，生育率可能反而增加，或者至少農村生育率底提高可以抵消城市生育率底降低。所以，要想解決人口問題，不能依靠經濟政策（如改變工業農業底對比），而必須要有積極的人口政策才行。

（五）投資計劃的選擇

工農孰重的問題，實際上已經不成問題。問題在於怎樣選擇投資計劃。這個問題趙岡先生提到了而沒有多談，本節可以作為補充。

經濟落後的國家因為每人平均眞實所得太低，因而國民儲蓄也太低。外援又往往不太可靠，所以在選擇投資計劃時，只有着重利用這些國家所不缺少的隱蔽的失業人口 (disguised unemployment)，來和稀小的資本相配合。所謂隱蔽的失業，照諾克希 (R. Nurkse) 底定義，是在原有的生產技術下，把一部分從事農業活動的人口，從農業移開，而不致使農業底產量減低。如有這種情形，卽是有隱蔽的失業人口存在。多多利用這些多餘的勞動力，是落後國家自力更生的一個好機會，理由如下。

第一，這些隱蔽的失業者底邊際生產力 (marginal productivity) 可以說是接近於零。為了簡單，我們就說它等於零。他們雖然也在活動，但是對於生產沒有實際的貢獻。他們實際上是由家庭中對生產有貢獻的人來養活。也就是說，他們把後者底儲蓄消費掉了。如果政府能够勸服這些人家，把他們底對生產沒有貢獻的子弟，送去參加生產建設，而且照舊由家人養活他們，那麼這一部分原來浪費了的儲蓄，就變成了有效的儲蓄，用在生產事業上面了。

把資本和這些隱蔽的失業人口配合起來，可以使用少量的資本，而完成較大規模的經濟建設。因為在這些建設工程裏，勞工等於是不花本錢僱來的。如將這些勞力對生產事業底貢獻，加在那些一同投下的資本底收益上，則這筆投資對於國民所得的增加力，就比別的多用資本的投資計劃，擴大了許多倍。（注意：資本底「國民所得增加力」加大，就是前面所說的「資本產品比率」變小了。）

例如，一個水利工程，預期完成後每年可以增加淨國民所得一萬元。假設這個工程底建築成本是十萬元，但是成本之中有三分之二是依照流行工資所計算的勞工成本。如果能够動員這個工程附近人家對生產原無貢獻的子弟來作工，而且仍舊由他們底家庭來養活他們，則這個工程只要原計成本底三分之一，就是三萬三千三百元，就可完成。也就是這個投資計劃，對國民所得的增加力，擴大了三倍：原為 $\frac{10}{100}=10\%$，現為 $\frac{10}{33.3}=30\%$。這是隱蔽的失業人口對經濟建設投資收益底一個倍數作用 (multiplier effect)。

這樣利用鄉村間隱蔽的失業者，大概只能限於地方性的工程，並且附近農家卽為工程底直接受益人的情形。城鎭中也有類似的隱蔽失業人口，不過他們不像鄉村的情形那樣容易動員，而仍舊由其家人負擔生活費用。但是如果能够使他們參加生產，卽令付給工資，實際上也可以增加投資底生產力，理由如下：

第二，這些多餘的勞動者底機會成本 (opportunity cost)，對整個社會來說，接近於零。為了簡單起見，我們也說它等於零。機會成本底概念是這樣：一個生產因素X用於生產任一物品A時的成本，是X用於其他用途時所能生產的其他物品 (B, C, ……) 底最大數量或價值。比如，一畝地用作稻田，如能每年生產價值一百元的白米，一百元就是把這一畝地用于生產甘蔗時的成本。隱蔽的失業者對於生產既然沒有貢獻，把他們送去參加生產事業，其機會成本就是零。他們原來並沒有賺出自己底生活費用，他只是在消耗家庭裏別人底儲蓄（註八）。

這些隱蔽的失業者如為工廠所僱用，工廠一定也得依照當時流行的工資率來付給他們工資。這工資當然高於他們原來等於零的機會成本。一個投資計劃（如創辦工廠），如果僱用這類工人，後者底賬面成本（作為工廠經營成本底一部分）比他們對整個社會而言底機會成本高得多。因之，這一投資計劃依照普通成本會計原則所計算出來的收益，作為對國民所得底淨增加而論，顯然偏低。投資計劃中使用原來在隱蔽失業狀態中的人工愈多，上述的偏低情形愈甚。所以在計算這個投資計劃對國民所得底淨增加額時，應該把實付工資與這些新工人們原來的機會成本（卽零）之間的差別，加在依照普通成本會計原則所計算出來的投資淨收益上面。

例如，有人投資在某鎭建立一個紡織廠。於是本鎭和鄰村許多原在家中協助家事的女孩子，現在都有到工廠作工的機會。她們外出工作，除了使長輩們多花一些時間處理家事外，並不影響家庭中其他分子底生產活動。然而她們現在都能從工廠領得和流行工資一樣高的報酬。依照通常的方法來計算該廠總投資（包括固定資本和流動資本）底收益時，工資開支也得和其他開支一樣，從工廠總產值中扣除，就是：

$$\text{這個投資計劃底每年收益率}=\frac{\text{總產值}-\text{工資開支}-\text{本期其他成本}}{\text{總投資}}$$

但是從整個社會來看，這些工資成本實際上不能算是成本。上述紡織廠所付出的工資，實際上是國民所得底淨增加。因而，計算這一投資計劃底「國民所得增加率」時，本期工資成本無須扣除（如果所僱工人原在隱蔽失業狀態），就是，應該用下式計算：

$$\text{這個投資計劃底每年「國民所得增加率」}=\frac{\text{總產值}-\text{工資以外的本期成本}}{\text{總投資}}$$

所以，如果該廠工資開支占總產值底三分之一，工資以外的本期其他成本又占三分之一，則這個投資計劃底國民所得增加率恰比按照普通成本會計原則所計算的每年收益率大一倍。這是隱蔽的失業人口對經濟建設投資收益底又一個倍數作用。

由於以上兩點理由，經濟落後國家在選擇投資計劃時，應該優先考慮那些可以動員大量的隱蔽失業人口，而只須配合以少量資金的計劃。

（六）長期發展底問題

趙岡先生强調要「從長期打算和全盤考慮的出發點上」來看發展臺灣經濟的方向。因而他主張捨棄發展農村的計劃，集中發展工業。從臺灣人口增加之速，和農業終要受到耕地面積底限制兩點來看，他底論點頗有道理。工業經濟優於農業經濟，差不多是盡人皆知，目前在臺灣恐怕也沒有人反對發展工業。不過既談長期效果，就不能不有更周詳的考慮。這是一個大題目，不是一節短文所能詳述，我只想把制訂長期規劃時，所不應忽略的幾個因素，列舉出來，作爲本文底結束。

一、此時談臺灣經濟的長期發展，在下列兩個不同的假設下，有兩套不同的談法。一個假設是把臺灣本身長期當作一個單獨的經濟單位來發展，另一個假設是把臺灣當作整個中華民國底一部分來發展。我們必須挑選二者之一。如果逃避這個問題，就談不上長期計劃。

二、就長期來說，一個生產事業必須能够自立，才能維持下去。任何生產事業都不能長期依靠關稅保護，進口管制，出口津貼，和低利貸欵來混日子（在短期是可能的，並且除了低利貸欵以外，有時是應該的）。凡是不能憑着本身底健全發展以與國內外產業相競爭的企業，在長期絕對不能存在。

三、國際分工的問題。我們不能只憑主觀願望，想要什麼生產事業就建立什麼生產事業，而必須考慮國際分工的問題。只有成本低廉的產品才能繼續生產下去，才能在國際市場上和別國底產品競爭。如果某一工業所需的原料，在本國天賦不豐，這個工業產品底成本就不會低廉。低廉的勞力雖然是個優點，但勞力不能完全代替其他生產因素。講國際分工就得考慮本國資源的禀賦，這多少是先天決定了的。

四、產業底區位問題。籌建生產事業特別是工業，不能不考慮區位問題。簡單說來，區位問題所要考慮的是：原料產地的遠近，成品消費中心的遠近，原料價值與成品價值的差別，原料重量與成品重量的差別，勞工的供應和運費。日本人在臺灣所建的工業，原是以「大東亞共榮圈」爲其範疇。設在臺灣的工業，許多是要利用日本從東南亞各地搜括來的原料。原料和成品的運輸，有當年世界上第一流的日本商船隊。所以這些工業可以存在在臺灣。如果把臺灣長期地當作一個獨立的經濟單位來看，講老實話，有些工業在臺灣是難以自立生存下去的。我們既不能像日本軍力極盛時期那樣搜括東南亞的原料，也沒有一個世界上第一流的商船隊。這些工業近年能够存在，是靠美援，靠進口管制，靠津貼。我們有鋁廠，但是鋁礦砂從哪裏來？我們有煉油廠，原油從哪裏來？我們在這幾年積極發展了棉紡織業，而原棉都是來自美國（臺灣不能植棉），我們有織呢廠，而臺灣綿羊的總數恐怕不到二百頭（臺灣不能養羊），所以我們雖有低廉的勞工，許多工業產品底成本仍比國際市場價格高得多。假定工業要自立，我們底棉紡織業怎樣和日本競爭？我們底石油工業怎樣和印尼競爭？這只是隨便擧幾個例子，來說明區位問題之不能忽視。

把臺灣長期當作一個獨立的經濟單位看，也許只有農業品，農產加工業，林產加工業，漁業，和使用進口原料少而使用人工多的輕工業，可以站得住脚。

如果我們可以把臺灣和中華民國底整個版圖合爲一體來打長期算盤，只要國內交通發達，我們自己底原料和成品，可以隨意調度，那麼臺灣工業建設的遠景就光明得多了。不過卽令在這樣樂觀的條件下，臺灣的農業也不可廢，因爲臺灣底地理條件和已有的基礎，使得生產某些農產品特別有利。並且卽使在高度工業化了的國家裏，也並不是擧國皆工，而仍然要有地域的分工的。

註一：本文性質類似在大學討論班上的發言，因此有些根據師長或書本期刊的地方，都未一一註明。文中數字之未註明來源者，或爲人所共知，無須再註，或因所據資料未經公開發表，不便直接引用。

註二：中央日報，國際航空版，四十六年六月一日，第四版。

註三：關於近年臺灣國民生活水準的情形，我所見到的數字如下：

年份	四十二年	四十五年
人口	一〇〇	一一四·七五
國民所得（固定價格）	一〇〇	一四一·〇〇

人口按年增百分之三·五計算。

國民所得數字來源同註二。

我們底總投資增加到國民所得底百分之二十左右，也許不是不可能。例如歐洲經濟落後國家如意大利，其總投資占國民所得之比率在一九五五年爲百分之二二·七〇，一九五六年爲百分之二三·五五。見 Italian Economic Survey, March-April 1957, Published by the Association of Italian Joint Stock Companies. pp. 31, 36.

註四：index, No. 4, Svenska Handelsbanken, Stockholm, April 1957.

註五：Saburo Okito, Saving in Japan, Paper delivered at the "Problem of Economic Growth" Conference (Tokyo, April 1-6, 1957) p. 12.

註六：第一個四年計劃投資數字分見原計劃工、農部分。其中美金部分按官價外滙率臺幣一五·六元合美金一元折算，加於臺幣部分。第二個四年計劃投資數字來源同註二。表列第二個計劃投資數字為計劃總投資二〇、〇〇〇百萬元中的固定資本部分。其餘部分底分配情形不詳。

註七：同註二。

註八：趙岡先生說，「這許多隱蔽的失業人口雖然其勞動對農業生產無何貢獻，但却有其交替成本(華按：就是我所說的機會成本)。一旦農村生產普遍增加，他們的代價也隨之增加，於是其他生產部門更難以吸收這批過剩的勞動力而加以利用。」這個說法在我看來是不對的。無論農村生產增加不增加，只要這些人還在隱蔽的失業狀態中，他們對生產的貢獻就仍然是零，因而談不上有代價，也談不上有機會成本。無論在鄉村或城鎮的隱蔽失業者，都是如此。他們到工廠去作工，接受流行的工資，這工資並不是由於他們底等於零的機會成本所決定，而是按照原已在廠工作的就業工人所得的報酬，依據同工同酬的慣例或法律，來付給這些新加入生產的工人。他們對生產事業有了貢獻之後，如再轉業，才開始有他們自己底機會成本可供考慮。

附記

前文寫成後寄請趙岡先生過目並指正，承他又作幾點說明，謹將他底原件附在本節之後，以供讀者參閱。此處只附加下列三點簡單的解釋。

一、把一個長的故事縮短，總免不了過份簡化。例如談生產技術使用資本之多少(Capital intensity)，至少可以有四種談法。㈠資本產品比率(K/O)，㈡資本勞工比率 (K/L，也可稱為生產因素底比例關係)，㈢投資底收益能繼續多久 (Length of time over which investment yields a stream of output) 和㈣從開始投資到開始出貨，中間要等待時間的長短。在說明人口過剩的落後國家應該選擇多用勞工的投資計劃時，實際上以使用「資本勞工比率」最為合宜。但因趙岡先生文中提出了「資本產品比率」的問題，我要接着他底文章談下去，又因在勞工可以代替資本的生產技術範圍內，K/O和K/L有正面的關係：使用愈多的勞工來與一定量的資本相配合 (卽，K/L愈低)，產品也愈增加(卽，K/O也愈低)，所以為了減少複雜，我也逕用「資本產品比率」。K/L和K/O這個關係，當然要受生產技術底限制。

「資本產品比率(K/O)」又至少可以有三層區別：㈠整個經濟體系底K/O㈡不同經濟部門K/O，和㈢生產某一貨品時所可能採用的各種不同生產技術。三者底關係，簡單說來是整體與個體底關係，詳細說來相當複雜，這裏無從談起。趙岡先生和我底文章裏，都使用了㈢和㈠兩個意義底K/O，在使用第㈠意義底K/O時，都加了「平均的」字樣。

行文中未將這些區別及其意義一一舉出說明，只因想把一個長故事縮短，又覺得這些東西太過「技術化」，與主題無關。但因趙岡先生底 Rajoinder 第二點提及「容易引起概念上的混淆」，謹用最簡單的方法說明如上。

二、我承認「吉普車成本」那個例子舉得不好，因為製造汽車，人工能代替機器的程度不大。但我並沒有想只用這個例子就證明整個經濟體系底K/O之大小，我只說「這就可以證明低廉的勞工在臺灣的生產事業裏很重要」。並且接着就說「臺灣底工業大部分都是農產品加工工業，多用資本的產業只佔少數，因之可以想像，平均的資本產品比率不會很高 (這也不是證明)」。我提議把我文中「吉普車成本」那個例子取消，這樣仍然無傷我底原意。

三、我文中註三所引的國民所得增加比例，趙岡先生指出「此數令人難以置信」，我無意為這個數字辯護。實際上我也覺得它太高，所以在文中沒有提及。我引用它，只是因為它登載在官方辦的中央日報上。其實這個註三，整個刪去也與文章原意無損。

後面是趙岡先生底幾點說明。

× × ×

趙岡先生的幾點說明

逢華兄：寄來之「幾點商榷」一文已經拜讀，我百分之二百地贊成將它發表出去。第一，這樣可以近一步地引起國人對這個問題的注意。第二，不管大家的意見分歧到什麼程度，能够討論總歸是一件非常有益的事。我寫該文的用意就是要拋磚引玉。

弟 趙 岡

遵命再寫幾點作為我的 REJOINDER

(一)我承認原文表中所列的資本產品比率有的有偏高之嫌。不過在文中說明我大都以百分之三這個數字為根據的。我極希望財經當局在這方面的統計工作多做一點努力。國人因此能有實際資料來研究問題尚是小事。財政當局在製定政策時能有所依據，更如關係重大。

(二)引用裕隆公司的汽車成本來證明臺灣的資本產品比率低似欠妥當。一般會計上的「成本」和「資本」與國民所得會計上的「投資」在含義上出入頗大。用前者來證明後者，不但不會有結論，而且容易引起概念上的混淆。此點涉及學理問題，與文章正題關係不大，在此不多說。

(三)折舊佔總投資的比例太大這一點，並不能證明淨投資額不確。這種情形可能有兩種原因，Ⓐ總投資額正確，淨投資額低估了，以致折舊額偏高。Ⓑ淨投資額正確，但總投資和折舊額高估了。我推斷當局在編製這套國民所得數字時，淨投資額與折舊額可能是由不同的資料和來源，並用不同的方法估計出來的。按照我對臺灣經濟的瞭解，我相信淨投資額比折舊額的正確性大得多。理由如下：第一，政府對新工廠商號之成立登記與舊工廠之擴充規模有較嚴密的管制。這方面的資料比較完全。估計起來距實際情形相差不會太遠。但對舊

(下轉第11頁)

邏輯解析的哲學

羅素原著
張尚德譯

本文所論，不僅及于數學與物理學，且進而及于人理層界。羅素認為價值問題雖非科學方法所能解決，但科學方法必須盡可能運用。只有運用科學方法才能使我們免于玄幻之想，切近事理，而且減少狂熱之氣，在醫治今日世界性的災害，是無比重要的。

——譯者

在哲學中自畢達哥拉斯起卽有兩大相反論宗。其一，主要是出於數學的鼓舞，他方則受經驗科學的影響。柏拉圖（Plato），湯姆士阿奎那（Thomas Aguinas），斯賓諾沙（Spinoza），以及康德（Kant）可視爲屬於數學論宗的；德摩克里圖斯（Democritus），亞里士多德（Aristotle），以及自洛克（Locke）以降的近代經驗論者則屬於另一論宗（卽受經驗科學影響者——譯者。）今日又崛起一宗哲學，此宗哲學係在數學的原理中將畢達哥拉斯一宗的學說予以消除，同時將人類知識中縝繹部份的旨趣與經驗論相結合。此宗哲學之目的雖不若以往大多數哲學家來得堂皇壯觀，然其若干成就，像科學家的成就一樣，結實豐碩，毫無遜色。

此宗哲學之起源，爲某些數學家之成就。這些數學家們的工作是爲了消除謬誤以及鬆懈的推理（Slipshod reasoning）。十七世紀的大數學家們是樂觀的且急求速效；惟其結果却使解析幾何與微積分的基礎爲之不穩。萊布尼兹（Leibniz）相信實在的無限小。萊氏這一信仰，雖適合他的形而上學，然在數學上却乏健全的基礎。十九世紀中葉之後不久，威斯特拉斯（Weierstrass）指出在沒有「無限小」的情形之下，如何建立微積分，以此竟使微積分獲得邏輯上的穩妥。此後有喬治坎圖（George Cantor）擴展了聯續原理（Theory of Continuity）及無限數論（Theory of Infinite Number）。「聯續」一詞在喬氏加以界定之前乃一曖昧字眼。然此一曖昧字眼對有意將形而上學的混亂導入數學的哲學家如黑格爾（Hegel）者流殊屬便利。坎圖予聯續一詞以明確意義；同時指出依他所界定的聯續概念爲數學家及物理學家所共需。藉此，致使神秘論如柏格森（Bergson）所持者若古董矣。

坎圖也克服了有關歷史悠久的邏輯上令人困惑的無限數論問題。茲從一整數數系開始，此諸數究有多少呢？顯然，該諸數是無窮的。到一千，則有一千個數目；到一百萬，則有一百萬個數目。無論你所指定的有限數是甚麼，總有多於你所指定的數。因爲在無盡的數目中，從一遞進至你所述及的數目爲止，總有其後之數是大於你所述及之數。因此，有限的整數之數必爲一無限數。然今有一可異之事實：卽偶數的數目必定與所有整數的數目相等（這一點卽是說，所有整數從1連續的數起到最後爲止，相對於每一數就可有一偶數與之相對應，而且到終了偶數的數目必定會與所有整數的數目相等——譯者。）今考察下列兩排數系：

1　2　3　4　5　6……（一切所有整數——譯者）

2　4　6　8　10　12……（與一切所有整數每一數相對應的偶數——譯者）

今在上排中有一數，在下排中也有一數與之相對應，因此，雖然下排之項只及上排之半，在兩排中項之數目必相同（此卽上排爲1，2，3，4，5，6，……下排卽有2，4，6，8，10，12，……最後上排所有整數之項與下排所有偶數之項必相等——譯者。）萊布尼兹注意及此，認其爲一矛盾。萊氏論斷雖有無限的集合，却沒有無限的數。相反地，喬治坎圖却大膽地否定其爲矛盾。喬氏所言是對的，不過這種情形令人奇異而已。

喬治坎圖將「無限集合」（Infinite collection）界定爲：其部分所包含之項與其整個集合所包含之項相同，此一集合叫做「無限集合」。（An "infinite" collection as one which has parts containing as many terms as the whole collection contains）。根據這一界說，喬氏建立最饒興趣的有關無限數之數學的理論。在此以前，整個有關無限集合的理論瀰漫着神秘氣氛和混亂。自此以後，這一理論便可納入嚴格邏輯範圍之內了。

在數學基礎內第二個重要人物便是弗列格（Frege）。弗氏在一八七九年出版他的第一部著作，於一八八四年發表數的界說。雖然其發現是空前的，可是在我於一九〇三年注意及此以前却無人知曉。有堪注意者，在弗氏之前，有關數的每一界說都含有邏輯上的基本謬誤。其時學人，習慣地把「數」與「多」視若同一之事（To identify "number" with "plurality"）。然數之一例乃一特殊之數，譬如3，3之一例乃由三個1組成之特殊數。三個一組是多數的，然三個一組之類乃多數之多數。弗氏視三個一組之類爲與3同一者。（卽3是由三個一組形成，但3的類當然大於一特殊的3。一特殊的3已爲多數，則包含此特殊3之類當爲多數之多數——譯者）。而且一般的數，乃多數之多數。3乃此一般數中之一列而已。在弗氏以前的數學家將三個一組之「類」與單純的「三個一組」在文法上混爲一談。這種情形，致使整個數理哲學成爲一片胡說。此處所謂「胡說」，係就其最嚴格的意義言者。

從弗氏的著作中可以見及算術，以及一般的純粹數學只不過爲績繹邏輯的延長。這並可證明康德認算術命辭爲綜合的及涉及時間的說法之爲錯誤。從邏輯推演而成純粹數學，其詳情可讀我與懷德海 (Whitehead) 合著的數學原理 (Principia Mathematica)。

現在有一項趨勢漸趨顯明，即是哲學的大部分能够化約而成那可以叫做「語構」(Syntax) 的東西。雖然，在此語構一詞的意義比已往爲廣。有些人，特別是開納普 (Carnap) 提供一項理論：認爲所有的哲學問題實際上就是語構上的問題。因此，當語構上的錯誤免除了的時候，哲學問題或者是解決了，或者是根本無從解決。這種說法，在我看來，是過分誇張了。開納普也同意我的這一批評。然哲學的語構對於解決傳統哲學問題用處之大，却爲無可懷疑者。

今以記述理論 (The Theory of Descriptions) 來說明哲學語構的用處。所謂記述詞，我係指如「美國現任總統」這樣未成句的字叢。在此未成句的字叢中，我們之指謂人或物，非藉名來指謂，乃藉其已知或其人或物所獨具之某性質來指謂。這樣的未成句的字叢會引起不少麻煩。假定我說「金山不存在」，同時假定你問：『不存在的是甚麼呢』？我說「金山不存在」。這麼一來，似乎我將某種存在歸之於金山了。很顯然地，我說「方的圓不存在」時與說「金山不存在」是不同的。這一分別似乎涵蘊着金山是一件事，方的圓是另一件事，雖然二者都不存在。記述理論的建立，即欲用來處理這些困難以及其他困難者。

依照記述理論，當一含有字叢「如此這般」("the so-and-so") 的陳敍詞，一旦予以正確解析，則「如此這般」的字叢便消失不見。例如「斯柯特是瓦威萊的作者」("Scott was the author of Waverley")。記述理論則解釋此陳述詞爲：

「有而且只有一人曾寫過瓦威萊，此人即係斯柯特」，或者更完滿地講：

「有一實體C，若X爲C，如是，「X寫瓦威萊」一命辭便爲眞，否則爲假；而且C即爲斯柯特」。

在「而且C即爲斯柯特」以前的部份，所界定的意思爲「作瓦威萊者是存在的(或者曾經存在，或者將要存在)」。因此，「金山不存在」即意謂：

「沒有實體C存在，於是，當X是C時，則『X是金的又是山』便是眞的，否則便是假的」。

藉此界定，當我們說「金山不存在」其意謂爲何，此一迷惑頓形不見了。

依照記述理論，「存在」僅能說及記述。我們能說「瓦威萊作者存在」，然說『斯柯特存在』便是文法拙劣，甚或爲拙劣的語構。如此，自柏拉圖塞亞特圖斯 (Theatetus) 二千餘年來弄的迷混不清的「存在」問題，便形清廓了。

此一工作結果之一，廢除了自畢達哥拉斯及柏拉圖而來之反對經驗論的假定也被毀棄。數學知識之所以爲眞，並非由經驗歸納而來；(純數學是獨立於經驗世界的——譯者)。我們之所以相信2加2等於4的理由並非由於我們經常觀察到一對與另一對結合在一起時爲四個。就此意謂而言，數學知識仍非經驗的。但數學却也非有關世界的先驗知識。事實上數學僅一言敍知識 (Verval knowledge)。「3」意謂着「2加1」，以及「4」意謂着「3加1」。因此而來的(雖需頗長證明)「4」等於「2加2」。如此數學知識不復視爲神秘。數學之爲一大眞理正猶之乎三尺之爲一碼。

物理學有如純粹數學，曾給與邏輯解析的哲學以材料。這一點特別從相對論及量子力學中可以見及。

相對論對哲學家之所以重要乃在以「空—時」(Space-Time) 代替空間及時間之分立。吾人憑着常識以爲物理世界是由一些經過某一時間及空間運動且繼續存在的事物所組成。哲學及物理學且將事物之觀念演展爲「物質實體」，惟認物質實體乃由微粒組成者。每一微粒很小，且存續於所有時間。愛因斯坦則以事件替代微粒；每一事件彼此之間有一關係名曰間隙 ("Interval")。這種間隙可以藉諸種方法解析之爲一時間元素及空間元素。至於在這諸種方法之中，我們選擇何種方法，乃是任意的。同時在這些方法中並無那一方法在理論上比任何他一方法較可選取。在不同的區域我們給與二個事件A及B。依照某一約定A及B二事件之發生可能係同時。另一約定A係早於B，再依照更次的一約定B係早於A。然並無物理事實符合於這些不同的約定。

從上所言，吾人似乎可說事件爲物理素材 ("Stuff" of physics)，而微粒則否。凡曾被視爲微粒者將被視爲一系列的事件。將一系列事件替代微粒就有某種重要物理屬性，而我們必須注意此物理屬性。然而我們所取的這一系列事件比我們所任意挑選的任何其他系列事件並無何更多實體性。是以「物質」並非世界終極材料之部份。所謂物質僅爲把事件聚集成束的便利方式而已。

量子論將此結論予以強化。然量子論在哲學上之所以重要，乃認物理諸現象可能係非連續者。量子理論指出，在原子(其解釋如上言)中，某種事物情狀延存於某一時間內，然後突被一與之確乎不同的事物情狀所代替。以往一直假定運動係聯續的，以今視之，則爲一成見耳。惟適於量子理論的哲學尚未有適當的進展。照我猜想，適於量子論的哲學其需要根本棄絕有關時間及空間的傳統論旨比之於相對論實有過之而無不及。

物理學已使物體很少具傳統中所認的實體性。心理學已使心靈很少具傳統中所認爲的精神性。前章我們已將觀念的聯合及約制反射作一比較。約制反射已替代觀念的聯合。很顯然的，約制反射更爲屬於生理學之範圍矣。(此僅爲一例證；我並非誇張約制反射的領域)。因此，從兩端來看，物理學及心理學二者已形接近。由於這一接近而使威廉詹姆斯批評意識時所提出之中性一元論之理設更爲可能。心靈與物質之區別之進入哲學乃由宗教而來。雖然，在一長久過程中，這一區別似有正當依據。照我看來，所謂心靈與現質二者不過爲集合事件之方便法門而已。當然，我得承認有一些簡單事件僅屬於物彙；然而，其他的事件則屬於心與物二者，由此，既爲心靈又爲物質。這一理設，大可簡化我們的世界架構之圖象。

近代物理學及心理學爲古老的知覺問題予以新的曙光。假定有任何東西可以稱之爲「知覺」的話，那麼這個東西在某些程度中必爲知覺之對象的結果，而且，如果這個東西爲知覺對象的一來源，那末，它多少必類似那個對象。假定有所謂因果聯繫，而且此因果聯繫多少獨立於世界其他部分，則只有前述第一條件能滿足。就物理學而言，情形確係如此。光波自太陽傳至地球，其進行乃依其自身定律。不過，這一說法，只是大致爲眞而已。愛因斯坦已指出光線是受引力影響的。當光線達到大氣層時，他們就受到反折作用，因此，有些光線就比其他光線較爲分散。當光線達到吾人眼簾時，就發現在他處所不能發現的事物。於是，我們「看見太陽」這個東西。雖然吾人視覺中的太陽與天文學家所見的太陽實很有差別，然前者卻仍爲後者知識的主要源泉。因爲「看見太陽」不同於「看見月亮」。其所以不同，因與天文學家的太陽及天文學家的月亮之不同相關聯。就這種方法我們所知的物理對象，無論如何，僅是某些架構的抽象性質而已。在某種意義上，我們知道太陽是圓的，雖然其爲圓與我們所看見的東西之爲圓的意義不十分相同。但是，我們沒有理由臆斷太陽是光亮的或溫暖的。因爲物理學家不作這項臆斷，即能說明其爲光亮爲熱。所以，我們對於物理世界的知識僅爲抽象的及數學式的而已。

我已經在前面將現代解析的經驗論之大要撮述過了。現代的解析經驗論由於與數學結合，及發展出强有力的邏輯技術，於是，與洛克，巴克萊，休謨的經驗論不同。因此，對於某些問題，與其說具哲學的性質，勿寧說具科學的性質。因其問題具科學的性質，故能得一確定答案。現代經驗論比起所謂體系哲學來是便利多了。蓋其能在一個時間着手解決一個問題，而非一口氣發明有關整個宇宙的混一理論。就這方面來說，現代經驗論的方法是與科學相似的。只要哲學知識可能的話，我不懷疑，要探求哲學知識就得採用現代經驗論的方法。而且，我亦不懷疑，藉現代經驗論的方法，很多古老的哲學問題，可以完全解決。

然而，仍有一廣漠範圍存在，這範圍在傳統上包含於哲學以內。這類問題之解決用科學方法來解決則不適當。這個範圍包括有關價值的最後問題。例如，單靠科學是無從證實受殘酷的刑罰是不善的。凡可以被知者，自可以藉科學方法而知之。然而事物之應屬情感者，則不在科學領域以內。

就整個的哲學歷史來看，哲學由兩大不相和諧而又混雜的部份組成：一方面爲關於自然世界的原理，他方面爲有關人類最好生活的倫理或政治的主張。不能將此二者分個清清楚楚，乃思想混亂的源泉。自柏拉圖至威廉詹姆斯諸哲學家都渴望啓廸人生。他們都以爲什麼樣的信仰可使人具有德目。而且他們發明了論據來證明此諸信仰爲眞。不過，這些論證常極詭異。至於我，不論基於道德的理由或理論的理由都要非難這種偏見。就道德而言，一個哲學家除了盡其專門才能對眞理作忘我之探求外，若再經營他事，則爲心性不定，不忠職守。若在探求眞理之先，就臆斷某些信條(無論是眞或假)，可以增進善的行爲，如此，乃限制了哲學的思辯領域，而使哲學成爲無足輕重之物。眞正的哲學家，乃準備觀察所有先入之見者。對眞理的探求予以任何限制，此限制無論出諸有意或無意，哲學必因恐懼而陷入癱瘓之境。且這一限制給政府以檢查之藉口，凡政府認爲是「危險思想」者，便予懲罰。而事實上所謂危險思想者，在哲學家自己探求眞理時已早予查驗。

從理智的觀點來說，把道德的考慮誤加于哲學之上，其對哲學之影響，實至鉅且大。我自己並不相信哲學能或不能證明宗教教條之爲眞。然自柏拉圖以降，多數哲學家都認其自身職責是設法證明靈魂之不朽及神之存在。他們發現前人論證的瑕疵——於是聖湯姆斯棄絕聖安士門 (St Anselm) 的證明，康德棄絕笛卡兒的證明——但他們卻補之以自己的新的證明。爲了使他們的證明看來似乎有效，乃不得不裁誣邏輯，而使數學神秘化，並且使其根深蒂固的偏見，亦若出自天賦的直覺。

以邏輯解析爲主要職責的哲學家，將以上一切偏見均予棄絕。邏輯解析哲學家坦白承認人類智慧對於有關人類的許多異常重要的問題不能找出確定的解答。但邏輯解析哲學家也拒絕相信有所謂「較高的」知識方法，藉此方法，我們可以發現那些爲科學及理智所不能見到之眞理。由於這一揚棄，邏輯解析哲學家所得的報酬是發現了許多問題。這些問題在以前爲形上學的烟霧所籠罩者，今已能給予精確的解答。邏輯哲學家所用的方法除意欲了解問題外，不會滲入個人氣質。像這樣的問題：甚麼是數？甚麼是空間與時間？甚麼是心靈？以及甚麼是物質？這些問題都是古老的問題。我不能說我們在此地即刻對這些古老的問題能給以確定的解答。然而，我敢說，我們已經發現了一種方法。藉着這種方法，我們得以像在科學裏一樣，能繼續的接近眞理。在此情形中，每一新的進程都是由改進以前的成就所致，並非由拒絕以前的成就所致。

在各種相互衝突的狂熱思想彼此激盪中，具有統攝作用者的少數力量之一便是科學的眞理。我所謂科學的眞理，乃意謂着吾人建立信仰時，盡人力之所及，養成以觀察及論證爲根據的習慣。且這種觀察及論證的特殊成分與個人無關，同時也棄絕地域及氣質上的偏見。我堅持把科學的這種眞理導入於哲學中，以及創立一强有力的方法以之使哲學可具有成果。這便是我所屬的一宗哲學之主要優點。應用這個哲學方法所得到的謹慎的習慣，可以推及於整個人類的活動範圍。這麼一來，同情和相互了解增加，而狂熱之氣便爲之減少。且棄絕哲學一部份武斷的虛飾，哲學仍會提示及激舞人生之路向。

原書
原様

原書原樣

顯露出來。

中間派先被解決

在一九五三年三月，馬倫可夫以黨的第一書記兼總理職務的幾個月內，上述三個派系的變化是：

第一、馬倫可夫得到赫、布的滙合，是陣容最強大的一方面；馬倫可夫二次大戰時主持飛機及軍火工業，戰後又注意重工業的復員，在工人中握有幾個得力的助手(如薩布洛夫等)。赫魯曉夫在各地共黨(特別是烏克蘭區莫斯科區)握有控制實力。布加寧則因背後有朱可夫撐腰(布在二次大戰時是朱可夫的政治委員)，幾等於軍方的代表。這一個滙合了工、農軍三方面的力量，無疑的是勢力最強的組合。

第二、被稱爲元老派的莫洛托夫等，由於握不到組織實力，位高力薄，伏洛希羅夫以軍方關係，轉與布加寧攜手，什維尼克知難而隱退，以幕後策劃見稱的卡岡諾維支，因與馬、赫關係尙佳，亦見風駛舵，轉而支持馬、赫，老謀深算的莫洛托夫，在勢孤的情勢下，不能不採取以退爲進政策。

第三、元老派在面對三股少壯力量滙合的事實下，知難而各就其所從，原被認爲中間力量的貝利亞，自然的就成爲少壯陣線的眞正敵對者，而結果卒先被清除槍殺。

綜合蘇俄本身的透露和其他內幕報導，貝利亞被清除成功，是由於下列三個佈置：

一、卡岡諾維支聯合赫魯曉夫，主持解決貝利亞個人及清除其集團的全面計劃；

二、由布加寧取得軍方的出面支持，特別是莫斯科軍區臨時採取戒嚴行動；

三、米高揚的「倒戈」。

似乎在清除貝利亞的行動中，可看出馬倫可夫並不是個決定人物，馬倫可夫當時掌握政權的「如意計劃」，是籠絡元老派，借軍人力量監視貝利亞，然後利用布、莫、貝三角矛盾以維持他的領導局面，他幾乎未曾把赫魯曉夫看成眞正的政敵，他忽略了赫魯曉夫在共黨的潛力，隨時可把他推倒。

馬、赫是怎樣分裂的？

亦可以這麼說：馬倫可夫的錯誤，就是以爲赫魯曉夫是他的舅子，以爲自己任總理，赫魯曉夫任第一書記，控制黨的組織，是分工合作而非爭權；馬倫可夫犯了共產黨最認爲要不得的心理弱點，那就是在鬪爭中存有溫情。

但又可以這麼說：馬倫可夫除了受史太林賞識一手提拔外，他的上台實際上更需要赫魯曉夫的支持；赫魯曉夫有力量支持馬倫可夫上台，當然有能力迫他下台。

在馬倫可夫上臺的一年後赫魯曉夫卽就馬倫可夫的「施政弱點」，作有計劃的指責，赫魯曉夫指責國有農場第一副部長史柯法佐夫的「不懂組織」，攻擊國家建設委員會副主席狄米道夫的「計劃錯誤」，抨擊農業部長班尼狄克夫的「作風官僚」，這些都是馬倫可夫的幹部，指責這些人，無異打擊馬倫可夫在農民方面的領導聲譽。

赫、朱、布的關係怎樣？

馬倫可夫借東歐不安，出而與莫洛托夫會合，在時機上說是機智的，但是力不如人，奈何！

清除馬、莫、卡等，不少人認爲是赫魯曉夫和朱可夫的共同行動，但是赫魯曉夫和朱可夫、布加寧能够合作無間嗎？我想不會有人敢對此答復一個是字。現在讓我們來看看他們過去的關係：

一、布加寧在二次大戰時是朱可夫的政治委員(卽黨代表)，他們兩人在蘇俄中央得到今日的地位，應該是關係最密切的一對。

二、朱可夫在二次大戰時的兵力，是來自莫斯科區(後方)及烏克蘭區，烏克蘭是赫魯曉夫的地盤，戰時朱可夫在烏克蘭後方的動員和訓練，抵抗德軍的進攻和反攻等，如果沒有赫赫曉夫的支持和配合(在烏克蘭，赫魯曉夫曾被稱爲烏克蘭的史太林)，恐怕不容易有美滿的成就。共產黨國家軍隊的組成，都經過黨的嚴格訓練和控制，這些，也可使我人看到赫、朱兩人早已有不簡單的關係了。

三、許多人重視朱可夫的權力，但是從共黨控制軍隊組織及黨指導員的地位高於帶兵官的事實論，朱可夫應是聽命於布加寧，而布加寧却依賴於赫魯曉夫。

假如說年來蘇俄高層人物的鬪爭，赫魯曉夫隨時隨地得到軍方的出現支持，那麼有一個人應該被注意的，那就是現任的莫斯科軍區司令莫斯卡倫哥元帥，他過去是赫魯曉夫在烏克蘭的得意助手，一九五五年三月被調任莫斯科軍區司令，並晉升爲元帥，他被調到莫斯科何爲？手中的兵力有什麼派用場？是不難像想得見的。

二次大戰前，史太林在整肅行動中掃淸了共軍上中級的將領，並把他們所統率的軍隊作支解性的驅往各奴工營去(一九三六年至一九三九年間史太林對紅軍整肅的結果，幾使蘇俄受德軍進攻之初期，無力回手)，然後用朱可夫、提蒙盛科等重新組訓新的軍隊。赫魯曉夫清除朱可夫所率領的紅軍，雖然沒有史太林那麼澈底，但有一個發展是我們可理解到的，如果要應付另一次戰爭，赫魯曉夫亦會用上另一整批重新組訓的「生力軍」，而那些「生力軍」，一定不是由朱可夫經手；在第二次大戰時的紅軍，實際上已經老弱，去年借「裁軍攻勢」，蘇俄一擧宣佈將百餘萬紅軍配戍到中亞細亞和西伯利亞的新開墾區去，原有紅軍的解體，不亦就是朱可夫手中的「實力」的溶解？

由於朱可夫在二次大戰時曾與艾森豪威爾有過接觸，若干美國觀察家在論及蘇俄政爭時，往往要對朱可夫寫上幾筆幻想。但就赫魯曉夫年來控制蘇俄政權的事實分析，說莫斯卡倫哥元帥比朱可夫還要握有實際兵力，大概不是個無常識的見解。

操縱了黨的組織，在蘇俄的權力鬪爭上是最重要的一着，而赫魯曉夫在這一方面是佔優勢的，如果加上他已經培植了足以代替朱可夫的軍人實力領袖，則赫朱未來的合作發展，亦可了解其梗概；同時亦當不會輕易估計朱可夫是個可能修改蘇俄局面的人物。

灼子

司馬中原

一

放完麥假，塾裏開課的時候，我碰到了灼子。

他跟我同坐一張板凳，很矮很瘦，飯鍋巴似的黃臉，腫眼泡，滿頭生着癩痢，像一盤爛了的西瓜，常繞着一大羣嗡嗡的蒼蠅。

「天地玄黃，宇宙洪荒……」

瞌睡蟲又往我眼皮上爬了。窗外有風，翻弄冲天榆的葉子，帶麥莖的空邊的野地上，撒滿照眼的太陽光。一輛太平車滾過明靈溪上的小木橋，揚起一陣陣小小的沙烟。趕車的長工老喬二，壓低他寬沿的竹斗篷，讓鼻子眼睛統埋在弧形的黑影裏，單祇瞧得見他密密扎扎的絡腮鬍子，老喬二一抖手，半空裏就炸起一個清脆的鞭花。

「天地玄黃，宇宙洪荒……」

「嗡嗡……嗡嗡嗡……」

我揉揉眼。我的癩痢伙伴仍然板板正正的坐着，很像土地廟裏木頭雕刻的土地公公。很多蒼蠅戀戀不捨的盤旋着：米粒大的飯蠅子，紅頭金翅的綠蠅子，像蜜蜂那麼大的麻蠅子，可能還有牛虻蟲。他沒有課本，吮着嘴唇，跟着哼哼唧唧，聲音很低，光是「唔唔唔……」，看樣子，他連「三字經」、「百家姓」全沒唸過，莫說「千字文」了。

我把打開的書推給他。那是拿三升新大麥，打集上地攤子那裏換來的新書，奶奶用年畫紙糊的封面，並且叮囑我：弄上一個墨團，要打十下手心！

他接過書，朝我笑笑，笑得嘴角朝下，並不好看。

他嘴唇顫動一下，似乎想說什麼，又沒說出什麼，唸着唸着，猛的一伸手，捉住一隻蒼蠅。他不再唸了，一心一意的處置他手心裏的俘虜。「嘻嘻，你媽媽的，你媽媽的！」他細心地屠殺那隻大麻蠅：先是一條前腿，再是一條後腿，再是半邊翅膀。

「嘿！你打哪嘿來？」我說：「你家不住在河西崖？」

「你媽媽的！」他一隻手指戳破大麻蠅的頭，放回嘴裏吮吸着：「你問我老家？很遠很遠，我爹曉得。」

「你叫什麼？」

「叫灼子——你呢？」

「盧大文！」我說：「你爸在哪嘿？」

「田裏。」

「田裏？你家住在田裏？」我聽得自己得意的笑聲。

「呸！」他使手指扣着他棉襖上的破洞：「我們住在窨洞裏，哪兒是看靑（註：北方春秋莊稼成熟時，為防偷竊，都僱請專人看守。叫做看靑。）底棚呀！」

「磚窨？嗯，那裏是我家的田。」

「我不曉得。你家有很多田嗎？」

「有囉！很多很多……你們家有田嗎？」

「老家有！還有豬、狗、白鵝，一隻火七姑姑鳥，（註：即斑鳩，一種象徵和平的鳥。）剛長滿翅膀。」

眞的，別的我都不羨慕，只羨慕那隻火七姑姑鳥，為了一隻火七姑姑，長工老喬二替我做了三個板板倒（註：竹片製的捕鳥機），捉了一個春天，祇捉到一隻亂噪亂叫的三喜鵲，八輩子也養不家的東西。為了這個，我逼着老喬二爬樹去找鳥蛋，又拔下他三根鬍子。

「你想什麼？」灼子說。

「一隻火七姑姑鳥。我們管它叫野鴿子，老喬二說的。」

「老喬二是什麼人？」

「嗨，我家的老長工，滿臉絡腮鬍子，專愛扯小孩耳朵。」

「他扯過你？」

「當然我說是除了我……」

「可是，我爹不歡喜扯人耳朵，總要拿巴掌打！」

「打哪嘿？」

「後腦杓！」他拿手比劃着：「這樣，這樣。」

「這樣？這樣？」

「對囉！就是這樣！」他順手又捉住一隻蒼蠅。

二

新麥登場，在麥場邊的石輾那裏，我頭一次看到灼子的爹，那個在灼子嘴裏專愛拿巴掌打人後腦杓的瘦老頭。他約莫五十來歲，額頭上有幾條深的、平板的皺紋。他對我並不伸出巴掌，却恭敬的笑着。奶奶告訴過我：灼子的爹是打從六塘河北叉嘴子老家逃兵荒來的，這陣子歇在鄉裏，受僱替我們看靑。

「少少爺子，一條龍哩，這麼俊法！」他笑向老喬二說，那聲音，沙啞得像沒有松香的胡琴。

「沒絡頭的馬呵！」老喬二拍着拉輾的牛脊背：「呼哄——專愛使性子！」

「你不看靑了，灼子他爹？」我說。

「管我叫老古，我姓古，少爺。」老古笑着：「灼子他媽才叫我灼子他爹哩！」

「是了。老古，你怎的不看靑了？」

「看靑，等秋天吧，秋莊稼還沒下種哩！歡喜我跟灼子搬到村上來嗎？」

「歡喜。」我說。

老古果然搬到村上來了，帶着灼子跟一條癩毛老狗。老古挑着一個擔子，一走一搖愰，兩隻破蘿筐裏盛着他跟灼子的全付家當：一隻沒耳朵的鐵鍋，一隻黃罋的水罐子，一隻破蔴布袋，一塊方方的柳木板。我失望的是，沒有火七姑姑，我想灼子是個說謊的孩子。

兩個外鄉人住在我們家的牛草棚裏，牛草棚又矮又黑，四邊統是土牆，朝南開着個碗大的小窗戶。就這麼着，也比窰洞要好些。離秋耕還有段日子，老古很閒，總愛整天叼着短烟桿，瞇起眼望太陽。那樣，會使得他臉上的皺紋更多，也更深。

夏天的太陽火辣辣地，初生的知了早在樹叢裏嘎啞的唱歌了。每天，跟灼子一道兒，穿過開滿向日葵花的小路到塾裏去，唸那聽不懂的課本。我再不像開頭那樣，深深的討厭灼子了。在塾裏，灼子一個孤伶伶的外鄉人，活像一條夾尾巴的狗，任憑人欺弄，嘲笑，他成了扑草把的對象，一扑一個狗吃屎，再扑一個仰八叉。然而，灼子必竟是灼子，是我知心的好伙伴呀。

下課了，灼子不敢離開我，怕挨吐沫和拳頭。孩子們在榆樹底下唱着：

「禿子禿呵，蓋瓦屋呵，
瓦屋漏呵點蠶豆……
蠶豆開花，小禿子回不得老家！」

一聽到這歌，灼子眼眶兒便紅了。勒起瘦小的拳頭，又軟下去，獨個兒坐在樹根下，轉過臉，抖索着，抽搐。

「怎樣了，灼子？」

「我爹不准我打架。」

「你想家？」

「嗯。」他惘然的應着。

「家裏還有些什麼？」

「沒有了。猪叫兵們殺了。火七姑姑鳥死了。我們那兒有大河，也有紅土大窰。我媽的墳，埋在窰邊的荒地上。」

「我家不是很好嗎？嗐，灼子。」

他搖搖頭，失神地望着天空的雲朵。

「我們哪兒亂了！我爹說：亂了！不能靠田地了！」

「什麼亂了!?」我吃吃地笑起來：「你爹是個活酒葫蘆！」

「呸！才不！」灼子淒苦的說：「亂了，亂——了……」

散學回去，扁大的日頭沉落到西邊，黑扎扎的林梢像很多把巨大的錐子，將日頭扎成幾個通紅的大窟窿，鋪散的晚霞是凝結的血吧？染紅了渾圓的天蓋。

黑老括子成羣結隊的，哇哇掠過頭頂，落到遠方的野林子裏去。灼子一面走，踢着路心的小砂石，一面用迷惘的寂寞的聲音，打着北方的腔調兒，唱他常常歡喜唱的、不曉得名字的俚歌：

「小白菜呀，黃又黃喲！
三歲的娃兒沒了娘……」

三

柳條黃了，太陽顯得更蒼老。

灼子一直沒買到「千字文」課本。他還是老模樣：頸子上扣着那根紅線的定命的狗繩子，穿着一件永遠是漏着屁股的小襖。

秋天裏，老古上棚看青去了，灼子忘記后腦杓上的巴掌。在去塾的路上，我跟灼子說起心裏的事——我一心想得到一隻剛長滿翅膀的火七姑姑，當然，更希望得到一隻黃鸝或者翠鳥什麼的。

「我們不到塾裏去吧！我要一隻火炭樣的野鴿子！」

「爹要我上塾哩。」

「你曉得，那是多好的鳥啊！老喬二答應替我編籠子，等到秋天收高粱的時刻就編好。——嗳，灼子，兩隻籠子，兩隻鳥，我們分開來養，喂牠玉黍跟桑棗子。」

灼子不作聲，祇顧玩弄着草葉子。

「兩隻火炭樣的鳥呀！」我咕嚕着：「我們會把牠繫上風哨子，像鴿子一樣的飛哩！」

我們走上叉路，穿過齊肩的綠色秋禾子，走向淤黃河崗去，崗那邊有片高高的野林子，任什麼鳥都有，不像屋後銀杏樹那樣，孤伶伶的祇有一個鳥窩。

翻過砂薹崗子，就是淤黃河的河心了。一年四季，河心不生一顆草，成千累萬的黃砂石打上面鋪展下來，一直鋪到天邊不知名的遠方去。

「這是什麼喲！」灼子問我說。

「黃河。」

灼子搖搖頭，不信我的話：「我老家沒有沒水的河。」

「嗨，老喬二說過：這是黃河的老家呀！」

「還有新黃河嗎？」灼子突然這麼問。

我望着那些渾圓的砂石：「當然，當然囉，嗳，我說灼子，總在一個別的、別的很遠的地方囉！」

「告訴我。」灼子摸住他的禿腦殼：「眞的呀，黃河會不會再回來？」

我訥訥地笑了，我也不曉得呀！

「這個麼，鳥兒雀兒總歡喜老家，我不信黃河不愛它的老家哩！」

「是呀！」灼子笑了。那笑是眞心的，雖則並不好看。

我幻想着：有一天，古老黃河會再回家，跟奶奶的故事裏講的一樣：一遍滾滔滔的大水，大魚一丈長，螃蟹小鍋大，還有屁股後頭冒青烟的汽船，兩頭尖尖的鹽駁子，方方的侉船。桅桿豎成林子，夜來的燈火像條龍。

野林的鳥雀，都叫灼子投石驚起了，拍打翅膀在低空飛旋。灼子一眼望過去，就曉得哪棵樹上有火七姑姑的窩，走到一顆大白楊樹下，灼子向上指着說：「哪，你看，一個，兩個，……這顆樹上有七個火七姑姑的窩，兩個白頭翁的，還有老括子跟黃鸝的。」灼子敏捷地脫下他那雙磨光了毛的破毛窩鞋，猴子般地爬上樹去了。

「有嗎？有嗎？灼子。」我圈起手指放在唇邊，仰起臉，大聲喊着。

「有蛋！」

「再看右邊。朝上去！對啦，有嗎？」

「沒有。」

「朝上爬！那枯樹枝椏上的，有嗎？」

灼子已經爬到高高的細枝上了，看上去很小，眞像一隻猴子。他取出窩裏的鳥蛋，放在嘴裏含着：「讓我再看看白頭翁。」他含糊的說。

「下來吧，灼子！」我喊着。

灼子沒有下來，還朝上爬，爬在最細的叉枝上，朝遠方張望。過了半晌，他抱着樹幹滑下來，吐出很多鳥蛋，白的是七姑姑的，淡綠的是三喜鵲的，紅的是黃鸝的，白頭翁的蛋最好看，粉紅色，還帶着黑的斑紋……

「你剛剛看什麼？灼子。」我問道。

灼子揉着眼：「我麼，我看不到老家。」

從此，我跟灼子常常逃學，到野林子裏去捉火七姑姑，我們收藏了很多好看的鳥蛋，也編了很多叫哥哥的籠子。我們愛在陽光下奔跑，訪問那些開滿田壠的野花野草，一邊談着灼子的老家。有一回，灼子慫恿我爬上一棵樹去，我跌了下來，暈過去了。

在老古的巴掌底下，灼子供出了我們的秘密。

「別再跟灼子那野孩子一道啦，文子！」當我睡在太平車上，搖幌着，被送到魯大夫那兒看傷的當口，奶奶說。

我答應了，心裏却想着灼子。

魯大夫住在明靈溪下游七里遠的地方，牛車滾動着，老喬二在車轅上安閒的吸着葉子烟，抽動他長長的鞭梢。天，高而藍，鬱鬱的林子裏，盡是七姑姑鳥微帶淒涼的叫聲：「七姑姑，苦——七姑姑，苦——」

過了淤黃河，灼子追上來了，從車尾爬到我身邊。

「你怎麼來了？」我呻吟地說。

「逃塾！」他說：「你跌在哪嘿？」

他伸過頭來，我不禁呆住了。他傻白着臉，耳旁有很多條又青又紫的傷痕。不用說，是挨了他爹的打。

「你爹爲什麼打你，灼子？」

他寂寞的笑着：「你很快會好嗎？」

「我想很快。」

「我爹打了我，說我帶壞了你，往後不准我們在一起了。」

「眞的嗎？」

他點點頭，伸出手，摸着我的手背。臨走，他打懷裏摸出兩個溫熱的小東西，那是我朝夕思念着的火炭樣的七姑姑鳥。

「我們分開來養罷？」我說。

「我，我不想要。」他說，跳下車，哭着跑了。

四

灼子送我的兩隻火七姑姑長全了翅膀，灼子的爹却病倒了。

老喬二帶我到看青底棚上去，在那裏，我見到了老古。他半躺高粱桿夾成的牆上，靠近小窗口，一支向日葵的棒子支起蘆材編成的窗篷，太陽射進來，照在他浮腫的臉上，像隻半枯萎了的葫蘆。

「你好嗎，老古？」我說。

「哦，好，很好，少爺。」他睜開眼望我，淒然地笑着。那眼睛，像彌漫着一層濃霧似的。

風，吹動了野地裏的秋禾子沙沙的響着。

老古像想起什麼，咳嗆一陣子，講道：「唉，病麼!?不會眞病的。我說老喬二，明年，對囉！明年我會帶着灼子回去，難道眞把老骨頭丟在外鄉：：」

「是囉！」老喬二發出井底下那種深沉的聲音：「樹高千丈，落葉歸根，人麼，討飯也莫到外鄉。」

「嗨，兵荒哩！要不然，怎的會！自家麥子長了穗兒，却跑到別人田裏拾荒。」老古嘆息着，憂愁地：「……我不懂這道理。兵們要打仗呀，鬪呀，搶呀，刀呀，槍呀，莊稼人該受的麼!?祖祖代代供奉着「天地君親師」的牌位，完糧納稅的人，不犯王法呀！……什麼淮海縱隊，教導旅底兵來了，組織了什麼搶收隊，割我們底莊稼。灼子他媽一急，得失心瘋，死了！」

他的頭垂向了一邊，哼了兩聲，繼續說道：

「離了家，就像拔了根的樹，哪兒好安排爹兒倆？——就走吧。我挑着擔子，前頭挑着灼子，後頭放着鍋、碗、瓢、盆。我賣些麥芽糖，打着撥浪小鼓，走着，賣着，一個村，又一個村。

「莊稼人，站耙桿，踩牛糞，打泥巴裏滾大的呀！田地就是搬不動的金子。平日家，也有水、旱、蝗荒，不管怎樣，總歸有過去的時候。今年荒了，還有明年的收成，惟獨這兵荒！嗨……」他頓了一頓，「餓了，野地扒個坑，就地檢些柴火，挑些野菜。渴了，找些冷水。春頭上，就挨門討。這就是兵——荒——」又轉向我，淒迷的笑着：「兵——荒——，好聽麼，少爺。」

「好聽。」我說：「奶奶沒講過這樣的古記兒。」

「這不是古記兒，少爺。」

想不到那就是老古對我說的最後一句話。抬回莊上來，老古丟下灼子去了，不再說話，不再嘆息，也永不會再跟我說那新奇的故事了。

奶奶捐出一口薄皮棺材，一塊砂薑崗上的墳地。

棺材安置到太平車上了。老喬二提來兩簍燒紙，一掛炮竹，灼子穿上白蔴布的孝衣，腰間勒着一綹亂蔴，呆呆地坐在車轅上。長工們也跟着送葬，沉默的吸着烟，沒人講話。滾動的輪輾着沙路，路邊盡是落葉和衰草。

我跟灼子對坐，楞楞的互望着。

路，彎曲地伸向遠處，埋入天邊的林影裏去。這之前，我們常常逃塾，野馬樣的奔跑在這條路上，眼睛都是閃亮的，而今天，灼子的眼裏却有了一層黯影。

「灼子。」

「嗦。」他說：「他們要把我爹送到哪嘿？」
「砂崗上。」我說：「我們常常去捉火七姑姑鳥的地方。」
「要埋嗎？」
「要。」
「他們會替我爹堆起一座墳？像紅土窰那樣大的墳？」
這時候，吸着烟的老喬二扭過頭來了，罵——的一聲，烟桿落在灼子頭上。又伸出生滿汗毛像老薑樣粗糙的大手，扯住灼子的耳朵：「你這沒心肝的秧子！」老喬二罵道：「哭呀！哭！淌出眼淚來！灼子。你爹死啦，你還有心腸唸咒語⁉」
「我哭，我……哭。老爹。」灼子喊道。
老喬二鬆了手，灼子眞的哭了。
新墳很快就堆好了。老喬二找到一棵帶刺的野薔薇，栽下做成綠色的墳頂。那是一座沒有碑石、沒有墓銘、也沒有松林子的、孤伶伶的墳。
老古一死，灼子便停了學。老喬二告訴我：灼子在南邊沒有親戚，沒有熟人，奶奶把他留下了，安排到我們南鄉村的田莊上去看牛，明天，他就要走了。
聽最後一課時，灼子仍然楞楞的坐着，翻動他遲鈍的眼珠。臨走之前，他拿我削鉛筆的小刀，在黑漆課桌上刻着。他刻了一個人臉，狹長的，憂鬱的，饑餓的人臉，還有一隻火七姑姑鳥，一條狗，一座孤墳。

五

好幾年過去了。我考取城裏的中學，在繁華的城裏，我看到很多新異的兒時夢想過的東西：彩色的燈火，如林的船桅，在陽光下閃亮的大海魚的鱗甲。我也看到無家可歸的難民們，和淒息在電桿上茫茫的烏鴉。
不管怎樣，我總是寂寞的，我開始想着家鄉，想着那開滿野花、遍洒着乾葉的田壠和空曠的野地；想着奶奶、老喬二，更惦記着灼子。
家裏來信說：「世道不平靖了，幾十里外住了新四軍，很多逃兵荒的人逃到我們村上；往北走，到處統有捐稅卡子，明搶暗刼的事多如牛毛。」奶奶要我趕回家。我自小失去媽，父親又因着抗日，投身到遙遠的地方去了。世道亂了，田地是抬不動的金子。無論如何，我們總得守住田地，才算有了根。
暑假裏，家裏放車進城來接我，趕車的竟是灼子。
灼子變了，他橫高豎大，直愣愣的像一根大木樁。但他說話還是訥訥的。
車子滾在官道上，灼子跟我談起家鄉的事。
「你還在南鄉放牛？灼子。」
「早回來了。」灼子笑着，露出兩排整齊的牙齒：「我是眞正的長工了。少爺。」
我沒有講話。
「你這次回家，會看到很多逃兵荒的人！」他說，熟練的炸動鞭花：「荒地上，野林子裏，橋孔底下，嗨！到處爲家呀，少爺。年成也差了。鬧旱呀，對囉，鬧旱。一春沒見一滴雨水。田地統乾出縫兒來啦！鄉裏又成立了自衛隊，行步不離槍。」他吮吸着下唇，發出嘶嘶的聲音：「媽的，也打火！跟卡子上的那些兵們。你瞧！」他在車板底下抽出一把纏着紅布靶子的單刀來。
「你也打⁉」
「嗽！呀哄——死牛。……他們有洋槍。我們沒有，就是使這個。嗚嗚嗚——老喬二一吹牛角，我們就喊殺呀、殺呀的朝上跑。」他認眞地搖着他手裏的單刀。
灼子告訴了我許多事，早先曾嘲弄過他的孩子們，現在都成爲自衛隊的隊員了。灼子從老喬二那裏，學得很多看家的本事：如何把紅薯溝子，耕得筆一樣的直；如何很快的馴服一頭野性的牛犢子；如何拿起火藥槍去打中一隻正在奔跑的兎子；如何套車；如何觀看天色、季節、雨水，適時地去播種和收割莊稼。
灼子愛他的牛草棚，他有一把單刀，一支火藥槍，一把他爹留下的破胡琴。他對從前的事故，記憶已經模糊，他現在只記得老家是一座紅土大窰，一條河，一堆埋葬了他媽的黃土。他還記得他爹，埋在砂崗那兒，墳頭上早爬滿了蔓藤和草。但他堅定的說：「我要回到老家去的！少爺，你願意去看我爹嗎？」
「好的。」我說。
我們像小時候一樣，走在金色的陽光裏。當空曠的、荒涼的淤黃河心舖展在我們眼前的時候，灼子有所感動地唱起一支古老的俚歌：

「黃河黃河天上來呀，
奔流到海不回頭，哎嗨喲！
不回頭呵……哎嗨喲！」

歌聲從他黧黑結實的胸膛裏流出來，沉沉地，充滿了悲愴。
我不再夢想那滔滔滾滾回來的黃河了。現在我深愛着這荒涼的河心。兒時，很多個春天，我曾把風箏的線頭拴在砂石上，坐下來唱俚歌，檢好看的石頭回去，堆成夢想的山。但灼子不這麼想，他堅信黃河會再回來，因爲他堅信自己一定會回老家。
我們走過村口的祠堂，那兒正聚集着許多人，灼子告訴我，他們是在那兒求雨。外號「老古董」的，我們小時候塾裏的先生，站在四方桌上大聲喊着：「我們來選跳大神的馬弁啊！」
照例，當馬弁的夥子，嘴裏要扎一根兩斤重的鐵錐子，從東村跳到西村，一天不吃一口飯，不喝一滴水，要挨得住火灼灼的太陽，必須是一個銅打鐵錘的結實漢子。求下雨來，馬弁永遠受人崇敬，如果跳到半途暈倒，那就是開罪了上天，歸他代替這方人受罰。
鑼鼓響了。沒有人敢挺身而出。站在我身邊灼子眼睛一亮，跳了出去，喊道：「我來！我古灼子來當馬弁！」
「你能⁉你能⁉古灼子。」
「能！」灼子說：「我怎的不能⁉我跳定了！老爹！」

灼子在點着檀香的鐵鼎面前扎下了鐵錐子。

人們接成一條長蛇，鑼鼓聲在龜裂的田野上游動着。灼子變成了另外一個人：挺胸凹肚，緊束着藍布腰帶，披散一頭假髮，踏着跳神的步伐，一步一顫，嘴裏吐着白泡沫，僵屍一樣的朝前跳着。

嘣，勒勒，蒼赤赤赤蒼蒼蒼蒼蒼……

人們緊張起來，焦灼的望着無雲的天空。

灼子是這條大蛇的蛇頭，游過每一個村落。他眼珠凸出，凝定着，像着了魔似的。古銅色的肌膚上，滾動着豆大的汗顆子。鐵錐兩端的紅緞飄動着，像大蟒蛇吐出的帶火燄的舌頭。就這樣，在暴雨樣的鼓聲裏，灼子熬過了大半天。人們替龜裂的田地，也替灼子的命運擔憂。

灼子仍舊跳着，他凸出的眼珠失神了，每一條筋都痙攣着，而且，常常踏錯簡單的步子。女人們不斷用包穀葉子向他身上灑水，有的開始用極低的聲音談論起來。

「就算能熬得下雨水來，嗨，古灼子也完了……」

「他眼珠散了光！老天！」

「嗨呀，灼子。」老喬二搖着頭：「一頭十七歲的老虎。少爺，有田的爲了田，他爲什麼？他在爲我們的田地賣命呀！」

鑼鼓愈打愈急，很多新手添了進來。

灼子緩慢的向前跳動，似乎一寸一寸的跳着了。女人們加緊灑水，而二大神愈唱愈熱烈了。二大神手裏搖着銅鈴，嘿啷嘿啷地，彷彿白楊樹被風吹動的葉兒響。他大聲唱道：

「走一關來到一關囉！

弟子們求雨奔哪神……山囉！

走東門來呀，到哪西門囉！

南天門請來了雷公閃婆兩哪仙…人…」

當大神的灼子疲乏得不能移動了，他呆立在一片荒蕪的田野中間，四週匝起無數道人羣。二大神仍然大聲的唱着。灼子在成千隻眼睛下，不住的發抖，潑頭潑臉流着汗水，落山的太陽勾勒出他奇異的影子，像一隻原始洪荒裏的猛獸。

時辰一分一分的移動過去，灼子得勝了！

然而，天，仍是一片藍。

災荒打遠方傳來，擴張，旋舞，變成流浪，饑餓和死亡的黑影。而灼子更沉默了。

聽說野地裏餓死不少逃兵荒的人，黑夜來時，到處都是紅了眼的野狗的吠聲。我踏着月色去找灼子，他正躺在牛草棚裏，找出他爹留下來的胡琴，吱吱的調動弦子。

灼子有滿肚子俚歌、古記兒，也能背得長長的百花名，可就不會拉胡琴。有一次村口逃來了一個拉琴賣唱的瞎子。每夜，在村口麥場邊的大石輾那裏賣唱。胡琴的聲音揚起來了，在黑沉沉的夜裏，在蒼涼的月光底下，那凄愴的聲音，像那古老農村的夢，像嗚咽的流水。老家門前的路上，常年經過一羣羣流浪的外鄉人，不知打什麼地方來，又不知往什麼地方去。灼子懂得這種苦難流浪的生活，那低啞的弦子，正縮住了他沉默的、戇直的心。

瞎子調着絃，姑娘用哀戚的腔調唱着。

灼子聽得楞了，歪起頭，伸長頸子，抓起了一把麥草。

「你想什麼，灼子。」

「眞好。少爺。」灼子用凄楚的聲音說：「聽得人想死，少爺。」

瞎子流落到另一塊土地上去了，灼子也學會了胡琴。每天夜晚，更房裏燃着接更的紅香火，灼子便倚在土牆上，調動手裏的弦子，他就和着弦子瘖啞的哭泣的聲音唱着。

現在，香火黯淡下去了，朦朦朧朧映在他的臉上，月芽兒慢慢沉落了。灼子拉着，唱着，眼睛凄凄的溼潤起來了。

「灼子！你是黃蓮樹下彈琴——苦中作樂呀！」老喬二嗑睡地說。

替更的長工在夢裏嘆氣。

灼子沒答腔。胡琴又變成哭泣的調兒了，拉來拉去，拉不盡灼子的哀愁。灼子望着沉落的月亮兒，低啞的唱道：「月兒彎彎照九洲，幾家呀——歡樂，幾家愁——幾家呀，骨肉——團圓聚唷，幾家呀，又流落在外頭——」

六

我在動亂裏離家，灼子趕車送我到淮河渡口。臨別時，我呆呆望着灼子，心裏難受。

「再見了！灼子。」我說。

「不要說再見！少爺。鄉裏統往南逃。灼子不！灼子不再走了！」灼子摸着稀毛癩頂的頭，自信的說。

從那時起，我不曾再見到灼子，那整個屬于鄉土的靈魂。我跟千千萬萬離開故鄉的人們一樣，開始沒有終點的長長的流浪。我到過更繁華的城市，更豐饒的鄉村，而那些繁華與承平，都像夢一樣的飄浮着。

一年冬天，在江南一座頽圮的古廟裏，老喬二告訴了我關於灼子的事：

「灼子死了！少爺。單祇一把單刀呀，一把帶紅布穗子的單刀呀，少爺。他像劈木頭似的砍那些吃人心肝的兵！他死在七里外的鎭上，那一火，拼完了我們的自衞隊，少爺。灼子死了，死得最慘，也最硬捧！我用獨輪車推他回來。腦袋沒了，渾身槍眼，滿臉統是噴沙子（註：槍名）的黑印。使三層蘆蓆捲着，兩頭還滴着血。哦，灼子，一隻虎！他的墳就埋在砂崗上，死鬼老古的墳旁。」

我們靠着破敗的廟牆，面前燃燒着一堆拾來的枯枝，火光紅得陰慘慘的，歪斜的櫟木，在火光上映出扭曲的黑影，落在老喬二沉鬱的臉上。我疲倦的閉上眼，彷彿又看見了灼子在故鄉塾裏書桌上刻畫的那個人臉，狹長的、憂鬱的、饑餓的人臉。

海外寄語之五

尼加拉瀑布

於梨華

幾年前在一張電影上看到尼加拉瀑布(Niagara Falls)的景色時，曾暗許自己說：「我如有機會去美國，一定先去遊覽其地。」來了美國，限于時間、經濟、距離，直至上星期才實踐自己的允諾。

尼加拉的三個瀑布幾乎都在尼加拉河的美國河岸，如果過了彩虹橋(Rainbow Bridge)到加拿大岸去看的話，是可以飽覽無遺的。我們沒有美國居留證，只好倚着鐵欄，盡量引頸觀望，以所能看到的為滿足了。

三瀑布中最大的一個是馬蹄瀑(Horseshoe Falls)，橫跨尼加拉河的美國河岸及加拿大河岸，瀑布形如馬蹄，彎彎地嵌在湍急的河面上。瀑布如萬馬奔馳，流水如千條銀鍊，傾入低層的河中，白霧猶如輕煙，從瀑布脚裊然上升，幾乎遮蓋了整個瀑布面。我們在平臺上倚欄而望，只覺得濺水如雨，向我迎面拋來，又刺痛，又涼爽。這一個瀑布以形狀奇偉，聲勢浩壯為出名，可惜我們在美國河岸的平臺上，只看到它的四分之一。後來坐了「霧少女」的遊艇(Maid of the Mist)才看到它的全貌，但瀑布前的輕霧如幕，我們在船上也只能遠眺而已。

比馬蹄瀑布略小的，完全沿着美國河岸的一個是美國瀑布(American Falls)，它既沒有馬蹄瀑布的雄偉奇特，又不如它鄰近的新娘面紗瀑布(Bridal Veil Falls)的佳麗。它只是一個終日抱怨不休的老人，喋喋無已，瀑流雖然湍急，切不是盡意的傾瀉，唯一的美點是它前面，靠近彩虹橋邊的虹霓，彩虹來去迅速，比夏雨後天邊的虹美得多。我的同伴們為了捕捉它的瞬息隱現之美，拿了照相機走到近瀑布的岸沿，結果濺了一身如碎石般的水點，還不能把它攝入鏡頭。

三個瀑布中我最愛的是新娘面紗，那是一小注和美國瀑布相隔一箭之地的苗條的激水，其瀑流的渾圓，水面的閃亮潔白，流瀉時的婀娜，恰如一襲輕掩着新娘的面紗，隨着她步伐的韻律，輕柔地飄流着。很多遊客都輕輕地贊賞她的柔美，我也站在人叢中向她凝視，為她的優美沉靜、自我憐惜的東方美所醉。她既不為她左端馬蹄瀑布的巨流所攝，又不為她右鄰的美國瀑布前的彩虹所惑，她只是安靜地、深情地向河邊的小草訴說她心靈的秘密。傍晚時，我得到了移民局人員的許可，踏上橫跨尼加拉河的彩虹橋，一直走到連加拿大陸地的橋端，轉身看我心愛的新娘面紗。這時，夕陽絳紅的餘暈輕撫着奔流的水，白色的小鴿慢翔在橋與河之間，那一注流水猶如新娘微暈的臉頰，一切都籠在柔美和祥的黃昏裏，使我忘却了所有的、在這塊土地上受過的委屈。

夜來時尼加拉河和三個瀑布被彩色的燈光籠罩着；夜來時岸邊的遊人睜着驚喜的眼睛；夜來時倚欄的情人們在燈下悄悄地拉着手；夜來時新娘面紗瀑的純美消失在人工的彩霓裏，夜來時輕煙裊然的詩意失去了……

在加拿大岸對着兩大瀑布的正中，設有一個燈樓，燈樓的一面有兩排燈約八個，對着馬蹄布，另一面的兩排燈對着美國瀑布。晚上八點半後便有人上樓用彩紙(我們用望遠鏡看燈樓，因太遠，不能決定那是一種彩紙 Colored Paper 或是一種化學紙 Plastic Paper)掩着燈面，燈光射到瀑布上就有各種令人眼目撩亂的彩色，襯着瀑布前的輕煙，如紗，就托出一份暗晦的朦朧的美。每隔約廿分鐘，彩色被更換，瀑布的彩色也跟着改變。我們在未知色彩來源前，覺得披了彩衣的瀑布，有神秘的、引人入勝的魅力，但當我們知道彩衣的來源以後，就覺得用人工把天然的美裝點成一個傀儡，未免可惜。那幾晚正好是月圓星滿的仲夏，我抬頭看到被遊人冷落了的圓月，和她在彩燈的威脅下黯然的神情，就有一種莫名的惆悵。假如隔岸沒有貼着彩紙的燈光，而讓明月的光華靜靜地洒在新娘面紗上，再讓那一襲銀色的面紗，輕輕飄入河底，那該多美！但是靜的美是需要靜靜欣賞的，遊人來此多數是來看瀑布的。我回頭一看，見所有的人都會精聚神地看着彩色的馬蹄瀑。這中間能有幾個在欣賞朗朗清晰的瀑布聲呢？而欣賞瀑布的人又有幾個有「小舟從此逝，江海寄餘生」的胸襟呢？

讀者投書

（一）對臺灣省政府改組的感想

沈建平

編者先生：這次臺灣省政府改組，換上了一個軍人主席，秘書長一職，則由國民黨中央第一組主任唐縱擔任，由於周唐二氏的出身和以往的職務與衆不同，所以若干報紙譽之爲「陣容堅强」。對于周至柔將軍的出長省政，更有不少人寄以很大的期望，認爲以周氏治軍的才能來治政，一定會有良好的成績，尤其卸任主席嚴家淦，對周氏的學識能力和人格，簡直佩服得五體投地。嚴氏於交接典禮中致詞時，特別强調周氏之出主省政，有三大可慶：第一爲省府全體同仁慶，第二爲全省千萬同胞慶，第三爲全國慶。新任主席登臺之初，就得到如此的榮譽，應該是值得自慰的了。

我們不願以武斷的態度來斷定軍人主政一定會有若何不良後果，但是，至少也不能輕率地認爲以治軍的才能來治政，就一定有卓越的成就。治軍與治政，在性質上實有天淵之別，以治軍的方法來治政，往往是格格不相入的。周將軍這次出主省政，還是生平第一次從政，今後的成敗得失，還有待于事實的證明。過早的讚揚，不特于事無補，而且可能導致嚴重的錯誤。以周氏之聰明警智，也應該不爲這種麻醉性的阿諛之詞所蒙蔽罷！

周氏登臺之日，對當前省政的重心，提出了三項指示：一是儘速完成疏遷工作；二是淸理積壓公文；三是各單位科主管以上人員因公離開中與新村時，要由周氏親自批准。從這一件小事來看，好像周氏眞的要以治軍的精神來治政了。可惜這些都是省府內部的管理問題，在我們民衆看來，最關緊要的是省府在民財敎建各方面有什麼新的計劃，拿什麼東西來滿足人民的期望。所以我們希望周主席於下馬伊始，能够多花一點時間來研究與人民有關的重要政務，不需過分地爲某些事務性的工作而傷腦筋。比方說吧，第四屆縣市議員選舉就要到了，省府對此究竟作何準備？有沒有改革的決心？稅政如何整刷？敎育方面的許多缺點如何改進？這些都是一般民衆所十分關切的問題。

談到省府「疏遷」問題，據我們聞見所及，一般員工工作情緒之低落，是由于省府當局對疏遷工作事先缺少通盤計劃，事後對各種實際困難問題又不能善爲處理，以致他們生活陷于極度不安，遂影響工作情緒。所以目前最急切的問題，就是先把與疏遷有關的各種困難情形，研究淸楚，然後針對現實，逐一謀求解決。假如舊的問題尚未解決，準備工作尚未完成，馬上又把臺北部份再來一次「緊急疏遷」，結果必又更增紛擾！

我們對於周將軍的治事精神甚爲欽佩，不過省政紛繁，眞是千頭萬緒，僅僅應付一部份最重要的業務，已够使人精疲力竭，如果一個省主席還要親自批示各廳處高級職員因公外出的簽呈，未免把省政看得過于簡單了。我們認爲周將軍的這種指示，作爲一種「打氣」性質的激勵之詞則可，如果眞的見諸實行，就未免輕重倒置了。何況各廳員的科室主管，有各廳處長首爲之管束，祇要省府規定一個原則，便可由各廳處首長負責執行。假如認爲各廳處長都不可信任，連這種小小差事都怕他負責不了，那麼這個省政府能有什麼作爲呢？

以上是我對這次省政府改組的一點感想，也是對目前省政的一點期望。甚望藉貴刊篇幅公諸社會人士，以供參考。敬祝

撰安！

讀者　沈建平　謹上
四六、八、十九。

（二）爲在野黨的遭遇說幾句話

楊正義

爲了使「民主」口號喊得響亮，為了使「實行民主」的宣傳不落空，所以在野黨—青年民社兩黨—才能够在臺灣存在。因此，就有人譏諷在野的靑民兩黨，是當今政治上的花瓶，給執政的國民黨裝璜門面。筆者雖不敢苟同這種看法，但靑民兩黨未能發揮在野黨的力量和不能達成在野黨監督政府的責任，確是事實。

是誰之過？孰令致之？

茲就友人在某機關之遭遇事例說明之。

友人G君爲一熱愛國家，反共意志非常堅强的一位有二十年國民黨黨齡的公務員，隨着政府遷臺以來，現在一省屬機關服務，由於生活的負擔過重，把他的生活方式變得非常單調。如果找他生活上的僅存樂趣，那就是喜交友和讀書了。由於喜交友，在來臺的幾年裏，他曾認識了幾位靑民兩黨內的朋友，並且和他們也時有書信往還；由於喜讀書，對政治常識的造詣比較深，思想上就比一些死硬派的不學無術的盲目黨員爲開明有見地，因之對當權的政治措施時多非議。「天有不測風雲，人有旦夕禍福」，未想到就因爲交了靑民兩黨人士的朋友和對時政時多非議，竟被機關內的保防人員和黨的小組人員，列入紀錄，展開多方面的調查，認爲他是一位靑年黨員。同時因爲被列入「問題人物」的名單內，他的機關首長除經常找機會打擊他以外，在考績上始終把他考成丙等，不能升級增薪，相反的比他學識能力經驗都不如而在言行上不離效忠八股的同樣公務員，竟因爲表現「忠黨」被考績爲甲乙等，按年升級增薪。更慘的是我另一位朋友到職數年，竟也因此種原因被停止在公務員試用階段，而不能取得公務員的合格資格。

從這個事例，我們就不難明白靑年民社兩黨的處境，以及國民黨對靑年民社兩黨的態度。也許有人不相信有這等不合理的事，但是我從某方面探聽的結果，國民黨對該兩黨是應付上層，苦悶中層，打擊下層。這又可以從我這位小公務員的朋友的遭遇可以

印證，確屬有道理。

我寫這篇短文，無意揭發國民黨的短處，也無意揭破現行公務員考績任用的偏差，只是厚望國民黨及從政的國民黨員，為了實行民主政治，完成反共抗俄的大業，拋棄私見，聞過則改，不要倒行逆施。大陸上儲安平罵共匪的「黨天下」的獨裁暴政，在報紙上都能看到片斷的記載。我不知道捫心自問，作何感想!?

（三）院士候選人的名單應當公開

王　亮

今年，中央研究院將要選舉院士。這是我國學術界一件最隆重的事件。因為中央研究院是我國最高的學術機關，院士是最高的榮譽學位，截至今天止，院士當中尚沒有太不夠格的人。因而「院士」這一頭銜，到今天尚能保持其尊嚴崇高的意味。這點意味，要特別珍惜，萬萬糟踏不得。這不僅是院士個人的榮譽問題而已，而是為國家保持一點僅有的學術尊嚴。

近年來，由於政治的趨勢，使得我們國事的各方面都走向黑暗下坡路。教育文化界，照理，應該是可以保持一點清潔空氣的。可是，近年來更是弄得烏煙瘴氣。例如任意濫聘學術審議委員，任意濫發各種獎學金，任意濫花教育經費（賈玉是一最惡劣的例子），濫事干涉學校的行政與人事……最惡劣的還有反科學反現代化的言論之妄事吹噓（如貴刊所指出的「原子迷」及「君主的民主」等）。這樣的教育，已經是與現實政治同流合污了。所幸，中央研究院的院士選舉，教育當局無權過問。所以我們還可以希望這一次院士選舉不致於玷辱了「院士」這一頭銜。

院士選舉，要在三個月以後舉行。選舉的辦法是由現任院士秘密投票。這種辦法是有好處的，因為由現任的院士來選舉，他們會更珍惜「院士」這一頭銜，而不致於輕率投票。但是，儘管如此，我們仍擔心有人把榮譽看得輕，把政治上的利害關係看得重，以致錯誤投票。何況有的人為這一頭銜，而不惜用盡種種鑽營的手段呢？

現在，院士候選人已經由各學術機關產生了，據聞有三十餘人之多。這卅餘人當中，我們已知道了一小部份，其中有的人是夠格當選院士的。但有的人，一望而知是費了一番鑽營功夫或利用權勢而取得候選人資格的。這種人不僅在學術方面無造就可言，而且平日所發表的文章言論，簡直是無視學術，糟踏學術，玷污學術。如果這種人萬一當選了最高學術機關——中央研究院的院士，那末，中華民國的「院士」頭銜，也就與馬路旁邊「命理哲學家」的招牌，沒有甚麼兩樣了。

為避免這種醜惡的事件發生，為使現任的院士將來得以正確地投票，我們主張把院士候選人的名單，全部公佈，讓國內外的學術界對這批候選人來一個初步的衡量。這個程序，是必要的。

院士選舉，與國防無關，與外交無關，與安全問題更無關，我們想不出任何理由要把候選人名單秘密起來。秘密不一定都是掩蔽醜事，但天下有許多醜事是在秘密中釀成的。公開！公開院士候選人的名單！讓大家品評品評。我們希望，院士選舉要做到寧闕勿濫。這幾年，學術教育的尊嚴，已被行政當局糟踏得無幾了。中央研究院這一小小部門，今後能否保持一點獨立性，就看這一次的院士選舉。

中央信託局來函

一、頃閱貴刊第十七卷第一期讀者投書欄載有邱平先生所撰「外滙貿易體系一元化」一文其中第四節主張中信局物資局之業務範圍應有所限制語重心長至佩卓見惟文中所敘涉及本局之處多與事實有所出入爰特縷述實情以明眞象：

1,關於硫酸外銷——本局易貨處為開拓省產硫酸外銷市場曾接受廠家委託向韓國洽銷於四十五年初首批成交二二・八公噸每公噸 C&F 美金一〇〇元四十五年七月韓國標購硫酸一六〇公噸該處受中華化工廠之委託轉交韓國同泰公司投標以每公噸 C&F 美金一〇四元得標並非如邱先生原文所述以九一美元出售又其後以韓國市場基初已飽乃由廠商自行委託貿易商出口邱先生原文謂本局一手壟斷與商人競爭一節亦與事實不符。

2.關於卡其布等外銷——查銷越白細布卡其布等前後五批本局係受託代本省棉紡公會各會員廠辦理出口由廠商自負盈虧責任並均按加工品出口輔導辦法辦理至銷泰斜紋布一八五萬平方碼係政府鑒於本省棉布滯銷為打開布外銷東南亞途徑決定應泰國政府招標因參加投標國家競爭甚烈故派專人前往以投低價得標隨即有僑領張蘭臣先生主持之源聯泰公司續向本局訂購斜紋布二六萬碼卡其布一五、四〇〇碼足見本省布匹泰國樂於購用惟該兩批布匹係由政府負擔盈虧以出口後不敷成本乃由外貿會核定專案進口若干物資以其盈餘彌補虧損此係為開闢東南亞外銷市場專案辦理並非逐案如此。

3.關於蒜頭外銷——四十五年八月菲律賓國營販賣公司標購蒜頭一千噸由香港商人得標十一月該港商因收貨不足透過菲商向本省洽購蒜頭五〇〇噸其時本局迭准臺灣省農會來函以產區農民存有大量蒜頭亟待於年前賣出否則久存恐將腐壞損失堪虞請求本局代為設法外銷並先後准外貿會及農林廳函請協助本局為維護農民利益並供應友邦需要藉以爭取外滙計決定接受省農會委託代為接洽成交售予港商蒜頭五〇〇噸售價每公噸 C&F 馬尼刺美金一三三元扣除運費及國外佣金 FOB 高雄價為一一六・七一五元較以往商人按底價 FOB 八〇美元出口者計每公噸超收美金三十元以上本批交易盈虧由農會自負本局除收百分之一代辦手續費外並予以貸款之融通就本局言既無盈利之可言純屬「輔助民營」性質初無「與商人競營土產生意」之事又該批蒜頭經農林廳檢驗局檢驗合格發給證件裝船前本局除委託國際檢驗商殷德古公證行辦理公證外另派易貨處高級職員會同農會人員親赴基隆碼頭倉庫驗看並監督裝船其貨品品質均能符合約定嗣據本局駐菲代表報告本批貨品到菲後買方頗表滿意且願續購五〇〇噸云云邱先生原文所述各節亦與事實未符。

二、查本局辦理貿易業務原以辦公營事業產品為原則對於民間產品除由廠商要求本局協助自願委託本局代辦者外均由民間廠商自行辦理正與邱先生原文所云「我們認為中信局與物資局之業務範圍應限制在公營物資或民營企業無能為力時之委託代辦業務之範圍內經營之」之主張完全相符並無「與民爭利」或「壟斷」之事實務請貴刊予以披露以明眞象為荷。

局長　俞國華　四六、八、十九。

給讀者的報告

本刊這一期的社論（一）「我們的財政」是「今日問題」的第四篇。在這裏，我們首先指出財政當局常常是在要數字把戲「自欺欺人」。接着我們分別地說到預算（預算本身的不合理、預算控制權的脆弱等等）、稅制（間接稅的比重逐年增加、稅務行政的腐化等等）、支出（不合法、浪費等等）等方面的毛病。這些毛病如不一一革除，我們認爲：縱令「財政害於軍事」的死結，可以解開（請參閱本刊上期社論「我們的軍事」），「經濟害於財政」的第二個死結，依然解不開。

本刊第十七卷第三期發表了「反攻大陸問題」一文以後，引起了多方面的反應。我們對那些反應，除掉對誣蔑中傷的予以痛斥以外，我們特在這一期寫了「關於『反攻大陸問題』的問題」一文，以作總答覆。凡是對於「反攻大陸問題」一文，有所誤解的，請再平心靜氣看看這篇文字。在這裏，我們不厭求詳地再把我們的論據反覆說明，並重申我們的看法。

作爲現代國家的國民，應該具備現代的法律觀念。本期王聿修先生爲文呼籲國人「建立我們的法律觀念」。民主政治是以個人爲基礎的。國家之存在是爲了個人。所以現代法律的基本精神便在儘量保障個人權利。王先生在本文中，一一闡釋這些重要的法律觀念，並進而根據這些觀念評論數月前臺北發生的雷諾事件。對於法治觀念的培養，這是一篇很有敎育意義的論著。

本刊第十六卷第十一期曾發表趙岡先生的「發展臺灣經濟的方向」一文，討論有關臺灣經濟建設底一些基本問題。本期馬逢華先生根據該文談到的若干問題，提供「幾點商榷」，文後並附有趙岡先生的意見。馬趙兩先生這種彼此虛心討論的態度，誠値得吾人欽佩。趙先生說得好：不管大家的意見分歧到什麼程度，能够討論總是一件非常有益的事。

本期「民主隨筆」欄是「由土耳其總理孟德士訪華談到政治不應干涉司法」。姚士幼先生在文中引述一件很有意義的事例，說明孟德士總理所領導的土耳其政府如何尊重司法獨立的精神，而置國家利益於黨的利益之上，期望因孟氏之訪華而將此民主精神帶給我們自由中國。

本期翻譯「邏輯解析的哲學」一文，係羅素原著，譯者張尙德先生在文前已另加按語，茲不贅述。

自由中國　半月刊　第十七卷第五期　總第一八八號

中華民國四十六年九月九日再版

發行兼主編人　『自由中國』編輯委員會

出版者　自由中國社

社址：臺北市和平東路二段十八巷一號

電話：二　八　五　七　〇

航空版　友聯書報發行公司（香港九龍新圍街九號）

總經銷　自由中國社發行部

經售者

美國　紐約友方圖書公司

日本　東京僑豐企業公司

韓國　漢城裕昌德號

馬尼刺　大中華日報社

新疆書店

印尼　椰嘉達天聲日報

泗水文光圖書公司

緬甸　仰光振成書報店

印度　加爾各答塔梅學校

澳洲　雪梨瑞田公司

北婆羅洲　西利亞坡靑年書店

星加坡　友聯書報發行公司（小坡大馬路四六九號）

吉隆坡　友聯書報發行公司（馬華公會大厦三樓七室）

怡保　友聯書報發行公司（希尼華沙甘街十六號）

檳城　友聯書報發行公司（林連登律七十二號）

澳門　友聯圖書公司

印刷者　精華印書館

廠址：臺北市長沙街二段六〇號

電話：二　三　四　二　九

本刊經中華郵政登記認爲第一類新聞紙類　臺灣郵政管理局新聞紙類登記執照第五九七號　臺灣郵政劃撥儲金帳戶第八一三九號（每份臺幣四元，美金三角）

自由中國

FREE CHINA

第十七卷第六期

目錄

中華民國四十六年九月十六日出版
社址：臺北市和平東路二段十八巷一號

半月大事記

八月廿五日（星期日）
美與土、約、伊國領袖緊急磋商對敍局勢。
北大西洋及東南亞同盟兩秘書長會談，商討加強合作問題。
敍利亞總統庫瓦特里與納塞會談後返抵敍京。
敍陸軍參謀長談話，指責猶太主義威脅敍國安全。

八月廿六日（星期一）
美國務院拒絕共匪所提記者交換訪問之要求。
英外務部宣稱蘇俄特務頭目塞洛夫曾訪敍國策劃陰謀。

八月廿七日（星期二）
葉外長對合衆社記者談話稱，美對亞洲反共國家不應削減軍經援助。
美參院撥款委員會表決，將被削援外款項恢復五億餘元。
塔斯社宣佈蘇俄洲際飛彈試驗成功。杜勒斯談話謂蘇俄縱使製成洲際飛彈，亦難獲得軍事優勢。

八月廿八日（星期三）
美參院通過卅六億餘援外撥款，並提交兩院委員會謀取協調。
美特使韓德森抵貝魯特，與黎首長會談。
艾森豪斥俄對裁軍態度極端令人失望。

八月廿九日（星期四）
蔣總統函美議員表示，圖與共黨和平共存，自由世界必招致災禍。
美參衆兩院聯席會通過折衷援外法案，總數卅四億三千餘萬元。
西方向俄提出初步裁軍完整計劃。

八月三十日（星期五）
美國會正式通過卅四億三千萬援外法案。
蘇俄拒絕西方裁軍建議。

八月卅一日（星期六）
馬來聯邦獨立。我政府致電申賀，並予承認。
中日貿易計劃在東京正式換文。
莫斯科電宣佈莫洛托夫被派充任駐外蒙大使。

『自由中國』的宗旨

第一、我們要向全國國民宣傳自由與民主的真實價值，並且要督促政府(各級的政府)，切實改革政治經濟，努力建立自由民主的社會。

第二、我們要支持並督促政府用種種力量抵抗共產黨鐵幕之下剝奪一切自由的極權政治，不讓他擴張他的勢力範圍。

第三、我們要盡我們的努力，援助淪陷區域的同胞，幫助他們早日恢復自由。

第四、我們的最後目標是要使整個中華民國成為自由的中國。

九月一日（星期日）
美諜報人員在國會作證，預料赫魔即將垮臺，朱魔可能繼握政權。

九月二日（星期一）
英首相麥米倫致函布加寧，抗議蘇俄拒絕裁軍。

九月三日（星期二）
馬來政府發表聲明，限共黨在年底接受招降。

九月四日（星期三）
敍埃兩國簽訂經濟統一協定。
蘇俄照會美英法，提議討論中東局勢。
艾森豪簽署援外撥款案。

九月五日（星期四）
美特使韓德森返華府後發表聲明稱，敍利亞局勢嚴重影響自由世界安全。
外部發言人稱，外蒙如圖進入聯合國，我決使用否決權。

九月六日（星期五）
美國務院據韓德森報告發表聲明，決以武器空運約旦，應付敍局危機。
聯合國安理會通過馬來入會案。
裁軍會議陷僵局，協議暫行休會。

九月七日（星期六）
艾森豪與杜勒斯緊急會談，嚴正警告蘇俄勿驅敍國侵略鄰邦。
蘇俄拒絕美重開談判建議，裁軍會談宣告結束。
安理會商討以約互控案，要求停火監督委會先提出調查報告。
義大利總統葛琅琦訪問伊朗。
沙地阿拉伯國王突飛黎巴嫩訪問。

九月八日（星期日）
美裁軍小組會報告，裁軍談判失敗，俄帝應負責任。
蘇俄覆照西德，拒絕討論德國統一，仍主由東西德直接談判。

九月九日（星期一）
美援武器首批運抵約旦。
敍總理談話說明政策，聲明敍國非共產國家。
美決向聯合國建議，再度譴責蘇俄對匈暴行。
英國政府指責葉門侵入亞丁區。

社論

今日的問題(五)

我們的經濟

一

對臺灣近幾年來的國民經濟情況，有許多宣傳文字會把它描寫得花團錦簇，處處誇耀進步，但多數的專家學者，在經過一番縝密研究以後，莫不對其前途感覺憂慮。說臺灣經濟有進步，主要是根據於生產數字的增加。歷年的生產統計，雖不完全精確，卻至少也不會距離事實過遠。這些數字指出：各種項目的生產，大都已能超出日據時代的最高記錄(祇是為輸出之大宗的糖產，却較日據時代降低甚多)；如果僅與初光復的那幾年相比較，就更呈現出一幅美麗迷人的景象。農業方面的進步，尤為顯著，諸如可耕地之開拓，單位產量之提高，品種之改良，病蟲害之防治等等，都有卓越的成就。就這一點而言，農復會這一個機構，雖因其工作人員之待遇較高而難免為人所嫉視，但其貢獻是不可磨滅的。它如水利、電力等之建設，也曾全力以赴；某一些基礎薄弱的工業部門(如紡織工業)，因政府的保護與扶植而漸漸立定脚跟；在這樣龐大的軍事負擔壓力之下，幣值與物價還算能夠維持一種不甚穩定的穩定，避免了惡性膨脹的災難。從這些處所看去，若說政府全然沒有做事，那是不公平的。

但是，若持較為嚴格而精確的看法，一國經濟是否在進步中，不應該用生產總額，而應該用每人平均(per capita)的生產與所得數字來衡量。也可以這樣說：如果生產的增加率超過了人口的增殖率，國民經濟是在生長中；如果前者趕不上後者，那是在萎縮中；如果二者僅能相等，那就是停滯的狀態。根據一部分專家的估計，我國近年來的生產增加率，事實上尚掉落在人口增殖率的後面，最近年度的平均眞實國民所得，較諸上一年度，不是提高，而是稍稍降低。也許這一種估計未必十分精確，但至少可以說，我國經濟還祇是處於停滯與萎縮的邊界上。嚴格說，我們並沒有進步；如果定要自詡進步，那祇好說，這幾年來的進步，已全部被人口的增加給抵消了。

本來經濟生長之停滯或輕微程度的萎縮，雖不免令人失望，却也並不是什麼了不起的災難與危機。微小的負數，要變成正數並不很難；所謂萎縮與生長，事實上也祇是程度上的差別而已。但問題的嚴重性却是在這裏：我們這一個勉勉強強的小康之局，是靠着美援在維持的。如果把這每年數千萬美金的援助去掉，我們且想想該是怎樣一幅景像。我們的財政將無法獲得拋售美援物資的挹注，無法藉相對基金以維持幣值的穩定。國家投資將全無着落，基本建設無法進行，資本形成的速率將小得可憐。要達到物資預算與外滙預算的平衡，若不是每年減削幾千萬美元包含工業器材與原料在內的輸入，就必須增加幾千萬美元的輸出；卽令減削輸入和增加輸出都是可能的，這二者必將同時猛烈的刺激物價上漲，使國民生活水準為之大大的低落。今天我們討論經濟問題，已經無人敢作「美援如果停止」的假設；不要說完全停止，甚至連稍稍削減一點，我們都無法禁受。這裏，我們還祇說到經援，尚未說到軍援。萬一這沉重的軍費都要我們自己負擔，那又豈僅是危機而已，我們所面臨的將是一場無法收拾的眞眞實實的災難！當然我們也不必作過於悲觀的估計。美國停止對我軍援，大概不會。但經援之逐年減削，却非常可能；不僅可能，甚至已經是一個事實。至少，人家並未與我們訂定百年經援合約，我們豈能不從壞處打算。

我們至低限度要求：在有外援的情形下，能使生產與國民所得之增加超過人口之增殖，這樣，祇要外援不是猛然停止，而祇是緩慢的減削，我們也還能保持一個小康之局。這一點，多數在戰後接受美援的國家，大概能夠做到，而我們則確實沒有做到，實不能不說是一個重大的失敗。

要分析這失敗的原因，眞可說是千頭萬緒，令人感覺不知該從那裏說起。但大別言之，此種原因約可分成三類：第一類是屬於自然條件方面的。一般都知道，臺灣是地窄人稠，嚴格的講，還應該說是地瘠人稠。島國多山，可利用的土地已屬有限，而土壤又受山洪沖刷，非施以大量的人工改善無法維持其生產力。因此我們的農業增產，已漸漸達到不經濟的生產之邊緣，使我們努力的效果為之迅速的遞減。我們對今後前途，祇能寄託希望於工業化。但幾種重要工業資源，有的數量不足，有的竟全付缺如。原料之缺乏雖非死症，却究竟是一個不利因素。自然條件，是人力所無法根本改變的，本文於此，不擬多加論列。

第二類原因是屬於財政方面的。我們在論及軍事與財政的兩篇社論中，曾經一再強調「財政害於軍事」與「經濟害於財政」這兩個死結，必須打開。如何解決軍事及財政的問題，不在本文的範圍以內。但本文仍要拿許多具體的例證，來說明經濟如何害於財政的事實。我們將發現，幾乎政府的每一項經濟措施，都含有財政目的的考慮，並且都或多或少的為財政的考慮所拖累。幾乎可以說，財政的死結不解，各種賢明的經濟政策就無法推行；卽令勉強推行，亦難以收到理想的效果。

第三類原因是屬於經濟政策方面的。這是說，當前經濟的困厄，有一部分原因要歸諸於經濟政策本身。縱令仍不免於財政的拖累，倘若我們的經濟政策能更爲健全一點，則情形至少會比現在的實際更好；反過來也可以說，卽令能免於財政之拖累，但如經濟政策本身仍不能找到正確方向，則我們的經濟成長還是要受到束縛。經濟政策本身犯了如何的錯誤，應用什麼方法去補救，將是本文所要討論的主題。

二

我們應以工業化的問題爲討論的中心。爲推進工業化，儘管有自然條件的限制，我們同時實亦具備許多有利條件，足以抵消不利條件而有餘。日據時代的建設成就，並未全部爲戰火所損燬，其保留下來的一部分，使光復以後的許多建設，得以事半功倍。這一點基礎，我們總算是充分利用了的，並未把它糟塌，光復後最初若干年的增產，以過去的基礎爲主要憑藉，我們不能貪天之功。但到此種憑藉既被充分利用以後，困難就由此開始。這以後的建設，完全要靠我們自己的力量，而投資的問題，事實上可說是始終沒有獲得良好的解決。

按理說，要解決投資問題，我們也具有不少有利條件，不應該弄得像今天這樣的捉襟見肘。此有利條件爲何？㈠政府遷臺之時曾帶來鉅額黃金，在大陸全部淪陷之日，並未耗盡。㈡隨政府來臺人士，並非是破產的過剩人口，其中頗多大陸上的殷富商戶，也帶來不少黃金外幣。㈢大陸資金成批成批的向港澳等地流出，會深感找不到適當的出路，應能爲我們所吸引而充分利用。㈣我們還有美援。這些資金倘能集中使用（或僅僅大部份使用）於臺灣這麼一個狹小地區的經濟建設，使資金變成資本設備，該能收到多大的成效。但不幸，除了美援一項以外，我們的經濟政策却把這些有利條件統統給糟塌了，眞是何等的可惜！

政府所控制的資金，在大陸變色以後的最初幾年內，成爲被閒置的貨幣穩定基金的性質，祇發生了穩定幣值的作用，此後也祇是用以彌補財政的不敷。這一筆資金，總算使我們倖免於惡性通貨膨脹，但未能對經濟建設有積極的貢獻。從根本上說，財政方面隨時有膨脹的壓力，才必須拿這一筆基金去予以穩定，以致無法作其它用途。這事本身就是經濟害於財政的一個例子。

藏於民間的資金，政府竟是從來沒有想到用一種積極的政策去把它動員，這眞是非常奇怪的，結果是，聽任那些寓公們把金條美鈔存放在箱底裏，終至於坐吃山空。也有一部份放黑市拆息，因地下錢莊之倒閉而化爲烏有；也有一部份使用於房地產與證券的投機，在市場上興風作浪。這些從大陸轉來的民間資金，能够正正當當進入生產之途的，爲數非常有限。

正因爲政府當局從來沒有爲民間的儲蓄找尋正當出路，甚至也沒有爲之設計一個安穩保值的辦法，結果一方面斲喪了國民的儲蓄習慣，使大多數人感覺儲蓄無用，轉不如吃光用光之爲愈，於是我們大多數人乃採取了以十八世紀的生產配上二十世紀的消費那樣生活方式；另一方面，縱有儲蓄，也祇剩下死藏、投機、與高利貸那三條出路。死藏爲國民經濟的死敵，此已爲經濟學者所公認；而且在世界各國，死藏事實上已經絕跡，幾可視爲一歷史名詞，而在我國竟仍然是一般國民保持儲蓄的一個重要方式，國家的經濟政策竟亦對之視若無睹。再則，死藏的對象如果是本國貨幣，則雖有阻滯經濟成長之害，却還可收到穩定幣值之利，而我國人民的死藏對象，主要爲黃金美鈔，更可說是害上加害。政府政策，不僅未能針對此一大害設法補救，甚至使此一大害成爲必然。因爲：（一）金銀外幣官價與市價之懸殊，使此一項潛在資金永遠無法進入政府或正常金融機構的掌握，作有益的用途。（二）不准許人民以自備外幣從事進口，使此項無用的資金無法變成有用的物資。（三）對金銀外幣許人民持有而不許人民買賣，倘非對零星黑市交易眼開眼閉，金銀外幣就祇有放在箱底之一途。這些辦法，豈非明明白白的在鼓勵死藏？（至於消滅死藏之道，我們將於下文討論金融問題時連帶論及。）

至於游資充斥於投機與高利貸市場而未能進入生產建設之途，則大部份原因應歸諸投資環境。在較早的一段期間，政府惑於發展國家資本之說，對民間企業，幾乎取一種壓抑的態度。稍後，由於國內外經濟思潮的激盪，政府當局在原則上，或應該說是在口頭上，已承認了有鼓勵民間投資的必要，改善投資環境的呼籲，亦時有所聞。但究其實際，環境究竟改善了多少？民間投資究竟受到了如何的鼓勵？實在大成疑問。旁的不說，直到今天，連最沒有理由可講的「設廠限制」，都沒有取消，這就把投資的對象限制於政府所許可設廠的狹小範圍以內。除此之外，種種苛繁的管制法令至今猶然存在，事實上已把民間企業捆住了手脚，絲毫動彈不得。這些法令已屬有目共見，本文限於篇幅，亦無法在此瑣細的一一列擧。再加上高利率與高稅率二者的壓榨，已經存在的企業，大部份均感經營之困難，又如何能希望人們踴躍的投資於新辦的企業？

有人說，民間投資常常發生「一窩蜂」的現象，所以有由政府來加以限制的必要。這就是，偶見某一種事業有較爲優厚的利益可圖，投資就不期而然的集中到這種事業上去，以致生產過剩，出品滯銷。殊不知此種「一窩蜂」現象，它本身就是限制設廠的結果，限制減少了選擇的機會，於是未加限制的產業就自然的成了熱門。又，「一窩蜂」所趕之處通常不外是：㈠可以取得美援的工業；㈡可以廉價配給外滙的工業；㈢產品禁止進口的工業。如此一邊限制，一邊優惠，才發生了那種畸形的現象。把管制政策的結果視爲管制政策的存在理由，寧不可怪！而且「一窩蜂」也未必一定造成過剩，如近年來電風扇之製造，承政府網開一面，未加限制，新的「牌子」一年比一年增加，由於競爭的關係，產品日精而售價日廉，同時還打開了大量外銷的出路，並不見得過剩，拿這一種產業，與受嚴格限制的電燈泡製造業比較一下，成績竟判若霄壤。政府當局祇相信自己的智慧而完全不相信企業家的智慧。他們滿以爲我們的工業應該向那些方面去發展，祇有他們自己才知道得一清二楚，民間企業家則祇會盲目亂闖而已，所以必須接受政府的「指導」。這種想法是完全錯誤的。企業家的智慧，事實上是遠遠的超出政府官員之上，他們若不是看準了某一種企業的市場尚有擴展餘地，或是有把握在產品之品質與售價方面與現存的廠家競爭，他們就決不會拿自己的血本去作輕率的冒險，根本用不到政府官員代爲着急。

限制設廠的政策，其表面的理由是爲了「指導」投資方向，避免生產過剩，已如上述。但事實上，却還有其它更爲重要的原因，與更爲基本的動機。有許多企業，需要外來的設備與原料，而設備與原料之取得，則又受到外滙政策的限制。政府倘若准許設立新廠，就必需連帶的准許其外滙之申請。政府爲外滙不敷分配，就祇好因噎廢食，乾脆不許設立。祇從這一點看，現行的外滙政策，顯然的妨礙了生產之發展。此外更有一個不可告人的動機，那就是有意在保護某一些獨佔利益。某些企業，性質在可開放與可限制之間，其最後決定，就難免受到人事請託的影響，至於人事請託的背後還有什麼毛病，那就再不堪聞問了。今天的限制設廠政策，的確已經成了某一些特權暴利的護身符，實應聯同外滙政策之修改，早日放棄，才能解除了民間投資所受的第一重桎梏。（據最近消息，當局似正在考慮取消產業別的設廠限制，但希望不要在把這一性質的限制取消以後，仍拿其它性質的限制來替代。）

投資環境之始終未見顯著改善，阻塞了國內民間資金流向生產建設之路，同時也使吸引外資僑資的計劃，成爲畫餅。說起吸引僑資外資，眞是令人啼笑皆非。在民國三十九年至四十年之間，大陸資金之逃往香港者，爲數甚多，當時政府似竟未嘗想到去把它導誘來臺，以致白白的繁榮了香港。後來想到吸引僑資外資之重要，朝野上下喧嚷了至少五六年之久。效果如何呢？在外資方面，除了被視爲「投資外人」的殷臺公司案已不了了之外，尚未有所聞，僑資則直至本文執筆之前三兩天，才看到有一筆投資，以外幣的形式滙來國內，總算首開記錄，而此一滙欵，亦不過區區五萬美元之數而已。誠然，這是由於許多國家都實行管制滙兌，不准資金流出，以致過去的外來投資，不得不以輸入物資的方式來進行。按理說，此種物資輸入，應限於生產器材與原料。但事實上連消費物資也一併輸入了，而且多半還是爲本省所不必要並已管制進口的奢侈品，要等此類物資售賣脫手以後，才獲得開辦時的建廠經費與平時的週轉資金。這樣轉彎抹角，致使許多僑資事業竟是投資其名，套滙其實。外資僑資除了要接受國內所固有的對企業的種種限制以外，還要受到外僑投資條例的特殊限制。此種條例，名爲鼓勵，實爲取締；名爲促進，實爲拘束。何以致此？其主要目的，即在防止流弊，而流弊中之最大者，即爲套滙。爲什麼有套滙的動機？這當然是造因於我們那種花式繁多的差別滙率。所以，吸引外資僑資政策之所以失效，其最大原因，實在於外滙政策之未能配合。現在的情形是：套滙未能絕跡，而眞正的投資却因受不了種種限制而爲之裹足不前，再加上出入境的痲煩，以及利潤之不准滙出等等更使一般外僑商家，視臺灣如樊籠，深怕自投羅網。吸收僑資外資，提倡多年，得此結果，寧不可悲！

至於國家投資，本刊在上期社論「我們的財政」一文中已曾論及，於茲不贅。總之由於軍政費用開支之龐大，國家投資事實可說是全無着落，一切唯美援是賴，而此用於建設的美援，又有一大部份祇能算是舊有資本設備折舊之替補，還不是嚴格意義的淨投資。現在政府又在那裏推行投資額達二百億臺幣的第二期四年經建計劃，在宣傳上似頗爲壯觀，但資金來源的基本問題，至今仍令執行人員手足無措。

要增加國家投資，首先應該解開「經濟害於財政」的死結，否則將永遠的力不從心。要發展內外私人投資，則除了放鬆對工商企業的各種管制之外，還應以金融政策與外滙政策兩方面的改革來相配合，才能眞正做到投資環境之改善，一切枝枝節節的應付，在今天已經是無用的了。

三

金融以銀行爲其中心機構。銀行的基本任務主要有二：一是集合民間儲蓄使之成爲長期性的投資，一是經由信用創造的功能以靈活工商企業的資金周轉。這兩個基本任務，都是爲了促進生產之發展與經濟之成長。在金融機構爲政府所嚴格控制的今日，它當然要與財政發生至爲密切的關係。但無論如何，供財政之挹注，充其極祇能算是銀行所負擔的一個附帶的任務。而我們的實際情形却是：金融早成爲財政的附庸，爲了完成那個挹注財政的附帶任務，竟把那些更基本的任務，完全犧牲。

如果我們也有一個金融政策，則此政策的基調大致是如此：由於財政開支之龐大，就隨時都感受到通貨膨脹的威脅，政府爲解除此種威脅以維持幣值與物價的穩定，就祇好隨時以信用緊縮的方法，來抵消膨脹的壓力。在近兩年，此種情形尤爲顯著，無論政府當局是否明言，長期間的緊縮，已成了一種不變的方針。我們所看到的一連串措施是：收緊銀根，提高銀行的準備率，加强銀行貸欵的審核等項，都執行得非常認眞。而這重重的緊縮，都加到了民間的企業的頭上，因爲，政府透支是銀行所必須應付的，公營事業的貸欵也是少不了的，眞正能够緊縮的信用，事實上祇有貸與民間企業的部份。結果是，工商企業普遍的感到資金不足與周轉不靈的苦痛，而黑市利率，乃始終盤旋於打破世界紀錄的高水準上，至今不肯降落。甚至，民間企業幸而申請到了銀行貸欵，也仍然要負擔法定利息以外的種種費用，其情形比負擔黑市利率好不了多少。在這種金融窒息的情形下，工商企業如何能够獲得正常的發展？

由於工商界的不斷呼籲以及輿論的影響，政府當局對於信用緊縮那個基本路線，不便公開表明，同時也還採行了一些表面上似乎以靈活金融爲目的的措施，諸如加强重貼現轉抵押辦法，擴展票據使用的範圍，以至由銀行保證廠家發行公司債等等，均屬此類。但事實上，這是無效的；我們甚至可以說當局之採行此類措施，祇是敷衍性質，並無誠意。因爲任何辦法，都訂有繁雜的限制，致使其靈活金融的作用，縱非完全失效，亦爲之破壞了一大部份。我們這樣說，一點也不過甚其詞。譬如政府對於出口貸欵，口說要予以放鬆，甚至已撥定專欵，準備貸出，而事實上竟是無人敢於問津，其條件之苛刻與手續之麻煩，成爲可望而不可卽。貸欵要以存貨來抵押，就是非常可笑的規定；試問倘若出口商或廠家讓這樣一宗存貨被凍結起來，豈非更增加了周轉資金的需要？出口事業是政府「扶植」與「鼓勵」的重點，情形猶然如此，其它事業除非有特殊關係外，還有什麼獲得貸欵的希望？試看鳳梨爲政府特別鼓勵的輸出品，但在輸出貸欵，竟致無人敢於問津，卽可概其餘。

高利貸對工商企業爲害之烈，政府當局應該不至於全不知道，而竟始終沒有設法去予以補救。在我們看來，卽使財政的死結依然存在，卽使信用緊縮的基本政策仍然不能改變，政府也多少有些辦法可以誘使黑市利率之逐步降低。這辦法就是：提高銀行存欵利率，儘可能鼓勵儲蓄，消滅死藏，導游資於金融正軌，藉此擴大放欵基礎，以漸進的方式，影響黑市金融，壓低市場利率。近幾年來，各行庫均有鉅額盈餘，縮小存放欵利率之間的距離，是可以做到的。而現在當局所採行的辦法，却祇是在形式上降低銀行利率。殊不知在資金不進入銀行的情形下，銀行卽已喪失其爲金融中心的地位，銀行利率就對黑市利率，起不了絲毫領導作用。一方面，放欵利率之形式上的降低，並不能使工商界得到實惠，因爲放欵在數額上是如此稀少，不啻杯水車薪，何況這稀少的放欵，也還要叫貸欵者賠上額外的負擔；另一方面，存欵利率之降低，就越發要迫令資金逃避，轉使黑市金融更趨活躍。

我們的金融，正患着一種惡性的貧血症，其原因，一方面是在於緊縮信用的政策，而另一方面也是由於太過嚴格的管制。我們需要鼓勵儲蓄，促進投資，却至今沒有一家投資銀行或儲蓄銀行之開設。我們需要誘引僑資，雖有創辦華僑銀行之議，至今未能見諸實行。現在已經有的幾家商業銀行，官股至少佔半數以上，以致仍然爲公營性質，其業務由政府緊緊掌握，自由活動的餘地非常有限，事實已成了一種金融的「卡特爾」，祇顧保障自身的贏利，無意對工商界提供優良的服務。爲靈活金融，我們要求開放銀行之設立，並使銀行與銀行之間，也能有適當的競爭，以打破壟斷的形態。我們應該有限度的恢復自由銀行制度，使各銀行可以自己擬訂它的業務方針，自己決定它的存放欵利率，而政府僅需注意其安全性，並經由中央銀行(現在則經由臺灣銀行)的政策運用，予以間接的控制，根本用不到像今天那樣苛細的監督與指導。

四

由於臺灣地窄人稠、資源不足等等的特殊自然條件，要促進社會經濟之成長，必須增加生產與發展貿易，同時並進，缺一不可；如果祇强調前者而忽略了後者，則我們勢必陷於某些物資過剩而另一些物資完全缺乏的困境。這個簡單的道理，現在已爲大家所一致瞭解。發展貿易，在這幾年，確已成爲舉國一致的狂熱要求。但我們發展貿易，其切近的目標，與其它國家，有不同之處。在其它國家，增加輸出是爲了增加輸入，藉以提高國民的生活水準。我們的情形是：國民消費水準超出了生產水準，眞正的輸出入物資數量，距離平衡甚遠，這個差額，全靠美援物資來予以彌補。所以我們的對外貿易，乃不得不在增加輸出之同時，還要努力於減少輸入，才能漸漸的使差額縮小，漸漸的擺脫了對美援的依賴。試想：我們一方面要增加物資之輸出，而另一方面又要減少物資之輸入，倘若這雙重目的同時達到，而國內生產的發展並不能與之相配合，則此雙重壓力對國內物資供應的影響爲如何？對國內物價的影響爲如何？對國民生活水準的影響爲如何？這是我們的貿易政策所面臨的基本矛盾，同時也是外滙政策的死結之所以未能打開的癥結所在。不瞭解這一點，一切都無從談起。

在今天，民間論者幾乎可說是一致的公認：不合理的滙率，實爲發展輸出的一個最大障礙。這一看法所依據的理由，非常正確，而且也非常簡單明瞭。出口商售貨所得的一元美金，祇能換得二十餘元的臺幣，這樣的買賣，如何做得？倘若這同一元美金，可以換得三十餘元的臺幣，就自然的可以擴大一切物資的輸出邊際。但是我們的官方人士，却竟連這樣一個簡單的道理都不肯承認，硬說滙率不是輸出不振的重要原因，而歸咎於工業之不能降低成本提高品質。這樣子的强詞奪理，我們委實無話可說。所以這幾年來，儘管當局認爲經濟大有進步，「鼓勵輸出」的口號也叫得非常響亮，而事實上民間輸出却始終陷於困境，也就不足爲怪了。

其實，政府之所以對調整滙率之議遲遲未能採納，其眞正的「苦衷」我們倒可以瞭解，而予以曲諒，用不到拿那些牽强武斷的說詞來搪塞。這眞正的苦衷，仍然是在於國內物價的考慮。平心而論，政府爲維持物價的穩定，確曾費盡心機，作了甚大的努力，而且總算也能達到差强人意的成就。但爲此而付出的代價也着實不少。前述的信用緊縮卽爲一例。滙率之遲遲不敢作全面性的調整，亦爲一例。可以說，政府當局雖然心想鼓勵輸出，却始終不敢放手去實行鼓勵輸出的有效措施，既怕輸入物資因滙率影響成本而漲價，又怕輸出物資因商人之競購而漲價，每每走近改革的邊緣就退縮回來，甚至拿相反的措施去抵消鼓勵措施的成果，如此一進一退，實際情況就永遠停滯在原來的地位，無法打開出路。

然則滙率究竟應不應該調整呢？我們認爲還是應該調整，祇是調整的方法，不宜硬性把牌價改變，使之重新釘住在新的水準上，而宜乎採行一般民間論者所提出的、以結滙證之自由買賣爲中心的輸出入間接連鎖制，讓滙率得以經由結滙證市場的供求關係，以尋求其自然水準。這事實上也等於是一種「外滙保留制」，祇有輸出者能獲得輸入之權，可以自行進口，也可以轉讓與他人。此辦法的優點，是在於一方面可發揮自由貿易的調節機能，另一方面仍可使政府得以掌握收支預算，不致發生外滙枯竭或資金逃避的弊端。如果考慮到美援貸欵與美援輸入必要物資等問題的牽連，則我們初步的建議，可使此制僅適用於民間外滙的部分，政府外滙則仍暫時保留其現行種種辦法。這樣就不致有多方面的影響，而其優點仍然可以充分發揮。

輸出入連鎖制之採行，並不等於貿易管制之完全放棄，但的確能使管制的業務變得非常簡單而便於執行，至少像今天這樣苛細而麻煩的對一筆一筆申請分頭審核的辦法，是用不到了。採行此制以後，工商業者當能自由的從國外取得生產器材與原料，而無須仰給於政府的配額。採行此制以後，民間外滙部分的差別滙率自然的歸於消滅，再無套滙之弊，對自備外滙或自備外幣之進口，也不必加以重重的限制，使各種對投資與生產的拘束，大部分成爲沒有必要。這一關一旦打通，所有的發展與進步之路，都可以暢行無阻。

我們願坦白承認：我們並不能擔保外滙政策作如上所述的澈底改變，決不會使國內物價受到絲毫影響。就理論言，本國貨幣之貶值將不可避免的會刺激國內物價上漲。但我們願國人對物價問題要形成一個新的觀念。物價波動原爲經濟總體活動的結果，爲動態經濟所不可避免者。而且，輕微程度的上漲，對經濟成長祇有好處而沒有甚大的害處，我們正應該靠它來刺激生產。同時，各種物價之間，誠有其相互影響，但我們不宜對此種影響力估計過高。輸入物資價格之上漲，未必就會强烈而迅速的影響到國內生產的民用物資之價格；由供求之改變而引起的局部價格之漲落，未必就會引起整個物價水準之劇烈的全面波動。再說，我們既然要加速工業化的過程，事實上也必須付出短期間消費緊縮的代價。

但我們仍希望此種對物價的不利影響，不致太大。我們根據如下的理由，認爲要把此種影響限制於最低限度，是可以做到的：㈠輸出入連鎖制，本身就是富於彈性的制度，於必要時，政府仍可藉買賣結滙證的辦法，以控制其價格並從而穩定市場。㈡政府仍掌握得有大量公營貿易，以公營貿易所得外滙來調節比重甚小的民營貿易，應能綽有餘裕。㈢美援事實上尚未停止，把美援物資妥爲運用，仍能收平抑物價之效。㈣今天的進口物資，事實上是把牌照頂讓的費用也算在成本之內，辦法改變以後，此類物資即使因滙率關係而臺幣進價提高，牌照的特權利益却可以消滅，許多不必要的費用可以減省，兩相抵冲，成本與價格不但能維持不變，甚至還有降低的可能，現在我們有些進口的消費物資，成本以臺幣計，高達五十元左右，滙率無論如何改變，都不會達到這樣的程度。由此看來，澈底改變政策所冒的風險，並不太大。天下沒有十全十美的經濟政策，拿這樣小的冒險去博取那樣大的利益，無論如何是值得的。

從根本上說，貿易政策之成功，仍須依恃生產之發展。不然的話，縱然洞開了輸出之門，倘無充裕的物資可供輸出，一切仍屬徒然；硬性的刺激和鼓勵，形同强制，必造成國內消費水準之長期低落。所以在解除輸出桎梏之同時，必須解除生產之桎梏。在別的國家，通常是生產問題大致解決了以後，再來尋求貿易問題之解決，也就是說，如何擴展產品市場，是生產力發達以後才發生的問題。而在我國，却要在生產與貿易兩方面，同時着力，齊頭並進，才能漸漸擺脫對外援的依賴，尋求獨立而穩定的成長。

五

綜上所述，我們可以得到這樣的結論：要解決我們的經濟問題，主要的，應先能打開「經濟害於財政」的死結，因我國經濟之所以陷於枯澀與萎縮，主要是由於受財政的拖累；一些不健全的經濟政策，從表面看去似乎與財政無關，而實質上却仍然是種根於財政困厄所引起的問題。但是，若撇開財政問題不談，就經濟言經濟，也仍然可以進行許多有利的改革；也就是說，即使財政害經濟的死結不能解開，這些改革也可以使我們的國民經濟情況至少變得比今天更好一點。

這些改革，應該趨向於同一個單純的目標：那就是，自由企業之發展。我們要求完全而迅速解除的工商企業所受到的管制，並要求局部而漸進的解除金融與貿易所受到的管制。這種管制，現在已經苛細而嚴格到了這種程度，企業已沒有創辦的自由，沒有取得器材與原料的自由，沒有拓展市場的自由，一舉一動，都要經過繁瑣複雜的手續，窮年累月的等待，尚不易邀得管制當局的核准，如此捆手捆足，又怎樣能達到正常的發展。

我們深深知道，今天要使解除管制這一原則得以貫澈施行，仍然非常困難，這是觀念的問題，同時也是一個現實的問題。在當局的心理上，對管制似已發生了一種說不出的迷戀，要他們毅然「割愛」，幾乎需要一種極大的道德勇氣。在我們看來，這種迷戀之所以然，可能是非常現實的，因爲「有管斯有權，有權斯有利。」要人改變觀念，已經非常困難；要人放棄權利，更是困難萬倍。任何國家的管制都無法做到鐵面無私，百分之百以國家社會的利益爲前提。以我國這樣的政治風氣，自然更是百弊叢生，小則奔走請託，大則官商勾結，因而贖職貪污等類事件紛至沓來，此種實例甚多，我們不擬在此列舉。總之，管制制度一旦與私人權利發生了這樣密切的關係，就甚難希望它眞正有所補益於國計民生。

發展自由企業，不僅民間論者經常在作此呼籲，甚至執政黨的政綱，也同樣的有此規定。而事實上，這一迫切的期望至今仍然落空。何以致此？除了我們在這裏所提出的私利原因之外，眞不知道管制當局還能拿什麼其它的理由來解釋。但是，困難儘管困難，我們還是要催促其實現，因爲我們堅信這是走向眞正的進步與發展的可通之路，我們決不能聽任它爲若干人的偏見、固執以至私利而被長期的塞阻。

再論反對黨

朱伴耘

一

本年四月在自由中國半月刊上我發表了一篇「反對黨！反對黨！反對黨！」的文章，不料引起了一度圍剿。當我讀到那些大作時，我滿以為可以發現一點反對成立反對黨的高論，可以令我再度考慮我自己的主張。結果大失所望，除了給我以「反動」、「煽動」等莫須有的罪名外，簡直沒有一點能够使我深信：「一個沒有强大反對黨存在的國家，也可稱之爲民主國家」的理由。此外便是文不對題的辯駁。舉個例子說吧；在該文中，我是反對黨化國軍的。理由很明顯，這是違反憲法第一百三十八條。因爲有了黨化國軍的事實存在，則我們希望第一百三十九條「任何黨派及個人不得以武裝力量爲政爭之工具」，不再被違反是不可能的。如果黨化國軍是合憲的，則第一百三十八條，全國陸海空軍須超出個人地域及黨派關係以外，應作如何解釋？今日大家反共，難道不是因爲他們的政權是以武力奪取的嗎？他們爲什麽主張以武力奪取政權？因爲無和平之道路可走，只有組織他們的黨軍以武力對武力來一爭上下。當其力弱之時，會被視爲「匪」而剿之達二十餘年，一旦力量强大則將國民黨逐出大陸，如果這種「剿匪」與「解放」的血劇循環演出，國家還有什麽前途？我們憲法第一百卅八、卅九兩條，是用無數寃鬼的血寫出來的啊！今天許多人不滿一黨專政，主張在公平制度下與國民黨在人民選票中從事競爭，這是於法無罪的。因爲中華民國之主權屬於全體國民。我們這些人從未主張以武力來推翻政府，只是希望在公平的制度下作合法的競爭以符憲法第一條「民主共和國」的精神。今天在朝黨如仍蹈襲過去作風，藉控制軍權以掌握政權，是否有意扼殺他人的政治出路？武力既不足以保大陸上的政權，又焉能確保在臺灣的政權？儘管我們是以事實與白紙寫上黑字的條文對照，認爲黨化國軍於法無據，答辯者撇開法律問題不談，只曰黨化國軍之後，素質提高，各種成績優良等語，作者姑採寬厚態度承認黨化國軍成績卓越，這與我所指出的違憲問題有何連帶關係？未必捨「違憲」之外，就無其他方法來提高軍隊素質與士氣嗎？更何況成績如何本身，就是一個値得論戰的問題。請教這種文不對題的辯論，如何能够使人滿意。這類文字又如何値得作者再度爲文予反駁者以反駁？我想在臺讀者總見過不少鳴放的文字，大陸發言的人，誰不以「反專政」、「反獨裁」、「反黨天下」爲反共的主題？

在本文中，我除在後數節寫出有關反對黨的常識理由外，首先我要爲讀者，尤其老百姓們貢獻一點衡量是非的標準，並爲作者反對黨一文及主張民主自由的本刊作一原則性的總答辯。——我們一切提出民主自由成立反對黨的主張，都是合乎憲法，也都是維護國家民族利益的。我們的主張是不合乎少數人胃口的，爲黨爲政府所不喜的，有時也難免是不合於少數人、黨或政府的利益的。但是主人們得千萬記住，這些少數人、黨、政府都不等於國家！諸位主人，必須牢記這個標準，再分析我們的主張與反駁者的意見，才知道誰是爲「國」，誰是爲「權」，才不會爲文字魔術所騙；才可使是非善惡大白！

二

「違反國家民族利益」一語，是官方理論家輕易加諸他人的總帽子。一個人的言行如違反國家民族利益，其爲賣國賊也無疑，旣爲賣國賊，大家應可鳴鼓而攻之，依法而捕之、殺之。這是非常合於邏輯的。也因此之故，在有心人亂用國家大帽子的德政下；不知產生了多少寃鬼。尤其在極權國家，更爲可怕。因爲國家、愛國等名詞，其含義在民主國家與極權國家是有天壤之別的。亂用帽子的人必須認淸自己的立場，否則是誣良爲盜。

人人知道極權國家寃獄寃鬼最多，在這類國家中，因爲：

一、領袖等於國家——就是昔日專制時代「朕卽國家」觀念的復活。

二、黨卽國家——他們認爲國是黨之私產，有黨才有國，黨國不可分，黨在國之上，黨權高於一切，不容强大反對黨之存在。

三、政府卽國家——這是一黨專政的當然結論。

四、黨義黨綱成了國敎，其他一切思想主張都是異端邪說。

根據右列四點，人民的地位是「子民」，必須由國家、及等於國家的領袖、黨、政府來管之敎之養之。也因此之故，在極權國家中，凡是反對領袖，反對黨及反對政府國敎等等，槪可稱之爲反對國家。反對國家就是賣國賊。賣國賊就應殺頭。在他們是認爲持之有故，言之成理的！

今天民主高唱入雲，歷史上數百年內以「民權」爲基本的民主自由運動，就是在推翻上列昔日朕卽國家，今日領袖或黨卽國家的公式。儘管國家的基本要素仍爲土地、人民、主權、組織等等，但是只有這四個基本要素的集合體才可稱之爲國家，是以在民主國家的普遍認識是：

一、一國之元首——領袖，只是在法定任期內對外代表國家而已，並不等於國家，其言論與措施不是超法律的、神聖不可侵犯的。前美記者指出艾森豪總統乘坐的汽車超過規定速度，艾氏卽馬上令司機以後不得超速，就表示他的行爲也在法律管制之下與常人無異，所謂法律之前，人人平等是也。他更無權下一手令說，總統車子可以超速，旁人就非守法不可。而且做總統的一旦任滿下臺，便毫無潛在的權威。

二、政府只是人民在幾個政黨中挑選一個出來作爲對人民服務的工具，也不等於國家。今天英國保守黨政府不等於英國，美國共和黨政府不等於美國。政府與國家有別，這是學政治的人的起碼常識。

三、某政黨的主義或政綱，好似賣藥的仿單，黨員們爲了對人民推銷藥品，似宜熟背仿單，向人民解釋所賣的是什麽藥，人民高興就拿一張看，認爲不錯，大選之日用他神聖的一票買下來，不高興就向字紙簍中一扔，沒有當國教誦讀與信仰的義務。民主國家的人民有權對某一黨的主義或政綱斥責批評，正如我們斥罵批評一包藥的仿單一樣，合法之至，簡單之至。

基於上述的認識，民主國家的人民批評其元首的政策與夫私人的違法行爲，絕無侮辱意味，更與愛國與否無關。反對政府的政策，更是司空見慣。在英美，凡反對麥克米倫政策的英國人，凡反對艾森豪政策的美國人，誰敢說他們是不愛英國美國嗎？至於想拖垮政府一節，今日英之工黨，美之民主黨正各對其在朝黨政府加以責難，期望於選舉中擊潰政府，其企圖與作風，不僅無罪大惡極之處，而且是正大光明。試問工黨與民主黨如不各向其執政黨吹毛求疵，他們如何能上臺？

不論國家也好，領袖也好，政府也好，主義也好，同一名詞，其內容在極權國家與民主國家如此天壤之別，臺灣既爲民主自由的國家，人們的腦子裏必對這些名詞在民主國家中的涵義多加研討，尤其要抓住在民主政體的國家中「領袖、政府、黨、主義都不等於國家」的結論！有了這個認識，當有人請主人主持公正時，才有批評是非的標準。自由中國半月刊一貫主張言論自由，實行眞正的民主，我個人更主張卽日成立反對黨以便與國民黨在公平競選中互爭短長。這種論調，在一極權國家是可被認爲危害國家利益而加以嚴懲的，可是就民主國家看來，這是天經地義，那些動輒以國家大帽子壓人的人，要就是頭腦不清，要就是錯認了時代與空間。

三

我曾說過臺灣之應有一强大的反對黨，已不是理論問題，而是如何促其實現的問題。不是少數人寫文章呼籲的問題，而是全體在臺同胞起而支持並督促其實現的問題。促成反對黨的成立運動，並不是少數人的政治私慾，而是關于國家的百年大計。我希望每一在臺讀者及同胞，視此一運動爲護憲運動，挺起胸脯來使此一運動早日完成。在這兒我將幾點簡單理由提出來，供大家參考。

我們的憲法是一部民主憲法。是以每一位在臺同胞，都有民主國家的人民的榮衛。假定在臺灣除在朝黨外，無一强大的反對黨存在，人人只有投票的義務而無選擇的權利，各位都是有名無實的「民主國家的人民」。這一部憲法大家既投了神聖的一票表示擁護與遵守，則缺乏强大反對黨的事實的存在，就充分表示大家對它擁護與遵守的熱情不够。我們知道每一國民對於國家都是有相當義務的，照我看來，最大的義務就是追求這部民主憲法的實現。强大反對黨的存在，是此一憲法實現的基本要素之一。此一要素至今尚付缺如，試問每一國民盡了他們對憲法應盡的義務沒有？我們寫文章的人對於在朝黨並無私怨，本身尤無私慾，誰出來領導組織此强大的反對黨概所歡迎，可是爲了憲法的尊嚴與民主國家的國民的榮衛，少數人不得不將此問題提出來供大家參考。就在朝黨的地位言，如他們有人自動提出此問題，我們應當對此公忠爲國的態度，力加歌頌，反之，他們不自動提出，也無任何法律及道義的責任。可是我們人民自身，却不能對此重大的義務予以漠視。過去的姑且不論，今天既有人多方提出這個問題，每位國民爲了盡維護憲法的義務，必要支持這一運動。這是大家的神聖任務而不是少數人的咬文嚼字。

其次，諸位同胞爲了憲法所賦予各種權利的確保，以及得到更好的公僕，也必要促成反對黨的早日實現。古今中外，任何一個政黨執政太久，都有腐化自私的趨勢。官吏既成爲公僕，管理改稱爲服務，諸位所要的必是最好的僕人，最週到的服務。如何才能滿足這一要求，那就是要將選擇之權操于諸位之手。今日的憲法已付給每一同胞的選擇權，而事實上諸位又毫無選擇的餘地。二十年來，一個廚子，一樣菜單，無論酸甜苦辣，只有咬緊牙關咽下去，縱令諸位換廚有心，可是由於接替無人，也只有忍受下去。這種不必要的忍受，是本身放棄權利。假定平日卽留心有代替的廚司，一旦味口不合，可以到期止僱，另請廚司。我們主張的反對黨，卽是全體國民的後補廚司。有此候補廚司，每個人才有機會看到他所開的菜單子與現在的菜單子作一比較。也因此之故，現在的廚司發覺接替有人，消極方面固不敢暗打夾帳，積極方面也會改良菜單，迎合諸位的口味。依此淺近的例子，强大反對黨的存在，是民主國家人民權利保障的基本武器。就臺灣而言，每位同胞都得出力製造這一件武器。否則專賴在朝黨的施行仁政，等於子民之渴望聖君，操之在天，操之在人，何民主之有？

僅就這兩點而言，足够提醒諸位加速此一運動的實現。如能記住「領袖、政府、主義、黨等，在民主國家中都不等於國家的結論」，我們促進此一運動是維憲與愛國的行爲，除非若干人腦中錯認時空，是不敢批評此一運動爲「危害國家利益」的。

四

促進反對黨的成立運動，我除了向全體同胞呼籲支持外，我也願向國民黨有識之士說出他們也應予以支持與贊成的理由。這並不是說沒有他們的支持，强大的反對黨就無法成立。我深信一旦人民了解反對黨對他們切身利益的重要，任何阻力都無法對此運動加以遏止的。我之所以向國民黨有識之士進一言者，是讓他們了解反對黨他日可能給國民黨的助益。

國民黨有一張奉若神明的菜單——三民主義。這是人所週知的事。這一菜單國民黨人要稱之爲天下第一菜單，也未嘗不可。可是這一菜單，中國人嘗到了味口沒有呢？大家畫餠充饑已數十年，假定民主政治早日實施，三民主義的佳肴人們早已嘗到，卽令不爲國民黨的廚司親手烹飪，國民黨也與有榮焉，誰能忘記這張菜單子不是孫先生的傑作嗎？今天不少的人不顧憲法的尊嚴，將一黨造成優越的地位，多方阻止反對黨的成立，是否爲否認自己的主義不如人呢？讓反對黨成立，令他們也拿一份菜單子出來，讓主人們先將菜單子作一比較，可能有機會讓主人說一聲「未來厨子的菜單也不過如此」的感覺嗎？如今沒有反對黨的存在，沒有反對黨菜單的比較，僅就菜單一節而言，即令國民黨宣傳得天花亂墜，老百姓以缺乏比較的資料，根本無法想像其內容的完整，有識之士應相信這是一種很大的損失。

其次，「天下爲公」是孫先生畢生的政治理想。他主張到了憲政時期應還政於民，是充分表示他不自私的胸襟；讓位於袁世凱而從事實業，更是他只有國家利益而沒有一黨一己之私的崇高表現。如果國家只容許國民黨永遠執政而不允其他强大反對黨的存在，試問還政於民如何還法？一黨專政是國民黨的光榮嗎？誠然，人生應以服務爲目的，而不以奪取爲目的，請問國民黨服務近三十年，何不也給人家一點服務的機會？不令其他大黨存在與之平等競爭，是否爲對自己執政前途沒有信心，不敢與人競爭呢？自己有好的主義，同時又相信自己的辦法必會爲人民接受，那又何畏懼他人的競爭？有識之士一定會認爲與其這樣憑藉優越地位專政下去，不如由公平競選中被選出來執政要光榮得多。我敢相信有志的黨員並不會對這種方式的執政感到滿足的。阻撓反對黨的產生和存在，是充分失去自信心的表示，黨方報紙認爲凡是主張成立反對黨的人都是對國民黨執政表示妬忌，眞是幼稚的說法。國民黨只是自我專政而已，並非由於主人的寵信而選出來的，何妬忌之有？

最後，國民黨一再畏懼强大反對黨的出現，是否躭心黨內沒有公忠體國的人呢？不可否認的，執政三十年的國民黨，是有少數貪汚腐化自私自利之徒，但大多數都是有志爲國之士。譬如段錫朋先生，從我一位友人口中述及他在中央訓練委員會工作的情況，他那種先天下人之憂而憂，後天下人之樂而樂的書呆子精神，實在是國民黨的精華。假定黨員都學他參加陳獨秀先生葬禮的風度，仿他在貪汚社會中而能廉潔自持，國人那有會對國民黨失望的？國民黨如多有幾位如段先生的人，懂得政治是藝術的道理，何懼他人的競爭？一個黨只要培養有遠見有抱負有傲骨的人，而不給阿諛求容的奴才以倖進的機會，有志之士，誰不會以自動入黨爲榮？一個這樣的黨員勝於千萬集體入黨盲目背誦主義俯首稱聖君的同志啊！

國民黨要想新生，每一黨員必要對其主義、辦法、人才三者都有信心。唯一表示自己有信心的事實，就是自我討論向上級建議，把國民黨退爲普通政黨，對於反對黨之組成不加干擾，讓他們組織，給他們公平競選的機會。自己成功，再度當選，可以一掃過去「一黨專政」之譏評。萬一落選，也多一反省求進的機會，下次再來。不力促天下爲公的具體實現，縱令專政萬年，也不配稱爲孫先生的信徒。我們替國民黨本身着想，三民主義之早日實現遠較一黨專政更爲重要，而反對黨的組成，便是促使三民主義實現的一大助力。國民黨中有志之士，應當看到這一點。今後臺灣如有人倡導組織反對黨的時候，我希望每一位國民黨同志體會孫先生「天下爲公」的精神，拿起勇氣與自信來加以贊助，以表示泱泱大黨的風度。在臺灣自命爲民主國家的前提下，同時國民黨又不自認是自私的政黨，則對於主張反對黨的反駁，理論上是站不住脚的。如果暗中加以破壞的話，更非光明正大的行爲。我望每一位國民黨的黨員同志對我的呼籲，加以三思。

五

如何使中國走上民主自由的道路，是每一個中國人的責任，在我「反對黨！反對黨！反對黨！」一文中，我提議有志之士及民青兩黨同仁，早日磋商促其實現，不可停留於討論的階段。是以我說在未有組黨行動之前，而將一切困難推在國民黨的阻礙上也是不公正的。因爲大家既未進行組織，何以責人家有阻止之意圖？必須有了事實，我們才可再作計較。這篇文字裏我有三點用意：第一點我要推翻以大帽子壓人的理論，只要每一讀者同胞認清在民主國家中「領袖、主義、黨、政府等名詞都不等於國家」，一切帽子在人民的眼光中便失去眞意義。第二點我請每一位在臺同胞認清維憲的責任及反對黨與自身利益的關係，與其要求政府作此作彼，不如自身發動反對黨的成立，有了反對黨，即令不要求政府作此作彼，政府也會自動想法迎合主人的口味。這是收回主人大權的根本辦法。成立反對黨不是少數人的運動，而是全民運動，沒有反對黨，主人變成了「子民」，何民主之有！第三點我是請國民黨人恢復信心。對主義有信心，對自己有信心。而唯一表示自信的機會，就是對於公正的選擧無所畏懼，若然，則每一黨員不僅應建議上級對反對黨運動停止阻撓，並應進一步勸他們公開支持，惟有如此，才可使國民黨「天下爲公」的口號在人民腦中留有深刻的印象。

今天大陸上爭取民主自由的運動正如火如荼，他們藉鳴放之便，一洩多年的積鬱，他們反對共產黨的獨裁，主張兩黨制，不論結果如何，從這一演化中，可以看出人同此心，獨裁專政是値不得人民擁護的。我們如想引起大陸人民對獨裁專政作進一步的反抗，唯一的辦法是用事實來刺激他們。事實才是最好的宣傳。大陸人民決不那麼傻狂，以生命去反對甲的獨裁專政而歡迎乙的獨裁專政！自己不誠意促成民主政治的實現，以爲大陸上會從此不可收拾，未免是盲目的樂觀。只有强大反對黨的早日順利成立，才是實質上的反共，才使反共成爲全民的運動。國民黨有識之士，面對當前的民主高潮，應以沒有强大的反對黨爲憂，不要以「以黨治國」爲樂。在臺灣一黨專政存在一天，大陸決不會有過激反共行動產生的。原因很簡單，只要共產黨抓住這個事實向人民反問一聲：「你們願意歡迎國民黨回來專政嗎」？人民滿腔熱忱也會爲此一問而澆上一頭冷水。請問換甲換乙既與自己作子民的身份待遇無關，誰會作此冒險而不討好的傻事？

最後我得再叫一聲，全國主張民主政治的有志之士，趕緊聯合起來組成一强大的反對黨，以便在公平的選擧中與在朝黨一爭上下吧！這是最後的時機，也是救國的根本大道！

四十六年八月十日

艾森豪的思想路線

宋文明

（一）艾森豪變了

一九五六年美國大選前後，艾森豪總統在美國選民中的聲望，可以說達到了最高點。在這次選舉中，艾森豪所獲選舉人票的數字，僅次於一九三六年羅斯福總統的票數。可是自本年春艾森豪提出了被指爲「在和平時期的最龐大預算」後，艾森豪在美國人民中特別是在共和黨右翼份子中的聲望，已一落千丈。過去對艾森豪政府衷心擁戴者，由此已漸形疏遠；過去對艾森豪個人略有微辭者，今已公開表示責難。這些人所以疏遠或反對艾森豪政府的最大理由是：認爲艾森豪政府現今的作法，不僅已喪失了一九五二年所揭示的目標，而且已公然採取了「新政」與「公政」的社會經濟政策。換言之，在今日有些美國人的眼光中看來，艾森豪總統已經變了，已經不是一九五二，五六年的艾森豪，而是一個完全不同的艾森豪。相反的，照艾森豪總統本人來說，他今日的一切施政與計劃，都在實現一九五六年的諾言，和繼續致力他過去四年所未完成的工作，並無任何與前不同的地方，何以美國人民過去支持他而現在又要反對？因此在他看來，美國現時有些人民對政府政策的隔膜，咎不在政府和他個人，而是在於人民的觀感，在於他們沒有充分瞭解政府施政對日進月異的美國新情況的適應。

因此，現在這一問題的癥結便在：究竟艾森豪總統個人的思想發生變化，以致脫離了他原來的路線？還是美國部分人民因受小集團個別利害觀念的矇蔽，看不清或有意誤解艾森豪政策的全面含義？對於這一問題將如何作一解答，不祇關係美國共和黨的政治性格，而且亦對美國的政治遠景有重大影響。假若這一回答是後者，那表示艾森豪是站在守勢的地位，他的實現競選諾言和完成一貫抱負的努力，已遭受到了保守分子的最後抗拒；假若這一回答是前者，那表示艾森豪是站在攻勢的地位，他準備執行全面的有計劃的政治領導，以新的精神新的方法，將共和黨和美國領導向一個新的路線。再從這一問題的後果講，假若其咎由於人民的利害觀點不同，那麼艾森豪政權一結束，這一對艾森豪政府的反抗浪潮亦即告結束，反之，假若說這是由於艾森豪的思想變化，那麼即使艾森豪離開總統職位以後，這一影響將仍繼續。

那麼，究竟艾森豪個人思想發生了變化抑或美國的人民未能充分瞭解艾森豪的施政方針？一個持平的看法應該是：艾森豪對他的施政計劃及預算案的辯護，是有相當理由的；但根據他自作總統以來的若干思想演變痕跡，以及最近一年多他本人的所言所行來看，他亦的確變了。不是向保守的方向變，而是向激進的方向變。

（二）艾森豪的思想背景

人類的思想是一個複雜的組合，要正確瞭解一個人的思想如何形成，更非易事。有人認爲環境決定思想，但環境完全相同而各人思想却截然不同者，亦比比皆是，便可看出一個人的思想並非遵循一個嚴格邏輯公式。不過縱然如此，我們仍可找出幾個主要決定人類思想的共同因素，來分析一個人思想形成及變化的歷程。這幾個所謂主要的共同因素，便是①幼年生活環境；②學養、經歷及生平重大事故；③基本性格。現在就按這些因素，把艾森豪總統的個人思想背景作一簡單分析。

論幼年生活環境：艾森豪出生於貧苦的鐵路工人家庭，父親收入微薄，家口衆多，負擔奇重，這一事實便說明了艾森豪幼年生活是如何艱苦。因此當艾森豪中學讀書期間，他必須利用假期送牛奶或送報，賺取些許收入。及至中學畢業，家庭無力送他進大學深造，便開始賣菜，替人趕車，或作其他零星粗工，以彌補家用。直至一九一一年保送入西點時，他已升做一家工廠的夜班領工。這種幼年環境實不比林肯更好，祇有比杜魯門更壞。可以說他的出身是合乎所謂美國西部總統的傳統的。

論他的學養和經歷：艾森豪這個人是一個典型的平庸之才。一九一一年初入西點，他是二百一十二名中的第五十七名，及至一九一五年畢業，他仍然是一百六十四名中的六十一名。他從來不是一個才氣橫溢，聰慧過人的人，再加上從西點直至哥大校長時間職業軍人的經歷，及十六年中尉生活的刻板經驗，使他自然而然養成了一種脚踏實地，按步就班的實際主義觀念，缺乏任何羅曼蒂克的冒險想法。而且除了一九二零年當他二十七歲時，第一個孩子因病去世，致艾森豪夫婦受了一次精神上的打擊外，可以說他終生過着心理上平靜而物質上穩定的生活。他自然有過失望，但他並未經歷過痛苦；他有過失敗和挫折，但他並未有過長期間精神上的重大磨難。

再論他的性格：艾森豪是一個樸實、敦厚、而和穆的人。樸實而不虛華，敦厚而不狡詐，和穆而不暴燥。這種性格便決定了他是一個實事求是，中庸平易，不僥倖，不浮誇，不好高騖遠，不急功近利的人。

以他的幼年生活環境來說，他就應該成爲政治上的激進派；但他的職業軍人生活和性格，却冲淡了這種激動因素，便形成了一種矛盾中的平衡狀態。所以從他四十年代初開始接觸政治事務起，我們就可看出他是一個折中、妥協、開明而穩健的人。穩健而不流於保守，是得力於他幼年生活中的艱苦體認；開明而不流於偏激，是得力於他性格中的樸實和厚。總之，艾森豪的整個思想背景，可以說不脫一個「中」字。

(三) 中間路線與超然總統

由於艾森豪的這一思想背景及經歷，所以當一九五三年就任總統之初，他就揭櫫「中間路線」(Middle-of-the-Road)，準備要作一個超然派的中立總統。所謂超然派的中立總統者，便是不直接參與共和黨的左右翼爭執，不偏袒共和黨與民主黨的鬪爭，調和各方意見，以整個美國的國家需要與利益來決定施政方針。由於不參與共和黨左右翼的爭執，所於對於當時的塔夫特派，則採取一種妥協與合作的立場，對於猖獗一時的麥卡錫派，亦採取一種容忍的態度。由於不偏袒共和黨與民主黨的鬪爭，所以他當時對國會立法的工作，不是經由共和黨領袖的地位，片面指導共和黨，而是經由美國總統的地位，同時也洽商民主黨。至於他這時的一切立法計劃及重要演講，其中心思想除了不能不顧及現代社會已成事實的社會福利事業外，都是緊緊遵循着共和黨的傳統哲學，發揮自由企業及個人創造力的優點。茲摘錄當時若干重要言論如下：

①一九五三年一月二十日在第一次就職演講中說：「確切估計證實爲自由友人的需要和能力，我們將努力協助它們實現安全及幸福。……我們將努力在各地促進並實施那些能夠鼓勵生產及有利貿易的政策」。

②一九五三年二月二日在對國會的首次咨文中，當談到預算問題時說：「控制預算還需要州政府，地方政府及各有關公民團體自作約束，不要求國會把聯邦國庫欵項大量耗用在各種計劃上面」。

③在同一咨文中當談及管制問題時說：「我們民主政治中的偉大經濟力量是在自由的氣氛中發展成的。我們的人民的性格抗拒任何種類的人爲的或專斷的管制」。

④在談到發展天然資源時說：「完全依賴聯邦官吏定不能產生一個最完善的天然資源計劃，如屬可能，這個計劃應由各洲、各地方政府、各私人公民和聯邦政府一同釐訂」。

⑤在談到經濟繁榮與社會福利時說：「經濟自由乃是每個謀求自己生活的美國人的更大繁榮的必需條件。我們這一政府非常瞭解在一個繁雜的工業經濟中有兩個與生俱來的大需要。其一，對於非個人所能控制的力量加於個人的災害，每個公民必需獲得保障；其二，爲人民的福利計，需要政府在某些不可或缺的社會服務方面能有有效的和經濟的措施」。

⑥一九五四年一月七日對國會的咨文中說：「在現代的工業社會中，排除困乏和減輕個人災難對個人的打擊，都是各級政府包括聯邦政府所深切關注的。在補救和預防超出個人能力之外的情形下，尤其如此」。

⑦一九五四年一月二十八日，在對國會的經濟報告中說：「美國現握有一種抵制不景氣的武器。如果眞的發生不景氣的話，美政府已準備以下述諸項措施來加以對付。甲、大規模建設有益的公營事業；乙、整飭稅收機構，包括一般賦稅的削減，以促進消費者更大的購買力；丙、擴大運用貨幣債務及信用貸欵政策；丁、放寬私人義務的聯邦保險的運用；戊、改變聯邦保險抵押品的條件。

以上這些摘錄，除了最後一項在一種假定情況下，採取某些新政派的作法以外，其餘所有計劃和說法，則完全代表一個東部共和黨或傳統共和黨自由派的觀點。我們可以說在最初兩年中，艾森豪雖標揭中立作風，强調超然，表示要作一個非黨派總統，實際上他當時祇消極的作共和黨自由派的總統，而非作他自己的總統。强調超然的結果，則失去了明顯的政治性格及對黨的領導能力；實行中間路線的結果，一切施政計劃和思想，都顯得缺乏動人的力量。這種情形甚至從他當時在記者會上所表現的那種不安態度上，亦可以充分的看出來。爲何艾森豪當時會採取這種想法和作法？根據艾森豪自己的表示，他認爲作爲一個軍人，政治的複雜性是超乎他的經驗之外；他亦認爲軍人生活對於政治祇有極少的關聯。換言之，在最初兩年艾森豪所以祇能遵循古老哲學，消極作一個共和黨自由派的總統者，主要由於缺乏實際的從政經驗，不瞭解如何應付複雜的政治現實。因此除了實行中間路線，標揭超然態度，以駕乎一切的姿態協調各方外，實不能有更好的表演。

(四) 激進的保守主義

可是一九五四年十一月大選，共和黨在國會兩院同時遭遇失敗，使艾森豪本人的思想發生了自就任總統以來的首次重大變化。是年十二月中旬某晚，艾森豪宴請尼克森、洛奇、克萊將軍、布朗威爾、薩默斯威、亞丹斯、傑克森、哈格特等九人，在白宮舉行一次重要會議，便決定對共和黨作一全面改造。爲何艾森豪要突然決定徹底改造共和黨？這種原因根據艾森豪本人的表示可分下述幾點：

①在他領導下共和黨的所以遭逢如此失敗，並不是由於他個人聲望的低落，而是由於共和黨的整個思想基礎和活動方式已不合時代要求。

②他認爲他政府一切計劃的最後成敗，完全取決於共和黨的命運。若沒有一個堅强的共和黨作整體領導，他的一切想法便無法實現。

③根據一九五四年大選的經驗，非徹底改造共和黨，便無法應付一九五六年選擧。

④過去他認爲他的長期軍人經驗不足以應付複雜的政治情況；可是一九五四年大選以後，他相信他的經驗能力不下於任何政客之下，他決定現在是他實行眞正領導的時候了。

⑤過去他表示要作一個超然的中立總統；可是一九五四年大選以後，他認爲總統是不能中立的，也不能超政治的。除非他以政黨領袖的地位，特別支持

某些人或反對某些人，並將其精神與思想貫注於全政府，否則各級政府將被陷於個別利益泥沼而不能自拔。

⑥他認爲他當時所讀的兩本書，即遜得堡 (Sandburg) 的林肯傳和塞魯伯 (Samlubell) 的「美國政治的將來」(The Future of American Politics)，對他發生了重大的影響。由這兩本書他深切感到，要領導一個成功的政治運動，必須要有一個强有力的現代思想作依靠，建立一個全面的領導體系。

由於艾森豪對美國政治的這種新認識，所以他便斷然放棄了他就任總統以來的中間路線政策，而嘗試一種思想上的新概念。艾森豪當時這種心境，正如所有革命家和所有要推動一種政治運動的人們所感到的一樣，爲了把自己的思想貫注到大衆，爲了使他的思想變成一種共同的政治目標，於是便不能不發明一種所謂「主義」來作號召。艾森豪在一九五四年底所深切思考的，就是用什麼一個簡單的概念，來正確表示他的這一新思想路線呢？艾森豪最初替他的這種思想路線所引的一個政治名辭叫「進步的中庸主義」(Progressive Moderatism)，但後來覺得這種「進步的」和「中庸主義」之類，顯得還不够有力，並不足以正確表達他對共和黨和美國將來的抱負，所以不久便把這種「進步的中庸主義」改爲「激進的保守主義」(Dynamic Conservatism)。同時從「進步的中庸主義」改爲「激進的保守主義」，還有其他的好處和意義。因所謂「進步的中庸主義」，實仍不脫中間路線的窠臼，表示還沒有堅强的政治立場；而「激進的保守主義」則表示了他的政治觀點，也表示了他的政治精神和作風，以確定他所領導下共和黨的明顯的政治性格。艾森豪爲何要以「進步的」和「激進的」字眼來描繪他的新思想路線？這種原因在於：

①艾森豪認爲共和黨要適應時代的要求，繼續在美國政治環境中求生存，就必須採取一種激進的立場。

②艾森豪認爲他最初兩年在政治上的缺點，就在以超然的態度，姑息了共和黨右翼的錯誤。因此他決定給他領導下的共和黨以新的政治面貌，完全要與共和黨的麥克米克路線和麥卡錫路線等脫離一切源淵。

③艾森豪認爲過去他的立法計劃在國會內受阻，主要是共和黨的 G.O.P 未能予以充分支持。在當時環境下，他亦不能對這股黨內力量進行正面鬬爭。現在國會既已轉入民主黨手中，他認爲他即應該申明自己的立場，指出這些老警衛軍的錯誤。

④他認爲要共和黨有前途，就得使共和黨增加新血輪，吸收青年有爲的一代。要吸收青年有爲的一代，就得使共和黨有一個進步的政治綱領與現代化的政治作風。

由此時起，我們看到艾森豪對共和黨右翼的態度便有了明顯的改變，便開始建立起自己的幹部系統，不斷發掘和培養新人，開始運用他自己的聲望對下屬的影響，並强調思想與觀念的力量，開始爲他計劃與理想的將來着想。

（五）新共和主義

假若一九五四年的大選使艾森豪認識了政治，認識了美國的將來；那麼一九五五年他的心臟病，使他認識了自己和他的使命。從是年九月二十五日他在丹佛突然生病起，直至十一月十一日正式離開病床飛往華府止，這四十八天病床生活對艾森豪所發生的影響，猶如八年病榻生活對羅斯福所發生的影響一樣。我很懷疑假若羅斯福不患小兒痲痺症，而得以在病床上作過八年之久的思索，他是否會成爲一位非常偉大的美國總統。我同樣懷疑假若艾森豪不患心臟病，致有四十八天在病床沉靜考慮的機會，他的思想是否會有更進一步的變化。未來歷史將要證明，艾森豪的這場大病不僅對他自己，就是對整個美國政治來說，都具有一種關鍵性的意義。

根據變態心理學，重大的疾病，災難和變故，往往可使一個人突然改變氣質。艾森豪這場病雖未嚴重到使他變得前後判如兩人，可是很明顯的，在這場病中，艾森豪發現了許多非常重要的眞理。在住病院以前，艾森豪在本質上是一個平樸而和厚的人，離開病院以後，他的平樸和厚可能依然如故，可是他變得更激進了，更積極了，更偏頗了，更深沉了。過去以前，他認爲作總統不過是在盡一種國民天職；可是生過病以後，他似乎明顯覺得作總統是一種重大的政治使命，對許多人負有一種嚴肅的道德責任。因此從離開丹佛病院起，我們可以看到他對世界和平的認識，對落後國家和人民的同情，對社會財富的瞭解，對中下層人民生活的關注，都似乎發生了重大變化。下面的摘錄，便是他此時以後的許多言論表現和計劃：

①一九五六年二月二十九日他在宣布重新競選的演講中說：「我希望你們人人知道我已獻身於一個計劃。這個計劃恪遵美國立國所本的政治與經濟自由的觀念，力主對於個人必須一視同仁，機會均等，其理政的手段適應變化中的工業，經濟與社會情況。而且這個計劃的永矢不渝的目的，是謀求一億六千六百萬美國人民的幸福，繁榮而尤其是安全」。

②一九五六年四月三日，艾森豪在華府召開的美廣告協會第十二屆年會中說：「美國除了對其友邦提供協助外，並且應該在宣揚自由資本主義制度方面有積極表現，否則一些小國家便會走上錯誤的共產思想道路。……將美國的人民資本主義向全世界宣揚，現在正當其時，因再事稽延將使共黨的惡毒宣傳增其資料」。

③一九五六年四月二十一日，艾森豪在編輯人協會演講中指出：「原子能的用於和平，將能促成新工業時代的發展，更多的人力與生產，可以用於減少貧窮與困乏」。

④一九五六年八月二十二日，艾森豪在舊金山大會中於發表接受提名演講中說：「今天我要證明一個簡單的眞理，就是共和黨是屬於將來的。我所以堅信共和黨及其一九五六年政綱是非常正確的，就因爲它是和將來密切聯繫着。……它是一個關注今天和明天的事實及問題的黨，而不是關注昨天的事實及問

題的黨。正有更多的問題如要求更好的學校，衛生，房屋，電力發展，原子能的和平使用等向我們提出挑戰。讓我們放棄昨日的戰鬪，面對長期福利所依靠的新問題吧」。

⑤一九五七年一月十日，艾森豪在其致國會的咨文中，提出三大口號，要求更警覺的護衛「人類自由」，更明智的關切「人類福利」，不斷努力為「人類進步」。更强調他的未來立法計劃將以聯邦資助建設學校，公路，擴大最低工資法案等為優先目標。

⑥一九五七年一月十五日，艾森豪向國會提出一九五八年七百一十八億元的龐大預算案。這一新預算比上一年度所提出者多五十九億元，其中三十億屬於軍費，用以發展洲際飛彈和三軍的原子化，而二十九億則屬於社會福利計劃。

⑦一九五七年一月二十日，艾森豪在就任第二屆總統時發表演講說：「世界充滿了嚴重的匱乏，衝突與危險。……世界人口的三分之一，已進入一個爭取新自由的歷史性搏鬪，這種新自由卽為：避免極度貧困的自由」。

由以上的這些言論和計劃中，我們淸楚看出艾森豪的思想路線再度發生了變化。這一新思想路線的本質，就是在今日美國引起劇烈爭論和時髦一時的所謂「新共和主義」(New Republicanism)。在過去以前，艾森豪所追求的是個人的創造力，地方分權，公民責任，和平與繁榮；而自離開丹佛病院決意實行新共和主義以後，他所强調的則是人類的進步、社會福利、安全、免於貧窮與匱乏。過去他曾主張逐漸實行減稅，而一九五八年度龐大預算表示他已暫時放棄了這種打算。於是美國商會會長柯爾曼便發表牢騷說：「當一九五二年選擧過後，我們中很多人會自慰以為華府已有了一個企業頭腦的政府和國會，我們滿可好好休息一下；但誰料結果竟發生了什麼」？又一位波士頓銀行家哈傑曼說：「這一新共和黨已經放棄了一九五二年的目標，已經放鬆了削減政府支出的行動，已經放慢了使政府完全脫離企業活動的工作，已經採取了『新政』和『公政』的社會經濟政策」。由我兩個例子看出，自一九五八年度新預算提出後，美國企業界和保守派人士的所以大擧責難艾森豪，批評艾森豪政府者，就因為從他們的眼光看來，艾森豪已經變成了共和黨偽裝下的新政派了，所謂新共和主義，在這些人的想法中不過是「新政」和「公政」的又一個代名辭而已。

（六）他不是新政派

那麼，艾森豪的新共和主義是否就是「新政」的翻版？假若說艾森豪的新共和主義就是「新政」，那麼今天的艾森豪政府，也就變成了過去羅斯福政府的延長，變成了名屬共和黨而實為民主黨的政府。事實當然不是這麼一回事。遠在一九四五年雅爾達會議前夕，羅斯福曾秘告霍甫金斯，說戰爭勝利之後，他一定要設法艾森豪將軍競選總統。霍甫金斯告訴他，聽說艾森豪將軍是共和黨呢，羅斯福便默而不答。及至一九五一年，杜魯門曾探詢艾森豪願否接受民主黨提名競選總統，艾森豪表示拒絕。由此可見艾森豪在本質上是一個共和黨人，而非民主黨人，更非新政派；就是經過一連串的思想改變與深沉思考之後，他的思想路線仍與新政派相距頗遠。

艾森豪的許多立法計劃，實含有濃厚的新政氣味。一九五六年的春天，杜魯門曾謂艾森豪的立法計劃採取了若干「新政」思想；一九五六年競選期中，史蒂文生曾數次指責艾森豪剽竊「新政」計劃而欺騙人民。假若單純從外表着眼，一個人很容易認為新共和主義就是「新政」的化身，美國很多人的作如是觀，自非意外。可是實際上，今日艾森豪的新共和主義與「新政」之間，實有重大的區別：

①新政派主張經過聯邦政府的中央權力，實行全面的有計劃的有步驟的努力，改造社會經濟條件，重新分配財富，以達到改善中下層人民生活的目的。而新共和主義既無一個全面的方案，又不主張加强聯邦政府的權力，更不要求有計劃有步驟的行動，祇是希望聯邦政府、州政府、地方政府及各公民團體共同參與，以一點一滴，一步步努力，逐漸解決各種問題，滿足各種需要。換言之，新政派有一個堅强的既定理想，希望改造社會；而新共和主義並無什麼理想，祇是想適應正在變動中的社會情況與需要而已。

②新政派的思想，正如羅斯福本人所說是「中間偏左」的；而新共和主義並不然。什麼是「左」呢？一言以蔽之，所謂「左」者，便是同情貧苦者而反對或節制富有者之謂。我們當年曾聽到羅斯福和杜魯門演講，大罵「那些貪婪而自私的資本家」如何如何；可是我們曾聽到艾森豪亦講過同樣的話麼？新政派對貧富之間有所分別，站在中下層及小市民階級的市場，節制大企業家的過份擴張；而新共和主義對中下層及大企業家，則一視同仁，並無輕重之分。正如艾森豪在舊金山接受提名演講中所說：「我們並不為了廉價政治利益，訴諸一個集團反對另一集團的勾當」，便是說，新政派是喜歡玩這一套的。

由於新共和主義並不主張一個集團反對另一集團，所以沒有集團特別反對它，亦沒有集團特別喜歡它。而新政派由於主張反對某一個集團，所以也曾博得另一集團的特別擁戴。新政派是有眞愛眞恨；而新共和主義祇不過是一種空泛理論而已。今日艾森豪的個人聲望，並不下於當年的羅斯福，艾森豪政府在國內外的成就，亦並不比羅斯福政府更低；但任何人都自然而然感覺到，今日艾森豪比之當年羅斯福，總好像缺乏了一件什麼。這一區別就在羅斯福是居中而「稍偏左」，而艾森豪是站在「正中」罷了。正由於這一微小而重要的區別，所以不論新共和主義如何採取新政的立法計劃，不論艾森豪個人表示如何激進，而新共和主義總不是「新政」。同時也就因這一區別，艾森豪可以瞭解貧苦人民的生活，但永不瞭解貧苦人民的心靈；他可以致力推進世界和平，但永不能為這一歷史性運動帶來一種羅曼蒂克的魔力；他可以使全世界人民敬佩，但永不能使全世界人民歡呼和落淚；他必是一個非常優秀的總統，但永不能成為一位偉大的總統。

印度遊記

湯因比原作
鍾玄靈輯譯

上篇

全世界都知道，印度的地圖，在一九四七年突然變了顏色。本來屬於英領的印度帝國的一色地圖，突然在一九四七年消失了。原來是紅色的，現在代之而出現於地圖上的，却是複雜的三色圖。

三個主權及獨立國家，卽印度，巴基斯坦，以及緬甸，已經在地圖上出現，代替了昔日的紅色帝國圖。這幅紅色印度帝國圖出現以來，已經有了一百年以上的歷史。

這以上的簡單事實，是誰都知道的。但緊接着一九四七年的變動之後，到底在那一片大陸上，發生了些什麼革命性的後果，外邊的人，就不十分清楚了。至少就筆者個人而論，在我沒有到當地以前，實在是一點也不知道的。

舊地圖的疆域劃分與新地圖的疆域劃分，兩者間的最大不同，可以一句話說明。這就是：舊疆域是不合理的，但絕對不如其外表顯示之甚；新疆域區劃爲印度，巴基斯坦及緬甸，是合理的，但也不如紙上所顯示的那樣合理。

昔日英領印度帝國的地圖，不用說，早已成爲博物館裏的老古董了。它好像一塊化石，所紀錄下來的，是那個印度歷史上的過渡階段，爭權奪利的階段，卽從莫臥兒帝國之崩潰起，一直到英國勢力之建立。英國直接治理的區域與許多自治的印度州之間，它們的疆域，完全是偶然的，是外交與戰爭的結果。這些行政疆域，非常複雜，而行政地圖上的許多界線，恰恰與那些地區自然界限，交叉縱錯。

原來英領印度的行政區劃，旣與經濟區劃不符，又與語言區分不同。往往用一個語文的地區，被分到六七個不同的行政區裏去，相反方面，一個行政區又往往包括六七個不同的語文區。內政上的各處疆域線與鐵道及公路都互相交叉。換句話說，這些舊行政區劃是非常不合理的。如果它們當時被重視，如今天人們之重視印度，巴基斯坦，以及緬甸之間的疆界線一樣，那末，整個的印度早就被窒息了。

所好者，印度帝國昔日內政上的疆界線，從來沒有被重視過，所以它還不致把當時印度的基本統一，完全打破。而且，那時候，種種有助於印度統一的力量，也是非常之强的。

比如，印度教及回教的宗教的文化勢力，就曾經打破了一切語言及種族之隔閡；而同時，印度的英國統治者，也對於印度的各種統一力量，作了一些貢獻，如一個共同的軍隊，共同的文官制度，共同的語言文字以英文爲準，以及一個有助於各地統一及交往的交通系統。印度的英國統治者，雖然沒有給印度的居民們以獨立，但却也保護了印度，使它不致遭受東歐那些國家，以及西亞那些國家，在獨立後所遭到的各種災難。

從一九四七年起，印度獨立了。但同時，它也走上了東歐那些國家的舊路。今天的問題，就是：究竟印度和巴基斯坦，將要被驅上那條悲劇的途徑，到怎樣遠？

把昔日英國統治的印度帝國分割爲印度及巴基斯坦兩國之後，它已經產生了在彼此疆界上，一種犬牙相錯的情形，爲向所未有。而且，這些國際性的疆界之不合理，宛如以前在英國統治時期的印度國內政治疆界。而這些新邊疆對印度的害處，則遠過於以前的國內行政劃界。因爲這些新邊界，已經被建爲各種壁壘，彼此互不來往了。

受害最深的兩個區域，一個是彭遮普省，另一個是彭加爾省。在這兩省裏，依語言爲界線，各被分割爲兩部，而這些語言界線是絕對不允許跨越的。這就對於它們的經濟，發生了很大的災害。彭加爾東部，被完全由加爾各答切斷，彼此不通往來。可是，加爾各答向來是彭加爾經濟的中心，現在彼此切斷開來，與兩方面都不利。向來彭加爾的商業，都是操在當地少數民族的印度人手裏，現在這些人被一齊趕到界線以西，成爲難民了。

至於彭遮普，它的繁榮，向來依賴統一的水利制度，現在被分割之後，這簡直是不可能了。

爲了補救它國際界線之不合理，印度本身企圖調整它內政上的不合理界線。

過去十年之內，印度南部行政區的地圖，已經重行劃過了，竭力要符合當地的語言界線。這種革命性的改革，是由於馬德拉斯省東北角上，那羣說太魯格語言的民族先提出來的。他們所提的要求，是分裂開來，成爲一個安德拉州。他們的目的達到之後，不可避免的，這整個地區必須重行按照語言之不同，劃爲四個獨立州。

印度這種按照語言不同，重劃分行政區域的辦法，是一種很合理的舉動，但也是相當危險的舉動，有歐洲的悲劇經驗可資證明。因爲語言文字的民族主義，實在是一個趨向分裂及富於爆炸性的力量。所以，在目前，印度比較賢明的人，已在懷疑這樣做的後果，是否對它有利了。

這些人擔心，一旦當地的人都以土話方言爲自己民族的統一標幟之後，那末在馬德拉斯省原來的地區，將出現四種獨立的民族，卽巫語民族，安德拉語民族，克來利安語民族，以及克納來斯語民族。這對於他們整個印度國家民族的意識，顯然是一個打擊。過去這種統一的印度意識是在共同印度文化的基礎上，以及在英國的印度統治者支配下，慢慢培植出來的。

把印度的當前情形，和東歐各國近代歷史比照一下，人們立刻可以明白，這些擔心，並不是杞人憂天。

從此之後，照目前情形演變下去，不僅一個說太魯格語的印度人，在馬德拉斯省要成爲一半外個人了？而一個說巫語的印度人，在彭加陸省也要成爲一半外國人了？

在印度這樣依照語言，重劃行政區的辦法裏，最大的一個難題，就是孟買。因爲孟買這個地方，對於印度，不啻就是英國的曼徹斯特與利物浦兩個地方加在一起之對於英國，所以它是印度的經濟首都，地位無比的重要。但如以語言的民族來分，孟買一個地方就有四種不同的民族，馬哈拉希坦語言民族供給當地的勞力，格拉廸語言民族供給它以資本，另有巴希語民族，及辛廸語言民族，也都供給它以資本。

試問對於孟買這樣的城市，人們應該怎樣處理？

在地理位置上說，孟買是馬哈拉希坦省不可分的一部。可是，假使以語言爲行政單位從屬的標準，也就像馬德拉斯省之成爲巫語區一樣，大概孟買應該成爲馬哈拉希坦語的獨立單位。那末，這對於那些用其他語言的，這個區域裏的許多少數民族來說，將是非常不利的。而反過來說，排斥了這些不同語言的少數民族之後，對於孟買本身的繁榮，也就非常不利。

當地格拉廸語人們，會經提出把孟買變爲獨立城市的建議，但立刻受到馬哈拉希坦語言的多數民族的反對。現在的辦法，就是暫且把孟買成爲一個州，把許多民族都混在一起，但各方面都不討好。也就等於說，孟買的問題，並沒有解決。

這一段關於孟買所遭遇難題的經過，就可以充分說明，印度希望以語言不同爲標準，重劃它的行政區域的企圖，是落了空。

統治印度的英國統治者被淸除之後，也就如同以前的蒙古莫臥兒帝國在印度的統治者被淸除後的情形一樣，印度全國都出現了對於遺下統治權力的搶奪。試問，在這個權力鬬爭中得勝的是誰？

它既不是在十八世紀裏佔過上風的馬哈拉希民族的英勇好戰，也不是十八世紀的彭加利人的彬彬文彩，而却是二十世紀格拉廸人做生意的本領。格拉廸的工商業者，實際上，是繼承了英國統治者的衣鉢，至於彭加利人的努力，祇有一天一天式微下去了。

但那以政治本領見稱於世的馬哈拉希人，它的前途究竟如何呢？難道它甘心永遠做格拉廸人的附庸嗎？直到目前爲止，它似乎近有一種遺留下的優越感。這意思也就是說，印度的民族問題，今後還是多事之秋。

下篇

一個外國旅行者在印度所看到的，第一件令他愉快的事，就是印度的鳥類與獸類，已經一點也不怕印度的人類了。

由於多少世紀以來的經驗，使它們已經對於人類，具有一種非常有理由的信心，知道與它們同居於印度的人類，絕不會殺害它們。不過，它們却並不因爲這幸免於人類的殺害，而增加其對於人類的感激。鳥類與獸類似乎已視之爲當然，它們殊不知事實上，並不如此。印度人之不殺害鳥獸，並非天生如此，而却是由於自己禁止自己的結果。

印度的鳥獸類，似乎明顯的以爲，它們是在享有一種由上帝所賜的動物權利；而人類呢，不管他們願意不願意，也要勉强遵守這個法則。因爲這個法則是神聖的宇宙秩序之一部。

無疑的，如果這些印度鳥獸類，去訪問地球上除了印度以外的地區的話，那末，它們也許會大吃一驚。那時候它們也許可以知道，印度人的行爲法則中，有着它的好處，也有着它的缺點的。

在印度以外的地區，人們對於鳥獸及爬行的動物，可以爲所欲爲。他們屠宰一切的動物，但爲了要屠宰它們，也往往先把它們餵肥了。而在印度人們固然不能，也不願傷害一切的生物；但他們却也不一定有餵養這些生物的義務。

「你不可傷害一切生物；但也不必多事去養活它們」。這句話，就是印度人的行爲法典。

在印度，人們是不能屠牛的。可是另一方面，他們却也硬心腸地讓這個神聖的動物，臥在街上，饑餓得不得了，以致於要舐那些鋪在街邊的石頭，而且啃電燈桿。因爲它實在餓得不得了，幾乎什麼都能吞下去。

在西方，牛並不享有任何神聖不可侵犯的尊敬，但也不致於忍受在印度那種饑餓的煎熬。在西方一頭餓牛，不是立刻受到餵養，就是立刻被屠宰。

不過，縱使一頭餓牛，其在印度所享受的自由，還是西方的牛所不敢嘗試的。一頭印度牛，它可以衝進農夫們的田野裏吃掉了那裏長的莊稼，不受到一點懲罰。或是，它又可以闖進一個商店，吃掉擺在那裏面櫃臺上的蔬菜。

印度的鳥類，還要大膽一點。前天我同我的太太一同在印度郊外一棵大樹陰裏進野餐，有一隻老鷹突然飛下來，由我們的碟子裏，憑空攫去了幾片羊肉。我們的司機不住舞動他的棍子，但那些老鷹們却好像知道他在虛張聲勢，所以它們完全不理他，而且一陣又一陣飛下來，把羊肉攫去。

在一家旅館裏，麻雀們在室內的電燈架子上做窠，而且不停的飛到桌子上來分享人們的飯食。在吃茶時間，一隻烏鴉飛來停在室外陽臺的短壁上，對我看着，好像在要求什麼。我扔一片麵包屑給它，它立刻不知從那裏找來了另外六隻烏鴉，整齊地排在那裏。這樣一來，一片麵包屑當然不够了，祇有把我應享的一大片餅，全部奉上。

但在路上，人們却最要當心。因爲這裏是動物的權利必須尊重，必須對之讓步的地方。當然，任何在印度旅行的人，都知道他的司機，一定會給水牛或山羊讓路，但你却萬想不到，他還要給狗、猴，以及烏鴉等等一齊讓路。

（下轉第28頁）

馬來亞獨立後的兩大課題

——「公民權」的解決和清剿馬共

佘　陽

上月卅一日，馬來亞聯合邦正式脫離英國宣告獨立。獨立後的馬來亞，有許多問題是一般人所欲了解的，如國家財政及經濟狀況如何？如外交及對外貿易立場如何？如內部民族間相處—「公民權」如何解決？如清剿馬共武力有無把握？在這些問題中，後兩項相信是比較受注意的，而且是與馬來亞今後的安定有最密切的關係。

偏見低能的報告書

根據「李德委員會」今年二月提出的報告書，其有關「公民權」的建議是（該委員會為英國派出草擬馬來獨立憲法者，在馬來與各有關領袖學行百餘次會議後提出報告書）：馬來人（巫族）是獨立後馬來亞主人地位的民族，這一個「主人民族」除政治上有優越地位外，並享有在政府及公共事業中佔有四分之三的員額分配，在商業許可、獎學金及土地所有權亦享有優先權，這些權益至少應繼續十五年。而一切非馬來人，要在獨立八年後才能取得「公民權」。

這一個可能成為憲法依據的李德委員會報告書，無疑的受到華人印人的極端反對。今年五月間，有兩個代表團前往倫敦向英當局提出反對意見。該兩代表團之一是華人註冊社團代表大會，包括華人組織的同業公會商會共一百九十四個單位，另一旨在保障人權的馬來亞黨（其會員有著名律師、醫生及政府官員等）。據稱當時英殖民大臣蘭諾斯波德向該兩代表團保證說：他認為憲法的最後修正，將表示一種公平的折衷。可是現在馬來亞獨立了（截至筆者寄出此一稿件之時止），我人尚未見到對「公民權」已經有了公平的修正。

遷居歷史和人口統計

我們知道，巫族在馬來亞並不是個絕對多數的民族，在僑居歷史上，巫人亦不是當地最早的土著。依一般學者的考證，現在星洲、馬來亞的馬來人、華人、印人、英人等，都不是眞正的原住民，都是先後由外地遷居的民族。馬來亞土著居民，是沙開族 Sakai，西芒族 Semang，比當達族 Biduanda，巴絲絲族 Basisi，雅公族 Jakun，及小黑人族等。這些落後的土著（一般人呼為生番），在強弱的競爭法則下，被外來的民族迫往高山地帶，現在尚有極少數存在。

移入馬來亞者有中、巫、印及英人。英國人自十六世紀以後才有人到馬來亞，當然是最遲到者。中國人在漢時，已有不少商民前往馬來亞，賀爾氏在「馬來亞人民」一書中亦明確的指出，三世紀時中國人已紛往馬來經商。又前英國馬來亞海峽殖民地總督瑞夫哈姆在其所著的「英屬馬來亞」一書，亦指出：在白種人未到馬來亞之前，華僑早已是鑛業主人、商人、種植者及漁夫了。馬來人在唐朝以後，才由蘇門答臘漸漸遷居星洲和馬來亞，而由於在新加坡敵不過華人，乃羣向馬來亞發展，但當時重要的村鎮，亦已是華人的天下，馬來人多就居於較僻落的地帶。印度人到達馬來亞，較馬來人略遲，大約是七世紀的事。

馬來亞現有人口，巫族的數字雖比華人略多，然如果合華印人口，則已多於巫族。去年新加坡統計局發表的數字是：星馬兩地合計人口為七、二七二、〇七六人。其中華人佔百分之四四，一，巫人佔百分之四三。單就馬來亞的六、〇五九、三二七人計，巫人約三百萬，佔全馬人口百分之四九；華人約二百三十六萬餘，佔百分之三九；印人約六十八萬，佔百分之十一。上述事實，說明巫族單獨被權定爲「主人地位」的民族，是不公平和非常的不合理的。

一個持平的見解是：就馬來亞這樣的地區說；抑制着經濟、文化水準備較高的過半數華人印人的地位，而單獨照顧了僅及半數的巫族，這是損失的、破壞的辦法，而非建設的措施。戰後英國的殖民地政策曾在在有開明的表現，但在處理馬來亞民族問題上，却是偏狹和盲目的。

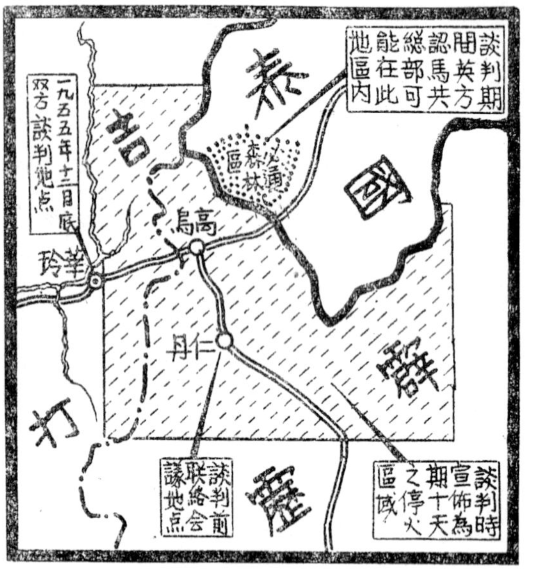

有人認爲這種錯誤，是由於馬來亞現任首席部長拉曼的堅持所致，實際上李德委員會的組成，是英國殖民部所指派的，其所提出的報告書，亦可說是根據着英國的政策。靈通界人士指出；英國人之所以抑制華印人，而將馬來亞單獨交給巫族，其主要的一個着眼點，就是今後較容易操縱，殊不知因此而造成了兩個後果：一是有過半數人民看不起英國人，這些人過去或者對英國人是畏敬的；二是無形中挑撥了華巫兩族的成見。

在馬來亞，煽動人民仇英和挑撥華巫互仇，本來是共產黨所欲進行的政策，而可惜的，英國人的盲目措施，竟間接的替共產黨完成這兩項目的！

馬共破壞，印象尤新

馬來亞共黨，於一九四八年採取破壞性行動，破壞交通，放火焚燒橡膠園，爆炸錫礦場，狙擊英軍，甚而在新加坡、吉隆坡等城市進行綁架或暗殺，在其最猖獗之時，新加坡惶惶不安，大部份錫礦場停業，大部份橡膠園無人管理，任其荒廢，橡膠的生產，由一九四八年的年產約六十八萬噸，減爲一九五一年的三十二萬噸。在當時，英駐馬來亞當局估計馬共實力(直接參加武裝活動者)約有五千人。

一九五一年，馬來亞當局先後採取三項值得注意的措施：一是訓練馬來亞土著，組織「民防隊」以協助英軍剿共(一位二次大戰時中國將領對英國進行此一計劃聞曾有重要貢獻)；二是徙置大批接近共黨活動區之居民，對潛伏有共黨游擊隊之山林區，採取「堅壁清野」並困餓政策，特別是隔絕其再度進入城市區；三是重價收買有關馬共活動情報，並對帶具情報自新的馬共，予以審慎安全保障。

一九五三年秋，由於收買情報辦法獲致顯著效果，擊斃並俘虜馬共武裝份子由每月數十人突增至百餘人，且有不少携械投誠者，再配合以數約五十萬人大徙置的成就，馬共才漸漸被困迫於若干斷絕給養的山林區中。而三年來馬來亞民防隊亦被組訓成一支力量頗強的隊伍。

馬共被困迫，向北移動

在受到顯著的打擊後，據透露；於一九五三年年底始，馬共的活動即有下列幾個趨向：

一、加強新加坡對岸柔佛區的流竄活動，以掩護馬共主力的北移；

二、在森美蘭山林區，建立假總部，並予以頑強踞守，以吸引英軍注意，使北竄的馬共主力，能從容在北部適當地帶建立新指揮中心；

三、故意放出再度滲入市鎮區從事活動消息，以分散英軍對困踞山林地區馬共的壓力，然後：

四、主力北移，並在防衛力較弱的泰國邊境，開闢新地盤。

根據英軍方指出，在一九五三年以前，泰馬邊境是馬共獲取物資援助的通道；馬共當馬來亞各市鎮村落可能取得的作戰物資受到英軍決定性的封鎖以後，馬共即自泰國南部山區偷運物資入馬來亞。英軍、馬來亞當局及泰國軍方，爲清剿泰馬邊境的共黨游擊隊，先後曾舉行會商多次，馬來亞建議組織聯合指揮部，用一致行動消滅馬共盤踞，未得泰國同意，但在交換馬共活動之情報方面，雙方合作得頗密切，去年，傳雙方已取進一步協議，在必要時泰軍或英軍可越境追擊逃竄之共黨游擊隊。就事實說，泰馬兩國合作剿共，是獲致了可觀的結果。

可是，從另一角度說，馬共事實上已在此一通道的某些地區，建立了新的活動區，甚且成爲馬共的主力及總部所在地。

停火談判後的馬共

東姑、鴨都勒、拉曼就任馬來亞首席部長後，即發動與馬共談判停火問題，一九五五年十二廿八日雙方代表正式會談於霹靂、吉打邊境的華玲(見上圖)，馬來亞方面由拉曼、馬紹爾(前任新加坡首席部長)及陳禎祿爵士(馬華公會主席)出席；馬共方面由馬共書記陳平及其他兩名共黨幹部出席，該次談判如一般人所預料，得不到絲毫的結果。

發起停火談判，對於拉曼的作用是：不論談判成功或失敗，都有幫助他的聲譽。因此，他的口號和「停火條件」只有一個，那就是要馬共放下武器投降。在馬共方面，對談判則有兩個企圖，一是借談判的舉行作暫時的喘息；另一是利用談判引起其他共黨國家(如中共)的過問。

就停火談判的後果說；問題的關鍵是談判結束以後，馬共的力量是增強？抑或削弱？如果屬於後者，則馬共對談判所作的企圖，是失敗了。大概由於此一事實，因之，拉曼的反共態度是強硬堅定的；指出馬共只有投降一途可行，同時並歡迎再度舉行談判。

前年年底停火談判期間，馬來政府對馬共的實力，曾作審慎估計，認爲馬共游擊隊不會超過三千五百人。最近馬來亞當局斷判馬共武力，約在二

法國通訊・八月廿八日

法國新閣的政治及其瞻望

孔 治

一九五七年六月十二日法國國會下院以二四〇票對一九四票的相對多數通過社會激進黨籍議員布爾熱斯牟奴里(Maurice Bourgès-Maunoury)的組閣信任投票案，結束了延續三個星期之久的法國第四共和第三屆國會下的第一次閣潮。布爾熱斯牟如里原任莫萊(Guy Mollet)內閣的國防部長，爲社會激進黨中支持莫萊內閣政策最力者，與黨中孟德斯法朗士(Pierre Mendès-France)派意見不和。其今日所主持的新閣如就人事分配論之，似較莫萊內閣爲右傾；但實際上，就其國會中的多數及其施政方針看來，則毫無疑問的是莫萊內閣的延續。因此，如欲明瞭布爾熱斯牟奴里內閣今後政治的動向及瞻望其將來，除須對目前各黨在一般問題所持政見加以釋析外，實有回顧莫萊內閣施政成敗的必要。然而新舊內閣在政策上既有連帶關係，則爲何莫萊內閣的第三十四次信任投票案不能被國會通過，布爾熱斯牟奴里內閣却能獲得下院議員多數的信任？這一點在散漫而複雜的法國政黨政治原無甚特別，何況在今日國會下院組成上看，沒有社會黨參加是任何人不能組閣的。本來莫萊內閣經五月二十一日國會拒絕信任投票案後是並不必須提出辭職的；因爲根據現行憲法第四十九條的規定，只在國會下院全體議員過半數的絕對多數拒絕信任案時始得推翻政府。當時反對票數距絕對多數尙差四十八票，莫萊內閣的辭職只是遵循法國政治的傳統而已。

莫萊內閣的成敗

莫萊內閣自一九五六年一月三十一日組成，迄本年五月二十一日共維持了十五個月零二十一天長久的時間，打破了葛儀(Henri Queuille)內閣自一九四八年九月十一日至一九四九年十月四日所創的十二個月零二十四日的法國第四共和最高紀錄。莫萊內閣能以持久的原因並非因其在國會中握有實力雄厚而固定的多數，實有賴於因時勢演變而得的「遇合多數」。這本是多黨政治中的必然現象，不足爲奇。但頗爲例外的則是右派政黨經常參加社會黨爲主的多數黨集團。莫萊政府並非由社會黨獨力組成，而是產生於一九五六年一月二日大選時由社會黨、社會激進黨、民主社會抗敵同盟和社會共和派聯合形成的「共和陣線」。大選後「共和陣線」雖僅握有一百七十餘席，但由於新國會中黨派勢力分散，且社會黨處於左右各派爭相交結的有利地位。一月三十一日「共和陣線」的莫萊內閣遂獲四二〇票對七十一票的絕對多數而成立。但「共和陣線」不久卽名存實亡。阿爾及利亞叛亂事件的嚴重發展，社會黨籍駐阿部長拉哥斯特(Robert Lacoste)的武力平亂政策與孟德斯法朗士意見相左，後者於五月二十二日退出政府後，雖未願與社會黨公開決裂，但「共和陣線」已無形解體，何況孟德斯法朗士及以其爲首的社會激進黨少壯派份子亦無聲的轉入政府的反對派。然而莫萊內閣並未因此動搖；相反的，正因其對阿爾及利亞及對埃及政策迎合右派政黨的脾胃獲得溫和派的支持，而更鞏固。

在莫萊內閣主政的這一段期間中，其所執行的政策僅在社會方面的措施，算是合於該黨政綱，富有社會主義的色彩。社會黨籍的社會部長加昔爾(Albert Gazier)的提議使原有的每年兩週帶薪休假制改爲「三週帶薪休假制度」。同時成立「國民養老基金」使年邁的法人生活更得保障。此類政策在國會中曾引右派政黨的激烈反對，賴於共產黨的贊助而得通過。然而在實施時須增加大量支出，使預算更爲不敷，因此溫和派領袖前內閣總理畢奈(Antoine Pinay)指責莫萊內閣的社會政策將使法國財政經濟完全破產。其次如加昔爾制訂的醫生薪給制度，亦稱爲「加昔爾計劃」，頗近似

千五百人左右，筆者綜合近月來有關馬共動態報導，該約二千五百名馬共武裝份子的分佈及活動情況是：

目前馬共實力

一、在霹靂邦區域內的馬共武力，數約一千五百人，這一部份，當是馬共主力，馬共首腦陳平及馬共總部，都在其中。

二、約三百至五百名馬共在吉打東部，此一股可能與陳平所率領的一部份，有較密切聯絡，他們亦近乎是馬共主力的掩護隊伍。

三、約百餘馬共武力在森美蘭東北部，百餘武力在柔佛區內，另一小股在雪蘭莪東北與彭亨交界地區中。這三股殘存的馬共，被圍困在絕糧的山林區內，正常的判斷是他們不容易久待在斷絕給養的山區中，但是牠們竟是一月一月的挨下去，沒有在正常的判斷下被消滅。

四、有若干迹象指出，馬共新的活動策略，是向城市區滲透，牠們能盡可能保留戰鬥力量，但是市鎮區的組織發展，亦極注意，吉隆坡、檳榔嶼等重要城市，都曾發現共黨的宣傳機構。顯然的，向城市地區活動，有着來自國外的支持。

馬共以武力奪取政權的企圖，可肯定說是無法達到，但是獨立後的馬來政府，能否如拉曼所說在短期內清滅馬共武力，則頗有疑問。

× × ×

「公民權」問題，處理得不合理，與馬共的存在或發展，雖然不是有牽連的，可是同樣是安定馬來亞急要解決的問題。

公醫制度，雖尚未向國會提出辯論，却已引起法國醫師界全體激烈的反對。

在阿爾及利亞問題方面，法國需要先行停火進行選舉後始肯談判；阿爾及利亞「民族解放陣線」(Front de Libération Nationale 簡稱 F.L.N.)則堅持需法國首先承認阿爾及利亞的獨立原則始肯停火。因此政府繼續用兵，軍費開支日增。阿戰軍費開支在一九五五年僅四八〇億，至一九五六年竟耗三一五〇億佛郎，而本年預算爲三七八〇億佛郎。在莫萊內閣後期每日平均軍費開支近二〇億佛郎，此龐大的消耗實使法國財政窮於應付，至有去年九月十日「國家公債」的發行以爲貼補。同時法國的國防軍一百二十萬人（包括在阿作戰的四十萬人在內），直接影響生產人員的減少，阻碍經濟的發展；況且生產部門部份生產力得用於從事軍需生產以應付阿戰，使國內供求脫節，輸出減縮而輸入額則增加。國際貿易額入超過鉅，外滙基金日減，至莫萊內閣坍臺時法國國庫可動用的外滙準備金幾已全部耗盡。本年第一季進口爲四七一〇億佛郎，較之去年同一季數字增高百分之四十，使法國成爲歐洲支付聯盟(Union Européenne des Paiements)的債務人。蘇彝士運河危機的發生，英法兩國的聯合軍事行動，法國雖僅負擔近三十億佛郎的額外開支，但埃及却因此將法國在埃約四〇〇〇億佛郎的大量投資全部徵收，同時運河的關閉使法國石油供應缺乏，遂向美國採購及租用油輪等項，法國無形中多損失一億五千萬美元的外滙。況且因各方面的發展使一般預算遂日增高，本年財政赤字已達一〇五〇〇億佛郎。莫萊內閣爲彌補赤字所採的節流開源的辦法中，其於五月十五日向國會提出的開源辦法爲：

①徵收公司準備金稅：可收入八二〇億佛郎。

②提高汽油價每公升四佛郎：可獲一四〇億佛郎。

③郵電加價：可獲二三〇億佛郎。

④提高物品售賣附加稅 (Taxe de Valeur Ajoutée)：可獲二〇〇億佛郎。

⑤紅利附加稅：可獲二〇億佛郎：共計一四一〇億佛郎。

此項辦法如得通過可使一九五七年預算不敷數字由六四五〇億減至五一二〇億，全年財政赤字亦可減至八八三〇億佛郎。然而此一辦法無法獲得右派的同意，尤因政府首創「公司準備金稅」不能獲得代表資本家利益的溫和派的接受。況且溫和派議員對莫萊內閣所實施的社會政策及將導致海外地區進入半自治的「海外地區行政改革綱領法規(Loi-cadre)的通過始心有所不甘。此外共產黨及社會激進黨的孟德斯法朗士派份子，對莫萊內閣的阿爾及利亞政策和對埃及政策以及歐洲聯營市場與歐洲原子聯盟兩條約的簽字，均始終表示激烈的反對。致使莫萊無法湊足其「遇合多數」。更何況外交上不利的局勢，自蘇彝士運河復航後，至五月十三日英政府已准英輪假道運河並向埃及繳費使法國處於孤立，而法國航業界因取道好望角損失過大，因之反對政府的堅決態度，使法國無法不對埃及改變政策，但此一轉變勢難仍由莫萊執行，而成爲莫萊下臺的另一原因。

政黨的態度與布爾熱斯牟奴里內閣的多數

閣潮發生後，法總統柯梯 (René Coty) 除依照政治慣例召見各政黨代表和議會議長徵詢意見謀求對策外，於五月二十四日邀請民主社會抗敵同盟籍前內閣總理布雷溫 (René Pleven) 出面廣泛探詢各黨派的態度。布雷溫於授命之始會堅決聲明不願作組閣的嘗試，其對解決閣潮的個人意見乃欲就莫萊內閣的基礎加以擴大，使包括共產黨及布雅德派以外的左右各派政黨，俾加强下屆內閣的權威，藉以有效的挽救法國政治及財經上所遭遇的危機。然而布雷溫的計劃未獲各黨一致接受，主要原因乃溫和派與社會黨意見不協。今日的溫和派雖不願出面，但實亦無能組閣；其願支持任何能重振國家的政府，而以不再增加財政開支爲條件。換言之，期在避免增關稅收；是以反對莫萊內閣教育部長皮烈爾 (René Billères) 的教育改革計劃及加昔爾的社會政策，在人事方面溫和派認爲內閣總理實爲仲裁人，因此應由中間地位人士擔任較爲適當。實則該派屬意人選爲社會激進黨右派人物布爾熱斯牟奴里或人民共和黨主席傅林蘭 (Pierre Pflimlin)。社會黨多數派不諒解溫和派的倒閣行動，且大部意見認爲該黨不應再度組閣，而僅願在不受任何條件約束下支持下屆內閣。至於社會黨不願再度繼組內閣一點，莫萊在彼頭 (Puteaux) 該黨全國委員會中公開說明：「如果我再出來組閣，我可能再維持六個星期，至國會休假前夕，或五個月至國會重新集會時爲止，但自此以後我將再無機會主政，同時本黨在本屆國會中將無法參政。」旋於五月二十九日布雷溫及畢奈相繼婉辭組閣後，總統邀請傅林蘭組閣，當由後者原則接受。是時人民共和黨的意見爲不支持任何不以儘速批准歐洲聯營市場及歐洲原子聯盟兩條約爲施政目標的政府，其參加下任內閣與否則以社會黨入閣爲條件，但又希望溫和派能同時參政。換言之，即予組織包括社會黨至溫和派各黨的統一政府。因是傅林蘭開始即以社會黨加入其內閣爲必要條件；但後者對傅林蘭提出繼續上任內閣社會經濟政策的要求，並反對溫和派入閣，致未獲傅林蘭確切答覆而拒絕參政，僅承諾在投票時予以善意的支持。因此傅林蘭不願單獨與溫和派合作導使人民共和黨重返第二屆國會時所循的政治舊途，遂放棄組閣的企圖。

社會黨放棄傅林蘭而支持布爾熱斯牟奴里是不難找得解釋的。就布爾熱斯牟奴里的施政報告看來，其政策皆爲莫萊內閣之舊，然而加昔爾蟬聯社會部足以保障社會黨主張的社會政策的繼續，更何況布爾熱斯牟奴里在莫萊內閣國防部長任內對政府決策無不支持，即最受人指責的阿爾及利亞和對埃及政策布爾熱斯牟奴里皆爲決策及執行人之一，因此莫萊致以書記長的身份在黨內爲其遊說。布爾熱斯牟奴里內閣的另一撑腰者爲社會激進黨中實力雄厚的白勒（Jean Baylet），他在黨內的地位因孟德斯法朗士辭去黨中第一副主席而更加强；同時社會激進黨離異派更視其爲友人，其能邀請反對孟德斯法朗士最力的毛利斯（André Morice）出任國防部長已象徵社會激進黨在孟德斯法朗士垮臺後的團結。此外在民主社會抗敵同盟方面，其主席米特昂（François Mitterrand）雖因新閣對阿政策照舊不願再作馮婦繼續參加內閣，表示個人將在投票時棄權，但爲了要保障關於黑人非洲行政改革的貫澈由該黨附着黨非洲民主同盟籍歐佛愛巴尼（Félix Houphouet-Boigny）繼任國務部長，其黨中改由右派份子龐納福（Edouard Bonnefous）入閣任公共工程部長。人民共和黨感於新閣政策不足以應付困難的時勢，及對社會黨不參加傅林蘭內閣而感憤怒，因而不擬加入新閣。但右派政黨因拉哥斯特繼任阿爾及利亞部長對彼等有利而放棄其他成見，何況新任財長加亞爾（Félix Gaillard）隸屬社會激進黨而非社會黨，當有助於尅制社會主義經濟政策。然而二四〇票的相對多數雖使布爾熱斯牟奴里實現組閣，而不足以樹立新閣的權威，無形使其成爲過渡政府，閣潮問題並未得到澈底的解決。茲將六月十二日國會下院對咨請組閣信任案投票結果列表如下以供參考：

黨派	議員人數	贊成	反對	棄權	未參加投票	缺席
共產黨	一四三	—	一三三	—	一〇	—
進步派	六	—	五	—	—	一
社會黨	一〇〇	九一	—	—	＊九	—
社會激進黨	四五	二七	一一	四	三	—
民主社會抗敵同盟及非洲民主同盟	二一	一一	—	二	八	—
社會激進黨離異派	一三	一三	—	—	—	—
左翼共和同盟	一三	一〇	—	—	—	三
人民共和黨	七四	二	—	四六	一四	一二
海外獨立派	六	—	二	二	二	—
社會共和派	二一	一二	一	六	一	一
獨立共和派	八九	五九	二	一二	九	七
農民黨	一四	八	二	二	二	—
法蘭西博愛聯盟	三七	—	三五	—	二	—
無黨派	一二	六	三	—	一	二
合計	五九五	二四〇	一九四	七四	六一	二六

＊國會議長賴托克（André Le Troquer）擔任大會主席未參加投票

布爾熱斯牟奴里內閣的組成及其政策

布爾熱斯牟奴里內閣的十三名部長級閣員，如把他自己也計算在內，則有十名係莫萊內閣的舊屬，僅四名爲新入閣者。就新閣組成看來，其唯一區別於莫萊內閣者爲撒哈拉（Sahara）部的創設，由社會黨籍前陸軍政委專理阿境軍事的勒若奈（Max Lejeune）主持關於非洲撒哈拉沙漠地方的開發與保衞工作。如就閣員所屬的黨派及個人意見分析之，新閣中社會黨籍閣員五名，較莫萊內閣少二名，而社會激進黨籍者則由三名增至五名。龐納福代替米特昂入閣使民主社會抗敵同盟及非洲民主同盟仍各保持閣員一名，此外社會共和派未參加內閣而由前戴高樂派左翼共和同盟籍克尼克令毛里聶將軍（Général Corniglion-Molinier）出任司法部長代之。新閣中社會激進黨籍閣員，無論係黨中「正統派」抑或「新派份子」，均爲緩和份子，孟德斯法朗士派勢力則全被擯除，同時布爾熱斯牟奴里更邀請孟德斯法朗士勁敵社會激進黨離異派的毛利斯出長國防，使人感到新閣較上屆內閣無異的轉向中間偏右。加昔爾繼長社會部雖保證舊新內閣社會政策的連貫性，但加亞爾不只對歐洲主義較原財長拉麻第（Paul Ramadier）爲積極，其政治思想亦較後者爲更自由。此外擁護歐洲政策的毛利斯，龐納福及克尼克令毛里聶將軍三人的入閣及富爾（Maurice Faure）蟬聯外部政委，繼長歐洲事務，足見布爾熱斯牟奴里內閣對歐洲性政策的傾向。而戴費爾（Gaston Defferre），米特昂，馬松（Jean Masson）等人脫離政府和毛利斯負責國防，使拉哥斯特的阿爾及利亞政策在新閣受到多數的贊同。其他如社會黨籍的查凱（Gerard Jaquet）繼戴費爾主持海外部與歐佛愛巴尼的保留在表示今後政府繼續執行海外地區行政改革法規。

布爾熱斯牟奴里內閣主政後，經財政與經濟部長加亞爾建議於六月十八日的「政府公報」公佈通告一則，暫時停止對歐洲經濟合作組織（Organisation Européenne de Coopération Economique）國家物資的自由入口，以求減輕對外貿易的入超。關於整頓財政經濟問題一項，經社會黨與社會激進黨數次要價還價的談判，由加亞爾提出增闢稅收的開源辦法如下：

單位：億佛郎

項目	一九五七年預計收入	一九五八年預計收入
公司紅利稅提高百分之十	二六〇	四九〇
棧存貨物稅百分之五	二二五	—
印花稅增 20 %	一〇〇	二〇〇
汽油加價（每公升價提高十三·四〇佛郎，超等汽油每升提高一四·九〇佛郎，柴油每公升價提高五佛郎，機械油每公斤價提高五佛郎）	七一〇	一,七五〇
半奢飾品售賣附加稅由19.5%提高爲25%	一八〇	四一〇
郵電加價（郵費提增五佛郎，電話增爲每次三〇佛郎）	二三〇	五一〇
合計	一,七〇五	三,三六〇

加亞爾的計劃在總額上較拉麻第計劃略强，如依項分析則改變尤大。拉麻第計劃中八四〇億佛郎將直接取於公司組織，而間接稅負擔額只五七〇億。加亞爾辦法中以一二二〇億取之於間接稅及郵電收入，公司僅負擔四八五億的稅源。其中解釋兩人政見不同當爲主因，加亞爾的自由主義絕

無拉麻第的社會主義色彩。而三週閣潮的延續後益見財政困難，使加亞爾有立卽覺得收入的必要；至於間接稅，尤其是在汽油重再自由售賣後汽油加價一項較直接稅收效尤大。此一計劃經政府提出國會辯論後，旋更提出信任投票案。是時國會中主要意見為：①社會黨認為加亞爾計劃中直接稅過低，希能提增至拉麻第原計劃水準。②溫和派大部反對提高公司稅，更指責徵收庫存貨稅的原則，況畢奈自始對布爾熱斯牟奴里內閣的組成及政策的態度甚表保留。③人民共和黨前會接受拉麻第增稅計劃，今當無反對意見，其表示支持信任案原因乃在避免閣潮使無故拖延歐洲條約的批准。至六月二十四日國會下院以二五一票對二一〇票，五十七票棄權通過信任投票案後，溫和派尙在期望上院投票時能予否決，以便在下院二讀投票時予以擱淺。然而上院却以一四七票對三十四票通過。布爾熱斯牟奴里內閣的第一次信任案的通過實乃政府提前討論歐洲條約所致，人民共和黨的五十五票頂替溫和派的三十二票，並未使政府多數得以擴張，二五一票的「相對多數」證實內閣仍為少數派政黨的內閣。

布爾熱斯牟奴里內閣的第二次信任投票案的提出，乃因請求國會批准根據一九五六年三月十六日法律繼續行使關於阿爾及利亞事件的特權 (Pouvoirs Spéciaux)。當時國會下院內政委員會因鑒於政府計劃將法律中對「叛亂份子」的通緝監禁範圍擴充及法國本土而拒絕受理。旋於提出大會辯論時各黨均一再提出修正，故政府於七月十八日晨接受部份修正—其主要者為：①下屆內閣必需在組成後十日內向國會提出行使特權的請求；②將政府原擬訂對破壞治安人犯的拘押期限由三十天至五年修正為二十一天至兩年；③凡由法國內地法庭判刑的人犯不得送往阿爾及利亞輭禁—向國會下院提出信任投票案。投票結果以二八〇票對一八三票，二十九票棄權得予通過。贊成者主要為社會黨(七十三票)及溫和派(八十二票)，人民共和黨中四十六名投贊成票者除皮杜 (Geo-rges Bidautt) 等少數份子贊同政府原則外，其餘多因是時歐洲條約尙未經國會上院投票通過，而避免閣潮。同時由於政府接受部份修正案及內政部長瑞勒 (Gilbert Jules) 最後發言稱：「……政府要求特權，旨在預先設法打擊在法國內地的叛徒，而非欲損壞傳統的自由……」，況且布爾熱斯牟奴里更允諾在聯合國大會期前向國會提出關於阿爾及利亞地區行政改革法規原則，至使部份中間派份子態度改觀，或投票贊成，或棄權，或不參加投票，而減少了反對票的數字。此外，當時國會休假在卽，使若干議員不願與內閣為難。

兩個月以來的布爾熱斯牟奴里內閣對阿爾及利亞問題的政策除繼續武裝綏靖外，並預將駐突尼西亞及摩洛哥的法國軍隊調至阿境及派遣其本土官員及警員前往阿境，提出預算，以加强對收復地區的行政效率，同時加强對邊境上的監視工作以斷絕「叛徒」的軍火走私。法國深悉阿爾及利亞「民族解放陣線」今後唯一的希望為將阿爾及利亞問題能提出聯合國大會討論，使問題國際化，故新內閣組成時駐阿部長拉哥斯特卽允諾制訂阿爾及利亞的臨時法律地位 (Statut Provisoire) 提出國會作為雙方談判的根據。今政府正以：①阿爾及利亞為法國領土的一部份，故阿境人民應有代表參加法國國會；②以區域制單一選擧團辦法產生阿爾及利亞立法機構；③阿爾及利亞行政機構首長應由法國政府任命之部長擔任之；④設立仲裁法庭以解決阿境民族糾紛，等為原則，向各黨人士提出商討，期以「海外地區行政改革綱領法規」為根據，在九月中制訂「阿爾及利亞行政改革綱領法規」，一方面可謀求阿爾及利亞問題的解決，另一方面在應付聯大。現外部政委富爾代表政府慶賀馬來亞獨立，將順便訪問若干東南亞國家，出席下屆聯大法國代表之一的查奇諾 (Louis Jacquinot) 東南亞之行，以及外長畢諾 (Christian Pineau) 訪問中南美國家均在向此二地區各國拉攏，作聯大之準備。

至於歐洲聯營市場及歐洲原子聯盟兩條約，政府已依照其施政方針提出國會兩院，並已於國會休假前經分別批准。

經濟危機的所在

今日法國所遭遇最嚴重亦最棘手的問題，在表面着眼似為阿爾及利亞問題的解決。實際上，法國經濟較阿爾及利亞戰亂更難解決。法國左右各黨都沒有處理經濟問題的通盤計劃。左派上臺時積極擴展社會福利，增加國庫開支；而右派則求減縮財政赤字，平衡收支，因之不無影響經濟的繁榮發展。如就一般看法，法國財政上赤字的連年增加應為其經濟危檢的泉源。然而事實上並不盡然。法國赤字的增加並不能說是經濟危機的眞正原因。況其國民負擔如與英美相較則相差甚遠。美國公債發行額估國民所得的百分之八十七，英國為百分之一七一。在法國方面，就所得的統計數字列下表以供參考：

單位：億佛郎

年度	公債發行額	國民所得	公債佔國民所得百分比
一九一三	三三〇	四六〇	六九·五
一九三八	四、二五〇	三、六〇〇	一一七·〇
一九四六	二一、九五〇	二五、九六〇	八五·〇
一九五二	四八、三一〇	一〇五、四〇〇	四六·〇
一九五四	五五、〇七〇	一一五、四〇〇	四八·〇
一九五五	五七、五一〇	一二八、〇〇〇	四四·九
一九五六	六四、六〇〇	一四〇、九〇〇	四五·三

法國的經濟危機乃對外支付的危機。法國近年向國外購買物資額的增加正與其輸出貿易額成反比。茲僅將一九五六年一至七月出入口數字與一九五七年同一時期的統計數字列比較表如下，藉供參考：

單位：百萬佛郎

項目	一九五六年數字	一九五七年數字
入口總值	八五四、一五八	一、〇七六、三六一
美金區	一四九、三五三	二四三、六〇九
英鎊區	二六二、二〇三	三〇三、四四〇
＊參加歐洲經濟合作國家	三三二、八二五	四〇二、八四三

歐洲東部國家	三一、一四九	三八、二〇五
其他國家	八八、六三八	八七、七二七
出口總値	六四三、〇一七	七〇九、七六九
美金區	六八、八五〇	八七、〇八八
英鎊區	一〇九、八五一	一一五、一三四
＊參加歐洲經濟合作國家	二五三、三六八	三九三、三〇一
歐洲東部國家	三六、四七四	三二、九六六
其他國家	八三、四六四	八〇、七五七

＊英鎊區內的參加歐洲經濟合作國家不在內

況年來美援停止（按：在法國接受美援期間，其進口額百分之二十年來自美援），致發生對外貿易大量入超的現象，就上表看來，一年來入超額竟增高百分之七十三。國家庫存可動用的外滙將盡，致有政府以三年爲期向法蘭西銀行(Banque de France)借價值一〇〇〇億佛郎的庫存黃金二五四噸爲之應付。就實際上說來，預算赤字數目的大小對一國整個的經濟不發生若何影響；相反的，如欲硬性消滅赤字，減少對生產事業的支付，則無異的將阻碍國家的經濟發展。至於阿爾及利亞戰事給予法國財政上的負擔上面經已述及，其對國內財政影響遠較貿易入超爲輕，況在預算看來，法國整個軍費開支也不過民事預算的二分之一。目前法國欲挽救其經濟危機的兩條路爲減少輸入與增加輸出，以求維持貿易平衡，其所行辦法爲本月中旬加亞爾部長會將外滙兌換率提高百分之二十，如美金與佛郎兌換率由美金一元兌三五〇佛郎改爲四二〇佛郎，換言之卽將佛郎貶值百分之二十。其用意在增加出口及減少入口。

佛郎對外滙率經調整後，雖其本値未變，而每佛郎仍値二·五四五公分黃金，但終因人民靈感過强而有漲風，何況政府對一些廠商已停止津貼。目前政府依財長計劃公佈硬性凍結物價，其成就如何？當要看今後的演變了。

承認中共問題

關於法國承認中共政權問題，自一九四九年末以來卽不斷的被人提出。本年七月間國會下院外交委員會又提出討論，前經社會共和派籍議員董奈(Raymond Dronne)請求政府承認中共的提案。同月十九日外長畢諾出席外交委員會對此一提案表示反對，認爲此舉就目前時勢而論爲頗不適宜的舉動，但其並不反對與中共加强商業關係。旋通過布雷溫提議將此問題在國會度過暑假後再提出討論。在經濟方面說，法國頗需要廣大的市場以加强對外貿易，自年前上院經濟委員會主席歐舍奧(Henri Rochereau)領導經濟訪問團至北平後，卽一再提出承諾中共的言論，且自禁運條例放寬以來，法國一如西德，均在積極設法從事與中共貿易。月前前內閣總理佛爾(Edgar Faure)自大陸歸來，除一再爲北平政權宣傳外，更表示法國將再組經濟訪問團訪問中共，以發展兩地區的經濟關係。近日歐舍奧卒領一訪問團前往大陸。如就政治方面而論，法國政界雖有人一再提出此問題，但仍有不少顧慮，目前阿戰正熾，法國在國際上及聯大會議中尙有賴我方的支持，當不會盲目行事，況且明顯的，法國承認中共後，後者當無疑的將要求在其海外屬地設立領館，借以從事政治陰謀活動，使法國對海外問題的處理更感棘手。此外就今日法國政黨政治而論，此類問題當無法由左派政府執行，如下次閣潮後由右派人士組閣，且又値阿爾及利亞問題的解決告一段落時，則承認中共的可能性將會增加。

法國的政治危機

布爾熱斯牟奴里內閣的成立在理論上已解決了因莫萊內閣辭職而拋起的閣潮。新內閣雖有莫萊及白勒的得力支持，但其個人的聲譽不足應付目前法國政治的困難；且如就其咨請組閣信任案及事後兩度信任案投票結果而言，其內閣迄今仍爲少數派的政府。當然布爾熱斯牟奴里內閣的壽命主要繫於其政治措施，然而其不鞏固的情狀隨時存在。法國自一九五六年一月二日大選組成的第三屆國會內部複雜，無法覓得堅强的多數，關於這一點不少的報導都有論及。近來法國國會情形，社會黨與溫和派的對立，不但使溫和派在本屆國會下難有出而主政的機會，同時更加深今後中間派組閣的困難。此外年前憲法的修正更加强今後的困難，在憲法第五十及五十一條修改前，經總統提名的內閣總理向國會咨請授權組閣不須提出內閣名單，今日新辦法的施行反加深組閣的困難，如傅林蘭的嚐試本可成功，但因社會黨拒絕入閣而流產卽爲一例。就人事而言，法國政壇上有實力和衆望的人士自第四共和以來，經不斷的從政已消耗殆盡，而新人則又無法羅致拉攏，複雜的政黨致感後起無人。爲解決法國政治危機及在國會建立較穩定的多數，唯一的辦法是提前大選，在今日布雅德派及孟德斯法朗士份子的勢力一再退却的時候，將來選舉結果定與現在的情形大異，但國會各黨除溫和派感於因局部改選獲得進展而贊成改選外，其餘各派均不同意提前改選。有些政治界人物主張修改選舉法，施用第三共和時以個人分區競選的多數選舉法，以求有才能的人物不因政黨組織的限制而被選出以一新人事。然而人民共和黨、社會黨及共產黨均不贊成。看來修改選舉法是難以實現的。就目前情形言，法國第四共和的各項危機與困難並無解決的象徵。

四六、八、二八、脫稿

翠鳥湖（一）

童真

一

我小時總嫌家裏太冷靜，母親祇生我兄妹兩個，昆哥又比我足足大上六歲，所以我們倆，吃起東西來，沒勁；玩起來不是對手；連嘴都拌不起來。我十二歲那年，昆哥得了肺病。母親急得一下子老了幾歲，在上海做事的父親，得了訊，趕回家來。經父母一日夜的商議，結論是：送昆哥去上海醫治，母親則親往照料。而我呢，一則怕我感染，二則怕我分了母親照料昆哥的心，于是便決定把我送到翠鳥湖的亞文舅舅家裏去住一個時期。

「亞文舅舅是誰？」我問。我知道翠鳥湖是我的外婆家，我也知道我的外公外婆早在我出世之前就已去世，我還知道母親是沒有兄弟姊妹的。

「你的一個堂舅舅，」母親回答。「他比媽大一歲。小時候，我們總在一塊兒讀書，一塊兒玩，好得像親兄妹。媽嫁到這裏以後，雖然你外婆也去世了，但起初幾年，我還去翠鳥湖看過他幾次。記得第三次去，是去吃他的喜酒；那時，我挺着大肚子，剛懷你。最後一次去時，你已快兩歲了。後來因爲常常跟你爸爸出遠門，家裏事情又多，我分不開身，一幌就有十年沒再去過了。」

我常聽母親說，她生我是三十歲。我還聽說，那時，男女都是早婚的。然而亞文舅舅爲什麼遲到三十一歲才結婚？是他家裏窮？還是他長相醜？我把這意思向母親問了，母親搖搖頭說：

「都不是，慧慧，亞文舅舅是個美男子哩。人既聰明，家又富裕，他家有三四百畝湖田，一家碾米廠，一個綢緞莊。像他那樣的人，哪家姑娘不想嫁給他？但他誰都不中意。他起初推說要專心讀書，後來大學畢業了，他還是遲遲不願成家，直到他三十歲那一年，他在外縣碰到一個姑娘，愛上了她；第二年，他們便結了婚。」

「那末，亞文舅媽一定很漂亮了？」我像發現什麼似地，大聲嚷了起來。

「祇漂亮，對你亞文舅舅是不够的，她並且有學問，有見識，人品又好。記得我最後一次去那裏，住了將近一個月。她眞好，不但對丈夫好，對別人也好。那次我去時，她嫁到翠鳥湖雖還不到三年，但地方上的人都已經非常敬佩她了。他們提起她，沒有一個人不說她好。慧慧，你現在年紀還小，你不知道，一個女人要是人人都說好，才不容易呢！」母親頓了一頓。「可惜像她這樣的好人，不生育，這恐怕是他們夫婦倆最大的遺憾。其實，誰不爲這難過呢——像她這樣好的女人！」

「媽……」

「不要多問了，慧慧，媽還有許多事要料理。後天我們就要動身了。你不要發愁，他家人口簡單，你住在那裏一定會很快活的。萬一你住在他家覺得不好，媽可以再回來接你去。」

我不再作聲，但母親的話已經掀起了我對亞文舅媽的興趣。之後兩天，我沒去上學（祇向校方要來了轉學證書），什麼事都不做，祇呆坐着，對着那變幻的浮雲，揣摹亞文舅媽的模樣。然而，我越揣摹，她的形象却越模糊，我急于想看到她，恨不得那個起程的時刻馬上到來。

第三天早上，我們分兩路動身。爸媽和昆哥去上海，茂叔送我去翠鳥湖。茂叔是爸爸的族弟，業農。以前，母親每次去翠鳥湖，總是由他挑擔子；這次，當然也祇有他來擔任護送和嚮導了。我們開始了三四十里路的行程。我坐在轎子裏，一隻小皮箱放在脚下，茂叔跟在轎後。我耳邊祇聽見三雙草鞋着地的聲音。「嚓，嚓，嚓……」，活像母親用砂紙擦那生銹的鋼針，擦得我心頭毛糙糙的，怪難受；等我們登上了低低的馬背嶺，我簡直想嘔吐了。這時，轎子停下，我撩開竹簾，走了出來。用手一抹臉，竟一手都是汗水！

「怎麼？熱成這樣！」那是初夏五月，茂叔直以爲我在轎裏受了熱。

「不，我胸口發毛，想吐。」

「傻姑娘，暈轎啦，在嶺上歇一歇，吹一會涼風吧。」

我在嶺上的涼亭裏坐了一會。風像一塊綢帕子，祇一會，就輕悄悄地把我的汗拂乾了，我的胸口也舒適下來。嶺上的風，大概沒染上人間煙火，有股特別清涼的感覺。我爽性走到嶺口，扶着涼亭的木柱子，向下眺望。對面山脚下，是一片湖水，在陽光照耀下，牠閃熠得像一隻白銀鑄成的飛鳥。我想，這準是翠鳥湖了。像棋子般地羅佈在她旁邊的，當然就是那些房屋了。我忽然感到精神充沛而清爽，像凌晨起來時忍不住要跑跑走走的那股清爽之感。我說：

「茂叔，你打發轎夫回去，讓我們自己走路吧。」我走近轎門，用力把那只小皮箱拖出來。

「那怎麼行？乖慧慧，下了這山坡，還得走五六里路呢。」

「我會走，我就是喜歡走。」

「但你舅舅是那個鎮上數一數二的財主，這樣去，也太不成話啦。」

我搖搖頭，偏不依。我是一個任性的孩子，而且缺乏女孩子那股子斯文氣，我媽常駡我「小蠻子」，我喜歡下雨天赤足在天井裏踩水；落雪時凍紅着雙手滾雪球；還喜歡在開滿了花的紫雲英田裏打滾；捉蟋蟀、摸田螺，更是我的拿手好戲。我倔强而且好動，因此，茂叔想在這件事上規勸住我，當然是失敗了。

于是茂叔就提着我的皮箱，我們兩個，一前一後地走下馬背嶺去。

二

當我們走近翠鳥湖，走在那條沿湖舖砌的石板路上時，我才感到翠鳥湖那個名字眞是名實相符。近看，湖水綠得像翡翠，而湖那邊的層列的山巒上，林木也綠成一片。湖畔的垂柳，路旁的稻禾，也都是綠油油的。綠，成了那裏的特色；綠，在那裏流瀉。那裏的空氣似乎也滲着綠色。從蘆葦和菖蒲叢中不時飛起幾隻白鷺，巡視湖面，捕啄小魚；她們那白色羽毛上也披着薄紗似的綠影。那些錯落在湖畔田間的屋子也都浸在綠色之中。

「慧慧，這就是你亞文舅舅家，」茂叔指着湖濱一座羞答答地半掩在樹叢中的大瓦屋說。「快把頭髮、衣着理一理，不要讓人家第一眼看來就亂七八糟的。」

我掠掠頭髮，撣撣衣服和鞋子。那天，我穿的是件橘紅色的府綢旗袍，在這盪漾着綠色的天地間行走，覺得自己猶似綠色玻璃缸裏的金魚。

這一段路過去得像是特別快，那座大宅子不久就擺在我們面前了。牠的四周圍着一堵矮磚牆。我剛把右脚伸進門去，一陣兇猛的犬吠聲就把我吓了回來。「哈里！」有人在喚狗，隨着一只棕白相間的獵狗後面出現的，是一個女人。我直覺地知道她就是亞文舅媽。她俏麗而嫻雅，穿着一件印度綢旗袍，那旗袍淡綠底散着白碎花，看來宛如漣漪輕揚的湖面上開滿了朵朵睡蓮。她已經不是一個年青的女人，青春在她已成黃昏的夕照，但她身上所顯露的美，却使人感到「美」並不是青春所專有。她手裏拿着一串散發着幽香沁人的珠蘭。當她開口問我是誰時，我看到她薄紅的嘴唇裏熠耀着一口潔白嶄齊的牙齒；當她伸手接過茂叔遞上去的我母親的信時，我注意到她那白嫩靈巧的纖手；當她微俯着臉抽出信紙時，我瞧見她那高貴的、窄挺的鼻子；當她垂着眼皮讀信時，我發現她的長長的、黑黑的睫毛，像不安份的小蝴蝶的翅膀，翕呀翕的；而當她讀完信，把眼光滑落在我的臉上時，我想，誰說世上除了嬰兒的眼睛外，沒有人的眼睛會有晨空那樣清明呢？

「啊，你就是慧慧？」她上身略向前傾，騰出一隻手來，搭着我的臂膀。她的語音態度都極親切。，我本來被犬吠聲吓得像隻被追逐着的麋鹿，這時，却變成了一隻被主人逗弄着的小貓，覺得安全而溫馨。

「是的，亞文舅媽，您好！」安心使我變得乖巧。

「多伶俐的孩子！」她拍拍我的肩胛稱讚道，一邊把珠蘭花插在我的衣襟上。然後又向着牆內喊：「亞文，快出來，來了小客人哩。」

于是我看到亞文舅舅了。他是一個高大健壯的中年男子，穿着灰色維也納短衫褲，神態俊逸而瀟洒，他的眼光十分銳利；他一看到我就說：「我一看就知道她是亞美的孩子，」我想，這大概是因爲我和母親很像吧。當他用濶大的手放在我頭上，告訴茂叔說我在他家會跟在自己家裏一樣安適時，我感到他慈祥得應該是個孩子的父親。

「那末，我回去了。」茂叔說。

舅舅舅媽，甚至連我，都堅留茂叔吃了飯再走，但茂叔却說他家正在耕田，人手不够，非馬上回去幫忙不可。于是，在說了幾句「心領了」以後，就轉身走了。我們目送茂叔漸行漸遠，終于消失在一片綠色之中。但我站在舅父和舅媽之間，竟一點也沒有身處異地的陌生感覺。

「這許多路，你一直走來的，慧慧？」舅舅問。

「不，我坐轎來的，到馬背嶺，我自已要下來走路，所以把轎夫打發回去了。」

「嘿，小傢伙，俏皮精！」舅舅的手在我頭上指了一下。「你這麼喜歡走路，倒眞好做我的孩子；以後，我上山打獵時，準帶你一同去。」

「你幾歲，慧慧？」舅媽問。

「十二歲，」我說。「我聽媽說，十年前，媽來這裏時，也帶我來過。」

「十年前？」舅媽找尋着記憶。「十年前！啊，對了，十年前亞美姑姑到我家來時，手中抱着一個白白胖胖的娃娃。」她彎身用兩手捧住我的臉，端詳着我。「多快，一個孩子長得多快！祇一霎眼，一個搖搖擺擺的娃娃竟變成這麼高的小姑娘了。十年，啊，孩子長得這麼快！」她的眼光凝聚在我臉上的某一點，但我却覺得她那時的眼光中並沒有我。我似乎看見一層綠色的薄霧在她眼中昇起。「啊，孩子長得多麼快！」

「靜影！」舅舅在一旁低聲喚她。

她倏地一下輕驚，心靈像從另一個遼遠的地方歸來。眼中的薄霧就在這一瞬間消失了。「噢，亞文，什麼事？」

「我們該讓慧慧進屋去了。」舅舅拿起我的小皮箱，隨後，就把它交給一個走出來的年青女僕。我們走進牆門去時，我靠着舅媽，舅舅靠着她的另一邊，獵狗哈里則跟在他的脚邊。舅媽默然地視着面前的碎石路，舅舅一隻手搭在她的背上，一次一次地看她；從這眼光裏，我知道舅舅是怎樣深深地愛着她。

「靜影，」我聽見舅舅說。「你剛才又在想孩子了。」

舅媽平視的目光一下子跳了回來。「啊，不，不……」她的回答很急促。

「不用瞞我，靜影，我知道你想孩子；如果我們婚後就有孩子，他也跟慧慧差不多大了。但我們既然沒有，你又何苦來爲這煩惱呢？」

「亞文！」

「不要老是想着這，靜影，記住我的話，有孩子，沒有孩子，我對你都是一樣。我們之間的感情是決不會因這件事而受到影響的。」

「你眞好！」

「眞好的該是你。」

這時，我們已經走到門口，這是屋旁的一道側門，進去就是一條長長的過道。舅舅這時便離開我們，迅速地跨着大步向前走去，獵狗跟着他。男人們常常不能忍受那既長又窄的暗過道，然而舅媽的脚步却在這兒顯得特別緩慢。她緊緊地把我拉在她的身邊，摸摸我的手，捏捏我的臂，拍拍我的肩胛，撫撫我的頭髮。她忽然停下脚步，又問：

「你十二歲嗎？慧慧。」

「是的，舅媽。」

「十二歲，」她又把手放到我的頭上，似在測量我的高度。「十二歲，你長得不算高，或許你是一個女孩子；倘是一個男孩子，準會再高一點。你哥哥幾歲？十五歲？」

「他今年十八歲。」

「十八歲！啊，十八歲高得像個大人了，十五歲還是一個孩子！我們結婚也十二年多了……」她的聲音低下去，終至于停住了。那裏光線太暗，我看不清舅媽的臉。我想，正如舅舅所說，舅媽一定又在幻想那個不存在的孩子了。我們走出暗過道，彎入正屋的前廊時，我趕忙去看舅媽的臉；但這時，她的臉、眼睛，都明朗得像前廊前面光亮的大天井了，絲毫沒有沾染到長過道裏的那份黯淡色彩。剛才在那裏，或許她眞的沒幻想什麼，祇是我自己過敏吧了。

「好，慧慧，我現在陪你去洗一個臉，我多高興來了你這位小客人，」舅媽愉快地說，她臉上又有笑影在浮盪了。「我們馬上就要開飯，你舅舅怕已到飯間裏去了。今天沒來得及爲你備菜，你不在意吧。你看，我們很快就會熟得像一家人的，對嗎，慧慧？」

三

我沒有冀望過住在別人家裏會跟住在自己家裏一樣安適，因爲家的安適，並不是一定能在不虞匱乏的物質中獲得；構成這安適的因素，主要的是親切，絕對的親切，使你在精神和行動上都無拘束之感，使你處身其間，和煦如春。率眞的孩子，對于這一切的感受似乎特別敏銳，觸鬚所及，祇要有一點點不如意的地方，他馬上就會覺察出來。

然而，當我在亞文舅舅家住下之後，當我熟悉了他家的屋子和那個女佣阿杏，當我跟哈里從敵人變爲朋友時，我却眞地感到我已找到另一個安適的家了。其實，說起來，這還祇不過是三天工夫。舅舅跟多數的男人一樣，喜歡逗孩子玩，但這却不是固定不變的，祇要他們自己有事，他們就會忘掉孩子，或者說，對孩子不感興趣了。相反地，舅媽之對于我，却不是這樣。從我作爲她家的成員時起，她對我的關切，幾不下于她對她的丈夫。因爲怕我膽小，又爲了便於照拂，她把我的床放在她床的右側，睡覺時，她幫我脫衣服，爲我放蚊帳。晚上，我迷迷糊糊中，仍覺得她好幾次爲我蓋好那給我踢掉的薄棉被。早上，她幫我穿衣，替我梳頭，問我這天要吃些什麼菜。她無微不至得猶如一個母親。其實，好些事情她原可假手于阿杏，但她偏愛自己動手。我體味出她天性中有股强烈的潛伏已久的母性，我不由得又想，像她這麼一個好性情的人，是應該有個孩子的。

那三天中，有時候，舅媽陪我屋前屋後走走，看看那座屋子。那座大屋子，由一對夫婦來住，確是嫌牠太寬敞，太空寞了。局閉起來的，比占用的還要多。前後有兩個天井。青石板鋪成的前天井，位于大門與正屋之間，大而且亮，在晴朗的日子裏亮得像塊淡藍的大玻璃。牠兩旁是東西二排廂房，每排五間，牠們經常處在午夜的寧謐中，是讀書的好所在，因此舅舅就把書房設在西排當中的一間。東廂房的背後，就是那條由側門通到正屋前廊的長過道。正屋是一排七間兩弄的樓房，髹着黃亮的建漆，彷彿白天裏，那屋子內也亮着幾十支大蠟燭的燭光。樓下東首第一間第二間是飯間和客廳，臥房則設在樓上。正屋後面是一個較小的後天井，靠牆排着一列大水缸，像圖案似地整齊均勻，給天井鑲上了一條花邊。後天井和正屋的東首是一長列草屋，小小巧巧，作爲廚房、雜物間、佣人臥房等。那屋子的四周，花木扶疏，外面砌着一堵矮牆。舅舅平日除了因事外出，常跟舅媽消磨在這院中的花木之間。有時候，我們坐下來，舅媽便對我講些故事和傳說。這時，我總喜歡望着她的眼睛，牠們像變色寶石似地易于變幻。有時冷靜如深潭，有時熱情如火山，有時悒鬱如晨霧，有時慈藹如春陽。爲什麼一個人的眼睛會給你以如此多樣的不同感覺呢！我心裏想。第四天，她陪我到小學校去。我們沿着湖濱大路走去，路上碰到的一些人，他們都站下來，敬重地向她打着招呼。在他們那發自內心的傾慕而親切的笑容上，我明顯地看出，她在這裏，已經成了人們的一個模範，一個偶像了。

到學校，才跨上禮堂門口的石階，校長就從裏面迎了出來。直至那時，我才明白平時顯得那麼凛然而不可侵犯的校長也會笑呢。他一叠聲的陸董事長太太，我這才知道亞文舅舅原是這所小學校的董事長，而且以後，我還知道舅舅之把自己財產的一部份捐給這學校作基金，也是出于舅媽的鼓勵與慫慂。

舅媽跟校長商談我的轉學問題，校長一口應承了，並且還說一切手續，全可免除，但舅媽却不願打破向例，堅持要我經過一場筆試。當然，我是應付過去了。在十一點光景，我們又走回家來。在湖邊，我們聽見兩下槍聲，舅媽望望槍聲起處，說：

「你舅舅又在打野鴨了。」

舅媽說的不錯，在牆門前我們就跟舅舅碰上了。他肩着一支獵槍，哈里隨在他的脚邊，全身濕淋淋地。而出乎我的意料之外，他的身後還跟着一個孩子。他手中正拎着三隻野鴨。

「喂，靜影，」舅舅說，「我們前一陣子託王阿毛找的一個幹雜活的孩子，他今天帶來了，就是他。」舅舅向旁邊一站，使那孩子整個面對着我們。兩雙品評的目光使他迅速地垂下了頭，侷促不安，像站在婆婆面前的童養媳。他是一個大約十五歲的男孩，比我高出大半個頭。新剃的光頭，青得發亮，穿着一套簇新的米黃色土布短衫褲，硬挺挺地，像用紙糊成的。但裹在這衣服裏面的，却是一個黧黑的、結結實實的身子；這，誰都看得出，並非源于良好的營養，而是基于不斷的工作。他低着頭，我看見他後頭角上的一個疤痕。牠狹長而光亮，像一只眼睛，這時，牠直怔怔地對着我們，彷彿牠的主人之所以低下頭，原是想憑牠來看我們似的。

「你覺得怎樣，靜影，我以爲他倒着實不錯呢。」舅舅伸手拍拍他的背，「壯得很，像頭小牛犢，而且也長得挺漂亮，」他用手托起那孩子的下巴。那孩子的臉雖然黧黑，但毫無小家子氣。「五官端正，天庭飽滿，尤其是一雙眼睛，可眞靈活啊。」他轉臉看看我，又看看舅媽。「嘿，讓我說一句笑話，靜影，他的眼睛眞有些像你哩。」

「亞文！」

「不要生氣，我說過，我是說着玩的。事實上，像這樣嫵媚的眼睛，可不多見。如果他父母在，一定會很寶貝他吧。」

「他沒有父母嗎？」舅媽問。

「沒有，他是從孤兒院來的。」

「可憐！」舅媽說，轉向那孩子。「你讀過書沒有？」

「讀過，在孤兒院裏讀到五年級。」

「你叫什麼名字？」

他遲疑了一下。「林昌成，是孤兒院的院長給我取的。」

「昌成，看你的樣子，就知道你是一個聰明勤快的孩子，以後就安安心心在這裏做事吧。掃掃院子、天井，洗洗碗、菜，照料照料那隻獵狗，先生去打獵時，你就替他拿野味。現在，去吧，把野鴨交給厨房的阿杏去。」

「是，太太！」他應着，輕捷地跨進牆門，向裏走去，我們不約而同地擠在牆門口，望着他的背影。他頭上的那個疤又向着我們了。陽光照着牠，閃呀閃的，更像一隻眼睛了。我直想笑出來，但我却聽見舅媽一聲長長的嘆息。我猜想，舅媽一定在這樣感嘆：這世界多不齊全，有人沒有孩子，有人却沒有父母！

四

前後不過幾天，亞文舅舅的家裏就多了兩個孩子：我和昌成。雖然我倆地位不同，但同樣給這個沒有孩子的家添加了一份生氣。這個家庭，縱使繼承了祖傳的產業和禮則，但主僕之間，却向來不劃分嚴格的界限。所以我跟年齡相差不多的昌成之很快地成爲朋友，當是極其自然的。我一經跟他接近，便發覺與其說他粗蠻，倒不如說他斯文。粗蠻衹是他的外表，工作時應有的姿態；斯文才是他的本質，他血液的一部份。他聰慧，穎悟，愛沉思，因此，他的內心就有一份像他這種身世的人所免不了的淡淡的哀傷。作爲一個在孤兒院裏長大的孩子，他很少獲得過愛——尤其是母愛——因此，他對于愛的渴念也就特別强烈。他心壇上所供奉的，是母親的影子；母親的形象在日久的想念下，神化了，超越了一切。

有一天，我穿了一雙新鞋，不料，一走出去，他就看到了。

「慧慧，這布鞋是你媽做的？」

「當然，衣服也是，我穿的都是我媽做的。昌成，你看，我拿來了一張小網，我們去湖邊撈小魚，好不好？」

「這鞋子做得多好看，我從來沒穿有過這樣精細的鞋子。」他彎下身來，凝視着牠，撫摸着牠。

「那湖裏的小魚好看得很呢，五顏六色的，我們把牠捉來，可以養在玻璃瓶裏。」

「如果我有我媽做的一雙鞋子，我一定把牠收起來，捨不得穿了。」

「那小魚叫什麼名字，牠會不會再大起來呢？」

「我晚上把牠壓在枕頭下，白天放在衣袋裏，我是寧可一輩子穿草鞋的。」

「昌成！」

「下雪天，祇要牠放在我的衣袋裏，我的脚就不怕冷了。」

我的話他竟全沒聽見！他的心靈在想像的領域裏馳騁，對于一個母親，他知道得太少，想像得太多。因此，關于這方面的事，他是異乎常人的敏感。每每，我們玩耍時，祇要有一點兒觸及母親，他便會從興趣的嶺峯上直跌下來。傍晚，我放學歸來，總常常發現他默然坐在湖邊，眼光游蕩在廣濶的湖面上、湖那邊蓊鬱的山巒上以及飄着白雲的悠遠天際，這時，我會看見他那明亮的眼睛蒙着一層綠紗似的薄霧，一如我前此在亞文舅媽眼中看到的那樣。有一次我在他的身畔站下，問道：

「昌成，你坐在這裏幹什麼？」

「沒什麼，」他笑了一下，「我在想。」

「想你以前在孤兒院裏的日子？」

「不，那種日子是沒有想頭的。我在想我媽媽。他們都說我不是孤兒。我是被人丟掉的。在冬天的一個早上，被人檢起，抱到孤兒院的。那時，他們說我穿的是棗紅線春長棉襖，外面罩着桃紅軟緞棉披風。他們說，照這身衣服看來，我的家裏一定還不錯；他們還說，我的母親一定沒有死。從那時起，我就打定主意，要找工作做，等到大起來攢上一些錢時，就可以到處去找她了。」

「你相信可以找到她嗎？」

「當然，」他看向遠方，目光由憂鬱轉爲堅毅。「我一定能够找到她。有時候，我好像眞的看見了她一樣。」

「這是因爲你在想她。」

「嗯，我空下來就想她，我空下來就在心裏叫她：媽媽，媽媽，你在哪裏？慧慧，你有父母，你多幸福，你不會知道我們孤兒的痛苦。這世界上你沒有一個可以依靠的親人：你病了，沒有人細心照拂你；你哭了，也沒有人會給你揩眼淚……」

「昌成！」我不知用什麼話去安慰他。我祇好摘下頭上的草帽，把玩着。空中掠過兩點歸鳥，棲落在屋旁的老槐樹上。

「你看，連鳥也有個歇脚的地方。你去過孤兒院沒有？你如在那裏住過，你就再也不想回去住了。從我會走路起，我就排着隊洗臉、吃飯，一羣乾巴巴的瘦猴子似的孩子，給你看到你準會受不了。衣服是別人施捨的，鞋子也是，牠們不是太小，就於太大。從小就有許多事情等着我們去做，沒有人親親熱熱抱我們一會。記得有一次，一個女人帶着一個孩子來看我們孤兒院，大家都圍着看她。那女人和氣極了，抱抱我們，親親我們，後來她走時，我們好多孩子都哭了……」

「昌成，不要說了，不要說了！你看，野鴨都飛起來了，這會兒的晚霞多好，把湖水都照紅了。」我眼睛望着湖面，卻用食指頂着帽子，旋動着，一不小心，便把帽子轉落在地上，我正想去檢牠，一陣風來，牠卻像野鴨般地，噗、噗向前趕了兩步，眼看牠就要吹到湖裏去了，我不禁着急地喊：「昌成，快抓住帽子，帽子！」（未完）

（上接第16頁）

人們常常看見一條水牛躺在一個城門洞裏睡覺，塞住了全部的過道。於是，司機就祇有爬下車同牛太太的伺者打交道，請他把牛太太牽動一下。這位伺者也許聽你話了，但他卻非常憤怒。要想體會這位伺者是怎樣一種感覺，那你就必須設想一位皇宮內務大臣是怎樣的一種感覺，當他被一個老鼠請求，把他的皇后移動一下，讓條路給一條驢子通過。在那位牛太太伺者的眼裏，牛是皇后，人不過是老鼠或驢罷了。

印度的狗，連錫蘭島的狗也包含在內，都喜歡躺在被太陽晒暖了的大路的地面上，享受陽光。它們尤其喜歡選擇那些十字路口，躺下來。司機們到了這裏，就祇有難爲情地停下來，然後不住地鳴喇叭。於是狗就慢條斯理地立起來，聳聳肩膀，由路旁溜走。

看到那狗走開的情形，人們好像聽見它在說：「難道到現在你還不知道嗎：上帝造路是爲了我們，而不是爲你們人類？假使我以爲你是有什麼急事的話——如同進醫院或召喚救火車——那末，我或許可以原諒你的干擾。但從你的外表看，你不過是爲了遊玩或商業而已。所以我現在請你撫心自問：你的旅行是必要的嗎？」

在印度生活着的人類，作爲動物之一，當然也有一份動物的權利。但在這個動物的王國裏，人類祇好列爲二流的動物。用美國術語來說，就是所謂「無特權階級」。在動物統治圈裏，人類與非婆羅門敎的異端同列。但人類卻並沒有離羣索居的特權，因爲那些人類以外的動物們，不允許人類這樣做。

現在假定，有一位漂流的婆羅門敎的人，非常羨慕那個晒太陽的狗的幸福，也來仿做一下，冒險與狗併排躺下去的話。那末，你看吧，出現在你面前的，確是一個人不如狗的場面。因爲如果次一個到來的汽車司機是非婆羅門敎的人話，那末，那個躺在路上的婆羅門人的生命，就要危在旦夕了。

這位婆羅門人的最好生存方法，就是趕緊縮到狗的身邊，彼此緊緊靠在一起，強迫那個司機不得不於同時碾死狗與婆羅門人，或兩者都不碾死，這兩條途徑中選擇其一。這麼一來，那個婆羅門人就可以生存下來了。而且可以使那個非婆羅門的司機憤恨懊悔不已。因爲這個司機被逼而放棄了一個大好時機，不能把他所恨的婆羅門人再減去一個。

對於印度這種倫理的敎條，我們怎樣估價呢？首先，它和一個基督敎的基本倫理觀念，成爲一個極鮮明的對比。基督敎的觀念是說，上帝之造鳥獸，專門是爲了令人類可以對它們爲所欲爲。

假定現在讓我來世變牛，而且讓我在印度與西方國家之間，任選一處爲出生地點的話，那末，我寧可選擇一個西方國家，因爲在印度，一條牛雖然決不會給人屠宰，但除此之外，生活一無倚靠。在西方呢，一條牛的生命，也許會被一個殘忍人類的手加以縮短，但它生存的時間內，卻畢竟是較在印度的爲幸福。

在印度的動物權利宣言裏，是並不包含對於「幸福之追求」這一條條文在內的。

訪康克特

海外寄語之六

於梨華

從劍橋 (Cambridge) 到康克特 (Concord)，愛默生 (Ralph Waldo Emerson) 故居所在的小城約十六里。我早就聽說康城的風物勝人，故在吵鬧雜亂的波斯頓 (Boston) 稍爲玩了一下後，就向這個有歷史性的小城進發。

康克特的景物和我目前住的小城普林斯頓 (Princeton) 很相若，嫻靜古雅，帶着濃厚的英國小城氣息，高大繁密的榆樹，古老肅靜的房屋。美國最早的移民淸敎徒就是最先在康城安居下來的。在美國獨立戰爭開始時，康城是第一個抗英戰場。除了這些歷史性的榮譽以外，康城也同時是美國早期文化的發源地。十九世紀出名的哲學家梭羅 Henry Thoreau, 敎育家艾可特 (Amos Bronson Alcott)，怕羞的、隱居的作家霍桑 (Nathaniel Hawthorne) 以及哲學家、演說家及詩人愛默生都在這個小城裏消磨他們的一生，同時建立他們的事業。他們常聚在一起討論研究，美國人稱那個時期爲 "floweringof New England"。

我們進入康城就先被指引到古物館 (Antiquarian Musium) 去參觀，那裏面珍藏的多數是戰爭遺物，古舊的壁爐及美國早期居民的用具等。看着那些笨重的用具及不靈巧的手藝，想着美國今日的各種電器設備的便利，令人不得不贊嘆美國機器文化進步的迅速。除了這些東西以外，我們還看到一套中國瓷器，那個和藹的管理人告訴我們那是華盛頓總統特地着人到中國買回來的。那瓷器的品質並不細緻，表面也很不光滑，我們倒很想看看它們的年代，可惜它們被珍寶似地鎖在玻璃橱內。有很多別的傢俱如霍桑坐過的沙發、梭羅用過的 hut 都是准看不准碰的，它們也不過只有兩百年的歷史，但在美國人的眼光中，這些古物都是稀世之寶了。

古物館的對面，就是愛默生的故居。愛默生生于一八〇三年，十四歲進哈佛大學，四年畢業後繼續他父親的事業，傳敎。但是宗敎上許多固執的、呆板的禮節與他愛好自然的本性不合（他的第一本書是「自然」Nature)，加上他身體的孱弱，故做了兩年康城的助理牧師後他終于辭職歐遊。回國後與他的第二妻子(他的第一妻子婚後一年半故世)結合，就在康城住下來，一直到一八八二年死以前他都住在古物館對街一顆大榆樹下，那座白色磚房內。

他的故居是公開給遊人參觀的，我們一行四人站在他的屋前照了相，只覺四週悄然，鳥語低低，樹梢拂着白色扶欄，把下午暈黃的日光切成細片，灑在地上，特具詩意。正留連處，一個五旬左右的管家婦來應門，把我們領入屋內，就伸手要了我們的入門費，(愛默生生前不善理財，故並不富有，想不到死後他的住所反而爲他賺了錢，美國的商業化，可怕又可嘆。）就領我們到他生前用來待客的大客廳、客室、起坐間及書房等參觀。據管家婦說各室中除了鮮花外，各物都是照愛氏生前的擺設。在後廊上，有愛默生出門時用的帽子與手杖，帽子已灰暗失形，帽邊的手指印痕明顯可見，我很想去碰一下帽邊或手杖，怕那尖眼的管家婦又要加索碰帽費，故未敢動手。

愛默生書房的沿壁都是高達天花板的書架，書架上堆滿了書，書上堆滿了灰塵，灰塵上堆滿了詩意。書桌上的墨瓶半開，一支筆無依地橫在架上。就在這張書桌上，愛默生寫了百餘篇的論文，無數首的詩，就在這個房裏，這個超絕論 (Transcendentist)，把他毫無約束的哲學理論，寫成一篇篇演講稿，縮入聽衆的心裏。當他死的時候，康城的唯一神敎敎堂(Unitarian Church)敲鐘七十九下（愛默生死時的年歲），表示對這位美國之師 (The Teacher of America) 的敬意。康城的居民，每當人提起愛默生，都愛揚着眉說「他是我的鄰居」，可見他們對愛默生的驕傲與愛戴。

從他故居出來，我們又驅車到愛默生生前最愛散步的華頓池 (Walden Pond) 漫步。那是一個橢圓形，水面澄淸無波的池，沿着池邊，是一條小徑，濃密的樹葉倒映在池面，十分恬靜。池右端的小山上有一座小小的木屋，爲梭羅生前所居之地。

離池不遠是一座圍着果樹園的二層樓，灰白色的房子，路人說那是艾可特和霍桑居住過的房子，我站在矮的園門外對那座房子諦視良久，對那長大的窗子，斜狹的屋簷及高聳的、位于屋中的煙囪，都似乎有點熟悉，尋思良久，才記起在「小婦人」(Little Women) 中作者路易莎·美·艾可特 (Louisa May Alcot)，即艾可特的女兒，曾對她的家——這所站在我面前的房子——有過詳細的描述。不知道在這所如今寂然無聲的高屋中，是否有過四個可愛的小婦人明朗的笑聲！

讀者投書

我所知道的今日軍事之一面

則鳴

編者先生：我們是一羣嚮往自由民主的革命戰士，爲了這，已經犧牲了我們的一切。然而當看到了我們的犧牲並沒有使國家走向民主自由、政治修明的大道時，內心便不禁感到無限的悲痛。最近讀到貴刋的社論「今日的軍事」一文，深感該文未能將今日軍中的癥結深入討論，且語焉不詳。一個不諳軍隊內幕的讀者，讀畢該文後，很難獲得一個具體的概念。因此我願以軍中一份子的立場，道出今日軍中實際問題之所在：

一、軍中有黨的問題：國民黨的黨化軍隊，可以說是與國軍的歷史同時開始的。在軍政訓政時期，黨國合一，國軍卽黨軍，在邏輯上尙說得過去。現在實施憲政了。憲法第一三八及一三九兩條明文規定：「全國陸海空軍須超出個人、地域及黨派以外，效忠國家，愛護人民」，「任何黨派及個人，不得以武裝力量爲政爭之工具。」可是基於以共匪的方法來反共，以組織對付組織的立論下，憲法的規定，也就成了具文。國民黨在軍中，已經發展到班班有黨員，排排有小組的地步了。因爲組織高於一切，組織決定一切，所以黨員在軍中便成爲特殊份子。各級主管及其他稍爲重要的職位，固然是非黨員莫屬，卽升遷調補，受訓深造，也是黨員第一優先。至於非黨員要想晉升一級，簡直比富人進天國還難。更有進者，好像不是黨員就不愛國似的。每一位非黨員的官兵，都有黨員同志在暗中注意他們的行動，考核他們的思想。這樣的精神虐待，叫人如何受得了！因此非黨員對於黨員，眞是恨之入骨。其次，在各級單位內，都有特種黨部的組織，各級主官在其權責範圍以內的措施，必須經過各該同級黨部的核准才能施行。如果主官與黨部之間，稍有意見相左之處，黨部對他的一切措施，定必橫加阻擾，百般留難。由於黨部如此的跋扈，行政上的指揮系統，就被破壞無遺了。所以各級主官們對於黨部，更是痛恨有加，而主官們又清一色的，都是黨員。於是變成黨員痛恨黨部，非黨員痛恨黨員，離心離德，影響部隊團結。這便是國民黨化軍隊的結果。

二、政工制度的問題：自卅九年政工改制以來，政工人員在軍中的權力大增，其地位等於副主官，其職權則爲推行政治教育，提倡福利康樂，和考核官兵思想。說起政治教育，無非是些主義黨義之類。經過六七年來的灌輸，官兵們已是耳熟能詳。加之政工人員本身素質的低下，又都犯了教條主義的毛病，已經提不起官兵們的興趣了。康樂福利的問題，由於經濟條件的限制，亦非政工人員，所能爲力，最多在部隊裏辦個福利社，以其盈餘充作部隊長彌補其無法報銷的開支，官兵們沾不到一些光。至於考核官兵們的思想，是部隊中最引爲痛心疾首的一件事。有些犯有幼稚病的政工人員，動輒以思想有問題來唬人，這更是官兵們痛恨政工人員的原因。又因爲政工人員有牽制軍事主官的權力，所以部隊中軍事人員與政工人員的關係，更爲惡劣。可見政工制度並沒有替部隊帶來多大的好處，反而妨碍部隊團結，增加部隊磨擦，眞是弊多而利少。（原文第三點關於士氣部分刪去——編者）

來臺後，國軍在其他方面的進步很多，也早爲各界所熟知。本文的內容側重於報導目前軍中的病癥，爲平日大家所忌言的。也正因如此，才累積成今日嚴重的局面。其實我們不必諱疾忌醫，既然軍中有這麼大的病癥，大家不去正視它，讓它漸漸的發酵發爛，無異是慢性的自殺，我們把它提供出來，促請當局注意，速謀補救之計，俾重振三軍士氣，庶爲國家民族之福。

最後我願在此附帶一述我們對貴刋的希望和建議。現在國家已到達生死存亡的最後關頭，爲今之道，惟有實行眞正民主自由的政治，才是對付專制極權的共產匪幫的良針妙藥。反民主自由的政治，又以有強大的反對黨來代表人民說話，來代表人民監督政府爲必要條件。在目前因爲沒有強大的反對黨，因此在政府的組織上雖有各級民意代表和立監兩院，但在國民黨黨員佔極大多數的優勢下，透過黨的組織，一切都以黨的利益爲出發，能够兼爲人民說話的機會也就不可多得了。數年來，貴刋站在言論界的立場，一貫遵循着貴刋的宗旨，獨負替人民說話和監督政府的大樑，鼓吹民主自由思想。貴刋以及各位執筆先生們！您們的責任眞是重大極了。我們深信廣大的軍民同胞們，都是熱誠的支持貴刋這個偉大的工作的。我們更不否認，在臺灣反民主反自由的勢力更是大得驚人；他們擁有大量的報章雜誌，不斷的歪曲詆毀貴刋的言論。一些智識較低的讀者們難免不受他們的影響，從而對民主自由產生一種錯覺。爲廣宣傳計，希望貴刋改半月刋爲週刋，並且把與貴刋宗旨無關的文藝和半月大事記取消，多刋載一些民主自由的理論和批評時弊、分析國際局勢的文章。　敬頌

文安

則鳴敬啓　四六、八、廿七

代郵

（一）則鳴先生：先生就親身體驗，道出今日軍事病癥所在，以爲本刋社論之補充，冀促醒當局速謀匡正，用意至善。惟大文中所舉第三點關於士氣部份，斟酌至再，仍以刪去爲宜，其餘一、二處亦略有刪節。此中苦心，諒邀鑒詧。

再者先生對本刋謬獎，實愧不敢當，惟願以此自勉，期不負愛護本刋者之雅望。承對本刋建議各點，甚感。然半月大事記便於資料查考，而文藝亦所以啓發思想，有潛移默化之功，不能謂與宗旨無關，似不宜貿然取消。不悉尊意以爲然否？至對如何利用篇幅，多刋闡述理論、批評時弊與分析國際局勢的文章，今後當在編輯上注意及之。

（二）姜舒仁先生：承惠教，甚感！大函內容與則鳴先生投書大致相同，故不另發表。

編者敬啓

銓敍部來函

一、貴刊第十六卷第十一期讀者投書欄載有讀者鄭誠投書「這樣的辦法怎可不再修正」一文，經查鄭君係就臺灣省大專及高職畢業生參加特種考試及格人員分發任用敍級問題，建議改善，鑒於社會一般人士對於此項問題，或有未盡明瞭之處，本部玆特說明如下：

①關於就業考試之舉辦，係臺灣省政府爲解決畢業學生就業困難、安定社會起見，自卅八年起開始辦理，錄取者予以分發就業，此爲一種社會政策性之臨時措施，究非人事制度之正軌，且近年來實際上發生之困難甚多，有待改善，現已由考試院令臺灣省政府研辦中。

②考試院於四十二年規定大專畢業生參加就業考試甲級考試及格者，敍委任五級至四級，高職畢業生參加就業考試乙級考試及格者，敍委任九級，此係參照各級應考人學歷，依舊敍級條例第四條第二、四兩欵分別核定，俾與一般以學歷入仕者，取得同等待遇。及至四十三年公務人員任用俸級考績法頒發施行後，加强人事制度之建立，學歷計資已不採用，初任公務人員時之薪給起敍，亦有變更，乃將就業考試分發人員待遇，隨同修改爲甲級考試及格者，比照普考及格自委任二階十級起敍，乙級考試及格者，比照低於普考及格自委任三階十五級起敍，衡之新法，大專畢業應高考及格者，任職銓敍時，最低可自委任一階起，高中畢業應普考及格者，任職銓敍時，最低可自委任二階起，則高普考試及格人員較之就業考試甲乙級及格人員任職銓敍者優越甚多，此係因就業考試與法定各類考試性質不同，應考科目多少有別，錄取標準高低互異，其薪級比敍，自亦無法相同。至應屆畢業學生應高普考試及格者，例可免參加就業考試，予以分發，按照法定級俸起敍。青年當體會政府鼓勵其上進之意，奮勵求進，力爭上游，參加正軌高普考試，若不察原因，而但計較厚薄，恐非所宜。

③當新舊制度交替之際，不免有享利與受損之個人，但制度之建立，本不爲一二人計，且目前教育制度與公務人員任用制度並未密切配合，而政府辦理學校亦各有目的，行政專校之目的在育成公務人員，大學之目的在造就一般通才，本不能相提並論，況因新舊制度交替而生少數人利害不一之現象，更與受教育期間之久暫無關。至現行公務人員任用法中有關設階等問題，各方意見甚多，其存廢或如何適當運用，本部已在研究改進方案中，原文亦曾提及，當爲注意參考。

二、上列意見，擬請

貴刊惠予披露爲荷。

此致

自由中國社

銓敍部啓　四六、八、二八。

自由中國　第十七卷　第六期　內政部雜誌登記證內警臺誌字第三八二號　臺灣省雜誌事業協會會員　一九二

給讀者的報告

本期社論是「今日的問題」的第五篇。在檢討「今日的軍事」與「我們的財政」之後，接着我們要檢討「我們的經濟」。在本文中，我們指出今日經濟病癥之所在，從而針對問題，提出我們的主張。我們今日的經濟之所以陷於枯澀與萎縮，主要是由於受財政的拖累。其次是經濟政策本身之不健全。而後者的種因仍在財政的困厄。所以要解決我國的經濟問題，首應打開「經濟害於財政」的死結。若撇開財政問題不談，就經濟言經濟，則迅速解除工商業所受到的重重桎梏，並局部而漸進地解除金融與貿易所受到的過份管制，實已不容再緩。我們呼籲經財當局要拿出勇氣來實行此一重大的改革。

自本刊於第十六卷第七期發表朱伴耘先生「反對黨！反對黨！反對黨！」一文以來，曾引起各方對此問題的反應。其中有些是就事論事的認眞討論，有些則是官方理論家的無理漫罵和亂戴帽子而已。本期朱先生爲文「再論反對黨」。作者對那些漫罵的詞令不肯爲反唇之譏，只是正面的申論其個人的主張。文中，作者强調主義、領袖、政黨、政府諸名詞都不等於國家，指出反對黨乃民主政治之必須，促成反對黨的運動乃全民的運動而非少數人的運動。更呼籲進步的國民黨人停止阻撓並進而支持此一運動。作者起草本文時，尚未得見李璜先生前此在本刊發表的「談反對黨」一文，故對李文商榷各點，未能一併論及，此須附爲說明者。

宋文明先生評論「艾森豪的思想路線」，有其獨特的見地。作者在文中首先指出艾森豪自今春提出預算案後，在共和黨右翼份子中聲望之低落，乃其思想由保守轉向激進之表徵。繼而分析艾森豪的思想背景與其演變，並解釋其所標榜的所謂激進的保守主義之性質與內容。

「印度遊記」是當代英國史學大師湯因比教授的大作，其描寫之生動，觀察之透闢，自然不同凡響。本文分上下兩篇，上篇記述印度的民族問題，下篇描述印度人奇特的習俗，他們對鳥獸的生命甚爲珍視，但對不同階級的同類却又那般仇恨和殘忍。

自本刊上期社論（二）「關於反攻大陸問題的問題」一文發表以來，所有對「反攻大陸問題」的誤解，應已可以澄清。乃最近有人並不正面討論，却在那裏放冷箭，扯瞎話，誣我們專斷固執、自以爲衆醉獨醒，企圖迫我們在「公衆」之前「認錯」。寫這種文章的人，分明是共黨仁兄一路的調門，却裝作貌似公正的樣子。寧不可鄙！對於這種人，我們奉勸他一讀左舜生先生在「自由人」上所發表的文章。（四十六年八月二十一日第六七四期「反攻大陸問題——目前輿論的一個爭點」及四十六年九月十一日六八〇期「理論反攻與實行反攻」。）

又本期因稿擠之故，民主隨筆暫停一期，下期繼續發表。

自由中國 半月刊　總第一八九號　第十七卷第六期

中華民國四十六年九月十六日出版

發行人 兼 主編	『自由中國』編輯委員會
出版者	自由中國社 社址：臺北市和平東路二段十八巷一號 電話：二　八　五　七　〇
航空版	友聯書報發行公司 （香港九龍新園街九號）
總經銷	自由中國社發行部
經售者	
美國	紐約友方圖書公司 紐約光明雜誌社
日本	東京僑豐企業公司
韓國	漢城裕昌德號
馬尼剌	大中華日報社
	新疆書店
印尼	椰嘉達天聲日報
	泗水文光圖書公司
緬甸	仰光振成書報店
印度	加爾各答塔梅學校
澳洲	雪梨瑞田公司
北婆羅洲	西利亞坡青年書店
星加坡	友聯書報發行公司 （小坡大馬路四六九號）
吉隆坡	友聯書報發行公司 （馬華公會大厦三樓七室）
怡保	友聯書報發行公司 （希尼華沙甘街十六號）
檳城	友聯書報發行公司 （林連登律七十二號）
澳門	友聯圖書公司
印刷者	精華印書館 廠址：臺北市長沙街二段六〇號 電話：二　三　四　二　九　號

本刊經中華郵政登記認爲第一類新聞紙類　臺灣郵政管理局新聞紙類登記執照第五九七號　臺灣郵政劃撥儲金帳戶第八一三九號（每份臺幣四元，美金三角）

自由中國

FREE CHINA

第十七卷 第七期

目錄

中華民國四十六年十月一日出版
社址：臺北市和平東路二段十八巷一號

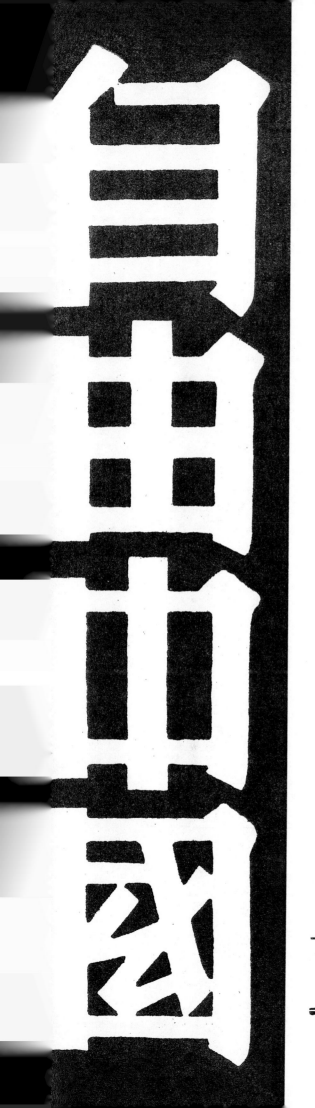

半月大事記

九月十日（星期二）
美國務卿杜勒斯警告蘇俄及敍利亞，美有以武力對抗武力之決心。
美太平洋區總司令兼太平洋艦隊總司令史敦普上將涖華訪問。
安理會以五對二票拒斥外蒙入會，韓越入會案又被俄否決。
美與卅五國向聯大提議譴責蘇俄在匈暴行。

九月十一日（星期三）
狄托與戈慕卡在伯爾格萊德會談。
乃沙立領導下，泰國議員六十名宣佈退出自由黨。

九月十二日（星期四）
美副國務卿赫特抵臺訪問。
約旦官方宣佈葉外長定下月訪約。

九月十三日（星期五）
天主教樞機主教田耕莘抵臺。
以色列提正式呼籲，要求美國經援。
泰國陸軍領袖乃沙立出通牒，要求鑾披汶內閣辭職。
美國務院發表嚴厲聲明，指斥蘇俄外長葛羅米柯對西方國家之攻擊。
沙地阿拉伯國王沙德向艾森豪建議，對敍採取緩和政策。

九月十五日（星期日）
羅馬尼亞共酋建議巴爾幹六國開高階層會議。
印尼總統蘇卡諾與前副總理哈泰會談結束，保證合力團結。
敍利亞駐俄大使稱，敍仍準備與西方合作。

九月十六日（星期一）
蔣總統特使張羣飛日訪問。
西德大選揭曉，執政黨獲勝，艾德諾將三任總理。
美國聲明，裁軍協定未獲成立前，美將在明年四月開始新的核子試驗。

九月十七日（星期二）
立院第廿會期首次會議，兪院長列席報告施政。
泰國政變，乃沙立取得政權，聲明外交政策不變。

九月十八日（星期三）
英政府抗議蘇俄關閉海參威灣。
第十二屆聯大揭幕。紐西蘭代表孟羅膺選主席，大會通過馬來亞爲會員國。
杜勒斯撰文闡明美政策，謂利用戰術核子武器，可以阻止共黨侵略。
蘇俄拒絕英國對關閉海參威港之抗議。

九月十九日（星期四）
杜勒斯在聯大演說，指蘇俄力圖控制中東，聯合國應予制止。
我國以六十一票當選聯大副主席。
張羣特使呼籲日人以中日合作爲中心，建立亞洲相互關係。
美空軍宣佈於本年底成立洲際飛彈中隊。
狄托建議東西雙方締結安全公約，解散北大西洋公約組織。

「自由中國」的宗旨

第一、我們要向全國國民宣傳自由與民主的真實價值，並且要督促政府（各級的政府），切實改革政治經濟，努力建立自由民主的社會。

第二、我們要支持並督促政府用種種力量抵抗共產黨鐵幕之下剝奪一切自由的極權政治，不讓他擴張他的勢力範圍。

第三、我們要盡我們的努力，援助淪陷區域的同胞，幫助他們早日恢復自由。

第四、我們的最後目標是要使整個中華民國成為自由的中國。

東南亞公約組織軍事顧問會在曼谷擧行年會議。
泰王下令解散議會，任命一百廿一人另組新議會。

九月二十日（星期五）
聯大指導委會拒絕印度排斥我國之要求。
鑾披汶逃抵高棉，獲得政治庇護。

九月廿一日（星期六）
泰國會通過任命東南亞公約秘書長乃樸出任臨時總理。
美中央情報局長稱，蘇俄可能演變爲軍人獨裁制度。

九月廿二日（星期日）
法前總理皮奈抵臺訪問。
匈共悍然拒絕聯大對匈問題決議。
敍利亞宣佈沙地阿拉伯國王沙德將訪敍。
蘇俄向敍利亞保證助敍「對抗外力干預」。

九月廿三日（星期一）
泰臨時總理乃樸表示對華政策不變。
南斯拉夫官方通訊社宣佈朱可夫將訪南。
美與巴格達公約國會商抵制共黨顚覆計劃。
敍利亞參謀長表示，敍願與美會談兩國關係。

社論

今日的問題（六）

美援運用問題

本刊上兩期的社論討論財政與經濟，曾以打開「經濟害於財政」的死結爲期望。當局不斷的向外宣傳，財政怎樣平穩，經濟怎樣進步，那兩篇社論已摘要分析其實情，不再贅詞。縱令其宣傳尚有事實可採，歸根結蒂，也不能不說是得力於美援之助。拋開了美援，別無可耍。反過來說，美援也就爲了如此耍弄，才失去了原來的用意，減少了預期的效能與價值。

本來在第二次世界大戰以後，接受美援的不止我們一國。受援國接受了美援，也不一定不折不扣的發生了十足效用，不該苛求責備。但是效率之低，却不能不痛自反省。大概現在自由國家接受美援以後，就其國內所直接發生的影響與效益來區分，約有三類：第一類可稱上乘的，賴此而恢復了經濟基礎，日趨繁榮。西德爲其中之佼佼者，日本亦庶幾近之。第二類退居中等的，救急之外，兼有濟貧之效，借此渡過嚴重難關，得蘇喘息，雖還未能企及繁榮，亦日漸啓發了自力生長的機運，如英國與西歐各國，卽其例證。第三類爲最下者，祇能救急，不足濟貧，甚且養成了依賴心理，終至於無法擺脫。有些落後國家不免屈居於此一範疇，我國或仍尚未躋列其間，但已至少瀕於邊緣。我們苟能力爭上游，未始無日接佳境之望；倘再因循，則很少再有自拔的機會。以往六年眞是歲月無情，錯把興奮劑當作營養品，於援助國協助增强受援國的經濟發展之原意，相距甚遠。這是怎麼說呢？且聽慢慢道來！

美援在臺灣分兩個時期，其性質亦不盡相同。當我政府初遷臺灣時的美援，乃沿續一九四八年法案未了的援款，卽至今日猶未全數動用，已爲美國政府所取消，此爲第一時期。其後韓戰爆發，美國爲加强集體安全的措施，乃又轉爲一年一度的援外法案，無論軍援或經援，臺灣每年分潤的數額，雖在全部援款看來，實極微末，但在我則已爲數可觀，且從來沒有落過空。軍援款項的運用，事涉秘密，不便公開討論。且有幾年的經援，仍劃出一部份爲軍事用途；爲使經援款項能專作經濟使用，此一部分現已正式併爲軍援，但經援款額則亦隨此項目的取消而減少了。本文所能討論的祇就經濟援助爲範圍，仍非全豹。

經濟援助對我國的財政經濟，當然有所幫助，誰也不能輕易抹煞其功績。但究竟利在何處？利到什麼程度？却值得我們詳加檢討：於此，我們要就財政和經濟兩方面來分別加以說明。

㈠美援於財政收支的差額有抵消的作用，因而幫助我們維持了幣值與物價之穩定。美援是以物質援助爲基礎，此本援助國的不移政策，不在討論之列。現行援助辦法，每年由援助國政府提請國會通過援外法案後，授權總統執行，經過相當手續撥出援款，卽須在美採購物資，然後交運，抵達受援國卽以此物資出售，將其所得價款配上受援國提供的等額款項，合成相等基金，亦稱對等基金，專充受援國增强或改善經濟之用。惟自我國政府遷臺，財政困難，商經美國政府同意，免再提供等額款項，祇以美援物資出售價款提存爲基金，名稱仍不變，辦法亦照舊。這筆相等基金，照理應該全數作經濟建設的用途，但我們則大部分壅積在銀行庫裏，不敢動彈，原因是恐怕一鬆手之後，通貨卽將充斥而泛濫。卽以去年全年而論，相等基金存款，經常保持在新臺幣十五億至十六億元之間，佔了公務存款總額的百分之六十左右 約居全部存款總額的三分之一。相等基金，成了一種誘使通貨「回籠」的手段，對眼前物價之穩定，自然稍有些補益。但反過來想，這一筆本來應該用於生產建設的資金，現在却被閒置起來，對於長期的經濟利益，顯然是一個重大的損害，同時也使由經濟之發展以培養財源的機會，爲之喪失。這是說，經援祇完成了彌補財政赤字的任務，却把發展經濟那一個更爲基本的任務給犧牲了；如果財政收支本身並沒有那一項鉅大的赤字需要彌補，則這一筆閒置資金，就可以解放出來，放到更爲積極的用途上去；又，爲了經濟建設，自當以儘多輸入資本財爲是，但爲了容易產生相等基金，就必須選擇易於出售的物資，於是消費財的輸入反而佔了優先，使生產事業之發展，更因此而阻滯。所以美援運用本身，亦構成了「經濟害於財政」的一個實例。

㈡美援的物資援助，抵消了我們對外輸入物資的需求，確也減輕不少貿易逆差的不利影響。我們說貿易逆差，可能當局尚不願承認。就表面的國際收支看，單以四十二年至四十五的四年爲期，將其普通進出口的結滙併算，計出口共美金四億九千一百餘萬元，進口共四億一千六百餘萬元，出超七千四百餘萬元，每年平均一千八百餘萬元，似若情況良好，主其事者往往卽以此誇張其功績。其實祇靠這剷足適履的輸入，國內現有生產與消費水準卽屬無法維持，幸虧同時期內另有美援輸入物資共值美金三億五千六百九十餘萬元，才算滿足了眞正輸入的現實需求。所以如果以輸入結滙與美援到達物資（實在兩者計算標準各異，代表的時期又多參差，不當併計，惟現已慣用，故暫從俗）併計，共值美金七億七千三百餘萬元，每年平均輸入值約美金一億九千四百餘萬元，或可當作現實的輸入需求看。倘以此爲準而與同時期內的輸出總值四億九千一百餘萬元相較，入超卽達美金二億八千二百餘萬元，平均每年約有美金七千零五十餘萬元的貿易逆差。所謂國際收支平衡，若無美援，根本卽無從談起。我們是依靠着這一宗美援物資，才勉强得以保持生產與消費的水準於不墜。但是我們的依賴心理，亦正由此以漸漸養成。本來，爲取得必要的輸入，應該努力發展生產與輸出，才是正道，現在卻由於有這筆美援物資的拖注，就在不知不覺之中，鬆懈了發展輸出的努力，讓許多切實可行的方案放在那裏，不加採用。當局似祇想援助的增加，不圖貿易的實質擴展，不從增加輸出爭取實質的出超，徒以減少進口博取出超的虛名。其所減少的輸入，並非眞由國內消費的節省，亦非由於消費的轉變，更非由於國內生產之有替代，乃移美援物資以彌乏，遂致仰賴美援的程度，愈來愈深，換取輸入所當開闢的途徑，反隨之愈來愈狹。這個結果，也怪不得美援，祇怪我們當局在心理上實在太與他們自己所一再宣揚的「自力更生」的原則相背馳。

美援成就的未能使人滿意已如上述，但主其事者仍可辯解其主要目的在於經濟建設，一切希望寄托於建設成功以後的驟然改觀，似乎儘可不必過分憂慮現實經濟的缺憾，而抹殺了卽將隨着經濟建設以俱來的新生潛能。確乎有人對此說法存有想望，且凡屬關心國家前途者，誰也願此想望之能成事實。不過經濟建設又怎麼樣？是否因有美援之助開闢了一個滋生潛能的新境界？倒是值得討論的主要問題。

據主其事者向外宣稱：第一次四年經濟建設計劃早告完成，現在已進入第二次四年計劃。就建設的時間而言，毫無問題的四載光陰匆匆已逝，但就四年建設的成就而論，能否可稱已告完成，卻有很大疑問。本來在國民黨內部的專家和有觀察力的元老們，對此言過其實的宣傳，時有未敢苟同的諍議，並且聽說曾有不少很客觀的書面檢討，卻都被留中不發，變成檔案，那是很可惋惜的事。現在要問建設計劃的時期已經終結，用什麼去衡量其得失？我想最好把草定計劃之初所標榜的三大平衡及提高國民生活水準爲論據，或許較爲切近當時起草的原意。所謂三大平衡卽：一、財政收支平衡；二、國際收付平衡；三、生產與消費平衡。此三者陳義不可謂不堂皇，但事實則距離甚遠。先就財政收支平衡而論，本刊上兩期在「我們的財政」一篇社論裏說過，祇是象徵性的平衡，除賴美援以濟財困外，乃靠銀行墊欵彌虧；至今掛在銀行的帳上，仍有相當於發行總額的巨欠。此一標榜的想望，殆已全部落空。國際收支，上文已有論及，亦祇達到表面的順差而已。財政既有明顯的虧耗，貿易又有實質的逆差，則生產與消費那一個第三種的平衡，卽無倖致的可能，並且也很少再有大量有效節約的餘地。由上所論，可知所謂三大平衡，不過如此。至若提高國民生活水準，主其事者也曾一再强調國民所得在四年之間的遞增，指出當四十二年（計劃開始的一年），爲新臺幣一百七十六億元，至四十五年（計劃時期終了之年）已增至二百五十九億餘元，計增百分之四六·八，每年平均爲百分之一一·七。平均國民所得，在四十年時爲每人新臺幣一千九百五十八元，至四十五年亦增至二千五百八十一元；計增百分之三一·八，每年平均爲百分之七·九五。其說似若證據確鑿，無可否認。然而上述所據數字，應以新臺幣的當年幣值計算，而在此四年之內的臺幣購買力一再貶低，價格標準各異，不能視若等值的尺度，必須消除幣值的變動因素，以實質所得比較，才能銖兩相稱。若以三十九年的新臺幣爲基準，則四十五年的國民所得，非二百五十九億元，而實際僅爲八十八億八千萬元，比四十二年祇增九億二千九百萬元，計增百分之一四·二一，每年平均僅百分之三·五五，而四十五年比四十年的增加率，更較此平均爲低，僅及人口增殖率的三分之二。至若平均國民所得亦非二千五百八十一元，而實際僅爲八百八十二元，比四十二年增一元，比四十年則反爲降低。此不特反映出建設成就之不如理想，且也顯露了國民生活水準，有向下衰退的趨勢。所稱提高國民生活水準，豈非徒托空言？故由計劃所標榜者，幾無一而眞有積極的表現，縱令在若干枝節事項，不無有效的事例可舉，但就全盤經濟的實質而言，仍然沒有什麼值得誇耀之處。

考究第一次四年計劃之少有成就，其主要原因誠在於財政政策與經濟政策之未能找到正確路線，致令生產事業之發展，受其牽累。此意本刊各期社論，已一再强調。此外，美援運用的技術問題，亦多有可議之處，以致與計劃不能密切配合。首先我們要提出的一點，是事權之未能統一。本來，相等基金運用的主權，歸受援國，僅須徵得援助國的同意，而同意的範圍也祇限於用途的計劃，並非事事輒加過問。中美雙邊協定條欵之規定，亦無例外。但在我國，則由於免提同額相等基金的特殊優惠，駐在我國的美方人員，卽超越雙邊協定所稱同意的範圍，而遽行逐案審核。加以撥欵的冗長程序與繁複手續，有些申請案還要送到華盛頓去，窮年累月的等待其批准，更致喪失時效，而不易十分符合於我們原來所計劃的用途。

但我們認爲，美援運用的事權縱不能統一，倘若雙方宗旨頗能協調，究竟也不致引起甚大的弊病。不幸的是，此種協調，由於雙方觀念上的距離，亦復無法達成。我國當局，頗傾向於國家投資與計劃經濟那一類的思路，而美國方面，則似頗堅持援助應用於發展民間的自由企業；此種趨向，在共和黨當政以後，更爲顯着，且曾一再向我國明白表示。運用美援，終極目的雖均爲發展生產，但因雙方所擬走的路線不同，乃在具體表現方面時相枘鑿。在美國，對經援曾自訂一套「工建計劃」，與我們的四年經建計劃，各自爲謀。美方所訂的工建計劃，事實上祇是一種撥欵計劃，並非事業計劃。而我們的經建計劃，則爐灶另起，僅虛懸各項生產目標，未嘗考慮到達成目標的可能，更未對資金來源作比較合乎科學方法的籌議。計劃本身卽爲紙面富貴，而於美援撥欵，又犯了單相思的病症，是否邀准，事前無所確知。在一個自由社會，所謂經濟計劃之類，本來就不容易照預定程序刻板完成，再加以本身不够周密，又不能主動執行，其少有成就，事屬當然，倘一切竟照計劃實現，反成奇蹟。從今年開始的第二次經建計劃，雖已有二百億新臺幣投資的估計，較諸第一次計劃稍有不同。但此二百億的數額，其中一大部分仍將依恃自己未能主動支配的美援，仍恐難有僥倖不蹈覆轍的希望。

本來，計劃經濟在原則上卽與自由企業制度不相容。如果不是爲了配合美援，我們實認爲根本上沒有訂立若干年經建計劃的必要。但由於美援無法不經過政府的一環，我們也必須承認，美援運用不得不含有某種程度的計劃性。而現在的實際情形是，雙方的計劃互相抵消，祇爲勉强另訂按件申請審查核定的一套辦法，儲欵以待申請，隨時爲個別決定，寬嚴任意，上下隨心。有權在手，說話也就響亮，從來「有錢能使鬼推磨」，美援機構及其有關人員跟着鷄犬升天，而鑽頭覓縫的美援販子，更是招搖過市，自鳴得意。似此情形，當亦非久長之計。

如此說來，我們究竟應該取怎樣的方式，才能使美援的運用，達到高度的效能？我們認爲，最關緊要的，是要與美方進行剴切的商談，在宗旨方面取得協調。對於利用美援以爲國家投資的部分，我們祇能就美國援外法案的撥欵年度，來作雙方同意的計劃，凡超出此年度的打算，儘可暫時擱置，因爲那在根本上就是不現實的。對於利用美援以發展民間企業的部分，則應經過銀行程序，從總的方面擴大長期投資基礎，並同時使短期金融更趨靈活，而不必在事先作瑣細的規劃。開於後一點，日本的運用方式，似可供我們借鏡。如在一九五一年日本提撥相等基金一百億日元，以充新設開發銀行的資本，就是擴大投資基礎之一實例。又，農林中央金庫戰後改組不久，亦由相等基金的幫助而發行二十億日元的優先股，使相等基金經由正常的金融機構而作投資與貸放的部署。此類方式，可化特殊爲正常，化偏頗爲普遍，確已能協助戰後經濟之重建，而迅收其功。我們倘能以類此的辦法向美方提出，當能符合美國的宗旨而得到它的欣然同意。這樣豈非步調更能一致，合作更能圓滿？而美國協助受援國改善其經濟的願望，亦得從而實現？這一條路倘能走通，又何必斤斤於要求美援來「配合」我們閉戶造車的所謂計劃？

總括來說，美援運用的重點，當然應該放在經濟建設。但欲使經濟建設收到更爲充分的實效，首先還要在財政與經濟政策兩方面去痛下工夫，努力達到收支之平衡與輸出之擴展，以爭取發展生產的前提條件，使美援得以大部用於資本形成率之促進方面去。此外，美援運用技術本身，也仍有改進之道，可藉以增加其效率。現在的「成就」是不能令人滿意的，但其主要癥結，究不在運用技術上的缺陷。我們對整個問題所以提出的一個總的評斷是：美援無罪，罪在財經。

法家的淵源、演變、及其影響

沈剛伯

一

中國歷代的各種學說，無論是富於保守，還是偏於激進，大都針對現實的議論多於純粹理想的部分，同時，那因襲傳統的色彩也重於個人創造的成分。這種情形，在那學術思想極自由的時代，戰國，便已有了。我們要研討法家的淵源和演變，是不能不先注意此點的。

法家的主張，誠如傅孟眞先生所說，就是三晉的官術。惟本文要探求法家的淵源，必須追溯到三家分晉以前的時代，那就不如改稱爲晉、衛、鄭的官術，或反較爲確切。至若爲甚麼只有晉、衛、鄭能產生這種官術，而當時其他各國却沒有㖿？這原因似乎不能全歸之於經濟貧困，因爲法家的經濟政策並不是以裕民爲目的，而且也絕收不到增加生產的效果。我們只能說民生凋弊便於那種官術的實施，却不能說民窮財盡可以導致那種官術的產生。現在試將晉、鄭、衛三國開國時的情形和其立國的政策，分別略加檢討，也許可以求得出法家的眞實淵源。

晉爲夏墟，衛原商地，姬周初得天下，派其本家至親去統治那些新被征服的多數民族，雖暫時「啓以商政」，但必須「疆以周索」；要澈底推行那種新土地社會政策，勢非用「重典」「强民」，不能收效。所以康叔受封往衛的時候，周公指示他的統治方針，一則曰「乃大明服」，再則曰「汝陳時臬」；全篇康誥的用意，不外乎教他「敬明乃罰」。甚至要他禁止人民飲酒，說：「羣飲，汝勿佚，盡執拘以歸於周，予其殺！」這樣禁酒的方法難道能說不是千古少有的酷刑嗎？康叔後來被成王調回中央去做司寇，想是他很會遵行周公的指示，已經成了刑名專家。從此可知衛自始便是用康誥、酒誥的教訓作爲施政標準，其後世子孫之有公孫鞅，正不過傳其家學，加以發揮耳。

唐叔受封時所受的唐誥早已失傳，想也是與康誥性質近似的一種文件。因爲孔子曾說：「夫晉國將守唐叔之所受法度，以經緯其民，卿大夫以序守之，民是以能尊其貴，貴是以能守其業；貴賤不愆，所謂度也。」試想用政治力量，把人民澈底加以組織，好使統治階級永享特權，讓小百姓世世代代服從他們，則唐叔所受於周而行於晉的法度，該是何等地嚴密苛刻！除此以外，我們還不難從詩經中找到旁證。詩三百篇中的國風大都是採自西周晚期以至春秋初年的民間歌謠，很多篇可以反映出當時平民的生活狀況。現存毛詩中的唐風僅十二首，而憂怨之什幾達半數；如「無已太康，職思其憂」；「宛其死矣，他人是愉」；「嗟行之人，胡不比焉？」；「我聞有命，不敢以告人」；「王事靡盬，不能藝黍稷，父母何食？」一類的話，至今讀之，猶令人酸鼻！眞難怪季札一聽，便嘆爲「思深哉！何憂之遠也」了。晉國强盛，而一般平民竟會思深憂遠，則其身所受非極權統治而何？後來趙宣子更進一步地「制事典，正法罪，辟刑獄，董逋逃，由質要……使行諸晉國，以爲常法」。儘管孔子認爲那是「亂制」，然而晉國却把它鑄成「刑鼎」，奉爲定法。這種「董逋逃，由質要」的官術，到了三家分晉以後，便演成李悝之法經，愼到之明勢，韓非之言術，豈不是很自然的結果嗎？

鄭桓公當幽王的衰世，以「予安逃死」問計於太史伯，史伯敎他去立國於「雒之東土，河濟之南」，「修典刑以守之」。可見注重刑法原是鄭國開國的政策。所以連那遺愛在民的子產也免不了要「楮衣冠，伍田疇」，「立謗政，制參辟，鑄刑書」。不久，鄧析便作竹刑，子然殺其人而用其法，從此鄭國遂更加專任刑法。後來申不害以鄭之「賤臣」，竟大行其道於韓國，而倡人主執術以督責臣下之說；那不過是把故國遺敎加以引伸，用之於新朝耳。

總之，從現存經書中的一些零星紀載看來，周人實在是一個紀律嚴，賞罰明，效率高，武力强的民族；而用嚴刑峻法來部勒全民，使其過一種集團生活，便是姬周開國的大政方針。幽、厲以後，王綱陵夷；齊、魯諸國，別闢途徑；惟晉、衛、鄭因爲環境和歷史的關係，仍守周之舊典，略加損益，就演成了它們獨有的官術。戰國時的法家只是把那種現行的官術加以整理，組織，演繹，敷陳，實未曾根據個人任何抽象的理想，創立一種新政治學說。班志所謂諸子出於王官的話，若只是用來說法家，倒似乎並非全無道理。

二

以上約略地談了一點法家的淵源，現再進而討論它的演變。

戰國時，百家爭鳴，當然免不了互相排斥，可是同時各派也很自然地受到交互的影響；其結果是歷年愈久，混雜愈多，沒有一家能完全保持它的原始面貌，而不稍變。法家最初本只是一套極現實的官術，並無任何形而上的理論；等到愼到、申不害諸人受了些道家的影響，乃引伸其闔張取予、芻狗萬物之義，以文飾其險刻殘酷之術。這可說是法家初步的演進。這一變變得極其自然，竟使那位善觀古今之變的太史公也認爲它「皆原乎道德之意」。西漢的景、宣諸帝總是一面高談黃老，一面綜核名實，蓋直視道、法兩家爲互相表裏的一套學術。

但是僅此一變還不能使其學說爲一般人所肯接受，因而成爲一種有社會力量的學派。它必須因時制宜，更進而與當時流行甚廣的儒家作相當的合流。法家的要旨和孔、孟之說本相距很遠，其滲入儒家的經過極爲微妙，那種移商換羽的辦法，可說是全出於荀卿一人之手。荀卿是趙國人，史記說他「年五十，始來遊學於齊」；風俗通說他「有秀才，年十五，始來遊學」。我們就認爲風俗通上說的年歲比史記所載較合事實，那也不能否定一個「有秀才」的人，到十五歲，必已受到他本國盛行的法家學說的影響。幼時的見聞入人最深，成年後，無論怎樣改行，那童而習之的東西總會於不知不覺之間，影響到他的思想言論，這是可以用心理學證明的事實，荀子當不能獨爲例外。所以我認爲他的思想中心和其學說出發點都胎源於法家。這不難由兩點分辨出來：㊀純粹的儒家學說建築在性善的觀念上面。孔子雖只有「性相近」之說，但欲仁仁至，「非道弘人」一類的話，實是性善的主張。儒家因爲承認人性本善，纔能有「萬物皆備於我」的氣概，纔能有「率性而行」之道，纔能使「人皆可爲堯舜」，纔能「從心所欲」地去參贊化育。但是荀子却說：「從人之性，順人之情，必出於爭奪，合於犯分亂理，而歸於暴」。他既認定性惡，當然蔑視人格的尊嚴和思想的自由，因而很自然地啓發出他那門徒韓非子整套的學說。（性善，性惡之說，在今日行爲派的心理學家看起來，也許都是沒有實驗作根據的假說，值不得一談。但是十九世紀以前的許多哲學都以這兩種不同的觀念作其出發點，我們要研究古代思想，却不能把它置於不論不議之列。）㊁純粹的儒家相信人性善，故其學說的重心是「仁」；荀子認爲人性惡，故其學說的重心在「禮」，因此他講的禮和孔子說的禮就大不相同。關於這種辨別，徐佛觀先生曾有一文講得極其精透。扼要底說，就是孔子講的禮是律己的，是發自內心的一種自覺，實行出來便是「讓」；所以他有「爲國以禮，其言不讓，是故哂之」的話。這若是應用到政治上，便成了限制統治階級的一種道德律。荀子所提倡的禮是治人的，是外在的一種硬性規定，是富於階級性的，是統治者用來管制人民，以實現其「分」、「類」、「齊」、「一」的一套嚴密制度。那實際就是申、韓所說的「法」；所不同者，申、韓的法是當代政府定的，而荀子的禮則是「千歲之積」而已。況且他還有「治則刑重，亂則刑輕」的話，這能說是儒家仁者之言嗎？因此荀子最佩服那變法後的秦國，曾加以無上的頌揚；他說：「入境，觀其風俗，其百姓朴……甚畏有司而順，古之民也。……入其國，觀其士大夫出於其門，入於公門，歸於其家，無有私事也；不比周，不朋黨……古之士大夫也」。我們只把這幾句話裏的「古」字改作「今」字，用來形容現在所有鐵幕內的老百姓和知識份子，難道不是百分之百地切合事實嗎？他甚至推崇秦國已經「力術止，義術行」，到了「治之至也」的地步；所微覺不滿者，只是秦國還沒有重用像他那樣可以「致貴其上」的儒生，以愚民而粉飾太平耳！後來秦居然用其門人作相，這自荀子視之，應認爲秦眞是「粹而王」了，何至於有因李斯出仕而不食之事？桓寬的話眞不知有何根據。

除藉「禮」來做溝通儒、法兩家的橋梁而外，荀子還有三種使儒學變質的議論。㊀荀子和孔、孟同樣地提倡教育，同樣地以教人爲終身事業，但是他的教育原理却恰與孔、孟相反。孔、孟因才施教，重在啓發人的個性，發展人的本能；荀子勸學，則直視人若物，要使他直中繩，曲中規，可「輮以爲輪」，雖「槁暴」而「不挺」。這是用「以杞柳爲桮棬」的方式，來「戕賊人以爲仁義」，其結果自然是「率天下之人而禍仁義」。同時荀子極重視「修身」，但他修身的目的是要人「無有作好，遵王之道，無有作惡，遵王之路」；這和以愛衆親仁爲修身的孔子之說，也全不相同。總之，他在「勸學」，「修身」兩篇中講的都是極權國家所行的「訓練」，那根本不是教育。自秦漢以來，我國的教育學術始終未能擺脫政治力量的干涉，荀子對此是要負相當責任的？㊁孔子要「正名」，荀子也講「正名」，但那又是以紫奪朱的講法。因爲孔子正名，只是要「於其言無所苟」，這是一般人所應該而且能夠實行的倫理條件。至若荀子的正名，則純是對思想言論的指導統制，要對社會「臨之以勢，道之以道，申之以命，章之以論，禁之以刑」，好使「邪說不能亂，百家無所竄」。惟其如此，他纔講出那不見於其他任何載籍的孔子殺少正卯的故事．無形中替秦始皇焚書坑儒鋪好道路！我國兩千年來的政治領袖動輒取締人民的言論自由，往往大興文字之獄，能說不是荀卿「正名」之說爲之壯膽麼？㊂孟子講「王道」，荀子也講「王道」，但却是各「道其所道」。儒家的王道不外乎「因民之所好好之，因民之所惡惡之」。荀子則捧出一個「居如大神，動如天帝」的君主，要他「不動乎衆人之非譽」，以執行那「率民而一」的政策，乃至於可以用「便嬖左右足信」的特務人員，去做「窺遠收衆之門戶牖嚮」，好令「生民之屬莫不振動服從」，以實現那「同焉者是也，異焉者非也」的世界。他這樣地講「君道」，辨「王霸」，使天下「無隱士」，人人「法後王」，還能說不是道地的法家嗎？

像這樣假孔子的「仁」、「禮」來掩飾申、愼的「術」、「勢」，打着儒家「王道」的招牌去實現法家「齊民」、「强國」的目的，可說是法家的第二次演進——這一演進，創論者是荀卿，實行者是李斯。

三

荀子的學說明明是法家的意味重，儒家的氣氛淺，而兩千多年來的人偏都視爲大儒，這原故是值得一加探討的。

儒家本不是一個組織嚴密，門戶森然的黨派，它對外的排它性很小，對內的統一性更沒有，頗有「萬物並育而不相害，道並行而不相悖」的氣度。所以到了戰國末期，便有所謂子張氏之儒，子夏氏之儒，子思之儒，孟軻之儒。大家各標師承，自成宗派，荀卿當然也可以「非十二子」而自成一家，使其門弟子成爲荀卿氏之儒。倘使各派俱能長期並行，互相切磋，則中國人文方面的文化未始不可更進一步。可惜到了秦漢之際，子夏、子張、子游、思、孟諸派之儒都幾絕傳，而惟荀子一派盛行。這不是偶然的遭遇，也不僅是那三十二篇書的力量；儘管荀子的論辯法嚴密精湛，「鞭辟近理」，確有超過孟子之處。我以為「荀學」流傳之廣是由於荀子傳經之故。所謂詩、書、易、禮、春秋諸經是中國古文化表現在文字方面僅有的作品，是有求知欲的人所不能不讀的，並非儒家獨有的家私。經戰國至漢初的長期戰爭以後，老成凋謝，師儒星散，禮壞樂崩，載籍散失；幸而有這位博學的荀子差不多一直活到「六王畢，四海一」的時候，六經幾乎全是由他纔傳到後代。試看漢初的經師，如毛公、申公、穆生、白生、張蒼、賈誼、孟卿、大小戴，沒有一個不是直接或間接出於荀子之門，他們重師承，而「作書美郇卿」，正是人情之常。況且荀子以前的各派儒家之學都少傳人，而漢朝的經師們又大都只注重章句訓詁，很少研討義理思想，偶談理論，非取之於道家，便參之以陰陽，當然習焉不察，沒有發現出他們所轉相授受的儒術實荀卿之學，而非孔子之說。直至韓昌黎始看出荀子的「小疵」，而尊孟子為儒家正宗。這眞算得是我國第一位整理古代思想，卓有創見的學人。然而「荀學」經過千年以上的儒席獨佔，純粹孔、孟的思想已很難顯透出來，連那些抨擊荀子頗力的晁、蘇諸人也未能將荀子屏諸儒家以外。何況在專制時代，孟子的理想遠不如荀子的學說便於愚民咧！所以直到清朝，仍有不少的學人拿出做八股截搭題的本領，來一面尊孔、孟，一面捧荀子，硬做出許多性惡不背於孔子的妙文。其實荀卿在我國學術思想史上，自有其不可磨滅的地位，我們認清他的本來面目，辨明儒、法兩派的家數，只是對古代思想的一種客觀分析；這對於「荀學」的眞價值，實在未嘗有所貶損。

法家自第二次演變以後，在學說方面，即終止其理論上之進展，在事功方面，也再沒有能够旗幟鮮明地主持大政，像在秦孝公時期的那個樣子。西漢的儒、法兩家雖大體合流，而仍有少數的純儒和少數的法家作政治上的鬬爭；在昭、宣時代尤甚。自東漢起，申、韓之學已不復獨立成家；從表面上看，似乎已經受了淘汰，但實際並不如此。兩千年來玩政治的人們差不多都是私淑荀子，打着儒家的招牌，去實行法家的主張。那就是明愼到之「勢」以尊君，操申不害之「術」以御臣，提倡綱紀倫常之教以安定社會，偶採選賢與能之策以牢籠讀書人，更襲用黃老的放任態度以對付老百姓；遇必要時，則酌行公孫鞅之法以足食強兵，甚至利用陰陽家之說以儆上愚下——藉天變以止暴君權臣之妄動，或造祥瑞以增朝廷之威望，或假符命以利政權之轉移。這套辦法，若是配合得巧妙，運用得靈活，倒眞能撥亂反正，安邦裕民，成為文、景，貞觀之治；縱令遭遇極艱難的環境，也還可望做到三分天下，偏安江左，挽嘉靖之頹局，平髮捻之變亂。與儒家合流，名亡而實存的法家在中國政治上所發生過的作用，蓋如此之大而且久！

四

我國兩千多年來的實際政治是以儒學為面貌，法家做骨幹，黃老、陰陽作羽翼的一套混合「官術」。這種官術誠然有時產生過如上所述的功效，但卻永遠未曾為中國定下一個長治久安的基礎。這責任應由法家獨負，而與儒、道、陰陽無關。那三家的學說好比甘草、杞、菊，不能延年，也絕不害人；法家的主張則直似附子、砒霜，偶爾用得對症，固然能够起死回生，若稍微過量，則縱不立即致命，也會把人弄成多年病廢的。欲究其理，至少有下列幾點值得提出一談。

一、法家以自私自利為人之本性，認為「父母之於子也，猶用計算之心以相待也，而況無父子之澤乎！」因此它斷定道德與政治根本不能相容，而以父之孝子為「君之背臣」。這樣「不務德而務法」的理論，自亦有其獨到之處，在中國學術史上眞够得上稱為絕無僅有，直至今日，還可啟發學者的思想，激揚英雄的大志。但是在這始終未曾完全脫離宗法社會的中國，這樣「辛以刻」(Cynic)的信條能為一般人所樂於接受嗎？那種毫不顧及人情民意，純用暴力推行的政法設施，眞能維持長久嗎？平民也許愚蠢，但他們確佔了國人的最大多數；「人情」也許不盡合理，但大多數的人確是受感情支配的。蔑視民衆，不近人情，是法家學說的驚人之處，也正是法家理論的致命傷。

二、法家比馬爾薩斯早兩千年看出人口繁殖是天下大亂的根源，他們認為「人有五子，不為多，子又有五子；大父未死，而有二十五孫。是以人民衆而財貨寡，事力勞而供養薄，故民爭」。要止爭，便只好均貧富；因為「民富，則不可以祿使也；貧，則不可以罰威也；法令之不行，萬民之不治，以貧富不齊也」。要齊貧富，就得把土地、工、商之利全收為國有，不准個人有任何經濟活動之自由；因此必須強迫人人「致力於農、戰」，而禁止一切「游食」、「坐談」和「技藝之士」。這實是掃蕩一切學術文化，去做到兵、農合一，舉國皆兵——包括老、弱、婦女在內。這種降低人民生活水準以均貧富的辦法，只有在貧困的農業社會，纔勉強可以暫時做到；若果在工、商業相當發展的地方，便絕對無法實現。然而要一個民族不死不活地永遠沉淪在農業集團之中，又豈是人力所能做到的嗎？所以孝公能以商鞅之法強秦，而始皇帝卻不能以李斯之策安天下。南美的印迦，今日的蘇俄都曾利用落伍的農民，實施那與法家巧合的經濟社會政策，造成兩個極權帝國；但是前者並未能以之救亡，後者也實在沒有光明的前途。先後一轍，中外不殊；撫今慨古，能不憫然！

三、法家運用政治的要訣全在「明主治吏不治民」一語，因為他們是要藉組織來達到極權，並不想用極權去養成獨裁。因此他們理想中的明主是但操「七術」以御吏，使吏「不遊意於法之外，不為惠於法之內」，而一切依法辦事；他自己是不要宵旰勤勞，日理萬幾的。這同儒家的主張恰是不謀而合。仲尼稱堯能則天，而謂「天何言哉？四時行焉，百物生焉，天何言哉！」法家把人君當作「天帝」，正是意味着這樣一個不言不語的天。若有人因法家主張極權政治，便以為他們也贊成個人獨裁，那就未免太冤枉法家了。要是他們眞肯擁護獨裁者，則商鞅、李斯也許不至於不得其死呢。

在極權組織、或專制政府的頂上，安放一個垂拱無爲的君主，確是法家的奇想。因爲他們深知極權同專制政治都無法避免人民的怨恨，如事事讓人君處理，處處使人君露面，則全民的怨恨必集中到他一人身上。與其以君主爲怨府，何如用百官來分謗咧？況且暴力壓民等於積土防川，河水必有潰堤之日，人民終有洩憤之時；一旦有不幸事件發生，則儘可拿那般慣作貓爪的官吏去做代罪的羔羊，殺晁錯以謝七國，誅國忠以安六軍，豈不是爲計甚得！專制的君王同極權的領袖若不明此理，硬要以治吏之法治民，或竟寬於治吏而嚴於治民，則總有一天會眞弄到萬方之罪歸於一人；到那時，大樹一搖，猢猻便散，縱有隋煬帝的雄圖，希特勒的霸氣，也不過只落得身死國破，爲天下後世笑耳。

這種作法，說來容易，做出來却極難。因爲專制政府純靠官僚階級去統治百姓，而王莽、司馬炎這般人便是從官僚階級中產生的。「若嗣子可輔，輔之；如其不才，君可自取」——這樣「其鳴也哀」的話裏面該是包含着何等地警惕戒備！至若極權政治，則更須設立無數的機構，豢養成羣的幹部，使其一層壓一層，一個防一個，然後可以實現那奴役全民的企圖。但是無論組織如何嚴密，刀總是拿在旁人手中，不要說肘腋之變隨時可生，就是那些「五蠹」、「八姦」的禍患，也實在防不勝防。所以韓非子有「人主之患在於信人，信人則制於人」的話，替專制皇帝或是極權領袖設想，也眞應該有此疑慮。旣怕信人受制，則除將一切權力都集中到自己手中而外，試問還有何法。平情而論，專制同極權兩種政治的首腦人物實在都是騎在老虎背上，他們縱想少管閑事，其如不能跳下虎背何？他們又何嘗不自知那種朽索馭「虎」的辦法絕非長治久安之道，但是早經作繭自縛，實已無法改弦更張，只好「君以此始，必以此終」了。馬菲爾（Andrew Marvel）的詩中會說：「用以贏得政權之術，必須維持」——這同屈蕩的話眞同樣底值得那些極權國家的風雲人物們仔細咀嚼一番。

四、韓非集法家之大成，其著作實中國惟一無二之純政治性的學說，立論深刻精闢，比早他三五十年的旃拉基亞（Chanakya）同後他一千七百年左右的馬基雅弗利兩人的名著，眞是有過之，無不及。但是他因爲要適應當時的環境，乃有以君勢爲體，術法爲用的傾向；那便是把人君置於法律之上，已經失却戰國初期諸法家的原意，變成了提倡人治，從此遂令一切自命爲法家的人們也絲毫沒有法治觀念了。像張釋之那樣認爲法乃「天子所與天下公共」的人，在歷史上竟成了鳳毛麟角。

純粹的儒家根據道德來講人治，那可以說是「德治」。法家丟開道德來講人治，實際便成了「力治」——韓非子本有「明主務力不務德」之語。西漢崇尚黃老，東漢頗講儒術，「力治」中多少還參了一點「德治」，因此「立天子以父天下邪？役天下以奉天子邪？」的問題，還敢由老百姓公開地提出來質問皇帝的近臣，而令其生愧。到了桓靈以後，天下洶洶，羣雄角逐，曹孟德始悍然不顧道義，純用「力」和「術」以從事於政治鬭爭。從此，歷代的君相大都效法曹氏父子，專用「術」尙「力」，而但以「法」爲之輔，心存「六蝨」之誡，意求「七術」之工，只圖現實，不管將來，只固政權，不問人權，只講辯證，不顧人情，只談目的，不擇手段，自欺欺人，積非成是，上行下效，相習成風，硬把整個國家搞成「上下一日百戰」的局面，以便收漁人之利，得旦夕之榮；遂使中國老是一治一亂，時合時分，擾攘至今，而依然連法治的影子也望不見！追論作俑之人，彼申、韓豈能辭其咎哉!?

一個大學生的信念與看法

——讀「大學教育的悲哀」有感

揚正民

前些時「自由中國」連續刊載數篇大學生所寫有關大學敎育的文章：第一篇「大學生談大學生的領導問題」，載第十五卷第十一期；第二篇「不要領導」，載第十五卷第十二期；第三篇「大學敎育的悲哀」，載第十六卷第五期。第三篇最爲詳盡，語多中肯，道出大學生心中滿腔鬱結與苦悶。我也是一個大學生，對該文所言各點深具同感，激起共鳴。蓋從「大學敎育的悲哀」一文中，我們已聞及正義的呼聲，大學生並未因學校當局之嚴格控制思想與行動而完全照着控制者的路線走。因該文之刺激，作者茲將所感列陳於後：

一　大學應有獨立思想與研究的充分自由：

民國四十一年胡適之先生自美返國，我朝野上下熱烈歡迎，尤以青年學生爲甚，三軍球場前爭先恐後，列隊候聽胡先生講演的擁擠場面，記憶猶新。胡先生的演說更是風靡一時。

四十三年，胡先生第二次返國。三月二十六日國立臺灣大學暨中央硏究院歷史語言硏究所爲紀念傅斯年先生冥誕，特在臺大法學院舉行紀念會，請胡先生講演。胡先生的講題爲：「美國大學敎育的革新者——吉爾曼」。胡先生推崇吉爾曼（O. C. Gilman 1831–1908）對大學敎育之供獻，認爲：

㈠大學不僅爲敎學的地方，而且是硏究學術、傳佈硏究結果之地。

㈡大學必須有思想自由、敎學自由與硏究自由。

在民主國家，大學應有獨立思想與硏究的自由。「學術尊嚴」與「學術獨立」之觀念固人人自明，不待贅述；然今日我們却未克臻理想盡美之境，我們尙無完全而充分的自由以追求知識，探求眞理。這是無人可否認之事實。我們的反共大纛是自由，在大學中應當提倡學術自由，使大學有思想、敎育與硏究的充分自由。

憲法第十一條規定：「人民有言論、講學、著作及出版之自由」。但事實上形同具文，學生出版之刊物，稿件須經學校訓導機構嚴密審查，認爲「言論正確」而後始得出版。其審查標準全以騎在學校上面的政治團體所頒的條令爲依據；此外，再夾雜審查人員之好惡，甚至個人主觀成見。經此審查手續後准予刊行之文章，當然非歌功頌德，卽是反共八股，此類文章乏人問津；徒然枉費學生精力與紙張而已。

前年臺大思潮社撰寫「隔江猶唱後庭花」一文，以批評當時所謂「服裝義演」的問題。此文由該社八位社員聯合執筆，愼重斟酌，結果審查人員以「失去時效」及「避免刺激國際友人感情」爲理由不予同意。後經雖訓導長審閱修改，然後簽名蓋章准予刊載，但審查人員仍不同意，逕自印刷廠取返稿件。致使該刊激於義憤，自動停刊，在停刊詞中表示：「爲維持本刊獨立風格的完整，爲維護本社法人地位應有的尊嚴，願與外來的無理阻撓周旋到底，不惜戰到最後一兵一卒，然後更不惜沉痛地親手扼殺這三年中辛苦培育出來的心血」，以示「士可殺，不可辱」之精神。上學期新思潮刊載「大學生爲什麼反共？」一文，該文作者曾受某方面之嚴重警告，險些被開除學籍，後來被迫寫自白書悔過。最近代聯會（臺灣大學學生最高自治組織）與訓導機構之衝突，皆是較顯著而值得警惕的例子。

由於缺乏充分的言論、著作及出版之自由，由於不能暢所欲言，大學生主持出版之刊物，已僅有其形式而無其實質，死氣沉沉，靑年激昂慷慨之氣，熱烈愛國之心，殆已消聲匿跡。學生出版之刊物若充展覽裝飾，則琳瑯滿目，種類繁多，尙可淆亂外人視聽；若言作爲傳達知識的工具，則實言之無物，閱之無味。諸此現象上自大學雜誌、臺大新聞、敦勵、新思潮、臺大商學……下至各系組之不定期刊、通訊、簡報等皆然，此訓導機構「領導」與「控制」學生思想，其流弊所及，彰明較著者也。（此與臺大近百社團之徒見軀殼，不具心靈，優秀學生不屑參加，學生不感興趣，是同一道理。）

自學生求學情緒言之，矇混度日，祇求文憑者固不足論，終日孜孜矻矻埋首書卷者，其所攻讀者何書？曰敎授之講義與筆記而已，別無他書。能自動自發爲治學、爲學術故，而蒐集資料，尋借課外參考書者實不可多見（當然，有學術價値之參考書籍，更如鳳毛麟角）。寧將敎授筆記倒背如流，而不願翻閱其他學者之見解，固步自封而不自知，亦若捨講義與筆記外，已無學問知識者然。這種現象實爲敎育界之隱憂，尤爲有識者所痛心疾首，嘆喟學術之停滯，文化之低落。似此以往，則弟子必不如師，師必賢於弟子，而繼起無人矣！此固然因少數敎授不喜接受反對意見與學說，但主要理由還是學生被迫地不能養成「獨立思考能力」與「獨立治學能力」所致，考試答卷時皆奉講義筆記爲圭臬，鍥而不舍。如此，敎授卽可節省閱卷時間，學生亦可得到高分，復無須費時間參考課外書籍，皆大歡喜，何樂而不爲？

自敎授敎學情緒言之：因敎授無充分「免於恐懼之自由」，不輕易言其所見，述其所思，偶或論及世局國事，言至自由民主，學術獨立處，無不再三可囑勿為外人道。足見雖身為大學教授仍缺乏充分正當而合法之言論、講學的自由。

美國大學聯合會曾謂：「用命令方法使大學教授之思想整齊劃一，不啻閉塞知識之源。審查教授個人之思想將堵截知識之路。」("To enjoin uniformity of outlook upon a university faculty would put a stop to learning at the source. To censor individual faculty members would put a stop to learning at its outlet"—— Association of American University, 1953)。

設無充分「免於恐懼之自由」，教授學生勢將無法維持充分之思想、教學與研究之自由；追求知識，探討眞理的熱忱與勇氣亦將消失；學術文化亦將枯萎無法發揚光大。有一位西方哲人嘗云：「當國家企圖將國民鑄成同種格式時，文化卽已停滯矣！」此言值得我們警惕反省。

我們所期望者是「學術獨立」與「追求知識之自由」(三月十一日青年戰士報社論「論政治與教育」一文，認為教育獨立就是教育孤立，應糾正教育獨立思想，甚至認為這種主張與勝利前後共匪及其尾巴黨所提出之主張不謀而合)，我們不願見學校以強迫方式令學生研究某種主義（這在民主國家是不爭自明之理，當然我們贊同以鼓勵獎助之方式使學生自由自動研究），我們更不願見教育當局藉權威、國家、主義等大前提以壟斷學術界，形成唯我獨尊之局面。我們的教育部長不但能「從孔子談到原子」，而且其著作之豐富，據人統計已躋自由中國文人學者之冠。張部長可以將專科學校於一夜之間升格成學院，可以將學院於一夜之間升格成大學，亦可以施行小學直升初中方案（去歲薩孟武先生自日本親善訪問歸來，應學生社團之邀在法學院講演訪問觀感，薩先生目睹日本大學林立，居世界第二位，不禁感嘆道：「大學林立是表現文化的低落而非文化的普遍」。小學直升方案在立法院經胡秋原先生等之極力反對，結果未遽率施行，僅擇區試辦），而三年來三次大專學校聯合招生，其辦法三年改易三次，高中畢業生惶惶終日無所適從，社會家長則交相詬病。

殷海光先生曾以「什麼就是什麼？」："What is What"?為題，在臺灣大學講演。他認為：認識眞理應依據科學方法來客觀的驗證，在傳統、世俗、權威、巨棒威脅之下無法發現眞理。美國哲學家柯亨 (M. R. Cohen) 亦謂：「一位先知儘可以說『上帝是這樣說的』，並不需要再有任何的辯白，就可以卸去了他肩上的負擔。一位詩人並不需要任何考據，僅用幾個富有魔力的字眼，也就可以使人對他自己熱情的幻想得到有力的印象。但是我們必定要用理性的推考來權衡一下，那些與我們對立的先知詩人們所曾說過的話是不是眞理。誰能幫助他們對這些話加以更公正的推考，那麼他眞造福不淺哩！」(見「自由主義者的信念」，第六頁）今日動輒挾權威、「愛國」、「革命」、「主義」等口號以自重，以獨步學術界者眞是不少。但我們細而察之，却發現青年學生對這些權威論著並不感興趣。這也許就是張部長大著，十八開本道林紙精印的新教育論集在西門町舊書攤一大本賣五毛錢的理由。

今日臺灣的風雲人物已大非當年在大陸時可比了。他們對「逆耳言論」動輒以「紅帽子」相加，對於「異黨」、「敵黨」之主張固不待言，對於己黨要員亦然。前時羅家倫先生提倡簡字體運動，此運動原甚迫切需要，學生贊同者極衆，但四十三年聯合報上刊載一篇煌煌大文，公開指出羅先生來譴責，說：「查共匪偽政權成立後，主持毀滅中國文字的，設有中國文字改革協會……而以匪首吳玉章為頭目。今羅家倫氏商由教育部組織簡字體研究委員會，主持文字變革事宜，其意義和作用豈不是和共匪吳玉章等隔海和唱，而共同為民族文化的罪人嗎？」又說：「……今日不幸，遭逢空前的紅禍，正欲振奮民族精神，反共復國，豈容類似匪諜的行為和毀滅中國文化的事實，尚可留存於自由中國？」這就是以「紅帽子」相加的例子。但羅先生却幽默的說：我到現在才開始知道我是「不肖的知識份子」，「與共匪頭目吳玉章隔海和唱」，從事「類似匪諜的行為」。縱然不是直接派來的匪諜，至少亦是「匪諜嫌疑犯」或「匪諜同路人」。等我閉門思過後，頗願報到自首。（見中央日報四十三年三月二十日羅先生撰「簡字體之提倡甚為必要」第七段「學術研究的態度」）由此可見今日的學術自由所遭受的政治威脅為何如了。

總統在民生主義育樂兩篇補述中指示改革大學教育的三原則，其第二原則就是：「大學要講授，更要研究，要與各機關的研究室取得聯繫，而構成各種研究的中心」，中央日報社論（四十二年十二月十二日）加以讚揚，亦認為「大學對於社會負有責任，大學教育的研究以解決問題發現眞理為目的。」大學不但要講授，更要研究。但要研究，首先應具備的條件就是「大學應有思想、教學與著作及出版的充分自由」，否則，在權威、主義、世俗、傳統、巨棒威脅之下，安能追求知識深求眞理？

二　大學生應允許參加政治活動：

反共抗俄，匹夫有責。反共復國是全國國民的神聖任務，非一黨一派，或一個團體之事，更非一黨一派所能單獨完成。凡我中華民國國民，不分男女、宗教、階級、種族、黨派，皆須盡一份反共復國之重任，這些人在法律上一律平等（參考憲法第七條）。

J. K. Bluntochli說：「政黨祇是部份而非全體 (Die partei ist ein Teil eines grosseren Ganzen, niemals dieses Ganze selbst)，……任何政黨均不能單獨發生，必須有反對黨焉，而後才能生存，才能發達。」（見薩著政治學四四〇頁）。故國民黨雖為執政黨，但就中國言之，祇是部份而非全體，反之，反共復國則為全體之事。今國民黨雖為執政黨，然國民黨外尚有其他合法之政黨，廣大之人民。這些黨派與人民在法律上之地位與國民黨完全相同，毫無差異(但事實上却不然)。在民主政治下，國民黨然更有自由組織政黨參與政治活動的權利。今學校旣許國民黨組織存在，使國民黨黨員活動，同理，自亦應許其他黨派之組織存在，許其他黨派之合法活動。大學生應有選擇合法黨派的自由，有參與合法活動之權利，此即我的第二信念。

在「大學生的悲哀」一文中，作者袁君「對於是否應該允許黨派在學校之內活動的問題，不願多加臧否」，我則積極主張應允許黨派在學校內合法活動，此固非祇鑑於國民黨黨員在學校內從事政治活動，操縱學生主持之刋物社團，以嚴密之組織控制學生思想，監視學生行動，因而思有以援引之仿效之；乃是基於孫中山先生直接民主與全民政治之思想而主張者。

西哲亞里斯多德謂：「人爲政治的動物」，此語距今已二千三百餘年，今乃二十世紀六十年代，乃全民政治的時代，國家理應鼓勵國民關心政治，共圖國事，這正是孫先生在民權主義第三講所說：「聰明才力愈大的人，當盡其能力而服千萬人之務，造千萬人之福，聰明才力略小的人，當盡其能力以服百十人之務，造千百人之福。」大學生的年齡多在二十歲以上。他們在憲法上（公法上）是公民，有依法選擧之權（憲法第一百三十條參照），在民法上（私法上）是成年人，有完全行爲能力（民法第十二條參照）。況大學生知識水準，判斷能力常較一般人爲高，對於社會之隆替，國運之盛衰關係綦切，更應積極參與政治，以服千萬百十人之務，造千萬百十人之福；至少亦應盡一己之能力，以服一人之務，造一人之福。

而且我們進而認爲欲參與政治，欲服國民之務、造國民之福，不必一定要參加國民黨，因國民黨祇是執政黨，祇是政黨之一，反共復國則是全體國民之事，斷非一黨一派可包辦可完成的。國家優秀青年、俊傑碩彥可加入國民黨；而出類拔萃、忠貞愛國的大學生亦可加入其他政黨，從事活動，以監督政府。此在法律上完全平等：加入國民黨旣非官吏，加入其他合法黨派更非叛國。（四十一年八月十八日司法院大法官會議釋字第五號解釋：「行憲後各政黨辦理黨務人員不能認爲刑法上所稱之公務員」。同年九月二十九日第七號釋：「行憲後各政黨各級黨部之書記長，不得認爲公務員」。此二次解釋可資參考。）不過，觀乎學校中救國團幹部選擧時之競相推辭，相率遠避，或有被提名（敎官提名）爲候選人者竟自己出而「賄不選」，避之唯恐不及。（相反地，每系班代表改選則激烈競爭，交相拜託）與國民黨員之遭受同學奚落、厭惡、深惡痛絕，避而遠之二事，可知大學生胸中鬱結與沉悶痛苦。誰實爲之？孰令致之？

托馬斯厄斯金會謂：「當人類能够自由發表他們的見解，以及他們實有的或想像的苦痛時，他們的激烈情緒都會隨風消逝……但在因鬱憤恐懼下，這種情緒便會暗中長成，終至一發而不可收拾。」(When men can freely communicate their thoughts and their sufferings, real or imaginary, their passions spend themselves in air.....but pent up by terrors, they work unseen, burst forth in a moment, and destroy everything in their course.)—Thomas Erskine, 1792.

社會輿論常批評指摘今日大學生缺乏高瞻遠矚的理想，無蓬勃澎湃的朝氣，只顧安樂現實，意志薄弱，麻木不仁，只求優厚職業，苟且偷安，醉生夢死，甚至不知國家民族爲何物。此決非危言聳聽之詞，我們甚覺慚愧，無地自容。然細而思之，明而察之，在學術上無充分之敎學、研究與思想的自由，在政治上無參與合法活動的正當權利（國民黨例外。孔子曰：「不在其位不謀其政」，此語已不合時代，應屛棄之），試問理想與朝氣將何從而培之植之？何從而堅之定之？今日大學生之消極、緘默、頹喪、苟安，非一朝一夕之故者，良有以也。

基於以上所陳，我們誠懇地呼籲：

(一)大學敎育應從國民黨觀點解脫出來，以探求知識，追求眞理。

(二)大學活動應從國民黨控制下解脫出來，以建立正常的敎育。

四十六、三、十三。

勘誤

本刊第十七卷第五期「發展經濟的方向：幾點商榷」一文，第14頁上半頁倒數第二行「……每年都可以爲國家賺回一億數千美元」，應爲「每年都可以爲國家賺回一億數千萬美元」；又第16頁下半頁第九行「……而臺灣綿羊的總數恐怕不到二百頭」，二百頭係二十頭之誤。謹此更正。

本刊編輯部

從責任政治說到反對黨

傅　正

現代的民主政治，本質上是一種責任政治。此所謂責任政治，除指政府的行爲違法時，當然要對選民負責外，更主要的意義，是指政府就其政策，而對選民負責。否則，若必待違法而後負責，則所謂責任，便已所餘無幾了！

在民主政治之下，人民所迫使政府就其政策負責的方法，主要的便是選舉。就是說，一國的最高行政首長，無論其爲總統制國家的總統，或是內閣制國家的內閣總理，倘其所推行的政策，並不能充分滿足人民的願望，人民便可經由選舉的途徑，而另請賢能。但在這種人選的轉變過程中，假使這位總統與那位總統，或此一內閣總理與彼一內閣總理，都是隸屬於一個政黨，都是代表一種政策，則人民所選擇的，只不過是人的選擇，而非政策的選擇。其結果，無論其爲更換總統或內閣總理，不過是由張三變成李四而已，而非由此一政策轉爲那一政策。於是乎，儘管經常在換人，却可能始終不換政策，儘管用最新的人，却可能推行最舊的政。事實果眞到了這種地步，則所謂政府就其政策對選民負責云云，多半便成了一句不切實際的空話。此所以在現代的民主國家，通常有兩個以上的强大政黨，分別代表各種不同的政策，以便人民根據自己的需要和願望，而加以最後的抉擇，進而迫使政府就其政策而負責。

我國也具有民主政治的形式，但責任政治的實情又如何呢？依據憲法第五十三條規定：「行政院爲國家最高行政機關。」這是說，中國的行政大權，不是操在別的機關，而是屬於行政院。也就是說，國家的最高行政首長，不是別人，而是行政院院長。另根據憲法第五十五條規定：「行政院院長由總統提名，經立法院同意任命之。」就是說，行政院院長的人選，並非由人民直接選舉，而是以民意機關的同意爲依歸。此所以憲法第五十七條又規定：「行政院依左列規定，對立法院負責。……」這所謂負責，依照這一條的規定，是指負有向立法院提出施政方針及施政報告之責，因而立法委員在開會時，也有向行政院院長及各部會首長質詢之權。這說明一項事實，卽行政院要向立法院負政策上的責任。此所以當行政院與立法院意見相左時，倘在依法行使覆議權之後仍不能解決，行政院院長除接受立法院意見外，便只有辭職，別無其他途徑。憲法之所以如此規定，只是因爲立法院是民意機關，按理該是代表人民的。所以說，形式上，雖是要行政院對立法院負責，實際上，却是要行政院對人民負責。

但憲法雖如此規定，行政院院長的人選，雖也一個個的在更換，而這些院長，照例都經立法院的同意才任命，也照例向立法院報告所謂施政方針。諸如此類，僅從形式上說，固表示行政院在向立法院負責，但從實質上說，責任政治的精神，並未因此而充分表現。因爲這幾位院長，儘管一個個的來，又一個個的去，但來來去去，無非是人的更換，而不是政策的轉變，如此而已！其所以造成這種現象，是由於所有的院長，都是出於同一個政黨。試問從行憲以來，行政院院長的人選，自翁文灝，而孫科，而何應欽，而閻錫山，而陳誠，而兪鴻鈞，雖歷六屆之多，但有那一位不是國民黨黨員？

行憲後的六屆行政院院長，既都是屬於國民黨，但這一個所謂「革命民主政黨」，雖遭遇了這一次大陸的慘變，非僅主義沒有變，而且組織的型態和精神也沒有變。而歷屆的院長，不但沒有一位是黨魁，甚至據說有一位院長，在當選之初，連中央委員都不是。於是乎，雖然貴爲一國的最高行政首長，但在所謂「以組織決定一切」的領導原則之下，只有絕對服從組織的份兒，只有貫澈黨的命令之美德，那有稍稍扭轉大局的力量？其結果，這些院長，除掉被所謂組織牽着鼻子走以外，實在無法負更多的責任。社會輿論有時或不太瞭解這一點，特別對於某一兩位院長，在政治上之幾乎不能負絲毫責任，而大加責難，其實，這種院長，自己也有說不出的苦，不要說本來就平庸無能，縱然有過人之才，又何能跳出這個政治上的大環境？

政治上的大環境旣如此，那還能希望院長的更換，是代表政策的轉變？此所以到了兪鴻鈞被提名爲行政院院長時，立法院乾脆不邀請其報告施政方針，卽行使同意任命權。這一行爲，當時固使輿論譁然，但立法院之所以如此，或多少因爲各位委員們，早就看淸楚現實，深知此類所謂報告，沒有甚麼實際的意義。縱然各位行政院院長，碍於憲法的規定，而不得不循例報告點施政方針之類，但此一院長的施政方針，與彼一院長的施政方針，在文字的組織與美妙上，固也各有千秋，但在重大政策上，却又難發現顯明差別。所以說，在形式上，雖然提出了施政方針，在實際上，却等於沒有施政方針，永遠只是蕭規曹隨而已！

假使這一種現象，是完全爲民意所贊同，倒也無話可說。今天的問題是，縱然人民迫切希望另請賢能時，而行政院院長縱也更換時，爲甚麼人選還是逃不出國民黨？

要答覆這一問題，其實倒也很簡單，一句話，就是立法院的絕大多數席次，始終屬於國民黨。

立法院的這一局面之造成，是由於二十年訓政的結果，國民黨在有意無意之中，給自己造成了有利的特殊環境和條件，以至到民國三十六年開始行憲時，沒有足以與國民黨競爭的政黨。雖在辦理行憲後第一屆立法委員選舉時，有所謂國靑民三黨的協商選舉，而給憲政史上留下一段佳話與奇聞。這種希望出現反對黨的用心，固然很苦，怎奈客觀環境早就形存，選民又缺乏認識和經驗，選舉更辦得亂糟糟，於是所謂依法選舉的結果，在七七六位立法委員中，國民黨一黨，便佔去百分之九十左右，而成了立法院內唯一無二的大黨，非但無任何政黨可與之抗衡，縱然民青兩黨聯合起來，也不能發生反對作用。多少年來，現代中國知識分子，所寤寐以求的兩黨政治或多黨政治，終無法戰勝現實，而成了幻夢泡影，這是件多麼可悲的事！

這種局面，已經很是不幸，而更不幸的，又在這局面造成不久之後，國家遭遇到史無前例的慘變，整個的大陸，淪入了鐵幕。當政府撤到了臺灣，立法委員雖來了五二一位，但屬於民主社會黨和青年黨的，合起來還不滿三十位。國民黨在立法院之中，佔去百分之九十以上席次的事實，終因立法委員所代表的選民，絕大多數失去了自由，而無法改變。以至行憲第一屆立法委員的任期，雖在民國四十年五月六日屆滿，然由於第二屆立法委員之選舉，在客觀環境限制下，無法依據憲法第六十五條的規定，而在民國四十年二月七日至五月六日這三個月內完成，而立法權之行使，又不能中斷，於是在民國三十九年十二月二十七日，行政院爲補救困難起見，便建議總統與立法院咨商，贊同由現任立法委員，繼續行使立法權一年，終經立法院院會，在民國三十九年十二月二十九日一致同意而生效。雖然立法院當時同意的初願是：「仍望政府早日收復大陸，儘速依法辦理選舉，俾第二屆立法委員得能早日集會。」怎奈事與願違，以至延了一年又一年，連續做了三次的延長，終因反攻遙遙無期，而在民國四十三年一月二十九日，司法院大法官會議，議決了釋字第三十一號解釋：「憲法第六十五條規定立法委員之任期爲三年，……惟值國家發生重大變故，事實上不能依法辦理次屆選舉時，若聽立法監察兩院職權之行使陷於停頓，則顯與憲法樹立五院制度之本旨相違，故在第二屆委員未能依法選出與召集以前，自應仍由第一屆立法委員，監察委員繼續行使職權。」時至今日，只要大陸還沒有收復，則國民黨在立法院的絕對多數，便將永遠無法改變，各方面所熱望的强大反對黨，又何從在立法院出現？

事實既然如此，則我們的行政院院長，雖然重要到是國家的最高行政首長，但人民却無法迫使其就政策負責。試看近幾年來，立法院歷次的施政質詢，雖然一問一答，倒也洋洋大觀，像煞有介事，但質詢的意義，似只永止於問答而已！試想歷次會議所提到的若干重要問題，有幾個不是舊調重彈？在政治方面：諸如反共救國會議的召開，言論自由的保障，國防組織的體制，軍公教人員待遇的調整，政治風氣的改革，行政效率的提高，政府首長兼職的取消等類。在經濟方面：諸如財經機構職權的調整，外滙貿易的管理，美援欵項的運用，僑資外資的吸收，直接稅制的建立等類。所有這類質詢，每一次的答覆，雖也冠冕堂皇，但都只是廢話一堆，不是不切實際，便是答過算了。結果是，問者照問，答者照答，錯誤既不見糾正，意見又不見採納執行，憲法第五十七條所規定的質詢，似只是讓立法院與行政院諸公，彼此唱唱對臺戲，表演給老百姓看看而已！現在這種所謂質詢，不要說立法委員問厭了，老百姓根本不願再看這類新聞了！目前此類所謂答詢，不要說立法委員聽怕了，老百姓根本不屑再聽這類消息了！老實說，假使我們的政治，眞是名符其實的責任政治，人民眞有辦法迫使行政院院長負責的話，像這類行政院院長，也不知換了幾個？但可憐的小民百姓，雖然也號稱爲政治的主人，却沒有這個權，只有仰仗我們的執政黨大發慈悲，而偶然調兵遣將。但換來換去，當然還是換不出國民黨，儘管他們所代表的政策，已不能符合民意，然選民終無法選擇另一個在野政黨，以求實行一種新的政策。其結果，永遠是換湯而不換藥，此所以縱然用了新人，甚至是完全出乎各方面意料的新人，但却無從望其推行新政。

政治落到這種局面，當然是十分的可悲，但也不能說只有死路一條。今天，要打開這僵局，似乎還有一條路可走，那便是國民黨的分黨。即由國民黨的很多開明進步分子，眞正爲了追求政治上的理想和原則，而毅然共同宣布脫離國民黨的現有組織，而另成立新的組織，甚至與民社黨青年黨以及無黨無派人士聯合，而組成一個新的强大反對黨。進而由這一組織，影響立法院的席次，則立法院的現狀，勢將因此改觀，結果在立法院之內，便不難出現一個反對黨。

關於這一條路，在若干人看來，或認爲國民黨黨員，都是主義的信徒，根本不可能脫離自己的組織。其實，只要對國民黨內情比較熟悉的人，都可以知道，國民黨內部，在派系之爭時，還有幾個人再想到主義？充其量，也不過利用主義爲武器而已！何況近幾年來，由於小圈子主義的流行，更激起了不少人的反感，國民黨內若干開明進步分子，早就不屑於在小圈子內討生活，而希望另謀發展。即以立法院而言，便早有所謂反對派之說，這便是一個有力的證明。不過這一派，終由於大環境所限，日趨消沉罷了！

老實說，只要國民黨負責當局，眞有天下爲公的胸懷，向全國開放政權，首先放棄黨化武力，放棄黨化教育，放棄黨費津貼，退而以普通政黨的姿態出現，使得任何反對黨，都能經由合法的途徑，而獲得公平的競爭機會。使每一個反對黨黨員，都相信只要自己能得到選民的支持，轉而在立法院取得多數的贊同，照樣可以取得政權，而推行自己的政策。果能做到這一步，若干認爲此路不通的人，實大可放心，則今日國民黨內很多開明進步分子，勢將跳出國民黨的圈子，而另有所爲。現在其所以不如此者，非不爲也，是不能也，因爲大家都看清楚了一項現實，那就是：縱然有了組織，縱然提出了符合民意的政綱，縱然擁有足夠的人才可使政綱實現，縱然能獲得絕大多數選民的支持，但在當今局面下，反對黨仍將永無出頭之日，永遠只能以所謂友黨的姿態出現，做點跑龍套的工作，始終只是在野黨，而不可能變爲執政黨。但像這種結局，又豈是任何有決心組織反對黨的人所希望？既如此，誰還願意從事反對黨的活動？

歸結到這裏，可見責任政治的最後癥結，在有無强大反對黨，而此一反對黨之能否出現，首在國民黨的負責當局，對民主政治有無信心與決心而已！

漫談泰國政變

——「民主隨筆」之三——

姚士幼

上月十七日，泰國政變，陸軍集團的領袖乃沙立，於一夜之間，以武裝部隊佔領曼谷，推翻了鑾披汶的政權。當政變發生之初，有一些論者頗擔心於泰國今後的外交動向。但由於乃沙立於政變成功以後立即發表對外政策不變的聲明，以及新議會之選出乃僕出任爲期九十日之看守內閣的總理，這種疑慮已得到事實的澄清。其實稍稍注意泰國政局發展的人，都會發現這次泰國政變，在基本上仍然是一次內部政權的爭奪而已。政變事件在泰國，本是家常便飯，無足驚異。據外電所傳，上月十七日清晨當裝甲部隊進入曼谷市區時，老百姓夢中醒來，都穿着睡衣在街上看「熱鬧」，好像這場政權的爭奪，與他們的切身利害並不相干！儘管如此，此次政變却仍有不少精彩的「演出」，即使作爲一個旁觀者，在目覩這齣有聲有色的政治悲喜劇之後，若能細加玩味，則從中不難獲得許多很有價值的借鏡和教訓。

如衆周知，泰國自一九三二年和平改變國體以來，雖名爲君主立憲，實則是軍人專政。在泰國，選舉徒有其名，政權之得失恒以政變爲手段，而且始終掌握在軍人手中。陸軍是軍人實力的重心，因此誰能實際掌握陸軍集團，誰就能問鼎政權。鑾披汶本人過去便是以陸軍總司令的地位，藉政變手段而獲得政權的。卅年來，他在泰國政壇上縱橫捭闔，翻雲覆雨，是一個精於權術的野心家。自一九四七年政變以後，他出任總理以迄這次政變的發生。多少年來，他是泰國政治上的實際獨裁者。正如歷史上所有軍事獨裁者一樣，在他的統治期間，從無誠意將國家領導至民主政治的坦途，他一心一意所悉力維護的只是對自已統治權的掌握。中國歷史上的宋太祖趙光胤，曾以「杯酒釋兵權」的辦法，來維護他以軍事政變而篡奪到的政權。比較起來，鑾披汶則更勝一籌，他接受了現代科學的力學上的平衡觀念，在陸軍之外，一手培植警察的武力，造成軍警均勢的局面，以互相制衡，而維持其個人的統治。因而在泰國，警察可以有重武器的裝備，開世界各國是前未有之先例。而且警察人數還超過常備兵一萬以上，這說明鑾披汶對警察總監乃炮有過人的偏愛，大有培植以爲承繼人的意向。雖然他還未愚蠢自私到抱有如古代帝王的傳子觀念，培植他作海軍陸戰隊司令的兒子以爲繼承人，但爲了一己的方便而任意破壞國家體制，却是不可寬恕的罪過。

然而，儘管統治者如何處心積慮，客觀的形勢却不必然隨其主觀的意願而發展。軍警均勢畢竟不能常久和平維持，乃沙立與乃炮之間權力的磨擦終於爆發而不可收拾。權力欲本是與人性而俱來的東西。何況在獨裁國度裏，統治者的權位更是衆人所膜拜的對象。政變成功之日，乃沙立於答覆是否想出任總理的詢問時說：「許多人都想做總理！」(見九月十八日星島日報美聯社曼谷電）這眞是由衷的坦白之言。就整個政變的發展看來，乃沙立之志在奪取政權，似已早有預謀。他利用本年二月大選國人對執政黨操縱選擧的不滿及對警察憎恨的心理，打擊乃炮的聲望。八月廿一日，乃沙立辭國防部長職，退出內閣，正面向乃炮挑戰。九月十一日，乃沙立領導下的六十名第二類議員退出執政的自由黨，政局乃發生動搖。乃炮在强大的壓力下退出內閣，但仍留任警察總監的職位。乃沙立步步進逼，窮追不捨，提出內閣總辭與乃炮解除一切職務的通牒。十四日乃炮被迫辭去警察總監之職。至此鑾披汶雖仍不允內閣總辭，但大勢已去，政變已如箭在弦上，不得不發。綜此以觀，這完全是一次政權爭奪的政變，幾乎發現不到一絲政策爭執的色彩。老謀深算的鑾披汶終於敗倒於曾經衷心擁戴他的信徒的手中。對鑾披汶而言，他是馬上得天下，馬上失之。他的政權是以政變始，亦以政變終。此眞有如佛法所謂「因果報應，絲毫不爽」。任何型式的專政獨裁的政權似乎都逃不出這樣的命運！

以政變方式爭奪政權，委實不是文明的方法。但是無論如何，在這次泰國政變之中，有一事則是我們不能吝予贊揚的。那就是無論勝利和失敗的雙方所表現的和平精神與對政敵寬大的風度。政變之後乃沙立讓乃炮偕兩名親信副官乘機出國，並予以瑞士使館顧問的名義。乃沙立且表示願一見鑾披汶，請他饒恕其作爲，並求他安居泰國。而另一方面，鑾披汶則在逃亡之時表示不願以武力對付武力，寧願離開泰國而不願見流血之發生。並傳言乃沙立和乃炮，說他仍愛他們兩人，並祝乃沙立工作順利。(見九月廿一日中央日報「鑾披汶逃亡經過」)在整個事變中，沒有一件流血事件的發生。有之，只有人被狗咬傷（據九月廿二日泛亞社電訊，泰國政變中有七十名陸軍人員被警犬咬傷），而未曾有人殺人的情事。或謂不殺人是崇信佛教的泰國人之傳統。誠如是，那眞個是佛法無邊，蒼生有幸。阿彌陀佛！然而有「歷史悠久，愛好和平」之民族焉，其野心家之爭奪政權也，動輒殺人盈野，流血成河，一旦捉到政敵，則必宰割由之。然則，這又當作如何解？因此，就這一點而言，無論鑾披汶或乃沙立都不失他們的君子風度！

說到這裏，我得聲明這篇隨筆不是人物評論，評論人物之事，應留待歷史家或小說家去作。這篇隨筆所要強調的是，武力爭奪政權乃任何專政和獨裁政體下的必然現象。在武力爭奪政權的過程之中，能夠不發生流血事件已是菩薩保佑，萬幸之至。可見一個國家要想長治久安，捨民主政治以外，實別無他途。

一個國家要實行民主政治，當然必須要有反對黨，要有名符其實的議會。泰國雖然也有反對黨，雖然也有議會，但因爲執政黨手握兵符，反對黨徒具形式而不能產生實際作用。至於議會則更成了軍人專政的工具。泰國議會的席次共二百四十六席，一半民選，一半委任。執政黨在選擧中每用種種手段來操縱選擧，只要獲得極少的多數，便能委派另半數的議員，而這些被委派的議員多數都是實力派的軍人集團。在鑾披汶執政期間，泰國政治就是在這種黨政軍警一把抓的情形下運行的。這種制度不改革，泰國政治便一天不能淸明進步，而永遠陷入於循環，政變的悲劇之中。所以如何禁止軍人參加政治活動，如何確保自由選擧並使議會恢復其應有尊嚴與權力，實是今日泰國政治癥結之所在。這次政變發生的前三天，鑾披汶宣佈了一項計劃，「決定在一九六二年之後消取三軍總司令之職位及政變團(按政變團即泰國的核心內閣，一九四七年鑾披汶賴以奪得政權。）之組織，所有政變團人員，一律移入各政黨，以便加强第一類議員之名額。」並擬與「海陸空及警方首腦進行磋商，如何使今後軍人及警察勿參加政治活動。」（見九月十六日星島日報載泛亞社曼谷十四日電）人之將死，其言也善；鳥之將亡，其鳴也哀。鑾披汶於其政權搖搖欲墜之時，終於對過去作風有了悔悟。鑾披汶之宣佈此項計劃，可能仍出於保全其自身統治地位之動機，但這個計劃的內容確乎正確的指示了泰國政治今後應走的方向。可惜他的覺悟已經太晚！當他發表此一計劃時，他的政權的壽命已經即將正寢，那容他再待五年以後付之實施？反之若他能提前五年，而在一九五二年便開始實行此一計劃，則敢說這次政變便不會發生，而鑾披汶也將成爲泰國歷史上不朽的人物。

政變以後的泰國，乃沙立毫無疑義的是政治權力的實際掌握者。他今天所處地位仍然是鑾披汶過去所處的十字街頭。他是走鑾披汶多少年來所走的老路呢？抑是接受鑾披汶的教訓而將泰國推向民主的坦途？這正是乃沙立今後所面臨的課題！此時欲對他的動向加以忖測，尙嫌爲時過早，未來的大選將是一次重大的考驗。不過如就最近所委任的泰國臨時議會新任第二類議員名單看來，則對他未來的政治作風，似乎還未可樂觀。（據泛亞社統計，一百廿一名新任第二類議員中，軍警人員佔一〇五人，計陸軍七十五名，空軍八名，海軍十九名，警官三名。）

的確，這次泰國政變給予世人的教訓是很豐富的。在這些教訓中，有一十分凸出的一點：即在這次政變之中，又一次啓示吾人權力之不足恃。將政治權力建立於武力（不論是軍隊、警察或特務）之上，無異於將高樓築於沙灘之上，一經風吹雨打，就會紛紛崩離析。陸軍是鑾披汶政權所賴以生存的力量，結果成了他的叛逆！鑾披汶是泰國煊赫一時的獨裁者，可是到了最後，他竟成了一個獨夫！當政局呈現動搖之時，議會裏第一類議員也都紛紛脫離他的自由黨而準備「另謀出路」；政變發生前夕，仍留在他內閣內的閣員僅僅只剩下了三人。凡陶醉於個人效忠的政治領袖，對此應該有所憬悟！

政變發生前三小時泛亞社記者攝得一幀鑾披汶的照片。（九月廿三日華僑日報及九月廿一日星島日報均將之刋於第一版上。）那是他在陸軍即將入城開始逃亡前的一個鏡頭。在這張照片上，鑾披汶身着元帥制服，張大嘴巴，放聲痛哭！這張照片是英雄末路的寫眞，是一張值得珍貴的作品。從這張照片上充分表現一個獨裁者當失却權力之時所感到的無底的悲哀與空虛，無復當年那種「領袖神明偉大」的神態！任何人看了這張照片，都會爲他一灑同情之淚；而與鑾披汶同型的人物對之更會觸目驚心！當代最有權威的世界性的諾貝爾獎金，設有和平獎金給予對世界和平有貢獻的人士，却沒有民主獎金的項目。假如有人願意設立一項「民主獎金」，以獎勵對促進落後地區民主政治有功的人士，則我建議本年度的「民主獎金」應該給予這張照片的攝影記者。

印尼徵收外僑稅的分析

椰嘉達通訊・九月九日

葛偕吾

一 財政有赤字，乃創外僑稅

印度尼西亞(簡稱印尼)爲戰後的新興國家，橫跨赤道，北自沙璜小島起，經蘇門答臘、爪哇、小巽達羣島，而至西伊里安(印西新畿內亞)；爪哇的北面，爲加里曼丹(卽南婆羅洲)；加里曼丹的東面，爲蘇拉威西(卽西里伯斯)；蘇拉威西之東部，則爲摩洛加羣島。全國大小島嶼約二千餘個，面積約二百萬平方公里，人口八千餘萬，爲僅次於中國、印度、蘇俄、美國、日本的世界第六大國；而爲東南亞最大的羣島之國。物產甚爲豐富，橡膠的產量，居世界第二位，石油的產量，居遠東第一位，錫的產量，僅次於馬來亞；其他椰乾、砂糖，產量亦甚豐。獨立後，由於殖民時期受荷蘭人之剝削，引起對荷蘭人之痛恨，迫使印尼人排斥一切屬於荷蘭的文明與技術。荷蘭的技術援助，本爲印尼建國時期所必需，但印尼人毫不顧惜，將所有荷蘭專家驅遣回去。民族之自卑感，激發爲偏狹的自大狂，盲目的排外，阻碍一切外國的援助與合作以致直到現在，印尼的經濟建設，都不能發展。印尼的經濟命脈，整個依存於上述橡膠、石油、錫、椰乾及砂糖等特產品的輸出；而這些特產商品的輸出，大部份仍歸由外國資本經營，印尼人所佔的資金幾乎是微不足道。所以印尼經濟，依然染有殖民地色彩，經濟命脈，並不操于自己手中。對外貿易入超情況，頗爲嚴重；影響所及，貨幣的對外價值亦因而降低，依照官價，美金一元值印尼幣十一、四盾，而黑市已貶至三十六盾。在政治方面，立國以來，政局始終動盪不安。在地理上因島嶼分散，中央統馭不易，故離心傾向甚强；益以國內政黨林立，迄無一政黨可以單獨組閣，使政局常陷于不安定狀態。印尼軍人，本質是反共的，由於蘇嘉諾及其執政的國民黨所走的是中間偏左的親共路線，深爲軍人所不滿，終造成軍人干政的割據局面，使整個印尼政局，迄在動盪之中。因此，經濟貧乏，生產不興，稅源不裕，而國用浩繁，政府預算，年有赤字，乃不得不賴發行鈔票以資維持。據椰嘉達中華商報的報導，截至一九五六年止，印尼政府的財政赤字，達一百一十五億零一千三百萬盾；單只一九五六年一年，則達二十五億零六百萬盾；大部份均賴印尼銀行預支，以資維持。故銀行發行數字，年有增加，至一九五七年三月止，貨幣流通總額，已達一百三十三億六千一百五十萬盾，爲印尼財政發展史中之最高峯；至四月份，流通貨幣更達一百四十三億八千四百二十萬盾，較之三月份，竟增加至十億二千餘盾，情形甚屬嚴重。

印尼一九五七年的財政預算，在阿里內閣時代，卽準備了三個月，而無法提出。尤安達出組「工作內閣」後，以蘇第洛任財政部長，對于財經問題，頗思有所振作。六月間修訂外滙貿易條例，希望消除通貨膨脹，安定國家經濟，充實外滙。七月中向國會提出一九五七年度的財政預算案，用增稅及闢新稅，以減少預算赤字。依照預算案所載，印尼政府本年度不敷赤字，計爲十五億九千九百萬盾，卽支出爲二百零七億七千六百六十萬盾，收入爲一百九十一億七千七百七十萬盾，其不敷之預算，仍將採用向印尼銀行預支。各項收支情形，預算如左：

㈠常務支出：一六、三九六、〇八七、八二〇盾；
常務收入：一八、二〇六、六一六、九八〇盾；
結存：一、八一〇、五二九、一六〇盾。

㈡資本支出：四、三八〇、六〇六、八五〇盾；
資本收入：九七一、一二六、七三九盾；
不敷：三、四〇九、四八〇、一一一盾。

㈢總計支出：二〇、七七六、六九四、六七〇盾；
總計收入：一九、一七七、七四三、七一九盾；
不敷：一、五九八、九五〇、九五一盾。

看了上述預算收支數字，可知印尼一九五七年度的財政預算，赤字仍在十五億九千餘萬盾；連同以前的赤字，合計達一百二十五億八千六百萬盾。因此，在提出預算之前，自然要考慮增加收入，平衡預算赤字的措施；而增加收入的方法，則除增加稅率外，只有創闢新稅。而創闢新稅，不能不顧慮國民的負擔；外僑稅乃徵諸外僑，不增加國民稅負，故用緊急法令，付諸實施。

二 外僑稅的內容要點

印尼政府於向國會提出一九五七年度財政預算的同時，卽先後頒佈一九五七年第十六號緊急法令，規定自一九五七年一月一日起生效的外僑稅法令；暨一九五七年第十七號緊急法令，規定自一九五七年七月一日起產效的啤酒、砂糖加稅法令。外僑稅預計徵收九億盾，啤酒及砂糖加稅預計增收七億盾，兩計增收十六億盾。這增收的十六億盾，照提出預算案及緊急法令頒佈的時間觀之，應該已經列入預算案收入項下。是以印尼一九五七年財政預算，雖力減縮，如非以緊急法令新闢外僑稅，及增收啤酒、砂糖稅，則預算赤字將達三十二億盾，較一九五六年爲尤鉅。

印尼財政部原先擬議提高的稅率爲間接稅的啤酒、砂糖、土油與電油，預計可增加稅收約十一億盾；此外並擬於直接稅方面，增徵財富稅五億盾，合共爲十六億盾。及後，因恐電油與土油稅的提高，將影響物價的增漲，未敢實施；而砂糖啤酒稅之提高，年僅可增收七億餘盾，照原計劃相差約四億盾；財富稅之增收，仍恐增加本國人之負擔，因此，乃議另闢稅源，期補足十六億盾之增稅預算數額。「有錢出錢，錢多多出」，爲徵稅的不二原則，在外僑稅擬議之初，一般都認爲將增加外僑所得稅，或外僑企業稅，使這負擔歸由「外僑富有者」負責，不致落在一般「平民外僑」肩上。詎竟大謬不然，一九五七年第十六號緊急法令公佈的外僑稅條例，竟是一種單一稅制，稅額完全一律，無論貧富，無分國別，每一家長年徵一千五百盾，家長之妻爲家長之半，年徵七百五十盾，未成年之兒女爲家長之四分之一，年各徵三百七十五盾，其他家庭成員，年徵七百五十盾；並追溯至一九五七年一月一日起開始。條例共九章二十二條，其要點爲：

㈠居留印尼之所有外僑，均須徵收外僑稅，自一九五七年一月一日起實施。

㈡凡居住於印尼之非印尼籍民，均爲外僑。

㈢每年稅額之規定爲：

①家長或同等身份之人物，一千五百盾；（同等身份之人物，被解釋爲「被認爲自立之人」。因此，納稅人之弟妹已成人，與納稅人同居，雖因納稅人負擔一切，仍須被認爲自立者。已成年之兒女，雖無收入，且與納稅人同居，由其負擔，亦被認爲自立者。）

②妻或作爲家長之妻每人七百五十盾；

③同一血統之家庭成員尚未達法定年齡者，每人三百七十五盾；

④其他家庭成員每人七百五十盾。

㈣稅務由負擔整個家屬之家長負責。

㈤合於下列各欵者，可免繳外僑稅：

①在印尼政府服務之外僑；

②外交使節團、領事及其他外國代表；

③在印尼居留不超過三個月之旅客；

④在印尼作短時間勾留，時間不超過三個月之外僑。

印尼政府徵收外僑稅的理由，歸納起來，不外五端：其一、認爲印尼國家財政，甚可憂慮，借此外僑稅以減少財政危機。其二、認爲印尼國家乃印尼民族所有，外僑之留居印尼，乃獲得印尼之恩惠，不論有關其財產或個人安全，均獲印尼政府之保護，對印尼應有所報效。其三、來印尼或已在印尼之外僑，可在印尼謀求生計，因爲外僑一般所受教育較高，亦較有耐心，且較有資本，故在尋謀生計競爭方面，外僑勝于印尼民族；外僑獲此權利，應該協助減輕印尼國民負擔，繳交特別稅。其四、在印尼經營企業的外僑，在國家財政方面，獲准以官價外滙將其部份利益滙出，減少國家不少外滙，在固定時間內，外僑得返原籍省親，亦需要國家撥出外滙，爲其旅費。官定滙率與自由滙率差額懸殊，實爲國家重大之負擔。其五、認爲外僑雖分享國家之繁榮，但並未充分分擔印尼國民所應肩負之重擔。如利用國家天然財富所購置之輸入品，不少爲外僑所使用；可是國家所負之數十億盾債務，則須由國民負擔；維持治安及國防，亦成爲純屬國民之負擔。故認爲每年向此等外僑徵收一種「寄宿稅」，係用以代表彼等所未負起之各種負擔。這些，是印尼政府徵收外僑稅所持的理由；其實就是印尼政府以增加外僑的負擔，以保護其本國籍民的一種排外措施。

三　「外僑」怎樣確定？

徵收外僑稅的先決問題，是確定「誰是外僑」。要確定誰是外僑，應該以印尼的國籍法爲依據，凡非印尼籍民者，即爲外僑。但是印尼迄今，尚未有國籍法之產生。有關國籍的確定，要依據一九四六年第三號法令辦理，適合下列條欵者，才算是印尼籍民：

①在印尼國內之原住民。

②非屬原住民，但爲上述原住民之後裔，且在印尼境內出生，並在印尼境內居住者；或不屬于原住民之後裔，但係在印尼境內出生，在印尼境內連續居住最少已滿五年，且最近仍在印尼居住，已滿廿一歲，或已結婚者，除表明已有其他國籍，對成爲印尼籍民一事，感有苦衷外，則成爲印尼籍民。

③依自動歸化法令，成爲印尼籍民，但迄今爲止，印尼自動歸化法令猶未產生。

④合法子女，由父親以合法手續承認者；但該父親于誕生該子女時，須已成爲印尼籍民者方可。

⑤具有印尼籍之父親，于棄世三百日以內所生之遺腹子。

⑥由母親依合法方式予以承認之子女，惟該母親于誕生該子女時，須已具有印尼籍者方可。

⑦由一位印尼籍民依合法手續所收養之子女。

⑧于印尼國內出生之子女，其父母均不予以合法之承認者。

⑨于印尼國土內出生，雙親不明，或雙親國籍不明者。

此外，根據圓桌會議過渡條約，得成爲印尼籍民者，尚有下列人士：

①于印尼國內出生之荷蘭人，或于印尼國內居住最少已滿六個月者，可自一九四九年十二月廿七日起，有權選擇取得印尼國籍。

②印尼原住民，爲當然之印尼籍民。

③已取得荷蘭國籍之印尼原住民，且係在印尼出生；惟目前居住蘇里南，或荷蘭屬安第倫島者，于規定期限內，可申請脫籍（即選擇荷籍）。

④於荷蘭國內出生，且于荷蘭，蘇里南及荷屬安第倫島居住，已取得荷蘭國籍之印尼原住民，若彼等不于規定之期限內，選擇成爲印尼籍民，則彼等即成爲荷蘭籍民。

⑤擁有荷蘭國籍，但並非正種之荷蘭人，且係於印尼國內出生，于印尼國內居留，此人至一九四九年十二月廿七日已成年，即成爲印尼籍民；但此人可于當局所規定期限內，有權申請脫籍。

⑥由印尼籍民所生育之子女，即雙親均爲印尼籍者。

⑦與印尼籍民結婚之婦女，即成爲印尼籍民。

旅居印尼的外僑登記，係由總移民廳于一九五四年六月開始辦理。自公佈徵收外僑稅後，總移民廳正在依據上述法令，進行第二階段之登記，以確定誰是外僑。凡是外僑除了適合外僑稅條例第十條各款個人豁免規定者外，無論男女老幼貧富，一律照同法第十一條規定之稅額，徵收外僑稅。現在印尼的外僑人數據印尼財政部預計，截至去年年底止，總數爲一百二十二萬四千六百餘人。但據權威方面自總移民廳所得之消息，則謂全印尼外僑，共約一百五十萬人。假定家長爲五分之一，共三十萬人，妻五分之一，共三十萬人，未成年子女五分之二，共六十萬人，其他家庭成員五分之一，共三十萬人，依照外僑稅法令規定，家長一千五百盾，妻七百五十盾，未成年子女三百五十盾，其他家庭成員七百五十盾，則印尼政府每年可徵收之外僑稅共約十一億二千五百萬盾。其詳數如下：

㈠家長三十萬人，每人年徵一千五百盾，合計四億五千萬盾。

㈡家長之妻或妾三十萬人，每人年徵七百五十盾，合計二億二千五百盾。

㈢未成年子女六十萬人，每人年徵三百五十盾，合計二億二千五百萬盾。

㈣其他家庭成員三十萬人，每人年徵七百五十盾，合計二億二千五百萬盾。

以上四項合計，年收十一億二千五百萬盾；較原計劃預算九億盾，尚超過二億二千五百萬盾。不過此項已登記之外僑人數中，雙重國籍及其他地位不明者，可能尚多；未登記之外僑，可能亦復不少。故此項數字，僅可作一概算，但相信其離事實不會太遠。

四　外僑稅給予華僑的負擔

印尼徵收外僑稅，範圍雖包括全體外僑；而最受重大影響者，要推華僑，因爲華僑人數比任何國籍的外僑爲多，其所負外僑稅之總和較任何僑民爲多。其次，華僑固不乏富有者，但大多數爲自謀生計之小商販及勞工，其外僑稅均須自行負擔；非如其他外僑均係大公司職工，可自其服務公司負責者可比。故外僑稅之徵收，實受其害者，實爲華僑。

我們試加推算，一個五口之家的華僑家庭，每年應徵的外僑稅，共爲三千七百盾，即家長一千五百盾，妻七百五十盾，未成年子女二人共七百五十盾，其他家庭成員一人七百五十盾，合計三千七百五十盾。若以一年之日數除之，則每日平均須繳十盾二方半；其他原有的稅負，尚未計及。假若每一華僑家庭每月須有一千盾收入，始足以維持家庭生活，則此外僑稅要佔去收入的三分之一，其生活將受重大影響。所以，外僑稅的徵收，富有者固不生問題。但等而下之者，則將感不勝其負荷。華僑在印尼，雖具有經濟基礎，但並非人人富有，其間小商販及賴薪資收入者，實佔大部份，甚多人每月無法有千盾以上的收入，亦即說甚多人將因繳外僑稅而無法維持家計。

華僑在印尼，究竟有多少？據僑委會今年發表的數字，爲二百萬人；一九五三年三月十二日印尼外僑事務局長烏多約告記者則稱：「全印尼華僑約三百萬人，內中兩百萬人係生於印尼；在此兩百萬人中已取得印尼籍者約六十萬人，則華僑約有二百四十萬人」；均屬估計數字。據荷印政府出版的「印尼統計手册」所載，一九三〇年華僑人口爲一百二十萬三千人；一九二〇年至一九三〇年十年間的自然增加率爲百分之四、七二；依照這個比例，則一九三〇至一九四〇年間，當增加五十八萬二千人，總人口爲一百八十一萬六千人。如由一九四〇至一九五〇年華僑人口的增加率，不受印尼內戰之影響，仍爲百分之四、七二，則當增加八十五萬七千人，共計爲二百六十七萬三千人。這個數字，只屬推算，仍嫌誇張。一九五四年印尼訂立新例，規定凡在印尼出生的亞洲僑民，倘不向印尼政府退籍，即爲印尼人民。印尼爲承認中共的國家，華僑痛恨中共，故放棄中國籍而入印尼籍者近百萬人；其餘寧願在特殊環境下爲無國籍的人民；間亦有保留「中國籍」者，但並非表示效忠中共。是故現在印尼之華僑，有印尼籍之華僑，雖入印尼籍而仍以華僑自居；有中共籍的華僑，但並非親共；亦有無國籍的華僑，即既不入印尼籍，亦不入中共國籍，寧願爲無國籍人民的忠貞之士。

自外僑稅法令公佈後，椰嘉達市政府宣佈登記外僑共十二萬二千餘人，其中華僑佔十萬五千餘人，佔百分之八十五强。據印尼移民廳統計，全國已履行登記之外僑，共約一百五十萬人；若照椰嘉達市華僑所佔外僑人數的比例推算，則全印尼華僑總數達一百二十八萬人。若以五口爲一家推算，則一百二十八萬人共爲二十五萬家，每家年繳外僑稅三、七五〇盾，共須繳九億六千萬盾，官價十一、四盾兌一美元，計折合八千四百二十萬美元；若以黑市三十六盾折一美元計，亦合二千六百四十萬美元。華僑負擔之重，實堪驚人！

再就華僑的負擔能力言，亦多有不勝。分析華僑的負擔能力，須瞭解華僑的行業狀況，旅居印尼的僑胞，都隨各人生活的要求與營謀的關係，散佈於各大小島嶼，可以說凡有印尼民族的所在，就有華僑的足跡，他們的行業，據上述一九三〇年「印尼統計手册」所載，計原料的生產——包括農業、園藝、糖業、其他栽植業、飼養家畜、漁業、狩獵、森林、鹽業、石油業、及其他採礦業等，共一四四、九〇〇人；工業——包括食品、金屬、紡織品、木材及竹、皮革、衣服及化裝品等，共九四、〇〇〇人；運輸業共一二、八〇〇人；商業共一七二、〇〇〇人；自由職業，七、二〇〇人；公共行政機關，三、〇〇〇人；其他職業——包括靠財產收入爲生及在家庭工作者，三六、一〇〇人；共計四六九、九〇〇人。

此外在工廠中工作的華工及在農園中工作的契約華工，人數各有若干？目前並無正確的統計，但依「印尼統計手册」的報導，一九三四年的華工爲九、一〇〇人，契約華工爲二一、八〇四人。這是不完全的統計，廿年後的今天，其數字，亦可能有變動。這些華工，都是工廠、農園、礦山的主要生產者，他們以工作換取工資，都是些眞正的無產者。

印尼獨立後，華僑的商業活動，日陷困境。華僑最主要、最廣大的經濟活動，是零售業；只要有些資金，便可以開一間「亞弄店」（雜貨店）。他們和印尼人雜處，過的是和印尼人同一的生活，舉家屬共同勤勞操作，稍有積蓄，再改營別的行業。但今日的「亞弄店」，已經不是有利可圖的行業；因爲治安不好，經營受了很大的騷擾；且在印尼軍警保護「印尼原住民」的政策下，華僑的「亞弄店」，常被搶奪，甚至於被殺害。這個人數最多的行業，目前已經是「近黃昏」了。土產買賣，僑商也頗有經營；因爲有印尼民族商的競爭，今日這一行業也已經是無利可圖。城市的批發商業，需要較大的資本，商業經驗，和熟悉商情，華僑經營此行業者頗多，但因政局不安，治安不良的影響，也遭遇經營不振的命運。印尼輸出業，操于荷蘭五大洋行之手；華僑經營的，只限于東南亞，因在此地帶到處有華商，華僑經營此業可得甚多便利。不過從事國際貿易所必需的巨大資本與豐富的商業智識，華僑均不足與荷蘭人或英美人競爭，迄今華僑的輸出業，仍是小規模的。輸入業，華僑亦有經營；但自印尼嚴格管制外滙後，僑資活動，無形中受到限制。在保護「原住民」的策略下，公然規定「民族輸入商」的特權，全部紡織品、洋什貨、麵紛、水泥、鐵釘、玻璃器皿、文房用品、燒碱蘇打、鐵皮鐵板、鋅板、自行車零件、照相器材、車胎、螺絲、鎖匙、光面紛紙等的進口權利，均僅有「民族輸入商」才能享受；華僑自然均被擠於輸入業之外。之後，印尼經濟部又以命令規定「非民族輸入商」，應于一九五六年一月底以前，繳交五百萬盾保證金，否則即取銷輸入商資格。因外僑企業輸入原料，不必繳保證金；故此命令，實爲僑商的致命打擊；印尼華僑輸入商原有一、〇六八家，此項命令執行後，僅有四家能繼續經營。今日印尼的華僑輸入商，實際已等于無了。

華僑人口，以商業爲最多，其經營實況，已經是每況愈下，其負擔能力，亦就可想而知了。其次是原料生產者；他們是外島的開發者；印尼生產事業之有今日，全靠他們過去的慘淡經營。但是在印尼排華的陰影之下，他們的情況也已今非昔比，加以印尼治安之不良，他們已逐漸放棄小市鎮和鄉村，也逐漸放棄了他們開墾的事業。再其次，是工業生產者。印尼的工業，目前可概分爲四：第一類是大工業如啤酒廠、冰廠、肥皂廠、油廠、電燈泡廠和印刷廠，都由歐美人經營，資本大，設備好，印尼人無力與爭。第二類是華僑所經營的輕工業，如紡織廠、花裙廠、襯衫廠、鞋廠、塑膠廠、化裝品廠、及小數的膠輪廠和肥皂廠，由於舉辦較易，遂成爲印尼人爭奪、排斥的目標。第三類是華僑與印尼原住民合資經濟的工業，有成功，也有失敗。因爲規定原住民資本應佔百分之五十一，大權都爲印尼人掌握，無法發展。第四類是小型工業，是只許原住民經營的工業。由於前述保護「原住民」利益的政策，也可應用于工業方面，所以第二類及第三類華僑所可經營的工業，亦與商業同樣受到印尼民族主義排斥，而不免於失敗。

由於上述華僑行業的分析，我們發現華僑的負擔能力甚爲薄弱。因爲華僑大部以經營小商業爲生，或從事小規模的工匠生活，他們的經濟能力，與歐籍的外僑能力，相差甚鉅；所以外僑稅之徵收，對歐美籍外僑並不發生任何影響，而對經濟日漸貧乏的華僑言，則是一種無比的沉重負擔。據保守的估計，華僑無力負擔外僑稅者，將達百分之五十。這百分之五十無力繳稅的華僑，將被視爲「無能力與無足够生計者，爲印尼國家之負擔」，而由「移民廳驅逐出境」。

五　我們能坐視嗎？

外僑稅對於華僑負擔之沉重，已如上面所述，所以華僑莫不惶惶不可終日。印尼徵收外僑稅的重要理由，是外僑有轉移商業盈利，及滙欵贍家的特權；此種以官價滙欵的利益，影響印尼國家的外滙。殊不知這種特權，乃爲有關圓桌會議協定中之外僑所獨有，華僑並非協定中的外僑，並未獲准滙出其一部收入返國。事實上，自印尼獲得獨立以來，華僑所得商業上的盈餘，或贍家滙欵，並未獲准滙出分文。而今百分之八十五的外僑稅，却要加諸全體華僑身上，實難謂爲公允。因此，印尼國會議員洪昌烈、安格等先後仗義執言，反對將外僑稅徵諸華僑，主張此稅暫緩徵收，候國會開會時從長計議。印尼國內的輿論，亦反對此種「殺雞取卵」的辦法，認爲：「對于收入僅足够吃飯者，爲一種異常沉重之負擔。」主張：「政府最好宜斟酌減輕，而勿威脅以將逐出印尼。彼等大部份已自移民時期居住於印尼，致立即驅逐出境之舉，不能不被視爲違反人道主義」。我們與印尼沒有邦交，不能循外交途徑辦交涉；但僑務當局平日侈言維護僑胞權益，對此事之嚴重性及其可能的發展，到現在似尙茫然不知，或束手無策，「坐視」事態之發展。中共在印尼設有「大使館」，但因痛恨印尼華僑之「背離」，亦未積極向印尼辦交涉。中共似乎將坐受漁人之利，等候僑胞被迫「投奔大陸」，導演一幕「動員僑資，參加經濟建設」的高潮運動。

代表全體僑商的印尼中華商會聯合會，認爲外僑稅爲僑胞重大的打擊。外僑有職業地位不同，經濟能力亦不同之別，經濟能力薄弱者，必多對此稅賦負擔不起。因此，召開全印尼中華商會代表大會，一致議決上書印尼財政部長，請求對外僑徵收條例，考慮予以改善。其理由凡三：㊀在外僑當中，大多數爲華僑，而在華僑當中，又多數爲貧乏者，對此稅賦之負擔，實成問題；㊁貧苦人家平素對子女親屬贍養費，已感繁重；㊂許多對移民廳外僑登記費，至今尙不能完清，即可證明其困苦情形。基此理由提供改善辦法三項，請求採納施行：㊀依照納稅人之經濟力量，分爲若干等級徵收，俾富有者能照繳納，以次經濟力較差者，亦能盡其義務。㊁豁免未成年子女之稅賦。㊂如係貧苦華僑，無完納此稅賦力量者，請予豁免。這三項辦法，公平合理而且在華僑立場言，亦是唯一可行的合理途徑。但距今已三週，並未見此「人頭稅」有何改善的跡象。此或所謂「利之所在，當仁不讓」乎？

為彌補財政赤字，不得不增稅，而增稅結果，勢將打擊本國人民；外僑稅對本國人無損，而可以充實國庫，故在保護本國籍民言，印尼此舉是深得民心的。但嚴重的問題，是印尼人多認為華僑經濟力量的雄厚，是由於對原住民的剝削而來；因而他們相信只要用政治權力，發佈緊急法令，則可以將華僑的經濟優勢，取而代之。不知華僑本身的貧富程度，極為懸殊，其中雖不乏千百萬富翁，但却有為數更多的勞苦大衆；他們並不是人人可以「白手成家」，可以「不勞而獲」。因此，可知印尼徵收外僑稅的動機，財政目的之外，尚含有排外，尤其是打擊華僑的色彩。目前所採取的，僅是屬于稅務方面，今後可能採取更多更嚴厲的措施。印尼正假借「原住民」與「非原住民」的區別，厲行其保護「原住民」企業，排斥華僑的經濟政策。一九五六年三月，印尼商業資本家在泗水舉行全印尼民族輸入商大會，會通過下列主要的決議案：

㈠凡屬民族企業，必須由原住民主持，資本應百分之百均為原住民所有。

㈡由原住民與華裔籍民共同經營的企業，其領導權須操於原住民手中。

㈢所有進口貨，均由民族輸入商辦理。

㈣每一個營業機會，不論已有的或新發生的，應將優先權給予民族商。

㈤政府發給的新營業准字，民族商有優先權；發給非民族商的准字，應視該企業的性質決定，並加以時間限制。

㈥凡民族商已有能力經營的企業，應全部由民族商辦理。

㈦輸出方面，應規定某種貨物，由民族輸出商經營。

此外，大椰嘉達市議會，亦於今年七月通過一項議案，限制發給外僑企業准字，或轉讓外僑企業如亞弄店，電油亭，及印尼人能經營的小型企業等。如果上述兩項議案被付之實行，則在印尼的大多數華僑，都將無立足之地。其結果將不減于外僑稅所加之痛苦。

我們不是危言聳聽，亦非張大其詞，今日印尼僑胞所面臨的困境與可能演變的危機，實不減於越南的排華問題，不容我們袖手坐視。華僑每年要繳納相當於美金八千餘萬元的稅，年復一年，僑胞勤儉積蓄的資本，將被剝削殆盡。僑胞之富足，關係于國家者太大，我們不能坐視。此其一。僑胞無力繳納外僑稅者，據保守的估計，在百分之五十以上，即近六十五萬人。易言之，此六十五萬人將被以不能够維持家計為由，而被驅逐出境。我們應正視這個問題。我們與印尼無邦交，無法且亦無錢如接運越南僑胞一樣接運他們來臺灣；則此批僑胞，勢必被遣回大陸。這樣我們將喪失了全印尼的僑胞，而助中共完成爭取海外華僑的工作。此其二。印尼的基本國策是排外，他們認為華僑都是經濟剝削者，必須取回被剝削的資財；外僑稅的徵收，只是開其端耳。如果進行得順利，繼之而起的，將是各種「民族化」案之實施。我們應該未雨綢繆，不能坐視這問題的發展。此其三。

我們今天所注意的，固然是印尼華僑本身的生存問題和利益問題。但我們必須警告印尼當局，當百多萬的華僑生活權利，受到嚴重威脅，與無理排擠時，他們的心理行為，將會發生何種反響；而這種反響所形成的不安因素，需要予以嚴肅的考慮；如果忽視了華僑對於印尼工商事業的偉大貢獻，指為經濟剝削者，因而迫使其採取不妥協精神，勢必兩敗俱傷，而一無所得。

（四十六年九月九日於椰嘉達）

（上接第29頁）

，難道這是不應該的嗎？她離開她熟悉的老地方，到一個生地方，把發生過的事情隱瞞起來，全忘掉！難道這是不應該的嗎？」

「她忘得掉嗎，舅媽？」

「是的，她忘得掉嗎？」她把眼光移向窗外。「她忘得掉那些傷心事嗎？尤其是，她能抹掉她自己孩子的影子嗎？而且，如果她知道她的孩子竟在過着一種她先前所料想不到的悲苦生活，她能够不心如刀割嗎？」

我沒有再問下去，事實上，我今天對于舅媽的話語，眞有點似懂非懂，半明不白，這不像她平日的話，她的語音像夢囈似的，因此我也聽不起勁來，我離開了她身邊，挨近梳妝臺，去看首飾箱裏的那些首飾。那裏有項鍊、手鐲、指環、胸針、衣鈕：有些是赤金製的，有些是珠寶翡翠鑲嵌的，雜在一起，五光十色，絢爛眩目。小女孩都是喜歡這些玩意兒的，我摸摸這，摸摸那。在這堆飾物中間，還有一個兩寸長半寸濶的紅綢小包。那是什麼呢？我想，為什麼祇有牠包起來呢？看那樣子，是一枚胸針，還是一支髮夾呢？我想着，便拿起牠來，摸摸牠。但什麼也不是，那裏面不是硬的，而是軟軟的，滑滑的，像一綹絲線。我好奇地問道：「舅媽，那裏面是什麼？打開來看看好不好？」

依照往日舅媽待我的態度來推測，我想舅媽當然會答應。然而，舅媽一看到我拿的是那個小包，便慌忙從我手中把牠接過去。「慧慧，那裏面沒有什麼——一點也沒有什麼。」她把牠放進首飾箱裏，而且，立刻關上箱蓋，鎖起來了。

我想，這一定是件非常好玩的東西，所以舅媽不讓我看，我心裏有點兒不高興。我轉過身，想到樓下去，這時，我看見房門口有一個光光青青的腦袋瓜，隨即，昌成的整個身子便出現了。

「太太，魚肉、青菜都洗好，切好了，米也淘好了。先生剛才對我說：這兩天祇有請太太下厨去，他馬上托人去找人，最多三四天就可找到。」

（未完）

巴、印紀遊

易希陶

我今春於旅歐任務達成之後，即從英倫經巴黎，斜過瑞士的日內瓦湖 (Lake Geneva) 的西南入意大利，由意國北部的要港基羅亞 (Genoa) 乘船返國。當時因蘇彝士運河阻塞，東行船隻，都得繞航南非的好望角 (Cape of Good-hope)。由出發到東非一段的沿途見聞，曾經在「自由談」第八卷第五、九各期內爲文介紹，現在擬假本誌的一點篇幅，來完成餘剩一段航程的觀感。

一　海上娛樂

乘船維多利亞號 (Victoria) 從意屬索馬利蘭 (Italian Somaliland) 的首府莫加蒂秀 (Mogadiscio) 啓錠以後，次一目的地爲巴基斯坦 (Pakistan) 的首府格拉齊 (Karachi)，這段海程爲一八六〇浬，以該船每小時十八——十九浬的平均速度前進，約需四晝夜多才能到達。幸天氣自進入印度洋以來，一直晴朗，船頂雖甚燥熱，艙內因有冷氣設備，幾乎要穿毛衣，在我個人感覺，似乎矯枉過正，出入艙門，必須有調節的衣服在手，否則有感冒的危險。船中生活原極單調，管理人員爲避免旅客們生活的枯燥，照例舉行各種娛樂或集會以資調節。比方每天下午在茶時(Tea time)之前，必有一小時的音樂演奏，演員四五人，樂器雖較簡單，但至少已够成立一個演奏單位。晚餐以後，每週至少有三次舞會，兩次電影，另一兩次其他的娛樂。舞會的次數最多，每次在夜間九點鐘開始，繼續到午夜十二點乃至一點左右，舞伴自以年輕的男女居多，熱鬧時可達二三十對，但遇氣候欠佳，船身搖動劇烈時，情形便大爲不同。熱心此道而不暈船的朋友，當一般客人受着船身的震盪，連步行也感着困難的時候，她們竟把高跟鞋抛出場外，東歪西倒的和舞伴們糾纒下去，其興緻的濃厚，令人驚嘆！電影節目爲船上的次要娛樂，惜因銀幕太小，且多數爲陳舊影片，和大都市上的影劇，自未可同日而語。至前面的所謂其他娛樂，尚有種種方式，其中之一爲「競馬」遊戲，即在大廳地板上佈置競馬道一排，沿道劃以標線，以標示馬道的里程。高不盈尺的小木馬一排，停立于馬道的出發點，各標號碼，以示區別。觀衆事先購買馬票若干，每張兩先令（每先令約合美金一·四角）。競賽開始時，由一購票人首先投擲骰子，由其點數以定某一木馬的前進距離。持票人如此一個跟一個的投擲骰子，木馬就相競前奔，最後看那一只木馬先達目的地，該馬即獲優勝，而購得此馬馬票的人，乃可獲得金錢上的勝利。一般乘客——不論其膚色如何，對此遊戲似乎深感興趣，每次都有不少人參加。此外有時舉辦化裝舞會，男女老少都有加入。每人胸前各以號碼標識，人數一般不多，但是古怪的裝扮和離奇的動作，輒令人捧腹不止！在化裝行列出場以前，事先有評判記錄表，配給全場觀衆，俟整個行列繞場數週後，由觀衆分別評定參加者的等第，經主持人統計結果，然後由船上的事務長依次頒給獎品。我記得有一次獲得頭獎的，是一位印度的青年女性，扮成非洲土婦，白齒黑膚，袒身赤足，頭上頂着果簍，背上背着嬰孩，連其步行姿態，都和我們在東非蒙巴塞鄉下所見的土人婦女，相去無幾，其冠軍着實得來不易！

綜觀西方人的娛樂，一般似較我們東方人天眞而澈底，每逢團體歡娛的場合，往往放浪形骸，男女老少，鬧成一團，好似平時的一切思慮，都拋出了九霄雲外。在偏於禮教觀念的中國人看來，有時總覺得有些過份，但若就生理衛生的觀點來說，他們的作風，可能是非常有益，而值得我們參考的。我記得某一次化裝舞會之後，大家餘興未盡，又來一個「低爬」比賽，即：在大廳當中豎立一對像跳高用的小木柱，兩柱間橫小竿一根，距地高度不過數时，參加比賽的人，仰臥在地板上，自竿的一側爬過他側，倘在此過程中，能不動上面的小竿，即算成功。參加此項比賽的人，男女都有，最滑稽的，是每當女的比賽者爬過小竿時，因乳峯高聳，上面小竿，往往搖搖欲墜，於是在旁聲援的朋友或家屬，擔心其一對乳房的闖禍，想出各種方法來加以挽救，或在乳部通過小竿之前，事先加以抑壓，或牽制其胸部的服裝，以求乳峯的低落，形形色色，無奇不有，弄得滿廳觀衆，哄堂大笑。像這一類的遊戲，若在我們中國的女太太們，是絕對不會參加的，但西方婦女行所無事。不過當時有幾位同船而年齡較高的意、德籍神父，也認爲他(她)們放浪過火，向我搖頭表示厭惡。我想在中學唸書時，在某一初級的英文教本上曾經讀過一只短歌，內容是說：「嬉戲時嬉戲，工作時工作，這是最佳途徑，使你富裕健康，心神快樂」。這雖然是一只很通俗的歌謠，但充分表現了西方人對娛樂的看法，可見像上面所說的一些娛樂方式，乃有其基本精神的所在，不足稀奇了。

二　訪格拉齊

維多利亞號於離東非莫加蒂秀後的第五天早晨，抵達格拉齊。此城的緯度，約與臺北相近，但氣候，遠爲燥熱，冬季的平均溫度，都在華氏七十度左右，雨天每月平均不過一天，位置在全長三千多公里的大江「印達斯河 (R. Indus)」河口的西北，非但爲巴基斯坦的國都，同時也是該邦的第一海港。格城往昔不過一孤零零的漁村，十八世紀時，爲英人佔領，一躍而成該州的首邑。其後因灌溉方面的成就，農業逐漸發達，此地便成爲棉花輸出的要港。一九〇一年時，人口尙僅十一萬，到一九四七年八月，巴基斯坦脫離印度，獨立爲英聯邦的自治領時，格拉齊乃變爲新興國的首都，人口增加到百二十餘萬。現今市容，頗爲壯麗，惟因受周圍砂漠地區的影響，終歲塵埃飛揚，不易保持清潔。Kara-chi 的名稱，原爲 Kalachi 卽「砂丘」之意，可見其建都砂丘之上，自有其迫不得已的苦衷，非吾人所能想像的！

巴基斯坦的國土，分爲東西二部，中間由印度大陸隔絕，東西相距，達千六百公里之遙。此種情形，在一般國家內，頗難多見。領土面積，西部約八十萬平方公里，以印達斯河流域爲其主要地區，出產有棉、麥、羊毛等物，其中棉花一項，爲輸出品之大宗。東部面積，僅十四萬多平方公里，但多水田，爲水稻、黃麻及烟草、茶葉等物重要產區，就中黃麻的產量，佔全世界總產額四分之三。人口密度，遠較西部爲大，全國的總人口七千六百萬中，東部佔去過半數的四千二百萬，首府爲丹加(Dacca)，但人口不及格拉齊的半數，約五十多萬，位於印度大城加爾各答的東北。

船入港後，經過幾小時的麻煩，才將過境登岸等手續，辦理完竣。下午兩點過後，船終于靠近了此次航程中的第一個亞洲埠頭，船客們都以好奇的眼光，向下面注視。未幾，提行李的苦力，蜂擁而上，觀其服裝態度等等，令人回憶起二三十年前旅行長江一帶時所必須遭遇的碼頭情景，不覺戒懼之心，悸然而動了！待船靠定之後，我約同外籍乘客數人，分乘馬車兩臺，作格拉齊市區的觀光。市中心隔碼頭約五六公里，我們連去帶回，兜了一個將近四小時的圈子，雖說是「走馬看花」，但也獲得了不少的奇特見聞。市區的一般建築，和我們大陸上若干城市半中半西的店舖樣式頗相彷彿，惟其髒骯零亂，則有過之。最惹人注意的，尤爲街衢中的臨時棚搭，此雖與我們臺北街頭的違章建築，性質相近，但其設備之簡陋，分佈之普遍，則尚非後者所能比擬。此中底細，說來話長。卽當巴基斯坦與印度尚未分家時，內部因回教與印度教(Hindu)的磨擦，到處發生紛擾，第二次大戰後，由於巴基斯坦的獨立，回教徒便紛紛向巴國集中，同時印度教徒則投奔印度，如此傾家蕩產，流連轉徙的民衆，數以千萬計，因而造成一個嚴重的社會問題，今日格拉齊街頭所見的棚搭，卽此等逃難民衆的臨時棲身之所。由此一事，也可知回教在巴國的勢力，大非尋常了。格城街上往來的婦女，個個以黑紗蒙罩臉孔，不易窺見其廬山面目。據說他們在家裏也是深居簡出，甚難與外界接觸。外來旅客，倘在街頭隨便替她們拍照，卽將惹起意外的是非。市內的電車，男女座位，都被嚴格的劃分，不許混坐。另一方面，在此邦社會裏，一夫多妻制度，極爲普遍，左擁右抱，視爲倫常。此外回教的特別風習如禁酒、不吃豬肉等等，都使外來旅客，感覺奇異。市區的交通工具，除電車、汽車、馬車等之外尚可看到駱駝車、騾車、和三輪車。後者的構造，頗爲特別，其車身一般施以油漆或繪畫，儘量求其美觀，但後方的靠背特別低，高不達尺，我想乘坐起來，一定不會舒適，而且一不小心，大有一個跟斗翻下車來的危險，我眞不解此種構造，究有何必要？假使他們能看到臺灣的三輪車，定會感到「相形見絀」，而把他們自己的三輪車的形式，加以改造無疑。

巴國的人種、語言、風俗等等，大致與印度相同，在現今的過渡期時，英語仍能通用，格城市區的許多街衢、名所、以及公園、博物館等等，仍都沿用舊日的英語名稱，商店招牌，則往往英語和印語共用。我們在市內巡遊時，曾經過格拉齊大學(Karachi University)的所在，其物理、化學、動物、植物等學系，都是三層樓的洋式校舍，各有大大的英語橫牌，爲之標識，惜我們時間短促，未克參觀其內部，頗覺美中不足！

綜上以觀，可知巴基斯坦，有其衆多的人口，和廣大的幅員，近復脫離印度，獲得政治上的獨立，重要的建國因素，要算完全具備了。可是我從格拉齊觀光所獲印象，覺得彼輩今後的工作，尚屬道遠而任重。大者如一般國民教育水準的提高；工商業的發展；國民經濟生活的改善。小者如避難民的安插；衛生環境的改良；社會陋習的革除等等，殆無一不是迫切的要圖，卽我們旁觀的人，也爲之深感焦急。希望彼邦朝野，能把握時機，迎頭趕上，選定正確的政治路線，在自由國家相互提攜之下，共同奮鬭。若干年後，倘能使由歐入亞的旅行人士，步入格城時，不再有進入「落後地區」大門的感覺，則非僅斯邦之幸，亦未嘗不有助於亞洲各新興民族的吐氣揚眉了！當我遊罷歸來，重自船樓高處，遙矚格城暮景時，不禁作如此的遐想；亦不禁爲此新興的民主國家，作虔誠的祝福！

船從格拉齊港開出後，卽沿印度半島西岸，向南疾駛，次一目的地爲印度的名城孟買，隔格拉齊恰五百浬，一晝夜多一點卽可到達。這一段航程，非但天氣良好，而且有優越的地理條件，確使乘客們始終保持極愉快的心情。白晝風平浪靜，大陸河山，不時出現于左舷的視線之內；入夜則月皎星潔，明滅燈光，自沿岸的一列燈塔投射過來，使久處海洋的人們，獲得不可思議的安慰！在這種令人陶醉的氛圍中，不知不覺就到達孟買了。

三　孟買觀光

提到印度這個國家，我想多數人都有一種近乎「神秘」的感覺！無論其爲地理風土，或是人種語言，或者民情習俗，都有其離奇特異，令人難以捉摸的地方。就時間言，牠有三千多年的歷史；就空間言，牠有三百多萬平方公里的土地。三億六千萬的人口之中，其所屬的種族、及所用的語言，皆數以百計，在這麼一種自然環境和歷史背景之下，徐徐發展而來的國家，其國情的奇特，不易爲外人所理解，自亦勢所必然了！我們這隻船上最多的乘客是印度男女，我幾個星期以來，眼看他們的各種情形，如：參差不齊的體格和膚色；婦女們的奇異服裝；一部份人所保持的特殊風習——如不用刀、叉或筷子而用手指揑飯菜吃等等，使我對印度的一切更加感到興趣起來。我常找機會和他們閒談，因而使我在這一方面增加了不少見識。印度的宗教以印度教爲主，信徒佔總人口的百分之八十以上，依照他們的社會舊習，不平等的階級制度，非常嚴格，即一般分爲四種階級，其中最高的是僧侶階級（Brahman），大都從事于法律、教育、技術、醫學等的專門職業；其次爲武士階級（Kashatiya），包括軍人、實業家之類；再次爲農商階級(Vaisya)，人數最多，構成社會的基礎；最低的是奴隸階級(Sudra)，爲其他各階級所驅使奴役，社會上的一切下賤工作，都由彼等負責，而且代代相傳，永無翻身的資格。這種封建制度，現今雖沒有獲得印度共和國的憲法的認可，但在其實際社會上，確已根深蒂固，牢不可拔。階級不同的人，非獨職業通婚等等受到限制，即飲食起居，也不能混在一起。這在我們中國社會中生長的人，是想像不到的！在這一個國家，還有許多奇怪的風俗，如對牛的尊敬，即其一例；印度教徒原來很愛護生物，而對牛尤把牠當作神一般看待，比方在路上碰到牛時，無論任何車輛，都得讓路。牛跑到街頭店舖裏吃東西，人們也不敢加以驅逐。還有尊敬右手而鄙視左手，也是此邦奇俗之一，結果右手用于吃飯時揑取食物入口，而左手則在大便後作爲草紙的代用品，眞可謂滑天下之大稽矣！

印度的產業，也是以農業爲主，此方人口，佔總人口百分之七十，主要出產有稻米、小麥、雜糧、棉花和黃麻等物。該國農業上的最大困難，爲灌溉問題。第二次大戰後，脫離英國統治而獨立以來，因爲主要的灌溉設施，劃歸巴基斯坦，因而水利問題，更趨嚴重，所以他們對這一方面，近年正在多方努力，以圖補救。

孟買是印度的第一大城，同時也是該國的第一海港，位于印度半島的西岸，和東岸的加爾各答遙遙相對而略偏南，其城市建設在一南伸的小半島上。該半島南北長度爲十八公里，東西寬約五公里，市區人口達二百八十餘萬，因成自歐人之手，市街寬敞華麗，不在歐洲城市之下。市的東側海岸，即海港的所在，外來船隻，都停泊在此。沿海岸處有一廣場，中央有和巴黎凱旋門略相近似的巨大建築一座，叫印度門（Gateway of India），這是一九一一年英國人紀念英王喬治五世夫婦訪印時由此地登陸而建立的。聽說事實上過去由英國來的統治人物，也大都由此地上岸，所以連孟買的整個城市，也有印度門的稱呼。其他市內的豪華建築，不在少數。我們的遊覽車所經過的如孟買大學、孟買車站、威爾斯親王博物館（Prince of Wales Museum），市政廳（The Town Hall）、電力公司、郵政總局等等，都規模宏大，巍然可觀。就中孟買大學，非但其內部的組織學制等等，完全和英國的牛津、劍橋等大學一樣，即其校舍的形式，也都倣照這些大學。校內有美麗的方塔一座，高約八十公尺，爲市區內的最高目標，塔下爲大學圖書館的所在。沿半島的西側海岸，有一大街，叫濱海大道(Marine Drive)，街的外側僅一矮堤，堤外便是平淺的海灘，是即海水浴場的所在。內側則爲高低形式大致一律的豪華建築。大道的北端，地漸高聳成丘，向西南彎出而形成一小形海灣，此乃所謂背灣（Back Bay）。高丘之上有一花園，名曰漢金園(Hanging Garden)，園內百花爭放，噴水長流，從此俯瞰海濱大道一帶，則海濱的天然風景和街道的整齊建築，交織成一幅優美而壯麗的圖畫，映入吾人眼簾。此丘附近，有古塔一座，名叫默塔(Tower of Silence)。此塔建立於一六七四年，是一種特別宗教，即所謂「拜火教」教徒的葬場。該教的全部教徒約十萬人，其半數住在孟買一帶，他們崇拜火，故死後忌火葬，同時對水或土也有禁忌，不欲土葬或水葬，因此建此一塔，將死者安置塔頂，使一種鷹鳥把牠啄食，剩下的骸骨，則任其自然風化，然後落入塔內。這也要算是此邦的奇風異俗之一了。

在我談訪印的印象以前，我還有一段見聞，我想不能遺漏，這便是：當我們由船上登岸，坐上觀光汽車，剛沿着碼頭前進的時候，恰值前方的另一船隻正在裝貨，碼頭苦力紛紛背着一袋一袋的貨物——似屬麵粉之類——橫過通路裝上船去，當汽車將要攔住他們的進路時，一面降低速度，一面鳴放喇叭，不料其中最接近的一個苦力，可能是未事先注意到汽車的走近，吃了一驚，突然把肩上的貨物往下一拋，恰恰拋在汽車的車頭上，那苦力比時叫司機停了車，跑到車旁，由車窗伸手進去，就對司機連賞幾個耳光，時值車外另一服裝稍微整潔一點的人，將那動武的苦力拖開，此竟觸怒了其他苦力，他們馬上揪住那勸阻的人，拳打脚踢，扭成一團，參加的人愈來愈多，打的場面也愈演愈大，當時我們目擊者的心情，好像在電影裏看到熱帶圈內一羣猛獸的惡鬪，頗有「毛骨悚然」之感！我們的汽車，在這個時候才乘隙開走，而脫離險境。

由上一事，我們對於印度的社會秩序、人民的教育水準，乃至一般的經濟狀況，都不難獲得一個粗放的概念。所以我對印度的看法，覺得問題的癥結，和巴基斯坦大致相同，而其危險性則較後者爲更大。因爲從目前的世界大局來說，像印度這樣的國家，論人口，超過全世界人口總數的五分之一，論土地，約等於英、德、法、意四強本土的兩倍，在共產集團的心目中，確是一塊值得垂涎的「禁臠」，而印度的爲國者，偏要自作聰明，以什麼「中立主義」來作標榜，殊不知彼等目前的國情，正是共產主義的理想溫床，站在猛虎的嘴邊，生死存亡，已經是間不容髮，旁觀的人，眞替他們揑一把大汗，而他們竟猶搔首弄姿，洋洋自得，倘若這塊肥肉果而爲兇獸所攫去，印度本身的遺殃，固屬咎由自取，可是自由世界的人們，也就要寃枉的多出許多麻煩了！

翠鳥湖（二）

童真

昌成一欠身，就撲了過去，幸虧他有這樣輕捷的身手，一剎間就攫住了那帽帶，就如一隻獵犬跳過去捕住一隻野兎。但是就在這同時，「哎呀」一聲，他的頭撞着了湖畔的柳樹。當他將帽子交還給我時，我看見在他後頭角上，那個老疤的旁邊，給刮去了一塊像拇指指甲般大的皮，血在不斷地滲出來；沿着耳朶，已經有一條紅色的蚯蚓在蜿蜒了。

「噯呀，怎麼辦，都是我不好，害你頭皮也擦破了，我馬上到舅媽那裏拿紅藥水來。」

「不要緊，過一會血就會停的，要不然，撒一把香灰上去也就沒事了。」他用手指按着傷處，若無其事。

「不行，要是以後爛起來怎麼辦？你頭上已經有個疤了，如果再爛，不就有兩個疤了!?」

「不會的。」

「會的，你如果不擦紅藥水，牠就會爛的。」我拉着他走進門去。「你頭上那個疤是不是爛成的？」

「是的。但是那不是摔破的。」

「那是怎麼破的？」

「不知道。他們說我被人抱到孤兒院裏，後頭角上就少了一綹頭髮，頭皮也開了一條縫，像是剪頭髮時給刀尖劃破的。開始他們不在意，後來爛了，爛了好久呢。」他用染血的手指摸摸那個光滑的老疤。「十幾年啦，這個疤。」我又踮起脚尖，仔細地去看那個疤，這會子，牠染上了血，紅紅地，竟然像隻醉漢的眼睛了。

我說：「說來說去，還是沒搽紅藥水的緣故，所以，這次是非搽不可了。」我叫他等在老槐樹下，急急跑進側門，穿過那條暗過道，一轉到前廊上，就聽見舅媽在樓上喊：

「慧慧，你放學啦，你媽今天來了信。」

我直奔到樓上，氣吁吁地，把書包和草帽甩在一旁。舅媽在旁邊看了，取笑我：「看，說聲有信，你就急成這副樣子。」

「不，不是，」我急辯着。「我是來向舅媽拿紅藥水的，昌成把頭皮刮破了。」

「噢，原來這樣，他刮破得很厲害嗎？」她站起來，走向小木櫥去。這時外面的天空上，晚霞紅得像冬天山上的野火，然而，在這樓上的深長大房間裏，黃昏的陰影却在一點一滴地加深。彷彿夜並不是從四面圍攏來的，而是從這房間裏湧出去的。

我在她背後說：

「他掉了一塊皮，流着血呢，舅媽，他說，不要搽紅藥水，我不依，這樣會爛的。你知道，他今天刮破的地方就在那個老疤的旁邊。他還告訴我，那個老疤還是小時候被人剪去一綹頭髮時劃破的。」

舅媽手扶着半開的櫥門，轉過臉來。「你說什麼？慧慧，我沒聽見，說淸楚點！」

「沒什麼，我是說昌成頭上的那個疤。」

「那個疤怎樣？」

「他小時候，給人丢在路上，後來被路人檢起，抱到孤兒院裏，那時，他的後頭角上就被剪掉一綹頭髮，而且連頭皮也給劃破了。後來，這破的地方爛起來，爛成現在這個疤。」

她轉過臉去。「是這樣嗎？」她低低地說，朝着櫥裏的瓶瓶罐罐。「是這樣嗎？是這樣嗎？」櫥門半開着，她站在那裏，黃昏的陰影籠罩着她。「是這樣嗎？」

「舅媽，紅藥水呢？」

「噢，我在找。」她開大櫥門，把手伸進櫥裏去，但她找了好久還是找不到，我走過去，一走到櫥門邊，就看到了一小瓶紅色的液體。

「這不是嗎？舅媽。」我拿起瓶子問。

「是的——當然是的。啊，房裏太暗了。」她轉過身來，臉上掠過一個疲乏的微笑。

「那我就拿去了，昌成等着呢。」我趕忙走向房門，在門邊，舅媽喊住了我。「慧慧，等一等！」她又轉向小木櫥，這一次，她很快就回過身，走過來交給我一塊紗布和一捲橡皮膏。「擦破的地方，搽了紅藥水，再用紗布、橡皮膏敷起來。」她叮囑我，我點點頭，我想，昌成一定等急了，我撒腿奔下樓去，但當我穿越前廊時，却又聽見背後有人在喚我：「慧慧，慧慧！」我回過頭去，不料舅媽也已經跑到前廊上了。「慧慧，等一等，我跟你一起去，你們小孩子不會敷的。」

「不，舅媽，我會的。」

「不會的，慧慧，你貼不好的。」她跑近我身邊，接過我手中的東西，我們兩個一同穿了暗過道，我拉着她的手，她的手冰冷顫抖；我靠近她，她的身子也在微顫。

「舅媽，你怎麼啦？」

「沒什麼，我剛才跑得太快了。我一跑快，就這樣。」她的聲音也是低促而微弱。

我們不再說話，默默地前進。然而走到院子裏的老槐樹下，却發覺昌成已經不在那裏了。

「他到哪裏去了，他血流得多嗎？」舅媽拿着東西，在院子裏直轉圈子。天際的晚霞已由鮮紅轉爲暗紅，黑紫紫的一塊塊，像乾了的血跡。

「昌成！」我大聲地喊。「你在哪裏？昌成！」我喊了五六遍，有人從側門出來，我以爲是昌成，原來是街上大昌南貨店裏送貨的青年夥計，隨後又是阿杏。

「慧小姐，昌成剛才還在厨房裏，這會子，又去書房了，先生在叫他。」她雖在跟我說話，却不時轉過臉去看那向外走去的夥計。

「你可知道，他頭皮破的地方還在流血嗎？」

阿杏想了一想：「我沒留意，我祇知道他在灶神前的香爐裏抓了一把香灰。」

「啊，」我和舅媽都失望地叫了一聲。「他一定等得心急了才進去撒香灰的。」我說。我們祇好重又走進側門去。現在，這過道黑得像深山中的洞穴了，而舅媽的聲音宛如從洞的深處發出來，悠遠低廻：

「唉，太遲——了，已經太遲了，全是我不好。」

「不，舅媽，是我不好。」

她驚了一下，馬上就平靜下來。但我又聽見她在低低地說了：「太遲了——眞的太遲了。」

「舅媽！」

「噢？」

「還不太遲，等會我們還可以給昌成搽紅藥水、敷紗布、貼橡布膏的。」

「噢？當然——是的。」她應着。

我們走出暗過道，看見書房裏已經上燈了，舅媽在前廊上站了一會，然後拉着我，迎向燈光走去：

「慧慧，你媽今天不但有信來，還給你寄了一件新衣服，她說，這是送你的生日禮物，六月十日是你的生日。」

「呀，眞的，我差點忘了，就是後天哩。」我嚷了起來。

五

我生日那天，天氣不怎麼好，天上有好多雲，太陽溜進溜出，但這却影響不了我的歡愉心情。本來，一個孩子對于自己的生日總是滿懷欣喜的，更何況那天，我不但得到了母親的禮物，還得到了舅舅和舅媽送我的兩份禮物。另外，他們還在晚上備了一桌豐盛的菜餚，叫我約幾個朋友來一同吃吃玩玩，慶祝我這個十二歲的生日。晚上，飯間裏點着兩盞白瓷罩的高脚美孚燈，被邀的幾個同學也都到了。昌成走進走出地忙着端菜，他頭上的那塊方形紗布，雪白的，像一小塊豆腐，看得出是舅媽今天重新給他換上的。我忽然意識到我忘記邀請一個朋友，那就是他。

「昌成，你來，讓阿杏搬菜吧，你也來跟我們一起吃。」

「不，我在厨房裏吃一樣的。」

「過來坐吧，反正有空位子，今天是慧慧的生日，你是她的朋友，應該來吃她的生日酒的。」我正待站起去拉昌成，舅媽却比我還快，走過去，奪下他手中的菜盤，硬把他按在座位上。舅舅在一旁看着，笑了：

「靜影，你跟孩子眞有緣份，看你待每個孩子都這麼好。」

舅媽低下頭，沒回答。

「如果你自己有個孩子，那他可眞是福氣呀！」

「亞文，請你不要再說這種話，好不好？」她抬起頭懇求，雙眼的表情是痛苦的。

這是席前的一個小小插曲，彷彿晴空上驟然飄來的一片陰雲，來得快，去得也快，不久它就爲嘻笑聲所取代。席間，我和同學們一面搶東西吃，一面都津津有味地談說着自己每年生日中所發生的一些有趣的往事，而那些往事總又跟那不變的母愛連繫在一起。這頓飯足足吃了一個多鐘頭，當我們最後吃西瓜時，舅媽忽然問：「昌成呢？」這時，我們才發覺昌成已不在他的座位上。再看看他的筷子、湯匙都是乾乾的，他離開已經有好一會了。

「他幹什麼去了？」我說。我想他可能又到厨房裏幫忙去了，我跑到厨房裏，但那裏祇有阿杏一個人，我又走回來，站在前天井裏喊：「昌成！昌成！」沒有回應。他去哪裏了？他有什麼緊要的事呢？他爲什麼要偷偷地離席呢？我帶着一連串的疑問回到飯間，我希望他已經回到那裏，然而沒有。

席終了，同學們也被送走了，昌成還未出現。

「他是不是睡了？」舅媽拿着燈，我和她兩人一前一後地斜穿過後天井，去到一排平屋的最後一間——他的臥房去。門關着，我們在門外喊：「昌成！」沒有回聲。「昌成，昌成，你睡了嗎？」一陣極細微的嗚咽聲從裏面透出來。我用手推門，門沒上閂，咿呀一聲便開了。美孚燈的光亮一下子竄了進去，照明了那掛着藍夏布蚊帳的窄床，昌成像貓似地蜷縮在床角，頭埋在枕頭下，正在傷心地抽泣！

「昌成，怎麼回事？」我跑過去，移開了壓在他頭上的枕頭，他沒回答，反而大聲地哭了起來。

「不要這樣，不要這樣，你心裏有什麼難過，儘管說出來。」舅媽慌得差點連美孚燈也傾倒了，她忙把它放在一只矮板櫈上。她張着兩臂奔過去的模樣，使我以爲她是要去抱住他，但我錯了，她的雙臂在將要觸到他時，突然垂下去了。她說：「昌成，不要哭，你哪裏不舒服了？」

昌成搖搖頭，但他依舊哭着。

「你偷偷地跑到這裏，是不是我們當中誰冷落了你？」

「不，不，你們對我都不能再好了。我謝謝你們……你們的好意，但我是個苦……苦命人，你們的快……快樂，祇使我想起自己的苦命……」

「啊，昌成！」舅媽嘖嘆着。

昌成費力地坐起來，他的臉被汗水和淚水所沾汚，他的眼睛紅腫，他頭上那塊新換的紗布已經變成了汚黃色，四邊都翻捲起來，因爲一角橡皮膏還死命依附着頭皮，所以搖搖幌幌地吊着，看來像是一朶還留戀在枝上的凋謝了的白玫瑰花。他竭力壓制住抽噎，說下去：

「我知道這是我不對，我不該這樣，我應該跟你們一樣快活，尤其今天是慧慧的生日。但是我不是不想忍，我是忍不住。我耳朵裏祇聽見你們說：生日，媽媽，生日，媽媽。你們喊得多甜，我聽起來心裏好難受。因爲我沒有媽媽，我從來沒有過過一個生日，沒有人記起我的生日……」

「昌成，不要說下去了——不要！」舅媽突然用發顫的聲音阻止他，她似乎不忍聽他。

「我本來不想說，但現在已經說出來了，就讓我說個痛快吧。我本來是不想給你們知道的，所以我偷偷跑出來，躲在這裏哭。我用枕頭壓着頭，不讓你們聽見我哭。你們笑吧，因爲你們有媽媽；我要哭，因爲我沒有。我自己生日的晚上也總是這麼偷偷過的。那怕是這個日子，爲什麼也沒有人抱抱我，親親我呢？」他戛然停住，淚水重又滑過他的臉頰。

「昌成，啊，可憐的孩子！」舅媽叫道。「你眞這樣命苦嗎？是誰使你這樣的？使你不能和別的孩子一樣有說有笑的？別人高高興興的，你却一個人在這兒哭的這麼傷心！」她俯身向前用手帕拭去了他的眼淚，但我却看見她的眼中也有淚水在浮動。她對孩子的感情是這樣眞摯，我想，舅舅纔說的不錯，她跟孩子是有緣份的；然而，像她這樣富于母愛的人，爲什麼上天偏不給她一個孩子呢？她手帕插在衣襟上，摸摸昌成的老疤，低嘆一聲，又接下去：「到底是誰使你這樣呢？可憐的孩子，是你狠心的媽媽嗎？是她爲了自己，丟了你，使你這樣可憐的嗎？如果眞是這樣，那你又爲什麼要想她呢？她有什麼值得你想的呢？她……她不是一個好女人！她……」

昌成霍的站起身來，激憤地說：「太太，我謝謝你的好意，但我却不願聽你說我媽媽的壞話，誰說她我都不願聽！」

他這猝然的舉動唬得我們後退了兩步。這時，舅舅驀然出現在我們身後，他抓住舅媽的手臂。「靜影，這孩子眞有些牛脾氣，你何必自討沒趣，俗語說得好，『人有良心，黃狗不吃屙』；不要理他，走吧。」

「不要這樣說，我不怪他。我怪我自己，爲什麼我不明白一個母親在孩子心中的地位。唉，我早該知道的——早該知道的呵！」她倚在舅舅的身畔，語音愀然。「昌成，不要再想這些了，睡吧。」

舅舅說着，拿起了燈，我們走了出來，舅媽向這四壁空空的小房重又巡逡一遍，然後輕輕地拉上了門。我們走過後天井時，看見頭上的雲塊已經散了不少，半圓的月亮，像隻象牙鐫成的小船，在漠漠的夜空中堅持着她孤獨的航程。我忽然聽見走在舅舅身邊的舅媽，在低低地啜泣。

「靜影，你怎麼哭了？」

「我從沒想到他會這樣，我從沒想到他會這樣！」

「你意思是指昌成最後對你所說的話？不要難過，靜影，他終究是個十五歲的孩子呀。」

舅媽沒言語，但祇一會，她又欷歔起來：「十五歲——十五歲的孩子了！」

舅舅伸出臂膀，緊緊地摟住她，柔聲地安慰她：「靜影，一點點小事情，犯不着苦惱。最近你待孩子委實太好了。靜影，我知道你的心，你自己沒有孩子，你想孩子。如果眞是這樣，爲什麼我們不想法補救呢？我們儘可以向兒女多的親友家領一個來的。靜影你說好不好？祇要你說一聲好，我明天就去辦。」

「不要，不要！亞文，千萬不要去領！」

「啊，靜影，這又爲了什麼？我們結婚也有十多年了，平素我總以爲已經能够十分了解你。但最近，每當我們一談到孩子時，你就老是變得這樣令人莫測高深了。靜影，我眞願此刻能够看到你的心眼，使我對你得有更深的了解。」

舅媽沒作聲，但她已經停住了哭泣，當我們走到樓上的臥房裏，舅舅在燈光下凝視她時，她已經完全平靜下來了。她那明淨的眼睛沒有絲毫會經哭泣過、煩惱過的痕跡。她安然地讓她丈夫的烱亮的目光在她臉上探照、找尋，然後微笑地握住他的手。她的聲音又是這樣淸亮得可愛了：

「亞文，不要爲我煩惱。我現在不是很好，很好了嗎？忘掉剛才的事吧，我也要忘掉它。千萬不要說你不了解我，這會使我難過。剛才我或許是太激動了。但是，你看，已經過去了——過去了。忘掉了吧。」

六

六月過去，七月初，我讀書的那個小學便放暑假了，那就是說，盛夏業已來到。但是，住在翠鳥湖畔那一片綠色之中，雖在盛暑，人的心頭却仍有一種涼爽之感。暑假中，照理，我跟昌成的玩耍機會該增加了，但實際上却並不如此；昌成的工作似乎總是沒完沒結，再一注意，原來阿杏把好些事情都推給了他。往日勤勉的阿杏，如今竟慵懶得像只龍鍾的老貓，祇知蜷縮在悶熱的廚房裏打盹。她那圓圓的年青的臉，本來戇直中帶着伶俐，像柄米色絲絹製成的團扇，如今却憔悴萎黃得像朵向晚的向日葵了。

一天，舅媽叫阿杏去擦洗書房的玻璃窗，十分鐘後，我們竟又看見昌成在替她擦洗。事情到了這個地步，已經非常明顯了。舅媽從繡花綳子旁站起身子，原先和悅的臉孔，變得像綳子中的白軟緞，又緊又板了。她一直向廚房走去，我懷着看熱鬧的心情，也跟着舅媽走去，我猜想阿杏一定又在那裏打瞌睡，舅媽一定會罵她一頓。然而，那裏竟沒有，再到廚房隔壁她的臥房裏，那裏也沒有，再走到後天井，才看到她原來蹲在水缸邊，背向着我們。聽見我們脚步聲，便迅速地站起來，轉過身，像要遮掩她背後的什麼。

「阿杏，按說，你在這裏也做了三四年了，不該要我再費唇舌。但是，呃，且不說別的，就說剛才那回事吧，你好意思躲在這裏偷懶，把事情……」舅媽邊走邊數說着，猛地，她站住了。「怎麼？阿杏，你病了？吐了！」我這才瞧見阿杏的背後有堆嘔出來的飯菜，並且還注意到顯頓的阿杏，這時又敷上一層蒼白，再配上她困乏的眼神，顫抖的嘴唇，十足顯出了一個病人的模樣。

「不……不要緊，太太！」她的聲音瘖澀，彷彿那菜飯仍梗在她的喉間。

「一定是受了熱了！要不，就是吃壞了東西？你吃過什麼餿東西沒有？怎麼，還要吐，吐個完吧，大熱天就是吃食要小心。你不舒服，早該跟我說的。好啦，現在進去吃些萬金油吧。」

阿杏吃過萬金油後，就好了，可是下一頓飯後，她又犯了老毛病。那次，她一邊吐，一邊哭。那個來自農家的大姑娘，看來竟一點也受不了疾病的痛苦。舅媽問她：「阿杏，你爲什麼哭？是不是非常難過？」「阿杏，你是不是想家？」「阿杏，你是不是怕生病不會好？不用怕，這是小毛病，夏天裏常會碰到的。」然而，阿杏一句也沒答，祇管「嗚嗚」地哭着，哭得像只剛出世沒了娘的小狗。

同樣的病狀又繼續了一天。第三天上午，舅舅從外面回來，一走進客廳就大聲叫喚阿杏。阿杏進去後不久，便傳來了舅舅的呵責聲和阿杏的哭泣聲。我祇聽見舅舅在重複地說：

「滾出去，馬上給我滾出去！」

我從前天井裏跑進去，正和從樓上跑下來的舅媽同時到達客廳。舅舅坐在八仙桌旁，臉色鐵青，雙眉緊蹙，格子紡的上衣已經脫下來，搭在椅背上，摺扇在他手中猛揮着，眞像一隻狂亂飛撲着的鴿子。如果說，那時的舅舅猶似一股遽來的怒風，那末，縮瑟在牆角的阿杏，便是怒風掃捲下的一片落葉了，而她嚶嚶的啜泣則是枯葉所發出來的悲愴的颯颯聲，是絕望者的哀鳴！

「馬上收拾起東西，滾出去，我陸家不要你這種佣人！」

「亞文，亞文，」舅媽邊喚邊走近他的身邊。「有話好好說，千萬不要這樣，不要這樣對待這個忠厚的姑娘。有什麼事，好好說吧。」

「什麼事？問她去！她不要臉，我做主人的可要面子。靜影，把這個月的工錢算給她，馬上叫她回去。」

「亞——文！」

「不用勸我。把工錢算給她，叫她馬上走路。她站在這裏，就沾辱了我們的屋子；她站在我們旁邊，就弄髒了我們的身子。」

「你不能這樣，亞文，你總該讓我明白是怎麼一回事。她在這裏也做了三四年了，你總不該因爲她一點點小錯，就這樣回掉她呀！」

「小錯？大錯呢！一個女人還有比這更大的過錯？靜影，假如你知道這件事，怕你會氣昏呢。其實，外面大家都早知道了，就瞞着我倆。她，她……啊，我都不願說這種醜事！」

「難道阿杏——難道她前兩天的嘔吐是另有原因的？」舅媽突然抓住舅舅的手臂，急促地問。

「當然，你大概猜到了。」

舅媽的臉色突變，像受了重擊似地，搖搖幌幌地跌坐在身邊的椅子上。她迷亂地低語着：「一個沒有出嫁的姑娘竟有了孩子！」

「就是這樣，靜影。我早知道你會氣昏的，你看，你的臉色都白了。像你這樣十全十美的人，怎麼想得到在你屋子裏做事的人，竟會幹出這種令人齒冷的事情來。」舅舅站起，俯身在舅媽的椅前。

「這是一樁醜事，她一輩子的汚點，她會身敗名裂，永遠受到別人的指責和唾棄。」

「是的，靜影，人們當然要這樣對待她。」

「她無論到哪裏，那些冷如冰霜的眼光就會跟着她。」

「這懲罰是應該的，爲什麼她不自愛？靜影，你看你自己，你是這樣地完美，所以你無論走到哪裏跟着你的都是讚美和尊敬。」

「讚美和尊敬，指責和唾棄，」舅媽緩緩地說，「一個人，兩條不同的路！」

「是的，但她不要好，這怪誰？靜影，不要爲她生氣，讓我扶你回房裏去吧。」

舅媽搖搖頭，開始很快地從驚惶中鎭定下來。她直挺挺地站起身子。「亞文，不要緊，我祇略微驚了一下，你看，我現在又恢復原狀了。其實，像這種關于女人的事，我想還是交給我來處理的好，所以我要求你先離開，讓我跟阿杏談談。」

「根本沒有什麼了，祇要把工錢付給她就完了。」

「你說得對，但我還有幾句話要問她。你剛從外面回來，也熱得很，也該到通風的地方去涼一會。亞文，你先走一步，我馬上就來。」

舅舅瞥了一下阿杏便出去了。我們聽見他穿過前天井，走向書房去。有好一陣，誰都沒開口。客廳裏祇有阿杏細弱的飲泣聲，像枚細細的螺絲釘，鑽得你心頭直發酸。終于舅媽走過去，把手放在阿杏聳動的肩頭上，好聲好氣地喚她：

「阿杏，阿杏，不要儘哭，告訴我，這是眞的嗎？」

阿杏哭得更厲害了，她用兩手不斷地揉着淌滿淚水的臉，宛似她揉的不是自己的臉，而是廚房裏的抹桌布。

「你早該告訴我的，那時，我或許還可以幫你的忙。說，他是誰呀？」

「他……他，他是大昌南……南貨店裏的夥計，從前常常送……送貨來的。」阿杏的語聲經過二道濾淸器——齒縫和指縫，細得像水滴一樣，斷斷續續地。

「噢，是那個嘻皮笑臉的小夥子，這麼說來，事情倒好辦了，叫他娶你；如果他沒有錢，我可以補助他一點。」

「太太，上個月底，他瞞……瞞着我走了。」

「走了⁉走了⁉」舅媽喘息地重複着，一邊用另一隻手扶住牆壁，支持着自己的身子，她的兩眼楞楞地直視着前面。好久，她才喃喃地嘆息：「可憐的女人，你爲什麼這樣天眞呢？當初你竟沒有覺察出他的假情假義？他甜言蜜語，心却和煤炭一樣黑！他乖乖的哄住你，像哄住他跟前的一只哈叭狗！在別的事情上，你都聰明過人，爲什麼獨獨對于這，你糊塗得這樣呢？」

阿杏忽然從臉上放開了兩手，哭着說：「是的，太太，我眞太糊塗了。我把他的話當作眞話。我以爲他是眞心喜歡我的，就像我一樣，我是眞心喜歡他的。」

「你眞心喜歡他！」舅媽幽然地說。「他就是你的命根！你把什麼都給了他，你信賴他。但是，你正在做美夢的時候，他却丟了你，走了！」

阿杏這時自以爲聽懂了她的話：「聽人說，他確是在夜裏別人睡覺時走的，他不要讓我和別人知道他到哪裏去了。」

「他一定到很遠很遠的地方去了，把你一個人丟在這裏，讓人瞧不起你，聽人的閒言閒語！以前他在，你覺得所有的閒言閒語都可以置之不顧，但是現在，你非但失去了他，你還得一個人活着磨命！。」

「太太，你眞的要我今天走嗎？」

這時，舅媽才從牆上收回了手，恢復了她原先的姿態。「是的，阿杏，你必得走，剛才先生已經說了，我無法改變他的命令。」

阿杏從牆邊滑落下去，坐倒在地板上，嚎啕大哭：「我怎麼辦呢？要我回去，我祇有死路一條，我爹知道了這件事，他會打死我的，要不，他也會逼死我的。我在家裏一天也不能住，我沒有地方可去，我到哪裏去呢？」她邊哭，邊用力撕着自己的頭髮，頭髮一小綹一小綹從她手上落下來，像枯草一樣紊亂。她臉上極度的悲慟，使我感到還有一雙無形的手，也正這樣暴亂地在撕着她的心。

「阿杏，阿杏，不要這樣苦自己，」舅媽急急地喚她。「事情還不致糟到這個地步，我無論如何要替你想個辦法，我不是見死不救的那種人。不要這樣哭，阿杏，站起來，去洗個臉，把衣物收拾收拾，到我的房間裏來。」

「太太，你要打發我工錢？」

「不祇是工錢，另外我還要送你一筆錢，足夠你吃用一年，讓你可以暫時住到別的地方去，把孩子養下來。站起來，阿杏，去洗臉去！」

阿杏站起來，隨即又撲倒在地上，撲在舅媽的跟前。她抱住舅媽的一隻脚。「太太，你眞菩薩心腸，你是我救命恩人。我今生不能報答你，來世變狗變馬也一定要報答你的。太太，我以後一定要早燒香，晚唸佛，求菩薩保佑你早生貴子！」

「不要這樣，」舅媽仁慈地扶起阿杏。「不要謝我，只希望你以後運氣好轉。」

我們三人相繼走出客廳。舅媽走向樓上，阿杏走到她的臥房裏，而我則走到厨房，因爲那裏，昌成正在洗菜、抹東西。

「昌成，阿杏要走了。」我對他說。

「到底什麼事？我祇聽見先生在駡，阿杏姐在哭。」

「聽他們說，阿杏沒有出過嫁，肚子裏就有了孩子。」

「啊，那末，她生下來的就是私生子！」昌成停下工作，非常內行地叫了起來。

「什麼叫私生子，昌成？」

「就是偷偷生下來的、沒有爸爸的孩子。那是孤兒院裏的人告訴我們的。他們一不高興，就駡我們是私生子。他們說，孤兒院裏的孤兒，多半是私生子。」

「你是不是……」我本想問他是不是私生子，可是我想起別人可以用這來駡人，那牠當然是非常非常不體面的名詞了。而且他從小就在孤兒院，也未必知道自己是不是私生子，所以我就把這句問話嚥回去了。

「慧慧，你說什麼？」

「我說，你是不是要我幫忙？」我幸虧有急智，扯了一句謊。

「好，你替我洗洗這一堆菜，我去淘米，阿杏姐走了，今天中午的飯不知要怎麼辦了。」

我在厨房裏好一陣子，洗好菜，又抹抹碗櫃，掃掃地。這中間，我看見阿杏到後天井去洗臉，然後走向樓上去，後來又走下樓來。于是她拿了包袱，紅腫着兩眼，向我們打了一下招呼，便離開了這棟屋子。

一二分鐘後，我上樓去臥房。門虛掩着，我推門進去，看見舅媽正坐在床沿，無聲地流淚，床邊的梳妝臺上，放着一隻紅木首飾箱，箱蓋開着。

「舅媽，阿杏走了。」

「是的，走了，不得不走了。」她拿起手帕，擦擦眼淚。

「你哭了！舅媽。你是不是捨不得阿杏？阿杏到底是好人還是壞人？」

「她不是一個壞人，她是一個苦命人。」她拉近我，緊緊地摟住我，望着我。「慧慧，你現在年紀小，還不知道。一個女人沒有比這更可憐了。世界雖大，但你却孤零零的一個人，誰都躲開了你，好像你是一個殺人的兇手，整個世界似乎都在與你爲敵。慧慧，即使你大了，或者你也永遠——永遠不會知道這種滋味！」她用臉頰貼住我的臉頰，我感到她溫熱的淚珠滾落在我的臉上。

「我知道，我現在就知道。」我說，我這樣說，無非是想使她高興；其實，我並不完全懂得。「阿杏剛才哭得好傷心！她的臉全哭濕了。舅媽，幸虧你良心好。如果你不送給她一些錢，她怕會尋死的。舅媽，你送給她很多錢吧？」

「我給她一筆現欵，好讓她在一年之內，不愁吃用。還送她一隻金鐲子，怕有什麼急用。這在她是少不掉的。她必得到什麼地方去避一個時期，她得瞞着人，把孩子養下來。除了這，她是沒有別的路的。」

「舅媽，昌成說，阿杏這樣養下來的孩子叫做『私生子』，是不是？」

舅媽怔了一下。「是的，叫私生子，一個最難聽的名字！他怎麼知道？」

「他說，是孤兒院裏的人告訴他的。他還說，孤兒院裏的孤兒，多半是私生子。舅媽，阿杏生下來的孩子，是不是也要送到孤兒院去？」

「我不知道，她可能也要把他送到孤兒院去，因爲她沒有更好的辦法。」

「不過，昌成說過，孤兒院裏的日子可不好過，那裏的孤兒很可憐，沒有好的穿，好的吃，沒有人抱他們，愛他們，從小就要做好多事。舅媽，阿杏的孩子以後也要像昌成一樣可憐了。」

舅媽沒有立即回答，她放鬆了摟着我的兩臂。「但是，這是她的錯嗎？竟叫孩子去過這種生活？」她低低地問着自己。「她應該帶着他在羞辱中生活下來，永遠被人瞧不起呢？還是丟掉他、到一個生地方去，重新做人呢？她應該選擇哪一條呢？她還年青，她爲了自己以後的幸福，她選擇了後者

（下轉第21頁）

讀者投書

(一)

八德血案十七點質疑

楊宏光

發生於去年十二月而轟動全臺的八德鄉血案，於九月十八日由省警務處正式公佈了經刑警總隊歷九餘月之努力而破獲的破案經過。

本來，社會上發生了這類滅門血案，如經久不能破獲，一定會使一般的老百姓有惶惶然不安的感覺。現在血案破獲了，做為老百姓的我們是應該欣慰的；可是，當看到警務處對這樣一個驚人的血案只發表了二千餘字的「全部破案經過」，而且在正式公佈的「全部破案經過」中又充滿了恍惚迷離與使人不解的地方，當我看過這篇草率的公報以後，不但沒有減去前面所說的「惶惶然不安」的感覺，且在心頭掠過一種可能有恐怖寃獄、損害人權的暗影；可以說非但沒有得到安全感和欣慰，反而感到雙重的不安。因爲如果在這樣驚人的血案中若有或多或少的寃獄發生，該是何等可怕的事！

警務處公告是根據刑警總隊的報告，而刑警總隊經常對於嫌疑犯偵審的方法是如何呢？我現在只舉一個不久前發生而又是衆所周知的例子：

在五二四事件之後，有四十二人被指爲參加暴行，成立軍事法庭審訊，各疑犯在法庭上的供詞已經登載於各報紙。其中甚多人是在刑警隊拷打下被逼僞認自己有罪的。如二十六歲的三輪夫薛細命說是刑警隊叫他承認參加暴行的。他說刑警隊告訴他：「你不承認，打也要打得你承認。」他沒有辦法了，所以才承認打了汽車。二十一歲的理髮師楊庇說：「我實在受不了那種刑罰，所以才承認了。」他說警察叫他：「你隨便承認一點好了，沒有關係的。」林李學宜說：「一進到刑警總隊，他們就是一頓打，我身體不好，難以受刑，只有承認，事實我是寃枉的。」黎炳生說：「我看有人挨了打，我也只好承認。……」

刑警隊用這種方法得到的口供，我們能够對它報告的「罪行」全部信賴嗎？

我素仰貴刊立論公正，敢爲諤諤一士之言，今對八德案謹提出十數點疑問，深望貴刊能予以披露。蓋此案就官方所發表者實過於含糊，其中甚多處且有嚴重損害人權之可能，由於希望國家現代化，希望老百姓自身能過安全的生活，故不願沉默不言。

一、在警務處正式公佈的「破案經過」中，何以只提及了七名疑犯的姓名，而未將彼等之年齡、籍貫、住址、職業、有否親眷等加以說明？

二、周至柔主席在九月十三日省議會上宣佈：八德案「一俟偵查工作告一段落，即送法院依法辦理。」(見新生報)但警務處在十八日公佈「破案經過」時，竟聲稱已將所有人犯於「九月十六日移送臺灣省保安司令部法辦。」何以警務處膽敢不服從省主席命令不移送法院而移送保安司令部？抑省主席故意欺騙人民代表？

三、既然正式公佈的「破案經過」中，並未說明各該疑犯之職業，則我們不能假定彼等均爲軍人身份，疑犯中如並非全部爲軍人身份，何以不用普通司法起訴，以昭大信於國人？有何理由必須用隱秘的軍事法庭來審訊？用軍事法庭審訊普通老百姓，即有侵犯人權之嫌！

四、近年來，所有重大的刑事案件均有現場表演，何以重大如八德血案竟無現場表演？是否官方懼怕現場表演時疑犯將爲新聞記者與附近住民看到？

五、既無現場表演，又要軍法審訊，新聞記者們無從看到疑犯，也無法報導審訊之實況，如過些時日以「槍決正法」聞，則是此等人犯永無被人民與記者見到之機會。

六、警務處公佈的「破案經過」中，除由某犯「指證」他犯爲兇犯外，並未提出任何直接證據以證明該等疑犯爲兇手(提及的小刀一把、鐵錘一把、膠鞋一雙並不能證明爲彼等所有；膠鞋雖有「餘」字亦不能證明必然爲秦同餘者之充足條件)。僅只用「指證」而認爲甚多人是殺人兇犯，如以法律觀點言，實尙有很大的距離和漏洞。

七、在警務處「破案經過」中雖未載出，但各報紙均曾報導疑犯中秦同餘者曾爲葉宅之司機，而有「餘」字之膠鞋又極可能爲秦犯所有，是則秦同餘在七名人犯中受嫌條件爲最具備，何以此一嫌疑最重的疑犯獨死於獄中？

八、秦同餘死於刑警隊中，以刑警隊對人犯的經常使用刑訊，是否秦同餘被拷打致死？

九、即或如報載秦同餘「自家中毒、休克致死」。「自家中毒」是何意義？是自己服毒還是被人毒斃？刑警隊能否提出公立醫院之證明？自己服毒與被人毒斃有何區別？

十、一個重大案件的疑犯竟在刑警總隊中「中毒」致死，何以刑警總隊竟如此疏忽？刑警隊這樣疏於防範，應如何追究課責？

十一、姑無論秦同餘被拷打致死、或被人毒殺、或自已服毒致死，惟一個沒有定讞的嫌疑犯竟死於治安機關中，這在一個民主法治的國家中，應被視爲最嚴重的損害人權！

十二、在九月十九日新生報上除載出警務處公佈「破案經過」外並附有圖片，其中有「爲了搜刼財物，室內被翻得零亂不堪」之照片，但「破案經過」上說：「葉妻陳綺嵐身中九刀……其佩帶之手錶、鑽戒完好如故」，豈非矛盾？

十三、「破案經過」上說：主犯穆萬森見葉家「衣飾華麗，穿戴入時，即起謀財邪念」。即或起謀財邪念，何必殺盡全家？何況穆萬森在事實上並未前往謀財。

十四、對於穆萬森並未前往謀財之事實，「破案經過」上說是因其與姘婦吵架，「心緒不佳」，所以才未前去洗刼財物。這種解釋豈不跡近於「鬼扯」？爲要謀財，已經把一家人都殺死了，而主謀者竟因「心緒不佳」而放棄洗刼財物之初衷，在時間上沒有較長距離，一個人何以能有如此矛盾的行爲？

十五、「破案經過」上說除穆犯以外之六犯僅只因穆犯說要「爲友報仇」，並給付新台幣二百元，即前往殺戮葉震全家，此種解釋，無法使人盡信。

十六、「破案經過」上說各犯各依分配行兇對象分別行事以後，「最後由吳鏊墻檢視現場，擺佈妥善後，始將門戶關好，仍然翻越籬笆大門離去」，旣然「擺佈妥善」何又遺留尖刀與鐵錘？而被刑警隊認爲是兇手遺留的尖刀與鐵錘，此等器物上是否留有指紋或有其他證據能證明確曾爲疑犯等所持有？

十七、血案發生後，報載法醫檢查葉震之妾謝如姬於死前曾與人發生性行爲，但此次警務處公佈之「破案經過」中，並未對此一重要疑點加以任何解釋。

總之，就警務處公佈的「破案經過」來說，其中令人迷惑的地方實在太多。但我得聲明，我的這篇投書絕無意於要爲兇犯辯護，相反的，我極希望看到血案破獲，看到給予萬惡的殺人兇犯以應得的懲處。不過，我更希望我們的國家能够建立現代化的制度。在今天，所有文明國家的治安人員在破獲刑事案件時，都要非常謹愼、小心的去進行，不能有任何侵犯人權的地方。治安人員至少都應謹守着一個原則，就是：在證據沒有十分充足時寧可不破案，絕不可以因要急於破案而可能的（那怕是極少的可能）寃枉了無辜！這就是我寫這篇投書的主要意思。

（二）對初中地理教本第三冊的商榷

馬真吾

編輯先生：昨天我的孩子下學回家，跑到我的面前，很高興的報告我：我們初中地理課本已授到第三冊（中等學校標準教科書地理科編委會編，四十五年三版。）第二十六章「熱河省」。熱河是我的老家，所以他就像數家珍般將人口物產土地面積說個不休。我聽後，感覺與實際情形大有出入，拿過他的課本一看，更爲駭異。這個課本不是傳奇小說，可以馬虎從事。這一課本是經過史地大師主編，教育部審定，然後經由海內外的教師，傳授於千千萬萬的學子，一字一句，均關重要，不但不能錯誤，且亦不容錯誤，因而百思不得其解。擬藉貴刊一角，請教育當局予以解答。課文首行「面積十八萬方公里，人口二百二十萬」，然後將全文分成四段，末後著者又特別指明承德、朝陽、林西三個重要城鎭。

面積十八萬方公里，與中華年鑑（內政部卅七年上半年調查資料）所載面積一七九九八二·〇五數字，只是零整之差，尙無不合，惟人口二百二十萬與中華年鑑（內政部卅七年上半年調查資料）人口數字六、一九六、九七四人相對照，竟減少了四百萬。兩個不同的數字，那一個對呢？據我所知，還是中華年鑑數字接近實際。

又如第一段課文內，專論南部地區，「河流短促，以灤河大凌河爲最重要，都不便行船」。實際由灤河以至承德市郊，帆船暢行無阻，住在承德當地的人，欣賞風帆往來，視爲奇觀。「都不便行船」這一句，似應改爲灤河下游「可通帆船」。

第三段阜新北票產煤經葫蘆島輸出。專論物產，熱河省內礦藏滿地，阜新北票係擧其大者而言。其實雙塔山鐵礦，質美量豐，馳名世界，何以一字未提，竟將脫漏。

第四段「中部北部高原沙漠廣蒙人多」，專論中北部地區。課文內「鹽湖小河沙漠是本區特殊景色，寂寞荒涼，人口稀少，北部林西一帶，東北部開魯一帶，中部赤峰一帶，有小規模的漢農移墾，大部分的地方是蒙胞的游牧區，出產牲畜羊毛毛皮和池鹽」。讀了此段課文，恍如置身蒙古草原，「天蒼蒼地茫茫，風吹草底見牛羊」，像我們這住在中北部的漢人都應大部「疏遷」，方能符合此一課文原意。我可擧出蒙漢人口實際數字來作反證。本章全文約分南部及中北部兩個區域，已如上述，課文所示範疇，承德朝陽阜新等縣屬南部，赤峰林西等縣屬中北部。再詳細一點說，南部包括承德、隆化、灤平、豐寧、圍場五縣（清代屬避暑山莊），住有漢人近一百萬（作最低估計），這幾個縣當日已與蒙旂分離，故無蒙人居住。朝陽、凌源、平泉、阜新、凌南、寧城等六縣，爲卓索圖盟範圍。據僞滿康德七年（民國廿九年）國勢調查，計蒙人二三六、三六九人，漢人二、七四一、二五一人，蒙人約佔百分之十弱，漢人佔百分之九十强。中北部包括赤峰、建平、綏東、經棚、林西、林東、天山、魯北、開魯九縣（即舊昭烏達盟全部），蒙人二〇七、三四八人，漢人一、二六四、一六五人，蒙人約佔百分之十五强，漢人約佔百分之八十五弱。赤峰、建平、經棚三縣，與南部各縣，清康雍乾三朝漢人已蜂湧移入，經過近三百年雜居，生活文化早已水乳交融，都在從事耕稼，人口密度已達飽和點，土地盡闢，游牧區已杳無踪跡。林西、林東、開魯、天山、綏東、魯北，經清末民初繼續開墾，漢人移殖亦特別踴躍，觀其人口比例數字，亦可概見，謂爲「小規模漢農移墾」，不知何所根據？

據我所知，經棚縣北部是一魚湖（達王廟），盛產魚類，此外並無其他湖泊，省內食鹽，全賴鄰省（察哈爾）烏珠穆沁鹽湖供給，謂省內有鹽湖及池鹽，或係誤將烏珠穆沁鹽湖連在一起。

白塔子（遼塔）本在林東縣北部，距縣城一百八十華里，屬林東縣境，並非林西管轄。

熱河密邇北平，東連渤澥，北鄰察哈爾，西接張垣，物產豐富，人口密度極高，交通稱便，人民生活文化一如內地，決不可以荒涼邊陲等閒視之。左文襄有言，「直北危則京師（北平）不保」，其在軍事上之價值，可以想見。以上各點，願借貴刊一角，就正於教育當局主審諸先生。

自由中國　第十七卷　第七期　內政部雜誌登記證內警臺誌字第三八二號　臺灣省雜誌事業協會會員　二三四

給讀者的報告

本期社論是「今日的問題」的第六篇。於申論財政經濟問題之後，我們現在要談到「美援運用問題」。在本文中，我們檢討自政府遷臺以來的美援運用之實況，從而指出美援運用的成就與缺失。這些年來，我們的財經得力於美援之助，但美援則受財經之累而失去其原意，減少了預期的效能。我們認為美援運用的重點應該放在經濟建設之上。要做到這一點，則首須在財經兩方面痛下功夫，力求收支平衡與輸出之擴展，必如此，然後美援才能收到促進經濟建設之實效。

沈剛伯教授是國內史學界的權威學者，本期承賜鴻文，縱論「法家的淵源、演變、及其影響」。「法家的主張就是三晉的官術」。在本文中，沈教授更遠溯到三家分晉以前的晉、衛、鄭的時代，就三國的環境和歷史，探索法家的淵源，指出戰國時代的法家只是就當時的官術加以整理、組織、演繹、敷陳，並未揉以理想，創為學說。其後的演變，始則受道家的影響，繼則與儒家滲合。愼到、申不害諸人引申闔張取予、芻狗萬物之義，文飾其陰險殘酷之術；而荀卿則更移商換羽，亂「仁」「禮」以「術」「勢」，假「王道」而行「齊民」「强國」之治。於論及法家之影響時，作者更慨乎言之。二千年來玩弄政治之人物無不私淑荀卿，打儒家招牌，行法家主張；只圖現實，不管將來；只固政權，不問人權；只講辨證，不顧人情；只談目的，不擇手段；使中國一治一亂，時合時分，擾攘至今，以至連法治的影子也望不見！

本刊前此曾經發表幾篇談大學教育的文字，對於當前大學教育之遭受過分的控制而忽視了個性之自由創發，有所批評。幾篇文字的作者都是在學的大學青年。由於他們都是從親身感受中有此體認，所以道來誠有滿腔結鬱與苦悶，益見問題之眞切與嚴重。本期刊載的「一個大學生的信念與看法」一文，乃是討論同一問題的文字之續篇，也是作者對本刊前此所刊的「大學教育的悲哀」一文之讀後感。本文作者揚正民先生也是一位在學的大學學生。在本文中，作者要求大學應有獨立思想與研究之自由，並主張大學生應被允許參加政治活動。本文因稿擠擱置數月，遲遲發表，謹致歉意。

所謂民主政治卽責任政治者，卽政府必須就其政策而對選民負責。當人民不滿執政者的政策或其政績時，可藉選擧以更換政府，一如主人之有權更換廚師者然。本期傅正先生在他的大文中，對此一理論有精闢之發揮。他指出我國政治之所以不能走上責任政治之路的癥結，乃在於沒有强大的反對黨。而反對黨之能否實現，首在國民黨的負責當局對民主政治之有無信心。國民黨必須首先接受主權在民的觀念，放棄黨化武力，放棄黨化教育，放棄黨費津貼，退居於普通政黨，否則反對黨永遠不能獲得公平競爭的機會。

本期民主隨筆(三)是「漫談泰國政變」。作者就此一政治悲喜劇中的若干精彩鏡頭，一一點破，以供讀者玩味。

印尼通訊申斥印尼政府徵收外僑稅之不當。在本文中，記者分析外僑稅徵收之內幕及其給予華僑的負擔。此一稅收付之實施，必將兩敗俱傷，無論就華僑利益與印尼自身言，都是不利的。

易希陶先生是臺大病蟲害系主任，去年去美轉歐考察，「巴、印紀遊」一文是記述其在歸國途中，路過巴、印兩國時的所見所聞。「海外寄語」續稿未到，本期暫停一期。

自由中國 半月刊 總第一九〇號 第十七卷第七期
中華民國四十六年十月一日出版

兼發行人 主編 「自由中國」編輯委員會

出版者 自由中國社
社址：臺北市和平東路二段十八巷一號
電話：二 八 五 七 〇

航空版 友聯書報發行公司
(香港九龍新圍街九號)

總經銷 自由中國社發行部

經售者
美國 紐約友方圖書公司
　　 紐約光明雜誌社
日本 東京僑豐企業公司
韓國 漢城裕昌德號
馬尼剌 大中華日報社
　　 新疆書店
印尼 椰嘉達天聲日報
緬甸 泗水文光圖書公司
印度 仰光振成書報店
澳洲 加爾各答塔梅學校
北婆羅洲 雪梨瑞田公司
星加坡 西利亞坡青年書店
　　 友聯書報發行公司
　　 (小坡大馬路四六九號)
吉隆坡 友聯書報發行公司
　　 (馬華公會大廈三樓七室)
怡保 友聯書報發行公司
　　 (希尼華沙甘街十六號)
檳城 友聯書報發行公司
　　 (林連登律七十二號)
澳門 友聯圖書公司

印刷者 精華印書館
廠址：臺北市長沙街二段六〇號
電話：二 三 四 二 九 號

本刊經中華郵政登記認為第一類新聞紙類　臺灣郵政管理局新聞紙類登記執照第五九七號　臺灣郵政劃撥儲金帳戶第八一三九號
(每份臺幣四元，美金三角)

自由中國

FREE CHINA

第十七卷 第八期

目錄

中華民國四十六年十月十六日出版

社址：臺北市和平東路二段十八巷一號

半月大事記

九月廿四日（星期二）

美參謀首長聯席會議主席戴寧發表就任後首次演說，謂美國原子報復武力，能予蘇俄毀滅性打擊。

聯大通過匈牙利問題列入議程。

美英法照會蘇俄，責其有意在中東挑撥紛擾。

九月廿五日（星期三）

聯大通過指導委會建議，拒絕印度排我企圖。

美政府派遣軍隊駐防小岩城，防止阻撓黑白合校。艾森豪遄返白宮，發表沉痛演說，籲請美公民協助，勿使敵人稱快。

聯合國戰俘委會責俄拒絕遣俘。

沙地國王沙德訪問敍利亞。

九月廿六日（星期四）

胡適在聯大發表演說，指出中國大陸抗暴事件紛起，人民唾棄匪僞政權。

亞盟首次理事會在臺北揭幕。

我照會泰國，承認新政府。

伊敍沙三國首長在敍京會談。

安理會通過推薦哈瑪紹連任秘書長。

九月廿七日（星期五）

美阿肯色州長廣播，指責聯邦軍隊駐守學校。

聯大通過哈瑪紹連任秘書長。

九月廿八日（星期六）

亞盟理事會發表聯合聲明，表示結合一切反共力量，粉碎共黨侵略陰謀，並決議促成世界反共會議。

巴格達公約國協議採取新措施，對抗共黨顛覆。

乃沙立就任泰國三軍總司令。

九月廿九日（星期日）

英國告日本稱，為對抗俄軍優勢，盟國必須繼續試驗氫彈。

菲政府下令調查共黨顛覆活動。

朱可夫訪問南斯拉夫。

九月三十日（星期一）

洛奇在裁軍會演說，要求蘇俄同意禁止製儲原子武器，否則美將續行核子試爆。

法總理爲阿爾及利亞問題，要求衆院舉行信任投票。

英工黨通過緊急動議，要求舉行總選。

十月一日（星期二）

日、加、巴三國當選安理會理事

國際原子能總署首屆大會在維也納舉行。

法衆院未通過阿自治案，內閣總辭。

美國就黑白合校事件，向聯合國提出報告。

美聯邦軍隊撤離小岩中學，由阿州民團接防。

我當選聯合國經社理事會理事。

十月二日（星期三）

英國工黨年會通過緩和國有制度案。

沙地代表在聯大演說，認聯合國無權辯論中東問題。

美政府頒四項原則，堅決執行黑白合校。

張羣與岸信介聯合聲明，加強中日友好關係。

十月三日（星期三）

蔣總統答德記者問稱，反攻國策絕不變更。

十月四日（星期四）

馬來議會通過英馬防衛條約。

華沙爆發示威運動，兩千學生與警察衝突。

張羣報聘歸來，暢談訪日觀感。

英外交界人士估計共黨供敍武器總值超過兩億元。

十月五日（星期五）

吉拉斯三次受審，續斥共產主義。

蘇俄電臺宣佈已發射第一枚人造衛星。

吉拉斯被加判七年徒刑。

竇亦樂表示駐臺美軍飛彈部隊已完成作戰部署。

十月六日（星期六）

中日合作策進委會在臺北揭幕。

地球物理學年會通過十八項決議案。

杜勒斯與葛羅米柯會談發表公報稱，已就數項問題，澄清各自立場。

十月七日（星期日）

波蘭暴動如火如荼，各地學生湧進華沙。

法新閣難產，莫勒宣佈失敗，布立溫受命嘗試。

十月八日（星期一）

政府實施戰士授田政策，宜蘭大同農場行授田禮。

美國務院拒絕蘇俄所提管制飛彈建議。

十月九日（星期二）

麥埃萊就任美國防部長。

杜勒斯聲明美願與俄談判管制飛彈問題，但須在聯合國主持下進行。

艾森豪宣佈美將於十二月間發射人造衛星。

「自由中國」的宗旨

第一、我們要向全國國民宣傳自由與民主的真實價值，並且要督促政府(各級的政府)，切實改革政治經濟，努力建立自由民主的社會。

第二、我們要支持並督促政府用種種力量抵抗共產黨鐵幕之下剝奪一切自由的極權政治，不讓他擴張他的勢力範圍。

第三、我們要盡我們的努力，援助淪陷區域的同胞，幫助他們早日恢復自由。

第四、我們的最後目標是要使整個中華民國成為自由的中國。

社論

(一)

小地盤、大機構

今日的問題（七）

政府，是某個地區內一個一個的許多個人爲着共同的政治目的而運用的一種工具。在這個界說中，涵蘊着好幾點現代民主政治的要義，但在這篇文章中我們只須指出其中的一點：政府是一種工具。

因爲政府只是一種工具，政府機構是否過大或過小，是否過於複雜或過於簡單，就得因時因地從實用的效率的觀點來看它。

我國中央政府，除五院並立爲憲法所規定，不容輕易變更以外，各院的內部組織，是可以經由普通立法程序斟酌損益的。民國三十九年蔣總統復行視事的時候，曾有把行政院縮減爲四個部(內政、外交、國防、財政四部)的擬議。這個擬議未見實行，實在是一失策。六、七年來中央政府機構不僅沒有縮減，反而增加了許多；而且增加的機構，有些並未經過立法程序！

很顯然地，今天的中央政府，相對於實際統轄的地區和實際應做的工作而言，其機構不僅過於龐大，而且也過於龐雜。龐大、龐雜，不僅是人力物力的浪費，而且也妨害行政效率；不僅妨害行政效率，而且也破壞中央與地方的權限。

先就龐大這一點來講，我們可以行政部門爲例。行政院的組織，現在除仍保持大陸時期八個部（內政、外交、國防、財政、教育、司法行政、經濟、交通)、兩個委員會(蒙藏、僑務)以外，還添設了一些經濟管制的機構。而今天的實際行政區域，則只有臺灣一省加上兩三個隸屬福建的小小島嶼，總面積比起大陸時期已縮減到千分之三強。我們固然不能說統轄區的大小可以比例地決定中央政務的繁簡，但我們可以說，中央政務確隨統轄省份的多寡而增減。因爲我國政制，是以省爲區域行政單位，中央頒給地方的一切政令，都是以省爲轉承機關。所以省份的多寡，與中央政務的繁簡是直接有關的。現在中央政府所實際統治的省份只有一個，而其行政部門不僅仍保持大陸時期統轄三十五省、十二個直轄市的規模，而且還有增加，這顯然過於龐大。

我們再從法制的觀點來看，憲法第十章，對於中央與地方的權限，作列擧式的規定。其中第一百零七條爲「中央立法並執行之」的事項，第一百零八條爲「中央立法並執行之，或交由省縣執行之」的事項。其餘兩條所列擧的事項，則爲「省或縣立法並執行之」的事項。在第一百零七條那種硬性規定由「中央立法並執行之」的事項當中，我們可以看出除外交、國防、司法以外，其他的一些事項彼此的關係非常密切，可以說都是屬於公共經濟範圍。此外還有一點也許爲一般人所未注意的。即教育制度並不在第一百零七條硬性規定「由中央立法並執行之」的事項之列，而是列在第一百零八條當中。即是說，教育制度由中央立法，但不必由中央執行，而可以交由地方政府執行。所以在播遷中的中央政府，教育部的設立，更不必要。因爲現在的國立大學，只有一個臺灣大學和新近設立的政治大學(中學用不着中央政府來辦)，而且大學教育應保有獨立的精神。政府除愼重大學校長的人選以外，對於大學行政，應尊重校長的職權，不得動輒干涉。所以就高等教育講，教育部所應作的事，是很少很少的。至於國立的文化機構，如圖書館、博物館、編譯館等，其工作性質或屬於保管，或屬於展出，或屬於審核，都有法規或成例可循，爲着管理這些機構，也用不着專設一部。至於中等教育、小學教育、社會教育等，當以地方政府來執行爲宜。而且事實上臺灣省政府已有教育廳這一機構，中央除制定必要的教育法規以外，不應侵入地方教育行政的權限。最近幾年來，教育部對於地方教育行政權的侵犯（包括經費、人事及一般教育行政），是大家所熟知的。這正說明：不必要的機構不僅是浪費，而且因爲這種機構本身應作的事太少，於是就發生侵越權限的流弊來。三十九年所擬議而未實行的行政院組織方案之不設立教育部，就法制的觀點看，更是對的。

其次，說到機構龐雜這一點，我們可以財經機構爲例。在行政院組織內，原有財政部與經濟部，分別主管財政與經濟行政。財經行政之得失，原可分由這兩部負責。但在這兩部以外，直屬行政院的又有經濟安定委員會、美援運用委員會以及外匯貿易審議委員會等機構。這些機構的任務說是設計、審議、與聯繫，實際上是把財經的行政權割裂得一團糟，而使財經兩部形同虛設。爲甚麼要這樣作呢？骨子裏的理由，是要廻避責任。是要造成財經兩部有責無權，而這些委員會有權無責的局面。這樣才好上下其手，才好便宜行事。有利，不妨你爭我奪；有過，又可你推我委。政務與事務既混攪不淸，公事與私利又有時糾纏不解。民間工商界凡是曾經向這些機構有所申請而發生過接觸的，莫不深感頭痛。苛煩的管制政策、干涉政策，已經把民間工商業桎梏得喘不過氣來，再加之執行這些桎梏政策的機構，本身又如此龐雜，於是更助長了許多旁門左道的花樣。現在民間工商業最傷腦筋的問題，不是如何減低成本、改良商品、在市場中爭取消費者，而是要不要鬼鬼祟祟走進官方的旁門左道。如果你是個走正路而不屑入邪徑的硬漢子，保證你處處碰壁，事事吃虧，而賠盡你的血本。旁門左道之多，是由於管制機構之龐雜而來的！

以上只就中央行政部門的機構而言。此外還有一些機構，似乎應該另以專題討論：(一)其組織規模爲憲法所硬性規定，到今天所發生的問題又牽涉甚廣的，如立法、監察兩院是。(二)於法無據，不知所屬，而又支用國家公帑，實際支配行政的，如青年反共救國團是。(三)不屬於政府機構但也是浪費國庫的錢，並浪費人們的時間與精神，而於國家毫無益處的許多文武訓練機關。(四)省級機構也有很多是龐大或龐雜的。它們的存在不僅是浪費，而且也是割裂行政體系。石炭調節委員會是一個顯著的例子。此外還有中央與地方各有一個的機構，而業務則是衝突的，如中央信託局與臺灣省物資局是，這類的機構，至少應該取消一個。

只就行政院這一部門看，機構的龐大與龐雜，已略如上述，爲矯正「小地盤、大機構」這一不合理現象，我們主張在下列五大前提下先從中央政府的行政部門簡化起。

第一個前提，經濟大開放，凡是一切阻碍自由企業的管制，逐步取消。

第二個前提，凡是可以由中央執行而不「必」由中央執行的事體，一概劃歸地方，中央不設機構。

第三個前提，凡是割裂行政系統，以致破壞政策之統一性的機構，分別裁撤或合併。

第四個前提，業務相關的分立的機構，爲着業務的配合與協調，應合併爲一個。

第五個前提，凡因統轄區縮小而業務減少的機構應予裁撤，其業務合併於有關的機構。

在這五大前提下，行政院的組織可簡化爲下列五個部。即：

一、內政部
二、外交部
三、國防部
四、司法行政部
五、財政經濟部

原有的教育部，裁撤。裁撤的理由，基於上述第二個及第五個前提。而其應作的工作，於內政部設一教育司辦理之。

交通部基於上述第五個前提裁撤，其業務於財政經濟部內設一交通司辦理之。

財政部與經濟部基於上述第一個及第四個前提合併爲一個部。同時把現在直屬行政院的主計處合併進來，設立主計局。

蒙藏委員會現在爲一象徵性的機構，基於上述第五個前提裁撤，其象徵性的工作，可於內政部設一蒙藏司辦理之。

僑務委員會基於上述第四個前提裁撤，其業務由外交部添增一司辦理之。

此外如經濟安定委員會，美援運用委員會，外滙貿易審議委員會等機構，在經濟大開放的前提下，業務當然大部份消失。剩餘的則由財政經濟部來辦理。所以這一類旁門左道，有權無責的機構，一律裁撤。所謂「配合美援」云云，並不能作爲支持這類機構的理由，因爲依據一九四八年的中美雙邊協定，中國政府須指定一個機構，辦理美援事務，並未規定中國政府必須專設一個機構來辦理。

從經濟財政方面看，從行政效率方面看，從中央與地方的權限方面看，小地盤、大機構，絕對要不得。在「今日的問題」中，我們主張政府機構的大裁減，是接着財政經濟問題的討論而來的。在再上期「我們的經濟」那篇社論中，我們所得到的結論，是要發展自由企業，那一結論，與本文的主張密切相關。今天生活在臺灣的人們，都感覺到生活的空間狹小而窒息。我們要求一個「海闊憑魚躍，天高任鳥飛」的生活環境，不要逼得大家非向政府機關討飯吃不可。

社論

(二)

讀胡適先生在聯大的演說

九月二十六日，胡適先生在第十二屆聯合國大會發表政策演說。這篇演說的思想骨幹是一個類比推論：胡先生把大陸近來的反暴運動與匈牙利革命事件相提並論。從匈牙利革命事件的形勢和性質來觀照大陸近來的反暴運動之形勢和性質；從匈牙利革命事件的影響及其可能的發展來推斷大陸近來的反暴運動之影響及其可能的發展。胡適先生在這篇演說裏，强調言論、思想、學術等自由和基本人權之不可或缺；並且肯定這些東西是反共運動的根本動力。共黨暴政終將在這一根本動力之前粉碎。講詞熱情洋溢，認識宏博，目光如炬，堪稱近年來有數的反共文獻之一。

胡先生說：「在當代世界中，不幸的是，在民族解放運動的反面，正存在着另一個民族奴役運動。歐洲亞洲有許多國家人民的自由與權利都被剝削殆盡。我們在聯合國裏的人永遠不會忘記這些被奴役人民的刼運。」中國大陸人民正與匈牙利人民陷入這同一刼運之中。而匈牙利革命事件，就是爲的擺脫這一刼運。所以，「大陸上中國人民似乎對匈牙利革命知道了不少，他們爲之大感與奮。」而且，「對於生活在共產暴政之下的中國人民，最使他們興奮的一項清楚的不可磨滅的印象，就是那個殘暴的匈牙利共產獨裁政權經過了十年的絕對的政治統治和思想改造，竟於一旦之間爲武裝缺乏的學生和工人的自發的革命所推翻。這個共產政權突然發現它已爲人民所唾棄，甚至它自己的軍隊和警察也背叛了它，而必須靠蘇俄武力干涉，才能重新恢復它的政權。」

這說明了什麼呢？這說明了：獨裁不能萬歲，武力不足恃，特務並非萬能，黨的組織並非不能瓦解，黨化教育不能永遠當做靈丹妙藥。這些東西，只要時機來臨，形勢一變，便可消滅于一瞬之間。我們知道，匈牙利的共黨政權是第二次世界大戰以後蘇俄一手造成的。這個政權之建立與施政，無不以蘇俄爲圭臬。它把「黨」放在國頭上，騎在人民頭上，用黨來控制國家底每一層界和角落。這就是所謂「以黨治國」。以黨治國的必要條件，就是把軍隊緊緊抓在黨手裏。這種軍隊，在名義上是屬于國家的。但是，這個黨的元首亦卽國家的元首。黨的元首可以利用他本身卽是國家元首的地位，任意指揮軍隊，使之效忠他個人及其所御用的黨。所以，這種軍隊在實質上就是黨的衛隊。這種軍隊的任務有時看起來好像是保衛國家。其實，它是在保衛黨這一大前題之下來保衛國家的。到了黨的私利與國家的公利衝突時，它是被用來保衛黨而不保衛國的。它的終極目標係維持黨的「萬世一系」。可是，僅僅控制了軍隊還不够。爲了維持其獨裁的政權，共黨更培植秘密警察和特務人員。這類人員，在極權暴政之下，具有至高無上的權威。「生殺予奪，唯意所欲。」而且這類人員又無孔不入，以致造成一種恐怖空氣。生活在這種恐怖空氣之下的人民，必須言行處處小心，惟恐有失。尤其可惡的是，極權統治者不僅要統制「現在」，而且要統制「將來」。他們不僅殘害現在這一代的生命，而且還要預戕將來無窮代的生命。蓋非此不能滿足他們「萬世一系」的統治。爲了達到這一超時空的目標，他們不僅要管制人民的身體活動，而且要管制人民的大腦活動。檢查思想像檢查機器零件一樣。他們把你的大腦活動管制了，就可讓你自己統治你自己。於是有「統制思想」的全面網羅。「黨化教育」則爲彼輩之得意傑作。自匈牙利共黨政權建立以來，匈牙利人民卽處于這種統治之下。匈牙利的少年和青年，都是在「黨化教育」中成長的。照匈共統治者看來，他們一黨天下之「萬世一系」應該是毫無問題了。然而，他們的「鐵桶江山」竟於一忽之間卽被武器缺乏的羣衆推翻。

此是何故？

任何極權統治，都是表面堅强而裏面脆弱的。凡屬極權統治，無一不是注全力於講求武力，張揚「國威」，鋪張粉飾；無一不是首領至上，政府權威第一；無一不是黨團員成爲統治的貴族。可是，極權統治像一條眼睛蛇：從正面看去，牠張着一對巨眼，面目猙獰，聲勢嚇人。其實，從後面看去，尾巴是很小的。極權統治之所以裏面脆弱，係因它一切力量用到扭逆人的天性和願望之上：大家要自由，它偏不讓人有自由。大家要享受基本人權，它偏要剝奪人權。大家要自己安排自己的生活，它偏要控到大家的生活。大家要依據自己的意思選擇政府，它偏要大家唯它是尊，而且要永遠跨在大家頭上。極權統治者既把力量用在表面，用在鉗制大衆上，用在拗逆人的天性和願望上，因而它得不到廣大人衆的支持，因而無可避免地是一種外强中乾的統治體制。這一外强中乾的統治體制，在它未倒之時，固然看起來巍巍峩峩，可是一旦傾覆，便一片瓦也不存留。

在極權統治下的人民要怎樣呢？「進一步說，匈牙利革命超過了共產主義的範疇而期望成爲一個民主的革命，取消秘密保安警察，廢棄一黨專制，恢復新聞自由及自由廣播，並宣布最近將來舉行自由選擧。」匈牙利人民是如此，受暴政壓迫的大陸人民何嘗不是一樣？所以：「匈牙利革命中這些民主的、反共產主義的各種表現更使中國大陸人民倍感興奮。」反極權，爭自由，眞是人同此心，心同此理。只要此心此理不滅，極權統治卽是在火山上跳舞，一日不能安穩。

關于這個道理，我們應該進一步作推廣的普遍了解。大陸人民與匈牙利人民同樣反極權，厭惡一黨專政，這可以證明，他們所反的和所厭惡的，不問是什麼招牌，不問是什麼藉口，不問在什麼地方，只要是極權，只要是一黨專政，他們都反，他們都厭惡。被大家厭惡的東西，其能久乎？

大陸人民近來以實際行動來表示他們之反極權和厭惡一黨專政。這種行動與匈牙利革命事件在原則上如出一轍。在青年中具領導作用的，首推五四運動的發祥中心北京大學。「最近的學生抗暴運動，是今年五月四日在北京大學首先發動的。五月四日這一天，是三十八年前具有歷史意義的一九一九年五四學生運動的紀念日。那次運動也是北京大學的學生所發動的。」「在今年五月四日的晚上，八千個學生聯合起來開一個紀念會。在那個紀念會裏，有十九個學生領袖發表激烈的演說，公開攻擊共產政權在學校裏以至在整個國家中迫害自由和民主。自從那天晚上以後，北京大學的壁報就成了學生們自由發表意見的公開園地。」「北大學生領袖們編印了一種期刊，叫做『民主接力棒』，寄給全中國的各級學校，號召全體學生參加自由民主的共同奮鬥。他們並且派了許多學生代表，去和平津地區的三十多個大專學校的學生聯絡。」「有一位學生領袖說得好：『我們要呼喚，我們要把千百萬青年組成一支鐵的軍隊，與共產主義鬪爭，反抗所謂共產革命，並打倒眞正的人民公敵。我們要爲民主而戰，並爲自由與人權而戰。』」

從這一番敍述，我們可以十分明顯地看出，發揮積極反共作用的，正是「五四精神」。五四精神的搖籃北京大學，又成了自由、民主、反極權的運動中心。五四精神在大陸那樣極度高壓的環境之下又迸發起來與共產黨作戰。這樣看來，在目前反共運動中，五四精神是一積極主導的動力。沒有五四精神，反共運動就沒有活力。沒有五四精神，反共運動不是淪爲「黑暗王國」，便是腐朽空疏。此理至明。可是，却有人一提起五四運動，就視若仇寇，目爲赤禍之首，近若干年來，更藉蒙昧主義把五四運動的影子從大家的記憶中勾消。現在，不用我們辯論，客觀的事實擺在大家面前。它可以告訴我們：五四運動及其所表現的意義和精神，究竟是赤禍之首，還是反赤所需之首。

言論自由，是每一個有口的人之「天賦人權」。每一個自由社會裏的人都享有這一人權。可是，大陸上的人民不是如此，知識分子尤其不是如此。他們的言論自由爲暴政所剝奪。如所周知，他們不僅沒有說話的自由，甚至于沒有不說話的自由。「正因爲他們沒有不說話的自由，中國知識分子就不能不說許多非出本心或虛僞的話，頌揚不值得頌揚的事，或譴責他們內心不願譴責的師友。總而言之，沒有不說話的自由，就逼使許多中國知識分子講政治性的謊言。這是逃避新暴政的唯一可能方式，也是打擊這暴政的唯一有效武器。」

這一段話，可謂道盡了大陸知識分子的辛酸，同時也發掘出一項反暴政的政治智慧。極權統制的基本原理之一，就是「尙同」。唯其尙同，所以施用暴力「强天下以從同」。尙同必須在一切方面來表現，尤其必須在思想言論方面來表現。在統治之初，大家的「思想」是「龐雜的」。經過相當時期，大家爲了避禍求存，說起一樣的官式語言。官方將自己製造的語言，强迫灌入大家耳中，又强迫大家從口中吐出，再還原到他們自己耳中。這叫做政治語言的生產循環過程。極權統治者樂此不疲。彼等日日陶醉於這種政治交響樂中，久而久之，眞僞莫辨，黑白不分，是非不明，距離事實益遠，於是中毒而亡。

在大陸上，與鉗制思想言論密切關聯的一項重要課題，就是「清算胡適思想」；把「胡適思想」當做一個「鬪爭」對象，藉此洗腦，滌除科學與民主及自由的思想，以便爲反科學、反民主、反自由思想的思想鋪路。從共黨匪徒的這一套做法，可以反證出來「胡適思想」對于極權統治構成多麼重大的阻力。因此，爲了反共，我們應該培養「胡適思想」，擴大「胡適思想」。這是理所當然、無待費詞的事。然而，奇怪得很，在有的號稱反共的地區，竟潛伏着一股反「胡適思想」的暗流，也想消滅「胡適思想」而後快。這眞是令人難以思議的事！

義和團主義是反不了共的。義和團主義是自卑、愚昧、狂妄、玄虛、迷信的產品。拿義和團主義反共，只有墜入迷茫不可知的深淵。凡想走上成功之路者，不可拗逆世界人民大勢之所趨。胡適先生這篇演詞很明白地告告訴我們：世界人民大勢之所趨，是反極權，爭自由，保人權。匈牙利是如此，大陸人民是如此，其他任何地區的人民又何嘗不是如此？

社論

（三）蘇俄發射人造衛星以後

本月四日，莫斯科電臺廣播蘇俄已經發射出第一枚人造衞星。這消息引起了西方世界普遍的驚愕，科學界尤然。美國且因之定期召開國家安全會議，而絕不諱言事態之嚴重。此種勇於面對現實的精神，值得重視。但我們這裏仍然有一部分論調，仍然出之以輕忽的態度，認爲這「實在沒有什麼了不起」，而且斷言今後打仗還得使用傳統的武器。這種論調，實爲八年來所極積推行的虛飾、矯僞、矜誇的「心理建設」的產物。但應知，把頭埋在沙裏的鴕鳥，終究會被獵人追補。嚴重的情勢已經來到，我們必須首先擺脫那種虛飾、矯僞、矜誇的心理氣氛，才能眞正的瞭解問題，進而解決問題。

這顆人造衛星，無論是那一國製造的，我們不能不承認它的首次出現是人類科學工程上一件劃時代的空前大事。從心理方面着想，人造衛星光熖熠熠，疾馳高空，這也是至足「驚世駭俗」的事。美俄正在從事核子武器及彈道武器的製造競賽。今俄國搶先一步製成並發射人造衛星，在政治性的心理作戰方面已經收穫重大。艾森豪總統承認：「蘇俄在國際政治中得到了一次心理方面的勝利。」不僅如此，人造衛星之發射成功，涵蘊着彈道飛彈製造之成功。彈道飛彈是今後可能的戰爭之領頭的武器。所以，今後世界戰爭的戰略指導原則勢將隨之發生基本的改變。

面對科學技術所造成的這一新形勢，自由世界應該怎樣辦呢？

首先，我們要認淸事實，不必提倡拿傳統武器來從事今後的戰爭。說拿傳統武器可以從事今後的戰爭，等于說火藥出現以後還可以拿戈、矛、弓、矢打勝仗一樣。提倡「蒙昧主義」是不濟事的。但我們亦不必過份的驚惶失措。我們仍應認淸蘇俄所發射的人造衛星現在只堪供試驗之用，距離實際的軍事用途尚屬遙遠。而且，這種人造衛星並非當前人類所能製出之最精者。非最精的人造衛星之搶先出籠，這固然可以「先聲奪人」，但並不表示其實際效用大于後出籠者。「先聲奪人」在心戰上固然佔有優勢，但若無相當的實際效用爲之後繼，那末這一優勢是不會持久的。我們有充分的理由相信，蘇俄之得以搶先製出人造衛星，完全是拼着老命「擠」出來的。這是政府的壓力、德國俘虜科學家的努力、和蘇俄人民勒緊腰帶三者共同作用所產生出來的一點結晶。我們更有理由相信美國科學基礎之深厚和科學潛力之偉大遠非蘇俄所能企及。稍假時日，美國人造衛星出現，可能比俄製人造衛星精確，因而實際效用也較大。那時，優勢又將操在美國之手。

可是，這個問題還得放開眼界作長期的展望。從第二次世界大戰結束以來美俄軍備競爭的發展情勢觀察，蘇俄在這萬米長程賽跑中，與美國的距離有逐漸接近之勢。大家跑到中途，所爭往往爲一二步之差。無論怎樣解釋，我們不能不承認，這次蘇俄人造衛星之搶先發射，就是蘇俄在武器製造的某些項目上與美國所爭只在一二步之間的一個信號。這個信號應該可以提醒美國人，唯武器主義是不足恃的。美國應該趁機通盤檢討並刷新一下他們底反共政略戰略。

如果美國肯這樣做，那末制勝共產集團之門仍然開敞。美國應該怎樣着手呢？

攻後門！

極權國家無一不是前門緊，後門鬆的。極權國家無一不是有先天性的本質弱點。極權國家都是充滿了「矛盾」，人心不附，統治者和被統治者之間成對敵狀態。因此它表面凝固，裏面則四分五裂。何況近來連表面的凝固也不能維持？美國只要致力于在共產國家開闢「後戰場」，擴大並加深它這些本質的弱點，大量援助金錢武器，掀起共產國家內部起義，設法離析衛星國家與蘇俄的關係，使蘇俄忙于應付這些變亂，反共的形勢一定可作有利的轉變。總而言之，在鐵幕世界，統治者居于絕對少數的地位，被統治者居于絕對多數的地位。而這絕對多數者與絕對少數者之間又或顯或隱地存在着難以言狀的怨憤、猜忌、仇恨、以及說不盡的不平之感。美國必須設法把這些因素善加利用，使共產統治從內部崩潰。這一課題，不是靠原子物理學家可以完成的，必須心理學家和社會科學家積極努力才行。只要美國人肯把他們使用聰明才智的箭頭從物理世界指向人理世界，在反共工作上一定可收奇效。

當然，這話並不表示美國應該停止新式武器之製造。且只有藉新武器才能造成一種不可抗逆的物理力量。物理力量是一切力量底後盾。我們底意思是說，全恃物理力量，難免有時而窮。我們要制勝蘇俄，除了繼續發展新武器以外，還得發展人理力量。所謂人理力量，即人的天性和心理所形成的力量。關于人理力量之利用，老實說，蘇俄已到達「研究院」的程度，美國則剛剛學步。許多地區，蘇俄利用其陰謀變亂的技術一攪，總是攪得危疑震撼；而美援所至之處，總是摩擦與不愉快隨之。當物理力量居於絕對優勢時，人理力量較差尚看不出什麼嚴重性。可是，當物理力量幾乎平衡時或看起來平衡時，人理力量便是決定的因素。蘇俄的長處卽是美國的短處；美國的短處卽是蘇俄的長處。蘇俄一向以人理之利用見長，而短于物理力量。它在第二次世界大戰以後拼命在物理力量之增加方面用力。現在，蘇俄的物理力量在某些方面至少看起來與美國相差不太遠。美國一向長於利用物理力量，而短於人理力量之運用。現在，美國應針對這一缺點，急起直追。急起直追之法，就是首先大量動員心理學、社會學、和文化人類學這類的知識。有了這類知識作本錢，藉以了解每一特殊地區的特殊情形，然後才能領導自由世界向鐵幕後方進軍。

說到這裏，我們不能不指出人的思想有時難免有所限制。這彷彿是一件無可奈何的事。但是，一個有新生活力與創造力的社會，應能具備一種自動調整的機能。美國在與蘇俄競爭的途程中之主導思想，一直脫離不了「武器萬能論」。美國決策者之抱持這種思想是很自然的。任何人的思想不能不受其所在的時代與環境之影響。美國自愛廸生以來，在製器利用上步步勝利，很快地就使美國人得以生息于一個優越的機械文明的社會裏。生息于這種社會裏的人之不自覺地企圖靠機械文明所產生的力量來解決世界問題，毋乃一甚爲自然的反應。所以，美國人拼命造新武器來壓制俄國人的蠢動。可是，這次俄製人造衛星之搶先發射，如能促使美國人着重地想到物理的力量並非唯一可恃的力量，除了物理力量以外，我們還需運用人理的力量，那末世界反共運動的局勢可望有新的開展。

從政府威信談到國是會議

如何妙筆生花，能自圓其說以立信於天下？

朱伴耘

一

「破壞政府威信」！是官方常常用以還擊批評者的一頂可大可小的帽子。殊不知人民對一個政府有無信心，是相對的，是自發的。政府言而有信，縱有人曲解事實，只要稍加反駁，人們自然了解其是非曲直。因爲鐵的事實是不怕文字魔術的。反之，政府如言而無信，即令無人指出，人民也心中有數。很明顯的例子，如政府推行三七五減租的辦法，言必行，行必果，嘉惠農民，有目共睹，即令今天有人提出批評的文字，就對這一件事而言，又何損於政府威信之毫末？反可助成受惠者念念不忘於政府的美意良法。以此類推，「重諾守信」才是在人民心目中立信之本。寫到這裏，如有人詢問救國會議何日召開？守信乎？寡信乎？就對這一件事而言，無論當局如何巧辯，無法洗去「信譽掃地」的事實。這一個向天下人立大信的機會，輕輕放過，說來眞是可惜！

籌開救國會議是四十二年雙十節官方向人民正式宣告的。當時本刊編者要我寫點意見，我愧不敢當，是以在回給他的信上說：「以一個無名小卒的個人，……與其發表意見，不如站在一個國民的立場對這個不知何日召集、能否召集的會議發表一點希望……」(見本刊九卷十二期)。去年九月，官方又向中央日報記者發表談話，表示有開會的意圖，編者又要我來點意見，這次我更婉言謝絕。我何以三年前預知此會「不知是何日召集、能否召集」呢？何以我對政府的威信如此不重視呢？原因同樣的簡單，這個會議不開則已，開了之後的後果，是中國能否走上民主自由的試金石。根據過去的經驗，凡是談到建立民主政治的問題，官方總是諾言太多，實踐太少。那麼這個以促進民主和團結爲目的的會議之不知何日召開，能否召開，雖至愚如我，也就早已料到了。當此文與作者見面之時，今年已所餘無幾，讀者諸君能在臺灣聞到一點籌開救國會議的氣息嗎？這個威信掃地的結果，是人家破壞的呢？還是自己輕諾寡信呢？我提出這個問題的目的，並不於促成會議之召開(理由見第二段)，主要的是敬告當權要公，不要輕易給人家加上「破壞政府威信」的破帽子，先得自身檢點一下有無輕諾寡信之處。對於一件關乎國運的大事，有作的決心，就先言而後行之；無作的決心，最好少開空頭支票。今天人民已進步了，既不聽其言而信其行，也不聽其言而觀其行，而是先觀其行而後察其言。所以是無法愚弄的。否則何以稱爲民主的時代？當局自身言行一致才是人民對其信賴的先決條件。自己立定脚跟，是不怕旁人批評的。批評者只能就事論事，決不能無中生有。因爲寫文章的人是要負責守法的。這個會議由政府向國人宣告至今，已四年於茲，我實不知當局

二

我說過本文的動機不在促成會議之召開，我要向讀者及全體同胞指出，所有爲本刊執筆的作者，每有批評時政的文章都是出自沉痛的心情，就事論事，並非是非不辯、立異鳴高之徒，豈可隨便加上「破壞政府威信」的帽子。我們對於許多明知無法實現而徒造成人們心理緊張的宣告——如今年是準備完成年，明年是反攻年，回大陸過中秋等等，都耐下性子未加批評。我們不是不知道使人們心理緊張一時的口號，會收到人們心理永久痲痺的惡果。但這一問題所涉至廣，有政府力不能及的因素存在，我們無意以此爲一論爭的課題，儘管心理上還是希望他們老成持重、少作輕浮而不兌現的口號。至於對召開救國會議一節，情形完全兩樣，這是見之於在朝黨之決議及政府對人民之宣告，是行不行操之在我，絲毫不受外在因素影響的內政問題。政府既無誠意召開此項會議，何必議之，決之，而又昭告於天下？假如有此誠意，何以又拖延四年尚不見影子？這種欺世盜名的作風，是難以使人心悅誠服的。四年以前如無此項決議與宣示，作者決無法作一字之貶斥。可是既決議於先，復宣告於後，這種議而不決、決而不行的故態，仍重現於國勢危急的此時此地，我們實在不忍沉默。僅此一例，我得請教當局，是自毁威信呢？還是這些你們所謂的「長居海外的所謂知名學者，在野黨分子，所謂自由主義者，失意的官僚政客，好出風頭的所謂政論家，不滿現實人士，及盲從附和份子」故意破壞政府的威信呢？

此外，我何以對此會議之召開與否毫無興趣？民主與團結是這個會議的主要課題，政府果以行動來表示實行民主政治的決心，只要大刀濶斧拿幾件事實宣告國人：在朝黨是本天下爲公之精神，毫無以黨治國萬萬年之私圖，今日之反共，是促使民主政治之實現爲第一目標，非政權之爭而已矣。那麼，無此會議一樣可以達到民主與團結的目的；反之，會是開了，病根未除，徒使人民更加失望，國家又多耗費一筆金錢而已，何益於民主政治之前途！因爲實行民主政治，權是操之在我，輕而易擧之事，只要除掉那顆政權應爲一黨所有、一己所有的私心就行了。向人民宣傳天下爲公的大道理是毫無益處的，人民要把事實與宣傳作一對照才會產生他們的結論。天下爲公如能實現，必要將國家民族的利益置諸政黨及私人權利慾之上。要做到這一點，只有求諸不折不扣的民主政治！「以黨治國」與「天下爲公」是不能並存的。大陸鳴放之際，許多人都高叫反對一黨專政，可見全中國人都在向民主政治之途而努力。臺灣是反共基地，以在臺同

胞之努力，促成民主政治之實現，豈有後人之理！當局只要翻翻鳴放的文字，也可了解人民所需要的是什麼！民之所好好之。這樣好的時機尙不能把握嗎？

三

萬一因本文之提醒，救國會議又決定召開，那一類的人是我心目中的代表呢？首先我得聲明，我寫這段文章的用意，無意對人選問題有何意見，更無意對若干枝節與技術問題，如人數若干，如何出席等等作任何建議。因爲這個會議不開則已，果爾會議能開的話，對國運的影響太大，在野各代表必爲大智大仁大勇之輩，才可勝任愉快，使此會議有一圓滿的結果。是以任何出席的代表，我請他們挺起胸膛，接受下列各點的挑釁：

一、你是民主自由份子嗎？不成問題，你必定是對中國民主政治前途有信心的。此次赴會的目的，就在爲政治民主奠定鞏固的基礎。儘管有人批評你「名爲自由主義，實際却是共黨的幫兇」，你決不要因爲這頂不通的帽子而氣餒。假定主張民主自由是共黨的幫兇，你可反問他們：是否主張獨裁專政才是反共英雄呢？他們的帽子太多，千萬不要爲了怕戴帽子而失去爭取民主自由的勇氣。我們這些「民主販子」，都是非常虛心的，凡屬據理合法的反駁，一律欣然接受。我們從未以聖人自居，也未自詡一言而爲天下法。可是對於帽子主義却深惡痛絕。我不是他們所稱的海外學者，慚愧得很，年近不惑，一無所長；也非在野黨分子，不屬任何黨派；既非失意，因我從未得意；也非政客，僅作過小小公務員數年而已；不好出風頭亂說話，此可由於過去之文字爲憑；更不盲從。但我却是一個不滿現實而主張民主自由的人。我堂而皇之作這種承認，原因非常簡單。今天如果我們都滿於現實的話，大家在臺灣長治久安好了，還有什麼希望？如果不主張民主自由的話，何必在國外受洋罪，三緘其口，同大陸與家人團聚好了。是以我希望這位代表必須摒棄一切不通之論，堅定求政治民主的立場去開會！

二、這位代表必要有接受「失意分子」頭銜的雅量。在中國官場上，似乎把失意一詞造成一種可恥的印象。一個人苟有所主張，人家遂送他一頂失意政客或失意分子的帽子，使他精神上大有難堪之勢。欲言不語，結果帽子店更是生意興隆。我們必須要打破這種精神上的桎梏。你說我失意嗎？當然我是失意；由於制度之不良，使我懷才不遇，我爲什麼不失意。失意之原因如在個人之行爲，我得自行反省，如在制度之不良，我得想法改進制度。在制度不良的情況下，得意與失意毫無榮辱之成分在，爲什麼怕人家批評爲失意分子而失去改進制度的勇氣？我希望出席的代表們，參考我這一點常識上的建議，鞏固自己的精神防線去開會。進一步將我們的得失寄托於民主政治的成敗上。

三、出席代表必要有依法取得政權的勇氣。這一類的會議，過去被視爲分贓會議，在朝黨分出一二部會或奉送幾名顧問、資政的寶銜，加上一點車馬費，大家也就相安一時。這樣一來，又給在朝者一種武器；如某稍有名望之士，發表政論，於是高興之時，安插一官半職以封其口；不高興之時，或認爲不值得敷衍之時，就大罵一聲「某某人想做官嗎？」好像做官一事，自己做就「名正言順」，旁人想做就「無聊可恥」似的。在這兒我也不得不以一點淺見，以打破代表諸君精神上的桎梏。在我的看法，不作官也沒有什麼了不起的淸高。好人不作官，就國家的利益講，這種好人未必就是國家的忠臣。作官與想作官也非可恥之事，只要官之得來出自合理的制度，一任之後拿得出人所公認的成績。一個國家既有政府之存在，那麼作官（美其名曰公僕也好）又有什麼罪惡？不作官如何能實現你的主張？國民黨爲了實現他們的主張，不是作官作了幾十年嗎？中國者，全中國人之中國也，假定大多數人選你們出來執政，這種官有什麼不可以做的道理？「某某人要做官嗎」？再也不成爲一種攻心的武器了！諸位代表可以堂而皇之宣示開會目的之一，就是要改進現行政制，使每一政黨都在公平合法的選舉下有被選出執政的機會。而作官，作大官，是某一政黨能貫澈其政綱政策的不可缺的手段。諸位所爭的，是制度之改善，不是現在分得一杯羹，而是將來在全民的選舉下作官，作大官。如果沒有對於制度作根本改革的抱負，而只想分得一二席次的話，那麼今後當政者的輕視，只有各自接受。因爲自己其志不高，目的不大，當然人家是看不起的。All or Nothing！假定大會能開的話，千萬請諸位努力於制度之改革，而不必斤斤於部會之分配。我希望諸位三年五載後爲人民選出來作官，作大官。如今日之官來自一杯殘羹，那是不光榮的。我相信這篇文章每位代表都可能有見到的機會，是以我發言沉痛，立論誠懇，請多作原則的爭取，少計個人的得失！人生是有限的，國運是恒久的。這是諸位代表貢獻國家唯一的機會。文人報國是一顆心，一枝筆。僅以上述三點爲參加該會者參考。

四

我說過這個會議萬一能夠召開，是討論與改進制度有關的問題。這個制度無疑的我是指民主制度。也因此之故，所討論的問題，是如何使民主政治澈底實現的問題。

第一個問題應當值得討論的，是我們的憲法是否在現行情況下全被遵守。出席代表當屬才識兼備之士，我請諸位每人帶憲法一冊，於開會時，將現行措施與條文對照下去，凡有違憲之處請作一記號來提出討論。這樣一來，一方面是事實俱在，另一方面是白紙黑字的條文，是非黑白，一目了然，不會多花時間作無益的爭辯，每一問題必得求一解釋與糾正。在我們沒有憲法的時候，國之大法，似乎是用來應付政治實況的，不是人來守法，而是法來遷就事實。諸位如回憶過去一部國府組織法翻來復去的修改，可見我不是無的放矢。現在是憲政時期，我是遵守憲法向我的代表投了神聖一票的。任何黨派在向我們要票時，宣誓遵守憲法，上臺之後，置誓詞於腦後，身爲國民，我要提出抗議，請求解釋。其中最重要的，是黨化國軍何以是合乎憲法的？當我們舉出憲法第一百三十八條而認爲黨化國軍是違憲時，反駁者說我們忘記第一條「中華民國基於三民主義爲民有民治民享之民主共和國」，於是接着就洋洋大論曰：無黨則無國，黨國是不可分的，而國民黨是信服三民主義的，是以要在軍中設立黨部……。可惜這種「二難式」的詭辯用得太不高明。我們的國體不明明是規定爲「民主共和國」嗎？試問一個黨派掌握全國軍警特務，如何可以民主？一個國家人民對於中央政府實際上只有一人一黨可選，是否可稱之民主？這些主張黨國不分的理論家是否承認今之蘇俄中共與昔之德意也是民主的？我們撇開這些民主常識且不談，姑退一萬步承認這些人是先知先覺，認爲黨化國軍是救國良藥，那麼第一百三十八條究應作何解釋？是否印掉了一個「某某黨則例外的」但書？無論作何解釋，黨化軍隊與憲法第一百三十八條是不能並存的。如前者是對的，是應當的，那麼就得修改或廢除這一條。如後者是對的，是必應遵守的，那麼黨部就得退出軍隊。憲法是整個的，要接受就全體接受，沒有部份擇有利之條欵而接受的道理。試問身爲國民者大家都願接受憲法第四十五條「年滿四十歲者得被選爲總統副總統」，却不願接受第十九二十兩條盡納稅當兵之義務，這個國家將成何體統？假定我的議論是荒誕的話，我請大法官給我一個解釋！只要中國大法官能給我一解釋，認爲黨化國軍與憲法第一百三十八條可以「和平共存」，我宣誓從此不對此一問題再發表任何意見。寫到這裏，回憶昔日在渝讀黨史記載宋敎仁先生爲憲政而犧牲的一段史蹟，不禁悲痛萬狀。宋先生是主張實行責任內閣制削弱總統職權的，是以遭袁世凱之忌而被人暗殺，總理輓之曰：「作民權保障，誰非後死者；爲憲法流血，公稱第一人」。可見國民黨的創始者及先烈，如何重視民主與憲法！

第二個問題是各黨如何自籌黨費的問題。任何黨派，在朝也好，在野也好，黨費出自黨員的捐助乃是政黨政治的常軌。政黨平時的活動，競選時的宣傳，在在需欵，各黨應有黨欵，那是天經地義。可是黨欵之來源，必要出之於黨員。各黨如何向黨員徵收黨費，那是他們黨內的事。但納稅人的一分一厘，都不能用之於黨的活動上。我們一方面要查明國家預算中是否有錢以其他名義用之於執政黨的活動上面（據聞國民黨每年爲黨務活動直接間接支用國帑在臺幣壹億元以上），另一方面假定在野黨領有官方津貼的話，也得從此停領。政黨之目的在於政權之合法取得，以求政策之實現。如某一黨已身之存在端賴官方之津貼，那還稱什麼政黨。不過是食客而已。一個食客怎能同施主分庭抗禮而論政？今日中國政治之不能走上民主正途，其過不全在在朝黨，在野黨其志不大也得負責。千萬不要責人家專政而本身又願接受小惠。搞政治要有器度。今天作者之能侃侃而論天下事，反駁者即會想對我加以人身攻擊也找不出任何要害。我所求的是原則，是理想。我要錢，但錢來自於我的勞動，無愧於心。我想作官，假定我的官是來自人民所投的一票，都不發生道德問題。我之所以加強這一點，就是希望出席代表自我立定脚根，爲民主政治的前途爭原則，少計個人的得失，因爲在朝者常常以爲我們是爲了「分羹」而叫囂的！

當然，會議的課題很多，而上述兩大問題，關係民主政治的前途至鉅，因爲一個政黨既握軍權又掌財權（以國家收入來擴充黨務），在這樣的情況下，反對黨如何可以組成？即令有形式上的組成，又如何能作實際的活動與發展？一個徒有其名的反對黨，活動有所畏懼，發展則一黨之財力不足與一國之財力相抗衡，如何能產生公平的競爭！是以一切問題都是小節，而上述兩大問題必要有合理的解決，而在朝黨有無實行民主政治的誠意也不難從他們對此二問題的態度而窺出。有人以爲憲法第四十七條所發生的問題也值得商討，照我看來，如將四十七條及六十五條與九十三條對照一讀，文意自明。

五

當會議進行順利，所有阻碍民主政治的問題都有完滿解決之道時，被邀代表就得互相商討如何以在野之身爲民主政治努力。以個人的看法，會議閉幕之日，就是我所希望的反對黨成立之時。黨之名稱、組織，可以用民主方式來討論，但是這個黨在實質上必要強大足有與在朝黨競爭的潛力。在朝黨與在野黨能互相制衡，同時又交迭執政，這方構成民主政治的要件之一。大陸除共黨之外，有七八個小黨，臺灣除國民黨外，也有民青兩黨，可是即令政治環境公平，誰能與國共在選舉中競爭？當我們想組織大黨而被人阻碍之時，我們自應據理力爭，引起國人的共鳴。可是有組黨的政治環境，在野者本身一盤散沙，似無任何理由斥責他人的專政。就臺灣情況言，目前的民青兩黨如何能同國民黨競爭？他們聲勢浩大，人才集中，即令不憑藉政治優遇，也可能從容取勝。因爲民青二黨過去爲環境所限，未能強大足以肩負反對黨的任務。此外，中國自搞民主政治以來，過去在野也沒有「在野」的樣子，三人一羣，五人一組，今日反甲，明日擁乙，有時對政府大加批評，未幾他又成了政府的大員。統治者看穿了這一套，自然施以「威脅利誘」、「分化瓦解」的老法寶。政風如此，這類的人也不能辭其究。在我們高呼民主政治的今天，不要忘記自身的責任，更不要再給統治者一次冷笑「民主是名、分羹是實」的機會。要達到正大光明爭政權而非自私、爭調劑的目的，本身必要組織起來像一個強大反對黨的樣子。大家果能以直道而行，沒有人敢輕侮而加以分化利用的。一個合理的民主制度，在朝者與在野者，有同等的責任。如在野者的努力受到在朝者的壓制，這是極權政治。相反的，如在朝者態度寬宏，在野者自身不努力發展，民主政治也無由實現。我們要求國民黨退爲普通政黨，那是天經地義。可是即令國民黨退爲普通政黨而其他在野者仍各自爲政，則中國實現民主政治的機會永遠會在混亂的叫囂中溜走。是以我認爲要在朝黨退爲普通政黨與在野人士的通力合作組成強大的反對黨，是同等重要。我在指責在朝黨之餘，特鄭重提出組成反對黨的重要，主旨在陳明空口的叫囂，無補於民主政治的前途。在文字宣傳方面，我們應提高人民對民主政治的認識與興趣，同時也應將推行民主政治的工具——反對黨組織起來。所謂以文會友，君子羣而不黨，那是與實際政治脫節的口號，不能再援用於今日。要幹就得面對現實，脚踏實地；我們要組黨，我們的黨，要依法取得政權。這是我們「民主共和國」的常軌，反對者，就是反對憲法第一條。假定無黨之組織而要執政，而責在朝黨獨裁，那也不合情理。我要力請諸位將我們名實相符的强大反對黨組識起來！組織起來！組織起來！

六

我一再聲明會議能否召開，如何召開，我對它毫無興趣，我之以此爲題，主要的是向國人提醒我們執筆論政的人，絕不感情用事，無中生有。今後任何人批評我們的言論是「破壞政府威信」，諸位得認淸這是當政者自毁威信，我們不過將事實向國人陳明，以盡與論界之職責而已。請當政者根據此一自毁信譽的教訓：從此不再輕諾寡信以圖一時之快。決定開會，那麽說了就做；認爲黨化國軍是救國良藥，就修改或廢除憲法第一百三十八條；認爲時代特殊有獨裁專政之必要，也向國人坦白陳明。這樣一來，我們這些書呆子也不致於亂撞木鐘了。就個人而言，對於大丈夫我行我素的作風是不反對的。尤其要提醒一般權威理論家們，爲自已辯護時，也不要作出爲共產黨辯護的調子。諸位爲黨化國軍的辯護，共產黨可以全部欣然接受。他們可以同樣的說：「沒有共產黨，就沒有人民共和國，黨國不可分開的，共產黨是信仰共產主義的，是以軍中應設立黨部」。這樣一來，反共在老百姓心目中的意義如何，豈不一目了然？甲來乙去，明明是「黨主」，老百姓那裏能嗅到一點「民主」的氣息？同時更請諸位不要開口閉口，「國民黨才是堅決反共」的。此言一出，不明明說旁人都是不反共的或反共而不堅決的嗎？自已發出孤立的調子而不思其後果，徒斥旁人挑撥離間，是極令人嘆息的。今日之官方理論家，正如當事人之律師，收費之後，必要多用腦筋爲當事人辯護，如果所持之理由徒授對方律師以作還擊之武器，這種律師太不高明了。

我如此坦率而論，明知得罪不少的人，包括許多師友在內，但我不能也不忍將我想說的話埋在內心。我堅信只有澈底實行民主，才可根絕中國今後的亂源。政治民主了，卽令某黨騙得一次選票上臺，任滿之後，百姓發覺受騙，可以馬上改選其他黨派，不必藉諸流血的革命。我們幾時見到民主國家發生革命的。革命只有發生在極權與專制的國家。結果革來革去，人民遭殃，國家元氣喪盡，永遠要靠外人的經濟與技術援助過日子，作個不知不覺的殖民地。而近幾十年來，中國民主運動何以不得成功？我們少數文人志小慾大也要負一大部分責任。統治者爲了鞏固其政權，常用分殘羮一杯之法。我無意苛責此等辦法，因爲由來久矣！大家不見袁世凱要稱帝之時，居然有所謂籌安六小人爲之捧場嗎？問題在文人旣以被御用爲榮，人家焉有不用之理？是以此會不開則已，如能召開，我得鄭重向够資格出席的代表先生聲明，諸位必要代表文人的正氣作原則與制度之爭，以奠定國家民主政治的基礎。我們要向在朝黨明白表示，我們的意圖，是將來在合法公平的選擧下作整個政權的爭取，而不在目下一二部會席次的分配。在朝黨可能以黨基鞏固深得民心，再行執政十年二十年，只要出之公平的選擧，我們應當協助監督，不必灰心。在這種情況下，個人也許毫無實際所獲，但是諸位在中國民主奮鬬史上的功績，是永遠不會被後世忘記的。假定出席者沒有此等抱負，不耐現在生活之淸苦，志在獲得一時之調劑，卽令當局有請，我也得斗膽請諸位三思而行，不要爲「文人無行」史上又添上一頁，不要讓人家恥笑一聲：「這些人那裏在談什麽民主，不過想過點官癮、領點津貼而已」。這樣一來，今後文人至多不過作一統治者的御用品而已，豈不是自取其辱？

何以在全文中我對在野而熱心國是的諸君一再殷殷厚望？主要的是文人相惜，彼此勉勵之意。我們應虛心承認統治階級之所以有以威脅利誘爲收買「士心」的不二法門的心理，過去若干政客之流的政論家口唱民主心想分肥的行爲應負一部分責任。今天可能有不少的人對我們的高唱民主仍持此種態度。我們與其以文字爲他人洗刷過去，不如以事實告訴國人，我們之民主言論，非舊調重彈，以叫囂民主爲進身之階，而在民主制度之確立與夫整個政權之合法取得。凡現行措施與民主政治相違者，我們得據理力爭，向國人求得公正的判決，使當政者深信，除了廢止那些違反民主原則的措施外別無他圖，同時自已必要立定脚跟，使統治者再無法施用分羮的技倆。他們的理論家是有權以過去的事實來推斷將來，以達到打擊與分化的目的，可是我們就得以現在的事實與作風來否認他們的推斷。我們對民主政治的苦鬬是多方面的。在形成强大反對黨之前，應提防他人的分化與破壞；形成反對黨之後，應遵循民主團結之道，堅定本身的陣營。至於他日果在公正的選擧下一旦執政，更得小心翼翼以求政治理想之實現。我們至多只能在政策與辦法上給人有批評的機會，可是不能在民主作風與私人行爲上給人任何攻擊的口實。因爲前者有錯誤，那是民主國家的常態，可以原諒，後者如給人攻擊的把柄，那麽對中國民主前途影響與妨害太大。處於在野的地位，對在朝者的攻擊與批評本是較易着手的，今日之批評人家之種種事實如重現於他日給人以反擊的機會，他們回敬一聲「這些人上臺，還不是一樣專横與貪污」，那麽你我以及千千萬萬主張民主政治、主張成立强大反對黨的人是受不了的。爲了保證此一運動只許成功不能失敗，我一方面固對阻碍民主政治的措施予以揭發與批評，我更對熱心民主政治的在野諸君，請他們多多考慮「自己立定脚根」，在此一運動中該佔如何重要的地位。我更要聲明的是，本文絕無影射他人之意，而只在提醒我輩主張民主政治的人：過去由於少數人脚根不穩直接給當權者以收買的機會，間接妨碍民主運動的推進也是不必否認的事實。

最後，我謹以異常沉重的心情，寫上「我責人，我更自責」，以爲本文的結束。

四十六年八月廿五日

談紡織品外銷的幾個問題

陳若谷

一

臺灣的紡織工業，在政府鼓勵與業者努力之下，進步至速。民國四十三年以後，由於內銷市場飽和，同業競爭劇烈，產品品質雖在不斷改進，而銷售價格則有每況愈下之勢，於是不得不被迫減產或部份停工。據今年六月調查，全省紡織工廠，除一部份紡紗廠尚能充份開工外，其他各業開工情形，大致如左：

業別	開工率
棉紡業	一〇〇%
專營織布業	五二%
毛紡織業	四〇%
黃麻紡織業	七〇%
苧麻紡織業	五〇%
專營絲織業	七一%
印染整理業	三七%

其中以毛紡織工業與印染整理業之景況，最爲慘淡。專營織布業和苧麻紡織業，則陷於半停工狀態。黃麻紡織廠則因原料供應不上，被迫減產。專營絲織業，則因兼營綢廠紛紛停工和改用其他原料，僅少數生產成本較低之工廠，維持生產。亦有一部份產品優良而成本較高之工廠，被迫停業。

二

紡織工業在臺灣，已經不是一種次要的工業了。據經濟部統計：民國四十五年，全省紡織工業的生產價值，達二十一億七千一百萬元，超過臺灣銀行新臺幣的發行總額，僅次於食品工業，而居全省各種工業生產價值的第二位。

從農業經濟的觀點來衡量，臺灣紡織工業的價值，不及臺糖，而從工業經濟的觀點來衡量，臺灣紡織工業的重要性，却不在臺糖之下。因爲臺灣是一個海島，土地面積有限，而紡織工業，是本省目前唯一不佔農耕面積，能够維繫大量員工，可以將產品向海外大量推廣的企業。雖然本省不能充份供應紡織原料，而本省所需要的紡織原料，可用本身所生產的紡織成品去換回。

以日本爲例。日本亦爲不產紡織原料之國家，所需用內外銷之紡織原料，全部係由外銷紡織產品所得之外滙換回，尚有餘裕。玆將兩年來日本紡織品外銷及原料進口情形列表如左：

年度	進口紡織原料	外銷紡織產品	供應內銷原料外之淨餘
一九五四	六三八、四五五	六五六、九八七	一八、五三二
一九五五	六〇一、六五〇	七四九、〇一七	一四七、三六〇

附註：單位美金千元

香港的紡織原料，也是靠外銷產品供應。

三

臺灣紡織產品不能展開外銷的原因，據最近紡織業者的分析，有五種因素：一、業者重視盈虧；二、缺乏健全組織；三、資金周轉困難；四、手續似嫌繁瑣；五、未能積極爭取市場。業者謙遜自責的態度，值得欽佩。業者雖沒有直接提到品質，成本，和外滙處理等問題；而言外之意，似乎覺得內銷外銷利益不能均衡，以及各方面不能密切合作，是阻碍紡織產品外銷的主要因素。

依常情衡量：要刺激產品外銷，一定要產品外銷，有利可圖。最有效的辦法，是使產品外銷的利益，超過內銷的利益。其次，也要讓外銷和內銷的利益相等。最低限度也要讓業者有自行維持的力量，使業務經營，不致虧本；縱使在外銷方面，稍微受些損失，也有能力自行彌補。可是，這三種辦法，我們目前都辦不到。

「業者重視盈虧」，這是必然的事實，尤其是紡織工業，大都是民營企業，我們不能對業者有過高的要求。因爲業者經營該項企業的目的，就在希望該項企業的發展。如果無利可圖，企業就無繼續發展的可能。不過業者圖利的手段，有「合法」與「不合法」的區別；而「利」之輕重，有「合理」與「不合理」之差異而已。業者倘有「不當利得」，不應鼓勵；而業者「應得」的權益，依法應予保障。

四

照目前外滙貿易的管理辦法分析：任何進口物資，如果由政府供給外滙，均可獲利。而任何物資出口，若無其他辦法，獲得補償，都要虧本。糖米輸出，尚且如是，紡織品自亦不能例外。

就本省紡織工業來說：紡織染整各部門，所受到的待遇，各不相同。有的部門，由政府供給外滙，購買機器物料。有的部門，則不能取得外滙，採購所需要的原料或機器物料。前者從事內銷，可以獲得少許利潤；而外銷則無利可圖，故大都不願貿然從事。後者則因本身力量不够，內銷維持既感困難，從事外銷，更覺力不從心。

以專營織布廠爲例：

專營織布廠，以生產染織布爲主體。各種花色的染織布，生產成品較高，因此，在國際市場的售價，亦較一般印花布或染色布爲高。故輸出染織布，較輸出其他布疋爲有利。戰後日本染織布的生產量和輸出量，年有增加。其輸出地區，以美國爲大宗，如一九五五年日本生產染織布，達一億零九十四萬平方碼；外銷佔百分之八十五，其中半數以上，運銷美國。外銷價值，爲一千七百萬美元；其中銷售美國者將近一千萬美元。由於日本染織布大量運銷美國，引起美國紡織業者的重視。從去年起，調整進口數量，而一九五六年上半年，日本染織布外銷，仍達七千萬平方碼；運銷美國者佔百分之七十四。外銷總值一、四五一萬美元，銷售美國者佔百分之七十七。香港的染織布運輸英國，亦使蘭開夏（英國紡織業中心）的老闆們，大傷腦筋。

臺灣織布工廠，適於織「染織布」的花色織機，有七千餘臺；而適於織細布的自動織機，只有三千餘臺。爲了使這些花色織機充份開工，照理應該鼓勵染織布出口；因爲出口染織布的利潤，遠較出口其他布疋爲高。出口一疋自細布，通常只能換回一疋半細布所需的原料；出口一疋印花布，也只能換回二疋印花布所需的原料；而出口一疋染織布，則可換回三疋染織布所需的原料。

可是，本省染織布的專營布廠，祇能按市場價格，購進棉紗，無法按外銷價格，取得棉紗。因此，在外銷利益上，雖以輸出各種染織布，最爲有利。但事實上本省的染織布，不但不能外銷，連內銷都難以維持，勉強維持僅及半數。

五

從外銷理論上講，獎勵勞務輸出，應以勞務在成本中所佔的比率愈高，愈爲有利。可是，現在一套加工外銷輔導的辦法，却在獎勵多多使用外國原料。因爲根據現行辦法，加工品外銷，使用進口原料所佔的比率愈高的，愈能獲利。

以紡織品外銷爲例：按現行加工輔導辦法，外銷紡織品，一律准許保留八成外滙，進口所需原料；（此項辦法，已較其他各業優厚。）其餘二成，按每元美金折新臺幣一五·五五元之滙率，結給臺灣銀行。此外，按外銷成本中使用原料部份所佔比率，每一美元補貼新臺幣七·四元；而在勞務加工部份，除減去結給臺銀的二成之外，其餘每一美元，祇補貼新臺幣四·二七元。比使用原料的補貼少三·一三元。這無異說，勞務加工的價值每增加一美元，則廠家的收入，就要減少新臺幣三·一三元。（參看附表）如果業者保留外滙所進口的原料，有利可圖，業者的外銷興趣，尙可勉强維持。如果所保留的原料，無利可圖，或無法使用時，則業者根本不願意出口。照理，苧麻布及生絲織成的錦緞出口，無需進口原料，最爲有利。可是，因爲沒有適當的原料進口，所遭遇到的困難也最多。

茲將紡織品外銷，因勞務加工部份的增加，在臺幣部份收益反而減少的情形，列表比照如左：

合計（美元）	外銷成本		廠方所得	
	使用原料部份（美元）	勞務加工部份（美元）	保留原料外滙（美元）	所得新臺幣（元）
一〇〇	八〇	二〇	八〇	九〇三·〇
一〇〇	七〇	三〇	八〇	八七一·七
一〇〇	六〇	四〇	八〇	八四〇·四
一〇〇	五〇	五〇	八〇	八〇九·一
一〇〇	四〇	六〇	八〇	七七七·八
一〇〇	三〇	七〇	八〇	七四六·五

附註：出口費用，每一〇〇美元約新臺幣四〇〇—五〇〇元，須自廠方所得內減扣。

六

臺灣的紡織工業，尤其是棉紡織業，紡織染整各階段，大都分別設廠，極少一貫作業。各階段間，利害既不一致，又沒有一個聯合統一的組織，爲之策劃融通，於是紡織染整，各自爲政。

據現行加工輔導辦法：輸出棉紗，換回棉花；輸出棉布，換回棉紗；輸出印花布，換回細布；輸出襯衫，換回府綢；輸出西裝，換回衣料和襯布；均無不可。依照這個辦法，各業站在本身的立場，不妨替自己的利益打算，使紡織染整成衣各業，自成一個軌道。果能三四條軌道，同時並進，誠屬洋洋大觀。

可是，這個各階段自行加工輸出的辦法，和現行「維護」與「發展」紡織工業的政策，恰巧相反。因爲進口棉紗、細布府綢以及西裝料，均將對本省現有的紡織染整各業，有所不利；因此，這個分段加工的辦法，就不能貫澈執行。結果：棉紡業的棉紗，不許出口；原因是「爲什麼不輸出棉布？」而織布業的棉布也不能出口；原因在「不可以進口棉紗」！但是，業者外銷問題並沒有解決。爲什麼棉紡業不願意出口棉布，而織布業不肯進口棉花呢？爲什麼棉紡業不能將要出口的棉紗賣給織布業，而織布業又必須向國外進口棉紗呢？

爲了要使這些內在的矛盾現象，得到合理的解決，在業者之間，固然需要一個統一而健全的聯合組織，而在政府方面，似乎也需要有一個事權專一的執行機構。

七

要使紡織業者內銷和外銷的利益獲得均衡，目前原料外滙的分配辦法，必須予以變更。

過去，本省發展紡織工業，爲的是供應內銷；所以，無論原棉、羊毛以及人造棉的分配，都是以供應內銷爲前題。當時，各廠的設備，不敷省內的需要，祇要有機器可以從事生產，便能取得原料的分配。其後新的設備陸續增加，而原料分配的原則和比例，一直沒有改變。於是，取得原料配給的廠家，因原料的成本較低，可以獲得業務經營上的便利。而使另一部份開工較遲的工廠，和一些未能取得原料分配的紡錠，無法與之競爭。

在原則上，這些未能取得原料分配的工廠或紡錠，是可以參加外銷的。同時，在事實上，這些紡錠也正在用全力爭取外銷。可是，由於種種條件的限制，這些工廠或紡錠，在無法取得外銷時，祇能停工或減產。而另一部從事內銷的工廠或紡錠，却仍能充份開工。因爲工廠開工的程度發生差別，便使人感覺到：同是爲國家效勞的企業，爲什麼在待遇上會有這樣大的偏頗？

如果將工業產品外銷，比喻作軍人上前線作戰，則工業的利潤，便好比軍人的營養。一個勇於作戰的國家，一切爲前線。可是，我們現在分配原料的作風，無異是將軍人分成兩類，一類上前線的軍人，不給營養，而將營養全部供應給另一類不上前線的軍人。

爲了促進紡織品外銷，有人建議：應該按各廠內銷原料分配的比例，强迫各廠產品輸出。又有人建議，應該按照各廠外銷的實績，分配內銷原料。前者注重保養，要讓吃得多的戰士，多出點力量；後者注重成績，要按作戰的勞績，論功行賞。如果怕過份刺激外銷，則不妨採取前者的建議。可是，强迫產品輸出，不是一件容易的事，好比推驢子過橋，往往事倍功半。若要鼓勵業者勇往直前，倒不如採用後者的建議，按各廠出口實績，分配內銷原料；讓勇於出口的廠家，在內銷方面，獲得些許利潤。

八

然則在內銷方面到底能獲得多少利潤呢？照目前的情形，業者的利潤是極微薄的。因爲加在業者身上的負擔太重了，縱有些許利潤，亦爲其他方面所吸收。

紡織業者所感到最大的負擔，第一是利息；第二是捐稅。

據四十三年全省工商普查，臺灣紡織工業主要固定資產總額，爲新臺幣六億元，實際運用資產總額爲十四億。臺灣的金融機關，對於民營工業貸款，不夠重視，各廠的周轉資金，不得不求之於民間。民間市場利息，月息常在三分以上。因此，臺灣的紡織工業，如果按市場利息計算，僅利息負擔一項，每月已達四千二百萬元，全年共計五億零四百萬元，佔全年營業額的百分之二五。試問目前的紡織工業，能不能有這麼大的利潤呢？

據專家估計，紡織工業對臺灣財政的供獻，僅棉紗毛紗及人造棉紗三項的原料進口關稅和貨物稅，已達新臺幣三億四千四百萬元；其中棉紗佔一億六千九百萬元，毛紗及人造棉紗共佔一億七千五百萬元。如連其他各種稅負合併計算，總數亦在五億元以上。

在各種紡織原料進口關稅中，以人造纖維的稅率最高，計達百分之一四〇；羊毛次之，計百分之八五；棉花爲百分之一〇。在國際市場，人造纖維織物常以棉織物爲競爭對象，而在本省市場，人造纖維織物之售價，常在棉織物一倍以上，因之影響人民的消費興趣。

羊毛之進口關稅，與毛織物之進口關稅，相差僅百分之一五。而毛紗出廠，尙須繳納貨物稅百分之三〇，因之原料進口之稅負，反在成品之上。此爲我國海關稅則上的一大漏洞。

毛織物之稅負，據毛紡織公會計算，嗶嘰一公尺，售價新臺幣二〇〇元，其中關稅及貨物稅之負擔，共計一〇七．二元，佔售價百分之五三．六。由於毛織物之稅負過高，引起走私者之興趣，如最近海關迭次破獲走私案，大部以毛織物爲大宗，未經破獲者無法計算。海外遊客回國隨身携帶進口之毛織物，尙不在少數。由於國外產品侵入省內市場，不但省內產品之銷路，遭受打擊，政府之稅收，亦蒙受極大之損失。

爲了維護業者正常之利益，市場之利息，必須設法抑低；羊毛及人造纖維之進口稅率，亦應該作合理之修訂。

九

我們不講外銷則已；如果要講外銷，必須將我們各種生產和外銷的條件，和其他國家生產和外銷的條件，作一番詳細的比較；所謂知己知彼，百戰百勝。

一、就產品的品質來說：我們所使用的機器，大都是新型，技術也不算落後，如果在原料方面，力爭上游，並且加强各廠的檢驗工作，不難控制產品的品質，使達到所期望的標準。

二、可是，在組織方面，我們就不如別人靈活。第一、我們沒有資金充裕的大貿易商。第二、我們沒有專門研究各地商情的聯絡網。第三、我們沒有一個指揮統一的商戰中心。如果我們要對外作戰，首先，我們就得負擔較高的利息！最近臺銀公布外銷購料貸款，月息尙須九厘九；就臺銀來說，已經是盡了最大的努力，而和其他國家的利息比較，還是要超過一倍以上。並且，貸款的手續，亦不簡便，必須在接到訂單以後，方能貸借。因此，我們不能事先作種種必要的準備。尤其是原料的供應，倘非政府代爲先期儲藏，勢將無法交貨；

因爲如果等到生意接到手時，才去貸款買原料，在這一段期間，誰也不能預料市場的變化。且交貨期間延長，將使購買者興趣遞減。

三、在管理方面，我們有一套不憚其煩的外滙審議制度，每一件外銷案件，不論數量多寡，都要逐案審查。在各小組一再審查之下，不但業者的「商機」，不能把握；連業務上必須保守之秘密，亦無法保守；甚至一切盈虧，都要經過詳細的考核；虧本則有「套滙」之嫌，賺錢則有「暴利」之譏！在這重重約束之下，使業者無法放手去做。這套制度，如果不予澈底簡化，勢將阻碍外銷業務的進行。

其實，在政府方面，祇要把握原則；祇要外滙之收益，對我有利；爲什麼不能放手讓業者去自由經營呢？

十

如果能够將紡織品外銷業務，放手讓業者自由經營，則業者可以聯合起來，用全力去爭取海外市場。

因爲紡織品外銷業務，在業者自由經營之下，業者可以廣泛地與海外僑胞展開聯繫，僑胞在東南亞一帶，經濟力量雄厚，祇要我們產品的品質不在其他國之下，而價格不超過其他國家，沒有一個僑胞，不願採購祖國產品。

並且，紡織產品外銷，賺的是外滙，所耗費的是新臺幣。祇要在外滙收益方面不虧本；准許業者將所得外滙，換回足够的原料之外，還可以進口機器物料；則無須耗用政府外滙，就可促使本省的紡織工業，繼續進步。

用外銷所賺得的外滙，來繼續發展我們的紡織工業，使在外滙收支方面達到自給自足的理想，就經濟立場來分析，是非常穩健的。

據最保守的估計，本省紡織工業的建立，每年節省外滙在美金二千萬元以上，目前每年所需進口的紡織原料約爲二千至二千五百萬元。而可能外銷的能力約爲一千五百萬元。如果允許業者將外銷所得的外滙，換回所需的原料和機物料，則在五年以後，本省所需的紡織原料，便可由輸出的紡織品賺回。

目前，東南亞的政局，相當穩定。美國過剩的原棉，和日本正在積極發展的機器，都希望找到出路。因爲除日本之外，臺灣的工業條件，在東南亞堪稱首屈一指。我們必須在東南亞各地的工業基礎尚未奠定前，將自己的工業基礎，建立穩固；不然，在東南亞各地建設完成以後，將失去一切可能向海外發展的力量。

十一

目前，在自由中國談外銷，無論如何，不應該忽視僑胞的力量。過去，日本企圖向南洋發展，而以臺灣爲南進的跳板。今天，日本要想參預東南亞的經濟建設，除了高呼「美國資金，日本技術」的口號外，並想透過僑胞，幫他們作種種安排。可是，我們現在，却是僑胞要想和我們展開貿易，却遭遇到許多內在的困難。在許多僑胞要想開展的貿易中，紡織品是一個重要項目。

我們將絢麗的紡織品向東南亞推銷，目的不僅在賺取外滙。更重要的是在告訴僑胞，這絢麗的產品，是若干年來祖國同胞艱苦奮鬪、努力生產建設所得到的成果。宣揚我們從事建設的信心和熱力，讓海外同胞獲得溫暖，比一切外滙收入，更爲重要。

海外僑胞，尤其是東南亞一帶，今天的處境，非常艱困；因此，每當他們看到自由祖國精美的產品，不禁熱淚滿眶。我們當然不希望東南亞各地，長遠做我們的消費市場。但是，我們可以用事實告訴僑胞和東南亞的弟兄們，凡是今天臺灣所能生產的東西，祇要大家願意自己生產，都可以做得到。因爲我們的工業，發展不久；我們的社會經濟情況，和東南亞各地類似；我們和東南亞各地，眞正是兄弟之邦。用我們這幾年來的經驗，和東南亞各地相配合，從事各種中小型工業建設，如設立針織廠、染織廠之類，輕而易擧，用不着期待美國資金或日本技術，便可以馬上進行。祇要海外各地僑胞們的經濟情況好轉，不但不會阻碍本省工商業的進步。且會更積極地推動本省的經濟建設，向前邁進。

十二

近年來，世界各地的紡織工業，都在欣欣向榮，尤其是近在咫尺的香港，生意早已接到幾個月以後。可是祇有本省的紡織工業，一籌莫展。這並不是本省業者不求上進，而是我們工業產品外銷的條件，不如別人。

在推進紡織品外銷的觀點上，各方面的意見，完全是一致的；問題在缺乏一個切實可行的具體方案。這個方案，所期望於業者的地方不多，而期望於行政及業務主管方面的較大。如果要這一個方案切實可行，則這方案中，一定要有一批周轉原料，一筆周轉資金，一套簡便的滙稅辦法和結滙手續，以及一個健全的產品檢驗機構；並且還要修訂現行外銷品加工輔導辦法，減低外銷品貸款利息，平衡內銷和外銷的利益，放手讓業者自由經營……。種種促進產品外銷的條件具備以後，才能談到在國際市場上自由競爭！

紡織工業，是臺灣目前向外發展最有希望的一種產業，其現有資產，雖已達全部工業資產的五分之一，然與日本或香港紡織工業的地位相比較，仍覺瞠乎其後。臺糖臺米的發展，已達飽和，爲臺灣工業的前途着想，爲臺灣每年增加三十五萬人口的就業問題着想，縱使外貿會用全力來輔導這一項企業的發展，也是值得。因爲經驗告訴我們，只要這一項工業的外銷途徑能夠展開，則其他工業復甦和發展的機會，也就不遠了。

敍利亞問題的發生和發展

沙清海

一

中近東地區，由于其處在歐亞非三洲交通孔道的戰略地位，遠自亞歷山大東侵，以迄土爾其建立阿托曼帝國，拿破崙遠征，威廉二世實行三B政策(卽由柏林經博斯普路斯海峽至巴格達之鐵路線，以對抗英國控制海洋之三S線)，以至第二次世界大戰中隆美爾在北非之慘烈戰爭與英美之經由「兩伊」以軍用物資供給蘇俄贏得勝利，及俄國爭取出海口之一貫政策，均足見此一地區在世界史中之重要性。

其次，與近代國民福利與戰略物資不可分之石油資源，以中近東爲首屈一指。據最近資料估計，中近東油藏量，佔全世界三分之二。石油生產，僅次于美國與委內瑞拉，而與蘇俄相埒（據一九五五年資料，蘇俄年產五千八百萬短噸，僅沙烏地阿拉伯卽年產五千萬〇八十噸，由美國公司開採）。西歐所需石油，百分之八十五係由中近東供給。本文所敍述之敍利亞，雖不出產石油，但由中近東供給歐洲百分之八十五的石油，其三分之二的油管，係經過該國領土。

中近東大體言係回教地區，阿拉伯民族佔其中主要部分。敍利亞爲阿拉伯聯盟之一國，其他八國爲埃及、也門、黎巴嫩、約旦、沙烏地阿拉伯、伊拉克及最後加盟之蘇丹、利比亞。阿盟于一九四五年三月二十二日在開羅成立，本係英國圖藉以控制中近東之組織，其後反被埃及利用此一組織反英。敍利亞及也門，爲埃及之盟友。

俄國圖向中近東之地中海與波斯灣爭取出海港口，爲自彼得大帝以迄蘇維埃政權歷久不變之國策。自第二次大戰後，俄帝侵略計劃第一步爲歐洲，經東歐諸附庸之赤化而停頓；第二步爲亞洲，以中國大陸陷落迄侵韓戰爭至南北越分治亦告一段落。第三步之開始爲自史大林死後(一九五五年七月)。自此時開始，蘇俄對埃及總理納塞態度，作一百八十度之轉變，旋對也門、敍利亞諸國，同時供給軍火。其目的在使上述三國，在外交政策與經濟關係上，對西方處於對立狀態。

自一九五六年七月廿六日埃及總統納塞宣布運河國有，同年十月，發生英、法、以三國對埃戰爭。一九五七年四月，約旦發生圖謀推翻王室之政治危機。八月初，敍利亞國防部長阿賽蒙訪蘇後，蘇俄經以大量軍火供給敍利亞，爲數頗衆之「專家」同時滲入，左派分子抬頭,同時開始激烈之反美運動。中近東局面，進入自運河事件發生後之嚴重情況。

二

敍利亞位地中海東岸，西北界土爾其，東鄰伊拉克，東南連沙烏地阿拉伯，南部與約旦毗境，西南爲黎巴嫩及以色列。領土七三、五八七方英里，人口三百七十萬人。除阿拉伯人外，有亞美尼亞人，庫爾特人，土爾其人與法國人。信仰以回教爲主。

古代之敍利亞，約在紀元前一千五百年，被埃及人所征服，此後相繼被希伯來、波斯及希臘管轄，最後于紀元前六十四年，迄至紀元六百三十六年，在阿拉伯佔領之前，爲羅馬帝國之一部分。阿拉伯人以此地爲該帝國的貿易中心。十三世紀中葉，當蒙古軍向西征略時，曾蒙受極大災禍。十六世紀初，敍利亞開始受土爾其的阿托曼帝國統治，一直到第一次世界大戰之前，敍利亞迄爲土爾其的一個行省。

一九一六年的英法秘密協定，劃敍利亞于法國勢力圈內。法國在國際聯盟委任統治名義下，曾好幾次地壓平當地民族主義者的叛亂。一九三〇年，法國承認敍利亞爲獨立共和國，但仍保留于委任統治名義之下。在若干次的民族主義者示威運動之後，法國高級專員便將敍國憲法，停付實施。一九四一年，英軍和自由法國的武裝部隊，攻入敍境，取代維琪政府控制。第二次世界大戰末期，敍利亞成爲盟軍的一軍事基地。一九四五年，民族主義者的暴亂迭興，經由英軍恢復其秩序。嗣敍國于一九四八年參加阿盟軍隊進攻巴勒斯坦的戰役中，所受損失頗重。從一九四九年三月三十日亞突蒙 (Husni Zayim) 顚覆政府行動開始，敍利亞便是一個不斷發生政變的國家。也是依照戒嚴法經常處于「緊急狀態」的地方。一九五一年十一月，西夏克里 (Col. Adib Shishakly) 發動政變，一九五三年七月當選總統，旋于一九五四年二月被所部驅除。並擁出亞特西 (Hachem Bey el-Attasbi) 爲總統。一九五五年八月，古瓦特里 (Shukly al-Kuwatly) 被選爲總統，以迄于今。當古氏流亡于埃及時，曾受納塞上校的優遇。今天埃敍兩國邦交的親密，可以說是淵源于此。

中東問題的死結，爲阿猶糾紛。儘管目前阿拉伯聯盟內各國意見紛歧，經濟利益互相矛盾，和在政治上分道揚鑣，可是在對以色列問題上却是一致的。自然其間有程度上的差異，而反猶態度最激烈的，則莫過于埃敍兩國。因此西方與阿拉伯諸國的糾紛，開始于一九四八年以色列的建立。阿拉伯人認爲以國是英美强植在他們身上的一個傷口。這個傷口將不能痊癒，而其目的在妨碍阿拉伯民族的獨立。

十年以來，西方國家對此問題毫無作爲。從阿拉伯人的立場看，西方的任何措施幾乎都是錯誤的，因而憤恨日深。目前敍利亞局勢便是這種情緒發洩的重要的具有代表性的表現。

三

根據美聯社八月二十五日通訊和同月倫敦「經濟學人」的看法，都一致認爲敍人爲共產黨員的爲數極少。但此種多年來殖民主義後果，因以色列的存在而引起的對西方的仇恨，以及敍利亞本身極不穩定的政局，毫無疑問地對蘇俄的擴張政策是極爲有利的。現在我們可以扼要地談一談敍國政局中與蘇俄直接有關聯和與蘇俄間接有利的種種因素。

在敍利亞，具有右傾性質的和保守主義色彩甚濃的兩大政黨，爲人民黨及憲法集團。但憲法集團並非是一個眞正的政黨，而只是一個議員們的聯合會。這兩個團體，都受到左傾的政府壓迫，而不能從事政治活動。

在現在當權的聯合政府當中，有敍利亞國民黨，是由一個小黨在最近變爲壯大的。其中包括㊀民主集團——也是一個議員們的聯合會；㊁阿拉伯社會主義者，這個以胡蘭尼 (Ekrem Haurani) 爲首的組織，實際上是以社會主義爲標榜的左傾的阿拉伯民族主義者；㊂左傾而超民族主義的阿拉伯復興運動；和㊃以民族主義者姿態出現的共黨分子。這個聯合體雖自稱爲民族陣線，但事實上恰巧是一個可供共黨利用的人民陣線。

構成上述左傾而不穩定的敍利亞政局的原因，乃是：㊀在社會上有錢有勢的人，需要政治撐腰以穩定其財勢。㊁較目前敍利亞社會實際進行工作所能容納者爲多的智識分子，其教育程度與其社會經濟地位間存有極大矛盾。他們需要政治權勢，藉軍人或文官的地位，以滿足其物質上的要求。這些人都擁擠在城市中，等待或利用各種各樣的機會。因而增添了社會不安的因素。㊂狂熱的民族主義思想，很容易被錯誤地引導到和共產主義互相携手而最後被其利用的程度。

明瞭了敍利亞的政情，現在我們進而將幾個具有代表性的人物，略予介紹：

總統古瓦特里，本身係一大財主，自已亦非共黨，但對共產主義之弊害，茫無所知，他之所以能在一度渡流亡生活後尙能取得政權，得埃及總統納瑟的援助甚大。古氏在敍政局中，雖不欲過事左傾，但他並無實際權力。總理阿薩尼(Sabri Assari)亦非共黨，乃極端的左傾民族主義者。一直到今天，他所唱的仍是「積極中立政策」。

現政府是由上述的國民黨所支持的。該黨的實際負責人，爲胡蘭尼。胡氏爲國民黨 (民族陣線) 四小黨派之一——「社會主義者」的領袖，亦爲國民黨實際負責人。因此他乃是敍利亞重要幕後人之一。

國民黨的另一重要分子，爲阿賽豪 (Khalid Assem)。他爲敍利亞有名富翁，是一個典型的智識分子，曾任外長，現任阿薩尼左傾政府的副總理兼國防部長。敍美關係的緊張，就是他今年八月初赴蘇談判歸來後的直接結果。

敍利亞的實權，掌握在一批知識分子的年青軍官中。謝拉吉 (Col. Abdel Hamid Serraj) 爲其代表，謝任國防部第二廳廳長(情報廳)，可稱爲極左派而非共黨。彼所倡的政治路線，爲反西方——反殖民主義，和親埃——親蘇——親共，而尤以親埃的成分爲多。

謝拉吉爲「阿拉伯復興運動」之分子，彼不僅掌握情報與反情報，而且整個憲兵在其手中。在敍利亞，謝拉吉是一個比總統、總理還有名的人物，他的決定和行動，實際影響政局。也便是他，和約旦參謀總長努瓦爾 (Abu Nuwar) 密謀，想逼宮或刺殺約旦國王——胡笙，宣布成立敍約聯合共和國，他自任總理，讓努瓦爾任總司令。後來此一陰謀被破獲。

謝拉吉雖是一批青年軍官公開而重要的領導者，但一般人懷疑他們背後還有人在策動，如其有人，便可能是巴克達西 (Khalid Bakdash)。

四

在幾乎所有近東國家都視共黨爲非法組織的情況下，巴克達西是第一個當選爲敍國會議員並自承爲共黨分子。一般相信，巴氏不僅是敍利亞、黎巴嫩兩國共黨的書記長，且可能是中近東諸國的共黨領袖。

巴克達西早年曾被大馬士革學院(敍利亞大學)開除，一九三三年，巴氏在莫斯科受訓成爲一共產黨員。二次大戰終了，共產國際解散後，巴氏在大馬士革、貝魯特和海法之間，負着共黨之秘密使命，往來奔走。

一九五二及一九五六年，彼曾返回莫斯科，參加聯共第十九屆、第二十屆大會，因而更加强了其與克里姆林宮之關係。敍利亞及黎巴嫩兩國，雖曾于一九三九年九月，公開宣布共產黨爲非法組織，但巴氏仍不懈地進行其地下活動。

史大林死後，各國共黨改變作風，成立「陣線」組織，上述敍利亞民族陣線之組成巴氏出力最多。該陣線在敍利亞國會選舉中大獲全勝，因而巴克達西也被選爲中近東第一個共產黨議員。要是祇憑共黨的力量，彼是決定得不到如此結果的。

一直到今天，共產黨在中近東還是一個很小的組織。但由巴克達西的成功，可以看出一般共黨在中近東活動的特性。第一、巴克達西的活動，在表面上是完全寄托于獨立的阿拉伯民族主義分子的面具下，因而很容易獲得許多同情者；其次，目前共黨組織雖然很小，但人員精練，組織嚴密，領導集中，且有莫斯科作强有力的後臺支持。這都些是中近東其他政黨所缺乏的，因而對莫斯科政策的執行上極爲有利。

與巴克達西活動有關的另一重要因素，爲大敍利亞主義。敍利亞本爲土爾其之一省，經如上述。因而目前敍、黎、沙、約、伊拉克諸國的劃界，都不是自然的，其間便發生出大敍利亞的問題。

此一計劃遠在第一次大戰時即已醞釀，但戰後因英法勢力衝突而未實現。第二次大戰終了，在組織阿盟失敗後，英人復倡此議，主張以整個巴勒斯坦、黎巴嫩、敘利亞、外約旦組成一個政治體系，並以外約旦王爲首長，進而與伊拉克組成一個大聯邦。但因英法意見不合，且阿拉伯各族領袖立場相異，最後外約旦王阿爾都拉王卽因此項計劃遭嫉，於一九五一年七月在耶路撒冷被刺身死，此項計劃因而作罷。

但「大敘利亞」的幽靈在中近東仍然隨時隨地存在，換言之，對誰有利誰就支持，對誰無利誰就反對。莫斯科便是想在「大敘利亞」號召之下，利用庫爾特人來予以執行，敘共首領巴克達西便是庫爾特人。

庫爾特 (Kurdish)人是分布在南俄、土爾其、伊朗、敘利亞、伊拉克各國的一好戰種族，沒有建國的能力，却夢想建立一個大帝國。二次大戰後伊朗北部的叛亂，以及同時期在伊拉克所發生的騷動，均是蘇俄所直接操縱指使的。在今天，莫斯科仍不懈地推行其所謂「民族庫爾特」運動，想把此一運動，經由巴克達西來實現一個克里姆林宮所控制的「大敘利亞」。

除此之外，由于以色列的成立，因而在中近東局勢中所引起的不斷磨擦和緊張狀態，也是對于莫斯科政策的推行是有利的。而阿猶糾紛中在敘利亞、黎巴嫩、沙烏地阿拉伯、約旦和埃及所產生爲數約一百二十萬的難民問題，自然是共產煽動者最理想的宣傳對象，和對各該政府討價還價的工具。

五

從上面敘國政情和人物來加以分析，可知在中近東，雖然埃敘兩國同爲親蘇，但兩國的情形却完全兩樣。在埃及，納瑟總統雖然是狂熱的民族主義者，但誠如他所說的，他是「親埃及」，他能掌握埃及的局勢。不管他對于自由世界是否有利，但今天他還是一個獨立人物，這從本年四月納氏對約旦政治危機立場，年來變化中對沙烏地阿拉伯國王的小心態度，甚至于對美外交上都可以看得出來。換言之，敘利亞的政情和人物，比埃及對莫斯科更爲有利。因爲敘利亞缺乏一個領袖。

乘上述的有利局勢，遠在一九五五年十月，蘇俄經由捷克與敘利亞訂有軍火協定。捷克以武器交換敘利亞之小麥與棉花。捷克並在敘取得石油精鍊工廠之建設權利。同一時期，敘國率直拒絕美國所提供之援助。此後敘國卽在該國海港拉特克 (Latakia)，不斷地從蘇俄及其附庸國家運入軍用品。共黨國家均在大馬士革設有商業代表團，技術專家及人員來往有增無減。目前估計已超過三百五十人。敘國若干地區均由軍隊予以封鎖，以便隱藏由共產集團國家所運來的軍火及其他設備。專爲蘇俄飛機降落的大馬士革飛機場，亦已于年前在蘇俄專家指揮下竣工。

敘利亞所運到的軍火及有關設備，早已超過其區區六萬軍隊所能容納的程度。據華盛頓所獲情報，敘利亞欠蘇俄及其附庸國家的此項帳目，爲數已達三億美元以上，對于此不及四百萬人口而資源全無的國家，自然是一個龐大數目。

由于蘇俄集團對敘利亞、埃及與也門三國之軍火供應，使中近東情勢不斷緊張。本年八月事件，更使此項關係，達到新的高潮。

事緣七月底敘利亞派有一以國防部長阿賽豪爲首的代表團，赴蘇商談新的蘇俄援助。當該代表團返回之日，美蘇間係，卽立刻表現緊張情勢，同時敘國境內，亦發生軍界人士大變動。

八月十三日，敘利亞訪蘇代表團經由捷克抵達該國，眞理報發表專論，讚揚兩國友誼暨會談所獲之成果。同一日，藉口美在敘發動陰謀，大馬士革驅逐美國三外交官出境，並牽扯謂與前任總統西夏克里有關。顯然地，此項措施，爲敘代表團在莫斯科所協議之一部分。次日，美政府亦予以同樣性質之報復，驅逐敘駐美大使及館員一人出境。

繼反美行動之後，號稱溫和派的尼柴壘定將軍 (Gen. Twefih Nizamuddin) 辭職，以畢士利上校 (Col. Afif Bizri) 繼任，納傳里上校 (Col. Amin Nufouri) 亦被任爲副參謀長，並升爲准將。上述兩人均爲有名的共產黨員，且曾因與敘國最具勢力之國防部第二廳廳長謝拉吉作對而著名。曾于本年初指導審訊所謂集體叛逆案。由此證明，敘國在目前情勢下，卽最左傾之非共人員，亦已開始失勢。上述二員之新任命，與若干反共軍官之掃除，據悉乃由克里姆林宮所提條件，爲一億美元軍火援助敘利亞代價之一部。

溫和派尼柴壘定將軍辭職，表示共黨軍官已能控制敘利亞局勢。此項局勢對西方的威脅，爲蘇俄包抄西方在中東防線的北壘。而更重要的，乃是包抄北大西洋中東防衛機構與巴格達公約主要柱石的土爾其。另一危險，乃敘利亞可以隨時截斷中近東對西方的大部分石油供應。此外阿猶雙方之對立情勢，自亦將因敘利亞之加强軍火供應而增尖銳。

六

國防部長阿賽豪爲首的敘國代表團甫于八月中旬返國，阿氏旋卽奉命任經濟發展委員會主任委員。兩週後，經濟安定委員會首腦祖巴拉率領之三人代表團，再赴莫斯科，作一週之晤談後遄返。據悉，蘇俄可能以爲數約一億四千萬美元之機械及技術援助，供給敘利亞。而敘國以所產之小麥及棉花等付與蘇俄，並付年息二厘半。

蘇敘雙方均未曾公佈談判與協定之細節，並上述數字可能不包括軍火援助在內，但較諸實際所需數字，縱使蘇俄慷慨給與，亦相差甚遠。

敘利亞目前經濟發展所亟需之項目，據國際復與發展銀行之粗略估計，其項目及所需費用如次：

(一)由地中海海港拉特克 (Latakia) 至卡米什里 (Kamishili) 鐵道，估計約一億七千萬至二億敘鎊。

(二)幼發拉底河岸猶沙弗 (Yussuf Pasha) 地方水堤，估計約一億六千萬敘鎊。

(三)上述水堤之有關灌溉系統，估計約五億六千萬敍鎊。

此爲敍利亞有關經濟建設最基礎計劃之粗略估計。爲數達十億敍鎊，或一億英鎊，倘再加上農業設備、道路工程及其他工廠，將達一億三千英鎊。且完成上述工程，不僅所需時間甚久（必然爲十年八年），且乏利可圖。

除上述三項工程外，敍國另一經濟計劃，爲位于拉特克與阿力坡（Aleppo）之間沼澤地的塡充與排水計劃。目的在使此處無用之低濕地帶，變爲可耕沃壤。敍國對此工程已進行有年，倘欲迅予完成，自然需要比上述數字更大之財力。

鑒于前此蘇俄對于埃及阿斯旺水垻之突然放手故事，甚難以證明莫斯科有從根本上尋經濟途徑建設敍利亞之眞意。如莫斯科眞予擔負，不啻爲經濟上之大包袱。上述一億四千萬美元之數字，其最大可能，厥爲藉長期性的經濟援助，從軍事上控制敍國。

目前蘇俄與敍亞雙方，均一再强調此項經援，並無附帶政治條件。據西方權威觀察家意見，均認爲此項申明相當可信。原因乃蘇俄政策，在造成對西方的長期性的神經戰。目前莫斯科故示恩惠，以求敍人對「蘇援」安靜接納，此後經共黨控制，自可勿須任何政治條件。

今年元月美國所宣布之艾森豪主義，其要點爲：(一)爲保證中近東國家領土完整、主權獨立，如任何一國因遭受共產主義威脅請求援助，得使用美國武裝部隊；(二)上述地區任何一國或多國請求援助時，美國得實行軍援及經濟合作計劃。

目前敍國局勢，使艾森豪主義無所施其技。因此，現階段美國政策，在急速軍援約旦、伊拉克、黎巴嫩、沙烏地阿拉伯、土爾其諸國，使局面一旦惡化時得以控制。

目前在近東對自由世界之一有利因素，爲敍利亞再行左傾對埃不利。儘管九月九日納塞曾發表爆炸性聲明，但自敍總統于八月底赴埃會商後，局勢已見和緩。同一時間，開羅正式宣布共黨地下分子十八人被捕及審訊日期之消息，尤可證明納瑟在力圖保持彼心目中之中立主義。因此敍左傾分子準備成立純粹親蘇政府之傳說，迄未見諸事實。此後埃敍兩國軍事首長會商後，于九月十五日發表公報，認爲阿拉伯國家首要敵人仍爲以色列，並否認土爾其與敍敵對，以及不在親西方的附盟國家邊境集中軍隊三點。即此可證明納瑟政策已見相當影響。其尤重要意義，爲此項公報，與蘇俄對土爾其、伊拉克、黎巴嫩等國及對美國之恫嚇性的指謫不相一致。

其第二個有利因素，厥爲其他反共的阿拉伯國家之急求緩和局勢，敍局緊張後，沙烏地阿拉伯、黎巴嫩、約旦諸國元首之僕僕風塵，相互諮商，尤具決定性意義。自然，此項決定性，係由美國强硬態度所產生者。甚至于莫斯科及大馬士革，亦不能對美國所表示之態度，等閒視之。

由于莫斯科對美造成緊張局勢以達成神經戰效果觀點，目前敍利亞將繼續以「中立主義」標榜，不致在表面上再事左傾，敍利亞在克里姆林宮棋局中現既已成定局，即不必再有變化。除非受意外因素之刺激，雖然雙方都呈劍拔弩張形勢，最近中近東將不可能發生大戰。(完)

西德大選之分析

西德通訊・九月廿六日

吳為

舉世矚目的西德大選，終於在外馳內張的氣氛下，于本月十五日順利的結束了，基督教民主聯盟，以壓倒的優勢獲勝，更突破前兩屆的紀錄，在國會內獲得過半數席次。這堪與俾斯麥先後爭輝的今首相愛登諾博士，又必以其一耄耋之年再爲他國家的重建添一些新篇。這是德意志之幸，也是自由世界之幸。

這次西德的選舉，左右兩大派(左派卽社會民主黨——艾倫豪爾，右派爲基督教民主聯盟——愛登諾)之間，其政綱之鮮然對立，乃近年來在這蜩螗陰霾的國際局面下，爲任何民主國家選舉所罕見。基督教民主聯盟所標榜的是：獨立、統一、福利與安全；社會民主黨所標榜的是反軍備，反原子武器，安全與和平。所以這二者政綱之比較，實卽內政與外交反應的結果，質言之，就是「戰」與「降」之爭。

雖然近月來有赫魯曉夫以及前此戈慕遠、周恩來等共黨頭目之訪東德，栽軍會議之癱瘓，蘇俄洲際飛彈試爆之成功等，都說明了德國之統一，除武力外勢無他途。今年六月，西德新兵於訓練時，被水淹死十三人的事件，使一時民怨爲之沸騰。這內外的客觀形勢，如單以反戰來講，應該有利於標榜無條件和平的社會民主黨的。但有着光輝過去的日耳曼，雖然在短短的卅年間，遭受了兩次大戰的摧毀，尤其可怕的第二次大戰，戰死者在六百萬以上(布勒斯勞會於一夜間死去四十萬)，國土幾乎全部成了瓦礫場。現在更面臨俄騎的威脅，如被進攻，則三天之內，萊茵以東便會完全變色。然而他們却緘默地、勇敢地舉起手來，爲了自由而「戰」。這是他們歷史上另一次的創舉，也是在這冷戰中，自由世界的一次重大勝利，同時證明了人類永遠不屈的眞理。

這次選舉之前，據筆者的一般觀察基督教民主聯盟的勝利殆屬必然。蓋戰後十三年來，在基督教民主聯盟所領導的政府下，不但從廢墟上重新建設了起來，而且現在他們的繁榮安定，生活程度，均可傲視歐洲任何國家而無遜色。雖然到目前平均每星期仍有五千逃亡者，從東德過來，且大部乃年青人，但他們却沒有什麼嚴重的失業問題；雖然他們平均每四人必須養活一個在戰爭中的孤寡傷殘者，但他們不但財政能够平衡，通貨既無膨漲，而物價尙有下跌的現象。他們的生活水準已超過一九三九年大戰前，一般貨品不但不慮匱乏，且價格比英法猶低。而且現在他們更爭取到從印度到中東以及非洲，英法兩國不得已而退出的市場，更兼之有南美如阿根廷等傳統的市場根據地。因此他們這似錦的前途更與日俱增，十三年前與今天的確是不可同日而語。同時在外交上，不但完成了獨立，突破了軍備的限制，參加大西洋公約，贏得了蘇俄無可奈何的承認；且東歐盟軍地面總司令也輪到他們的頭上。固然十三年來，在這有利的客觀環境下，躲在不軍備的夾縫中，兼之美國的大量扶持，與其不可侮的民族性有以致之；但愛登諾及其政府的卓越才能，對這輝煌的成就，同樣是不可抹滅的。故這次他及他的黨空前的勝利，決不是偶然的。

德國政黨的性質，除德國自由黨略俱幾分資產階級的成份，及德意志黨稍有點國家主義色彩外，確實說不上有何顯著的階級立場，而僅是種政見的競爭。所謂階級，在德國可以說是並不存在，如廣泛言之，他們都是俱有小康局面的中產階級；貧富特別懸殊的現象在此確難見到。雖然他們由於教育程度的差別，在社會地位上無形中有幾分高低之別，但在工資上却並無多大距離。如一個普通的大學教授月得一千五百馬克，但一個高級工人其薪水也可到一千二百馬克以上(在德國兩三口之家每月四百馬克已經足够了)。卽使在商品品質上也是如此，牌子雖有不同，但却無特優特劣之分，且價格大體都差不多。在餐館內一份最好與一份最壞的餐飯其差價也最多三倍。所以在他們這個國度裏，要過特別奢侈的生活是辦不到的。這種各方面都均平的現象，一方面源於過去所實行的國家社會主義之結果，一方面乃他們各自獨立自主、平等工作的人生觀之所致。

由於這種無階級之分的結果，他們各黨也無固定的選票領域，如著名的工業中心魯爾區，尤其如多提蒙提及埃森一帶原爲共產黨的浸蝕地，現共產黨既不存在，故理應屬於標明代表勞工階級的社會民主黨，但這次選舉的結果，基督教民主聯盟在此一區竟得百分之五十四點四，而社會民主黨却僅得到百分之三十三點五的選票。德國本來是個多黨制的國家，前後共有九黨，但這無階級形成的結果，經三次的選舉，現在也只剩下了四黨，卽基督教民主聯盟、社會民主黨、德國自由黨及德意志黨。其國會的組織爲兩院制，參議院由各邦政府推派，現有議員四十五人，其權力極爲有限，實際乃聯邦之象徵而已，一切重大的權力乃握在衆議院中。它不但掌監察法律等權，而且內閣及總統都由它產生(總統由衆議員之同等名額的各邦代表聯合選定)。衆議員由選民分區直接選舉，其選舉辦法，每屆按一般情形由衆院議訂之，本屆選舉之辦法，衆議院名額共四百九十七席(上

(下轉第31頁)

星洲政府大捕共黨份子

星加坡通訊・九月廿七日

唐　篤

本月二十五日凌晨，星洲政府出動警探二百餘人，由歐籍警長及政治部主任親自率領，分頭至全島各區，按照根據情報所擬之名單，逮捕學生四十八名。名單迄未公佈。據悉皆係華校學生，內以華僑中學爲最多。並聞南洋大學及政府華文中學，亦有學生被捕。

首席部長林有福氏、教育部長周瑞麒氏，爲此事招待記者，闡述政府對學生界實行整肅之原因稱：根據情報，華校學生自去年政府解散中學生聯合會後，便繼續在華文中學校中執行一項全面計劃，企使學生爲傾覆份子。並列舉學生所舉行之「夏令會」及「秋令會」之內容，如歌曲、舞踏、遊藝、演講、學習小組、話劇等等活動，無不以反美、反英、反原子彈、宣揚社會主義與「祖國之進步」等爲其主旨。該文告對學生活動之時日、地址、參加人數、節目內容、演講內容等記載極爲詳盡。且將這類歌詞擇要公諸報端。其中最明顯者如：

不要怕：前面有豺狼，我們不要怕；後面有虎豹，我們不要怕。打起了精神來，放大了膽，裝好了槍彈打死牠。

新加坡河：新加坡河開始蘇醒了，他喚醒人類冷靜底理智，準備迎接鷄啼中的太陽。

青年戰鬪員：我們是青年的戰鬪員，我們是百發百中的神槍手，我們勇敢又堅强，我們有鐵一般硬的骨頭，決不向敵人低頭，爲實現新社會戰鬪。

因此，林氏指出政府所獲之情報，確爲眞實者。並謂學生之組織，爲馬共通盤計劃之一部。更謂學生之活動，日見趨於表面化，且正積極進行煽動另一次「事件」，故政府不得不採取行動，以避免如去年之大暴動再行重演。同時並稱希望學生家長嚴格管束其子弟之行爲，以協助政府此項維護人權與人民福利之行動。

上項消息震驚星馬社會，甚至新近獨立之馬來亞聯合邦首席部長東姑氏，致電林氏謂：「幹得好！繼續幹！祝賀你！」詎知於二十六日下午七時十五分，聞名星馬之中正中學校長莊竹林博士亦告被捕。中正中學爲星洲最大華校，擁有學生三千餘名，莊氏任校長已十七年之久。對莊氏之被捕，教育界人士尤爲驚訝，揣測紛紜，莫衷一是。且多人憂慮將有事實。但迄筆者執筆時爲止，一切尙安謐如常，各校仍照常上課，毫無異象，其所以得如此者，當係政府有週密之計劃與準備故。

緣於上月廿三日，政府動員警探三百餘名，逮捕共黨份子領袖計三十五人，內中有人民行動黨中委五名，黨員十三名；各職工會職員會員共十三名，新報董事經理編輯記者共四名。該報董事經理傅无悶，於日治時期曾任昭南日報之主筆。大陸變色後，卽又投靠共黨，以期獲得巨額津貼，遂其個人之慾望。文化界中人多不齒之。聞傅某尙爲一留法老學生，工作於新聞界亦頗有年，其妻爲南洋女中之校長劉韻仙。

被捕之人民行動黨之五名中委爲：主席陳从今、副主席陳貢元、正財政王才安、副財政吳文斗及副秘書陳世鑑。迄今一月，該黨所缺席位仍未選出。

該次大逮捕後，政府曾特爲此發表一長達一萬四千餘字之白皮書。內中詳細指出下列各要點：

一、馬來亞共產黨之一般目的：要在馬來亞建立一個共產國家，遇必要時，採用革命性的暴行。

二、馬來亞共產黨之策略：利用「聯合陣線」，策動羣衆、滲透工運、學運。按所謂聯合陣線卽聯絡、滲透、把持左翼政黨，如人民行動黨。

三、一九五五年和五六年的事件：按指學運、工運、罷工暴動等事件。

四、當前之活動復燃：指自去年職總及各廠商工會被解散後，當前又再活動組織一聯合機構。大逮捕卽在彼等開會之當晚。

五、通過職工會，重施進擊。

六、共黨滲透人民行動黨進行顚覆活動。

在此項白皮書中並未明白詳言學生運動之實情。這並非星洲政府不知道，而是目前時機尙不宜發表，須有所待也。日前林氏招待記者時，對此亦曾有所說明。

林氏自執政以後，兩年來頗著聲譽，以其果敢勇毅之精神，對付共黨無所不用其極的詭計，未嘗不是他今日得享盛譽之原因。再以日前馬來亞駐美大使伊斯邁之支持不討論中共加入聯合國問題之事實觀之，在東南亞方面，星馬實是抵抗俄共有力的一環，這是堪以告慰者。

九月廿七日夜

門

周子強

我永遠忘不了這樣的一個夢，夢境是如此的憂鬱而淒涼——

說來還是十一年前的事：北國的初冬，寒意已經很重，入夜，朔風掠過樹梢，敲打着窗櫺；也輕叩着旅人孤寂的心扉。像往常的客居之夜一樣，只要一想起母親，想到她艱辛的一生，我就很難安靜地入睡，特別是冬夜。那時母親正遠在南方的廣東，隨着大哥大嫂過活，聽說也苦得很。風聲撼夢，在夢中，我又清楚地看見了久別的母親。

好像是在一條陌生的巷道，她奇蹟似地出現在我的面前。

「姆媽！我想你想得好久了，你住在哪裏？」我狂喜地說。

「來，就在這裏。」她平靜地回答，彷彿並不因遇到我而高興，臉上籠罩着深深的憂鬱。

她攙着我的手，走向路旁的屋子裏。隨着她，我也墮入沉默。

那是一間斗室，小得僅能容一床一桌，它們都清晰地展現在我的眼前。床上整齊地叠着被子，像刀切過的一樣。這是母親的習慣。

「閩兒，我住在這裏簡直悶死了。」她的神情抑鬱，語調平板，顯得孤涼而無助。

那種孤獨和鬱悶的表情立刻讓我難過起來；並且使我注意到這間斗室是這樣的幽暗。抬頭看看窗子，開得奇怪的高，其實是個小洞，就像在海船中的雙層舖下抬頭看上面那個渾圓的窗洞一樣。夢中這個比擬是不倫不類的，因爲這小洞外邊的天地，並不是廣濶的海洋，而且連那絲白茫茫的懸想都不可能有的。那到像是監獄裏面的囚房的窗子，開得又高又小，怕囚犯縱身逃脫。我再看看屋子的四周，牆壁上倒是滿糊着花紙，深藍色的圖案交織着灰白的底子。我熟悉這種紙樣，是專供裱糊用的，還記得小時候在家鄉，一位堂房哥哥結婚，新房裏就是糊的這色的紙。但是此刻所看到的，黑黝黝的感覺却掩過了它應有的文雅氣氛。這斗室裏的空氣，總使人感到窒息不耐。

我在惆悵中夾雜着一些惶急。母親怎會住到這樣的一個地方？

她似乎懂得我在想些什麼，立刻指着床邊靠裏的位置說：

「這裏也有一扇門。」

我纔注意到那扇赭色的門，單扇，該算是洋式的，此時深鎖緊閉。發現了這扇門，使人推想它一定是通向一間精緻的廳堂，像我們通常所經驗的一樣。

「爲什麼不打開呢？」我迫切地問。

「打開的，熱天裏也打開的。可是現在是冬天……」接着，她輕喟一聲。

很快地，她在我夢中消逝。那聲輕喟，依然縈繞在我的耳際，還有，那張愁苦的臉，是我過去和她在一起時所未看過的，或者說，所未發現的……。清淚沿着我的兩腮，浸濕了枕頭。

窗外的朔風正緊。北寧路的夜車自遠處奔馳，一聲汽笛，衝夜長鳴，像要衝破這無邊的黑夜，奔向天地的那頭。

這個夢境，是如此的畢眞，十多年來，在記憶中永遠不會消褪。一扇門，深鎖緊閉；一個窗子，開得那樣高而小。這一切，不都恰當地描畫了我所了解的母親的一生麼⁉

她今年已經七十八歲了，至少有五十年的光陰是在完全舊式的家庭裏度過，其餘的歲月，則在半舊不新的家庭中消磨。五十年的光陰，是半個世紀啊，哪能算短？在那個過去的大家庭裏，翁姑、妯娌、伯叔、小姑，以至夫婿兒女之間，彼此是很難「打開天窗說亮話」的，對於那扇「雖設而常關」的「門」，對於那個古怪而高的「窗洞」，母親也許會經從心的深處有過無聲的歎息，比我在夢裏所聽到的那聲輕喟還要低沉得多。然而，她究竟不能不肯定那些東西的存在價值，並且要殷勤地去觸撫摩挲，忍受它們所加予自己的精神折磨，永不要求償付她爲此所支出的鉅大代價。這哪是五十年代之後的兒女所可想像的事啊。

前個月，母親平靜地度過了七十八歲的生日。她門牙剛掉，頭髮早已由灰轉白，步履也漸感蹣跚了。在那印滿了縐紋的臉上，鬆弛的肌肉牽動着，油然色喜地說：

「我怎會活上這麼大的年紀來呀！快八十啊，你們曉得我看了幾多世事！」

這一類的話，母親平日也偶然說到。她所謂經歷過的許多世事，並不是指的滄桑世變，而多半是指的若干屬於她自己的一些瑣碎的回憶：譬如父親在沒有討小以前，和她是如何恩愛。鳳冠霞帔，她也披戴過。還有，父親上任時，楊姆媽（母親習慣地喊她做「妾婆子」）爭着上頭轎，她也就讓她，想不到衙門裏的人倒是抱不平，一聲吩咐，六個轎夫抬着母親搶先飛跑，吹吹打打的接進了城。楊姆媽被冷落了，哭鬧了好幾天，衙門裏的人和士紳們都批評她太不識大體，究竟是母親量大福大。後來，還是婆婆狠心寫信命母親回鄉，「纔讓妾婆子爭過了那一口氣」。

母親喜歡述說這一類的故事。她一生遭受人家如何的欺凌，以及自己如何的忍辱負重。故事裏的人物，最初不外伯叔姑嫂，後來還加上楊姆媽。至於婆婆呢，她那份應有的威嚴，好像是天賦存在的，所以母親只提到她的偏心。當她現在提到這些時，已不再帶有感傷或妬恨的成分，因爲悠長的歲月早已把那些東西冲淡了。

母親還有許多愁苦辛酸的回憶，哪說得完？由於長年的生活煎熬，恐懼和匱乏給她鑄成了特別謹愼的性格，每晚臨睡以前，她一定要拖着蹣跚的步子，到處檢查門戶。上了床，口裏喃喃地說一聲「菩薩保佑——保佑我們這些人。」吃飯時，小孫兒如果掉了一顆飯，乾淨的，她就往嘴裏塞，弄髒了的，也要拾起來擺在一邊，留着和其他的飯屑倒入梢水缽裏，供鄰家餵鵝鴨，她嘮叨地說：「吃飯好容易呀？沒飯吃的該多可憐！」跟着，她記憶中的乙丑年——那副饑荒的圖畫便展現在我們的眼前：

「乙丑年，天乾得地上發裂，田裏長不出半粒穀子，那時我們剛和大伯伯分家，你爹在外邊沒有回來，丟下我們兒兒女女，差不多吃了兩個月的稗子；那眞下不了喉吓，比吃觀音土都不如！可是人家去挖觀音土，我哪能去呀？我連在廚房煮飯和下河洗衣，都要背着你，牽着你姐，整天放不下手來。

「有一天，呀！實在苦得熬不住了，可憐！我到後園裏，好容易在土裏找到一個乾辣椒，擱在油裏一泡，讓你姐姐多吃了半碗稗子飯。我自己呢？奶頭乾癟了，你日日夜夜的嗦都嗦不出一口來，只曉得哭。哭得我心裏慌，半夜裏討了一些糖來，泡碗糖水餵你，說得傷心，你捨命地喝，喝急了又哭。你那該死的姐姐哇，恐怕是給你哭醒了，床上一骨碌坐起來，搶着碗就要看，把糖水撒了，碗也打破了。我劈頭一巴掌，打得她也不敢哭。打過了我又悔，自己倒是抱着她大哭了一場……」

天災和人禍，饑餓和恐懼，都先後咬嚙過母親那愁苦而頑强的生命。當我還沒有出生時，我們家裏曾經遭過一場大火，燒個精光。母親說，她只搶出了一個「窠」(小孩子睡的木製搖籃)，那是因爲姐姐還小，離不了窠的緣故呀！母親將哥哥姐姐從睡夢中搶救了出去，把姐姐安置在窠裏，讓她露天睡在大院子的中間，叫哥哥守着。自己再奔回屋子裏，火舌已經竄過了牛欄和堆柴的房，向我們整個的家疾捲猛噬，她差一點沒被濃烟嗆得半死，然後，只有奔回院子裏，呆呆地坐在地上對着那片瘋狂的火海作絕望的哭訴。大家都說，那是得罪了火神呀。

我也是從那個憂患的「窠」裏長大起來的，長到「脚骨子硬了」，便站到「站桶」裏去，一個圓圓的深深的木桶，齊着我的鼻子，讓我可以掙扎着站穩，去窺看外面的天地。關於我們的老屋是怎樣被燒光的，那廢墟是怎樣重建起來的？當然不是我所及見的事。

等到我完全學會走路，母親又害了一場大病，差點沒撒手丟下我們。接着是鬧土匪，一直鬧了好幾年。每夜，我們從沒有伸長腿放心地睡過一次，只要一聽到狗叫，母親便輕聲地一個一個叫醒我們，她嘴裏直打哆嗦。接着，她把那昏黃的油燈吹滅了，屋子裏一片漆黑，只聽到各人牙齒抖的喀喀喀的直響。外面的風聲如果再有什麼不對，我們便摸着秘密的邊門，走向那幽暗的林莽。

我家究竟不能逃過洗劫的命運，恐怖完全籠罩着我們。母親也不得不放棄她獨力慘淡經營而終歸破碎的家，帶着我們去到省城找爹，爹和楊姆媽早已住在那邊。母親和我們這幾個鄉下出來的孩子，都帶了一份故鄉泥土的氣息，對於省都繁華的生活和那個「新家」的環境都不大能適應得來，同時楊姆媽和母親也搞不好。好容易挨到後來，大哥在學校裏畢了業，有了工作，結過婚，可以獨立生活，他滿懷理想地建立了一個小家庭，才把母親接過去住。我們則仍留在父親和楊姆媽這邊。

每天下午我從小學裏放學，總要繞道去看母親，母親多半留我吃過飯，便催促我趕快回家，不讓我在那邊睡。她說爹特別疼我，不可累他盼望，並且要我聽爹的話，不要使他傷心。記得是一個冬夜，寒更已經敲過了三遍，我睡在床上，對着那電燈寂寞的光圈發怔，姐姐在趕功課，她回頭見我還沒睡着，問我是不是想姆媽，我於是伏在枕上抽咽了。第二天，姐姐跑去告訴了母親。這一天的下午，我去看母親時，她慈靄地而帶些輕微的憂鬱說：「閩兒，今天我爲你晒過被子了，天這樣冷，我要帶你睡幾晚。」這出乎意外的表示，使我有說不出的喜悅。入夜，狂風怒號，像要摧毀整個的世界，我縮在被子裏，蜷臥在母親的懷中，她撫摩着我的頭，說：「天恐怕要下雪了，明天一早怎樣上學呢？」可是我只想到明天還可以睡在母親這邊，別的就不足以擔心了。

被子散發着陽光特有的香味，我問母親：「姆媽，太陽也有香麼？」她「唔」一聲，完全是喜悅的同意。忽然，我發覺她在偷拭眼淚，輕輕醒着鼻子。我說：「你怎麼哭了？」她沙着喉嚨說：「兒，你平常在家裏好好地跟着爹，不要挂記我就好。唉，我住在哪一邊都不是。不好說囉……『母愛斷腸兒』(註)，將來只有指望你了！」我母親一邊說，眼淚一邊像奔泉一樣地流了滿臉。我也跟着哭了。

像母親所殷殷期待的，她現在終於跟着我這個「斷腸兒」在一起過活了。然而，我並不能使她安享餘年。她仍舊操作，省吃省穿。她貼心貼意的照料兒孫，後輩人還嫌她嘮叨，她仍不肯改變她那「知足常樂」的生活情操，後輩人看來還覺她寒傖。她兩耳失聽已經有好幾年了，每當她以昏茫的眼光答復我的抱怨，而不知道我究竟是在說些什麼時，我嘴巴一逞强，心底便一陣酸，事後，我總想倒在她的懷裏，作懺悔的痛訴，但我究竟沒有那樣做，是怕自己孩子氣嗎？還是擔心看到她那饒恕的淚光，更加深了自己的罪過？

母親那些善意的嘮叨和她那知足的習性，連做兒子的也好似不能了解，或不願深解，更不用說媳婦和孫兒女了。在我們這個不大不小的家庭裏，老年人還是有她的寂寞，好像有時還是很難「打開天窗說亮話」似的，她有時仍會發出一聲低微的嘆息，這就使我腦子裏湧出那幅憂鬱而微帶淒涼色調的夢境：

「這裏也有一扇門……可是現在還是冬天。」

其實，母親自己的天地，又何嘗狹小？她不是曾經以她寬廣博大的精神，將那扇「門」的希望指示給下一代了麼？

翠鳥湖(三)

童　真

七

新的合適的女傭並沒有很快地找到，在這些日子裏，舅媽差不多把一天的大部份時間都化在廚房裏。冬天的廚房，或許有些人還會依戀牠；因爲牠暖和，而夏天的廚房却是誰都不願呆的。然而，不會操作慣的舅媽，對于這一再延長的苦工，却毫無怨尤。不僅如此，她彷佛由于經常接觸牠，反而更愛上了牠。我這樣說，並不是我誇大，祇要你看見她面露笑容，用着特別輕快的步子走向廚房去，以及她在灶間工作時的那種心甘情願的歡愉神情，那你一定也會產生這種感覺了。她做的是以前阿杏的工作，所以昌成便成了她的助手，他始終在她旁邊轉來轉去。他洗菜，她切菜；她做菜，他則端碗呀，送油呀，遞鹽呀……在狗吐舌的大熱天裏，她站在熱氣直冒的灶頭邊，切着，炒着，似乎樂此而不疲。她白皙的臉蛋，手臂，都滲出了汗，看來倒像剛蒸熟的白糖年糕：又黏、又熱、又白、又可愛。因爲舅媽和昌成大半時間都在廚房裏工作，所以我便沒有了談話和玩耍的對手，這使我也祇得在廚房裏轉來轉去了。說起來，可笑得很，在這暑天裏，那悶熱汚濁的廚房，竟成了這座湖濱大宅子裏的最熱鬧的所在。

時常，中午或傍晚，當舅媽流着汗，做好了飯菜，從廚房到飯間去時，舅舅總是愛憐地說：

「靜影，辛苦你了，事情眞不湊巧，偏在這樣的大熱天要你整日悶在廚房裏。」

「沒關係，我也喜歡做做。」舅媽笑着說。

當舅媽在飯桌旁坐下來後，舅舅有時會捏着她的手，看她好一會。「你眞好，眞能幹，眞賢惠!」

「你說得過分了。」

「我怕自己祇說到七八分呢。」

吃飯時，舅舅總是用深情的目光望着舅媽，對每碗菜都細細咀嚼，徐徐品嚐，然後又稱讚這樣菜燒得好，那樣菜燒得好。我也邊吃，邊不時地瞟着舅媽。我心想，舅舅對她的讚詞，和我母親最初說到她時的讚詞，都不過分。當初，我還太年輕，我祇覺得她眞美，眞好，祇是不知用怎樣恰當的字句去形容她。

這種沒有女傭的生活，我們幾乎過了一個多月。舅媽的興趣和舅舅的焦急成正比地增加。終于，有一天，舅舅滿腔高興跑進廚房來，告訴我們一個消息：新的女傭等一會就要來了。

「靜影，把圍裙解下來，以後你不必再做這種粗事情了，看着你站在灶頭上燻油煙，眞使我難過。」他親手解開了舅媽藍圍裙上的帶子。

「謝謝你!」舅媽像往常那樣微笑着說，但我却覺得她這次的微笑並沒有往常的自然而輕鬆，倒反像扶着拐杖似的；勉强，硬挺，並且我也彷彿看到那掠過她眼中的惆悵的神情。

新女傭來了，但夏天也近尾聲。秋天在快成熟的稻穗上隱隱顯露。九月初，當我們學校開學時，天氣雖還熱，但已有涼風送爽了。

以前，我曾聽舅媽說過，秋天開始以後，舅舅便常常喜歡到翠鳥湖那邊的山上去打獵；而且，我也不會忘記：我來翠鳥湖的第二天，舅舅對我說過，以後打獵要帶我同去的。所以我天天要求舅舅上山去打獵，舅舅被我纏不過，決定在九月中旬的一

個星期天，上山一次；好在山近，早上出發，傍晚就可回來。

舅舅和我是兩個基本成員，昌成要拿乾糧和野味，當然也得去。「舅媽去嗎？舅舅。」我問。

「她當然也去，這山並不十分高，以前每次上山打獵，她便和我一同去。如果沒有她在一起，我打獵的興趣就要大打折扣了。」

舅媽既然具有現代婦女的活潑，那末，對于她的上山打獵，也就不足爲怪了；祇是我記起我向她拿紅藥水的那天，她跑急了而發顫發冷的事情來。所以，我便問：「舅舅，舅媽跑得動嗎？她會爬山嗎？」

「會。」

我不響了，過一會，我又問：「她以前就喜歡打獵嗎？」

「不像你這個小俏皮精，這麼小就喜歡打獵，」舅舅打了一下我的臉。「你舅媽來這裏以前，沒有打過獵，也不喜歡打獵。後來因爲我喜歡打獵，她一個人在家也嫌太冷靜，所以就跟我一起去。小俏皮精，你知道不？」

那天，我們去上山打獵的，一共有四個人，外加獵狗哈里。這由兩個孩子，一個女人，一個男人所構成的隊伍，說來是多可笑！但打獵對舅舅既然是基于興趣，而不是爲了生活，那也就無所謂了。何況像這樣的出獵，輕鬆、愉快、熱鬧，更兼有了「合家郊遊」的滋味。不過，像這種樣子的行獵，也祇適宜于這種山巒，因爲那裏沒有巉崖峭壁和猛獸毒蛇。

那天，我們所着的衣鞋，都以輕便爲主。舅舅穿的是馬褲、襯衫。舅媽和我穿的都是短衫褲，窄窄的袖管，褲管，乃是自己設計的；昌成穿的是粗布短衫褲，褲管紮着帶子。我們一律都穿跑鞋——昌成的跑鞋是舅媽給他買的。舅舅和舅媽各揹一支獵槍——雖然舅媽肩上的獵槍不一會就被舅舅接過去了——走在後面，昌成則用扁擔挑着乾糧和繩索，走在前面，我則空着雙手，夾在中間。哈里興奮

地搶先跑在最前面，看來，牠對于獵徑已經很熟了，無形中成了我們的嚮導。其實，我和昌成的興奮也不下于哈里，每當我們的目光相遇到，我們總會莞爾一笑。我從來沒有看見昌成這樣喜悅過，我跑了幾步，跟他並肩走在一起。我問：「昌成，你喜歡上山去看打獵嗎？」

「很喜歡。」

「你以前去山上看過打獵嗎？」

「沒有。我們孤兒院那裏沒有山，但我聽到有人說起過打獵很好玩，我一直就想去。」他說着，又忍不住笑了。他的兩眼今天特別清明光亮，就如那天一塵不染的碧空。

我們就這樣沿着翠鳥湖畔向前進行。路那邊，是金色的稻田，一部份已在開始收割，「噠，噠，」的打稻聲裏有着農夫收穫的歡樂。路這邊，澄綠的湖水泛着微波，湖邊蘆花翻白，這麼輕，這麼鬆，彷彿是天上的浮雲化成的，彷彿冷風一次，就會像一股股白煙，裊裊地飄向天空去。

我們大約跑了三里多路，就走近山脚。順着崎嶇小徑走上去，我們不久就進入一片稠密蓊葱的林木之中，那裏的樹，大多是松、柏、杉。陽光在這裏軋成碎金，微風在樹葉間嬉戲；在這裏，炎熱已經被濾掉了，剩下的，祇是一片涼爽。

舅舅給兩支獵槍上了子彈。這子彈的外殼很美麗，紅紅的，二寸來長，頗像一短截插在銅臘臺上的紅洋燭。于是，哈里領着我們前進。我們走在沒脛的荒草裏，小心地避過榛榛的荆棘，和嶙嶙的亂石，但最先來到的那面山坡，或許因為牠和外界太近吧，所以不會在那裏遇到什麼，連雉鷄都沒見到一隻。大約十點鐘，我們翻過了這個山脊，來到兩山之間的山谷。馬上，我們聽見一陣琤琮的水流聲，一股溪水從山巔上像巨蟒似地竄下來，蜿蜒過山谷，向翠鳥湖而去；牠銀色的身子，迎着陽光，洸漾不定地閃熠着。牠旁邊的水草特別油綠細長。我們涉過牠，攀向另一座較高的山去。我們一邊前進，一邊向草叢中搜索（哈里是一路上都在用鼻子嗅探着的），走了一陣，哈里突然叫了起來，向一堆草叢中躍去，隨卽，一隻色彩斑駁的雉鷄驚飛起來，舅舅舉槍瞄準，砰的一響，震耳聲中，散亂的羽毛像花瓣般地在瀰漫的煙霧中飄浮，那隻美麗的動物，在空中翻了幾個觔斗，直跌下來，落在我們前面五丈遠的地方。

哈里迅速地奔過去，銜了回來。舅舅提起雉鷄，牠受傷的胸脯還在悸動，滴着血。我第一眼看中那長長的光怪陸離的尾巴毛。我說：「多好看的雉鷄毛！」

昌成也說：「多麼好看的雉鷄，這麼一下子就打下來了。」他不勝羨慕地望望舅舅手中的獵槍，像有一種但願自己也能嘗試嘗試的慾望。

「這是公雉，毛色這麼漂亮，尾毛這麼長，慧慧，回家後，舅舅要把這雉鷄毛送給你。」舅舅說着，把雉鷄交給昌成。昌成無限愛惜地撫摸着那織錦緞般絢麗、光滑的毛羽。我記起舅媽好久沒有說話，轉臉去看她，她原來也在凝神地注視着昌成手下的雉鷄。

「快向上爬吧。」舅舅說。

我們重又開始前進，搜索和射擊。在中午以前，舅舅又打中了一頭山麂；中彩時，我們兩個孩子的歡欣，遠超過兩個大人的。尤其是昌成，對山上的一切，似乎都感興趣。今天，他臉上每一部份都被欣喜所鍍亮。他的黝黑的皮膚透着紅光，宛如用紅木所雕成，而他外面套着的粗布衫褲，又像配在紅木傢俱上的劣質套子，更顯得陋劣而不相稱。

我們的中飯很簡單，饅頭、黃魚鬆、牛肉乾和白開水。但卽使是簡單的食物以及簡陋的場地，引起的却是旺盛的食慾。

「慧慧，累了嗎？」

「一點點，舅舅。」

「靜影，你累了沒有？」

「沒有。」舅媽回答，眼睛則望着坐在她對面的我和昌成。「好久不打獵了，今天覺得特別好玩。」

「這樣說來，你也快像我一樣，愛上打獵了，祇要你覺得好玩，以後我們更可以常常上山來打獵了。」

昌成踢了我一下。我明白他的意思：這樣他當然也可以常常上山來了。他對于打獵這件事的嚮往，已經使他把出獵時他所擔任的工作看做是一種享受，而不是一種負荷了。

野餐完畢，我們躺了一會，重又出獵。我們依然在這一帶搜索，我們不想走得太遠，因為我們當天就要回家。午後，舅媽也打中了一隻野兎。當我們滿載野味，從山頭沿着原路下坡時，一隻雉鷄又咯咯地叫了起來，舅媽急急舉起槍，而且射中了牠；當她從哈里口中取下牠時，她的歡悅，似乎更超過她擊中野兎時的歡悅。

「這隻也是公的，毛羽多麼好看，尾毛這麼長。」昌成說。

「慧慧已經有了，我把這隻尾巴毛送給你，好不好，昌成。」

「眞的，太太？」昌成瞪大了眼睛，不敢相信。

「哪會騙你？祇不過幾根雉鷄毛！看你倒挺喜歡打獵哩。你要是在我家做久了，也會打槍了，我就把我這支獵槍送給你。以後，你就可以跟先生兩個人來打獵了。」

「……」昌成呆在那裏，不知怎樣回答，因為這簡直是在他的想望之外的。

「呆什麼，昌成，走吧。」

「是，是——太太，請把這只雉鷄交給我。」

「不用了，我可以拿，你怕也够重了。」

「不重，太太——給我，交給我！」

「眞孩子氣，走吧，不聽我的話，我可不高興了。」

我們走了四五丈路，舅舅一個人吊在後面，不知在擺弄什麼。又一隻雉鷄從下面的草叢中飛起來，飛過昌成的面前，近得簡直可以用手抓到牠。昌成剛仰起臉，槍聲響了，一股彈流順着剛才雉鷄飛起的方向竄過來，在他的面前掠過，我祇聽見舅媽慘叫一聲，隨卽，又聽見上面的樹葉在沙沙顫動，而且紛紛向昌成站的地方落下來。我再回頭看身邊的舅媽，她已跌坐在地上，臉色灰敗，雙目緊閉，抖嗦得像個打瘧疾的人。她手中的獵槍和雉鷄也落到下面丈把路的地方。

「舅媽，舅媽，你怎麼啦？」

「那——那一槍……那一槍……」

「沒有，舅媽，祇在他的面前掠過去了。」

「祇掠過？啊，祇掠過！我怎麼好像看到他被子彈打中了？」她睜開眼睛，多疲乏驚恐的眼神。看見昌成好好地在她面前，她吁出一聲長嘆：「天，多危險呀，就在他面前！」

「是的，很危險，舅媽。」

「昌成，走近來，走得近一點，蹲下來！你嚇着了沒有？讓我看看你的臉，你的頭！」她發抖的手指在他臉上、頭上移動，像撫在琴絃上似的。「多可怕！天哪，如果……」她的手指停住了，眼眶中全是淚水。「昌成，你——好，去吧，替我把獵槍和雉鷄檢上來。」

舅媽吃力地站起身子，用手扶着我的肩，這時，離我們幾丈遠的舅舅大概聽到了什麼聲音，跑了過來，哈里隨在他的後面。

「剛才出了什麼事，靜影？」

「下面有個打獵的，他打雉鷄，差點把昌成打倒了，眞是魯莽！」她說着一邊狠狠盯着那個從下面上來的獵人。

「噢，眞的危險！不過我們打獵，總要冒點危險。其實，我們也不能怪他，樹木這麼多，他從下面望上來，就根本看不見這裏有人，何況匆促之間，難免是有差池的。今天總算運氣好，走吧，靜影。」

「好，好！」但她的脚還站不住，她扶着我，竟無法起步。

「怎麼？靜影，你吓成這樣！昌成，把太太的獵槍給我——我扶你下山去，好不好？」

「不要，等一會我會好的。我的確吃了一驚，亞文，請你等一會，我一下就好了。」

刻把鐘後，我們的打獵隊伍又向歸途移動了，但却非常緩慢，因爲舅媽並不能完全從軟弱中恢復過來。她靠着舅舅前進。

「亞文，上山打獵眞沒有什麼意思，沒有什麼意思，以後不要打了吧。」

「爲什麼，你剛才還說好玩得很呢。」

「那是剛才，現在却覺得並不好玩，亞文，答應我，答應我！我們再也不要來這山上打獵了，爲了——」

「爲了我？」

「是的，爲了你，爲了我，爲了——爲了大家！亞文。」

「好了，靜影，不要說了，我眞希望能背你回去。你一定累了，我怕你會病，你跟來時完全不同了。」

八

打獵回來之後，舅媽就躺到在床上。她雖沒有發熱等病象，但却顯得十分虛弱，在晚上，她總被可怕的夢魘所困擾，恐怖地尖叫，然後又是傷心地哭泣。舅舅和我每被這種聲音所驚醒，趕過去看她，她又總是剛剛醒來，蒼白而喘息，雖然在黯淡的燈光下，也看得出她臉上每一條纖維都標明着她曾經歷了痛楚的蹂躪。

「可憐的靜影，你哭得這樣，你又夢到了什麼？」

「夢？幸而是夢！」她白堊般的臉上滑過一絲安慰的亮光。

「到底夢到了什麼？」舅舅追回着。

「哦？說不出來，奇奇怪怪的，夢，總是這樣。亞文，在夢裏頭就像眞的一樣，一醒又忘記了。」

「一般的夢或許是這樣，不過，有些夢，譬如那些使你受驚的夢，却不盡然，你多少總能記些什麼來。想想看，你剛才還在慶幸牠幸而是夢呢。」

「但是現在我却怎樣也記不起來了，眞的一點也記不起來了。」

舅舅不響，盯住她的臉有好一會，于是便叫我回床來，但我仍聽見他在慨然地說：

「靜影，有時，我覺得，你對我也像夢一樣，叫我捉摸不定。你好像離我很遠很遠一樣！」

「我不是明明在你的旁邊嗎？」

「不，你不在我旁邊。這是你的身子，不是你的心。你的心在別處——雖不是經常那樣，但至少也是時常。」

「你懷疑我對你的感情？」

「我不能這樣說。如果你待我這樣好，愛我這樣深，而我還要懷疑你，那我就對不住你了。不過，至少我近來總覺得，有點什麼把你的心完全佔住了，但我又找不出是什麼。」

「不要胡思亂想了，亞文，睡吧。」

幾天後，舅媽白天起來，晚上也不再做惡夢了，一切都恢復正常。這時，我住在舅舅家也快五個月了。母親寫信告訴我，說是昆哥的肺病本是初期，加上最近的悉心治療，病况已大有進展。「我希望過年時，我來接你跟我們在一起。」母親寫着。「因爲最近我比較空，我一空，就想念你，慧慧，小慧慧，你想念媽媽嗎？」這信是舅媽交給我（它是附在母親給舅媽的信裏的），我在她面前看的。我讀到這裏就眼淚盈眶了。我停一下，又讀下去，我揣想母親在寫到這裏時，也曾擱過一次筆，因爲下面的墨水和筆跡都有些微的不同。「我希望你的舅舅和舅媽不要因我這話而介意。我並不擔心你在他們家裏會過得不好。但是，一個母親，就有一顆母親的心，我忍不住要想念你。慧慧，小慧慧！此刻我寫這封信時，我一遍又一遍地喚你，一遍又一遍地親我面前的信紙，就如親你那光滑稚嫩的小臉蛋。我這樣做過之後，心裏便爽快多了……」我看不下去，撲在舅媽身上，哭了。

「慧慧，你哭吧，你想哭就大大地哭一場。你有這麼一個愛你的母親，你是值得喜的好好兒哭一哭的。」舅媽撫着我的頭，但她的聲音又變得悠遠了。「想想別人爲了沒有母親愛而哭，你是多麼幸福！哭吧，不要憋住。一個人想哭而不能盡情地哭，想愛而不能盡情地愛，那才是人生最大的痛苦！」

(未完)

書刊評介

介紹一本「新老殘遊記」

殷海光著「旅人隨記」 香港友聯出版社出版

胡虛一

「旅人隨記」是殷海光教授記述他旅美（國）見聞和感想的一本小册子。我在兩年前讀到它，越讀覺得越有味。故兩年來，我不但自己讀過好幾遍，並且還常向朋友推介。尤其是向曾去過美國的朋友推介時，還特對他們說：「你老兄去過美國，請你看看他（指作者）寫的怎麼樣？」朋友看後都讚不絕口。而去過美國的朋友看後也都是這樣說：「確實觀察得深透，與衆不同！美國的「風光」，的確就是他寫的這個樣兒。寫得眞好！」我這個人有個「毛病」，就是不願輕信無驪之論，無據之談，對於那些頂天立地的講經說法，則尤爲我所厭煩！我在苦難中活到今日，聽够了「仁」「義」之調，也看盡了賊戕之事！只有遠在卅八年七月中旬，正當大陸兵荒馬亂，一敗塗地之際，忍離了學校，流亡到過一次香港，如果香港不算外國，則我眞算是一個未出國門一步的「土包子」了。因此我對國外風光，雖說也在一些書報之中，略得一點兒常識，自然談不到了解。近來又常在許多報刊書籍上，看到一些所謂「知名之士」的遊美報導與夫許多「美國紐約怎樣熱鬧，脫衣舞是如何好看，美國人是怎樣濶氣」等等的遊美之記。但美國究竟是怎樣的？「百聞不如一見」，除非果眞有那末一日，我這個未出國門一步的人，也能有機會逛逛美國外，我是眞無「秀才不出門，能知天下事」的天才的。作者的「旅人隨記」寫的如何，我之所以常常請問去過美國的友人者，理由有二：一則固是我也認爲作者的觀察，確實與衆不同，遠爲一般流俗之見所不及；二則也更是我那點「不願輕信」的「毛病」在作祟。兩年來，我每讀「旅人隨記」一次，對作者的那種「不同流俗」的精銳觀察，尤其是他那至富生趣的筆調，我個人特別欣賞！就讀書談書，這確是一本好書！所以每次讀畢，總想寫點什麼的來介紹它一下。可是又怕他「隨記」之言，眞的「隨便」靠不住；介紹一本「靠不住」的書給讀者，這恐怕還比現在「文界」中所流行的吹吹捧捧的壞劣習尙，更要不得了！許多由我推介而讀過它的朋友，和作者根本素昧生平，在他們告訴我「美國的確就是他寫的那個樣兒，寫得眞好」以後，並且向我打探：「那個殷海光是幹什麼的？」其實我和作者，也僅只有兩面之雅，只知他是弄哲學邏輯的教授，談不到什麼「相知也深」。我只就我對作者所知道的這一點，告訴那些問我的朋友，於是他們口中又迸出這樣兩句話來：「難怪他看得那樣透澈精確，原來他是搞哲學邏輯的！」我聽了朋友的這些論評之言，心中才開始相信：這位以「新老殘」自居的殷海光，他筆尖下的美國，大概不會藏有欺騙我這個「劉佬佬」的地方了！因此我才決定來寫這篇介紹「旅人隨記」的小文。

「旅人隨記」這本書，是收集十五篇文章而成，共有一〇三頁。只要我們細心的去讀它，一定會越讀越有味的，我個人就是享受到這種「讀書樂」的人。味在那兒呢？作者自己介紹得很淸楚，實在的情形也正是如此：

「在後面所記的，是筆者旅行並呆在美國某些點、線、面上的一些感與想。你說它是報導，却又議論連篇：敍事與理論雜出；你說它是抒情，却又講點解析：感情與理智迸流。有時，讀者碰到小橋流水，正在高興，但忽然巨石聳立，使你步履維艱。常常我底思緒跑的很野；但請別着急，繞一個彎子，穿過小巷，它又走回正路。本隨記就是這麼一個難以名狀的東西。也許，你喜歡它，那麼請你細心品味一番。如果你像吃橄欖一樣，越嚼越覺有味，嚼出一點字外之味，看得見我的感與想之底蘊，那麼你將是我最歡迎與欣賞的讀者。」（前言，一頁）

看看人家，省察自己。我想凡屬中國的明識之士，最好人人一讀這本「隨記」。而現在正在中學大學讀書的青年學生，尤該一讀是書。因爲這個「敍事與理論雜出」，「感情與理智迸流」的「難以名狀的東西」，對他們確有甚大的幫助和裨益！尤其作者在最後說的幾句話：「我所希望於大家的，是別在金錢的打算上像個中年人，而在思想上像個幼稚園的學生，專愛聽美麗的童話。……我們須從近若干年流行的思想瘟疫裏擺脫出來，兩眼看淸事實，從經驗基礎上來了解這個世界，明白事理，再決定行爲的方向。」（頁一〇二—一〇三）當然，對於現在的世道人心，這已是一種很沉痛的良心呼籲！而對於現下的純潔可愛的學生，則更是具有深長的反省意義，豈只有味而已！

這本書係以記述觀察美國爲經，解析說理爲緯。照作者對美國的觀察和解析，則我這個未出國門一步的人，對這一個與我們邦交最好的盟國的印象，肯定地是：美國確是一個「美」(Excellent)國！儘管作者在書中也提出若干對美國評議之處：像㈠在「快！更快！」一篇中，就美國人忙得要命的生活中，對他們過於講究效率之結果所作之評析（頁三十一—四十九），㈡對美國人「高度格子化（Highly departmentalized）的人理特徵之看法（頁二一），㈢在「顯明的對照」一文中，對美國社會呈現着文實兩者處境之所以相差太遠的現象所作之觀察和評論（頁六〇—六四），㈣對美國人的私有財產觀念即在夫妻之間也認眞發展所作之批評。認爲「似乎大可不必」。以及他認爲「美國最少的要算風格之類的東西」的論析見解，（見頁五十九和八四—八七）等等都是

看表面，美國的商業興隆，工業發達，科學進步，固足令人仰慕；華麗的小汽車，可口的巧格力，聳立雲霄的摩天閣(Skyscraper)，聲色迷人的夜

總會，且更使人喜歡。但這都不見得是美國的最珍貴的東西。讀了「旅人隨記」這本書後，使我們更加深信一點：即美國之所以有這些商業、工業、科學、汽車、摩天閣、夜總會，等等種種，形形色色的東西者，一言蔽之：「主要地是自由有以致之」！如果在一個獨斷統治的格局之下，斷乎是見不到的！如果我們沒有這深一層的認識，則的確不够資格去欣賞人家的「物質文明」！如果還帶有鄙視人家的這些「物質文明」的意態，則不是自卑的妬嫉，就是莫名其妙的愚頑！又如果我們還是抱持那種不通之至的「中學爲體，西學爲用」的陳腔濫調，而不思變通的話，則「落後地區」的招牌，只有永遠永遠掛在我們的國門之上。有識之士，「盍不反其本矣」！靜靜的思想一下，自由多麼可貴！作者在他的隨記中，即特別讚慕美國人在此方面的「精神享受」，這種「精神享受」，就是他們的「個人自由」。對這一點，作者特別推崇，並向我們詳盡的介紹。所以他在書中，不斷地提出他對美國人這種「精神享受」的「個人自由」的羨慕之情。茲擇錄幾小段於後，以供大家欣賞：

「我豔羨美國人享有『神經自由』。他們的神經是他們自己的，沒有被『政治當局』佔領。」(頁廿二)

「作爲一個旁觀者，我羨慕美國人。我羨慕他們，並非因爲他們天天吃巧格力，時時坐汽車。我羨慕他們，出了一個華盛頓，又有一個傑斐遜。三百年來，沒有產生一個能施法術放鬼蠱人的巫師，也沒有人能帶頭陣砍殺。前出一個詹美士，後出一個杜威，什麼德國妖氣都給掃得一乾二淨。因此，民主黨不能揮兵指向共和黨，也沒有人替共和黨粉身碎骨，壯烈犧牲。」(頁二十八)

「美國人，自沖齡以至昏老，神經中樞，既然從未作政治戰場，於是神經得以健全發展；並且在大體上，或者在某種程度以內，可以用之於有益人生之處。所以他們能在短短三百年以內，把這塊並無半點奇特的土地，營造得舉世不是妬嫉，就是仰賴的樣子。」(頁二十八。)

「當然，從我的生活觀看來，美國人的生活格調，一般而論，實在不算高。然而，就人之所以爲人之必需條件而論，美國人大體滿足了；只是有待向上提昇與增進罷了。與大部份東方人目前的處境相對待而論，目睹湖畔風光的筆者，無寧羨豔他們之自由自在，無拘無束；尤其豔羨他們是爲他們自己而活着：他們各人有各人自己的打算，各人有各人自己的目的。」(頁一〇一—一〇二)

讀到這些有關美國人「精神享受」的地方，我不知道在我們這號稱「精神文明」的世界裏，在「精神」方面，能有美國人的「享受」幾許？自然美國人每週也要上教堂，做禮拜，讀聖經。因爲美國人享受有充分的「神經自由」，所以作者在美國看到波，人人士頓劍橋一帶的專賣卡片的商店，見其裏面卡片之多，眞是無慮千百，而他竟一直未發現半個與政治有關的「要人肖像」；說他們製造卡片，要怎麼做，怎麼畫，便怎麼做，怎麼畫，極盡想像之能事，發展創造的天才。又因爲美國人確信「人是生而平等」的，所以使得作者，從美國極西走到極東，橫跨三千英里，大小十餘城鎭，沒有看見一張艾森豪大總統的相片。尤其怪者，是他和美國朋友提到艾森豪的大名時，見那些人的神情，不過是在談政府職員之一而已。說「總統」二字，引不起美國人的緊張感。（這一點，我的另外幾位去過美國的朋友，對我也都這樣談起過，並說美國的電影院等娛樂場所，也沒有在開演前的一套「肅立致敬」的節目。）再因爲美國的教育是自由的，所以也使得作者訪問他們的幾個小學時，都只見到其處處爲顧學童安全的講室的設備，卽是極目四顧，竟未找到半張「當今要人」的肖像以爲憾。並說在學童的圖畫作業裏，也發現不了這類「現實題材」。因此這些學童們所做的圖畫，所剪的紙模，千奇百怪，各出心裁；想像力之奇幻，連成人也想不到。其次作者看到美國從中學起，他們的教育，就戒學生死記。唯恐學生一味呆板接受先生的口頭斷語；而是盡力之所及，鼓勵學生活用知識，訓練他們獨立的思考能力。復次作者再指出他們的大學生，沒有說是「老師之言，一體遵從」的。名氣再大的教授，所說的話，學生認有問題，一樣的同他辯論，並非不敬，且視爲當然。總之根據作者對美國教育作實地的觀察，認爲美國從大學到小學決找不到「權威」崇拜的跡象，因此他們的學生，小的眞是天眞純潔，大的則一股生氣，活潑可愛！（以上見「從卡片說起」一篇，頁廿二—三〇）

更因爲美國人是爲他們自己而活着——各有其打算，各有其目的，所以作者在一個擁有工人數萬而爲柯達公司總根據地的羅切斯特(Rochester)地方訪問他們的「工人之家」。由他報導中所見到的美國工人生活上之舒適，眞非慣於「生於憂患」的我們東方人所能想見。尤其是作者說：「他們每週工作五天，願意多工作的，另有加班費，廠方決不說什麼『係爲國家勞動，是勞動英雄，光榮』的這些鬼話。」這實在就是他們爲他們自己而活着的明證。因此作者認爲共黨仁兄說的「資產階級剝削勞動階級」，要「勞苦大衆起來革命」，對美國工人，毫無動衷。於是無已，只得轉移目標，另找「毛病」，以資挑撥。此處作者爲共產黨下了一個最切當的定義：「共產黨對已控制的地區實行極權統治；對未控制的地區是一毛病尋求者(A fault finder)。」美國的工人，既無那份興趣聽信共產黨的那套「革命鬼話」，因此逼得這一毛病尋求者的共產黨在美國，只好暫向到「黑」與「白」的「顏色問題」上打主意。關於這一點，據作者深透的觀察，他認爲美國的黑人，將來是一股不可不計算的力量，因爲黑人在運動場和歌舞方面，都是白人難及的。而且他指出除掉那些「低等」黑人，確令人有點「敬而遠之」外，一般「高等」的黑人，都能潔身自愛，力求上進，令人肅然起敬。同時他又認爲美國的黑人人數固少，若美國白人不講理，只論勢，所謂「老子就要這樣幹，你奈何！」的話，則「劫之以勢」，黑人自是無可奈何的。不過據作者指出：美國的政治，不但民主，而且講理，因此根據作者的觀察和解析，我們似可斷定這個「顏色問題」，共黨仁兄恐怕也難利用得上。(以上見「顏色問題」，頁65—71)

這位作者殷先生，是一位痛恨極權、篤信自由民主的飽學之士。這在他所寫的許多文章中，不難看出。他曾說他之所以反共？簡單言之，只有「反對極權政治」的一句話。(見他的「我爲什麼要反共？」一文，刋自由中國六卷十二期。)以這樣的一個敎書人，在他常年飽受東方動亂苦痛之餘，到了美國這塊「自由樂土」，親眼目擊到這些已在美國人心中生了根，根本用不着談了的「自由！自由！」竟在他來自的東方地區，却大成「問題」！自然情不自禁地要向他的「故鄉之人」，大談特談！看看人家是如何作「精神享受」的!?而一股憤慨，則當然難免了。譬如他在美國的劍橋鎭，有一天看到那裏的人作了一次輕鬆興奮的大遊行時所聯生的感慨：

「提起『遊行』，我過去的聯想等於『上殺場』；在動亂的東方，遊行很少給人帶來歡樂，帶來興奮。許許多多遊行，不是製造騷亂，騙着肉做的人抵擋水龍頭、馬鞭、機關鎗，就是御用的擺飾。所以遊起行來，不是像火牛出陣，就是面部麻木，毫無表情。」(頁六七)

又像他在對美國人的「只問效率」，作了一番解析的批評以後，隨卽又說的一段話，眞更是慨乎言之的！

「我說到這裏，請那些提倡『本位文化』，高唱『歷史精神文化』，『東方精神文明』的先生們，別乘虛而入。……你在白骨堆旁，在鞭韃場邊，在屠場近處，在把人當牛馬用的地方，居然熟視無睹，談玄說虛，還倡什麼『文化』！目睹把人不當人的血淋淋的事實而無動於衷，顧左右而言他，你還配談什麼『精神文明』？」(頁四六—四七。)

這類「憤痛之語」，「慨乎之言」，書中自不止此一二之處。儘管作者自稱這是他個人的「孤憤之氣」，並謂無意散播給他人。而我讀了之後，却以爲這正是作者憂國至深，愛國至切的心情流露，或有偏激，無傷忠厚；因此我也要爲之激憤一陣，情緒很久才得恢復平靜。諒凡愛讀這本書的讀者，或會與我同樣。我的學問淺薄，對什麼「東方文化」、「西方文化」孰優的問題，甚無助談的學力。惟對作者解析美國人理顯著特徵之一的「高度格子化」時，特勸素以「精神文明」自豪的東方人士，不要大口大口大口的妄肆評議，甚至敎訓人家，以免評議不當，怕引起人家之不快的那幾句回響：「我們覺得這樣方便嘛，我們不靠你們，照樣生活，你們沒有西方文明，怎樣過下去？起碼，你們身上背的照相機就沒有了，生肺炎就無藥可吃。」這幾句話，不免有點近於刻薄，但確不失爲値得我們切實反省的一個課題。時至今日，處在這個突飛猛進的世界，亟須理解的，就是憑什麼才是我們今後的「生存之道」？孟子曰：「仁義而已矣」。每個人的德性修養，應該居仁行義，我是絕對贊成的。其實人家西方人，又何嘗是「全無仁義」之輩呢？孟子說：「殺一無辜謂之不仁」。請看今天的美國人，他們的生命看得是何等貴重！一個飛機駕駛員掉到海裏去了，他的政府可以不惜動員所有人力，想盡所有的方法，日夜尋救，非到完全絕望，決不停止，這爲什麼？「人命要緊」！同時徒恃「仁義」，對現在的事實——要生存下去的問題，是否「已矣」得了？我們認爲大家應對這一點好好的想一想：長久靠人，總不是個辦法；但「自力更生」云云，也斷不是信口喊得出的。至於呼口號，貼標語，「等因奉此」，「宣言文告」的這一老套不具實效久爲人鄙之作爲，老實說，早就應該拋棄了！

再如對美國的唐人街，作者的觀察，也是特別新異而極値得反省的。作者說他一進唐人街，「立刻就爲一種絕望的心情所襲擊。」又說他一看見唐人街，不禁就脫口叫出一句「無源之水啊！」在此以前，凡是所見的美國報導的文字中，講起唐人街來，眞是天花亂墜，說得人人心花怒放。但讀到作者這樣悲涼之話的，則自「旅人隨記」的「唐人街」一篇(頁九七—九八)始。根據作者所見到的唐人街風光，以及他對唐人街的看法：

「學得的一點烹調老法，老的生活方式，沒有源頭，失去創造力，憑着一點敬祖的情感，憑着一點固執，怎樣繼續得下去？如何不叫下一代的人與他們脫離？」

讀到這裏，怎不令人興悲！又怎能不發人深省！

以上寫的，是我對「旅人隨記」這本書所作的一點介紹。作者常常爲我們推介好書，供作閱讀，因之博有「書評專家」之雅號。而今，他本人的這本有益於讀者的書，自前年九月出版以來，時近兩年，竟輪由到我這麼個學文疏蕪的讀者提筆來爲它介紹，不知是否能邀作者的「欣賞」？

四六、六、十。

讀者投書

(一) 十足的官腔！

金克文

教育部長張其昀先生於十月一日在立院答覆郭委員登敖詢問有關軍校招生事稱：現行大專校院聯合招生辦法，各文武學校全體參加，藉以劃一大學新生水準……，甚感便利……。關於分配入學事宜，係根據考試成績與考生志願，其辦法絕對公允……。」此一消息見載於次日中央日報上。該報並以「本報訊」之口吻稱：

「張氏於答覆唐委員嗣堯問及大專學校聯合招生事指出大專學校聯合招生之舉行，其主旨在於便民……，一般家長及青年，莫不稱便。……」

這眞是十足的官腔！

鄙人不敏，無法想像千萬考生與家長閱讀這段新聞以後「啼笑皆非」的心情——如果他們有足够的雅量而不忿恨的話。張氏絕對肯定的答覆並不「絕對」符合事實。考生的錄取分發也並不「絕對公允」。至於「一般家長與青年」是否「莫不稱便」，我們不知道，不過抱怨甚至痛恨的反應倒很普遍。現在試略擧一些事實爲證，但是爲了避免增加考生的麻煩起見，我不願列出他們的姓名。如果要證明這種事實的眞確性，我祈請我們的民意代表們要求教育部長提供全部錄取學生的聯考紀錄來查考，便可眞相大白。

今年聯考分發在師大童軍專修科的新生至少有一半並不根據「考生志願」的次序。尤其第一名的學生成績已逾三百分，已過臺大新生的入學標準。第二名也已逾政大、東海和法商學院三校的錄取標準。這些志願學校都塡在師大童軍專修科之前。兩生都不願讀師大，現在只好白等一年，明年從新再考。現在他們發現許多同學也有這樣的遭遇。關於此事，聯考主持人劉眞亦向該生等坦白承認，因師大童軍科所取太少，尚有大量空額，便將一切已滿錄取標準之學生中，凡塡有該科者，無論是第幾志願，無論能否分入其它任何大學，任何科系，一概硬塞入童軍科。其它還有幾個冷門的科系也是這樣。現在木已成舟，青年的寶貴光陰至少要虛擲一年。這也許只算是技術的錯誤，即便承認了也無傷大雅。可是張部長偏要硬出頭，「負責答覆」這種錄取方式是「絕對公允」的。既然如此分發，還要考生寫什麼志願的先後？張部長所堅持的「根據考試成績與考生志願」，不算官腔算什麼？

軍校學生的分發尤其荒謬，好幾位接到軍校錄取通知書的考生根本沒有塡過軍校的志願。有一位被分入軍校的學生發現他的成績也超過了許多文科學校的錄取標準，而他所塡的軍校志願是最末一項。於此我想附帶提到一件發生在聯考報名時的事。有一位臺北的省立中學校長命令該校應屆畢業男生一律須將軍校塡在第十志願之前，否則不准報名，據說是奉救國團的電話，但是他又不肯正式以學校名義張貼公告轉知學生。若干學生堅拒至報名最末一天，這位校長竟說「你們不塡也沒有關係，反正我可派人代你們塡上的。」這種作風無以名之，只能稱爲「强姦志願」吧!?這位校長的動機寬恕一點說，倒可比美於「楚王好細腰，宮中皆餓死」的古代奴婢們。

這些令人深惡痛絕的聯考事件底責任，未必都要加諸教育部長頭上，可是部長偏要來絕對負責，並且還要「强姦」家長和考生的意見來裝飾部座的尊嚴睿智。本着聖人的忠恕道理，我們還願退一步替張部長着想。張部長也許是受了部下的蒙蔽，於是才敢在立法院大言不慚，「負責答覆」。這樣頂多只落個「昏庸愚昧」之譏。我們翻來覆去企圖替張部長辯解，無論如何，「非愚卽妄」，兩者必居其一。

本來聯合招生是一件難事。萬人左右的大事要辦得妥貼談何容易，我們又何忍深責辦事人員。但是在集體主義的陰影裏，「好大喜功」的貪慾之下，既做了這多此一擧的弊多利少的事，既使千萬家長搖頭太息，千萬學子麻煩厭惡，甚至要使他們遭遇躭誤時光，委曲志願的痛苦之後，竟然還要來硬撐面子，一隻黑手遮住天下人的耳目，擋沒天下人的嘴吧，「是可忍孰不可忍？」在新竹試辦的免試升學到目前爲止只爲害於一縣，「原子迷」狂也只浪費了幾個科學政客的光陰，大專聯合招生却每年直接影響到全國上萬的莘莘學子，間接影響到更多的家長。張部長之所以用統治手段來搞這一套，本來是承旨邀寵，無話可說，但總得稍存良心，爲下一代想想。我們焚香祝禱，部長大發慈悲，明年起取消聯合招生的「德政」，國家幸甚！百姓幸甚！

(二) 大專聯考四大惑

鄭大志

編者先生：我是參加本屆大專聯合招生的學生，身臨其境的體驗到許多怪事，其中有怪到我們從來都未曾夢到的，這裏提出的四點大惑不解的疑難，是無數青年共鳴的聲音，希能藉貴刊一角披露！

一、報名費問題——大專聯合招生報名費六十元，考師大半數，軍校者免繳。在此我認爲：聯合招生委員會不可用考生所繳的報名費，去負擔其他減免報名費的考生。也就是說軍校師大應代爲補足免繳減收學生之報名費，因爲此項減免報名費之優待，應由全體國民負擔，卽在軍費和教育經費中支付，其他考生無承擔該欵之任何理由。

二、肺病不取問題——聯招規定了很多「身體不合格的規定」，其中規定：肺病爲所有文武大專院校共同不予錄取的病症，考生卽患輕微肺病，雖達錄取標準，亦遭擯棄門外，並不給保留學籍的權利，而待其安心養病，使病癒後得再有入學的機會，衡之情理，殊有不當。

三、「打倒機械記憶」問題——去年聯招初創時，教部張部長，大聲疾呼「聯合招生要打倒機械記憶！」，但去年史地科考題有「試述姚江學派之創始人及其學說」(二五分)弄得學生們「慘不堪言」，因爲標準歷史課本上根本沒有姚江學派的創始人是王守仁的記載。這種試題不但是憑機械記憶，而且超出課程標準。今年本國史地題有：日本攻熱河何年？(五分)試問這樣的年代，歷史上何止百萬個以上，考這樣死記憶的年代，是否「機械記憶」？如否，究竟什麼是機械記憶？

四、令人大惑不解的二次放榜問題——本年度大專聯合招生考生一萬八千餘人，甲、乙、丙組共錄四千餘人，我年輕識淺，不敢說招收的學額過少，但是，招生應該把現有學校的學額都收滿，想是淺而易見之理，誰料聯招第一次發榜，竟在預定的學額中空出四百餘人，不知其故安在？最近纔借英專增班名義，準備二次發榜(實際提取通知早已寄出)，我們考生不得不問，爲什麼頭一次發榜不把人收滿，而又多此一舉呢？我認爲二次發榜至少有二使人疑惑和值得商榷的問題。

㊀二次放榜以信函通知，似對於擁有一萬八千考生，爲國家選拔英才的考試，顯得過於潦草。

㊁若有某生考乙組，離錄取標準差三分，(該生考二一五七分)，該生分數不够英專錄取標準，故被分發入政工幹校就讀，可是最近二次發榜，該生則被認爲是第一次已錄取的學生，自然不在此次提取之列(這樣的人數很多)，反而在他們分數以下的人，却提進英專等文學校，問題發生在假如第一次發榜不挖去四百餘該取而不取的人，則錄取標準自必下降，該生就會進入英專等文學校！現在雖然提補了缺額，可是其中却發生了極大極大的不公平了。

以上是我親身參所經驗的「大專聯合招生的四惑」希望引起社會重視，在下次舉辦招生時引爲借鑑，多加匡正，則幸甚矣！

鄺大志敬上九月二十四日

(上接第20頁)屆共四百八十七席)，其一半議員用選區比較多數代表法產生，卽全國分爲二百四十八區，每區選出一名，以得票之多數者當選，其餘二百四十九席由各黨按照比例代表法的原則分配之(但如得票數未及百分之五，或不能在三個以上的選區獲勝，則雖有若干票亦無效)。每一位選民有兩次投票權，一次投本一區的候選人，另一次投政黨。茲將前後三屆選擧議席之總數及各黨所獲的名額列表如下：

議席及投票率

年	衆院議席	選民投票率
一九四九	四一〇	七八·三%
一九五三	四八七	八六%
一九五七	四九七	八八·二四%

各黨所得之席位

黨名	一九四九年	一九五三年	一九五七年
基督教民主聯盟	一三九	二四四	二七〇
社會民主黨	一三九	一五一	一六九
德國自由黨	五二	四八	四一
難民黨	一七	—	—
共產黨	一五	—	—
德意志統一黨	一二	—	—
德意志黨	一七	一五	一七
中央黨	一〇	三	—
其他小黨	九	—	—
拜爾省黨	—	二七	—

雖然基督教民主聯盟，此次以主戰贏得了衆院過半數而當選，它已用不着聯合他黨而組織政府(其前兩屆與德國自由黨聯合，至本年六月始分離)，可毫無顧忌地實施他們的政綱，然而今天德國的社會及其政治，着實是個澈底的民主自由的體制，而一般厭戰的心理，確已深入人心，除非爲了保衛自身，他們再也不會拿着槍桿去侵略他人。而基督教民主聯盟，也確實是個普通的政黨，它決非國社黨的化身，他們之所以標榜整軍，一方面乃基於東西對峙的國際局勢，另方面也是敷衍及爭取友人。如本年初英國竟以西歐撤軍來作爲要挾西德整軍的藉口，但他們自身又何嘗不知道整軍的結果必將阻碍他們更大的繁榮與希望？蓋英法經濟勢力之零替與他們的復興，其關鍵確實在軍備與非軍備上；所以年來他們在整軍上是雷聲大而雨點小，極盡拖泥帶水的能事。這是他們的痛處，也是今天自由世界任何國家的悲哀。

由於三屆選擧的結果，本爲九黨角逐的局面現在只剩下四黨了，現在德國自由黨及德意志黨不但不足重視，而以世局形勢的演變，其必遭淘汰，殆成定局。今後的德國已有趨向兩黨政治的趨勢，故這次的選擧同時也帶來了他們今後政治形勢與政治制度無比的曙光。

(九月二十六日寫於西德)

自由中國　第十七卷　第八期　內政部雜誌登記證內警臺誌字第三八二號　臺灣省雜誌事業協會會員　二五六

給讀者的報告

本期共刊社論三篇。社論㈠「小地盤、大機構」是「今日的問題」之第七篇。今天我們的中央政府實際所統轄的地區僅只臺灣一省，而行政部門則乃保持大陸時期的規模。這種「廟小菩薩大」的情狀，不但浪費人力物力，妨害行政效率，而且還破壞了中央與地方的權限。針對這種現象，我們主張中央政府的機構應該大加縮減與裁併。我們先揭擧出簡化政府機構的五項原則，進而根據此五項原則，我們主張行政院以下的組織應簡化爲五個部。在所有「今日的問題」的討論中，我們的論點和主張都是密切關聯的。本篇的討論緊接財政經濟問題討論而來，其結論也是彼此相應的。

胡適之先生於上月廿六日在聯大發表政策演說，博得國內外一致好評。在社論㈡裏，我們對胡先生這篇演說加以闡釋與引申。胡先生把大陸上最近的抗暴運動與匈牙利事件相提並論，觀照兩者的形勢和性質，並推測其影響與發展。從他這篇演說中，我們確認自由與人權乃不可或缺者，肯定自由與人權乃反共之根本動力。五四精神正是此種動力之主導。共黨之所以要清算「胡適思想」，其故即在於此。所可怪者，在反共的自由中國居然也有一股仇視五四與反「胡適思想」的暗流。然則胡先生這篇演說，對於這種混亂的思想，是否也能發生一些澄清的作用呢？

自蘇俄宣佈發射第一枚人造衞星以後，西方世界普遍爲之驚愕，美國且爲此召開國家安全會議。蘇俄在政治心理戰上顯然已棋先一著。同時由於導彈飛彈之發展，今後世界戰爭戰略指導原則勢將隨之發生基本的改變。領導自由世界的美國，今後在武器發展方面固然要加速努力，但我們認爲更重要的，還在如何修正美國對蘇俄鬪爭的基本態度。美國應該放棄武器第一與唯物理力量是賴的策略，轉而加强利用自由世界的人理力量。因爲在這一方面，蘇俄正有很多的弱點可資利用。而且惟有這樣，我們在這場自由與極權的鬪爭中，才更能把握勝利的契機。

「破壞政府威信」一詞是官方用以對付批評者的一頂帽子。其實政府威信之能否樹立，端在政府能否以事實昭信於國人。只要政府言行一致，縱使輿論如何批評，又何損政府威信之毫末？本期朱伴耘先生的大文於闡釋此番道理後，進以討論政府久經宣佈召開，而迄今杳無影踪的國是會議。作者一面提醒政府當局不可自損威信，一面對將來可能參加會議的代表致以勉勵。本文熱情洋溢，可見作者對促進民主運動，寄望之殷切也。

臺灣紡織工業一度曾有長足的進步，但自四十三年以後即呈現減產與部份停工的不景氣現象。這種情形對臺灣今後整個工業的發展是有不利影響的。陳若谷先生根據實際資料，分析紡織品外銷市場之所以不能打開的諸種原因，並據以提供對策，希望政府當局能放寬對紡織業的管制，放手予業者以自由經營的機會，使產品能在國際市場上競爭，以挽救紡織業不景氣的危機。

中東是世界的多事之區，而敍利亞問題則是當前中東問題中情勢最緊張的一環。蘇俄最近以大量武器運至敍利亞，頗有觸發中東地區熱戰之危機。因是敍利亞問題頗引起世人注意。本期沙清海先生爲文分析其發生和發展，可助吾人對問題作更深之了解。

自由中國 半月刊 第十七卷第八期 總第一九一號

中華民國四十六年十月十六日出版

發行人兼主編：『自由中國』編輯委員會

出版者：自由中國社
社址：臺北市和平東路二段十八巷一號
電話：二 八 五 七 〇

航空版：友聯書報發行公司（香港九龍新圍街九號）

總經銷：自由中國社發行部

經售者：
美國：紐約友方圖書公司
　　　紐約光明雜誌社
日本：東京僑豐企業公司
韓國：漢城裕昌德號
馬尼剌：大中華日報社
　　　　新疆書店
印尼：椰嘉達天聲日報
　　　泗水文光圖書公司
緬甸：仰光振成書報店
印度：加爾各答塔梅學校
澳洲：雪梨瑞田公司
北婆羅洲：西利亞坡青年書店
星加坡：友聯書報發行公司（小坡大馬路四六九號）
吉隆坡：友聯書報發行公司（馬華公會大廈三樓七室）
怡保：友聯書報發行公司（希尼華沙甘街十六號）
檳城：友聯書報發行公司（林連登律七十二號）
澳門：友聯圖書公司

印刷者：精華印書館股份有限公司
廠址：臺北市長沙街二段六〇號
電話：二 三 四 二 九

本刊經中華郵政登記認爲第一類新聞紙類　臺灣郵政管理局新聞紙類登記執照第五九七號　臺灣郵政劃撥儲金帳戶第八一三九號
（每份臺幣四元，美金三角）

自由中國

FREE CHINA

第十七卷 第九期

目錄

中華民國四十六年十一月一日出版
社址：臺北市和平東路二段十八巷一號

半月大事記

十月十日（星期四）
蔣總統發表國慶文告，揭舉六項自由，三項保證。
國民黨第八次全國代表大會揭幕。
美總統艾森豪召開國家安全會議，討論洲際飛彈問題。
英國宣佈發展彈道火箭。

十月十一日（星期五）
美國務院聲明，土耳其如遭共黨侵略，美決履行衛護義務。

十月十二日（星期六）
麥米倫告英保守黨年會稱，美英擁有核子武器，仍能嚇止蘇俄侵略。
西方廿三國家建議恢復裁軍小組談判，協商管制太空物體。
哈瑪紹提報告，認聯合國部隊對中東和平甚重要。
匈牙利拒絕聯合國特使入境。

十月十三日（星期日）
尼克森對記者表示，美飛彈將超越蘇俄。
狄托與朱可夫在伯爾格萊德舉行會談。

十月十四日（星期一）
埃軍在敘利亞登陸，傳正開赴土耳其邊境。
美海軍軍令部長談話，不信蘇俄有洲際飛彈。

十月十五日（星期二）
杜勒斯與英外首勞艾德會談俄帝在中東伸張勢力問題。
南斯拉夫承認東德共黨政權。
美國務院對南斯拉夫承認東德表示遺憾。

「自由中國」的宗旨

第一、我們要向全國國民宣傳自由與民主的真實價值，並且要督促政府(各級的政府)，切實改革政治經濟，努力建立自由民主的社會。

第二、我們要支持並督促政府用種種力量抵抗共產黨鐵幕之下剝奪一切自由的極權政治，不讓他擴張他的勢力範圍。

第三、我們要盡我們的努力，援助淪陷區域的同胞，幫助他們早日恢復自由。

第四、我們的最後目標是要使整個中華民國成為自由的中國。

日首相岸信介重申不承認共匪之立場。

十月十六日（星期三）
杜勒斯警告蘇俄如對土攻擊，美將對俄施以猛炸；並向盟國保證，決不與俄秘密交易。
尼克森演說稱，自由世界軍事力量仍較共產集團爲强。
敘利亞要求聯大討論所謂威脅敘國安全問題。
美國表示贊成由聯大討論敘局勢。

十月十七日（星期四）
俄外長致函聯大主席孟羅，誣美鼓動土國攻敘，揚言俄決助敘作戰。
美建議聯合國調查中東危機。
西方三國抗議東柏林武裝示威。

十月十八日（星期五）
國民黨八全大會通過增設副總裁。
外交部宣佈葉外長下月訪中東。
沙地國王表示，敘國如遭攻擊，沙將予以援助。
土耳其對敘利亞控土侵略事，嚴予駁斥。
土大使在聯合國譴責蘇俄對土誣控。
皮奈提出法內閣名單，要求衆院投票。
西歐十七國同意建立自由貿易區。
英外務部否認麥艾會談將商討與俄酋會晤之可能。
聯大政委會重申韓國與越南應獲准入會。

十月十九日（星期六）
國民黨八全大會通過黨章修正案。
聯大通過敘控土案列入議程。
西德通知南斯拉夫斷絕兩國邦交，美英聲明對西德表示同情。
蘇俄指美土計劃攻敘，土斥俄帝說謊。
蘇俄發動宣傳攻勢，要求參加艾麥會談。
法衆院否決皮奈組閣案。
美電導飛彈巡洋艦抵達土國港口。

十月二十日（星期日）
國民黨八全大會通過蔣中正連任總裁，並通過該黨政綱。
蘇俄威嚇土國，促其撤離邊境駐軍。
沙黎兩國聯合公報，重申阿拉伯國團結。

十月廿一日（星期一）
華僑總會第一次代表大會揭幕。
沙國官方聲明，敘土接受調解建議。
美陸戰隊六千名奉命留駐地中海。

十月廿二日（星期二）
美第七艦隊司令稱，土國如受攻擊，第七艦隊將全力馳援。
敘外交部聲明拒絕任何調解。
法總統提名莫勒組閣。
聯大開會辯論土敘爭執。
伊拉克責俄製造中東不安。
英首相麥米倫啓程赴華府。

十月廿三日（星期三）
國民黨八全大會通過陳誠爲副總裁，於發表宣言後閉幕。
美海軍軍令部長勃克上將訪華。
麥米倫抵華府，與艾森豪開始會談。
美國防部宣布木星式中程飛彈發射成功。
寮國政府與寮共組聯合政府。

社論

(一) 今日的問題(八)

我們的中央政制

一

中央政治制度係指行政權的組成和運行、及其對立法權的關係而言。換句話說，一個國家的行政部門係如何構成的，它被賦與的權力是怎樣的在運作，它和立法權的關係是在怎樣的方式下進行。

行政部門，通常稱爲政府的構成的方式，在政治學的分類上，今日民主國家的政府，有總統制，有內閣制，有委員制三種。這些類別都是根據一國的憲法規定來認定其爲何種制度。這三種制度，論其實際功能，則各有千秋，互有短長，如能依法運作，都可造成一個良好的政府。我們現在不是來研究和比較那種制度的優劣，而是根據我們現行憲法的規定，來闡釋我們的中央政治制度應該屬於上述的那一種。然後再根據行憲後這幾年的實際政治運作的情況，來剖析現在的中央政制，是否符合於憲法的規定。如果實際政治的運作脫離了現行憲法的軌範，我們應指出其違憲的地方，批評其弊失，並進而呼籲我們的建國工作仍應根據根本大法的規定和其基本精神來建立我們的中央政治制度。因爲一國的中央政制的建立，才是一個國家的基礎的建立。這個基礎穩固不穩固，關係於一國的前途，即盛衰興亡，至深且鉅。蓋制度的建立，殊非一朝一夕之力所能爲功，必須從一點一滴的作爲和不作爲而累積起來，儘管是一個小小的關節，決不可隨便一點。一個國家的政府，如無明確的政治制度可循，不僅大家無所適從，萬一出了叉子，責任應該誰屬，也就不容易判明了。

依照現行憲法的具體規定和其基本精神來說，我們的中央政治制度無疑的是採行了「內閣制」。就是說，行政權的裏面雖然包含了總統和行政院兩部份，但行政權的組成和運作，及其對立法院的關係，是以行政院爲中心，而非以總統爲中心。我們現行憲法第五十三條明文規定：「行政院爲國家最高行政機關」，而非如實行總統制的美國憲法，規定「行政權屬於美利堅合衆國大總統」(美利堅合衆國憲法第二條第一項第一款開頭的一段)。

僅僅這一點還不能充分證明我們的中央政制必然的、毫無疑問的是內閣制，我們再來看看內閣制的特徵包含些什麼，我們的憲法是不是具備了這類特徵。

二

內閣制的特徵，有左列三點：

第一　內閣首領即國務總理之任用，必須事先取得代表人民的議會，尤其是第一院，通常稱爲下議院或衆議院之同意。

第二　內閣須對議會負責，故內閣制亦稱爲「責任內閣制」。因而元首不負責任，元首所發布的命令或作各種處分，均須經國務總理的副署。

第三　內閣須對議會負責，故內閣所屬各部首長的人選，必須由國務總理遴選推薦；內閣所擬施行的政策，必須由內閣自行決定，即經由內閣會議議決之。當然，內閣所決定的重要政策須向議會報告，有時還須以預算案或法律案等等形式送請議會審議決定。

根據上述三點特徵，我們再來檢視現行憲法是否按照這些特徵而規定的。在我們憲法上稱內閣爲行政院，稱衆議院爲立法院。爲便於行文及使讀者免滋誤會起見，以後凡稱內閣及國務總理的地方，均稱爲行政院及行政院院長，稱衆議院的地方，均稱爲立法院。

第一　依據憲法第五十五條規定：「行政院院長由總統提名，經立法院同意任命之。」這是說明了行政院之組成，必須以立法院之同意爲先決的條件，正符合於上述內閣制第一個特徵。

第二　依照憲法第五十七條規定：「行政院依左列規定，對立法院負責」，這裏面包含有兩個要點，即：

a　行政院對於過去的施政結果和將來的施政方針，均須向立法院提出報告。這是表示公僕對於主人的交代和請示主人的意見。立法委員於聽取施政報告後，如有不明瞭的地方，得向行政院院長及各部會首長質詢，再質詢，以舉監督之實。

b　如果立法委員對於行政院院長及各部會首長的答復，認爲不能滿意，或對於行政院重要政策不贊同時，得以決議移請行政院變更之。在實行內閣制的國家，議會督促內閣負責的方法，有質詢、審查、製定預算、和信任投票各種制度。何以議會具有此項權力？因爲議會乃是人民所選舉，代表人民的意見來監督政府。我國憲法規定立法院監督行政院的方法，有質詢、審查和制定預算，惟無信任投票制度，而代以憲法第五十七條第一項第二款的辦法。此與信任投票制度所不同者，在信任投票的場合，只須衆議院出席議員過半數之決議，即可決定，而我們的憲法，「覆議」時須經出席立法委員三分之二維持原決議，行政院院長才接受該決議或辭職。在另一方面，我們的憲法亦未賦予行政院以解散立法院之權。職是之故，總統公布法律，發布命令，須經行政院院長之副署，或行政院院長及有關部會首長之副署（憲法第三十七條）。所謂「副署」也者，並不是總統所欲實行的政策要求行政院院長副署，而是行政院所欲實行的政策請求總統簽署。副署乃是證明這個行爲乃是副署人的行爲，即行政院的行爲，因而行政院須負其責任，總統則不負責任。這正合於上述內閣制第二個特徵。

第三　依據憲法第五十六條規定：「行政院副院長，各部會首長及不管部會之政務委員，由行政院院長提請總統任命之」，這是說明行政院的組成分子，須由行政院院長遴選推薦，必須如此，才能保持政策之統一與和諧，行政院始可對立法院負責。又憲法第五十八條規定：「行政院院長、各部會首長，須將應行提出立法院之法律案、預算案、戒嚴案、大赦案、宣戰案、媾和案、條約案及其他重要事項，提出於行政院會議議決之。」這是表明每一政策之制定，應先由行政院自行研討決定。必須如此，行政院才能對立法院負責。這正合於上述內閣制第三個特徵。

三

根據上文不厭求詳的分析和說明，可見我們這部憲法關於行政權的組成和運作，毫無疑問的是採行了「責任內閣制」的制度。現在讓我們來檢視今天實際政治在這一方面的運作是不是在那條軌道上進行？和進行的樣式合不合於那些規範？並進而指出實際操作政治的人們有沒有把這部根本大法放在念上，儘管他們口口聲聲說在實行憲法，儘管在宣言文告上說：「一部中華民國的歷史，就是我們國民革命爲民主憲政而奮鬪的紀錄」（見國民黨八全大會宣言）。

茲以現在的最高行政機關的首長俞鴻鈞行政院長爲例來加以剖視，從其組成分子和其施行政策兩方面來分別說明。當然，今日這樣的形勢之所以造成，實不自俞行政院始，蓋自行憲開始之日起，就是循着這一軌道進行。嚴正的說，行憲後和行憲前，在這一運作上毫無改變，不過，以俞行政院長這一個政院表現得最爲明朗化。就是說，俞行政院的運作最缺乏內閣制的精神。同時，我們在今日來討論中央的政治制度，應採用眼前的事例，較易爲人所了解，故特以俞行政院爲例來說明，非對個人有所憎惡。

首先，就他這一屆行政院的組成人選來說，試問那一位部會首長是出之於俞院長自己的遴選而後推薦任命的？這是大家有目共覩的事實，用不着我們進一步來分析檢視。須知憲法第五十六條的規定，是出之於負責制度「實質上」的需要，有其深切的意義包含在內。因爲行政院院長必須有此權力，行政院始能對立法院負責。「一朝天子一朝臣」，從這個角度來觀察，是一種很正確的觀念。因此之故，即令是同屬一個政黨，對於某些具體政策和施行方法的看法，彼此的意見也不可能完全相同。艾登的保守黨內閣與麥克米倫的保守黨內閣，其人選自然不會相同，因爲他們所抱負的政策是有許多不同的地方。羅斯福總統與杜魯門總統雖屬同一政黨，而且杜魯門在羅斯福的四任當政的時代還是他的副手，可是一旦杜魯門自己登臺執政，他的政府的組成分子也不同於羅斯福總統的。理由很簡單：人，非機械可比；人，有其個人的主見。如要他負責，在制度上就必須賦予他對自己的幫手以遴選黜陟的全權。否則，他不能達成眞正負責的要求。此本憲法第五十六條之所由來。

次就俞行政院這幾年的實際施政來研究，究竟那一些政策是出之於行政院的計劃、發動而決定施行的。試以一再宣稱的「召開反共救國會議」這一政策來說，究竟是出之於行政院的計劃？抑是發動於總統的政治號召？人民實很難明白其所以然者。過去總統在文告之中一再宣布過，而行政院院長和副院長也曾爲這件事發表過若干次談話。即在去年九月十日俞院長還特別向中央日報記者表示政府將有召開反共救國會議的意思。然而此事一擱數年，未見採取實際行動，如果爲人民代表的立法院要來問責，在現制上當然應由行政院負其責任——輕諾寡信之責。但從今日實際政治的運作來看，行政院對此果眞能負得了責任麼？不要說像這樣有關反共復國的大事，行政院負不了責任，恐怕連一張臺灣出入境證的責任，行政院也是負不了的。

再說現在已付實施的「青年反共救國團」和「國防會議」這兩種建制，無論就政策的作用或其影響來說，該是何等重大的事件，試問那一種建制是先經過了行政院會議的議決和立法程序的完成而後付諸實施的。換句話說，究竟那一種建制是「合法化」了的。所以有人說，「今日的行政院，只不過是聾子的耳朶，擺擺樣子罷了！」誰人能說這個比喻是過份的誇張。這兩件事雖不是出自俞行政院的創始，可是俞行政院也是蕭規曹隨，遵命奉行，對這樣於法無據的重大建制，亦未有一言的異議，毋寧視爲於己無關的事情。

其實今日實際政治的運作，又何止行政院一院是這個樣子呢！

儘管事實是如此，而行政院的施政報告及施政方針，每屆立法院會期的開頭，仍照憲法的規定向立法院提出報告，遇到立法委員質詢的時候，行政院院長和各部會首長也像煞有介事的答復如儀。從這些做作看上去，好像我們這部憲法全在施行，可是我們看到這些答復之中，有時竟閃爍其辭，有時則言不由衷。

再以「五二四」事件爲例，說明行政權實際運作之不合乎規範。

「五二四」不幸事件不問是由於那一方面的錯誤所造成，在現行制度上，明明應該由行政院負其責任，可是總統偏偏又來一個引咎文告，而且在文告上還引用了過去「下詔罪己」的老套，說什麼「德薄能鮮，領導無方」，令人看了眞不明白我們今天究竟是處在什麼時代！行的是什麼政治！

今日的政治觀念是「責任政治」的觀念。行政首長做錯了事就得下臺換人，尤其是在內閣制的場合，決不是用「下詔罪己」的辦法可以解除責任的。

這樣運作的結果是「權責不清」，問題發生了，不明白那個應該負其責任。自無怪乎省主席要說他不能指揮省警務處，縣市長要說他們不能指揮縣市警察局。這不是他們推卸責任，實際情形眞是如此。

職是之故，我們今日必須培養「責任政治」的觀念，以責任政治來改革我們的政治風氣，從責任政治來建立我們的政治制度，無論是中央的或地方的。美國駐華大使藍欽先生今年雙十節的獻辭，特別提出「責任和代議政府」的加强，他說：

「我也深信此間責任的和代議的政府的加强，將會更進一步地吸引全世界各地自由人民的尊敬和支持 (I am also confident that the strengthening of responsible and representative government here will further attract the respect and support of free people everywhere)」。

這是一句很有重要意義的「忠告」之言，實非泛泛的外交詞令可比，希望我政府當局重視這一句話的實際意義，從速建立我們的政治制度。

總之，現在實際政治的運作，很明顯的，無疑的是「總統制」。也可以說是超出了總統制的範圍，但絕嗅不到一絲一毫內閣制的氣息。而且還有一種於法無據的力量，在實際政治上發生決定性的作用，使外國人、尤其是美國人近年來紛紛來研究這個問題。

我們在前面已經說過，總統制也好，內閣制也好，論其功能，各有千秋，互見短長，如能依法運用，都可能造成一個良好的政府。我們現在既有一部憲法作根據，我們憲法既規定行政權的組織和運用是責任內閣制，我們就應該根據這個原則來建立我們的制度。因爲一個國家如果不能建立起良好的政治制度，其結果必將造成一個混亂悲慘的局面。這是我們所應深爲戒懼的。

要釋明一國之中央政治制度，除了行政權一部分外，還必須同時闡釋這一國的議會制度及其運作，在我國則爲立法院。茲以篇幅關係，擬另文專論。

社論

(二) 以行動爲號召

——從蔣總統的雙十文告說起

蔣總統在今年雙十節所發表的告全國同胞書中，鄭重提出反共復國的共同行動目標，那就是被稱譽爲「新人權憲章」的六項自由。我們詳察其內容，不僅項項針對共匪在大陸上的罪行，並且包羅宏富而態度明確，委實當得起「新人權憲章」之名而無愧。雖說其中細目的一部分已有憲法條文的規定，而另一部分也曾經人不祗一次的道及，但在今天大陸抗暴風起雲湧的客觀情勢下，由國家元首把這些神聖目標强調提出，當自有其獨特的意義。

在雙十節以後，國民黨召開第八次全國代表大會，於十月二十日第八、九兩次大會中通過政綱。蔣總統同時亦爲國民黨的總裁，這個政綱，當然以蔣總統的提示爲基礎，其內容包含三個部分：一是「基本綱領」，二是「建設臺灣、策進反攻」，三是「光復大陸、拯救同胞」。那第三個部分，可說是六項自由之重申，祗是把文字略加改變而已，六項自由的主要精神，已無所遺漏的包含在內。祗是那第二部分，却顯然的不够詳細而具體。

譬如說，關於「策進反攻」，政綱祗有三條，且文字簡略而空泛，祗是一些非常原則性的話，沒有提到一點切實的辦法，全國人民所迫切希望知道的事，類似究竟何時能開始軍事反攻，要怎樣去推動大陸反共革命等等的問題，都沒有得到解答。

也許，策進反攻，事屬「機密」，不方便公開的在政綱中發表。有此一說，我們也祗好存而不論。但是，關於建設臺灣的部分，應無保持機密之理由。關於這一方面，政綱所列條文，雖然多了一些，內容却也是十分平淡。我們於此可以舉出兩個實例。一、關於財經政策，政綱第十三條祗是說：「確立適應發展國民經濟之財政金融政策，建立量能課稅制度，健全銀行體系，合理調節外滙，促進國際貿易，鼓勵僑胞及外人投資」。二、關於敎育政策政綱第十九條祗是說：「提高國民知識水準，注重青年心身之均衡發展，培養優良品德，增進科學技能，發揮忠勇愛國精神，養成復興民族建設國家之人才。」其它條欵，亦多與此類似，不勝備擧。我們相信，像這類的政綱，定然在大會上非常容易的獲得通過，不會有人提出反對，無須經過任何的討論，因爲它們正是像「人，必須吃飯穿衣」的一樣的當然。但也正因爲過於「當然」之故，政綱的這一部分就顯得完全沒有實質。

一個政黨的政綱，應該針對當前現實問題，它不僅要提出一定目標，而且還應該指出達到目標所經由的途徑。凡是成爲問題的問題，都是可引起辯難的，政黨於提出政綱之時，不應該去廻避它，而必須去針對它。能針對問題，就自然會想到一些較爲具體的實踐方案，決不至於這樣的浮光掠影。此次國民黨八全大會所通過的政綱，其中「光復大陸」的部分符合了這個要求，但是「建設臺灣」的部分則並不能符合。這不免令人感覺遺憾。

在蔣總統所提示的六項自由之中，包含了經濟自由與思想自由的項目。國民黨政綱的「光復大陸」那一部分之中，有着「保障人民企業自由」以及「維護個人人格尊嚴及發展個性」一類規定。這些對國民黨而言，都是代表了一種嶄新的思想形態，值得我們重視。按照邏輯的推理，凡是將來要行之於光復後的大陸者，應該能先行之於政府現在所能管轄的臺灣；如果今天不能行之於臺灣，人們就不容易相信將來會行之於大陸。但何以在政綱的「建設臺灣」的部分，仍未能把這些進步的思想因素充分的包含？這就難免使人懷疑可能是宣傳號召，與行動實踐是截不相同的兩回事，國民黨當局雖有宣傳號召的迫切需要，而仍然在行動實踐方面有所瞻顧，不願拿眼前必須兌現的對內綱領來過分的拘束了自己。

我們政治上的領導人物，似乎自始至終犯了一個缺乏反省精神的毛病，至今還沒有好好的糾正過來。當觀察共匪的所作所爲之時，頭腦清醒而眼光銳利，每一個細微的關節都能够抓住，發爲批評，也都能切中要害，把共匪的罪惡暴露得纖細無遺。但一經回過頭來面對自已的問題時，似乎就變得頭腦糊塗而眼光昏花，什麼都想不到，什麼都看不見。大家從來沒有把批評共匪的話，當作一面鏡子來照照自已，因此也竟從未發現那些攻擊共匪的話之中，至少有一部分無異是攻擊了自已。譬如說，當提到共匪的專政極權之時是那樣的義憤塡膺，但在對內方面却又在那裏高唱「一個政黨、一個主義、一個領袖」，而竟然不覺悟到此二者之間的矛盾，這眞是極可怪異之事，而我們這裏有許多人却是習以爲常，見怪不怪。

在過去，居然也有人替這顯著的矛盾提出辯解，他們說：要對付共產黨，就必須採用共產黨的方法，他們不僅主張，以宣傳對宣傳，以組織對組織，而且還主張摸倣共產黨的統治方法，以爲非這樣無法達成內部的團結。這種論調，在民主自由思想的激盪之下，業已漸趨沉寂。但是那少數人的觀念形態，却並沒有發生本質的改變，改變的祇是他們的語氣而已。他們說：現在國家是處於非常時期，所以民主自由必須有其一定的發展限度。照此說法，似乎民主自由祇是未來的一個遠景，而不是眼前的一個迫切課題，這就難怪要叫人們懷疑宣傳號召與行動實踐是截然不同的兩件事了。

蔣總統的雙十文告實使我們感覺無限興奮；我們之所以並未卽時爲文頌揚，是因爲我們在等待國民黨的行動表現，看看是否能遵照蔣總統的提示，先在臺灣地區有所建樹。凡是對政治稍稍具有經驗與常識的人，是無法以言詞爲滿足的。國民黨全代會所通過政綱對內部分，不免稍稍使我們失望，但是仍希望那些針對共匪罪行而發的條欵，對內也能發生一些積極的作用。祇要我們都能够做到，凡是指摘共匪的那些項目，我們都能意識的去竭力避免，那就已經是了不起的成就。萬一不幸，國民黨竟確是準備把宣傳號召與行動實踐二者分開，仍視民主自由爲一個未來的遠景，而缺乏目前積極推行的誠意，而我們必須嚴正指出：照這樣下去，卽連宣傳號召的目的，也仍將無法達成。

截至今日，我們尙不能確知國民黨今後的施政，是否能遵照蔣總統的提示，竭力避免與共匪類似的作風，是否能將至今仍存留的若干與六項自由的精神相違反的事態儘可能的予以改正。現在距離「新人權憲章」之宣布，爲時尙短，我們無法作過早的推斷。但在這短短的一二十天之間，我們卻搜集到兩件小事，使我們一則以懼，一則以喜。第一件事是：經濟主管當局爲麵粉價格起了一點小小的波動，就宣布今後麵粉由政府全數收購與配售，這事件距離蔣總統宣布要取消共匪「對民生必需品的統購統銷」，僅祇十天。我們決不相信管理經濟業務的國民黨從政黨員會對他們總裁的煌煌文告未嘗寓目，甚且忽略了其中有關經濟政策的部分，但他們卻立刻拿行動來打銷了蔣總統的號召，事情雖祇關係局部，似乎正好證明行動與號召是可以分開的。另一件事是，省警務處近會通令全省警察機關，搜索應用搜索票，苟非有刑事訴訟法所規定的特殊情形，非持有搜索票，對人民的身體、物件、及住宅，概不得擅行搜索。這雖然是一個未受注意的消息，我們也要在此大書特書，並予以贊美。勿以善小而勿爲。這一類事如果一點點累積起來，就能實現全面的人權保障。

倘若把這兩件事是視爲一種徵兆，則國民黨可能至今還是在歧路上徘徊。要反共復國，必需提高道德的號召力，而號召則必需由行動實踐予以支持。眼前的兩條路，一條通向成功，一條走到失敗，願國民黨人作明智的抉擇。

原書原様

原書
原様

美國走這一條道路，就是從物理世界進入人理世界。美國要從物理世界進入人理世界，首先就得調整她底思想角度，打破她底思想慣性（inertia），自覺地踏入一個嶄新的領域，在這個領域裏以探險的態度和精神摸索前進。以美國底知識累積和技術成就來說，美國是擔負得起這一任務的。問題只在美國是否自覺地將注意力一轉。

雖然，美國是自由世界底領導國家。其實，認眞說來，美國對自由世界的領導只能算是「外在的領導」，而不能算是「內在的領導」。現在世界反共非共的國家，因爲美國有錢有勢，必須仰仗美國，所以與美國站在一起，好些事不得不遷就美國。可是，在許多情形之下，因美國海外工作人員對當地特殊情況疏于了解，以致措置失當，而引起許多糾紛或摩擦。在這種情形之下許多反共非共國家之接受美國領導，祇是時勢逼出來的，並不一定出于內心對美國完全心悅誠服。所謂「內在的領導」，是從裏至外的領導，從思想到物質的領導。美國要能做到這種領導，自由世界才能眞正從表至裏團結一致，而發出偉大的反共力量。美國要能做到這種領導，僅僅靠拿出金錢和武器是不够的，還得在思想和制度方面拿出眞貨色來！

美國要大規模進行這種工作，說起來眞是千頭萬緒。作者現在只能在此作原則性的幾項提示。

第一、美國應須趕緊大量動員優秀的人理科學家，亦如她迄今之動員優秀的物理科學家。這裏所說的人理科學家，意指心理學家，社會學家，文化人類學家，等等以人理爲研究對象的科學家。美國應須從頭做起，促致這些科學家長期留駐鐵幕邊緣反共非共的地區，與各該地人士尤其是知識分子廣泛合作，切實了解各該地區之區域的特徵（parochial characters），以作製定實際行動之張本。

第二、美國必須改變用錢的態度。就作者見聞所及，凡用過美國人底錢的人，沒有眞正感激美國的，作者本人就是其中之一。而且，作者願意說，美國雖然在我身上用了一點錢，反而把我渾身弄得不舒服。作者之說這話，並不表示貶抑美國，當然也不表示頌揚美國。作者之說這話，純然係本着平素抱持的嚴格科學態度，拿自己親身的經驗作一例證：錢不一定買得動人心。

美國人對反共非共地區用錢，一般說來，有三大毛病：一、施主態度。任何民族都有自尊感。愈是窮人愈好虛面子。美國以施主態度給錢，許許多多地區的人手上固然拿了錢，但心裏是不洽意的。這樣一來錢是花了，眞正的友誼並未買到。二、主觀主義（Subjectivism）。美國在許多反共非共地區花錢，常常犯了「主觀主義的錯誤」。反共非共地區這麼廣大。各個地區有各個地區底地區特徵，因而各有其特殊的需要，或重點之不同。如果顧到這些因素，那末相對少的錢可以收到較大的效果。如果不顧到這些因素，那末相對多的錢只能收到較小的效果。美國對世界若干反共非共地區之用錢，往往——雖非在一切時候——不自覺地以美國自己在美國底需要型模爲標準。以作者親眼在臺北所見爲例，美國朋友出錢建築高樓大厦，擴修馬路，毫無吝色；而于關係乎百年大計的文化建設事項，則吝嗇非常，即令有之，眞是微不足道。作者並不是說，建築高樓大厦和擴修馬路毫無用處；而是說，在長遠的反共過程中，文化建設更爲重要。但是，美國迄今似乎沒有本着這一眼光作長期打算的投資跡象。三、算盤主義。美國朋友在若干反共非共地區用錢，常常流露着一股商人底算盤主義的習氣。至少至少，這是很不合臺灣及香港一帶中國人之心理狀態的。於是，美國人多的錢花掉了，只換得比較淺薄的中國人假的笑容。作者並不是說，美國納稅人底血汗錢我們應該漫無限制地亂花。作者只是說，美國朋友在處分他劃給某一地區的錢時，在技術上應該顧到該地的心理情況。就臺灣來說，美國朋友寧可給我們十萬元，別給我們十萬零一百一十元。給我們十萬元時，我們覺得你慷慨。給我們十萬零一百一十元時，我們覺得你吝嗇。同時，錢既拿出來了，支配的項目只要大致合原則，小的枝節不要去管，應該讓我們有因需要而斟酌之餘地。因爲，這是爲共同反共制俄而用錢。這不是作生意。美國要顧到這一政治前題。

第三、志願原則。假若蘇俄征服了全世界，那眞是世界沉淪了。現在，美國底責任就是挽救世界免于共產極權浩刼。上帝賜給美國人那樣廣大肥美的土地，豐富的物產，體格健壯而且頭腦優秀的人民，美國是應該負起這個救世責任的。時至今日，美國之領導反共，不僅是出于道義之所在，而且是利害安危之所必需。美國政府應須使他在海外工作的人澈底明瞭這一使命。

說到這裏，作者不能不提到美國海外工作人員底生活方式問題。至少就東方而論，美國海外工作人員底生活方式，與東方人比照起來，實在相形見絀。這種相形見細的情形，使東方人看在眼裏，很少不由羨生妒的。他們總覺得「你美國人是高人一等的人。我們還是我們。」這種心裏狀態存在，至少不會增加美國人與東方國家人民間的親和力。作者提起這件事，絲毫無意於責備美國的生活方式。恰恰相反，作者希望世界任何落後地區都趕上美國的生活水準。作者所說的只是，在生活水準尚未到達美國水準以前的地區，美國海外工作人員在生活上怎樣與當地人民相見的問題。作者也絲毫無意要美國工作人員降低生活水準來遷就我們。作者是說：

在反共制俄這一大前題之下，美國要把他們海外工作人員底生活方式也編入心理作戰底序列裏。

在這一要求之下，就我們東方而論，美國海外工作人員必須表現得與一般人同甘共苦。果能如此，富人不擺濶，便眞能贏得中國人底心，發生「內在的領導作用」。

也許有人說：「你對于美國朋友的要求勿乃太高。你怎樣能要求人家犧牲幸福來爲你工作？」

我說：「必須拿出這股精神出來幹，世界反共事業才有前途。」

當然，我們沒有權利勉强美國朋友爲我們——其實亦卽爲他們自己——犧牲幸福來工作。不過，作者有理由提醒美國政府，在派遣來東方工作的人員之時，儘可能採取志願投效辦法：美國政府事先告訴美國準備前來東方的人：「我們到東方去係爲了反共制俄的偉大事業。那邊的生活很苦，各位要前往的話，必須準備吃苦，放棄美國生活方式與當地人過一樣的生活。」西方的傳教士常常深入荒蠻，長住非洲腹地；其中不乏美國人士。傳敎士能如此，志願反共者爲什麼不能如此？

當然，每一個自由人都是對蘇俄共黨深惡痛絕的。不過，我們不能因此否認蘇俄共黨在人理方面所下的功夫之深。他們深悉十九世紀以來黃種人對白種人懷有自卑感。自列寧訂立「民族政策」以來，蘇俄共黨處處留意，不觸發東方人底自卑感，處處裝出「援助弱小民族」的樣子。這一套做工後面，當然包藏着絕大的野心。不過，看得出的人只是少數，大多數人是會遭蒙蔽的。美國既從事反共，就得從這裏學習經驗敎訓。

寄語美國人民和政府，在基本型模上，蘇俄對美國使用的是共黨在中國東北使用的「長春戰術」。從蘇俄底觀點看來，現在自由世界底任何地區都是美國底外圍。東南亞是如此；中東也是如此。美國不要想着在外圍地區失去以後尙能巍然獨存。當外圍地區逐漸由被攤瘓而被蠶食以後，最後的核心也就遲早會陷落的。長春之戰，就是前車之鑑。俄國對西方之自卑與仇視，已經成了一個心理傳統。這一心理傳統，到了尼古拉．旦里列夫斯基(Nikolai Danilevsky)底論著出現，便構成了完備的形式。韃靼統治，奴隸生活，廣漠的草原，酷寒的天氣，合共起來形成俄國人之陰沉、狂熱、堅毅、和持久的性格。無疑，共產主義快盡尾聲了，但是世界霸權的爭奪剛在開始。作者不難想像，俄國人可能花幾十年甚至百年的時光來從美國手裏爭奪自由世界底統治權，進而奴役整個世界。人類歷史底行程目前的確已經到了這一嚴重關頭。美國朝野，對此關頭應有深切的認識和警覺：挽救世界呢？還是任其遭惡魔逐步吞滅？美國如要挽救世界，那末不可僅僅忙着製造人造衞星，同時不要忘記自己更大的本錢。今年的聖誕節快到了，彌賽亞降臨人間，拯救世上苦難。美國要使她自己和全人類免於共產極權暴政的浩刼，必須更拿出彌賽亞的救世精神。

讀中國國民黨政綱

朱佛心

中國國民黨在最近舉行的第八次全國代表大會中通過了「中國國民黨政綱」，全文三十二條，分爲甲乙丙三章，甲是「基本綱領」，乙是「建設臺灣、策進反攻」，丙是「光復大陸、拯救同胞」。

這個政綱，自其遠者大者言，是開給國民的一張「遠期支票」，如丙項的「光復大陸，拯救同胞，」要等到開始反攻並重光國土時，這張支票才開始兌現。如果限於客觀的情勢，一兩年內還不能反攻，那也是待機而動的問題，國民不能執此以懷疑它的兌現準備。自其近者切者言，如乙項的「建設臺灣，策進反攻」，以及關乎全文主要精神所在的甲項「基本綱領」，國民黨之有無切實努力實現此一政綱的決心，大家却可拭目以俟，兌現或不兌現，打折扣或不打折扣，一看今後在政治上的作風卽可完全知曉。因之，國民黨本身面臨着這一個重大的考驗，應是再也含糊敷衍不得的。

本來，看一個執政黨有無實踐諾言的勇氣和智慧，起碼是應當等它做了再下批評，開始時不便遽作輕斷，只能取保留的態度，除非對於該一政綱本身有所批評。但是，這一個道理，對於實際執政了幾十年的國民黨則不適用。我們於此，雖不能完全「鑑往知來」，但總可從它過去的成功和失敗窺見一些消息，取得許多敎訓，進而對它新訂的政綱寄予一番責望。

該黨這次通過的政綱，其重要各點，很少是過去所曾做到的；或有誠意打算完全做到的。例如基本綱領第一條開宗明義的第一句「團結一切反共力量」，實際上，國民黨過去並無此雅量（一再宣布的國是會議之遲遲「不敢」召開，形同擱淺，卽一著例。其餘如對於「友黨」之暗中打擊，防範活動，恰是反團結之道而行之，自壞長城。）今後是否果能主動而有效的團結一切反共力量，則要看該黨的決心和明慧。又如同章第二條的「貫澈實施中華國民憲法，保障憲法所賦予人民之一切自由與權利」，則過去並未「貫澈實施」，有太多的例子是違背基本大法的。至於原政綱「基本綱領」的其餘各條，或屬象徵性的（第四條的「在國土完整原則下，扶助邊疆各族之發展」——摘錄原句大旨。我所謂之「象徵性」，係就此時此地而言，因我們的國土尙未恢復完整。）；或屬一般原則性的（如第六條的「維護聯合國憲章……重建世界和平」，如第七條的「促進亞洲民主國家區域性之各項合作」都是），均爲此類文獻中所當陳之要義，可存而不論。基本綱領以外，目前最重要的課題是「建設臺灣、策進反攻」，原文此章一共是十二條（第八至十九條）除了末條的提高國民知識水準，注重青年心身之均衡發展……」，留待後文再加討論外，其餘的十一條，我們且就其中的八、十、十二、十三、十六、十七等一共六條略加探討：

①第八條的「健全地方自治」云云，目前臺省的地方自治是否果臻健全，或者是已向健全之路發展？官方對此也許有其一貫的誇張的宣傳，但僅就辦理縣市長的選擧情形以及地方權限受到若干侵越的情形言，則所謂地方自治，距離根本健全之路似乎還遠。

㈡第十條的「建立現代化國軍……實施軍事反攻」，這一條本是理所當然，要想反攻，非先建立現代化國軍不可。而且政府年來對於建軍的努力，也是人所共知的。不過，所謂建立現代化國軍，以達到軍事反攻的目的，此語的內涵如僅指軍隊裝備達到某種程度的精良，訓練做到怎樣的精勤，則問題實尙不如此簡單。首先，我們不免要問：所謂現代化的國軍，在實質上是否起碼應當是一支普通的現代民主國家的國家軍隊呢？而我們的國軍，卻是黨化的軍隊。近十年以來，此一現象尤爲顯著，謂之「黨軍」，殆不過分！此不但根本違反了憲法第十三章「基本國策」裏面所規定的「全國陸海空軍，須超出於個人，地域及黨派關係以外，効忠國家，愛護人民」（憲法第一百三十八條）之要旨，而且，由於黨化的結果，政工人員有恃無恐，自居於特殊地位，自難免導致軍中互相猜忌，離心離德的惡果。我們須知，在任何錮蔽和箝制的政策之下，都會無形抵消了許多力量的，此一軍隊黨化所造成的惡果如「加緊發展」下去，卻會影響鬪志，亦卽影響到日後的軍事反攻，卽軍中開明之士亦當有此同感。（「自由中國」所載有關的讀者投書，可爲佐證。）可是這些話在國民黨的人聽來必認爲是「瘋話」。他們正是衷心師法共匪「組織高於一切」的辦法，打算以其道還諸其人之身，從「信仰的堅定」以達到「軍事反攻」的勝利，哪裏還來得及顧到什麼違憲不違憲，大家情願不情願的問題呢！像這類想法上的距離，以一例百，造成許多思想上的死結，恰是我們當前難治的痼疾！

㈢第十二條的「精簡機構，分淸權責，獎進賢能，建立責任政治，樹立廉能政風」，政府過去更是一條都不會做到，架床叠屋的駢枝機構，權責衝突混淆。用人以黨的立場爲前提，眞正賢能的人員做事不是掣肘，便是無權。連「責任內閣」的行政院都負不了責，遑論其他？貪汚泄沓的風氣仍存在滋長，連司法界的人多不例外。權之所在，利卽隨之。在這樣的一個局面下，雖云五權分立，也並沒有收到互相制衡使政治清明國家進步的效果。

㈣第十三條的「確立適應發展國民經濟之財政金融政策，建立量能課稅制度，健全銀行體系……」過去也未做到，許多失敗的方案和苛繁的規定，徒增紛亂，並自食其果。關於這一點，請參閱「自由中國」「今日的問題」有關財政經濟問題方面的社論，卽可獲得大部分的結論。

㈤第十六條的「促進國民保健，輔導國民就業……建立社會安全制度之基礎」，這本是近代進步國家之要務。在臺灣，完全無業的人也許不太多，除了屬於「自己想辦法」的人以外，公教人員多是生活在「向政府討一口飯吃」的狀態中。一般公共衞生情形雖然較過去在內陸的小城鎭爲良好，勞工保險也有舉辦，但距離更爲廣泛的「公共福利，社會安全」的理想境地還屬遙遠。以國家目前的財力，大家當不能奢望苛求。有關這一節，總還得慢慢求進步。就目前而論，僅軍公教人員待遇一項，政府尙且沒有決心來作合理的調整，各機關待遇的互不一致，有的相懸甚遠，造成軍公教人員的不平情緒，使奉公守法者不易謀得一飽。而依據各方的調查建議，比較適當的調整待遇並非完全做不到，問題還是要靠政府的妥籌和大力實施。這個問題實在到了「拖無可拖」的時候了。

㈥第十七條的「改善農工生活，提高生產技術……」云云，這一條有關的一小部分，農復會方面已有努力。其餘的部分，則過去尙未聞有顯著的績效（三七五減租的實施，另可歸到第十五條「貫澈自耕農之扶植」的範疇）。

以上所舉的六條，或是政府過去所全未做到的，或是想做而是在主觀的條件之下沒有做好的，或是限於客觀的環境一時無法做到而也要喧嚷着的。我們當分別觀之。而其中全未做到的各項，則大多言實相反，自相刺謬。例如說要「精簡機構」，而偏要因人設事，從政的黨員們據地盤唯恐不固。例如說要「團結一切反共力量」，對於別人的言論，偏要隨便帶帽子。像這些地方，不是沒有改進的勇氣和決心，便是根本缺乏誠意。以至嘴巴裏那樣地嚷，字面上那樣地耍，而究其實際，全不是那麼一回事。

該章全文十二條，其餘沒有摘舉的五條（最末一條留待後文討論），當然也都關重要，其中有的已經大體朝着那個方面在做，有的暫時只是屬於原則性的揭櫫，不能侈言已至實施階段。讀者分別細按原文自知，這裏不再一一摘舉。

我在此之所以不憚煩瑣，作「尋章摘句」的工作，並非有意藉此對國民黨訾議，更無意「破壞政府威信」，我只是意在爲本文的論旨發凡。我覺得，此一執政黨在其第八次的全會中，所愼重釐訂的新政綱，其內容既爲過去大部分所未做到的，或雖做亦未做得像樣的，今後必須「革心洗面」，改弦易轍。那麼，這次新訂的政綱，視爲「國民黨改造運動綱要」也可！該黨在前幾年本來有一次改造的運動，但除了指定了許多位改造委員，集會了若干次以外，我們未聞其有什麼決定性的革新工作。如果該黨不再打算「垂空文以自見」，而覺得「我欲載之空言，不如見之行事之深切著明」（孔子語）的話，那麼，此一政綱，當賦予改造運動的實質，大力兌現，使國人一新耳目，使民主政治眞正往前推進一步；此不但關乎國民黨本身的前途，也關乎國家興亡的命運，再不能用「敷衍故事」的心理等閒置之了。

上文所側重說的原政綱乙章（「建設臺灣，策進反攻」），其中有待補述的第十九條，此處特別提出申論一下：

這第十九條的原文是：「提高國民知識水準，注重青年心身之均衡發展，培育優良品德，增進科學技能，發揮忠勇愛國精神，養成復興民族建設國家之人才。」這一大串的用字，都是很好的字眼，也是國民黨一貫對於教育文化所持的主張，而爲這幾年教育當局所特別敬謹奉行的。但爲什麼反遭到普遍多數的詬病呢？我們只要和一些學者通人談一次話，只要和高中以上的在校學生或他們的家長在個人友誼的空氣下閑聊一次，很少不對於有關教育的那些設施佈置感到蹙額疾首的。爲什麼？一言以蔽之，那一大堆好聽的名詞，無非是推行黨化教育的代名詞而已。

本來，讀書和做人分不開，一已和家國也分不開，但這個道理，和近代的自由思想以及發展個性的教育並無根本衝突之處。從前的人喜歡說「讀書明理」這句話，在知識的天地裏，可以拓展一個人的心胸，培養一個人的情趣，從而增益其修養，間接也可幫助其品德的自我陶鎔，日進於昇華之境。這樣的讀書，當然是最有益的。這樣境界的讀書雖然不易得來，但是一個眞正有成就的讀書人必先有此境界，此乃與自由的氣習和個性的健全發展有關，然應絲毫不與功利的觀念相干；儘管一個知識和品德修養都充實的人，必有所貢獻於邦國後世，(就是說，學必有以致用。）但就讀書言讀書，就做人言做人，當與「政治集團的利益」無涉。

談到「注重青年心身之均衡發展」，這本是教育上最普通的原則，人家都是從體育、音樂、藝術以及正常的課外活動中誘導學生向完美的境界追求，而我們的青年反共救國團却要每年舉辦「暑期戰鬪訓練」，做得「驚天動地」。你說不合適麽？誰說休閑的時間不應當分配利用？更有誰敢說青年不應學習「戰鬪的生活」，不這樣怎能擔當反共抗俄的大任？於是，在一切誇誕和大而無當的「理論」號召之下，青年要讀書，就不能不亦步亦趨。這是糟榻青年的心身和浪費他們的光陰。而「黨團化」的教育，更顯著的弊害尙多，中學以上的在校學生均能言之。此不贅論。

「培養優良品德，發揮愛國精神」，這也是我國讀書人的傳統精神，值得培養、發揮。但品德的培養，須從自愛自重做起，一個不能自愛而隨波逐流的人，不可能有純正的品格，這裏邊自難望產生「忠臣烈士」。人才與奴才之分，這裏是最大的分水嶺。政府果眞要在教育方面「養成復興民族、建設國家的人才」，便應當首先取消一切沾有黨化的教育方式。

說到這裏，我們可以引述原政綱丙章(「光復大陸，拯救同胞」)的二十一、二十二兩條的原文再加比較申論一下：

第二十一條：「發揚民族精神，崇尙倫理道德，重建自由、安全、康樂之家庭與社會。」

第二十二條：「維護個人人格尊嚴及個性發展，取消共匪之奴化教育，『思想改造』，及對知識份子、青年學生一切侮辱迫害之暴政。」

這兩條的要義，可說是該黨接受了蔣總統在今年國慶文告裏所舉有關維護自由的各點意思。從這個前後並列的兩條裏，我們可以大致認爲國民黨對於敎育和倫理價值的看法，也是肯定了「人格尊嚴」和「個性發展」的；而且和「民族精神」「倫理道德」也該是相輔相成的。(現時流行的「民族精神」這一名詞，談者是想賦予「倫理道德」的實質的。說得道地些，應當是「中國人的倫理精神」。)由此論之，自由主義或個人主義只是和狹隘的國家主義的精神不同，而與「愛國家、愛民族」的情操原無絲毫衝突。然則，該黨以及我們的政府平日對於自由的思想又何懼之有？爲什麽黨報和一些官辦的雜誌，老要對自由這兩個字加上許多不必要的界說？對人家談論自由的文字不惜發動圍攻？爲什麽在教育文化各方面還要妄圖染上淸一色的黨的色彩？像這些地方，如非完全爲了該黨的「政治利益」着想，便是對於現代的民主自由還存有可悲的誤解！兩者必居其一矣。

總之，國民黨應當認淸時代，和國民的眞正需要，少說空洞而不着邊際的話，抛棄「黨八股」作風，勇於面對現實，認眞檢討以往失敗的原因，去腐存新，力爭上游。這樣，纔能對得住自己以往成功的歷史，才對得住億萬的國民。此番訂佈的政綱，我們在上文已經指出，當視爲「國民黨改造行動綱領」。時亟矣，勢危矣！既能說之，必能行之！對於這個「堂而皇之」的政綱，請不要再有自加曲解、妄加變質的地方。這是我們所衷心期望的。

要考驗國民黨有無革新的勇氣及實現政綱的決心，至少下面幾點，大家首先可以拭目以待：(這幾點，過去之未實現或未做好，非不能也，是不爲也！)

一、團結海內外一切反共力量，從速召開救國會議（或稱「國是會議」）！

二、絕對在法律範圍內，尊重言論自由，放寬新聞檢查的尺度！(舉一個小例：過去有一大段時期，香港的「祖國周刊」不獲進口，進口亦被檢扣沒收。而該刊完全是一個正當而進步的刊物。至於在臺灣的報紙，所克享的「言論自由」是一種怎樣的情形，大家更是心裏有數。)

三、維護人身自由。非現役軍人不受軍法審判。

四、尊重學術自由，取消黨化教育。停止一切不必要之訓練！

五、縮減龐冗重複的機構，推行合理的財政政策，提高軍公教人員待遇，依法嚴懲貪墨份子！

至於其餘許多虛矯浪費之處尙多，如黨團活動的經費來源問題，如高級文武官吏鉅額的特支費問題，國民既是納稅人，都有權提出質疑。政府是不能以一手掩盡人家的耳目的。

本來，開一次大會，通過一項宣言，公佈一項辦法，這自民國以來，簡直是家常便飯，在老百姓的心目中，早已激發不出半點興趣。筆者對於國民黨此次訂佈的政綱之所以寫下這篇「讀後感」，也還是本乎愛國的赤忱。

最後，我且借禮記檀弓記載的一段故事，作本文的結束：

「晉獻文子成室，晉大夫發焉。張老曰：『美哉輪焉，美哉奐焉！歌於斯，哭於斯，聚族於斯！』文子曰：『武也得歌於斯，哭於斯，聚國族於斯，是全要領以從先大夫於九京也。』北面再拜稽首。」

「君子謂之善頌善禱！」

前人的注疏說：「善頌謂張老之言，善禱謂文子之言」。「張老因頌寓規，故爲善頌；文子聞義則服，故爲善禱。」

人家起新房子，恭維一句「美輪美奐」也就够了，何必「歌」「哭」並舉，說些殺風景的規戒之言呢？這好比開一次大會，照列總是「圓滿閉幕」，以後的事，誰又管得着呢，何必多去談它？如果與會的國民黨諸公，不幸有此類似的感覺，那麽，「民欲無言」。如若不然，一切救國自救之道請從此始！

四十六年十月二十四日

不讓毛澤東遁藏原形

蔣勻田

我在七月十六日發刊的「自由中國」，發表一篇論文——意在對外的毛澤東「處理人民內部矛盾」，引起中外的新聞記者來同我討論這一問題。討論的結果，承他們認爲我的觀點既新奇，理由亦頗週到。

我的觀點認爲毛澤東的鳴放政策，是襲取中國統治者的舊慣，「下召求言」的意思，以羈縻智識份子離貳之心。對這點意思，毛澤東在演詞中引用兩句陳語：『言者無罪，聞者足戒』。可說表示得很明白。洎乎六月十九日向外發表那篇演詞時，與其說在對內提出鳴放六點標準，勿寧說眞意在以所造就的內部矛盾現象，迎合英、美、法等民主國家素重多方情調競發的脾味，以表示他的內政民主傾向。章伯鈞等强項敢言的表示，也可能是一套「苦肉計」，以眞化毛的鳴放計謀。我那篇文章的結論是：「毛澤東這篇演詞，在天平上的估值，祇有等待時間判斷了。假使他是對內而發，則問題太簡單了。我雖不如此想，我却如此希望。假使它是重在對外，繼之而來的必有其他欺世盜名的把戲，我們不能掉以輕心，須隨時注意揭破。我看現在希望毛朝自垮的人太多了，實在都犯了太樂觀的毛病。」到現在爲止，雖無法證明「苦肉計」的眞僞；可是繼之而來的其他欺世盜名的把戲却有了。這就是八月二十六日的美國時代雜誌所報導的周(周恩來)劉(劉少奇)聯合反毛。

八月十四日下午八時，香港時報駐臺記者張繼高先生來訪，他轉述香港合衆社的報導說：據大陸至港某商人傳出的情報，毛澤東以鳴放政策所引起的紛擾，可能被迫去職云云。他即此而問我的看法。我說情報的來源，出之商人的口，恐不可靠。我認爲鳴放政策本身就是戲劇。毛澤東用鳴放以安撫人心，對內雖引致大放大鳴，對外已有新展望的收穫。我們若故爲煊染介紹，反將他的戲劇眞化了。再將這種戲劇的表演，看成毛澤東政治路線轉向的賭注，說他不惜以去就爭取，這不啻代替毛澤東宣傳，證明他已脫離共產黨的殘酷，轉向人本政治的方向，甚或走近民主政治的道路了。向世界人類，介紹毛澤東這種印象，這是今日的毛澤東所求之不得的遁形法。有許多人本「時日曷喪」的心理，不分眞假，專好介紹中共政權的壞消息。而忽略中共向來慣用透露消息的方法，因錯就錯，聲東擊西。因此，一則易中共產黨的詭計，代它宣傳；二則會喪失報導中共消息權威的資格。所以我再三主張對於中共消息的報導，應愼重採取，不可隨便人云亦云，幫助毛澤東遁藏原形，混入世界國際之林。

過去我們的新聞界，常好報導毛澤東患極嚴重的心臟病，乃英美記者則報導毛澤東曾三次泳渡長江。數月不見劉少奇的踪跡，則報導劉已失踪。劉忽出席「人民代表大會」，作冗長的政治報告，乃又說明劉之數月不現，係隱伏秦皇島編寫政治報告。慣爲此類前後矛盾詛咒性的報導，夫何損於共酋，只是喪失我們對中共消息權威的資格而已。周恩來與劉少奇爭奪繼承領導權之報導，可說是中國新聞界一貫的態度。周劉爭奪繼承，是否已伏有心理的基礎，固難遽斷；然如此推測，準諸各型極權政治的往史，固係有前例的趨勢；亦屬很可能的預斷。然現在時代週刊忽然根據毛澤東滯滬四週不歸的情報，即推說周劉聯合反毛，未免事出希奇，令人惶惑。欲辯其事的眞假，因先擇譯其報導如下：

「共產中國獨裁者毛澤東已經六週未在北京出現。毛澤東效顰赫魯雪夫或艾森豪，例有暑假旅行，但於四週外行後，雖值八月一日陸軍節，仍未歸來。根據過去一週許多累集的跡象，毛之所以遲久不歸的眞實理由，可能是緣於中共上層間劇烈的政策之爭。假使事實如此，此乃二十年來第一遭，毛既曾受莫斯科謫爲馬克斯主義的現實路線於外，現又遭遇嚴重的挑釁於內了。

「毛於六月離開北京到他不喜悅的地方上海，聽取上海的科學家、教育家、作家與商人之申訴抑鬱。……而莫斯科訓練的理論家，曾被視爲中共第二號頭目的劉少奇，被傳說就反對毛澤東去歲宣佈的百花齊放政策；周恩來顯然亦係反對的人。二人均係今年發動整肅戰的領導者。

「毛主張安撫智識份子，領導共黨接近羣衆，而周劉則認百花齊放政策是嚴重而異端的錯誤，整肅必須繼續，以根絕右傾的毒草，這是現在的爭點。北京市長，劉少奇的工具彭眞上週曾以激越之慨聲明反毛案件云：『反右傾份子鬪爭，乃是與非，善與惡的大問題。這是社會主義與資本主義孰勝的問題。』

「香港(虎報)(Hongkong Standard) 說：『這一聲明，果眞反映劉彭一派的見解，就可證明他們劇烈的反毛了。假使他們認定毛的政策將使中共的統治崩潰，他們基於自保的需要，祇有起而反毛，逼他放棄他的政策，或者奪取他的黨權。』」

時代週刊以上的報導，很顯然是集合多方客觀的採訪。因爲多方客觀的報導，就不免前後自陷於矛盾了。茲擧其矛盾點如下：

㊀既說毛例有暑假旅行，則四週未回北平參加陸軍節日，值不得大驚小怪。

㊁既說毛於六月離開北平，往他所不喜悅的上海，聽取科學家、教育家、作家與商人的申訴，則毛之赴滬不是單純的旅行，而是想使他的黨接近羣衆。任務未完，當然不能即歸。怎能又說他遲久不歸，是緣上層政策之爭呢？

㊂說明彭眞是劉少奇的工具，引彭眞的話，以推定劉少奇的態度，情猶可說，忽然插句說「周恩來顯然亦係反對的人」，未有指明來源，似嫌語出唐突。

根據多年來對中共人物的情報，都說周劉是敵對的人物，為鳴放政策，聯合起來反毛，不是不可能，當然也不是一件易事。總得報告出其可靠的來源。憑彭眞一時憤激之言，以推定劉少奇的態度，已嫌不够；忽然違背多年周劉爭長的傳說，而憑空說周劉聯合反毛，更嫌不够。

一個消息來源不可靠，本不重要。重要的是一個錯誤報導，使毛澤東得以改換其在國際間的原形，將要發生很大的惡果。

第二次大戰中史達林假手對外宣傳，乘着與羅邱會晤，隱蔽了他的原形，改換了世人對他的印象，予蘇俄戰後擴張的機會，乃造成今日世界嚴重的局面。

毛澤東得在極短的時間，打垮了國民黨五百萬軍隊，而整個囊括中國大陸，也是得力於隱蔽了共產黨的原形，而以土地改良派姿態欺世。

毛澤東的鳴放政策，係出於他的內政需要與他的內心認識者多，抑出於他的外交需要與他的欺世手法者多，我深致懷疑。章羅之批評毛，我疑心是苦肉計；周劉之反對毛，即使表面眞有其事，我更不能不保留我的看法。

假使我的懷疑錯了，章羅之批評，周劉之反對，皆未引起毛的報復，而毛親到其不喜悅的上海，博採民隱，使共黨接近羣衆。這些假使都是事實，則我們對於毛澤東應該換個什麼印象？還能說他惟我獨尊，排除異己嗎？還能說他沒有人性，殘民以逞嗎？還能說他氣量褊小，不顧衆意嗎？還能說他是個眞的共產黨徒嗎？改變以上這些對他的印象，是今日想進入聯合國的毛澤東所夢寐以求的。我深恐毛所夢寐以求的國際對他的印象，將因這些不正確的報導，一點一點鑄成了。

剛行文至此，接到臺灣八月二十四日英文中國郵報，載有合衆社八月二十三日東京電訊：「今日新華社報導毛澤東現在北平。該社又說毛澤東與劉少奇、周恩來於星期三聯名電賀羅馬尼亞解放十三週年紀念。以前曾有未證實的報導說：毛已匿跡於赤都。」

這一消息傳來，則時代週刊根據毛之久離北平，而演繹出的周劉聯合反毛之說，已不攻自破。不過，我既勸人分析共黨的行動，必須小心客觀，我自己亦當時存謹愼客觀的態度。毛澤東的久假不歸，固不宜演繹為周劉反毛；毛澤東之回北平，不是周劉未有反毛的足够證據；即使他們三個聯名對外賀電，事屬例有，也不是周劉未曾反毛的足够證據。但是我們必須認知一點，即毛澤東若不能控制黨權政權，不但必無雲遊的自由，也沒有不回北平的自由。他能够自由走，就證明他無所懼於劉周。以他不回北平，說因劉周的反對，似屬戲論。

照時代週刊的說法，周劉聯合反毛，是由於毛的鳴放政策。實則鳴放政策，至少可以證明周恩來事前是同意的。據四十六年七月十日自由人的半週述評記：「章伯鈞的供詞說，他和羅隆基曾經通過浦熙修，一再向中共的顯要試探，現在還『放不放得』，周恩來、陸定一都表示，『當然應該放，大放！』」

在七月十日左右，我讀香港幾家報紙，都看見一則新聞說：「章伯鈞曾在國務院以字條請示周恩來，還繼續放鳴嗎？周的回答是，照舊放鳴。」這兩則報導，可能都是正確的。章是周的閣員，在會議席上，傳遞字條，互徵意見，這是經驗中常有的事。浦熙修是個名女記者，在重慶抗戰時期，她就與中共來往甚密了，當然够為試探的媒介。同時浦的妹妹是彭德懷的太太。她有內線，試探更易。不過據我的揣測，章伯鈞與周恩來的關係，本可不用試探的媒介。假使那話是章伯鈞說的，那只是他對外不願加重周恩來的責任，更不願揭穿他與周的直接商談而已。我讀到這兩則新聞，都在我寫「意在對外的毛澤東處理人民內部矛盾」文章之後，所以未曾徵引，以佐我的立說。(請讀者參閱該文)現在當可徵引以證明周恩來是同意鳴放政策的人，絕不是反對鳴放政策的人。

周恩來向以對外統戰起家，以善拉攏黨外人士傾向於中共見重於毛。周恩來抗戰末期在渝，因為他的統戰工作有成，而加速了共產黨的發展，擴大了當時智識份子對中共的同情，這是周恩來今日鶴立於中共的資本。左舜生先生前在自由人發表對毛澤東演詞的看法，曾說章羅都係周所拉攏的，這些人批評中共，將影響周恩來的地位。這一分析，從周恩來起家於統戰功績看，確係有識之論。我以為周恩來知道他的資本所在，素來亦甚珍惜其資本。我可以舉一幕戲劇性的故事，以說明我的看法。十二年前在南京的時候，調停國共的第三方面，曾針對接收東北問題擬出一具體方案。由一批人送一份與孫哲生，又由一批人送一份與周恩來。周恩來看罷便失聲痛哭，埋怨被多年交往的朋友出賣了。當時本可以拒絕了事，何以會演成那樣悲劇呢？今日深長思之，他祇有恐懼統戰功績化為烏有的情緒，纔能扣上「被多年交往的朋友出賣」這句話。這不是周恩來知道其資本所在的附註嗎？所以我們稍為客觀點分析，不能即下斷語，說周劉聯合為「鳴放」反毛。

周恩來在所謂一屆四次人民代表大會上，確曾說鳴放中的批評都是對「國家基本制度」之「惡言誹謗」，是「反革命」，共黨「決不能容忍」。從這些話裏，更可看出周恩來並不根本反對鳴放。祇是鳴放的尺度不能抵觸「國家基本制度」，鳴放的態度不應惡言誹謗。這與毛澤東所訂的鳴放六項標準，乃一件事情的兩種同涵說法。從何看出周恩來反毛的情緒？

根據周恩來所說鳴放的批評，都是對「國家基本制度」與「惡言誹謗」兩句話，以考章羅等批評，未免都犯了這兩點忌諱。茲節舉章羅等鳴放言論如下：

章伯鈞—主張在人民代表大會之外，成立政治設計院，為一種兩院制。

羅隆基—主張設平反委員會，淸理寃獄。

儲安平—認「黨天下」為三害根源。

陳新桂—謂無產階級專政是三害根源。

章乃器—「官僚主義加社會主義，其害比資本主義更大」。

黃心平—主張各政黨應輪流執政。

王尊一——謂共黨統治中國方式，與蒙古時代一樣。

葛佩琦——「中國是六億人民的中國，不是共產黨的中國。打倒共黨不能說不愛國。共黨亡了，中國不會亡」。

龍　雲——謂蘇俄應負擔韓戰經費，歸還中國機器。又土地改革使農村破產，肅反冤枉好人(以上引自民主評論八卷十六期，胡秋原先生的「論蘇俄政變與中共整風」大文。)

以上諸人的批評，章、羅、黃三人的言論皆觸及基本制度。龍雲的言論，既冒犯蘇俄，又觸及基本制度。其餘言論,自周恩來觀之,皆應屬於「惡言誹謗」之類。此所以不能不引不起中共的「圍剿」。然中共之圍剿大陸上的右傾人士，從「圍剿」一詞的使用說，已屬落後一着。早在半年前已被港臺的言論界使用過了。自被圍剿的人看來，能許思想不同的人，互相公開辯論，雖未到言論自由的境界，總可稍稍出出冤氣。冤氣能出，暫時就不會激起政治上壯濶波瀾。好像毛澤東識得此中道理，祇從正面提出鳴放六點標準，而其措詞的詭譎，好像六點標準也並無嚴格的拘束。我從前曾經說過，這完全是欺世盜名的手法。我當時僅從他的演詞揣摹，已感覺他有向世界隱匿原形之圖。現在更從他峭然溜到上海，一言不發，在那暗地裏工作的行動分析，我懷疑他的高中階層的嘍囉向右派智識份子叫囂進攻，逼他們走向六點標準，至少是得毛的暗示。在恐怖的政治環境中，在沒有「無恐懼的自由」的心理狀態下，執政者逼着人民走向何方，大部份人民只有朝那個方向走。可是毛澤東在這個階段，一言不發，已有隱約收攬人心之妙用；又被傳說因鳴放而受幹部之反對，則更能引起廣大之同情。假使我這些推測能着若干邊際，則我們應懍然於毛酋所以自培之計，全在遁藏殺人放火的原形。我們不宜輕信毛之故透情報，而中共自培之計，讓其遁藏原形。

鳴放政策本身，只是一個出氣的作態。鬧得大放大鳴，是一羣不知毛酋眞意的智識份子，被壓太久，乘機出出大氣，不見就搖動了毛的政權。如以上所舉章羅等的批評基本制度，儲葛等的惡言誹謗，在英美民主國家裏，可以說是司空見慣的事。可是在極權國家裏就以爲傷及了領袖的尊嚴，必得舉行圍剿。那些通過媒介鳴放的人，可能鳴放的過大，那些義憤塡膺的智識份子，更必大罵出口。那些得到暗示圍剿的人，可能圍剿得過火。那些吠影吠聲的走狗，必更囂張狂妄。從一個武力統制者看，這算是一個嚴重問題嗎？我看彭眞的話就是眞的，也不宜解釋爲劉少奇的反毛。假使我們不相信共產黨有言論自由，則我們面對共產黨報紙之肯轉載鳴放言論，幹部之能公開批評領袖，就應當深切加以思維。發掘其微妙作用，不宜輕下斷語。

劉少奇與現在主持中共統戰工作的李維漢，皆係毛澤東的「豐沛子弟。」往昔在渝在寧，毛澤東總以李維漢陪伴周恩來。周恩來對外笑臉時，李維漢每從旁勒緊扣轡。有一次竟逼得周恩來說出首席代表的身份。劉少奇則始終留在毛的左右，主持組織，造成周外劉內對立的形勢。崇朝之間，遽傳周聯合劉反毛，眞是譚何容易！

極權政治最易養成自我神化的獨裁者，自以爲超人。領袖到了神化，幹部必然擬化與腐化。假使時代週刊所介紹毛到上海的行爲是眞的：他能知道聽取人民的訴冤，安撫智識份子，領導共黨接近羣衆，這不啻說他正小心翼翼的在謀保持政權，尙未到神化階段。未到神化的獨裁者，部下能够叛變的機會不多。

我以上這些論證，只是我不願讓毛澤東遁藏原形，而輕信對於共產黨的情報。不是我意味共產黨的統治內部毫無問題。它的問題是以下兩點：

㈠共產黨專政的基礎，建築在人民階級的對立上。階級對立的意識，在中國以家族爲基礎的社會裏，不易發生。家族社會是培養於血緣關係。中國鄉黨序齒的風氣，就是富貴功名不能超出血緣關係。產業意識在中國社會式的鄉黨裏，不是突出的意識，所以階級觀念在鄉黨裏極難形成。沒有充滿階級意識的社會，就是共產獨裁的政治基礎不穩。毛澤東是不是意識到這一點，而想在蘇俄路線以外，提出一套鳴放的辦法，以調停中國的社會風格與共產主義的距離，我不敢臆斷。假使毛澤東有此意識，他不捨棄「基本制度」的共產主義，亦無法久容於血緣型的社會。因爲共產主義必須摧毀血緣型的社會，而建立階級對立性的社會。所以它不能不在中國社會的組織細胞內，與每個人發展生死的決鬪。這對共產主義，是何等大的阻力？國民黨在民國十六年北伐的初期，也曾想憑方剛之氣，改造社會，而從打倒土豪劣紳下手。遭遇了社會頑强的抵抗後，於是國民黨的訓政範圍便退到政治權利的組織以內。國民黨的政綱本即承認中國倫理社會的價值；所以國民黨專政，可以不破壞中國倫理的社會組織。毛澤東不能一方面走蘇俄的共產路線；一方面又承認中國倫理社會的價值。他所遭遇的問題，不是共產主義褪色，便須澈底破壞中國倫理社會的組織。這一個困難，無法從列寧與史達林的往事取得前例，這或許是他的鳴放政策內觀之原因一。因此我的看法是：鳴放不是大陸今日社會紛擾的原因，而是共產主義與倫理社會必然衝突的結果。此是中國文化已註定了共產政權必垮的遠因。

㈡共產黨受了馬克斯洗禮，相信生產工具集中在少數資本家手裏，使多數人無份，是資本主義政權崩潰的原因；而忽略了獨裁政治，將政權集中在少數人手裏，使多數人無份，亦必是共產主義崩潰的原因。況且共產黨要改變自由社會的生產制度，不但集中了政權，也集中了經濟權。使全國絕大多數人民，既失去了政治權利，又失去了經濟權利。這樣政府無論獨佔多少政治地位，而潛在勢力必降到最低，無法維持長久。現在大陸上的私人工業資本由官股吞蝕，農民個人耕作的田園，逼得日趨集體，乃共產黨一切集中於政府的必然現象。一切集中固與民主精神不相容；榨取農民，培養工業，更與中國兩千年來的農業經濟社會不兩立。這更是毛澤東政權的催命符。毛政權的崩潰，必將由於這兩層基本原因。對鳴放所引起的小亂子，我們不宜存過樂觀的想法。反易中共詭計，讓毛澤東遁藏了原形。

我這種看法，不是悲觀，也不是立異。實在怕樂觀的喧囂，隱蔽毛酋所以鳴放的原因，中共欺世之計。不得不提出自儆的理由，從根本上對中共政權求得正確的認識。

中共對外貿易額之研究

趙岡

在共產極權國家中，一切有關經濟的統計數字都被視爲國家機密，不得輕易透露。這樣對外可以使反共的民主國家無從估計他們的實力。對內則是愚民政策的一部份，不使人民知道本國的眞情實況和經濟政策的成敗。但是在另一方面站在宣傳的立場上，他們又不得不弄出一批數字來表示所謂「五年計劃」的成就。爲了滿足這兩種要求，他們通常的辦法是：㈠發表一些空洞不可捉摸的百分比和指數，但是又不發表基期的確數。㈡選出發展比較迅速的部份和最有利於宣傳的資料略予披露，以期使人產生錯誤的印象，視特例爲典型，以一斑爲全豹。㈢盡量避免洩露不利的資料。必要時甚至僞造出一些統計數字而加以公佈。因爲上述種種情形，欲研究共產國家的經濟狀況，在資料的處理上便發生許多問題。我們對於他們所公佈的統計數字必須辨明其眞僞。同時還要利用這許多百分比和指數來設法推算出確數。

研究中共經濟亦不例外，也要遭遇上述困難。

在這些國家的各經濟部門中，尤以研究對外貿易最爲困難，對於其他各經濟部門多多少少他們總發表了若干有系統的數字和指數。無論是眞是假，總算是提供了可資研究的對象。惟獨對外貿易一項，則在各種經濟文告中常付闕如。蘇俄在一九五六年由政府出版了一本統計手册，名義上包括所有各經濟部門。但在數百個經濟統計表中，有關對外貿易的則只有一個，而且是關於進出口貨品種類。既未給出貿易數額，也未給出逐年的增減變化。在中共「國家統計局」歷年所公佈的「國民經濟計劃執行結果公報」中，從來沒有一個對外貿易的統計表出現過。在報告文中通常也只有一句話提到對外貿易，簡單的說明本年度對外貿易比去年度增加百分之幾。在他們大吹大擂的所謂「第一個五年計劃」中，一切經濟部門都定有目標，並且公開宣佈了。連最無法控制的農業生產，他們都事先決定了要在五年之內增產若干，唯有對外貿易方面五年計劃的標的却始終未曾透露。只在一九五六年所公佈的幾篇關於五年計劃執行結果的報告中，輕描淡寫的提到：「到一九五六年底對外貿易五年計劃的目標可以完成百分之八四·二五。」至於原目標爲何則無人曉得。

中共故意忽略對外貿易的統計資料，其用心是可以理解的。一般說來他們對外貿易的成績是不利於宣傳的。可是他們又無法嚴密地製造成套的假數字，因爲對外貿易不是一國單方面的事。貿易的對方是外國。每一筆貿易，雙方都有帳可查。如果中共造了假數字，結果又與外國所公佈的數字不符時，把戲便很容易被拆穿。在這種情形下，最好的辦法當然是少提爲妙。

不過，要絕口不談對外貿易的結果也是辦不到。在許多新聞報導及中共政權僞官們的談話和講演中，偶而也要透露一些零星的資料和百分數。現在先將近年來中共文件及報刊上曾經公佈有關貿易額的數字和資料，擇其可以提供研究線索的開列如下：

(1)李哲人(僞對外貿易部副部長)；見於"Fraternal Economic Coorperation," in China Reconstructions, Aug. 1955, p. 8. 其中文原文名爲「進一步鞏固和發展我國同蘇俄和各人民民主國家的經濟合作」，載於「新華月報」一九五五年第六號第一〇三頁：

甲、對共產國家貿易佔總貿易額的百分比

1950—26%　1951—61　1952—70　1953—75　1954—80

乙、以一九五〇年爲基期，對共產國家貿易額指數：

1950—100　1951—255　1952—312　1953—409　1954—519

(2)葉季壯(僞對外貿易部部長)：見於：「一九五四年中國對外貿易的發展」，人民日報一九五五年七月廿九日：

一九五四年對外貿易總額爲八、四八六、七三〇、〇〇〇元(僞人民幣)

(3) Tsou Szu-yu: "A Balanced Foreign Trade," in China Reconstruction, Sept. 1956, p. 10.:

歷年中國對外貿易指數(以一九五〇年爲基期)：

1950—100　1951—143　1952—153　1953—195　1954—204　1955—265

(4)一九五六年香港經濟年鑑：(香港大公報出版，第二編，第十三—廿一頁)：

(甲)一九五五年對共產國家貿易較一九五四年增加百分之三十。

(乙)一九五五年對亞非及西方國家貿易較一九五四年增加百分之二十五。

(丙)一九五三年貿易總額爲一九五〇年的百分之一百八十一。

⑸中共國家統計局：「一九五五年發展國民經濟計劃執行結果公報」：

一九五五年對外貿易總額較一九五四年增加百分之三十。

⑹李先念：「一九五六年國家預算報告」：見新華半月刊，一九五六年第十四號：

一九五五年對外貿易比一九五四年增加百分之三十。

⑺中國貿易與新聞通訊：經轉載於香港經濟導報，一九五七年三月廿五日：

（甲）一九五六年對外貿易額已超過五十億美元。

（乙）一九五六年對西方國家貿易較一九五五年增加百分之廿九。

以上的資料，除了葉季壯在報告文中提到一九五四年對外貿易以僞「人民幣」爲單位的總值以外，（即第⑵）其他都是一些百分數和指數。在這些百分數和指數中有三套是有系統的（即⑴甲，⑴乙，及⑶），其他都是零星孤立的。如果就這些資料作近一步的推敲，我們可以發現有下列許多矛盾之處。

（一）若干零星資料彼此不符，例如同一年貿易額之增加，就可能有二個不同的數字出現。

（二）利用葉季壯所宣佈的一九五四年的貿易額「⑵」，分別代入「⑴甲」及「⑴乙」兩套指數及百分比，則可以得出一套歷年對外貿易數額。如果代入「⑴甲」及「⑶」二套指數中，則又可以得到另外一套歷年對外貿易額。但是這兩種結果相差很大。

（三）更重要的是，紐約時報一位研究蘇俄問題專家，不久以前曾經根據蘇俄所公佈的對外貿易資料，以及東歐各附庸國的資料推算得中共對外貿易數額如下：

一九五五年：

中共對自由國家貿易	八億美元
中共對蘇俄貿易	十二億美元
中共對附庸國貿易	二億美元
對貿易總額	二十二億美元

（見一九五七年四月廿八日紐約時報）

一九五六年蘇俄對中共貿易　十四億美元

（見一九五七年五月十二日紐約時報）

可是根據上述中共所透露的數字，若按官價折合美元，則一九五四年中共的對外貿易已經到達三十六億美元。一九五五年對外貿易總額則爲四十六億美元。該年對共產國家之貿易爲三十七億美元，爲紐約時報的估計數之二倍半。

（四）根據上述各項資料，中共過去幾年間的對外貿易額是在不斷地迅速增加。一九五五年的總額已爲一九五〇年的百分之二百六十五。這樣的增加率令人難以置信。到目前爲止中共的輸出品仍以農產品爲主。可是近年來中國大陸上天災人禍不斷發生，農產品的增加很是有限。所增加的出口物資究竟來自何處？

對於上述各項疑團應如何解釋，確是一件相當困難的事。大體說來有下列幾種可能：

（一）面對這些矛盾之點，我們最容易想像到的理由是中共在假造統計數字，因而引起種種矛盾和錯誤。但這並不是最圓滿的解釋，我們沒有任何其他證據可以充份證明這些資料是出於僞造。按常理推斷，如果中共存心僞造，他們一定會弄得非常嚴密，決不致令其矛盾百出。而且有許多矛盾之點又非常奇特。例如其對外貿易部副部長李哲人在同一篇文章中對於同一年的貿易增加率給出二個不同的數字。又如像葉季壯在「一九五四年中國對外貿易的發展」一文說一九五四年對外貿易額比一九五三年增加百分之十四。而「國家統計局」所公佈的公報却說一九五四年對外貿易比一九五三年只增加了百分之四·五。葉季壯是僞對外貿易部部長。「國家統計局」是中共的最高統計機關。二者具有同樣的權威性。而且兩個報告的發表日期也相差不遠。以中共之狡猾，若欲僞造資料和數字，應該不會發生這種笑話。因此，將這些資料之間的矛盾之點歸咎於中共僞造資料，似乎並不能令人滿意。當然這並不等於是說中共對外公佈的數字都是眞實的。我們承認中共一定會在某些部門上發表宣傳性的虛僞統計數字。不過在判斷其資料之眞僞時，首先值得懷疑的是那些最有系統最少破綻的資料，例如他們的人口數字及五年計劃各項工業的增產數字等。相反的，矛盾最多，最不完整的資料，可能表示沒有經過事先有計劃的僞造。對於這類資料，如果分析得當，可能窺探出最多的眞情實況。中共對外貿易的資料大概屬於後者。下面我們將提到，雖然這些資料構成若干疑團，但是某一部份却又與美國官方獨立搜集到的中共對外貿易數額極爲吻合。

（二）第二個可能的解釋是幾套不同的數字所包括的範圍有出入。譬如說軍用品及武器的交易就是很成問題的一項。也許某些數字中包括這些交易，有的數字不包括這些交易。蘇俄方面所透露的數字也許不包括軍用物資一項，而中共却將其列入，於是二者數額不同。但這也只是一種臆測，到目前爲止尙無法證明。其次，二者相差過巨。例如一九五五年的中共對共產國家貿易，由中共資料與由蘇方資料推算的兩種結果，相差二十三億美元。中共能够在一年之間買進二十三億美元的軍用品，似乎是一件令人不敢相信的事。

（三）單就由中共資料與由蘇方資料所推得結果之差異一點來論，還有另外一個可能的解釋。蘇俄在極力操縱中共和東歐附庸國的對外貿易。據報導許多中共所需要的機器和貨品，蘇俄本國無貨可供輸出。蘇俄於是向東歐國家購入，然後轉手賣給中共。這樣蘇俄一方面可以控制這些國家的對外貿易，一方面又可從中取利。此外，西方國家有許多貨品對中共是屬於禁運品一類，但對東歐共產國家及蘇俄却是開放的。中共或者可以假借名義或是委託這些國家代爲購買。如果中共將這些轉手的貿易列爲對共產國家的貿易，而蘇俄不將其列為對中共的貿易，結果也會產生雙方貿易數字的差異。若眞是這種情形，則我們應該在東歐國家對蘇俄貿易額或是東歐國家對中共貿易額上找到相對應的一筆差額。但是到目前為止，這方面的貿易資料中尙無此種現象發生。其次，這種轉手或轉口的貿易在數量上也不會高達二十三億美元。因此，這個假設似乎也不能成立。

(四)最後一個可能的解釋是：中共對外貿易部有兩套不同的數字。一套是以人民幣為計算單位的數字，或者稱為對外貿易貨幣價值的增減變化。另一套是以實物為計算單位的貿易資料，或者稱為對外貿易眞實價值的增減變化，例如一九五四年大米出口較一九五三年增加若干噸，茶葉出口增加若干箱等等，然後折合成一種統一的實值。如果中共是一個在自由市場上進行對外貿易的國家，只要世界自由市場的物價水準沒有太大的變化，這兩套數字的增減變化應該是一致的。中共對外貿易部只需要有一套數字卽可以。因為對外貿易貨物量的增減變化會引起等量的以貨幣為單位貿易額的增減變化。但是現在中共是在兩種不同的國外市場上進行貿易，一種是在自由市場上與自由國家進行的貿易，一種是與共產國家進行的貿易。共產國家間的貿易有其特殊形態。作為計算單位的盧布其官價不但偏高到極不合理的程度，而且這種貿易的價格決定也與自由市場完全脫了節。在這種情形下，中共對外貿易兩種數字的變動便不一致了。這是任何自由國家在對外貿易上從未遭逢過的問題。中共歷次透露的對外貿易數字與百分比，可能有的是以第一類的數字為根據，有的是以第二類的數字為根據，所以彼此不相吻合。對外來說，中共與蘇俄也可能是彼此引用了不同系統的數字，所以造成巨大的差異。

上面已經提到中共的對外貿易是在兩種不同的市場上進行的，一部份是對共產集團的貿易，一部份是對自由國家的貿易(包括一切非共國家)，在對自由國家進行貿易時，是有眞正的市場存在。無論是採取何種貿易方式，大致還得遵循國際市場價格。中共貿易的對手方是自由獨立的，如果中共索價較國際市場價格相差過於懸殊，對方定然不會接受，因之無成交之可能。這種貿易多以美元或英鎊為計算單位。中共將這類貿易數額按其官價滙率合成偽人民幣。如果我們現在再按其官價滙率將這部份貿易額還原成美元或英鎊，則所得的數額大體上還可以代表貿易的眞實價值。

問題的癥結發生在對共產國家的貿易上。蘇俄在一九五〇年三月自動將盧布由五·三對一美元昇值到四對一美元。同時從那時開始各共產國家在他們集團之內進行貿易的時候都以盧布為計算單位。交易價格的決定既不再遵循自由市場價格，而共產集團內部又沒有他們自己固定的國際市場價格。一切全由貿易雙方自行決定。在這裏我們就遭遇到兩個困難。第一、我們無法確切知道盧布價值究竟偏高到什麼程度。第二、各共產國家貨幣價值偏高的程度並不一致，而他們彼此之間的滙率也並不符合購買力平價 (Purchasing Power Parity) 的原則。中共的銀行近年來經常公佈其偽人民幣對各自由國家貨幣的兌換率，但是很少公佈偽人民幣對盧布及其他共產國家貨幣的兌換率，其主要原因卽在此。在這種情形下我們無法知道中共對其他共產國家進行貿易時是根據何方的價格水準來決定對外貿易之價格。不管怎麼樣，中共對共產國家貿易額以偽人民幣計算的數字之增減變化與其實際貿易數量的增減變化必有出入。如果我們企圖將中共這部份的貿易額由偽人民幣按官價折合美金，來代表它的眞實價值，一定會得到一個錯誤的結果。譬如說，中共現在以二十噸米向蘇俄換一輛卡車。假設在自由市場上二十噸米或一輛卡車的價值都是二千美元。此時總貿易(出口加入口)的眞實價值應該是四千美元。如果中共和蘇俄貿易是按照蘇俄國內價格水準來決定，又假設二十噸米或一輛卡車在蘇俄國內的價錢是二萬盧布，於是雙方在帳面上的貿易額是四萬盧布。此時如果我們不管貿易的眞象，而將這筆貿易額由人民幣或盧布按官價折合成美元，所得到的總貿易額為一萬美元。這個結果顯然地比眞實價值增加了一倍半。

自從一九五一年以來，中共對共產國家貿易佔全部對外貿易的比重愈來愈大。這種貿易對象的轉變使得其眞實貿易額的變動與以貨幣為單位的貿易額之變動不相一致。前者的增長率遠較後者為小。這種情形一方面可以解釋中共過去所透露的各種資料何以彼此不相吻合的原因。同時也提醒我們，不要受其以貨幣單位表示的貿易額增加情形所蒙蔽，而誤認為是眞實數量的增加。在過去幾年間中共對外貿易的實際數量可能有些增加，但是絕不會在五年之間就增加一倍半多。這種貿易額的巨大增加是由兩個原因所造成。其中一部份是眞實貿易量增加的結果。另外一部份是貿易對象逐漸轉變，因畸型的貿易方式所造成的結果，前一部份是眞實的，後一部份是幻像。旣使中共的對外貿易實際數量不變，而只要將對西方國家的貿易逐漸轉移為對共產國家的貿易，其帳面上的數字就會有相當的增加。中共對共產國家的貿易佔對外貿易總額的百分比由一九五〇年的百分之二十六增加到一九五四年的百分之八十。對自由國家貿易佔對外貿易總額的百分比由一九五〇年的百分之七十四降至一九五四年的百分之二十。一九五五及五六兩年也都維持着這個比率。這種貿易對象的巨大變化對中共國外貿易總額所發生的影響，應該特別加以注意。

如果上述的理由可以成立的話，則吾人在研究中共對外貿易時，應該注意設法分開其貨幣數值的變動，及其實值的變動。如果無法直接從已知的資料中推算出對外貿易的實值，則須盡可能間接地加以估計，而不可引用其貨幣數值的增減變化來代表其對外貿易的眞情實況。

首先讓我們對上述各項資料和數字加以分析。其中最有用的是葉季壯所報告的一九五四年對外貿易額，和三套有系統的指數和百分比。「①甲」是表示歷年中共對共產國家貿易佔總貿易額的百分比。「③」是表示歷年貿易總額增長的指數，包括對自由世界及對共產國家貿易兩部份。我們現在姑且假設這二套數字都是以貨幣價值為基礎的。然後把一九五四年的貿易總額代入「③」，以求得自一九五零至一九五五年以偽人民幣計算的對外貿易總額。再利用「①甲」以分別求得中共歷年對自由國家及對共產國家兩部份貿易數額。此處所指的是一九五五年改幣以後的新僞幣。這點並不發生任何影響，因爲中共一九五五年初的「幣制改革」是以一萬元舊幣兌換一元新幣。我們只需將小數點向前移四位即可。這樣可以使改幣前及改幣後的貨幣單位一致，而便於計算。最後一步工作就是將這許多以人民幣爲單位的數字按照各年的官價滙率折合成當年的美元價值（The Current Dollar）。中共的美元滙率牌價自一九五一年以來變動很少，我們可以直接採用當年官價滙率計算。但在一九五零年中，官價滙率掛牌每月不同。同年中最高牌價與最低牌價相差很多。對於這一年我們暫且採用十二個月的平均滙率爲計算標準。此點牽涉到的問題，下面當再提到。經過這樣的處理，我們可以得到下面的表。

（表　一）

	對外貿易總額			對自由世界貿易額		對共產集團貿易額	
	指數 1950=100	僞人民幣（百萬元）	美元（百萬元）	僞人民幣（百萬元）	美元（百萬元）	僞人民幣（百萬元）	美元（百萬元）
1950	100	4,160	1,276	3,078	944	1,081	332
1951	143	5,949	2,655	2,320	1,036	3,628	1,619
1952	153	6,365	2,587	1,909	776	4,455	1,810
1953	195	8,112	3,297	2,028	824	6,084	2,473
1954	204	8,486	3,596	1,697	719	6,789	2,875
1955	265	11,024	4,671	2,128	902	8,894	3,769
1956	—	—	—	2,745	1,160	—	—

各年的人民幣美元兌換率如下：

1950=3.26=$1.00　　1951=2.24=$1.00　　1952=2.46=$1.00
1953=2.46=$1.00　　1954=2.36=$1.00　　1955=2.36=$1.00
1956=2.36=$1.00

在這個表中，以美元表示的中共歷年對自由國家貿易額大致可以代表各年實際貿易數量。中共對自由國家進行貿易必須遵循自由市場價格，然後把這筆貿易額按官價滙率折合成僞人民幣記入帳上。現在我們再把它按官價滙率還原成美元數額。這樣大致與實際數量是符合的。近年來美元在世界市場上的價值變化不大，可以略去不計。

關於中共對自由世界的貿易數額，除了由共方資料推得的以外，另外還有二種資料。一種是聯合國所發表的數字（Economic Survey of Asia and The Far East, 1955 Vol. XI, No. 4 of The Economic Bulletin for Asia and The Far East, Feb. 1956, Bangkok, p. 97）另一種是由美國官方所公佈的數字（見於：Survey of East-West Trade in 1954 and 1955）。美國國會在一九五一年十月廿六日通過了一個協防援助法案（The Mutual Defence Assistance Act）。一般美國人士將此方案稱之爲 The Battle Act，因係由該人所提出者。現在將這兩種統計數字分列於下，以資比較：

美國官方的統計（百萬美元）		聯合國的統計（百萬美元）	
1950	$986.8	1950	$1,060
1951	970.9	1951	1,067
1952	640.4	1952	593
1953	720.1	1953	675
1954	669.4	1954	625
1955	805.8		

比較之下，我們可以看出，上面我們由共方資料所推算出的數字與美國官方獨立調查的結果很爲接近。當然完全相同是不可能的，尤其是我們經過輾轉換算，所得到的結果只能說是近似值或概數。而美國官方的數字也是採自各自由國家國外貿易界的資料而加成總數，當然也不會如中共對外貿易部帳面上的數字那樣完全。兩套數字能够如此相近，足可以證明中共所宣佈的這些數字和百分比並非向壁虛構的。

我們推算的結果與聯合國所公佈的數字有相當的出入。這一點不難理解。聯合國所得到的資料是由自由世界各國政府所供給的官方資料。在一九五一年以前許多國家主管國際貿易的機構對整個情形不够明瞭，有的將對香港及臺灣的貿易數字一併列入對中國大陸貿易的數字中。所以在聯合國所公佈的統計中，一九五零及一九五一兩年的數字不免偏高。及至禁運開始以後，自由世界各國對中共的若干貿易變成了不合法的勾當，在各別政府的對外貿易統計中沒有紀錄。所以自一九五二年以降聯合國的貿易統計數字又不免偏低。美國官方搜集資料是供執行禁運作爲參考。其資料是得自非官方的秘密來源，包括自由世界各國對中共合法及非法的貿易，所以比較完全而可靠。

到此爲止，中共對自由世界的貿易額大致有了眉目。剩下的問題是如何推算中共對共產集團貿易的眞實價值。在前表中，以美元計算的中共歷年對共產集團貿易數額是不能用來代表其眞實價值的。無論從前表最後兩欄的任何一欄來算，其每年增加的百分比都與「①乙」中所列出的百分比相差甚遠。例如，根據「①乙」，一九五四年對共產集團的貿易額爲一九五零年的百分之五百十九。但是若以前表中倒數第一欄的數字來計算，一九五四年約爲一九五零年的九倍。若以倒數第二欄來計算，一九五四年則爲一九五零年的百分之六百三十。顯然都要高出許多。根據這一點，我們可以假定「①乙」是以另外一套數字爲基礎的。它們是指實際數值的增加，所以比以貨幣爲計算單位的數字要小得多。現在的問題就是如何找出中共對共產集團貿易的實際數量。

今年三月三十一日的紐約時報登載過一段消息，報導說蘇俄對某幾類對外交易和某幾種情形給予優息滙率，一元美金可以兌換十元盧布。這表示蘇俄公開承認盧布的對外價值是高估了。爲了吸引某幾種交易，勢必對一部份人給予合乎購買力平價的合理滙率。換言之，蘇俄承認十元盧布才眞正等於一元美元。四對一的現行兌換率使得盧布的對外價值較其眞實價值高出一倍半。自一九五一年開始中共對共產集團之貿易便以盧布爲計算單位。而且其對共產集團貿易的百分之八十又是對蘇貿易。很可能雙方價格的計算是以蘇俄國內的價格水準爲標準。在這種情形下，如果我們把中共對共產國家貿易額按官價滙率折合成美元，則不免也要高估約一倍半之譜。所以我們現在也必須將一九五一年以後對共產集團的貿易數額除以二．五。才能得到近乎眞實價值的數字。

情形比較複雜的是一九五零年。蘇俄在一九五零年三月才改定幣值，將盧布對美金的比值由五．三比一提高到四比一。在這以前各共產國家間的貿易仍然是用美元爲計算單位。價格的決定也還大致遵循世界市場價格。自蘇俄改定幣值以後，共產國家間的貿易才完全與外界脫離關係。中共對共產國家貿易全係採雙邊協定的方式。大部份的貿易協定都是在前一年或是本年初就已簽定。中共一九五零年對共產國家的貿易協定大半在一九四九年底或五零年初簽定的。這一部份的貿易額還能反映世界市場的價值。只有一小部份是在一九五零年三月以後才簽定的，所以中共一九五零年對共產集團貿易總額只有一小部份在價值方面需要調整。其次，一九五零年內中共外滙牌價變動甚大。人民幣對美元的兌換率在年初爲三萬七千元（舊幣）對一，在年底時已降至二萬二千元對一。當時中共對自由世界貿易尚未大量採用雙邊協定方式，而是按正常的方式隨時進行貿易。所以在計算一九五零年中共對自由世界貿易數額時，採用全年平均滙率是比較合理。但是對共產集團的貿易既然採雙邊協定方式，則以年初的滙率折合似較妥當。由於這種種理由，我們對一九五零年中共對共產集團的貿易額略加調整。

現在我們得出第二個表。其中以美元表示的數額是各年中共對外貿易眞實數量的近似值。一切由特種交易形態所造成的幻像，在調整過程中已被除去。

（表　二）

	對自由世界貿易額（百萬美元）	對共產集團貿易額（百萬美元）	總貿易額（百萬美元）
1950	944	240	1,184
1951	1,036	647	1,683
1952	776	724	1,500
1953	824	989	1,813
1954	719	1,150	1,869
1955	902	1.507	2,409
1956	1,160	—	—

這樣推得的結果，其正確性如何可以由下面幾點得到佐證。

第一、調整後中共對共產集團貿易額增加率，與他們所公佈的數字漸趨接近。

第二、吳元黎敎授在其 An Economic Survey of Communist China 一書中（第四六二頁），曾根據中共早期所透露的若干資料和數字推算出一九五零至一九五四年中共對外貿易額如下：

（單位：百萬美元）

1950—	902.90
1951—	1,705.70
1952—	1,195.01
1953—	1,625.21
1954—	1,852.74

其中除了一九五二年外，其他各年的數字與我們所推算的結果都很接近。

第三、按照這個原則調整的結果，一九五五年與一九五六年的貿易額與紐約時報的估計甚爲吻合。

第四、僞對外貿易部長葉季壯在「一九五四年中國對外貿易的發展」一文中會說一九五四年中共的對外貿易創造了一九三零年以後的最高紀錄。

根據國民政府公報及其他資料，中國對外貿易在一九三零年以前都在十億美元以上。其中以第一次世界大戰結束以後的兩年之貿易額爲最高，一度到達十七億美元。到一九三零年時則降至十億一千四百萬美元。一九三一年東北淪陷，國土削減，從此以後，對外貿易額便大大降低。葉季壯的話表示中共的對外貿易到一九五四年爲止尙未能達到一九三零年的水準。一九五四年的貿易額爲八十四億八千六百七十三萬元僞人民幣，按官價折合應爲三十六億美元。在這廿四年之間，美元的價值貶低約一半。一九五四年的三十六億美元應值一九三零年的十八億美元。這樣中共一九五四年的對外貿易不但已經超過了一九三零年中國對外貿易額約百分之八十，而且超過了一九三零年以前任何一年的中國對外貿易額。但是爲什麼葉季壯却又說中共一九五四年的對外貿易尙未達到一九三零年的水準呢？現在如果我們應用調整後的一九五四年對外貿易數額，這個疑問便可以立時得到解答。一九五四年中共對外貿易實值爲十八億美元，等於一九三零年的美元九億元。這個數額大於一九三零年以後任何一年的對外貿易額，但是仍小於一九三零年的十億一千四百萬美元之貿易額。這就是葉季壯說這句話的背景。

最後，談一談對中共禁運的問題。近一兩年來，許多自由國家的商人和政客爲圖一時之利，乃透過種種政治活動和壓力，企圖迫使美國同意放寬對中共之禁運。這種企圖到現在已經部份實現。我們可以應用上述對中共國外貿易之分析，來研究一下放寬禁運後對中共和自由世界將產生何種影響。

根據上面的分析及其他有關的資料，我們可以立卽指出，放寬禁運後對於中共內部經濟不會有大的幫助和改變，也不會大大地改變中共對外貿易的總趨勢和形態。這可以分幾點來談。

(一)首先必須指出,過去的禁運,實際上並不十分成功。許多自由世界的奸商一直就在秘密破壞禁運，利用各種非法方式暗中與中共做買賣。此外，中共可以透過蘇俄和東歐的共產國家向西方採購某些必須的物資。執行禁運的效果到一九五五及一九五六年尤其小得可憐。這可以從前面表中數字看出。禁運開始以後，中共對自由世界的貿易會經一度下降兩三成。但是到一九五五年以後又逐漸上昇，在放寬禁運的前夕，中共實際對自由世界的貿易量已經超過禁運前的數額。執行禁運本身的漏洞就很多，非法活動又十分猖獗。今日放寬禁運不過是承認這種事實而已,其效果只是使商人們對中共的非法貿易活動變爲合法。

(二)放寬對中共的禁運後，許多非法貿易可以變爲合法。這樣可以減少中共對自由世界貿易的成本和風險。若干由東歐及蘇俄轉口的貨物也可以因縮短路程而減少運費。但是短期內中共對自由世界的貿易是不會大量增加的。中共的對外貿易與戰前中國的對外貿易不同。戰前每年有大批外資及僑滙流入，可以抵補貿易上的逆差，所以入口能力不太受出口能力的限制。目前中共既無資本輸入，僑滙也大不如前，所以不得不力求貿易平衡，否則國際收支立卽發生困難。在此種情形下，輸入多寡全視輸出能力如何而定。中共的輸出主要仍靠農產品，極少工業品。大陸人口不斷增加，但是農產品並沒有相對應的增加。幾年來天災人禍頻仍，主副產品都無法按正常情形增產，甚至還要減產。在工業方面，中共集中力量擴充重工業及備戰工業。輕工業的消費品生產，目前尚無法滿足國內的需求，很少可供外銷。這是中共對外貿易的死結，一時無法打開。也許中共很想一口氣買進倫敦市場上的全部貨色，無奈付不起這筆錢。這可以從他們歷年貿易總額看出。根據我們推算的結果，中共對外貿易的眞實數量從一九五一年到一九五四年，並沒有什麼大的增加。他們只是把原來對西方國家的一部份貿易轉移成對共產國家的貿易。其大吹大擂的對外貿易巨額增加，只是這種貿易對象轉移所造成的幻像。眞實貿易數量在一九五四年以前並無顯著的增加。一九五五及一九五六兩年中共的對外貿易倒是有相當的增長。可是這種饑餓輸出立卽引起了國內消費品及農產品的嚴重缺乏，造成搶購及物價猛漲等一片空前紊亂現象。這就表示他們輸出能力的枯竭。勉强增加輸出以購買外國貨物的結果只會引起國內經濟的騷亂。這主要是因爲輸入品都是無法立卽消費的東西，但是輸出的却都是人民每日必不可少的必需消費品。在這種基本狀況未改變以前，中共是無力擴大對外貿易。事實上中共當局已然領略了這種饑餓輸出的教訓。今年五月十四日的新華社消息就會報導說：對外貿易部決定今年要減少某些商品的輸出，僅食用油一項就要比去年少輸出十二萬噸，猪肉也要比去年少輸出十一萬噸。

(三)也許有人會提出，中共目前雖然無力增加輸出，但是可以將一部份對共產集團的貿易轉移至西方國家。中共與蘇俄貿易，一直是處於不利的地位。中共若能將這部份貿易轉移至西方國家，豈不是可以從國外貿易中獲取較多的利益嗎？在理論上這是可能的，但是在實際上中共無法以削減對蘇俄的貿易來源增加對西方的貿易。中共的國外貿易已成定型。很多的工廠設備和五年計劃所必需的器材早已與蘇俄有了協定，任何需從國外採購的物品都已規定由蘇俄一手負責供應。中共不可能撕毁這些長期貿易協定而去向西方國家購買。其次，這些機器設備大都已經部份安裝或設計完成。它們的尺碼與結構純係蘇式，與西方國家的產品規格不同。不同型式的機器不易混雜使用。今後所必須補充的零件和器材也受這種情形的限制，勢必繼續從蘇俄輸入。更重要的是：問題不在於中共想不想多與西方貿易，而在於蘇俄肯不肯放鬆對中共國際貿易的控制。去年七月十三日的一期 U.S. News and World Reports 有一篇報導，說明了蘇俄對中共國外貿易控制的眞象。在中共與蘇俄的貿易協定中規定由蘇俄供應的機器與設備，蘇俄實際只能供應百分之廿五。另外的百分之七十五，蘇俄命令東歐附庸國製造，由蘇俄轉售給中共。應用此種手段，蘇俄一方面可以從中取利，一方面可以控制各附庸國家——包括中共在內——的國外貿易。所以蘇俄不許中共直接大量向東歐共產國家定貨。蘇俄對於中共與其他共產國家的貿易尚且要如此嚴密地控制，如何肯讓中共削減對自己的貿易而去和西方做買賣。

中共希望打破禁運，擴大對西方的貿易，並非出於互利的觀點。中共要向國外派出大批特務人員，在國內又要供養數以萬計的蘇俄顧問。這些都需要支付外滙。爲了支付這筆開銷，唯一的辦法是打西方國家的主意。一九五六年間中共在倫敦就累積了六千萬至一億英鎊的外滙餘額。這可以證明中共企圖擴大對西方的貿易，其目的不在增加入口，而在累積外滙餘額以供其他用途。在過去幾年差不多所有與中共發生貿易關係的自由國家，在與中共貿易上都是處於入超地位。中共賺來的這些外滙究竟都流到那裏去了呢？

放寬對中共的禁運以後，對西方國家來說，主要危機尚非來自經濟，而是來自政治和軍事。對中共的貿易合法化以後，中共的人員可以公開活動，透過貿易關係，進行政治顚覆。此外，放寬禁運對於民主國家的團結和反共陣線的士氣都會有嚴重的打擊。

綜上所述，我們可以獲得結論：全面放寬禁運，我們除了爲某些民主國家當局的淺薄和短視感到遺憾以外，倒不必過份氣餒。因爲事實將會證明放寬禁運不會改善中共的經濟情況和增加中共的實力。這批幕後操縱的商人們也終會發現他們在這方面是無利可圖的。比較值得注意的是中共今後藉貿易之名而進行的政治滲透。

對大陸知識份子「大鳴大放」的分析

鍾正梅

一、前　言

胡適博士近在九月二十六日聯合國大會發表轟動世界的演說時，曾向全世界指出一項事實：「一九五七年的中共政權，已爲大陸青年所唾棄，知識份子所反對，億萬勞苦的工農大衆所痛恨。」但中共政權當年既以秋風掃落葉的姿態席捲了大陸，何以繼之以八年的極權統治後，反會落到如此慘局？對於這問題，可從知識份子參加「大鳴大放」時的言論主張中，得到較可靠的解答。

不過，對於五月八日至六月七日之內，所發生的「大鳴大放」這件大事，要想獲得眞正的認識，理當根據客觀事實，加以較爲深刻的分析。

這次所謂「大鳴大放」，固然是共產黨所發動，但其所以發動之原因何在？實有首先分析的必要。

遠在四十五年一月十四日，周恩來便向中共中央提出所謂「關於知識份子問題」的問題，坦白供認在其統治下的知識份子，居然有百分之六十以上，還與中共政權處於不正常狀態。於是到了去年五月二日，毛澤東相繼在「最高國務會議」中，又以當家「老和尙」的身份，提出了一個口號，即所謂「百花齊放，百家爭鳴」。很顯然，這是企圖更進一步爭取知識份子。怎奈這一套把戲，並沒有發生預期的效果。直到去年十二月二十九日，中共以「人民日報」編輯部的名義，發表「再論無產階級專政的歷史經驗」時，又不得不坦白的招供：「人民內部的矛盾，由於矛盾的一方逐步轉到敵人方面，也可以逐步轉化成爲對抗性的矛盾，……以至成爲敵我矛盾。」可見局面的危險，已到了極其嚴重的程度，而這一局面之所以造成，又顯然直接間接與知識份子有關。

這危機之日趨嚴重，對中共政權當然是莫大的威脅。所以在今年二月二十七日至三月一日，毛澤東召開「最高國務會議第十一次擴大會議」時，第一天便做了歷時四小時長達二萬五千字的報告，題目是「關於正確地處理人民內部矛盾的問題」。對於各種所謂「矛盾」，儘管還詭稱不是「對抗性的矛盾」，但究不能不承認：「如果處理得不適當，或者失去警覺，痲痺大意，也可能發生對抗。」並且接着在三月六日到十三日，中共中央又擧行一次「全國宣傳工作會議」，主要便在討論毛澤東的這一報告，最後終於在四月二十七日，發出「關於整風運動的指示」，決定「把正確地處理人民內部矛盾的問題作爲當前整風的主題」，主張「言者無罪，聞者足戒」，而希望做到「知無不言，言無不盡」，期使中共政權能「懲前毖後，治病救人」，於是帶來了「大鳴大放」，企圖以此來幫助整風，轉而挽救其危機。

根據上述，足證中共政權之所以發動「大鳴大放」，實有其不得不然的苦衷；最主要的原因，便是極權統治的結果，招致了知識份子的激烈反抗，而造成了各種所謂「人民內部的矛盾。」

總而言之，中共政權爲解救自身危機，而防止全面性的反抗，雖明知自由民主與極權統治二者，如水火之不相容，終不能不加以僞裝，而冒險玩弄「大鳴大放」的巫術，這眞是一大悲劇！

二、知識份子「大鳴大放」的原因是甚麼？

儘管對於「大鳴大放」，中共政權打的是如意算盤，但知識份子之所以敢於冒生命危險，而向暴力政權挑戰，其原因究竟是甚麼？這可以歸納爲三大點：

一是黨有：就是說，因爲在中共政權統治下，國家爲共產黨所獨有，而非人民所共有。對於這一點，「光明日報」總編輯儲安平便透澈的說：「但這幾年黨羣關係不好，成爲目前我國政治上生活中急需調整的一個問題，這問題的關鍵何在？據我看來，關鍵在『黨天下』的這個思想問題上。……這幾年來，很多黨員的才能和他們擔當的職務很不相稱。既沒有做好工作，使國家受到損害，又不能使人心服，加劇了黨羣關係的緊張。但其過不在那些黨員，而在黨爲甚麼要把不相稱的黨員安置在各種崗位上。黨這樣做，是不是有『莫非王土』那樣的想法？從而形成了現在這樣一個家天下的淸一色局面。我認爲，這個『黨天下』的思想問題，是一切宗派主義現象的最終根源，是黨和非黨之間矛盾的基本所在。」這說法，實在是一針見血的說法，共產黨的各種罪惡，都不難從這裏找到根源。所以「瀋陽師範學院」教授張百生、黃振旅也說：「中國共產黨在解放後，逐漸在成爲人民的上司，逐漸把先天下之憂而憂，後天下之樂而樂，變成了空洞的口號。自己變成了特權者，陶醉於自己是開國元勛，有汗馬功勞，應當有權有勢的泥潭中，陶醉於自己是特殊材料製成的自我欣賞裏，總以爲自己是最優秀的，非我不可。自吹自擂的宣傳自己偉大、光榮、正確，把自己擺在國家之上，人民之上，大有『黨即國家，國家即黨』的氣派。」這種「黨即國家，國家即黨」的氣派，事實上便是「黨天下」的思想在作祟。至於像「中南財經學院」院長馬哲民所說：「現在這裏的知識份子，仍然是顧慮重重，……在思想改造運動中，特別是在肅反運動時候，使用極端粗暴的辦法對待他們，把鬭爭、禁閉等辦法施諸於他們身上，對於他們的人權都不重視。」其實，這都是「黨天下」的必然結果。總之，在中共政權之下，一切都是屬於共產黨的；所謂國家，固然是共產黨的；即連人民本身，也是共產黨的。人是沒有地位的，人是沒有價值的，人只是被侮辱被迫害的對象而已！更有何人權可說？

二是黨治：就是說，因爲在中共政權統治下，政治由共產黨所獨裁，而非由人民所共管。對於這一點，「陝西師範學院」講師王尊一便明白的指出：「共產黨以爲天下是我們打下的，政權應由我們掌握，好官我自爲之，人民只能聽從共產黨的命令指揮和擺佈，人民那裏有憲法上所賦予的思想，言論的自由。……黨的官僚主義，主要是表現在不够民主的選舉制度上，這種選舉制度，還美其名曰『民主集中制』。比如選一個人只提一個候選人，這種選舉完全成爲形式。候選人是否集中了羣衆的意見？這種選舉辦法是否民主？只有『天知道』。」共產黨既想獨裁，便只有把選舉當做形式，因爲只有這種一人候選的現象，才可以鞏固一黨專政的局面。對於這種黨治的情形，「瀋陽師範學院」教授張百生、黃振旅也說：「國家大事誰說了算？在憲法上規定是『人大』(按係人民代表大會之簡稱)說了算，而實際上『人大』不過是個泥菩薩而已，全權都操在黨中央手裏，『人大』只是走走形式，舉手通過，完成立法手續，幾年來很少看見『人大』對國家大事進行過眞正的討論，很少看見委員提出重大動議，却偶爾看見他們的一些無關痛癢的考察記在報上發表。這豈不是笑話！更可笑的是號稱統一戰線的政協，把主要精力放在組織有關學習等問題的工作上，實際上是不問政治，或者說問而不政，政而不治，治而不協。『人大』與『政協』，就像兩朶紙花一樣點綴着民主的門面。當然，錯不在『人大』和『政協』，責在黨中央，黨對『人大』和『政協』來說，成了超政府，超憲法的太上皇。不只以黨代政，而且是以黨代憲法，以黨代『人大』。其實，在黨治之下，原只有黨而無其他；所謂「憲法」云云，本就是騙人的謊言；所謂「人大」「政協」也者，原不過是愚弄人民的巫術而已！那能信以爲眞？至於像「西安市第四人民醫院」醫師張錫華所說：「不少黨的領導幹部，常把有些刺痛自己毛病的正確批評和意見，積存起來，借下一次運動，來一個大報復，像銀行存欵一樣，零存整付。因此不少平時敢於向不合理現象批評的人，被扣上犯了反領導或反革命罪行的帽子，他們的邏輯是──『不同意我的意見，就是反對我，反對我就是對領導不滿，不滿就是反領導，反領導就是反黨，反黨就是反革命』。」這種奇特的邏輯，更成了黨治的必然結論，又何足爲怪？總之，在中共政權之下，黨的地位是至高的、神聖的，是政治上唯一的主宰，因而最高的權力是操之於共產黨，最後的意志是取決於共產黨；至於其他所謂黨派，只是被利用的工具；一般的人民，更不過是被統治被奴役的對象而已！更有何自由選舉與合法反對可言？

三是黨享：就是說，因爲在中共政權統治下，權益被共產黨所獨享，而非人民所共享。對於這一點，「武漢大學」教授程千帆便說：「在黨員和羣衆之間，政治待遇很不公平，黨員享有許多特權，表現爲他們不同於一般人。」同時，「東北師範大學」教育系主任楊淸也說：「正因爲黨員成爲『政治貴族』，高不可攀，所以在我們非黨人士中間，是『談笑皆羣衆，往來無黨員』。有些人水平很低，但一入黨便是身價百倍，自認爲高人一等。在提拔，使用和職權方面，黨員也顯然是『政治貴族』。各單位對黨員總是大力提拔，好像一個人一入黨就甚麼都懂得了，把他安置到任何部門去都可以作領導。」共產黨徒既成了「政治貴族」，而享有「特權」，便很容易進而享受許多特殊利益。所以「人民大學」講師葛佩琦便指出：「猪肉緊張，老百姓吃不上，有人說這是生活水平提高；生活水平提高的是那些人呢？是過去穿破鞋，現在坐小臥車穿呢子制服的黨員和幹部。說良心話，這是生活水平降低。物資供應之所以緊張，是黨的政策犯了錯誤。例如猪肉那裏去了呢？被幹部吃光了！」這種特殊享受的現象，非但在社會上如此，即使在敎育機關也是一樣，例如「南京體育學校」校長陳陵便公開指出：「管理學校福利費的人事幹事是黨員，福利費只補助黨團員，非黨非團的敎職員得不到補助，校長批准了也無效。他可以批個『福利費無多，不予補助。』而他自己申請補助，自己批准。」因爲在中共政權統治之下，黨員與非黨員，已被嚴格劃分爲兩種不同的人，各自過着兩種不同的生活，彼此之間，非但如一般所謂隔了「牆」，實在是如同「武漢大學」敎授燕樹棠所說：「有人說，黨羣之間隔了一道牆，但我認爲武漢大學是隔了一條鴻溝，牆尙可逾越，跳過鴻溝有被淹死的危險。」總之，在中共政權之下，黨員和一般人民的地位，是完全不平等的，黨員是超出一般人民之上的，因而變成了特殊階級，可享受各種特殊權益；一般人民，只是被壓榨被犧牲的對象而已！更有何平等待遇可談？

歸結來說，大陸上知識份子「大鳴大放」的主要原因，實在是由於中共政權統治之下，是一個黨有黨治黨享的局面；而這一局面之造成，顯然因爲採取了極權主義的手法。所以簡單說一句，知識份子鳴放的原因，便是由於中共政權的極權。至於其餘類似說法，無論爲敎育界所謂沒有敎學自由，沒有思想自由；或文化界所謂沒有寫作自由，沒有創造自由；或新聞界所謂沒有採訪自由，沒有言論自由；或學生界所謂沒有學習自由，沒有研究自由；或民主黨派所謂沒有活動自由，沒有發展自由；這一切，都是導源於極權，因爲只要極權主義存在，這一切便將永久存在。

三、知識份子「大鳴大放」反對的是甚麼？

知識份子「大鳴大放」的原因，固然是由於中共政權的極權；但其所激烈反對的現象，又究竟是甚麼？這也可以歸納爲三大點：

一是反黨有：就是說對於中共政權統治下，國家爲共產黨所獨有，而非爲人民所共有的現象，表示堅決的反對。關於這一點，「教育部」部長張奚若便說：「一些黨員以爲『天下是咱家打下的』，『老子是功臣』，對黨外人士，覺得給你一碗飯吃，給你官做，就不錯了，你還怎麼樣？說得透澈一點，這只是爲了團結，而不是爲了你有甚麼本事，何況你也並不高明。於是有事都是按照他的辦法去作，不採納別人的意見，這就是當權了。這些黨員，經驗不够，知識不够，要麼就不辦，要麼就搬教條，一句話，是用教條把自己武裝起來，用宗派來保護教條的貫澈和執行。」如此想法和做法，固然是無數以馬上得天下的英雄，或者憑槍桿打上臺的好漢們所共有的通病，但這畢竟是應該反對的。對這種現象、「清華大學」教授錢偉長，便在「章伯鈞召集的一次緊急會議」上說：「近來有些學生的家長寫信給我，要我勸勸他們的子弟不要參加鬧事，我曾做過。但學生的表示十分堅決，這眞像五四前夕，和我們做學生的時代一樣不接受家長的勸告。……黨對知識份子的政策是有問題的，上個星期蔣校長在報告中居然說了這樣的話，他說今天知識份子是吃共產黨的飯，這句話引起老教授們很大的不滿。」(這時費孝通很激烈地說：誰說我們吃共產黨的飯，？我們從來也沒有吃共產黨的飯，我們是吃勞動人民的飯！）這種由「天下是咱家打下的」基本觀點出發，進而發生「給你一碗飯吃」的思想，以及「吃共產黨的飯」的說法，原是「黨有」的必然結果。其實，人民是國家的主人，所以吃的都是自己的飯，誰都沒有吃共產黨的飯，相反的，倒是那些共產黨徒，應該是叫做人民公僕的，才是吃的人民的飯。今既本末顚倒，而一至於此，難怪「天津民用建築設計院」工程師栗博英、陳濟泉要憤慨的說：「共產黨初進天津時曾說過：這是革命，我們的革命不是改朝換代；但現在看起來，比改朝換代更壞，生活在這個社會裏，叫人很傷心！」總之國家理該爲人民所共有，人民便是國家的主人，絕非只是被侮辱被迫害的對象。共產黨既以「黨天下」自處，根本否定人民是國家的主人，而必使國家爲其所獨有，這種極權主義的做法，人民爲甚麼不反對？更那能不堅決反對？

二是反黨治：就是說，對於中共政權統治下，政治由共產黨所獨裁，而非由人民所共管的現象，表示痛切的反對。關於這一點，「瀋陽師範學院」教授張百生、黃振旅便說：「黨法成了一紙空文，黨可以不遵守它，表面上有民主選擧，有統戰政策，有黨外人士做領導工作，實際上是一黨專政，是黨中央政治局少數人獨裁。……黨是太上皇，是威武神聖的，一手拖着馬列主義的聖經，一手仗着國家政權的寶劍，誰敢提異議？不是被扣上馬列主義的鐵帽，就是被戴上莫須有罪名的手銬，選擧只是變相的任命，代表只代表個人，誰也不知道自己選的人是怎樣的，他代表自己說了些甚麼？至於集會、結社、出版等，都必須在黨的領導下進行，不能逾越雷池一步。怎樣能體現人民是國家的主人？這是對人權的侵犯，嚴重的破壞法制，必須改變。」這種把主義當「聖經」，侵犯「人權」，以及破壞法制的現象，都是極權主義的罪惡，當然應該「改變」。此所以在「章伯鈞召集的一次緊急會議」上，「清華大學」教授費孝通更進而指出：「現在各大學的學生都動起來了，情緒激烈。……當然要收也容易，三百萬軍隊就可以收，但人心是失去了……今天的問題主要是制度造成的，非黨人士有職無權，黨團掌握大權，作威作福，我看不是個人的作風問題，而是制度所造成的，我已聲明不參加共產黨以表示態度。(這時錢偉長插口說：我是堅決不參加共產黨的！）有人說，沒有黨的提名，我們甚麼都當不上，我不相信，要是能够參加競選，看羣衆是不是贊成我？」這確是實在話，問題的癥結是制度，即毛澤東所詭稱的所謂「人民民主專政」，難怪大陸上的反抗運動，像是匈牙利的革命前夕，一如「高等教育部副部長曾昭掄在「章伯鈞召集的一次緊急會議」上所指出：「今天學生問題很多，一觸卽發，他們一上街，市民就結合起來，問題就鬧大了！……現在情形不同了，黨嚴重地脫離了羣衆，加以波匈事件的影響，形勢就一觸卽發。」總之，政治理該由人民所共管，人民便是政治的主人，絕非只是被統治被奴役的對象。共產黨既實行「一黨專政」及「少數人獨裁」，根本否定人民是政治的主人，而必使政治由其所獨裁，這種極權主義的做法，人民爲甚麼不反對？更那能不痛切反對？

三是反黨享；就是說，對於中共政權統治下，權益被共產黨所獨享，而非人民所共享的現象，表示澈底的反對。關於這一點，「華南師範學院」教務長陳子明便說：「目前高等學校的主要矛盾，是黨與非黨之間的矛盾，彼此之間築起了一道高牆。非黨的教師們如果長期被屏棄於牆外，要想他們眞正樹立當家作主的思想，講知心話，最充分的發揮積極性，都是不可能的。」同時，「武漢大學」教授袁昌英也說：「武漢大學黨羣之間築起的不是一堵普通的牆，而是銅牆鐵壁。由於這垜銅牆鐵壁的存在，有人把武漢大學的人員分爲三種人，……這樣把人員分成幾方，不當作一家人，要想團結改造知識份子是完全不可能的！」這些主張拆牆的說法，很顯然，便是反對把黨與羣衆劃成兩種不同的階級，也就是反對把共產黨徒造成特殊階級。對於這種現象之反對，實際上是很普遍的，例如對共產黨徒在自己成爲特殊階級之餘，而又擴大到使其「愛人」也共享特權的情形，「民革」中央常委陳其瑗便說：「有些黨員作風不純，某人當了機關首長，他的愛人一定當人事科長，夫婦並駕齊驅，未嘗不可，但如果她只有『愛人』兩個字，其他都沒有，那麼就不應該如此！」但眞正促成這種現象的原因，還是共產黨徒的基本觀念和態度，此所以「中學教師進修學校」研究員郭德原便指出：「我認爲要改善黨員與非黨員的關係，有些黨員還得糾正『老子天下第一』的思想和傲然『鶴立鷄羣』的氣勢。」很明顯，這是從根本上反對起；因爲共產黨徒之所以特殊，都可由這裏找到根源。今既自成特殊，而到此地步，難怪「人民大學」講師王德周，要更具體的主張說：「現在黨內有百分之九十幾的黨員鬧宗派，甚至無惡不作，鬧事要架機關槍，這是可以的，麻煩的是怕機關槍倒過來打。我建議由民盟把所有羣衆組織起來，幫助黨整風，監視黨整風，以取消特權，達到整風的最高效果。一總之，權益理該被人民所共享，人民便是權益的主人，絕非只是被壓榨被犧牲的對象。共產黨既以特殊階級自居，根本否定人民是權益的主人，而必使權益被其所獨享，這種極權主義的做法，人民爲甚麼不反對？更那能不澈底的反對？

綜括的說，大陸上知識份子「大鳴大放」所反對的主要現象，實際上就是中共政權統治之下，那種黨有黨治黨享的局面；誠如上述，這局面是由極權主義所造成。所以簡單的說，知識份子反對的現象，便是在於中共政權的極權。至於其餘類似主張，無論爲教育界之反對思想改造，反對學校黨委制；或文化界之反對教條主義，反對形式主義；或新聞界之反對新聞封鎖，反對命令公報式新聞；或學生界之反對政治課程，反對强迫分發；或民主黨派之反對黨派歧視，反對共產黨至上；這一切，都可以說是反極權。因爲只要極權主義被消滅，這一切便將隨之而死亡。

四、知識份子「大鳴大放」爭取的是甚麼？

知識份子「大鳴大放」所激烈反對的現象，固然便是在於中共政權的極權，但知識份子所熱烈爭取的目標，又究竟是甚麼？這也可以歸納爲三大點：

一是爭民有：就是說，對於中共政權統治下，國家爲共產黨所獨有的現象，不但消極的反對，而且積極的爭取爲人民所共有。至於這一點，「光明日報總編輯儲安平便明確的表示：「我認爲黨領導國家，並不等於這個國家即爲黨所有，大家擁護黨，但並沒有忘了自己也還是國家的主人。」這話雖有幾分婉轉溫和，但其主張人民「是國家的主人」，意義卻十分明顯。老實說，假使人民到了不是國家主人的地步，便犯不着侈談其他了！此所以「人民大學」講師葛佩琦便說過幾句比較激烈的話：「你們認爲『朕即國家』是不容許的。……搞的好，可以，搞的不好，羣衆可以打倒你們，殺共產黨人，推翻你們，這不能說不愛國，因爲共產黨人不爲人民服務。共產黨亡了，中國不會亡，因爲不要共產黨領導，人家也不會賣國。」這話雖然激烈一點，但卻是最明顯不過的眞理。簡單的說，國家既不等於共產黨，共產黨也不等於國家，此所以打倒共產黨，或者推翻共產黨，以至於殺共產黨人，非但不能認爲是不愛國，相反的，中國人爲求做國家的主人，使國家爲人民所共有，則以這種手段對付以天下爲私有的共產黨，正足以證明其愛國。總之，國家是全國人民的國家，而非任何一黨一派或少數統治者的國家；此所以國家的主權，是寄托於全體人民，而非寄托於任何一黨一派或少數統治者；儘管天下是某些人打下的，但究不應因此便據有天下，以天下爲私有，而造成黨有的局面。老實說，「黨有」的現象早該結束，現在應當是民有的時代了！

二是爭民治：就是說，對於中共政權統治下，政治由共產黨所獨裁的現象，不僅消極的反對，而且積極的爭取由人民所共管。至於這一點，「陝西師範學院」講師王尊一便具體的主張：「我要向中國共產黨毛主席呼籲：一、開放政權，建立一個眞正的人民民主國家。二、眞正給人民以思想言論的自由，解放人類個性。三、把民主的尺度放寬些，給人民以眞實的民主生活。四、我要求毛主席走下你的寶座，深入農村，看看農民的生活情況。」同時，「民盟」副主席羅隆基又進一步要求：「我們對很多情況不了解，現在是聯合政權，需要民主黨派起作用，就應該讓我們多知道一些情況。我希望對國內重大政策，在討論之前，多同我們研究協商。」說實在話，要實現眞正的民治，僅僅在名義上是聯合政府，那是不够的！僅僅准許民主黨派存在，而發生點裝門面的作用，那也是不够的，此所以「民盟」副主席章伯鈞又說：「我主張民主黨派要大大的發展，至少應該發展一兩百萬人，無黨派的人都應該參加組織。」因爲唯有一個强大的反對黨存在，才可以保證民治的實現，此所以「天津市立第三女中」教師黃心平又說：「爲甚麼不可以實行各政黨輪流執政的辦法呢？如果不要共產黨一黨執政，而要共產黨和各黨各派提出不同的政綱來，由羣衆自由的選擇，這樣做，可以刺激各共產黨和各民主黨派不得不努力克服缺點，來博得選民的選票，爲人民服務。」這實在是最正確不過的話！其實，現代民主國家之所以承認反對黨的存在，其故便多半在此。總之，政治是全國人民的政治，而非任何一黨一派或少數統治者的政治；此所以政治的最高權力，是操之於全體人民，而非操之於任何一黨一派或少數統治者；政治的最後意志，是取決於全體人民，而非取決於任何一黨一派或少數統治者，雖然政治的權力是經由政府或少數統治者所代表行使，雖然政治的意志是透過政府，或少數統治者而具體貫澈，但絕不該因此便獨裁，而走上黨治之路。老實說，「黨治」的現象早該消滅，現在理當是民有的時代了！

三是爭民享：就是說，對於中共政權統治下，權益被共產黨所獨享的現象，不只消極的反對，而且積極的爭取被人民所共享。至於這一點，「民盟」副主席章伯鈞便說：「關於有職有權問題，職、權、責三者不可分，要做到非黨領導人員有職有權，必須同時要非黨人士負責。」同時，「民盟」中央常委楊明軒也提出了相似的意見：「關於黨外人士有職有權問題，共產黨應該首先克服宗派主義的情緒，相信非黨人士的才能和進步。另外還應該建立一定的制度，保證非黨人士順利行使自己的職權，黨外人士也要努力爭取有職有權，對於那些不尊重自己職權的現象，應該即時提出意見，求得改正。」要是非黨人士，名義上雖佔有某種職位，但卻不能在實際上行使其權力，變成有職而無權，其結果，那不過是傀儡而已！假使非黨人士所爭取的有職有權都做不到，又那能做到權益被人民所共享？「民主建國會」副主任委員會章乃器便坦白的指出：「關於公私合營企業裏幾種關係問題，應該明確以公私共事關係爲主，階級關係是殘餘，因階級已基本上消滅。在工作關係中，不應該分公方、私方、黨與非黨，要按職責和分工辦事。如在工作上分公、私、黨與非黨，則工作永遠做不好。」欲求做到民享，當然應該做到黨與非黨的地位平等，而沒有特權階級存在。總之，權益是全國人民的權益，而非任何一黨一派或少數統治者的權益，此所以一切權益的最後享有者，是爲全體人民，而非任何一黨一派或少數統治者，固然權益的享有是需要透過政府或少數統治者的設施而實現，但終不該因此便獨享，而走上黨享之路。老實說，「黨享」的現象早該摧毀，現在理應是民享的時代了！

總結而言，大陸上知識份子「大鳴大放」所爭取的主要目標，實在便是向中共政權統治之下，爭取民有民治民享的局面；而這一局面之造成，顯然是有賴於民主主義之澈底實現。所以簡單而言，知識份子爭取的目標，便是向中央政權爭民主。至於其餘類似言論，無論是教育界的主張民主辦校，主張教授治校；或文化界的主張自由寫作，主張自由創造；或新聞界的主張言論自由，主張採訪自由；或學生界的主張繼承五四傳統，主張發揚民主精神；或民主黨派的主張公平競爭，主張合法反對；這一切，都可以說是爭民主。因爲只要民主主義被澈底實現，這一切便將隨之而出現。

五、結論

希臘大哲學家蘇格拉底(Socrates)早就說過：「從遠處看，奸徒和傻子是完全一樣的。」這次中共政權所發動的「大鳴大放」，便是個很好的例證。當其發動「大鳴大放」之初，原只是玩弄極權巫術，沒想到，却落得如此下場，豈不可悲可笑？

很顯然，中共政權對於這一下場，感到十分的恐懼，其原因，便因爲知識份子已攻擊到了極權主義的本身，而要求走另一條民主主義的大道。所以到了今年六月二十六日，周恩來在「人代會」第一屆第四次會議中所謂「政府工作報告」裏，正面對所有參加「大鳴大放」的知識份子攻擊時，便坦白承認是因爲這些意見已直接的攻擊到了基本制度。

可悲得很，因爲中共政權早已中了極權主義的毒，而且中毒太深，此所以大陸知識份子的「大鳴

寂寞的畫廊

陳之藩

「你爲什麼去南方？」

「我爲什麼不去？」

於是我像一朵雲似的，飄到南方來。

佛克奈的小說給我一個模糊的印象，南方好像是沒落了的世家。總是幾根頂天的大柱，白色的樓，藍色的池塘，綠色的林叢，與主人褪色的夢。

我在路上看到一些這樣的宅第，並看不出沒落的樣子。南方人的面型也似乎安詳而寧靜的多，但也看不出究竟有什麼夢。

於是，像一朵雲似的，我飄到密西西比河畔的曼城，飄到綠色如海的小的大學來。

校園的四圍是油綠的大樹，校園的中央是澄明的小池，池旁有一聖母的白色石雕，池裏有個聖母的倒影。穿黑衫的神哥們在草坪上靜靜的飄動，天上的白雲在池中靜靜的悠遊。

這是個學校呢，還是寺院？我正在一邊問自己時，已經坐在校長的面前了。

我面前是一紅紅的面龐，掛着寂寞的微笑，是一襲黑黑的衫影，掛着寂寞的白領。我在路上時即想出了第一個問他的問題，爲何以這樣重金聘我來教書，他已先我而說了。

「去年在此的是一位杜博士，我們很喜歡他，他走了。所以請你來。」

「他不喜歡此地嗎？」

「他也喜歡此地，但他走的原因是因爲這裏寂寞。」校長低下了頭。

「寂寞！」我心裏想：「好像這個世界上還有地方不寂寞呢！」

校長已爲我找好了房子，一位神哥陪着我走了十分鐘路，走到另一片綠叢，有一石頭壘起的小樓，猛看去，像一白色的船在綠海藍天之間緩緩前行。一位老太太靜靜的開了門，帶我們走到我的住室。

我沒有辦法不喜歡這樣安靜、柔和、潔淨的房子。我安頓下來。

我的房子很像一個花塢，因爲牆紙是淺淺的梅花，而窗外却是油綠的樹葉，在白天，偶爾有陽光經葉隙穿入，是金色的；在夜晚，偶爾有星光經葉隙穿入，是銀色的。這牆上的花朵混以窗外的樹葉，與葉間偶爾透進的光，使人感覺如在林下小憇，時而聞到撲鼻的花香。至於那白色的窗紗，被風吹拂時，更像穿林的薄霧了。

我愛這個小屋。

剛一搬進的當晚，我已經知道了老太太的三代，第二天她又爲我溫習一次，在一陣蒼涼的笑聲後，我總是聽到她不改一字的這樣說。

「我大女兒嫁給第一銀行的總裁，我二女兒嫁給皮貨公司的總理，我缺少第三個女兒，不然，我一定有個女壻是美國的總統了。

「我的丈夫是曼城有名的醫生，五年前他死了。我不想賣我這四十年的房子。我等我去了以後，給我兒子，把他的診所搬到這個房裏來。這兒不很像個療養院嗎？

「我不論你當什麼教授，我也稱呼你孩子，我是老祖母了。你祖母有我大嗎？我已七十八歲了。」

每天我回來，她向我背一遍身世，但半月來，我既未見過她的女兒，更未見過她的兒子，只是禮拜天，似乎有一個小孫孫來接她去教堂。

每天早晨，我只聽到她在廚房的弄盆碗聲，每天下午我回來，她總是在她屋裏，大嚷一陣。

「我的孩子，桌上有你三封信，三封啊！」

我一邊拆信，一邊上樓，一邊心酸，我每天可以接到一信，而我們的房東老太太正像每個老年人一樣，在每一年盼望有一天兒子的聖誕卡片可以和

雪花一起飛到房裏來。一年只這麼一次。而有時萬片鵝毛似的雪花，却竟連一個硬些的卡片也沒有。

這樣大的一所房子，樓下是鋼琴，電視，宮燈，壁爐，雕花的大收音機，厚絨的沙發，沉重的桌椅，點綴得典雅而大方，每件東西全在訴說它們的過去的光榮，與而今的蕭瑟。

而樓上，這六七間大房，出出進進的却只有兩個生物，老太太與我。

夜很深了，老太太還有時敲敲我的門：「孩子，夜裏涼，不要凍着。」我有時也去敲敲她的門，道聲晚安。我並不怕她寂寞，我實在怕她死在屋裏，過了幾天仍無人知。

如此，老太太每天回憶一遍她的過去，我複習一遍她的過去。

其實，這個房子與它的主人的昔日，不必由老太太每日訴說的。由房內的每件事物，全可以看出一個故事來。

多少年前，一定是一年青的醫生，帶着一美麗的愛人，風塵僕僕的看過很多地方，忽然發現，這綠色的山坡，碧色的叢林，幽美誘人。

於是，雇工，買地，砍樹，奠基，把他們夢昧了多年的雲朵裏的小屋，在褐色的地球上建起來。

這片叢林，自是不再寂寞了。以後除了春天的鳥聲與秋天的蟬聲，還有女人的笑聲與孩子的語聲，除了綠色的葉子，還有花色衣裳了。

紅木的木床，可以說明一對愛侶的愛與眠；灰色的壁爐，可以說明這一對愛侶的談與笑；鋼琴是女兒上學時，才抬進來的；宮燈是給兒子過生日才買來的；爲慶祝他們的銀婚，開了個特別大的晚會，也同時抬來這厚絨的沙發；爲慶祝他們的金婚，人家送來這巨幅的油畫，掛在牆上；爲慶祝她們的鑽婚，才點綴上這雕花盒的老收音機。

以後女兒像蝴蝶一樣的飛去了。兒子又像小兎似的跑走了。燕子來了去了，葉子綠了紅了。時光帶走了逝者如斯的河水，也帶走了沉疴不起的丈夫。

在鏡光中，她很清楚的看到如霧的金髮，漸漸變成銀色的了。如蘋果似的面龐，漸漸變成不敢一視了。從樓梯上跑下來的孩子，是叫媽咪，從門外走來的孩子叫起祖母來了。而逐漸孩子的語聲也消失了。

這是最幸福人的一生，然而我却從她每條蒼老的笑紋裏看出人類整個的歷史，地球上整個的故事來。

這個故事只能告訴我們無邊的寂寞。人們似乎贏得了一切，又似乎一無所有。草叢間的幼蟲不斷的湧到，廢墟上的花朵不斷浮現，樓上孩子的哭聲，一個跟着一個的到來，然而征不服這永世的寂寞。

人生中，即使最得意的人們，有過英雄的叱咤，有過成功的殊榮，有過酒的醇香，有過色的甘美，而全像瞬時的燭光，搖曳在子夜的西風中，埋沒在無垠的黑暗裏。

一位哲人說的好，人類的聲音是死板的鈴聲，而人間的面孔是畫廊的肖像。每一個人，無例外的，在鈴聲中飄來，又在畫廊中飄去。

我看不出有誰比這位老太太再幸福，但我也看不出還有誰比這位老太太再寂寞。

同樣的故事，同樣的戲臺，同樣的演員，同樣的觀衆，人類的滑稽戲在不憚其煩一演再演。且聽：

「你永遠愛我嗎？」男的問。

「永遠。」女的答。

但請問什麼叫永遠？

不僅戲中充滿了這些不具意義的句子，而且有些不知所云的句子用黑字印在白紙上。

東方的紙上說：古有三不朽。

西方的紙上說：不朽的傑作。

但請問，什麼是不朽。

永遠不朽的，只有風聲，水聲，與無涯的寂寞而已。

「你不要着了涼。」老太太又敲我門了。

「謝謝你，我還沒有睡，今夜我想多用些功。」

我翻開吳夫的「巨網與亂石」，翻書頁的聲音，在這樣靜夜，清脆得像石子投入湖中。

四十六年十月一日於曼城

大放」，非但沒有能促使其覺悟，反促使其更向極權主義的死路躍進一步，而發動了所謂「反右派鬪爭」。

不過，話說回來，儘管中共政權已展開了「反右派鬪爭」，而對知識份子加以「圍剿」；儘管諸如章伯鈞、羅隆基、費孝通、曾昭掄、陶孟和、儲安平等，都在暴力壓制下，而一個個先後被迫「低頭認罪」；但人類反極權爭民主的理想，幾乎是人類開始政治生活時便有的，尤其是人類從十七世紀以來所追求的，更是中國人近六十年來用鮮血和頭顱所爭取的。老實說，如要用任何暴力加以壓制，其結果，只有壓力愈大反抗力愈大，是永遠壓不住的。

雖然大陸上知識份子的「大鳴大放」，並沒有使中共政權覺悟，但對於我們每一個死心反共的自由人而言，應該是一項重大的啓示。對於這次「大鳴大放」的原因，所反對的現象，及其所爭取的目標，我們既已有了較爲深刻的分析，則我們今天的反共，究該走一條甚麼路，理該沒有問題。誠如巴恩斯 (H. E. Barnes) 所說：「過激份子反動勢力，都可以採取極權主義的方法和型態。蘇俄是左傾極權主義的重大例證，德國的納粹和意大利的法西斯是右傾的極權主義者，不能和極權相調和，也不能見容於極權主義的，祇有一個主張，那便是民主自由主義。」很顯然，要想用法西斯或納粹的辦法反共，那不過是由左傾的極權主義過渡到右傾的極權主義而已！這是以暴易暴，人類所流血爭取的，絕不該是這種下場。老實說，現在橫在我們反共人士面前的，只有一條路，那就是澈底實行民主，以民主來反共。

今天的中國，遭受着中共政權的極權主義禍害，已經是一大悲劇，假使在聽了「大鳴大放」中的血淚呼聲後，還要以「右傾的極權主義」方法反共，那便是悲劇的悲劇了！我們這一代的中國人，難道還經得住再演一次大悲劇嗎？很多熱心救國的大人先生們，難道還忍心讓可憐的小民百姓再演一次大悲劇嗎？

（完）

翠鳥湖（四）

童真

舅媽起床之後的一段日子，天氣很好，每天紅日高懸。她打算把家裏容易霉蛀的東西搬出來，曝晒一番。這本是大伏天裏應做的工作，但却因那時阿杏的突然離去，女傭的遲遲未來，以及最近的秋獵和臥病而延遲下來。而現在晴朗乾爽的秋日，也正是曝晒東西的好時光。舅媽在第一天晒好了裘衣皮貨之後，第二天就決定晒書畫。舅舅不是暴發戶，所以他也不像暴發戶那樣把過多的書畫臃腫地裝飾在房子裏。他祇恰當地掛了幾幅名貴的字畫；在他書房的書架上，他也祇留下幾十冊他常看的書本。絕大部份的書畫都給收藏起來了。那天，我們幫着把一箱箱的書從儲藏室裏搬到前天井來。那些書箱大都是赭石色的，其中祇有一隻油着淡綠的洋漆，牠夾在這些陰沉沉的古老東西中間，猶如一個年青活潑的少女，雜在一羣鷄皮鶴髮的老婦中間，顯得特別觸目。我想，舅媽一定很喜歡綠色，衣服愛穿綠的，連箱子也是綠的。我打開了箱蓋，拿出了幾本書看看，那些都是小說，有中國的，有翻譯的，每一本書上都有「靜影」的簽名。

「舅媽，這箱書是你自己的？」

她正把別的書箱裏的一些書拿到條板上去晒，聽見我的話，便抬起頭來：「噢，是的，這是我婚前買的，而且大半是我讀書時買的。這些書都是我非常喜歡的。好幾年沒晒了。」她放下了書，走過來，把那箱書都搬到條板上，然後逐一地摩挲着牠們，似乎那裏有她太多的少女時代的回憶。她微笑，她嘆息，宛如每一本都是她往日生活的畫片。于是，她又拿起另一本書來，忽然，她一切都停住了，祇低頭盯着牠，她臉上的陰影，像一幅黑色的面紗，遮住了她的臉。好久，好久，她才慢慢放下那本書，低低地說：

「算起來，這本書買了已經有十五年了。」她抬頭仰望陽光，面紗揭去了，光流冲洗着她的臉，像滌去了剛才沾在她臉上的感情的色彩。我過去看看那本書，那是一本翻譯小說，我祇看到封面上這樣印着：「英，哈代著：黛絲姑娘。」下方是一行鋼筆字：「靜影購于病中。」

曝晒工作本來並不輕鬆。舅媽忙了大半天，搬着、拂着、撣着、刷着、搞得身上滿是灰塵，白灰灰的，彷彿自己也發了霉。舅舅擔心她病後過于勞累，非叫她下午去睡一會不可，由他自己來做這份工作。他把舅媽催上樓去自己又回到天井中來。然而，在我看來，與其說舅舅在料理書畫，還不如說他在檢閱書畫。他在那排列得猶似軍隊一樣整齊的書畫面前，走來走去。然而不久，他又改變了姿態，他成了訪問書店的顧客，一邊走，一邊瀏覽書目，有時，駐下足來，從中間抽出一本，翻翻看看，一會後又把牠放回去，繼續去看後面的書目。他慢慢地走過來，從畫卷、線裝書、洋裝書、最後又走到舅媽的那排書前，低着頭，掃了一下書目，說：

「嘿，慧慧，快來，這裏有許多小說書，你不是很愛看故事嗎？讓我給你找幾本合你胃口的書。」他開始找出一本「黑美」。「這是一個美國人寫的，是關于一隻馬的故事，我想，你是一定喜歡看的。」然後他又繼續抽出兩冊厚書來。「『苦兒努力記』，這是法國人寫的，寫一個孤兒怎樣嚐盡艱苦和不幸，終于得到了幸福。」他抬頭看見昌成正走到天井中來。「喂，昌成，你看得懂故事書嗎？」

「會，先生。」

「那就好了，這本書借給你，像你這樣身世的人，看這本書是最合適，最有益了。」

昌成把書接過去，端端正正地捧着，就像捧着一只細白瓷盤子。我却把書放在櫈上，等待着舅舅再一次把適合我的書抽出來。

「哈代的小說，」舅舅邊看邊說。「『還鄉』，噢，還有『黛絲姑娘』，我以前看過的，悲劇的女人！」他把那本書抽出來，看着翻着，一張小紙片，像隻大白蝴蝶似地飛了出來，落在地上，他彎身撿起牠，上面寫着密密麻麻的字。舅舅霎着眼睛，帶着輕鬆的神情，開始讀牠。但馬上，他的臉色嚴肅起來，他陷入深思，不，他是在追憶什麼。他似乎努力想肯定什麼，但却又似乎想否定牠。他臉上的表情奇異複雜。

「先生，這書我就拿去了？」昌成恰在這時開了口。

「好，好——拿去，走吧。」他厭煩地揚了一下手，彷彿想揮掉一條迎面飛來的游絲。然後，他低下頭，又一次地看那紙片，看那書面上「靜影購于病中」的幾個鋼筆字。他仔細地把紙片摺好，揣入衣服裏，又把那本書放回原處。隨即，像隻挨磨的驢子，繞着天井，走了幾圈，說道：

「慧慧，我頭痛，想去湖邊走走，叫你舅媽下來照管吧。」

那天，當我們把書畫重新放入箱中，抬回儲藏室時，薄暮已像水鳧的灰翅膀，成片地撲下來，而舅舅也直至這時才散步回來。他的臉色比暮色還灰暗，而他的眼睛，則比往常更烱亮，犀利，像暮色中的燈火，但那燈火雖亮，却是靜止的。晚飯，我們在寧謐但却鬱悶中度過，因此，那晚我們睡得特別早，或許是那種失常的氣氛在我心中播下了不安的種子，我曾一次一次地醒來，每次都聽見舅舅的轉輾聲或咳嗽聲，但我馬上又迷迷糊糊地睡去了。大約在午夜，我又一次地醒來，這次像是被舅媽的聲音所驚醒。她在說：「亞文，你怎麼還不睡？」我睜開眼，就從細白夏布帳子往外望，原先燃得很小的美孚燈已經燃亮了，窗子敞開，舅舅托住下頦，坐在窗畔。

「我睡不着，起來看看翠鳥湖的夜色，」他說得很緩，很低沉。「可惜月色不好，看不清楚。」

「你有心事？亞文，過來，說出來，讓我聽聽。」

「你願意聽？」現在，舅舅把身子轉了過來。

「你這話就不對了，我們也有這麼多年夫妻了。以前，你有心事，哪一次不跟我說？」

看樣子，舅舅似乎沉吟了一下。「好，靜影，起來吧。我的確想跟你好好地談一談；事實上，我也祇有跟你可以談這件事。起來，坐到椅上來吧。」他站起來，把桌旁一張椅子移到窗前，又朝我的睡床走來，似乎想察看我是否熟睡。我在他走近之前，閉上了眼睛，竟巧妙地騙過了他。他安心地離開床畔，我却在他的背後睜開了眼，我看見穿着白紡綢長睡衣的舅媽從床上下來。我常覺得穿着睡衣的舅媽在夜晚眞如一個童話中的飄飄仙子。她的長髮像黑緞似地搭在肩上，她趿着拖鞋時所發出來的輕微響聲，像均勻柔和的催眠曲，而此刻，她就是奏着這樂音走到椅邊去，順手抓來甩在椅背上的毛衣，披上了。

「靜影，坐下來！」我聽見舅舅說。「我不知怎樣來談這件事，與其說，這是我的心事，還不如說，這是你的心事，靜影？」

「我不明白你的話。」

「但你會明白的。近來，我常常覺得你像個謎一樣，直到今天，我才碰着了謎底。」

「我還是不明白，」舅媽這麼說，但她聲音的波動已經異乎平常了。

「我們不談這，不過，我想，你總願意看看一樣東西吧。」舅舅從袋裏拿出一樣東西，展開來，白白的，薄薄的，我一眼看出就是那張從書頁裏落下來的小紙片。

舅媽接了過去，走到燈前去看。她背向着我，一動不動地，保持同一姿勢有好一會，似乎足足可以把這紙上的字看了四五遍；然後，她轉過身，又在椅上坐下，默然把紙片遞給舅舅。

「這是你寫的？」舅舅說。

「是的，你當然也看得出這是我的筆蹟。你在哪裏找到牠的？」

「從那本『黛絲姑娘』的書頁裏落下來的，你把你的心事表白在那上面了。」

「其實，這不過是我以前讀那本書時的一些感想。我夾在那裏，忘了。」

「是感觸！」舅舅糾正她。「下午，我在湖濱踱了很久，想了很久。靜影，現在你願意聽嗎？我已可以告訴你關于這件事情的大概輪廓：一個二十出零的美麗小姐，有一年春天，她病在床上。但雖在病中，她却還沒有忘記叫人去買一本『黛絲』。這本名著，或許她以前已經看過，但現在，她又讀了一次。同一本書，同一個人，但却是兩種不同的心境。她看的時候，感觸萬千，哭得像什麼似的，因爲在有一點上，她跟那不幸的黛絲姑娘的遭際相若。她哭過之後，禁不住伏在床上，抓來紙筆，寫下了這上面一段話。」他展開那紙片唸道：

「我流着淚讀完了那本書。我哭得這麼傷心，兩方蔴紗大手帕都濕透了。我在爲黛絲而哭，又好像在爲自已而哭。窗外兩盆紅、白山茶花開得正盛。紅的紅得像血，像女人滴血的心；白的白得像雪，像女人死白的臉！山茶花開的時候，是春的季節，爲什麼我的心却冷得發抖？」

「啊，亞文，你眞有超越的幻想力！」

「並不，我並不是幻想。我祇是把各方面的事實連結起來，成爲這麼一個必然的故事吧了。」舅舅停了一下，舅媽站起來，推開椅子，臉向窗口。舅舅在她背後，又說：「如果我像黛絲的丈夫恩吉爾·克來爾那樣，在新婚之夜得知這事，我或許也會幹出像他那樣的事情來。但現在，我們已經和諧地過了十二年。我越來越離不了你。那感情已經生了根，即使要不愛你，即使要粗暴地對待你，也已不可能了。我自己知道，我會多麼輕視過那種女人，我以爲她們都是天生的賤胚，然而現在，我却又要重新衡量這種事了。」

「亞文，……。」舅媽欲言又止。

「靜影，你不必再對我說什麼，我並不要追問你到底，逼你承認。」

舅媽緘不作聲，祇從窗畔走到燈前，舅舅跟着她。

「靜影，這該是關于這件事的最後一段話。這事，縱令發生過，但現在，也已像這張紙片一樣陳舊過時了。所以，讓你和我一同忘掉牠——從心底忘掉。就好像這紙片，把牠看作根本沒有存在過一樣。」舅舅抬起手，把紙片放在燈罩的罩口上，祇一會，那紙片便焦了，燃了，化作了灰燼。舅媽軟弱地依靠在舅舅的身上。

這事發生在午夜，第二天早上起來，我竟分不清這是做夢還是事實。我在美孚燈旁找尋灰燼，可是哪有牠的影子？

（下期續完）

書刊評介

匈牙利作家看匈牙利革命

夏道平

問題是：
我們仍要作奴隸，
還是作自由的人民？
讓我們來一個決定……

——裴托非 (Sandor Petofi)

去年十月二十三日到十一月四日的匈牙利革命，到今天恰好是一個周年。蘇俄的坦克和它保護下的卡達爾走狗政權，暫時壓住了這個革命，但這個革命的動力，爭自由、爭民主的動力，是絕不會消失的。「野火燒不盡，春風吹又生。」我們今天紀念匈牙利革命，與其說是對一件悲壯的往事憑弔，不如說是對一幅絢麗的前景歡呼。

「匈牙利作家看匈牙利革命」這本書，是在這種紀念的意義下翻譯編印出來的。在這裏面，有血、有淚；更有的是：聲和光。

編印這本書的「文學雜誌」的編者告訴我們：『文學雜誌』爲了紀念匈牙利革命一週年紀念，特地編印了一本『匈牙利作家看匈牙利革命』……翻譯這本書的十二位先生……和這本書的許多位原作者一樣，對於自由民主，都抱着極深的信念，這本書的出版，是表示『文學雜誌』對於匈牙利革命志士的致敬。」(見『文學雜誌』第三卷第二期七三頁)接着他又根據美國 Partisan Review 上的一篇文章，簡略地介紹匈牙利作家在革命前夕如何爭取創作自由，以及布達佩斯的「文學報」(Irodalmi Ujsag) 如何勇敢地登載那些爭取自由的作品，因而點燃了十月二十三日革命的火炬。這篇介紹的文字，值得先讀一讀。作爲一個自由中國的作家，很可以從這裏攝取點養料以滋補自己的抱負。

這本書收集了四十篇文章。原作者包括詩人、小說家、編劇家、政論家、學者、教授、主教、家庭主婦等等。納奇總理 (Imre Nagy) 十一月四日黎明前的那段簡單而沉痛的廣播詞，也收集在這裏。全書約十六萬字。譯者，誠如編者所說的，「都是自由中國極有修養的翻譯好手」，所以譯文大都流暢可讀，沒有甚麼不通或難懂的地方。

這本書告訴我們一些甚麼呢？讓筆者在這裏鈎畫一點輪廓出來：

匈牙利的作家與詩人，在幾百年的歷史過程中，形成了一份偉大而崇高的傳統，就是爲自由而不惜挺身作戰。一百多年前最偉大的詩人裴托非就是這種傳統的一個好榜樣。愛自由，是人心所同；但是，當極權主義者以謊言欺騙了大衆的時候，人們也可以暫時在所謂全體利益，如階級利益、社會利益、國家利益之下，犧牲個人的自由。可是，謊言的作用不會長久。而知識分子、作家與詩人們，又頂會識破謊言。在社會主義的國家中，一旦有了「社會爲誰而存在？」這句問話從他們的口中喊了出來(十四頁)，那就是給這個謊言政權拉一聲預行警報。點燃這次革命火炬的匈牙利作家們，大部分是以前高聲頌揚共產主義勝利的人，他們爲甚麼會有這樣的轉變呢？最簡單的回答是「了解」(二九頁)，也即是識破了謊言。到了識破謊言以後，知識的責任與道德的勇氣，使得他們除掉爲大衆的自由而奮鬪以外，別無辦法。知識的責任，道德的勇氣，是偉大作家所以成爲偉大的要件。

革命爆發了，二十萬羣衆集在國會大厦的廣場上，大家齊聲合唱，「俄國人回家去！」「納奇，我們要納奇！」，納奇在國會大厦的陽台上出現了。羣衆的怒號沉寂下去。納奇開口道：「同志們！」接着難以置信的事發生了。廣場上發出一片原始的怒吼。納奇怔住了。這時，彷彿出自一人之口，羣衆齊聲喊道：「我們不是同志！」作者阿克塞爾 (T. Aczel) 寫到這裏接下去就是：「此刻我突然明白一切了。匈牙利人已和昔日那些不講信義、卑鄙無恥的東西一刀兩斷；不僅僅和紅軍及拉科西 (Rakosi) 傀儡，而且和共產黨常用的騙人術語整個絕了緣。」納奇怔了一會，爲挽救這個局面，他改口說道：「朋友們，現在回家去吧，把一切事情交給我們。」納奇在這個時候向羣衆稱呼「同志」，還是以共產黨員的身份，與口吻對共產黨員說話，而且在那千載難逢的時機，整個布達佩斯等待着一個確定的號令，而納奇卻說「把一切事情交給我們」。由於這一錯誤，匈牙利的命運就在那一瞬間永遠溜出了他的手掌(六三頁)。

匈牙利的共產黨員，其人數是以百萬計的。但在革命爆發後數小時以內，共產黨全部瓦解了。原來的共產黨員與非共產黨員的羣衆打成一片，這時，俄國人，拉科西政府的權要，和惡貫滿盈的秘密警察，成了他們共同的敵人。這是說明：一個政黨，儘管它的黨員人數衆多，如果在施政方面使得人民忍無可忍起而反抗的時候，它的黨員也要羣起反叛，與人民站在一條陣線上(八三頁及其他)。人數衆多不足恃，思想訓練可靠嗎？莫納教授 (Thomas Molnar) 告訴我們，共產黨的思想灌輸，却慘然地受到失敗。他說：「那些把沿用的課目從功課表中排擠出去的俄文必修科，創造出來的不是一個歸依及服從的青年，而是一種背叛的態度及對於眞正學問的一種渴求。很有意義的事是：約瑟夫朋方場的公開示威是由研究政治經濟的學生所發動的。而這些人因將作社會的棟樑，都曾受過最澈底的思想訓練。」(一五四頁)

匈牙利是一個富有幽默感的民族，布達佩斯自古以來就是一座充滿了笑談、諧謔和趣聞軼事的名城。在這次革命當中，由於有許多十來歲的男女孩子們參加行動，所以布達佩斯流行的笑話，有許多是關於孩子們的。其中有一個是這樣講：「蘇俄軍隊對革命志士的打擊，開始於十一月四日的凌晨。於是有了這樣一個問題：『爲什麼俄軍第二次攻擊布達佩斯在凌晨四點鐘？』答覆：『是因爲凌晨四點鐘，匈牙利的孩子們還甜睡未醒。』」(一六六頁)凌晨的時間是短暫的，瞧吧，孩子們又快醒了！我們以此看匈牙利革命的前途，我們以此看大陸的抗暴運動，我們也以此看自由世界反共倒俄全局勝利的到來。

讀者投書

請司法當局立即採取行動

李聲庭

張金衡之死，使得全國人民覺得司法界亟應加以改革，本人以一法律學者身分，站在國民立場提出幾項原則並草成細目借貴刊公諸國人之前。請司法當局（包括司法院及司法行政部——後者更甚）立即採取行動。再不必搪詞塞責或花言巧語以爲自身辯護了。

下面是本人的意見：

第一：爭取司法獨立，不受任何外界干涉與指示。

第二：司法界內部切實改革；整飭風紀，厲行法治。

第三：維護法權，切實保障人民自由權利。

第一項不必說明，第二第三兩項提出具體細目如下：

（一）嚴格執行提審法，隨申請隨辦，不得片刻遲延。如有遲延，承辦人員負行政責任。如被申請之機關對請求提審不理會時，法院應將案情公佈，爭取輿論支持。

（二）禁止推檢任意交保與扣押，更不能口頭命令扣押或交保。宣告無罪或予以不起訴處分的，不能再要求交保。

（三）凡有告發司法人員貪污及違法情事，不宜委之他人或下級辦理，應由接案人親自處理；否則應受行政處分。

（四）按鈴申告接受後，檢察官應立刻加以處理，不要只當時接受而任受害人繼續受害。

（五）不得讓警察越權，更不應怕事而縱容警察。目下警察權似乎大過司法權，幾成爲一「警察國家。」

（六）推檢本身犯法違法應先行停職候訊。如查無實據，應即復職並賠償其損失。

⑦不接受任何方式密告（密告最要不得），如有寃枉，應由受害人告發並對質。

⑧取消法院內之羈押候審室或類似名目及其他一切拘束人身自由之方式。

⑨押票、拘票及搜索票之簽發人對其結果（簽發不當，不僅違法而已）應負責任。如執行人因此藉端勒索，簽發人應負連帶責任。

⑩警察移送之刑事案件，被告難免有係受脅迫而承認犯罪的。這一點檢察官應特別注意。最好依職權決定起訴不起訴，不應以警察局之口供爲起訴之依據。（美國陪審團對警察局之口供尚且採懷疑態度，我們的警察何敢與美國的相比。）

⑪取消法院自身設立之公設辯護人，指定由律師公會輪值。律師公會並應設立訴訟救助，眞誠輔助貧苦小民。

⑫證人屢傳不到，或有身分地位之證人或被告常不傳訊，以致訴訟拖延。而平民則由推檢任意票傳，造成法律之前不平等現象，予法警及執行人以勒索機會，這事應立即糾正。

⑬對所謂妨害公務罪案件應特別愼重，總以不起訴爲原則，免官吏借題欺壓小民。（民主國家無所謂妨害公務罪，人民有權當面指摘官吏辦事不力。）

⑭警察任意抓人與羈押爲最要不得的事。法院對於這類事件應特別注意，尤其不能批准其延長羈押申請。

⑮有犯罪嫌疑人有無犯罪，檢察官應立即偵查，不能長期羈押嫌疑人以待檢察官收集證據提起公訴。至少應可先行交保。

⑯嚴格訓誡執達吏法警不得勒索及對當事人無理。如有告發應即認眞處理，不可僅着人查明再辦，以致養成風氣。

⑰目下警察官太多（議會已有質詢），警察權太大，其起源由于法院偷懶與怕事。檢察官應切實振作，在這方面多加努力。

⑱待遇不好並不能成爲貪污的護身符，司法人員並不是徵來的非做不可。司法人員至少應有一點抱負，不宜事從待遇方面打算，否則國家何必有此一些貪污的司法人員，自壞長城。

自由中國　第十七卷　第九期　內政部雜誌登記證內警臺誌字第三八二號　臺灣省雜誌事業協會會員　二八八

給讀者的報告

本期「今日的問題」在檢討「我們的中央政制」。依憲法精神而言，我們的中央政制應該是屬於責任內閣制。憲法中對行政權的組成、運作以及其對立法權的關係，無不與內閣制的特徵相符合。然而實際上我們今日政治的運作，則去此精神遠甚。我們就現任行政院的部會首長之遴選，以及政策之決定與實施，來剖析今日政制之實情。我們今日政治的重大病癥在於權責不清，而權責不清的現象之造成，正是由於我們行政權的運作未能發揮責任政治的精神所致。所以我們的結論是，切實根據憲法原則，建立我們的中央政治制度。

最近半個月來，有兩個重要的文獻發表。一是蔣總統的雙十文告，一是國民黨八全大會通過的該黨政綱。本期我們有兩篇文章對這兩個文獻有所評論。朱佛心先生的大文專論國民黨政綱，逐章逐條加以批評；而社論㈡則就兩者一併論列。這次蔣總統雙十文告提出的六項自由，確能針對共黨極權暴政，堪稱「新人權憲章」而無愧。至於國民黨政綱除一部份不够詳細具體外，大體乃是蔣總統雙十文告之引申。可是我們要指出的是，現在一般國民所感興趣的，不是冠冕堂皇的紙上號召，而是具體的實際行動。我們希望於國民黨的是：言行一致，名實相符。我們在斥罵共黨的同時，不要忘記自己照照鏡子，這樣將有助於我們反省自責。

關於司法問題，我們早於第十七卷第一期以「今日的司法」為題，發表過一篇社論。所以在「今日問題」之一序列的問題中，不擬再加評論。現在因為張金衡遺書，又引起大家對司法問題熱烈討論，於是我們也不得不「再談今日的司法」（社論㈢）。在這裏，我們除督促司法當局澈底查辦張金衡遺書中所指陳的罪嫌以外，特別從治本方面指出兩點：㈠行政干涉司法的惡習如不澈底革除，司法永無清明之望；㈡法官待遇如不大大提高，貪贓枉法的事件必然還是層出不窮。關於這個問題，本期讀者投書欄有政大副教授李聲庭先生的一篇投書，論旨甚為扼要，請讀者參閱。

本刊在上期社論㈢中檢討「蘇俄發射人造衛星以後」的國際形勢，寄望美國當局於武器競賽以外，另闢蹊徑，發揮自由世界潛在的人理力量，以制勝共黨之侵略。本期殷海光先生的大文亦持同一見地，並進而提供若干原則性的建議，勗勉美國友人以彌賽亞的救世精神，擔當領導自由世界的責任，將自由民主與人權帶到世界每一角落。

蔣匀田先生前在本刊十七卷二期發表「意在對外的毛澤東處理人民內部矛盾」一文，提醒世人注意毛澤東在鳴放活劇後面的陰謀，不可掉以輕心，而為過分樂觀的心理所誤。中共鳴放演出之後，企望中共內部自垮的空氣，一時頗為流行，各種對毛朝內部矛盾衝突的情報，不脛而走，外國記者甚且有劉周聯合反毛之報導。蔣匀田先生因再為文，重申其意見，「不讓毛澤東遁藏原形」。作者一再聲明，他之持此看法「不是悲觀，不是立異，實在怕樂觀的喧囂，隱蔽了毛酋所以鳴放的原因，中共欺世之計。」為了正確了解共黨的面目，我們對敵人的動態應該從各種角度加以深入的觀察與分析，不可輕信不可靠的情報。本文早在九月間便已脫稿，作者因故於最近才交本刊發表，但其獨到之見地，並不因時間而稍減其價值也。

研究共產國家的經濟，尤其是研究其對外貿易最大的困難在於正確資料之不易獲得。研究中共經濟與對外貿易亦然。趙岡先生根據中共發表的資料，以科學的方法加以整理與分析，寫成「中共對外貿易額之研究」一文，在對中共經濟問題的研究中，這是一篇很有價值的著論。作者在結論中指出，放寬禁運對中共內部經濟不致有大的幫助和改變，值得注意的倒是中共假貿易之名而實行的政治滲透。

自由中國 半月刊　第十七卷第九期　總第一九二號

中華民國四十六年十一月一日出版

發行人兼主編　『自由中國』編輯委員會

出版者　自由中國社

社址：臺北市和平東路二段十八巷一號

電話：二　八　五　七　〇

航空版　友聯書報發行公司（香港九龍新圍街九號）

總經銷　自由中國社發行部

經售者

美國　紐約友方圖書公司

紐約光明雜誌社

日本　東京僑豐企業公司

韓國　漢城裕昌德號

馬尼剌　大中華日報社

新疆書店

印尼　椰嘉達天聲日報

泗水文光圖書公司

緬甸　仰光振成書報店

印度　加爾各答塔梅學校

澳洲　雪梨瑞田公司

北婆羅洲　西利亞坡青年書店

星加坡　友聯書報發行公司（小坡大馬路四六九號）

吉隆坡　友聯書報發行公司（馬華公會大廈三樓七室）

怡保　友聯書報發行公司（希尼華沙甘街十六號）

檳城　友聯書報發行公司（林連登律七十二號）

澳門　友聯圖書公司

印刷者　精華印書館股份有限公司

廠址：臺北市長沙街二段七一號

電話：二　三　四　二　九　號

本刊經中華郵政登記認為第一類新聞紙類　臺灣郵政管理局新聞紙類登記執照第五九七號　臺灣郵政劃撥儲金帳戶第八一三九號（每份臺幣四元，美金三角）

自由中國

FREE CHINA

第十七卷 第十期

目錄

中華民國四十六年十一月十六日出版

社址：臺北市和平東路二段十八巷一號

半月大事記

十月廿四日（星期四）
僑聯代表大會在臺北舉行。
白宮發表艾麥會談聲明，共同發展科學武器。
美高空火箭試射成功，深入太空四千哩。

十月廿六日（星期六）
艾麥會談結束，發表聯合公報，保證更大集體安全。
艾森豪向美國會提安全計劃報告書。
朱可夫自阿爾巴尼亞返抵莫斯科。
洛奇在聯大演說，斥俄製造危機，企圖摧毀中東國家獨立。

十月廿七日（星期日）
僑聯代表大會通過華僑反共救國綱領。
蘇俄國防部長朱可夫被罷黜，馬林諾夫斯基繼任。

十月廿八日（星期一）
英首相麥米倫返抵倫敦。
僑聯大會閉幕。
俄共舉行緊急會議。
美「惡棍」長程飛彈試射成功。

十月廿九日（星期二）
杜勒斯論朱魔被解職事，謂俄酋目前權力鬬爭可能促其對外冒險。
法國會否決莫勒組閣案，考蒂總統提名蓋雅試行組閣。

十月三十日（星期三）
赫魯雪夫於出席土國駐俄使舘酒會中答復記者詢問稱，將予朱可夫以適當職位。
以色列國會被擲炸彈，閣員五人受傷。
土耳其大選，執政之民主黨獲得勝利。

十月卅一日（星期四）
李政道楊振寧共同獲得本年度諾貝爾物理學奬金。
美海軍軍令部長勃克稱，美決在太平洋、地中海區保持龐大海軍力量，遏止共黨任何進軍。
西德總理艾德諾任命歐哈德爲副總理。

十一月一日（星期五）
伊拉克王儲抵臺訪問。
美國防部宣佈試驗發射怪獸式洲際飛彈。
敘利亞撤銷對土耳其控訴案。

十一月二日（星期六）
杜勒斯呼籲自由世界加強團結，對付共黨侵略。
蘇俄共黨中央委員會宣佈將朱可夫逐出該委員會及其主席團之職位，罪狀爲阻撓以黨制軍。

十一月三日（星期日）
沈昌煥自中南美洲訪問歸來。
俄共眞理報宣佈朱可夫已承認錯誤。
蘇俄發射第二顆人造衛星，載有科學儀器及狗。

十一月四日（星期一）
蔣總統特任胡適爲中央研究院院長。
莫斯科電臺廣播，世界共產國家領袖齊集莫斯科，慶祝俄共革命四十週年紀念。

十一月五日（星期二）
葉外長過菲赴中東訪問。
立法院通過中伊文化專約。
蘇俄以退出裁軍會爲威脅，企圖壓迫聯合國改變裁軍機構。英美聲明堅持現行計劃。
伊朗外交部發表蘇俄最高蘇維埃主席與伊王交換之函件，蘇俄盼伊朗助敘抗土，伊王斷然拒絕。

十一月六日（星期三）
杜勒斯駁斥赫魔談話，謂西方海外基地是報復力量武器，並表示美將考慮以中程飛彈運往英國。
法國會通過蓋雅出任總理。
美國拒絕印度所提裁軍會折衷方案。
赫魔演說，建議東西方間舉行一次高階層會議。

十一月七日（星期四）
行政院訂定「自治捐條例草案」，送立院審議。
聯大政委會不理蘇俄威脅，通過恢復裁軍談判。
美總統在白宮召開第二次國家安全會議。
第十九屆萬國紅十字會大會通過我國參加。

十一月八日（星期五）
艾森豪在電視中宣佈，美國發射飛彈業已成功，並任命季里安擔任科學特別助理，發展未來新武器。
英國拒絕蘇俄所提召開高階層會議之建議。
法眾院通過「對付阿境叛亂授權案」。

十一月九日（星期六）
英在太平洋聖誕島舉行氫彈空投試爆。
美國防部命令陸軍準備發射人造衛星。

「自由中國」的宗旨

第一、我們要向全國國民宣傳自由與民主的真實價值，並且要督促政府（各級的政府），切實改革政治經濟，努力建立自由民主的社會。

第二、我們要支持並督促政府用種種力量抵抗共產黨鐵幕之下剝奪一切自由的極權政治，不讓他擴張他的勢力範圍。

第三、我們要盡我們的努力，援助淪陷區域的同胞，幫助他們早日恢復自由。

第四、我們的最後目標是要使整個中華民國成為自由的中國。

社論

今日的問題（九）

（一）

我們的地方政制

約在一年半以前，前臺北市市長高玉樹先生在市議會答覆議員質詢時說了一句話：「臺灣的地方自治祇實行了一半，」不料竟引起議員們的紛紛責難，一直逼到高前市長自承失言，才算了結。其實，高前市長說的是眞話。我們雖然找不到一個尺度來衡量地方自治究竟實行了三分之二，或是一半，或是三分之一，其不完全却是千眞萬確的。但這是國民黨宣傳得有聲有色的一項重大「成就」，不容許人家哼一個「不」字，所以在它的黨員穩佔優勢的議會裏，高前市長就碰了一個老大的釘子。由此也可以見到在這樣一種政治環境中說眞話之不易。

中華民國的憲法告訴我們，地方自治在體制方面要怎樣才算完全。綜合憲法第十一章各條文的要義，大致是如此：省得召集省民代表大會，依據「省縣自治通則」，制定省自治法。省設省議會，屬於省之立法權，由省議會行之；省設省政府，置省長一人，由省民選舉之。這些規定的重點，是在省長民選，以及省立法權之不受中央干涉。我們當前的實際情形如何呢？首先，那個要成爲省自治法之依據的「省縣自治通則」，並不存在。立法院在最近年間通過的法律案，多至不計其數，獨獨對於這個有關地方自治的基本母法，却不知由於什麼動機竟一再的延擱下去，致使省自治法無由制定，省政府至今不是自治組織，省議會亦不得不因此而冠以「臨時」字樣，尙不知要「臨時」到幾時爲止。地方自治連一個頭都沒有，如何能說得上完全？

臺灣省的一般情形，由於曾經與祖國分離了五十年之久，多少有點特殊。這是用不到諱言的。因此，本省人民較諸大陸各省，更具有自治的迫切願望。中央政府當播遷之際，爲爭取人心，洗刷前長官公署時代所留下的惡劣印象，率先實行地方自治，其動機不失爲明智。但是，直從設計的時候起，就有人存着懷疑心理，深怕一旦走得太遠，地方政治重心，就難免移轉於地方人士之手，以致中央失去控制，結果就處處表現着「欲放還收」的矛盾姿態。「省縣自治通則」之遲遲不能產生，大概也是由於這種心理上的疙瘩在那裏作祟。

也許有人認爲，我們行地方自治，能做到這樣已經够了，用不到走得太遠。因爲據他們解釋，我國政制對於中央與地方的關係，既不採中央集權，亦不採地方分權，而是採均權主義。但無論就理論或實際而言，均權是最難擺得安穩的，極容易召致執掌之混淆，與權力之軋轢。憲法第十章於中央地方權限之規定，確有甚多界限不淸之處，可以作種種極富彈性的應用。憲法要施行於全國，爲便利因地制宜，保留若干彈性可能是必要的。但也正因爲如此，本省省級政府機構與中央的關係，始終擺搖不定，在短短的十數年間，就有着相當奇妙的發展。長官公署時代的情形，暫且不說。在陳誠先生主持省政期間，適逢中原板蕩，中央政府幾度遷移，坐席不寧，就不可避免的發生了省權侵越中央的諸般事態。及至吳國楨先生繼任主席，乃出現所謂「府院之爭」，一直到俞鴻鈞先生任上，方告平息，府院之間乃能和平相處。後來嚴家淦先生出長省政，却反過來把省級權力一點一點的讓於中央，幾使省級政府，成爲一種傳達命令的機關，而尤以財政與敎育這兩個部門，更爲顯著。這一切，都是因人而異，因勢而異，上下都沒有制度的觀念，我們實難想像，將來究竟會演變成怎樣一個局面。但在這一聯串變動之中，我們却能看出一點趨勢：那就是省級權力之愈變愈縮小，中央權力之愈變愈擴張。難道這是均權主義所應走的道路？誠然，現在的省，還在自治的範圍以外，即使省權擴張，亦不能算是自治之成功。但像今天這樣省權一天天喪失，倘竟成爲慣例，將來縱能擴張自治範圍，實行省長民選，事事受制於中央的自治，也必殘破不全。這種發展趨勢，我們希望能够在現任主席周至柔先生手上，多少挽回一點過來。

不錯，省政府首長雖尚未民選，但省議會却是成立了的，這應該算在自治的範圍以內。省議會的職權，據民國四十二年以行政院命令的形式頒發的「臺灣省臨時省議會組織規程」第三條，規定得有：「議決有關人民權利義務之省單行規章」、「審議省預算及審核省決算」、「議決省財產之處分」、「議決省政府提議事項」、等等，從表面看去已算大致俱備了民主議會的一些基本條件。惟同條所列「建議省政興革事項」一欵，就嫌軟弱，應該把「建議」二字修正爲「議決」。但這並不重要，重要的是，同一規程第四條竟規定「臨時省議會議決之事項與憲法及中央法令抵觸者無效」。根據此條文，中央政府就可隨時以行政命令來取消省議會的任何議決，使前列的議會諸項職權，爲之一筆勾消。再看第二十二、第二十三、第二十四等條文，凡遇有議會與省政府立場不一致時，最後的決定權力，一律屬諸行政院，必要時甚至可以由行政院命令解散議會，這就更不折不扣的成爲「指導的自治」。

省實行自治，本來應以省民代表所通過的省自治法爲依據，但由於省縣自治通則之尙付缺如，省自治法無由產生，這一個省議會組織規程，無異是替代了省自治法的地位。如果規程確是省自治法的替代品，則我們必須指出，此一規程的條文，實與憲法的精義大相枘鑿。照憲法第一百十五條，在省自治法施行中，如發生重大障礙，要由司法院召集有關方面陳述意見後，由中央五院院長組織委員會，提出方案來解決。憲法所以要把手續定得如此麻煩，就是爲了保障地方自治之完整，使勿受中央之侵蝕。現在，行政院所頒發的規程，却把所有決定性的權力掌握於自己手中，行政院也的確屢次的行使自己所賦予的權力，拿命令來修改或取消省議會的議決，因此省政府就祇能對行政院負責而完全無法對省議會負責。我們要請教，像這樣的自治，縱令完全依「法」施行，究能相當於憲法所意味的自治的幾分之幾？

× × × ×

接下來，我們還要看看縣市級的實行自治，是否較諸省級的情形更好一點？按理說，縣市長已歸民選，而「臺灣省各縣市實施地方自治綱要」所賦予縣市議會的權力，也較諸省議會所享有的權力更爲完整，至少，依照法規文字，除了「違背基本國策」的情事以外，省政府尚不能隨意拿命令來取消縣市議會的議決，情形是應該較好一點的。但實際竟又不然，省政府及省級機構之侵蝕縣市權力，竟較諸中央政府侵蝕省級權力，猶有過之，以致自治綱要第十二條所規定的「自治事項」，幾乎全爲具文。縣市施政，差不多項項都要受省政府的指揮與督導，甚至於省轄機構如各廳各局，都可以直接命令縣市以下的機構乃至於有關人民團體。縣市政府及附屬機構人事之任免遷調，未經省府核准，甚少可能，即連縣市首長的主任秘書，亦非例外。縣市預算，由省府先頒準則，縣市遵照擬訂，即連開支細目，亦要由財政廳主計處派員指導擬編，最後仍須報省審核。加以照現行的財政收支劃分法，縣市財政無法自給自足，不得不仰賴於上級的補助，因而職權更受妨礙，處處爲省府所控制。由於人事權與財政權之不能獨立，縣市名爲自治，實爲被治，省政府對縣市地方的權威，竟不下於日治時代的總督府。縣市政府的一切施政都要聽命於省級的指揮，當然就無法對縣市議會負責，於是縣市議會也祇好自甘於作一個省方裁決的橡皮圖章，一切照案通過了事。

縣市自治權力之被割裂，情形猶不祇此而已，它除了要接受上級的嚴密控制以外，還常常遭遇國民黨地方黨部的無端干擾。據聞第三屆縣市政府主任秘書，就是國民黨派的。本來，縣市施政，屬於技術性者爲多，牽涉政策性者極少，實在用不到政黨介入其間。但國民黨的地方黨部人員，却基於爲黨的以至於爲私的種種動機，以指揮從政黨員爲理由，既干涉縣市官長的行政，又操縱議會議員的活動，無形中成了地方的太上政府與太上議會，所以縱令省府權力偶有鞭長莫及之處，也都由地方黨官來塡補了這個隙縫，澈底消滅了地方政治中最後一分的民主氣息。

× × × × ×

根據如上的檢討，可知「地方自治祇行了一半」的評語，事實上還是十分客氣的。要眞正達成自治，應興應革之處，不勝其多，這篇短文也無法一一列舉。至於我們的基本主張，則已涵蘊在前文的檢討之中。簡單說：我們要求：㈠立法院迅速制定省縣自治通則，召開省民代表大會，產生省自治法，實行省長民選；㈡提高省議會職權，取消「臨時」字樣，使得以依照省自治法代表省民，行使省自治範圍以內的完全立法權力，不受行政院違背憲法精神的干擾，同時使省政府確實能對之負責。㈢各縣市制定縣市自治法，劃清縣市級政府與省級政府的執掌，把自治範圍內事項與上級委辦事項明確分別，省府命令祇應涉及後者而不容侵蝕前者的領域。㈣加强縣市議會的權力，使縣市政府在自治事項範圍內確實能對之負責。㈤政黨祇應從事選擧活動，不容其直接或間接的干擾控制地方政務。我們相信，眞眞實實的地方自治，祇有遵循這裏所建議的路線才能推進，不然的話，殆將永遠是徒託空言。

× × × ×

我們知道，要今天的執政當局完全接受我們的意見，尙有許多困難。而這些困難，主要都是心理的，擧其尤要者，約有兩端：一種是對民主政治的懷疑心理，第二種就是對地方人士力量抬頭的恐懼心理。所以我們還要對這兩種心理障礙，略加解析。

對民主政治缺乏眞實信念的人會這樣說：請看吧！臺灣已經實行地方自治了，連縣市長也民選了，人民選出來的首長究竟是不是作得比上級委派的官吏更好？各級議會是不是眞正能够站在老百姓的立場說話？他們以爲人民知識水準不够，愈民主愈糟。地方自治事實上已經走得太遠，最好還應該退回來一點。

我們願意承認，成績不如理想，確爲事實，甚至也眞有許多「糟」的處所。使一般淺見者直覺的感到自治反不如被治，民治反不如官治。但我們必需推究：其所以「糟」，究竟是誰實爲之？孰令致之？要尋求此一問題的答案，祇看今天民選官吏和議員絕對大多數均爲國民黨黨員這一個事實，就可以瞭然於胸。如果人選不佳，則根本上就應該由國民黨來負責。國民黨爲什麼不能在提名之時愼擇更佳的人選呢？理由是非常明顯的，這是由於國民黨對其提名人之當選有絕對把握，因此根本就無需以人民的觀點來愼擇人選。國民黨爲什麼對其提名人之當選有如此之把握呢？這也是非常簡單的，此絕對把握並不是建立在人民對國民黨之無條件的支持上面，而是建立在選擧的非法操縱上面。譬如說，敵對的競選人可以迫使其退讓或取消其資格，秘密投票的自由可以用種種方法予以妨礙，開票可以有種種的「安全措施」，國民黨候選人之勝利，就事屬當然，失敗祇是極偶見的例外。選擧不能嚴格遵守公平競爭的原則，結果必「糟」，這才是唯一的眞理。選擧倘能辦得公平，至少可以立即生出三項顯着的效果：㈠國民黨員在當選人中所佔比率，決不會如此之高，議會中一黨把持的局面可以打破，使各黨派得以互相監督，互相制衡。㈡各黨派爲爭取選票，非推出最理想的候選人即無勝利之望，人選水準就自然會提高。㈢選民將眞正的珍視其「神聖的一票」，鄭重決定，不致像今天這樣因明知選擧結果早經「內定」，就不免輕忽投票，或率爾棄權。有此三項效果，情形難道還會不比今天更好一點嗎？在今天，把選擧辦好實在是一個最基本的問題，這問題不能解決，則我們上文所列擧的那些建議，卽使全被採納，也仍然是無用的。

最後我們要說到對當地人士勢力抬頭的恐懼心理，這種心理，分析到最後，實在是植根於少數人的潛伏統治意識。如果說，今天的臺灣，在本省人士與外省人士之間確實存在着一種隔膜，此種隔膜，主要就是這少數人的統治意識所引起，其他如日據時代的殘留影響、語言之不同、生活習慣之距離等等，均屬次要。旁的不說，祇回想在臺灣光復之初本省人民對進駐國軍的歡迎盛況，就可證明本省人士對外省人士之原無成見。至於後來何以竟漸漸出現了一道鴻溝，其經過情形，我們亦不忍再提。但我們必須由衷指出：此種不幸情勢之出現，需要本省人士反省者較少，而需要外省人士反省者實多。在外省人之間，仍有些人認爲多數本省人至今仍懷念日本，因而不僅要禁止他們說日本話，甚至還想限制他們看日本書。這是完全錯誤的。世界上決沒有一個人不願做主人而寧願做殖民地的順民，問題祇看他們是否眞正的獲得了主人的地位。也有一些人深怕本省人士在政治上的比重一旦提高，居少數地位的外省人就會受到歧視，或甚至比歧視更爲不幸的遭遇。這也是完全錯誤的。尤其對於地方自治，我們根本不必抱持此種無根的恐懼。地方自治完全要在憲法的規範以內施行，而少數人的權益是完全受到憲法保障的。自治不是獨立，而且也不會導致獨立；相反的，維有貨眞價實的自治才可以消滅分離的動機，因爲這種動機，正是由於一部分人的統治意識所孕育而成。試看美國的例子，如果各州不是享有高度的自治權力，它可能竟無法成爲一個統一的國家。今天我們要承認，本省人與外省人之間確實是有點問題存在，但似乎大家都不願公開提破，而寧願在心頭懸掛着這麼一個陰影。這是不妥的，我們仍然需要面對問題；而且，祇要有廣濶的胸襟與足够的遠見，問題事實上非常容易解決，決不如有些人所想像的那樣複雜。改善選擧，認眞實行地方自治，就足以贏得人心。假若不幸而竟長期間的自欺欺人，敷衍下去，表面上拿一些冒充貨來搪塞，而實際上仍然是緊緊抓住，死不放鬆，那就可能造成一個眞正的危機。

我們的中央政制，由於民意機關未能依法改選，事實已陷於停滯與凝固，但是，在地方政治方面推行民主的道路，卻應該是通暢無阻的。我們不缺乏任何條件，也不會遭逢任何實質的阻碍。如果有所缺乏，那就是當政者的誠意。

社論

(二) 朱可夫事件引起的感想

蘇俄國防部長朱可夫之突被免職，像過去一聯串克里姆林宮頭目內鬨事件一樣，引起民主世界各方面人士的紛紛議論，大家都在揣測這次變動的眞正原因之所在。其實，這是一個不値得化費鑽牛角尖的工夫去研討的問題。俄共中央委員會全體會議的公告，已經說得淸淸楚楚。那公告說：

「我們陸軍與海軍的力量，主要源泉在於這一事實，卽共產黨——蘇維埃社會的指導與指揮力量——是它們的組織者、領導者與教育者。我們必須經常記住列寧的指示：卽『建軍的政策，正如所有其它的建制一樣，其施行須嚴格遵從黨方經由中央委員會所頒的一般指示，並受黨的直接控制。』「蘇俄共產黨中央委員會全體會議注意到：前國防部長朱可夫近已違反列寧所定由黨指導武裝部隊的原則，實行次項政策，卽裁削軍中黨務組織、政治機構與軍事委員會的工作，及廢除黨和中央委員會與政府對陸海軍的領導與控制。」

在這一番話裏，雖然可能朱可夫的「罪狀」是被誇張了的，但却沒有什麼隱秘與曲折的處所，我們儘可照其表面所陳述的接受。朱可夫之突被免職，是爲了俄共要恢復黨對於軍隊的全面控制，至於各方面所提其它理由，例如對於擴張主義的行動策略朱可夫與赫魯雪夫之間發生歧見等等，縱有若干根據，至少也是次要的，甚至可能是完完全全的捕風捉影之談。

「以黨制軍」是俄共從列寧時代起就已經確立的原則，在軍隊中遍設黨代表的制度，就是列寧的一項「傑作」。此一原則，到今天已成了一種牢不可破的傳統。在革命後的俄國，軍人勢力從未能眞正的抬頭，稍有勢力的軍人，甚至還照例會遭逢到悲慘的下場。托洛茨基是與列寧齊名的革命組織者，曾領導紅軍從事內戰而統一全國，結果猶不免於被放逐異鄉而慘遭暗殺。在此以後，凡屬具備卓超才能、立下顯赫功勞的職業軍人，大都黨性不强，因此就更受到黨的嫉視。如杜哈契夫斯基曾經抵抗協約國對蘇俄的四面圍攻，結果竟被史大林毫無理由的予以槍殺。朱可夫更是第二次世界大戰中直搗柏林的英雄，在戰後就立遭貶黜。史大林死後，他之得以再度出頭，完全是爲了在那些頭目們的權力之爭中他尚有被利用的價值，及至權力漸漸定於一尊，俄國就必然要把列寧、史大林以黨制軍的傳統恢復。

爲什麼這是必然的？因爲以黨制軍實爲共產極權政治之所以爲極權的一個主要特徵，而其基礎，則是建立在「黨國一體」的觀念上面。現代極權政治與古代專制政治之所以不同，是在於後者係經由君主個人的威望來統治，而前者則係經由一個組織，這個組織便是騎在國家背上，當然更騎在人民背上的一個唯一的黨。軍隊祇有接受黨的命令，對黨效忠，這樣才能維持黨的萬世一系，政權永遠無法更迭。

不錯，在民主國家，也是政治控制軍事，軍人的力量無法抬頭。當初麥克阿瑟元帥在韓戰中統率三軍，威名顯赫，但杜魯門總統的一紙命令，就可使他旦夕間放下軍權。在民主國家，絕不聞有軍人興兵作亂割據自雄之類的事。由此看來，似乎俄國之以政治控制軍事，亦屬正常。其實，在這兩種制度，雖然軍人力量不易抬頭這一點，有其類似之處，但在本質上却有甚大的差異。民主國家也有政黨，却從不允許政黨的力量進入軍隊，沒有一個政黨可以利用執政的機會，把軍隊加以黨化，使之成爲自己手上的一種工具。軍人誠可保有黨籍，但在現役期間，必須停止政黨活動。這樣，軍隊就祇能以代表人民全體的國家爲效忠對象，而不會去效忠於某一獨特的政黨；這樣，政權才可以經人民的選擇而隨時更迭，不致受軍隊力量的牽制。現代的極權政治則不然。它在一得到控制權力以後，就要緊緊的掌握軍隊，使之成爲一黨所私有，這就是根據於政權永遠不許更迭的假定。這個黨化的軍隊，將與任何新與的政治勢力爲敵，使之無法與它所效忠的唯一政黨相抗衡。在共產政權之下，軍隊永遠效忠於共產黨，這天下就永遠是共產黨的，除非經過一次革命與內戰。所以說，以黨制軍是極權政治之所以爲極權的主要特徵之一。

我們睜眼看看整個世界，凡是極權政治都有黨化的軍隊，而同時，凡是行民主政治的，都禁止在軍隊中作任何政黨性的活動。這應該不是偶然的巧合，而是有其內在的原因。我們這個國家，至少在法律上是行民主政治的，所以我們的憲法第一百三十八條就這樣規定：「全國海陸空軍，須超出個人、地域及黨派關係以外效忠國家，愛護人民；」而第一百三十九條又接着說：「任何黨派及個人不得以武裝力量爲政爭之工具。」憲法的文字與精神，都是非常明顯的，已無法作任何歪曲的解釋。

奇怪的是，我們這個國家，在憲法上雖有如上的明文規定，而政府及執政黨也曾一再聲明以維持憲法的尊嚴爲其職志，但在事實上，却竟在軍隊超黨派這一點上成爲民主國家中唯一的例外。我們的國軍，本來就有「黨軍」的歷史背景，但屬於過去的事，我們且不去說它。無論如何，在行憲以後，一方面既經實行普選，還政於民，却爲什麼竟不能同時還軍於國？在政府遷臺後，軍隊黨化的情形與程度有增無減，這是有目共睹的事，用不到我們詳說。當初國民革命時軍隊黨化，在軍中遍設黨代表，事實上是有意的模倣俄國，却不料時代進步到今天，我們這個民主國家的執政黨，却還是放不開列寧所傳授的法寶，在民主政治的前途上，安放了一個不可超越的障礙。

我們希望今天的執政黨爲表明其實行民主的誠意，應趕快放棄黨化軍隊的活動。同時我們還盼望執政黨能够覺悟，爲加强團結與鼓勵士氣，軍隊黨化並不是一個確有效率的方法。在這一點上，俄國也提供了一些事實上的前車之鑒。在第二次世界大戰前夕，史大林爲加强控制而肅軍，軍官之升遷以對黨的效忠爲其唯一標準，以致軍中竟無能力勝任的指揮人才，結果乃遭逢戰爭初期的嚴重敗挫。又當紅軍進攻芬蘭之時，一到戰場上，軍隊中的黨代表就與部隊長官衝突，而致自相殘殺。史大林迫於事實，乃在戰爭期間把黨代表制度暫時取消。甚至於「爲保衞蘇維埃制與共產主義而戰」之類的政治標語，也都收拾起來，而代之以保護俄羅斯國家的口號。這就說明，黨化軍隊的辦法，可能於平時收到維持一黨統治之效，但一到戰時，就毛病百出，糾紛迭起。這那裏能够眞正的鼓勵士氣與加强團結，相反的，它所達到的結果正是士氣之低落與團結之破壞。我們當前有許多潛伏底層的事實，也正在警告着：倘若執迷不誤的追隨俄國以黨制軍的路線，其結果也將踏俄國在二次大戰初期的覆轍。執政黨縱不爲民主政治的前途着想，難道連軍隊的士氣與團結也可以不顧？

社論

一個博得喝采的決議案

(三)

近年來聲望低落，低落到似乎成爲行政部門御用品的立法院，竟於本月一日通過了一件博得輿論喝采，因而有助於恢復其聲望的決議案。

這件決議案的內容是這樣：「查防衛捐收入總額年達九億五千四百萬元，其中五億零四百萬元未列中央政府總預算，歷年支出未盡得當，應自四十七年一月份起，全部繳入國庫，由中央統籌支配，除原列中央一千五百萬元及臺灣省所需地方役政經費等開支，得由中央補助二億五千萬元外，餘二億三千九百萬元及可能超收之數，作爲提高國軍士兵及中下級軍官俸給(薪餉)之用，應請行政院自四十七年一月份開始實施，並從速辦理追加預算。」

這件議案的通過，爲什麼會使羣情興奮、輿論喝采呢？這裏有三個理由：

第一、這一決議，表面上雖只關於財政方面的一個局部問題，但在實質上，確已觸及了今日政治問題的癥結。

民主政治的特徵之一，是由人民代表控制住政府的荷包。這一控制權如果乾乾脆脆不存在，自然不是民主政治；如果這一控制權的行使，徒具形式而沒有實際的控制力，則所謂民主，只是欺世盜名的民主。若干年來，我們立法院對於政府財政的控制，究竟是徒具形式，還是眞正有實際的控制力？這個問題，本刊在「我們的財政」那篇社論中也約爲提及，現在由於防衛捐這個問題的揭發，更可說明立法院已往每年一度的審議預算，實在說不上是控制權的眞正行使。因爲我們的預算能够眞正表現財政措施的只是極小極小的一部份。百分之八十左右的軍費，實在軍事秘密的藉口下，預算上是不列分配項目的；美援運用委員會與經濟安定委員會等的經費，又以來自美援爲藉口而不列入預算；現在又發現數達五億以上的防衛捐也在總預算以外做了「未盡得當」的開支。請試想想，過去一年一度的立法院審議預算，實際上是怎樣一回事！

「軍事秘密」是歷年來掩蓋財政實況的大黑幕。在這一大幕下，佔預算百分之八十左右的軍費，可以任意地在非軍事的用途上濫花。防衛捐也可扯得上屬於軍事性質，於是防衛捐也就爲若干不當的開支開了方便之門。由於不當的開支，有了這些方便之門——軍費與防衛捐，於是政治上一切於法無據的措施以及一切與宣傳口號相反的事體，都可以幹了。我們承認，大敵當前，當然有些軍事秘密。但我們也得指出，今日政治上許許多多不合法制的措施乃至若干邪惡行爲，都是在「軍事秘密」或「軍事第一」的掩蓋下進行、滋長的。這是今日政治的癥結。立法院這次關於防衛捐問題的決議，雖不足以澈底制治這個癥結，但已觸及它。輿論對於立法院的喝采，一方面是給這一次的決議報以掌聲，一方面也是給今後這一類的決議寄予期望。

第二、行政當局每每以「財政困難」爲說詞，對於軍公教人員的待遇調整一拖再拖。現在立法院指出了巨額防衛捐的不當開支，並決議以其中的二億三千九百萬元及可能超收之數，作爲提高國軍士兵及中下級軍官俸給之用。這樣一來，無異給行政當局一個當頭棒。「財政困難」！所謂財政困難的原因在那裏，這還不够明白嗎？九億多的防衛捐竟有半數「支出未盡得當」，佔預算百分之八十的軍費，究有多少不是濫花的，大家該有理由要過問了吧。

現在，軍公教人員的待遇調整，已到了不能再拖的時候了。再拖，廉潔自守的人員只有餓死或自殺，其他的人員都會一個一個走上違法貪污的途徑。今天，違法貪污的事象幾已普遍到公開化了。這時，貪污已不是個人操守問題，而是整個政府的腐蝕劑。政府是達成國策的工具，不管怎樣堂皇偉大的國策，如果沒有一個健全的政府來達成，國策只是廢話。所謂謀國事的人，如果眞的是在謀國事的話，還有什麼事比防止政府腐化更重要呢？換言之，提高軍公教人員的待遇是現階段財政上第一個重要問題，怎麼反以「財政困難」爲藉口來拖延這個問題的解決呢？而且政府所常說的「財政困難」，其根源是在於不當的開支太多，防衛捐的開支不過其一例耳。立法院作這一例示，行政當局今後還好意思再以「財政困難」爲說詞來拖延軍公教人員的待遇調整嗎？任何問題，不揭開內幕是不能眞正解決的。立法院這一決議，揭開了「財政困難」的內幕之一角，應該有助於軍公教人員待遇的調整早日實現。

第三、立法院這次決議，是由在場委員一九五人的絕對多數(一八〇人)贊成通過的。這一點是表示立法委員們對於是非明顯而又關係重大的案件，尙可採取一致的立場。這是值得我們贊揚的。由於這一致的立場，可以使行政院對於這一議案的處理，不致輕於援引憲法第五十七條之規定，移請立法院覆議。而且立法院這一決議，其主要內容是在以防衛捐不當的開支，移作提高國軍士兵及中下級軍官俸給之用。「戡亂時期，軍事第一」，不是政府所常常叫喊的嗎？這樣的口號，如果僅用以掩飾反民主反自由的一切措施，而一涉及軍人切身生活的時候，則又把這個口號，置之不顧，將又何以服軍心？我們就常識判斷，立法院這一議案，行政院應該接受遵行。否則等於宣告我們的政治已到了無可救藥的地步。現在距四十七年一月，只有一個半月了。爲實行這一議案，行政院該有所準備了吧。

關於防衛捐歷年支出未盡得當部份，據報紙消息，監察院現正着手調査。這正是監察院的職權所在。同時我們納稅人有權利要明白知道，不當的支出究竟是些什麼。給立法院喝采的輿論，正期待監察院表現而擬報以同樣喝采聲。

英國兩黨政治的歷史背景（上）

程滄波

（一）

今天談民主政治的人，不談憲法而談政黨，談政黨而談兩黨政治，或反對黨。這在民主政治的討論上，是一種進步。回想一百五十年前的歐洲歷史，接着北美獨立與法國大革命，當時瀰漫歐洲大陸的政治思潮總名之曰自由運動(Liberal movement)。這一個自由運動的內容；一方面是民族獨立，另一方面是政治民主。而政治民主必須頒行憲法。十九世紀上半期的歐洲政治，整個為這一個運動所籠罩。歐洲列强當時的鬪爭也完全是站在這一個運動的正反兩面。英國是當時這一個運動正面的有力支持者。歐洲許多民族，都仰望英國對她們的獨立及憲政運動，有所贊助及指導。在外交方面，英國歷史上的名外相帕莫斯頓爵士，(Lord Palmerston)是始終支持着這一個自由運動。英國這一個外交政策，是和她的海權與工商業繁榮，相輔而行。英國在十九世紀所以能領導世界的政治，不像一般世俗所想像的專靠獪詐而成功。英國十九世紀的外交政策，是英國國內政治理想對外的擴展。也可說是民主政治理想充實而光輝的一面。

英國國內政治的特點，一曰國會，二曰兩黨政治，三曰內閣制。責任內閣制度，是由一個政黨組織內閣，掌理國政，向國會負責，亦即間接向選民負責。這一個制度的中心在於政黨，也在於兩黨政治。英國在十六世紀與十七世紀，政治上的民主，依近代的眼光去衡量，實在相去甚遠。當伊麗莎白斯一世以後，進入於亨諾佛王朝。亨諾佛王朝初期的政治，完全是民權黨(Whig)的貴族政治。在當時參加政治的人，僅講選舉權，不但財產的限制重重，在社會方面還有各種束縛。宗教方面的限制更為繁複。英國採用內閣制，同時只讓一個政黨掌握政權，組織內閣，在歷史上是一個偶然。在威廉三世時代是這個偶然的開始。喬治一世不能講英國話，他對大臣用法文談話與處理政務，結果困難重重，他索性對內閣會議經常缺席。威爾帕爾(Sir Robert Walpole)便在這個時期對他領導的民權黨(Whig)加以整頓，因以建立內閣制度，與確定首相的地位。威爾帕爾所以能排除王黨(Tory)，長執政權，就因當時的王黨，暗中與傑姆斯二世及其繼承者勾通，內外疑懼王黨是不忠於新朝而時時企圖復辟，使新朝不敢信用民權黨以外之人。這是英國歷史上另一個偶然。喬治三世即位之初，一切大權操之於手，他對付臣下，不問黨不黨，只講誰對他服從親近，當時所謂"King's Friends"「國王之友」便可希望當權。所以政黨政治在喬治三世初期，已完全被打破了。因為他十年親政，把北美殖民地送光，在英國歷史上闖了一樁大禍，不得不廢然仍舊委政於內閣。這是英國歷史上又一個偶然。歷史上的偶然是外國不易效法的。也是觀察家不易認清楚的。

（二）

英國的兩個政黨，原始的名辭，一個名為王黨(Tory)；另一個名為民權黨(Whig)。這兩個名辭的來源，原來均為含有惡意的綽號。Tory 意為愛爾蘭天主教强盜；Whig 意為蘇格蘭長老會的狂熱者。十七世紀中期，英國王政復辟後，政治方面雖不主嚴厲報復，然在宗教方面之衝突，暗潮甚烈。到了一六七九年，對於王位繼承問題，引起極大之爭論。當時英王查利二世無嗣。兄終弟及。照例王位應傳至王弟約克公爵(即其後之傑姆斯二世)。但約克公爵是一位羅馬天主教徒，而非英格蘭國教教徒。當時英國國會中一派人反對約克公爵繼承王位，最大的理由一為宗教的，便是他為天主教徒；另一為聯帶的政治問題，既是天主教徒，便會和法國及西班牙搞在一起，而法西兩國，在當時英人心目中，是日夕想對英國侵略的。這一派反對約克公爵繼承的人士，被稱為民權黨(Whig)。而在另一方面，另一派人認為約克公爵雖在宗教上不是英國國教教徒，然不能因此剝奪其繼承王位之權。這一派人被稱為王黨(Tory)。直到十九世紀，兩個政黨一直沿用這兩個名辭。王黨依附王室；民權黨依附大貴族。看了當時的歷史，便知當時這兩黨的組織與政綱，均不可隨便附會到現代的民主政治上去。一六八八年的革命，把兩黨的地位改變了。經過這次改變，王黨對於王室，認為在繼承王位權以外，尚有他應該效忠的道理。王黨黨內兩大政綱，反對宗教容忍，反對和任何外國糾纏，因了這次變革亦碰了壁。到了一七一四年，王黨內閣閣員，不能團結一致，決定誰將繼承恩妮女王(Anne)，再加王黨領袖包林白洛克(Bolingbroke)倉卒出亡，使王黨威信大減，被目為暗通傑姆斯二世之陰謀份子。從那時起，王黨勢力一蹶不振，民權黨執政將及五十年。民權黨在此長期執政中，對國王既無所畏忌，便在市鎮方面的選民深下功夫，由此而操縱國會的選舉。至是，王黨反而高唱用王權制衡貴族，人民選舉權應予擴大。

喬治三世於一七六〇年登位。這時期的民權黨，因執政過久，內部派別分歧。當時所謂民權黨，包括許多個人的派系。喬治亟思恢復國王之大權，對政黨盡力吸收歸附自己之份子，他想拆散政黨，而將依附王室的政黨人士，名之曰「國王之友」(King's Friends)。「國王之友」在喬治王朝，把政黨政治攪擾了二十五年。在這個時期，英國政黨的分野不清，壁壘盡破。這是王權高漲時應有的現象。美國獨立戰爭時，英國的政黨政治，可以說是最混亂的時期。所以當時對美的政策很難說是王黨或民權黨的主意。喬治三世失去北美殖民地，個人統治完全失敗。璧德 (Pitt) 起來領導新王黨，因而演變成一個新王黨主義 (New Toryism)。同時在民權黨方面，新興的工商業階級與急進主義者聯合高呼選舉區及慈善救濟的改革。這也成爲新民權黨主義 (New Whiggism)。自是以後，民權黨揭櫫改進，而王黨則抵抗改革。一八三二年的選舉區大改革，完成於民權黨，王黨領袖肯寧 (Canning) 及庇耳 (Peel)，均知適應時勢，不再固執成見。王黨主義由此逐漸演變爲狄思雷利的保守主義。保守黨除揭櫫效忠王室及國教外，導誘當時的民族思想演成帝國政策。同時民權黨內的工商階級及急進派混合演變，使民權黨成爲自由黨。

（三）

保守黨名辭正式被採用，大概在一八三四年，但在民間，王黨 (Tory) 與保守黨 (Conservative Party) 相互使用，並不因保守黨名辭之被採用而將王黨之名取消。一八八六年格蘭斯頓在國會提出愛爾蘭自治法案，自由黨中自由統一派脫離自由黨，統一黨 (Unionist) 的名辭有時亦卽爲保守黨之別名。在蘇格蘭及愛爾蘭北部，民間尤喜稱保守黨爲統一黨。一八三二年國會選舉法改革後，全國各地均有保守黨支部之組織。一八六七年後，全國保守黨及憲政聯合會混合成立全國總會。由此保守及統一聯合會合組成一保守黨全國總會。到二十世紀之中，保守黨在英國全國共有十二個支部，蘇格蘭及北愛爾蘭的分部尚不在內。

從一八三二年到一九一四年八十年中，保守黨與自由黨，迭相掌握政權。這一個時期是英國兩黨政治全盛時代。也是在朝黨與反對黨旗幟最爲鮮明的時代。在這八十年中，自由黨執政之日長得多。從一八三二年到一八八六年，自由黨幾完全掌握了政權。一八八六年後，保守黨方得捲土重來。在這時期的初期，庇耳 (Sir Robert Peel) 及狄思雷利 (Benjamin Disraeli) 爲保守黨的代表人物。一八三二年後，一部份中產階級已經得有選舉權，國內政治形勢，因此經過極大的變化。庇耳在當時，領導着保守黨對這種新的時勢加以適應。他的政策，一方面承認選舉法的改革，同時主張在經濟及社會方面，加以改良。一八三四年的泰姆華斯宣言 (Tamworth Manifests)，便是保守黨對於時局的宣言。一八四一年大選，保守黨得着多數，庇耳上臺，得着機會實施他的抱負。但當時全國鼓噪廢止糧食入口條例，實爲英國經濟自由競爭時代的前奏。保守黨內部既經分裂，從一八四六年後，直至一八七四年方得重掌政權。狄思雷利便是保守黨中贊成取消糧食入口條例的人，他領導一部份保守黨黨員，反對庇耳的政策。保守黨垮台後，他起而重加整頓。他知道保守黨的前途在於民主，他提倡所謂「保守黨民主政治」Tory Democracy。一八六七年國會選舉法第二次改革，是經過他的力量，在他手中完成的。從一八七四年到一八八〇年，狄思雷利執政時期中完成了許多有名的社會立法，如一八七五年法案，一八七六年法案，使工會成爲合法團體，工人集體交涉工資變爲事實。一八八〇年大選，保守黨失敗，一八八六年自由黨爲愛爾蘭自治案分裂，保守黨與張伯倫約瑟夫領導的自由統一黨聯合。嗣後二十年，保守黨僅得三年登臺。這三年中，莎麗斯伯利與貝爾福相繼擔任黨魁。一九〇六年的大選，保守黨再度慘敗。直到一九一五年五月加入愛斯葵戰時聯合內閣，保守黨又是十年的在野反對黨。勞合喬治的聯合內閣，到一九一八年解散，一九二二年十一月大選，保守黨獲得三百四十四席，波那勞擔任首相。從此以後，除了兩次短命的工黨內閣（一九二三——二四年；一九二九——三一年。）保守黨始終是在朝黨，一直延長至第二次大戰結束。

民權黨何時正式改稱自由黨 (Liberal Party)，史家考證，大概在一八三九年。當時自由黨領袖羅素勛爵對維多利亞女王的通信中，常常提到自由黨而不稱民權黨。從民權黨演變到自由黨，大概是從滑鐵路決戰時候開始，到十九世紀下半期。當時許多自由主義者及急進主義者，在國會中對舊民權黨打氣，有時候感覺到對民權黨不耐。自由主義的定義，既難確定，所以自由黨內常包括許多派的思想。他們的結合，是爲了解放與進步。因爲黨內分子的複雜，所以自由黨內部比保守黨容易分裂。自由主義相信個人人格的價值，並相信個人力量之自由運用，爲一切進步之源泉。它主張使個人或人羣解放，俾得自由運用其權力，只要解放復不妨碍他人。這包含了鼓勵運用國家權力，俾能建立一種環境，使個人的力量能在此環境中壯大而得着精熟的運用，各人均得平等發展之機會。此其目的，與積極的社會改造政策，因而擴大國家權力，實相符合。自由主義雖主擴大國家權力，然與社會主義絕不相同。嚴格的講，社會主義是要驅逐個人的創制與個人的責任於經濟活動之外。而自由主義所以要擴大國家權力，僅爲由此可以創造一種環境，使個人自由活動格外發展而壯大。

自由黨在十九世紀上期的代表人物，如莫爾蓬 (Lord Melbourne)，羅素 (Lord Russell) 及帕莫斯頓 (Lord Palmerston)，還有許多社會改革家，如喀白登 (Richard Cobden) 及勃雷脫 (John Bright) 等等。當時自由黨許多社會立法，如工廠法，貧民救濟法，公共衞生法及警察法等，都爲後來社會改革之前驅。一八四六年後，反對糧食條例聯盟在自由黨內抬頭，把英國多年的保護關稅政策打倒了。十九世紀中期後，格蘭斯頓是自由黨特出的代表，也成了英國的最具理想的大政治家。他在英國政壇，轟轟烈烈，當政四十年。從一八六五年到一八九五年，英國人稱爲格蘭斯頓時代。在這時期的自由主義，也幾成爲格蘭斯頓主義。當時的英國國是口號：「和平，節約，改革。」等於說明了自由黨政策的性質。格蘭斯頓是極端主張和平的人。一八七八年他在西喀爾多(West Calder)的有名演說,幾將半世紀後的國際聯盟,預先打好了藍圖。當時英國外交上「光榮的孤立」,便是這一政策的結晶。他對外雖主張少管閒事,但他對巴爾幹的民族鬪爭,還寄予甚大之同情。他對帝國主義的開疆闢土,毫不感覺興趣。所以他在執政時,沒有參加對非洲殖民地的競爭攫取。對南非洲他是主張退出。在埃及,英國雖終於陷進去,但他對此表示十分厭恨,戈登將軍在蘇丹之殉難,英國朝野對格蘭斯頓的攻擊,是不易忍受的。但對外不主急進擴展,是他外交政策的一個基本方針。印度的自治,在他當政時經過李本及郎世塘(Lord Ripon, Lord Lansdowne)的努力而完成初步的基礎。格蘭斯頓的興趣在於財政,財政的平衡。同時在於憲政的改革。從一八六八年到一八九四年,他全力注意愛爾蘭問題,幾次爲這問題倒閣。他對愛政策中的一部—土地改革,成立地租法庭,雖與自由主義有些不合,但他對愛爾蘭的功績是不朽的。在他當政的時期他,完成了:㈠全國性的教育制度(一八七〇年);㈡國會選舉法第二次改革(一八七二年);㈢國會選舉法第三次改革,使農工獲得選舉權(一八八四年);㈣使工會獲得合法地位(一八七一年);㈤改建軍制,禁止軍官捐納;㈥司法制度之改造;㈦大學中取消對宗教信仰的限制與歧視。

從一八九五年到一九一四年,是自由主義在英國的第三時期,在格蘭斯頓時代末期,自由黨已經走着下坡。新時代需要新的感召。時代要求不僅在於取消各種限制,還在積極建立環境,使個人能力得以健全發展。這一種思想衝擊,一方面使社會主義復活,而致工黨成立。另一方面使自由黨的傾向改變,專注力量於社會改造。在第一次大戰發生以前,自由黨對英國是有功的。自由黨有名的外相格雷,因努力和平而使英國跳出外交上的孤立。同時在陸海軍方面有重大之改革整頓。當時國際風雲,雖一天緊似一天,然自由黨政府對於對內的社會改良工作,未嘗一日或懈。這包括了工人補償法案,老年養老金制度,國家對工人的疾病及失業保險,勞工介紹所,勞工住宅計劃,而實施上述各種計劃的經費,一取之於漸進的所得稅制度。這是用立法手段對於財富的重分配。因爲上院拒絕(一九〇九年)通過這種預算,一九一〇年舉行兩次大選,終於一九一一年把上院的否決權取消。

第一次大戰及戰後的時勢與人事,使自由黨一蹶不振,陵夷至於今日,在英國政治上,自由黨已變成一個少數黨,此中原因,自非一個。但時代變遷,及勞合喬治個人所負的責任,均爲促成該黨迅速衰落的重要原因。二十世紀二十年代以後的英國兩黨政治,是保守黨與工黨,而不是保守黨與自由黨了。

英國工黨的組織,開始於一九〇〇年。工黨名稱正式的採用乃在一九〇六年。一九〇〇年獨立工黨改組成「勞工代表權委員會」Labour Representation Committee (L. R. C.)。這個委員會的組成份子,爲各種社會主義團體、工會、工會委員會、以及許多地方勞工選舉團體。其目的在輔助國會下議院及地方政府中獨立的勞工代表的競選。最初合作運動的各份子曾被邀參加,但被拒絕。一九一七年合作社份子自己組成一「合作黨」參加政治,以後對工黨常以友黨身份互相輔助。國會中合作黨的份子均參加國會工黨的選舉,迭次參加工黨內閣。工黨的前身,也就是L. R. C. 的前身,是「獨立工黨」。Independent Labour Party (I. L. P.) 領導人是哈第 Keir Hardie,於一八九三年在約克郡的白萊福特地方開始組織。組成份子都爲一八八四年後國會選舉區第三次改革後,各地方爲了助選勞工代表而新興之各種團體。在此以前,民權約章派(Chartists)在國會選舉區第二次改革以後,本已在各地展開助選勞工代表加入國會的運動,這一個運動到一八六九年形成了「勞工代表權聯盟」Labour Representation League (L. R. L.)。一八七四年大選,兩位礦工工人當選爲國會議員,這兩位礦工議員,一位名亞力山大·麥唐納 Alexander Macdonald,另一位名波德托姆斯 Thomas Burt,這是英國國會中第一次有工人出身的議員。勞工代表權聯盟在一八八〇年漸近死亡。代之而起者爲「勞工選舉會」Labour Electoral Association(L. E. A.),從一八八六年工會聯合會召開時成立。十年之中,與自由黨相輔爲勞工爭取代表權。獨立工黨成立後,曾不斷努力,勸導全國工會,爲獨立的勞工代表權,參加共同奮鬪。最後全國工會同意召集社會主義的工會聯合會,因是勞工代表權委員會 (L. R. C.) 得於一九〇〇年成立。這是工黨由孕育至於產生的第一階段。

一九〇〇年的大選,勞工代表權委員會兩位候選人當選。這兩位當選的議員,一位其後加入了自由黨。另一位即是哈第,在一九〇六年大選以前,三次補選,有三位委員會的候選人當選。後來在工黨著名的亨特生 Arthur Henderson,便是其中三位的一人。一九〇六年大選,工黨的名稱已被正式採用。這次大選,工黨當選者共二十九人。一九〇〇年至一九〇六年中間,工黨的突飛猛進,是因受了法庭的壓迫。當時有名的佛爾塔甫案件,(Taff Vale Case)的判決,規定凡因工潮而生之損失,得向工會起訴,因此將工會的基金停止使用。一九〇六年工會紛爭法雖將上次的判決平反過來。然一九〇八年另有屋斯蓬(Osborne Jndgment)判決,規定工會一切政治活動皆爲非法的。所以一九一〇年兩次大選,工黨不能動用工會基金,赤手奮鬪。因此競選大受阻止。但在兩次大選中,工黨仍各選出四十及四十二位議員。工黨及工黨的前身勞工代表權委員會,雖在每年年會中通過了許多社會主義的決議案。並不鮮明標出是一個社會主義的政黨。在一九〇六年到一九一四年期間,工黨雖維持其獨立政黨的地位。但在一九〇六年的大選,一九〇九年的預算案,後來對於上院的改革案以及對愛爾蘭許多法案,工黨是自由黨的友黨,在國會中並肩作戰。一九一三年,國會通過工會法(Trade Union Acts),工會恢復部份的自由,可以採取政治行動,也可直接支持工黨。

在第一次大戰開始時,工黨在國會中,還不過是一少數人的結合。戰爭的進行,使工會的權力增加,因而使工黨的力量上漲。愛斯葵聯合政府時,工黨所佔地位極不重要，勞合喬治繼任首相，工黨的地位稍稍增强。工黨內部大部分是支持戰爭。但是原來的獨立工黨一部份黨員，是反戰的。一九一四年，麥唐納辭去黨魁，亨特生在愛斯葵及勞合喬治兩個聯合政府中充任工黨的代表。但在一九一七年因亨特生支持瑞典京城所擬召開的和平會議，而被聯合內閣所開除。工黨雖繼續留在政府，然工人階級對於議和的情緒，日益高漲。其後自由黨內部分裂，工黨於一九一七——一八年在其黨章中彰明宣示將取自由黨代起爲英國向左之政黨。此次工黨黨章決定在每一個選舉區設立支部。一九一八年大選，工黨首次在全國各主要選區提出候選人。雖經聯合內閣之全力破壞，工黨在一九一八年大選中獲得六十一席。

一九二四年，工黨得着自由黨的幫助，麥唐納組織第一次工黨內閣。因爲政府建議貸欵與蘇俄，第一次工黨內閣短命夭折了。因爲第一次工黨內閣壽命過短，僅僅在房屋及失業立法方面，小有成就。一九二四年大選，工黨因受「謝南維夫信件」之影響，選舉結果遭受慘敗。一九二六年大罷工，削弱了工會勢力，但並不能阻止工黨之正當發展。一九二九年麥唐納第二次組工黨內閣，工黨此時在國會仍不能佔多數，但爲最大之黨。一九三一年經濟不景氣，第二次工黨政府再度倒臺。在第二次工黨內閣時代，仍因工黨在國會中，不能佔到過半數的席次，故社會主義之政策並未得以施展。這個政府僅在社會改良與外交方面，稍有成就。亨特生在外交方面的主張，是當時國際輿論所一致讚美。但第二次工黨政府，對於失業及財政危機，束手無策，只能廢然下臺。其後麥唐納與保守黨自由黨再組聯合政府，但工黨一時聲勢衰落，國會議席數字，減少至四十六席。直至一九三五年大選，工黨在國會席次，增至一五四席。工黨黨魁，由麥唐納變成倫斯巴 (George Lansburg)，由倫斯巴再至阿特里 (Clement Attlee)。當法西斯與納粹之勢方興，工黨內部，除了倫斯巴一派，都主張對納粹的威脅，應由整軍而予抵抗。慕尼黑的投降，工黨是一致反對的。第二次大戰開始，工黨是全體支持對侵略者加以痛擊。張伯倫內閣之倒，與邱吉爾之起用，工黨與有大力焉。

第二次大戰將終，德國已經投降，英國國會任期早滿，工黨在聯合政府，表示仍願合作一個時期，但爲邱吉爾所拒絕。一九四五年大選，工黨在國會中獲得三九四席，超過過半數。在這次大選中，軍隊幾乎全體支持工黨，其他宿舍區域的智識份子及勞工，亦全部支持工黨。工黨第三次內閣時，曾將英格蘭銀行變爲國營，其餘對煤鑛、內地運輸業、電力、煤氣、民航，有線電及無線電電信事業、以及鋼鐵事業，均經通過法律，改爲國營。此外對社會保險，及公共衞生，都加改革，對於教育，針對一九四四年教育法，更實施補充，使其完成。工黨在第三次組織政府時，對於社會主義的立法，可謂大展經綸。工黨政府要角，如莫里遜及貝文，在內政外交方面均在英國國內贏得時譽。

英國工黨之得以長成與强大，靠勞工及工會。但亦同時靠思想前進的智識分子。費邊社 (Fabian Society) 便是幫助工黨强大的一個智識分子組織。費邊社初創於一八八三年至八四年冬間，最初發起的人，包括庇斯 Edward R Pease、蕭伯訥、韋白 (Sidney Webb)、韋勒新 (Grahan Wallas) 及貝森脫 (Annie Besant)等諸人，其後威爾斯 H. G. Wells 及喀耳(G. D. H. Cole)等均爲重要會員。這個團體發起之初，其宗旨在「根據最高道德的可能範圍，改造社會」。費邊之名，採自希臘名將 Fabius Cunctator，凡百措施，均由「從長的計議，逐步漸進的方略」。費邊社的主幹，都受着馬克思的影響，但他們的經濟理論，却根據英國密勒 (John Stuart Mill)與傑逢 (William Stanley Jevons)的主張。一方面提倡個人主義，但在現代情勢下，應在經濟的世界中逐漸增加國家的干涉，使大多數的人，獲得最大的快樂。一八九九年起，費邊社開始發行費邊論文小冊子。對每一個重要社會問題，作調查報告或討論的建議。費邊論文小冊子，歷半世紀不斷發行，成爲重要文獻。當工黨成立以前，費邊社採取浸潤的灌輸政策，對當時的自由黨與保守黨，在每一個特種的問題上曾努力將費邊的理論與方法，盡量對此兩大政黨灌輸。獨立工黨成立之時，費邊社許多地方分社，都加入了。一九〇〇年勞工代表權委員會成立，費邊社之助力更大。一九〇六年到一九一四年費邊社以全力注意救濟貧民法的改革。費邊社是讀書人的結合。這批讀書人，以智識幫助工黨。費邊社的研究成果，對工黨在政策制定方面有極大的助力。現在工黨內部有極好的研究機構，其分子都是費邊社的分子。倫敦大學政治經濟學院，是費邊社許多原始幹部所發起，這個學院充滿着工黨的空氣，作者本人兩次在這個學院攻讀，對工黨，對費邊社，似乎極有親切之感。辦理政黨不能離開讀書人，不能離開青年，這是一個有力的明證。

英國歷史上民主思想主流，是約束特權；是謀被壓迫者的解放；也是謀多數人的最大幸福。反映在具體的政治現實上：最初是民族國家的興起。爲了固國家，不得不對超出國家之權力，如大帝，或敎皇，一律予以打擊。民族國家建立後，貴族與平民聯合起來打擊王權。王權既已受到約束，中產階級智識份子與一部分開明之貴族及敎徒聯合起來打擊貴族與地主。十九世紀把中產階級地位建立成功，勞工階級與智識份子與理想家聯合起來打擊資產階級。這就是一部英國的政治歷史，也就是一部英國的政黨史。今天英國的兩黨，是保守黨與工黨。在一方面，經濟事業國家公有；福利國家；在另一方面經濟自由，財產權神聖，而不忘社會的改革。這是工黨與保守黨對內政策的基幹，每年十月初，正是英國兩大政黨各自舉行全國年會之時，根據此次工黨年會的報告，今後工黨對內經濟政策，已將從前收歸國有的辦法，修改爲對主要工業收購政策。貝萬對廢止原子能武器，已不如從前之反對。是則工黨也在慢慢地打轉。但是第二次大戰後的英國，在工黨五年當政中，其內政外交之影響，實在使人憂心忡忡。我們憂慮英國在思想上及政治上的矇混不清。矇混不清是不易產生新秩序的。

(未完)

蘇俄人造衞星與世界大局

宋文明

自十月初蘇俄發射第一顆人造衞星後，這一事件所引起的廣大反響正在全世界各地盪漾。在眼見的將來，這一事件對於整個國際局勢的發展亦仍將具有重大的影響。不論西方各國當局在表面上如何力持鎮定，但在內心裏面，對於蘇俄這一科學上的重大成就無不表示極大的震驚與詫異。縱使在嚴格的解釋上，蘇俄這一人造衞星不過是搶先一步發放而已；但無論如何，「搶先」總比「落後」更好。鑒於最近西方大國的決策階層間對於這一問題的忙碌與慌張情形，便可以想到蘇俄人造衞星所引起的實際後果，遠比我們這些芸芸衆生所瞭解者更爲嚴重。

從科學的觀點講，蘇俄這次發放人造衞星，是近年來蘇俄在比西方國家領先的第五次重大表現。蘇俄的首次領先在空投氫彈。（按氫彈爆炸美國先於蘇俄約九個月，而氫彈適用於飛機空投，蘇俄却比美國略早。）第二次領先在噴汽客機。（按英國雖先有慧星式噴汽客機，但以初步使用後，毛病百出，旋即停飛；而蘇俄噴汽客機現在經常飛行於歐亞航線，美國尚無此種飛機。）第三次領先在原子能發電廠的建立。第四次領先在洲際飛彈。第五次領先就是這次的人造衞星了。由於蘇俄在科學上的這種一連串的領先事實，我們便須瞭解蘇俄這次所以先行發放人造衞星，並不表示這祇是科學上的一項偶然發現，亦不表示這祇是蘇俄在火箭與飛彈方面的片面進展，而是表示了蘇俄的整個科學水準。我們試想一個能製造氫彈、噴汽客機和洲際飛彈之類的國家就不可能製造人造衞星嗎？我們能說一個重達一百八十四磅可以携帶複雜儀器攢進太空而旋轉不息的人造衞星是一種科學上的「粗製濫造」嗎？在此以前，一般西方國家包括美國在內，都嚴重的低估了蘇俄的科學水準，認爲蘇俄在科學上比西方國家落後三十年至五十年。從今以後，我們相信這一觀念是完全改變了。現在我們雖不能說蘇俄在科學上已超過西方，至少我們說蘇俄的科學水準已與西方並駕齊驅，不相上下。假若我們不正視這一點，不把這一因素放進今後國際政治的領域之內，那麼「落後的」不是蘇俄的科學水準，而是我們對蘇俄的看法；吃虧的不是蘇俄，而正是自由世界。

從軍事觀點講，蘇俄這次首先發放人造衞星，再一次改變了兩大集團鬪爭的基本形勢。要正確瞭解這一點，我們就必須回溯一下過去十二年的歷史事實。過去的十二年假若依照對兩大集團武器發展爲背景來看，我們可以分成四個階段；即大戰結束至一九四九年秋；一九四九年秋至一九五四年秋；由一九五四年秋至一九五七年秋；由本年秋天至未來。從二次大戰結束直至一九四九年秋，蘇俄首次擧行原子爆炸試驗止，自由世界對蘇俄是具有絕對的軍事優勢與原子優勢。那時美國是唯一握有原子武器的國家，而且儲藏量已相當豐富；蘇俄當時不但沒有原子武器而且所有的空戰武器，也都是二次大戰時的舊貨色。在那時美國假若發動對蘇全面戰爭，蘇俄除了以龐大人力，在地面上實行延阻性抵抗外，對於美國的全體攻勢，可以說根本就沒有招架之功。自一九四九年八月蘇俄爆發原子彈至一九五四年秋，蘇俄的原子彈儲藏量雖並不太多，也無把這種原子武器投擲到美國本土的戰略空軍；但它既有了原子彈，也更進一步製造原子戰術武器，情勢也就和以前不同了。在此階段，美國假若發動對蘇戰爭，蘇俄雖無還擊之力，却已有了招架之功，起碼已可以和美國拚一下。至一九五四年秋天，蘇俄不但已開始生產氫彈，並已有了長程戰略空軍，這種戰略空軍的優異，據當時美國專家的瞭解，足以和美國的最好洲際轟炸機相比較。換言之，自一九五四年秋天以後，假若美國要發動對蘇俄戰爭的話，那麼蘇俄不但已經有了招架之功，而且也已有了還擊之力，美國要想最短期內解決蘇俄，已是不可能的了。時至現在，蘇俄已經有了美國所有的一切武器，包括原子彈、氫彈、洲際轟炸機、龐大的海軍艦隊和最新式的潛艇，而且也有了美國還沒有（自然美國很快就會有）的洲際飛彈和人造衞星。從單純武器方面比較，美國現在不比蘇俄更優，而美國現在可能仍佔上風的一點，也許是在人員的訓練及軍事技術上面。在這種情形下，美國假若發動對蘇俄戰爭，在軍事上正如最近勃克海軍上將所說，美國仍有摧毀蘇俄的把握；但在另一方面，蘇俄也有了把戰爭予以延長的把握。所以從蘇俄製成洲際飛彈及人造衞星後（人造衞星的將來適用於軍事用途如從太空攝取地面秘密，祇是時間問題），世界大戰之說，便越來越不可能了。對於這一問題，美國的政治家們亦老早就有這種看法。遠在一九五五年十月十五日，美參議員艾倫德於訪問東歐及蘇俄返抵紐約後，曾公開聲稱：「蘇俄沒有打勝美國的把握，同時美國也沒有打勝蘇俄的把握。」本年九月二十九日，羅斯福夫人於訪蘇三週後亦返美談話：「武力是無法征服蘇俄的，制蘇之道，唯有比它們更好。」這所謂「更好」當然是指道德上的更好而言。羅斯福夫人是美國新政派的元老，也許有些人覺得她的看法不免帶有偏見；但艾倫德參議員是美國的南方民主黨，人屬於保守集團，他的認識應該比較「客觀」一點吧。

戰爭越來越不可能之後，這一情勢對於世界民心便發生兩種影響：一是世界各地和平氣氛將日益濃厚；二是畏戰反戰與厭戰的心理越來越盛。一面幻想和平，一面恐懼戰爭，正是中立主義得以倡行的原因，所以戰爭不可能性與恐怖性增加之後，中立主義便又得到了一個擴張聲勢的機會。中立主義愈倡行，美國的備戰措施與戰爭論調，亦愈益引起人們的厭惡與反感，美國的外交政策更會成為各方指摘的對象。美國的備戰措施表現於外者，主要有三方面，即大規模軍援友邦，環球軍事基地，與聯盟外交。反戰心理高漲與中立主義盛行之下，上述美國這些措施的積極意義也日益減弱。事實上，自從有了洲際飛彈與人造衞星之後，戰爭與軍事安全觀念已經發生了很大變化。因根據「擒賊先擒王」的傳統作戰原理，在洲際飛彈戰爭時代中，戰爭一旦開始，雙方所要力求摧毀的，不祇是對方的前哨基地，更主要的是對方的大後方。眞正決定戰爭前途的，也不是前哨基地，而是兩大交戰國自已的本土。在這種情勢下試問前哨基地重要，還是各本土重要？同時所謂前哨基地，究其根本，乃是中程轟炸機時代的一種產物，目的在予假想中的敵人以有效轟炸。時至現在，不但中程轟炸機已成歷史廢物，而且連遠程的洲際轟炸機也已落伍，轟炸機既已逐漸失效，用作轟炸機之需的海外前哨基地，也自然逐漸失去作用了。因為我們知道，洲際飛彈是既不需要空中加油和前哨掩護，更不是由前哨基地所發出的防禦武器所能截擊的。

過去所以要推行聯盟外交與建立海外前哨基地，也是為了擴大屏障地帶，以掩護大後方眞正重要的國防配備的安全。但人造衞星出現以後，就連這一點也失去了意義。如上所說，現有人造衞星雖還沒有軍事性質，但要把它適用於軍事用途，如從太空攝取地球秘密之類，祇是一個時間問題。人造衞星一旦達到這一階段，不但艾森豪的所謂「開放天空」之議不期然而然的完全付諸實施，而且自古以來國與國間那種集卑劣殘忍與奸險虛詐大成的互相間諜行為，也將由此發生革命性變化。到那時，蘇俄的人造衞星將把美國的國內外軍事秘密一覽無餘，同樣的，美國的人造衞星也將把蘇俄的一切秘密瞭若指掌。假若再進一步，這種人造衞星由偵察攝影而擴展為轟炸之用，把原子彈和氫彈由太空投下，由地球外面來進攻地球，那麼這個世界也就完全改樣了。所以人造衞星的出現，不祇在科學上人類正式打開了太空時代的門檻，而且也使這地球上的現行軍事觀念與冷戰觀念起了歷史性的變化。在這一點上，我很同意有些人的說法：「人類的飛機時代已經結束了」。

就事論事，這一事情的眞正的重要，並不在蘇俄已有了人造衞星，而是人類已有了人造衞星。以美國的科學水準，不久之後，美國當然也將會放出人造衞星，而且經此刺激之後，美國將加緊研究，終究會搞出更好更進步的東西。即令一旦人造衞星進入軍用時代，美國將絕不會在這方面再行落伍。這幾乎是一件十分確定的事情。因此蘇俄先行放出人造衞星，在科學與軍事的實質上是沒有持久的影響，而眞正的影響就在心理方面。一個很明顯的事實是：蘇俄先行放出人造衞星，便完全打破了「美國第一」和在一切事情上「美國佔先」的傳統論調；換言之，過去總認為美國領導全球一切的偶像地位，從此被打穿了一個大洞。在過去以前，自由世界與共產世界的鬪爭中，自由世界在各方面都是佔上風的，被認為不但具有生產優勢和經濟優勢，而且也具有絕對性的科學優勢與軍事優勢。但蘇俄人造衞星的先行出現，以及由此可以確定它在洲際飛彈方面的領先，已使自由世界的科學優勢和軍事優勢顯然打了折扣。再鑒於它在原子能和平用途方面的重大成就，原子能發電廠的一個接連一個的建立，也使我們意識到自由世界要想長期保持生產和經濟方面的優勢，就得時常提高警覺，努力保住或超過現有的水準才行。而自由世界現在唯一仍具有優勢的，正如羅斯福夫人所說，是在「比它做得更好」一點上。這就是說，今後兩大集團冷戰的眞正焦點所在，和眞正爭取決勝之道，既不在科學與軍事領域，亦不在經濟和政治領域，而是在道德領域。科學及軍事，經濟及政治方面的競爭，都無法產生一個決定性的局面，而在道德方面却有此可能。這種道德競爭，就要看誰更合乎人道主義，誰更滿足人民的需要，誰更能解決人民的問題，誰更能使人類走上一個自由、平等、向上與幸福的道路。更重要的是就要看誰更能夠爭取敵後的人心。在這一道德競爭中，思想因素將比過去更行重要；但這種思想因素的表現，不再是一如過去專注重書面理論與口頭說教，而是要看立法行政與社會正義方面的實踐情形。自由世界與共產世界的鬪爭，原本是從思想開始的，中間曾經過許多曲折，也參加了其他各種複雜因素。現在世界經過一度大風暴之後，又回到了思想本位。冷戰將以攻心為主，而思想才是最銳利的攻心武器。我很相信羅斯福夫人的話，也具有和羅斯福夫人一樣的信心，這就是自由世界可以作得「比它們更好」。自由世界所以能比它們作得更好的道理，就因為自由世界除了它的現有一切缺陷之外，所幸仍有一個理想和一個不平凡的傳統。祇要自由世界能把握這一傳統而發揚光大之，則不論其他方面的情形如何，主要優勢仍在自由世界這一面。

十月十七日

從蘇俄發射人造衛星談到自由世界的科學組織

劉世超

在第二次世界大戰正在酣戰中，報祇突然宣佈德國首次使用飛彈，這種比自殺性飛機更厲害的新武器使英國倫敦立時淪爲火海。當時盟國各界無不表示震驚惶恐，第一怕作爲盟國一大支柱的英國就要垮臺，其次見到軸心國家在科學武器的競賽中竟然領先，是以深感憂慮。回想當時情景，覺得頗與今天蘇俄宣佈發射人造衛星後在世界各地引起的震動相似。究竟這兩次事件有其重大的區別：當時德國發射飛彈，純爲軍事目的，要以飛彈燬滅英國，擊敗盟國。但今天人造衛星的發射尚未有重大的軍事意義。我們當然不是說人造衛星的發射毫無軍事含意，因爲它至少代表遠程飛彈的一種高度發展，我們的意思是說，在原子彈出現以後的一切新武器都已失去實用價值，不是用來大規模燬滅敵人的，而只是用來發生恐嚇作用。在自由世界擁有原子彈而蘇聯還沒有的時候，自由世界並未以之施於蘇俄，因爲大規模施放原子彈其後果已非人力所能計算，說不定觸動上天之怒而帶來世界的末日，自蘇俄亦擁有原子彈以後，由於報復性的可怕，大規模熱戰已成爲不可能。今天蘇俄首先製成遠程飛彈，但他只能說是用來威嚇自由世界，作爲討價還價的資本。他不敢對自由世界任何一個國家說：趕緊放下武器把政權移交給共黨，否則將以飛彈燬滅之，因爲他知道自由世界不是沒有同等厲害的武器作爲報復之用的。因此蘇俄發射人造衛星的最大功效乃在誇示其科學上的驚人進展。自由世界研究火箭一門的科學家以及政治領導人物們感到羞辱和憂慮，這種情景是和當年希特勒發射飛彈後的情形完全類似的。

如果發射人造衛星純屬科學研究，兼代競賽性質，那倒不失爲一可喜的現象。但這事特別的地方乃在於它發生於蘇俄。蘇俄當局已就此事發表談話，認爲蘇俄能發射人造衛星，有此科學成就，是因爲共產制度善於組織、鼓勵和領導科學家。這眞是最富於挑逗性的詞句。而今天自由世界與蘇俄的衝突正是兩種不同生活方式，兩種不同制度的鬭爭，因此人造衛星的發射便隨同帶來一連串尖銳的爭論。自由世界在震驚之餘，似應把雙方科學潛力重新作一比較，在明瞭實情之後便知道自由世界科學界的組織是否需要作一番調整。並進而研究調整的方向。關於科學進展實情的探討需要廣泛實際資料，並需作專門性的評價，非筆者能力所及，本文只欲就蘇俄共產制度領導鼓勵和組織科學家之方式略加檢討，並進而對自由世界科學界組織問題提供幾點簡單的意見。

共產制度在發展科學方面有其有利的地方，此乃不容否認的。首先是經費問題。希特勒的極權制度之利於科學研究有許多點是和共產制度完全相同的（其弊端自然也相同）。據傳聞，在希特勒上臺之初似尚未得德國科學界的擁戴。他有一次召集衆多科學家講話，沉默良久，才說出三句話：錢，錢，我給大家錢。然後離去。這故事或出於虛構，但德俄那類國家之易於籌措和支配經費則是事實。他們的政治制度實際上等於沒有稅收，全國生產所得除了配給百姓一些必需物資外便全是政府運用的經費，他們願意怎樣運用便怎樣運用，也無需得到人民的批准。有一位因發生不幸事故而聞名世界的蘇俄名生物學家萬徵洛夫，他的故事多少透露一點蘇俄首腦在科學上花錢的情形。萬徵洛夫在蘇俄革命前是一個小小農業研究所的所長。在共產黨得勢以後，他便以技術人員的姿態被重用。他的研究所擴大而擁有無數附屬機構，他需要什麼就有什麼，包括書籍儀器、品種、助理人員……眞可爲所欲爲。但他的成績並不如獨裁者的理想，因爲錢並不是發展科學的唯一條件。他後來爲那個惡名昭著的史太林寵愛的生物學家呂生科所替代並成爲政治上的代罪羔羊；終至生死不明。(註二)

蘇俄之重用科學家並給予優渥的待遇和保障已使這一羣聰明才智之士成了社會中一個特殊的階級。遠在中日戰爭還未結束以前，我們已見到歐美報章雜誌提到蘇俄科學家待遇之特優：一個蘇俄普通工人的工資要想用來買雙鞋穿都是很困難的。但一個蘇俄科學家的薪俸要比美國最有名的教授（譬如愛因斯坦）還要高出許多。那些報章雜誌提及此事，本意或在顯示蘇俄的不平等，殊不知這却是蘇俄有意出此的一個明智的政策。我們相信這種政策會在共產制度下長期保持下去。他們優遇科學家，是因爲科學家重要，要用優遇來加以鼓勵。但是科學在什麼時候是不重要呢？而且那些組織和領導科學家的人似乎還要更重要。因此一個類似貴族階級的制度將在社會主義的社會中生根並擴大，與原有各盡所能各取所需的共產極端平等精神矛盾地統一起來，而成古今玩弄政治技巧的絕唱。

德俄的制度在科學競賽中還有一個有利的條件，就是可以採取重點主義，用杜黑戰術專攻一點或幾點。用競技爲例，來說我們臺灣要想在下屆世運會中一露頭角並非不可能之事，只要我們願意採取重點主義，停止某些其他活動，把人力物力集中，專來培養十項全能的人材如楊傳廣之流。德俄那樣國家就是科學方面亦不惜出此。

由以上數點已可畧窺共產制度在發展科學方面之有利條件，而其弊端亦可約畧由此見之。共產制度在發展科學方面的障碍乃在其鼓勵和領導科學家之方式。概括地講，他們那種鼓勵和領導的方式有損科學一般發展的健康。在那種領導和鼓勵的空氣下產生出來的科學家應該不是加利畧、牛頓、馬赫、潘加利和愛因斯坦，而似乎是創發性較小的人物。共產制度領導科學家的基本原則是科學隸屬政治，因此共產制度下的科學研究極易聽憑共黨首腦的指示而採取某些重點。政治領導科學進一層的意義是科學研究的態度和方法需符合共產主義的教條。前文提到蘇俄科學家萬微洛夫爲另一生物學家呂生科所替代，就是因爲史太林認爲呂生科的理論更符合社會主義的觀點。唯物論辯證法是共產主義的經典，因此在蘇俄會根據這種辯證法改良小麥品種。辯證法既被視爲至高無上的原則，與其相對的形式邏輯在共產世界乃被無情排斥。近年形式邏輯的研究得到符號之助，突飛猛晉，在數學基礎及理論科學的研究方面皆有不可忽視的貢獻。這種事實使得蘇俄領導科學的首腦不得不作重大的讓步，准許形式邏輯涉及於數學方面的探討。並准許形式邏輯編入大學教本。但是這樣一種邏輯教本十分難產，不知是否已經編成(註二)。因爲根據符號邏輯雜誌的報導，過去數年累次嘗試皆未能獲得領導當局的批准（雖然那些編著教本的蘇俄邏輯家也許已經盡量遷就和小心。）蘇俄這種領導科學的方式一般講來，其損失實難計算。

前述馬赫，潘加利，愛因斯坦都是最有創發性的科學家和有獨立性的思想家。彼等之影響改變了整個時代。愛因斯坦自認其相對論中重要觀念得自馬赫及潘加利，而馬氏被列寧指爲典型唯心和反動哲學，在蘇俄成爲永恆攻擊之對象(註三)，相對論發表之初期亦被指爲唯心反動(註四)，而成爲共產黨鬥爭的對象。這類科學家之思想在蘇俄實無生長之機會，因爲違背共黨之經典亦如加利略之違背聖經。待愛因斯坦以上一個序列之思想獲得肉眼可見之結果，製成原子彈之後，蘇俄頭腦只有派間諜來偷。彼等竊取反動哲學之結果恐亦不免動搖其唯物辯證法之宗教信仰矣。蘇俄首腦揚言領導科學家，實爲科學界之恥。蘇俄對科學之態度，類似於羅馬而異於希臘，重於利用而違背科學之基本精神。

以上數點可見共產制度對科學發展之害，其弊端在於以政治策略和類似宗教的信條來領導科學。當然我們不是說這種制度不能產生科學，譬如他們已能發射人造衛星，古代埃及帝王純爲迷信所驅亦能建造金字塔而成爲歷史上工程界最偉大的成就。我們只是說共產制度並非健康地發展科學之道。現在蘇俄已實在地發射人造衛星了，他們的確已部分的上前。在這個挑戰下，自由世界將何以自處，以下我們將參考上文所論而作數點考慮。

第一、自由世界不可驚惶失措，而自亂脚步。在蘇聯挑戰之下我們固應有所調整，但可動的地方則動，不可亂動而動搖根本。首先，筆者以爲在自由世界中科學研究經費仍應遵循由人民保管和支配的原則，不可因極權制度的便利而放棄自己的根本。在民主的英美諸國，科學研究經費或由私人捐助或由政府津貼，而政府財源是由百姓上稅而來，撥多少欵項作爲何項科學研究應由人民代表批准。這種制度固常爲人所詬病，認爲作主人的百姓常失於短見。不過從長期看，人之短見可由人之理性抵償。百姓對自身之利益之了解是最親切的。如具有遠見的人能把遠見告訴他，他是很容易眞切了解和接受（也許時間上稍慢一點）。譬如民主國家的百姓都知道自由研究的重要，不以支持那麼多學術機構爲浪費。從相反的方向看，這種制度的優點却是極大的。科學的價值從經濟觀點看乃類似生產條件的資本：人們暫時犧牲某些幸福以之獲取科學知識而後用此知識爲工具再去獲取更多的幸福。這正如養來亨雞的人把雞所生之蛋不馬上吃而用去孵小雞，希望養更多的雞生更多的蛋才拿來吃是一樣的。在極權國家很容易發生這樣的事：一個人一生總不斷把雞蛋拿去孵小雞而雞蛋始終未能入口。當今蘇俄發射人造衛星，據說是花費了一四、〇〇〇、〇〇〇、〇〇〇美元而換來的。而人民却缺少鍋子、鞋子、盤子。科學成就對彼等之今生今世有何補益！而民主國家由於其政制設施庶可避免此類過份的離題。此外，人民掌握政府的錢袋是防止專制，保障人權的法寶，也是民主政治的精髓，不可輕動。

近年來，有識之士屢次指出美國第一流頭腦多進入商界、工程界，純粹科學方面的人材則頗感缺乏（就我所知不少在臺灣的大學數學系物理系畢業不久的學生便被他們很歡迎地延攬去服務）。這自然是一個危機。爲避免這個危機自然是要設法提高純粹科學家的待遇，增加研究經費，多成立幾所搜羅和容納愛因斯坦那類大科學家的機構。總之是要百姓在這方面多批准點錢。在美國負政治領導責任的人們似應多向他們的主人就這類事加以解釋，使其了解問題的重要性而勇於捐輸。如果美國朝野能朝這個方面努力，十數年內風氣不難一變。

人材向「純粹科學」方面轉移乃是當今民主堡壘的美國的當務之急。但是轉移的數量方面亦頗值得研究。不可一窠蜂，亦不可因噎廢食。一個人材處於工商界亦有其偉大貢獻，福特得使每一工人享有汽車，其功勞難道小於研究火箭的人？同理，那些廉價製造電視、五彩影片或克林奶粉的人都是百姓不可缺少的僕人。在物理或火箭範圍之外仍有許多科學家爲人類奉獻人造絲、肥料、盤尼西林、肺病特效藥。純粹科學之所以重要是因爲它乃是工商業的基礎，火箭之所以重要是因爲它有利於保衛自由世界的地盤。以這種輕重的分寸，自由世界可以重新調整科學界組織的內容。

本文總結說：當前自由世界科學界的組織情況是需要調整的，但不可抄襲共產制度之壞點而動搖大本。調整的强度應以保持科學平衡健康的發展爲原則。自由世界仍應保全自由研究的優良傳統。政治之介入科學武器的研究只以保持充份防衞和阻嚇的力量爲限。不以爭奇鬥勝爲主要目的。也許自由國家的百姓具有濃厚的競賽興趣，願在科學武器方面擊敗蘇俄方爲過癮，那倒事先無妨說明了大家出錢，立幾個新奇的目標來追求。譬如自由世界可以想法從地球這邊穿個洞，通過火熱的地心，直達蘇俄本部的任何地區。這就是一個很奇特而艱難的工程。能克服這樣一個艱難的工作不僅可以得到軍事的優勢，可以滿足人類的好奇心，而且可能刺激科學重要理論的進展。如果大家願意，不妨一試。只要百姓明瞭這個工作的犧牲性，但是爲爭勝的慾望還願出錢來做，那仍不失爲一合理的作法。

最後筆者願意指出蘇俄發射人造衞星乃爲人類科學上一大進展，值得每個人欣喜慶賀。但如果蘇俄把極大的代價和希望寄托在心理戰或思想戰的行使上則未免不值，亦可能終於感到失望。譬如最近波蘭華沙的民衆反對共產政權，焚燬俄人所建之文化宮，正是在蘇俄宣佈發射人造衞星以後幹的。這可見一樁科學行爲並不足遮掩一個制度的罪惡。

（註一）　祖國周刊十八卷十三期：念修：懷念萬徵洛夫，此文對了解蘇俄之科學界極有幫助。

（註二）　The Journal of Symbolic Logic. 卷17. 第 124 頁：

一九四七年以前，蘇俄之任何教育機構中皆無形式邏輯課程。有之只有辯證唯物論中馬克斯辯證法算是邏輯課程的代替品。但此種課程所涉及者實爲知識論問題 而非邏輯問題。在蘇維埃政權的早期，形式邏輯被斥爲屬於資產階級，而加以擯斥，彼等認爲形式邏輯爲玄學的、靜態的，因而歪曲變動中之事物的眞象。又認爲傳統的思想律，與三個基本辯證的規律不合。彼等認爲一切事物皆因內在矛盾的壓迫而發展和變遷，沒有東西能長期保持穩定而能被認爲自已仍與自已同一。因此A既是A又不是A。形式邏輯中的那些固定的觀念和關係會阻碍和扭曲正確的辯證「思想」。以上便是一九四七年以前蘇俄官方所持的立場。在一九四七這年，共黨中央委員會忽發佈一項命令，將彼等對形式邏輯的態度大加修改：形式邏輯課程可以在中學和大學中教授，在一些大學中並設立邏輯系，科學院中的哲學部亦增添邏輯部門。邏輯教員重被募集，邏輯教本則需加採購和修訂。（但一九四七年 Asmus 所編的教本與一九四九年，Strogouic 所編與 Vinogradov 和 Kuzmin 合編的教本皆遭嚴厲批判。至一九五〇年中還沒有被當局採納的教本出現。註者按：在蘇俄的科學家雖有幸得承上級之領導和愛護，但做起事來亦有相當的爲難呢。）

（註三）　見 Philipp Frank: Modern Science And Its Philosophy. 17頁

馬赫死於一九一七年，蘇維埃政府恰在這年握得政權，此時歐美人士很少曉得俄國的新統治者列寧曾在十年前印行一本書把馬赫主義斥爲反動哲學。他這本書造成新俄國一種奇異的情勢，使得馬赫成爲一個永恒攻擊的目標。

（註四）　同書第十章曾提及蘇俄對以愛因斯坦爲代表的一派新物理學的意見。列寧在一九〇八印行一書名「唯物主義與經驗主義──論一種反動派哲學」，對新物理學替唯心論服務頗表焦急和驚惶，他提到能及電磁理論對物質觀念方面所產生的改變。物理學家們都傾向唯心主義，常把他們新結果用這樣的話表示出來：原子並無物質性，物質是已消失了。列寧又說無疑這些物理學派是與馬赫及其他唯心哲學結合的。當列寧於一九二三執政後仍不忘唯物主義所遭危險及其危及共產主義的基礎，在「馬克斯主義旗幟下」雜誌上又寫一文說：「我們必須留心科學轉變的結果會使反動哲學興起。因此「馬克斯旗幟下」對此必須注意。否則我們之爲唯物主義而戰是旣沒有戰也沒有唯物。我這些話是對愛因斯坦而發的，雖然愛因斯坦本人在反唯物主義之戰中並非活躍份子。但絕大多數中產知識份子可能站在他的後面爲後盾。如是這樣，那我的話不僅對愛因斯坦而且也對十九世紀末葉以來的多數科學家亦同樣適用。

朱可夫下臺以後

易浮生

一、權力之爭未已

訪問南斯拉夫與阿爾巴尼亞回到莫斯科不到數小時的朱可夫元帥，突然被免去蘇俄國防部長的職位。這當然是一件驚人的消息。然而默察蘇俄的現局，朱可夫之下臺，也可謂爲意料中事。

自一九五三年三月史大林死後，卽有一九五三年六月貝利亞之被鳌肅，一九五五年二月馬林可夫被迫辭去部長會議主席，以及今年六月莫洛托夫、馬林可夫、卡岡諾維奇等的被淸算，這一連串的淸算鬪爭，無不表現俄共諸酋正不斷從事權力鬪爭。

極權政體原爲一獨裁政體，所謂集體領導，實係欺騙有同等地位之伙伴。故一九五三年三月馬林可夫登臺之日，卽倡導集體領導，赫、布奪得政權，仍以集體領導爲號召。赫魯曉夫明乎此，朱可夫亦明乎此。

據合衆社所傳莫斯科消息，在朱可夫尚未返抵莫斯科之數日內，蘇俄軍方的紅星報、紅海軍報、空軍報，都重申共黨對武裝部隊的領導。强調黨的領導是蘇俄在革命以及第二次大戰中獲勝的因素。關於這點，可作兩種看法：①是朱可夫有反對黨領導武裝部隊的表示甚至措施，（事實確實如此）爲赫魯曉夫所不滿，因赫恐軍人權勢太大，有可能發動軍事政變；②爲赫欲去朱，恐引起軍方之不滿，利用黨的領導作招牌，以穩定軍心。

正在邁向新史大林神座的赫魯曉夫，政治上的勁敵如莫洛托夫、馬林可夫、卡岡諾維奇等已被淸除。但以朱可夫爲首被赫利用以排除異已之軍人勢力，正日漸增强。此種情勢，當非赫所能容忍。故赫之去朱，代之以無赫赫之功的馬林諾夫斯基，又爲事勢所必然。

赫之此一舉措，當爲建築新史大林神座之又一次成功。然而，軍人是否確能穩定，米高揚是否躍躍欲試，馬林可夫、莫洛托夫等人之潛勢力是否待機而發，這些都是赫魯曉夫所面臨的困難。也可以說蘇俄權力之爭仍將繼續發展。

二、軍人有問題

在史大林時代，「光榮歸於史大林」，所以戰功彪炳的朱可夫，只有過着半放逐的生活。赫、布鬪倒馬林可夫而奪得政權，朱可夫亦出任國防部長。從表面看，似乎朱應爲赫、布集團之一員。而細心檢討，則是向馬林可夫鬪爭，赫、布與朱有其共同要求，因爲馬是史大林一手提拔的繼承人，百分之百執行史大林政策，爲赫、布更爲朱可夫所不滿的政策。

朱可夫以「功高震主」不見容於史大林，當亦可能「趾高氣揚」不見容於赫魯曉夫。朱自一九五五年任國防部長後而廢除政治委員與部隊長副署制度，認其有損部隊長之指揮權。赫魯曉夫爲要向莫洛托夫、馬林可夫、卡岡諾維奇諸人開刀，仍須利用朱可夫，故暫予容忍。現莫、馬諸人已鬪倒，朱可夫就順理成章成爲應被鬪的次一對象。

蘇俄軍人並不是一個整體，單以元帥們來說，即有如下之區分：

蘇俄之元帥制度，與他國不同，共分三級，第一級爲「蘇俄元帥」，第二級爲「兵種大元帥」，第三種爲「兵種元帥」。「蘇俄元帥」可充任軍區統帥，「兵種大元帥」爲某一兵種之最高級軍官，「兵種元帥」等於統率一軍之大將。爲不擴大本文範圍，故僅就「蘇俄元帥」加以說明。

目前蘇俄元帥共十七人：

①伏羅希洛夫(最高蘇維埃主席團主席)
②布將尼
③提摩盛柯(白俄羅斯軍區司令)
④朱可夫(被免職之國防部長)
⑤瓦西列夫斯基(國防部第一副部長)
⑥柯涅夫(陸軍總司令，華沙公約聯軍總司令)
⑦洛柯索夫斯基(新任北高索軍區司令，原任國防部副部長)
⑧馬林諾夫斯基(新任國防部長，原任副部長)
⑨梅列茨柯夫
⑩布爾加寧(部長會議主席)
⑪索可洛夫斯基(參謀總長)
⑫巴格拉米揚(國防部次長)
⑬比留佐夫
⑭格列齊柯(駐東德派遣軍司令)
⑮蘂勒門柯(原任北高加索軍區司令，新職不詳)
⑯莫斯卡連柯(莫斯科軍區司令兼防空總司令)
⑰崔可夫(基輔軍區司令)

上列十七人中，一至十一係史大林時代所加封者，以下六人爲赫、布所加封，當與赫、布有較密切關係。前十一人中，除伏羅希洛夫，布將尼二人已成元老派外，其餘如柯涅夫，馬林諾夫斯基，二人均接近赫、布，連同布爾加寧本人，赫、布所能掌握之「蘇俄元帥」共有九人，事實上已佔絕大優勢。

然而，朱可夫以「蘇俄英雄」之姿態，無論在軍隊與人民心目中，都享有高度的榮譽，而受到景仰。由於此種優越地位，朱可夫對赫魯曉夫「趾高氣揚」亦屬情理之常。在元帥羣中，朱可夫之氣焰亦可能不可一世。於是赫氏利用朱出國訪問之機會，安排一幕鬪爭活劇，待朱返抵莫斯科，即行上演。

三、未來之影響

朱可夫被免職，不僅使蘇俄全國及共產集團驚訝不已，而且自由世界也爲之震動。蓋因其影響未來局勢之和、戰問題，以及蘇俄與共產集團內部之全般問題，茲特分述於次：

對蘇俄國內：

①毫無疑問，赫魯曉夫正踏上史大林式新王座。自今年六月赫鬪倒馬林可夫、莫洛托夫諸酋以後，政治上的敵人已告肅清。現又將可能推翻其新王座的朱可夫清除，於是赫之權勢幾已接近史大林當日之權勢。目前俄共其餘諸酋中，已無一人可與赫魯曉夫抗衡。是赫已完成其新王座的建築工作，而成爲新的史大林。

②然而，朱可夫爲蘇俄軍隊與人民心目中的英雄，認其爲拯救斯拉夫人免於希特勒蹂躪的大功臣。赫魯曉夫使用權謀將其清除，將使蘇軍與蘇俄人民產生强烈的憤懣。因之赫酋不得不畀朱以「與其經驗及資歷適宜之新職」，以平軍民之憤怒。但蘇俄軍民對赫爭奪政權以及維護政權之殘酷手段，已瞭然其與史大林如出一轍。若欲細加區別，則史所採用者爲屠殺；而赫所採用者爲虐殺。如莫洛托夫之出任外蒙大使，馬林可夫之任電廠廠長，實無異予彼等以精神虐待。朱可夫當難逃此同一命運。赫所採用之手段，雖能逞快於一時，然爲大部份蘇俄軍民所憎恨、所反對，因而從根懷疑所謂「社會主義制度」及其所以形成的共產主義。斯卽等於將革命種子播植於蘇俄軍民的心田上，終將有爆發之一日。

③此種情勢，當爲赫酋所明瞭。故其對內政策，可能略向人民讓步，有限度提高人民的生活。但勢必加强思想控制，亦卽黨的控制，以免發生革命運動。

④但蘇俄的對外政策，不可能有任何更改。十月七日赫魯曉夫對紐約時報外交記者萊斯頓的談話，可以作爲答復。

「萊斯頓問：您是否認爲如果發生新戰爭，被消滅的只是資本主義國家，而共產主義將勝利？

赫魯曉夫答：我們說，新世界大戰的結局只會使資本主義崩潰，這完全不是說，社會主義國家在這樣的戰爭中不會遭到損失。然而我們深信，社會主義將繼續存在，而資本主義却不能保持。因爲，儘管損失巨大，人類不僅會仍然存在並且將繼續發展。只有帝國主義會發動戰爭。戰爭一旦爆發，人民就要一次地、永遠地結束產生戰爭的社會制度，在本國建立社會主義制度。

……………

萊問：四十年後的蘇俄和整個世界將會是個什麼樣子？

赫答：……談到這段時間世界上將會發生的變化，則可以滿懷信心的說，如果人民能够制止侵略勢力，如果世界能够避免熱核戰爭的危險，那末人類就會在一切發展方面沿着進步的道路大踏步前進。世界將朝着馬克思、恩格思、列寧理論著作中淸楚說明了的方向發生變化。我們共產黨人深信馬克思、列寧的學說必然勝利。」

從上述兩段談話，應能明瞭赫酋的最終目的是「馬克思列寧的學說必然勝利」。

對共產集團：

①蘇俄國內的不安，當然影響東歐附庸的懷貳。赫酋利用十月革命四十週年紀念的機會，召所有附庸頭目集中莫斯科，無疑將商討軍事、經濟各方面的問題，實際上當爲蘇俄對附庸國加强軍事與經濟的控制。

②而閿朱事件發生以後，在蘇俄國內，固將發生思想動搖；附庸國內，更將如匈牙利革命時的情況，發生思想上的紛擾。故此次各國共產頭目莫斯科大會合，可能商討恢復共產情報局，以統一思想，淸除內部的反抗運動。

③由於蘇俄及其附庸內部有可能發生問題，蘇俄除自身在鄰近地區製造局部糾紛(如土敍糾紛)，同時亦將促使附庸各國向外積極滲透，製造若干事件，以和緩內部的反抗運動，以分散民主陣線的團結。

④但狄托對赫魯曉夫將益增疑懼。赫布奪得政權以來，不斷使用「移樽就教」，經濟援助等手段，以求狄托重回共產集團懷抱。此一工作，原已具有若干成效。然而朱可夫之突被免職，時間恰在訪南回返莫斯科。是朱狄之間，可能有澈底肅淸史大林分子之默契。蓋因朱狄同遭史大林之貶抑，有此默契，並非偶然。誠如是，則正爲赫去朱之一重大理由，因赫外表上反史大林，乃係一種坐穩新王座的手段，而實際上赫係一十足的新史大林。故赫去朱，無疑將使狄托對赫發生疑慮。狄之突然患病不參加莫斯科革命四十週年紀念，即其明證。但狄托究屬共產黨徒，一旦自由世界與共產集團發生衝突，狄托終將倒向共產集團一面。吾人可以利用赫狄之分離，然不能對狄托卽存倒向西方之奢望。

四、自由世界應有的努力

基於上述分析，已獲知俄共諸酋政權之爭奪未已。軍隊與人民均對極權暴政憎恨，有可能從內部發生革命運動。而附庸諸國，亦各懷離貳，使整個共產集團呈現不穩狀態。但此種情況只能謂共產集團本身有危機存在，而不能謂其將自我崩潰。反之，赫魯曉夫之流，面臨危機，爲移轉內部之憤懣情緒，可能冒險發動戰爭，故自由世界面臨此一新形勢，應作如下之努力：

①自十月四日蘇俄宣佈第一顆人造衛星放射成功後，赫魯曉夫不可一世，大發狂言，且對美國的科學技術極盡譏諷之能事。蘇俄現又放射第二顆人造衛星，當美國人造衛星尚未放射成功以前，蘇俄勢將再次大事譏諷。此種做法，固屬宣傳，但其打擊美國之威望，及動搖若干原採中立主義之國家對美國的信心，實收極大之效果。卽美國之友邦亦認爲美國之科學技術落於蘇俄之後。斯實爲一嚴重之心戰。英美已窺見其嚴重性，故正商討科學技術之合作。此當爲明智之舉，但必須注意兩點：A擴大合作範圍，應不僅限於英美兩國；B提高警覺，防範蘇俄間諜偷竊研究成果。

②科學技術合作，固爲自由世界針對蘇俄人造衛星宣傳攻勢的緊急措施。而自由世界之另一弱點，則係各自爲政，各以本身利益爲前提。此種自私小我的心理，恰爲蘇俄滲透分化開闢道路。故必須有計劃的眞誠團結，使蘇俄無懈可擊。

③自由世界另一問題爲落後國家，此等地區界蘇俄之滲透以優越條件，如埃及、如敍利亞，比比皆是。故必須有計劃給與軍經援助，以免其淪爲蘇俄的附庸。欲求美國艾森豪主義能在落後地區收取實效，主要爲英法等國澈底放棄殖民主義思想。如英法對蘇彝士進軍，北非之阿爾及利亞問題等，既予蘇俄以攻擊之借口，且使美國之軍經援助喪失作用。今後應採取整個行動，不再相互抵消，則落後地區庶不致再落入蘇俄掌握中。

④攻擊人的弱點，等於爲自己製造有利條件。吾人應承認事實，去年十月匈牙利革命運動，失掉一拯救匈牙利人民的機會。今年中國大陸的抗暴運動，又失去一拯救中國人民的機會。此種援助蘇俄附庸國革命運動的工作，卽等於截斷蘇俄共產魔王的爪牙，因而使其不敢輕易冒大戰之危險。依照目前情勢之發展，附庸國內仍有爆發革命運動之可能。自由世界必須製訂政策，有計劃的援助此類革命運動，若能使蘇俄的附庸逐個脫離共產集團，則蘇俄惟有蟄伏於俄羅斯的領土內，戰爭的威脅反可減輕。

⑤終極言之，蘇俄的政策既必須從根摧毀資本主義，是則自由世界不僅應消除與蘇俄和平相處的幻想，且應製訂共同政策從根消滅共產主義。須知蘇俄今日仍在爭取時間以求獲得優勢，若蘇俄優勢在握，其對自由世界，將爲絕對戰爭。故自由世界必須利用千載一時的良機，全力圍攻蘇俄，澈底消滅共產主義，以求自身的生存，爲人類之後代造福。

西德通訊·十月三日

綜析西德第三屆大選

紀夢平

一　序言

西德於今年九月十五日舉行的大選，在今日危機四伏的國際政治上，當爲一樁不得忽視的大事。這一方面由於自戰後以來德國統一問題久懸未決；同時西德數年來在政治經濟上的成就，使其無形中在西歐及國際政治上佔有重要的地位。況西德位於歐洲心臟，面臨東歐，又使其成爲防禦共產國家向外侵略的屛障。如就西德本身來說，這次大選則尤值得重視，因爲它決定今後四年的西德內政外交。

西德本由美、英、法三國佔領區合併成立「德意志聯邦共和國」，分全境爲九邦，實行高度地方自治。一九四九年五月八日制定西德「基本法」，亦稱爲「波昂憲法」，我們也可以稱它爲德國統一前的「臨時憲法」。根據這部憲法，西德的政治制度採用內閣制，總統僅爲國家元首，行政大權則操於國務總理，但國務總理應向國會負責，西德的國會是採用兩院制的，參議院由各邦政府選派參議員成立；衆議院由聯邦普選組成。由於兩院的性質不同，因此在組織及職權上亦有着不少的區別。在權限方面，除對凡涉及與憲法有關或與聯邦制度有關及關係各邦利益的主要法律時兩院權力相等外，參議院的權限遠較衆議院者爲小，祇是在立法方面對衆議院發生牽掣作用而已。況參議院對授權國務總理組閣或推翻政府事是無權過問的，而由衆議院自行擔任控制及監督政府工作的責任。由此，我們可看出衆議院在西德政治上的重要性；而衆議院議員因任滿改選，其結果會直接影響西德今後四年的政治動向。因此我們認爲實有把這次大選的前後因果加以分析研討的必要，瞻望今後西德政治的動向。

二　選舉法的特徵

至於參議院的組成，因各邦佔有議席數量彼此不同的緣故，使各邦的地位在聯邦中有着差別的待遇。參議院議席分配的原則乃視十邦各自所轄區域的廣狹而定，以三席爲最低額，五席爲最高額，由各邦推舉產生。衆議院議席分配的標準則以人口總數爲比例，由全民投票直接選擧之。衆議員任期四年。西德這次改選衆議員所採用的選擧法，與一九四九年及一九五三年選擧時所採用者相同。一般人雖籠統的稱爲「比例選擧法」，實際上這是一種由兩種選擧法合併而成的「雙重式」的選擧法，德人稱其爲"Personalisierte Verhältniswall"(參予個人候選制的比例選擧法)。根據這部選擧法，選民在投票時得在其唯一選票的前半張選擧其選區的議員，在後半張選票上選擇其本邦中參加競選各黨各自提出的「候選名單」。然而選民投票時在前半張選票所取的決定，絕不因其在後半張選票選擇結果的約束。也就是說，選民在所屬選區中所選的候選人的黨籍並不需要一定符合其在「邦」中所選擇的黨派。故此，就理論上解釋，西德衆議院的四九四名議席的半數得產生於在其全境所劃分的二四七個選區，以個人競選方式，採用「普通多數制」選擧；其他半數得以「邦」爲選擧範圍，由各黨提出「候選名單」，採「比例選擧法」選擧產生。然而，事實上則不然，以個人候選的「選區法」只不過是整個選擧法的一個補充，使選民有直接對候選人物選擇的機會；僅有在各邦中以各黨提出「候選名單」的後半部選擧法纔是眞正決定選擧結果的關鍵所在。因爲議席的分配是根據各黨「候選名單」所獲選票的總和，依照比例法，以「最大中數」計算之。但各黨依此計算方式所得的議席總額中應減去其以「選區法」中選議員的數目。譬如：一政黨在全境各邦所提出的「候選名單」獲票總和，依比例法計算應分得一百議席；但該黨已在全國二四七個選區中有二十個選區中的候選人獲得多數而中選，則此二十名中選議員會同該黨「候選名單」上的前八十名出席國會衆議院。因爲以選區法所產生的議員爲必須當選議員。而參加競選的政黨又可利用選區法，以候選人個人在地方上的聲望爭取其在該邦中僅以單純的比例選擧法所無法獲得的議席。此外，在四九四名原訂議席外所增闢的三個議席，其產生辦法，則就單純的比例選擧法選擧之。

就以上所述，使我們對西德的選擧法已有一個比較淸晰的認識。但在研討這次參加競選的黨派以前，我們應再補充幾點有關選擧的其他規定：①凡參加競選的政黨必需在西德全境各邦獲得百分之五的選票，或在三個選區中其候選人獲多數票中選始得分配議席。故此基督敎民主黨及「社會民主黨」彼此間爲扶植其附庸小黨的勢力，以避免淘汰起見，對此項規定不得不有所準備。如基督敎民主黨在下薩克森(Niedersachsen)邦中的三個選區中，促選民投票擁護「德意志黨」(Deutsche Partei簡稱D.P.)，而不再提名其黨中候選人參加競選。同時社會民主黨在巴伐利亞(Bayern)邦中的四個選區中亦有同樣措施，以避免「聯邦聯盟」(Federalistich Union)的淘汰。②各黨不得實行聯合競選。③現役軍人可參加競選及投票，但於出入競選場合時不能穿著軍服。④旅行國外渡假的德人，因故不能屆時趕回時，可利用通訊辦法投票，以盡其公民權利。此後兩項規定爲本屆大選所首創，乃德國有史以來各屆選擧中從未曾有者。

三　參加競選的政黨

在此次大選中，參加競選的黨派，在數目上一如往昔各屆，有大小十數個單位之多；包括：執政黨的基督教民主黨及德意志黨和中立的或反對政府的在野黨派如：社會民主黨、聯邦聯盟、自由民主黨、難民黨，新納粹黨、丹麥少數民族派、自由黨、獨立派等等。實際上，在這十多個政黨中，除一基督教民主黨及社會民主黨兩大勁旅外，亦僅有自由民主黨尚握有若干勢力，成爲西德的第三獨立政黨。此外如德意志黨乃基督教民主黨的依附黨，由巴伐利亞黨（Bayern Partei）及中央黨合併成立的聯邦聯盟乃社會民主黨的附庸份子。難民黨在上屆大選後雖尚能佔有議席，但經四年來的演變，其勢力已消弱；其他各小黨派實力脆弱不堪，且在一九五三年大選時即已被擯出西德政壇，而成爲這次大選中無關緊要的點綴物而已。

基督教民主黨是西德最大的一個政黨，由現任西德總理艾德諾（Konrad Adenauer）主持，自一九四九年首次大選後執政迄今從未中斷。由於在西德沒有勢力强大保守性的右派政黨的存在，使艾德諾所領導的基督教民主黨無法像法國及意大利的基督教民主黨居於國內政黨中間派的地位；況且就其社會背景看來，西德的基督教民主黨擁有國內的大資本家，大企業等等的支持，成爲代表西德資產階級的政黨。但在選舉中，該黨選民並不僅限於此一狹小的階層，數量可觀的選民仍出自工人羣衆，然而這一現象並不能單純的解釋爲工人羣衆對基督教民主黨的社會政策有何過份的期望，宗教信仰的影響仍是一個十分重要的因素。在西德每屆選舉中，無論新舊教當局一向替基督教民主黨作競選宣傳。如本屆大選中西德各天主教區主教倡言選民在投票時不應單純的以候選者競選宣言的內容作爲選擇的準繩，而應選舉能够保障法律、家庭、社會及宗教信仰的政黨。因此使基督教民主黨首先掌握了全人口四分之一的天主教徒。事實上基督教民主黨在歷屆大選中，其最得力的王牌乃艾德諾總理的個人聲望。這其中原因當然由於自一九四九年艾德諾連年執政成功的結果，使西德經濟日益繁榮，同時國庫基金充實，使馬克成爲今日世界上最穩固的貨幣之一。況德國人民的傳統國民性一向「英雄崇拜」，無形更促成艾德諾的超越地位。在這次大選中，基督教民主黨爲應付選舉，內閣各部放棄暑期休假，八十一歲高齡的艾德諾總理更自乘專車，走遍各邦作競選演說，其所持政策乃繼續忠誠擁護北大西洋公約組織及自由主義經濟制度；對德國統一問題，艾德諾認爲有關歐洲安全性組織談判的積極進行，將會迫使蘇俄予東德一千七百萬人民以自由。艾德諾一再發言攻擊社會民主黨，稱如其在大選中獲勝即等於西德的毀滅，使德國無條件的成爲共產集團的附庸。

在基督教民主黨以外勢力最大的要數社會民主黨。該黨是西德社會主義勢力的代表，也是政府的主要反對黨。其社會背景乃勞工，部份自由職業份子及在機關內服務的中下級幹部。該黨在西德工會中甚具實力，且在中級社會中活動甚力。然而其在選舉中的成就實基於不少勞工對其支持，而非該黨反對政府政策的收穫。在這次競選時，社會民主黨黨魁奧令豪爾（Erich Ollenhauer）在各地發表演說，雖一再攻擊執政黨一切措施，及艾德諾的親美外交；該黨並提出包括十點政綱的競選宣言，。然而就最近二三年來該黨政策看來，無論是對歐洲問題甚或德國整軍方面，該黨態度已無疑問的較前時爲之緩和。況且由於艾德諾自由主義經濟制度八年來的成就，已無法使德人對社會主義制度感到更大的興趣了。此外，因西德共產黨已被解散，使社會民主黨在本屆大選中得到了一個外來的助選團。東德共產黨機關報新德意志（Neues Deutschland）一再宣言促共產黨員投票支持社會民主黨以打擊艾德諾領導的執政黨。不但其能發生的效果微乎其微，反之有協助基督教民主黨的結果。

西德政壇中除去以上兩黨外，所值得介紹的實只有自由民主黨了。該黨雖位居第三，成爲自由主義的中間性政黨，然而其在西德政治上所能發生的作用早已不被人重視。該黨份子雖大部爲自由職業從事者及知識份子。但並不能代表某一社會階層，其勢力僅集中於黑森（Hessen）邦北部，萊茵（Rhein）區中部及巴伐利亞邦西南部的史瓦本（Schwaben）區域，其黨魁麥爾（Reinhold Maier）在競選時態度頗爲保留，如此將使人認爲今後自由民主黨擬在大選後再選擇其有利的方向。

四　選舉結果的分析

西德的大選在基督教民主黨與社會民主黨經過一番鏖戰後，於九月十五日在平靜的氣氛下進行。參加投票的選民達百分之八十八强，其踴躍情形打破西德歷屆的紀錄。茲先將此次投票結果與上兩屆投票結果列比較表如下：

這次大選的結果基督教民主黨所獲選票數量較上屆多得二百五十五萬，佔投票總數的百分之五〇・二一。雖社會民主黨也有一百五十萬的進展，然而算起來非但比基督教民主黨少百分之一八・五；如再與一九五三年大選結果加以比較的話，兩黨的差別則由四百五十萬票增至五百五十萬選票。這次艾德諾領導的基督教民主黨所獲的驚人勝利，連其黨內最樂觀的人士事先亦未會預料到，這實是德國選舉史中的空前現象。鐵血宰相俾斯麥在一八七四年大選中僅獲選票總額的百分之三十八，而希特勒當時亦只不過獲得百分之四十三的選民的擁護。此次基督教民主黨却獲百分之五十强。本屆大選基督教民主黨最大的成績應屬在巴伐利亞邦，其所獲選票由一九五三年的百分之四七・九增至百分之五八・八，且在該邦的四十七個選區全部由基督教民主黨候選人一手包辦。因此社會民主黨與巴伐利亞黨在該邦中的合作不但完全失敗，且使巴伐利亞黨受到更慘重的結果，不能參加西德國會。其次如在北萊茵—西伐利（Nordrhein-Westfalen）及萊茵—普伐茲（Rhein-Pfalz）兩邦內基督教民主黨的勢力亦同樣有顯著的進展。前者由一九五三年的百分之四八・九增至百分之五五・一，後者由百分之

黨派	選票數 一九四九	選票數 一九五三	選票數 一九五七	票百分比 一九四九	票百分比 一九五三	票百分比 一九五七	議席 一九四九	議席 一九五三 第二屆國會開始時	議席 一九五三 第二屆國會結束時	議席 一九五七
參加投票選民	三一、一七九、四二三	三三、〇三九、九七八	三五、三三〇、〇〇〇	七八·五	八六·二	八八·二四				
I 執政黨：										
基督教民主黨	七、三五九、〇八四	一二、四四〇、七九〇	一四、九九八、七五四	三一	四五·二	五〇·二	一三九	二四四	二五一	二七〇
德意志黨	九三九、九三四	八九七、九五三	一、〇〇六、三五〇	四·六	三·三	三·四	一七	一五	二一	一七
II 反對黨：										
社會民主黨	六、九三四、九七五	七、九三九、七七四	九、四九〇、七二六	二九·一	二八·八	三一·七	一三一	一五〇	一五二	一六九
聯邦聯盟（巴伐利亞黨）	九八六、六〇六	四六五、五五二	二五四、〇七一	四·七	一·七	〇·九	一七	—	—	—
聯邦聯盟（中央黨）	七二七、三四三	二一七、三四二		三	〇·八		一〇	三	—	
自由民主黨	二、八八九、九二〇	二、六二八、九五六	二、三〇四、八四六	一一·五	九·五	七·七	五二	四八	三四	四一
難民黨	—	一、六一四、四七四	一、三七三、〇〇一	—	五·九	四·六	—	二七	一八	—
新納粹黨	四二八、九四九	二九五、六一五	三〇七、三一〇	二·一	一·一	一	五	—	—	—
中立黨 (G.V.P.)	—	三一八、三三三	淘汰	—	一·二		—	—	—	
共產黨 (K.P.D.)	一、三六一、七〇六	六〇七、四一三	被禁	五·三	二·二		一五	—	—	
復興黨 (W.A.V.)	六八一、九八一	—	淘汰	二·七	—		一二	—	—	
丹麥少數民族派	七五、三八七	四四、六三三	三二、二六〇	〇·三	〇·一	〇·一	一	—	—	—
自由黨	二一七、二六七	—	—	〇·七	—	—	二	—	—	—
獨立派	一、一三四、四六六	—	—	四·九	—	—	三	—	—	—
其他	八七、三九四	七一、〇三三	三、八四一	〇·三	〇·二	〇·四	—	—	二	—
合計	二三、八二四、九一三	二七、六四〇、八五六	二九、七八〇、一五九	100	100	100	四〇四	四八七	四八七	二九七

五二·一增至五三·七；使社會民主黨在此兩邦的選票不但無法超出三分之一的數額，而且該黨原希望在該地區幾個大都市中恢復其在一九五三年被奪去的地盤的打算亦完全被粉碎。茲將西德二大政黨在各邦中所佔多數的分配繪圖如下以供讀者參考：

至於社會民主黨在本屆改選中所獲的進展，吾人則實無法對之作樂觀的解釋。因其新獲的一百五十萬選票只不過是在收容了被陶汰的左派「中立黨」及被禁後「共產黨」的選民。況且在本屆選舉中數近五百萬的選民，或係初次投票的新選民，或係四年間由東德逃出首次參加投票者。而社會民主黨卻無法以部份掌握。因此使吾人有「青年反對社會主義」的感想。這當是社會民主黨最失敗的地方。

在執政與反對兩大黨外，唯一富有獨立性的自由民主黨的選舉成績雖擁有百分之七·七的選民，然在選區競選中較一九五三年竟損失十三個選區，而僅有史乃德博士 (Dr. Schneider) 一人在薩爾 (Saar) 邦的選區中中選。自由民主黨的失敗當無疑問的受基督教民主黨勢力過度進展的直接影響。也可以說由於自由民主黨脫離政府使其部份選民轉向基督教民主黨。此一現象使自由民主黨的處境日漸困難，而有左右為難之感。故西方一般政論家懷疑今後自由民主黨的生存。

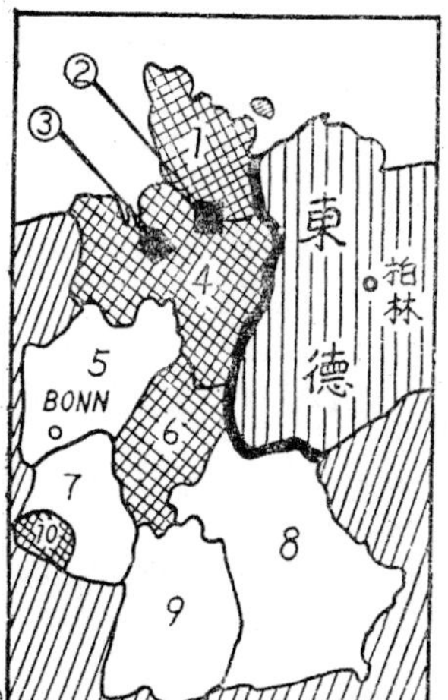

□基督教民主黨佔絕對多數
▨基督教民主黨佔普通多數
■社會民主黨佔普通多數

註：
1. Schlesweg-Holstein 邦
2. Hamburg 邦
3. Bremen 邦
4. Niedersachsen 邦
5. Nordrhein-Westfalen 邦
6. Hessen
7. Rhein-Pfalz 邦
8. Bayern 邦
9. Baden-Württemberg 邦
10. Saar 邦

西德國會改選後，使基督教民主黨及社會民主黨擁有百分之八十二的選民。國會中黨派由十二黨而六黨，至今僅餘四黨，使人感到西德的選舉法實有助大黨勢力的膨脹，實際這也就是當初制定選舉法者的本意，企圖制止小黨林立的局面以求政治的穩定。

五　結論

綜合上述西德大選的前後因果，使吾人得到以下四點結論：①今後西德的政黨政治將成為「兩黨制」。②由基督教民主黨在大選中的絕對勝利，吾人可肯定的說今後西德不論在內政抑或外交，其基本政策將循舊轍而不變。③基督教民主黨的勝利使西歐的安定秩序得以鞏固，對反共陣營言更有無比的利益。④然而基督教民主黨勢力過度的進展使吾人感到少數意見的發揮不免受到阻礙；且為保障民主政治原則起見，吾人終期望能有強大的反對黨出現，以協助執政黨維護民主的政黨政治制度。

印度各大學研究中國歷史與語文概況

吳秀雲

中印兩國同爲東方文明之古國，兩國在文化上發生關係始自東漢，下迄兩宋，實爲世所罕見。惟宋以後，中印關係似告暫時斷絕，因那時適爲印度莫兀兒王朝時代，回教入侵，婆羅門教及佛教皆受極大打擊，我中印兩國交往，原藉佛教作媒介，故受影響。近代中印兩國關係之再開始，實自一九二四年印度詩人泰戈爾受我國學人梁啓超、張君勱、梁漱溟及徐志摩等之邀，赴華訪問，泰翁到華之日，且與林徽音女士在北平合演其名劇吉屈拉(Chitra)，轟動一時。嗣後我國學人遂開始譯述泰氏著作，而國人赴印度留學者亦有之。迄第二次世界大戰開始，中印兩國並肩作戰，戰事結束，印度獲得自由獨立，學術文化上關係，益形密切。兩國不但交換學生，且印度各大學設研究兩國文化課程，十年來未嘗中斷，茲將印度各大學研究中國歷史及語文情形分述如左：

㈠德里大學：德里大學爲印度中央政府所直接辦理之大學，故規模宏大，設備完善，學生達一萬二千多人，爲全印之冠。現任校長爲印度副總統羅達克立須那博士(Dr. S. Radhakrishnan(。該大學歷史系設有中國歷史課程，原由周祥光博士擔任，嗣於一九五四年秋間，周君轉任阿拉哈巴大學(University of Allahabad)漢文教授，乃離開德里，現此職由印人擔任。

㈡印度國際問題研究所：該所係屬於德里大學的一個研究機關，內分歐洲組、美洲組、西亞組、及東南亞組。在東南亞組中，設有中國歷史一課，由日人 Dr. Inoi 教授擔任；中國語一課，由羅蘅女士負責。羅女士畢業於國立中山大學教育系，學驗俱優，頗得好評。

㈢中央行政人員訓練所：該所外交組設有中國現代歷史一課，由周祥光博士兼任。

㈣中央教育學院：該院爲德里大學之一個研究單位，內分教育學士、碩士及博士學位等考試，設有中國社會教育一課，原由查良釗教授擔任，查君於一九五三年返臺出任考試院考選委員，此職現由印人擔任。

至於設立中國語文課程者則有：

㈤國際大學：該大學設有中國學院，教授語文，院長一職，由國人譚雲山教授擔任。查國際大學原爲泰戈爾所設之私塾，嗣因戴季陶、太虛法師等創辦中印學會，並由蔣總統捐欵印幣五萬盾，建立院舍。語文課程分爲兩班，一爲中文證書班，二年畢業，一爲中文文憑班，三年畢業。現有學生十餘人，教師二位，一爲魏銈蓀，係前中央社駐印特派員，一爲釋宙羅，爲太虛法師派赴暹緬學法團中的一位高僧。

㈥阿拉哈巴大學：阿大創辦一八八〇年，有七十餘年之歷史，爲北印度之最大的大學。該大學於一九四八年開辦漢文系，成績平平，學生稀少，該校乃於一九五四年改聘周祥光博士擔任教授之職。周君接任以來，積極整頓，並添加新聞閱讀一課，及用錄音機協助施教，成績斐然。該系課程爲二年，學生考試合格，給予文憑。現有學生三十多人。

㈦印度教大學：設有中文課程，由薛雷君擔任執教，薛君畢業於中央政治學校，復在印度教大學畢業，頗爲學生所贊許。

㈧加爾各答大學：該校未設有中文正式課程，祇有中文夜班，一年畢業。由前華僑中正中學教務主任張敬擔任，張君曾畢業於北平師範大學。

㈨國防部外語學校：設有中文課程，所有學生均係陸軍部隊所保送之官員，由楊允元君擔任教課。楊君畢業於中央政治學校，曾執教於中山大學，學驗俱佳，頗得印人器重。

㈩陸軍軍官學校：設有中文課程，由印人泰无量(Mr. Amiya Tagoer君擔任教課，泰君爲詩人泰戈爾之孫，會畢業於國際大學，後由印度政府派赴北平留學，中文程度頗高。

我人觀乎上列十所院校所設研究中國問題，都着重於語言的教學。鮮注意到對於漢學之研究，實爲美中之不足。惟有兩國明曉彼此文化與文明，始克互相尊敬。在印作此工作者，殊屬寥寥。年來祇有周祥光博士寫了「中國佛學史」「中國近代史」「中國政治思想史」「中國文化史」「佛教與禪宗」及「無相頌講話」諸書，均用英文寫作，使印人略知中國思想狀貌。尤其周君所著「中國佛學史」一書，達十二萬言，經印人譯爲各種印度文，足見此書價值所在。張君勱曾將其在印各大學講稿，彙集成書，名爲「中國與甘地的印度」。至於國際大學譚雲山亦曾著有「中國、印度與世界大戰」一書。於此可知，我們對印度在文化與學術上的介紹工作，實在貧乏得很。今日印度雖與我中華民國無正式邦交，可是中共決非印度人眼中的中國，我們應致力於學術文化聯系，實爲要着。

民國四十六年九月十六日寄自加城寄寓

無題

思果

我知道讀過百科全書的人只有一個：高斯爵士 (Sir Edmund Gosse 1849-1928)。他曾經說過，他幼年時常常抽出一本「一便士本百科全書」來，逐條讀下去：Parrots, Parthians, Passion-flowers, Passover, Pastry……至於這些字知道了有什麼用，他可不管。最低限度，他總知道一些有關 peo. nies, pemmican, pepper 的事情。

有一天我也打開了辭海的「王」字，就讀完了「王人、王八、王子、王允、王公、王水……」這許多條。「王允」我本有些知道；「王人」之爲複姓，我絲毫不感興趣；「王水」更不用說是沒有味的；可以一讀的，只有「王八」這一條了。我想細讀草、木、蟲、魚等部，總不會無益、枯燥。中國的字照部首排，比英文字照字母次序排，要好些，多數的字是以類聚的。「王」字以下各條，若是依次看去，我們就會遇見王家歷代名人的陰魂，好像進了王家的祠堂一樣，有憤世嫉俗的王充，吝嗇的王戎，藻飾太甚的王世貞，看起來像瑤林瓊樹的王衍，法令苛繁，使民不聊生的假皇王莽……可惜辭海裏這些人都沒有生辰年分，也太簡略了一些，給忙人查查倒也簡單扼要，若想多曉得一些那些人的身世，就要查別的書了。希望有一天我們有一部新的「尚友錄」，每一個重要的人物都有像胡適之先生寫的丁文江傳那樣好的傳記，那就是國家的大幸了。要使中國人愛國、想做偉人、就要有這種傳記。在學術上中國人該做的事眞多，可惜民國以來，學者們的心給別的事分了，沒有人來做。就如古籍的索引工作吧，就是一件非常重要，而且急切需要的，有幾本書是做了的呢？我們到現在還沒有一部够普通應用的百科全書，這眞是很糟糕的事。

無論如何，百科全書是給人翻的，人生有涯，怎能把寶貴的歲月消耗在各種繁瑣的條目上面？我前些時讀英國切司特吞 (G. K. Chesterton 1874-1936) 的文集，有一篇文章裏面說起，他打算寫一本詩集，專詠口袋裏的東西。接着他又說，他發見這本詩集要是寫成功的話，就太長了，而作史詩的時代已經過去。我讀這篇文章的時候，正在渡海船上，覺得「口袋裏的東西」也是一個很好的散文的題目。那天我穿了西服，全身大大小小一共有十六個口袋，雖然用得着的不過一兩個，可是口袋齊全，凡是男子隨身應有的東西，都有預備好了的地方去放，如果你不放，也不要緊。這就帶些百科全書的意味了。

我當時一掏口袋，並沒有許多東西放在裏面，我如果寫一本散文集，專談口袋裏的東西，恐怕只有幾百字就完了。切司特吞未必富有，他是個胖得嚇死人的人，口袋裏未必放着許多東西。但他有天才，世界很少有像他那樣寫得那麼多，而又寫得那麼好的散文家。他要去旅行了，一口氣寫上二十五篇，留給各雜誌報章發表，其餘的在旅館裏他也可以口述給秘書錄下。此外他還要寫許多別種的文字。他要寫這個題目，當然有很多的話說。

我現在一個月未必寫得出一篇散文來，怪不得想寫「口袋裏的東西」也難以下筆。我知道一定有好幾位雜誌的編者背地裏罵我拿架子，不肯替他們寫文章，他們不知道我是一個沒有許多貨色的人。

說實話，文章我雖然寫不出，別人的口袋對我是有非常的誘惑的。我常常想把過路的人拉住，請他讓我掏一下他的口袋。譬如說，他是一個銀行家，他總會有一本支票簿在身上，也許有一大搭鈔票，但這並不好玩。最好他有一隻新奇貴重的打火機——我有一個朋友就是蒐集打火機的，他在銀行裏租了一隻保險箱，專門放他的寶藏。或者我會撞見一個水手，他口袋裏能够掏出十幾國的鎳幣、紙幣來，還有他在羅馬和馬賽，和一個白種女子照的相片……我不知道切司特吞口袋裏放些什麼，是不是他有一本記着許多零星感想或者文題和要義的簿子，預備回去打開來找材料寫成文章。也許有人隨身帶了一隻停了擺的維多利亞女皇時代的掛錶，這是他祖母的遺物。至於女子的手袋尤其是非常神秘，又像包羅萬象，又像一無所有。我的妻子雖然也有幾隻，我可從來不去翻它，所以我出門走路，就想借人家的手袋來看看。這件事當然是不能做的，如果在晚上，我和一個陌生的女子同走在一條冷僻的巷子裏，我急步上前，低聲懇求她：「我想看一看您的手袋……」雖然我下面還有話，我要向她保證：我沒有別的意思，看一下就是了，立刻會還她的，並且我也沒有一些打搶的樣子，可是不等我說完，她可憐就要大叫(或者想叫)「救命啊，有人搶東西啦！」，心裏嚇得直跳，腿都要軟了，連忙飛跑逃走。

我想人與人之間永遠有誤會的，要消除誤會而去解釋，永遠解釋不清楚。我有什麼方法能使這樣一個女子相信我要打開她的口袋，就只是爲了好奇呢？我此刻想起男女有別的問題來了，這種分別，中西一樣，也永遠消除不了。男子西服上的口袋雖然有十幾個，女子的衣服上現在却連一隻口袋也沒有。爲了美觀，女子用一隻手袋。這種手袋什麼都好，就是財物集中，容易給暴徒下手搶刼，一網打盡，而且有慢藏的毛病，時裝設計專家，恐怕不會替女子想到這一層上去。可見倘使我們顧到安全，世界上有許多事情都要一一加以設想，加以改革才行。相反地，現在有一種女子，她們的名字絕不透露性別，而且奉承她們的人，也一律稱她們爲「先生」，這就弄得男女不分了。這是不是男女平等一條原則造成的現象呢？那麼那個歷史不到一百年的「她」字，就用不着了。我說這話，我並沒另造一

『雞尾酒會及其他』序

周棄子

我實在很不願意作序。因爲平生東塗西抹，固然也糟蹋了不少的筆墨紙張，但從來還沒有爲人家的書作過序。現在快要到「焚筆硯」的時候了，八十歲學吹鼓手，不惟可笑，也屬多餘，以有涯逐無涯，大可不必。並且，序也不是人人能作的。依我揣想，大凡够得上替人家作序的，其人必具相當「資格」。手頭一部杜詩鏡銓，翻開那篇序的末一行，就是「頭品頂戴總制四川使者盱眙吳棠序」，必如此，序者與被序者才都「像樣」。再不然，能够在篇末帶上一筆「序於哥倫比亞大學研究院」之類的字樣，也可以使見者肅然。可惜的是，凡此等等我都辦不到。

在朋輩中，魯芹頗有懶散之名，他也顯然以此自負，曾經借用別人的話來描寫他自己：「什麼事都是『就要去做』，倒下頭來一事無成」。但事實上他是不聲不響的在「做」，「有書爲證」，怎麼可以說是「無成」呢？這就叫作「理想與實踐的不一致」，應該被「文學研究家」所瞧不起。也許正因爲如此，作序的任務，乃落在「無成」如我者的頭上，這莫非就是所謂文字因緣麼？

書從雞尾酒命名，不僅開卷第一篇有此題目，大約也指其內容之雜湊，昔年俞平伯有書名「雜拌兒」，取義相同。雞尾酒因係多種羼合，甜酸苦辣的味道都有一點，所以能免於單調，但它的缺點就是「不純」，譬如書，如果是一本載道的偉大的著作，它的內容就一定要有「中心」，不可以紛歧錯雜。據聞，曾有朋友依此觀點，建議把書名改一改，但不爲作者所接受，他的理由是對這樣的一個書名有所偏愛，就憑這一點固執的性格，才會寫出這些篇大手筆所不屑的小文章吧。

說是小文章，當然略嫌不敬，但這是無可奈何的事。果如大手筆們所詔示，每一篇文章都得達成「偉大的使命」，那就非字字句句憂國憂民不可，依此標準，這一本裏恐怕沒有一篇是通得過的。試想把跟小兒女打電話的情況以及隔壁人家的「竹戰」聲都寫出來，這眞無法不認爲是「身邊瑣事」之尤，其爲渺小殆無疑義。不過這世界上畢竟是渺小的人比偉大的人佔多數，各取所需，小文章亦自有其讀者。而此中的是非得失，一時也未必說得清，或許是要「留待歷史判斷」的了。

如果不論大小只談優劣，則小文章要寫好亦並非易事。誰沒有過「請客」和「說謊」的經驗呢？正因爲這些題材太平常了，一切裝模作樣故示高深的文「法」，對此皆無從施展，「文藝腔」尤其行不通。這大概是要透過人性的理解；人生的觀照；調和智慧與情感；還得加上一點讀書行路的博聞多識；才會把這種文章寫得好。本書的作者並不自命已經達到這種境界，但是我相信如此說法並非溢美。

那麼這種文章對於別人有什麼益處沒有呢？當然；類如廉頑立懦福國利民那些妙用都是沒有的。不過；我們讀了它，可以使得自己清醒一點；平靜一點。譬如我們聽到作者坦率自承是：「甘心落在『時代巨輪』後面吃灰塵的人」，也許會鬆一口氣，覺得人間落伍尚有同調，不必要抱太深重的罪惡感，也就毋庸勉强作種種努力。從遠處看，這也是頗有助於天下太平的。「以其無，當有之用」；如是而已。

作者的風格以幽默著稱，我對此不想加以禮讚。因爲提到幽默，很多人以爲只是說笑話。作者跟我一樣，既不敢開倒車，又無法飛躍邁進，顚頓於人生路上，徒然吃飽一肚的時代灰塵，雖然現在大家都不穿長衫，但在「人物」類型上，總不出「小襟」一派，這還能够有「幽默」的餘地麼？涉筆至此，越寫越不像序，只有趕緊結束，套一句濫調而略加變通——是不爲序。

丁酉九月初三日未埋庵稿

個「馳」字的意思，這是要聲明在先的。

到了夏季，我發覺我身上雖然仍有六隻口袋，可是暑天的衣料又輕又薄，吃不得絲毫分量，連一串鑰匙，一隻放銅幣的錢包，一塊手帕，都沒處好放。因此我就想起女子的輕便的手袋來了，可惜我們不能用它。當然我們可以用一隻又大又叫人害怕的公文袋，但是我試過，公文袋實在太重，也太裝模作樣了一些。這又好像男子只該辦公、女子只該化裝似地。如果女子提了一隻厚重的公文袋，那怕她是一位法官或者是某大學的校長也罷，總有些「武」像。我經常用一隻紙袋，裏面放一枝筆、一本記事冊，有時加上我的早餐（兩塊塗了牛油的麵包）和上面說到的東西，倒也輕便樸質。其實最好是一塊白布，不像紙袋那樣會破，也可以常常洗滌。其弊病在再多放一兩本厚一些的書，夾在腋下，就有要上當舖的樣子。人生不如意事常八九，這件小事都有這麼多的麻煩，大事不用說了。我們運用一塊布去包東西都不很自由，還能談別種的自由嗎？

有人說進當舖並不算窮，也不喪失人格，怕什麼？對了，不用怕。不過上當舖也不容易，這種人要衣冠整齊，面無菜色才好，否則就有做賊的嫌疑了。我知道一個過去做過師長、現在流落在香港的人，從神父那裏拿了一包救濟品，走出天主堂門口就給便衣警探截住，硬要帶他到警察局去。他一想，捉去坐牢倒是小事，第二天報上登出「男子×××，住未編門牌木屋，無職業……」那樣的新聞出來，給他的朋友看到，丟了臉可不得了。他一急就暈過去了。其實犯了盜竊大罪、而又沒有人發覺，或者雖然有人發覺並沒有人告發，或者根本沒有人敢告發，那種人在社會上還很受人恭敬呢。

人心不同，各如其面，其實人的口袋裏的東西就是他的傳記，也沒有兩個人放同樣的東西的。上面的話，扯得太遠，現在就說詩文的題目吧。從前的人寫詩，據說題目都很講究。杜甫的題目，就很受人稱讚。中國的「無題」詩，其實是本有個題目的，不便寫出罷了。英文詩有許多以第一行爲題，

翠鳥湖（續完）

童　真

九

過了重陽節，秋更老上幾分，滿臉都是風霜的痕跡了。獨有翠鳥湖永遠是黛綠而年青，湖的那邊的山巒上，野草雖黃，但松、柏、杉依然蒼鬱，看來，好像她們的綠是向湖水借來的。自從上次山獵以來，快有兩月，但我們沒有再去過一次。那次上山打獵的滋味還留在我和昌成的心頭，像陳年的金華火腿，越嚼越香。我倆對于打獵的渴望，可以說是與日俱增的，相反地，舅舅舅媽對于這件事，却始終隻字不提。因此，在我們，也祇有把渴望發洩而爲遊戲了。我們買了兩只彈弓，我放學回來，就跟昌成在院子中打鳥。由于經常不斷地練習，我們的射中率已高達百分之六十。在用石子打鳥時，昌成竭力模仿着舅舅打獵的姿態，以爲自己確是一個不折不扣的小獵人了。有時，我們便把那美麗的雉鷄尾巴毛設法鈎在樹枝上，當作靶子，再用彈弓把牠打下來，于是蹦着跳着大呼打落了一隻雉鷄。我們在做這種遊戲時，哈里每每也在我們旁邊，這隻可愛的獵狗，牠竟也能參加我們的遊戲，把擊落的長尾毛鄭重其事地銜在嘴裏，跑到昌成跟前。昌成把牠取下來，模仿舅舅的口吻，煞有介事地說：

「嘿，哈里，等會我把這隻雉鷄的內臟賞給你！」

但是，這對眞正渴望行獵的我們是不够的，正如同一個眞正渴望前赴戰場殺敵的士兵並不能以演習爲滿足一樣。這樣做，與其說是在發洩這種情緒，倒無寧說是在激勵這種情緒。

那天，是星期日，早上起來，黑灰色的屋瓦上披着一層薄霜，如同醜婦人黑粗的臉上搽了一層厚厚的白粉，太陽一照耀，牠們就消失了，恢復了原本的醜面目。

早飯後，舅舅和舅媽就穿着整齊，一同到附近去看一對新從上海返里的夫婦。他們告訴我們：大約在中午以前可以返家。我和昌成送他們到湖濱。翠綠的湖面上，鍍着朝陽的金黃色的光輝，像翡翠浸在桔汁裏，嫵麗極了。湖那邊的山巒也被照耀得像塊寶石。這時，一隻白鷺乍地從枯黃了的蘆葦叢中飛了出來，像一道白光似地在湖面上掠了一下，又隱沒了。這道白光刺了我一下，我轉臉去看昌成，不期他也正轉過臉來看我；兩股目光相遇，我們互相談出了對方的心思。

「今天是個打獵的好天氣。」他說。

「那我們爲什麼不趁他們出去的時候，偷偷地上山去打獵呢，況且他們又沒有把哈里帶走。」

昌成沒有接話，但他眼中的亮光已充分洩露出他的喜悅了。

「你弓打得很準，你也一定能够放獵槍的。」我又說。

「我也這樣想。」

「那就好了，你背得動槍嗎？」

「背得動。」

「那更好了，你認識路嗎？」

「哈里跟我們在一起，牠會領路。」

「那就什麼問題都沒有了。」我直想拍手高呼。「獵槍掛在客廳裏，子彈放在哪裏，我也知道，我們拿舅媽用的那支獵槍，再拿幾顆子彈，不是就可以上山了？」

昌成又不響了，我知道他在猶疑。我又說：

很像「學而」、「述而」，只爲了便於稱引，是無題的一種。可是散文却非有題目不可，既不能冠以「闕題」，也不能寫作「偶成」，而且「文不對題」，是作文的大病，小學生時代就該知道了，寫長篇小說問題還比較簡單，一個題目可以寫上十幾萬乃至上百萬的字，想到一個足可以用幾個月。散文既然要消費很多題目，「原道」又不像「古意」、「詠梅」那樣可以用了又用，不知切司特吞怎麼有那麼多題目寫的。我這次看到他提出了「口袋裏的東西」，心裏高興得不得了，以爲我至少可以寫三篇像樣的文章，一篇給××半月刋，一篇給××雜誌，一篇留着，如果××旬刋要呢，就給它。結果寫了幾個月，一篇也沒有寫成。現在把幾個月寫的東西拿來細看，一發覺其中眞的沒有精彩的地方，而且我並沒有說出口袋裏到底有什麼東西。我想題作「××室隨筆」吧，也還是要個小題目放在下面的。凡寫過散文的或者都經驗過一種痛苦(也許是快樂)，就是有時有了題目，並寫不出心中要說的話來，等到寫出來，却面目全非了。不過也許他却寫出了另外一個題目，這當然不是胸有成竹的人喜歡承認的。這篇文章一起頭像是談百科全書，又不盡是，後來像是談口袋，又像談口袋裏的東西，末了又像談詩文的題目。我眞想不出題目來，只有寫作「無題」了，明知道散文裏沒有這個規矩。

「舅舅和舅媽不會駡的，舅媽不是說過，以後你做久了，就把那支獵槍送給你嗎？我們今天要幹得好一點，讓他們驚奇一下。」

我們走進客廳，偷偷地取下一支獵槍，拿了十來發子彈，還裝了兩口袋餅乾。我們兩個孩子之所以會這樣大膽地前去偷獵，不單是因爲我們那難以克制的慾望，同時，還應歸因于我的任性、舅舅舅媽的對我優待有加、以及舅媽對昌成的體邺愛憐。基于這些原因，便使那些應該顧慮與畏懼的，都不算一回事了。我們瞞過了在厨房工作的女傭，帶了哈里出發；對未來的斬獲，抱着極大的希望。

沿湖的一段路，我們走得很快。上山後，步子才漸漸慢下來。我們必得謹愼地把路徑記注，惟恐萬一哈里忘了時，我們也可以找到路。我們蹦蹦跳跳的談着，猜測着第一隻獵物是什麼？我們希望打到的又是什麼？昌成說：

「我希望打到一隻雉鷄，一隻公雉，我要那美麗的雉鷄毛！」

「昌成，你已經有雉鷄毛了，你要這麼多幹什麼？」

「我要親手打下來的雉鷄的尾巴毛，以後，我找到媽媽時，好把牠送給她，她一定會喜歡的。慧慧，你呢？你不是說你媽媽過年要來接你回去嗎？你要送她一些什麼？」

我要送什麼？我問自己，我簡直不知道我要送什麼，我從沒有想起過要送禮物給母親，跟昌成相比我是一個多麼不孝順的女兒！是的，我的確應該送母親一件東西的，什麼才最合適？噢，對了，一隻野兎吧！於是我說：

「昌成，我希望打到一隻野兎，我要用兎皮做個手筒送給媽媽。」

「要打到這兩樣東西，我想是沒有什麼困難的。」昌成很有把握地。

我們繼續前進，攀着、爬着，枯草在我們脚下折斷了腰，比起上次牠們常常頑强地阻撓我們，那眞省力多了。我們慢慢地登上了山頭，兩個孩子，帶着一隻獵狗，臨風站在這蒼穹之下、大地之上的山頂上，這是什麼滋味？平日，我們都覺得自己是這麼渺小，生活的天地是這樣狹仄，如今，却一切都在脚下。我們忽然覺得自已業已長大了，不僅長大，還大得跟巨人一樣，這感覺使我和昌成高興萬分，我說：

「昌成，今天我們一定要打得多一些，就跟他們大人一樣，以後他們就會讓我們自己來了。」

「當然。但是如果我眞的長成大人，我就不要再在這裏做事了。」

「爲什麼？」

「我不是說過，那時我要去找媽媽嗎？」

「那末，我再也看不到你了。如果你仍在這裏，我還可以每年來看你一次。」

「那也不見得，我如找到了媽媽，我就可以請你到我的家裏去——我自己的家裏去，慧慧。」

我們在山頂上談着未來，談得津津有味。哈里不耐煩，離開我們，向右首的山坡跑下去，昌成也開始催我趕路。他說我們不能回去得太遲。

「再等一會，昌成，再等一會，這裏太好了。」

「不要了，慧慧，你看，哈里已經跑了一段路，牠已鑽到樹叢裏，看不見了。」

「不要緊，牠會找到我們的，我一定要在這裏再玩一會。」

「那我先走一步，你隨後就來。」他說着，拿起槍，向右首走去，但祇走了二丈多路，還想彎入哈里所走的那條獵徑時，冷不防一隻野兎從下面疾馳而上，牠似乎並沒有注意到昌成的存在，祇向這個方向直奔。昌成急急地舉槍向牠瞄準。這隻野兎爲什麼跑得這樣倉惶？爲什麼竟沒有看到上面有人？我腦中忽然閃過了前次打獵時那隻從下面飛上來的雉鷄，或許……我趕忙大聲地喊：「昌成，不要開槍！趕快躲開！」然而，已經太遲了。那土槍的砂彈播散開來，像一片烏雲，遮住了野兎，也遮住了昌成。我聽見一聲慘叫，隨後是我自已的慘叫。我知道發生了什麼。

我不顧一切危險，急遽地衝了下去，那下槍聲眞太殘酷了，把我們從剛才的美麗憧憬中擊落到現在的絕望深淵裏。我邊衝下去，邊哭着，嚷着，在昌成倒下的旁邊，我和那開槍的獵戶遇上了。我變成了一隻猛獸，不由分說，就向他撲去。恨不得要咬他，抓他，撕他。「你這黑良心的，瞎了眼的，你打中了人！」

「姑娘，我眞該死，我從下面看上來，實在沒有看到他。姑娘，不要這樣，先看看他的傷勢要緊不要緊，或者他祇受了一點輕傷。」

我和他同時跪下去，昌成臉貼地，斜躺着，獵槍扔在旁邊，他是中彈後撲下去的。「昌成，昌成！」我哭喊着，他沒有反應。我們輕輕地把他翻了過來。他開始微弱地呻吟着，他的腿部和腹部，滿是鐵砂孔，糊糟糟的，像一隻蜂窩，血正不斷地從孔裏流出來。「昌成，昌成，全是我不好，我們今天不該出來的，我多恨自己啊，爲什麼我們會想到來呢？」

他剛才還是紅紅的臉，現在已全無血色，像一團褐黃的泥巴。他睜開眼，看一看我，馬上又無力地閉起來了。「嗯，不——該——來的，想——不——到。」

那强壯的獵戶把自己的外衣撕破，設法將昌成的創口紮起來。昌成的劇烈的呼痛聲，一下一下地戳着我的心，我把自己的罩衫也脫下來備用。等他包紮好，我拼命搖撼着他的胳臂，急切地問：「這傷要不要緊？要不要緊？你說，你說！」

他沒有說，祇不停地搖着頭。

我號啕大哭，撲倒在昌成的身邊。「昌成，叫我怎麼辦？我怎麼對得起你？我怎麼對得起舅媽？昌成，你現在怎麼不說話了，你怎麼不用眼睛看人了？」

昌成又吃力地睜開眼來。「慧慧，我——我怕不能活了。」

我祇是哭。

「我……」他喘息地說。「活……活了這……這許多年，也沒……沒有過過一……一個好日子，本來死……死了，也完……完了，祇是我……我想找到媽……媽，見她……她一面……；就是一面也……也甘心了。」他疲乏他閉上了眼睛，眼角流下兩行淸淚。

我簡直哭軟了腿，那獵戶把我攙起來。

「姑娘，事情已經這樣，祇哭也沒有用了。我們必須先把他背回去，或者他還可以有救。」

我這才大聲呼喚哈里，哈里大約跑得並不遠，沒好久，他便尋聲回來了。牠看見昌成這副模樣，似乎也吃了驚，不住地在他的周遭兜着圈子，一邊狂吠。終于，那獵戶把我的和他的兩支獵槍橫纏在腰際的束帶上，背起昌成，跟我走向原路。來時的滿腔喜悅祇換得了歸時的滿眶熱淚。太陽漸漸移近中天，影子越來越短，我願意變成影子，隨時都能消失；因爲我不知怎樣把這消息帶給舅舅和舅媽。

走在翠鳥湖畔，想着昌成往日的一切，彷彿滿湖的水都湧向我心頭，把我的心塞得滿滿的。看昌成的頭軟軟地垂在那人的肩胛上，我不禁想起上次打獵時被舅舅舅媽擊斃的那些雉鷄、野鴨、野兎的模樣，昌成何其不幸，竟也成了獵槍下的犧牲！

我們一路走去，碰到的一些人，大都悲嘆地跟在我們後面，等我們走到舅舅的屋前，已經聚了一大堆人了。我叫那個獵戶一逕把昌成背進屋裏去，但好多人都阻止我。他們說，昌成是外人，又是孩子，而且看來是死定了，按照本地的風俗，是不能抬進別人的屋子裏去的。我們祇得把昌成放在湖濱地上。這裏曾是我第一次跟他相見的地方，過去幾步，又是他經常靜坐冥思的所在，而早上，我們又曾一塊兒站在這裏，目送舅舅和舅媽遠去；怎想到，牠又將成爲他臨終的床榻？

「昌成——啊，昌成！」

他費勁地睜開眼來，但他似乎是在昏迷中。他看到我，竭力把目光注在我的臉上，我以爲他認出了我。但我錯了。他嚅動着嘴唇，迸出兩個字：「媽——媽！」

「是我，是慧慧，昌成，我們把你背到翠鳥湖邊來了。」

「噢，」他的目光遠去，不感興趣地闔上了眼。

我推開人羣，奔進院牆，我竄進那黝暗的過道。啊，多麼暗，多麼長！像蚯蚓鑽掘的地道，我跑過前廊，彎入飯間。那裏，舅舅和舅媽已經吃完中飯，坐在桌邊，看那樣子，似乎正在談論我們。

「舅……舅，舅……媽，」我急吁吁地喊。

「好，你們回來了，我們正掛着呢。這一上午，你們到哪裏去了？飯還沒有冷，快吃吧！」

「我們——我們上山去打獵，昌成被獵槍打……打中了。」

舅媽倏的一下站起來，連手邊的幾隻瓷碗都被掃落了，乒乒乓乓地跌成了碎片；從她臉上的痛苦看來，好像她的心也被我的話擊成了碎片，她一把拉住了我：

「他怎樣了？你說淸楚！他傷得很重嗎？他現在在哪裏？」

「他——他傷得很重——非常重，現在躺在湖邊，大家都說他要……要死了。我害了他。可憐他剛才還在惦念他的媽媽呢？他打算大起來去找媽媽，但是他現在再也看不到她了。」我爲昌成的奄奄一息以及身世的凄涼，重又放聲大哭！

舅媽的臉色由白而青，她驀地向門口衝去，但舅舅的手臂像隻鐵鈎似地，及時把她的身子攔了回來。「靜影！靜影！」

「不要攔我，我要去，我要去看他！」

「難道我那天晚上的想像沒有錯？」

「是的，完全對的，而且昌成就是！」

「住口！」

「是他到這裏以後，我才慢慢發覺的。」

「不要說！」

「我要說。亞文，我求你：放開我！他現在還在想我，這是最後的時刻了。」

舅舅的手臂像鐵鍊似地緊緊鎖住她。「我不能讓你走，我不能讓你這樣毀了自己。想一想，靜影，安靜地想一想。他祇要挨過這一刻就好了，而你——而你還有幾十年的日子。靜影，他是完了，你還沒有！」

「不，他還沒有完，他還活着，他還在等我！我好像聽見他在叫我！我害了他。天哪，現在，我又殺死了他。如果我讓你去打獵，他們今天或許就不會偷偷出去了。」她可怕地啜泣着，身子在感情的暴風雨中戰慄。「好，亞文，我不去。你的手臂快把我勒死了，放開我，讓我在椅上坐一會。」

舅舅這才放開手臂，然而，就在他鬆手之間，舅媽却像旋飛般地捲了出去。舅舅叫了一聲，追出去了，我也在他們背後拼命地跑着……

十

直到現在——隔了十多年的現在，我還無法平靜地來敍述這件往事。我的眼裏飽含着淚水，我的心裏充滿着悲哀，我的胸口波動起伏，我又彷彿處身在那時的情景中了。我該怎樣描摹飛跑出去的舅媽？她的旗袍下擺已給扯破，她的頭髮也因疾奔而披散，像一塊被大風狂刮的烏紗。她的嫻靜消失了，形同瘋人。感情之火燒灼了她，摧毀了她，而又昇華了她。等我們追出去，却已遲了，她已排開蝟集着的人羣，向昌成撲去。

「昌成，苦命的孩子，媽來了。」

舅舅和我隨即趕到。「昌成，太太——太太來看你了。」舅舅說。

「不是太太，是你的親娘，你的生母。孩子，你睜開眼來看看，你日夜想念着的媽就在你的眼前，她早就在你的面前呵！」

人羣間起一陣騷動，竊竊的私語馬上如沸水般鼓動開來。昌成慢慢地睜開了眼，把目光落在舅媽的臉上，他認出了她：「太太！」

「是太太，」舅舅馬上接了下去，對着大家說。「她的心太好了，那孩子至死還在想念母親，她爲了要安慰他，所以說了謊。」

「誰說我說謊？」舅媽大聲說。「我並沒有說謊，千眞萬確，他是我的孩子，親生的孩子；十五年前，我偷偷生下他的。我狠心，爲了自己，我就把他丟在路上，別人把他送到孤兒院裏！」

「靜影，你瘋了？」

「我很正常，我以前他又有什麼罪呢？才是瘋了。我怎會想到把他當作一樣東西丟掉呢？他是人，是我心頭肉。我怎會以爲丟掉了他，自己就會快樂幸福呢？」

她的淚成串地流下來。她低下頭，遍吻着昌成的臉。「孩子，我的親兒子，我就是你的媽，喊我一聲媽——媽媽！」

「媽——媽……媽……」昌成聲音微弱，他閉上眼皮，眼角又鑲上兩顆淚珠，舅媽用舌尖舔去了：

「乖兒子，你喊的多好聽！爲什麼我以前不早叫你喊我？但現在遲了，遲了！」

人羣間的騷動越來越甚了，議論的聲音也越來越響了。舅舅用力搖撼着舅媽的肩膀：「靜影，不要再瘋下去了，不要再瘋下去了。」

「讓他們批評我，瞧不起我吧，讓一世界的人都駡我吧，我現在是什麼都不在乎了。讓一個要死的孩子得到一點安慰吧，我現在能給他的，也祇有這一點了。」

她本來是跪着的，現在坐了下來，把昌成移到她的腿上，他的頭就枕在她的手臂上，她抱着他。「孩子，你此刻是睡在媽的懷裏，你知道嗎？」昌成這時已經不能說話，但他似乎還能聽，他痙攣地動了一下頭。「孩子，你睡在我的懷裏，就和你生下來的第一天那樣。你一生祇在媽的懷裏睡過兩次，孩……孩子，這……這十多年來，媽忍……忍心把……你丟……丟得好……好苦……」

就在那天午後，昌成死了。他死得很恬靜，躺在他母親懷中，像睡熟了似的。無論如何，他已經實現了他最大的願望。傍晚，我們把昌成安葬在我們行獵的那座山脚下。舅媽哭昏在那裏。歸途中，她開始鎭定自己；待回到家裏，她那曾被强烈的感情揉得失常的臉，業已全然平靜下來，安謐得猶如往昔，祇有那對眸子還流瀉着悲痛。她上樓，取出私蓄，付清了昌成的衣衾棺槨的費用，然後才在椅上坐下來；這時，舅舅走近她，勸她：

「靜影，這件事雖然發生得太意外，太悲慘，但你也不要太過悲傷。到今天，過去那些叫你傷心的事，就讓它永遠過去了，不要再去想，你依然是我親愛的妻子。」

「你眞好，我永遠感激你。」她說，聲音很細微，輕飄得宛如一張蛛網。隨後，便垂下眼皮，看來，她是如此疲乏。「此刻，我想請求你讓我一個人待一會，我需要安靜。」

舅舅答應了她。這是人之常情，在深刻的悲慟之後，是不希望別人去打擾他的。他扶她到床上躺下，便和我走下樓來。吃晚飯前我爲了想去看她，就從佣人手裏奪過盛飯菜的盤子，走上樓去。舅媽靜靜地靠在床背上，枕邊放着那只紅木首飾箱，箱蓋掀開。我再一注意，她的手中正拿着那個紅綢小包。

她看我走近，便坐正身子，把手中那個小包放在褥子上，然後示意我把盤子放在床邊。「慧慧，你一定還記得那個小包吧，以前，我沒答應你看牠，或許你至今還在懷疑牠是什麼，然而現在，我已經沒有保守秘密的必要了。」她舒開紅綢，裏面竟是一小綹寸把長的淡褐色的細頭髮。她把牠放在她戰慄的手掌上。「慧慧，這就是昌成落地時的頭髮，我用剪刀把牠剪下來的，但我太粗心，把他的頭皮劃破了，他頭上就留了個大疤。當初，我留下這個，原想作個小小的紀念，誰知這果眞成了我對昌成的惟一紀念物了。唉，慧慧，叫我再怎麼磨下去!?。」她流着眼淚，撫摸着頭髮，然後又仔細地把牠包起，放進首飾箱裏。

那天，晚飯後不久，舅舅和我就走上樓去，但這時舅媽已經入睡，我們都不敢驚醒她，輕輕地溜到各自的床上去。夜裏她睡得很安靜。但第二天早上，我却被舅舅的叫聲所驚醒。原來，舅媽並不在床上，房門開着。我們趕快跑到樓下，但找遍全屋都沒有，而且還發覺那扇側門已經被開啓過。顯然，她已經出走了。

我們再回到臥室裏，希望能够發現她的留言，但連這也失望了，我們祇看到：在她的枕頭下，放着舅舅給她的全部首飾，她祇把她自己的私蓄和陪嫁來的首飾帶走了，連同那綹用紅綢包起來的頭髮。

我不想在這裏對舅舅當時的悲痛作詳盡的敍述。像他那樣深深地愛着舅媽，失去她，在他當然是極其慘痛的。他之失去她的悲哀，簡直不下于舅媽之失去昌成的悲哀。他派人四出找尋，可是幾天過去，依然了無踪影。看來，舅媽是決心隱藏起來，去過一種跟幸福、快樂完全隔絕的孤寂生活了。或許，她覺得祇有在那種生活裏，她悔恨的心靈才能得到一些平息，而她的凄苦也反而可能成爲她的慰藉了。

因爲發生了這件事，母親從上海趕來，一方面是安慰舅舅，一方面是想提早接我回去。她對于我之介入這一漩渦裏，覺得非常抱歉和難過。翠鳥湖的人都在議論這不幸的事件，有的人搖搖頭，弔着一邊嘴角說：「眞是知人知面不知心，那女人的狐狸尾巴終於露出來啦！」連我母親也附和道：「是啦，是啦，唉，眞想不到原來她是這麼一個女人！」

讀者投書

(一) 應該慚愧的！

葉維理

近來學術界有一件可紀的大事，就是楊振寧和李政道二氏獲得本年度諾貝爾物理學獎金。消息傳來，許多人認係「祖國無上的光榮」。教育部且舉行餐會，「邀請李、楊二氏在臺家屬，行政院原子能委員會委員及新聞界人士參加共同慶祝。」筆者讀此新聞，繞室徬徨，無限感慨。

查楊李二氏雖係在中國生長，但只在中國受普通大學教育。他們重要的科學教育係在美國受到的。他們在物理學上的成就幾乎全是在美國完成的。他們之獲得諾貝爾物理學獎金，也是由美國物理學界推薦所致。

我們的一兩粒種子，在自己荒蕪的園裏長不起來，飄到別人園裏，人家培養成樹，現在開花結果了。在興奮之餘，我們能不感覺慚愧麼!?

尤其出人意外的，我們的原子迷部長，竟把楊李遠在瑞典得獎這件事，作爲向總統祝壽的禮物。這眞叫人肉麻。做官做到這種樣子，我不知道怎樣講才好。

或曰：楊李二氏的成就雖然不是在中國培養出來的，可是他們畢竟是中國人，所以還是中國的光榮，因而還是值得慶祝。

的的確確，楊李二氏是在中國生長的。毫無疑問，楊李二氏的血統是中國人的血統。但是，從「中國人的血統」不一定能產生「得諾貝爾獎金」這一結果吧！「血統」與「光榮」是毫不相干的。若是有人硬說「血統」與「光榮」相干，那筆者要請教一聲：中國出了汪精衛，又出了毛澤東。這是否「光榮」呢？無論怎樣，我們總不能說汪精衛有大和血統。我們儘管痛恨毛澤東，但總不能說他在血統上是斯拉夫種吧！

所以，筆者想來想去，覺得我們對于楊李得獎，是應該感到慚愧的。何以呢？我們有的是優秀青年。可是，近幾十年來，我們因爲政治人物的胡作妄作，弄得禍亂如麻，社會動盪不寧，貧因不堪，即使一點僅有的經費也被大部用在訓練、戰鬪一類活動上去，以致使學術建構的條件薄弱得可憐，以致我們有好的人材作育不出來。近幾十年中國的優秀人材十之八九是在西方世界培養出來的。得獎的楊李不過是其中之較著者而已。這好比一個人家有了聰明的子弟，但自己因愛抽雅片煙盪盡家財而培養不起。讓自己的子弟跑到環境好的人家去，由人家一手培養成人，中了狀元。他看在眼裏，心中能不慚愧？

筆者並不是說楊李得獎是不值得慶幸的事。筆者是說政界人士不該把這件事又胡扯到「祖國的光榮」上去。「祖國的光榮」是要祖國自己努力得到的才算眞正的光榮。如果不是祖國自力得到的而算做光榮，這種澆薄取巧作風，徒助長浮誇的虛榮心而已，何補於實際？

照筆者看來，我們對于此事與其浮誇地向「祖國的光榮」上亂扯，不如切切實實使國人尤其是青年對于這件事有正確的認識：要使他們正視科學的重要；並且知道只要有適當的環境（包括發展個性的教育，自由研究的學術氣氛，以及充實的物質設備），我們中國人也可能成爲世界第一流科學家，所以我們不要氣餒。像這次戴運軌、梅貽琦等先生所發表的談話，才是值得我們重視的。

(二) 所望於教育當局者

水元

楊振寧、李政道兩位青年物理學家得了諾貝爾物理獎金，國人莫不爲之稱慶，且引以爲榮，我國政府官員首先拍電致賀者爲葉、張兩位部長。張部長在電文中除了致賀之外，另外還說了些很動聽的話。同時他的語氣裏也頗有自得之感。其實照張先生的歷年的作風，也許楊、李二位教授連留學考試都不會考得及格，要不，問問他們兩位，看他們是否知道孔子生在公元多少年，春秋時的吳越二國在今之何地？他們又曾讀過幾篇領袖言論？我請張部長以及別的放高論的先生們別以爲我有弦外之音，請你們聽聽著名教育家梅貽琦、戴運軌諸位先生的話吧。我迫切地求求張部長及教育界人士，多多爲青年學子及國家前途着想吧，別在明年的大專入學考試動「十門齊」的腦筋，想想臺大傅故校長斯年以前主張考四門的情形吧，那件事曾受過多少人的讚揚呀！同時目前的小學三部制、免試升學、聯合招生等德政，都應該深切檢討。所謂的通才教育是要不得的。一切都得從根本着手。負責百年大計的先生們，請你們三思而行。否則貽害青年，將何以對國家，何以對後代！

(三) 慨乎蔣梅二先生之言！

劉世超

本讀者是西南聯大畢業的學生，今年母校校慶於十一月一日下午六時在中山堂光復廳舉行，時值報章宣佈楊振寧、李政道兩位校友獲得諾貝爾獎金的第二日（星期六）與會之踴躍打破數年來未有之紀錄，師長表情的高興是看得出來的，特別蔣夢麟、梅貽琦兩位校長好像笑得嘴都合不上了。第二日的報紙對當日慶祝會的情形略有報導，可惜兩位校長的訓詞却未能佔得報紙的篇幅。本讀者認爲這兩位老先生的話有極重的份量，值得社會人士重視和參考，願將其要點借貴刊一角予以披露。

蔣校長大意說：聯大始終要極力維持的：是思想的獨立和研究的自由。在這種環境，學生的天資得順利成長而不致被毀，楊李二君的成就也許已爲我們的信念作證。但是原子能是一種研究的對象，其他的「能」還多着呢？我們的學校似乎應能產生其他方面的人材。蔣校長被目爲那位以主張兼容並包自由研究知名的蔡元培先生的繼承人。他堅持的辦學原則或不可等閒視之罷！

梅校長大意說：希望楊李二校友

能返國一行，使國家學術界得到一種直接的激勵。他已與楊君談過回國的事。並與梅太太商量好義務給他們照顧小孩以免回國時受小孩的牽累。但當他們能抽暇回來時，我們如何向他們表示歡迎呢？萬不可把他們當電影明星歡迎！而要讓他們覺得國內是在眞正地重視學術，眞在有效地工作。梅校長的話特別值得教育當局參考

讀者　劉世超
四六、一一、二

(四)未來的李楊沒有教室！

田　曉

編輯先生：

早上翻開報紙，各報都以最大的篇幅，報導我國旅美青年科學家李政道、楊振寧獲得諾貝爾物理學獎金的消息。正如報上科學界人士們的意見，偉大的成就不是突然造成的，它需要經過長期按步就班的學習，它更需要有良好的學習環境、學習設備，例如實驗室、圖書館。從這件光榮的事情，使我想起我們臺北市大安區幸安國校，兒童沒有教室上課的事。

幸安國校沒教室，是因爲他們的教室被軍事單位借用，建築用地被軍事單位、軍眷、政府官員，借去搭建違章建築、倉庫、汽車間和司機宿舍。我謹以臺北市大安區民的身份，借貴刊報導這件事情，同時希望貴刊能把這些事實，轉請有關方面設法解決。

一、幸安國校校舍被借用的情形：

1. 校地被政府官員借去建築汽車間和司機宿舍凡兩處，約共有四十坪。

2. 校舍及備用建築地面被借用情形，該校校舍被借用起於三十九年，校地被借用起於四十四年。如下表：

臺北市幸安國校校舍使用情形一覽表

校舍	現有數量	幸安國校自用數量	駐軍借用數量
普通教室	四〇間	三二間	八間
特別教室	六間	三間	三間
準備室	三間	二間	一間
會客室	一間	—	一間
值夜室	一間	—	一間
禮堂	一間	一間	—
廁所	四間	三間	一間
備用建築地面	約一千坪	—	約一千坪

註：禮堂現闢爲辦公室、校長室、保健室、值夜室等。備用建築地面被借建臨時營房，軍眷乘機搭造違章建築。

二、目前幸安國校的困難：

1. 兩處校地被借去建汽車間等，使該校圍牆工程無法完成。

2. 幸安國校兒童逐年增加，如下表。該校目前爲「一、二年級二部制，三年級以上一部制，共需教室五十四間，如果駐軍全部退還尚不足八間。」又該校本年度將建新教室，但是備用建築用地全被借用，無法施工。

臺北市幸安國校曆年學生及班級數一覽表

年度	班級數(班)	學生數(人)	統計時間
民國三十七年	一九	一、一〇五	37年10月
民國三十八年	二三	一、三九二	38年9月
民國三十九年	二四	一、四四三	39年10月
民國四十年	三一	一、七八三	40年8月
民國四十一年	三五	一、九四〇	41年8月
民國四十二年	四三	二、五九八	42年9月
民國四十三年	五〇	三、〇八〇	43年9月
民國四十四年	五五	三、三三六	44年9月
民國四十五年	六三	三、五〇六	45年8月
民國四十六年	七一	三、八一五	46年8月

現在幸安國校，學生共有三千八百多人。他們之中說不定也有將來的李政道、楊振寧。可是他們目前正面臨着「上課者無其教室」的困難；至於實驗室、圖書館等這些，那更不要談了！

臺北市大安區一區民　田　曉
十一月一日

(上接第31頁)

申報館中華民國新地圖第十六、十七圖上，熱河中北部有四個有名稱的湖，卽大魚泡、小魚泡、(都在開魯縣北)，工程廟泡子（奈曼旗北部）和汪牛泡子（經棚縣西）；還有十七個沒有名稱的小湖。它們大多是終點湖，因而是鹽湖（申報館那兩張地圖的縮尺比較小。只是二百萬分之一，故有不少的鹽湖圖上繪不出），含有鹽分，秋冬湖水全部或一部乾涸時留有鹽層，附近居民採集使用。第四次中國礦業紀要一八一頁表列「熱河池鹽約計年產九三〇〇〇擔」；第五次中國礦業紀要二五四頁載「我國鹽產尙富：……蒙古、新疆、青海、寧夏、熱河皆有鹽池」，可見熱河有鹽湖，並且出產池鹽。

九、白塔子（遼塔）的位置及隸屬問題　馬先生說：「白塔子（遼塔）本在林東縣北境，距縣城一百八十華里，屬林東縣境，並非林西管轄」。本書稱：「林西城北的白塔（地名叫白塔子）是漠南偉大建築物之一」，係根據蒙古高原橫斷記」附刊「東亞考古學會蒙古調査班旅行概要圖」，圖上註明白塔子在林東縣城之西，林西縣城之北，及該調査班行經這三個地方的路線。馬先生却說白塔子在林東縣北部，蒙古調査班是日本地理、地質及其他專家組成的，他們實地考察所繪的地圖，大致正確可信。至白塔子隸屬問題，因林東、林西兩縣面積曾有變動（閱下表）。

㈠內政部編中華民國行政區域簡表（三十六年出版）

林東縣　一三、九〇一方公里
林西縣　三、一四四方公里

㈡內政部審定中華民國行政區劃及土地人口統計表（四十四年出版）

林東縣　九、六二七方公里
林西縣　九、一四九方公里

白塔子究屬何縣，當於查明正式文獻後，在本書再版時註明。

四十六年十月廿三日

中華標準教科書地理科編輯委員會來函

——敬覆馬眞吾先生「對初中地理教本第三冊的商榷」

自由中國第十七卷七期（四十六年十月一日出版）載馬眞吾先生的讀者投書：「對初中地理教本第三冊的商榷」，提供若干意見茲分別答覆如次：

一、熱河省人口問題　本書初版編於民國四十二年，依據當時參考資料，熱河省的人口，有四個不同的數字：1.四百五十萬(4,517,611)，根據民國十五年中國郵政局的估計（見美國地理學者葛德石 Cressey 氏所著「中國新地圖」一文，載一九三〇年英國地理學報 Geog. Review）。2.六百一十萬(6,109,866)，見三十七年中華年鑑上冊。3.七百萬(6,997,015，民國十五年)見二十五年內政年鑑第二冊。4.二百二十萬(2,184,723)，見內政部編中華民國行政區域簡表，(三十六年商務印書館出版第十一版)。

後三個數字都是政府公布的，每個都可用，但因其相差太大，經本會鄭重考慮，決定選用最後的一個數字——二百二十萬——理由有三：甲、這個數字是主管部——「內政部編」，而又正式公布的。乙、這個數字是由二十個縣的人口數之總和，相信比較可靠（其他幾個數字都沒有注明分縣數字）。丙、如有必要，可用此項數字繪製熱河省人口密度圖和人口分布圖。

四十六年八月本書修訂本初版根據四十五年中華民國年鑑及官蔚藍編「內政部審定」的中華民國行政區域及土地人口統計表（四十四年出版）改為六百二十萬。

二、灤河不便行船問題　馬先生稱：「河流短促，以灤河、大凌河為最重要，都不便行船……似應改為灤河下游可通帆船」。按「不便行船」與「不能行船」不同，地理上講河流通航價值在其貨運和客運占重要的地位，以促進經濟的發展，熱河省南部的交通以鐵路為主，灤河僅夏季可通「平底的」帆船，因流急灘多，航行困難，運輸上並不重要，因此本書對灤河可通帆船，不予强調，而在「照片十一」下附帶的加以說明。

三、熱河省內礦藏問題　既曰礦藏，當然指藏在地下，未經開採的礦產儲量。熱河省面積遼濶，大於臺灣五倍，由於長時期政治不安定，大部分交通不方便，未曾做過全面的地質礦產調查。根據現有資料，除煤金及其他少數礦產外，礦產並不豐富。馬先生所稱熱河省內「礦藏滿地」似與實際情形不符。因此本書强調年有大量出產與輸出的阜新和北票兩大煤礦，不提其他礦產。

四、雙塔山鐵礦問題　馬先生問：「雙塔山鐵礦質美量豐，馳名世界，何以一字不提，竟將脫漏？」事實上，雙塔山鐵礦，在全國鐵礦方面不占重要地位，不僅初中地理不必敍述，即討論全國礦產資源之專書（如陳秉範著「中國礦產資源」及札奇斯欽著「蒙古之今昔」）亦均未提及。由此可知雙塔山的鐵礦，並不重要。

五、蒙古同胞遊牧區問題　馬先生說：「赤峯、建平、經棚三縣與南部各縣，清康雍乾三朝，漢人已蜂湧移入，經過近三百年雜居，生活文化早已水乳交融，都在從事耕稼……土地盡闢，游牧區已杳無踪跡」。這些話是反證本章「大部分地方是蒙古人的游牧區」是錯誤的。據官蔚藍編（內政部審定）中華民國行政區域及土地人口統計表載熱河「境內有十九個盟旗不屬於省政府」，因為他們游牧為生，是歸盟旗政府管理的。

許逸超著東北地理（正中書局三十六年出版，二〇八頁）稱「大抵熱河南部農重於牧，中部各縣農牧並重，北部新闢的各縣尚多以游牧為生活，隨地張幕，逐水草而居」。

蒙古高原橫斷記（日本東亞考古學會蒙古調查班著，昭和十二年即民國二十八年東京朝日新聞社出版）附刊「白塔子北郊的蒙人部落」，「興安嶺山脈中蒙古婦人汲水」，「開魯附近的蒙人部落和羊羣」等照片，都是在熱河北部林西到開魯行程中攝的，可見熱河省境內確有游牧區的存在。

六、熱河中北部「小規模漢農移墾」問題　按熱河全省人口本少，大部分分布在地理環境較好，近世且通鐵路的南部，而沙漠廣的，又沒有鐵路吸收移民的中北部，人口自是很少，中北部乃至全省的人口之中，如將土著的蒙人和當地出生的漢人除開，自外省來移墾的漢農，人數自然更少。而這些漢農加上從事其他職業的漢人，如商人、官吏等，是清康雍乾三朝蜂湧移入，經過近三百年雜居的，可知每年移墾的人是非常之少的。中北部面積遼濶，每年遷入少量移墾的漢人，故稱「小規模漢農移墾」。

七、熱河省人口密度問題　馬先生說熱河省「人口密度已達飽和點」，「人口密度極高」，這些語反證本章所述熱河「人口稀少」是錯誤的。茲舉熱河、河北、遼寧、臺灣四省的面積和人口比較，便可明瞭：

	面積（方公里）	人口	人口密度（每方公里）
熱河省(一)	一八〇,〇〇〇	二,二〇〇,〇〇〇	一二
熱河省(二)		六,二〇〇,〇〇〇	三七
河北省(一)	一四〇,〇〇〇	二八,六〇〇,〇〇〇	二〇四
河北省(二)		三一,九〇〇,〇〇〇	二二八（包括北平天津兩市）
遼寧省(一)	六八,〇〇〇	一〇,〇〇〇,〇〇〇	一四七
遼寧省(二)		一一,八〇〇,〇〇〇	一七三（包括瀋陽大連兩市）
臺灣省	三六,〇〇〇	九,三〇〇,〇〇〇	二六〇

河北和遼寧是熱河省關係最密切的鄰省，臺灣是反共復國的根據地。這三省的面積比熱河小，對人口都較熱河多；拿這三省的人口密度和熱河省相比，便可看出熱河省人口密度不但不高，而且相當低。

八、熱河有只一魚湖並無其他湖泊問題　「據我所知，除經棚縣北部是一魚湖（達王廟）盛產魚，此外並無其他湖泊」，馬先生這句話是反證本章熱河中北部有鹽湖及出產池鹽的錯誤。

（下轉第30頁）

自由中國　第十七卷　第九期　內政部雜誌登記證內警臺誌字第三八二號　臺灣省雜誌事業協會會員　三二〇

給讀者的報告

我們在上期社論「今日的問題」中，已經討論了「我們的中央政制」。中央政制應包括行政與立法兩部門，該文所論僅限於行政部門，關於立法部門，我們將在下期社論中專文論列。這一期的「今日的問題」，我們先接下去談「我們的地方政制」。「實行地方自治」是政府遷臺以來，一項重大的政治號召，但是實際上究已做到何種程度，則殊堪置疑。本文分別就省與縣市實行自治的實況加以檢討，並進而具體的提出我們的基本主張。我們深知要今天的執政當局完全接受我們的意見，是很困難的。可是這種心理的障礙，實應及早袪除。

俄酋赫魯雪夫現在正步趨史大林的舊路，一一整肅清算他的同僚，在權力爭奪的過程中，他已再次贏得勝利，而更接近個人獨裁的寶座。權力鬥爭是極權政治下不可避免的現象。朱可夫之被罷黜，無寧乃是意料中事。所以對此事件本身，我們不擬多所議論與推測。但由此使我們聯想到軍隊國家化與軍隊黨化間之截然不同。要使國家長治久安，眞正走上民主政治之途，我們必須做到軍隊國家化，而不可以抄襲共黨黨化軍隊之故技。這是我們社論(二)的主要論旨。此外，討論同一事件的有易浮生先生的專論，易先生的大文分析「朱可夫下臺以後」對蘇俄國內及共產集團所產生的影響，並提示自由世界今後對付俄共的侵略，應作如何的努力。

社論(三)對立法院通過糾正防衛捐用途的決議，表示讚揚。我們指出此一決議的意義之所在，希望今後民意機關要眞正能控制國家的荷包，並從速實現調整公教人員待遇。

本期專論首篇「英國兩黨政治的歷史背景」是一篇很有價值的論著。我們知道民主政治就是政黨政治，沒有建全的政黨，便難望實現眞正的民主政治。所以討論民主政治就不能不討論政黨。英國是民主國家的先驅者。他山之石，可以攻錯。英國的經驗是可資借鏡的。英國兩黨政治是如何長成的？其歷史背景如何？本文有詳盡之分析。對於英國政治史的研究，作者程滄波先生是國內有數的權威，還有誰比他更有資格撰述這一類的文字呢！

自上月五日莫斯科宣布發射第一顆人造衛星以來，舉世驚愕，這顯示在彈道飛彈之競賽中，蘇俄已棋先一着。一個多月來，美國加速實驗各種火箭並將提前發射人造衛星，而蘇俄則在本月十三日又放射了第二顆人造衛星。由於這種武器賽競形勢的變化，自由世界今後在對付共黨侵略的政略戰略方面都應重作重大之考慮與修正。因此世界輿論對此無不熱激討論。在這方面，本刊前兩期已經刊載過幾篇文字，本期我們再登出宋文明與劉世超兩先生的大作。劉文專談自由世界科學組織今後應如何調整，宋文則縱論世界大局，提醒自由世界的政治領袖於武器競賽以外，更注重於道德的競爭，因爲這方面的優勢是操之在我的。

自由中國　半月刊　第十七卷第十期　總第一九三號

中華民國四十六年十一月十六日出版

發行人兼主編：『自由中國』編輯委員會

出版者：自由中國社
社址：臺北市和平東路二段十八巷一號
電話：二　八　五　七　〇

航空版：友聯書報發行公司（香港九龍新圍街九號）

總經銷：自由中國社發行部

經售者：
美國　紐約友方圖書公司
　　　紐約光明雜誌社
日本　東京僑豐企業公司
韓國　漢城裕昌德號
馬尼剌　大中華日報社
印尼　新疆書店
　　　椰嘉達天聲日報
緬甸　泗水文光圖書公司
印度　仰光振成書報店
　　　加爾各答塔梅學校
澳洲　雪梨瑞田公司
北婆羅洲　西利亞坡青年書店
星加坡　友聯書報發行公司（小坡大馬路四六九號）
吉隆坡　友聯書報發行公司（馬華公會大厦三樓七室）
怡保　友聯書報發行公司（希尼華沙甘街十六號）
檳城　友聯書報發行公司（林連登律七十二號）
澳門　友聯圖書公司

印刷者：精華印書館股份有限公司
廠址：臺北市長沙街二段七一號
電話：二　三　四　二　九號

本刊經中華郵政登記認爲第一類新聞紙類　臺灣郵政管理局新聞紙類登記執照第五九七號　臺灣郵政劃撥儲金帳戶第八一三九號（每份臺幣四元，美金三角）

自由中國

FREE CHINA

第十七卷 第十一期

目錄

中華民國四十六年十二月一日出版
社址：臺北市和平東路二段十八巷一號

半月大事記

十一月十日（星期日）

英首相麥米倫演說，謂俄帝仍圖征服世界，西方應即加强團結。

美海軍軍令部長勃克稱，美決在今後兩年內，使海軍艦隊彈道化。

十一月十一日（星期一）

葉外長與伊朗外長在德黑蘭簽訂文化專約。

美副國防部長鄺爾斯稱，美已擁有洲際飛彈，射程可達五千英里。

十一月十二日（星期二）

北大西洋統帥諾斯達稱，在空軍及原子武器方面西方仍然凌駕蘇俄。

菲律賓舉行大選。

美總統艾森豪在白宮召開國家安全會議。

聯大政委會通過美建議，邀請韓國參加辯論韓國統一問題。

敍利亞指控土耳其威脅邊境，土聲明指敍揑造。

十一月十三日（星期三）

美戰略空軍司令鮑爾上將宣佈，美戰略空軍遍全球，經常裝配原子武器。

美高級太空飛彈專家，奉召參加緊急會議，商討發射人造衛星事。

葉外長離伊朗，訪問伊拉克。

菲大選揭曉，加西亞宣佈獲勝。

十一月十四日（星期四）

聯大社委會通過救濟香港難民。

艾森豪發表電視廣播演說，增加經費發展武器，應付蘇俄對美挑釁。

美英兩國宣佈以武器供給突尼西亞。

十一月十五日（星期五）

聯大不理蘇俄威脅，決議恢復裁軍談判。

美飛彈主持人季里安就任。

法政府抗議美英以武器運突。大西洋組織議會會議中，法代表為此憤而退席。

赫魯雪夫大施恫嚇，謂下次大戰將在美陸上交鋒。

十一月十六日（星期六）

美國防部長麥埃萊宣佈，美將在海外各基地裝設中程彈道飛彈。

大西洋公約組織理事會舉行會議，英美說明武器供突立場。

十一月十七日（星期日）

美民主黨發表公報，支持政府團結盟國，與俄展開生存競爭。

美官方說明美英以武器供給突國之經過。

十一月十一日（星期一）

聯大政委會通過決議，重申統一韓國。

法外長飛美，將與杜勒斯舉行會談。

埃敍兩國國會議員在敍京集議，商討兩國聯盟事。

美民主黨領袖史蒂文生接受艾森豪邀請，出任政府外交顧問。

魔宮共酋秘密會議，企圖復活共產國際。

十一月十九日（星期二）

葉外長與約但外長在安曼簽訂中約友好條約。

杜勒斯在記者招待會宣佈，美準備將各型飛彈供給北大西洋盟國。

法外長畢諾要求美國限制輸送突國武器。

埃突兩國官員聲稱，埃及正以武器運突。

埃敍國會通過成立聯邦建議，要求兩國政府立即開始談判。

十一月二十日（星期三）

聯大不顧俄無理抵制之威脅，通過裁軍會增為廿五國。

突總統布吉巴赴摩洛哥，與摩王商談有關阿叛軍問題。

法總理蓋雅信任案獲國會通過。

十一月廿一日（星期四）

行政院院會通過軍公教人員待遇明年一月起調整。

杜勒斯表示大西洋公約軍倘受攻襲，美必立即還擊。

敍利亞發表聲明，全力支持突尼西亞。

十一月廿二日（星期五）

美國防部宣佈建造巨型飛彈基地

共酋會議發表公報，誣指西方發動戰爭。

聯大託管委會通過監督多哥蘭選舉。

十一月廿三日（星期六）

美在新墨西哥州上空發射人造流星成功。

美國務院發表聲明，駁斥共酋會議公報完全歪曲事實眞相。

西德外長布倫塔抵華府與杜勒斯會談。

法國表示不接受摩突調停阿境戰事之建議。

蘇俄聲明不參加聯合國裁軍會。

聯大通過中東緊急武力經費。

「自由中國」的宗旨

第一、我們要向全國國民宣傳自由與民主的真實價值，並且要督促政府（各級的政府），切實改革政治經濟，努力建立自由民主的社會。

第二、我們要支持並督促政府用種種力量抵抗共產黨鐵幕之下剝奪一切自由的極權政治，不讓他擴張他的勢力範圍。

第三、我們要盡我們的努力，援助淪陷區域的同胞，幫助他們早日恢復自由。

第四、我們的最後目標是要使整個中華民國成為自由的中國。

社論

今日的問題（十）

（一）今天的立法院

一

我們在「我們的中央政制」（今日的問題之八）一文中已經詳爲指陳，我們這部憲法關於中央政治制度，卽行政院的組成和運作，及其對立法院的關係，是採行了民主國家的「責任內閣制」的制度。也就是行政部門（現制稱爲行政院）要對立法部門（現制稱爲立法院）負責。

我們今日行的是「民主政治」。民主政治的根本要義，就是要在制度上，如何使人民代表機關眞正能夠監督政府，和政府如何對人民代表機關切實負責。就是說，今天代表人民的立法院，必須眞正能夠監督行政院的一切措施，包括作爲和不作爲；在另一方面，行政院在施政上必須對人民代表的立法院負責。

所謂「監督」，就是關於政府所有權力之運作，必須由人民代表加以控制。卽政府不得人民代表的同意，不僅不能爲所欲爲，卽連一件事也不能爲；而人民代表想爲的事情，卽政府不甚願意也只有勉强去爲。此「人民主權」之表現於實際的行動。舉個例來說吧，政府如不取得人民代表的同意，一毛錢的稅欵也不能向人民徵收；政府如不得到人民代表的允諾，一毛錢也不能花費，不論是浪費亂用，抑係正當用途。

所謂「負責」，就是「進退」之意。換句話說，在某種情況之下，政府非接受人民代表的意見不可。在某些民主國家，用「不信任投票」的制度，使不接受人民代表的意見的政府，立刻下臺，或解散議會，舉行選舉，以探索人民之意見所在。在我國現行憲法上，則採用第五十七條第一項第二欵第三欵的辦法，以達成迫其負責的目的。卽在立法院之決議，由行政院提請覆議時，如經出席立法委員三分之二維持原決議，行政院院長應卽接受該決議或辭職。

由此觀之，人民代表機關，卽立法院在中央政制的構成中，所佔的地位該是何等的重要，而爲人民代表的立法委員，其所負的使命該是何等的重大。因此，立法院之健全不健全，立法委員之能否達成其使命，不僅關係我們人民當前的權利義務，而且關係我國的政治前途——建立民主，至深且鉅。返觀今日實際政治的運作，關於中央政制一翼的行政部門之脫離了現行憲法的軌道，我們在前文中已詳加論列，並曾建議要根據憲法從速建立負責的中央行政制度。現在再來檢討中央政制另一翼的今日立法院之實際運作，是否盡了憲法上所賦與的責任，是否無辱爲人民代表的使命。

二

先讓我們來分析人民代表機關今日運作之現狀，再來提供我們認爲可行的補救辦法，使立法院眞正做到爲人民代表的民意機關。

我們先作結論說：今日立法院是未盡到憲法所賦與的責任，而立法委員亦未能達成其所負的使命。不僅此也，今日立法院和立法委員的聲譽，是在一天低落一天。這種江河日下的趨勢，如不亟圖挽回，其影響我們民主政治前途當非淺鮮。其中原因甚多，茲特分別論之。

第一　今日行政部門太不尊重立法院之職權。政府爲圖自己的方便起見，任何影響人民的權利義務的重大建制，都可以不經立法院的審議決定而擅付實施。前文已經提出的「國防會議」和「靑年反共救國團」兩種建制，只不過其中之二例耳。此外，如「國民學校畢業生免試升入初級中學」的政策，在現行學制上，在敎育政策上，無疑的是一種重大的變革，政府主管當局竟可以不問立法院的意見而逕付實施。從這些地方來看，今日行政部門的眼中，又何嘗有立法院的存在。

再說，立法院是代表人民來「管制政府荷包」的。這是民主國家的民意機關重大職務之一。今日民主政治之發生和成長，美國獨立革命之造因，這個「出錢管錢」的要求，乃是一個很重大的來由。試問，今日政府的徵稅和增稅，以及經費的支出，究有幾件是先經過立法院同意之後而再實施的？而立法院每年度孜孜矻矻所審查的預算，究竟佔到中央總預算的百分之幾？而這百分之幾的預算，經立法院通過後，政府究有幾成是照案實行，毫未流用？大家看看我們前幾期的社論今日問題之四「我們的財政」一文中，就不難明白了。

第二　執政黨不了解立法院在現代民主政治上之重要性。這裏須分別論之。

㈠　執政黨仍蹈襲過去黨治時代的傳統作風，把要實施的政策的重心放在國民黨中常會，而不依照民主國家議會制度的辦法，放在立法院國民黨立法委員身上。其結果是：擬定政策是一批人，而在現行制度上把擬定之政策變爲國家的法律又是一批人。執政黨的中常會雖能決定一切政策，可是這些政策必須透過國家的立法機關變爲法律或他種的形式（例如預算）後始能由政府頒布執行，才能對其統治下的人民發生權利義務的關係。儘管今日立法委員有百分之九十以上爲國民黨黨員，惟因他們未能參與當初擬定政策的程序，迨至立法院討論此一政策時，自不免與原意發生牴觸，甚至南轅而北轍。如電力加價案，如殷臺公司案，就是很顯著的例子。依照過去幾年的辦法，執政黨遇到它的政策不能爲該黨立法委員同意時，例由中常會負責人出來疏解或逕下命令；如果再不生效，再由該黨總裁出來勸告。經這樣疏解或勸告之後，立法院國民黨立法委員才勉强同意，把原來決定的政策打下一個大大的折扣後，經立法院通過而變爲人民應該遵守的法律。如此者反復數次之後，國民黨立法委員自然要與國民黨中常會發生歧見而裂痕愈深了。如果再加上派系關係，更易分道揚鑣。

何以有這樣的現象發生呢？何以一再發生而仍不能改正呢？

按照我們現行憲法的規定，民意機關的立法院，是採行了民主國家議會的形態，而執政黨的組織形態及其基本精神，則仍踏襲過去所採用的極權國家政黨的辦法。兩者基本精神完全不同，自然容易發生衝突而扞格難行了。政黨本是操縱政治的工具，民主國家固如是，極權國家更如是。可是在民主國家，政黨既不只一個，而民意機關乃是代表人民控制政府權力的組織，自然有其獨立的運作。而極權國家則不然，政黨既只有一個（即令不只一個，也只有執政黨發生作用，其他不過敬陪末座耳），民意機關則爲有名無實。故在民主國家，無論在野黨或執政黨，均須與該黨的議員打通一氣，然後才能運用自如，不能只叫議會中的黨員機械的專聽命於黨。這個道理很簡單，亦民主國家與極權國家不同之處。在民主國家，人有其獨立尊嚴，有其個人意志，即令加入政黨，亦不能完全變爲機械。舉例來說，如果今日國民黨的中常委變爲立法委員，而今日的國民黨立法委員變爲中常委，兩者易地而處，則此時的立法委員亦不會事事就聽命於中常委的。

在民主國家裏，因爲以議會黨部構成爲各政黨事實上的中央委員會，所以政黨的中心勢力，仍是經過民選的。不得人望者，不能當選爲議員，因此，在黨內亦無勢力。所以，在民主國家裏，不僅黨的政策可運用自如，而黨內也是民主的，黨與其人選民是接近的。在極權國家則不然，由於以議會以外的政黨組織，控制其議會黨員，不僅黨內無民主可言，而政黨與人民則日趨脫節，政黨根本不了解、甚至不顧人民的利益，只以黨的利益，即政黨幹部的利益爲前提而强迫人民來接受。如蘇俄中共等政權，不去發展民生工業，提高人民生活，而一心一意致力於新武器的發展和重工業的建設，就是一個最好的例證。我們只要看看吉拉斯所著「新階級」一書「黨天下」一章，更可明瞭極權國家黨部對於議會之控制。如果說，民主政治就是議會政治，而議會政治亦即政黨政治，那末，政黨除將其重心放在議會外，就不應該在議會之外另有一個組織重心來控制議會。

職是之故，今後執政黨要把一切政策的重心放在立法院的國民黨立法委員身上，而不應再放在中委會。同時，立法院內之各政黨，如國民黨、民社黨、青年黨，均應積極培植「議場領袖」(floor leader) 制度，俾提案和質詢均可在有計劃的策動下行之。老實說，在民主國家裏，除議會外，就無政治可言；除議會外，也就無政黨可組。

㈢ 因爲執政黨不明白近代議會制度在民主政治上的功用，不欲把政策的重心放在代表人民的立法院內國民黨立法委員身上，因而執政黨就不了解立法院應爲培植將來「政治人才」——非行政人才（行政人才應由考試及格按步就班的升遷）——的場所。

須知立法院這樣機構在今日政治制度上，不僅其重要性超過任何其他機構，其包容性也比其他機構的基礎廣大。

從職權方面來說，立法院握有制定法律案及預算案之權，而且行政院的一切措施，無論屬於過去已做的或未來要做的，均須「隨時」向立法院提出報告和請示。而立法委員欲了解行政院的施政，「隨時」可請行政院院長及各部會首長來院報告，並可邀請政府人員（首長以外）及社會上有關係人員到各種委員會，以備諮詢（憲法第六十七條）。

在組織方面，立法委員係由全國人民直接選出，另有華僑代表，其人數則在七百人以上。這批人過去大都在各級政府、各行各業裏做過工作多年。所謂士農工商，各方面均有代表，其學識雖不能說人人都是專家，但有特殊造詣的也就不少，而其政治上之經驗，多少經過了相當的歷練。他們不僅在過去具有這類經驗，且因現在行政院的一切施政，均須提請立法院審議，故立法委員有研討重要政策的機會，有聽取各種報告（包括社會上）的機會，因而可以明瞭政府各部門的實際情形，和社會上各角落的普遍現象。所以立法院在今日政制上實爲實際政治一大「實驗」場所，因而在民主國家，大多數的政治人才都是從這個場所磨練學習出來。

如何才能造就政治人才？

主要的要在立法院各分組委員會裏培植政治人才。因爲分組委員會開會時，可省略大會上煩瑣之程序，政府人員來委員會報告時，可以源源本本的盡情報告，如話家常；而參加審查會之立法委員，發言可以人盡其辭，不受次數和時間的限制。故一個立委在分組委員會繼續而認眞的工作到三年五載，雖不一定都成爲專家，最少亦可成爲通家——通曉這一部門的諸般政務。因此，立委參加分組委員會，不僅應就個人學驗之所長而參加，且須繼續工作，不應常常改變。而分組委員會之召集人，更易造成這一部門具有權威性的人才。故分組委員會召集人人選，更是非常重要。他們不僅要有學識與才能，能主持這一委員會之工作，並且要與這一部門的政府首長抗衡，故其學驗決不能在政府首長之下。且須久於其任，然後才能達成造就人才的目的。故各政黨要重視立法院各分組委員會召集人之重要性。

可是今日立法院的實際情形，恰恰與此相反。現在分組委員會召集人每一會期改選一次，已屬不妥之至，而執政黨爲了不使召集人能造成一種權威（如美國國會，每一委員會主席，對政府有關部門保有高度的權威），對少數政府首要有所牽制，乃造成一種權益均沾、機會平等的說法，將每一委員會要做召集人者，令其輪流當選，召集人任期只有幾個月，對該委員會主管部門，無法作有系統之了解。在此種制度下，即使有才能、有抱負的也就無從發揮。

不僅此也，近來更變本加厲，各委員會召集人人選，由執政黨少數高層分子所控制，他們不特不願意讓黨外立委當選，即黨內而不能完全聽命者，也往往加以排斥。因此，當選爲召集人者，多半爲執政黨高層分子的「忠實同志」，有才能、有抱負的人，不願參加競選，甚至連開會也不到，因而分組委員會開會時，往往湊不足法定人數，無法開會。職是之故，今日分組委員會是死氣沉沉，缺乏活力。不僅朦混草率，甚至鬧出笑話。如某次通過之稅案，所得稅額竟超過了納稅人的收入額，以致事後發現，再提修正案，即其一例。

第三　立法委員之自壞長城

我們先將今日立法院之職權，根據現行憲法的規定，臚列於左：

㈠立法院有議決法律案、預算案、戒嚴案、大赦案、宣戰案、媾和案、條約案，及國家其他重要事項之權(憲法第六十三條)。

㈡行政院院長之任命，須經立法院之同意(同第五十五條)。

㈢行政院之一切施政，要對立法院負責(同第五十七條)。

㈣總統宣布戒嚴，不僅須經立法院之通過或追認，而立法院認爲必要時，得以決議移請總統解嚴(同第三十九條)。

㈤總統在某種情況下，得依法發布緊急命令，但須於發布命令後一個月內提交立法院追認。如立法院不同意時，該緊急命令立即失效(同第四十三條)。

㈥審計長之任命，須經立法院之同意 (憲法第一百○四條)。

㈦立法院有審核政府總決算之權 (憲法第一百○五條)。

㈧立法院在某種條件下，得擬定憲法修正案提請國民大會複決 (同第一百七十四條第一項第二款)。

㈨依據憲法第三十條第一項第一款或第二款召集國民大會臨時會時，由立法院院長通告集會(同第三十條條二項上半段)。

根據上文所述，可見現行憲法賦予我們立法院之職權，除彈劾權外，實與今日一般民主國家的議會一樣。

立法院既有這樣重大的職權，所以立法委員的使命是艱鉅的，立法委員的地位是崇高的，如果立法委員自覺其責任與使命的重大而兢兢業業的守着崗位、堅定立場而工作下去，未嘗不可建立一個良好的國會，進而建立一個良好的民主制度。可是事實的表現則適得其反。今日立法院的聲譽是一天低落一天，而立法委員的地位也是一天一天的更不爲社會所重視。這是什麼緣故？除上述諸種外在的原因外，立法委員自身也應該負其責任。民主自由是爭來的，故爭取者自身必須健全，然後才可使對方對之尊重。當然，今天整個中華民國的政治團體，包括政黨、政府和各級民意機關，其聲譽都在每況愈下的時候，我們也不能專責立法院了。

關於立法院年來聲譽之低落，小的原因甚多，如立委之不按時到會，如擔任「護航」工作，如以頌揚代替質詢（名爲質詢，實則頌揚），等等，這裏且不說了，其最重者約有左列三大端：

㈠現任立法委員已繼任十年而未改選。因爲如此，立委遂有恃無恐，不怕失去人民的信任而落選。所以有若干立委簡直不重視這一「珍貴」的職務，既不經常注意人民的意見，亦未想把立法院在政治上造成一個「舉足輕重」的機關。因而立法委員自身遂陷於泄泄沓沓而不知振作奮發了。

立法委員既是代表人民行使政權，故立委之一舉一動，自應時時注意「民意」的動向，一切工作要以人民的利益爲歸宿。別的姑且不論，即以立委代表人民管制政府荷包一事來看，試問立委過去究竟盡了多少責任？據本年十一月二日臺灣各報記載：

立法院昨日（十一月一日）討論關於防衛捐收支問題，最後決議：「查防衛捐收入總額每年達九億五千四百萬元，其中五億另四百萬元未列入中央預算；歷年支用，未盡得當。應自四十七年一月份起，全部繳入國庫，由中央統籌支配……。」

查防衛捐之開徵，始於民國三十九年二月，各位立委當也繳過此稅不少，何以遲至今日始發現其「歷年支用，未盡得當」？究竟什麼地方，支用未盡得當？老百姓對此尚不明瞭，立委何不進一步對人民作詳盡之說明？這不顯然是有虧職守麼？

再者，國民黨來臺以後，究竟支用了多少國帑爲該黨黨費？拿國家收入來植黨營私，立委過去究竟查過帳沒有？立委不能一味裝聾作啞，怠忽職務！

還有於法無據、組織龐大的青年反共救國團，係成立於民國四十一年十月三十一日，迄今已屆滿五年。其歷年經費出自何處？立委過去問過沒有？此事不關國家機密，應請公布出來。

總之，人民付託立委來看守荷包，立委究竟盡了幾分責任？立委本是「大權在握」，何以不去善用盡職？立委今年力爭雙十節「全體」參加閱兵大典，不是「大功告成」了麼？前述立委主張「防衛捐收入應全部繳歸國庫，並以部份作爲提高國軍薪餉」，不是政府已經接受了麼？不是獲得了人民一致的擁護麼？(見本刊上期社論三)可見立委過去之不盡職守，非不能也，乃不爲也。如果立法委員可以依法按期改選的話，恐怕老百姓早就不要這批尸位素餐的代表了。

不特此也，立委繼任十年的結果，不僅立委不自奮發，把人民的權利喪失了許多，而這十年之中，社會上新出的人才又未能加入立法院，使立法院的構成分子發生「新陳代謝」的作用。這對立法院這個在政治上有舉足輕重的民意機關，又是一層重大的損失。如果我們不再亟圖補救，倘一時不能反攻，則立法院將無更新之機會。

㊁立法院內無有力之反對黨，政治鬪爭則無對象，目標則不鮮明。這也是使立委意志消沉的另一原因。

民主政治制度中的民意機關，就是權力爭奪戰的競賽場所，惟將殺人流血的「武力爭奪」變爲唇槍舌劍的「智慧比賽」。因爲在議會裏面來「鈎心鬪角」，總比刀槍砍殺的犧牲來得小，最多不過花費一些金錢與時間而已。卽以金錢與時間而論，前者與後者相比，眞是微乎其微。

民主政治旣是想把人們之聰明才智儘量在議場上發揮，以免相見於疆場之上，故在議會內講究鬪爭，發揮鬪爭，絕對不是一件壞的事情，也不發生什麼道德問題，尤其無損於民意機關之尊嚴。從事鬪爭自不能不講究策略，惟策略必須出之以光明正大的態度，彼此不能只爲目的而不擇手段。所以鬪爭各單位，必須臨之以堂堂正正之師，旗幟鮮明，心地磊落，方法公正，不要爾詐我虞，不可口是心非，不要表面上是一套，背地裏又是一套。所以「暗鬪」就不如「明爭」之爲愈了。

立法院旣是政治鬪爭的場所，而立法委員當然是鬪爭各方的隊伍。這些隊伍必須旗鼓相當，力量伯仲，這場角力才可正式較量，鬪爭才可互見短長，而比賽的進行才有日新月異的進步。如果一方面是「正式軍隊」，荷槍實彈，另一方面只是「童子軍」，手持棍棒，那是無法正式較量的。今日立法院的情形就是這樣，雙方實力相差太遠，結果只有「混戰」一場。我們只要看看立法院這幾年的施政質詢，就可明瞭，儘管發言盈庭，而實際則影響甚小。

今日立法委員每屆政府施政報告之後，接着此起彼落的來上一大堆質詢。這些質詢，有的是出之於個人的責任感，有的是出之於個人的自我表現，據道路傳聞，也有是出之於個人的恩怨，甚至有借質詢來頌揚其護航對象之施政功績。要之，這些質詢都是零零落落，發動於個人的意志，而很少有計劃的行動，很少是經政策性的考慮而行動的。質詢之後，政府固然答復如儀，口頭的或書面的，可是立委諸公除極少數者外，大都質詢了就算完事，而不繼續追問政府之答復是否滿意。因此，立法院成立迄今雖已屆滿十年，可是立法委員對於政府的答復從未實行憲法所賦第五十七條第一項第二欵的權力。這就是沒有「有力的反對黨」的明證。

還有一件極其可笑的事情，也確實影響了立法委員工作的情緒。

這幾年臺灣黨辦官辦的報紙，幾乎不登載立法委員質詢的消息，這不僅壓低了立委質詢的興趣，簡直使民意機關與人民日益隔閡，使主人翁的老百姓厭根兒不了解他們的代表在幹着些什麼事。如果說報紙是人民的喉舌，反映人民或其代表的意見，那末，臺灣的黨報官報眞正有虧天職。在民主國家，議會之一舉一動乃是報紙上頭條新聞，競相刋載；而議員在議會之一言一行，各報均以特寫方式，用些富於趣味之文字，繪影繪聲的描寫出來，以促進國人之政治教育。而臺灣黨辦官辦的報紙，其作風則反其道而行，只知登載政府長官的長篇演說，動輒加上什麼「訓詞」、「致訓」的標題，而不登載民意代表的質詢內容，執此以覘臺灣的民主，當可知其泰半矣。

可是還有一個極爲奇特的現象，卽立法委員之質詢，黨報官報竟一字不登，而政府長官之答復，則大登而特登，甚至全文登載，一字不遺，如本年十月四日立委包華國在立法院關於反攻大陸問題之質詢，其所提幾項先決條件，如㊀如何使大陸人心歸向；㊁如何利用共產政權的矛盾與分裂；㊂如何獲取自由世界尤其美國精神上和物質上的援助；㊃如何加强團結海內外反共人士，共同奮鬪；㊄如何改正過去在大陸上諸種失敗的原因；㊅如何發揮我們的優點，卽實施民主自由，而一反共匪的統制思想與行動，等等，都是當前的重要問題，次日黨報官報竟一字不提（聯合報、公論報、徵信新聞均經刋載），而第三日（卽十月六日）的官辦新生報則將行政院黃副院長的答復，全文登載。臺灣究竟是官主乎？抑爲民主乎？我們於此又可窺見其一端矣。

因此，在民主國家，政治上固必須有有力之反對黨，而社會上尤其要有公正無偏之民營報紙，然後議會才有生氣，人民才會關心政治，而民主政治才有前途。

㊂立委之兼職問題。

依照現行憲法，除官吏外未限制立委的任何兼職（憲法第七十五條）。所以，今日立法委員如想兼職，除官吏外，只要有機會可兼，什麼職務都可以兼的，如銀行董事長、公司總經理、醫生、教授、律師、會計師等等。可是董事長、總經理、教授、醫生這類職務，只與私人行爲有關，立委兼職之後，可能貽悞立法院的本身工作，但不致涉及其他問題，而律師和會計師這類職務則帶有「公職」性質。依據這幾年所見所聞，立法委員兼任律師和會計師，却給社會以非常不良的影響，對立法院和立法委員的聲譽則是有減無增。律師可以要求公司行號聘爲法律顧問，會計師亦然，臺灣之公司行號對此頗有不勝其煩之感，因爲他們對立法委員勢不能不敷衍一下。據說法院法官對立委擔任律師的案件，就不能不客氣三分。有一位法官曾告訴人說：如果一位律師投刺求見法官，法官當然可以擋駕，而且應該擋駕；如果一位律師而兼任了立法委員，他拿刻有「立委頭銜」的名片投見，法官就不敢拒人於千里之外，恐怕他另有事情要說。

會計師亦然。玆舉一度在社會上轟動一時的案子來佐證此說之非虛。過去尹仲容先生長經濟部時，自命不畏權勢，不講交情，然當經濟部要估計各公營事業的資產價值的時候，曾聘請十七位會計師擔任估價工作，其中就有十二位是立委而兼會計師，而且是立委兼任會計師者之全體。這種舉動在法律上是沒有一點瑕疵，在事實上如有立委而兼任會計師，他要聘請會計師擔任工作的時候，就非聘請此類會計師不可，而且還要全體邀請。

總之，人是免不了缺點的，我們要想矯正人類的缺點，必須從制度上去着想。因此，我們堅決主張立委不要兼任律師或會計師一類的職務，以免影響立法院和立法委員的聲譽。立委如對這類職務深感興趣，不妨辭去立委，專任此類職務。

三

我們現在提出補救辦法於左：

一、行政部門要根據憲法規定，尊重立法院職權。

二、執政黨和在野黨均應遵循民主國家政黨的作法，把政策的重心放在立法院本黨立法委員身上；各黨在立法院內，要培養「議場領袖」制度；而且要以立法院來培植將來的政治人才。

三、立法委員要珍視自己的職務，認眞工作，以冀造成優良的傳統。實際上今日各民主國家國會的優良傳統，都是他們過去的代表們經過長期的努力奮鬪而點滴累積起來的。民主自由是爭得來的，決不是天上掉下來的。

四、希望出現一個有力的反對黨，俾立法院在討論政策和質詢施政時，有明顯之軌道可循，立法委員在工作時，可提高其興趣，而人民在選舉時亦有選擇之機會，以促進民主政治之進步。

五、立委不要兼任會計師律師一類的職務，以免影響立法院整個的聲譽。

六、立法委員要全部定期改選。惟茲事體大，謹略述我們的想法如下：

我們主張立法院全體立委應迅速定期改選。職業代表逕由各行業選舉（註一）；區域代表，臺澎金門以外，則均用「離鄉投票」（註二）方式選舉；依憲法第六十六條之硬性規定，在未能全部光復大陸之前，每三年依此方法改選一次，不再以總統命令、或立法院決議方式長此延展立委原定三年之任期。

我們的理由是這樣的：

㈠一國的憲法不能以不合於此憲法的程序而維持之。

㈡主權有「法理的」(de jure) 與「事實的」(de facto) 之分。近幾年來我們維持這部憲法所用的方法，似乎只偏重在維繫它的法理的主權，可是我們不能僅僅憑此以贏得人民之熱心擁護及國際長久之支持。

㈢人民及國際所以擁護中華民國政府者，以其為反共抗俄，更因其以自由民主相號召。若實際上不能加速自由民主化，便將失去此種支持，憲法並非永久的護身符。

㈣且依民主觀念，基本權利更重於憲法，為保障這些權利，人方成立了政府。故只憑一紙憲法，並不能即誇稱已是民主，極權國家亦均有憲法，然無人因此稱之為自由民主的。故目前的課題實為：

a 如何以不違反憲法的方式維持此憲法；

b 如何進而加强其自由民主的成分。

現在自由中國之足以代表整個中國，其深厚基礎必不只在憲法及前十年所選出之若干代表，而在於當前自由中國之全體人民均為反共的、傾向自由民主的。最難得是，自由中國乃各省人民之「選樣」(sample)，這些人最能代表大陸上各省全體人民，這些人不能只被當為難民，這些人在反共抗俄中應該發揮更積極的作用。因此，我們主張現在中央民意代表的立法院立法委員，應由這些人民用「離鄉投票」方法，立即定期改選，並依憲法所硬性規定之年限，在未返回大陸以前，仍用此法，準期改選。

查「離鄉投票」，即 absentee voting。在二次大戰中，美國在外作戰士兵會使用此法，當時並採用所謂「全國性的選票」(national tickets)。實際上，現任代表中，尤其東北華北若干區域代表，本是藉「離鄉投票」產生的。何以到臺後，就不能擴大利用此法？

按期選舉代表，以使人民永能控制代表而不為代表所控制，乃是人民最重要的權利之一（參閱一七七六年美國維吉尼亞權利宣言第五節，一九四八年普遍人權宣言第二十一條）。因此，我們現在：

只有利用此法，方能以不違反憲法的程序維持此法統；

只有利用此法，方能使此十年中新出的政治人才進入立法院，發生新陳代謝作用；

只有利用此法，方能使日漸僵化的政治生活復蘇，民主政治日趨進步。

（註一）職業代表均採用「全國性的選票」。

（註二）區域選區，應在本區內舉行，合格投票人亦應在本選區內投票。「離鄉投票」，即投票人得在離開原選區時，仍得用通訊方式參加原區選舉之謂。美國在二次大戰中，各邦在外作戰官兵多享用此種權利。我國第一次行憲立委之選舉，已曾對若干選區，採用類此方法。我們的身份證上均註有籍貫，故可依此籍貫參加區域選舉。現在若行此法，尚有若干技術問題需待解決。不過這似乎是目前全國性的分區選舉之惟一可行的辦法。反攻如不能立時實施，民意代表固終須改選；即使明日開始反攻，大陸亦難望於三數年內全部光復或完全平定，全國的正常的區域選舉，仍難望於數年內辦理。以上兩點只須修改立法院立法委員選舉罷免法即可。

社論

(二) 待遇調整案的檢討

一拖再拖的軍公教人員待遇調整，經立法院十一月一日那個決議案一逼，總算逼出一個結果來了：行政院於同月二十一日公佈了一個從明年一月起實施的調整待遇辦法。

這個辦法的要點，是兵餉增加百分之六十，士尉校將官加成遞減，自百分之五十至百分之二十五。官兵副食費一律每月增加十元。至於中央及地方文職人員則自明年起照現支薪給加發一個月。現支薪給原爲十三個月，這次調整就是照現支數增加十三分之一，也卽是增加百分之七點七弱。

這個辦法見報的那一天(十一月二十一日)，除掉那些每月可領若干萬特支費的首長以及慣於利用職權、貪贓枉法的官員們（領有特支費的首長們不一定沒有人在內）以外，凡是純靠法定薪給過活和贍養老老小小的軍公教人員，莫不深感失望而至於憤恨。尤其是文職人員，一想到百分之七點七的所謂「調整待遇」，都不免有被人施捨「小賬」的羞辱感。

待遇算是公佈調整了。失望也好，憤恨也好，感覺羞辱也好，公佈了的辦法是不會因而修改的。所以我們對於加薪多少這個問題的本身，不想多說費話，而要從其他方面對於這個問題作進一層的檢討。

上面說過，這次待遇調整辦法的公佈，是由立法院逼出來的。立法院十一月一日的決議案，是硬性的要求行政院從明年一月份起，把防衛捐支出不當的部份二億三千九百萬元及該捐可能超收之數，全部用爲提高國軍士兵及中下級軍官俸給之用。我們分析這一簡單的決議案，包括有兩個要點：㈠防衛捐歷年的開支，有一部份是不當的。不當開支的部份今後要全部移作提高大部份的軍人待遇。換言之，那些不當的開支，再也不許開支了。㈡用以提高兵士及中下級軍官待遇的防衛捐，其數額爲二億三千九百萬元及可能超支之數。就這兩個要點來看，第二個要點，照行政院公報所講的，可認爲大概做到了。因爲照公報所講，由於這次國軍官兵薪餉的調整，每月增加支出二千二百萬元，也卽每年增加二億六千四百萬元。從這二億六千四百萬元當中減去高級軍官的加薪總額以後，其數字與二億三千九百萬元再加上可能超支之數，大概是很接近的。這是就第二個要點來看。但就第一個要點來看，我們不敢相信毫無問題了。因爲照行政院的公報，這次調整所需的財源，雖說「係以防衛捐之節減支出及增加收入暨追收欠稅欵充用」，但沒有確說從防衛捐中節減多少。如果從防衛捐節減下來的不及二億三千九百萬元，那就是沒有執行立法院決議案的第一個要點。立法院送請行政院執行的決議案，後者如不全部接受執行就得依照憲法第五十七條移請前者覆議，決不能部份接受，部份變更。這一點是我們憲法中最關重要的一點，也卽責任內閣制的精神體現在我國憲法的地方。這一點在憲政實施方面，萬萬不容疏忽。當我們寫這篇社論的時候，行政院雖已公佈待遇調整辦法，但對於立法院送請執行的那個決議案，尙未正式答覆。我們希望立法委員珍重自身的職責，特別注意這個問題。

我們之所以提出上面那個問題——防衛捐能否節減二億三千九百萬元的問題，是有理由的。因爲在這次立法院討論本問題的過程中，已透露所謂「財經內閣」的行政院，在財政上已失掉了控制力。據說，關於防衛捐問題，行政院給立法院送了幾個文件，其中有該院對於防衛捐用途支配的意見書。在意見書中把防衛捐的用途分作甲乙丙三大類，其中丙類是行政院自己認爲可加研究的。所謂可加研究，照他自己說是那些憑各方要求而開支的。這些開支既沒有明細的概算以資審議，而實際支用情形也無憑稽考。屬於這一類的開支，照行政院自己所開列的，就是一億二三千萬元。請試想，防衛捐在開支方面既是這種情形，如果立法院不來嚴厲督責的話，我們怎能希望行政院會作有效的節減呢？說到這裏，我們今日一切政治問題的癥結，於此可以思過半矣。

以上是從這次待遇調整案透露出來的政治制度上的危機。此外我們還可從待遇調整案看出行政當局在觀念上犯了一個嚴重的錯誤。他們總是把財政困難作爲待遇不能調整的藉口。殊不知財政的目的，是要使政府得以有效地執行任務。執行政府任務的要靠軍公教人員。這些人如果長期地在一個不足以維持人類尊嚴的生活水準下過活，政府的任務如何可以達成？無論你怎樣強調什麼第一、什麼至上的口號，但僅就空喊這些口號而言，也還是需要精神飽滿，氣力充沛的「人」，纔喊得聲音宏亮。人，總是最重要的。沒有人，一切都談不上。國家財政如果不把籌發對人的俸給視作第一重要，那就簡直不成其爲財政，但是我們的行政當局，一說到軍公教人員待遇問題，就以「財政困難」作搪塞，好像所謂財政也者不包括軍公教人員的待遇在內。這是觀念上一個嚴重的錯誤。

再進一步講，國家財政是以國民經濟爲基礎。國民經濟日陷於困境，財政除靠外援以外，自然是一籌莫展的。近年來繁雜的經濟管制措施以及在這些措施下若干執行人員的種種挑剔和苛索，使民間工商企業喘不過氣來，儘管官方宣稱國民所得年有增加，但就我們大家實際體驗到的，則是實質的國民所得日益減少。關於這方面的問題，我們以前在「我們的財政」「我們的經濟」兩篇社論中有較詳的論述，這裏我們只想指出：「財政困難」不應作爲俸給不能合理調整的藉口；財政困難的克服，消極方面須大刀濶斧節省浪費；積極方面須解除桎梏經濟的一切管制，讓民間工商業得以自由發展，因而培養長遠的稅源。

社論

（三）倪路案亟待澄清

上月六日，臺北市有兩位新聞記者，一位是公論報的總主筆倪師壇君，另一位是新生報的編輯路世坤君，突遭治安機關逮捕。第二天公論報沒有社論，却刊載了一則「緊急啓事」，雖未明言倪君之被捕，但是項消息，已經不脛而走，引起了各方面的密切注意，而對倪君的命運，尤爲關注。逮捕新聞記者是一件大事。特別是，公論報爲自由中國的一張具有歷史性與權威性的民營報紙，經常在社論中批評政府，而倪君又爲該報主持筆政達十年之久，這些關係，更引起人們多方面的聯想。這事件，表面上似乎臺北各報都對之反應沉寂，除了公論報由李萬居社長署名發表的「敬向讀者致歉」那篇文章裏透露一些輕微抗議之外，其他各報祇是照登了一個官方通訊社所發布的簡單消息，以及國防部軍事發言人有關此案的一段聲明以外，絕無片言評論。但這並不表示此事的不被重視，反應之所以沉寂的原因是非常明白：倪路案現被政府宣布爲「匪諜嫌疑」，此罪名非同小可，誰還敢輕易插嘴以致遭惹麻煩。但表面的沉寂，並不等於大家都已接受了政府的聲明，相信了政府所宣布的罪嫌。

於此，我們可引公論報李萬居社長的話爲證。李君對倪君之爲人，曾這樣描寫：「他執筆立論，力求超然、客觀、公允，不願雜以絲毫偏激的情感，或以輕率態度出之，評論事物都是出於善意，總希望本社的意見能爲人所接納；他的思想如何，十二年來有目共覩，毋庸本人多所辭費。他是個內向型的讀書人，平時不作任何活動，亦不喜歡應酬。三十八年正當共匪渡江，中原板蕩之際，他倉惶返閩，把家眷全部遷臺。就這點看來，他可算是個忠貞人士的領先者，其忠於中華民國，應爲無可置疑的事。」當然，李君與倪君共事多年，可能有所偏愛。但是我們所遇到的倪君交友，也都不相信他會有充當匪諜的可能。至於路君，則聞曾有反共著作出版，在政府所辦報紙服務多年，同樣的甚少可疑之處。所以，不管政府怎樣宣布，一般人在內心總還是不免要想到對政府不利的方面去。

倪路案之發生，不僅在國內釀造普遍的不安，同時還引起了國際友人與海外僑胞對人權保障的憂慮。此案經過，外國通訊社電訊的報導，比我官方所發表的消息更爲詳細，可見其並不視若等閒；自由中國爲反共國家，嚴懲匪諜，事屬平常，如果外國記者並無其他疑慮，決不會如此重視。香港的工商日報於上月十二日以「有待整飭的臺灣法治」爲題，論及此事，如果此社論的執筆者確信倪路二君爲匪諜或僅僅認爲二君有涉嫌之可能，他就決不會選擇這樣一個題目。這篇社論，還提到了前南京救國日報主持人龔德柏君的事件，並且還這樣說：「我們實不忍見臺灣報人，仍有動輒得咎，而毫無保障的事實，因爲這種現象，對政府的法治精神，實爲莫大的諷刺。」如此，文中雖尚未斷言倪路之被指爲匪諜嫌疑，完全寃枉，而事實上等於已經對政府的透露消息不予置信。甚至，在政府軍事發言人就此案發表聲明以後（四十六年十一月十五日在新聞局記者招待會中發表，十六日見臺港各報），也並不能息「攸攸之口」，香港的「新聞天地」第五一〇期（四十六年十一月二十三日出版），仍然懷疑倪君是由於文字得禍，所謂匪諜嫌疑云云，祇是一種有意的羅織。該刊說：「如果不幸這案子又如外間傳言，是出於文字之禍，那末民主也者，值得檢討的地方就太多太多。長此以往，今後新聞記者的安全問題倒還在其次，今後國家是否需要輿論，倒是值得我們當局再思三復了」。同月二十七日香港「自由人」三日刊也有一篇專論，亦以「臺灣拘押記者案平議」爲題，指出蔣總統在今年雙十節所宣布之六項目標與三項保證，以及執政黨八全大會所揭櫫的政綱政策，要政府在實踐上能取信於人，「否則將給人們以『前面賣生薑，後面喊不辣』的印象。」其結論則「迫切地希望政府對於拘捕倪路案，作迅速而公開的處理，昭大信於內外」。可見儘管當局搬出法律條文來辯解，事實上却並未收到澄清視聽之效。當然，整個自由中國，以至整個自由世界，沒有人願意袒護匪諜。但問題是：絕對大多數的人，都不相信倪路兩君是匪諜，而懷疑當局別有動機。

倪路二君之「涉嫌」詳細情形，至今未見治安機關發表。政府軍事發言人曾在新聞局記者招待會中曾聲明三點：㈠治安機關因本案所拘的對象是匪諜分子，其違法被檢肅，乃倪路兩人個人行爲，與彼等所服務的報社及其「職業無關。」㈡「本案是根據戡亂時期檢肅匪諜條例第六條辦理的。」㈢「本案現正由治安機關偵查中，依刑事訴訟法第二百廿四條偵查不公開的規定，目前尚未到全案公佈的時候。」這一着聲明，似乎可以叫人口頭無話可說，而且也叫人更不敢多說。但政府應該瞭解，重要的是要大家內心折服，而不祇是口頭無言。沉寂常常是一種更爲堅決而有力的抗議。所以，倪路案的「偵查」期間愈是延長，對政府是愈加不利。倘若拖延到一年半載以後，再來公布偵查結果，縱然說得「證據確鑿」，人家還是不會相信的。爲政府計，還不如把本案迅速訊結。如無甚嫌疑，應即將倪路兩君釋放。如果仍是這樣交待不清，拖泥帶水的下去，倪路兩君固屬不幸，但眞正受到損失的，還是政府。我們的一個最後忠告是：喪失人心易，收拾人心難。一千句漂亮而動聽的話，抵不過一個叫人懷疑的行動。願政府好自爲之。

自由中國　第十七卷　第十一期　檢討美俄武器競賽

檢討美俄武器競賽

宋岑

近代國家，在戰爭上本來就重視計算，他們從多方估量敵我力量，而擬訂其政略、戰略。自原子武器出現後，因其破壞殺傷力之遠勝普通武器，戰爭的計算乃偏重於這類新武器發展的成就。誰能在新武器的發展上佔先，誰就可望在戰爭中保持優勢。這種特殊重視新武器的觀念，使武器的發展決定了戰術、戰略以及政略和整個冷戰的部署。自第二次大戰結束以來，整整過了十二年，這其間激烈的冷戰進行未已，新武器的發展也層出不窮。從原子武器到核子武器，再到被稱為最後武器的洲際飛彈，兩大敵對者美國和蘇俄都在激烈競賽，力求發展。最近蘇俄人造衛星的搶先發射，顯示蘇俄在洲際飛彈競賽上已較美國佔先，這使武器競賽到了特殊重要的新階段，今後數年間，新武器的競賽勢將更趨激烈。檢討新武器競賽的情勢，可以瞭解冷戰的得失，也可以看出未來世局的發展。

就主要發展的新武器來看，戰後的武器競賽可分三個階段：一、是原子武器的競賽，時間是自一九四五——一九四九年；二、是核子武器的競賽，時間是自一九五〇——一九五五年；三、是飛彈（或火箭）的競賽，自一九五六年起，迄今尚在激烈競賽中。以下擬簡述雙方競賽發展各類武器的情形，並指出其對整個世局發展的影響。

一　美國獨佔原子武器階段

戰爭最足以刺激新武器的發展。在戰時為了減少自已的犧牲，加速敵人的崩潰，往往不惜一切，努力於最新式最凶狠的武器之研製。原子武器的研究製造開始於第二次大戰期中，當時美國和德國都曾從事於原子彈的研究，到第二次大戰末期，有高度科學技術，有充沛財力，有便於保密而又不受敵方空襲干擾的美國，首先製造成功。第一顆原子彈於一九四五年七月十六日在新墨西哥州阿拉摩哥爾多(Alamogordo)試驗爆炸成功，開創了人類史上的原子時代。跟着此一殺傷力極強的新武器用於戰場，八月六日和九日原子彈先後投擲於廣島和長崎，促成了日本的早日投降，而原子武器的威力也為世人所普遍認識。

二次大戰雖結束，但新的戰爭威脅仍存在，軍備的競爭未已。大家都認定原子武器是保持軍事優勢、爭取戰爭勝利的主要憑藉，因而美國和蘇俄雙方都努力於原子武器的研製。美國原獨佔原子武器，戰後力求原子製造機密的保持。蘇俄的科學工業水準較美國落後，財力富源也非美國之匹敵，但基於赤化世界野心之衝力，傾其全力於原子武器的發展。一面利用擄獲的德國科學家，從事於研製；又利用間諜，以盜竊手段，偷取原子彈製造的機密。終於到一九四九年九月廿二日，蘇俄也試驗原子彈爆炸成功。

任何科學技術的奧秘，終難於作長期的保持，蘇俄之將於較後時期製成原子武器，亦為人所料及。但美國的專家低估了蘇俄，一九四六年時，曾經主管美國原子計劃的格洛維斯 (Groves) 少將曾說，任何最強的國家要在原子武器發展上趕到美國，尚需五年到廿年之久。美國在如此自信下，以後數年對原子武器的繼續發展試驗比較鬆懈，而蘇俄則暗中盡全力鑽研，竟於三年之間試驗完成。

二　核子武器爭相發展階段

蘇俄試驗原子武器的成功，使美國不再獨佔原子武器，美國為壓倒蘇俄，進一步有氫彈的製造。一九五〇年一月卅一日，美國總統杜魯門下令製造氫彈，以求在新武器的威力上壓倒蘇俄。以前所製的原子彈，是一種所謂「分裂」彈，利用重原子核的分裂，產生原子爆炸力。分裂反應最劇烈的就是具有爆炸性的鈾，因而過去的原子彈，稱為鈾原子彈。氫原子彈是一種「融合」彈。這是把較輕的原素融合成較重的原素，在這種程序裏放出大量的原子能。這種反應是一種熱核子反應，需要極高的溫度才能發生。只有利用鈾原子彈爆炸的一剎那間所放射的五千萬度高熱，使輕原子融合成較重的原子而製成此種融合彈。這種融合彈是利用氫元素的融合製成，因而稱為「氫彈」，又因其為熱核子反應，又稱「核子武器」。

依照原理，有了鈾原子彈後，氫彈的製造已成為可能。但在美國獨佔原子武器期間，並未注意及此。直到一九四九年，美國測知蘇俄已有原子爆炸後，才開始研討氫彈的製造，至一九五〇年初正式由總統下令發展氫原子彈。氫彈的爆炸力約比鈾彈大五十倍，放射塵的散佈區可達七至十方哩，鈾彈僅二方哩。於是氫彈乃代替鈾彈，成為武器競賽中發展的主要目標。

美國於一九五二年十一月一日，首次在太平洋的安尼威吐克島試驗其熱核子爆炸，第一顆氫彈出世。當時美國的專家們認為蘇俄要在核子武器上趕上美國，將需很長時間，但到第二年（一九五三）八月八日，蘇俄卽宣佈試驗氫彈爆炸成功，美國的原子能委員會也承認並證實蘇俄確曾舉行氫彈爆炸。美國於獲知蘇俄在核子武器上趕上美國後，一時朝野頗感驚異，但高唱放心論者，仍大有人在。國防部長威爾森就曾說，他不相信蘇俄已製成能用飛機載運投擲的氫彈。他估計，蘇俄大約要在三年或四年之後才可能以氫彈投擲美國。他的估量，大致是以美國的發展進度為基準的，因為美國到一九五六年五月，才試驗成功了用飛機投擲的氫彈。但竟未料想到，蘇俄居然於一九五五年十一月就舉行了空投氫彈的試驗。也就是說，在用於空投的核子武器發展上，蘇俄搶先了半年。

三　飛彈競賽的現階段

飛彈（Missiles）或火箭（Rocket）是一種發射投擲的武器，在第二次大戰中，德國曾努力於飛彈的發展，並曾用以攻擊過英國。現在美國和蘇俄競相發展的飛彈，是可以攜帶原子或核子武器，挾着極大的破壞殺傷力射向敵方的武器。飛彈的發展開始甚早，近兩年來雙方積極發展的是中程（射程八百哩至一千五百哩）和長程(射程五千哩)洲際飛彈，尤以洲際飛彈爲競爭發展的主要目標。現階段的武器競賽可以說就是洲際飛彈的競賽。

洲際飛彈（Intercontinental Ballistic Missiles）射程達五千哩，可以攻擊世界任何一地的目標；時速爲一萬二千哩至一萬六千哩，五千哩行程約在半小時內可達；發射以後以彈道形(弧形)進行，穿大氣層，深入太空，高達六百哩，然後穿越太空，再入大氣層，射向目標。洲際飛彈速度極快，射程遠而又攜帶氫彈頭，殺傷破壞力極大，無法預防，因而有最後的（Ultimate）或絕對的（Absolute）武器之稱。

美國對飛彈發展之注意在一九五一年。美國對飛彈的設計是多方面的，分由陸、海、空三軍研製試驗的各類飛彈計有三十餘種，已試驗成功，並配交美軍供使用者有十種：屬於空軍者有鬪牛士、蒼鷹，屬於海軍者有獅座星、獁犬、海燕、麻雀、賽德溫爾（Sidewinder），屬於陸軍者有誠實約翰、伍長、尼克阿傑克（Nike-Ajax）。其中就射程而言，以鬪牛士爲最遠，約爲五百至六百哩，今年五月間由中美雙方宣佈，由美空軍備有鬪牛士戰術性飛彈之一個中隊駐紮臺灣。美國已完成使用的這十種飛彈，都是射程較近的戰術性飛彈。在長程洲際彈道上，美國積極發展中者有擎天力士（Atlas）和太陽神（Titan）兩種，前者於今年六月十一日試驗發放失敗，後者尚未開始試驗。美國中程飛彈發展中者有三種，其中木星(Jupiter)已於十月廿三日試驗發放成功。美國在飛彈發展上，對長程飛彈未早注意，因美國在新武器的發展上，有戰略性與戰術性之分。戰略性武器用以摧毀敵人後方軍事基地或工業生產中心，其性能是破壞殺傷力愈大愈好，其載運或投射的工具行程愈遠愈好。戰術性武器，則實際用於戰場，以阻擊敵軍或消滅敵軍，而以輕便靈巧，能用於小目標爲原則，巨型原子彈和氫彈都用於戰略目標，小型原子彈、原子大炮，以及已發展使用的十餘種導向飛彈（Guided Missiles），主要都在用於戰術性目標。在長距離投擲轟炸方面美國早已發展完成了戰術空軍，美國的 B–47, B–52 長程轟炸機，配合其全球基地網，早可越洲飛行，攜帶原子或核子武器，攻擊蘇俄國境之任何一部。因此之故，美國在飛彈發展中，比較偏重於投擲準確可用於戰術性目標的近程飛彈。美國對中程和長程彈道飛彈之發展過去實未曾特別重視。蘇俄在飛彈的發展上則與美國相反。蘇俄在長程轟炸機上，始終落在美國之後，又不似美國有海外基地可資利用，自蘇俄本土或其附庸國到美國本土最近的距離也在三千哩以上，因而蘇俄在飛彈的發展上，便以長程飛彈爲主。只有這樣，蘇俄才能對美國施以戰略性攻擊。就此而言，蘇俄在長程飛彈的發展上的積極，是可能意想得到的。

蘇俄以鐵幕作保密，對一切有關軍事武器發展的情形，除了爲政治意圖外，從不向外宣佈，因而蘇俄關於武器發展的消息之透露，自由世界多持懷疑態度。蘇俄發展中程彈道飛彈成功的消息，美國參衆兩院原子武器聯席會議主席傑克遜（Jackson）曾於一九五六年一月提出，他警告美國當局說，蘇俄可能已試驗過射程一千五百哩的中程彈道飛彈。同年四月廿三日，赫魯雪夫於訪問英國時在伯明罕宣稱，蘇俄不久即可擁有携帶氫彈頭之定向飛彈。對這些消息，美國人士多持懷疑態度。今年八月二十六日，蘇俄塔斯社宣佈，蘇俄已試驗成功一枚洲際彈道飛彈，「它證明要將飛彈發射至世界任何地區，而無需使用一支戰略空軍是可能的。」這一消息震驚了全世界，美國尤感驚訝，但若干人仍然疑信參半，更多人雖不否認蘇俄試驗洲際飛彈的可能性，但強調其距離完成使用時期尚遠。直到蘇俄發射出人造衛星，聽到了來自太空的比、比之聲，才相信蘇俄在飛彈上的成就不虛。

十月四日，蘇俄人造衛星的發射，不僅是蘇俄在此一科學工具競賽上搶先，也證明蘇俄在飛彈上的佔先。因爲發射人造衛星到五百六十哩高空的火箭，可用於發射洲際飛彈，而該火箭能攜帶一百八十四磅重的衛星，也顯示其在發展攜帶氫彈頭的洲際飛彈上有「良好的發展」。人造衛星雖是依據科學目的而設計，但在武器競賽的意義上極值得重視。美國於一九五五年七月一日由白宮正式宣佈，將於一九五七至一九五八國際地球物理學年發射一顆人造衛星。蘇俄也會於同年宣佈準備發射人造衛星，但世人對其宣佈並未加以重視，現在蘇俄竟然搶先美國而發射了，這眞是出乎美國專家們極大意外之事。

四　美國低估了蘇俄

從一九四五年大戰結束起，到現在才十二年，武器發展競賽的結果，是美國從獨佔原子武器的優越地位，一變而爲在核子武器上與蘇俄相互爭先，再變而成爲今日蘇俄在洲際飛彈發展上的領先，而蘇俄又是在國力和科學工業水準上比美國差的國家，因而，美國在武器競賽中的失敗是無可諱言的。

美國之所以失敗，原因雖多，但輕敵心理實爲主因。美國在十二年來的武器競賽中一直低估了蘇俄的力量，他們以爲蘇俄在新武器發展上遠落在美國之後，因而沒有積極力求進一步的發展。美國人士之低估蘇俄發展武器之能力，大致出於下面三種心理：一、近世以來西歐和美國一直在科學和工業上遙遙領先，東歐和俄國一向被視爲較落後地區，而俄國人也多是笨拙而服從的農民。西歐和美國人之輕視俄國和東歐，可以說其來也久矣。二、蘇俄政權不顧人民死活，集中力量於軍事工業的發展，民生日用工業乃顯得遠較西方國家爲落後。而一般到過蘇俄的西方人士所能見到的就是這種落後的普通工業。因而一般人在科學和工業水準上多傾向於低估俄國的能力。三、這也許是最重要的一種心理因素，由於自由世界對共產黨主義的深惡痛絕，在根本上便有厭棄輕視共產政權下的一切之心理。科學不能在違背人性的共黨控制下有高度發展，這是一般人常有的觀念，也是美國專家們低估蘇俄能力的重要心理因素。

因其如此，美國在過去的武器競賽中，在心理上並沒有把蘇俄當作一個有力的競爭對手，更沒有小心翼翼，一點也不鬆懈的作競賽。美國只是照着自己的目標計劃，按着預定的日程進度去發展，而且每有重大計劃和新發展，必先要由白宮正式宣佈，在向全國人民及世界人士公告後進行。譬如氫彈、洲際飛彈、人造衛星都曾先行宣告，並預定進度的。美國實際上只把蘇俄當作其在新武器發展上的一個追隨學習者，而且自信甚高，不怕迎頭趕上。美國以爲等到蘇俄趕上時，他們又有更新的設計出現，蘇俄只能永遠落後。就因美國如此自信而輕敵，才讓蘇俄有趕上的機會。

五　武器競賽對世局影響

近世紀來，美國是以科學發明見勝的國家，在戰爭的計算中重視新武器的使用。新武器決定戰術，而戰術決定戰略，戰略又決定政略。戰後十二年來美國的世界策略所受武器發展影響的情勢歷歷可見。

第二次大戰結束後，美國因獨佔原子武器，有恃無恐，不待戰後的危險困難問題解決，便把幾百萬大軍紛紛復員。但蓄意侵略擴張的蘇俄却仍保持着龐大的軍備，並藉此侵略蠶食其毗鄰國家。蘇俄知道美國不會輕易打大戰；不打大戰便不會使用其手中的王牌——原子彈；不用原子武器，而普通兵員又已裁減至遠不足對抗敵人兵力的程度，因之只有作若干程度的退讓。戰後最初幾年，美國獨佔着原子武器而竟讓俄共大獲侵略擴張的成果，這不能不說是依賴原子武器策略的重大失敗。

一九四九年九月，蘇俄試驗原子武器成功，打破了美國獨佔的局面，增加了美國對從事大戰的顧慮。蘇俄乃更進一步唆使韓共南侵，掀起了震驚世界的韓戰。韓戰發生，美國被迫局部動員，但因囿於進行局部戰爭的觀念，盡力避免戰爭擴大，結果作戰三年，美軍死傷十四萬，耗用戰費二百餘億，戰爭才在不勝不敗的情形下結束。在此期間，美國進一步在氫彈製造上試驗成功，基於在新武器上勝過蘇俄的優越感，乃決定了不打小戰，而以原子、核子武器作全面報復，以抑制蘇俄蠢動的戰略。跟着此種戰略而來的便是維持現狀，承認既成事實，與蘇俄作長期性相持的世界政策。在此種現狀政策下，自由世界在鐵幕後驚天動地、可歌可泣的抗暴爭自由運動中，竟然袖手旁觀而未積極加以助力。這又是美國策略上的另一重大失敗。

在美國全面報復的嚇阻政策下，俄共再沒有作軍事上的侵略蠢動，但滲透顚覆的進行，仍然使美國感到困惑；同時，蘇俄在氫彈和飛彈發展上的進度，也使美國感到在新武器上已無壓倒優勢，全面報復已難嚇阻對方，而不能不於必要時打局部性小戰。近兩月來，美國醞釀着的戰略改變，就是用「小型戰爭」或「有限戰爭」來代替全面報復戰略的設計。正在此戰略改變的醞釀討論聲中，蘇俄宣佈試驗洲際飛彈，不久又發射人造衛星。新武器的優勢改變，戰略形勢也改變，現在的情況是，過去會以小戰困擾過美國的蘇俄，因爲自信有對美國施行飛彈攻擊的可能，竟轉而以大戰的恫嚇施之於美國及其邦盟土耳其了。武器競賽的得失，對世局轉變影響之大，於此可見。

今後情勢的發展是可以意想得到的，僵持的世局，顯將繼續拖延。目前蘇俄在洲際飛彈發展上稍爲佔先，但如美國專家所斷言，蘇俄尚未届完成使用階段，同時美國利用其海外基地和戰略空軍仍然能對蘇俄作全面攻擊。雙方都有進行全面戰爭的憑藉，都可發出大戰恫嚇，但在力量接近均衡的情形下，誰也不會冒自己也毀滅的危險，發動全面戰爭。美國在受到蘇俄人造衛星和洲際飛彈搶先的嚴重刺激後，今後自將全神貫注於新武器的發展，而不致再輕敵，眞正而激烈的武器競賽，將於今後展開。以美國工業科學基礎之深厚和國力的充沛，努力以赴，必能超越蘇俄。但美國不可能長期而緊張的與敵人作層出不窮的武器競賽，並長保其優勢地位；在和殘酷而時刻不鬆懈的敵人競賽中，武器的優勢眞是難得而易失。如何在掌握優勢時，善用策略，主動而積極的制服敵人，才是成敗的關鍵。基於過去武器競賽的經驗，美國應該深切懍悟到輕敵與縱敵的危險和嚴重性了。時間並非眞的對美國有利，而長期的僵持可能就是民主國家的慢性自殺。殘忍而不擇手段的集團，在長期備戰上，往往比民主進步國家有辦法。蘇俄在這幾年來內鬨不已，暴亂頻起，但在武器競賽中竟然有突出成就。這還不値得美國決策者深切的省悟嗎！

赫魯雪夫恫嚇伎倆的底層

易浮生

一　小引

自十一月三日蘇俄放射第二顆人造衛星以來，赫魯雪夫即不斷危言恫嚇。最明顯的例子，莫過於十一月十五日向合衆社記者沙皮羅的談話。赫魘稱：「第三次世界大戰不必就意指人類的末日，但是那將是資本主義的滅亡和共產主義的勝利。……下一次大戰將要在美國陸上交鋒，歐洲可能變成一片墓地。」當然這是威脅美國人民和北大西洋公約組織國家。

但必須承認蘇俄兩顆人造衛星的放射，不僅使美國的盟邦對美國的軍事力量發生疑慮，即美國本身亦發生空前的騷動，一似大禍之迫在眉睫。

爲了揭穿赫魯雪夫的恫嚇伎倆，應該對蘇俄及其附庸作一番正確的檢討，才不致被赫魘的「恫嚇」伎倆所欺騙。

二　蘇俄缺乏石油

誠如赫魘所云「第三次世界大戰」不是「人類的末日」。那末，爭取勝利還是要賴經濟力量作基礎。假定這一原則沒有被兩顆人造衛星所打破，赫魘自已的演詞等於作了說明。下面是赫魘爲紀念蘇俄革命四十週年於十一月六日在莫斯科演講對美蘇生產力所作的比較：

	美國（一九五六年生產數）	蘇俄（一九五七年生產約計數）
鐵鑛	九八〇〇萬噸	八四〇〇萬噸
煤	四七九〇〇萬噸	四六二〇〇萬噸
石油	三五四〇〇萬噸	九八〇〇萬噸
生鐵	六九〇〇萬噸	三七〇〇萬噸
鋼	一〇四五〇萬噸	
水泥	五四〇〇萬噸	二九〇〇萬噸
糖	二一〇〇萬噸	四五〇〇萬噸
毛織品	二九九〇〇萬公尺	二八〇〇〇萬公尺
皮鞋	五八六〇〇萬雙	三一五〇〇萬雙
電力	六八四〇億度	二一〇〇億度

從赫魘所公佈的數字，可以看出，在軍事資源的生產上，蘇俄較美國最落後者爲石油。一九五六年美國石油的生產爲三億五千四百萬噸，而蘇俄一九五七年的預計數僅及九千八百萬噸，無疑這是蘇俄最大的弱點。蘇俄的巴庫油田的開採已經深入裏海的海底，第二巴庫的烏發，開採也沒有達到預期的理想。赫魘希望在十五年後，石油生產達到三億五千萬噸到四億噸，即等於說十五年後蘇俄石油的生產，才能達到美國一九五六年的生產數量。所以蘇俄要侵略中東，染指中東的石油資源。

三　共產集團內部的矛盾

思想自由與生活改善，是共產集團內部兩大嚴重問題。去年十月匈牙利的抗暴革命運動，波蘭的示威罷工，中國大陸學生、工人、農民對匪僞的反抗，以及蘇俄國內「不要單靠麪包」小說在全國青年羣中的流傳。正如吉拉斯在其所著「新階級」一書最後所稱：「世界是要變的，朝着更多的統一，更多的進步與更多的自由的方向變。世界已經在這樣變，而且必將繼續下去。現實的力量，與生命的力量，常常强於任何暴力，同時也比任何理論更切實。」這是一個曾經是狂熱共產黨徒的體驗語，是代共產集團所描繪出未來命運的輪廓。

此日正是全世界各國的共產頭目集會莫斯科的時光，出賣國家民族的毛匪一到達莫斯科就高叫「以蘇俄爲首的社會主義國家大團結」，然而東歐的附庸，除了東德和阿爾巴尼亞外，其他如波蘭、羅馬尼亞、保加利亞、匈牙利等共產頭目都未如此醜叫。斯即反映出共產集團內部的「團結」大有問題。

東歐各國無論生活水準與文化水準都遠比蘇俄爲高。各國的人民，眼看自已的國土爲蘇軍所佔領，工農業生產爲蘇俄所享用。而國內的共產傀儡政權，推行蘇式的經濟政策和思想控制，他們豈能忍受這種壓榨，豈能不加反抗。

而在蘇俄國內，一連串的淸算鬪爭只是告訴蘇俄人民，新的史大林正一步緊一步的加緊對人民壓榨。因爲牠們要積極發展人造衛星和洲際飛彈去達到赤化世界的目的，牠們不會顧及人民的生活。更因爲要爲所欲爲，也不可能給人民些許自由。

然而這些正是共產頭目在共產集團本身所埋放的火藥庫，時機到臨，當然會隨時爆發。

四　未來動向的推測

明乎赫魯雪夫的虛聲恫嚇，以及共產集團本身的弱點。自由世界即自認爲優勢仍然在握，可以高枕無憂，這是非常危險的想法。從現階段情況的演變，來對共產集團未來的動向加以推測，實在有其必要。

①赫魯雪夫在發表恫嚇談話之同時，亦表示願與美國舉行高階層會議，以求美蘇「和平共處」之道，並强調蘇俄不會發動戰爭。這是赫魘恫嚇的兩面手

法：一面用人造衛星，洲際彈道飛彈虛聲恫嚇，企圖使美國的盟邦懷疑美國的軍事力量，走向中立主義，使美國陷於孤立，一面要同美國談判，明知事不可能，但可以達到使美國人民不信任其政府的目的。此種手法是赫魔分化技術的最高運用，然亦證明蘇俄在力量未超過美國之前，不可能發動戰爭。爭取時間以求超越美國，還是蘇俄今日的要求。因之赫魔仍將繼續其「和平」僞裝，達到他不戰而屈人之兵的目的。

②另一不能發動戰爭的原因，是蘇俄還需要時間，團結共產集團本身。如何使南斯拉夫之重返克里姆林懷抱，如何調整東歐與亞洲各附庸國在軍事經濟各方面與蘇俄相配合，至少要有三年到五年的時間。目前莫斯科的羣魔大會合，當係會商各共產國家間思想的統一，以及軍事、經濟等的協調問題。如要做到「以蘇俄爲首社會主義國家大團結」，問題並不單純。狄托、哥慕卡所主張的在平等原則下團結如何控制，毛匪以及若干其他附庸要求的軍經援助如何支付，蘇軍駐留東歐各國以及屠殺匈牙利人民所引起的仇恨如何彌縫，這些都是赫魔所面臨的實際困難。雖然各國共酋還沒有獲致解決困難的方法，但牠們正在尋求這種方法。

③蘇俄雖目前不可能發動大戰。但小型的局部戰爭，能使西方國家手忙脚亂者，還是蘇俄所需要：(A)中東——中東地區俱備戰略資源——石油與戰略地位的雙重價值，爲蘇俄所必爭。現埃、敍二國已成蘇俄在中東地區之據點，蘇俄勢將利用此二據點向外擴張。目前之土敍糾紛，當爲蘇俄所製造。蓋因美國在土耳其裝置有遠程雷達設備，可以刺探蘇境軍事活動情況，爲蘇俄所不能容忍。蘇又不願採取直接進攻土國之手段，恐因此而引起大戰，故將繼續擴大土敍糾紛，甚至爆發土敍戰爭，由蘇俄强力支援敍國，予土國以打擊。蘇俄將繼續利用埃及擴大以阿糾紛，假使聯合國無法徹底解決巴勒斯坦劃界與百萬阿拉伯難民問題，則以阿可能再度開火，蘇俄將以阿拉伯友人之姿態出現，援助阿拉伯國家，而美國勢不能不援助以色列。於是繼埃敍之後，其他阿拉伯國家，亦可能投入蘇俄之懷抱。其他如約旦國內近日之騷擾，蘇俄允以一億美元爲伊朗建築水壩等，僅爲蘇俄滲透中東另一套手法的運用。(B)亞洲——亞洲存在着南北韓、南北越、臺灣海峽三個危險地帶。毛匪朝蘇之同時，彭匪德懷亦率領軍事代表團訪問莫斯科，無疑係對亞洲軍事問題有所商討。臺灣海峽匪僞無法飛渡，韓國與越南，將爲匪僞可能活動之地區。武器之增運北韓，匪與北越鐵道之修通，在在顯示匪方對此二地區有所動作。若此項行動爲蘇俄所支持，則來年恐將爆發。

五　結語

赫魯雪夫以人造衛星與洲際彈道飛彈作爲恫嚇之資本，西方國家不應爲其恫嚇所震懾。從速破除成見，積極加緊科學技術合作，以求超越蘇俄之成就，當爲目前迫切的要求。而瞭解共產集團內部的情況，尤爲不可或缺的急務。本文之作，所以透視赫魔恫嚇的底牌，所以增强西方國家爭取勝利的信念。

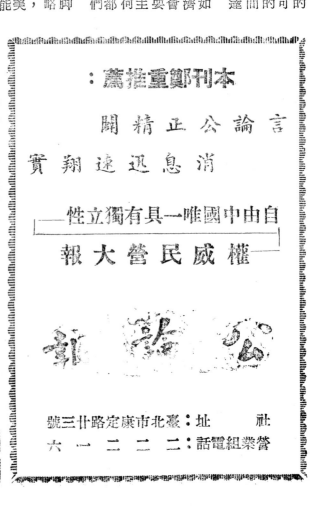

選舉監察工作研究

謝漢儒

一

臺灣自舉行地方自治選舉以來，即有選舉監察機構之設立。根據「臺灣省縣市選舉監察委員會組織規程」的規定，選監會的性質與任務約略如左：

一、選監會的組設，係「爲實現地方自治各種選舉公正合法。」（「組織規程」第一條）

二、選監會「設委員十一人至十七人，由省政府就有關機關及地方公正人士聘任之。」（同上第二條）

三、選監會的職權：「㊀關於各縣市選務機關（包括鄉鎮）違反有關選舉法規規定之監察事項。㊁關於候選人違反臺灣省妨害選舉取締辦法各項規定之查核及糾舉事項。㊂其他違反有關地方自治法規之監察事項。」（同上第三條）

四、選監會於各縣市舉行各種選舉時，應指定委員前往監察。（同上第五條）

五、選監會「應於各縣市設立監察小組，置委員七人至十一人，就當地有關機關及公正人士聘任之，執行……規定之任務，及聘任各投票所、開票所監察員，執行監察任務。」（同上第六條）

六、選監會「於各縣市各項選舉辦理完成後撤銷之。……撤銷後，遇有臨時補選時，由選舉監督聘請當地有關機關團體首長及公正人士組織監察小組，執行補選時監察任務。」（同上第十一條）

由上引各條，可知選監會不是一個常設機關，也不是一個行政機關或司法機關。它的任務範圍相當廣泛，但實際它並沒有任何强制性的權力。「組織規程」第四條雖規定選監委員如察覺選務機關或候選人或其他人員有違反選舉法規情事時，得「立即促令注意或制止」，實則促令之「令」與制止之「制」，並無類如行政處分或司法裁判的權力性質。不過，選監機構及其任務，仍有重要的實際意義或作用。現行「臨時省議會議員選舉罷免規程」第三十八條、第四十條、第四十一條，「各縣市議會議員選舉罷免規程」第三十七條、第三十九條、第四十條，「各縣市縣市長選舉罷免規程」第二十九條、第三十一條、第三十二條，均分別規定選監會得以辦理選舉事務機關或當選人爲被告，提起選舉全部或一部無效、或當選無效之訴。非常明顯：由於選監會是一個崇高性的超然機構，其提起訴訟當然是根據確鑿的證據，被告實鮮有機會得以免受選舉或當選無效的判決確定。而且，選舉訴訟又是一審終結，不得上訴。所以，選監工作人員的「促令注意」或「制止」，對選務機關或候選人，自有不容忽視的制約性效力。

依照現行法規，選舉監察機構在省爲「縣市選舉監察委員會」，在縣、市爲「監察小組」。選監會委員由省政府聘任，主任委員由各委員互推一人擔任。監察小組委員由省選監會主任委員提會酌聘，並指定一人爲小組會議召集人。此外，縣市議會議員及縣市長選舉，與鄉鎮區縣轄市長選舉之投票所、開票所主任監察員及監察員；鄉鎮縣轄市民代表選舉及村里長選舉之投票所、開票所監察員，則由監察小組遴聘擔任。關於各級監察工作人員的聘任、酌聘或遴聘原則，法規未予明確規定，「選監會組織規程」中之「由省政府就有關機關及地方公正人士聘任之」，與「各種選舉監察人遴聘暨工作簡則」中之「由縣市監察小組就各該選舉區內民意機關及地方公正人士遴聘擔任」，條文內容皆屬籠統。但由此却可看出：選監機構既非官方性質，亦非民間性質，而是一個被賦予獨立執行任務職權的臨時性超然機關。

二

目前的選舉監察機構究竟是代表那一方面？若說是代表官方，它的組成份子中又有民意代表及地方公正人士；若說是代表民間，它的組成份子中也有政府有關機關的代表，即是政府機關的人員。只有一點似無疑義的：選監機構立場超然，它在執行法規所賦予的職權時，獨立行事而不必聽命於民意機關或任何政府機關。

選舉的目的是選賢與能，政府辦理選舉，當然要力求其公正合法。政府所以要在選舉期間組設選舉監察機構，可以說是爲了昭大信於社會，希望選舉的公正合法性獲得社會的信賴。選監機構之被規定要容納地方公正人士在內，正是由於地方公正人士乃是地方上衆望所歸的人物，經過此類人物所認可的，大多數人也必能予以同意。假定政府不此之由，而把選監機構的組成份子一律委派政府機關的工作人員充任，結果是不是同樣可以達到昭大信於社會的目的呢？不容諱言，這種做法根本違反民主政治的原理和精神，是任何民主國家的政府所不會採用的。否則，選監機構豈非成爲政府的附屬單位，又何能執行其超然任務？

選監機構是超然的機構，它不受政府的支配，也不爲任何政治或社會勢力所左右；它的組成人員雖然由政府所聘任，但與其說它代表政府，毋寧說它代表民間，也即是代表地方人民更爲妥切。因爲選監機構既是爲了選舉的公正合法而產生，是政府爲了昭大信於社會而組設，它當然是代表民間的。說得更明白些：它應該是代表地方人民與政府合作，協助政府把選舉辦好；不過它是站在純客觀的立場，對辦理選務機關、候選人及其他人士，採取公正嚴明的態度執行監察任務，使選舉的進行自始至終不會超出合法的軌道並保持公正的精神。所以，選監機構的代表性是地方人民而不是政府，此點應無疑義。

那麼，在一個代表民間的機構中，竟有政府人員出任組成份子，這是妥當而合理的嗎？選舉工作係由政府負責辦理，辦理選舉事務機關則是選監機構工作對象之一，故在選務機關與監選機構之間的關係，是含有對立性質的。但問題的重心還不在此。政府一面負責辦理選舉事務，另一面復由政府的有關機關指派人員與由政府所聘任的地方公正人士，組成專責的臨時機構對選舉工作的整個過程執行監察任務。這種做法，若就選監機構的法理地位言，則失去某原來的意義。依照現行法規，選監機構不僅職權範圍與對象相當廣泛，而且有權力對選務機關或候選人、當選人、向法院提出選舉全部或一部無效、或當選無效之訴。像這樣的機構，它的意見、主張或判斷，雖沒有強制性的支配力，却帶有充分的威信意義，足以對選舉糾紛案件發生決定性的影響。

抑有進者，選監機構的法理地位還不止於如此崇高，它事實上可以說是至高無上的：它的組成份子由政府聘任，執行職權時却不受政府所支配；它並不是經由地方人民的選舉所產生，當然也不必對地方人民負責。從此可以看出選監機構的基本矛盾性：就它的組成份子包括政府機關人員與地方公正人士說，它兼具代表政府也代表民間的雙重代表性；就它既不必對政府負責也不必對人民負責說，它又是並不代表誰。所以，選監機構究竟代表那一方面？這個問題的答復，可以是無所代表，也可以是無所不代表；而嚴格說來，則不能不說它是一個越出政治常軌的太上機構。

民主政治特重制衡法則。在民主政治下，任何一個機關，都有其負責對象，在行使職權時，都受着某種限制。即使是出自民選的立法機關的議員，也要對其選民負責，受其選民意見的制約。準此而言，現行選監機構之沒有負責對象，不受任何方面的支配，顯已越出民主政治的常軌。選監機構得以對辦理選務機關、候選人或當選人提出選舉全部或一部無效，或當選無效之訴，候選人或選民却不能因對選監機構或其人員的執行任務情形認爲不滿而以選監機構爲被告提起訴訟，此點尤足以說明選監機構法理地位的特殊。同時此一地位特殊的機構，其組成份子竟是出自政府或政府任命的官吏（選舉監督）所聘任或遴聘。凡此種種，皆存在着濃厚的官治意味，與實行民主政治的精神有違。

三

選舉監察人員的聘任，出自政府各有關機關者與出自民意機關者，由於範圍明確，自無困難。惟所謂「地方公正人士」的遴聘，則是一個極不容易妥善處理的題目。

何謂地方公正人士？就字義解釋，公正就是公平正直；就法規看，任何地方人士，只要得到省政府、選舉監督、選監會主任委員或縣市監察小組的「認可」，就可以獲取「公正」的榮譽。此種取決於一人或極少數人的選定原則，其難免受到個人利害觀念及喜惡心理的支配，可謂顯而易見。且在事實上，由一人或數人來決定一項關係地方全體人民共同福利的神聖莊嚴任務的負責人選，豈止太不愼重，而且何能妥貼？

在現社會，任何人只要不曾犯罪坐牢，沒有昭彰惡迹，也沒有什麼不名譽的事在報刊上轟動一時，就可以自認或被認爲公正人士。理論上說：政府指定公正人士，不必就是地方上大多數人所共同公認的最公正人物，只要被指定者確能在執行任務時充分表現出公正精神，也就算是達成理想目標。不過由於選監機構應該是代表民間的，但它實際並不對人民負責，現行法規僅規定選監人員如果參加競選或助選活動，即由選監會予以解聘改派，並未規定地方公民或候選人如認爲選監機構或其工作人員執行任務有失公正合法時，得以選監機構或其工作人員爲被告向法院提起訴訟，這無異就是把選監人員假定爲絕對公正守法，絕對能夠爲全地方的共同福利着想，絕對不受個人的政治背景、社會利害關係或喜惡心理所左右。可是，選監人員被假定的崇高品質與其實際表現的品質是否完全相符，卻因爲選監機構並無負責對象，以致根本無從判定。於是，所謂地方公正人士及其公正品質，不過是出自政府官吏的事前認可，與地方公民的意見或願望並無直接間接的關係，這在民主的原理與精神上，實在是太不妥當，也太不切實了！

老實說，選監機構之不對任何一方面負責，選監人員之執行任務又是幾等於對外不負法律責任，如此特殊的條件，若在運用時受了個人利害私念或喜惡心理的支配，必至導致選舉蒙受不堪言狀的惡劣影響，必至妨害公民的投票意志與神聖選舉權和被選舉權。人不能無私心無喜惡，私心或喜惡之支配人之行爲，有時出於自覺，有時出於不自覺。在無所限制的情形下，個人私心或喜惡支配行爲之出於自覺，尤有高度的可能性。此所以民主政治要特重制衡，正是爲了防止權力之過大或被濫用。現在的選監機構工作人員，固未必有執行任務受個人利害觀念或喜惡心理所左右的事，但是，只要他們願意，他們就有充分機會得以一任私心支配其職權的執行。選監工作的範圍是這樣廣泛，選舉期間所發生的糾紛或違法背理事件又是這樣繁多，選監人員從監察、監查、調查、或接受密告所得到的資料或證據，其取捨的決定，或決定採取後給予當事人以促令注意，或予以制止、或據以提出選舉或當選無效之訴，所有這些，都是取決於一人或數人或十數人之意。而選監機構的決定，既不必對誰負責，自也無須接受何方的質詢，如此廣大的空隙，其足以滋生弊端，實極顯而易見。

總之，現行法規下的選舉監察人員，由於其既無負責對象，也未受到限制，所以，要通過選監機構來保障選舉的公正合法性，在理論上可以說根本就沒有普遍妥當的意義。如果一定要爲現行選監機構尋出其保障選擧公正合法的效能，則惟有把此種期望寄之於每一位選監人員的公爾忘私的良心或道德上。可是，從過去的事實看，候選人或地方公民對於選監機構的執行任務的實際表現，並非絕無閒言，而是格於法規，人們縱有不滿或不平，也無從提出，無從伸訴而已。

四

在選擧期間，應有監察選擧的機構或工作，這是無可置疑的原則。値得研究的，是選監人員應如何產生，選監制度應如何建立，才能切實達成保障選擧公正合法的理想。

政府辦理選擧，並不是爲政府，而是爲人民。政府爲其辦理選擧有所昭示大公大信的對象，也當然是地方人民而非政府本身。所以，選擧監察機構應該是代表人民的。政府的一般施政，是對議會負責，議會則是人民代表機關。如果監察選擧的工作，由議會負責執行，尙屬適切；不過在選擧議會議員時，議會就不適於執行此種任務了。如果爲了產生確具代表性的選監工作人員而擧行地方普選，則先進民主國家似無此例，且事實上也無此必要。選監機構及其人員固然應該是代表人民的，但它是否能够代表地方的共同利益，保障選擧的合法公正，主要決定條件並不止於組成份子的代表性，還有機構本身或其工作人員在執行職權時，是否充分表現出制衡作用，後者是更具重要性的。任何一個機關的行使其職權，若是毫無制約，常易造致濫用職權的現象。選監機構當然也不例外。選監機構是一個組織簡單、時間短暫的機構，它雖然是替地方人民工作的，是代表地方人民監察政府所辦理的選擧事務的，但由於它的組設本旨是爲選擧的公正合法，因此，只要機構本身或其組成份子之一定會善盡其神聖莊嚴至公至正的任務，既非繫之於政府官員無標準、無保證的事前「認可」，也非繫之於不可捉摸、無從確斷的所謂個人良心或道德，而是純然取決於合乎制衡法則的制度，取決於因合乎制衡法則的制度之建立，以致所有選監機構的成員，都受着同等的制約，都無從濫用職權，都不可能自覺的或不自覺的任由政治背景、派系觀念、個人利害關係或喜惡心理支配其執行職權的行爲表現。能够如此，選監機構就必能善盡任務；而政府經由組設選監機構以昭大信於社會，也才能切實而眞正地達到目的。

歐美各先進民主國家的選擧及選擧監察工作的情形，有許多可資借鏡參考的地方。試以美國而言：美國選擧的投票所內主持選擧事務的職員，一般都從該區鄰里內的居民中根據兩黨原則予以委派；而其他政黨或無黨派候選人，也得派出監視員出席監察。各候選人所派出的代表，在監察投票或開票的情形時，如發覺有違法或不公情事，有權加以質問。美國投票所的組織，大致設監督一名，裁判兩名，辦事員若干名，另有警察一兩名負責維持秩序。裁判所以設置兩名，係爲適應美國的兩黨政治環境。裁判負責發票（保管選票則係辦事員責任），票背並由裁判簽字。當任一選務人員對某選民的身份發生疑問時，得請其宣誓後予以質詢，經選務人員多數同意認爲答復滿意時，得准其投票。不識字或盲目的選民，由兩黨裁判員會同幫助投票。如此，違法舞弊或有失公正的事是無從發生的；即使發生，也不難就地予以合理解決的。

民主政治是政黨政治，民主政府是政黨政府；而民主國家的政黨，實際可說就是競選團體。政黨所致力爭取的，是在選擧中獲勝，從而由在野而在朝掌執政權，實行其政治主張。政黨爲了贏得選民的選票，不但要尊重選民的意見或願望，更要在實際行爲表現上，給選民以良好的印象。美國的辦理選擧事務人員或選擧監察人員，或根據兩黨原則予以委派，或任由各政黨或無黨派的候選人派出監視員出席監察，這種制度，事實證明確能保障選擧之公正合法，也可減少選擧的糾紛案件，更足以獲得民間社會的信賴：眞是一擧數得，値得我們取法或仿傚的。各政黨或無黨派的候選人，他們與選擧有最深切的現實利害關係；而他們要能競選獲勝非有多數選民的支持不可；要得到多數選民的支持，則惟有使選民對其發生良好的印象。所以，把選務工作的辦理與選監任務的執行，由政府與各政黨或無黨派候選人派出的代表共同負責，這些代表政黨或候選人的工作人員，他們決不敢違法悖理而自毀聲譽，也必會嚴防競選對手之混朦舞弊以佔取便宜，且一定會儘量表現出負責公正的精神與精練機智的才識，以博取選民的擁戴。這就是基於制衡法則的制度，而由此制度所導致的，是互相制約，又是自我規範，不僅提高了服務熱忱和工作效率，也提高了政治道德和競選風氣。

政黨或無黨派的候選人，各擁有對其支持的選民，他們每一個人都有資格說是地方公民的代表，由他們來擔任監察選擧的工作，當然甚爲適當。此點尤其値得注意的。

五

臺灣自實施地方自治以來，各種選擧的擧行，由於政黨政治制度尙未形成，多有未盡理想的地方。政黨政治是民主政治的特徵，有人認爲政黨政治制度是自然形成的而不是政府所能爲力的，但是，如果導致政黨政治的途徑受到人爲的阻塞，則此一理想將永遠只是理想而不可能有自然實現的一天。實際上，政黨政治制度固非一紙命令所能實現，却是深有賴乎政府的培養。政府培養政黨政治之道，主要是取決於主觀的自覺。美國政府將選擧事務之辦理與選擧監察任務之執行委之於各政黨，便是培養政黨政治風氣、實現政黨政治制度的基本途徑之一。像這樣的做法，就政府說，並無何種困難，而其結果的良好，則不但表現之於選擧的公正合法，人民的衷心信賴，更有助於整個民主政治的推進。

最後，或許有人認爲美國的制度未必適合我國。實則民主政治的原理原則，絕不因國家不同而異其趣，充其量是技術上之不必盡同而已。

英國兩黨政治的歷史背景（下）

程滄波

（四）

上面所述，是英國兩黨簡單扼要的歷史。這一個簡單扼要的敍述，是談英國兩黨必須具備的概念。英國為什麼能產生兩黨？這兩黨政治的社會背景也就是歷史背景究竟是什麼？這是今天談兩黨政治的人最急於知道的。

英國現代大史家屈萊梵爾瀛先生（G.M. Trevelyan）對英國的兩黨政治有幾句深刻的觀察：

『我們英國的兩黨政治，所以能維持那麼長久，那麼強大。因為在宗教方面，也是根據兩大黨派。一派是有特權的，一派是沒有特權的。』『英國兩個政黨，各有兩百年以上的歷史，兩個政黨靠什麼東西使它們內部維繫不散，這不是理論或原則，因為理論甚至原則會跟着環境而變化。兩黨內部賴以維繫的綱帶，是長期的宗教與社會的裂縫，兩黨因緣此兩大裂縫而成為政治的發抒。』(G.M. Trevelyan: History of England pp. 451-3.)

屈萊梵爾瀛先生這一個對英國兩黨政治的觀察，正是空前精闢的見解。讀英國史，必須緊握住地這幾句話。因為宗教與社會問題，是籠罩在英國史外面的一層濃霧。不揭開這層濃霧，是不易得到英國眞面目的。本來歐洲的歷史，與宗教關係太密切，讀歐洲歷史不注意宗教問題，是無法了解歐洲史的。英國的歷史，處處與英國的宗教絞纏在一處。英國政黨政治無疑是英國歷史的一部份。所以談英國政黨是不能不談英國的宗教。屈萊梵爾瀛先生說英國的宗教，也同樣分成兩大派，一派是具有特權的，另一派是沒有特權。換句話說，一派是特權階級；另一派是被壓迫者。我無法在此短文暢論英國的宗教，只想簡單敍述英國在宗教方面的紛爭，與所謂特權及受壓迫兩方面大概的情形。談英國宗教不能不從亨利八世談起，因為他是英國國教第一位「英國教會的最高首領。」"Supreme Head of the Church of England" 普通人對亨利八世的印象，一為他是多妻者，一為他鬧離婚。不錯，他因為離婚而與羅馬教廷斷絕關係，因與羅馬教廷斷絕關係而在英國廢止僧院，把許多教產土地充公標賣，也因此而經國會通過法律宣布英國建立英國國教，英王兼為國教教主。但再看當時的國際環境：馬丁路德的新教革命，接着為羅馬帝國的大帝兼西班牙王查利五世的羅馬聖城的被规掠（一五二七年）。這個羅馬聖城的被规，乃出之於神聖羅馬帝國的大帝兼西班牙王查利五世。所以在亨利鬧離婚之前，全歐洲對於教廷腐敗之不滿，已甚囂塵上。英國社會受新教影響亦甚普遍。亨利八世以別戀恩妮白留容(Anne Boleyn)，謀廢王后凱什齡（Catherine of Aragon）。西班牙王兼神聖羅馬大帝查利五世，是她的內姪。凱什齡原是亨利的嫂子。亨利與嫂子結婚，原得前教皇的核准。現在亨利要求教皇克里門七世宣告他與凱什齡的婚姻無效，俾他可和新戀結婚。教皇拒絕他的要求，信使絡繹，終於沒有結果。教皇的拒絕，並非根據教會的什麼規律，實因當時教皇，已受制於查理五世。亨利八世的離婚，在英國國內，原來不為人民擁護。但後來演變成為一個民族自尊心問題。與論認為外國為什麼可以干涉本國王室的婚姻，所以亨利的離婚，經過這一個變化反而得着人民的擁護。人民擁護亨利與教廷斷絕。因與教廷斷絕，在英國國內引起反教士的革命。亨利經過國會制定法律，建立國家，以國王兼領教主。這是英倫國教之來由。國教建立後，以前受教廷敕封的寺院及教職，凡不奉國教者，都受到迫害。英國國教建立後，一方面對羅馬天主教，加以迫害。同時對新教徒，並不寬容。英國的宗教迫害，實跟着建立國教而開始。當時歐洲宗教改革運動中，各國對羅馬教廷的政策如何？這是值得簡略一談的。

英國國教與羅馬天主教，在組織上，羅馬天主教是宗奉教皇，一切教職均由教皇敕派，而英國國教的教職則由英國國王以教主身份派遣。在禮拜時，天主教用拉丁文而英國國教用英文。英國國教用的聖經，及祈禱書，在後來一律遵用傑姆斯一世的欽定本。國教教士並須一體崇奉三十九信條 Thirty Nine Articles。(當伊麗莎白女王即位時，國會制定兩種法律：一為最高法 Act of Supremacy，廢止教皇在英國國境內一切權力。另一為統一法 Act of Uniformity 制定採用祈禱書 Prayer Book 為唯一合法之禮拜方式。此兩法制定在一五五九年，當時傑姆斯一世欽定本聖經尙未產生)。講到宗教改革運動後歐洲主要各國對教廷的方略，可分三類：第一為西班牙。西班牙當時國勢強盛，在意大利許多城市，長期駐兵佔領。故教廷對西班牙所要求，不能不屈服。當時西班牙國王自己擬定一套澈底而保守的宗教改革方案，強迫教廷實施。他要求教廷按照提出的方案，自己改革教廷各種弊政。第二為法國。教廷原來在法國，什麼都加以干涉，在宗教改革後，法國政府趁教廷威權低落時，用外交方式與教廷交涉成立協定。在協定中，法王允許教皇若干特權，但其交換條件，教皇對法國國內宗教事務，法國政府視為本國政府的管轄，教廷不得加以干涉。第三個方式，是亨利八世原來所採取的。一方面不理睬教廷，同時在本國國內維持中世紀的教條及紀律。在此條件下，英國仍保持為一個天主教國家，但與教廷關係淡薄。亨利八世，原是採用這一條路，後來為了離婚事件與教廷斷絕，因而建立國教，這是出於當時亨利意計之外的。然由此可以間接答覆我們上面的問題。在亨利八世建立國教之初，英格蘭國教與羅馬天主教，內容的區別原是不大的。(以上採用 E. W. Waston: The Church of England)。這也許可以說明英國的國性，零碎與拖泥帶水的國性，無論在政治上或宗教上，不會來一次澈底的改革。但是英國人是富具獨立的個人主義，在宗教改革以前，英國在宗教上原有不同的趣向。宗教改革時，因爲受了德國及瑞士的影響，宗教上的歧異，更顯而易見。國教建立，對新教徒既是不易滿足，對舊教徒更是離經叛道。所以英國宗教改革的本身，是蘊藏着未來的分裂與對立。亨利八世逝世後，愛德華六世享國日淺(六年)瑪麗女王(在位五年)登位，一反前王之所爲，既與西班牙王儲締婚，在宗教方面恢復與羅馬教廷的關係，壓迫國會恢復取締異教法律。四年之中，新教徒被活燒死者三百人。宗教迫害，在瑪麗女王短短五年當國中表演到高潮。伊麗莎白斯即位，恢復國教。國會通過兩種法律，一爲最高法，一爲統一法，已詳前文。伊麗莎白斯對宗教問題的解決，事實上許多地方沒有解決，而使國教教會內部增加了分裂。英國國教徒與非國教徒的裂痕，起自英國宗教改革，英國國教教會內部的分裂，也從此開始。因一部份教士仍想效忠羅馬教廷，便是若干歸依國教的人，也在抗議下勉强服從。這一批人認爲國教非驢非馬，既與羅馬斷絕，又非新教，這批人的理想，想追隨歐洲大陸上改革最好的教會，倣效改造，這批人後來變成國教教會中的清教徒。

獨立(Independent)及不順從(Non-Conformity)，是英國教會裏最常見的名辭。其實獨立與不順從，亦可說是英國人一種獨特的個性。這種個性，反映於宗教，也反映於政治。英國教會裏獨立的宗派衆多，這也許是建立國教的反響。克林威爾時代，在宗教方面，完全是獨立派佔着優勢。清教徒當時在國會在軍隊的力量，是大家熟知的。共和一段時間，在宗教上相當做到容忍。除了天主教或無政府派，政府對各派教會，均允許共存，然對舊時國教的祈禱書，還是禁止使用。主教官署，予以廢止。許多國教教徒，亦被驅逐出境。迨查理二世王政復辟，查理存心尙屬寬大，但教會與國會，力圖報復，國會通過許多法律，極盡嚴峻，其尤著者：爲宣誓條例(Test Act 1673)，使國教教徒與非國教教徒之裂痕，益形加深。傑姆斯二世彰明較著號召他的天主教信仰，他毫不諱言對於羅馬的宗奉。這在英國歷史上，爲國教教徒與非國教教徒聯合起來的僅有事例。一六八八年的革命，因果關係，宗教佔着極大的成份。一六八八年的革命，英國人常誇耀的一件大事，爲此次革命對法治與民治奠定基礎。「法律在國王之上」的原則，是這次革命確定的。但在宗教方面看，接着這次革命後對宗教的迫害，實爲英國歷史上一個黑暗時期。因爲瑪麗女王時代的迫害，多半出於她個人之意志，而迫使國會制定法律。在這次革命以後，乃是國教教徒與國會主動制定迫害的法律。這種情形的開始，當然遠溯王政復辟，查理二世復位之時。但到一六八八年以後，其勢變本加厲。所謂宣誓條例(Test Act 一六七三年)，是英國宗教迫害最惡劣嚴厲的一個法律。這個法律規定：凡人民拜領聖餐，不按照國教儀式，無論在中央或地方，均不許擔任官吏或公職，包括做代議士。亦不許進入任何大學。所以這個規定，把天主教、新教徒凡一切不順從國教之人，其公權甚至受高等教育之權利，一概予以褫奪。而這個法案的制定通過，是當時國會投票繼續批准查理二世撥欵的交換條件。換句話說，此種迫害之法律，其起意由於當時王黨及國教徒。一六八八年革命後，威廉三世與瑪麗第二入繼大統後，雖然頒行容忍法(Toleration Act 1689)，允許異教有信奉之自由。但宣誓條例依舊存在。不寧惟是，國會於一七一一年通過「部份歸順條例 Occassional Conformity Bill 1711」。這個法律規定；凡已遵照國教儀式，領受聖餐，准予及格可以擔任官吏者，如被發現仍私自參加非國教的禮拜，依法予以嚴重之罰金。一七一四年，國會再通過「分離法」(Schism Act)。此法規定：凡不歸順國教者，剝奪其教育子女之權，此等子女，交與國教主教所核准之人，施以教誨。此等被核定施教之人，其教材不准超出國教教會所定範圍之外。這一連串法律，都是王黨(Tory)在國會中所提議而制定。按照國教儀式領受聖餐，成爲當時做官發跡的必要條件。當時英國大作家史威甫脫(Swift)有一段紀載：「我今天很早和大臣(白林薄洛克 Bolingbroke 當時王黨領袖)在一起，不久他就走開了，據說是去朝拜，去領受聖餐。還有幾個混蛋也跟着去，據說也是去領聖餐。他們並不是對上帝的虔誠，實在是照國會通過法律所規定，去混飯做官。……」(轉引 E. W. Waston: Church of England)從這一段紀載，可以知道領聖餐是怎麼一回事。

「部份歸順條例」及「分離法」於喬治一世(喬治一世於一七一七年登位)民權黨當政時廢止。但是迫害最烈的宣誓條例，直到一八二八年羅素勛爵(Lord John Russell)當政時方予廢止。這個條例，在英國施行了一百五十五年，宣誓條例廢止後，再等到一八三五年通過市政組合法(Municipal Corporation Act)，與一八六七年第二次國會選擧區改革，對宗教信仰而剝奪公權的酷政，方得完全廢除。國教以外之人，至此方得有參政權。從這許多法律及事實看，英國在宗教上及政治上的對立，是何等尖銳。如果從民主政治的角度來看，英國的特權者或壓迫他人者，早已不是王室，而是一部份的貴族地主，再加上宗教上的正宗國教教徒。

（五）

「英國的宗教分歧，大部份決定了英國政治鬬爭的路線及性質。」(The Rt. Rev. A. T. P. William 講。原文見 Ernest Barker 所編 The Character of England 宗教一章)從上面所引述的事例，可以充分證明這一句話的正確，我們更可知道英國的政黨，其背景在宗教及階級。在司蒂華王朝(Stuart)及亨諾佛王朝(Hanover)時期，兩黨的分野，一方面是依據保守傳統，主張王權與教權，都爲神授。另一方面是主張個人信仰應有較寬之自由，並認爲神是幫助一般普通人民。換一個說法。王黨所代表的是國教教會及王室與一部份保守貴族的利益。民權黨所代表的，是不歸順的教徒及一部份貴族與思想家。後來王黨民權黨遞變到保守黨及自由黨，組成份子漸漸不同，而其基本性質沒有大變。在十八世紀中期(一七一四——一七六〇年)，王黨完全失勢，民權黨幾於當政四十年，在此時期中，民權黨對於萬惡的宣誓條例，還不敢一碰。可以窺見英國國敎派勢力之雄厚。當十九世紀之初，王黨重行登臺，以璧特（Pitt）之賢，而於取銷宣誓條例，一再阻止。非到民權黨上臺不能打倒這一法律。英國在近代，號稱民治之母，我們仔細分析英國的歷史，宗敎迫害，工廠勞工生活的黑暗，以及政治上參政權的不平等，加以不斷的外患。維多利亞時代號稱英國歷史上的黃金時代，然我們看了民權約章派（Chartism Movement）的運動，風濤險惡，英國國內得免於內戰，其間不能容髮。英國的政治，社會宗敎與經濟各界的紛歧擾亂如彼，而終能一一安然渡過難關，此其中究竟是一個什麼道理？據英國史家的綜合，其原因；第一、英國的階級區別不嚴，宗敎及政治上的派別，並不與貧富有關。最初王黨與民權黨，其後保守黨與自由黨，現在之保守黨與工黨，雙方都有富人，亦雙方都有窮人。第二、政治與社會的繼續性。英國十九世紀高層社會各部份一個共同特性，即在失去他們的特權以後，並不心灰意冷，完全退休，不問世事，而仍舊去適應新的環境，高層社會之傳統與政治生活，因而保持不斷之聯繫。故每當一次重要政治變革，新舊常得銜接，職業的政客無從插足或甚至壟斷政權，使革新後的政局弄得不可收拾，此在別國政治改革後最易發生之現象，而在英國則因上述之原因，獨能防止新興職業的政客之產生，使政治改革後之新政，仍在原來高層政治世家之手中，循序改進。此於英國民主政治在行政上之貢獻，所關決不淺鮮。第三、工商業發達，人民生活普遍提高；社會安定，促進學術科學之前進。屈萊梵爾瀛先生紀述拿破崙戰爭時的英國，曾致其深切之慨嘆：「時勢艱危，觸目震驚，但英國不斷產生偉人，政治家如璧德（Pitt）及喀斯雷利（Castlereagh），海陸軍統帥如納爾遜與威靈吞，終能使英國渡過歷史上最大之苦難，政治理想家如福克斯（Charles Fox）及威爾波福斯（Wilberforce）即在戰時，能使英國的良心不死」。（按福克斯及威爾波福斯均爲當時主張禁止販賣黑奴，福克斯於臨死的簽署命令禁止英國販賣黑奴）（以上引 G. M. Trevelyan: History of England pp. 564-570）

英國怎樣能使工商業發達？英國怎樣能產生如許偉大人物，使國家渡過重重難關？這是英國的社會、宗敎、政治各方面的原因。尤其在宗敎與政治的原因。英國王室與王黨，多年處心積慮，想求得思想上的一致，精神與形式上的順從。所謂 Uniformity 與 Conformity，正是英國特權級階所寤寐以求的。但是英國從十六世紀起，思想上與權力上的不一致，不歸順，實爲權力所不能征服。如政治或宗敎上的 Independent 及 Non-Conformity，成爲政治宗敎或社會上光榮的名詞。由此而演成的兩黨政治，縱使特權階級的迫害壓逼無所不用其極，如宣誓條例施行一百五十餘年，終不能根除思想上及政治上的反抗。由此而在思想上學術上萬流競進，因而科學工業得以造成空前的成就，國富增加，人民生活提高，代生偉人。這是英國民族性與歐洲時代潮流兩種力量所鎔鑄而成。歐洲的文藝復興與宗敎改革，使人的尊嚴與價值恢復，使人的理性解放，在思想上反抗一致，反抗歸順，以求眞理與理性之所安。由思想上的容忍，而推及於政治上的容忍。兩黨政治的前提是容忍。特權階級的容忍，是靠沒有特權者的奮鬪。這種奮鬪的勇氣與信心，是文藝復興與宗敎改革兩大運動產生出來的。屈萊佛爾瀛先生低徊讚嘆璧德與喀斯雷利，納爾遜與威靈吞。以吾觀之，英國歷史上最大的偉人，是宗敎改革以後三百年來在宗敎上政治上受盡壓迫而奮鬪不衰的無數獨立的鬪士。英國的國力由這批無名英雄在那裏培養。英國的代生偉人，也靠這批無名英雄造成的精神天地，纔能孕育奇才，存亡繼絕。十九世紀是英國政黨政治全盛時期，福克思與格蘭斯頓，可算得英國政黨中的第一流人物，福克思(Charles Fox)的生平，最值得我們讚歎歌頌。當他領導民權黨的時候，民權黨幾乎在野三十年，而福克思幾乎做了終身的反對黨領袖。史家稱他是生成的反對黨領袖。三十年在野的寂寞，是不容易忍受的。何況福克思生長世家，早年因賭破產，負債終身未能淸償。「當時福克斯如果稍稍站立不穩，歸順到璧德那邊去，民權黨是會消滅的。如果那樣，英國十九世紀的政治是另一番景象，英國所走的道路，也許是大革命與大反動而不是平和的國會改造。」（參閱Edward Lascelles: Life of Charles James Fox, 1936; Russell; Memoir of C. J. Fox）一個屹立不動的反對黨領袖，關於國運如此其重大！可以知道反對黨實在是對政府消彌禍亂最有力的幫助。福克思死前半年加入政府，禁止販賣黑人是他臨終前完成的法案。當時璧德是打拿破倫，救英國的生存，福克思終身在野，死前一度登臺，做了這麼一件大事——禁止販賣黑奴。璧德是救英國；福克思是救人類，救人類的被壓迫者！史家評論其人，認爲人生失意時多，會使靈感淸醒，追求靈魂上最高的成就。我草此文既畢，乃於英國政黨史上終身在野黨領袖福克思先生一致其衷誠的嚮往！

本文參考資料

1) G. M. Trevelyan: History of England.
2) J. B. Bury: A History of Freedom of Thought.
3) E. W. Watson: The Church of England.
4) G. M. Trevelyan: The English Revolution 1688-1689.
5) E. M. Wrong: A History of England.
6) E. Barker: The Character of England.
7) Encyclopaedia Britannic.
8) Encyclopaedia of the Social Sciences.
9) H. A. L. Fisher: A History of Europe Vol. II.
10) E. R. Pease: History of Fabian Society (1925).
11) Edward Lascelle: Life of Charles James Fox.
12) G. D. H. Cole: A History of Labour Party from 1914.
13) Erich Eyck: Pitt Versus Fox.
14) Lytton Strachey: Biographical Essays.

四六、十、十二、臺北。

附表 ㈠英國兩世紀來內閣更迭與政黨關係表

一七七〇——一七八二	諾斯 North（王黨「國王之友」）
一七八二	洛根黑姆 Rockingham（民權黨 Whig）
一七八二——一七八三	夏爾遂 Shelburne（「國王之友」與老壁德派）
一七八三	諾斯及福克思 Fox 聯合內閣（民權黨及王黨）
一七八三——一八〇一	小壁德 William Pitt the Younger（老壁德派及「國王之友」，漸變成王黨；保守民權派於一七九四年加入。）
一八〇一——一八〇四	阿丁登 Addington（王黨 Tory）
一八〇四——一八〇六	小壁德第二次內閣（王黨）
一八〇六——一八〇七	全能內閣 Ministry of All-the-Talents（民權黨與王黨）
一八〇七——一八〇九	卜德倫 Portland（王黨）
一八〇九——一八一二	波西佛爾 Perceval（王黨）
一八一二——一八二七	李物浦爾 Liverpool（王黨）一八二二年後漸傾向於自由政策
一八二七	肯寧 Canning（自由王黨）
一八二七	谷特立區 Goderich（自由王黨）
一八二八——一八三〇	威靈吞及庇耳 Wellington—Peel（王黨）
一八三〇——一八三四	格雷 Grey（民權黨）
一八三四	梅爾遂 Melbourne（民權黨）
一八三四——一八三五	庇耳 Peel（保守黨）
一八三五——一八四一	梅爾遂（民權黨）
一八四一——一八四六	庇耳（保守黨）
一八四六——一八五二	羅素 Russell（民權黨）
一八五二	竇培及狄思雷利 Derby—Disraeli（保守黨）
一八五二——一八五五	愛波丁聯合內閣 Aberdeen Coalition（庇耳派 Peelites 及民權黨）
一八五五——一八五八	帕莫斯頓 Palmerston（民權黨）
一八五八——一八五九	竇培及狄思雷利（保守黨）
一八五九——一八六五	帕莫斯頓（民權黨，庇耳派及自由派）
一八六五——一八六六	羅素（民權黨及自由派）
一八六六——一八六八	竇培及狄思雷利（保守黨）
一八六八——一八七四	格蘭斯頓 Gladstone（自由黨）
一八七四——一八八〇	狄思雷利（保守黨）
一八八〇——一八八五	格蘭斯頓（自由黨）
一八八五——一八八六	莎麗斯波里 Salisbury（保守黨）
一八八六	格蘭斯頓（自由黨）
一八八六——一八九二	莎麗斯波里（保守黨受自由統一派支持）
一八九二——一八九四	格蘭斯頓（自由黨）
一八九四——一八九五	羅斯波里 Rosebury（自由黨）
一八九五——一九〇二	莎麗斯波里（統一派 Unionist）
一九〇二——一九〇五	貝爾福 Balfour（統一派）
一九〇五——一九〇八	康培爾裴納門 Campbell-Bannerman（自由黨）
一九〇八——一九一五	愛斯葵 Asquith（自由黨）
一九一五——一九一六	愛斯葵（聯合內閣）
一九一六——一九二二	勞合喬治 Lloyd George（聯合內閣）
一九二二——一九二三	勞波納 Bonar Law（保守黨）
一九二三——一九二四	包爾溫 Baldwin（保守黨）
一九二四	麥克唐納爾 Mac Donald（工黨）
一九二四——一九二九	包爾溫（保守黨）
一九二九——一九三一	麥克唐納爾（工黨）
一九三一——一九三五	麥克唐納爾（國民內閣 National）
一九三五——一九三七	包爾溫（國民內閣）
一九三七——一九四〇	張伯倫 Neville Chamberlain（國民內閣）
一九四〇——一九四五	邱吉爾 Winston Churchill（聯合內閣）
一九四五——一九五一	阿德里 Attlee（工黨）
一九五一——一九五七	邱吉爾——伊登——麥克米倫（保守黨）

附表 ㈡英國國王世系年表

司徒王朝 House of Stuart
傑姆斯一世 James I 一六〇三——一六二五
查理一世 Charles I 一六二五——一六四九
共和 一六四九——一六五三
克林威爾（及其子） 一六五三——一六六〇
查理二世 Charles II 一六六〇——一六八五
傑姆斯二世 James II 一六八五——一六八八
司徒與奧倫基王朝 House of Stuart—Orange
威廉及瑪麗 William and Mary 一六八九——一六九四
威廉三世 一六九四——一七〇二
司徒王朝
恩妮女王 Anne 一七〇二——一七一四
亨諾佛王朝 House of Hanover
喬治一世 George I 一七一四——一七二七
喬治二世 George II 一七二七——一七六〇
喬治三世 George III 一七六〇——一八二〇
喬治四世 George IV 一八二〇——一八三〇
威廉四世 William IV 一八三〇——一八三七
維多利亞女王 一八三七——一九〇一
薩克司峪堡及谷泰王朝 House Saxe—Coburg and Gotha
愛德華七世 Edward VII 一九〇一——一九一〇
溫莎王朝 House of Windson
喬治五世 George V 一九一〇——一九三六
愛德華八世 Edward VIII 一九三六正月——十二月
喬治六世 George VI 一九三六——一九五二
伊麗莎白二世 Elizabeth II 一九五二——

西歐通訊

中東危機與世界局勢

龍平甫

赫魯雪夫派系之所以於一九五六年二月發動清算史大林運動，顯然以對內與對外的雙重政治作用爲出發點：㈠對蘇俄本部及對鐵幕集團言：則以此運動緩和蘇俄人民及附庸國民族對共產政權的怨恨，並藉以增加赫魯雪夫的聲望以爲他在將來建立獨裁政權作準備工作；㈡對非共產政權言，則(A)繼一九五五年日內瓦四國首長會議造成的所謂國際局勢的表面鬆弛來清算史大林，可以對自由世界行催眠術，使一般人相信國際共產主義已洗心革面而放鬆對共產集團的警戒與防禦，反之蘇俄則暗中積極從事軍事準備，以期一日予西方以致命的打擊，(B)以「洗滌罪惡後的共產主義」向亞非經濟落後國家及爭取獨立的民族號召則易於遂行其滲透及赤化工作。如此目的達到，則不但西歐兩面受敵，美國亦將陷於孤立，自由世界將處於非常危險的局面。

莫斯科政權這種政策在蘇俄本部可能收相當成效，因爲不管莫洛托夫等人的反對，赫魯雪夫系總算勝利了。但是對附庸國可謂完全失敗。波匈革命及其相伴的蘇軍武力干涉與恐怖鎭壓不但暴露共產集團的嚴重危機，削弱蘇俄對外的宣傳運用能力，並且使其在短時期內在國際外交上採取守勢。所以蘇俄雖挑起了近東的衝突，並希望因英法與阿剌伯國家的戰爭以漁利，但因受東歐叛亂的牽掣僅能拯救納塞爾政權而不能有其他作爲，反之自由國家步調紊亂，各行其是，英法的注意力集中在埃及；美國不敢冒大戰的危險以利用空前良好的時機對鐵幕內反共運動予以有效的援助，因此使鐵幕內反共人士非常失望。而英法對埃及的「砲艦政策」使不少的亞非國家非常憤怒，認爲此類行動等於蘇俄在匈牙利的軍事干涉因而不予蘇俄的罪惡以應有的抨擊。

一九五六年十一月初世界局勢緊張到極點，英法出兵埃及原在保障其在回教世界日益衰落的勢力與權益，蘇俄用兵匈牙利則在防止鐵幕帝國的瓦解。在此雙重危機下，第三次世界大戰很有隨時爆發的可能。但是英法的「砲艦政策」抵不住俄國的「飛彈政策」，再加上美國的壓力遂迫使英法自中東撤退。大戰的危機雖告避免，但中東仍處於慢性危機狀態。這種慢性危機由下列各種因素促成：㈠兩年來蘇俄集中力量向中東地區實行宣傳滲透、運送軍火製造危機以發展其勢力，㈡汎阿剌伯民族運動的發展與各阿剌伯民族國家主義的興起，造成阿剌伯國家間的爭雄，及阿剌伯國家對西方世界採取所謂積極中立主義或甚至採取反對所謂西方帝國主義的立場。㈢阿剌伯人對猶太人的一般敵視態度，若干阿剌伯國家政府不顧使近百萬的巴勒斯坦的阿剌伯難民獲得確定歸宿更使猶阿民族間的糾紛難於解決。㈣納塞爾主義在若干阿剌伯國家的蔓延，若干阿剌伯國家內部政黨派系爲爭取政權向蘇俄覓求援助，予蘇俄以滲透的機會。

中東的慢性危機最適於蘇俄進行滲透與控制的工作，因此本年一月五日美國發表「艾森豪主義」，設法塡補英法撤退後的「政治眞空」，並抵禦蘇俄的陰謀。艾森豪主義有其內在的弱點：一方面塡補「政治眞空」一辭傷了許多阿剌伯人的自尊感，另一方面蘇俄可以實行親阿反猶政策，而美國則不能如此，僅能力求調和兩者間的衝突，而使美國左右爲難。因此艾森豪主義在中東並未獲得普遍的支持。埃及與敍利亞自始卽公開反對，沙烏地阿剌伯雖然接受，但至本年九月又聲明拒絕，艾森豪主義的首次試驗是今年四月約旦的危機。約旦王國內部問題本來單純，但自合併一部分巴勒斯坦土地及容納該地區大部份阿剌伯人後，局勢便不穩定了。巴勒斯坦籍的阿剌伯人在數量上佔優勢，自然企圖獲得政治控制力，同時他們要求打回巴勒斯坦，因此反對英國並極端仇視猶太民族。這種情形最有利於埃及宣傳及共產黨的陰謀活動，結果造成嚴重的危機，王室幾被推翻，幸由貝督英人及軍隊的效忠，以及沙烏地阿剌伯王與伊克政府的支持，纔能將內部局勢暫時穩定下來，但是約旦內部局勢仍是危機四伏，騷亂與政變仍隨時有發生的可能。

蘇俄並不因其在約旦的陰謀失敗而認輸，它在中東準備與任何反英美反西方的勢力合作，而不問其爲封建勢力，抑爲大地主大財閥。因此除約旦事件外，本年近東尚發生下述局部性危機與戰亂：㈠葉門與英國關係的惡化：阿剌伯半島英屬地亞丁是葉門民族主義者垂涎的目標。葉門王太子公開親蘇，並接受蘇俄軍火，以爲對付英國、葉門和亞丁邊境上發生間歇性的衝突。㈡本年七月阿剌伯半島東南岸奧曼(Oman)發生叛亂，由於英軍出動干涉，亂事始得平定，奧曼王朝始得維持。

上述兩事件與敍利亞危機相較尙是小巫與大巫之別。敍利亞兩年來局勢很混亂，但政局繼續左傾，由所謂積極的中立主義而演變成爲事實上的蘇俄附庸國。在敍利亞和其他阿剌伯國家一樣地醞釀着汎阿剌伯民族運動，狹義的國家主義，以及現代化運動。但敍利亞人同時希望以大馬士革(Damascus)爲中心重建阿剌伯民族的統一，這種心理狀態下的敍利亞人最易受蘇俄的誘惑。

操縱敍利亞政局並不祇是國防部第二廳廳長 Abdel Hamid Serraj (負責情報) 一人，尙有 Hama 城的律師 Akram Hourani，後者自八年來一直在幕後左右政局，時而扶植一人上臺，時而擠其下臺。兩年前他與 Salah Bitar(亦係律師)聯合成立阿剌伯復興社會黨 (Al Baath)，以統一、自由、社會主義爲口號。該黨在組織上非普通政黨，而有軍事性編制，近來更有軍人參加，在思想上該黨採取空想的社會主義及納塞爾革命的原則。它對農民許諾分配土地，對新興的工人勢力許諾依情形調整工資及實行社會保險，對知識份子及中產階級、公務員學生、雇員、手工業者，則許諾在帝國主義者被趕走後將有一光明的前途。在國會中該黨的勢力並不大，在一百四十名議員中僅有十七名是該黨黨員，但却能控制敍利亞國會。該黨並不怕和共產黨合作，而認爲在適當的時機會把共黨產清除，敍利亞共產黨員大約祇有百人，但同情共產黨的大約有五千人至一萬人之譜。共產黨秘書長爲Khaled Bagdache 是國會中惟一的共產黨籍議員。(他的被選主要由於他是庫爾特 Kurde 人的關係)。

本年八月中旬敍利亞當局於揭發所謂「美國人企圖顚覆敍國政府的陰謀」後，陸軍中溫和派將領參謀總長尼柴墨定 (Nizameddine) 被迫去職，由 Afif Bizri 繼任。一般人認爲他是共產黨員，但他否認。但是敍利亞半公開的人民軍總司令 Salah Bizri 上校(他的兄弟)則是正式的共產黨員。這樣情形下的敍利亞已爲蘇俄的事實上附庸國了。但是敍利亞國防部長 Khaled Azem (大地主)公開說：「敍利亞如變成共產國家，對世界及敍利亞本身並無害」。美國對敍利亞的投入蘇俄懷抱無法施行艾森豪主義，因爲艾森豪主義祇能對付外來的侵略而不能制止共產黨由內部發動的顚覆活動。

蘇俄在敍利亞發展勢力所用的手段是多方面的：它利用戰略性的購買以爭取敍利亞人的同情。去年蘇俄購買敍利亞棉花產量的三分之一，今年更購買敍利亞過剩穀物的一半及相當數量的生皮與羊毛，十月二十八日蘇敍締結經濟及技術協定：據說由蘇俄貸給敍利亞九千八百萬美元，年息百分之二點五，分十二年償還。在軍事上蘇俄更積極裝備敍利亞軍隊，現在敍利亞有一個裝甲師 (有 T-34 式戰車二百輛)，三個步兵旅，三個高射炮營，五隊 MIG 17 式飛機，及一個小型海軍。傳聞蘇敍秘密協定，由蘇俄「代」敍利亞建飛機場十六處，蘇俄並得利用敍利亞海軍基地。敍利亞並有許多蘇俄軍事人員，八月間的敍利亞反美運動據說是蘇俄特務頭子 Serov 所導演的。由於蘇俄的活動，敍利亞的政治軍事經濟均受其控制。

敍利亞局勢的惡化影響到鄰邦黎巴嫩的局勢及敍黎的邦交。去年蘇彝士運河危機發生後，黎巴嫩親埃及的內閣總理 Abdalah Yafi 主張與英法絕交未成功而辭職，總統 Camille Chamoun 授權 Samy Solh 組閣，繼續執行黎巴嫩的傳統外交政策——「在阿剌伯世界之前保障西方，在西方之前保障阿剌伯世界」。這種政策是黎巴嫩內部情況(天主敎居民及回敎居民) 及地理環境所使然。但由於中東局勢惡化，當局被迫在西方與阿剌伯世界之間有所選擇。於是黎巴嫩政府接受艾森豪主義，而反對黨則要求與埃及合作，實行所謂積極中立主義。本年五月卅日黎巴嫩首都親埃派反對黨發動反政府大示威，警察干涉發生死傷，六月九日及十六日兩次局部議員改選，在四十六名議員中政府黨佔三十四名。反對黨派首領 Abdalah Yafi，Ahmed El Assaad (前國會議員)，Sabri Hamade (前國會議長)，Saeb Salam (前內閣總理)，均告落選。黎巴嫩內部局勢雖告穩定，但黎敍邊境發生幾次衝突，逃亡到黎的敍利亞政治人物亦有被暗殺的。

蘇俄爲加强其在中東進行的滲透工作，並提高其在阿剌伯國家的聲望，於是利用所有機會炫耀自己的威力，打擊美國的威信。八月二十七日蘇俄宣佈試驗越洲飛彈成功，不久倫敦的裁軍小組會議因蘇俄態度的轉變而告中斷，十月五日蘇俄發射人造衛星成功，於是赫魯雪夫的態度更驕縱不可一世，因而加强中東區的冷戰，戰爭氣氛濃厚，大戰似有一觸卽發的可能。本來飛彈是第二次世界大戰中德國科學家首次製造並對英國發射(V_1 及 V_2 式飛彈)，使英國蒙受重大損失。一九四五年蘇軍進佔北德飛彈研究中心 Peenemünde 將其設備及大批德國科學家遷移到俄國繼續試驗研究，頗有進展。一九五五年西德 Der Spiegel (鏡)雜誌透露消息說，蘇俄在西伯利亞西部 Omsk 發射裝有原子武器的飛彈直抵北極 Bennet 島，射程三千八百公里。本年七月六日美國名記者Stewart Alsop 在「紐約先鋒論壇報」歐洲版發表消息說，蘇俄試驗「越洲飛彈」成功，射程據說有八千公里，人造衛星的發射成功間接證明越洲飛彈的存在。但是由試驗成功到大量製造尚需相當時日。美國方面估計越洲飛彈的設備試驗費用需四十億美金 (較第一顆原子彈所需費用多一倍)，因此大量製造飛彈對國家經濟是一宗很大的負擔，何況無線電控制的定向飛彈是容易破壞的(西德飛彈專家 Eugene Saenger 及蘇俄飛彈專家 Pokrovski 敎授卽有此言論)。因此飛彈是否爲「絕對的武器」頗成疑問。不過赫魯雪夫利用試驗越洲飛彈及人造衛星成功，在國際宣傳上大肆運用，尤其是集中目標攻擊土耳其。土耳其自九月初以來已是蘇俄恫嚇的對象，現在更加厲害。十月七日赫魯雪夫接見美國「紐約時報」記者 James Reston 大肆攻擊美國、土耳其及西德。蘇俄當局指責土耳其陳兵敍利亞邊境，企圖進攻敍利亞，並一再說如敍利亞被攻擊，則土耳其將受「可怕的報復」，同時以世界大戰威脅美國。蘇俄爲加强其威脅計，任命國防部次長 Rokossovski 爲外高加索軍區司令，同時聲明該地區軍隊練習使用原子武器。敍利亞也積極準備軍事，在事實上實行全國總動員。敍政府一再拒絕沙烏地阿剌伯政府調停土敍糾紛，並在聯合國控訴土耳其，蘇俄外長在聯合國助陣，大肆叫囂。美政府的態度本來很保留，後來爲防止盟友離心，並阻止蘇俄作錯誤的估計而冒險，遲遲於十月十六日對蘇俄發出强硬的反擊，「若土耳其被攻，則美國將履行對盟友的義務，向蘇俄實行全面的報復」。

中東的緊張局勢完全是蘇俄一手造成的。蘇俄政權何以如此？自有其對內與對外的考慮。茲試作分析如後：(甲)對內的：㈠掩護蘇俄政權內部政爭；本年六月赫魯雪夫將馬林可夫，莫洛托夫等人以「反黨」罪名趕出中央組織，他的成功主要是由朱可夫的支持。他爲求建立獨裁，便要設法排除「挾震主之威」的朱可夫。中東危機可能是赫魯雪夫爲清除朱可夫而導演的：一方面派他去南斯拉夫阿爾巴尼亞去訪問，以調虎離山；一方面藉口邊區形勢緊張，將朱可夫的朋友 Rokossovki 調到外高加索區去，其他朱可夫系的將領可能都有調動，及至十月廿六日午後朱可夫返莫斯科，赫魯雪夫佈署已成，遂下令將他解職，由馬林諾夫斯基 (Malinovski，第二次世界大戰結束時他佔領東北，運走大批工業器材)繼任。但是要淸除朱可夫並不是容易的，俄共中央委員會開會迄無正式結論，可以證明赫魯雪夫尙未獲得確切的勝利。(乙)蘇俄內部及鐵幕其他國家的革命危機使赫魯雪夫對外採取蠻橫態度，製造嚴重局勢以轉移人民視線，同時以對外的成就懾服俄國及附庸國人民。一年來蘇俄附庸國一直在不安中，匈牙利雖由俄軍暴力鎭壓拘捕屠殺，反共運動迄未停止。波蘭的反共運動也很强烈，南斯拉夫的情形也很不穩。狄托之承認東德政權，再回莫斯科集團的主要原因當係藉此維持其政權的存在。報傳蘇俄「十月革命」紀念日各共產國家頭目將集議於莫斯科，並將恢復共產國際情報局。這是共產國家政權面臨內部革命危機的互救辦法。(乙)對外的：㈠支持敍利亞親蘇份子並企圖對敍利亞實行全面控制。就敍利亞內政言，敍國政局並不穩定，派系衝突不已，而反共勢力仍甚强大。因此蘇俄在宣傳上極力支持敍利亞親蘇政權，鞏固其地位，製造土敍糾紛以表現爲敍利亞的盟友，因乘勢簽訂經濟協定，以使敍利亞蘇維埃化。就敍利亞對土耳其的關係言，則其間的糾紛摩擦由來已久，但是使其關係緊張的一主要原因便是由伊朗中部 Kum 至土耳其南部海港 Iskanderun 長達九百二十英里的輸油管建立計劃。如此油管建設成功，伊朗及伊拉克的石油均可不經敍利亞而向地中海港口輸出。過去因伊拉克石油經敍利亞油管輸出，敍國經濟獲益甚大，並在西方國家與阿剌伯國家發生糾紛時截斷油管以相威脅，若伊土油管建築成功，不但敍利亞失去威脅的工具，並且失去一筆大宗收入，因此敍利亞激烈反對此計劃，掀起土敍間的冷戰，意在阻止英美資本家投資(油管建築費約計五億英鎊)，使其不能實現。蘇俄支持敍利亞威脅土耳其正中敍利亞人之意向。㈡對土耳其施行壓力使其脫離北大西洋公約集團，並使巴格達公約組織解體。土耳其不但是蘇俄向中東發展的障碍，同時也是北大西洋公約組織國家最接近蘇俄工業心臟區的國家。由土耳其發射的長射程飛彈可以摧毀以莫斯科、Voronej、Magnitegorsk 及 Sverdlovsk 爲四邊形的蘇俄工業區，土耳其有世界最强力的雷達站，蘇俄試驗飛彈等武器是無法逃避這隻「眼」的觀察的。土耳其在帝俄時代已是俄羅斯帝國主義侵略的目標，第二次世界大戰後蘇俄對土耳其再起領土野心。再加上土耳其在未來飛彈戰中的重要戰略地位，更加强蘇俄對土耳其的陰謀。但是土耳其人的反共反蘇決心並不動搖，對蘇俄的威脅毫不在意。㈢蘇俄藉中東的冷戰向其他中東及非洲國家實行滲透，並藉飛彈及人造衛星打擊美國在此等地區的聲望。蘇俄對美對土的蠻橫態度如不能獲得許多靠攏份子，至少可加强亞非地區的中立主義，動搖一些人對美國的信心。

據說蘇俄人造衛星出現後數日美國國家安全會議決定在危機期間經常以半數戰略轟炸機在空中飛行，以防蘇俄飛彈偷襲而被毀滅，同時可對蘇俄的偷襲以立卽的報復。美國過去輕視蘇俄的技術，故在飛彈及人造衛星的試驗未積極進行，現在後人一着，威望受損失，因此美國輿論對政府備加譴責。現美政府爲安定人心，加緊試驗飛彈，短期內已陸續試驗各種型式的飛彈：Thor 型飛彈射程已逾三千公里，Snark 型越洲引擎射程八千公里(十月卅一日)，Farside 型式的高射飛彈已達六千四百公里的高空，用以發射人造衛星的 Vanguard 第一節試射已達一百七十六公里的空間。美國人造衛星的發射將在數月內擧行。以美國的人才技術及工業設備，在短期內在飛彈及人造衛星方面追上並超過蘇俄是不成問題的。

越洲飛彈，人造衛星及中東危機雖予美國威望以相當打擊，雖予自由世界的安全以相當嚴重的威脅，雖予國際共產主義以暫時炫耀的藉口並得以暫時緩和鐵幕集團內部危機，但同時予自由世界以適時而良好的警告，使自由世界及時反省，不再沉醉於所謂和平共存，而發現眞正危險之所在。爲保障自由世界的安全及在戰時能擊敗蘇俄政權計，自由世界應注意下述幾點：㈠不可輕敵，不可放鬆，對蘇俄的警戒，不可接受和平共存的濫調，而放鬆軍事準備。㈡自由國家應在各方面加强合作，因爲任何一個自由國家不能單獨維持生存，也不能單獨在軍事及科學技術上單獨進行而不需他國合作，因此應認淸互相依賴之必要，在科學技術上分工合作以實現「智慧同盟」。㈢美國應改善其對盟國的關係，(蘇彝士運河危機發生後，美國與英法的關係頗不佳，以致影響北大西洋公約組織的團結)，並改善其在自由世界的領導地位。㈣美國應對蘇俄採取堅定的態度，對蘇俄的任何行動應有立卽而有效的對付，如是始可加强團結，並制止蘇俄的侵略。㈤最重要的是自由世界應有世界性的反共組織與對鐵幕集團的一致行動。

美政府爲對付蘇俄的侵略及順應自由世界輿論的要求，正在設法改變政策，據報載美政府設法：㈠改變立法，俾與同盟國家交換原子科學及技術情報，並擬以原子武器置於北大西洋公約組織的管制下，藉以加强合作與團結；㈡加强反共陣營。美政府提擬於本年十二月北大西洋公約組織首長會議時，提議將北大西洋公約組織、巴格達公約組織及東南亞防禦公約組織聯合置於一共同最高統帥部之下，以對付共產集團的威脅及其隨時可能串演的侵略。如果美國政府經過這次嚴重危機而積極推行上述政策，同時美國輿論予以積極支持使其實現，則自由世界的安全始有保障，共產政權的崩潰也可計日而待的。

中東的局勢隨朱可夫的被肅整而暫告和緩，大戰的危機暫時消逝。但局勢並不容樂觀，因爲蘇俄在中東的勢力現在已較危機發生前更爲擴大，一俟它在敍利亞的地位鞏固後將再進一步發展，可能再度製造危機；此外蘇俄及其附庸國內部危機繼續存在，難保赫魯雪夫不在他日在中東製造危機期有所收穫，以轉移人民視線並和緩內在危機；或者這個性格庸俗、氣質爆烈的赫魯雪夫可能因爭奪政權的繼續成功而得意忘形以致導演較此次中東危機更嚴重的危機。這是自由世界政治家應採取積極行動及早防範的。

四六、一〇、二五

城南舊事(上)

林海音

(一)

三十年前，北伐革命的前夕，北京虎坊橋大街有過一度迴光返照的熱鬧情景。

在城南的繁華時代，這條大街是交通要道；到前門一帶買東西，到城南遊藝園聽戲，到天橋南二道墁門看槍斃人的，還有逛花街柳巷的，都要從這裏經過。而這條街的本身也多姿多彩；賣乾胡蘿蔔假充洋參的，要四張撲克牌賭博的，拉住行人不放鬆的測字攤，賣假當票的，有的是欺騙和曚詐的玩意兒。

對於喜歡探求新奇事物，十幾年後終於過了記者生活的女孩子來說，那是一個豐富的暑假。家住在這條虎坊橋大街上是有福的，一天到晚，有看不厭的事物。

常常是從早上吃完點心起，我就和二妹分站在大門口左右兩邊的門墩兒上，等着看「出紅差」的。那一陣子槍斃的人眞多，除了土匪强盗以外，還有鬧革命的男女學生。總是人犯還沒出順治門呢，這條大街上已經擠滿了等着看熱鬧的人。

今天槍斃四個人，又是學生。學生和土匪雖然同樣都是五花大綁在敞車上，但是他們的表情不同。要是土匪就熱鬧了，身上披着一道又一道從沿路綢緞莊要來的大紅綢子，他們早喝醉了，嘴裏喊着：「過二十年又是一條好漢！」「沒關係，腦袋掉了碗大的疤瘌！」「哥兒幾個，給咱們來個好兒！」看熱鬧的人跟着就應一聲：「好！」是學生就不同了，他們總是低頭不語，羣衆也起不了勁兒，只默默的投以憐憫的眼光。我看今天又是槍斃學生，便想起這幾天媽媽的憂愁，她前天還對爸爸說：

「這些日子，風聲不好，你還留德先在家裏住，他總是半夜從外面慌慌張張的跑來，怪吓人的。」

爸爸不在乎，他伸長了脖子，用客家話反問了媽一句：

「驚麼該？」

「別說咱們來往的客人多，就是自己家裏孩子傭人也不少，總不太好吧？」

爸爸還是不屑的說：

「你們女人懂什麼？」

我站在門墩兒上，看一車又一車要送去槍斃的人，都是背了手不說話的大學生，不知怎麼，便把爸媽所談的德先叔連想起來了。

德先叔是我們的同鄉，在北京大學讀書，住在沙灘附近的公寓裏，去年開同鄉會和爸認識的，爸便當做弟弟一樣的喜歡他，他能喝酒，愛說話，和爸的性情很合得來，兩個人只要一碟花生米，一盤羊頭肉，四兩燒刀子，就能談到半夜。媽媽常在背地裏用閩南話駡這個一坐下就不起身的客人：「長脚川！」(長屁股)。

半年以前的一天晚上，他慌慌張張的跑來我們家，跟爸用客家話談着，總是爲一件很要命的事吧，爸把他留在家裏住下了。從此他就在我們家神出鬼沒的，爸却說他是一個了不起的新青年。

我是大姐，從我往下數，還有三個妹妹，一個弟弟，除了四妹還不會說話以外，我敢說我們幾個人都不喜歡德先叔，因爲他不理我們，這是第一個原因。還有就是他的臉太長，戴着大黑框眼鏡，我們不喜歡這種臉。再就是，他來了，媽要倒霉，爸要媽添茶，還說媽燒不好客家茶，釀豆腐味兒淡啦！白斬鷄不够嫩啦！有一天媽高高興興燒了一道她自己的家鄉菜，爸爸吃着明明是好，却對德先叔說：「他們福佬人就知道燒五柳魚！」憑了這些，我們也要站在媽媽這一頭兒，對於德先叔每次來，都冷冷的，誠心做出看不起他的樣子，其實他也不注意。

雖然這樣，看着過出差的，心裏竟不安起來，彷彿這些要槍斃的學生，跟德先叔有什麼關係似的，還沒等過完，我便跑回家裏問媽：

「媽！德先叔這幾天怎麼沒有來？」

「誰知道他死到哪兒去了！」媽很輕鬆的回答，停一下，她又奇怪的問我：「你問他幹嗎？不來不更好嗎？」

「隨便問問。」說完我就跑了，我仍跑回門外大街上去，剛才街上的景象全沒有了，恢復了這條街每天上午的樣子。賣切糕的，滿身輕快的推着他的獨輪車，上面是一塊已經冷了的剩切糕，孤零零的插在一根竹籤上。我八歲，兩隻門牙剛掉，賣切糕的問我買不買那塊剩切糕，我搖搖頭，他開玩笑說：「對了，大小姐，你吃切糕不給錢，門牙都讓人摘了去啦！」我使勁閉着嘴瞪他。

到了黃昏，虎坊橋大街另有一番景象，對街新開了一家洋貨店，門口坐滿了晚飯後乘涼的大人小孩，正圍着一個裝了大喇叭的話匣子，放的是「百代公司特請譚鑫培老板唱洪羊洞」，唱片發出沙沙的聲音，針頭該換了。二妹說：「大姐，咱們過去等着聽『洋人大笑』去。」我們倆剛剛携起手來跑，我又看見從對街那邊，正有一隊光頭的人，向馬路這邊走來，他們穿着月白竹布褂，黑布鞋，是富連成科班要到廣和樓去上夜戲。我對二妹說：「看，什麼來了！咱們還是回來數爛眼邊兒吧！」

我和二妹回到自己家門口，各騎在一個門墩兒上，靜等着，隊伍過來了，打頭領隊的個子高大，後面就是由小到大的排下去。對街「洋人大笑」開始了，在「哈哈哈」的伴奏中，我每看隊伍裏過一個紅爛着眼睛的孩子，便喊一聲：「爛眼邊兒！」二妹說：「一個！」我再說：「爛眼邊兒！」二妹說：「兩個！」爛眼邊兒，三個！爛眼邊兒，四個！……今天共得十一個。富連成那些學戲的小孩子，比我們大不了多少，我們喊爛眼邊兒，他們連頭也不敢斜一斜，默默的向前走，大褂的袖子，老長老長，走起路來，甩搭甩搭的，都像傻子。

我們正數得高興，忽然一個人走近我的面前來，「嘿」的一聲，吓我一跳，原來是施家的小哥，他也穿着月白竹布大褂。他很了不起的問我：

「英子，你爸媽在家嗎？」

我點點頭。

他朝門裏走，我們也跟進去，問他什麼事，他理也不理我們，我準知道他找爸媽有要緊的事。一進臥室的門，爸媽正在談什麼，看見小哥兒進來，他們彷彿愣了一下。小哥上前鞠躬爲禮，然後像背書一樣的說：

「我爸叫我來跟阿叔阿嬸說，如果我家蘭姨娘來了，不要留她，因爲我爸把她趕出去了。」

這時媽走到通澡房的門口，我聽見裏面嘩啦嘩啦的水聲。爸點點頭說：

「好，好，回去告訴你爸爸，放心就是了。」

小哥兒又一深鞠躬告退了，還是那麼正正經經，看也不看我們一眼。小哥兒走後，爸爸嚇嚇的喝着香片茶，媽在點蚊香，兩人都沒說話。澡房的門打開了，呀！熱氣騰騰中，走出來的正是施家的蘭姨娘！她是什麼時候來的？她穿着一身外國蔴紗的褲褂，走出來就平平衣襟，向後攏攏頭髮，笑瞇瞇的說：

「把在他們施家的一身晦氣，都洗刷淨啦！好痛快！」

媽說：

「小哥兒剛才來了，你知道吧？」

「怎麼不知道！」蘭姨娘眉毛一挑，冷笑說：「說什麼？他爸把我趕出來？怪不錯的！我要走，大少奶奶還直說瞧她面子算了呢！這會兒又成了是他趕我的嘍！嘖嘖嘖！」她的嘴直撇，然後又說：「別人留我不留，他也管得了？攔得住？——走，秀子，跟我到前院去，叫你們家奶媽給我煮碗麵吃。」說着她就拉着二妹的手走出去了。爸爸一直微笑的看着蘭姨娘，伸長了脖子，脚下還打着拍子。

媽臉上一點笑容都沒有，蘭姨娘出去了，她才站在桌子前，衝着爸的後背說：

「施大哥還特意打發小哥兒來說話，怎麼辦呢？」

「驚麼該？」爸的腦袋挺着。

「怕什麼？你總是招些惹事的人來！好容易這幾天神出鬼沒的德先沒來，你又把人家下堂的姨奶奶留下了，施大哥知道了怎麼說呢？」

「你平常跟她也不錯，你好意思拒絕她嗎？而且小哥兒遲來了一步，是她先進門的呀！」

這時蘭姨娘進來了，爸媽停止了爭論，媽沒好氣的叫我：

「英子，到對門藥舖給我買包荳蔻來，錢在抽屜裏。」

「林太太，你怎麼，又胃疼啦？林先生，準又是你給氣的吧？」蘭姨娘說完笑嘻嘻的。

我從抽屜裏拿了三大枚，心裏想着：荳蔻嚼起來涼蘇蘇的，很有意思。蘭姨娘在家裏住下多麼好！她可以常常帶我到城南遊藝園去，大戲場裏是雪艷琴的「梅玉配」，文明戲場裏是張笑影的「鋸碗丁」，大鼓書場裏是梳着辮子的女人唱大鼓，還有小天的冬菜包子，我一邊跑出去，一邊想，滿眼都是那鑼鼓喧天的歡樂場面。

（二）

蘭姨娘在我們家住了一個禮拜了，家裏到處都是她的語聲笑影。爸上班去了，媽到廣安市場買菜去了，她跟弟弟的奶媽也有說有笑的。她把施家老伯伯罵個够，先從施伯伯的老模樣兒說起，再說他的吝嗇，他的刻薄，他的不通人情，然後又小聲和奶媽說些什麼，她們笑得吱吱喳喳的，奶媽高興得眼淚都擠出來了。

蘭姨娘圓圓扁扁的臉兒，一排齊整整的白牙，我最喜歡她左邊那顆鑲金的牙，笑時左嘴角向上一斜，金牙便適得其所的露出來，左嘴巴還有一處若隱若現的酒渦，隨着笑聲打漩兒。

她的蔴花髻梳得比媽的元寶髻俏皮多了，看她把頭髮擰成兩股，一來二去就盤成一個髻，一排茉莉花總是清幽幽，半彎身的臥在那髻旁。她一身輕俏，掖在右襟上的蔴紗手絹，一朵白菊花似的貼在那裏。跟蘭姨娘坐一輛洋車上很舒服，她摟着我，連說：「往裏靠，往裏靠。」不像媽，黑花絲葛的裙子裏，年年都裝着一個大肚子，跟媽坐一輛洋車，她的大肚子把我頂得不好受，她還直說：「別擠我行不行！」現在媽又大肚子要生第六個孩子了。

有了蘭姨娘，媽做家事倒也不寂寞，她跟媽有訴說不盡的心事，奶媽、張媽，都喜歡靠攏來聽，我也「小魚上大串」的擠在大人堆裏，仰頭望着蘭姨娘那張有表情的臉。她向媽說：

「林太太，你生英子十幾歲？」

媽說：「才十六歲。」

蘭姨娘笑了：「我開懷也只十六歲。」

「什麼開懷？」我急着問。

「小孩子別亂插嘴！」媽叱責我，又向蘭姨娘說：「當着孩子說話要小心，英子鬼着呢，會出去亂說。」

蘭姨娘嘆了口氣：「我十四歲從蘇州被人帶進了北京，十六歲那什麼，四年見識了不少人，二十歲到底還是跟了施大這個老鬼，……」

「施大哥今年到底高壽了？」媽打岔問。

「管他多大！六十，七十，八十，反正老了，老得很！」

「我記得他是六十——六十幾來着？」媽還是追問。

「他呀，」蘭姨娘噗哧笑了，看着我：「跟英子一般大，減去一周甲子才八歲！」

「你倒也跟了他五年了，你今年不是二十五歲了嗎？」

「別看他六十八歲了，硬朗着呢！再過下去，我熬不過他，他們一家人對付我一個人，我還有幾個五年好活！我不願把年青的日子埋在他們家，可是，四海茫茫，我出來了，又該怎麼樣呢？我又沒有親人，蘇州城裏倒有個三歲就把我賣了的親娘，她住在哪條街上，我也記不得了呀！我就記得那屋裏有一盞油燈，照着躺在床上的哥哥，他病了，我娘坐在床邊哭，應該就是為了這病哥哥才把我賣的吧！想起來夢似的，也不知道是我亂想的，還是眞的……」

蘭姨娘說着，眼裏閃着淚光，是她不願意哭出來吧，嘴上還勉强笑着。

媽不會說話，笨嘴拙舌的，也不勸勸蘭姨娘。我想到去年七月十五在北海看燒法船的時候，在人羣裏跟媽撒開了手，還急得大哭呢，一個人怎麼能沒有媽？三歲就沒了媽，我也要哭了，我說：

「蘭姨娘，就在我們家住下，我爸爸就愛留人住下，空房好幾間呢！」

「乖孩子，好心腸，明天書念好了當女校長去，別嫁人，天底下男人沒好的！要是你爸媽願意，我就跟你們家住一輩子，讓我拜你媽當姐姐，問她願意不願意？」蘭姨娘笑着說。

「媽願意吧？」我眞的問了。

「願——意呀！」媽的聲音好像在醋裏泡過，怎麼這麼酸。

我可是很開心，如果蘭姨娘能够好久好久的停留在我們家的話。她怎麼也說我要當女校長呢？有一次我站在對街的測字攤旁看熱鬧，測字的先生忽然從他的後領裏抽出一把摺扇，指着我對那些要算命的人說：「看見沒有？這個小姑娘趕明兒能當女校長，她的鼻子又高又直，主意大着呢！有男人氣。」蘭姨娘的話，測字先生的話，讓人聽了都舒服得很，使我覺得自己很了不起。

爸對蘭姨娘也不錯，那天我跟着爸媽到億豐祥去買衣料，媽高高興興的為我和弟弟妹妹們挑選了一些衣料之後，爸忽然對我說：

「英子，你再挑一件給你蘭姨娘，你知道她喜歡什麼顏色的嗎？」

「知道知道，」我興奮得很，「她喜歡一件蛋青色的印度綢，鑲上一道黑邊兒，再壓一道白芽兒，……」我比手劃脚說得高興，一回頭看見坐在玻璃櫃旁的媽，媽正皺着眉頭在瞪我。夥計早把深深淺淺的綢子捧來好幾匹，爸挑了一色最淺的，低聲下氣的遞到媽面前說：

「你看看這料子還好嗎？是眞絲的嗎？」

媽綳住臉，抓起那匹布的一端，大把的一攥，拳頭緊緊的，像要把誰攥死，手鬆開來，那團綢子也慢慢散開，滿是縐痕，媽說：

「你看着好就買吧，我不懂！」

我也眞不懂媽為什麼忽然跟爸生氣，直到有一天，在那雲煙繚繞的雅片煙香中，我才也聞出那味道的不對。

那個做九六公債的胡伯伯，常來我家打牌，他放了一套煙具在我們家，爸爸有時也躺在那裏陪胡伯伯玩兩口。

蘭姨娘很會燒煙，因為施伯伯也是抽大煙的。是要吃晚飯的時候了，爸和蘭姨娘橫躺在床上，面對面，枕着荷葉邊的綉花枕頭，上面是媽綉的拉鎖牡丹花，中間那份煙具我很喜歡，像爸給我從日本帶回來的一盒玩具。白銅煙盤裏擺着小巧的煙燈，冒着靑黃的火苗，蘭姨娘用一隻銀籤子從一個洋錢形的銀盒裏挑出一撮煙膏，在煙燈上燒得嗞嗞的響，然後把煙泡在他那紅紅的掌心上滾滾，就這麼來回燒着滾着，燒好了插在煙槍上，把銀籤抽出來，中間正是個小洞口。煙槍遞給爸，爸噘着嘴，對着燈火，嚇嚇的抽着。我坐在小板凳上看蘭姨娘的手看愣了，那燒煙的手法，眞是熟巧。忽然，在噴雲吐霧裏，蘭姨娘的手，被爸一把捉住了，爸說：

「你這是硃砂手，可有福氣呢！」

蘭姨娘用另一隻手把爸的手甩打了一下，抽回手去，笑瞪爸爸：

「別胡鬧！沒看見孩子！」

爸也許眞是忘記我在屋裏了，他側抬起頭，衝我不自然的一笑。爸的那付嘴臉！我打了一個冷戰，不知怎麼，立刻想到媽。我站起來，掀起布簾子，走出臥室，往外院的厨房跑，我不知為什麼要在這時候找母親，跑到厨房，我喊一聲：「媽！」背手倚着門框。

媽站在大爐灶前，額上滿是汗，臉通紅，她的肚子太大了，向外挺着，像要把肚子送給人！鍋裏油熱了，冒着煙，她把菜倒在鍋裏，才回過頭來不耐煩的問我：「幹嗎？」我回答不出，直着眼看媽的臉，她急了：「說話呀！」

我被逼得要找句話說，看她呱呱呱的用鏟子敲着鍋底，把炒熟的菜裝在盤子裏，那手法也是熟巧的，我只好說：「我餓了，媽。」

媽完全不知道剛才的那一幕使我多麼同情她，她只是罵我：「你急什麼？吃了要去赴死嗎？」她揚起鍋鏟趕我：「去去去，熱得很，別在我這兒搗亂！」

在我的淚眼中，媽媽的形象模糊了，我終於「哇」的一聲哭了出來。奶媽把我一把拉出厨房，她說什麼？「一點兒都不知道心疼你媽，看這麼熱天，這麼大肚子！」

我聽了跳起脚來哭。

蘭姨娘也從裏院跑出來了，她說：「剛不是還好好的嗎？這會功夫怎麼又搗亂搗到厨房來啦！」媽說：「去叫她爸爸來揍她！」

天快黑了，我被圍在家中女人們的中間，她們越叫我吃飯，我越傷心；她們越說我不懂事，我越哭得厲害。

在雜亂中，我忽然看見一個白色的影子從我身旁擦過，是——是多日不見的德先叔，他連看都不看我一眼，直往裏院走。看着他那輕飄飄白綢子長衫的背影，我咬起牙，恨一切在我眼前的人；包括德先叔在內。(未完)

我的最後航程

——續本誌第十七卷七期「巴印紀遊」

易希陶

一　錫蘭一瞥

我們從孟買解纜以後，船仍沿着印度半島西岸南進，又經過八九〇浬的航海，抵達錫蘭島的首府可倫坡(Colombo)。錫蘭島在印度半島東南端約一百公里的洋上，面積約六萬五千平方公里，人口八百一十萬，人種以新哈利人(Sinhalese)爲主，占總人口百分之七十，其次爲搭密爾人(Tamils)，占百分之廿三，都來自印度大陸。該島從十二世紀至十八世紀，曾經過葡萄牙人和荷蘭人的統治約三百年，至十九世紀初，再入英國人之手，第二次世界大戰後(一九四八)，方擺脫英人的殖民統治，而成英聯邦自治領的一員。島的地勢，北部平坦，南部多山，其南端幾達北緯六度，所以氣候爲熱帶性，年中溫度，平均皆在華氏七十五度與九十度之間，雨量則遠較印度大陸爲多，故島上植生葱鬱，與印度方面的乾枯情形逈然不同。產業以農爲主，紅茶、橡膠、椰子油等，爲該島的三大農產，但食糧則尙待外方補給。首府的可倫坡位于島的西南海岸，有人口四十餘萬，是印度航線的重要海港，許多方面的船舶，都得寄港于此。就其港的本身來說，並非天然的良港，據說：英國人自十八世紀末葉以來，爲此海港，曾投下十六億英磅的鉅欵，始獲有現在的規模，其自南向北的防波堤，長達十餘公里，船在數十浬之外，卽可瞥見，不過入港以後，較大船隻仍須停泊灣中，用小汽艇與陸地聯絡，甚感不便。可見該港的先天條件並不理想。

可倫坡市街，大有東方情調，房屋建築，雖不若孟買、格拉齊諸城的華麗整齊，但都市的設計，似非雜亂無章。市的東南，有大公園一座，名曰維多利亞公園(Victoria Park)，濱海處眺望甚佳，園內有博物館、美術館、圖書館等等，規模雖不太大，但都井然有序。當我參觀他們的博物館時，聯想到我們臺北新公園的博物館，論房屋的建築；論陳列的內容；實都遠在他人之上，可惜一般社會甚至主管當局，不知加以愛護，視爲多餘的點綴品，房屋則今天作展覽會，明天作示範場，陳品則東搬西運，七藏八塞，內容的毀損日多，房屋的破壞日甚，內部負責人士，雖個個對此痛心疾首，然亦莫可如何。像這樣的情形，我們在國外各地，是罕見其匹的，值得我們反省！該公園的南部，有錫蘭大學(Univ. of Ceylon)的一部份校舍，尙整潔可觀。該校的建築物，尙散布在市區的其他數地，規模似屬不小，惜因時間關係，未獲窺其內容。我們觀光可倫坡所感到的最大特色，爲佛教堂的星羅棋布，此與印度、巴基斯坦的城市情形，大爲不同。蓋錫島居民，佛教徒占百分之六十五，此外印度教、回教、基督教等，也各有一部份勢力，但不能和佛教抗衡。

我們的觀光車巡遊市區一周後，卽駛向近郊的名勝羅維尼亞山(Mt. Lavinia)。此地位於離可倫坡市十三公里的海濱，岩丘起處，建有西式洋樓一座，爲遊人休息止宿之所。樓旁有淸潔庭園一方，面臨着海岸，從此俯瞰下方的海水，衝擊在岩石之上，浪花四濺，鏗然有聲。遠望附近海濱，則可見浴水的男女，撈漁的小舟，和岸旁的椰樹配合，成一幅美麗的熱帶風景。和我同遊的一位巴基斯坦乘客坐在庭園的藤椅上，喝着珈琲，欣賞着四週景色時，有一玩蛇的錫蘭人，從一只布袋裏拖出一條長約四、五尺的眼鏡蛇擱在草地上，開始表演。蛇起初盤成一團，蟄伏不動，後來玩蛇的人吹起手拿的一根短笛，蛇就慢慢的擧起頭來高達三尺左右，頸部也漸漸向兩側擴大，扁平若扇，據說這是牠的一種憤怒的表示，確有點令人望而生長，最後玩蛇的人停止音樂，將笛端伸向蛇的頭旁，蛇乃以嘴猛力突擊，至笛撤離爲止。查這種蛇是產在錫蘭印度一帶的猛烈毒蛇，名叫印度飯匙倩(Indian cobra)，因牠的頸部背側，有黑褐色的大圈紋一對，平行排列，好像一付眼鏡，所以也叫牠眼鏡蛇(Spectacled snake)，牠的長度可達五、六呎，歷史上有名的埃及女王克麗奧佩特拉(Cleopatra 68-30 B.C.)曾以其絕世的才色縱橫非歐，但當她發現她的最後計劃失敗的時候，便是利用這種毒蛇自殺身死的，因此這蛇也就成了一種富于歷史性的名蛇了。

錫蘭島經過歐洲人四百多年的殖民統治，到最近十年才獲得政治上的獨立，在過去數世紀中，所受西方教育文化上的薰陶，以及所霑經濟生活上的澤惠，似乎都極有限，其社會秩序的混亂，恐猶在印度巴基斯坦之上。談到這裏，我願將我們在可倫坡的半日觀光中所遭遇的兩樁事體，在此提出介紹的。卽：當我自羅維尼亞山遊罷歸來時，想到新加坡上岸觀光需要霍亂的預防證明，因此叫汽車司機開向醫院作此手續。經過十多分鐘中的盤旋，車子便停在一所規模較大的紅十字醫院門前，就牠的建築以及內部設備看來，大約相當於我們臺灣的二流醫院，我在內等候了半小時光景，總算達到目的。最後因不見任何傳票，我問醫師需費幾何，醫師領我到沒有護士的另一房間，稍加考慮後，答稱：十五盧布(合美金三元多)，經我表示太多後，他卽自動減爲十盧布，我仍稱太貴，醫師乃反問我願意付多少，我答：「我想這種注射，五盧布應是很充分了」，他馬上表示同意而以五盧布了事。其實以可倫坡一帶的物價，霍亂的預防注射，三盧布左右應該是適當的價格，以醫院的那種業務和醫師的那種身份，而竟向一外來旅客索價四、五倍的醫藥費，這種情形，在我們看來，已經是太不平常了！不料我回到船上後，有一華僑乘客告訴了我一件更不平常的事，就是：他在下午兩三點鐘的光景，在可倫坡市內觀光，走過一條行人不太多的街道時，突然被三人一組的强盜，搶去手上帶着的新羅勒克金錶一只，他卽報告警察，自然未獲結果，據說他的損失爲百數十美元，較之醫師的向我索價十五盧布，則又是小巫見大巫了！

二　路過印尼

乘船「維多利亞」號的原定航線，是由可倫坡直趨雅加答（Jakarta），然後由雅加答轉向西南的新加坡再到香港。不料船公司因臨時拉蘇門達臘島的一筆生意，船從可倫坡開出後便改走蘇門答臘島的東岸而首先到達該島東北的小港白拉灣（Belawan）。在到達該港以前，船上便紛紛傳說由白拉灣將有兩三百名的中國乘客上船，且稱此等乘客，將是教育水準很低的羣衆，因此船內的洋人們事先就擔心起彼等乘船以後的船內秩序和淸潔等等問題。等到船在白拉灣靠岸以後，我們才知道由該處乘船的，原來是一羣年青的男女學生，人數也不如前此所傳之多，他們都是蘇門答臘島的華僑子弟，程度大多數是小學或初中畢業，但也有少數高中畢業準備去大陸升學的。我綜合直接間接由他們所獲資料，知道這些青年對大陸的眞實情況，毫無理解。爲共匪的宣傳所蠱惑，以爲大陸是地上天堂，有時經我們從旁稍加指點，那天眞活潑的臉孔，頓時現出愁容，甚或雙淚長流，終乃放聲而哭。談到他們在蘇門答臘的情形，據稱：自印尼獨立以後，土人對華僑的排斥，愈來愈厲害，除官方的許多乖謬措施外，民間的不法行爲，也層見疊出。島上許多地方的華僑，夜間不敢出外乘涼，否則可能在黑暗中受到土人惡辣的襲擊，事後報警也屬徒勞，因此華僑的生命財產，幾乎失去保障。他們既不能安居樂業，自然會懷想到祖國，我想這便是這些青年踏上大陸歸途的主要原因。惜祖邦的錦繡河山早已變成血腥的人間地獄，眼看這羣可愛的青年，馬上就會踏入虎口，而白白的送上犧牲，旁觀的我們，又有何方法爲之挽救呢？在這種惻隱之心的不斷壓迫之下，使我自蘇島到香港的這一段航程，感到份外的冗長！其實這些青年，一般都是服裝整潔，面目淸秀，在船上的起居行動，也大致循規蹈矩，這一點是許多同船的西洋人也感到意外的，甚至有一位德籍神父向我稱獎說：「他們比那一批由馬達加斯島上岸的法國客人，守規矩多了。」惟其他們如此可愛，我見了他們就心裏更是難過！

所謂印尼共和國便是從前的荷屬東印度羣島，由大小三千的島嶼構成，位于菲律賓羣島和澳洲大陸之間，擁有國土百九十萬平方公里，人口七千八百萬。其主要島嶼爲爪哇（Java）、蘇門答臘（Sumatra）、西婆羅洲（Western Borneo）西里伯（Celebes）及西新幾內亞（Western New Guinea）的五島。因正跨于赤道之上，四季氣溫，都在華氏八十度左右，大致冬季多雨，夏季較爲乾燥，產業以農業爲主，重要產品，有糖、茶、橡膠、胡椒、咖啡、可可、金雞納、椰子油等物，但鑛產的石油和錫，也占相當重要的地位。此一地區的歷史，從公曆紀元前後印度人的進入爪哇西部開始，到十三世紀時，爪哇諸港，已成爲南洋貿易的中心，至十六世紀，荷蘭人來此通商，就逐漸擴張其勢力，到一八二四年，整個統治權，遂落入荷人之手。第二次大戰的時候，日人會一度攫取（一九四二），做了三年的主人翁，日軍投降（一九四五）後，經過四年的混亂，終于一九四九年年末，獲得了獨立主權，而成爲今日的新興共和國。前述五島中，最重要者爲爪哇，人口達五千萬，佔總人口百分之六十四。印尼有華僑二百萬人，其和我邦經濟關係的密切，由此不難想像。首都雅加答（Jakarta）在獨立前稱爲巴達維亞（Batavia），這是「荷人之都」的意思，所以獨立後就改爲今名，以象徵其民族獨立的勝利（Jakarta「是勝利之城」的意思）。聽說此地因華僑衆多，中國人的勢力極大，街衢中的一切情景，大有中國城市的色彩，所以我對此一都市的觀光，會抱着很大的希望，不料等到船到達該地以後，令人大失所望。原來印尼自獨立以來，對于外來旅客的出入境，限制非常嚴格。據說辦一過境的簽證手續，也須繳納約合美金二十元的簽證費，同時還得經過一連串的麻煩手續，因此我們同船的客人，無一上岸觀光，這確是極煞風景的一件事！我們在該船停靠的數小時間，瞭望碼頭的人物，及市區的遠景，覺得大致和錫蘭的可倫坡一帶大同小異，但就碼頭設備來說，則似乎遠在若干東南亞的其他海港之上。比方我當時目擊附近另一船隻的卸貨，一袋袋的貨品，由起重機從船上卸下以後，卽由一種小型的摩托車很敏捷的分批運出碼頭。這和孟買、格拉齊等地方所見的人工搬運，情形大爲不同。此外起重機的規模、船舶的裝煤設備等等，似乎都比東南亞其他許多海港所見的更爲完備出色。凡此等等，自然都是荷蘭人留下的成績，祇可惜印尼人不能認淸他們目前所應該努力的目標，以正確的方法和步驟，勇往邁進，以圖其立國基礎的穩固和國力的增强，而徒以盲目的排外，爲其一切施政的指針，影響所及，對內將失去不同種族的合作，對外將失去多數友邦的同情和支援，其後果的不會良好，自不待智者而後知了，吾人爲新興國家扼腕！亦爲亞洲民族痛惜！

三　星城半日

自從我們由非洲南端轉入印度洋以來，幾乎每天都是烈日當空，連陰的時候也很少遇見。不料船到星嘉坡港口時，天空開始濛濛細雨，船上的人，都望着岸上的景物，默默發愁。船照例停在港口海面，辦理檢疫簽證等手續，直至下午三時，方得靠岸。幸此時細雨已停，我邀同一位意籍神父上岸，從事于這一東南亞名城的觀光。

星嘉坡城位于馬來半島的南端一小島上，這小島卽叫星嘉坡島，與馬來半島之間，僅隔一寬約一兩公里的柔佛海峽（Johore Strait），島長四十二公里，寬二十三公里，星市卽在島的南岸，爲印度、印尼、歐洲、遠東的交通樞紐，其地位的重要，不待詞費。星島係于一八一九年由英人賴費爾（Sir Stamford Raffles）自領主柔佛王收買後，經過東印度公司的經營發展而來，原來屬于馬來聯邦的一部份，從一九四六年起，成為英國的直屬領，此與相距六百哩的聖誕島 (Chrismas Island) 和苛克斯羣島 (Cocos Islands) 合稱為英領星嘉坡 (British Colony of Singapore)。星島位置緊靠于赤道的北側，四季酷熱，雨量甚多，而且年中分佈較為均勻。主要出產，有橡膠、椰子、煙草、鳳梨及漁業等等，就中橡膠一項，為星島、馬來一帶的最重要出產之一，此樹的學名為 (Hevea brasiliensis)，原產于巴西，一八七六年才由原產地移來星城郊外的植物園 (Botanical Gardens) 試種，但現今星馬一帶，竟已成為世界橡膠的主要產地之一，每年產額超過世界總產量的三分之一，也算近乎奇蹟了。

從我們中國人的眼光看來，星嘉坡城的最大特色，要算是華僑勢力的雄厚，因為星城人口約達百萬，而華人佔去百分之七十五，馬來人不過百分之十三，另有百分之七為印度人，白色人種不過百分之一而已。所以我們往來街衢所見的男男女女，幾盡是我們的同胞，兩旁的商店招牌，大這份都是漢字，語言則國語英語都能通用。以這樣的一個城市，而其統治權竟操于白人之手，這實在令人感覺遺憾！由歐洲歸來的我，走進星城的市區，好像回到了自己的家鄉一般，令人感受到一種不可思議的欣慰！

我和同遊的神父，自船上登陸以後，馬上僱了一輛汽車，指向第一個遊覽目標——胡文虎氏修建的「虎豹別墅」。一走進入口的牌門，便看見兩旁的人造雄獅及虎豹人物等等，沿道排列。進門以後，則道路曲折，地形起伏，因此園內面積雖不甚大，然其間頗有「亭台樓閣」之勝，「彫欄畫棟」之美，道旁所飾，除各種動物模型外，尚有一幕一幕的我國古代戲劇，如「天女散花」、「唐僧取經」、「八仙過海」等等，都用水泥將人物、背景等作成之後，各加以適當彩色，使觀者能得到淋漓盡致的感覺。據說：當初胡氏建立此園的動機，乃出自一種對西人侮辱華人的反感，因此園內的一切佈置，都含有非常濃厚的國粹色彩，吾人觀光到此，回念胡氏當時的愛國情緒，令人感到無限同情！至于此種庭園，在調節都市生活，裨益心身健康方面的利用價值，則又是另外一回事了。

星市經英人一世紀的經營，確已達到世界大都市的水準，其中心地區的賴氏廣場 (Raffles Place)，女王廣場 (Empress Place) 一帶，建築華麗，道路寬敞，若干偉大房屋如博物館、市政廳、公會堂、裁判所、以及銀行戲院等等，大都集中于此。在許多名勝中，最令人留戀的還是安德生橋 (Anderson Bridge) 旁邊的海濱公園。此處除海濱風景佳勝而外，園內樹影扶疏，綠草如茵，路面的整潔，椅櫈配置的齊全等等，也都能給遊人一種良好印象。我們辭出虎豹別墅，仍乘原車駛向市中心區巡覽一週，然後覓得中式餐館一處，共用晚餐，點菜雖簡單數品，但風味之佳，遠非歐洲之中餐館所能望其項背。憶自去春離臺以來，此蓋第一次嘗到本國佳餚，口內餘香，迄今猶在！飯後步出餐館時已暮色蒼茫，吾等穿過兩條大街，就到達了前述的公園境內，經少許徘徊之後便在堤旁的長椅上坐了下來，作為時刻許的休憩，但覺空氣清澄，樹叢蔽郁，水面涼風習習，沿堤燈火萬家，在此美景的深沉陶醉之下，使我這天涯遊客，於飄飄欲仙之中，想及年來所經若干歐亞勝地，雖各有其或多或少的優良天然條件，然相信成自人力者仍居大半。可見造物于人，原無厚薄，化天堂為地獄，或變地獄為天堂，端在人們好自為之耳。比方我中華民族，生長在溫和肥沃的廣大國土之上，而竟數十年來，大家呻吟於水深火熱之中，岌岌不可終日，此乃化天堂為地獄的一個著例，不亦大可哀乎!?

四　港、臺之間

計自意大利的基羅亞 (Genoa) 出發，過直布羅陀，繞好望角，再經巴基斯坦、印度、錫蘭、印尼、新嘉坡諸地而到香港，全部航程約為一七、一〇〇浬（相當于陸程的三一、六〇〇公里），費了四十七天的時光，才到達了最後的目的地。船在夜半抵達九龍灣內，天明以後，首先準備那批返回大陸的華人的登陸手續，先把他們用汽輪載去以後，我們的船，才靠近碼頭，其用意可謂周到。我去春赴歐時，也曾取道香港，但彼時為旅程所限，未能多作逗留。今回既因行李過重不便空航，只得仍循海道，為等候每週一次的班輪，倒使我獲得一些餘裕，從事于港九地區的遊覽和訪友。在風和日麗的一日，由一位僑居當地的友人談潔芝小姐陪同之下，搭乘登山車爬上千三百餘呎的山巔，眺望港九全景，眞是美麗如畫。遙望九龍半島，像星魚般的伸入海峽，海面的大小船隻，好似無數的蟲蟻，在銀色的砂盤中爬行，山麓的市區裏，舖滿着美麗的豪華建築，翠綠的山腰上，點綴着鮮艷的紅瓦白牆。我們下了登山車，欣賞了一番景緻，再沿着整潔的步道，繞了山頂一週。有時下臨危崖千仞，動心駭目，不忍卒睹；有時則天空海濶，遠方的大小島嶼，盡能收入眼底。如此勝景，誠為世間所不可多覯，難怪西方人稱香港為世界上三大美港之一。而今我乃知其盛譽之來，有所自了。其實香港的勝景猶不止此，我記得有一夜自沙田的友人家歸來，從九龍站下車後，恰到達海濱的碼頭，望見對岸的香港，因各色燈光的照耀，好像一頂嵌上了無數寶石的王冠，倒映在海面，更倍增其輝煌燦爛，大概所謂「東方明珠」的稱號，也就是這麼來的了。

臺港之間，可謂近在咫尺，而海上航運，竟是如此的困難，殊出人意料之外！定期的班輪，每週僅有一次，而且船隻既小，設備尤為惡劣，就噸位言，不過數二三千噸的輪船；就速力言，時速不過十浬左右，幾為「維多利亞」號的一半，以這樣一隻小輪，慢慢地盪漾於以浪大聞名的臺灣海峽之上，旅客們之受盡辛苦，自屬勢所必至，理所當然了。年來海外華僑，與祖國的關係愈趨密切，香港和臺灣間的旅客，勢將逐漸增多，因此我以為我們的航運機構，應該注意及此，不宜將此一航線完全委諸外商之手，致使其毫無顧忌惟利是圖。不知旅行臺港間的一般人士，也有此同樣感覺否？

讀者投書

（一）答中央信託局

邱平

頃閱自由中國十七卷第五期，內有中央信託局來函一段，係與本人在十七卷第一期「外滙貿易體系應予一元化」一文所指中信局與商人競爭業務之指陳有關茲摘要答覆如下：

一、本人所述……「比如銷往韓國之硫酸，貿易商每噸做九八美元，少亦九五美元，聞中信局則與訂壟斷性契約，以九一美元出售……」查本人所指之上項價格，乃FOB之價，據中信局原函自稱：「其售價爲C&F一〇四美元」若以FOB計算，除去船費（美國船約三〇美元，本國船約二〇美元）只剩七十餘元或八十餘元，尚不及九十一美元，足證本人所言，十分確實，就因中信局售價較貿易商便宜太多，貿易商便無法經營，不壟斷亦終成壟斷，比如薄荷腦，港商每磅出價港幣三十五元，我們商民，猶無法和本，未敢成交，而日前報載，中信局出售星洲方面薄荷腦五千磅，每磅僅港幣三十四元，查本省產地成本，每磅須二百左右元，眞不知如何做法，商民以血本做關，莫怪無能競爭。

二、本人又云……「如中信局在泰越標售卡其布，在得標價格上，或許要虧血本，但他却能以所得外滙，以每一美元對新臺幣四十五元之比率，招攬代他商進口物資，以長補短，還是合算……」據中信局函云：「關于卡其布外銷……該批布疋，係由政府負擔盈虧，以出口後不敷成本，乃由外貿會核定專案進口若干物資，以其盈餘，彌補虧損，此係爲開闢東南亞市場，專案辦理，並非逐案如此。」既有此事實，自無須爭辯，貴局本身，豈不就代表政府？但願貿易商今後爲協力開展東南亞市場有所虧損時，能仿效如貴局之做法，庶不負衆望也，否則，政府對「子民」之待遇，便不公平了。

三、關于白蒜銷菲之事，貴局以有意「輔助民營」而不與民爭利；但何以在省農會未要求貴局協銷之前數月，有本市貿易商XX行，即因收到菲方買白蒜五百噸之L/C，每噸亦爲C&F美金一三三元（當時係由香港轉）彼以資金不足，曾數度懇請貴局協助，願給優厚佣金，亦願將該L/C轉讓，貴局何以不肯接受？必令其L/C期限屆滿退回，然後由貴局駐菲人員重新洽開？果有協助民營而不與民爭利之誠意，何必出此？該批貨物運出後，貴局自稱：「經檢驗，公證，收貨人亦頗表滿意等」，但據我們所知，實爲時機使然，即旣稱滿意，何以農戶收回貨款，竟困難萬分，貨物出口後，延至二三十日，仍須拜託現任省議員吳三連先生出面說項，始能拿到全部貨款？此豈非對貨物滿意之疑問乎？

又查國外每有來函向臺灣銀行調查貨物行情，臺銀爲便利起見，每函請中信局或物資局查覆，但其所查報之價，經常比貿易商所見之價爲低，使貿易商每感困難，因此建議臺灣銀行，今後對貿易商各項物資結滙驗出時，應立即將各該價格彙集登記，遇有國外查價，可憑查覆，偶或不能答覆時，亦應向各該業之公會或廠商直接調查，千萬勿因循舊習，增加貿易之困難，且免國家外滙無謂之損失。

上述愚言，用供答覆，尚希亮察是幸。

（二）個別審訊，強迫樂捐

王有信

臺中市中小學現正展開一項募捐建校運動。據說，全市各校如能募起新臺幣一百萬元，省政府即補助一百萬元。合爲二百萬元。將來每一中小學所能够分得的數額，爲各該校所募之二倍。因之，各校爲多得配額，乃用盡方法，厲行捐募。

一般國民學校所採募捐方法，雖屬硬性，不捐不行，但尚客氣。有的學校全以學生家長爲對象，每一學生須交二十、三十、四十、五十、一百元不等。亦有學校先平均教每一學生捐十元，然後再由家長會委員偕同各班教員，依所教學生家長之身份及資產大小，再行勸募。有三十、五十、八十者，亦有數以百計者。家長雖被迫，不過還有一點點或多或少之自由餘地。

市立第一中學募捐的方法却別開生面，而收效亦至大。其方法係由各班教員在上課時，將學生一個一個的叫到教桌前肅立，老師指出學生家長身份是立法委員、國大代表、教授、教員及公務員之各種階級，應捐一百、二百、四十、五十或七十、八十。要是家長是商人或工業者，則三百、五百、八百、一千不等。老師指出數目後，即令學生親自簽寫在「樂捐」簿上。並說：「告訴你的家長，這不是買賣，可以要價還價的。」如不准時拿出，「要小心你的操行分數」。學生被喊往教桌前時，多數顫慄不敢仰視。簽名寫數時更不敢有絲毫違拗。

市立一中這一「個別審訊」的方法果然有效。我的兩個學生自該校放學回家，各向我要八十元。我說：「我們是個中等公務員，每月七八百元收入，政府又不加薪，生活早就無法維持，怎能一次捐這許多？停幾天看看人家捐的情形再說吧。」我根本沒說不捐或少捐，而兩孩子已同時淚流滿面，很悽慘的回答說：「下星期三（十一月六日）交不上不行，老師說：『小心你的操行分數』。」

照拿吧，那裏有這筆錢，作禍從天上來的開支；不拿吧，孩子們的窘相確實可憐。主筆先生：這是自由中國內堂堂學府的「樂捐」麼？樂捐與「操行分數」怎能拉在一起呢！不得不向先生請教了。

讀者　王有信十一月三日

代郵

「戰士」先生：先生所寫的「給俞部長的一封公開信」一稿，其另一抄寄立法院的副本，據聞全文已在立法院院會中公開宣讀，現待遇已略有調整，方案業經公佈，該函不擬再予發表，敬祈亮督。

本刊編輯部敬啓

自由中國　第十七卷　第十一期　內政部雜誌登記證內警臺誌字第三八二號　臺灣省雜誌事業協會會員　三五二

給讀者的報告

本期社論㈠「今天的立法院」是「今日的問題」之第十篇。在上兩期的「給讀者的報告」中，我們已經說明中央政制應該同時包括行政與立法兩部門，由於篇幅的原因，我們在「我們的中央政制」一文中僅只討論了行政部門，而在發表過「我們的地方政制」之後，方於本期討論中央政制中的立法部門。我們現在這種發表的次序，完全是根據文章完成的先後而權宜安排的，將來就「今日的問題」印行單行本時，當再從新加以調整。本期在「今天的立法院」一文中，我們首先分析其實際運作之現狀，指陳今日立法院之所以未能善盡憲法所賦之職責的原因之所在，並進而提供我們認為可行的補救辦法。其中關於立法委員改選一節，我們提出離鄉投票的辦法，希望由此可以充實中央民意機關。惟茲事體大，甚盼國人進而對此問題作更進一步的討論。

軍公敎人員久久渴盼的待遇調整，在立法院敦促之下終於是實現了。可是根據上月廿一日行政院公佈的實施辦法，實際增加的比率甚微，使在生活重壓下的軍公敎人員，大有杯水車薪之感，而過去久懸的期望亦隨着此一辦法的公佈而宣告幻滅。所謂「財經內閣」對於與財經攸關的控制國家預算以及如何開闢財源以安定軍公敎人員生活等重大措施，竟表現得如此無能，能不令人失望？在社論㈡裏，我們於此次待遇調整案的檢討中，觸及到我們政治制度的危機以及行政當局觀念上所犯的嚴重錯誤，期望當局從速匡正，則幸甚矣。

上月六日發生的倪路案件，頗引起社會各方的注意，雖然政府宣佈係以匪諜罪嫌而被捕，事實上並未能澄淸國人多方面的聯想與疑慮，而案件發生後，海外僑報與外國通訊社對此亦深致關切。為此我們在社論㈢裏，要促請政府當局從速訊結本案，以澄淸外間疑慮。

原子武器出現以後，戰爭的計算益偏重於新武器的成就。這種觀念的發展，使武器決定戰術、戰略、政略與整個冷戰的部署。最近蘇俄搶先發射人造衛星，顯示新武競賽形勢之更趨激烈。本期宋岺先生的大文對此加以檢討，以分析冷戰之得失，並觀測今後世局之發展。

俄酋赫魯雪夫自蘇俄發射人造衛星以後，對自由世界不斷施以危言恫嚇。誠然人造衛星之搶先發射，是值得自由世界警惕的，但是由於資源與內部矛盾等諸因素，蘇俄決不敢貿然發動大戰。易浮生先生的大文即在闡明此中底裏，揭穿蘇俄的伎倆。另本期刊出的龍平甫先生的通訊「中東危機與世界局勢」一文，對此亦有深刻之議論。讀者可以互相參閱。

選舉監察機構的職責是保證選舉的公正合法。今年臺灣省第三屆省議員縣市長選舉，流弊甚大，其中以選舉監察工作之不能公正進行，亟為各方所詬病。本刊對此曾經多次為文評論。現在縣市議員選舉，已定期於明年元月舉行，對於各項選舉法規且在硏究討論之中。因此，本期我們特刊出謝漢儒先生的大文，希望從此次選舉起，能澈底改善選舉監察工作，以挽回人民對於選舉已失去的信心。

程滄波先生的大文本期續完。本文末節述及英國政黨史上終身在野黨領袖福克思先生的歷史和供獻，誠值得吾人仰崇。可見眞正獻身政黨政治的人，是須要安貧樂道的偉大人格的。為闡揚這種精神，本刊擬請程先生續寫一篇英國歷史上為民主政治奮鬪的人物之傳記，以饗讀者。

自由中國 半月刊　總第一九四號　第十七卷第十一期
中華民國四十六年十二月一日出版
發行人兼主編　『自由中國』編輯委員會
出版者　自由中國社
社址：臺北市和平東路二段十八巷一號
電話：二　八　五　七　〇
航空版　友聯書報發行公司
(香港九龍新圍街九號)
總經銷　自由中國社發行部
經售者
美國　紐約友方圖書公司
紐約光明雜誌社
日本　東京僑豐企業公司
韓國　漢城裕昌德號
馬尼剌　大中華日報社
新疆書店
印尼　椰嘉達天聲日報
泗水文光圖書公司
緬甸　仰光振成書報店
印度　加爾各答塔梅學校
澳洲　雪梨瑞田公司
北婆羅洲　西利亞坡青年書店
星加坡　友聯書報發行公司
(小坡大馬路四六九號)
吉隆坡　友聯書報發行公司
(馬華公會大廈三樓七室)
怡保　友聯書報發行公司
(希尼華沙甘街十六號)
檳城　友聯書報發行公司
(林連登律七十二號)
澳門　友聯圖書公司
印刷者　精華印書館股份有限公司
廠址：臺北市長沙街二段七一號
電話：二　三　四　二　九　號

本刊經中華郵政登記認為第一類新聞紙類　臺灣郵政管理局新聞紙類登記執照第五九七號　臺灣郵政劃撥儲金帳戶第八一三九號
(每份臺幣四元，美金三角)

自由中國

FREE CHINA

第十七卷 第十二期

目錄

中華民國四十六年十二月十六日出版
社址:臺北市和平東路二段十八巷一號

半月大事記

十一月二十四日（星期日）
英首相麥米倫飛巴黎與法總理蓋雅會談，彌補軍火運突後，盟邦所生裂痕。
美國防動員局建議增加軍費以對抗蘇俄飛彈威脅。

十一月二十五日（星期一）
琉球那霸共黨市長瀨長龜次郎爲市議會以十六票對十票罷免。
美土艦艇抵巴基斯坦首都喀拉蚩，開始海軍演習，英、巴、伊朗海軍均參加。
美衆院中東調查團在開羅會晤納塞。
日首相岸信介於抵新加坡訪問時，重申日本無意承認中共僞政權。

十一月二十六日（星期二）
泰、韓兩國軍事代表團抵華訪問。
英法首長會談結束。
美總統艾森豪受風寒再度抱病。
美總統特別委員會報告，決定以一百億美元增加美國國防預算。

十一月廿七日（星期三）
聯合國大會通過決議，救濟香港中國難民。
白宮醫師認艾森豪總統所患腦病康復機會甚速。
聞艾森豪總統抱病，各國元首均馳電慰問，西方人士咸表憂慮。
美副總統尼克森留白宮，協助總統執行政務。

十一月二十八日（星期四）
聯合國秘書長哈瑪紹偕隨員訪問中東各國。
美國與摩洛哥會談後發表公報，聲明美國繼續援助摩洛哥。
艾森豪病況良好，正迅速康復中。
蔣總統蒞南部海濱巡閱聯合作戰演習，中美韓泰嘉賓均在場參觀。

『自由中國』的宗旨

第一、我們要向全國國民宣傳自由與民主的真實價值，並且要督促政府(各級的政府)，切實改革政治經濟，努力建立自由民主的社會。

第二、我們要支持並督促政府用種種力量抵抗共產黨鐵幕之下剝奪一切自由的極權政治，不讓他擴張他的勢力範圍。

第三、我們要盡我們的努力，援助淪陷區域的同胞，幫助他們早日恢復自由。

第四、我們的最後目標是要使整個中華民國成為自由的中國。

十一月廿九日（星期五）
立法院二讀通過，認大法官任期屆滿後可連任。
艾森豪總統赴賓州農莊休養。
智利與委內瑞拉斷絕外交關係。

十一月三十日（星期六）
監委調查調整待遇案，俞院長未應邀列席，監院表不滿。
對於印尼荷蘭爭執新幾內亞問題，聯合國大會票決結果，拒絕討論。
紐西蘭普選，工黨戰勝國民黨。

十二月一日（星期日）
美星體觀察所長稱，蘇俄第一號衛星火箭已墜地面。
艾森豪總統病況接近痊癒。
印尼總統蘇卡諾遇刺，倖免於難，當場死傷者近百人。
葉公超外長訪問中東友邦歸來，認中東在國際共黨侵略威脅下，形勢備極險惡。

十二月二日（星期一）
哈瑪紹調解以色列與約旦糾紛，因雙方均不讓步，情勢陷僵持。
艾森豪總統返華府主持內閣會議。

十二月三日（星期二）
艾森豪總統約晤兩黨領袖，求支持飛彈計劃及國防擴大預算，並請史蒂文生出席巴黎北大西洋公約組織高層會議。
印尼人民開始仇視荷僑行動。
菲律濱對華籍旅客問題，宣布願與我談判。
外電傳美駐華大使藍欽調南斯拉夫，鍾華德將東來接替。

十二月四日（星期三）
史蒂文生與艾克會談後，發生歧見，拒絕赴巴黎開會。
艾森豪總統病中告密友，如一旦不勝任，即告退休，並贊成由尼克森繼任。
監察院發表對杜絕浪費調整待遇糾正案處理節略。

十二月五日（星期四）
西新幾內亞主權糾紛擴大，印尼驅荷僑出境，封閉領館，並接管荷人企業。
美前鋒衛星因技術上發生困難，延期發射。
俞院長向立委表示，決依憲法保障人民自由。
美軍協防臺灣司令竇亦樂將證實新的屠牛士飛彈部隊已抵臺。

十二月六日（星期五）
荷蘭內閣商討自印尼撤僑。
波蘭發生三千人要求自由的示威行動。
美發射衛星遭挫折，前鋒火箭在地面爆炸，衛星放射因而失敗。
我國民大會代表醞釀召開臨時國大，已經開始發出簽署書。

社論

(一)

我們的新聞自由

(「今日的問題」之十一)

儘管「新聞自由」在運用失當時，也可能發生流弊，但作爲一個民主國家，如果「新聞自由」不被尊重，失去了「新聞自由」，亦卽等於說，這個國家失去了民主政治上一個重要支柱。牠與民主自由的關係，正如美總統傑佛遜(Thomas Jefferson)那句永垂千古的名言：「我們的自由，要倚靠新聞自由」。(Our liberty depends upon the freedom of the press。)

退守臺灣準備反攻的自由中國，此時此地，究竟有沒有新聞自由？這個問題，各方早有許多不同見解。

你能說臺灣的報紙雜誌眞沒有新聞自由麼？政府一再强調新聞自由絕對尊重，今年三月二十二日行政當局在立法院答覆立委質問，還鄭重宣稱：「我們是言論自由的民主國家，政府對一切不踰越法律範圍的批評與指謫，應該寬容……政府樂於接受一切公正的負責的合於事實的批評。」的確，臺灣言論界的天地，雖然幾乎爲黨報官報或準黨報準官報所充塞，然而少數獨立自由的民營報紙及若干定期刊物，仍時能面對現實，糾彈政府。其由香港進口的報紙雜誌，對政府諍言讜論，也多能不受檢扣。只要在反共抗俄的共同原則之下，很少看見國內報刊因批評政府而永禁出版，國外報刊因批評政府而永禁入口的。最顯著一個例，本刊自創刊迄今，已歷九年，這九年中，我們對國家大事，心所謂危，不免有許多苦口逆耳的論議，爲某些黨國要人所不滿。尤其去年再版多次的「祝壽專號」，更會引起執政黨中一些頑固份子，磨拳擦掌，要號召羣衆，來一次「砸報館，揍主筆」的暴行，黨報官報更咬牙切齒，實行其所謂「圍剿」。然而正因爲我們對政府的批評指謫，都「沒有踰越法律範圍」，這些批評指謫，都是「公正的，負責的，合於事實的」，所以，儘管不負責任的下流小丑，想以他人的鮮血染紅自己的頂子，但負責的政府當局，却仍能倍守其應該「寬容」的原則。如果這個政府的當局，眞像幾十年前張宗昌孫傳芳一樣，則我們早已做了邵飄萍林白水第二，那有再與讀者相見的可能。因此，我們又怎能昧着良心，硬說臺灣大力高壓，根本無絲毫新聞自由可言。

不過相反地，再從另一角度看，你能確說臺灣的報紙雜誌，眞不折不扣享有新聞自由麼？去年參加石井訪華團來臺之日本評論家御手洗辰雄，他在讀賣新聞晚報所發表的「新臺灣」一文，對臺灣政治經濟，讚頌備至，獨痛切抨擊，認臺灣報紙雜誌，在政府澈底統制之下，毫無新聞自由可言。下所引述，卽該文的第六節，標題爲「澈底的言論統制」。他說：

「中國政府治下的最大缺陷，就是言論、思想、學問的自由都受着相當强度的抑壓。報紙、雜誌、廣播等，有的地方比起戰時的日本還要嚴厲。從中央日報、新生報算起，中、英文的報紙有十幾種，但報導記事差不多是劃一的，言論被釘死在一定的方向上。尤其關於政治和國際問題，所有的報紙報道，都是全文一字一句都不差的澈底統制了的記事。廣播也是一樣，連民營電臺也都是同樣的報導，同樣的解說，節目中一半以上是政府和黨的說敎。乾燥無味，味同嚼蠟的這種「大衆傳播」，對於人心將發生怎樣的影響？這在我們過去是曾經親自體驗過的。

「學問、言論的自由，雖比言論報導和緩，但仍然是嚴厲的，尤其對於共產主義，一步也不放鬆。對於外國的書籍，文獻，也加以强度統制，普通的出版物不必說，就連學術上純粹的專門書，也受嚴格的限制。(中略)這在中國現在的非常時期說來，原是不得已之學。但是，現實上未免做得太過分了。對於一切的外界，不許看、不許聽的這種態度，和共產國家也差不了好多。學問被阻不得進步，固不待言，第一是人心將因此而退化，萎弱，對於他種思想的消化力，抵抗力都將失却，這可眞有發生可怕的結果之虞。

「和共產中國的競爭，不是僅以經濟與生活來決定的。若不培養健全的精神，決不能堪耐長期的緊張。歷史告訴我們，被統制了的緊張，看上去很堅强，實際上却是脆弱的。沒有言論、思想的自由的地方，決沒有人心的自主、積極的躍動。中國憎恨共產主義的獨裁，一面主張尊重自由，而一面在現實狀況上，自由却又未免被剝奪得太多了。雖說是戰時非常狀態，但我們總覺得做得過分。我擔心這樣下去能不能支撐長期的競爭。共產中國的統制愈嚴，自由中國愈應尊重自由，而且這也不正是邁向勝利之道嗎？(下略)」

上述御手洗辰雄的話，初看或稍嫌激越，其實這樣的話，以前並非無人說過，我們現在所以特加介紹，是因爲他對臺灣所作各種批評，我們的官方，一向都認爲公平而出於善意。在他所看到樣樣都好的臺灣，單挑這一樣指爲，「如此統制，和共產國家也差不了好多」「人心將因此而退化，萎弱，眞有發生可怕結果之虞」，我們的官方，無論如何，總不能專憑這幾句逆耳之言，就作一百八十度轉變，說他是「帶了有色眼鏡」，「危言聳聽，」甚至加上一頂帽子，說他「爲共匪張目」吧！

「報導紀事差不多是劃一的，言論被釘死在一定方向上」，「關於政治和國際問題，所有的報紙的報導，都是全文一字一句都不差的澈底統制了的紀事」，這幾句話，是否正確，或正確到何種程度，任何人在任何一天，只要拿起當天各種報紙，略加比較，即可獲得大致可靠的答案。許多年來，政府對言論、新聞的刊載，關注向極嚴密。凡認爲於政府不利的，總千方百計，不使在報紙出現。反之，若於政府有利，則鷄毛蒜皮，也必大事宣揚。今年九月三日英文中國郵報曾載過這樣一段妙訊，監察院因所發表的殷台公司糾舉案，臺北各報多不登載，乃要求某某數報，願出資以廣告方式刊出，所需廣告費爲每報一萬元。監察院當然無此經費。雖在讀到這妙訊以後，不及數日，有些報紙，即並未索取廣告費，仍在新聞版揭佈，但一份有新聞價値的正式公文書，爲什麽會如此難於與讀者相見，其中因素，極難理解。至於立法委員對政府的質詢案，在各報上，我們總一向多只看到政府的答覆，很少讀到質詢的原文。我們不知道這種專向「被告」一面倒的現象，可否即認爲政府統制報紙的成功。且接受這種統制的，並不僅限於黨報、官報，若干一向標榜爲民間報紙的，似乎也很少例外。其最使人驚異的，有時各報記者，在莫名其妙的原因下被捕，同樣情形，如發生於歐美，可能引起國際同業的憤怒聲援，在臺灣，則多數報紙除照官方發表，視爲普通消息刊登外，很少會當作這可能是一項侵犯「人身自由」與「新聞自由」的重大事件。報紙所願喚起社會對被捕者的同情，其努力似尙遠不及爲一女明星被漫畫家挾持出遊，或爲一少婦被丈夫罰令跪地虐待，緊張熱烈。我們並無意要任何報館，以私情袒護同業，更無意要爲犯罪記者爭取免於依法拘捕的特權。假使被捕記者，是犯了竊盜、殺人、或詐財、走私，罪行顯著，證據明確，拘捕與審判程序都是合法的，那麽，報館豈能因其爲同業而非法要求另眼看待？但若被捕的罪狀，是莫須有，拘捕、審判的程序都不合法，不公開，而且往往經年累月，不審，不判，不殺，不放，則如此顯屬蹂躪人權的非法措施，無論被害者爲誰，報館均應仗義執言，況利害切膚，事關同業，自更無隔岸觀火，視同秦越之理！如果這也可認作政府統制新聞的成績，則我們眞不能不歎爲觀止。

爲什麽民主自由的臺灣，新聞自由，却弄成這樣若有若無，迷離惝怳的情狀。我們仔細檢討，這個責任，實應由政府和新聞界雙方共同負擔，如果專將破壞新聞自由的罪名放在政府身上，那也將有失公平。

何以將報紙雜誌千篇一律的責任，要新聞界本身擔負一半。我們的理由，即儘管政府有種種錯覺，企圖壓制新聞自由，但在現行法制下，事先既沒有新聞檢查，只要新聞界本身能確切認定，某項言論，某項新聞，既不觸犯任何法條，又不違反公衆利益，在職責上確屬應該刊佈，正如紐約時報的報首標語，「所有刊載的東西都是應該刊載的」(All the news that's fit to print)，那麽，又有什麽阻礙，你不能自由刊載？你的印刷所，並沒有政府人員武裝看守，在發現有和政府當局胃口不合的東西，會臨時要你在排好的鉛版上劃去，或停止你的機器開動，甚至最後一關，不許你印好的報運出大門。我們從沒聽過，臺灣會有這樣硬性壓迫新聞自由的措置，然則監察院糾彈案之横被延擱，立法委員質詢案之有答無問，以及同業被捕，也認爲無關重輕，原因何在，那只有某些新聞界本身，才够資格釋此疑團。我們誠不能否認，在臺灣經營任何事業，一方面有若干特殊利益，非與手握大權者保持最良好關係，不易取得，另一方面，也有若干意外災禍，若與手握大權者，觸發不愉快情感，抄家坐牢，亦即可早晚光臨。但作爲一個報紙雜誌的領導者，如果和普通人一樣，只知廣結豪富，和氣生財，要人電話到，社長嚇一跳，要怎樣登，或怎樣不登，都可唯命是從，放棄其人民喉舌的神聖大任，不能發揮世界標準報人，富貴不淫，貧賤不移，威武不屈的偉大精神，則我們又怎能將臺灣沒有充分新聞自由，各報刊千篇一律的責任，都推在政府身上？

至於政府方面所應負擔破壞新聞自由的一半責任，尋根溯源，一言以蔽之，則只是「家醜不許外揚」、「批評有傷尊嚴」的一項傳統錯誤觀念在作祟。自大陸淪陷，遷駐臺灣以來，政府爲企圖儘量使國內外對臺灣有一新印象起見，「政治清明，人民康樂，治安良好，經濟繁榮」，凡能配合這一幅美麗圖畫的，政府均認爲好言論，好新聞，不能配合的，則認爲壞言論，壞新聞，前者固天經地義，應該大事宣揚，後者則用盡方法，總想一字不登。因此，不僅報館雜誌本身的評論撰寫，新聞報道，須與此尺度相符，即同屬政府機構之一部，如監察院的糾舉，立法院的質詢，只要被認爲有暴露醜惡損害尊嚴之嫌，政府就必千方百計，不許與讀者相見。甚至數年以前，爲了想配合臺灣經濟繁榮，治安良好的圖畫，曾宣傳沒有乞丐，沒有偷盜，於是乞丐路斃，和小偷活躍的消息，也都在宜于免載之列。(此一錯誤觀念，現已相當改正)御手洗辰雄所謂「報導紀事，差不多是統一的」，癥結實即在此。殊不知自有人類以來，上帝與魔鬼，美與醜，善與惡，總是並存的。沒有魔鬼的可怕，怎能顯出上帝的可愛？而且中華民國政府的構成，是負責任的內閣制，立監兩院能負責盡職，也同是中華民國政府的光榮，這塊「政府」招牌，習慣上雖似乎專指行政院，若從廣義來講，實非行政院所得獨佔。任何機關，不能保障無不良份子，監院有因貪汚判刑的監委何某，立院有因詐財判刑的立委程某，這何損于立監兩院的尊嚴？同樣的，則行政院以及所屬機關，如有不良份子，對行政院的尊嚴，也決無毫末損害。問題只在發現了不良份子，能否有依法懲治的決心。由此類推到社會上一般罪惡，姦淫邪盜，何國沒有，問題也只在犯法者能否聽任法院作嚴正審判。像黃效先那樣殺人焚屍，罪在不赦，乃竟能藉死去父親的蔭庇而減刑，此種惡例，究係不宜常有。我們認爲臺灣政治自有其光明的一面，但政府若只知儘量掩飾黑暗，則不但此黑暗面行將愈掩愈大，原有光明景象，也將更趨黯淡。儘管貪汚黷職的官員不時發現，但吃苦安貧奉公守法的，究仍佔最大多數。臺灣一千萬男女同胞中，有傷天害理殘殺老友的汪震，但也有一生勞苦拾金不昧三輪車夫。政府當局，何必苦苦一定要把臺灣報紙雜誌，無論黨營，官營，民營，都剃光頭，裹小脚，使其合乎政府意想中的標準化？在「報紙標準化」的企圖下，合乎此標準者，黨報、官報主持人，即可永不挨駡，甚或高昇在望；若干民報主持人，則可處處享受各種非分的便利。否則前者固隨時被駡、被轟，甚至永不敍用的危險，後者亦將會提心吊膽，顧慮各種意外災禍的降臨。（儘管這種提心吊膽，只是當事者的過慮，但若干前例，不能不使他們感覺隨時隨地有不幸的暗影存在），結果是中外輿論，並不欣賞臺灣這一幅由報紙雜誌描成的美麗圖畫，反而像御手洗辰雄那樣，說臺灣是一個因沒有新聞自由，致使人心萎弱，危機四伏的地區。

因此，我們可以確切看出，黨報官報之所以枯燥滯塞，缺乏生氣，是因爲上級認識錯誤，以致奉命主持的人，但求無過，不望有功。其實黨報官報的最大使命，是要獲得廣大讀衆，也就是獲得多數人民的喜愛。如果應該說的話不說，應該登的新聞不登，甚至所說所登，都與多數人民的願望相反，（當然迎合低級趣味的黃色新聞，不在此限），那麼，黨報官報，豈僅業務上絕難發展，也就根本上失去其存在意義。我們認爲報紙有黨的背景，並不損害報紙聲譽，惟有標榜無黨，實則專爲一己利益，朝秦暮楚，聽人驅使者，這才最可鄙惡。黨報官報所最應努力的，只在言論上，如何將自己政綱政策，儘量向人民闡揚辯解，以爭取人民的擁護，至於新聞部份，則應該如前所說，在不違背國家法條、不損害公衆利益的原則下，有什麼，說什麼。誠能如此，則熱烈愛讀的將不限於黨員，黨外人士必同樣衷誠歡迎。新聞史上，歐美有許多黨報，正因其能在新聞部份無黨見，甚且遇到黨的領袖，或高層幹部私人犯罪時，能和其他報紙一樣據實刊登，獲得頌揚。在業務上，黨報有與非黨報相同的遠大前途。就臺灣言，臺灣黨報，有許多優秀男女記者，如將他們置於同等尺度，他們定可與任何非黨報記者爭奪新聞，比賽版面。這些優秀記者，只因遭受層層束縛，致使過去光陰坐廢，與冷署閑曹，磨棹子看小說的公務員，同其運命，一般讀衆，乃有非黨報優於黨報，及非黨報人才多於黨報人才的感覺，這實在是黨報官報一重大悲劇。假使這種情形，仍不改變，則黨報官報的業務與聲譽，勢惟有江河日下。民國初年，若干政治性機關報，除了每天排印幾十份呈送上層，以證明當天確已出版，藉便領欵報銷外，市面上根本一份也無人購讀。這一教訓，是值得黨報官報最高領導者所嚴重警惕的。

讓我們再進一步，檢討整個臺灣新聞界，何以竟連民報在內，也會被指爲千篇一律，缺乏生氣？我們檢討結果，認最大原因，還在禁辦新報。因爲禁辦新報，若干報紙，即充滿安全感，不必競爭，不求進步。民主國家禁止人民辦報，將報紙的登記證，看作出進口商的牌照，同被凍結，這一作風，不僅違法違憲，簡直「滑天下之大稽」！凍結報紙，政府的惟一根據，是未經立法程序由內政部自行制定公佈的出版法施行細則第二十七條：「戰時各省政府及直轄市政府，爲計劃供應出版品所需之紙張及其他印刷原料，應基於節約原則，及中央政府之命令，調節新聞紙、雜誌之數量。」內政部訂立這一條文，據稱，是根據出版法第二十八條：「出版品所需紙張及其他印刷原料，主管官署得視實際需要情形計劃供應之。」出版法是母法，施行細則是子法，子法不能與母法衝突，這是法律上起碼常識。出版法第二十八條，只說對出版品所需紙張油墨，得計劃供應，出版法施行細則第二十七條，如何可以節外生枝，加上「得調節新聞紙雜誌之數量」一句，而禁止報紙登記？又出版法第廿八條所謂「計劃供應」，是指一切出版品，也包括了各種書籍，內政部要調節數量，也就不應任意選擇，厚彼薄此，只調節報紙雜誌，不調節其他出版品？且施行細則，自民國四十一年公佈以來，只報紙百分之百被凍結，新雜誌能否出刊，則仍憑申請者與當局間關係如何，或准或駁，漫無標準。五年之中，新雜誌仍添了數十百種，換一句話說，更只是調節報紙，而並未調節雜誌？爲什麼只調節報紙數量，禁止新報登記，「打開窗子說亮話」，是惟恐報紙數量加多了，一副紙面富強康樂的臺灣畫景，無法繼續維持，最低限度，要人們某項應登，某項不應登的電話，每晚要多打幾個，或幾十個。萬一新報主持人，跳出一兩位忠於職業的硬漢，不要錢，不怕死，和英美新聞史上若干偉大報人看齊，那豈不將整個「劃一報導記事」、「釘死言論方向」的統一局面打翻？無怪乎一向強調砸報館，揍主筆的「忠實同志」們，一聽到政府將開放報紙登記，就像熱鍋上螞蟻，要痛哭流涕，大呼「放不得！」但「劃一」與「釘死」的統一局面，對執政黨與現政府究竟爲禍爲福，我們又不禁再引用御手洗辰雄那句老話：「人心將因此而退化萎弱，眞有發生可怕結果之虞」，請執政黨與現政府，去自行仔細體驗。

如前所述，藉調節報紙數量，以禁辦新報的出版法施行細則第廿七條，他們把出版法的「計劃供應」，作爲最大武器。過去認臺灣紙張產量不豐，增加新報，無法供應。最近兩年，臺紙已供過於求，且被迫要向外擴銷，否則若干紙廠，將因無銷路而減產，甚至關門，產量不豐的話，無法再說。於是改變鎗法，說現行低價配紙，政府對紙業公司的補貼，業已不堪負荷，如再增加新報，則配紙勢必增加，換言之，即政府補貼數字，也必大量上昇。殊不知出版法第廿八條明白規定，只說「得計劃供應」，並無政府「應低價供應」的字句。政府固有權對與文化事業關係重大之紙張產銷，按成本利潤，規訂一合理價格，政府不採此措置，乃竟一面聽由生產者自行規定紙價，一面却又強令生產者以低於市價之紙張供應報館，由政府另予補貼。如此項補貼由國庫支出，負擔此支出的，將是一千萬臺灣人民。不特一千萬臺灣人民，未必同意作此捐輸，即在各報，消耗人民血汗，也將受之不安。「計劃供應」並非「低價供應」，「低價供應」於法無處，如果政府想藉「低價供應」以換取報紙之接受統制，則稍解報人天職的報紙，定必認爲此係政府對新聞界重大侮辱。出版法第廿八條的立法原意，「計劃供應」原指戰時海口封鎖，運輸困難，國內工廠，集中於軍火生產，紙張與印刷原料的來源，自不能不嚴受影響；政府為保障報紙繼續出版，故特別訂此條文。二次大戰時，英國曾因配紙而限制報紙發行數量，廣告篇幅，但並不禁辦新報。「計劃供應」的立法原意如此。平時無需政府「計劃供應」，自更不應因低價的紙，損及國庫。至藉出版法「計劃供應」四字，而發展到禁辦新報，則更屬舞文弄法，有關機關，早當負責糾正。全世界以「低價配紙」或「配給政府廣告」，或「供給獨家新聞」為條件，換取報紙擁護者，只少數法西斯，準法西斯，或落後國家，有此作法，相信民主進步的中國政府，與臺灣報業，決不至採此下策，作此諒解。聽說行政院最近已有修正出版法施行細則第廿七條的擬議，立法院且已正式提案，指出該一施行細則違背出版法立法精神。我們切望開放新報的登記，能儘早實現。相信新報登記開放以後，任何報紙，沒有既得權益，可資倚靠，大家以正當、公平、進步的方法，爭取讀者，則所謂臺灣新聞界一片沉寂的局面，必很快就可打破，充分的新聞自由，也立時可以建立。

最後，為爭取更多的新聞自由，我們謹向有關各方提供下列建議，以作本文的結束：

㈠政府應破除「家醜不可外揚」，「批評有傷尊嚴」的錯誤觀念，讓一切報紙雜誌，在不違背國家法律、不損害公衆利益的原則下，儘量發表應該說的話，應該登的新聞。

㈡廢除出版法施行細則第廿七條，及其他一切違背出版法有關各款，開放報紙登記，停止低價配紙，及各種類似特權之不當利得，聽任各報紙雜誌作公平合理之自由競爭，以達成每一報紙雜誌之獨立進步。

㈢黨報官報，應責成主持人與民間報紙，作機會均等之平行競爭，不宜另有特權。言論部份可儘量宣揚黨綱政策，至新聞部份，則一切以報導事實為主，不掩飾，不說謊，努力做到言論有黨，新聞無黨。同時務使黨報官報的優秀記者，各有其自由發展新聞天才之機會。

社論

(二) 為四屆縣市議員選舉婉告國民黨人

本省第四屆縣市議會的改選，即將舉行。我們對這次選舉的期望，非常低調，可以用極簡單的八個字來完全包括，那就是：「公平競爭，嚴格監督。」這八個字聽起來似為一般所公認的當然之理，值不得以加强語氣提出，但要切實做到，在今日的情形下，恐怕不太簡單。

說到競爭與監督，我們所首感關切的，是民社黨與青年黨兩個在野黨派是否參加提名的問題。前次省議會與縣市長的選舉，兩黨與選舉事務所之間，為了參加監督工作的事，鬧得不歡而散，兩黨曾有對選舉結果不予信任的表示。這次縣議會選舉，據傳民青兩黨因為上次受了國民黨的欺騙而拒絕提名。惟據新生報本月九日臺中專電：「關於歷屆縣市選舉之各投票所監督管理人員調配問題，頗受部分人士誤解，認為有欠公允，甚至猜疑作弊之說。連廳長（按指主持本省選務的民政廳連震東廳長）極為重視，答覆記者時稱：本屆希望地方人士及民青兩黨向縣市選舉監督小組與選務所推薦公正人士，或直接提出名單為監督小組的監察員和選務所管理員，來共同完成四屆選舉縣市各投票所監察與管理工作。」據此，似乎辦理選務的主管方面對選舉監督之重要性已有瞭解，且覺悟到前次拒絕民青兩黨派員參加之非是。主管方面果眞具此誠意，實值得我們贊揚。但截至今日，國民黨已正式發表各選區的候選人名單，而民青兩黨之是否參加，報章尚未見有確切報導。我們希望有關方面對此事迅予澄清，使大家能澈底瞭解其眞實的發展。

本來，民青兩黨與國民黨相競爭，猶如以卵擊石，在力量方面已經不成比例。但無論如何，兩黨是目前僅有的在野黨派，它們倘能參加提名，也總算是「以組織對組織」的競選。我們且卑之無甚高論，國民黨僅僅是為裝點「民主門面」，也應該竭誠歡迎它們來參加才是。要求聯合監督，實為政黨應有的權利，國民黨沒有拒絕的理由；而且，如果確實準備把選舉辦得大公無私，也不可能有任何拒絕的動機。上次選舉國民黨之玩弄手法，不讓民青兩黨參加監督，可說是非常不智，正如新生報的專電所說，不僅引起「誤解」，且被認為有欠公允，甚至猜疑到作弊。我們願坦白在此補充：此所謂「猜疑」，事實上已經接近於「確信」的邊緣，豈僅「事出有因」而已。我們不擬在此備引當時的新聞報導，但仍需指出二事以為佐證。本屆省議會中若干非國民黨籍議員，曾就所傳上次選舉中各種所謂「安全措施」（按此即指為保證選舉勝利而作的法外措施），向連廳長提出質詢，連廳長當時竟無詞以對。又選舉後所發生的許多起訴訟案件，其結果是無一例外的國民黨方面當事人勝訴。此兩件事，似乎決非出於偶然。至於零零星星的情節，如公務人員幫助競選，秘密投票之受到妨礙，詆毀對方的耳語運動等等，更可說是「小焉者也」，已不值得斤斤計較了。平心而論，在臺灣所行的幾次選舉，較諸行憲初期在大陸上所行選舉，確已好得很多。但根據前列事例，要使大家相信已完全做到手脚乾淨，却未免言之過早。尤其有兩點情節使我們悲觀：一點是近年間幾次選舉，不是一次比一次辦得更好，一般印象反而是一次比一次更壞；第二點是，出毛病還不要緊，但照選舉訴訟的結果看，似乎包辦成了一個「政策」，並且還要求司法方面來予以「配合」，對毛病根本無糾正的誠意，那才是眞正可怕的。

我們祇能評論過去之事，未能預言未來之事。對此次尙未進行的選舉，我們不知道辦得是好是壞。但人不能與過去絕緣，政黨亦復如此。開過一次玩笑的牧童，逢到眞有狼來而大聲求援，竟會無人相信。國民黨人應該能够警惕到，這一次的選舉，如仍不能改進，那是不用說了，即使確能努力改進，眞做到大公無私，說不定依然不能完全袪除人們的疑惑。但國民黨人千萬不要自暴自棄，以爲不做手脚也仍不被人相信，那就何苦矜持不做。要知道，挽回已喪失的聲譽，本來就是一件難事。白布上的一個汚點要洗滌三次五次，才會乾淨。如果一次公正的選舉不能取信於人，兩次三次以後，人們終於會信服的。這類事空言無補，必須一次一次以事實爲宣傳，才能漸漸的生效。

倘若進一步分析何以選舉不能大公無私，其主要原因當然在於求勝之心太切，以致過於緊張而不擇手段。如上次選擧，國民黨的高級黨部竟至提出了「祇許成功，不許失敗」的口號。這類口號用於競選是非常不好的，因爲那無異是鼓勵下層人員作弊，甚至可說是在強制下層人員非作弊不可；所以有些地區，國民黨明明有勝利的把握，却仍然要輔以「安全措施」，致貽人以口實。這眞是最不上算之事。這次的地方選舉，希望國民黨能把選舉本身之成敗看輕一點，而把挽回聲望看重。縣市議會，在職權上無法參預國家的基本政策，執政黨用不到控制得太緊。在我們看來，以國民黨今日的力量，實在也不必過於費勁，就能在絕對大多數的選區穩操勝券，至低限度可以在各議會保持過半數的優勢。過半數優勢已經儘够，淸一色的局面却反而會招致一黨把持之譏，在國民黨自身的面子上也不好看。即使說，在若干議會喪失了過半數優勢，也未始不佳，因爲這將是選舉公正無私的最有力說明，也是國民黨挽回聲譽的最有效方式。國民黨倘能在此次選舉中洗刷了過去所留下的汚點，較諸多爭取幾個議席，實爲遠更重要的成功。如果我們處於國民黨當局的地位，就寧願喪失議席而贏得人心，因爲前者祇是一時的得失，而後者却是永久的基礎。

當然，這裏所說，祇是我們的一點感想而已。我們決無權要求國民黨放鬆競選，這是它自己的事。我們的要求仍祇限於「公平競爭，嚴格監督。」這要求是十分低調的。我們的理想，當不止於僅僅做到在選舉的階段中公平而嚴格，此外還有許多有關政黨政治的基本問題，都直接間接與選舉相關連。例如在野黨派平時活動之遭受阻碍，執政黨經費之取給於各級政府，和黨化軍隊、憲警、特務等等，都是非常重要的。這些問題不解決，選舉就難以做到本質上的公平。惟在目前，必須做到在選擧本身的過程中無弊無私，且爲大家所信服，我們就感覺應爲國民黨慶賀。此次連震東廳長的談話，表示願接受民靑兩黨參加監督，似有補過之意，使民主與地方自治的前途隱約透露一線曙光，我們仍願在此提出我們的諍言，不然的話，似乎連這樣低調要求之提出，亦屬多餘之事。

社論

（三）國大何故要開臨時會？

第一屆國民大會代表全國聯誼會的幹事會，於上月（十一月）二十四日擧行一次緊急會議。會後向各代表發出書面通知，說是「本會爲維護憲法之精神及國會等問題」，決議依據憲法進行簽署召開國民大會臨時會。通知書內附有簽署書一份，徵求代表簽署，以便足够法定人數以後，依憲法第三十條第四款之規定，請求召開臨時會。

對於這件事，我們同意本月九日聯合報所發表的主張——「請罷國大臨時會之議」。但是我們並不完全同意他們的論點。

首先，我們要問：國大何故要開臨時會？

照國大聯誼會的通知上講，是「爲維護憲法之精神及國會等問題」。這句話是很空洞的。爲便於對這句話加以評論，我們最好先看看憲法所規定的國民大會的職權。

憲法第二十七條　國民大會之職權如左：

一、選擧總統副總統。

二、罷免總統副總統。

三、修改憲法。

四、複決立法院所提憲法之修正案（本款後段從略）。

國民大會是憲法的產物，它的一切活動，當然不能越出憲法所規定的職權範圍。就上述條文第一款講，選擧總統副總統，在正常情形下，是有定期的；國大要開臨時會，當然不是要行使這個職權。第二款罷免總統副總統這個職權的行使，須有一個前提條件，即憲法第一百條所規定的，由監察院對於總統副總統提出彈劾案。這一前條不具備，國大不能行使這個罷免權。第三第四兩款，是關於憲法的修改。就第四款講，目前立法院並沒有提出憲法修正案，國大自無從行使複決權。除掉第一第二第四這三款所規定的職權，都不是國民大會目前所可行使的以外，剩下來的只有第三款，即國大自動修改憲法。這一職權的行使，除法定人數的規定以外，沒有其他的前提條件，單就「法」的觀點講，國大可以隨時依法請求召開臨時會行使這個職權。換句話說，今天，國民大會如要召開臨時會，其唯一可以行使的職權就是修改憲法。可是照國大聯誼會所發出的通知，並沒有說是要修改憲法，而是說「爲維護憲法之精神」。既然是維護憲法精神，當不會反而要修改憲法。既不是要修改憲法，那末，國大臨時會究爲什麼要召開？如果眞的召開起來了，又將幹些什麼？站在法的立場來想，是很難索解的。

或者說，國大聯誼會的通知上不是提到「國會等問題」嗎？這等問題一提出，國大臨時會可以幹的事情就很多了。關於「國會」這個問題，本文留到最後來講，這裏還得就憲法問題多講幾句話。

我們的現行憲法，雖然不是一部最完善的憲法（其實任何一國的憲法也不會是十全十美的），可是它的精神是民主的。因其是民主的，所以我們要維護它。它的民主精神除表現於第二章保障人民權利的各條條文以外，特別體現於第四十七條總統副總統的任期不得超過兩任，以及第五十七條行政院對立法院的負責。這些處所，比諸民主先進國的憲法毫無遜色。這正是我國憲法的民主精神之所在。現在國大聯誼會也發出維護憲法精神之呼聲，想也是鑒於近年來憲法精神之橫遭破壞。尤其第二章人民權利的保障幾乎等於具文。國大代表這一呼聲，確喊出了自由中國全體國民的心聲，爲我們所十分敬佩的，不過我們認爲，爲使這個呼聲不致落空，國大代表們今天所應做的事，不在於召開臨時會；召開臨時會，就法的觀點來看，是不能有所作爲的。行政當局，於法並不向國民大會負責；國民大會關於施政方面的決議案，對於行政當局不發生「法」的拘束力。所以爲維護憲法精神，國大代表們只好以國民的身份在民間領導輿論，以輿論力量來監督政府，防止其濫用權力，以達到我們維護憲法精神的目的。除此以外，國大代表和我們一樣是無能爲力的。

或者說，你們所講的這些話，都是在隔靴騷癢，沒有摸淸事情的底蘊。你們只從國大聯誼會的書面通知來講話，殊不知那通知上所說的「維護憲法精神」，恰恰是與這件事的底蘊相反。國大臨時會的醞釀，其動機不在什麼維護憲法精神，而是在於修改憲法，在於把憲法中體現民主精神的成分刪改掉。「維護憲法精神」云云，是一個與底蘊完全相反的幌子。

以上這個說法，我們不敢輕於相信。萬一眞有其事的話，想只是少數人的動念而已。國大代表中不少通達政理的人，他們決不會想把自由中國埋葬在臺灣海峽而後快。但對那或有的少數人而言，我們在這裏要特別强調們我的現行憲法是不容修改的。爲什麼？因爲這部憲法富有民主精神，而且是從大陸帶來的，爲今天大陸人心所賴以維繫的一部法典。這部憲法，儘管近年來不受政府應有的重視，但有這部憲法在，政府還不致於明明白地說「我要違憲就違憲！」人民也還可以拿這部憲法來理論。如果眞像現在所傳說的，有人想把憲法中民主的成分刪改了，這無異於企圖爲自由中國草擬訃告，訃告世人，自由中國死亡了。這是萬萬幹不得的。

最後，我們說到所謂「國會」問題。

本年五月三日司法院大法官會議第七十六號解釋案。把國民大會解釋爲國會。這一解釋，無論從法理來講或從政理來講，都是最不妥當的解釋。關於這一點，本文不能多講。這裏，我們只要指出這一解釋是由於立法院想加入世界國會聯合會而引起的。立法院以我國國會的資格申請加入世界國會聯合會，就我國憲法的規定是沒有問題的。可是這時監察委員與國大代表也先後出來分別爲監察院與國民代表大會爭取國會資格，以致有大法官會議第七十六號的解釋。這一解釋既然成立，我們雖不由衷贊成，但在未經修正以前，爲尊重法治，我們仍不得不承認這一解釋。不過我們要特別提醒大家，尤其是國大代表的，就是國民大會之成爲國會，只是說有一個名義上的國會資格而已。如果中華民國在世界國會聯合會中取得了會員資格，國大代表也可同立法委員監察委員一樣選出代表參加。國大取得了名義上的國會資格以後，只能如此，決不能超越憲法的範圍而增加什麼新的職權。這一點是大家要特別認清的。認清了這一點，國大代表們就不應該有所謂「國會」問題要召開臨時會來討論了。如果有人想藉國會這個名義，擴充國大的職權，那就是毀壞現行憲法而不是維護憲法精神。

國大究竟爲什麼要召開臨時會，我們實在想不去正當的理由來。沒有正當理由的事情，幹不得！

我從競選失敗中得到的知識

——參加第三屆臺中縣長選舉的遭遇

楊基振

參加競選，就是問政。而我之參加競選，則更是由於目擊時艱，準備獻身於民主政治。可是犯了「幼稚病」的我，雖然爭取了大多數的選票，充備了必勝的實力，但却忽略了現實的政治作風，和執政黨歷史心理的發展，就決定了我成爲多數「光榮的失敗」者中之一個！

我的競選，是依循着一般民主國家競選者的常格，但是在臺灣現階段政治中，就成了幼稚，而須遭遇到失敗！我若痴心民主而自慰於光榮的失敗，那末，對這民主的侮辱和行憲的諷刺，就未免過於麻木，更成爲建設臺灣反共反極權的罪人！所以第三屆選舉表演的醜劇，雖已過去，而我所遭受的打擊和創痛，却值得記錄。尤其在此次縣市議員選舉的前夕，願陳述梗概，提供今後爲民主政治奮鬥者的參考。雖其中多半和其他光榮失敗者的經驗相類似，或已有不少見諸海內外正義報刊的報導，仍不失爲寶貴史事的證實。

第一　競選活動以前的遭遇

我這無黨無派的候選人，必須遵守規定的活動限期。但是國民黨籍的候選人，早就公開活動，由黨內延展到機關團體與民間，由政府力量作種種活動，暗中都是爲國民黨候選人預定選票；更有掩耳盜鈴的宣傳品，印著「黨內活動」，「黨內秘密」等字樣，而在活動限期之前，早就滿地飛散。這是以公開違法的方式，在不平等的條件下比賽：自已先跑到前面，再叫無黨無派的候選人，站定在白線上靜待鳴槍起步！前屆選舉新聞的報導，已經很多了，最近一個多月以來，我在臺北，又開始發覺一件一件的如法泡製了！既然有新的現例可看，那麼當初在臺中縣是如何表演的，亦可不必多敘了。

取得候選人資格，依循法定手續，自不待言。我在經驗上覺得雖然迂廻遲緩，但在民政廳及選舉事務所方面總不能說不接受，或者久滯不辦。可怪的是在正式發表之後，鄉鎭公所會給你一個無理挑剔。以舞文弄法的手段，似是而非的措辭，簽報上級，竟欲撤銷我這候選人資格的。這是有卷可查。然而中國歷代政治傳統上，沒有不是的官，沒有認錯的衙門，自已無理，最客氣的是沒有下文，陰消了事。但是他們對我「多方擾之、急肆弊之」的詭譎手段，已經表現了一下捧喝性的「下馬威」！穩得住，抗得住，須在你自已！

我既無任何黨籍，當然以無黨無派的公民身份，申報候選，選舉事務所審核發表，亦無可異議。更怪的又是在開始活動之前，國民黨放出空氣，說我是民社黨員。有些人根據這種宣傳，頻頻詢問，使我疲於應對，憑空添出許多無謂的麻煩！在我未曾取得謠言根據以前，我眞不相信以堂堂縣黨部能做這樣無聊的事！難道民社黨眞個風聲鶴唳能威脅執政黨的勝利安全嗎？或者爲防範國民黨員投我的票，而在其對內活動期內，必須先把一個反對黨的黨籍特別套在我頭上，以資識別嗎？或者專對民衆宣傳，揣摩民衆心理，可能以民社黨在野已久，無「德政」表現，便不屑於投票嗎？又是否利用民衆厭黨的心理，以我無黨無派候選人被套上黨籍之後，就可陰蒙不利嗎？當時雖不能估出利害，而亦百思不解其用意，但其多方肆擾的手段，確盡心勞！須知國民黨內，階層與人事之紛雜，在同一政權主義之下，各級氣候，各人手法，未必盡同。因此無黨無派競選人之參加競選，必須多方隄防，冷箭無時，不可因其手段之不同而稍存輕心。

政府辦理選舉事務，歷屆違法，作弊多端，六年來已成大衆常識。政府和執政黨自已不要信譽，而人民不能不愛護國家，對政府存着期望。我在去年就聽到民青兩黨向政府爭論選舉問題。其中以監察公正人等最佔重要。所以我在申請登記臺中縣長候選人之後，更加希望他們的半年交涉，能有一明確的結果，免得往年的醜劇，再三騰笑於國際，或者至少不致變本加厲！詎至四月初尙杳無消息，所謂「情況嚴重」，眞實不虛。遲至候選人名單公布，卽於四月十一日在臺中市醉月樓與在野黨和無黨無派候選人，作萬不得已的集會。當日緊急建議政府，迅卽改善本屆選務，卽本年四月十二日聯合報所載，要求政府准許民靑兩黨共同推擧各投票所之監察員二名等五點建議。又未料直到同月二十日方見報紙上民政廳長連震東發表答復爲「於法無據」！而有主席嚴家淦在投票截止之後，才以廿二日復文正式拒絕，原已是公文之補辦手續了。故在緊接的十天活動期中，國民黨根據只許成功不許失敗的原則所預籌的「安全措施」，就此加緊布署，充份表演，已成矢在弦上，勢所必行，決無順納民意，略施公平之意。而基振等之集會建議，不過聊盡人事，手續上亦不容其不做而已。

第二　競選活動中之遭遇

本人競選時，發現國民黨臺中縣黨部以「興安國校」名義印發的宣傳品，在各地黨員開會時按席分發，內容是揑造事實對基振妄加詆毁，列擧了十七項資料，原來是把黨員先施統一訓練，再叫他們對外宣傳，淆亂是非，聳人聽聞。詎料黨員中不能沒有天良、辨別是非的人，這種訓練資料竟然陸續流傳到我手裏來了，並且告訴我某某日某某等地如何散布、又如何收回的經過，我方才知道從前所聽到種種輕薄下流的中傷之辭，確有來源。你若憑其證物追究吧，他們可以否認。你若源源本本的予以揭穿吧，固然可以使他們黨部內弄到烏煙瘴氣，但是於我當時的競選，有損無益，這正和民主潮第七卷第八期所登的怪信，是一類的東西。國民黨素以訓練民衆的任務自許，領導民衆的地位自居，而其作風竟至如此，曷勝浩歎！其實此對助選的收穫何等渺小，但是散播了這種社會教育的資料足以敗壞民族德性，和遺留給人民甘心自暴自棄的印象，何等嚴重？值得嗎？如果以爲得意之作，那麼此次更可翻出新的花樣，無黨無派競選者，只有加意的消極防範，爭取選民的警覺和同情了。發動政治力量配合起來，爲國民黨候選人助選，這種州官放火的把戲，我們老百姓原已司空見慣。而上次臺中縣是以縣長名義召集全縣里長，借名爲自治訓練——當然，省議員及縣市長選擧，確屬自治課題之一，——實際上是指示和訓練爲國民黨候選人助選。簡單明瞭一句話，就是硬性指定選林鶴年，責成各里長負責交卷就是了。這已經不是什麼黨內秘密，而是叫你們知道我的辣手，其奈我何！其氣慨和面目，那有一點民主氣息？至於縣政府所屬單位的公務員，更是在緊張、森嚴、窒息中渡過這十天功夫。除爲國民黨候選人助選，視爲應份的職責，比本身公務加倍重要外，人人都在互相監督之下，進行助選工作。臺中縣長國民黨候選人林鶴年，原本不是臺中縣黨部心目中的理想人物，所以黨內根本上自己就有問題。因此使上級對從政黨員不得不監視特嚴。有些黨員在這十天活動期內，明中、暗中、在家、在外，一天要受幾次偵查和訪問。稍有違越就要受黨內的處分,連帶有被免除公職的危險。這是根據黨的通令,黨員們自己不堪屈辱，而對外和盤託出的。實際上原屬公開秘密，不是論情論法的事，而是「革命政黨」專政的必然表現。家兄被開除黨籍，家姊以非國民黨身份代我活動，而使姊夫受到明文處分，其餘子侄侄媳，多受處分，又爲事後所知之鐵證。

人言嘖嘖的黨化教育，以積年之功，而臨陣還不濟用，另外要用過一套功夫，對全縣各校學生，分配國民黨候選人蓋有私章的名片，籠斷學生家庭的選票。縣政府發動了教育行政的力量，還不放心，功夫要做到家：平素以尊師自居的「從教」黨員們，迫於黨權政權的雙重壓力，到此競選關頭，全體動員，再也不敢呻吟出他(她)們平素心坎上一句「執教清苦」的牢騷話。爲著他(她)們黨內地位的低微，非但是貼耳效命，而且順水推舟，正可表現一些勞績，接受酬庸。於是放棄了一切教程，翻查卷籍，抄錄每一位高足的住址，排定路線，或聘定嚮導，然後裝備得倜儻整齊，僕僕於風塵烈日之下，沿街挨戶的實施「家庭訪問」！和顏悅色，屈膝卑躬，一面撈出汗巾拭面，一面娓娓陳辭，拜託幫忙，還要閃避着公教人員受命助選的形跡，一連做了十幾天的違心之論，其違法敗德，所爲何事？如此師表，不愧黨化！誰家無子女？縣黨部縣政府利用這條最有效的途徑，總可安心於掌握大多數的選票了吧？還嫌做得不澈底！而繼續發展其安全感：無國民黨籍的教職員們，或者認爲有同情於我的嫌疑的，一個個予以臨時調動，派遣其他工作，甚至傳令前往教育科個別談話。口頭傳訊，連開支出差費都沒有根據。我有幾個子侄輩當各校教員的，由清水被傳到豐原去大加訓斥，逼着他們放棄血統關係，打破家庭觀念，限投國民黨候選人的選票，爲黨效忠！大家想，民主行憲的臺灣，怎可如此做法！

國民黨鑒於已往的一人競選和投票率太低，自然亦是爲本屆黨員競選的安全感，鼓勵各投票所鄰里長（自治人員）助選，並且實施獎金制度，凡助選得力，使國民黨候選人得票在總票數五成以上，六成以上，七成以上，以至八成以上者，分等給與獎金。反之不足五成者，予以處分。臺中縣如此，嗣見自由中國雜誌揭登同樣消息，實情恰相吻合，方知各縣市所採同一手段，出於統一計劃。實際這種獎金制度，不僅適用於自治人員，從政黨員多數得到，寫來太多了。一般說此次競選，國民黨以生死鬭爭，其所用的不擇手段，足使大家認識明白了。

國民黨透過黨團作用，指使各投票所選務人員監察人員等對文盲者不管其本人意旨，希望選誰，當場用種種透迫的方法，矇蔽的手段，使選票上的印圈，蓋在國民黨候選人的姓名上格。同去的人，親眼目覩，甚至作弊違法的人，事後得意揚揚的還要自己誇耀。這些事實，即使當場照了相片，亦打不成選擧官司，但是各地相傳，多數雷同，各報章雜誌亦揭露得太多了，我不過加以證實，用不着再詳敍老百姓的認識，已非狡辯所能騙得過的了！

在競選活動的緊張關頭，又在山線一帶，發現了不知來歷的宣傳品，冒印着楊基振的署名，內容是說當選之後，把臺中縣政府遷移到清水來。這件事，分明又是「怪信」一類的作品！縣治所在地，是否縣長有權變更的？老百姓不會比們他更愚蠢！臺中縣設治於豐原，是楊肇嘉先生長民廳任內秉公決定的。楊是清水人，當年不肯聽從清水鎮設治之議，海線父老昆弟都諒解的。我能拿出這種條件去爭取選民的擁護嗎？不須我的分辯，衆位可以意識到印發這種宣傳品的人們，不僅是單純的愚蠢，而是出於透頂的卑劣而不惜使用這樣的愚蠢手段！

四月十三號晚上，在烏日鄉一位運動員家中，忽然來了一位警員，質問何以替楊基振活動競選。助選不是犯法的事，不過鄉村裏人，違背了警員的意旨，總有一天要吃大虧，他心中恐惶起來，弄到不可開交，只好藉辭抽身，偷溜出來，打長途電話給我報告，並請求援助疏解。我立即偕同葉監察委員專車馳往，而警察業已離去。就此一端，他以後不得不存戒心，而其他鄉下的運動員聽到之後，亦就不得不存戒心。這種警力控制選票的手段，在鄉間確屬有效。所以無黨無派候選人，可說是沒有活動的自由或完整的權利。在這種不公平的狀況下競選，使競選人要敦聘助選人員，更加困難。

投票時，有人故意把字條投入票匭。投票人投票和票匭兩旁，都是政府遴選的「民意機關代表和地方公正人士」寸步不離的嚴密控制着的，何以沒有揭發、檢舉？原來紙條又是對我不利的宣傳：「我受楊基振以錢收買……」，而且不止一張。日後在報紙上見到，方知其詳。既有此事，而被收買者既不甘心，何不及早檢舉？而在票匭中投下這張紙條，豈不是自己鬼鬼祟祟做穿踰的手法？同時又是事後告發自己的罪行，豈不矛盾之極？這雖同屬卑劣中透出來的愚蠢，可又是「上好射，下抉拾」的產物！

投票時間終結，正在開票了，天色晚了，電火明了，忽然海線一帶，全部停電，當時羣衆圍睹投票所，久等而電流不來，打電話到臺電服務站去查問，據答是高壓線被人切斷！要停電事前可以不公告嗎？每次意外停電，臺電多能立卽修復，此次就束手無策嗎？幾十萬人民的期待，臺電負責者竟無動於衷嗎？大家心裏雪亮，但是能怎麽樣呢？等了兩個鐘頭，已到八點，羣衆的肚子亦餓了，只好陸續散去，於是開票工作，在一批選務人員和「公正人士」手中進行起來。當日各廣播電臺中，對各縣市的選票，都不斷的報告數字，惟獨臺中縣的選票沒有報告！直到子夜，計由下午六時起，電火經六個多鐘頭的停熄，才恢復光明，各票匭的數字到廿二日上午二時，才一一宣佈出來！手法之拙笨，比着其他各縣市的魔術師們，瞠乎其後！臺中縣山線一帶，當日黃昏亦經過二、三次的停電，不過時間較短，比海線各投票所的手法，略高一籌。這樣辦選務，還大吹大擂的「公平」，「公開」，豈不是欺人的謊言！

開票結果的情報，可以證明黑暗中的開票，手段雖拙，結果已如其初願：清水鎭南社里是我的原籍，南社里的選民，不但是和我有氏族閭里的關係，而且對國民黨候選人往年的稗政，知道得清清楚楚，決無投選之理，是我所深知而確有把握的。但是公布結果，是林鶴年的票多過我的票！清水投票的清一色，既往是有過紀錄的，並非誇張。此次以我八成以上的選票，在開票時變爲六成！霧峯鄉在當天十一點多的統計我已得二千三百餘票，但開票發表數字總共只有五四四票，還低過我住在霧峯的姻親的人數。大雅一個投票所，選民大都是楊姓。該處楊某爲人慷慨，素爲村民所崇仰，此次全力支持，我已有清一色的選票，決非對方威脅利誘所能攻入。但開票結果，我的票少於林鶴年。這些怪誕的事蹟，證明都是黑暗世界中的產物。無論你怎樣辯護，扭不過每一個人民身上活生生的一顆心！

第三　競選活動以後之餘波

縣屬公敎人員，凡與我親友相關，而被認作曾爲我助選者，概予降調或免職處分。軍事機關亦有同樣事例。

選民原與政府機關及公營事業機關有商業上之往來者，如代碾公糧，購配紙張等，此次被認有曾爲揚基振助選之嫌疑，則累年交易的歷史，便一律抹煞，立予停止交易。

選民不但被褫奪自由，損害合法權益，而且被威脅生命，沙鹿選民中有擁林者，曾在競選活動期間對擁楊之選民李君，挑釁毆打，選舉過後，林派氣燄高張，恃勢進攻，雇用流氓，代爲安置家屬，唆使殺人。並大肆宣傳，我們縣長已經當選，殺人不要緊，應當做點威風，給助楊的人看看，以資懲儆！目的雖達，而兇手被獲，經臺中地院判處徒刑十二年，嗣提上訴，案移臺北，將開第二審。此案初在臺中地院，僅憑兇犯殺人之罪行判刑，尙未偵察其幕後之行動。故如何爲被害人伸寃，案情尙待發展中。實際上，這是一件流血的選舉官司，還要大家多加注意！

本省議員縣市長，六年以內舉行過三次，第一屆是政府發動全臺各地的軍隊憲兵警察特務的武力，脅迫控制，雖然大致成功，而嚇得本省老百姓下次不敢再投票，亦不敢出頭競選。第二屆選舉，正好利用一人競選的機會，在最低投票率之下又告成功。然而一人競選，無異乎對這張民主招牌，給以顯明的否定，將無以自存於自由國家的行列裏，於是一面標榜公平，邀請民青兩黨提名，鼓勵人民競選，限制人民棄權的自由，一面改用「安全措施」，在第三屆選舉以魔術取得全勝。我們從經驗中得了這些知識，國民黨竟究在行憲呢？還是以不變應萬變的政權主義呢？實未便臆斷！我們愛護臺灣，寄望於政府，自然要求更透澈認識，決不以競選失敗而受的創痛，使我們的情感上受絲毫的激盪。我們靜心檢討國民黨執政的實質政治：重心在黨，政府不過一黨專政的工具。明明是不公平的選擧，決策在黨，而違法的事則由政府出面去做，事實具在，「以黨治國」，「以黨統政」，發展到今天，變本加厲，上下各級政府中機關和公營事業，非國民黨員不能立足，亦無人能再否認。從政黨員對政府法令機關紀律可以不遵，而通過黨團作用，對黨的命令便須在機關的職務上運作。黨和政府，已經是一體的兩面，就便運用，一如所欲而已。往年「寓黨於政」之理想，已充份實現，而且充份發展。至於軍憲警特公敎司法以至於公營事業團體的爲國民黨候選人非法助選，無一不是出於一黨政權主義的表演。在此情形之下，而單指選擧法規如何不公，選務機關如何作弊，某黨候選人如何違法，司法機關如何偏袒，都是枝節問題。譬如修改選擧法規條文，難道國民黨濟濟多士，再有卅年黨務政務的經驗而幾句條文果眞擬不成樣嗎？往大處說：近年海內外報章雜誌，陳述民主眞諦，革新政治等意見，督促行憲守法，收拾人心等輿論，皆出於酷愛祖國的多數忠貞人士，期望於國民黨者至爲深切，難道國民黨畢竟是充耳不聞毫無反省嗎？這其間恐亦實有其積重難返，難以自新之處。

須知國民黨執政卅年，在對內方面，現在是它最理想的黃金時代。國民黨自民十七軍事底定華北，開始「以黨建國」，「以黨治國」，所謂「革命奪取政權」，「革命不擇手段」，早就是政權主義的代名詞，惜以「黨權高於一切」的姿態，經過二十餘年的訓政，而自治基礎，絲毫沒有建立。直到抗戰末期，還是把基層政治寄託在土豪劣紳的保甲長身上，黨的力量仍只統率了一個中央政府。黨同人民發生關係，可說國民黨執政以來，始終就沒有動過腦筋。到了臺灣，國民黨的專政慾念，非但並未滌除，反有變本加厲之勢。軍警教育，一律黨化，司法議會，全面控制。近年來所表演的實績，不是比在大陸時代大有進步嗎？原來國民黨對於抓政權，抓軍隊，抓財源等等，都是綽有表現。惟獨對於抓老百姓，或者說抓人心，可就從來沒有學習過這套本領，此誠令人遺憾。今後是否有意補救這項最大的弱點，我們還沒有找到什麽佐證。不過照近六年中辦理選舉的跡象看來，似乎是更進一步的在向緊抓軍權政權和財權的方向發展。臺灣是在實行地方自治，地方自治又是政府一項重大政治號召，但由於唯政權主義的心理在作祟，死死不肯放鬆，於是乎用盡一切不光明的方法來抓取人民的選票。這樣作法其實非常愚蠢而危險，須知如若抓不住老百姓的心，而使他們情情願願投你的票，而用種種不擇手段的方法來控制選舉，是不能使人心悅臣服的。

這等作法決不是國家民族之福。所以我良心上不希望有掛着自由民主的招牌，抱着一本憲法，腆立於民主國家的行列裏，而實際揚棄法治，加緊專政，致使反共復國，年復一年，杳無進展。依我看法，國民黨政權在握，是不可能有人奪取的。民青兩黨及無黨無派人士，就臺灣政治現狀而言，即使得到幾張選票，亦無取代執政權的實力。所以國民黨大可利用當前政權穩如泰山的時機，放棄一黨專政，而從收拾人心做起。卽使在第四屆選舉結果中失却少許席位，日後總有較大的成就，或千百倍的報酬。好在縣市議員的席次，在現階段政治環境中實在起不了多大作用。我們並不低估國民黨，對選舉不變魔術，就一個都選不出來。國民黨亦萬勿過於自餒自棄，難道沒有軍警控制，不是一人競選，不用安全措施，亦就穩遭慘敗？收拾人心，說起來事極簡單：只要鼓起勇氣，「放下屠刀，立地成佛」！對第四屆選舉存心保持守法公平，現在時機不遲，各選舉法規，選務組織人選，政府辦選風度，黨員競選紀律，自然隨之轉向，繫鈴解鈴，做到無可爭議之境界。黨的信譽，立卽提高，全臺人心，正慮無所依恃，無不立卽歸向，便用不着到老百姓手裏去搶票！這是不講政權主義而自然延續政權的最大法寶。日後還有更重要的選舉轉瞬可到，恃此而用之不竭。卽使日後省長民選，國民黨還怕守法與公平換不出勝利嗎？國民黨一念及此，就够賢明了，可以震動世界，垂青千古。確保臺灣反共復國，悉基於此。區區臺灣千萬人民，還不見機奮起，而偏和國民黨保持光復十二年來的距離嗎？基振以創餘之身，謹就經驗中所得淺識，率直進言，公諸當道及來者。

（上接第17頁）

從中共的報導中看來，章羅等人確是有反共活動的，不過他們進行的活動，把握住兩點，一是組織絕對秘密，甚至流於「無形」（無固定的形式）。二是一切活動多透過「合法」的掩護，利用中共給予的機會（如鳴放等）。當然章羅等人進行的活動，不能說完全沒有私圖，或是求得政治利益的報酬，不過也不儘然如此。我們知道章羅聯盟中，除了章、羅本人已是身任僞朝的部長人物之外，其他的人，就此次被中共指爲「右派」而遭受鬪爭的人中，屬於章伯鈞集團的，有很多是僞朝的顯貴，屬於羅隆基方面的則多屬是大學教授、院長、報社社長、總編輯等。因之說他們爲了政治利益還不如說他們基於思想上與共產黨的衝突，因爲反共的行動源於思想的成份實在大於現實的利益，尤其是智識分子是不能以小利來滿足思想上的要求的。

章羅聯盟會有意利用「鳴放」的時機，燃起反共之火，雖然這把火沒有燃燒起來，而且使章、羅集團中在「反右派」鬪爭中各階層各地方各單位的首要人物有一百九十人遭受鬪爭，但是火種却是在大陸各角落埋下了，而一百九十人也只是一個微小的數字，就以民盟在上海一地的分子來講，卽有十二萬人，而中共在上海的黨員却只有十一萬人，比較起來尚少一萬。至於大陸上其他反共的組織與人數，更是無法估計。章、羅等人由投共而反共，對於所有投靠中共的黨派與個人是一種啓示。經過這次「反右派」的鬪爭，所有反共的組織與人士，必更堅强起來，反共的經驗亦由此而增進。從這次對羅隆基的鬪爭會上的情形看來，他們確是在沉着周旋，巧妙對付。

大陸人口問題與馬克斯經濟學

趙岡

四年前鄧小平代表中共當局以得意的心情，眩耀的口吻宣佈中國大陸的人口已經達到五億八千萬。在即將進入社會主義社會的「新中國」，資本家不是已被清除便是被改造了，五億八千萬人口都是目前和將來的勞動者，這一筆偉大的「資產」將是世界上任何國家都無法企及的，更何況這筆資產還在以任何國家所沒有的高速度繼續不斷增長壯大中。就在這同一時期，中共開始了他們號稱「七萬萬兩黃金」投資的第一個五年計劃。滿心夢想着這許多勞動者在大力領導之下會爲這個政權創造無數「價值」。可是沒隔多久，這個美夢便在鐵的現實面前澈底粉碎。事實證明生產量的增加趕不上人口增加的速度。除了當年穿草鞋住窰洞的黨員幹部們的生活確有顯著的增進外，人民的生活水準却在經建聲中一日比一日惡化。資金的累積愈來愈困難。既使令人民再束緊腰帶，把少到不可再少的糧食配給硬給削減，還是無法湊足數目，到國外去換取所必需的機器和設備。當初心目中的「資產」轉眼之間都變成了「負債」。負責擬定經濟計劃的共幹首先感到問題的嚴重，但是負責宣傳的部門却還不願意承認中國大陸上的人口會成爲問題。中共的權威理論家陳伯達於一九五六年二月二日「人民政協」大會上發言對人口問題曾加說明。他說所謂「中國人口太多，糧食不足」這類的人口過剩論調都是外國人惡意散佈出來嚇唬中國人的。按照「全國農業發達綱要」實行，不消幾年中國就可以容納十二億以上的人口。中國沒有、也不可能發生人口過剩現象。事實的眞象是：「帝國主義、封建地主、和反動統治在過去殘酷地破壞了中國農業的生產力，」才造成了今天的局面。

這種口頭上的强硬維持不到四個月，中共便已不得不正式向人口的壓力低頭。一九五六年六月十八日偽衛生部長李德全，在「人代會」第三次會議上正式代表中共當局提出要求人民節育的口號。自此以後，全國性的節育運動便被由上而下地大力推行起來。所有的官方及半官方刊物都在這方面亟力宣傳鼓吹。醫學界(包括西醫及中醫)被發動討論及研究避孕和節育的技術。偽衛生部在一九五六年八月發出關係避孕工作的指示。在各城市中由政府當局設立避孕指導門診部，各級政府衛生部門也開始大量訓練避孕指導幹部。以前不能公開售賣的避孕工具現在不但可以到處公開發售，而且中共負責「保證供應」。以前視爲違法的人工流產，現在一概變爲合法。不久以後許多所謂的「安全避孕」的偏方和秘訣便應運而生，千奇百怪的方法，都以顯著的地位登載於各大報章雜誌上。靠攏份子邵力子對此尙發生了很大的興趣，親自提出吃蝌蚪蟲避孕的秘方。這個節育運動迄今尙未停止，雖然在聲勢上已經被「鳴放」及「整風」運動的熱鬧場面所淹沒。

說起來這是一件非常有趣的事。中共當局儘管已經努力推行節育運動一年有餘，却從來沒有爲「人口問題」正式提是一個理論上的說明和解釋。而且也沒有預備接受黨外人士對此問題的看法和意見。馬寅初和陳達以客卿的地位幾次「上書」都未得到青睞。今年七月三日，馬寅初又趁「人代會」召開第四屆會議的機會，重新提出他的「新人口論」。在這篇文件中他多少根據正統經濟學對人口過剩與資本累積的關係加以說明，籲請中共明白地擬定長期人口政策，並且建議中共當局重新來一次人口普查。我們可以想像到，他除了要想從前後兩次普查的結果看出今天大陸人口發展的眞正趨勢，也可能是想到中共當初沒有瞭解人口問題的本質，一心一意要誇揚人口衆多。第一次的人口調查結果很可能有偏高的地方，所以希望能從第二次普查中曉得眞象和問題的嚴重程度。

至於中共當局在這個問題上只投降而不認輸的態度，是有其淵源和不得已的苦衷，因爲在共產黨的聖經中對於這個問題沒有記載和詳細說明。馬克斯是首先對馬爾薩斯人口論加以痛駡的人。根據共產理論，人口過剩現象既會有的話，也該是資本主義制度下的病態，而不可能發生於一個社會主義的國度中。中共今天被迫向現實低頭，但却不甘心就此放棄或修正過去賴之起家，今後藉以統治大陸人民思想的寶典。他們推行節育運動所執之理由是：廣大的企業和機關工作人員，農民們，迫切地要求衛生行政部門幫助他們節制生育，黨和政府是支持人民羣衆的要求。

中共對此問題的看法已非一朝一夕，我們不難回憶到大陸淪陷以前，左派人士與正統經濟學者和社會學者爭辯甚久的中國農村問題。這個問題其實也就是整個人口問題的一環。正統經濟學家與社會學家都認爲中國農村問題主要關鍵在於人口過多，耕地面積太小，而土地分配不勻的影響只是次要的。然而中共人士所堅持的看法則是：全部癥結在于土地分配不勻和剝削性的租佃制度，因爲佃農在地主的剝削下是不可能發揮其生產力。他們始終認爲：人只要勞動就一定不會吃不飽飯，農民之所以挨餓全是受地主剝削的結果。取消了剝削制度，農村的生產力獲得解放，一切問題自然迎刃而解。當時他們的論調與今日對大陸人口的看法是從同一基點上出發的。在這一點上中共的理論是維持了前後一致。所不同的是以前他們如此說也如此相信，今天他們雖然如此說，但心中已經不太相信了。

在正統經濟學(馬爾薩斯除外)的理論下，人口過剩並非絕對的，也不是處處存在，可也不認爲它是絕不可能的事。人口過剩的現象是報酬遞減法則的產物。只要其他生產素(無論是土地或資本)追不上人口的增加，報酬遞減的作用發展到一定程度以後，就會發生人口過剩的現象。農業生產中報酬遞減作用最顯著，所以在農業社會人口過剩現象也最易發生。然而在馬克斯的眼中，人口過剩與失業問題一樣，都是資本主義制度下的病態，人口過剩沒有必然出現的理由，在社會主義制度下尤其是不可思議的，因爲馬克斯在基本上就否認報酬遞減法則的眞實性。

這個結論，與馬克斯經濟學中的其他種種推論一樣，都是建立在兩個基本假設之上。第一個假設是：價值是由勞動量決定，而且只由勞動量決定，資本不過是過去勞動的成果，它的價值是由過去勞動所創造的。第二個假設是：勞動力在生產過程中不但能創造等於其本身價值的價值，而且能創造大於其本身價值的價值。譬如說一個人每天吃六碗飯就可以維持其本人一天的生活和健康程度，但是他做一天工一定可以創造較六碗飯爲多的價值。如果這個人做三小時工就可以生產相當於六碗飯的價值，那麼這三小時的勞動時間就叫着必需勞動時間。必需勞動所生產的價值叫做必需價值。超過三小時以上的勞動時間叫做剩餘勞動時間，剩餘勞動時間內勞動所創造的價值便叫剩餘價值。剩餘勞動時間與必需勞動時間之比值，或者是剩餘價值與必需價值的比值便是剩餘勞動率。當工人創造的剩餘價值被剝削去以後，這個比率便又叫着剝削率。當然，三小時只是一個假定的數目，必需勞動時間可能是五小時，六小時，或八小時。不過無論如何，馬克斯及所有的共產黨徒們都從未懷疑勞動者有創造剩餘價值的能力。因爲所有的累積和擴大再生產都是靠着這種剩餘價值才能實現的。

關於第一個假設，自從邊際效用派經濟學問世以來，會遭受過許多經濟學家的嚴厲批評。但對於第二個假設，却很少爲人注意。也許一般經濟學家認爲第二個假設是由第一個假設派生出來的，只要第一個假設被推翻，第二個假設自不待言不能成立。其實眞正的問題就發生在這裏，今日世界的亂源也在此。古典學派經濟學原則上都同意勞動價值說，然而唯有馬克斯經濟學搞得天下大亂。

馬克斯對人口問題未曾提出正面的說明，就如像他對報酬遞減法則未曾正式提出討論。不過從他的基本假設中，不難推論出報酬減法則之不能成立。

馬克斯曾經一再說到在資本主義制度下長期累積和競爭一定要使資本家利潤率逐漸下降。但這種說明並非是對報酬遞減法則的肯定。根據他的看法，資本不能在生產過程中創造價值，而只能將本身包含的價值轉移到新產品中，所以資本根本談不上有報酬。利潤率遞減更不是因報酬遞減法則而發生的。所謂利潤者只是資本家剝削勞動者剩餘價值的全部或一部。資本家使這部份剝削來的剩餘價值轉化爲資本，用以從事累積，利潤率之下降是由於在長期累積之後，資本的有機組成發生變化所致。當固定資本佔總資本的比例逐漸增大，可變資本佔總資本的比例逐漸下降，而剝削率（或剩餘價值率 $=\frac{\text{剩餘價值}}{\text{必需價值}}$）不變的情形下，可供剝削的剩餘價值佔總資本的比率自然日少。這就是利潤率逐漸下降的眞象。資本既然不能創造新價值，而其所轉移到新產品上的價值又永遠等於其本身的價值，所以資本數量增加到什麼程度也不會有報酬遞減的現象發生。

至於勞動力在生產過程中是否會有報酬遞減現象發生，馬克斯並未正式說明。當他討論利潤下降的情形時，永遠是假設固定資本不斷增加，而剩餘價值率却一直不變。也就是說當一個工廠所使用的工人數目，勞動時間，工作緊張程度不變時，隨便增加或減少固定資本的數量時，工人的生產力不變，所以工人所創造的剩餘價值對必需價值的比率也不變。這表示馬克斯始終未曾將報酬遞減法則加以考慮。

馬克斯在說到相對剩餘價值的剝削一節時，曾提到當新的發明和新的機器參加生產，固定資本質的改進，可以使工人的勞動力增大。於是必須勞動時間縮短，可供剝削的剩餘勞動時間便相對地延長，於是剩餘價值率便增大。這便是相對剩餘價值的發生和剝削。這段說明與報酬遞減法則雖然無關，却牽涉到勞動者生產力的變化問題。不過從馬克斯的全部理論體系來看，這種工人生產力的變化只能向上適用，向下則到某一程度後便不適用了。因爲我們不論怎樣把生產過程中固定資本的質變得多麼劣，甚至根本沒有固定資本參加生產。工人的生產力不會減小到零。工人的生產力不但不會減少爲零，而且不會減少到不能生產其維持生活所必需的價值。不但不會減少到不能生產維持生活所必需的價值，而且剩餘價值的生產也不會降到零。勞動者先天就具有創造剩餘價值的能力，否則勞動者就沒有資格成爲資本家剝削的對象。說得更嚴重一點，勞動者如果不是先天就具有創造剩餘價值的能力，則人類根本就不會有資本這個東西出現，更不會有以後的累積。在沒有資本以前，人類勞動充其量只能維持自己的生活而已。

從上面的分析，我們可以瞭解，在馬克斯的理論體系中，勞動者創造剩餘價值的能力是不容懷疑的，報酬遞減法則也無法成立，至少向下到某一程度以後是不能成立，所以人口也永遠不會成爲「問題」。只要沒有剝削制度存在，只要人民願意勞動，這批勞動力，永遠可以創造大於本身價值的價值。人口愈多，「資產」也就愈多，正代表國家民族的興旺。

然而現在不成問題的問題發生了。馬克斯的信徒在中國大陸上開始爲人口問題傷腦筋。共產黨的報紙也喊出了節育的口號，這眞是再矛盾不過的事。中共的理論家們如果還誠實的話，他們應該承認馬克斯的理論大有毛病，而這個毛病就發生在它的基本假設上。並非所有人類的勞動都有創造剩餘價值的能力，否則人口一定不會過剩，生產量的增加永遠會走在人口增殖率的前面。起碼在沒有剝削現象的社會主義制度下應該是如此的。

馬克斯當年提出這個命題，並沒有近一步深究：如果勞動可以創造價值，究竟那一類勞動可以創造剩餘價值？那一類勞動不能够？如果他能够考慮到這些，也許可以出得類似熊彼得(Schumpeter)理論的結論。也許他所鼓吹的革命也不是今天這樣的面目。他可能會覺得：有資格向資本家手中索回剩餘價值的，有資格起來專別人政的，不該是體力勞動的工人，而應該是瓦特、愛迪生、愛因斯坦這批智力勞動者。(如果他們還有階級意識和這種興趣的話)。其實問題的核心正是在這裏。和密蜂螞蟻相比較，人類社會之有進化，有資本累積，有擴大再生產，並不貴乎人類能從事體力勞動，也不在于人類社會有組織，而在於人類具有其他動物所缺乏的智力勞動。

今日中國大陸的人口問題，使得中共的經濟計劃破產。但更重要的是，它使得他們奉爲聖經的馬克斯經濟學更進一步地破產。

從「鳴、放」到「反右派鬥爭」

——「反右派鬥爭」中的「章羅聯盟」

嚴明

自從毛澤東在「正確處理人民內部矛盾」一文中，發表了六項「鳴、放」標準之後，不久大陸上卽掀起了所謂「反右派」的鬥爭。中共對這一鬥爭作爲是一項「整風——繼續整風」運動，同時亦認爲仍是「大鳴大放」。如果硬把「反右派鬥爭」亦稱之爲「鳴、放」，則它的意義與性質可說完全變了。在先的「鳴」、「放」是各方面各界人士提出批評意見，所謂「百家爭鳴」，如說「反右派鬥爭」亦是在大鳴大放，則只是中共「一家之鳴」了。在先的「鳴」、「放」是「言者無罪，聞者足戒」，現在則是對有罪者淸算鬥爭了。

從「鳴放」到「反右派鬥爭」的這一轉變中，使我們對今後大陸情形與中共的作爲，得到兩點認識。一是大陸上的反共事實是普遍存在的，而這個反共事實是以民主、自由爲中心，並且是基於思想上的引導，所以大陸上的智識分子成爲反共的先鋒與領導者。一是中共經過「鳴放」的教訓，遭受了嚴重的抨擊，今後必然更加强其極權統治，並以思想控制爲主要手段。綜合這兩點，可以知道今後大陸上的情勢，必然是一面在要民主要自由，一面則決不給民主不給自由，形成兩個極端的發展，其衝突必日趨尖銳，縱然雙方可能隨一時的條件與機會而此起彼伏，不過這個基本的衝突與鬥爭，必日益加深與加劇。

爲確定這兩點我們可以把近數月來大陸上的「反右派鬥爭」的情形作一敍述，卽可明瞭，首先我們來看看「反右派鬥爭」中的大陸智識分子。

中共的「反右派鬥爭」被解釋爲「反黨、反社會主義」的鬥爭。如問怎樣才算是「反黨、反社會主義」？以及怎樣鬥法？可簡而言之，卽是共產黨一手抓着馬列敎條，一手抓着羣衆，在「鳴、放」中凡是不合馬列主義敎條言行的，就是「反黨、反社會主義」。利用羣衆假借羣衆作爲鬥爭的武力，其實中共開口閉口所指的羣衆，祇是被其挾持的一大堆可憐蟲而已。

中共的「反右派鬥爭」是全面進行的，卽所謂「在各行各業中展開鬥爭」。被中共指爲右派而被鬥爭的，有黨（共產黨）外的「民主黨派」人士，亦有黨（共產黨）內的幹部分子。其中被中共認爲最嚴重而鬥爭得最爲有聲有色的，就是民盟章伯鈞與羅隆基兩人的所謂「反共集團」與丁玲、陳企霞的「反黨集團」。前者是黨外「民主人士」，後者是黨內幹部。現在先來談一談所謂「章羅聯盟」反共集團。

對章羅反共集團的鬥爭

章伯鈞與羅隆基同是「民盟」的要角，在「鳴放」中，對中共曾予猛烈的攻擊，充分表現了對中共的不滿。在「反右派」中，首先被提出作爲鬥爭的對象。其鬥爭的方式，除了以所謂「羣衆」爲武器以外，還要發動被鬥爭者四週的「同道者」或有關係的人參加鬥爭。中共這個角色一方面是戲劇中的導演，一方面也是裁判與執行人。

中共對羅隆基的鬥爭，是藉助於參加羅隆基集團之浦熙修、趙文璧、葉篤義和與羅相接近的史良等進行的，首先由中共指出：「包括張東蓀在內的羅隆基集團是一個有組織有綱領有計劃的反共陰謀集團。這個集團的核心份子，有葉篤義、周鯨文、潘光旦、曾昭掄等人。在一九四九年以後，它進行了一系列的『反共反人民反社會主義的陰謀活動』」。

對羅陸基與張東蓀的鬥爭是以一次座談會的方式進行，該會在八月十九日下午在北平的「政協禮堂」中舉行，參加座談會的有民盟中央及北平市委的負責人與各基層組織的代表，以及其他有關各方面的人士與僞政協全國委員會工作人員共計四百餘人，當然出席座談會的這些人都是經中共策動邀集而來的，會議的全過程亦是在中共的安排與籠罩之下進行的。

據中共的報導，羅隆基在會議上作了兩小時的「交代」，發言稿有厚厚的兩本。一本題目叫做「關於宗派問題」，另一本稱爲「關於盟的工作」。開始時羅隆基表示願意「低頭認罪」、願意「澈底交代」，對於中共所指稱他的反共陰謀活動，作了一個槪述，他承認他有一種「無形組織」，這個「無形組織」就是他的「意識形態中的宗派主義」。他說：「從一九四九年到一九五二年積極搞過宗派，有過無形組織，一九五二年以後，停止了無形組織，不派人活動，不寫信，不托人帶口信，可是，這個無形組織在精神上和友誼上並沒有斷絕」。羅隆基承認他脫離不了這個圈子，見到無形組織中的人，就自然而然地搞在一起。一九五六年民盟召開第二次全代會時，他同「無形組織」中一些人見過面談過話，他會約孫大雨談過兩次話，曾昭掄和彭文應也在場。又承認看過孫大雨的一篇向共產黨猛烈進攻的八萬字的「控告書」。此外並同上海的彭文應，浙江的姜震中，昆明的李德家也分別談過話有過聯繫，他去四川視察工作，在成都期間，每天必同潘大逵見面，曾批評過潘大逵不敢「放膽發展組織」，曾鼓勵潘大逵應「積極搞盟務」。危朴齋在成都請他吃過飯，當時有馬哲民、潘大逵、張松濤等在場，此外又鼓勵湖北的馬哲民「積極負責」並告訴他說：「長期共存，互相監督以後，民主黨派大有可爲，大有前途，不應該消極。」在一九五五年曾勸湖北民盟副秘書長戴金生支持馬哲民做湖北省的主任委員，這些都被屬於「小集團」活動。

羅隆基在交代中敍述到：「他在一九五六年十一月和十二月間到四川視察工作時，曾經在重慶和成都擧行過十二次座談會和報告會，他說約來座談的人大都是有不滿情緒而肯于發牢騷的人，他把這些人的意見全部收集起來，一有機會就要代表這些『落後』智識份子呼籲」。又述及於一九五五年路過上海，韓鳴請他吃過飯，應邀而來的全是上海小集團的人，他曾勸他們在沈志遠領導下好好做盟的工作，叫他們擁護沈志遠，並說：「沈志遠是上海領導最適宜的人」。羅承認兩三年來，他在北平常見面的明友有吳景超、費孝通、潘光旦、曾昭掄、葉篤義、范朴齋等。

中共對羅隆基的這兩小時的「交代」，非常不滿。主要的是羅隆基沒有交代出反共組織的內容，尤其對於羅所說的「無形的組織」之稱謂，認爲是掩蔽了眞實的情形。

的確，就羅隆基全部交代的敍述，與他所表示的願意「低頭認罪」實在不相稱。因爲他所說的無形組織的活動，只是「見過面」「談過話」「吃過飯」至於「搞好盟務」「不應消極」以及「要某人領導、勸請擁護某人」等，這些行爲如果不涉及其基於何種企圖，則就這些行爲的本身以他當時僞森林部長暨民盟領導人的身份而言，並不構成任何「不當」，更說不上是「罪」。所謂「低頭認罪」很顯明的是在强權恐佈中一時的被强迫行爲，而「澈底交代」也就成爲一個空洞的敍述。中共當然非常不滿，於是乃利用民盟圈內人物以及與羅有往來而略知底蘊者實行「圍逼」。首先是史良開始迫供，提出四點：

1. 認爲有充分的材料足以證明，羅隆基的反共集團直到今天，一天也沒有停止過他們的陰謀活動，只是他們的活動採取了更有隱蔽的方式。

2. 要羅隆基交代他和若干在臺灣及在美國的朋友的關係。

3. 怎樣把包括張東蓀在內的羅隆基集團發展爲章伯鈞——羅隆基聯盟的全部事實經過。

4. 要交代出參加這集團的其他「右派份子」，特別是和張東蓀、羅隆基關係最密切的葉篤義。

其次是千家駒發言。千說：「在一九四九年到一九五一年期間，張東蓀和羅隆基曾經幻想「美、蔣」通過朝鮮戰爭反攻大陸，造成對峙局面，這樣他們便可有所作爲。又說「張東蓀曾說第三次世界大戰就要爆發，羅隆基也常常散布美國力量如何如何的謬論」。千家駒指出，張東蓀和羅隆基有共同的立場，共同的語言，共同的思想感情，是反蘇、反共、反人民、反社會主義的一伙，是美國國務院所殷殷期望的「民主個人主義者」的中心人物，最後提出了與張東蓀羅隆基關係最密切的葉篤義，亦是張東蓀羅隆基集團的中心人物，不惟是章羅聯盟的聯絡員，也是張東蓀羅隆基之間的聯絡員。

接着是楚圖南指出羅隆基集團在「解放初期」即急急忙忙地同美國勾勾搭搭，妄圖改變「中國一邊倒」的外交政策成爲親美的外交政策。並指出「張東蓀和羅隆基認爲在『抗美援朝』的鬬爭中，中國不可能取勝，蔣介石可能捲土重來，因此他們要坐觀其變，甚至認爲中共人民政府可能遷西南，於是指示潘大逵積極布置西南據點，準備退路。」

接着薩空了在會上宣讀了一封密信，這封信是羅隆基親筆寫的，也是被中共認爲是有計劃有步驟努力開展陰謀活動的一個證據。該信是一九五〇年八月二日，(卽韓戰發生後兩個月)羅隆基寫給趙文璧的，當時趙文璧在上海，曾把這封信交給了民盟中央。羅隆基曾在這封信的末尾說：「此函只可與眞能合作之友閱看，切勿廣爲傳觀，並請諸友勿在外宣揚，切切」。信的內容主要的有這樣一段：

「最近與東蓀、光旦、昭掄兄等多次詳談，均認爲我輩應在全國範圍內作有計劃有步驟的努力開展，此固友黨希望民盟今後之前途，同時亦爲我輩在盟中站穩脚步之唯一方法，西南方面我輩能合作之人，亦已回去努力布置。解放初期，左傾幼稚者亦爲過去華東執行部之作法，一手覇佔，經此次在盟中檢討，楚圖南已承認彼之錯誤，已將華南特派員取消，且已成立西南總支部，而前此被排擠之西南領導人，均爲總支部委員，大勢如此轉變，固非彼輩所料及也。在友黨最近進行整風整黨以前，弟前坦白向友黨提過此項意見，當時弟之意見，編爲下列四句話：『放寬統戰抓緊黨，共同綱領量短長，馬恩列斯毛澤東，耐心學習都稿通』，主要用意卽只能用共同綱領做統戰標準，不能用思想問題來折散統戰，使一般政客倖進，同時黨員太雜，必加整理，當弟提此意見時，盟中又借題攻擊。後來領導黨表示如此做法，而盟中無聊之徒始啞啞無言了，我輩把握此形勢則一切好做。最近我們商量，擬乘暑假之便由東蓀、光旦、昭掄三位來滬一行，與滬上諸友商量盟務發展計劃，並就近商量如何整理滬、寧、蘇等地盟務。惟不知滬上諸友認爲此行有必要否？我兄得此函後請約集眞正可合作之少數可靠朋友秘密一談，如認爲有用，卽請函復」。

薩空了提出這封密信後，並指稱「羅隆基和張東蓀在解放前，長期共同進行反共、反蘇、親日、親美活動，解放以後，又糾合黨羽重整他們的反共陰謀集團」。

然後浦熙修又揭露了羅與李宗仁親信甘介侯之間的往來，並指出民盟並沒有不承認國民政府擧行的國民大會和通過的憲法，只是「保留」而已。據浦熙修說：「當時，章伯鈞在香港要發動川、滇、黔的軍事力量和共產黨三分天下，那時羅隆基和章伯鈞就有着聯繫。」羅隆基曾在寫給浦熙修的信上說：你對於時局過分樂觀，以爲國民黨就要垮了，那是錯誤的……據港方估計時局還有五年，港方還在發動川、滇、黔三省的軍事力量呢！據浦熙修分析，所謂港方就是章伯鈞。

被認爲與羅隆基有密切關係，亦是被指爲「右派份子」的葉篤義在會上亦揭露了一些供中共清算的材料。在這些材料中曾述及在一九五〇年韓戰發生後，包括張東蓀在內的羅隆基集團反共活動極爲活躍。葉篤義說：「小圈子的人曾分別開過幾次會，羅隆基推測美國有進行第三次大戰的準備，周鯨文推測美國有佔領東北的可能，張東蓀甚至準備要向毛主席進言放棄一邊倒的外交政策。羅隆基還企圖把這個小圈子當作向共產黨訛詐和進攻的資本，羅隆基經常說：『統戰部如何對待我們，就看我們有多少本錢』（指有多少人）」。此外葉指出過去（中央竊據大陸成立僞政權之前）一些舊事，如羅隆基與司徒雷登的往來等。

與葉篤義同被指爲「右派份子」的錢端升亦發言指出羅隆基過去曾和軍統人員有密切關係，說：「羅隆基在昆明的美國特務（像美國領事石博思等）往來頻繁」。

最後由關世雄揭露了羅隆基集團對中共文教界方面的一個進攻。他敍述「一九五〇年五月，這個反共陰謀集團爲了反對當時即將召開的全國高等教育會議，反對院系調整，課程改革，曾經利用民盟總部文教委員會名義召開了一次高等教育座談會。張東蓀以民盟文教委員會主任身份主持座談，參加座談的有陳新民、潘光旦、錢端升、曾昭掄、陸志葦、錢偉長、費孝通、張伯駒、張東蓀等（其中大多數人現在是右派份子），他們主張保留舊大學的院系，反對配合國家經濟建設的需要調整全國大學院系，反對共同綱領文教政策所提的『人民政府應有計劃有步驟地改革舊的教育制度，教育內容和教育法』。這個座談會是這個集團在全國高等教育界點起反共的第一把火」。

會議將近結束時，史良於最後要求羅隆基下次要澈底交代這個陰謀集團的反共活動，同時，這個集團中的潘光旦、曾昭掄、葉篤義等也要澈底交代。

以上所述是羅隆基在「反右派」中被鬬爭中的主要一幕，根據中共的全部報導，羅的反共陰謀亦在這個會議全部揭露。從上述會議的內情來看，可說並沒有揭舉出羅的反共活動事實，除了翻舊賬不值得重視以外，值得我們注意也是中共所重視的應該是自中共竊據大陸後，這些包括張東蓀、羅隆基、章伯鈞等「民主黨派人士」有無積極的反共活動。我們認爲就中共所揭露的事實，其中以趙文璧所提出的一封羅隆基給他密信較爲令人注目，這封信雖然被中共認爲含有極大的秘密與陰謀，其實這封信也並沒有說出什麼秘密的反共行動，最多只是羅隆基企圖取得民盟的領導權，以求對於民盟的發展路線有決定的權力。因之這封信仍是站在「盟」的立場，並非站在反共立場而寫。否則信中所述必然是有一個行動的目標與方向。可是，就這封密信而言，實在舉不出反共活動的證據。因之這個「反右派」鬬爭大會實際上是落空了。雖然最後仍嚷着要羅隆基及其集團中的潘光旦、曾昭掄、葉篤義等人下次要澈底「交代」，而心裏也知道逼不出什麼來，所以下次會議也就沒有再舉行。這並不是說中共對於羅隆基的公案，就此不了了之，對於被指爲章羅集團中的「右派分子」就此放過，而是說「章羅聯盟集團」的反共行動，始終沒有能列舉出來。

章羅聯盟是章伯鈞與羅隆基的聯合集團，既然是聯合，則章與羅應各有其小集團。章是農民民主黨的主席，同時也是民盟的副主席，羅是民盟的副主席，兩人雖同屬於民盟，但各自領導的分子有別。章伯鈞集團多屬農民民主黨者，羅則多係文教界、新聞界的人物。由於章伯鈞及早向中共認罪而變更態度，羅隆基則較爲閃爍，致使中共認爲羅殊不「老實」，因而開會鬬爭，並以其有關分子進行清算，對於章伯鈞雖另案辦理，但「章羅聯盟」則是不能折開的了。

鬬爭會中爲什麼得不到結果，這是值得注意的問題，這並不是章伯鈞與羅隆基所形成的「集團聯盟」並非反共，我們認爲不僅章羅集團的分子反共，大陸上所有的智識分子可說都是反共的。章與羅曾受西方民主教育的薰陶，縱然在政治上有投機自私之處，但在基本思想上與共產黨格格不相容則是必然的事，尤其是七八年來他與中共相處僞朝，親歷中共極權統治之殘暴，不會沒有反感，也不會沒有打算。表面上章、羅利用自己所屬的「合法」黨派地位，連絡一批朋友，搞小集團，消極方面互相發發牢騷，積極方面利用時機、利用中共內部的矛盾爭取一點實際效力，加强本身地位之重要性，形成表面上與中共似「聯合」又「對峙」的聲勢，漸漸地從中共的附庸圈子中脫離出來，而其實際上則是向反共的方面摸索，一切的活動都是以反共爲維繫。在大陸上尤其在智識分子心目中亦唯有反共才能連絡人心，進行發展，因爲如果是「擁共」那又何須要他們活動，大家儘可以直接向中共獻媚反較實用，是則也無須要秘密；既屬秘密進行，必是反共的活動。既然如此，中共爲什麼在這次鬬爭會中沒有得到結果（計劃與綱領的內容）？如果那些被中共利用而清算羅隆基的人們，眞的已經「變節」向中共重新投靠出賣了過去自己的夥伴，則一切秘密的內容，應當全部揭露出來，因爲其中實多屬參與秘密活動者。可是，從鬬爭羅隆基的座談會中，我們可以發現發言的人都把眞正的秘密隱蔽了，對羅隆基的指責與攻擊多屬表面文章向中共敷衍行事而已。比較嚴厲的指責都集中到羅隆基在「解放」前的若干言行。因爲這種指責與攻擊，表面儘管熱烈嚴厲，實際上是毫無作用。可是對「解放」後的一切活動則多避重就輕，所舉出的一封密信，在中共以爲是一個重大發現，然而信的本身並不具有秘密的內容。至於民盟文教委員會開會反對中共改革教育的政策，亦並不是什麼秘密。民盟文教委員會開會是「合法」的，反對教育制度改革，亦可說是善意的建議，中共既有「鳴放」的號召，則這種建議更是應有之舉，並不違背中共的「統治秩序」。對羅隆基鬬爭的會議所以沒有結果，證明了所有指責都不能得到一個結論，追問不出一個水落石出。

中共當然不會輕易饒過章、羅的小集團組織的，在中共看來問題似不在他們幾個人，而是在他們秘密的組織與活動情況。因之在鬬爭羅隆基沒有獲得結果之後隨即對與羅有往來而較密切的民盟分子擴大清算和鬬爭。例如民盟的湖南負責人杜邁之——被稱爲章羅在湖南的據點，瀋陽的陳彥之，遼寧程厚之等都遭受了清算。而初步鬬爭的情形，與鬬爭羅隆基得到的結果可說是大同小異。（下轉第12頁）

自由中國　第十七卷　第十二期　從李楊獲獎說到科學教育

從李楊獲獎說到科學教育

趙曼君

一

自李政道、楊振寧兩先生獲得本年度諾貝爾物理學獎金的消息傳來以後，國人無不歡欣雀躍。談論的人已經很多，顯示了這件事對於國內科學研究有着新的刺激。這是值得慶幸的。

我們將李楊獲獎這一件大事，從報章所載以及私人談論中的所見所聞，歸納起來，可獲得如下的印象：㈠純正的科學工作者從工作本行上說話，希望眞正爲發展科學教育、建立科學研究的基礎切實地做些事。他們說的話是老實平淡的行家話，也最足受人重視。㈡搞政治或以「教育及學術工作的領導者」自居的人，平日說慣了誇誕不經的話，自己有自己的一套「邏輯」，有意和無意之間，總不免拿這件事和自己的「功績」拉些關係。這其實也無關宏旨。最令人「倒胃口」的是利用這件事來大做其文章，藉此鼓吹玄學觀念，把科學研究的前途安排在一種「政教合一、天人雜糅」的假想境界裏，此與大家所亟待提倡的科學精神根本是風馬牛不相及。㈢另有人提出「科學教育與精神教育應同時並重，以維護我國固有文化」。將科學教育與「精神教育」對舉，並得到一個「維護我國固有文化」的結論，此即光緒年間「中學治身心，西學治世事，既免迂陋無用之譏，亦杜離經叛道之弊」之老調重彈也。就字面看來，比起那老調還說得不夠清楚，實無評論價值。㈣社會上對上舉㈠㈡兩點的談論（即科學界教育界的人所說的本行話以及官方人士發表的見解）加以比較申論，對我國科學研究的前途，寄予深切的責望，其中頗多平實之見。亦有因官方的談論過分强調了「光榮心理」的一點，而引起若干憤慨，例如關於李楊所受的科學基礎教育，有人認爲不能侈言它完全是在國內所受到的。不過我覺得這一點不必爲本題爭論的中心，無疑的，李楊如非在國外深造，決難有此成績，我們今後的問題是如何面對事實，有效地加强科學教育，不但希望多造就幾位像李楊兩位這樣科學家，同時也更要整個發展學術研究的前途。至於此兩君在國內大學所受的科學教育何若，這裏邊當也包括了那時的大學水準和學術空氣等因素，也許正是以供大學今日的策勉，藉此得到一些警覺。正不必在上述的一點上說「閑氣話」。

總括以上各種不同的論點，我們可以說：㈠㈣兩種意見正視了一個迫切需要的問題也即是平實的建議。㈡㈢兩種說詞，表現出他們不懂得科學精神之爲何物，或者是因爲他們擔心過分强調了科學精神，「固有文化」便有被忽視的危險。所以一觸到本題，接着就要來些不相干的「附帶條件」。我們甚至可以說，在官方的那些「光榮心理」的後面，實在還隱藏着一種自卑感。自卑的人，不問其爲個人的自卑或民族的自卑，往往表現一種虛驕的自大，所以竟有人說出「振大漢之天聲」一類的話。我們如果期待這些人去提倡眞正的科學研究，重視科學和民主的精神，面對着問題切實地做事，殆屬戞戞乎其難哉！

然而，科學研究雖爲科學界本身之事，而幫助其發展的責任則同時屬於國家社會。談研究設備，要靠國家在最大的可能情形下肯花大錢；而且要花得得當，不是用來裝點門面，或以送稿費的辦法去收買爲自己捧場的吹鼓手。談學術精神，也得看政府和社會是否都能寄予相當的尊重，使學術能充分獨立自由地發展，絕不受到任何無謂的干擾。因之，主持教育和學術行政的當局，以及民意代表們的看法，對這些實際問題都會有重大的影響。我們覺得，無論提倡那一件事，如果首先不能在觀念上得到適當的澄清，有健全的心理準備，則做來必無是處。

這就是作者在許多人已經談論了李楊獲獎的事之後，還願草寫本文的動機所在。在本文內，我只指出，若干最足以妨碍學術研究前途的一些觀念上的問題。因爲那些問題，如果不獲解決，正足構成我國科學研究的致命傷。至於「加强科學研究設備」以及「改善研究人員生活環境」，這些最現實而爲大家所共見之點，談到的人已經很多，本文無庸再加補充論列。

二

首先，科學的精神重在求眞，而眞理這個東西，如果不去努力追求，用心把捉，它最容易遁形，所謂「善未易明，理未易察」，在求眞的過程中，要給人們帶來多少困惑！在學術研究的天地裏，任何一樁新的創獲，都是由懷疑、推理、假設、求證，而慢慢得來的；等到有了新的發現，藉着觀察和實驗而證實了它，這時，你修正了前人的理論，或者根本推翻了他們的論據，這就無所用其顧惜，無所用其假借。李楊二君在物理學方面的研究，推翻了對等性的定律，就是一個最好的例子。本年一月間，當美國哥倫比亞大學爲此發表試驗報告，肯定了李楊新理論的建立，在哥大的會議席上，曾獲諾貝爾獎金的拉比教授說：「由於這個發現，過去精心建成的物理學理論結構，竟然從基礎上垮坍了，我們還不知道怎樣把這些碎瓦殘磚重新收拾起來。」紐約時報說：「多年以來，物理學家一直在力圖打開一扇堅閉的大門，結果居然發現大家所合力推撞的，竟是一扇畫在牆上的假門。今後，物理學家們又得重新摸索眞門的所在了！」這些報告和評論，同時也說明了眞理精神之可貴。於此，眞理的存在，是表現在一堆冷冰冰的物象中，由不得你以情感去左右它，解釋它，一切只有憑觀察實驗，用理念來分析它，把捉它。這裏邊既沒有權威的意識作祟，更沒有任何教條主義的存在。如果人云亦云地去做應聲蟲，決無學術研究之可言。

說到這裏，自由國家之所以必須要尊重學術的獨立和教育的自由發展，其要義就很明白了。所以，國人高唱提倡科學精神，高唱發展學術的自由，第一個要緊的問題，就是要尊重學術研究的獨立自由，千萬不能再介入政治的因素！由於李楊二君在學術研究上的成就，益可給大家一個警惕和覺悟的機會。此一認識，不但直接關乎反共抗俄、復國建國的大業，也同時是爲人類推進文化，爲我們的民族後世謀福祉的千秋大業。

此雖常談，要爲首義。先有此基本認識，然後纔能談到其他的問題。

其次，我想說到的，也是大家所常談到的：理論科學(或稱純粹科學)爲應用科學之母，要發展科學教育，首先要促進理論科學的研究。而基礎課程的教學，實與之息息相關。我們的中學大學，應如何去加强數理化等課程的教學和實驗，實值得教育當局重新研議規劃。要談這個問題，先要稍稍說到一般的課程情形。我們認爲：現行的學校課程利用以測驗的方法，有許多地方不合理，無裨於實用，無當於事功。有的課程是不必要的，或是重複浪費的，也佔去了青年學生許多時間。課程繁重的結果，是一樣都不容易學好，生吞活剝，死背硬記，用以應付考試。所學的東西既不消化，便不能算做知識。一般學生程度之易趨低落，這恐怕是主要的原因。

有關課程和教育制度的問題，個人在此所想的，簡單說來，有下面幾點：

①我們的中學教育，有人說是本乎「平均發展」的原則，個人的印象則認爲：初中除了語文教育外，大抵可叫它爲「雜亂的常識教育」，高中爲初中之延長，而過渡到「升學準備的教育」。按諸實際，所謂「平均發展」，恐怕未必吧？與其如此，初中的課程何不删繁就簡，專着重國英數三門基礎課程之教學(理化、博物等可留到高中去唸)。高中何不採取分科教育，大別爲文理兩科，一則可使中學自成一個階段，養成有用之國民，同時也可使基礎好天資够而可以升入大學的學生在高中時就可選擇他的學習志願，趁早增强有關科目之學習。高中文科的畢業生可考大學的文法學院，理科的畢業生可考大學理工農醫等學院，使他們升入大學時容易受益，並資他日獨立研究的準備。

②我們現時的大學一二年級，按其課程性質，大部分等於「高中複習班」或「大學預備班」。到了三四年級，不少的課程忽然專之又專。這樣的情形對於科學教育的植基會有好處麼？與其這樣，何不把中學的課程調整安排一下，把中學辦得像樣些，以節省大學複習的時間，而免除教育的浪費。大學裏過於專的課程留到研究院去唸，讓有志深造的學生去鑽研。

③然而，尚不止此也，我們的「專才教育」還未辦好，現在又要提倡「通才教育」的理想了！(東海大學已有實施，不知結果如何？其他的大學，據聞有的也要開始試辦)所謂「通才教育」，聽說是文科的學生要讀幾門理科課程，理科學生也要讀幾門文科課程，好做個「通人」，「蔚爲大用」。這個辦法，聽說在美國早有實施，如哈佛大學，如麻省理工學院。他們的情形怎樣，我不清楚，我國的學校制度既是抄襲外國的，現在來此「時髦」，原不足怪。不過，在本來的許多繁重的課程之外，再加上「通才」的課程，不管你把原來的課程怎樣縮短時間，其整個繁重的問題則或有增無減，那麼，在這樣的大學四年教育裏(包括上面所指陳的那些現象)，能否造成通才？抑或搞成通不通，專不專，個人認爲還是一個大疑問。至少，這對於自然科學的教育前途是不會有什麼幫助的。對於醫工農等實科亦不會有顯見的好處的，因爲那些院系的課程原來就很繁重，貪多少得，恐是自然的結果。

④除了學外國以外，我們尚自有其「民族精神教育」。這一點，是自小學以至大學一以貫之的。提倡民族精神，應該是無可非議的。但我們覺得，照流行的「民族精神」一詞的涵義，則在文史課程的講授中發揮一些「微言大義」就該够了(中學的國文教材，差不多每篇都與民族精神有關)，用不到再用政治課程去灌輸，學生對政治課程不但普遍提不起興趣，而且引起了許多反感。總統提倡民族精神教育的原意，應當是着重在國民倫理道德的方面，但倫理道德的教育，不一定能爲現行的黨化教育所兼攝，無論就學術或就教育的意義方面言，不能啓發學生自由自在的心智活動，結果總是失敗的。教員或學生，在言談或課業的討論中既有許多顧忌，心口相違，或效金人之三緘其口，在這樣的空氣之下，不能不說是相當阻碍了自由自在的心智活動的生機，這恰與民主和科學的精神背道而馳！我們的政治當局和教育當局如以此來同時倡言進步的科學精神，蓋屬南轅而北轍。

總括以上①至④節，我們的教育，實在是辦得有些不三不四。以上所說的雖不局限於科學教育的問題，但那些現象，都不能不爲科學的基礎教育以及科學精神的大礙，都是毫無疑問的。

三

上節所述，一是希望政府要絕對尊重學術研究的獨立和教育的自由發展，千萬不能再介入政治的因素，此亦所以爲國家保存學術文化的命脈。二是希望教育當局對於現行的學校課程與夫教育方針應作全盤的調整改進，欲語加强一般基礎科學教育，此乃首要之圖。而其中談到「政治課程」的問題，則實與「尊重學術獨立和教育自由發展」的論旨有關。這裏邊如果要「剝繭抽絲」，還需要說很多的話，爲節省篇幅起見，此不贅述。

目前爲害於青年學子的身心以及他們所應受到正常教育之發展的，莫過於課程繁重的問題，所以我特在此處再予專節論列。我們縱不談到基礎科學教育之加强，僅就那些繁多的課程之問題本身立論，已見其相當嚴重。大家只要看高小的惡性補習，高小和高中畢業生之考不取中學大學者，紛紛走入補習班之途；以及考入大學後，一二年級還要複習許多科目，都足以說明這個嚴重的事實，如果在學校裏正常的課程中讀得有效，又何用那些太不經濟的補習？

各級學校課程之繁重，固不自今日始。傅孟眞先生在「中國學校制度之批評」一文中(此文爲孟眞先生在臺灣大學校長任內於三十九年冬逝世以前所寫)對於這點曾作了一段史的敘述，他說：

「……每一任教育部長必有新猷，亦必因其所留學國所學之科不同，而有嶄新的見解，上任稍久，發展其抱負，便有一番作爲，原來的固不便改動，新加的却無人阻礙，這也不限於教育部長，凡能影響教育部長的，也有此效力。於是一層之上，又加一層，舊的不去，新的又來，於是而中學課程之繁重，天下所無，於是而中學課本之艱難，並世少有，於是而中小學生之身心，大受妨礙。這是學外國嗎？外國無一國如此。這是達一種理想嗎？也不會說出是何理想。加以中國文字之比較困難，外國文之應該早學（中國科學書不足之故），公民一科之標準奇高，小學常識竟比美國 College 常識還要求得多，等等，於是乎一切多成了具文；就是說，章程上高矣美矣，事實上是做不到——這一點倒深合中國國情！」

這些現象，再加上今日較前尤多的政治課程（初中一年級就有「政治測驗」！），更是不了之局！孟眞先生早在民國二十一年就寫過一篇「教育崩潰之原因」，說到課程問題，有這樣的幾句話：「青年人的腦筋單純，與其給他些雜碎吃，不如給他幾碗大魚大肉。這些教育家們奈何把中學小學的課程弄得五花八門，其結果也，畢業後於國文英算物理等基本科目一律不通。」（傅孟眞先生集二八一頁）因此，他接着在另一篇文章裏提出具體的建議：「將中小學課程之門類減少至最低限度，僅僅保留國文、英文、算學、物理、化學、自然知識、史地知識、體育等，而把一切不關痛癢的人文科目一律取消，一面將黨義的功課堅實的改良，使其能容納些可靠的人文知識。」（引同前書二八四頁）這個建議雖然不是詳備的，大旨亦灼然可見。孟眞先生是學者通人，也是一位具有遠大見解的教育家，不過，像這樣顯見的弊害，孟眞先生當年所見到的，主持教育行政的人豈有充耳不聞之理，乃竟很少有人正視這個問題，以至近二三十年來，大體依然是像他所說的「一層之上，又加一層，舊的不去，新的又來」，不但積重難返，而且愈演愈烈。

可是，我們的教育部張部長於十一月廿一日發表書面談話，關於「發展科學教育，今後對專科以上學校之政策，及我國學制有否修改需要之問題」，他却以完全自信的口氣表示：「將我國中等以上學校課程與歐美比較，認爲我國學制本屬健全，當繼續保持優良傳統」云云。張部長究竟是怎樣的將我國學校課程來和歐美加以比較？是否僅比較課程的種類和名稱，至於實有的分量以及教學的方法如何，張部長細心考察了沒有？又歐美民主國家的學校是否也有類似我國學校的政治課程？因而分散了學生不少的時間和精力，這一點張部長注意了沒有？關於他這一篇書面談話，我們僅在報端看到那幾句簡要的報導，未悉其詳，筆者以一個普通知識分子（非教育專家）的眼光看，僅就本文所指陳的那些因課程繁重雜亂而造成教育的浪費，青年身心所受到的賊害，以及上引傅孟眞先生在卅九年所寫有關學制批評的那一段「史的敍述」，（他說：「中學課程之繁重，天下所無，中學課本之艱難，並世少有」）而且，我們知道，自卅九年到現在，學校課程僅有一二門之調整，總的說來是有增無減，那麼，張部長所作的該一比較，並因而得到一個「我國學制本屬健全，當繼續保持優良傳統」的結論，其眞實性如何，也就可想而知了！其實，此語出諸張部長之口，也許還不失爲一種謙德，因爲「本屬健全」和「優良傳統」云云，當與張部長任內的新猷無關。若看一看年來自由中國在教育方面，所表現的那種粉飾門面，好大喜功的作風，以及足以危害教育百年大計的諸多設施，回頭再讀一讀傅孟眞先生所說的「每一任教育部長必有新猷」的話，眞叫人感慨系之。（孟眞先生是以「辦平淡無奇的教育」、「無赫赫之功」自勉的。「哲人日已遠，典型在夙夕。」走筆至此，我不禁想到文天祥的「正氣歌」；也不禁想到晚唐韓偓的兩句詩：「白面兒郎猶巧宦，不知誰與正乾坤！」）

在今日這樣龐雜繁重的課程之下，在「通才教育」的理想漸就發展的趨勢之下，究將如何去着手加强基本科學教育之實施呢？難道是增設了理工方面的獎學金名額一百名，或者再辦一個什麼館，什麼研究所，舉行一次科學展覽，就算加强了「科學教育之推行」呢？我們當然有理由可以相信，在一百名或者幾百幾千名的獎學金名額中，將來可能再有像李楊兩君這樣傑出的人出來，但縱使那樣，也不能代表中國的科學基礎教育整個有了決定性的發展。

大家必須有一個共同的警覺：在我們這個貧窮而落後的國家裏，其他方面的浪費倒有機會可以補救，影響也不至過分的深遠，只有教育是最禁不起浪費的，光陰去而不復返，教不好這一代，下一代跟着更糟。關於科學研究，大家叫了「迎頭趕上」的口號已經幾十年，而近幾年恰是世界科學「突飛猛晉」之時，我們連基礎科學的教育都不會搞好，過去只是關起門來做「政治教育」的迷夢。今天說要加强「精神教育」，明天說要加强「勞動教育」，後天又要提倡「通才教育」，這些光怪陸離的想法如再不適時糾正，誠不知何以立國於今日！

趁着大家高唱促進科學研究，加强科學基礎教育之際，我要呼籲對於現行學制和課程的問題來個全盤檢討，訂出一個切切實實的改進方案。像傅孟眞先生過去所主張的「一面將黨義的功課堅實的改良，使其能容納些可靠的人文知識」，這個主張固然未免天眞了一些，事實上那種的改良也不容易辦到，理由不必詳述。但是像他所建議的「將中小學課程之門類減至最低限度……把一切不關痛癢的人文科目一律取消」的一點，總可以相當地做到。有些人文科目和政治課程（儘管它無「政治課程」之名），包括課內的必修，課外的「指定必讀」，多是大大可以刪繁就簡的。例如在大學裏，前幾年列爲共同必修的「俄帝侵華史」，後來改在「中國近代史」中擇要講授，就是一個刪繁就簡的例子。

在現時泛政治主義盛行的情形之下，這個建議或許也太天眞了，不過，如果各級學校和民意代表們肯爲我們的青年和百年大計的教育着想，拿出良知和勇氣，列舉弊害，向教育當局力爭，當局是沒有理由可以拒絕的。

照現在的情形，再往後看，如云中國最大之危機在教育，亦決非過甚之詞。當然，教育影響政治，決不如政治影響教育之甚，唯其如此，大家更要力倡民主科學的精神，力爭學術的獨立，教育的自由發展！這是中國知識分子今日所應具有的責任和認識。

四十六年十一月二十二日

太平洋上

辛之魯

這次航海走了半個地球，從基隆經菲律賓、火奴魯魯，巴拿馬到美國的巴鐵摩爾，一共有一萬一千八百餘海浬，眞可以說是乘長風破萬里浪了！

八月十日，船由基隆啓碇，沿臺灣東岸向南行。當船離開碼頭時，看着家人和朋友們，在岸上揮動着手帕，我心裏是麻木的，直到那些白點子漸漸遠去，我的心才漸漸恢復感覺，意識到我將遠離家人和那些朋友們了，想起了在那個島上所渡過的八年的歲月，不禁黯然神傷。我痴立在甲板上，飛魚一羣一羣的躍出海面像箭一樣，將海水畫成萬道白光。對着如此美景，我心裏想：一切的名利都是虛幻的，只有過一種恬淡而快樂的「人」的生活，才是最眞切的。為此，我要走；為此，我也要回來的。

十一號下午四時，我們就進入了巴士海峽。十二日早晨醒來，我們已到達菲律賓北部，下午四時左右到達呂宋島北部的一個港口桑佛南多(San Fernando)，船在港口外拋錨，等待結關。桑佛南多港並不算大，離菲律賓的夏都碧瑤不遠，在臺北聽到的「美國之音」卽在桑佛南多播出。入夜，美國之音電臺的紅綠燈光，映入港灣水中，是一副非常美麗的海上夜景。當晚，菲律賓移民局及海關官員登船，辦完結關手續後，船於夜十一時啓錨繼續向呂宋島南部行駛。十三日晨七時到達麻辛洛克(Masinloc)港，船在這裏裝礦砂，停留了兩天。我們便乘機上岸一遊。

一　菲律賓風光

我們向麻辛洛克的移民局官員商洽上岸觀光，他們發給我們上岸證(Shore Pass)。我們一上岸所得的第一個印象，就是這小鎭到處是可口可樂的招牌。這不禁使我想起德貝吾(De Beus)在西方之未來(The Future of the West)一書所述，美國的可口可樂征服了世界的每一角落。水是由高處向低處流的，高度文明的產物自然要向文明較低的地方流，這豈是抱殘守缺者所可抗拒的!?

菲律賓人和警察對中國人還很友善，當我們通過檢查哨時，菲律賓警察以英語向我們打招呼：「嗨，朋友，上岸去嗎？」菲律賓人對日本人的感情仍非常惡劣，往往有日本旅客被非人毆打事發生，有時有中國人被誤認為日本人而吃一頓寃枉拳頭。侵略者所造成的民族仇恨，是需要長時間消弭的。

在這一個五千居民的小鎭中，據說就有上百的華僑。最漂亮的房子是華僑的，最大的商店也是華僑的。他們都是刻苦勤奮起家。

非律賓的房屋大都是木造的，屋頂覆以茅草，室內多是光滑的地板，究其原因，也許是菲島盛產木材的緣故吧！非人以米為主食，但他們不用筷子，將菜抓在手裏和飯一攪，便喂到嘴裏。

小鎭上到處閒盪着游手好閒的人，海風過處，椰影婆娑，南國風光，別具一番風味。非人面色略黑，男人大都穿西式牛仔褲，花襯衫；富有的女人愛穿着大蝴蝶結袖的衣服，令人有飄逸之感。

麻辛洛克鎭的麻將之風頗盛，無論是在白天或夜晚，你都可以聽見竹戰之聲。我曾笑對一個菲律賓青年說：「我們中國已經征服了你們！」他一楞，茫然不知我何所指，我又說道：「以麻將耳！」他哈哈大笑。我對於此道是一竅不通，但對於這被譽為「人生的最高藝術」的麻將，覺得其中有至理存焉！

菲律賓的治安和社會秩序據說很壞，搶案殺人案幾乎無日沒有。官員貪污之風亦甚盛。但從菲律賓的報紙來看，他們對於黑暗的一面，是毫無情面的加以揭露的。八月十四日的馬尼拉時報 (Manila Times) 所揭露的貪污案，就不下數起，其中有政府官員的貪污案和海關人員的貪污案。黑暗面被揭露出來就有改革的希望，否則永不見天日，那就只有腐爛到底，以致於無法收拾。

菲律賓享有很多的新聞自由，這從八月十四日的馬尼拉時報可以窺知一二。該報有一篇時論「孔子與今日政治」(Confucious and Politics Today)，這篇文章開首大大地讚揚了孔子一番，闡明「政者正也。子率以正，孰敢不正？」的道理。同時又猛烈評擊政府的貪污、低能和腐化。最後該文批評菲律賓的政治說：「一個人當選後第一件要做的事就是忙於佈置下屆競選。一般老百姓呢？就是空談政治，致使田園荒蕪。一個人當選了省長，他第一件要做的事就是迫害其政敵。那麼一般老百姓呢？彼此互相毆鬬。一個人當選了市長，他第一件公事就是吞侵公欵以自肥。那麼人民呢？彼此掠奪財產。」最後該文批評：「全國性的選擧亦復如此。選出自己所希望的人做了總統，他立卽使他的皇親國戚躍登龍門。於是人民便跟着仿傚，自私的程度和他一樣，只顧一己之私利，並巧妙地逃避法律的制裁。選擧你喜歡的人當了副總統，他却被勝利冲昏了頭，掌摑參議員和政敵。人民怎麼辦呢？上有好者，下必有甚焉者矣。形同流氓，其子女亦紛紛效顰。」我們從這一篇文字中可以看出菲律賓還是有希望的。希望在於有言論的自由！

二　嫦娥應悔偷靈藥，碧海青天夜夜星

八月十五日晨九時半，船離麻辛洛克向火奴魯魯航行。菲律賓天氣炎熱，兩夜都無法安眠。船離麻港後，海風吹來，天氣較為涼爽，一夜睡得酣甜。但是第二天惡運來了，颶風起於 Mariana 羣島。海上受颶風影響的範圍達七百浬。我們的船距颶風中心三百浬，但海上波濤汹湧，萬噸巨輪

像一個小皮球似的在海上滾動。浪比船還高，從船的右舷衝上，由左舷衝出，艙房也爲海水侵入。這一驚險場面，對於一個沒有航海經驗的人而言，眞是驚心動魄。這種情形一直繼續了三天。

八月廿二日午夜，我們的船經過塞班島（Saipan），這是在赴火奴魯魯途中僅有的一次看到陸地和燈火。看着萬家燈火，對於那些沉於溫暖夢鄉的快樂自由的人們，羨慕之情不禁油然而生。塞班島是美國太平洋上的海空基地。第二次大戰期間，美國和日本會在此發生激烈的戰爭。

八月卅日，船通過國際換日線，所以有兩個卅日。有人開玩笑說，從東半球到西半球的人，如果不幸魂歸西天，閻王爺一查生死簿，就要大吃一驚：「你怎麼多活了一天？算你小子運氣！」

每次有留學生的船上，據說都要演一場「小[illegible]爭奪戰」，男生追女生。上船時大家是朋友，下船時便變成仇敵，失敗者便要受「無妻徒刑」。我們這條船上並無「女禍」。我曾笑謂同船許君：「我們上船是朋友，下船還是朋友！」

這二十天的航海生活，所看到的只有一片茫茫大海，除了塞班島外，看不見一線陸地，也看不見一艘船。連水手們也會咀咒一聲：「無情的海！」如果找一句話來形容我在這一段旅途的心情，那就是李義山的兩句詩：「嫦娥應悔偷靈藥，碧海青天夜夜星。」

三　太平洋的樂園——夏威夷

我們是九月三號晚九時，到達火奴魯魯港外。一般港口的規定，夜間多半是不能靠岸的。我們的船本來已在港外拋錨，預備次日早晨進港。但在午夜後一時許，領港船由火奴魯港駛來，引導我們的船駛入港內靠岸。

經過了廿幾天寂寞的航海生活，第一次又挨着了陸地，心裏眞是有說不出的興奮。大家站在甲板高處，遙望火奴魯魯的萬家燈火，感到無限溫暖。當晚正是舊曆初十，月光皎潔，將海鍍成了閃灼的銀色，而遠處火奴魯魯的燈光好像一堆碎鑽，那一副夜景迷人極了！

我們靠的是八號碼頭，普通是美國總統號輪船公司所用。碼頭上還有送行者留下的五顏六色的彩紙條，在微風中飄盪，這其中不知有多少離情別緒!?船還未靠好碼頭，移民局和海關的官員，已在碼頭等候，船剛靠好，落下浮梯，他們就上了船。辦理各種手續。這時已是夜晚兩點鐘。我們當時大家都有一種感覺，就是美國之強，是有其道理的。從他們這種認眞的辦事精神和效率來看，別人豈有不強之理!?他們始終是以一種輕鬆愉快的態度辦理我們入境手續、查看護照、加蓋圖章。

夏威夷羣島的主要島嶼有五個：Kauai, Oahu, Molokai, Maui, Hawaii，其中以夏威夷島爲最大。火奴魯魯在 Oahu 島上，是夏威夷的首府，與美國太平洋的軍事基地——珍珠港只相隔咫尺之遙。夏威夷人口共約五十萬，火奴魯魯人口約佔全島五分之三——約卅萬。四季如春，一般人稱爲太平洋的樂園。

九月四日晨，我們到岸上遊覽。穿過碼頭，即進入大街。碼頭出入口無人檢查盤問，隨你出出進進；貨物堆積如山，也不怕人偷竊。我對火奴魯魯第一個印象就是車讓人，而不是人讓車。車水馬龍，你走到沒有紅綠燈的地方，儘管放心過街，車子總是停下來讓你先過。這使我想起東京和臺北汽車橫行霸道的情形。這兒的人似乎比汽車高貴威風。汽車像一條長蛇似的靜靜駛過，喇叭之聲已絕於耳。

火奴魯魯可以說是一個五族雜處之地，有黑人、白人、日本人、中國人、夏威夷土著和混血兒。據說日本人最多。這兒的人都「美化」了，如果你碰到一個中國人，他也要用英語和你交談。日本人仍然保留他們那股勁兒，一望即知。土著面黑，濃眉大眼，在文化程度上恐怕是不及其他種人。我們一走出碼頭，就有土著女人向我們兜售鮮花製成的項圈，一元美金五串，芬芳襲人，色調鮮麗。賣花已成爲夏威夷一種事業。據說一個賣花女郎的收入一月可達四五百美金，她們大都是汽車階級呢！

火奴魯魯街上，很少看到警察。我在火奴魯魯逗留的一天中，只看到一個騎着摩托車的警察經過大街。重要的街道口的紅綠燈都是自動管制的。一般人民守法的精神令人驚異，無論有無車輛通過，只要是紅燈一亮，就沒有人橫過街道。守法似乎已成爲榮譽，街上的人都匆匆忙忙的，這與菲律賓人的悠閑，恰成一顯明對照。

夏威夷有美國一切文明的產物和享受。但我在這兒却找不出來一點兒他們自己獨特的文化。汽車是美國造的，房屋是美國式的，衣服是美國式的，連人的舉動也是美國式的。如果可能，找出一點東方文化，大約就是吃這一項了。這裏有華僑餐館，也有日本的御料理。不過我沒進去嚐過，不知道是否連東方吃食也美化了。

我們在小咖啡店裏吃冰，我向老闆娘打聽去威奇奇海濱浴場如何走法。她以愉快的口吻將威奇奇的浪漫情調，向我描述了一番，告訴我搭車的地方，最後還說了一聲：「希望你能欣賞威奇奇的風光。」

威奇奇海濱是一片漫長的沙岸。碧海一望無垠，一對對的情侶，在海上玩風船、游泳，或在海灘上砂浴、日光浴。椰子樹下，微風盪漾，情侶們的笑聲和浪聲混成一片，他們旁若無人的在樹下擁抱熱吻，好像世界上只有他們倆個人似的。在火奴魯魯這個美式社會所看到的是效率、速度和物質文明。但在威奇奇却可以看到他們生活上的情趣。

這裏的人們是過着屬於他們自己的生活，他們忙碌的工作只是爲了要促進他們所愛的家人的生活。在這裏，只要肯努力、有腦筋，就會有向上的希望。在這裏，我們看不出「權勢」是生活上所必需的。

四　兩岸鳥聲鳴不住，輕舟已過萬重山

九月四日下午五時，船離開火奴魯魯時，心裏竟有依依之感。我們又開始向汪洋大海航行。我們的船每向東航行十五度，時鐘就撥快一小時。我們又經過了十九天的航海生活，我們於九月廿三日傍晚到達巴拿馬運河太平洋口岸的巴爾保（Balboa）和巴拿馬城。此時已是薄暮，晚霞綺麗，海鳥

一羣羣地飛向小島，它們都歸巢去了！當它們在船邊飛過，一陣鳴叫，令人心驚，鳥倦歸巢，我這海上孤客，却已離家萬里，何處是歸宿!?心頭湧上茫然之感。船停泊在港外，等待次晨通過巴拿馬運河。入夜，海上萬籟俱寂，獨坐船頭，遙望巴爾保及巴拿馬城一片燈光，偶爾有魚從水中躍出，將海水打的嘩啦一響。夜是靜極了！在我們船附近停有十幾艘船，都是等待次晨過運河的。各船燈光照射在海上，好似一幢幢的水上房屋，引人遐想。

夜半，一艘小艇載來招商局代理商，為船上的人送信來。大家以極興奮的心情等他上船，雖然並不是「烽火連三月」，但却是「家書抵萬金」。人人爭搶家信。我將信拿在手裏，反而不忍馬上拆開，說不出是喜還是悲。

巴拿馬共和國是一個中美洲小國，土地有二萬八千多平方里，比臺灣大一倍多，人口總共才有八十多萬，比臺灣少十倍。美國由巴拿馬永久租借的運河區面積僅三百六十二平方英里，人口約五萬多。巴拿馬位於北緯七度，靠近赤道，所以氣候炎熱。在巴拿馬華僑有五千多人，大部是經營餐館和商店。據說華僑最多時曾達幾萬人，但死的死，走的走，現在僅剩五千多人了。在這裏西班牙語比英語普遍，有時英語無用武之地，我在哥倫(Colon)一家餐館用餐，竟與侍者彼此不能達意，結果找了一個會英語的警察當翻譯，才彼此說通了。

巴拿馬運河是由美國人鑿了十年於一九四〇年完成的。起初是法國人雷賽普 (M. De Lesseps) 於蘇彝士運河完成後，組織了一個巴拿馬運河公司，但他開鑿了十年失敗了。他失敗的原因是這一帶瘧疾流行，工人相繼死亡者累萬，再加山崩，終於工程無法進行。雷賽普遂將他的公司財產和權利賣給美國。一九〇三年美國與巴拿馬共和國訂立修築運河的條約，巴拿馬將運河線及其兩邊各五里寬的土地，永租給美國，這一片土地就是現在的運河區 (Canal Zone)，美國在這區域行使主權者所有的權利。現在船舶通過運河，都要掛美國國旗，而不是巴拿馬國旗。巴拿馬運河溝通太平洋與大西洋，使兩洋交通縮短，如果沒有這條運河，兩洋來往的船隻就必須繞道南美的麥哲倫角，要多航行將近萬浬的航程。巴拿馬運河長五十英里，主要是利用山上兩個湖泊，一個叫密拉弗羅湖 (Miraflores Lake)，另一個叫葛藤湖 (Gatun)。密拉弗羅湖靠近太平洋岸，葛藤湖靠近大西洋岸。由太平洋岸鑿一條水路至密拉弗羅湖。然後繼續鑿水道至葛藤湖，從此再鑿水道通到大西洋。這一工程之浩大，令人嘆賞不已。據說開鑿這條運河，前後曾犧牲數萬人的生命。

九月廿四日晨七時許啓錨，船駛向巴拿馬運河入口。晨光中，遙望巴爾保和巴拿馬城，頗富熱帶情調，一片蓊鬱的樹林，點綴着紅頂白牆的房舍，格外艷麗奪目。八時我們駛進密拉弗羅閘，該閘有閘三道。船先進入第一道閘門後，閘門即關閉，在一二分鐘內即注入水數萬噸，使閘內水上升，直到與第二閘門內水成水平為止。船亦隨水上升。這時才將第二閘門打開，船進入第二閘門。然後再將第二閘門關閉，再行排水，使閘內水與第三閘內水成水平，再打開第三閘門，船即進入較海平線高達六十餘英尺的密拉弗羅湖中。這叫做船爬山。我們在船上觀望，汪洋大海已在脚下。船通過閘時是由六輛電車托曳而行，兩邊各三輛。在密拉弗羅湖航行約半小時，即達密格爾閘 (Pedro Miguel Lock)，依前述的步驟通過一道閘，船又上升約三十餘英尺，即進入狹長之水道，兩旁山嶺重重，頗像三峽。船靜靜地在河中航行，只聽見兩岸的鳥叫，有時還可聽到山水流入運河的潺潺之聲。船行不久，前途豁然開朗，即駛入葛藤湖中，湖水碧綠，與長天一色，一望無際。湖中小島羅列，風光秀麗，如置身仙境，微風徐來，水波不興，令人心曠神怡。此時心中頓生遁世之念，如能在此搭蓋茅屋一間，與湖光山色為伴，與世無爭，享樂終年，死無憾矣。一時許抵葛藤閘 (Gatun Lock)，船進入閘門後將閘門關閉，將閘內水排出閘外，船即緩緩下降，俟水與第二閘內的水成水平後，將第二閘門打開，船進入第二閘內，將閘內水排至與海面成水平後，再打開最後一道閘門，船即駛進梨蒙灣 (Limon Bay)，而入大西洋矣。船通過運河共需六小時半，可以同時通過兩艘巨輪，一來一往。現在每天通過運河船隻有三十多艘，最多時每天可通過五十幾艘。

我們通過葛藤閘後即向克瑞斯塔保 (Cristabol) 行駛，三時許抵達。我們與八字結了不解之緣，在夏威夷的火奴魯魯停的是八號碼頭，這一次又是停在八號碼頭。船靠好碼頭後，我們上岸觀光。克瑞斯塔保城是屬於運河區，哥倫城是屬於巴拿馬，但兩城實際上相連接，根本難以劃分。我們首至前街 (Front Street)，這裏是高級商業區，有美國人、印度人、西班牙人開設的商店，店裏陳設着來自世界各地的商品，琳瑯滿目。前街濱海，沿海岸種植着高大的棕櫚樹，由這裏望海，可以看到出入運河的船隻。然後我們到哥倫城。這裏的人種十分複雜，有巴拿馬土著、西班人與土人的混血種、白人與黑人的混血種、黃種人與黑人的混血種，千變萬化，叫人無法分辨。街上黑人很多，最引人注意的是拉丁女郎，黑髮、碧眼、白皮膚，兼具東方美與西方美。入夜，紅燈初上，舞廳酒吧，傳來西班牙的熱情音樂，隨風輕盪。水手們貪歡於燈紅酒綠之間。哥倫城之夜是富於誘惑性的。

夏威夷和巴拿馬，我覺得巴拿馬更可愛，這兒還殘存着西班牙風格，是一種混合式的文化，耐人尋味，不像夏威夷那麼簡單。

船於九月廿五日上午十一時半離開巴爾保。我們進入大西洋後，旅途並不像太平洋那麼單調，時常可以看到來來往往的船隻和海鳥，還時常看到島嶼。九月廿七日夜經過嘉買加島東端。然後通過古巴和海地之間的溫德瓦水道 (Windward Passage)，通過巴哈馬羣島 (Bahama Islands) 後，船即沿美國東海岸向北航行。十月二日晨醒來，船已入柴薩匹克灣 (Chesapeake Bay)，當晚到達巴鐵摩爾港 (Baltimore)。一萬二千時的航程於焉結束，離臺時正值酷暑炎夏，抵美時，已是秋風瑟瑟了！

十月八日於紐約白色平原

新墳

朱西甯

秋風像把剪刀，剪得到處都是簌簌落葉。

月亮底下，一排三座墳，靠西的一座還沒有生長荒草，土色也是新鮮的赭黃，沒經過風吹太陽晒的新墳總是那樣。

「我說，他二叔！」黎老五蹲踞在大風吹倒的榆樹幹上，因爲有風，聲音從另一個方向傳了過來。「你還是跟我回去。涼月當頂了，天到多早晚啦？」

仰臉望上去，浮雲結成緜羊羣，月亮在羊羣裏飛跑。照那樣快法兒，不用一頓飯的功夫就該落下去了。

月亮也不圓，也不扁，跟大豆一個形狀。今年大豆是歉收了。

「知母三錢、生石決明五錢、麥冬四錢、生石膏……」

被喊做「他二叔」的能爺蹲在新墳前面，嘴裏唧噥着。孝衣在月光下面勉强可以說是白色的，其實那到像是黑衣服洗褪了色，說是淡灰到還合適些。居母喪實打實滿服不上四年，又逢上喪妻，舊孝衣又從樟木箱底翻出來。能爺有些兒懊悔沒聽老婆的話，母喪滿服時就該買二兩洋靑染染，改件棉襖面兒，但他偏留到現在。

「忌諱總得要，不講忌諱就碰上了倒霉。」

說不定老婆就是死在這個沒避忌諱上頭，因爲要說他這次又開走了藥方，他死也不能認賬。

「方子沒錯兒，老五。二順兒他娘就是還陽，從頭再害這個病，我還是這帖方子：生石決明五錢、知母三錢……」

「誰又說你錯了？誰說了？淨你自個兒鬱鬱魘魘的！」老五是能爺的家門弟兄，同一個高祖，黎家一族人撐門頂戶都指靠這位老五。

「跟我回去罷！二順兒讓他五大娘抱去了，家裏連個看門兒的也沒，淨在這兒鬱個什麼勁兒？往後日子長遠着，難過，也不是今天能難過完了的。」

能爺難過還在其次，不服氣是眞的。「我啊！吃虧不是神農爺。有他額蓋上那隻眼睛，我早成神醫了！」

都是那麼說法，神農氏嘗百草，全靠比常人多出的那隻眼睛。可是能爺就是現有的兩隻眼睛也不成樣子，紅赤赤爛糟糟的，整年整月瓜皮帽沿下夾着塊硬紙瓦片兒。睛眼要不這麼遮住，就受不了一點兒光亮。這一對風火老痧眼已經是老症了，見風流淚，上了火就跟瞎子差不多了。

「神農爺，不是天地造化，哼！……」能爺手從敞着懷的孝服領口伸進去，摸索什麼，脚步慢吞吞移過來。

「給你火。」老五把抽得正旺的長煙袋伸過去，滿以爲他這個二迷糊有意回家了。晌午出棺時現買的一條大粉包紙煙捲兒，一個抬槓的一包，還該剩下兩包，這會子該拿出來哥兒倆抽抽了。大粉包沒老旱煙絲過勁兒，却是噴香的。

「也行，你給我點上火紙媒兒，照個亮。」能爺從懷裏掏出來的很使老五失望，不是大粉包，是本刻版大字的驗方新編，就着月亮光，模模糊糊將就着看得見。

老五火了！「回去！家裏丟着一大堆活兒，牲口等着上料，我可沒那麼多閒功夫！」如果驗方新編同大粉包一齊掏出來，或許老五並不是一點商量餘地也沒有的。老五從榆樹幹上跳下來，決絕地摔了摔胳臂：「你就在這兒啃你的藥書罷！你別回家了！」

能爺確是在啃書；眼力不濟，臉埋在書本裏面：「你說，老五，生石膏這藥下得可有差錯？」他一頁頁翻着：「四兩，要說份量下重了，抹頦子我也服不過。還有，他五大爺……嗯？他娘的×，査不到啦？」眼前一陣子暗，他抬頭望望天，月亮躲到浮雲後面去了，樹梢搖動着。他這才發現老五沒了，榆樹幹上是空的。

「眞是！旁人不聽我的，也還罷了……」能爺手垂下來，手裏的藥書打了打大腿，咕噥着：『去年麥口兒，不是我，你那條紫毛老牛早讓哈回子拉去宰了，還活到今兒給你使喚？』

去年正逢收麥子農忙當口，老五家裏那條老牛病倒了，肚子脹得磨桶那麼大，一連三四天，屎尿不屙，草料沃水硬灌也灌不進。就那樣，老五拼着七成出手，賣給人宰，也不聽他的。等老五去找殺牛的哈回子，能爺趁空兒把一大捧蜂蠟包上麻葉，當頂着牛屁股塞進去。牛肚子裏熱得開鍋水那麼燙，惹人整個胳臂插進去，抽出來，滿胳臂的黑牛糞，噁心。病就在那上面。老牛沒等掉轉兩下屁股，當場就屙了一灘稀的。能爺連忙趕回家，留做種籽的蘿蔔種掛在屋簷底下，扯下來，煮了一龍盆的水，老牛沒用硬灌，一口氣喝個乾淨。老牛病好了，能爺的胳臂却中了熱毒。到了下霜的天氣，還一隻光膀子留在棉襖外頭，上面生滿了紅泡泡，泛膿。大黃、氷片、樟腦、獾狗油，也不知抹了多少，過重陽才乾疤兒。

老五對他這樣不知好歹，他不難過。能在那條紫毛老牛身上亮那一手，反過來他得感激老五。能爺頂難過的倒是家黨親鄰沒一個拿他看病的本領當回事兒，轉過來還駡他招了鬼迷，得了毛病，寧可請道姑、求香灰、喝符水，弄得不好，把性命送掉，還說閻王爺要哪個，誰也攔不住。

別人都說他入迷了，入迷就入迷吧！要是十里外也會有人來請能爺看病，他會心甘情願，騎上自家小毛驢兒，封禮一文不收，就是倒貼藥錢，也行。別說十里外，家鄰邊兒的連他這位家門老五也不吃他這一套醫道。能爺除掉遺憾自己沒生神農爺的第三隻眼睛，主要是怪時運不濟，老婆孩子都把命送掉了，使他一次一次栽跟頭，這是命，頂拗不過的。

雜樹林裏，井崖那邊還有人打水。洋油箱子改裝的水桶量兒碰在井口的靑盤石上，發出破爛的響聲，大概那樣的一隻水桶提到井口，水就該漏光了。

「還沒勸回來，五爺？」打水的人打着招呼。

「不聽！怎麼勸也不聽。」

黎老五才走到井崖那邊。那麼慢!?大約是留在高粱稭梁背後等着轉機。勸不回能爺，跟誰都交待不過去。

老五說「不聽」，是誰不聽誰的呢？能爺把老五當作知心的親手足看待，才拿出驗方新編，打算把自已開的藥方找出來商量商量。但是老五不聽，不作聲走了，反過來告訴人家，說他不聽勸，天下也有這種楞睜着倆眼睛說瞎話的人！還是他當作知心親手足看待的家門弟兄！

他坐下來，坐到老五剛才蹲過的楡樹榦上，灰心喪氣地捧着腦袋。他那一對常年爛糊着的風火眼，接連熬上這幾夜的通宵，更重了。

莊子上，以及左近鄰村兒的，不是信不過他這個人。就拿他那一手酒席，出名的二把刀（非職業廚師），誰家紅白喜喪不請他能爺掌廚。能爺眼睛不行，眼力倒是有的，誰個賣樹包樹不請能爺掌個眼兒，總不放心；別瞧他那一對躲在硬紙片下面的風火眼，打從樹林下面走一趟，隨便過過目，能爺要說這一行樺樹能出幾千擔料子，幾百擔柴火，八九不離十，走不了眼，樹放倒了一過秤，賣主不吃虧，包主也蝕不了。要是東莊誰家新房子上大樑，崖頭村兒誰家蚌耙折了，莊子裏誰個磨桶散了板兒，都是能爺的事兒。能爺吃自家飯，幹人家活兒，落得個什麼呢？落得個「能爺」的綽號。他生性就是這種人，腦子閒不住，手也閒不住。能爺在人們的心裏，永遠是人家不能的，他能。但就一樣除外——能爺的醫道，沒有人敢領教。

瞅着面前的三座墳，月亮明一陣，暗一陣。能爺那一對爛糊糊的眼睛，滿噙着病症同感傷二者彙有的淚水。

西邊的一座老墳合葬着能爺的親爹娘。黎老爹下世早，能爺那時節還不懂得傷心，壓根沒掉過淚。黎奶奶去世就不同了。能爺是個孝子，同他那一手酒席手藝一樣出名。黎奶奶害的是嗝食病，一滴水嚥不下。人們心眼兒裏，害病同醫生永遠聯不到一塊兒。集鎭上總共只有位懸壺的看病先生，不比請道姑奶奶少花錢。請先生看病殷實人家才配得上，單是封禮，聽說就要兩三斗麥子，抓藥還不在內。人們一生病，就只知道找道姑奶奶下神作法。正是交冬數九的天氣，黎奶奶讓道姑奶奶指使着抬進抬出，活蹦活跳的年輕漢子也經不往那樣糟蹋。道姑下神，下的是黃大仙姑，說什麼三十七年前某月某日徽州和尙來化緣，黎奶奶那時還在家裏做姑娘，把出家人的千家糧抓了把餵小鷄。徽州和尙差這把糧食，修不成果，如今討糧來了。黎奶奶病成那個樣兒，還得抱着斗，裏面裝上麥子。大夥兒連着軟床抬到大門外，等着道姑奶奶作法。麥場上一點遮攔也沒有，大風口兒裏，唱完了，跳完了，病人也凍僵了。當天夜裏三更多天，黎奶奶就不省人事了。

黎奶奶安葬下地了，能爺心裏說不出來的苦，人彷彿傻了，不說也不笑。田裏的活兒有一天沒一天地做點兒，莊稼比人家河邊沙灰薄田還退板。想着娘，念着娘，端起碗來，眼淚往飯裏掉。黎奶奶把倆兒子扶養大，裏裏外外都她一個婦道人家撐門戶，不是個輕快擔子。老大親事都說定了，剛待接親，又夭亡了。黎奶奶這輩子沒過一天好日子。他能爺，人家不能的，他都能，唯獨當着親娘臨終斷氣，他倒什麼能耐也沒了。「能」到哪兒去了呢？這個結得死死的結子總得解。人家能，他能爺不能的，只有下神同看病這兩門兒。道姑奶奶那一套，他是恨痛了，他發誓，這輩子不把看病學會，死了也沒臉去見老娘。

能爺學別的本領，無師自通，看兩眼就行。唯獨學看病，沒法兒單憑着兩眼，再說也沒的可看。除非嘗百草，從頭兒自己摸索。這麼一把說老不老、說年青也不年青的歲數，又到哪兒去拜師傅來着！集上那位懸壺先生逢集才到集上轉一遭兒，家還遠得很。

他黎家祠堂裏的教書先生聽說能爺要學看病，滿口贊成。可是避着能爺又是一種話：「能爺聰明才智是有，就是凡事太粗心。」

不管怎麼樣，先生到底還是從城裏給能爺弄來了幾本破醫書。給能爺個龍蛋，也沒這麼使他興頭。沒費個把月的功夫，便把雷公炮製藥性賦啃熟了一半。能爺簡直覺得天下沒比這個更得手的事了。從寒得病下熱藥，從熱得病下寒藥。溫平兩性可以不啃它了。

家裏養的一窩鷄子生了瘟病，黎二嬸催他趁早兒提上集去賣給于老舅的小飯館兒。能爺不幹，弄點草藥煮水灌灌，準好。鷄子生的是熱病，手伸到翅膀底下就知道了，像是捧着碗熱粥那麼燙手。「地骨皮有退熱除蒸之效」，能爺是用上了。

備上小毛驢兒，上集抓藥去。

藥店就在豬市過去，樊家陸陳行緊隔壁，對門兒就是董記老槽坊。逢着避集，稀稀朗朗沒幾個人。能爺把小毛驢兒拴到藥店門前一棵苦楝樹上。臨時有點兒不大好意思，心虛，老覺着人家一下子就猜出他是給小鷄抓藥來的，不像話。

「來點兒地骨皮罷！」

蹩扭，沒藥方子，這個口氣就像跟于老舅飯館跑堂說的：「來壺高粱罷！」

「幾錢，你這位老大爺要？」站店的學徒是個半樁小子，一張白白嫩嫩的姑娘臉兒，生得好靦腆。

能爺讓問住了。照他想着，少說也要來個四兩，一大窩鷄子，幾錢夠幹嗎？瞧了一眼櫃檯上的戥子，筷子粗的骨子秤桿，沒十文錢那麼大的白銅錘兒，繫子是精細紅絲線做的，稱其量還怕壓不住二兩重。

「九錢罷！」只要不上兩，總不太外行。他跟自己玩聰明。

「嘿，誰家的叫驢？樹啃壞嘍！」街對面老槽坊的少老闆嚷起來了。

「來啦！來啦！」能爺跑下石臺兒，小毛驢兒咯嗤咯嗤嚼着啃下來的樹皮。

「怎麼啦，能爺？給誰抓藥來啦？」老槽坊少老闆發現驢子是能爺的，很過意不去。能爺是個老主顧，大主顧。能爺辦酒席，一律定的是老槽坊的酒，整罎子的。

能爺打着哈哈，支吾過去了。他拉着驢子回到店裏，韁繩扯得遠遠的。

站櫃的正包着藥。

「小兄弟，你讓我看看。」

「上好的，喏，漂白！」

能爺擠了擠爛眼兒，拿到亮口兒瞧個仔細。什麼地骨皮不地骨皮的？要不是練樹皮才怪。練樹皮去掉老紅的那一層，搓成繩子做響鞭，抽起來叭啦叭啦響，不弱過牛皮做的鞭子，只是不耐久。

「問問你，小兄弟，什麼樹皮做的？」

「這個啊？」站櫃的一雙嫩手包着藥包。「就是……就是老土話說的，狗奶子樹，又叫西王母杖。」

「西王母杖？敢情就是結那個紅菓菓的？」

「可不嗎！要根上剝下來的皮才行。」

「鄉下那可多啦！」

能爺心裏想，犯不上花錢買，要多少沒有！「小兄弟，我可要沒出息了。你們寶店裏要是要的話，下次趕集，我給你送個半蔴袋來。這個……」能爺把藥包推了推。「我看，我還是回去自已挖點兒用用罷。」

「行。自已挖點兒用，樸實多啦！」站店的解開紙包，山架上拉開小抽屜，往裏面抖了抖。一點兒也沒有惱的意思。能爺搭訕着下了石臺，望一眼山架上蝎蜂窩一樣多的抽屜，心想，搞點木料，他自已也做得。

回到家，小毛驢兒送上槽去，連草料也沒來得及加，抓過一柄鐵鍩就去採地骨皮。走在路上心裏琢磨着，得跟那個站店的扯個來往，說不定那些草藥也都跟地骨皮一樣，鄉下到處都是，取了些古古怪怪的名子罷了。那末除掉看病，再開個藥舖子，光彩！

同那位站店的扯來往，那方便，先採上半蔴袋的地骨皮送過去，什麼話都好說。給說個媒罷，瞧那麼年青，準還沒定親事。

「提誰家的姑娘呢？」能爺手底下挖着地骨皮，把莊子上十七十八的姑娘們一個個在心裏數着衡量。

鷄子一隻也沒醫好，一隻跟着一隻完了。他覺得好難解。要末是這本藥性賦不可靠。藥性賦後面也不知掉了多少頁，寒熱溫平四性藥味他也只啃了一半，毛病就怕是出在這上頭。不管怎麼樣，說話總得算話，剩下的地骨皮收收拾拾也有小半蔴袋，晒乾了當柴火不够燒壺茶的，要是用藥店的小戥子戥着賣錢，就不能想了。能爺專程騎着驢子送上集去，那位站店的去收麥子沒回來，老闆抓了把看看，半晌兒，要說什麼又不說，最後，伸出舌尖舔了下，嚐嚐味，這才搖搖頭道：「斷不是，斷不是，要末是什麼……」

能爺一眼瞧見門旁的苦練樹幹上那塊讓小毛驢兒啃掉了皮的白印子，這才忽然醒悟過來。一時間他不知道自已該怎麼死——怎麼那陣子糊里糊塗單想着跟藥店扯來往，跑到莊東雜樹林兒裏挖了些苦練樹根皮呢？雜樹林兒裏壓根兒就沒什麼西王母杖。從這以後，能爺才把膽子收小。別的事馬虎點兒，沒大差錯，藥死一羣小鷄事小，藥死人命那可不是玩兒的。規規矩矩從頭來，先把藥性賦背熟，再往下啃湯頭歌訣、驗方新編、難經脈訣。能爺書沒讀多少，也沒料想天下也有這等難事。不止一次想撒手不幹，一想到老母親的病讓巫婆給躭誤了，鼻子一酸，也發狠不要莊稼也得幹個有頭有尾——對老母親也只有這點兒孝心可盡了。

人家的棒子地鋤完四遍，能爺只鋤了兩遍；還是黎二嬸領着大順兒鋤的。能爺田裏的荒草長了，能爺，却比誰都辛苦。自從把老五家的紫毛老牛醫好以後，能爺不分晝夜，全副心力都用在藥書上。眼看窗口發白了，能爺躺在炕上，光着一隻中了熱毒的爛胳臂，指頭還在芦蓆上唦嗤唦嗤地劃着：

「常山菓，檳榔朴草青陳夥，水酒合煎露一宵，陽經實瘧服之妥……」

能爺那對老痧眼重得十步外認不清人臉，當眞捐把鋤頭下田去，苗子鋤掉了，野草還留成行兒。外村過路的經過田邊兒，要說這家人家往敗落上走了。實打實，不敗落也敗落了。俗語把家敗同人亡連在一起。能爺的家敗，從大順兒身上開的頭，往後接二連三不到兩年的功夫，敗得一個頓兒也沒打。

那年鬧春荒，能爺岳父家急着賣樹還債，託人捎信找能爺去掌掌眼兒。能爺估完了樹，又照應了一點瑣碎事情，多躭誤了兩天。剛回轉家來，滿院子的人，頂頭碰上道姑下神作法，院子裏跳着唱着。能爺止不住火性暴跳，順手抓起一根抵門槓子。那個道姑一眼瞧見勢頭不對，神仙也不符在身上了，一雙手舉得高高的護着腦袋，鑽進人叢兒裏。那隻手鈴求饒似地叮鈴叮鈴一路亂響着，逃掉了。

大順兒躺在炕上，發着大熱。

「你要死，你一個人挺去，你別連累着孩子！」黎二嬸趕到屋裏間，一把揪住能爺後領口兒往外拖：「娘剛剛回家來疼疼大孫子，你發瘋啦！」

「我發瘋！我發他媽啦個×的瘋！」摔過去一耳摑。能爺沒打過老婆，這是第一次，彷彿打在祖宗牌位上那樣使自已吃驚。下巴頦兒直發抖，再要說什麼，說不出來了。瓜皮帽沿下的硬紙片兒歪斜着，剛好斜到要掉下來的程度。

黎二嬸不是那種潑辣婦人，忍住了。

「小孩子都出去！有什麼好看的？」能爺蹲到門檻上，臉揚得很高，才能從硬紙片兒下邊看到滿院子的人。看熱鬧的可不光是小孩子。

黎二嬸藏在屋裏間嚶嚶哭泣着。能爺心裏更不忍了。肩膀上取下旱煙袋，按着煙絲。

「不是我沒緣沒故的發瘋，你不想想，娘是怎着去世的？不為這，我發狠丟下莊稼學看病？還就有你吃她道姑那一套，生病就生病了，甚麼娘來家疼大孫子啦？就是這麼個疼法兒？把孩子疼成這樣子啊？」

黎二嬸也不作聲，搭着眼皮走出來給大順兒倒開水。

「倒底是怎麼啦？我去了這幾天？」

「你不是看病先生嗎？你問我，我問誰？」

能爺擠了擠赤紅的眼睛，默默吐出一大口煙。柳絮貼地飄着，全都集攏到門檻外邊的小土坑兒裏。

。他走進裏間，眼前一片烏黑，吐出的黃煙鬭進從小窗口射進的一道太陽光裏，成了一條變化無窮的煙柱。

大順兒燒得昏昏沉沉的，一陣陣受驚似地舞動着手脚。手抓到臉上，一抓就是一道血絡兒。嘴裏聽不清唧唧哇哇唸着些什麼。做娘的一旁守着，有點兒動靜就忙把孩子兩隻手按住。

把油燈點上，只見舌苔紅赤赤的。試脈試了半天，愈試能爺的心裏愈沒個準兒。到現在，難經脈訣他沒能更啃透點兒。

試着大順兒那麼高的熱，重又想起那窩瘟鷄的命案。那只怪把地骨皮弄錯了。大頓兒病從寒起，準沒說的。那末出出汗發散發散罷！

能爺開出的第一帖藥方不含糊，蘇葉、杏仁、陳皮、防風、荊芥、白芷、赤茴苓，見樣二錢，份量沒敢開重，外加生薑兩片，葱白兩根做引子。

藥方開好了，能爺一雙手直發抖，就像第一次摟了老婆一樣。備驢子上集打藥去。臨走，黎二嬸叫住了他：「你走過幾天，大順兒一直沒屙屎，可也是毛病？」

能爺拉着轠繩呆在當院兒裏，也不回答，心裏直背藥性賦，一雙爛眼兒拼命價擠，彷彿那樣有助於記憶似的。

孩子病這般沉重，身子虛弱，宜通不宜瀉，能爺決定了：「回頭，找二順兒去跟痲大嬸討個小半碗蜂蜜，等我打藥回來一道兒煎。」

傍晚，頭道兒藥喝下去，沒一頓飯的功夫，孩子一陣陣翻滾，額頭上汗珠兒像剛開鍋的飯鍋蓋兒。做娘的慌了，娘兒倆扭在炕上打架似的，嚇得倆小的一旁直哭。

「出出汗，出出汗就好了。」

能爺嘴裏這麼說，心也慌了。藥方子找出來，翻來覆去查不出毛病。索性再煎二道兒追一追。只是沒等追，二道兒藥還在壺銚裏煎着，大順兒就完了。十三歲的孩子，剛接上手做田裏活兒。

大順兒若是死在香灰符水上，不說村子上大夥沒半點兒議論，連大順兒自已也該泉下瞑目。能爺在什麼事上都沒有不得人心的，這一次他却栽了個大跟頭。沒一個人能懂得他，連那位祠堂私塾先生也在內。

孩子是夭折，沒成人，照規矩不能入祖林，葬到山脚下亂葬崗兒裏。能爺不喫不喝地守着墳，誰來勸說也不聽。那張藥方子，他怎麼樣琢磨也找不出差錯。一天半連上一整夜，能爺回來了，備上小毛驢兒到集上藥店去。

老掌櫃的架上黃銅邊兒老花鏡，瞅了陣藥方，又問了問病情：「斷不會，斷不會喫壞了人。」

能爺心裏落得實在了。

別人不懂他，壓根兒他不用放在心上。他去山脚下看了看大順兒的墳。墳腰兒裏有個洞，要不是獾狗扒的，就是兎子。能爺就近搬了些土塊塡上，脚底下踩着，就像他現在停在老婆的新墳前面一樣，傷心是傷心，心裏却沒什麼虧負，傷心得很平靜。要不是大正月裏進城趕會，到今天他還以爲大順兒的病原是藥石不治的絕症。

趕會時，他在地攤上弄到了一本挺新的雷公炮製藥性賦。他那本破的缺少那幾頁，這本兒都全有頭，的什麼十八反，十九禁……能爺把預備買一副皮轡的錢省下來，買下了這本新的。就在這裏面，十八反歌訣把他重擊了一下。蜂蜜反葱白，蜂蜜沒開在藥方上，大順兒的命是送在這個上頭。

輪到三順兒鬧病，黎二嬸任是怎樣柔順的婦人也不答應了。倆口子差點兒沒把這個家鬧得翻過來，底兒朝上。孩子八成兒要出疹子，發熱，咳嗽，眼睛水汪汪的。照老規矩得把痘疹娘娘請來，家供奉着。道姑當然也得請。終歸還是能爺拗到底，照着傷風開了一副小方子。這一次，能爺可是把什麼反什麼禁，統統考慮了八九十來遍。結果三順兒又是，不明不白地送掉了。

黎二嬸硬是疼孩子疼得發了瘋，把二順兒拖到灶門口，哭着，咒着：「這個家，縱是驢駝鑰匙馬駝鎖，也經不起一條一條人命這麼擺弄！二順兒，你還活着幹嗎？咱娘兒倆一道兒跟你兄弟去罷！」

能爺分不出心來管這些閒散事兒，他得把這裏面的道理弄淸楚。連夜把藥書一本本兒翻遍了，找不出差錯出在什麼地方。三順兒讓誰抱去埋了，埋到哪兒去了，能爺不知道。只一樣老在能爺眼前打圈圈兒——三順兒倒叉着眼的慘像。

黎二嬸沒有跟兒子一道兒去，可是中間也只不過隔上半年光景，老婆又葬到了這裏，挨着爹娘同老大的墳。只剩下一個二順兒了！

靠着月亮光，藥書上的大字還模模糊糊辨得出小字——其實這些，能爺早已經背得爛熟，只有下注的，要家去掌起茶油燈才行。

井崖邊兒打水的早走了，老五也不知是生了他什麼氣，不聲不響地就走了。

或許又像地骨皮和蜂蜜反葱白一個樣子，三順兒同他娘死得寃枉。可是誰也休想改掉能爺那份傲勁。如果大夥兒都說這家新房子的大樑讓他上歪了，沒到別以爲他會放倒了再上第二次。除非那座新房子到該倒的時候眞地倒掉了，能爺或許勉勉强强點個頭。這種情形可從來沒有過，這只是打個比喻。到現在，藥書裏還沒找出像大葱反蜂蜜這一類的毛病，儘管非找出來不可，只是還沒有找到這以前，能爺不能先就窩窩囊囊認了錯，服了輸。

走進雜樹林子裏——挖苦綀樹根的所在，能爺轉回身子，望着老母親那座模糊不淸的墳墓，慢吞吞往後退着走。

「娘！你總也顯顯靈！讓你說，兒子可開走了方子？」能爺微翕着嘴唇，背後一根樹阻住了他。那一對不能再困憊的眼睛，再怎樣使勁兒擠巴，也沒法兒更淸明些兒了。他斜靠到樹榦上，揉弄着爛眼睛，揉得滿手背的濕水：「莊子上，誰都在那兒說我招鬼迷了，說我得罪了道姑家的神仙，我不理……那些人，自個兒死了却不知道是怎麼死的，我不理……娘，別人怎麼樣議論，兒子都不放在心上，你可不能不幫着兒子說話，你說……你也問問你媳婦，你媳婦就躺在你旁邊……」

能爺望着新墳，昨兒晚上墳裏的人還躺在炕上，能爺還不住地翻醫書，滿以爲這一次得手能把病給搬過來。

黎二嬸得了病就不省人事，也不鬧，也不喊，連哼一聲也不會有，就像她一輩子爲人那樣，不聲不響地過去了。黎二嬸得病時，能爺把那些勸他趕

城南舊事(下)

林海音

(三)

第二天早晨，我是全家最遲起的人，醒來我還閉着眼睛想，早點是不是應當繼續絕食下去？昨天抽大煙鬧硃砂手的事，給我的不安還沒有解開，它使我想到幾件事：我記得媽跟別人說過，爸爸在日本吃花酒，一家挨一家，吃一整條街，從天黑吃到天亮，媽就在家裏守到天亮，等着一個醉了的丈夫回來。我又記得我們住在城裏時，每次到城南遊藝園聽夜戲回來，車子從胭脂胡同韓家潭穿過時，奶媽總會把我從睡夢中推醒：「醒醒，醒醒，大小姐！看，多亮！」我睜開眼，原來正經過輝煌光亮的胡同，各家門前掛着圍了小電燈紮彩的鏡框，上面寫着什麼「弟弟」，「黛玉」，「綠琴」等等字樣，奶媽跟我說過，蘭姨娘沒到施伯伯家，也是在這種地方住。她們是刮男人的錢，毀男人的家的壞東西。這印象先有了，所以一看到爸和蘭姨娘那樣事，覺得使媽受了委屈，使我們都受了委屈。把原來喜歡蘭姨娘的心，打了大大的折扣，我又恨，又怕。

我起來了，要到前院去，經過廂房時，一晃眼看見蘭姨娘在窗前的桌上摸骨牌，玩她的過五關斬六將，我裝着沒看見，直走過去，因爲心中還恨恨的。

「英子！」蘭姨娘隔着窗子在叫我。

我不得不進屋，蘭姨娘推開桌上的骨牌，站起來拉着我的手，溫柔的說：「看你這孩子，昨天一晚上把眼睛都哭腫了，飯也沒吃。」她撫摩着我的頭髮，我矜持着，一點笑容都沒有。她又說：「別難過，後天就是七月十五了，你要提什麼樣的蓮花燈，蘭姨娘給你買。」我搖搖頭。她又自管接着說：「你不是說要特別樣的嗎？我幫你做個西瓜燈，好哦？把西瓜挖空了，皮削脫，剩薄薄格一層瓤子，裏面點上燈，透明格，蠻有趣。」蘭姨娘話說多了，就不由得帶了她家鄉的口音，輕輕軟軟，多麼好聽。我被她說得回心轉意了，點點頭。

她見我答應也很高興，忽然又閒話問我：

「昨天跟你爸瞎三話四，講到半夜的那隻四眼狗是什麼人？」

「四眼狗？」我當時愣住了。

蘭姨娘淘氣的笑了，她用手掌從臉上向下一抹，手指彎成兩個圈，往眼睛上一比，「就是這個人呀！」

「啊——那是我德先叔。」這時，不知什麼心情忽然使我站在德先叔這一邊了，我有意把德先叔叫得親蜜些，並且說：「他是很有學問的，所以要戴眼鏡。他在北京大學念書，爸說，他是頂頂新的新青年，很了不起！」我挑着大拇指說，很有把蘭姨娘卑賤的身份更壓下去的意思。

「原來是大學生呀！」蘭姨娘倒也緩和了，「那麼就是你媽說過，常住在你們家躲風聲的那個大學生嘍？」

「是。」

「好，」蘭姨娘點點頭笑說：「你爸爸倒是好心眼兒，三六九等的人都留下了。」

我從蘭姨娘的屋裏出來，就不由得往前院德先叔住的南屋走去。我有權利去，因爲南屋書桌抽屜裏放着我的功課，我的小布人兒，我的「兒童世界」。德先叔正佔用那書桌，我走進去就不客氣的拉開

緊去請道姑的遠親近鄰關到院子外頭，拉着二順兒一起跪到老母親的牌位前，汗珠滴滴嗒嗒掉在蒲墊上，他什麼也說不出。孩子撇着嘴，喉嚨管兒裏一個疙瘩一個疙瘩噎着似地哭不出來。到底能爺還是抓過乾毛筆，咬了咬筆尖兒，開方子。周身抖得差不多要一雙手抱攏着才下得了筆。

「治了病，治不了命。」他抱着冰涼的樹幹，臉貼在上面。「娘，問問你媳婦，問問她，可是死在兒子開的方子上？」

田裏只剩下山芋一門莊稼，山芋葉頂着寒露，月光之下，亮得像剛落過一場雨。

回到家裏，摸黑把燈點上。

彷彿抄了家一樣，到處草草亂亂的，什麼東西都不是放在習慣的地方。當門一遍紙箔灰，上面踩着零亂的脚印。那脚印似乎也就是死人留下的。

把帽沿下邊夾着的硬紙片兒去掉，蹲到炕頭上，抹了抹眼睛。突然少了一個人，屋也大了，炕也寬了，想到隔壁老五家把二順兒抱回來，塡塡這麼大的空，又覺得要不把這一次的藥方子毛病找出來，只怕什麼都是空的。

四周圍靜得連屋子後頭湖州桑的葉子落到屋頂上都能夠聽得清。他把「難經脈訣」打開來，這本書一直像一垜沒門的高城牆。

有人敲門，他奇怪沒聽見一點點的脚步聲。

或許是老五倆口子送二順兒來了。

「我能爺沒有不能的事兒！試着再幹罷！總還剩下二順兒。有巴望，成不成，都在這孩子一個人身上了！」

顫帽殼兒摘下來，裏面一張壓成半圓形狀的藥方，理平了，鋪到油膩膩的方枕上，瞅着那個在痴想着什麼。

又敲門了。

「誰？」能爺一雙脚垂到炕沿下，遲鈍地找着蒲鞋。赤紅得幾乎要往下滴血的眼睛還盯在那一垜沒門的高城牆上。

能爺的臉孔被一種入神的呆滯凝固了。他預感着成功的喜悅，却又似乎看到山脚下，在大順兒的墓旁，又多出了一座新墳！

書桌抽屜，翻這翻那，毫無目的。他被我在他身旁鬧得低下頭來看。我說：

「我的小刀呢？剪子呢？蘭姨娘要給我做西瓜燈哪！」

「那個蘭姨娘是你家什麼人？我以前怎麼沒見過？」我多麼高興蘭姨娘引起他的注意了。

「德先叔，你說那個蘭姨娘好看不好看？」

「我不知道，我沒看清楚。」

「她可看清楚你了，她說，你的眼睛很神氣，戴着眼鏡很有學問。」我想到「四眼狗」，簡直不敢正眼朝他臉上看，祇聽見他說：

「哦？——哦？」

吃午飯的時候，德先叔的話更多了，他不那樣旁若無人的總對爸一個人說話了，也不時轉過頭向蘭姨娘表示徵求意見的樣子，但是蘭姨娘只顧給我挾菜，根本不留神他。

下午，我又溜到蘭姨娘的屋裏。我找個機會對蘭姨娘說：

「德先叔誇你哩！」

「誇我？誇我什麼呀？」

「我早上到書房去找剪刀，他跟我說：『你那個蘭姨娘，很不錯呀！』」

「喲！」蘭姨娘抿着嘴笑了，「他還說什麼？」

「他說——他說，他說你像他的一個女同學。」

「那——人家是大學堂的，我怎麼比得了！」

晚飯桌上，蘭姨娘就笑意盎然了，跟德先叔也搭搭話。爸更高興，他說：「我這個人就是喜歡幫助落難的朋友，別人不敢答應的事，我不怕！」說着，他就拍拍胸脯，爸酒喝得够多，眼睛都紅了，笑嘻嘻斜乜着眼看蘭姨娘，媽的臉色好難看，站起身去倒茶，我的心又冷又怕，好像和媽媽被丟在荒野裡。

我整日守着蘭姨娘，不讓她有一點機會跟我爸單獨在一起。德先叔這次住在我們家倒是少出去，整天呆在屋裏發愣，要不就在院子裏晃來晃去的。

七月十五日的下午，蘭姨娘的西瓜燈完成了。一吃過晚飯，天還沒有黑，我就催着蘭姨娘，奶媽，還有二妹，點上自己的燈到街上去，也逛別人的燈。臨走的時候，我跑到德先叔的屋裏，我說：

「我和蘭姨娘要去逛蓮花燈，您去不去？我們在京華印書館大樓底下等您！」說完我就跑了。

行人道上擠滿了提燈和逛燈的人，我的西瓜燈很新鮮，很引人注意。但是不久我們就和奶媽二妹她們走散了，我牽着蘭姨娘的手，一直往西去，到了京華印書館的樓前停下了，我假裝找失散的奶媽她們，其實是在盼望德先叔。我在附近東張西望一陣沒看見，便失望的回到樓前來，誰知德先叔已經來了，他正笑眯眯的跟蘭姨娘點頭，蘭姨娘有點侷促不安，也點頭微笑着。德先叔說：

「密斯黃，對於民間風俗很有興趣。」

蘭姨娘彷彿很吃驚，不自然的說：「那裏，哄哄孩子！您，您怎麼知道我姓黃？」

我想蘭姨娘從來沒有被人叫過「密斯黃」吧，我知道，人家沒結過婚的女學生才叫「密斯」，蘭姨娘倒也配！我不禁撇了一下嘴，心裏眞不服氣，雖然我一心想把蘭姨娘跟德先叔拉在一起。

「我聽林太太講起過，密斯黃是一位很有志氣的，敢於向惡劣環境反抗的女性！」德先叔這麼說就是了，我不信我媽這樣說過，媽根本不會說這樣的話。

這一晚上，我提着燈，蘭姨娘一手緊緊的按在我的肩頭上，倒像是我在領着一個瞎子走夜路。我們一路慢慢的走着，德先叔和蘭姨娘中間隔一個我，他們在低低的談着，蘭姨娘一笑就用小手絹摀着嘴。

第二天我再到德先叔屋裏去，他可跟我有的是話說了，他問我：「你蘭姨娘都看些什麼書，你知道嗎？」

「她正在看『二度梅』，你看過沒有？」

德先叔難得的向我笑笑，搖搖頭，他從書堆裏翻出一本書遞給我說：「拿去給她看吧。」

我接過來一看，書面上印着：「易卜生戲劇集：傀儡家庭。」

第三天，我給他們傳遞了一次紙條。第四天我們三個人去看了一次電影，我看不懂，但是蘭姨娘看了當時就哭得欷欷的，德先叔遞給她手絹擦，那電影是李麗吉舒主演的「二孤女」。第五天我們走得更遠，到了三貝子花園。

從三貝子花園回來，我興奮的了不得，恨不得飛回家，飛到媽的身邊告訴她：我在三貝子花園暢觀樓裏照哈哈鏡玩時，怎樣一回頭看見蘭姨娘和德先叔手拉手，那付肉麻相！而且我還要把全部告訴媽！但是回到家裏，臥室的門關了，奶媽不許我進去，她說：「你媽給你又生了小妹妹！」

直到第二天我才溜進去看，小妹妹瘦得很，白蒼蒼的小手，像鷄爪子，可是那接生的日本產婆山田太太直誇讚，她來給妹妹洗澡，一打開小被包，露出妹妹的鷄爪子，她就用日本話拉長了聲說：

「可愛イネ——！可愛イネ——！」（可愛呀！可愛呀！）

媽端着一碗香噴噴的鷄湯煮掛麵，望着澡盆裏的小肉體微笑着。她沒注意我正在床前的小茶几旁打轉兒。我很喜歡媽生小孩子，因爲可以跟着揩油吃些什麼，小几上總有鷄酒啦，奶粉啦，黑糖水啦，我無所不好。但是我今天更興奮的是，心裏擱着的一件事，簡直非告訴她不可啦！

媽一眼看見我了：「我好像好幾天沒看見你了，你在忙什麼呢？這麼熱的天，野跑到哪兒去了？」

「我一直在家裏，您不信問蘭姨娘好了。」

「昨天呢？」

「昨天——」我也學會了鬼鬼祟祟，擠到媽床前，小聲說：「蘭姨娘沒告訴您嗎？我們到三貝子花園去了。媽，收票的大高人，好像更高了，我們三個人還跟他合照了一張相呢，我只到那人的這裏，……」

「三個人？還有一個是誰？」

「您猜。」

「左不是你爸爸！」

「您猜錯了，」看媽的一付苦相，我想笑，我不慌不忙的學着蘭姨娘，用手掌從臉上向下一抹，然後用手指彎成兩個圈往眼上一比，我說：「是這個人。」

媽皺起眉頭在猜：「這是誰？難道，難道是——」

「是德先叔。」我得意的搖晃着身體，並且拍拍我的新妹妹的小被包。

「眞的？」媽的苦相沒了，又換了一付急相：「到底是怎麼回事，你說，你從頭說。」

我從四眼狗講到哈哈鏡，媽聽我說聽得出神了，她懷中的瘦鷄妹妹早就睡着了，她還在搖着。

「都是你一個人搗的鬼！」媽好像責備我，可是她笑得那麼好看。

「媽，」我有好大的委屈，「您那天還要叫爸揍我呢！」

「對了，這些事你爸知道不？」

「我猜他不知道，要告訴他麼？」

「這樣也好，」媽沒理我，她低頭呆想什麼，微笑着自言自語的說。然後她又好像想起了什麼，抬起頭來對我說：「你那天說要買什麼來着？」

「一付滾鐵環，一雙皮鞋，現在我還要加上訂一整年的『兒童世界』。」我毫不遲疑的說。

（四）

爸正在院子裏澆花，這是他每天的功課，下班回家後，他換了衣服，總要到花池子花盆前擺弄好一陣子。那幾盆石榴，春天爸給施了肥，滿院子痲渣臭味，到五月，火紅的花朵開了，現在中秋了，肥碩的大石榴都咧開了嘴向爸笑！但是今天爸並沒有高興，他站在花前發愣。我看爸瘦瘦高高，穿着白紡綢褲褂的身子，晃晃盪盪的，顯得格外的寂寞，他從來沒有這樣過。

張媽正在開飯，她一趟趟的往飯廳裏運碗運盤，今天的菜很豐富，是給德先叔和蘭姨娘送行。

我正在屋裏寫最後的大字。今年暑假過得很快樂，很新奇，可是暑假作業全丟下沒有做，這個暑假沒有人管我了，最初蘭姨娘還催着我寫九宮格，後來她只顧得看「傀儡家庭」了，就懶得理我的功課。九宮格裏塡滿了我的潦草的墨跡，一張又一張的，我不像是寫字，比鬼畫符還難看。我從窗子正看到爸的白色的背影，不由得停下了筆，不知怎麼，心裏覺得很對不起爸。

我很納悶，德先叔和蘭姨娘是怎麼跟爸提起他們要一起走的事呢？我只聽到爸對媽說：

「……我怎麼一點兒都不知道？」

是昨天晚上我要睡覺時一進屋聽見的。我不知道爸說的是什麼事，所以起初沒注意，一邊換衣服一邊想我自己的事：還有兩天就開學了，明天可該把大字補寫出來了，可是一張九個字，十張九十個字，四十張三百六十個字，讓我怎麼趕呀！還是求蘭姨娘給幫忙吧。這時我又聽見媽說：

「這種事怎麼能教你知道了去！哼！」媽冷笑了一下。

「那麼你知道？」

「我？我也不知道呀！德先是怎麼跟你提起的？」

「他先是說，這些日子風聲又緊了，他必得離開北京，他打算先到天津看看，再坐輪船到上海去。隨後他又說：『我有一件事要告訴大哥的，密斯黃預備和我一齊走。』……」我這時才明白是講的什麼事，好奇的仔細聽下去。

「你聽德先講了還不吃一驚！」媽冷言冷語的。

「驚麼該！」爸不服氣，「不過出乎意料就是了。你眞一點兒都不知道？一點都沒看出來？」

「我從哪兒知道呢？」媽簡直瞎說！停一下媽又說：「平常倒也彷彿看出有那麼點兒意思。」

「那爲什麼不跟我說？」

「喲！跟你說，難道你還能攔住人家不成，我看他們這樣很不錯。」

「好固然好，可是我對於德先這種偷偷摸摸的行爲不贊成。」

媽聽了從鼻子裏笑了一聲，一回頭看見了我，就罵我：「小孩子聽什麼！還不睡去！」

爸坐在那兒，兩腿交叠着，不住的搖，我眞想上前告訴他，在三貝子花園門口合照的相，德先叔還在上面題了字：「相逢何必曾相識」，蘭姨娘給我講了好幾遍呢！可是我怕說出來爸會罵我，打我。我默默的爬上床，躺下去，又聽媽說：

「他們決定明天就走嗎？那總得 做幾個菜送送他們吧？」

「隨便你吧！」

我再沒聽到什麼了，心裏只覺得捨不得蘭姨娘，眼睛勉强睜開又閉上了。夢裏還在寫大字，蘭姨娘按着我的右肩頭，又彷彿是在逛燈的那晚上，我想學筆寫字，她按得緊，抬不起手，怎麼也寫不成……

可是現在我正一張又一張的寫，終於在晚飯前寫完了，我帶着一嘴的墨鬍子和黑手印上了飯桌，蘭姨娘先笑了：

「你的大字倒刷好了？」

我今天挨着蘭姨娘坐，心中只覺依依不捨，媽直讓酒，向蘭姨娘和德先叔說：

「你們兩人一路順風！」

爸不用人讓，把自己灌得臉紅紅的，頭上的青筋一條條像蚯蚓一樣的暴露着，他舉着酒杯伸出頭，一直伸到蘭姨娘的臉前，蘭姨娘直朝後閃躲，嘴裏說：

「林先生，你別再喝了，可喝不少了。」

爸忽然又直起身子來，做出老大哥的神氣，醉言醉語的說：

讀者投書

關於防衛捐的決議

陳繼平

編輯先生

貴刊批評時政的文章，我幾乎每篇細讀，言論之公正，見解之深刻，不勝贊佩。惟近讀第十七卷第十期㈠㈢兩篇社論，使我非常惶惑，百思不得其解。社論㈠「我們的地方政制」，主張省長民選，提高省議會職權，以實現眞眞實實的自治。對於「臺灣省臨時省議會組織規程」第四條，斥爲「根據此條文，中央政府就可以隨時以行政命令來取消省議會的任何決議，使前列的議會諸項職權，爲之一筆勾消。」足見貴刊對於以行政命令取消省議會決議，認爲嚴重破壞地方的自治權力。乃社論㈢「一個博得喝采的決議案」，對於立法院「查防衛捐收入總額，年達九億五千四百萬元，其中五億零四百萬元，未列入中央政府總預算，歷年支出未盡得當，應自四十七年一月份起，全部繳入國庫，由中央統籌支配。除原列中央一千五百萬元及臺灣省所需地方役政經費等開支，得由中央補助二億五千萬元外，餘二億三千九百萬元及可能超收之數，作爲提高國軍士兵及中下級軍官俸給(薪餉)之用。應請行政院自四十七年一月份開始實施，並從速辦理追加預算。」一決議，大加讚揚。查防衛捐五億零四百萬元，原爲地方收入，早已列入省預算。行政院秘書長於立法院之決議通過後，即有說明，登載各報，臺灣省議會亦有表示。其支出縱屬未盡得當，理應由審計機關依法剔除。中央之立法院怎可以一個決議，責令行政院將省預算內之五億餘欵項，全部沒收，繳入國庫？此比貴刊社論㈠所指責之以行政命令取消省議會任何決議，其破壞地方自治，侵犯地方議會權力之程度，遠爲嚴重，未審貴刊何以不指出其決議之不當，反認爲值得喝采？是否貴刊認爲中央之行政機關，不應侵犯省議會職權；而立法機關可以不經立法程序，以決議剝奪省議會議決預算之權？省預算內，凡立法院認爲不當支出之財源，均可以決議一律劃歸中央？

再者憲法第七十條規定：「立法院對於行政院所提預算案，不得爲增加支出之提議」，立法院決議提高士兵及中下級軍官待遇，並請行政院從速辦理追加預算，是否係對於行政院所提預算爲增加支出之提議？是否違憲？貴刊過去常責各行政機關違憲，使人深佩敢言肯言。對於立法院上述決議，獨予喝采，使人深感惶惑。固然增加士兵及中下級軍官待遇，確屬急應辦理的要政，無人不盼其早日實現。但爲達此目的，儘有合法途徑可循，何必出以違憲及破壞地方自治之非常措施？素仰貴刊言論公允持平，用敢請將本函賜予刊登，並予解答，以釋羣疑，爲荷。

讀者　陳繼平上十一月十二日

編者按：

一、查防衛捐之征收，係根據四十四年十二月二十七日立法院通過，四十四年十二月三十日總統公布之臺灣省內中央及地方各項稅捐統一稽征條例。復查憲法第一〇七條第四欵：「國防與國防軍事」之權屬於中央，而防衛捐顧名思義應爲國防之用而征收者。再查同條第七欵「國稅與省稅、縣稅之劃分」之權屬於中央，故此次立法院之決議是其職權範圍以內，並未侵害省之權力。

二、立法院決議，係就支用未盡得當之二億三千九百萬元防衛捐，作爲提高國軍士兵及中下級軍官俸給（薪餉）之用。此乃只是變更用途，並未增加支出，不能適用憲法第七十條規定。是立法院之決議，並無違憲之處。

「我這個人最肯幫朋友的忙，最喜歡成全朋友，是不是？德先，你可得好好待她喲！她就像我自己的妹子一樣喲！」爸又轉過頭來向蘭姨娘說：「要是他待你不好，你盡管回到我這裏來。」蘭姨娘嬌羞的笑着，就彷彿她是十八歲的大姑娘剛出嫁。奶媽在旁邊伺候盛飯，也笑眯着，用很新鮮的眼光看蘭姨娘。同時還把洒了雙妹花露水的毛巾，一回又一回的送給爸爸擦臉。

馬車早就叫來停在大門口了。我們是全家上下在門口送行的，連剛滿月的小妹妹都抱出大門口見風了。

黃昏的虎坊橋大街很熱鬧，熙熙攘攘，眼前都是人，也有鄰居圍在馬車前等着看新鮮，奶媽早就告訴人家了吧！

蘭姨娘換了一個人，她的油光刷亮的麻花髻沒有了，現在的頭髮是剪的華倫王子式！就跟我故事書裏畫的一樣：一排頭髮整齊的齊着眉毛，兩邊垂到耳朵邊。身上穿的正是那件蛋青綢子旗袍，做成長身坎肩另接兩隻袖子樣式，脖子上圍一條白紗，斜斜的繫成一個大蝴蝶結，就跟在女高師念書的張家三姨打扮得一模一樣。

她跟爸媽說了多少感謝的話，然後低下身來摸着我的臉說：

「英子，好好的念書，可別像上回那麼招你媽生氣了，上三年級可是大姑娘啦！」

我想哭，也想笑，不知什麼滋味，看蘭姨娘跟德先叔同進了馬車，隔着窗子還跟我們招手。

那馬車越走越遠越快了，揚起一陣滾滾煙塵，就什麼也看不清了。我仰頭看爸爸，他用手摸着胸口，像媽每次生了氣犯胃病那樣，我心裏只覺對爸有些歉疚，更是同情，我輕輕推爸爸的大腿，問他：

「爸，你要吃荳蔻嚒？我去給你買。」

他並沒有聽見，但衝那遠遠的烟塵搖搖頭。

自由中國　第十七卷　第十二期　內政部雜誌登記證內警臺誌字第三八二號　臺灣省雜誌事業協會會員　三八四

給讀者的報告

本刊的發行到本期爲止已經屆滿十七卷，自明年元旦開始，便進入第十八卷了。

本期「今日的問題」討論新聞自由問題。新聞自由是民主政治的必要條件之一。凡是民主的政府，必能維護人民所應享的新聞自由；反之，凡新聞自由橫遭干涉的地區，其政府必不是民主的。鼓吹言論自由與新聞自由是本刊主要目標之一。關於這方面的理論，歷年來我們曾不斷加以闡揚。在本篇「今日的問題」中，我們更着重於實際問題的檢討。我們主張開放報紙，目前這種限制報紙登記的辦法，不僅不民主，而且是不合法的。

本省第四屆縣市議會選擧，卽將於明年元月擧行。鑒於今年第三屆縣市長及省議員選擧，在人民心目中造成的不良印象，對地方自治前途影響甚鉅，因此在此番選擧前夕，我們要在社論中對執政的國民黨婉進忠言。我們說的話雖屬低調，然民心得失，正繫於此。此外，還有一篇專論也是針對選擧問題的。楊基振先生以參加第三屆臺中縣長競選的沉痛經驗，對當局有所匡勉。楊文所擧的許多事例，在上屆選擧中，各地俱會普遍發生。本刊過去便會接到過很多讀者投書，揭發國民黨所印發的許多秘密宣傳文件，如詆毁高玉樹的「臺北市選擧耳語運動資料」等等，本刊雖未予發表，但這些作風決不是一個堂堂的政黨所應有的，其對自身信譽的損害，實在無法估計。希望在未來的選擧中，不再有類此事例的發生。

本期第三篇社論旨在申論國大聯誼會倡議召開國大臨時會之不當。憲法乃國家之根本大法，亦今日反共抗俄的精神利器，如果國大聯誼會此項倡議之動機一如傳說之所云，旨在準備修改憲法，這是我們期期以爲不可的。

本期四篇專論之中有兩篇是評斥共黨暴政的文字。趙岡先生的大文，析論使中共陷於矛盾與困難中的大陸人口問題。馬克斯主義是共產黨徒崇奉的經典。馬克斯的經濟理論是以剩餘勞動價值說爲基礎的。在馬克斯理論體系中，只有勞動者創造剩餘價值，因此人口不應成爲問題。而現在中共在重大的人口壓力之下不得不提出節育的口號了。這對中共是一重大的諷刺。它不僅證明中共自眩的經濟計劃已經破產，而且也根本否定了他們奉若神明的馬克斯的理論。至於嚴明先生的大作則是分析中共的鳴放和反右派鬪爭。從許多實際的匪情資料中，我們可以透視出今日大陸上知識份子對於中共政權普遍的憎恨。

李楊兩博士榮獲本年度諾貝爾物理學獎金，消息傳來，國人爲之歡欣感喟。本刊先後接到很多來文，評述其事，皆語重心長，對教育當局多所策勉。在十七卷十期中，我們曾選登三篇具有代表性的投書，均各有其見地。本期趙曼君先生則更就科學教育立論，對當前教育設施，有所批評與建議。本文收到甚早，因稿擠以至延至本期發表。

自由中國　半月刊　第十七卷第十二期　總第一九五號

中華民國四十六年十二月十六日出版

發行人兼主編　『自由中國』編輯委員會

出版者　自由中國社

社址：臺北市和平東路二段十八巷一號

電話：二　八　五　七　〇

航空版　友聯書報發行公司（香港九龍新圍街九號）

總經銷　自由中國社發行部

經售者

美國	紐約友方圖書公司
	紐約光明雜誌社
日本	東京僑豐企業公司
韓國	漢城裕昌德號
馬尼剌	大中華日報社
	新疆書店
印尼	椰嘉達天聲日報
	泗水文光圖書公司
緬甸	仰光振成書報店
印度	阿拉哈巴中印文化出版社
澳洲	雪梨瑞田公司
北婆羅洲	西利亞坡青年書店
星加坡	友聯書報發行公司
	（小坡大馬路四六九號）
吉隆坡	友聯書報發行公司
	（馬華公會大厦三樓七室）
怡保	友聯書報發行公司
	（希尼華沙甘街十六號）
檳城	友聯書報發行公司
	（林連登律七十二號）
澳門	友聯圖書公司

印刷者　精華印書館股份有限公司

廠址：臺北市長沙街二段七一號

電話：二　三　四　二　九　號

本刊經中華郵政登記認爲第一類新聞紙類　臺灣郵政管理局新聞紙類登記執照第五九七號　臺灣郵政劃撥儲金帳戶第八一三九號

（每份臺幣四元，美金三角）

自由中國
第十六集

第十七卷第一期至第十七卷第十二期
1957.07-1957.12

數位重製・印刷　秀威資訊科技股份有限公司
http://www.showwe.com.tw
114 台北市內湖區瑞光路 76 巷 65 號 1 樓
電話：+886-2-2796-3638
傳真：+886-2-2796-1377
劃 撥 帳 號　19563868　戶名：秀威資訊科技股份有限公司
讀者服務信箱：service@showwe.com.tw
網 路 訂 購　秀威網路書店：https://store.showwe.tw
網路訂購：order@showwe.com.tw

2013 年 9 月
全套精裝印製工本費：新台幣 50,000 元（不分售）

Printed in Taiwan